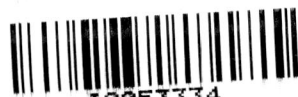

DERECHO PROCESAL CONSTITUCIONAL.
INSTRUMENTOS PARA LA JUSTICIA CONSTITUCIONAL

ALLAN R. BREWER-CARÍAS

Profesor de la Universidad Central de Venezuela
Simón Bolívar Professor, University of Cambridge (1985-1986)
Professeur Associé, Université de Paris II (1989-1990)
Adjunct Professor of Law, Columbia Law School, New York (2006-2008)
Profesor Honorario de las Universidad del Rosario, Javeriana y
Externado de Colombia

DERECHO PROCESAL CONSTITUCIONAL
Instrumentos para la justicia constitucional

4ª Edición

COLECCIÓN DE DERECHO PROCESAL CONSTITUCIONAL
CENTRO DE ESTUDIOS DE DERECHO PROCESAL CONSTITUCIONAL
UNIVERSIDAD MONTEÁVILA
N° 2

CEDEPCO

Editorial Jurídica Venezolana
Fundación de Estudios de Derecho Administrativo
Caracas 2016

Primera Edición: Investigaciones Jurídicas S.A., San José, 2012
                     ISBN: 978-9977-13-516-8
Segunda Edición: Ediciones Doctrina y Ley Ltda., Bogotá 2013
                     ISBN: 978-958-676-566-4
Tercera, Edición: Editorial Jurídica Venezolana, Caracas 2014
                     ISBN: 978-980-365-245-6
Cuarta Edición: Editorial Jurídica Venezolana, Caracas 2016,
                     ISBN: 978-980-365-245-6

©   Allan R. Brewer-Carías
      http://www.allanbrewercarias.com
      Email: allan@brewercarias.com

      ISBN: 978-980-365-245-6
      Depósito Legal: 5402014340601

      Editorial Jurídica Venezolana
      Avda. Francisco Solano López, Torre Oasis, P.B., Local 4, Sabana Grande,
      Apartado 17.598 – Caracas, 1015, Venezuela
      Teléfono 762.25.53, 762.38.42. Fax. 763.52.39
      http://www.editorialjuridicavenezolana.com.ve
      Email fejv@cantv.net

      Diagramación, composición y montaje
      por: Francis Gil, en letra Times New Roman, 10
      Interlineado exacto 10,5 Mancha 18 x 11,5

CONTENIDO

TERCERA PARTE

SOBRE LAS ACCIONES DE PROTECCIÓN CONSTITUCIONAL DE LOS DERECHOS FUNDAMENTALES

CUARTA PARTE

SOBRE LAS SENTENCIAS CONSTITUCIONALES Y LA INTERPRETACIÓN CONSTITUCIONAL

NOTA DEL AUTOR A LA CUARTA EDICIÓN

*Este libro recoge diversos ensayos que he escrito durante los últimos años sobre el tema general del derecho procesal constitucional, en los cuales me he referido específicamente a los instrumentos de la justicia constitucional. Los trabajos fueron redactados en tiempos distintos y con motivaciones diferentes y, por tanto, en forma dispersa, habiendo sido la mayoría de ellos publicados en revistas y obras colectivas en en México, Buenos Aires, Madrid, Caracas, Panamá, Puebla, San José, Lima y Bogotá. Ello, sin embargo, una vez apreciados en su conjunto, no impedía que se pudiera elaborar una sistematización coherente de los mismos, de manera de estructurar un libro sobre el tema, que es precisamente lo que hemos hecho. Y así fue que la **primera edición** del libro saliera publicada en San José, Costa Rica, en edición a cargo de la editorial Investigaciones Jurídicas S.A.*

La ocasión de poder incluir todos estos estudios en un solo volumen en dicha edición de San José; estudios que en su mayoría eran de difícil acceso en corto tiempo pues como dije habían sido publicados en tiempos diversos y en varios países; y poderlos poner, como conjunto, a disposición de los estudiosos del tema, fue la amable propuesta que me hizo mi apreciado amigo Víctor Rodríguez Rescia, destacado jurista costarricense, sobre su publicación por la Editorial Investigaciones Jurídicas C.A. de San José, la cual acepté gustosamente. Hace ya unos años habíamos trabajado juntos el tema central de este libro en varios viajes a Tegucigalpa y San Pedro de Sula, con ocasión de la misión del Instituto Interamericano de Derechos Humanos de San José que él coordinó, entre 2003 y 2004, de asistencia académica a la Corte Suprema de Justicia de Honduras para la elaboración del proyecto de la Ley sobre la Justicia Constitu-*cional. Sabía bien, por tanto, de mi permanente trabajo sobre el tema, pero como muchos amigos y estudiosos, por supuesto no podía saber dónde y cuándo había yo publicado otros ensayos. De allí, y con ocasión de un grato reencuentro en Nueva York, surgió su propuesta para este libro y su publicación inicial en San José, lo que acogió inmediatamente Eugenio Vargas, Gerente de la editorial Investigaciones Jurídicas S.A..*

Honor que además me hicieron, y que les agradezco mucho, pues me permitió estrechar aún más los lazos con el mundo académico costarricense, los cuales tuve el privilegio de iniciar hace ya más de cuatro décadas desde cuando conocí, en el campus de la Universidad de Costa Rica y en la sede del Colegio de Abogados de Costa Rica, en tiempos en los cuales todos éramos unos jóvenes administrativistas, a mis recordados y queridos amigos Eduardo Ortíz Ortíz y Rodolfo Piza Escalante, compañeros de tantas luchas por el derecho y la institucionalidad democrática en nuestros países de América Latina.

*La **segunda edición** se publicó en Bogotá, en edición de Ediciones Doctrina y Ley Ltda., de Bogotá, conjuntamente con la Editorial Jurídica Venezolana, de Caracas, y la editorial Investigaciones Jurídicas S.A. de San José, con una muy apreciada Presentación de Ana Virginia Calzada, ex Presidenta de la Sala Constitucional de la Corte Suprema de Justicia de Costa Rica, que recoge el texto de sus palabras al presentar la primera edición de la obra en un evento que organizó la Sala Constitucional, en San José, en marzo de 2012, honor que me hizo y que de nuevo quiero agradecerle muy especialmente. La iniciativa para dicha segunda edición la tuvo Luis Alberto Reyes, Gerente de Ediciones Doctrina y Ley Ltda., quien desde que vió el libro en Panamá, en junio de 2012, con ocasión de la celebración del Primer Congreso Panameño de Derecho Procesal Constitucional y el III Congreso Internacional: Proceso y Constitución, se interesó en la misma.*

*La **tercera edición** salió en Caracas, agregándosele algunos trabajos no incluidos en las ediciones anteriores, por iniciativa de los jóvenes constitucionalistas Gonzalo Pérez, Jesús María Alvarado Andrade y Luis Alberto Petit Guerra, integrantes del Centro de Estudios de Derecho Procesal Constitucional de la Universidad Monteávila, quienes decidieron incluir la obra en la Colección de Derecho Procesal Constitucional de dicho Centro, honor que me hacen. Mi agradecimiento a ellos por la iniciativa, y especialmente a Jesús María Alvarado Andrade, por su muy enjundioso y apreciado Prólogo.*

Como lo expliqué en las tres ediciones anteriores, el libro está precedido de una Introducción General *en la cual se trata el tema del desarrollo de la justicia constitucional como garantía de la Constitución, lo que configura al juez constitucional como guardián de la misma; y los diversos trabajos se he agrupado en las siguientes* cuatro partes:

En una Primera Parte, *con el título general de* los métodos de la justicia constitucional, *recojo dos trabajos donde se estudian los dos clásicos métodos el control de la constitucionalidad de las leyes que se construyeron en el mundo moderno a partir del siglo XIX: el llamado método difuso de control de constitucionalidad originado en la doctrina sentada en los Estados Unidos en la sentencia* Marbury v. Madison *de 1803; y el llamado método concentrado de control de constitucionalidad, relanzado en Europa por Hans Kelsen en la segunda década del siglo XX, pero adoptado en América Latina desde mitades del siglo XIX. Se incluye, además, un estudio más reciente sobre el control de convencionalidad, su conceptualización y su necesario deslinde respecto del control de constitucionalidad.*

En la Segunda Parte *del libro, con el título general de* la situación y progreso de la justicia constitucional en Latinoamérica, *recojo diversos estudios en los cuales hago una aproximación comparativa sobre la justicia constitucional en América Latina, analizando, en particular, la conformación contemporánea de los sistemas de justicia constitucional tal como se han configurado específicamente, por ejemplo, en Venezuela como un sistema mixto o integral de justicia constitucional; en Panamá, con un sistema exclusivamente concentrado de justicia constitucional (incluyo dos estudios que fueron escritos con 20 años de diferencia 1995-2015); en Honduras, con previsiones constitucionales que permiten el desarrollo de un sistema mixto o integral, pero con una regulación legislativa que lo configuraron como un sistema exclusivamente concentrado de control; y en la República Dominicana, configurado como sistema mixto o integral de control. En estos dos últimos países tuve el privilegio de haber colaborado en la redacción de los instrumentos legales sobre la Justicia constitucional y la Jurisdicción constitucional, reflejando los trabajos aquí recogidos las líneas de mis aportes. En esta parte se incluyó, además, el estudio sobre "El sistema mixto o integral de control de constitucionalidad en Venezuela y Colombia" que había sido publicado en Bogotá por la Universidad Externado de Colombia y la Pontificia Universidad Javeriana en 1995.*

En la Tercera Parte, *con el título general de* las acciones de protección constitucional de los derechos fundamentales, *precedidos de una síntesis comparativa sobre el régimen del amparo en todos los países de América Latina que prevén dicha garantía en la Constitución y disponen de leyes específicas para regularla; he recogido diversos estudios donde he analizado, en particular, el tema de la universalidad del amparo en la Convención Americana de Derechos Humanos y el debate de la reforma del amparo en México en 2007; el tema del amparo constitucional en Venezuela y de su universalidad; y un estudio donde analizo el proceso constitucional de las acciones de habeas data en Venezuela y su configuración mediante sentencias de la Sala Constitucional, las cuales han resultado ser fuente del derecho procesal constitucional. Para esta tercera edición he incorporado un reciente estudio específico sobre el derecho de amparo, tutela o protección contra todos los actos estatales y el control de convencionalidad en América Latina.*

Y en la Cuarta Parte, *con el título general de* las sentencias constitucionales y la interpretación constitucional, *precedidos de un estudio comparativo sobre los el rol contemporáneo de los jueces constitucionales como legisladores positivos, recojo diversos estudios en los cuales he analizado la potestad de la jurisdicción constitucional para interpretar la Constitución con efectos vinculantes; los efectos de las sentencias constitucionales en Venezuela; los efectos de las sentencias dictadas en los procesos de inconstitucionalidad de las leyes en el Perú y su contraste con el sistema venezolano, y la revisión extraordinaria de sentencias ante la jurisdicción constitucional.*

*En esta **cuarta edición**, solo se ha incorporado el estudio más reciente del sistema panameño (2015) de justicia constitucional, además de haber hecho correcciones derivadas de necesarias actualizaciones por los cambios experimentados recientemente, en el régimen de la justicia constitucional en algunos de nuestros países.*

Nueva York, mayo 2016

11

PRÓLOGO

Jesús María Alvarado Andrade.
*Catedrático de la Universidad Francisco Marro-
quín, Profesor de Derecho Constitucional de la
Universidad Central de Venezuela,*
*Profesor del Departamento de Ciencias Sociales de
la Universidad Simón Bolívar;*
*Profesor de la Universidad Católica Andrés Bello y
Miembro de la Asociación Venezolana de
Derecho Constitucional (AVDC).*

A MODO DE INTRODUCCIÓN

Todo buen *prólogo* como escrito anterior al cuerpo de la obra debe dar cuenta de los aspectos más resaltantes como de su importancia académica, sin que ello implique suplantar su lectura o restarle interés. En ese sentido, el presente esfuerzo no será una excepción a esta regla académica, y por ello, el atrevimiento académico no se dirigirá solamente a profundizar en la biografía del autor -por si solo innecesaria-, sino en los aportes y méritos de esta investigación que tengo el honor de presentar, en tanto se trata de una nueva obra de uno de los juristas más importantes de nuestro país (Venezuela) y del mundo hispanoamericano, cuyo nombre es reconocido más allá de nuestras fronteras[1], y poseedor de la más "vasta obra jurídica escrita en toda la historia de nuestro país"[2,] y no sería exagerado sostener también, de Hispanoamérica y del mundo en materia jurídica.

---

[1] Para una muestra *Vid.* V.V. A.A., *El Derecho Público a Comienzos del Siglo XXI. Estudios en Homenaje al Profesor Allan R. Brewer–Carías.* (Coord. Alfredo, Arismendi, y Jesús, Caballero Ortiz), Instituto de Derecho Público–Universidad Central de Venezuela y Civitas Ediciones, S.L., Madrid, 2003; además de Orlando, Vignolo Cueva, y Roberto Jiménez Murillo (Coord.), *Homenaje a Allan Brewer Carías. Comentarios a la Jurisprudencia de Derecho Administrativo del Tribunal Constitucional Peruano (2000–2010),* Ediciones Legales, Jus et Veritas Editorial, Lima, 2011 entre otros.

[2] *Vid.* Jesús, Caballero Ortíz, "Presentación" en V. A.A., *El Derecho Público a Comienzos del Siglo XXI. Estudios en Homenaje al Profesor Allan R. Brewer–Carías.*

Comoquiera que no hace falta presentar *prima facie* al autor del libro, dado su innegable prestigio en Venezuela y allende de sus fronteras, si luce apropiado resaltar, que durante las siguientes líneas será abordada la única e importante dimensión de *verdad humana* que es "aquella donde interviene la inteligencia, incluso cuando actúan las pasiones"[3] Si bien no se presenta al autor del libro por los momentos, si luce pertinente y obligatorio presentar algunas razones al público lector que expliquen en la medida de lo posible los méritos por parte de quien escribe este *prólogo*.

En tal sentido, debo confesar que me resultó realmente sorprendente que el profesor Brewer-Carías me solicitara el inmenso y desmerecido honor de pedirme un *prólogo* para esta obra, ya que en realidad, pese a que una de mis tesis de postgrado versa sobre el *Derecho Procesal Constitucional*[4], no cuento en la actualidad con publicaciones sistemáticas y específicas dadas a conocer al público sobre el tema, sino que simplemente soy un joven profesor universitario con dedicación y preocupación intelectual permanente por el Derecho Constitucional[5], en el cual figura como tema descollante la *justicia constitucional* (*judicial review*), y en el que he tenido el honor de poder compartir, aprender y recibir la dirección del autor, pese a la distancia generada por la funesta persecución política a la cual ha sido sometido por el régimen *socialista* totalitario[6],debido a sus constantes combates y denuncias en defensa del Estado de Derecho y la democracia en Venezuela.

Tal solicitud por parte del profesor Brewer-Carías para que escribiera este *prólogo*, no cabe la menor duda de que ha sido una difícil y comprometedora tarea, no sólo en lo que tiene que ver con el altísimo honor que ello representa, sino en el esfuerzo que he tratado de hacer para cumplir con un escrito sustantivo que retribuya la desmerecida confianza depositada. Tal *prólogo,* si bien se escribe con la admiración de un discípulo para con un *maestro* desde su época de

---

(Coord. Alfredo Arismendi, y Jesús, Caballero Ortiz), Tomo I, Instituto de Derecho Público–Universidad Central de Venezuela y Civitas Ediciones, S.L., Madrid, 2003, p. 29.

[3]   *Vid.,* Manuel, Caballero *Rómulo Betancourt. Político de Nación*, Alfadil–Fondo de Cultura Económica, Venezuela, 2004, p. 19.

[4]   *Vid.,* Jesús María Alvarado Andrade, *Hacia un Derecho Procesal Constitucional en Venezuela. Reflexiones sobre su origen, principios y contradicciones*, Universidad Monteávila, Centro de Estudios de Postgrado. Especialización en Derecho Procesal Constitucional, Caracas, 2009, 323 pp. actualmente en proceso de revisión y de cambios exhaustivos para su publicación. Vale advertir, que curiosamente esta tesis estaba dedicada al Prof. Dr. Allan R. Brewer–Carías y al Prof. Dr. Alberto Baumeister Toledo, en tanto personas que admiro en demasía.

[5]   La obra que precisamente emprenderé en la materia, tiene como director al Prof. Dr. Allan R. Brewer–Carías y a la Prof. Dra. Pilar Zambrano precisamente. Y tutor al Prof. Dr. Fernando Toller.

[6]   *Vid.,* Allan R. Brewer–Carías, *En mi Propia Defensa. Respuesta preparada con la asistencia de mis defensores Rafael Odreman y León Enrique Cottin contra la infundada acusación fiscal por el supuesto delito de conspiración*, Colección Opiniones y Alegatos Jurídicos Nº 13. Editorial Jurídica Venezolana. Caracas, 2006, 606 pp.

estudiante de Derecho y en el que jamás hubiese pensado tener este privilegio, reviste una particularidad, y es que se presentará -en la medida de lo posible- como un adelanto de lo que el lector disfrutará en esta obra, pero contextualizándola en el rico y diverso abanico de la meticulosa y colosal obra de este destacado *iuspublicista* e intelectual venezolano, deteniéndome en cuatro (4) aspectos que considero revisten una estrecha vinculación con el libro que hoy tiene el lector en sus manos, a saber: *i)* la importancia de la *supremacía constitucional*; *ii)* la *justicia constitucional (judicial review)* como freno al Poder, *iii)* los peligros de la *justicia constitucional (judicial review)* en la actualidad y *iv)* el *Derecho Comparado* y su relación con la disciplina del *Derecho Procesal Constitucional*.

I. BREWER-CARÍAS CONSTITUCIONALISTA: LA IMPORTANCIA DE LA *SUPREMACÍA CONSTITUCIONAL*

La profusión intelectual de Brewer-Carías, reconocida nacional e internacionalmente, es sin duda admirable. No hay área del Derecho Público que no haya sido explorada y analizada con detenimiento en su constante e incansable trabajo de docencia, investigación y divulgación, en estos más de cincuenta años como investigador del Derecho[7]. En sus múltiples preocupaciones intelectuales, el Derecho Público innegablemente ha encontrado un lugar central y privilegiado, y aunque se asocian habitualmente sus aportes, contribuciones y méritos en la construcción nacional y comparada en lo que se refiere al Derecho Administrativo[8], vale acotar que hace mucho tiempo incursionó fructíferamente en el Derecho Constitucional[9] para bien del Derecho Público en Venezuela y el mundo, lo cual le ha hecho acreedor de las más importantes distinciones y reconocimientos en todas partes[10].

---

[7] *Vid.*, José Ignacio, Hernández G., "Los cincuenta años de investigación del profesor Allan R. Brewer–Carías", en *El Universal,* Edición Digital, 9 de diciembre de 2010. [http://www.eluniversal.com/opinion/101209/los–cincuenta–anos–de–investigacion–del–profesor–allan–r–brewer–carias%20]

[8] Con bastante provecho *Vid.*, José Ignacio, Hernández G., "Allan R. Brewer–Carías y el concepto de Derecho Administrativo en Venezuela" en *Revista de Administración Pública,* N° 184, Centro de Estudios Políticos y Constitucionales, Madrid, 2011, pp. 349–355; dónde se establece la importancia incuestionable en este campo.

[9] Ya en 1985 cuando emprendió su obra *Instituciones Políticas y Constitucionales,* que no era otra cosa que la consecuencia del método adoptado en el *Derecho Administrativo,* Tomo I, antes indicado, manifestaba que "Tengo proyectado volver rápidamente a mi campo específico, y desde ya trabajo en una obra sobre Instituciones de Derecho Administrativo que espero saldrá pronto a la luz pública" *Vid.,* Allan R. Brewer–Carías, "Prólogo" a las *Instituciones Políticas y Constitucionales,* Tomo I: *El Régimen Histórico Constitucional del Estado,* Universidad Católica del Táchira– Editorial Jurídica Venezolana, Caracas–San Cristóbal, 1996, p. 22. También vid. Allan R. Brewer–Carías, "El pensamiento constitucional en Venezuela en el Siglo XX" en Diego Valadés, et al (Coords.), *Ideas e Instituciones constitucionales en el Siglo XX,* Siglo Veintiuno Editores, México, 2011, pp. 554–564.

[10] *Vid.,* Víctor Hernández Mendible, "Semblanza del Maestro Iberoamericano Allan R. Brewer–Carías" en Orlando Vignolo Cueva, y Roberto Jiménez Murillo, (Coord.),

Si se investigan los antecedentes de dicha incursión en el corpulento *curriculum vitae* del autor, se observará que ya en 1975 irrumpía definitivamente en el Derecho Constitucional con su conocido *Derecho Administrativo*, Tomo I[11], en el cual le dedicó todo un capítulo al "control jurisdiccional de la constitucionalidad de los actos estatales", pero no desde una perspectiva meramente local (nacional) sino comparada, señalando que el sistema de control jurisdiccional de constitucionalidad de los actos estatales venezolano "al contrario de los sistemas que normalmente se aprecian en el derecho comparado [...] no puede identificarse en particular con alguno de esos dos métodos o sistemas -*se refería al control difuso y concentrado de la constitucionalidad*-, sino que realmente, está conformado por la mezcla de ambos, configurándose entonces como un sistema híbrido"[12].

La inclusión de un capítulo específico acerca del control jurisdiccional de la constitucionalidad de los actos estatales en un *Tratado de Derecho Administrativo*[13], lucía extraño para quien no estuviera familiarizado con la tradición francesa

---

Homenaje a Allan Brewer–Carías. Comentarios a la Jurisprudencia de Derecho Administrativo del Tribunal Constitucional Peruano (2000–2019), Ediciones Legales, Jus et Veritas Editorial, Lima, 2011.

[11] *Vid.*, Allan R. Brewer–Carías, *Derecho Administrativo*, Tomo I; Publicaciones de la Facultad de Derecho–Universidad Central de Venezuela, Caracas, 1975, pp. 313–347.

[12] *Vid.*, Allan R. Brewer–Carías, *Derecho Administrativo*, Tomo I, *op. cit.*, pp. 313–347.

[13] Fue el primer intento de un Tratado de Derecho Administrativo, luego del conocido *Tratado Elemental de Derecho Administrativo*, de José Manuel Hernández Ron, Editorial Las Novedades, Caracas, 1943. Ese proyecto de 1975, terminaría fallido precisamente por la incursión del autor en temas del Derecho Constitucional. Sólo décadas después, se concretizará en 2013, con la publicación de un importante *Tratado de Derecho Administrativo* con Prólogo del Prof. Dr. Luciano Parejo Alfonso. *Vid.*, Allan R. Brewer–Carías, *Tratado de Derecho Administrativo. Derecho Público Iberoamericano. El derecho administrativo y sus principios fundamentales*, Tomo I, Editorial Civitas (Thomson Reuters), Fundación de Derecho Público & Editorial Jurídica Venezolana, Madrid, 2013, 1.124 pp.; *Tratado de Derecho Administrativo. Derecho Público Iberoamericano. La Administración Pública*, Tomo II, Editorial Civitas (Thomson Reuters), Fundación de Derecho Público & Editorial Jurídica Venezolana, Madrid, 2013, 1.082 pp.; *Tratado de Derecho Administrativo. Derecho Público Iberoamericano. Los actos administrativos y los contratos administrativos*, Tomo III, Editorial Civitas (Thomson Reuters), Fundación de Derecho Público & Editorial Jurídica Venezolana, Madrid, 2013, 1.072 pp.; *Tratado de Derecho Administrativo. Derecho Público Iberoamericano. El Procedimiento Administrativo*, Tomo IV, Editorial Civitas (Thomson Reuters), Fundación de Derecho Público & Editorial Jurídica Venezolana, Madrid, 2013, 978 pp.; *Tratado de Derecho Administrativo. Derecho Público Iberoamericano. La acción de la Administración: Poderes, Potestades y las Relaciones con los administrados*, Tomo V, Editorial Civitas (Thomson Reuters), Fundación de Derecho Público y Editorial Jurídica Venezolana, Madrid, 2013, 1.072.; *Tratado de Derecho Administrativo. Derecho Público Iberoamericano. La jurisdicción contencioso administrativa*, Tomo VI, Editorial Civitas (Thomson Reuters), Fundación de Derecho Público & Editorial Jurídica Venezolana, Madrid, 2013, 1.134 pp.

-*Institutions Politiques and Droit Constitutionnel*[14]- y española -*Derecho Político*-[15], enraizado en el siglo XIX y proyectado hasta bien entrado el siglo XX[16], el cual se enfocaba en el estudio de los factores políticos, sociales y económicos que influyen en la normatividad constitucional, y que el autor del presente libro denominaba "supuestos" necesarios para la ideal comprensión de las instituciones, no sólo del Derecho Administrativo, sino del Derecho Público en general, para con ello evitar la ignorancia sobre temas que se "ignoran" precisamente "porque inadvertidamente se dan por supuestos"[17]. Ahora bien, tal énfasis por el "control jurisdiccional de la constitucionalidad de los actos estatales" se distanciaba del otrora *Derecho Político* y de la tradición de las *Institutions Politiques and Droit Constitutionnel*, en tanto colocaba como dato básico el valor normativo de la Constitución, lo cual será capital en toda la obra posterior del autor, de allí que en rigor, luce válido sostener que desde temprana fecha en su carrera académica el autor incursionó *a fortiori* en el Derecho Constitucional.

En efecto, en toda su obra posterior, el postulado norteamericano -con innegables antecedentes ingleses- de la *supremacía constitucional* -un dato vital, entre otros, para poder hablar de Constitución normativa-, va a devenir en una preocupación intelectual constante, no sólo desde una perspectiva histórica[18] -en el que se aprecia una sencillez y claridad admirable- sino que también –y quizás esto es lo más importante- desde el punto de vista de las consecuencias jurídicas fundamentales de dicho principio, lo que lo ha llevado en alguna parte de su

---

[14]   *Vid.,* Maurice, Duverger, *Instituciones Políticas y Derecho Constitucional*, Editorial Ariel, Barcelona, 1970; André, Hauriou, *Droit Constitutionnel et Institutions Politiques,* Édition Montchrestien, París, 1975; Jean, Gicquel, y Jean–Eric, Gicquel, *Droit Constitutionnel et Institutions Politiques*, Édition Montchrestien, París, 2012 y Bertrand, Mathieu, y Philippe, Ardant, *Institutions Politiques et Droit Constitutionnel*, Editeur L.G.D.J, París, 2012.

[15]   *Vid.,* entre muchos, Juan, Donoso Cortés, *Lecciones de Derecho Político*, Centro de Estudios Constitucionales, Madrid, 1984; Joaquín Francisco, Pacheco, *Lecciones de Derecho Político*, Centro de Estudios Constitucionales, Madrid, 1984; Eduardo, Espín Templado, *Lecciones de Derecho Político*, Tirant lo Blanch, Valencia, 1994; Antonio, Alcalá Galiano, *Lecciones de Derecho Político*, Centro de Estudios Constitucionales, Madrid, 1984; Pablo, Lucas Verdú, y Pablo Lucas, Murillo de la Cueva, *Manual de Derecho Político*, Vol. I: Introducción y Teoría del Estado, Editorial Tecnos, Madrid, 2001, y Oscar, Alzaga Villaamil, *Derecho Político Español: según la Constitución de 1978*, Vol. I y Vol. II, Editorial Universitaria Ramón Areces, Madrid, 2012.

[16]   *Vid.,* Pablo, Lucas Verdú, "¿Una polémica obsoleta o una cuestión recurrente?: Derecho constitucional versus Derecho político" en *Teoría y Realidad Constitucional*, N° 3, Centro de Estudios Ramón Areces, Madrid, 1999, pp. 55–60.

[17]   *Vid.,* Allan R. Brewer–Carías, *Derecho Administrativo*, Tomo I, *op. cit.*, p. 12.

[18]   *Vid.,* Allan R. Brewer–Carías, *Reflexiones sobre la Revolución Norteamericana (1776), la Revolución Francesa (1789) y la Revolución Hispanoamericana (1810–1830) y sus aportes al Constitucionalismo Moderno*, 2ª Edición Ampliada, Serie Derecho Administrativo N° 2, Universidad Externado de Colombia–Editorial Jurídica Venezolana, Bogotá, 2008, 369 pp.

extensa e influyente obra[19], a postular un "derecho" del pueblo a exigir dicha *supremacía*[20], estrechamente asociado a la idea de que sin las necesarias garantías y apropiados medios jurisdiccionales la *supremacía* de la Constitución sería "imperfecta e inoperante desde el punto de vista jurídico", ya que no pudiera protegerse la misma frente a actos inconstitucionales del Estado, tal y como puede entreverse en el primer *capítulo* de este Libro, a saber: "La Justicia Constitucional como garantía de la Constitución".

Esta importante preocupación intelectual, propia de un auténtico jurista, y en este caso, irónicamente de un *constitucionalista* -en un país sin Constitución desde hace mucho tiempo[21], lo ha llevado a lo largo de varias décadas a estudiar detenidamente e incesantemente todas las *garantías constitucionales*[22], y los *mecanismos jurisdiccionales* que posibilitan el carácter normativo de la Constitución[23], rechazando con ello toda idea de control político de la Constitución, en

---

[19] *Vid.,* Allan R. Brewer–Carías, "El amparo a los derechos y libertades constitucionales (Una aproximación comparativa)" en *La Protección Jurídica del Ciudadano. Estudios en Homenaje al Jesús González Pérez*, Tomo III, Editorial Civitas, Madrid 1993, pp. 2.696–2.697 y "El juez constitucional vs. la supremacía constitucional" en *Revista Iberoamericana de Derecho Procesal Constitucional,* N° 9, Editorial Porrúa–Instituto Iberoamericano de Derecho Procesal Constitucional. México, 2008, pp. 17–60.

[20] Esta es una tesis que vale la pena discutir y eventualmente criticar, pero que ha pasado inadvertida en los estudios *iuspublicistas* venezolanos. En mi modesto criterio, no estoy muy convencido de que el principio de *supremacía constitucional* devenga en casi un derecho subjetivo. Si fuere así, habría que abordar esto detenidamente, pero no es el momento para ello, ni es la tesis central del libro.

[21] Con la venia de estilo *Vid.,* Jesús María Alvarado Andrade, "Aproximación a la tensión Constitución y libertad en Venezuela" en *Revista de Derecho Público* N° 123, Editorial Jurídica Venezolana, Caracas, 2010, pp. 17–43.

[22] *Vid.,* Allan R. Brewer–Carías, *Garantías Constitucionales de los Derechos del Hombre,* Colección Monografías Jurídicas, N° 1, Editorial Jurídica Venezolana, Caracas, 1976, 145 pp.; y del mismo autor, *Instituciones Políticas y Constitucionales: Los Derechos y Garantías Constitucionales,* Tomo IV, Universidad Católica del Táchira – Editorial Jurídica Venezolana, Caracas – San Cristóbal, 1996, 566 pp.

[23] *Vid.,* las obras del autor: "Leyes susceptibles de impugnación mediante el recurso de inconstitucionalidad" en *Revista de la Facultad de Derecho,* N° 56, Universidad Central de Venezuela, Caracas, 1975, pp. 71–90; *El Control de la Constitucionalidad de los Actos Estatales,* Colección Estudios Jurídicos, N° 2, Editorial Jurídica Venezolana, Caracas, 1977, 219 pp.; "Algunas consideraciones sobre el control jurisdiccional de la constitucionalidad de los actos estatales en el derecho venezolano" en *Revista de Administración Pública,* N° 76, Centro de Estudios Políticos y Constitucionales, Madrid, 1975, pp. 419–446; *Estado de Derecho y Control Judicial. Justicia Constitucional, Contencioso–Administrativo y Amparo en Venezuela,* Instituto Nacional de Administración Pública, Madrid, 1987, 657 pp.; *Judicial Review in Comparative Law,* Cambridge Studies in International and Comparative Law, New Series, Cambridge University Press, Cambridge, 1989, 406 pp.; "Bases del sistema concentrado de Justicia Constitucional" en *Revista de Derecho Público,* N° 52, Editorial Jurídica Venezolana, Caracas, 1992, pp. 25–39.; *El Amparo a los Derechos y Libertades Constitucionales. Una Aproximación Comparativa,* Cuadernos de la Cátedra Allan R. Brewer–Carías de Derecho Público, N° 1, Universidad Católica del

especial, si dicho "control" se encuentra atribuido a órganos políticos constituidos, como por ejemplo, los *Parlamentos*, ya que ello posibilitaría el que los
órganos controlados y los órganos de control confluyan, negando con ello en su
criterio la idónea *separación de poderes* propio de un Estado de Derecho[24].

El énfasis de Brewer-Carías por el carácter normativo de la Constitución, co-
incidió históricamente con la aparición de importantes obras jurídicas del otro
lado del Atlántico, como las de los prestigiosos juristas, *D. Eduardo García De
Enterría (1981)*[25] , *D. Ignacio de Otto (1987)*[26], *D. Francisco Rubio Llorente
(1993)*[27] *y Manuel Aragón Reyes (1986-1987)*[28] entre otros, quienes luego de la

---

Táchira–Editorial Jurídica Venezolana, San Cristóbal, 1993, 138 pp.; "Control de la
Constitucionalidad. La Justicia Constitucional" en *El Derecho Público de Finales de
Siglo. Una Perspectiva Iberoamericana*, Fundación BBV–Editorial Civitas, Madrid,
1996, pp. 517–570.; "La Justicia Constitucional en América Latina", en Domingo,
García Belaúnde, & Francisco, Fernández Segado, (Coordinadores), *La Jurisdicción
Constitucional en Iberoamérica*, Dykinson S.L. (Madrid), Editorial Jurídica Vene-
zolana (Caracas), Ediciones Jurídicas (Lima), Editorial Jurídica E. Esteva (Uru-
guay), Madrid, 1997, pp. 117–161.; *El Sistema de Justicia Constitucional en la
Constitución de 1999. Comentarios sobre su desarrollo jurisprudencial y su explicación, a veces errada, en la Exposición de Motivos*, Editorial Jurídica Venezolana,
Caracas, 2000, 134 pp.; *Mecanismos Nacionales de Protección de los Derechos
Humanos* (Garantías judiciales de los Derechos Humanos en el Derecho Constitucional Comparado Latinoamericano), Instituto Interamericano de Derechos Humanos (IIDH), Costa Rica–San José, 2005, 300 pp.; *La Justicia Constitucional. Procesos y Procedimientos Constitucionales*, Editorial Porrúa– Instituto Mexicano de Derecho Procesal Constitucional, México, 2007, 521 pp.; *Constitutional Protection of
Human Rights in Latin America. A Comparative Study of the Amparo Proceedings*,
Cambridge University Press, New York, 2009, 432 pp.; "Prólogo: Los tribunales
constitucionales como legisladores positivos. Una aproximación comparativa", al libro de Daniela Urosa Maggi, *La Sala Constitucional del Tribunal Supremo de Justicia como legislador Positivo*, Academia de Ciencias Políticas y Sociales, Serie Estudios N° 96, Caracas, 2011, pp. 9–70.; *Constitutional Courts as Positive Legislators*, Cambridge University Press, New York, 2011, 923 pp.; *La Patología de la Justicia Constitucional*, Editorial Investigaciones Jurídicas–Editorial Jurídica Venezolana, San José, Costa Rica, 2012, 596 pp.; *Práctica y Distorsión de la Justicia Constitucional en Venezuela (2008–2012)*, Colección Justicia N° 3, Acceso a la Justicia,
Academia de Ciencias Políticas y Sociales, Universidad Metropolitana, Editorial
Jurídica Venezolana, Caracas, 2012, 520 pp. y Allan R. Brewer–Carías, y Jaime Orlando, Santofimio, *El control de convencionalidad y la responsabilidad del Estado*,
Universidad Externado de Colombia, Bogotá, 2013, pp. 31–128.

[24] *Vid.*, Allan R. Brewer–Carías, "Retos constitucionales para el siglo XXI" en *Revista
Politeia*, N° 26, Instituto de Estudios Políticos–Universidad Central de Venezuela,
Caracas, 2001, pp. 47–68.

[25] *Vid., La Constitución como Norma y el Tribunal Constitucional*, Editorial Civitas
Madrid, 2001, 264 pp.

[26] *Vid., Derecho Constitucional. Sistema de Fuentes*, Ariel Derecho, Barcelona, 2001,
315 pp.

[27] *Vid.,* "La Constitución como fuente de Derecho", en *La Forma del Poder. Estudios
sobre la Constitución*, Centro de Estudios Constitucionales, Madrid, 1997. pp. 43 y
ss.

dictadura franquista, lograron con sus obras encauzar a su país (España) en la senda del Estado de Derecho, en tanto viejo y actual ideal político, que fue gestado, vivido, y defendido en Inglaterra y Norteamérica y que hoy se encuentra en preocupante declive -con mayor gravedad en América Latina- gracias a la fuerte influencia de la perniciosa mentalidad anti-liberal y anti-capitalista[29].

Si bien dicha incursión en el Derecho Constitucional obedecía *prima facie* a una necesidad estrictamente técnica en el estudio del Derecho Administrativo, originada por el proceso de "constitucionalización" del Derecho, que implica que todas las disciplinas sean parte del "Derecho Privado" o del "Derecho Público", se remitan a la Constitución como norma suprema y fundamento del ordenamiento jurídico, no es menos cierto también, que el énfasis del autor por la *supremacía de la Constitución*, o mejor dicho, la concepción de la Constitución como norma jurídica, fue transformándose en una preocupación intelectual desde una vertiente *sustantiva* e *instrumental*.

Desde un punto de vista *sustantivo*, el autor nos explica en esta obra, que originalmente la Constitución fue concebida como norma suprema que limitaba a los órganos del Estado y proclamaba los derechos individuales, producto de un consenso político logrado por el pueblo mismo, por lo que debía ser directamente aplicable por los tribunales[30], asumiendo con ello los postulados filosóficos y políticos de las *Revoluciones Liberales* (la *Glorious Revolution*[31] y la *American Revolution*[32]), las cuales concebían a la Constitución como un documento contentivo de *derechos* individuales –¡no *sociales* o *prestacionales* por favor!- y de una parte orgánica destinada a normar la organización del Estado, con el correlato de devenir en norma jurídica gracias a su *justiciabilidad* ante los tribunales.

Tal afirmación, si bien reviste una indudable importancia, no permite dilucidar *per se* el concepto de Constitución, o mejor dicho, su definición, como paso previo antes de predicar el carácter de norma jurídica, por lo que el lector debe acudir a otras obras del autor si tiene esta importante preocupación. Así pues, la búsqueda por parte del autor para robustecer el concepto de Constitución, lo ha

---

[28]   *Vid.*, "Sobre las nociones de supremacía y supralegalidad constitucional" en *Revista de Estudios Políticos*, N° 50, Centro de Estudios Políticos y Constitucionales, Madrid, 1986, pp. 9–30 y "El control como elemento inseparable del concepto de Constitución" en *Revista Española de Derecho Constitucional*, N° 19, Madrid, 1987, pp. 15–52.

[29]   Con la venia de estilo, *Vid.* Jesús María Alvarado Andrade, "División del Poder y Principio de Subsidiariedad. El ideal político del Estado de Derecho como base para la libertad y prosperidad material", en *Enfoques sobre Derecho y Libertad en Venezuela*, Serie Eventos N° 30, Academia de Ciencias Políticas y Sociales, Caracas, 2013, pp. 131–185.

[30]   *Vid.*, Allan R. Brewer–Carías, *Derecho Procesal Constitucional. Instrumentos para la Justicia Constitucional*, Editorial Investigaciones Jurídicas S.A., San José, Costa Rica, 2012, p. 13.

[31]   *Vid.*, Steve, Pincus, *1688: The First Modern Revolution*, Yale University Press, USA, 2011, 664 pp.

[32]   *Vid.*, Gordon S. Wood, *The American Revolution: A History*, Modern Library, USA, 2003, 224 pp.

llevado a lo largo de toda su obra, a investigar, estudiar y a recurrir a criterios *políticos* para definir la Constitución[33] los cuales en rigor no deben ser otros –en criterio de quien escribe este modesto prólogo- que las ideas y principios forjados por la tradición *liberal,* defendida y teorizada posteriormente por las mentes esclarecidas de John Locke, Bernard Mandeville, David Hume, Adam Ferguson, Adam Smith y Edmund Burke, entre otros, y con arreglo a la idea de Constitución que estableció la *Déclaration des Droits de L'homme et du Citoyen de 1789*[34], la cual pese a que nunca se cumplió, sino tardíamente en Francia como explica el autor, legó la auténtica idea y concepto de Constitución, a saber, aquel documento normativo que tiene por objeto imponer límites efectivos al Estado para poder realzar y garantizar la libertad y propiedad privada de los individuos.

En efecto, en la defensa de la *supremacía constitucional,* si bien el autor predominantemente asume una visión más *instrumental* que *sustantiva,* en tanto el objeto del libro son los instrumentos de la *justicia constitucional (judicial review)* en Derecho Comparado[35], el lector observará que se *presupone* una definición de Constitución, la cual en rigor es necesaria y vital para poder hablar con propiedad acerca de la Constitución y entender los disímiles mecanismos de controles jurisdiccionales de la constitucionalidad que se explican magistralmente en este libro. Ahora bien, la *quaestio* (objeción) que surge a este respecto, es que si bien el autor reitera una y otra vez que los mecanismos jurisdiccionales de protección de la Constitución, -llamados por él en sentido amplio *justicia constitucional (judicial review)*- afirman la Constitución como norma jurídica, ello no aminora el problema que surge en cuanto a la fundamentación del valor normativo de la Constitución.

Así pues, en la presente obra, el autor establece en consonancia con toda la obra académica que le precede, que históricamente la falta de medios de control de la constitucionalidad de los actos estatales trajo como consecuencia la pérdida del carácter normativo de la Constitución, por lo que el lector se encontrará con un vendaval de argumentos en favor de la importancia de la *supremacía constitucional,* y la conexión que tiene la *supremacía constitucional* con el control jurisdiccional de la constitucionalidad como garante de su primacía en el ordenamiento jurídico. Ahora bien, a los fines de poder fundamentar el carácter de *supremacía* y de obligatoriedad de la Constitución, bien sea la venezolana o cualquier otra, es vital dar un paso hacia adelante, recurriendo inevitablemente a lo que denominó H. L.A. Hart, como "Rule of Recognition" (*Regla de Reconocimiento*), por cuanto los preceptos constitucionales que establecen que "La

---

[33] *Vid.,* los "supuestos" en Allan R. Brewer–Carías, *Derecho Administrativo,* Tomo I, *op. cit.,* p. 12.

[34] Reza la declaración "Toute Société dans laquelle la garantie des Droits n'est pas assurée, ni la séparation des Pouvoirs déterminée, n'a point de Constitution" (Art. 16).

[35] *Vid.,* Allan R. Brewer–Carías, "Instrumentos de Justicia Constitucional en Venezuela. Acción de inconstitucionalidad, controversia constitucional, protección constitucional frente a particulares" en Juan, Vega Gómez, y Edgar, Corzo Sosa, (Coord), *Instrumentos de Tutela y Justicia Constitucional. Memoria del VII Congreso Iberoamericano de Derecho Constitucional,* Instituto de Investigaciones Jurídicas, Serie Doctrina Jurídica, Nº 99, México, 2002, pp. 75–99.

Constitución es la norma suprema y el fundamento del ordenamiento jurídico", con la consecuencia de que "Todas las personas y los órganos que ejercen el Poder Público están sujetos a esta Constitución" (art. 7), y con el correlato de que "Toda persona tiene el deber de cumplir y acatar esta Constitución, las leyes y los demás actos que en ejercicio de sus funciones dicten los órganos del Poder Público" (art. 131) entre otros, no resuelven *per se*, el problema de la fundamentación del valor normativo de la Constitución.

Tal fundamentación, tal y como advirtió en su momento H. L.A. Hart, y en lengua castellana Manuel Atienza y Juan Ruiz Manero[36] entre otros, no es algo que pueda resolverse "intrasistemáticamente" al ordenamiento jurídico, identificando cuáles son las normas supremas de un determinado sistema jurídico dentro de ese sistema, sino en la comprensión por las condiciones que hacen verdadera la afirmación de que la "Constitución" de 1999 es *suprema* y obligatoria al margen de sus preceptos, lo cual sin duda alguna puede evidenciarse, si se dirige la atención fuera del sistema jurídico, en específico, en la *aceptación social compartida* de tal primacía al margen de los preceptos normativos[37.]

Así pues, todo esfuerzo encomiable por parte de la doctrina *iuspublicista* venezolana por fundamentar el valor normativo de la Constitución, debería acudir a la regla de reconocimiento *hartiana*, a los fines de evitar la recurrente *falacia petitio principii*, ya que como antes se advirtió, tal fundamentación no se puede resolver "intrasistemáticamente" al ordenamiento jurídico. En efecto, si bien muchos de los trabajos de dogmática jurídica, y éste que hoy presentamos, contribuyen a fortalecer tanto en la academia, la judicatura, y la sociedad en general el carácter normativo de la Constitución, tal fundamentación se fortalecerá aun mas mediante la aceptación de una norma necesariamente situada fuera del ordenamiento jurídico[38], que ordena reconocer a la Constitución como "el fundamento del ordenamiento jurídico" y no como un mero documento o *carta política*, pues aun con un sistema de *justicia constitucional* (*judicial review*), éste solo garantizará la *supremacía constitucional*, si dentro de los criterios últimos de validez aceptados por los órganos de aplicación se encuentra la referida regla que remita el reconocimiento de la Constitución como norma jurídica y las normas dictadas por las autoridades de conformidad con ella.

Ahora bien, en esta obra, el Brewer-Carías constitucionalista incumple para fortuna de la comunidad jurídica nacional y mundial, aquella advertencia de las

---

[36]   *Vid.*, Manuel Atienza, y Juan Ruiz Manero, "La Regla de Reconocimiento y el Valor Normativo de la Constitución", en *Revista Española de Derecho Constitucional*, N° 47, Centro de Estudios Políticos y Constitucionales, Madrid, 1996, pp. 29–53.

[37]   *Vid.*, Hart H.L.A., *El Concepto de Derecho*, Abeledo Perrot, Buenos Aires, 1998, pp. 125–153.

[38]   La Regla de Reconocimiento sólo puede expresarse en un *metalenguaje* y por tanto, no puede formar parte del *lenguaje objeto*, esto es, del derecho positivo. Para comprender qué se entiende por "metalenguaje". *Vid.*, Ricardo Guibourg, Alejandro M. Ghigliani, y Ricardo Guarinoni, *Introducción al Conocimiento Científico*, Editorial Universitaria de Buenos Aires, Buenos Aires, p. 28 y ss.

Instituciones Políticas y Constitucionales[39], en la que confesaba que cerraba "[…] por ahora un capítulo de la incursión de un administrativista en los predios de la ciencia política y del derecho constitucional"[40], quizás, porque en contextos como el latinoamericano -convulsos en cuanto a instituciones jurídicas y políticas se refiere- no basta con hacer esfuerzos dirigidos a analizar el inagotable y caótico *derecho positivo*, y en específico, los textos legislativos, sino que es vital hacer esfuerzos por estudiar *instituciones*, pues luce siempre prioritario que se comprenda debidamente, que si las convicciones subyacentes acerca del ideal político del *Rule of Law* son endebles o nulas, las realidades adversas a la *modernidad* en los maltratados países latinoamericanos seguirán profundizándose, para mal de los millones de seres humanos víctimas de esa propaganda malsana, que ha generado en muchos países ese recelo, incomprensión y terquedad hacia el *orden social liberal* que es el único que puede garantizar la libertad y prosperidad material.

Ese enfoque de los estudios jurídicos dirigidos a escudriñar *instituciones* y alejados del primitivo enfoque que considera que los problemas constitucionales y políticos exclusivamente están asociados a los *perversos* hombres que detentan el poder, sin atender a los problemas de las *estructuras de poder*, no sólo fortalece la mentalidad crítica, sino que permite complejizar los cada vez más agudos problemas que surgen en sistemas que se alejan de las reglas y principios del *Rule of Law*, logrando un replanteamiento de las *instituciones* -valga acotar, las políticas, constitucionales y administrativas- a los fines de encauzarlas hacia el respeto al ideal político del "Estado de Derecho" (*Rule of Law*), reforzando los compromisos sociales con la democracia liberal y representativa, y logrando deslastrar mediante razones evidenciadas históricamente, que los arcaicos discursos jurídicos y políticos en Latinoamérica basados en la aversión al Estado de Derecho y a la democracia liberal representativa, en procura de una "ingenua" creencia en la democracia directa como sustituto de aquella, terminan a la postre con toda esperanza de libertad política e individual, tal y como advirtiera Luis Castro Leiva entre:

"Estos pensamientos desdeñosos de la democracia representativa, hechos por la alquimia levantisca y demagógica de caudillejos, nos dicen que es necesario reinventar una democracia directa de las masas. Y nos dicen, además, que hay que hacerlo fuera de este lugar. Este sueño "anarquista" consiste en que cada quien lleve su silla de congresista —su curul— como quien lleva una loncherita para manducarse la república y formar, en

---

[39] La primera edición de esta obra en 1982 fue editada por Ediciones Manoa y la Universidad Católica Andrés Bello, Caracas–San Cristóbal. La segunda edición fue en 1985, en la que expresaba lo antes referido, y la tercera edición de 1996–1997 contaba con 7 volúmenes, editada por la Universidad Católica del Táchira y la Editorial Jurídica Venezolana.

[40] *Vid.*, Allan R. Brewer–Carías, "Prólogo" a las *Instituciones Políticas y Constitucionales*, Tomo I: *op. cit.*, p. 22.

un acto de participación política instantánea, una especie de guarapita cívica, la voluntad general de todos"[41].

Por ello, el lector observará que en la presente obra se aprecia a un Brewer-Carías constitucionalista comprometido con la defensa del Estado de Derecho y por tanto con la democracia liberal, y con los diversos mecanismos jurisdiccionales de protección de la Constitución, pero advirtiendo siempre -pues es una constante en su obra como luego abordaremos-, que éstos Tribunales tendrán el deber nada fácil, de servir de protectores del "Estado de Derecho" (*Rule of Law),* y de la democracia liberal y representativa, evitando con ello, que las voces atormentadas de los constantes "revolucionarios" latinoamericanos, saquen provecho de esa "enfermedad general de los espíritus", pues como bien advirtió De Tocqueville, las "Revoluciones", sólo conducen a que ciertos aventureros se atrevan a ir siempre "en línea recta, hacia adelante, mientras el viento empuje[42]", en muchas oportunidades en contra de principios tan caros a la *modernidad* y libertad -como el del ideal político del Estado de Derecho- porque como advertía Bolívar, -no sin razón- la fuerza no hace libres a los pueblos estúpidos que desconocen el valor de sus derechos[43].

II. LA *JUSTICIA CONSTITUCIONAL (JUDICIAL REVIEW)* EN BREWER-CARÍAS: SOBRE LA DESCONFIANZA AL PODER

Una consecuencia inevitable de la defensa irrestricta de la *supremacía constitucional* a través de una definición *instrumental* de Constitución como norma jurídica en el autor, es la de abordar la importancia que revisten los mecanismos jurisdiccionales de protección de la Constitución. Tal circunstancia lo ha colocado en la necesaria línea de defensa de criterios políticos, filosóficos, históricos y jurídicos, para definir la Constitución, lo cual ha implicado, que le haya resultado vital –no podía ser de otro modo- recurrir a principios de la historia constitucional occidental[44], en especial, los legados al mundo por la *Revolución Inglesa y Americana,* y en especial, el de la *supremacía constitucional,* el cual ha influido en el conflictivo constitucionalismo latinoamericano.

---

[41] *Vid.,* Luis Castro Leiva, "Discurso de Orden con motivo del XL aniversario del 23 de Enero de 1958", en *Para Leer a Luis Castro Leiva* (Coord. Serrano, Arturo), Konrad–Adenauer–Stiftung–Universidad Católica Andrés Bello, Caracas, 2006, p. 111–112.

[42] *Vid.,* Alexis De Tocqueville, *Recuerdos de la Revolución de 1848,* Editora Nacional, Madrid, 1984, p. 88.

[43] *Vid.,* Simón Bolívar, "Manifiesto de Cartagena", en Vladimir Acosta (Ed.), *Independencia, soberanía y justicia social en el pensamiento del libertador Simón Bolívar,* PDVSA La Estancia, Caracas, 2010.

[44] La inquietud del autor por la historia según ha confesado, vino precisamente de la mano de su profesor de Derecho Constitucional, Gustavo Planchart Manrique, y por los libros que poseía su abuelo Rafael Carías Capó. *Vid.,* Allan R. Brewer–Carías, *Historia Constitucional de Venezuela,* Colección Trópicos–Historia, n° 81, Editorial Alfa, Tomo 2, Caracas, 2008, p. 530.

Este principio de la *supremacía constitucional* no previsto expresamente en la Constitución de dicho país, y reforzado jurisprudencialmente gracias al célebre caso *Marbury vs. Madison* (5 U.S. 137 1803), obra del astuto *Chief Justice* John Marshall de la Us Supreme Court, no sólo vino a concretizar para la posteridad la sumisión de todos los actos estatales al Derecho, y con ello las bases de la *justicia constitucional* (*judicial review*) moderna, sino que también, ha influido en lo que respecta a la convulsa historia constitucional de Venezuela, como puede verse en la primera "Constitución" de Venezuela, a saber, la de 1811[45], en el célebre artículo 227:

> "La presente Constitucion, las leyes que en su conseqüencia se expidan para executarla, y todos los tratados que se concluyan baxo la autoridad del Gobierno de la Union, serán la ley suprema del Estado en toda la extension de la Confederacion, y las autoridades y habitantes de las Provincias, estaràn obligados à obedecerlas, y observarlas religiosamente sin excusa, ni pretexto alguno; pero las leyes que se expidiéren contra el tenor de ella, no tendràn ningun valor, sino quando hubiéren llenado las condiciones requeridas para una justa, y legítima revision, y sancion".

Tal precepto de la "Constitución" Federal de 1811, si bien era casi una copia literal de la cláusula de *supremacía* contenida en la sección segunda del artículo 6 de la Constitución de Estados Unidos de América[46], contenía un agregado por lo demás importante, a saber, lo que Hans Kelsen ya en el siglo XX denominó la *garantía objetiva de la Constitución*, la cual consiste en que todo acto estatal si es contrario a la Constitución resultará nulo, al no requerir de ningún otro acto jurídico para quitarle su calidad usurpada de acto jurídico, por lo que cualquier autoridad pública o individuo puede examinar la *regularidad* del acto, pudiendo en caso de considerarlo irregular, estimarlo nulo o inválido, mientras que si fuere necesaria la intervención de otro acto jurídico para establecer la nulidad del acto inconstitucional la garantía no sería la nulidad sino la anulabilidad[47].

---

[45] *Vid.,* Allan R. Brewer–Carías, *Las Constituciones de Venezuela*, Academia de Ciencias Políticas y Sociales, Tomo I, Caracas 2008, pp. 553 ss.

[46] La cual establecía que "Esta Constitución, y las Leyes de los Estados Unidos que de ella emanen, y todos los Tratados celebrados o que se celebren bajo la Autoridad de los Estados Unidos, serán la suprema Ley del País y los Jueces de cada Estado estarán obligados a acatarlos, a pesar de cualquier Disposición contraria que se encuentre en la Constitución o las leyes de cualquier Estado",

[47] Vale recordar que Kelsen afirmaba que "Las garantías objetivas, que tienen al mismo tiempo un carácter represivo acentuado, son la nulidad o anulabilidad del acto irregular. La nulidad significa que un acto que pretende ser acto jurídico y, en especial un acto estatal, no es tal objetivamente porque es irregular, es decir, no responde a las condiciones que prescribe una norma jurídica de grado superior. Al acto nulo le falta de antemano el carácter de jurídico, de manera que no es necesario para retirarle su cualidad usurpada de acto jurídico, otro acto jurídico. Por el contrario, si un nuevo acto fuera necesario se estará en presencia no de una nulidad, sino de una anulabilidad" *Vid.,* Hans, Kelsen, "La Garantía Jurisdiccional de la Constitución. La Justicia Constitucional" en *Revista Iberoamericana de Derecho Procesal Constitucional*, N° 10, Editorial Porrúa– Instituto Iberoamericano de Derecho Procesal Constitucional, México, 2008, p. 17.

La plasmación normativa del principio de *supremacía constitucional*, desde la primera "Constitución", iniciará una intensa tensión de gran actualidad, como lo es, la de concebir bien a la Constitución como una carta política o bien como una norma jurídica suprema y supra-legal, mediante los mecanismos jurisdiccionales o los mecanismos políticos, para lograr la *nulidad* de todo acto estatal que contradiga los preceptos constitucionales. En efecto, el rol del Poder Judicial conforme a la "Constitución" de 1811, se encontraba constreñido al conocimiento de todos los asuntos contenciosos civiles, o criminales que se deriven del contenido de esta Constitución (art. 115) estableciendo además, autoridad a la Suprema Corte de Justicia para conocer en apelación, según las reglas y excepciones que le prescribiere el Congreso; exclusiva y originalmente, en lo concerniente a los Embajadores, Ministros, y Cónsules, y en los que alguna Provincia fuere parte interesada (art. 116), evidenciándose de esta manera, el intento precario por dotar al texto de 1811 de escasa vigencia, de garantías que permitieran sostener la *supremacía constitucional* como sucedió con la Constitución de Estados Unidos posterior a la sentencia *Marbury vs. Madison* con todo y sus vaivenes históricos.

Tal conexión entre *supremacía constitucional* y control por parte de los jueces, luego del fallo de *Marbury vs. Madison*, no luce patente en las primeras "Constituciones" venezolanas, en tanto se aprecia una disminución del rol de los jueces en comparación con el rol de los órganos representativos, de allí la presencia del control político y no jurisdiccional -por parte de los jueces de los estados de Venezuela antes de la *nacionalización* de la justicia en 1945-, atribuido a los órganos representativos para que controlaren la constitucionalidad, aun cuando dicho control político irá paulatinamente desapareciéndose hasta lograrse en el derecho venezolano la nulidad de las leyes inconstitucionales, cuando finalmente los controles jurisdiccionales se perfeccionen y se consagren de un modo más preciso, lo que sugiere, si se sigue la –lógica- de *Marbury vs. Madison* (5 U.S. 137 1803), que dado que la "Constitución" de 1811 y las posteriores adolecían de idóneos mecanismos jurisdiccionales que aseguraran su *supremacía*, no había en rigor Constitución, si aquellos son un requisito *sine qua non* para poder hablar con propiedad de ella.

La "Constitución" de 1811, tal y como ha explicado el autor, en sus distintos estudios de historia constitucional, fue un texto influenciado por los "principios de la Constitución norteamericana" como a su vez, "de la redacción del texto de las Constituciones francesas revolucionarias, tanto en su parte dogmática como en su parte orgánica"[48], *revoluciones* que está demás indicar, son opuestas entre sí conceptualmente, por lo que el examen constitucional riguroso, evidencia que más que un control jurisdiccional a la estirpe del modelo norteamericano que fue construyendo el *Chief Justice* John Marshall de la U.S. Supreme Court, se consagró en los inicios del "constitucionalismo" en Venezuela, un control político de la constitucionalidad de raigambre francesa.

---

[48] *Vid.*, Allan R. Brewer–Carías, "Las primeras manifestaciones del constitucionalismo en las tierras americanas: las primeras Constituciones provinciales y nacionales (1811–1812) como fórmula de convivencia civilizada" en *Revista de Derecho Político*, N° 84, UNED, Madrid, 2012, p. 256.

En efecto, la "Constitución" de 1811 estableció un control político sobre los actos estatales, en especial, sobre las leyes provinciales conforme a la idea de la Confederación adoptada, lo que se comprueba al leer las llamadas "Bases del Pacto Federativo que ha de constituir la Autoridad General de la Confederación", en el que si bien se establecía la importancia de la *separación de poderes*[49], también se previó que todo aquello que no estuviere delegado a la "Autoridad General de la Confederación", correspondía a cada una de las Provincias que la componen, las cuales conservarían su "Soberanía, Libertad é Independencia, y en uso de ellas, tendrán el derecho exclusivo de arreglar su Gobierno y Administración territorial, bajo las leyes que crean convenientes, con tal que no las sean comprehendidas en la Constitución, ni se opongan ó perjudiquen à los mismos Pactos Federativos que por ellas se establecen".

La protección política -no jurisdiccional- de la *supremacía constitucional*, en el texto de 1811, consistía en prohibirle las Provincias ejercer actos que correspondieran a las atribuciones concedidas al Congreso y al Poder Ejecutivo de la Confederación, impidiendo además, que legislaran de modo tal que comprometieran los contratos generales de ella (art. 119). Tal control político, se le asignaba al Poder Legislativo, para que éste examinara "todas las leyes que formasen las Legislaturas provinciales y exponer su dictamen sobre si se oponen o no a la autoridad de la Confederación" (art. 71), lo cual dista mucho del modelo de la Constitución norteamericana, razón por la cual, Tomás Polanco Alcántara y el autor de este libro[50] han sostenido con razón, que es erróneo afirmar que tal texto es *copia* de la Constitución norteamericana como recurrentemente se sigue afirmando.

Tal afirmación, sobre la supuesta influencia total de la Constitución norteamericana en el texto de 1811, ya había sido refutado por Caracciolo Parra Pérez, en su *Historia de la Primera República de Venezuela*, al sostener que su influencia mayor obedecía a las ideas surgidas a la ribera del Sena, pues lo que tenía de la norteamericana era "cierto vocabulario, fórmulas retóricas y sonoros postulados humanitarios"[51]. Tal observación reviste una importancia crucial, ya que nuestro supuesto *constitucionalismo,* se inicia imitando unas ideas que si bien tomaban parte del discurso general del *liberalismo,* cuestionaban los presupuestos generales de dicha teoría, con lo cual terminaba siendo un "constitucionalismo" *falsamente liberal,* como ha explicado el nobel de economía Friedrich Au-

---

49 Sostenía el texto de 1811 que: "El ejercicio de esta autoridad confiada a la Confederación, no podrá jamás hallarse reunido en sus diversas funciones. El Poder Supremo debe estar dividido en Legislativo, Executivo, y Judicial, y confiado á distintos cuerpos independientes entre sí, en sus respectivas facultades. Los individuos que fueren nombrados para excercerlas, se sujetarán inviolablemente al modo, y reglas que en esta Constitución se les prescriben para el cumplimiento, y desempeño de sus destinos",

50 *Vid.,* Allan R. Brewer–Carías, "Las primeras manifestaciones del constitucionalismo en las tierras americanas: las primeras Constituciones provinciales y nacionales (1811–1812) como fórmula de convivencia civilizada" *op. cit.,* p. 256.

51 *Vid.,* Caracciolo Parra–Pérez, *Historia de la Primera República de Venezuela,* Estudio Preliminar: Mendoza, Cristóbal L., Fundación Biblioteca Ayacucho– Banco Central de Venezuela, Caracas, 2011, p. 366.

gust Von Hayek, al ser un producto de un "racionalismo individualista" que tiende siempre a transformarse en lo opuesto del *individualismo*, a saber, en *socialismo* o *colectivismo*[52]

La "Constitución" de 1811 establecía un *control político* atribuido al Congreso para el mantenimiento de la Confederación, garantizando que las leyes particulares de las Provincias no pudieran entorpecer o colidir con la legislación federal, por lo que el Congreso debía examinarlas antes de tener fuerza y valor en sus respectivos departamentos, pudiéndose entre tanto llevar á ejecución mientras las revisara (art. 124), característica ésta del *constitucionalismo* venezolano[53], en el que si bien se le ha atribuido una supuesta influencia de la *Revolución Americana,* representa todo lo opuesto, pues basta reiterar que siempre tuvo frente a sí el temor de los revolucionarios franceses por los Tribunales, a saber, recelos por el control jurisdiccional de los actos estatales, lo que lo aleja de la influencia norteamericana y de los principios del Estado de Derecho, pues como advertía el conocido jurista George Vedel, refiriéndose a la *Révolution Française:*

> Cualquiera que sea el provecho que la Revolución obtuviera como consecuencia de la acción de los Parlamentos, en cuanto esta minó la autoridad real impidiendo que el Estado se transformase dentro de la legalidad, los hombres de la Revolución aprendieron la lección, convirtiéndose para ellos en una especie de dogma la disminución del poder judicial o, más exactamente, a pesar del vocabulario de la época, la oposición a que existiese un poder judicial.[54]

La diferencia del "constitucionalismo venezolano" con la *Revolución Americana (American Revolution)* se evidencia aun mas, en la constante recurrencia a las naciones de "Patria", "sacrificio de sus bienes y de su vida" y la noción roussoniana de "Ley" en los textos constitucionales, las cuales difieren ostensiblemente de los principios del constitucionalismo americano, en el que tales abstracciones *racionalistas* no tenían tal importancia. De igual modo, en la noción de "soberanía", se ve patente otra diferencia que no es pertinente descuidar, pues si bien allí se establecía que: "La soberanía de un país, ò supremo poder de reglar, y dirigir equitativamente los intereses de la comunidad reside pues esencial y originariamente en la masa general de sus habitantes y se ejercita por medio de Apoderados ò Representantes de estos, nombrados y establecidos conformes á la Constitucion" (art. 144), es evidente que no hay modo posible de articular o compatibilizar, una recurrente apelación a la *soberanía* -de la que se vanaglorian siempre nuestros textos constitucionales- con la *supremacía constitucional*, si aquella no logra "juridificarse".

[52] *Vid.,* Friedrich Von Hayek, *Individualismo: El Verdadero y el Falso*, Unión Editorial, Madrid, 2009, p. 51.

[53] *Vid.,* Jesús María Casal Hernández, "El Constitucionalismo Venezolano y la Constitución de 1999" en *Revista de la Facultad de Derecho de la Universidad Católica Andrés Bello*, N° 56, Universidad Católica Andrés Bello, Caracas, 2001, pp. 137–179.

[54] *Vid.,* George Vedel, *Derecho Administrativo*, Aguilar Ediciones, Madrid, 1980, p. 59.

Bien hayan sido los "Apoderados ò Representantes" o la "masa general de sus habitantes" quienes directamente ejerzan la *soberanía*, es prioritario retener que en un "Estado de Derecho" (*Rule of Law*), deben existir límites efectivos al pueblo y a los representantes, para que la tan conocida y a veces no asimilada advertencia de Montesquieu, no adquiera la terrible vigencia que siempre tiene, a saber, el que "Todo estaría perdido si el mismo hombre, el mismo cuerpo de personas principales, de los nobles o del pueblo, ejercieran los tres poderes: el de hacer las leyes, el de ejecutar las resoluciones públicas y el de juzgar los delitos o las diferencias entre particulares"[55] o la de Lord Acton de que "El poder tiende a corromper y el poder absoluto corrompe absolutamente. Los grandes hombres son casi siempre hombres malos, incluso cuando ejercen influencia y no autoridad: más aún cuando sancionan la tendencia o la certeza de la corrupción con la autoridad. No hay peor herejía que la oficialidad santifique a quien posee el poder"[56].

En los términos de Brewer-Carías, se deduce claramente que al no haber idóneos mecanismos jurisdiccionales de protección de la Constitución, es difícil afirmar la *supremacía constitucional*, y en específico, la de ser concebida como norma jurídica. Sin embargo, esta primacía de la Constitución, lleva al autor a insistir en que la compatibilidad del "Estado de Derecho" (*Rule of Law*), con la *democracia* como régimen político, sólo es posible en el ámbito de la democracia liberal y representativa, ya que el reconocimiento de la Constitución como norma jurídica si bien no excluye la titularidad de la *soberanía* en el pueblo conforme al postulado del constitucionalismo norteamericano, si excluye toda atribución de la *soberanía* a un órgano del Estado y todo ejercicio ilimitado de la soberanía por parte del pueblo al margen de la Constitución, en tanto el "Estado de Derecho" (*Rule of Law*), requiere que la soberanía esté "juridificada", aspecto que eleva la importancia de los controles jurisdiccionales para hacer efectivas las necesarias limitaciones a todos los órganos que ejercen el Poder Público y a todos los ciudadanos.

En Venezuela, y en consonancia con los aportes de Brewer-Carías, ha sostenido contundentemente Antonio Canova que: "De hecho, sin justicia constitucional no sería posible hablar propiamente de una Constitución superior y jurídica", ya que "cualquier texto con vocación jurídica sin mecanismos de control jurisdiccional, apenas tendría potencia en el ámbito político, y serviría, a lo sumo para respaldar alguna clase de censura pública, nunca un tipo de control jurisdiccional propiamente tal"[57]. La conexión por tanto entre Constitución como norma jurídica y *justicia constitucional* (*judicial review*), desarrollada por Brewer-Carías, no sólo tiene que ver con la atención que le imprime a los mecanismos jurisdiccionales de protección de la Constitución para poder permitir el carácter de norma jurídica, sino también, en cuanto a la necesidad por limitar la *soberan-*

---

[55] *Vid.*, Montesquieu, *Del espíritu de las Leyes*, Clásicos del Pensamiento, Editorial Tecnos, 6° Edición, Madrid, 2007, pp. 175 y 176.

[56] *Vid.*, Carta a Mandell Creighton (1887)

[57] *Vid.*, Antonio Canova González, "La inconstitucionalidad de la Ley", en *Revista de la Facultad de Derecho de la Universidad Católica*, N° 60–61, Universidad Católica Andrés Bello, Caracas, 2006, p. 12.

ía, encauzándola normativamente, para con ello garantizar la *supremacía* y la *supralegalidad,* en tanto no hay Constitución, si se reconoce, existe, o se exalta una *soberanía ilimitada,* bien sea por parte de los órganos que ejercen el Poder Público, o bien por el propio pueblo, como la actual y recurrente frase del "Poder Constituyente Permanente", aspecto que además fue brillantemente criticado por el autor, en el fatídico *proceso constituyente* venezolano, dando voces de alerta que no fueron escuchadas[58], como siempre le sucede a los hombres esclarecidos.

La afirmación de la "Constitución" de 1811, de que "Ningún individuo, ninguna familia, ninguna porción ò reunión de ciudadanos, ninguna corporación particular, ningún pueblo, ciudad, ò partido, puede atribuirse la soberanía de la sociedad, que es imprescriptible, inajenable é indivisible en su esencia y origen, ni persona alguna podrá ejercer cualquiera función pública del gobierno, sino la ha obtenido por la Constitución" (art. 145), debe entenderse y contextualizarse a la luz de los principios constitucionales de limitación efectiva de la *soberanía,* a los efectos de posibilitar la existencia real de Constitución, pues ésta requiere una neta separación entre titularidad y ejercicio de la *soberanía,* a saber, que aquel que es titular de la *soberanía,* -léase en una democracia el *pueblo*- no pueda ejercer su *soberanía* sino en los términos que establece la propia Constitución, pues incluso, como ha indicado Hayek refiriéndose a la democracia, "no es, por su propia naturaleza, un sistema de gobierno ilimitado. No se halla menos obligada que cualquier otro a instaurar medidas protectoras de la libertad individual"[59].

De hecho, tal conciliación entre el principio de la *supremacía constitucional,* y la *soberanía popular,* ha llevado al autor, a sostener de manera magistral que:

El primero, el principio de la supremacía constitucional, es un concepto jurídico; y el segundo, el de la soberanía popular, es un concepto político (aunque juridificado); y en torno a ambos es que gira el poder constituyente, es decir, el poder de reformar la Constitución que siempre debe resultar de un punto de equilibrio entre ambos principios. Ni la supremacía constitucional puede impedir el ejercicio de la soberanía por el pueblo, ni este pueda expresarse al margen de la Constitución. En esta forma, en el equilibrio entre ambos principios, que es el equilibrio entre el derecho y los hechos, o entre el derecho y la política, es cómo el poder constituyente debe manifestarse en un Estado constitucional y democrático de derecho. Es decir, la reforma constitucional debe resultar del equilibrio previsto en la Constitución entre soberanía popular y supremacía constitucional, como juridificación

---

[58] *Vid.,* Allan R. Brewer–Carías, *Golpe de Estado y Proceso Constituyente en Venezuela,* Universidad Nacional Autónoma de México, México, 2002, 405 pp. y *Asamblea Constituyente y Ordenamiento Constitucional,* Serie Estudios N° 53, Biblioteca de la Academia de Ciencias Políticas y Sociales, Caracas, 1999, 328 pp.

[59] *Vid.,* Friedrich A. Von Hayek, *Los Fundamentos de la Libertad,* Universidad Francisco Marroquín–Unión Editorial–Fundación Friedrich A. von Hayek, Madrid, 2008, p. 146.

del poder constituyente, para hacerlo operativo desde el punto de vista democrático"[60]

Esta permanente tensión o dilema entre *soberanía popular* y *supremacía constitucional*, estudiada por el autor en innumerables obras, tendrá en la *justicia constitucional* (*judicial review*) una salvaguarda, ya que si el carácter de la *supremacía* de la Constitución implica que no puede haber ninguna norma que contradiga a la Constitución; *que la* Constitución a través de sus controles jurisdiccionales será justiciable, a saber, derecho positivo aplicable por los tribunales; que la Constitución regula los mecanismos de producción jurídica a partir de ella y por último, *que* la Constitución debe ser modificada por procedimientos agravados; entonces luce comprensible que se haga tanto énfasis en el control judicial, a los fines de *impedir* la conversión de la Constitución en mera *hoja de papel*. Por ello, el autor, exalta la defensa de la Constitución a través de las instancias jurisdiccionales y no como sucedía con las "Constituciones" del siglo XIX, sometidas a un control político, el cual era ejercido por los órganos representativos, lo que impedía hablar en puridad de Constitución, sino a lo sumo, "una mera exigencia lógica de la unidad del ordenamiento"[61], si sigue la secuencia lógica del fallo de 1803, que valga acotar, el eminente jurista Brewer-Carías asume.

Tal énfasis por el control jurisdiccional a los fines de garantizar la *supremacía constitucional* en contraposición a los controles políticos, no solo tiene que ver en el autor con la sólida formación que posee respecto a los diversos ordenamientos jurídicos -pasados y actuales, nacionales y comparados-, sino además, por el estudio exhaustivo del desenvolvimiento histórico de determinadas instituciones, lo que le ha permitido concluir, que no solo basta la convicción sincera por elevar a la Constitución al rango de norma suprema, afirmando que los actos ejercidos contra cualquier persona fuera de los casos, y contra las formas que la ley determina, son inicuos, "y si por ellos se usurpa la autoridad constitucional, ó la libertad del pueblo, serán tiránicos" (art. 150), sino que es necesario, que la Constitución disponga de un correlativo remedio jurisdiccional para todo acto estatal que atente contra su primacía. .

La idea en el autor, es que aun cuando los diversos textos constitucionales atribuyan a cada ciudadano la libertad de reclamar sus derechos ante los depositarios de la autoridad pública, con la moderación, y respeto debidos, lo cual en ningún caso podrá impedirse, ni limitarse, sino que por el contrario, "deberán hallar un remedio pronto, y seguro, con arreglo à las leyes, de las injurias, y daños que sufrieren en sus personas, en sus propiedades, en su honor, y estimación", como establecía la "Constitución" de 1811, ello no es equivalente a los necesarios mecanismos jurisdiccionales para someter todas las actuaciones del Poder a la Constitución para garantizar la supremacía, pues un sistema de castigo

---

[60]   *Vid.,* Allan R. Brewer–Carías, "Reforma Constitucional, Asamblea Nacional Constituyente y Control Judicial Contencioso Administrativo. El caso de Honduras (2009) y el antecedente Venezolano (1999)", en *Estudios Constitucionales*, N° 2, Centro de Estudios Constitucionales de Chile, Universidad de Talca, Chile, 2009, p. 319.

[61]   *Vid.,* Eduardo García de Enterría, *La Constitución como Norma y el Tribunal Constitucional, op. cit.*, p. 42.

a los funcionarios que actuaren en contravención a la Constitución (art. 168), no es en rigor un sistema de *justicia constitucional* (*judicial review*), sino un mecanismo que colocará a la Constitución en el péndulo de los vaivenes de las conformaciones políticas de los órganos representativos.

En el control político de la constitucionalidad decimonónico, en especial en 1811, se establecía que "Todos los empleados de la confederación están sujetos á la inspección de la Cámara de Representantes en el desempeño de sus funciones, y por ella ser acusados ante el Senado de todos los casos de traición, colusión, ó malversación, y este admitirá, oirá, rechazará, y juzgará estas acusaciones, sin que puedan someterse à su juicio por otro órgano que el de la Cámara, á quien toca exclusivamente este derecho" (art. 44), añadiéndose posteriormente que "El Senado tiene todo el poder natural, é incidente de una Corte de Justicia para admitir, oír, juzgar y sentenciar á qualesquiera de los empleados principales en servicio de la Confederación, acusados por la Cámara de Representantes de felonía, mala conducta, usurpación ó corrupción en el uso de sus funciones, arreglándose á la evidencia, y à la justicia de estos procedimientos, y prestando para ello un juramento especial sobre los evangelios antes de empezar la actuación" (art. 52), cuya decisión, -llamada "sentencia"- "no tendrá otro efecto que el deponer al acusado de su empleo, en fuerza de la verdad conocida por averiguación previa, declarándolo incapaz de obtener cargo honorífico, ò lucrativo en la Confederación, sin que esto lo releve de ser ulteriormente perseguido, juzgado, y sentenciado por los competentes Tribunales de Justicia" (art. 58)

Tal poder por parte del Congreso (Poder Legislativo) en desmedro del Poder Judicial, inauguró en Venezuela un control político no jurisdiccional sobre determinados actos estatales, en especial, sobre las leyes particulares de las Provincias, las cuales no deberían entorpecer la marcha de las federales, por lo cual estarían sometidas siempre al juicio del Congreso antes de tener fuerza y valor de tales en sus respectivos Departamentos, pudiéndose, entre tanto, llevar a ejecución mientras fuesen revisadas por el Congreso (art. 124). Tal circunstancia, que se repitió luego en la "Constitución" de 1830, ratificó la importancia de la vida provincial, al establecerse un control de la constitucionalidad político y no jurisdiccional[62] a las diputaciones provinciales, las cuales debían "Informar á la cámara de representantes las infracciones y abusos que se hayan cometido contra la constitución y las leyes, y velar en el exacto cumplimiento de estas" (art. 161 ord. 1 y 57 ord. 4), ya que como ha advertido José Guillermo Andueza "Las Constituciones del año 1830 y siguientes, consagran los principios de constitucionalidad y legalidad de los actos estatales. Pero en vez de establecer un procedimiento dirigido a la impugnación del acto irregular, consagran un procedimiento para hacer efectiva la responsabilidad del autor, dejando éste subsistente."[63]

---

[62] *Vid.,* José Guillermo Andueza, *La Jurisdicción Constitucional en el Derecho Venezolano*, Universidad Central de Venezuela–Facultad de Derecho, Caracas, 1974, pp. 45 y ss.

[63] *Ibíd.,* pp. 45 y ss.

El predominio del Poder Legislativo sobre el Poder Judicial[64] irá cambiando posteriormente, pues a partir de la "Constitución" de 1858[65] comienza a vislumbrarse en Venezuela un control jurisdiccional de la constitucionalidad, al atribuírsele a la Corte Suprema, competencia para "Declarar la nulidad de los actos legislativos sancionados por las Legislaturas provinciales, á pedido de cualquier ciudadano, cuando sean contrarios á la Constitución" (art. 113 ord. 8), "positivizándose" por vez primera, la no menos problemática *acción popular de inconstitucionalidad*[66], la cual fue posteriormente eliminada en la "Constitución" de

---

[64] Usamos la errónea expresión "Poder Judicial" porque es así como se ha entendido siempre, aun cuando valga advertir que el Judicial en rigor conceptual no es Poder, sino que es Autoridad.

[65] *Vid.,* artículo 215, ordinales J, 4, y 6.C.

[66] Luego de sancionada la "Constitución" de 1999, la Sala Constitucional en sentencia Nº 1077, *Caso: Servio Tulio León Bircaño*, de 22 de septiembre de 2000, sostuvo en relación a la legitimación activa en la llamada "acción popular", que con la misma "cualquier persona capaz procesalmente tiene interés procesal y jurídico para proponerla, sin necesidad de un hecho histórico concreto que lesione la esfera jurídica privada del accionante" en cuyo caso, el actor es "un tutor de la constitucionalidad y esa tutela le da el interés para actuar, haya sufrido o no un daño proveniente de la inconstitucionalidad de una ley". Posteriormente en sentencia Nº 37, *Caso: Asociación Cooperativa Mixta La Salvación*, de 27 de enero de 2004 sostuvo que: "Nuestra legislación procesal establece, de manera verdaderamente excepcional en el Derecho Comparado, una legitimación amplísima cuando se trata de la impugnación de actos normativos, incluso de rango sub–legal. No se trata, en realidad, de una acción popular pura, en el sentido de estar reconocida a todos y en cualquier caso, pero sí se le acerca mucho, puesto que difícilmente faltará entre la población el simple interés que la ley exige para demandar. Siendo una acción de naturaleza básicamente popular prácticamente pierde sentido la referencia al interés propio del accionante. Bastaran exponer las razones para impugnar la norma para que el tribunal –esta Sala, de ser un acto de rango legal– entre a analizar la procedencia del recurso. La inadmisión, de darse, se producirá normalmente a causa de la evidencia de que el demandante carece del más mínimo interés, toda vez que las acciones judiciales deben tener una justificación que no sea la meramente teórica. Por tanto, no es al actor a quien en realidad toca demostrar su interés, el cual puede fácilmente presumirse; corresponde hacerlo a quien se opone a la demanda, o al juez, si es que lo verifica de oficio. De esta manera, la amplitud de la legitimación reconocida en la legislación venezolana –para el caso de la impugnación de actos normativos– hace que se presuma el interés del actor, a menos que de los autos se desprenda su carencia, caso en que el juez debe rechazarla. Esa amplísima legitimación obedece a la necesidad –no aceptada por otros sistemas jurídicos– de que toda persona que pudiera ser sujeto de la aplicación de una norma, tenga capacidad para debatir en juicio su validez. La acción de nulidad, por ello, tiene entre nosotros un carácter de abstracción: no se requiere un caso concreto, sino apenas la posibilidad –ni siquiera probabilidad– de su existencia". Luego la Sala Constitucional en sentencia Nº 796, *Caso: Francisco Javier Suárez y otros*, de 22 de julio de indicó que: "por regla general, se ha establecido que la acción de nulidad por inconstitucionalidad es una acción popular que puede ser ejercida por cualquier ciudadano, vale decir, que toda persona tiene, en principio, la cualidad o interés procesal para la impugnación de las leyes o actos con rango de ley, por medio de la acción de nulidad por inconstitucionalidad. Dicho en otros términos, la legislación venezolana no exige un interés procesal calificado, ni

1864, al expresar que "Todo acto del Congreso o del Ejecutivo Nacional que viole los derechos garantizados a los Estados en esta Constitución, o ataque su independencia, deberá ser declarado nulo por la Alta Corte, siempre que así lo pida la mayoría de las legislaturas" (art. 92), sustituyendo la legitimación amplia de todos los ciudadanos por la de las legislaturas, para que éstas obtuvieren la declaración de nulidad de las leyes nacionales o decretos del Ejecutivo Nacional y leyes de las legislaturas de los Estados miembros de la Federación.

Pese a que se elimina la llamada *acción popular de inconstitucionalidad*, con la "Constitución" de 1864, es menester destacar, que se atribuyó a la Alta Corte Federal competencia general para "Declarar cuál sea la ley vigente cuando se hallen en colisión las nacionales entre sí o éstas con las de los Estados o las de los mismos Estados" (art. 89 ord. 9) estableciéndose un tipo de control judicial en relación a la legislación de los Estados miembros de la Federación con las regulaciones federales, mientras que con la "Constitución" de 1893, se estableció, que la Alta Corte Federal tenía como atribución: "Declarar cuál sea la ley, decreto o resolución vigente cuando estén en colisión las nacionales entre sí, o éstas con la de los Estados, o la de mismos Estados, o cualquiera con esta Constitución" (art. 110 ord. 8) expresando además que la Alta Corte Federal tendría como competencia: "Declarar la nulidad de todos los actos a que se refieren los artículos 118 y 119 de esta Constitución, siempre que emanen de autoridad nacional o del Distrito Federal" (art. 110 ord. 9), y la no menos importante proclamación de que: "Los derechos reconocidos y consagrados en los artículos anteriores no serán menoscabos ni dañados por las leyes que reglamenten su ejercicio, y las que esto hicieren serán tenidas como inconstitucionales y carecerán de lada eficacia" (art. 17)[67], ampliándose con ello, los mecanismos jurisdiccionales de protección de la Constitución de manera concentrada –en la cúspide del Poder Judicial- que luego convergerá con un sistema de control jurisdiccional de la constitucionalidad difuso debido al Código de Procedimiento Civil de 1897 que perdurará en lo formal hasta nuestros días[68].

---

por la posible existencia de una especial situación de hecho que vincule alguna posición jurídico–subjetiva con cierta norma legal (individualizada), ni por el ejercicio de un cargo público, sea de representación popular o sea dentro del Poder Ciudadano".

[67] Vale recordar la disposición de la "Constitución" de 1811 que establecía que "Para precaver toda transgresión de los altos poderes que nos han sido confiados, declaramos: que todas y cada una de las cosas constituidas en la anterior declaración de derechos, están exentas y fuera del alcance del Poder general ordinario del Gobierno, y que conteniendo ó apoyándose sobre los indestructibles y sagrados principios de la naturaleza, toda ley contraria á ellas que se expida por la Legislatura federal, ò por las provincias, será absolutamente nula y de ningún valor" (art. 199).

[68] *Vid.*, artículo 10 de *Código de Procedimiento Civil* de 14 de Mayo de 1897, artículo 10 del *Código de Procedimiento Civil*, de 18 de Abril de 1904, artículo 7 del *Código de Procedimiento Civil*, de 4 de Julio de 1916, artículo 20 del *Código de Procedimiento Civil*, Gaceta Oficial N° 4.209 Extraordinario del 18 de septiembre de 1990, el cual dispone: "Cuando la ley vigente, cuya aplicación se pida, colidiere con alguna disposición constitucional, los Jueces aplicarán ésta con preferencia"; artículo 334 de la *Constitución de la República Bolivariana de Venezuela*, Gaceta Oficial N° 5.908 Extraordinario del 19 de febrero de 2009, que dispone: "Todos los jueces o

Si el paso del control político al control jurisdiccional implica una "evolución" en la protección de la "Constitución", es a partir de 1858, que puede considerarse que empieza a operar –aunque incompleto- un sistema de control jurisdiccional que posibilitaba con las limitaciones del caso, la garantía y eficacia del principio de *supremacía constitucional*. Tal proceso que comenzó a partir de 1858, irá influyendo todas las "Constituciones" decimonónicas y del siglo XX, como puede apreciarse en la de 1901, la cual atribuía a la Corte Federal competencia para declarar "en el término más breve posible, cuál disposición ha de prevalecer en el caso especial que se le someta, cuando la autoridad llamada á aplicar la ley, en el lapso legal señalado para su decisión, motu-propio, ó á la instancia de interesado, acuda en consulta á este Tribunal con copia de los conducente, porque considere que hay colisión de las Leyes Federales ó de los Estados con la Constitución de la República".

De igual modo, tal texto constitucional añadía que: "Sin embargo, por este motivo no se detendrá el curso de la causa y llegada la oportunidad de dictar sentencia sin haberse recibido la declaración de que trata esta facultad, aquella se conformará á lo que en particular dispone el Código de Procedimiento Civil. En el caso de que la decisión llegue encontrándose la causa en apelación, el Tribunal de alzada aplicará lo dispuesto por la Corte Federal" (art. 106 ord. 8), precepto que establecía un *control incidental difuso*, surgido a instancia de parte o bien por decisión del propio juez en el curso de un proceso jurisdiccional -de ahí lo de difuso, al estilo norteamericano- consagrando un control en el que si determinados actos estatales -en este caso, Leyes Federales ó de los Estados- colidían con normas de carácter constitucional[69], devendrían en inaplicables por contravención al Derecho.

---

juezas de la República, en el ámbito de sus competencias y conforme a lo previsto en esta Constitución y en la ley, están en la obligación de asegurar la integridad de la Constitución. En caso de incompatibilidad entre esta Constitución y una ley u otra norma jurídica, se aplicarán las disposiciones constitucionales, correspondiendo a los tribunales en cualquier causa, aún de oficio, decidir lo conducente", y artículo 19 del *Código Orgánico Procesal Penal, Gaceta Oficial* N° 6.078 Extraordinario del 15 de junio de 2012, "Corresponde a los jueces y juezas velar por la incolumidad de la Constitución de la República Bolivariana de Venezuela. Cuando la ley cuya aplicación se pida colidiere con ella, los tribunales deberán atenerse a la norma constitucional". *Vid.,* José Vicente Haro, "El sentido y alcance del control difuso de la constitucionalidad" en *Revista de Derecho Constitucional,* N° 4, Editorial Sherwood, Caracas, 2001, pp. 275–287.

[69] Hoy en día conforme a la *Ley Orgánica del Tribunal Supremo de Justicia, Gaceta Oficial* N° 39.522 del 1 de octubre de 2010, se dice que "Cuando cualquiera de las Salas del Tribunal Supremo de Justicia y los demás tribunales de la República ejerzan el control difuso de la constitucionalidad deberán informar a la Sala Constitucional sobre los fundamentos y alcance de la desaplicación que sea adoptada, para que ésta proceda a efectuar un examen abstracto sobre la constitucionalidad de la norma en cuestión. A tal efecto deberán remitir copia certificada de la sentencia definitivamente firme." (art. 33) y además se establece que "Conforme a lo que se dispone en el artículo anterior, cuando se declare la conformidad a derecho de la desaplicación por control difuso, la Sala Constitucional podrá ordenar el inicio del pro-

Ahora bien, en la "Constitución" de 1904 se atribuía a la Corte Federal y de Casación competencia para "Declarar la nulidad de las leyes nacionales, o de los Estados, cuando colindan con esta Constitución" (art. 95 ord. 10°); mientras que la de 1909, establecía una competencia mucho más amplia, a saber, la de "Declarar la nulidad de todos los actos de las Cámaras Legislativas ó del Ejecutivo Nacional que violen los derechos garantizados á los Estados ó que ataquen su autonomía y de los actos de las Legislaturas ó de los Concejos Municipales que colidan con las bases 10, 11, 12 y 13 del artículo 12 de esta Constitución" (art. 112 ord. 12)[70], mientras que en lo que se refiere a la "Constitución" de 1925, vale advertir, que se estableció una competencia a la Corte para que declarara "la nulidad de las leyes nacionales o de los Estados cuando colindan con la Constitución de la República" (art. 120 ord. 9)[71] además de "la nulidad de los actos de las Cámaras Legislativas o del Ejecutivo Federal que violen los derechos garantizados a los Estados o que ataquen su autonomía, y la de las Asambleas Legislativas o de los Concejos Municipales que violen las restricciones expresadas en el párrafo 3, número 4° del artículo 17 y en el número 3° del artículo 18" (art. 120 ord. 11).

Luego, a partir de 1931, la Corte asumió la competencia contencioso-administrativa para "Declarar la nulidad de los Decretos o Reglamentos que dictare el Poder Ejecutivo para la ejecución de las leyes cuando alteren su espíritu, razón o propósito de ellas, y en general, declarar, cuando sea procedente, la nulidad de todos los actos a que se refieren los artículos 42 y 43 de esta Constitución, siempre que emanen de la autoridad nacional o del Distrito Federal, o de los altos funcionarios del Estado. Cuando el acto acusado de nulidad fuere una Resolución Ministerial relativa a la ejecución, interpretación o caducidad de algún contrato celebrado por el Ejecutivo Federal, la Corte no podrá decidir sino mediante el procedimiento pautado que sigue" (art. 120 ord. 12).

Sin embargo, en esta revisión histórica, resulta importante destacar la "Constitución" de 1936, pues allí la Corte Suprema asumió la competencia para declarar la nulidad de las ordenanzas municipales (art. 123 ord. 11), en tanto leyes emanadas del órgano legislativo que ejerce el Poder Público municipal cuando violaran la Constitución, siendo un aspecto importante, el énfasis que hace en que "todos los actos del Poder Público violatorios de esta Constitución" (art. 123 ord. 11), son nulos, y todos los actos estatales son susceptibles de control jurisdiccional, lo que inaugurará toda una línea doctrinaria y jurisprudencial en procurar el control jurisdiccional de todos los actos estatales, expresado luego con el

---

cedimiento de nulidad que dispone esta Ley. Igualmente procederá cuando el control difuso de la constitucionalidad sea ejercido por dicha Sala" (art. 34).

[70] *Vid.,* Francisco Fernández Segado, "El control de la constitucionalidad en Iberoamérica: sus rasgos generales y su génesis en el pasado siglo" en *Revista Pensamiento Constitucional*, N° 3, Escuela de Posgrado, Maestría de Derecho Constitucional, Fondo Editorial Pontificia Universidad Católica del Perú, Lima, 1996, pp. 251–252.

[71] También decía el artículo que "La nulidad se limitará al párrafo, artículo o artículos en que aparezca la colisión, salvo que éstos sean de tal importancia, por su conexión con los demás, que, a juicio de la Corte, su nulidad acarreare la de toda la Ley" (art. 120 ord. 9).

principio de que en un "Estado de Derecho", (*Rule of* Law), no hay actos excluidos de control jurisdiccional[72], que luego será afianzado en la "Constitución" de 1961, con el establecimiento de un completo control jurisdiccional contencioso-administrativo (art. 258) y constitucional (arts. 333 y ss) que influenciará al texto de 1999.

La "Constitución" de 1961, en referencia al contencioso-administrativo disponía que correspondía a la Corte Suprema de Justicia y a los demás Tribunales que determinara la ley el anular los actos administrativos generales o individuales contrarios a Derecho, incluso por desviación de poder; condenar al pago de sumas de dinero y a la reparación de daños y perjuicios originados en responsabilidad de la administración, y disponer lo necesario para el restablecimiento de las situaciones jurídicas subjetivas lesionadas por la actividad administrativa (art. 206), además de un control jurisdiccional de la constitucionalidad, en cabeza de la Corte Suprema de Justicia, para que declarara la nulidad total o parcial de las leyes nacionales y demás actos de los cuerpos legislativos (art. 215 ord. 3); las leyes estadales, ordenanzas municipales y demás actos de los cuerpos deliberantes de los Estados o Municipios (art. 215 ord. 4); reglamentos y demás actos del Ejecutivo Nacional (art. 215 ord. 6); y actos administrativos del Ejecutivo Nacional, cuando sea procedente (art. 215 ord. 7), preceptos que luego tendrán su influencia en la "Constitución" de 1999 como tendrá ocasión de comprobar el lector en este libro.

Visto sucintamente esta *evolución histórica*, en cuanto concierne al control judicial de la constitucionalidad, se colige pues, que dado que predominantemente se asume la visión de que para que exista Constitución debe haber *justicia constitucional* (*judicial review*), tal cambio en el ámbito político constitucional, expresado en la reducción de la confianza en el control político de la constitucionalidad, por el control jurisdiccional, haya sido catalogado como positivo por la doctrina nacional. Ello implica que los jueces, irán asumiendo más poderes, y no habrá ya razones normativas válidas, para sostener que haya actos estatales sustraídos del control judicial, de allí, que el establecimiento de un control jurisdiccional sobre todos los actos estatales, terminará a la postre en la convergencia de dos instrumentos de control jurisdiccional de la constitucionalidad, a saber: el control difuso y el control concentrado, llamado *mixto e integral de la Constitución* por el autor, en el que si bien todos los jueces que integran el Poder Judicial son competentes para controlar la constitucionalidad (art. 334) coexisten dos sistemas, distintos y disímiles, a saber, el método en el que un órgano específico del Poder Judicial, de modo exclusivo, le está atribuido la potestad de anular ciertos actos estatales por razones de inconstitucionalidad, en particular, las leyes y demás actos con rango de ley o de ejecución directa e inmediata de la Constitución; que en el caso venezolano sería la Sala Constitucional del Tribunal Supremo de Justicia (arts. 7, 335, y 336), llamado control concentrado, en contraposición al método llamado difuso, de raigambre norteamericana. Tal sistema

---

[72] *Vid.*, Allan R., Brewer-Carías, "La universalidad del control contencioso administrativo" en *Libro de la Amistad en Homenaje a Enrique Pérez Olivares*, Caracas 1992, pp. 203–226, y en *Revista de Derecho Público*, N° 46, Editorial Jurídica Venezolana, Caracas, 1991, pp. 5–22.

bifronte de control jurisdiccional de la constitucionalidad, obligará al jurista Brewer-Carías, a realizar siempre el énfasis debido, en el caso venezolano, ya que luego de una convulsa historia constitucional, en el sistema constitucional venezolano existe un *sistema mixto e integral de la constitucionalidad,* que presenta elementos del control difuso y de control concentrado al mismo tiempo, en el que por el control difuso, debe entenderse la potestad que tienen todos los jueces de ejercer la *justicia constitucional* como noción material, ya que todos tienen competencia para ejercer el control judicial de la constitucionalidad de las leyes y demás actos estatales -lo cual ocurre en Argentina, Brasil, Colombia, Ecuador, Guatemala, Perú, Nicaragua, México y República Dominicana- mediante la desaplicación de una Ley o de cualquier acto estatal, acotando los efectos de su decisión a las partes (inter partes), reputando la Ley o un acto estatal determinado como nulo y sin efectos jurídicos para el caso concreto, teniendo efecto retroactivo con consecuencias *ex tunc* o *pro pretaerito,* declarándolo inconstitucional como si nunca hubiera existido, debido a los efectos declarativos, lo cual puede estudiarse en los trabajos; "La justicia constitucional como garantía de la Constitución"; "El método difuso de control de constitucionalidad de las leyes"; "El método concentrado de control de constitucionalidad de las leyes" y "El sistema de justicia constitucional de la República Dominicana".

En lo que respecta, al control concentrado, como parte del *sistema mixto e integral de la constitucionalidad,* sostiene Brewer-Carías, que le está atribuido dicho control, a un órgano en específico –Sala Constitucional del Tribunal Supremo de Justicia-, la cual tiene la competencia para declarar la nulidad de determinadas leyes y demás actos estatales de ejecución directa e inmediata de la Constitución de manera *erga omnes* y con consecuencias *ex nunc* o *pro futuro*; lo que implica que la Ley o el acto estatal de ejecución directa e inmediata de la Constitución que se repute inconstitucional, es considerado en este sistema como habiendo surtido efectos hasta su anulación por la Sala Constitucional del Tribunal Supremo de Justicia, o hasta el momento que este determine como consecuencia de la decisión, como sucede en países de la región como Bolivia, Chile, Colombia, Ecuador, Guatemala, Perú, Costa Rica, El Salvador, Honduras, Panamá, Paraguay, Brasil, Nicaragua, México y República Dominicana, aspecto que es exhaustivamente tratado por el autor a lo largo del presente libro, pero en especial, en los siguientes trabajos: "El método concentrado de control de constitucionalidad de las leyes";"La conformación contemporánea del sistema venezolano de justicia constitucional"; "El sistema panameño de justicia constitucional a la luz del derecho comparado"; "El sistema de justicia constitucional de Honduras"; "La potestad de la jurisdicción constitucional para interpretar la Constitución con efectos vinculantes"; "Los efectos de las sentencias constitucionales en Venezuela"; "Los efectos de las sentencias dictadas en los procesos de inconstitucionalidad de las leyes en el Perú y su contraste con el sistema venezolano" y "La revisión extraordinaria de sentencias ante la jurisdicción constitucional".

Como se indicó antes, la defensa de la *supremacía constitucional* ha llevado al prominente jurista a una posición de defensa irrestricta de los mecanismos jurisdiccionales de protección de la Constitución, a los fines de que éstos aseguraren de manera idónea la *supremacía normativa* de la Constitución por sobre todo acto estatal dictado por los órganos que ejercen el Poder Público, a los fines de impedir el socavamiento de la Constitución, en tanto exigencia de su carácter *supremo* y *rígido*, la cual demanda el sometimiento de todos los actos dictados por los órganos que ejercen el Poder Público a la Constitución a través de garantías jurisdiccionales –no políticas- que prevengan y sancionen las violaciones y amenazas si se produjeran.

Ahora bien, si bien las Constituciones tradicionalmente se entienden como *supremas* y *rígidas*, y en algunos casos como *supremas* y *supralegales*, hay que advertir que los términos *supra-legalidad* y *rigidez* no significan lo mismo, ya que en rigor cabe sostener conforme a Aragón Reyes, que la *supremacía* no es más que la "cualidad *política* de toda Constitución, en cuanto que ésta es siempre (al margen de cualquier consideración ideológica) un conjunto de reglas que se tienen por fundamentales, es decir, por esenciales, para la perpetración de la forma política" mientras que la *supra-legalidad* viene a ser la "garantía *jurídica* de la supremacía" en tanto "toda Constitución (en sentido lato) tiene vocación de transformar la supremacía en supra-legalidad"[73].

Comoquiera que el verdadero requisito de la *supralegalidad* es "la existencia de una fuente de producción distinta para la Constitución que para la ley ordinaria o, lo que es igual, la distinción entre poder constituyente y poder constituido"[74], hay que mencionar que la rigidez tácita o expresa sólo se refiere a la previsión o no de medios especiales para la reforma de la Constitución, de allí que "la rigidez acompañaría siempre a la supra-legalidad, no como causa o razón de la misma sino como consecuencia"[75], por lo que los mecanismos jurisdiccionales de control de la constitucionalidad, vienen a ser vistos como resultado *lógico* del carácter de *supremacía* y de *supralegalidad* constitucional, y como ha advertido el Brewer-Carías constitucionalista, un requisito primordial y esencial para hablar en rigor de "Estado de Derecho" (*Rule of Law*).

Es menester destacar, que tal carácter de *supremacía* y *supra-legalidad* constitucional, sólo es posible mediante la distinción entre "Poder Constituyente" y "Poder Constituido", en tanto si se postula una supuesta *soberanía ilimitada* o absoluta al margen del Derecho y de la Constitución, se desvanece la *supremacía* y pierde sentido también todo control jurisdiccional de la Constitución. Por ello, la escisión entre estos conceptos, permite en rigor la posibilidad de una Constitución, en tanto la *soberanía* al "juridificarse", deja de ser absoluta e ilimitada, de allí que la diferencia entre "Poder Constituyente" y "Poder Constituido" no es meramente *política* sino *jurídica,* ya que un poder absoluto e incontrolable es incompatible con el Derecho, en tanto ámbito de las limitaciones al Poder y no de su exaltación irreflexiva. Por ello, Genaro Carrió, refiriéndose al místico "Pouvoir Constituant Originaire" expresó con la asertividad de siempre, que:

> El uso de concepto de poder constituyente originario para justificar la reforma revolucionaria de normas constitucionales importa la pretensión de

---

[73] *Vid.,* Manuel Aragón Reyes, "Sobre las nociones de Supremacía y Supralegalidad Constitucional" en *Estudios de Derecho Constitucional*, Centro de Estudios Políticos y Constitucionales, Madrid, 1998, p. 99.

[74] *Ibíd.,* p. 103.

[75] *Ibíd.,* p. 103.

llevar el concepto normativo de competencia (en el sentido de "potestad" o de "atribución") más allá de los límites dentro de los cuales puede ser usado informativamente o servir realmente de justificación. Cuando para justificar o convalidar una reforma de la Constitución impuesta por la fuerza se habla de la "competencia inicial e ilimitada" del titular del poder constituyente llamado "originario" se dice algo que carece de sentido. Un sujeto jurídico dotado de una competencia total e ilimitada es tan inconcebible como un objeto que tuviera todas las propiedades posibles.

El concepto de "competencia" funciona informativamente dentro de un orden normativo cuya existencia es presupuesta al afirmar que alguien tiene una competencia[76]

Tal advertencia, luce importante en la actualidad, ya que se olvida delibera-damente, que el mundo del Derecho es el mundo de las relativizaciones y las limitaciones, por lo que dentro de una perspectiva eminentemente jurídica, no cabe hablar ni postular un llamado "Pouvoir Constituant Originaire", en tanto ruptura de la escisión del "Poder Constituyente" y "Poder Constituido". Por ello, Brewer-Carías es enfático sobre la importancia que reviste la *democracia liberal* –única compatible con el "Estado de Derecho" (*Rule of Law*), como *democracia limitada*, cuya salvaguarda estará en su criterio, en el control jurisdiccional de la constitucionalidad, incluso sobre los actos de las llamadas y cada vez mas usua-les, "Asambleas Constituyentes", por lo que ha criticado de modo constante y sin fisuras, la asunción por parte de éstas de un "Pouvoir Constituant Originaire", en tanto artilugio eficaz para barrer con todo el ordenamiento jurídico que le prece-de y partir de cero y sin control, con la *justificación* de que la soberanía del pue-blo es *ilimitada,* y por lo tanto incontrolable jurisdiccionalmente, lo cual ha re-presentado la destrucción del "Estado de Derecho", (*Rule of Law*), la libertad política e individual, y en general, todos los principios del constitucionalismo, pues estas nuevas "Asambleas Constituyentes" y sus productos, las llamadas "Constituciones", no son más que la excusa, y la manipulación ideológica, para hacer ver falsamente a las débiles sociedades de la región, que los problemas sociales, políticos y económicos solo y exclusivamente se deben a los textos "constitucionales", en clara sintonía con el "papanatismo formalista"[77] latinoa-mericano, eludiendo la verdadera cuestión, a saber, la de que "cuando en Ibero-américa, un presidente quiere hacerse un dictador, anula simplemente la consti-tución que le permite la reelección y se prescribe una nueva que le trasmite le-galmente el poder ilimitado"[78].

Si bien los textos constitucionales –no Constituciones en rigor muchas veces– son parte del problema debido a que están inspiradas en tesis *colectivistas* que impiden el desarrollo económico, cuentan con aspectos *militaristas* que conlle-

---

[76] *Vid.,* Genaro Carrió, *Sobre los límites del lenguaje normativo*, Editorial Astrea, Buenos Aires, 2008, p. 48 y 49.

[77] *Vid.,* Francisco Rubio Llorente, "La defensa de la igualdad política en la reciente jurisprudencia de la Corte Suprema Norteamericana" en *Revista de la Facultad de Derecho*, n° 36, Universidad Central de Venezuela, Caracas, 1967, p. 87.

[78] *Vid.,* Karl Loewenstein, *Teoría de la Constitución*, Editorial Ariel, 2° Edición, Ma-drid, 1979, p.189 y 190.

van a la sumisión de la sociedad civil a la casta militar, y son deficitarias en cuanto controles al Poder, en tanto no llegan a poner límites efectivos a los "titulares ocasionales", es menester indicar, que antes de postular *cajas de pandoras* como las llamadas "Asambleas Constituyentes", deben los juristas y politólogos entre otros, analizar los problemas institucionales y culturales que han impedido la asimilación de los principios del "Estado de Derecho" (*Rule of Law*) y del constitucionalismo, y las razones que han imposibilitado la inexistencia de Constitución, por lo que luce vital, antes que cualquier vía traumática, fortalecer las "garantías sociales", o las profundas convicciones sociales sobre la importancia del ideal político del "Estado de Derecho", (*Rule of Law*), para que incluso la *justicia constitucional* (*judicial review*), pueda cumplir un modesto y difícil cometido en el mantenimiento de este denostado ideal político.

En efecto, la *justicia constitucional* (*judicial review*), en países con sólidas o fuertes convicciones sociales sobre la importancia del "Estado de Derecho", (*Rule of Law*), no sólo ha sido concebida como "una técnica quintaesenciada de gobierno humano"[79], sino que ha servido de herramienta importante en el mantenimiento y fortalecimiento de este valioso ideal político, lo cual requiere ciertas matizaciones cuando se trata de Latinoamérica, ya que un optimismo lírico sobre la *justicia constitucional* (*judicial review*), puede convertirse en un escollo importante para la pervivencia del "Estado de Derecho" (*Rule of Law*) y la democracia.

En efecto, dado que la *justicia constitucional* (*judicial review*), ha sido trasladada a distintos y convulsos países, propensos muchas veces a cualquier credo colectivista y enemigo de la libertad individual, no es baladí recordar, que incluso en el país que legó al mundo moderno el control jurisdiccional de la constitucionalidad, -los Estados Unidos de América- tal técnica "quintaesenciada" se volvió contra los ciudadanos en algunos episodios históricos, y puede ser mucho más amenaza en países sin sólidas instituciones, sino se comprende muy bien su cometido, de allí las tentativas favorables al autoritarismo en muchas de los Tribunales, Cortes y Salas en algunos países de la región, lo cual es un aspecto esencial, y que ha sido analizado por el autor con pluma fina.

El falso dilema, por tanto, entre *supremacía constitucional* y *soberanía,* ha sido refutado con maestría por Brewer-Carías en favor del "Estado de Derecho",(*Rule of Law*), sosteniendo que no hay imposibilidad de reforma o cambio constitucional conforme a la Constitución, pero si fuera de ella, advirtiendo la necesaria escisión entre "Poder Constituyente" y "Poder Constituido". Por ello, a la usanza del constitucionalismo americano, concibe a la *justicia constitucional* (*judicial review*), como "sustituto de la revolución"[80] con el fin de evitar las

---

[79] *Vid.*, Eduardo García de Enterría, *La Constitución como Norma y el Tribunal Constitucional*, *op. cit.,* p. 175.

[80] *Vid.*, Sylvia Snowiss, *Judicial Review and the Law of the Constitution*, Yale University Press, 1990, pp. 11 ss., 33, 34, 38 ss. y 113., y Allan R. Brewer–Carías, "El juez constitucional vs. la supremacía constitucional. (O de cómo la jurisdicción constitucional en Venezuela renunció a controlar la constitucionalidad del procedimiento seguido para la "reforma constitucional" sancionada por la Asamblea Nacional el 02 de noviembre de 2007, antes de que fuera rechazada por el pueblo en el referendo

constantes apelaciones al cielo (*appeal to heaven*)[81] necesarias cuando se trata de corregir los desvaríos, abusos o excesos del Poder en circunstancias graves y especialísimas, con el objeto de reescribir la Constitución, en tanto momento excepcional y necesario cuando es imperioso la reivindicación de la potestad soberana enajenada por un uso ilegítimo del poder del Estado, advertida en el célebre caso *Marbury v. Madison, 5 U.S. 137 (1803),* del *Chief Justice* John Marshall, que vale la pena recordar:

> El fundamento sobre el que se ha construido el sistema americano no es el derecho originario del pueblo a establecer, para su gobierno futuro, aquellos principios que considere más adecuados para obtener la felicidad. La puesta en práctica de dicho derecho originario exige una gran energía, y por ello no puede ser frecuentemente ejercitado. Por ello, los principios que han sido establecidos se consideran fundamentales. Y como la autoridad de la cual emanan es una autoridad suprema, y solo puede expresarse en contadas ocasiones, tales principios tienen vocación de permanencia[82].

Tal advertencia del *Chief Justice*, asumido por Brewer-Carías a lo largo de su obra, a veces resulta incomprensible en "espíritus atormentados", que influidos por esa mentalidad heredada de la falsa revolución liberal -la francesa-, siempre quieren comenzar de cero, y creer en que es necesario "romper con todo lo anterior", y con toda posibilidad de construir instituciones sólidas y permanentes, impidiendo con ello, los necesarios compromisos y sacrificios tanto por parte de los gobernantes como de los gobernados, en aras de la *supremacía constitucional*, y eludiendo también el hecho, de que no solo basta con mecanismos jurisdiccionales que garanticen la *supremacía* constitucional, sino que luce más importante, el robustecimiento social en cuanto a las convicciones profundas acerca de la importancia del "Estado de Derecho", (*Rule of Law*), para limitar el Poder y garantizar la libertad individual, la propiedad privada y la posibilidad de bienestar material, aspectos que no se logran siempre y necesariamente con las constantes *cajas de pandora* "constitucionales", pues como ha advertido Aragón Reyes:

> La carencia de especiales medidas de protección (que no denotan la falta de supremacía sino la existencia de supralegalidad) no son el signo de sus debilidad (precisamente las Constituciones históricas, cuyo ejemplo modélico es la británica, son las que mayor vocación tienen de perpetuidad y las más respetadas tanto por los poderes públicos como por los ciudadanos), sino, por el contrario, de su firmeza y general aceptación, que hacen innecesa-

---

del 02 de diciembre de 2007)" en *Revista de Derecho Público*, N° 112, Editorial Jurídica Venezolana, Caracas, 2007, p. 667.

[81] *Vid.,* John Locke, *Segundo Tratado sobre el Gobierno Civil*, Alianza Editorial, Madrid, 2008, p. 150.

[82] *Vid.,* Miguel Beltrán De Felipe, & Julio, González García, *Las Sentencias Básicas del Tribunal Supremo de los Estados Unidos de América*, Centro de Estudios Políticos y Constitucionales–Boletín Oficial del Estado, Madrid, 2006, p. 117.

rias las garantías jurídicas porque disfruta de otras superiores: las garantías sociales[83]

III. LOS PELIGROS DE LA JUSTICIA CONSTITUCIONAL (*JUDICIAL REVIEW*): LA POLÉMICA LEGISLACIÓN POSITIVA

La inexistencia de Constituciones auténticas en algunos países de la región, con vocación para controlar el Poder y garantizar la libertad de los ciudadanos, tiene disímiles causas, entre otras -en criterio de quien escribe este *prólogo*- en el *i)* el predominio de la mentalidad anti-liberal, *ii)* la ausencia de *separación de poderes*, *iii)* la confianza ciega en las "bondades" del Poder derivado del "Estado Social", *iv)* las permanentes crisis económicas surgidas al calor de los experimentos socialistas marxistas, social-demócratas y social-cristianos, luego constitucionalizadas en las llamadas "Constituciones Económicas"; *v)* los constantes "golpes de Estado" de militares que consideran que se atribuyen de modo exclusivo el carácter de guardianes de las "Constituciones" en detrimento de los ciudadanos -sociedad civil- y los Tribunales, *vi)* las constantes violaciones a los *derechos humanos* por parte del Estado, *vii)* la inexistencia en la práctica de garantías en favor de la propiedad privada, *viii)* la inexistencia de un aparato productivo competitivo internacional derivado de los prejuicios acerca de la importancia de la propiedad privada y la libertad económica como medios para generar más bienestar material, y frenar el creciente impacto de la miseria y pobreza, problemas *institucionales* y de *mentalidades* que perviven y no son superados.

Tales aspectos, enunciados de modo enunciativo y no taxativo, aun cuando revelan la inexistencia, debilidad o precariedad institucional en algunos países de la región, son por lo general eludidos, debido a los siempre vanos y absurdos intentos por "demostrar" que el fracaso de algunos países de la región, se debe al color de piel, religión, geografía, historia, mestizaje, "conquista" o "imperialismo", eludiendo la verdadera *discusión,* que no es otra que la preferencia mayoritaria en nuestros países por postulados *colectivistas* que diluyen al individuo y lo conciben como "masa"[84]. En efecto, una presencia mayoritaria de lo que se ha dado en llamar la "ideología jurídica de la pobreza"[85], producto del descrédito hacia lo escasamente liberal que se mantiene en las "Constituciones", fomentada por políticos, empresarios, académicos, jueces, fiscales, organizaciones no gubernamentales (ONGs) entre otros, han conllevado a tesis conceptualmente difíciles de mantener, como aquella que sostiene que es posible conciliar un orden

---

[83]   *Vid.* Manuel Aragón Reyes, "Sobre las nociones de Supremacía y Supralegalidad Constitucional" *op. cit.*, p. 106.

[84]   *Vid.* Antonio Canova González, Luis Alfonso, Herrera Orellana, y Giuseppe, Graterol Stefanelli, *Individuos o masa: ¿En qué tipo de sociedad quieres vivir?,* Editorial Galipán S.A., Caracas, 2013.

[85]   *Vid.* Ignacio De León, "La ideología jurídica de la pobreza", en *Bicentenario del Código de Comercio Francés,* (Coord. Alfredo, Morles Hernández, & Irene de Valera,), Academia de Ciencias Políticas y Sociales–Universidad Católica Andrés Bello–Asociación Franco–Venezolana de Juristas–Embajada de Francia, Caracas, 2008, pp. 747–777.

sociopolítico liberal y un orden socio-económico basado en postulados socialistas[86].

Esta imposible conciliación, que viene a ser patente en las tesis del "Estado Social", ha venido a poner en entredicho al "Estado de Derecho", (*Rule of Law*) pues ésta cláusula al colocar el acento en el Poder y no en sus controles, ha generado una constante y permanente anulación de los derechos individuales en procura de los llamados *derechos sociales*, (*prestacionales*) una endeble separación de poderes, y una precaria autonomía e independencia del Poder Judicial, derivada de la tergiversación de las otrora funciones del Poder Judicial, lo cual se evidencia en el rol que cumple con arreglo a esta cláusula la *justicia constitucional* (*judicial review*).

En efecto, la quimérica idea por tratar de hacer conciliar el "Estado de Derecho" (*Rule of Law*) con el "Estado Social" obvia que éste tiene por objeto fomentar y expandir a la Administración Pública, la cual adquirirá un inmenso poder bajo la invasiva *prestación positiva*, a los fines de garantizar los llamados "derechos-exigencia" que promete, lo cual implica relajamientos al control jurisdiccional sobre los actos del Estado. Tal "Estado Social" que implica prestaciones positivas por parte de la Administración, asume para sí la *planificación*, y el control económico para así proteger a los *desiguales*, equivocación que repercutirá negativamente en la libertad individual y propiedad privada de los ciudadanos, en tanto la *desigualdad* no debería ser un problema a combatir, sino la *miseria* o *pobreza*, aun cuando es evidente que este mal diagnóstico, no es más que la excusa que asumen los defensores de esta cláusula para lograr la politización de la *sociedad civil* y la conversión del Estado en *planificador* a los fines de *distribuir ilusoriamente la riqueza*[87], pero distribuyéndose equitativamente la miseria

La inexistencia de separación de poderes, de autonomía e independencia del Poder Judicial[88], y la tergiversación de las otroras funciones del Poder Judicial al ejercer la *justicia constitucional* (*judicial review*), tienen su causa -no única ni exclusiva claro está- en que en el "Estado Social", la Constitución ha venido a perder parte de su sentido tradicional, pues ha cedido su lugar, a la inflación legislativa y a la abultada y poderosa Administración prestacional, la cual está cada vez mas determinada "por la economía moderna, las modalidades de inter-

---

[86]   *Vid.* Germán Carrera Damas, *Una nación llamada Venezuela*, Monte Ávila Editores Latinoamericana, Caracas, 1997, pp. 173 y ss.

[87]   *Vid.* José Delgado Ocando, "Diez tesis sobre el Estado Social de Derecho" en *Estudios de Filosofía del Derecho*, Colección de Estudios Jurídicos–Tribunal Supremo de Justicia, Caracas, 2003, pp. 350 y 351.

[88]   Para el interesado en abordar un tema vital y que es abordado de modo indirecto en esta obra, como lo es el problema de la escogencia de los jueces, *Vid.*, Allan R. Brewer–Carías, "La cuestión de legitimidad: cómo escoger los jueces de las Cortes Supremas. La doctrina europea y el contraste latinoamericano" *Estudios Sobre El Estado Constitucional (2005–2006),* Cuadernos de la Cátedra Fundacional Allan R. Brewer Carías de Derecho Público, Universidad Católica del Táchira, Nº 9, Editorial Jurídica Venezolana. Caracas, 2007, pp. 125–161.

dependencias en dicha economía, la racionalidad burocrática y la identificación de las funciones sociales y políticas del Estado"[89].

Tal circunstancia ha conllevado a que en la búsqueda por la llamada "Procura Existencial", el Estado ya no esté limitado, sino fortalecido en desmedro del individuo, forjando con ello la relajación de todo tipo de control jurisdiccional sobre los actos del Poder, en tanto en el "Estado Social", se "…confunde al individuo con la sociedad y sobre esta premisa concede al individuo solamente aquella libertad que contribuye al bienestar social, determinada autorizadamente por la sociedad."[90]

La idea de controlar al poder en el "Estado Social de Derecho", no pasa de ser una proclamación vacía, si se atiende al hecho, de que el Estado de Derecho y el Estado Social responden a *presupuestos* teóricos y filosóficos diferentes, la mayor de las veces irreconciliables. Si en el "Estado de Derecho" (*Rule of Law*) la finalidad es controlar al poder a los fines de garantizar los derechos individuales, en el "Estado Social", la idea es la de garantizar prestaciones positivas por parte del Estado, en procura de aminorar una supuesta *desigualdad* generada por el odiado y detestado *capitalismo*, por lo que en procura del vago concepto de "justicia social", el Estado deviene incontrolado en aras de garantizar el tan mencionado "interés general", lo que ha implicado desde el punto de vista político-constitucional, una grave mutación en la idea de la separación de poderes, al generarse un incremento exorbitante de la *legislación* para desarrollar -entre otros aspectos- los polémicos *derechos sociales*, y un poder inusitado en la Administración Pública, que irá suplantando paulatinamente la función empresarial, con el correlato de un Poder Judicial servil a los intereses de los otros poderes, ya que no tendrá por norte controlar los actos del poder, sino el de actuar en consonancia con los otros dos, a los fines de colaborar en el incremento del Poder Estatal, en aras del "interés general".

Conforme a la cláusula de "Estado Social", surgida inicialmente a partir de la Constitución Política Mexicana de Querétaro de (1917), Weimar (1919), Ley Fundamental de Bonn (1949), Constitución Española (1978), y el resto de Constituciones Latinoamericanas, se le ha asignado un rol prestacional a la Administración Pública, en búsqueda de la llamada "Procura Existencial" la cual constituye una *contradictio in adjecto*, con los ideales que persigue el "Estado de Derecho", (*rule of Law)*, lo cual ha repercutido negativamente en la *justicia constitucional (judicial review*), pues no debe descuidarse el hecho, de que el "Estado Social", genera unas consecuencias peligrosas en el orden socio-político, como es, el relajamiento de todas las reservas, controles y recelos ante el Poder por estar éstos presuntamente en "desuso"[91], debido entre otros fenómenos, al desplazamiento acelerado de los derechos individuales por los llamados *derechos*

---

[89]   *Vid.* José Delgado Ocando, "Diez tesis sobre el Estado Social de Derecho" *op. cit.*, p. 351.

[90]   *Vid.* Edward S. Corwin, *Libertad y Gobierno. El origen, florecimiento y declinación de un famoso concepto jurídico*, Editorial Bibliográfica Argentina, Buenos Aires, 1948, p. 26.

[91]   *Vid.* Ricardo Guastini, "Sobre el Concepto de Constitución" Miguel, Carbonell, (Ed) *Teoría del Neoconstitucionalismo. Ensayos Escogidos*, Trotta, Madrid, 2008, p. 17.

sociales, a los cuales sí el Estado les procurará una garantía y un "apoyo irrestricto"[92].

Esta visión ideológica denominada con bastante imprecisión por lo general como "neo-constitucionalismo", basada también en la anulación de la distinción entre derechos de libertad y *derechos sociales*, conlleva a una tesis sumamente grave, como es, el que todos los derechos han devenido en la práctica en *prestacionales*, lo cual genera desde el punto de vista institucional una tergiversación de la *justicia constitucional (judicial review)*, en tanto los jueces en este estado de cosas, pasan a ser unos políticos más, y al dejar de ser la "rama menos peligrosa" (*least dangerous branch*), asumen la llamada *legislación positiva*, lo cual luce como impensable a la luz de la teoría clásica de la *separación de poderes*, afectándose la independencia e imparcialidad judicial.

De allí que no sea casual, que aun cuando existan en la región latinoamericana diversos sistemas de *justicia constitucional (judicial review)*, aumente la preocupación por fortalecer los controles internacionales, en especial, aquellos destinados a proteger a los *derechos humanos* individuales, que son los verdaderos derechos, y se incrementen las peticiones de los ciudadanos ante los sistemas de protección de derechos humanos internacionales y regionales, problema que si bien no está abordado directamente en el libro, su lectura favorece una toma de conciencia del problema, gracias a las pertinentes críticas que efectúa el autor a las tergiversaciones de la *justicia constitucional (judicial review)*, y que ha dado en llamar en otro denso pero sugerente estudio ya citado, la *"Patología de la Justicia Constitucional"*.

La llamada *legislación positiva*, pese a lo antes advertido, es una realidad en varios sistemas constitucionales y es por ello, que el autor, le presta una cuidadosa atención en este libro como es usual en sus trabajos de investigación. Ahora bien, dado que ésta llamada *legislación positiva* ha adquirido en los últimos tiempos una importancia inusitada, en consonancia con las finalidades del "Estado Social", luce importante recordar que el hecho de que sea una realidad, no implica un "avance" o un progreso en lo que se refiere a los controles jurisdiccionales de protección de la Constitución, ya que en contexto, esta nueva función por parte de la *justicia constitucional (judicial review)*, no es más que el reconocimiento de la claudicación de la *separación de poderes*, derivada de la ingenua creencia en los poderes bondadosos por parte del Estado, cuando persiguen intereses distintos a los individuales, lo cual es propio de la mentalidad anti-liberal, la cual concibe que en el orden liberal y constitucional clásico hay una exclusión total entre los intereses particulares y los generales, o en rigor, entre el interés propio y el interés común, olvidando que lo que subyace en la concepción liberal es lo opuesto, a saber, que la búsqueda del interés propio conllevará al interés común, pero no al revés, pues como ha expresado un experto en la materia refiriéndose a Adam Smith:

---

[92]   *Vid.* Paolo Comanducci, "Constitucionalización y Neoconstitucionalismo" en *Positivismo jurídico y neoconstitucionalismo*, Fundación Coloquio Jurídico Europeo, Madrid, 2009, p. 95.

[…] cultiva la antigua noción de que la justicia conmutativa, el no lesionar al prójimo, al tratar a todo el mundo por igual protege a los débiles.

Puede observarse lo lejos que estamos del moderno derecho tuitivo, es decir, el derecho desequilibrado con la idea de contrarrestar un presunto desequilibrio ya existente, una falacia fundamental para la expansión del Estado moderno, que creció con la excusa de proteger a grupos teóricamente más fuertes. El final de ese camino es el actual desconcierto moral por el cual la solidaridad parece ser concebida sólo como coacción: equivale arrebatarle el dinero a la gente y redistribuirlo. Esto, que requiere obviamente comparaciones interpersonales de utilidad, es explícitamente rechazado por Smith, que llega a decir que no se les puede quitar a los ricos ni siquiera lo que les sobra. Es obvio que no lo declaró porque apreciara a los ricos; al contrario, los despreciaba; pero era consciente de que si se rompe esa máxima de la sociedad liberal, sería muy difícil poner freno a la expansión del poder político[93.]

Tal máxima de la sociedad liberal, cada día disuelta en medio de la confusión generalizada sobre las ventajas inobjetables del *orden social liberal*, ha llevado al desmontaje de todo control al Poder en aras de una supuesta erradicación de la *desigualdad*[94] -absolutamente imposible-, lo cual ha reforzado la abolición de la separación de poderes y el desplazamiento de los derechos individuales por los *derechos sociales*, lo cual ha afectado el desenvolvimiento y el porvenir de la *justicia constitucional (judicial review),* ya que la asunción por parte de los jueces de una presunta *legislación positiva*, impide en rigor hablar de estos como jueces, en tanto la función fundamental de estos es la de servir como árbitros y no como una parte más en las controversias que le sometan a su conocimiento.

Tal y como advirtieron los clásicos, sólo un Tribunal, Corte o Sala deviene en la "rama menos peligrosa" (*least dangerous branch*), si como advertía De Tocqueville en su *Democracy in America*, hay un litigio, un proceso, y un pronunciamiento sobre casos particulares y no generales, en consonancia con la naturaleza pasiva de los jueces, para evitar la invasión de éstos en las funciones legisla-

---

[93] *Vid.* Carlos Rodríguez Braun, "Estudio Preliminar" a Adam Smith, *La Teoría de los Sentimientos Morales,* Alianza Editorial, Madrid, 2009, p. 16 y 17.

[94] Una de las causas que hicieron posible la formulación de la confusa "justicia social", es la de la supuesta *desigualdad* generada por el capitalismo o el mercado. Esta formulación parte de que hay siempre *desigualdad* en un sistema de libertad, dando por sentado que la igualdad en el ámbito económico por ejemplo, es la relación natural y justa entre los seres humanos. Esta visión problemática, aparte de confundir *desigualdad* con miseria o pobreza, afianza la peligrosa idea de la "justicia social", ya que parte, de que para aminorar tal *desigualdad*, el Poder, debe dirigir su atención a aquellos sectores "menos favorecidos", relajando todos los principios del "Estado de Derecho", (*Rule of Law*), con la finalidad quimérica de corregir tales "injusticias", como si éstas fuesen el resultado de actos humanos centralmente dirigidos con miras a hacerlos menos favorecidos, descuidando el hecho, de que en un orden espontáneo que nadie puede prever, habrá siempre una desigualdad, que per se, no es dañina.

tivas,[95] pues de lo contrario, habría que convenir con Montesquieu en que no "hay libertad si el poder judicial no está separado del legislativo ni del ejecutivo. Si va unido al poder legislativo, el poder sobre la vida y la libertad de los ciudadanos sería arbitrario, pues el juez sería al mismo tiempo legislador. Si va unido al poder ejecutivo, el juez podría tener la fuerza de un opresor"[96].

La importancia del tema, no sólo es actual, sino que es trascendente en la discusión constitucional, y es por ello, que en un libro tan importante como el que se presenta, el autor dedique tantas consideraciones sobre el punto de manera conceptual, y se pronuncie sin ambages contra los "excesos" de la llamada *legislación positiva*, aun cuando no condene de modo rotundo la idea y la práctica antes aludida. Ello quizás se explica, porque el autor defiende los controles jurisdiccionales de la constitucionalidad en materia de *derechos* -incluso los *sociales*-lo cual lo lleva a concebir en algunos casos, a los jueces como "ayudantes" o "auxiliares" del Legislador, y aunque manifieste recelos por la legitimidad del *activismo* total de los jueces, sosteniendo que lo importante no es rechazar estas actividades legislativas por parte de los jueces constitucionales, sino en "determinar el alcance y los límites de sus decisiones y el grado de interferencia permitido en relación con las funciones legislativas"[97], vale advertir que ello no resulta sencillo, ya que debido a la existencia de cartas de derechos, principios y valores en la mayoría de las Constituciones, tales límites y alcances pueden resultar estériles, ya que como bien argumentó Kelsen, el gobierno judicial en esos términos puede devenir en una tiranía:

> Es precisamente en el dominio de la justicia constitucional en que estas fórmulas pueden jugar un papel extremadamente peligroso. Se podría interpretar que las disposiciones de la Constitución invitan al legislador a conformarse a la justicia, a la equidad, a la igualdad, a la libertad, a la moralidad, etc., como directivas relativas al contenido de las leyes. Evidentemente por error, puesto que solo sería así cuando la Constitución fijara una dirección precisa, es decir cuando la misma Constitución indicara un criterio objetivo cualquiera. Sin embargo, el límite entre estas disposiciones y las disposiciones tradicionales sobre el contenido de las leyes que se encuentran en las Declaraciones de Derechos individuales, se borrará fácilmente, y no es, por tanto, imposible que un Tribunal Constitucional, llamado a decidir sobre la constitucionalidad de una ley, la anule en razón de que es injusta, siendo la justicia un principio constitucional que él debe, en consecuencia, aplicar. Pero el poder del Tribunal sería tal que devendría insoportable. La concepción de la justicia de la mayoría de los jueces de este tribunal podría estar en oposición completa con la concepción de la mayoría de la población y, por tanto, con la de la mayoría del Parlamento que ha votado la ley. Es obvio que la Constitución no ha querido, al emplear una palabra tan imprecisa y equívoca como la de justicia, o cualquiera otra parecida, hacer de-

---

[95] *Vid.* Alexis De Tocqueville, *La Democracia en América,* Fondo de Cultura Económica, México, 2000, p. 106–107.

[96] *Vid.* Montesquieu, *Del espíritu de las Leyes, op. cit.,* pp. 175 y 176.

[97] *Vid.* Allan R. Brewer–Carías, *Derecho Procesal Constitucional. Instrumentos para la Justicia Constitucional, op. cit.,* pp. 453 y ss.

pender la suerte de toda ley votada por el Parlamento de la buena voluntad de un colegiado de jueces compuesto de una manera más o menos arbitraria desde el punto de vista político, como lo sería el Tribunal Constitucional. Para evitar un semejante desplazamiento del poder -que la Constitución no quiere y que políticamente, es completa mente contraindicado- del Parlamento a una instancia que le es extraña y que puede convertirse en el representante de fuerzas políticas diametralmente distintas de las que se expresan en el Parlamento, la Constitución debe, sobre todo si ella crea un Tribunal Constitucional, abstenerse de ese género de fraseología y, si quiere establecer principios relativos al contenido de las leyes, deberá formularlos de una manera tan precisa como sea posible[98]

La objeción de Kelsen, respecto a las interpretaciones sobre los *derechos* y *valores* a la postre como meras preferencias arbitrarias por parte de los jueces, no es suscrita por el autor[99], ya que concibe que el control jurisdiccional de la constitucionalidad sobre los actos estatales, no plantea problemas ni en lo que se refiere a la forma de Estado, ni en lo que se refiere a los derechos, incluso los *sociales.* Su adscripción a Kelsen se encuentra vinculada a la explicación que da el vienés sobre la formación del derecho por grados, a saber, normas estructuradas en forma jerarquizada en el que cada norma deriva de otra, teniendo su vértice en una llamada *Grundnorm* que constituye la última razón que justifica la existencia de todas las normas del sistema, y a la adscripción de que el Tribunal, Corte o Sala Constitucional, debe controlar los actos estatales de ejecución directa e inmediata de la Constitución incluso sobre los derechos[100].

Tal rechazo de Kelsen al establecimiento de cartas de *derechos* y de *valores* en las Constituciones, cónsono con su *relativismo axiológico* -emotivismo ético y subjetivismo-, se debía bien a su paradigma de *ciencia* a la estirpe de los modelos físico-matemáticos[101], y también a su preferencia política por una *democracia parlamentaria*, en tanto ésta presuponía en su criterio ciertas ventajas, a saber, la aceptación de profundos *desacuerdos* morales, políticos, ideológicos, axiológicos, en una sociedad y la virtud del diálogo democrático-parlamentario, en el que el compromiso entre partidos políticos permitiera la resolución de temas álgidos, evitando la imposición de la mayorías vía votación popular, y a su vez, minimizando los riesgos de la "judicialización" del debate político.

---

[98] *Vid.*, Hans Kelsen, "La Garantía Jurisdiccional de la Constitución (la justicia constitucional)" *op. cit.*, p. 35 y 36.

[99] *Vid.*, Mario Pesci–Feltri, "La jurisdicción normativa y los artículos 335 y 336 de la Constitución", en *Constitución y Proceso*, Editorial Jurídica Venezolana, Caracas, 2011, pp. 93 y ss.

[100] *Vid.*, Allan R. Brewer–Carías, *Principios Fundamentales Del Derecho Público*, Cuadernos de la Cátedra Allan R. Brewer–Carías de Derecho Administrativo Universidad Católica Andrés Bello. Editorial Jurídica Venezolana, Caracas, 2005, 169 pp.

[101] *Vid.*, Hans Kelsen, *Teoría Pura del Derecho*, (Trad. Roberto J. Vernengo de la Segunda edición en Alemán) Editorial Porrúa–Universidad Nacional Autónoma de México, México, 2009, p. 9.

La postura de Kelsen manifiesta en muchas obras, pero en especial en *Wesen und Wert der Demokratie*[102]*,* aun cuando con profundas variantes teóricas y filosóficas, viene a anticipar cuestionamientos actuales en contra de la *justicia constitucional (judicial review)*[103] como garante de los *valores democráticos*. La crítica, se dirigía –y se dirige, ya que hay toda una línea de investigación sobre este punto- al rechazo contundente a la confusión entre el rol judicial y legislativo, manifiesta en la actualidad, y en la condena a toda intromisión del Poder Judicial en las funciones propias del Parlamento, lo cual no sólo sería un atentado a la separación de poderes, sino a la democracia, ya que ello impide en los hechos, el necesario debate político en los cuerpos representativos sobre los alcances de los *derechos*, lo cual ha conllevado a la politización en extremo de los Tribunales, Cortes o Salas Constitucionales, los cuales en ejercicio de sus competencias para declarar "omisiones legislativas" y en el establecimiento de "interpretaciones constitucionales" han venido a enmascarar las mas nudas y arbitrarias preferencias personales de los jueces, imponiéndoselas al resto, sin contar con ninguna legitimidad democrática para ello. De allí que Kelsen, postulare la defensa de un mecanismo de representación proporcional, que garantizase que la *legislación* fuera el resultado de esa combinación política, rechazando toda posibilidad de "tiranía de la mayoría" en el Parlamento, -como anteriormente expresara De Tocqueville- y menos que menos de "legislación positiva" por parte de un Tribunal[104].

La posición política de Kelsen, en cuanto a su rechazo al establecimiento de cartas de *derechos* y de *valores* en las Constituciones fue también cónsona con su visión jurídica en cuando al control jurisdiccional de la constitucionalidad, y con su concepto de Constitución, la cual en su criterio, *no era más, que la de un documento no vinculante al legislador en cuanto a derechos y valores se refiere, pero sí en cuanto a la parte orgánica y procedimental*[105], de allí que el vienés

[102]   *Vid.,* Hans Kelsen, *De la esencia y valor de la democracia,* (Ed. y traducción de Requejo Pagés, Juan Luis), KRK Ediciones, Oviedo, 2006, 240 pp.

[103]   *Vid.,* Jeremy Waldron, "The Core of the Case against Judicial Review" en *The Yale Law Journal,* Vol. 115, N° 6 (Apr., 2006), pp. 1346–1406 y *Law and Disagreement,* Oxford University Press, USA, 2001, 344 pp.

[104]   No se olvide que Kelsen no condena la valoración judicial (pruebas, hechos y normas), sino que advierte que no hay pauta objetiva ni verdad posible en materia de juicios de valor. *Vid.,* Hans, Kelsen, *Teoría Pura del Derecho, op. cit.,* pp. 349 y ss.

[105]   Conforme a Kelsen, "Una Constitución a la que le falta la garantía de la anulabilidad de los actos inconstitucionales, no es plenamente obligatoria en su sentido técnico. Aunque en general, no se tenga conciencia de ello –porque una teoría jurídica dominada por la política no permite tomar conciencia– una Constitución en la que los actos inconstitucionales y en particular las leyes inconstitucionales se mantienen válidos –no pudiéndose anular su inconstitucionalidad– equivale más o menos, desde el punto de vista estrictamente jurídico, a un deseo sin fuerza obligatoria. Toda ley, todo reglamento, e incluso, todo acto jurídico general realizado por los particulares tiene una fuerza jurídica superior a la de esa Constitución –a la cual estos actos se encuentran, sin embargo, subordinados y de la que todos ellos deriva su validez–. El Derecho positivo vela, no obstante, para que todo acto que esté en contradicción con una norma superior pueda ser anulado, salvo cuando esa norma superior es la propia

sostuviera un control jurisdiccional para garantizar el carácter de norma jurídica pero de modo distinto al inaugurado por el *Chief Justice* Marshall al otro lado del Atlántico en 1803 con la célebre sentencia *Marbury vs. Madison*, 5 U.S. 137 (1803), aun cuando con los rasgos de ser freno a las "tiranías de las mayorías".

Si se ve que la esencia de la democracia no es la omnipotencia de la mayoría, sino el compromiso constante entre los grupos representados en el Parlamento por la mayoría y la minoría, y por tanto, en la paz social, la justicia constitucional aparece como un medio particularmente idóneo para realizar esta idea. La simple amenaza de interposición del recurso ante el Tribunal Constitucional puede ser, en las manos de la minoría, un instrumento propicio para impedir que la mayoría viole inconstitucionalmente sus intereses jurídicamente protegidos y para oponerse, en última instancia, a la dictadura de la mayoría que no es menos riesgosa para la paz social, que la de la minoría. Desacuerdos constantes, sustanciales y de buena fe entre los miembros de dicha sociedad que están comprometidos con la idea de los derechos[106].

En Brewer-Carías, a diferencia del vienés, hay una defensa *sustantiva* e *instrumental* de la Constitución, en el que el acento está colocado tanto en la defensa orgánica como en la defensa dogmática de la Constitución, por lo que el carácter normativo de la misma se encuentra asociado intrínsecamente al control jurisdiccional de la Constitución en consonancia con el falso dilema del *Chief Justice* Marshall, de que o hay controles jurisdiccionales sobre los actos de los poderes constituidos o no hay Constitución. Esta defensa del control jurisdiccional sobre los *derechos*, no debería eludir el necesario estudio sobre los peligros, deformaciones o "patologías" que ello genera, los cuales no obedecen única y exclusivamente al gobierno de los menos aptos y no competentes, pues aun contando con los mejores jueces constitucionales, especialistas en Derecho Constitucional, catedráticos con obra escrita, designados idóneamente, no deja de ser peligrosa tal instancia, si a nivel institucional hay una tergiversación o confusión conceptual como la que reina hoy en día en nuestros países, sometidos siempre al dilema antiliberal de *socialismo reformista* o *socialismo revolucionario*, ahora puesta de incógnita en las tesis y teorías constitucionales actuales denominadas muchas de ellas como ("neoconstitucionalismo").

La tergiversación en convertir a los jueces en ayudantes del "legislador", ha desembocado en un "gobierno judicial", que no es más que una nueva tiranía, con la característica de que no es menos peligrosa que las tradicionales y arbitrarias tiranías ejercidas por el Poder legislativo o el Poder Ejecutivo, aun cuando ciertamente vale advertir que es más sutil, pues permanece en la sombra y ante un inexistente escrutinio popular. Tal *legislación positiva*, propiciadora de un debilitamiento de la idea de separación de poderes, en tanto tergiversación de la función jurisdiccional por parte de los Tribunales, reviste de igual modo una importancia a la luz de la tensión entre *democracia* y *justicia constitucional*

Constitución". *Vid.,* "La Garantía Jurisdiccional de la Constitución (la justicia constitucional)" *op. cit.,* p. 41.

[106] *Ibíd.,* p. 43.

(judicial review), ya que aquella, como sistema dirigido a determinar *quién* debe ejercer el Poder, -léase el Pueblo-, sólo es posible en un "Estado de Derecho", *(Rule of Law),* que limite el ejercicio de la *soberanía* por parte del Pueblo, ya que la idea según la cual el soberano pueda hacer lo que le venga en gana, y así los peores crímenes puedan ser excusados si los aprueba "el soberano", no sólo es un principio pernicioso, sino es en el fondo antidemocrático "y revela un hondo desprecio por el pueblo, cuyos designios se dice seguir"[107].

La adopción por tanto del engañoso dilema del *Chief Justice* Marshall, el de que sólo hay Constitución -como norma jurídica- si hay un sistema de protección jurisdiccional, aun cuando es discutible, sólo tiene sentido dentro de los cánones del "Estado de Derecho" *(Rule of Law)* como mayor expresión del liberalismo político. Ello implica, la proscripción de toda idea favorable a una colaboración por parte del Poder Judicial hacia el Poder Legislativo y al Poder Ejecutivo, y de todo *activismo judicial,* que tienda a relajar los controles al Poder para facilitar la injerencia del Estado en la vida de las personas, ya que ello, aunado a la inexistencia de convicciones sociales sobre la importancia del "Estado de Derecho" *(Rule of Law)* puede degenerar en un Poder Judicial "democrático", caracterizado por su sumisión a los dictados de las mayorías electorales y políticas para el mantenimiento de unos hombres en cargos -funcionarios y no jueces- en detrimento de la libertad y propiedad de los ciudadanos, desencadenando la lamentable situación descrita y condenada por el autor y que es importante referir:

Y la verdad, es que lamentablemente, en muchos países, por el régimen político desarrollado o por la condición de los integrantes de los tribunales constitucionales, estos importantes instrumentos diseñados para garantizar la supremacía de la Constitución, para asegurar la protección y el respeto de los derechos fundamentales y asegurar el funcionamiento del sistema democrático, algunas veces se han convertido en uno de los más diabólicos instrumentos del autoritarismo, legitimando las acciones de las otras ramas del poder público contrarias a la Constitución, y en algunos casos, por propia iniciativa, en fieles servidores de quienes detentan el poder, configurándose lo que podría denominarse la "patología" de la justicia constitucional. Esta afección ocurre, precisamente, cuando los tribunales constitucionales asumen las funciones del legislador, o proceden a mutar la Constitución en forma ilegítima y fraudulenta, configurando un completo cuadro de "in" justicia constitucional. En una situación como esa, sin duda, todas las ventajas de la justicia constitucional como garantía de la supremacía de la Constitución se desvanecen, y la justicia constitucional pasa a convertirse en el instrumento político más letal para la violación impune de la Constitución, la destrucción del Estado de derecho y el desmantelamiento de la democracia[108].

---

[107] *Vid.,* Manuel Caballero, *Polémicas y otras Formas de Escritura,* Biblioteca Manuel Caballero N° 14, Editorial Alfa, Caracas, 2008, p. 173.

[108] *Vid.,* Allan R., Brewer–Carías, *Derecho Procesal Constitucional. Instrumentos para la Justicia Constitucional, op. cit.,* p. 41.

Esta situación institucional anormal obedece no sólo a excesos propios de personas malsanas y sin preparación en los grandes temas constitucionales -que las hay- sino al olvido de fundamentales principios que el lector volverá a recordar a lo largo de esta obra, para con ello evitar el incremento de las "patologías" de la *justicia constitucional (judicial review)*, y en especial, la llamada *legislación positiva*, pues es precisamente ésta, una de las tantas perniciosas ideas que pululan actualmente, y que ha conllevado al aniquilamiento del "Estado de Derecho", (*Rule of Law*) ya que esta nueva *"justicia constitucional" ("judicial review")*, no tiene como cometido central el controlar el poder, sino el de servir de instrumento político al servicio de los mas funestos intereses, dirigida por políticos vestidos con togas.

Tal circunstancia o reducción de las expectativas que siempre se le atribuyen a la *justicia constitucional (judicial review)*, implica de modo indirecto, un esfuerzo por lograr la tan ansiada compatibilidad entre *democracia* y "Estado de Derecho" (*Rule of Law*), partiendo del hecho, de que la *legitimidad* referida al control judicial tradicionalmente se encuentra asociada a la defensa del "Estado de Derecho" (*Rule of Law*) en el sentido de servir de freno a las actuaciones de los órganos que ejercen el Poder Público, contrarios a la Constitución, por lo que ésta legitimidad estaría más allá de la *legitimidad democrática*, y puede ser incluso tan o más importante que la otra, sólo si se asume un Estado de Derecho compatible con una *democracia limitada*, la cual sólo es posible dentro del orden liberal, pues en dicha situación, la *justicia constitucional (judicial review)*, podría servir de freno impidiendo que las mayorías electorales o políticas socaven la *supremacía constitucional*.

Ello implica que los Tribunales Constitucionales, Salas o Cortes Constitucionales si bien tienen establecida constitucionalmente competencias para establecer interpretaciones definitivas en lo que se refiere a controversias constitucionales y el establecimiento de interpretaciones sobre valores, principios y alcance sobre *derechos,* sus decisiones no se deben entender como "infalibles"[109], de allí la importancia que reviste este libro, pues si bien reviste complejidad para un no versado en asuntos constitucionales, no impide que un público lector mucho más amplio, pueda abrevar en él, para que así las convicciones subyacentes en la sociedad sobre el ideal político del "Estado de Derecho" (*Rule of Law*), a saber, el control del poder con el sentido de favorecer la libertad individual, se robustezca y le permita al pueblo en su totalidad, escrutar las actuaciones de sus Tribunales, pues como ha explicado el eminente jurista y tristemente fallecido jurista Eduardo García de Enterría:

> En efecto, si en su función interpretativa de la Constitución el pueblo, como titular del poder constituyente, entendiese que el Tribunal había llegado a una conclusión inaceptable (o porque se tratase de una consecuencia implícita en la Constitución de que el constituyente no hubiese tenido conciencia clara y que al serle explicitada no admite, o bien –hipótesis no rechazable como real- porque entendiese que la decisión del Tribunal excede del marco constitucional), podrá poner en movimiento el poder de revisión

---

[109] *Vid.*, Hart H.L.A, *El Concepto de Derecho, op. cit.*, p. 176–183.

constitucional y definir la nueva norma en el sentido que el constituciona-lismo decida, según su libertad incondicionada[110]

Ahora bien, dado que la mayoría de la población en Venezuela, y algunos países, conciben erróneamente los problemas constitucionales como asuntos que de modo exclusivo le incumben a los abogados, luce pertinente destacar, que siendo la *justicia constitucional* (*judicial review*) un dato básico para poder hablar de Constitución normativa, ésta debe ser del interés de todos los ciudada-nos, por lo que el compromiso con estos temas debe profundizarse y extenderse a toda la sociedad civil, independientemente de que la mayoría de los ciudadanos, no sean estudiantes de una Escuela de Derecho, Magistrados, Jueces o Catedráti-cos.

La situación antes descrita, de descrédito creciente hacia el "Estado de Dere-cho", (*Rule of* Law) ha conllevado a un problema grave como es el que que la *justicia constitucional* (*judicial review)*, ha sido aniquilada por la clausula del "Estado Social", la cual ha conseguido, que el viejo ideal político liberal de jue-ces que sirvieran de contrapeso a las temidas "tiranía de la mayoría" (democra-cia), ha sido transformado, por la atribución de un poder que de modo subrepti-cio, garantiza la conducción política de un país, monopolizando la Constitución, manipulándola, mutándola y sustrayéndola del debate político, lo cual es una evidencia de una nueva tiranía que debe ser objeto de severa atención, bien ini-ciada por los jueces *motu proprio*, o bien, siendo meros comisarios políticos de un régimen que haya acabado con la independencia judicial.

La perspectiva liberal forjadora de la idea-concepto de Constitución formula-da y concretizada históricamente en la *Glorious Revolution*, la Revolución de 1776 y formulada y no concretizada en la Revolución de 1789, implica la toma de consciencia, de que la *justicia constitucional* (*judicial review)*, no debe tener otra función que la de servir de guardián de la República[111] y no la de servir de vehículo de la *democracia* -de allí la afirmación de institución contra-mayoritaria- pues la República -coetus multitudinis iuris consem et utilitatis comunione sociatus- implica aquello que es *res populi* o la *res totius populi,* la cual no puede ser subvertida por las mayorías, por lo que la *justicia constitucio-nal* (*judicial review)*, evitaría que la República en el debate político democrático, termine siendo alguna de sus partes, aunque ésta se revista de ser mayoría.

Tal circunstancia implica, que la *justicia constitucional* (*judicial review),* no debe tener por norte la claudicación del *juicio* que deben tener los jueces, en aras de una inconstitucional e inadmisible contaminación de los tribunales en discu-siones políticas que deberían en una sociedad democrática estar reservadas a los cuerpos representativos, pues la función de los *jueces constitucionales*, no es la de controlar preventiva ni represivamente aquellos asuntos por los cuales se debe

---

[110]   *Vid.,* Eduardo García de Enterría, *La Constitución como Norma y el Tribunal Cons-titucional, op. cit.,* p. 201.

[111]   Con la venia de estilo *Vid.,* Jesús María Alvarado Andrade, "Reflexiones sobre la justicia constitucional como función republicana. ¿Es la justicia constitucional en Venezuela un instrumento para la democracia? en *Estudios de Derecho Constitucio-nal y Administrativo: libro homenaje a Josefina Calcaño de Temeltas,* Fundación Estudios de Derecho Administrativo (FUNEDA), Caracas, 2010, pp. 363–396.

"votar", sino por impedir que los "votos" decidan aquellos aspectos sobre los cuales no se debe "votar"[112.]

IV. EL DERECHO COMPARADO Y EL DERECHO PROCESAL CONSTITUCIONAL

El presente libro no es un estudio local acerca de la *justicia constitucional* (*judicial review*) venezolana, enfocado en las siempre y cada vez más constantes "invenciones" tropicales nuestras. Es en rigor, un gran *Tratado*, que va mas allá de lo doméstico, siguiendo una constante en toda la obra académica del autor, cual es, el de elevar la mirada jurídica a todos los sistemas u ordenamientos jurídicos del mundo, con una maestría sin parangón. La riqueza del libro, se halla en la densidad con la que trata los fundamentos de la *justicia constitucional* (*judicial review*), y el examen de los distintos sistemas de control jurisdiccional de la constitucionalidad contemporáneos en América Latina, en las que ratifica una vez más su indiscutible magisterio en cuanto a dominio del Derecho Comparado se refiere, tal y como sostuviera el profesor Roland Drago, cuando afirmare hace poco, que "el Profesor Brewer-Carías es considerado desde hace bastante tiempo como uno de los comparatistas más distinguidos de su época"[113].

Analizando las "Constituciones", legislaciones, doctrina y jurisprudencia de cada uno de los países estudiados, el autor nos deleita con un viaje a un mundo desconocido, del cual se puede aprender y advertir riesgos, y en el que no hay condenas a los distintos modelos o sistemas de control judicial adoptados por los países latinoamericanos desde una instancia elevada, sino una descripción y crítica muy rigurosa y global, que permite apreciar la riqueza de cada uno de dichos sistemas, los cuales han sido estudiados por importantes juristas de la región, pese a que la opción personal del autor, si se le inquiriera sobre tal punto, es la de un sistema como el colombo-venezolano en el que coexistan los métodos de control concentrado y difuso.

La riqueza de modelos o sistemas de *justicia constitucional* (*judicial review*), estudiados en este libro, representan sin duda alguna, un viaje placentero a las Repúblicas de Argentina, Bolivia, Brasil, Chile, Colombia, Costa Rica, Cuba, Ecuador, El Salvador, Guatemala, Honduras, México, Nicaragua, Panamá, Paraguay, Perú, República Dominicana República Dominicana, Uruguay y Venezuela entre otros, en el que el lector podrá apreciar las originalidades, ventajas y desventajas de tales sistemas[114] sin juicios condenatorios bajo la égida de un modelo adoptado por el autor como perfecto, lo cual evidencia una vez más, las sólidas razones por las cuales se ubica al autor en la prestigiosa lista de los más selectos juristas constitucionalistas y comparatistas del mundo a saber, -a título

---

[112] *Vid.,* Gustavo Zagrebelsky, "Jueces constitucionales" en *Revista Iberoamericana de Derecho Procesal Constitucional,* N° 6, Editorial Porrúa–Instituto Iberoamericano de Derecho Procesal Constitucional, 2006, pp. 311–324.

[113] *Vid.,* Roland Drago, "Préface" al libro, *Études de Droit Public Comparé*, Académie International de Droit Comparé–Bruylant, Bruxelles, 2001, p. 7.

[114] *Vid.,* Antonio Canova, *El Modelo Iberoamericano de Justicia Constitucional: características y originalidad*, Editorial Paredes Libros, Caracas, 2012, 480 pp.

enunciativo no taxativo-: Piero Calamandrei, Mauro Cappelletti, J. C. Adams, Eduardo García de Enterría, Francisco Rubio Llorente, Jesús González Pérez, Louis Favoreu, Héctor Fix-Zamudio, Francisco Fernández Segado, Manuel Aragón Reyes, Alessandro Pizzorusso, Lucio Pegoraro, Gustavo Zagrebelsky, Alfonso Celotto, Antonio Ruggeri, Antonino Spadaro, Giancarlo Rolla, Néstor Pedro Sagüés, Domingo García Belaunde, Eduardo Ferrer Mac-Gregor, Víctor Ferreres Comella y Osvaldo Alfredo Gozaini, entre otros, debido a su densidad en el tratamiento del Derecho Público en general, y del ahora llamado *Derecho Procesal Constitucional*.

Si bien la obra resulta de interés para juristas no provincianos y domésticos en tanto estudio erudito de Derecho Comparado, vale advertir que contiene una novedad adicional, y es que en Derecho Comparado, se le ha criticado al autor su preferencia por nociones tales como las de *justicia constitucional* y *jurisdicción constitucional*, la *primera* entendida como noción material que corresponde a todos los jueces de la República en el ejercicio del control difuso de la constitucionalidad (art. 334); y la *segunda* como noción orgánica, ligada al órgano – fuera o no del Poder Judicial- que tiene por objeto conocer de las acciones de nulidad por inconstitucionalidad contra las leyes y demás actos de rango legal o de ejecución directa e inmediata de la Constitución, que en el caso de Venezuela, estaría encomendada a la Sala Constitucional del Tribunal Supremo de Justicia, debido a que en Latinoamérica, se ha venido empleando la noción *Derecho Procesal Constitucional,* la cual en Venezuela "no es de uso generalizado" aun cuando "tampoco ha estado ajeno a él"[115].

Por tanto, el título del presente libro *Derecho Procesal Constitucional. Instrumentos para la Justicia Constitucional,* si bien puede ser visto como la asimilación de una "terminología impuesta"[116], no implica la renuncia por parte del autor, al empleo de los conceptos de *justicia constitucional* y *jurisdicción constitucional*[117] como desearía un sector de la doctrina comparada[118]. La razón quizás se deba, a que Brewer-Carías, no le ha interesado en demasía hacer esfuerzos intelectuales para fomentar las bases de una nueva disciplina, sino que por el contrario, ha estado convencido de que el *Derecho Procesal Constitucional,* no reviste una particularidad distinta a la de los estudios clásicos referidas a la *justicia constitucional* o *jurisdicción constitucional*, en el que hay una confluencia

---

[115]   *Vid.,* Domingo García Belaunde, "El Derecho Procesal Constitucional en Venezuela", en *El Derecho Procesal Constitucional en Perspectiva*, en Biblioteca Porrúa de Derecho Procesal Constitucional, N° 24, Editorial Porrúa–Instituto Iberoamericano de Derecho Procesal Constitucional, México 2008, pp. 187 y ss.

[116]   *Vid.,* Allan R. Brewer–Carías, "Aspectos de la acción de inconstitucionalidad en Perú y Venezuela" en José F. Palomino Manchego (Coordinador), *El derecho procesal constitucional peruano. Estudios en Homenaje a Domingo García Belaúnde*, Tomo II. Editorial Jurídica Grijley, Lima, 2005, p. 761.

[117]   *Vid.,* Francisco Fernández Segado, "La obsolescencia de la bipolaridad "modelo Americano–modelo europeo–kelseniano" como criterio analítico del control de constitucionalidad y la búsqueda de una nueva tipología explicativa," en *La Justicia Constitucional: Una visión de derecho comparado*, Tomo I, Ed. Dykinson, Madrid 2009, pp. 129–220.

[118]   *Vid.,* el subtítulo de la obra.

del Derecho Constitucional y del Derecho Procesal, con la particularidad de que engloba a la llamada *jurisdicción contencioso-administrativa*, en tanto ésta tiene por objeto, conocer de las acciones de nulidad por inconstitucionalidad o ilegalidad contra los actos administrativos y, actos de rango sub legal, por lo que la diferencia de lo contencioso-administrativa con lo contencioso-constitucional en el autor, estaría en la competencia por el objeto y no en los motivos de control, a saber, la inconstitucionalidad o la ilegalidad.

V. PALABRAS FINALES

El presente *prólogo,* tal y como se advirtió al inicio, prescindió de la importante hoja biográfica del autor, a saber, Profesor Emérito de la Universidad Central de Venezuela, Ex Director del Instituto de Derecho Público de la Universidad Central de Venezuela, Miembro de Número de la Academia de Ciencias Políticas y Sociales, (Sillón 10); Vice Presidente de la *International Academy of Comparative Law*, Catedrático en las prestigiosas universidades de Cambridge; Panthéon-Assas (Paris 2); del Rosario, Externado de Colombia y Columbia, además de autor de una vasta obra académica, conformada por más de ciento cincuenta (150) libros y más de setecientos cincuenta (750) artículos científicos, para enfocarse en la valoración de los aspectos más significativos de la obra, contextualizando la misma, en la rica, amplia y prolífica obra académica de nuestro más prestigioso jurista.

Como discípulo que admira al autor desde sus años de estudiante en la bella Universidad Central de Venezuela, a la cual le dedicó y aportó tanto, solo me resta advertir, que jamás hubiese pensado tener este alto honor, y es por ello que le agradezco tal desmerecida petición, en espera de que estas líneas honren su magisterio.

Así pues, en mi condición de Catedrático e investigador universitario, y de miembro del Centro de Estudios de Derecho Procesal Constitucional (CEDEPCO) adscrito a la Universidad Monteávila, le agradezco por este nuevo aporte intelectual, invalorable a la comprensión del Derecho Procesal Constitucional, con el que se inicia esta nueva Colección por la Editorial Jurídica Venezolana, que espero pueda ser de utilidad para la comunidad jurídica nacional e internacional, no sin antes referir, a modo de colofón, que una vez estudiada esta obra, me pareció necio preguntarme ¿de dónde saca tanto tiempo para escribir, investigar y estudiar tanto el profesor Brewer-Carías?, pues como él ha advertido, el tiempo "está cumplido y el tiempo es invariable", pero sí considero importante aprovechar la oportunidad, para pedirle al *maestro*, a que se profundice esa llamada "deformación intelectual" [119], supuestamente derivada de las dificultades de lenguaje y escritura que tuvo en sus estudios primarios y de bachillerato, para que todos los venezolanos y los estudiosos del Derecho a nivel nacional e internacional, podamos seguirle leyendo, aprendiendo, y conversando con él a través de sus obras, ignorando a los siempre y más abultados *mediocres* en Venezuela -

---

[119] *Vid.,* Allan R. Brewer-Carías, *Reflexiones sobre la Organización Territorial del Estado en Venezuela y en la América Colonial*, Editorial Jurídica Venezolana. Caracas, 1997, pp. 5–18.

especialmente- que ven en cada obra publicada suya la comisión de un "delito", que resulta imperdonable, y que ahora se enorgullecen en no estar señalados por un régimen extendido en el tiempo con pretensiones cada día más totalitarias y colectivistas, debido a su intolerancia para con un jurista genial, admirable, crítico, preparado y vertical[120].

---

[120] Aprovecho, para darle mis felicitaciones al profesor Brewer–Carías, y mi agradecimiento por haber encendido mi interés en el Derecho Público y el permitirme aprender tanto de él, lo que espero sea así por mucho tiempo. Pues como el siempre señala: ¡ahora es cuándo!

PRESENTACIÓN

Ana Virginia Calzada M.
Presidenta de la Sala Constitucional de la
Corte Suprema de Justicia de Costa Rica

El constitucionalismo moderno, caracterizado y dominado por los postulados del Estado Democrático de Derecho, se caracteriza por haber reconocido y otorgado a la norma fundamental lo que la doctrina ha dado en llamar «Fuerza Normativa de la Constitución». *Esta* «fuerza normativa» *significa que, en la modernidad, la Constitución Política ha dejado de ser considerada un simple conglomerado de enunciados sobre aspectos básicos de la organización estatal, a ser un verdadero compendio del reconocimiento de los derechos inherentes a las personas humanas. Los textos constitucionales de la actualidad difieren, en consecuencia, de aquellas formulaciones generales que poco aportaban a la identificación o consideración de los sistemas jurídicos, para ser efectivas normas estructurales ya no solamente de la organización estatal, sino, particularmente, de la estructura de los derechos y garantías reconocidos a todas las personas.*

Es aquí donde encontramos la diversificación y especialización del entonces genéricamente denominado «Derecho Constitucional». *Hoy resultaría imposible e inadecuado, hacer referencia al Derecho Constitucional, e incluso a los Derechos Humanos, sin identificar las características propias que dentro de un determinado sistema jurídico, posee su Derecho Procesal Constitucional. Esta apreciación implica que para su plena afirmación, el reconocimiento de los derechos de las personas requiere la existencia de efectivos mecanismos de garantía mediante los cuales procurar la defensa y protección de estos derechos. De igual manera, significa que estas garantías deben estar reconocidas y validadas en el propio texto constitucional, para asegurar de esta manera su absoluto respeto y aplicación.*

Es por esta razón, que junto con el reconocimiento de los derechos de las personas, las normas constitucionales de la modernidad, refieren también los mecanismos por los cuales procurar y asegurar su pleno respeto. Esta es el área de atención focal del «Derecho Procesal Constitucional», *que por sus particularidades y trascendencia se le reconoce un área de conocimiento concreta dentro del ámbito de lo jurídico. La ciencia jurídica de hoy, encuentra validez, explicación y sustento, con la inclusión del Derecho Procesal Constitucional como un área específica de atención, estudio y desarrollo. La investigación jurídica de la actualidad, sería incompleta si dentro de sus ámbitos se omitiera considerar e incluir lo que es cada vez más habitual y necesario para el científico y el profesional en Derecho.*

Por su propia naturaleza y contenido, el Derecho Procesal Constitucional resulta esencial en la práctica del Derecho. Lejos de un simple interés científico, debemos reconocer, hoy más que nunca, la vital trascendencia de esta disciplina para la protección de los derechos humanos, los derechos fundamentales, y los derechos constitucionales. Resultaría impropio explicar o asegurar la existencia de mecanismos ágiles y eficientes de protección, sin las aportaciones que brinda a la ciencia jurídica el Derecho Procesal Constitucional.

Es en esta disciplina donde se encuentra el estudio, ideación y desarrollo de esas acciones de garantía que, en definitiva, determinarán la plena vigencia y respeto de los derechos. Es por ello, que resulta de particular relevancia atender a los avances y a la situación particular de cada momento de nuestros sistemas jurídicos. Esto es así, por cuanto esta área del Derecho, ha procurado y permitido que mediante esas acciones de garantía, que por su propia condición deben ser ágiles, dinámicas y expeditas, se materialice la aplicación no sólo de las propias formulaciones normativas de los derechos, sino, también, de los valores y principios que las inspiran.

Si hoy en día reconocemos, como lo hace el neoconstitucionalismo, la coexistencia y obligada aplicación no sólo de las normas propiamente dichas, sino de los principios y valores de los cuales derivan aquellas, y se les confiere a estos principios y valores la condición de ser los ejes rectores de la interpretación jurídica, especialmente de la interpretación constitucional, es claro que las acciones de garantía propias del Derecho Procesal Constitucional, son los mecanismos procesales a través de los cuales se manifiesta y concretiza esa aplicación. Derecho sustantivo y derecho procesal, encuentra en esta área la consustancialidad, la integración que requiere la protección de los derechos.

Al mismo tiempo, la conjunción de estos mecanismos de protección bajo un especializado modelo jurisdiccional, como lo es la jurisdicción constitucional, enlaza ambos conceptos de manera evidente y necesaria, pretendiendo, más allá de la noción de la jurisdicción constitucional, lograr y materializar la «justicia constitucional».

Es por ello que estos tres términos se encuentran íntimamente ligados. Justicia constitucional, jurisdicción constitucional y Derecho Procesal Constitucional, conforman la tríada que representa la defensa del texto constitucional, y la protección de los derechos de las personas.

En mi condición de Presidenta de la Sala Constitucional, como docente, como profesional en Derecho, es para mí un gran honor, presentar la más reciente publicación de un amigo de la jurisdicción constitucional costarricense, de un científico del Derecho que a lo largo de su trayectoria académica y profesional nos ha impulsado con su ejemplo y conocimiento, a seguir el camino para defender nuestros derechos y procurar justicia.

El doctor Brewer-Carías se ha caracterizado por ser un dinámico activista del Derecho, comprometido con la responsabilidad social y constitucional, y un artífice de amplios procesos de modernización de la justicia constitucional y contencioso administrativa en el mundo occidental; su labor y enseñanza trasciende el ámbito de lo iberoamericano, y se ubica y desenvuelve con propiedad bajo los dos modelos de sistemas jurídicos de Occidente.

La obra del doctor Brewer que hoy se publica, precisamente parte de reconocer esa relación simbiótica que existe entre el Derecho Procesal Constitucional y la Justicia Constitucional, identificando de manera precisa cómo las acciones de garantía se erigen en verdaderos pilares para la concreción y obtención de la justicia constitucional.

Para el investigador del Derecho, para la academia y para los propulsores de los sistemas jurídicos, esta publicación permite una efectiva ubicación en la coyuntura actual de la justicia constitucional en América Latina. La investigación de don Allan, nos demuestra que nuestra región continúa siendo un campo especial y único para el estudio y desarrollo de las ciencias sociales, donde las ciencias jurídicas no son la excepción. Más allá de realizar una descripción general, esta obra cumple con identificar de manera detallada el «estado de la cuestión», enfatizando aquellas experiencias nacionales que ciertamente hoy en día muestran un esfuerzo, un impulso y un desarrollo especial, para ponerse a tono con la concreción de mecanismos eficientes de protección de los derechos.

Esta investigación detalla cómo ha avanzado la democracia y la justicia constitucional en el continente, especialmente en países que aún podemos identificar como poseedores de una institucionalidad democrática joven y en proceso de consolidación. El estudio de estas realidades, si bien nos recuerda los esfuerzos vividos en otros países hace más de veinticinco años, nos ubica en retrospectiva hacia lo que debemos hacer en nuestros países, y cómo podemos contribuir en el desarrollo de la democracia, la institucionalidad y la justicia en nuestro entorno.

Si recordamos aquella definición jurisprudencial por la cual se reguló la existencia y aplicación del amparo en República Dominicana promediando los años noventa; los esfuerzos institucionales del Paraguay por asentar una institucionalidad democrática en la última década del siglo XX; o bien, los esfuerzos de fin de siglo de la República de Honduras para instaurar un sistema de jurisdicción constitucional, proceso en el cual el autor tuvo una destacadísima participación, hoy el doctor Brewer nos presenta los avances logrados en esos sistemas y los retos que hoy enfrentan tanto para su propio desarrollo, como dentro del ámbito del derecho comparado.

El estudio de la realidad jurídica latinoamericana que contiene la obra, evidencia el tránsito siempre inacabado hacia mejores sistemas de justicia, al mismo tiempo que demuestra que ese camino debe andarse y procurarse, precisamente, con mayor justicia y mejores instancias de protección.

Amplio conocedor y asiduo difusor de los mecanismos nacionales de garantía constitucional y de protección de los derechos humanos, es de agradecer al doctor Brewer detenerse en estudiar y mostrarnos la discusión que hoy día se presenta en torno al denominado recurso de amparo en los Estados Unidos Mexicanos, sus particularidades y diferencias con el ampliamente conocido «amparo constitucional». Reconocemos la importancia y el impacto que la configuración del amparo en la realidad mexicana, tuvo en la génesis de los meca-

nismos de protección de los derechos de las personas, a pesar de que su propia naturaleza lo diferenció posteriormente del amparo como acción de garantía constitucional en los términos que hoy lo conocemos. En su investigación, el doctor Brewer nos guía en el proceso llevado por este procedimiento mexicano, ahora en una fase de acercamiento y reformulación hacia sus homónimos iberoamericanos.

La configuración de un nuevo modelo de recurso de amparo en México, viene aparejada a la transformación de la Suprema Corte de Justicia de la Nación en un Tribunal Constitucional, por lo que el cambio de modelo en dicho país resultaría paradigmático. El profesor Brewer profundiza en esta situación y nos muestra las perspectivas que puede tomar esta discusión y su impacto para el Derecho Procesal Constitucional y el constitucionalismo latinoamericano.

De igual manera, más allá de las formulaciones nacionales, la obra considera un tema que ya enunciado por la doctrina, incluso por colegas cercanos al autor, encuentra en las investigaciones de don Allan una dimensión de universalidad que ahora se explota y difunde con particular constancia por su trascendencia en el ámbito interno de nuestros países. La consideración del amparo desde la perspectiva del sistema interamericano de protección de los derechos humanos, ocupa un particular espacio dentro de esta obra, y nos refiere, precisamente, esa relevancia para la protección de estos derechos dentro de nuestras realidades nacionales.

Finalmente, tal como expresé con anterioridad, el tema de la interpretación, bajo la égida de principios sistemáticos que ordenen y rijan el proceso hermenéutico, resulta fundamental para la debida protección de los derechos humanos. La obra guarda un aparte especial para el tema de la interpretación y la función del juez constitucional, quien en este marco de protección, de concreción del Derecho Procesal Constitucional y de materialización de la justicia constitucional, es, sin duda alguna, un actor fundamental. El juez constitucional, tal como he indicado reiteradamente, debe ejercer su función con conocimiento, criterio y responsabilidad, pero sobre todo independencia, teniendo certeza de que sus decisiones están válida y directamente encaminadas a consolidar y potenciar el Estado Democrático de Derecho y la separación de poderes mediante la debida protección de los derechos de las personas.

La obra que ahora se publica, guarda una inmensa riqueza jurídica, pero igualmente una grandiosa riqueza social y cultural, pues en su ameno y erudito lenguaje, el profesor explica con esmero aquellos referidos procesos de transición y consolidación democrática. Se demuestra, una vez más, pero con datos sólidos, evidencias concretas y ejemplos cercanos, esa relación indisoluble entre democracia y justicia, y cómo los eventuales señalamientos de democracia insuficiente deben solventarse, precisamente, con más democracia y más justicia.

Estoy plenamente convencida que esta publicación enriquece, sin duda, el saber jurídico y social, a la vez que sienta las bases para una mayor erudición y profundización de esfuerzos para lograr el cometido de mayor protección, mayor democracia y mayor justicia.

San José, abril de 2012

INTRODUCCIÓN

§1. LA JUSTICIA CONSTITUCIONAL COMO GARANTÍA DE LA CONSTITUCIÓN*

En el mundo contemporáneo, el signo más característico del Estado de derecho o del Estado sometido al derecho es, sin duda, la existencia de un sistema de control judicial de la conformidad con el derecho de *todos* los actos estatales, lo cual se aplica no sólo a los actos administrativos, a través del tradicional control contencioso administrativo, sino a las leyes y demás actos estatales de similar rango, a través del sistema de justicia constitucional[1].

Este principio, que puede hoy considerarse elemental y que tiene sus raíces en el constitucionalismo norteamericano[2], sin embargo, solo se consolidó en Europa continental hace pocas décadas, con las adopción de la noción de Consti-

---

* Publicado en Armin von Bogdandy, Eduardo Ferrer Mac–Gregor y Mariela Morales Antoniazzi (Coordinadores), *La Justicia Constitucional y su Internacionalización. ¿Hacia un Ius Constitucionale Commune en América Latina?*, Instituto de Investigaciones Jurídicas, Instituto Iberoamericano de Derecho Constitucional, Max Planck Institut Für Ausländisches Öffentliches Rechts Und Völkerrecht, Universidad Nacional Autónoma de México, México 2010, Tomo I, pp. 25–62; y en *Revista de Derecho Público*, N° 9–10, Asociación Costarricense de Derecho Administrativo, San José, Costa Rica 2010, pp. 9–28.

[1] Por eso Jean Rivero estimó que el último paso en la construcción del Estado de derecho, es que el Legislador mismo esté sometido a una norma superior, la Constitución, en "Rapport de Synthèse", en L. Favoreu (ed.), *Cours constitutionnelles européennes et droits fondamentaux,* París, 1982, p. 519. Así mismo P. Lucas Murillo de la Cueva, calificó a la justicia constitucional como "la culminación de la construcción del Estado de derecho", en "El Examen de la Constitucionalidad de las Leyes y la Soberanía Parlamentaria", en *Revista de Estudios Políticos,* N° 7, Madrid, 1979, p. 200.

[2] *Véase* en particular A. Hamilton, *The Federalist* (ed. B. F. Wright), Cambridge Mass. 1961, *letter* N° 78, pp. 491–493. Véanse además, los comentarios de Alexis de Tocqueville, *Democracy in America* (ed. J. P. Mayer and M. Lerner), London, 1968, vol. I, p. 120.

tución rígida, el principio de su supremacía, la garantía de la nulidad de los actos estatales que la vulneren, la consagración constitucional de los derechos fundamentales, y la consideración de la Constitución como norma de derecho positivo directamente aplicable a los ciudadanos[3], cuya aceptación, incluso, fue calificada hacia finales del siglo pasado como producto de una "revolución,"[4] que los países europeos sólo en las últimas décadas de dicho siglo comenzaron a "redescubrir"[5].

Ahora bien, la justicia constitucional, es decir, la posibilidad de control judicial de la constitucionalidad de las leyes y demás actos estadales, deriva precisamente de esa idea de la Constitución como norma fundamental y suprema, que debe prevalecer sobre toda otra norma o acto estatal; lo que implica el poder de los jueces o de ciertos órganos constitucionales en ejercicio de funciones jurisdiccionales, de controlar la constitucionalidad de los actos estatales, incluidas las leyes, declarándolos incluso nulos cuando sean contrarios a la Constitución. Ese fue el gran y principal aporte de la Revolución Norteamericana al constitucionalismo moderno, y su desarrollo progresivo ha sido el fundamento de los sistemas de justicia constitucional en el mundo contemporáneo.

Como lo expresó en su momento Manuel García Pelayo:

"La Constitución, en tanto que norma fundamental positiva, vincula a todos los poderes públicos incluidos el Parlamento y por tanto, la ley no puede ser contraria a los preceptos constitucionales, a los principios de que éstos arrancan o que se infieren de ellos, y a los valores a cuya realización aspira. Tal es lo que configura la esencia del Estado constitucional de derecho..."[6].

Es decir, como en su momento también lo señaló Mauro Cappelletti, la Constitución concebida "no como una simple pauta de carácter político, moral o filosófico, sino como una ley verdadera, positiva y obligante, con un carácter supremo y más permanente que la legislación positiva ordinaria"[7]. O como lo

---

[3]   *Véase* Eduardo García de Enterría, *La Constitución como norma y el Tribunal Constitucional*, Madrid, 1981.

[4]   *Véase* J. Rivero, "Rapport de Synthèse", en L. Favoreu (ed.), *Cours constitutionnelles européennes et droits fondamentaux*, París, 1982, p. 520, donde califica la aceptación de muchos de esos principios por el Consejo Constitucional como una "revolución".

[5]   El término lo usó con razón Louis Favoreu, al señalar que ha sido sólo después de la Primera Guerra Mundial, y particularmente, después de la Segunda Guerra Mundial, que los países europeos han "redescubierto" la Constitución como texto de carácter jurídico y como norma fundamental, en "Actualité et légitimité du contrôle juridictionnel des lois en Europe Occidentale", *Revue du Droit Public et de la Science Politique en France et á l'étranger*, 1984, p. 1.176.

[6]   *Véase* Manuel García Pelayo, "El Status del Tribunal Constitucional", en *Revista Española de Derecho Constitucional*, N° 1, Madrid, 1981, p. 18.

[7]   *Véase* Mauro Cappelletti, *Judicial Review of Legislation and its Legitimacy. Recent Developments*. General Report. International Association of Legal Sciences. Uppsala, 1984 (mimeo), p. 20; también publicado como "Rapport général" en L. Favoreu y

puntualizó Eduardo García de Enterría al iniciarse el proceso democrático en España en las últimas décadas del siglo pasado, las Constituciones son normas jurídicas efectivas, que prevalecen en el proceso político, en la vida social y económica del país, y que sustentan la validez a todo el orden jurídico[8]. Se trata, siempre, de una ley suprema, real y efectiva, que contiene normas directamente aplicables tanto a los órganos del Estado como a los individuos.

Este concepto, si bien fue novedoso en la práctica de la España democrática, fue el concepto adoptado en los Estados Unidos de América desde los inicios del constitucionalismo, el cual desde el siglo XIX se siguió en los países de América Latina. Fue también el concepto que se adoptó en Europa después de la Revolución Francesa, y que luego de haber sido abandonado durante el siglo XIX, fue redescubierto durante el siglo pasado, particularmente después de la Segunda Guerra Mundial.

En efecto, originalmente la Constitución fue concebida como una ley fundamental que limitaba a los órganos del Estado y proclamaba los derechos fundamentales de los individuos, producto de un consenso político logrado por el pueblo mismo, y por lo tanto, directamente aplicable por los tribunales. Este concepto de Constitución, adoptado por algunos países de Europa continental luego de la Revolución Francesa, sin embargo, fue modificado posteriormente por la restauración del principio monárquico, el cual transformó la Constitución en un código formal y abstracto del sistema político, otorgado por el Rey y no directamente impuesto por los tribunales. En este contexto, la Constitución no incluía normas directamente aplicables a los individuos, quienes sólo estaban sometidos a las leyes, y aun cuando contenía una parte orgánica, la falta de medios de control de la constitucionalidad de los actos estatales, trajo como consecuencia la pérdida de su carácter normativo.

Ese concepto de Constitución en los sistemas jurídicos de Europa continental, como se dijo, cambió después de la Segunda Guerra Mundial, volviéndose nuevamente a la concepción original de ley suprema, con normas directamente aplicables tanto a los órganos del Estado como a los individuos, juzgadas por los Tribunales, y no como simples buenas intenciones. Tal como lo consideró la Corte Suprema de los Estados Unidos en el caso *Trop vs. Dulles,* 356 US 86 (1958), en la cual expresó, en relación al carácter normativo de la Constitución, que:

> "Las disposiciones de la Constitución no son adagios trillados ni contraseñas vacías. Son principios vitales y vivos que autorizan y limitan los poderes gubernamentales de nuestra Nación. Son normas de Gobierno. Cuando se cuestiona ante este Tribunal la constitucionalidad de una ley del Congreso, debemos aplicar dichas normas. De lo contrario, los términos de la Constitución se convertirían en poco más que buenas intenciones".

J.A. Jolowicz (ed), *Le contrôle juridictionnel des lois Légitimité, effectivité et développements récents,* París 1986, pp. 285–300.

[8]   *Véase* Eduardo García de Enterría, *La Constitución como norma y el Tribunal Constitucional*, Madrid, 1981, pp. 33, 39, 66, 71, 177 y 187.

Por ello, en los sistemas jurídicos contemporáneos las Constituciones tienen un carácter normativo, principio que incluso rige en Francia gracias a la labor del Consejo Constitucional, y que contrasta con el sistema constitucional tradicional que se había instaurado por las Leyes constitucionales de 1875, en el cual debido a la inexistencia de una declaración de derechos del hombre en el texto de la Constitución[9], sus disposiciones habían sido consideradas como no directamente aplicables a los individuos. Fue precisamente gracias a varias decisiones del Consejo Constitucional adoptadas en los años setenta del siglo pasado, que el "bloque de la constitucionalidad"[10] fue progresivamente ampliado para incluir en el mismo, a la Declaración de los Derechos del Hombre y del Ciudadano de 1789, a los principios de los Preámbulos de las Constituciones de 1946 y 1958, y a los principios fundamentales reconocidos por las leyes de la República[11]. Esto llevó a Jean Rivero a afirmar, en relación con la creación del derecho por el juez constitucional, que con las decisiones del Consejo Constitucional basadas en "la Constitución y, en particular, en su Preámbulo", en Francia se había producido "una revolución":

> "He allí, de una sola vez, la Declaración de 1789, el Preámbulo de 1946, los principios fundamentales reconocidos por las leyes de la República, integrados a la Constitución francesa, aun cuando la Constituyente no lo quiso. La Constitución francesa duplicó de tamaño por simple voluntad del Consejo Constitucional"[12].

La Constitución así configurada, en un Estado de derecho, en todo caso y por sobre todo tiene que ser dotada de supremacía en relación con cualquier otra norma jurídica o cualquier acto que emane del Estado, lo que implica que los actos del Parlamento y de absolutamente todos los demás órganos del Estado no pueden violar las normas de la Constitución, y los principios constitucionales que de ellos derivan.

No hay que olvidar que las Constituciones contemporáneas contienen, al mismo tiempo, una parte orgánica y una parte dogmática; la primera referida a la organización del Estado, la distribución y la separación del Poder Público y los mecanismos relativos a su funcionamiento; la segunda, a los derechos fundamentales y a las limitaciones impuestas a los órganos del Estado por su respeto y prevalencia. Por ello, la preeminencia de la Constitución significa no sólo la estricta observancia de las normas y procedimientos establecidos en la Constitu-

---

[9]   *Véase* Jean Rivero, *Les libertés publiques,* vol. 1, París, 1973, p. 70.

[10]   *Véase* Louis Favoreu, "Le principe de constitutionalité. Essai de définition d'après la jurisprudence du Conseil constitutionnel" en *Recueil d'études en l'honneur de Charles Eisenmann,* París, 1977, p. 33.

[11]   *Véase* Louis Favoreu, *Le contrôle juridictionnel des lois et sa légitimité. Développements récents en Europe occidentale,* Association Internationale des Sciences Juridiques, Colloque d'Uppsala, 1984 (mineo), p. 8; también publicado en L. Favoreu y J. A. Jolowicz, *Le contrôle juridictionnel des lois Légitimité, effectivité et développements récents,* París 1986, pp. 17 y ss.

[12]   *Véase* Jean Rivero, "Rapport de Synthèse" in L. Favoreu (ed), *Cours Constitutionnelles Européennes et Droit Fondamental,* Aix–en–Provence, 1982, p. 520.

ción para regular el funcionamiento de los órganos del Estado, sino también el respeto de los derechos fundamentales de los ciudadanos, declarados o implícitos en la misma. Todo ello implica, por supuesto y por ejemplo en lo que respecta al Parlamento, no sólo la obligación de respetar las normas constitucionales que rigen la separación de poderes y evitar usurpar las atribuciones del Ejecutivo y del Poder Judicial, sino además, la necesidad de actuar de conformidad con los procedimientos para la elaboración de las leyes que prevé la Constitución, en los cuales no puede, en ningún caso, violar los derechos fundamentales que garantiza la Constitución. Lo mismo se aplica a la actuación de los demás órganos del Estado, en particular del Ejecutivo y de los propios tribunales, incluyendo los Tribunales Constitucionales que como garantes de la Constitución están, por sobre todo, sometidos a la misma.

La sujeción a la supremacía de la Constitución por todos los órganos del Estado, por otra parte, no sólo implica sumisión a las normas de carácter orgánico y de procedimiento, sino también a las de orden sustantivo. Por ello es que una ley puede ser inconstitucional no sólo por vicios en el procedimiento de formación de las leyes que afecten su elaboración, sino por razones de fondo, cuando su contenido es contrario a las normas o principios enunciados en la Constitución incluido los relativos a los derechos fundamentales o derivados de los mismos. Por tanto, la inconstitucionalidad de los actos estatales puede ser de forma o de fondo.[13]

I. LA SUPREMACÍA CONSTITUCIONAL Y SUS GARANTÍAS

Por supuesto, como toda supremacía normativa, para ser efectiva requiere ser garantizada, es decir, requiere de ser dotada de las necesarias garantías jurídicas, que tratándose de la Constitución como norma suprema resultan ser la culminación de la construcción del Estado de derecho. Entre ellas, está precisamente el sistema de justicia constitucional, concebido precisamente por Hans Kelsen en las primeras décadas del siglo pasado, como la garantía jurisdiccional por excelencia del principio de la supremacía constitucional.[14]

Y efectivamente, la supremacía de la Constitución sería imperfecta e inoperante desde el punto de vista jurídico, si no se establecieran las necesarias garantías que la protejan frente a los actos inconstitucionales del Estado o de cualquier ruptura del ordenamiento constitucional, es decir, los medios para protegerla

---

[13] *Véase* H. Kelsen. "La garantie juridictionnelle de la Constitution (La justice constitutionnelle)", en *Revue du Droit public et de la Science politique en France et à l'étranger,* París, 1928, p. 202.

[14] *Idem.,* p. 214. *Véase* además, Allan R. Brewer–Carías, "La Justicia Constitucional", en *Revista Jurídica del Perú,* Nº 3, 1995, Trujillo, Perú, pp. 121 a 160; Allan R. Brewer–Carías, Control de la constitucionalidad. La justicia constitucional" en *El Derecho Público de finales de Siglo. Una perspectiva iberoamericana,* Fundación BBV, Editorial Civitas, Madrid 1996, pp. 517–570; Allan R. Brewer–Carías, *Instituciones Políticas y Constitucionales, Tomo VI: La Justicia Constitucional*, Universidad Católica del Táchira– Editorial Jurídica Venezolana, Caracas, San Cristóbal, 1996, 21 ss; Allan R. Brewer–Carías, *La Justicia Constitucional. Procesos y procedimientos constitucionales*, UNAM, México 2007.

tanto en su parte orgánica, incluyendo los procesos y procedimientos constitucionales; como en la dogmática que se refiere a los derechos fundamentales. En
general, e históricamente, se han distinguido dos tipos de garantías de la supremacía de la Constitución: las políticas y las jurisdiccionales. Las primeras se
atribuyen, en general, a los órganos políticos supremos de carácter representativo
del Estado, y fue la que existió, en general, en los regímenes jurídicos donde se
impuso una interpretación extrema tanto del principio de la separación de poderes, como del principio de la unidad del Poder del Estado. En el primer caso, esa
fue tradicionalmente la situación en Francia hasta la creación del Consejo Constitucional, donde la Asamblea Nacional era el único poder del Estado con facultad de velar por la constitucionalidad de las leyes. En el segundo caso, se trata
del sistema que fue adoptado en la casi totalidad de los antiguos Estados socialistas del este de Europa, y que en el Continente americano aún existe en Cuba,
donde el órgano supremo y políticamente representativo es el único que puede
ejercer el control de la constitucionalidad de las leyes.

En los sistemas europeos, donde la garantía política de la constitucionalidad
le correspondía a los órganos políticos representativos, se tendía a asimilar los
órganos controlados y los órganos de control,[15] lo que suscitó críticas incluso en
el mundo socialista, al considerarse el sistema inadecuado o por lo menos "poco
satisfactorio." En todo caso, el argumento en favor de este tipo de garantía o
medio de protección de la Constitución se basaba en el principio de la unidad del
poder del Estado (y el rechazo del principio de la separación de poderes) que
caracterizó el régimen jurídico de derecho público de los países socialistas, lo
que implicaba, siempre, la supremacía del poder del órgano políticamente representativo del Estado. La consecuencia lógica de esta preeminencia fue la imposibilidad de confiar el poder de control de la constitucionalidad de las leyes a otro
órgano, y considerar como ilegítimo cualquier otro control que pudiese ser ejercido por un órgano del Estado diferente del órgano supremo representativo, incluyendo la autoridad judicial.[16] Antes de los cambios constitucionales que se
produjeron en el mundo socialista a partir de 1990, sin embargo, sólo tres países,
Yugoslavia, Checoslovaquia y Polonia habían instituido una garantía jurisdiccional de la Constitución, confiando el poder de control de la constitucionalidad
de las leyes a Tribunales Constitucionales especiales, inspirándose en el principio de la supremacía de la Constitución y en el principio de la separación de
poderes del Estado. Esta tendencia se ha seguido posteriormente en el proceso de
transformación política y democratización del antiguo mundo socialista, conti-
nuando con el modelo de tribunales constitucionales, por ejemplo, en la República Checa y en Polonia.

---

[15] *Véase* P. Biscaretti di Ruffia, "Les Constitutions européennes: notions introductives"
en P. Biscaretti di Ruffia y S. Rozmaryn, *La Constitution comme loi fondamentale
dans les Etats socialistes,* Torino, 1966, p. 70.

[16] *Véase* P. Nikolic, *Le contrôle juridictionnel des lois et sa légitimité. (Dévenloppe-
ment récents dans les pays socialistes),* Informe, Association Internationale des
Sciences juridiques, Uppsala, 1984 (mimeo), pp. 14–217. Publicado también en L.
Favoreu and J. A. Jolowicz (ed) *Le contrôle juridictionnel des lois. Légitimité, effectivité et développements récents,* París 1986, pp. 1–115.

Por otra parte, en los regímenes en los cuales se siguió una interpretación rigurosa del principio de la separación de poderes o que adoptaron el principio de la supremacía y soberanía del Parlamento, evidentemente que no pudo haber un sistema de control judicial de la constitucionalidad de las leyes. Este fue el caso de todos los países de Europa continental después de la Revolución Francesa y de la restauración de la Monarquía, y es aún el caso de Inglaterra. En Europa, la Monarquía y el principio de la representación basado en la elección del cuerpo legislativo, tuvo como consecuencia la adopción del principio de la supremacía del Parlamento sobre los demás poderes del Estado y, por consiguiente, la primacía de las leyes o actos del Parlamento sobre todas las demás normas y actos estatales.

En el siglo XIX, por tanto, en Europa era inconcebible suponer cualquier alteración del principio de la supremacía de la ley, producto de la voluntad general. Este principio, sencillamente, hacía inconcebible cualquier incumplimiento de la Constitución por parte del Parlamento, siendo el Ejecutivo (el Monarca) el verdadero enemigo del ciudadano, el cual podía caer en la tentación de hacer prevalecer su propia voluntad sobre la del pueblo, encarnada por el Parlamento. Por ello, era inconcebible que el Parlamento pudiera equivocarse o fallar. Este mito de la Asamblea como expresión absoluta de la voluntad popular, fuente segura e infalible de la voluntad colectiva, fue, sin duda, el fruto histórico del jacobinismo francés, del cual, basado en el principio absoluto de la representación de la voluntad nacional, nacería el dogma de la soberanía parlamentaria; dogma en virtud del cual en Francia se proscribía en forma absoluta todo poder por encima de la Asamblea, y se hacía, naturalmente, del Poder Judicial, un simple instrumento de ejecución de las leyes sancionadas por la Asamblea, quitándole hasta la facultad de interpretarlas. De allí el conocido procedimiento del *"référé législatif"* que imponía a los jueces la obligación de consultar a la Asamblea Nacional, en caso de duda en la interpretación de las leyes[17].

Esta obligación derivaba de la más pura tradición de las teorías de Montesquieu, según las cuales los jueces no eran más que "la boca que pronuncia la palabra de ley"; por tanto, meros seres pasivos, incapaces ni siquiera de moderar la fuerza o rigor de dichas leyes[18]. Por otra parte, dicha obligación ocupaba un lugar predominante en la famosa Ley del 16–24 de agosto de 1790 sobre la organización judicial, en cuyo artículo 10 del Título II se estableció el principio de la separación de los poderes legislativo y judicial en los términos siguientes: "Los tribunales no podrán participar ni directa ni indirectamente en el ejercicio del poder legislativo; ni impedir ni suspender la ejecución de los decretos del cuerpo legislativo..." Y el artículo 12 del mismo Título agregaba: "Ellos (los tribunales) no podrán hacer reglamentos sino que se dirigirán al cuerpo legislativo cada vez que crean necesario, sea interpretar una ley o hacer una nueva". El *"référé législatif"* como se dijo, constituía en ese entonces, el instrumento mediante el cual el

---

[17] *Véase* Art. 2 de la Ley del 16–24 agosto 1790; y Art. 21 de la Ley de 27 de noviembre–1° diciembre 1790. *Véase* las referencias en M. Troper, *La séparation des pouvoirs et l'histoire constitutionnelle française,* París 1980, pp. 58 y ss.

[18] Citado por Ch. H. Mc Ilwain, *The High Court of Parliament and its Supremacy,* Yale, 1910, p. 323.

cuerpo legislativo podía interpretar las leyes, interpretación a la que los jueces ni siquiera podían proceder. Por ello, Robespierre decía que la palabra "jurisprudencia" debía ser eliminada de la lengua francesa, agregando:

"En un Estado que tiene una Constitución, una legislación, la jurisprudencia de los tribunales no es otra cosa que la ley... si una autoridad distinta del legislador podría interpretar las leyes, ella elevaría su voluntad por encima de la del legislador"[19].

En nombre de este principio jacobino de la Asamblea, producto de la Revolución, en Francia, durante mucho tiempo se rechazó la posibilidad de que las autoridades judiciales pudieran anular las decisiones que emanaban de la Asamblea.

En el Reino Unido, este fue precisamente el mismo principio de la soberanía del Parlamento, fruto de la "Gloriosa Revolución" de 1688, que aún impide en la actualidad, a las instancias judiciales, poder velar por la constitucionalidad de las leyes. De acuerdo con este principio, la tarea de los jueces es sólo aplicar las leyes y, por supuesto, interpretarlas, pero éstos no tienen poder alguno para controlarlas, pues las decisiones del cuerpo legislativo traducen la voluntad soberana del pueblo.

Partiendo de esta concepción tradicional de la separación de los poderes, todo sistema de control judicial de la constitucionalidad de las leyes era considerado atentatorio al principio de la soberanía del Parlamento, que se basaba en la preeminencia del Legislador sobre los demás poderes del Estado. Esta concepción se apoyaba en la idea de que el Parlamento estaba compuesto por representantes del pueblo, quienes, como tales, en el seno de un régimen democrático representativo, representaban al soberano. En este sentido, se consideraba inadmisible toda intervención de una instancia constitucional cualquiera tendiente a limitar la autonomía del órgano representativo supremo del Estado, razón por la cual el control de la constitucionalidad de las leyes sólo podía ser ejercido por ese órgano.

En todo caso, debe tenerse en cuenta que el principio de la soberanía del pueblo, como dogma fundamental de todo Estado de derecho democrático, y que está a la base de las Constituciones modernas, es un principio político inherente al poder constituyente del Estado, no al poder de los cuerpos constituidos del mismo, que ejercen el Poder Público. Por consiguiente, en nuestro criterio, no tenía sentido que se pudiera haber continuado con el debate sobre la soberanía relativa de los cuerpos constituidos del Estado, ya que todos emanan del soberano que es el pueblo, y son sus representantes. Asimismo, actualmente no puede tener sentido alegar la soberanía del Parlamento para frenar la instauración de un mecanismo jurisdiccional capaz de garantizar la Constitución, a la cual también está subordinado el Parlamento.

Para retomar el argumento desde otro punto de vista, no hay que olvidar que en los regímenes democráticos tanto de tipo presidencial como parlamentario, el Presidente de la República o el Jefe de Gobierno son elegidos por el pueblo o

---

[19]   Citado por M. Troper, *La séparation des pouvoirs et l'histoire constitutionnelle française*, París 1980, *cit.*, p. 60.

surgen de la soberanía popular, al igual que los miembros del Parlamento. A partir del momento en que la Constitución reconoce la soberanía del pueblo, resulta totalmente claro que esta calidad no puede ser conferida a un órgano del Estado. No hay que olvidar que todos los poderes del Estado y todos los órganos que los ejercen derivan su legitimidad del pueblo; por consiguiente, ningún órgano constitucional es ni puede ser verdaderamente soberano, ni siquiera una Asamblea Constituyente designada por el pueblo ni el Parlamento, y todos están sujetos a la Constitución.

Además, tampoco debe olvidarse que en las democracias contemporáneas, la relación entre las fuerzas políticas y sociales tiende a relativizar las funciones constitucionales de los órganos del Estado, transformando en muchos casos al Parlamento en una especie de foro de los partidos políticos en el cual se obliga al gobierno a negociar con ellos, tal y como lo hacen con los sindicatos y los grupos de presión. Esta primacía fáctica de los partidos políticos en algunos casos ha erosionado el principio mismo de la separación de poderes y, por el contrario, ha llevado a que los poderes se concentren en manos del gobierno o de los mismos partidos políticos[20]. Por ello, incluso, ha surgido la necesidad de adoptar medidas a fin de orientar, por vías constitucionales, las actividades de los órganos del Estado y las de los mismos partidos,[21] de manera que no es incluso infrecuente que los órganos de control de la constitucionalidad, además de controlar la constitucionalidad de las leyes, puedan controlar la constitucionalidad de la actuación de los partidos políticos.

II. EL CONTROL JURISDICCIONAL DE LA CONSTITUCIONALIDAD Y EL FIN DEL ABSOLUTISMO PARLAMENTARIO

Ahora bien, salvo en el Reino Unido, puede decirse que en Europa se disipó en gran medida el mito de la soberanía del Parlamento, con algunas excepciones como en Holanda, cuya Constitución expresamente establece que "la constitucionalidad de los actos del parlamento y de los tratados, no pueden ser revisados por los tribunales" (artículo 120). En contraste, puede decirse que el control jurisdiccional de la constitucionalidad de las leyes apareció en Europa luego de la gran crisis que se produjo al finalizar la primera guerra mundial y como consecuencia de las tragedias posteriores que hicieron desaparecer los derechos individuales. Ello condujo no sólo a la transformación de la Constitución en un verdadero código normativo, directamente aplicable y obligante, sino a la creación de órganos constitucionales cuya tarea fue la protección jurisdiccional del orden constitucional y la garantía de la supremacía de la Constitución, no sólo en relación al Poder Ejecutivo (controlado, en forma separada, por otro tipo de instancia judicial o jurisdiccional contencioso administrativa), sino esencialmente en relación al Parlamento, es decir, particularmente sobre las leyes y demás

---

[20]   *Véase* Manuel García Pelayo, *El Estado de Partidos,* Madrid, 1986; Allan R. Brewer–Carías, *Problemas del Estado de Partidos,* Caracas, 1988.

[21]   *Véase* P. Lucas Murillo de la Cueva, "El examen de la constitucionalidad de las leyes y la soberanía parlamentaria", en *Revista de Estudios Políticos,* N° 7, Madrid, 1979, p. 212.

actos legislativos. En consecuencia, la soberanía del Parlamento dejó de ubicarse sobre la justicia, y el control jurisdiccional de la constitucionalidad se convirtió en el instrumento que permitió la sujeción del Parlamento a la Constitución, sobre todo cuando la formación de mayorías efímeras desequilibran los poderes del Estado o cuando la irracionalidad de las relaciones políticas y sociales puedan afectar los principios y valores superiores de la sociedad. De hecho, las terribles lecciones que se aprendieron resultantes de los abusos de los regímenes nazi y fascista en Europa, tal vez fueron las que permitieron derrumbar los mitos y teorías de la época en cuanto al carácter infalible de la ley. Por ello, como lo destacó Louis Favoreu, "el mito de Rousseau sobre el carácter infalible de la ley y del Parlamento por el que se expresa la voluntad general, se ha derrumbado", por lo que la célebre fórmula según la cual "el legislador no puede actuar mal" *(ne peut mal faire)* tuvo que ser revisada[22].

En efecto, la experiencia europea del siglo pasado adquirida durante el período comprendido entre las dos guerras, hizo que naciera un sentimiento de prudencia, marcado de escepticismo, con referencia a los Parlamentos y su pretendida soberanía y al mito de la representatividad. Tal y como lo resaltó Mauro Cappelletti, los europeos se dieron cuenta de que se habían hecho "demasiadas ilusiones sobre la teoría democrática liberal" en vista de que a menudo "la realidad se alejaba del mito de la supremacía de la voluntad del pueblo"; que "los Parlamentos y su legislación podían transformarse en los instrumentos de regímenes despóticos, y de que las mayorías podían ser brutalmente opresivas"[23]. De hecho, los legisladores de la República de Weimar y de la Italia de Mussolini no sólo fracasaron como garantes de la libertad, sino que, al contrario, se transformaron en el instrumento de mayorías circunstanciales en beneficio de la consolidación de regímenes totalitarios.

Por supuesto, puede afirmarse que estos dos países aprendieron la lección, y no sólo introdujeron en sus nuevas Constituciones sancionadas después de la Segunda Guerra Mundial, valores fundamentales con raíces sólidas y derechos fundamentales que quedaron fuera del alcance del Parlamento, sino que también elaboraron un principio de control jurisdiccional de la constitucionalidad de las leyes creando Cortes y Tribunales Constitucionales, como lo había hecho Austria en los años veinte.

En este sentido, se tomó conciencia de la necesidad de proteger las libertades no sólo contra el Ejecutivo sino también contra el Legislador. Tal como lo señaló Jean Rivero:

---

[22] *Véase* L. Favoreu, "Europe occidentale," en L. Favoreu y J. A. Jolowicz. (ed) *Le contrôle juridictionnel des lois. Légitimité, effectivité et développements récents,* París 1986, p. 43. Publicado como "Actualité et légitimité du contrôle juridictionnel des lois en Europe occidentale," en *Revue du Droit publie et de la Science politique en France et à l'étranger,* París, 1984 (5), pp. 1.147 y 1.201.

[23] *Véase* M. Cappelletti, "Rapport général" en L. Favoreu y J. A. Jolowicz. (ed) *Le contrôle juridictionnel des lois. Légitimité, effectivité et développements récents,* París 1986, pp. 293–294.

"La vieja idea, que domina todo el siglo XIX liberal, de la protección de la libertad por la ley tiende a sustituirse por la idea experimental de la necesidad de la protección de las libertades contra la ley. Y esta evolución ha hecho posible este fenómeno extraordinario, de aceptación de una autoridad superior al legislador mismo, de una autoridad encargada de imponer al legislador el respeto de la Constitución"[24].

En consecuencia, los países de Europa continental adoptaron un sistema de control jurisdiccional de la constitucionalidad de las leyes tomando caminos diferentes al del sistema norteamericano y latinoamericano de control judicial, y por otros motivos. Según Louis Favoreu, el fenómeno europeo se produjo no tanto por un problema de lógica jurídica del constitucionalismo, que a la luz del caso *Marbury vs. Madison,* una ley contraria a la Constitución no puede ser aplicada; sino por un problema de lógica política. Se trató más bien:

"Del temor a la opresión por una mayoría parlamentaria, lo que fue determinante en el cambio de posición de los países de Europa occidental en cuanto al control jurisdiccional de la constitucionalidad de las leyes"[25].

Igualmente, es posible, encontrar una explicación a esta lógica política del control jurisdiccional de la constitucionalidad de las leyes, en el hecho de que un gran número de países, la representatividad de la voluntad general expresada por los elegidos, se desmitificó, sobre todo porque el cuerpo legislativo se ha conformado la mayoría de las veces por individuos escogidos por los partidos políticos, por lo que al ser indiscutiblemente una emanación de esos mismos partidos, de hecho no han representado verdaderamente a la voluntad popular.

En todo caso, la idea de introducir en el bloque de la constitucionalidad un cierto número de valores fuera del alcance de mayorías circunstanciales o pasajeras, contribuyó, de una forma u otra, a transferir el carácter tradicionalmente sagrado de la ley, a la Constitución. En otras palabras, se desacralizó a la Ley en beneficio de la Constitución.

En consecuencia, después de la Segunda Guerra Mundial puede decirse que en los países de Europa continental se produjo "un redescubrimiento de la Constitución como texto de carácter jurídico"[26] o más bien, que esos países comenzaron a descubrir la verdadera naturaleza fundamental de la Constitución, viendo en ella una ley superior y suprema, aplicable a todos los órganos del Estado y a los individuos, e imponible por los tribunales. Tal y como lo puso de manifiesto Mauro Cappelletti, un hecho totalmente novedoso en el constitucionalismo europeo moderno:

"...Es el serio esfuerzo por concebir la Constitución, no como una simple guía de carácter moral, política o filosófica, sino como una ley verdade-

---

[24]   *Véase* J. Rivero, "Rapport de Synthèse" in L. Favoreu (ed)., *Cours constitutionnelles européenes et Droits fondamentaux,* Aix–en–Provence, 1982, p. 519.

[25]   *Véase* L. Favoreu, "Europe occidentale" en L. Favoreu y J. A. Jolowicz. (ed) *Le contrôle juridictionnel des lois. Légitimité, effectivité et développements récents,* París 1986, p. 43.

[26]   *Idem.*

ra, ella misma *positiva y obligatoria*, pero de una naturaleza superior, más permanente que la legislación ordinaria"[27].

Y, por supuesto, esta ley positiva y superior debía aplicarse a todos los órganos del Estado, en especial, al Parlamento y al Gobierno.

En este sentido es que se ha dicho, como lo destacamos al inicio, que el control jurisdiccional de la constitucionalidad de los actos del Estado es la consecuencia última de la consolidación del Estado de derecho en el cual los órganos del Estado, no siendo soberanos, están sujetos a los límites impuestos por una Constitución, que tiene fuerza de ley suprema.

Este argumento ya había sido puesto de manifiesto, en Francia, hace casi una centuria, por Paul Duez, cuando señalaba que:

"El derecho público moderno establece, como axioma, que los Gobiernos no son soberanos y que, en particular, el Parlamento está limitado en su acción legislativa por normas jurídicas superiores que no puede infringir; los actos del Parlamento están sujetos a la Constitución, y ningún acto del Parlamento puede ser contrario a la Constitución"[28].

En esa forma, al proclamar el principio de que todos los órganos del Estado están sujetos a límites impuestos por la Constitución como norma suprema, Duez añadió:

"No vasta proclamar tal principio, éste debe ser organizado, y deben adoptarse medidas prácticas y efectivas para poder garantizarlo"[29].

Más adelante, Duez destacó la importancia, en Francia, del sistema de control jurisdiccional contencioso administrativo referido a la Administración Pública y a los actos administrativos, agregando que:

"El espíritu de legalidad exige que se establezca un control con respecto a los actos legislativos";

concluyendo de la manera siguiente:

"No hay una verdadera democracia organizada ni un Estado de derecho, salvo cuando existe y funciona este control de la legalidad de las leyes"[30].

La lógica del razonamiento de Duez, totalmente extraño en 1929 y en las décadas subsiguientes al pensamiento dominante en Francia, era y sigue siendo impecable: ningún órgano del Estado puede ser considerado soberano, y todos los órganos del Estado, en particular el Legislador, en sus actividades, están

---

[27] *Véase* M. Cappelletti, "Rapport général" en L. Favoreu y J. A. Jolowicz. (ed) *Le contrôle juridictionnel des lois. Légitimité, effectivité et développements récents*, París 1986, p. 294.

[28] *Véase* P. Duez, "Le contrôle juridictionnel de la constitutionalité des lois en France" en *Mélanges Hauriou*, París, 1929, p. 214.

[29] *Idem.*, p. 21.

[30] *Ibid.*, p. 215.

sujetos a los límites establecidos por las normas superiores, contenidas en la Constitución.

Por ello, las leyes y demás actos del Parlamento siempre deben estar sujetos a la Constitución, y no pueden ser contrarios a la misma. En consecuencia, el espíritu de legalidad impone la existencia y funcionamiento no sólo del control de la legalidad de los actos administrativos, sino también del control de la constitucionalidad de las leyes. Por ello, solamente en aquellos países donde existe este tipo de control, puede decirse que existe verdadera democracia organizada y un Estado de derecho.

En todo caso, el control jurisdiccional de la "legalidad de las leyes" al que se refería Duez es, precisamente, el control jurisdiccional de la constitucionalidad de las leyes y de los otros actos del Estado dictados en ejecución directa de la Constitución, donde "legalidad" significa "constitucionalidad".

La tesis de Duez, en todo caso, fue acogida en Francia cincuenta años después, por el Consejo Constitucional francés, en su decisión sobre las nacionalizaciones de 16 de enero de 1978, al indicar lo siguiente:

> "Considerando que si el artículo 34 de la Constitución coloca dentro del dominio de la ley a "las nacionalizaciones de empresas y las transferencias de empresas del sector público al sector privado", esta disposición, al igual que la que confía a la ley la determinación de los principios fundamentales del régimen de la propiedad, no podría dispensar al legislador, en el ejercicio de su competencia, del respeto de los principios y de las reglas de valor constitucional que se imponen a todos los órganos del Estado"[31].

Refiriéndose a esta decisión del Consejo Constitucional, Louis Favoreu la calificó con respecto a la situación anterior, como "la afirmación fundamental de la plenitud de la realización del Estado de derecho en Francia en la medida en que el legislador, hasta una época reciente, escapaba, de hecho o de derecho, a la sumisión a una regla superior"[32].

La supremacía de la Constitución sobre el Parlamento marcó, además, el fin del absolutismo parlamentario[33]; modificó el antiguo concepto de soberanía parlamentaria y, con la creación del Consejo Constitucional, abrió paso a la justicia constitucional en Francia, la cual después de varias décadas de funcionar en forma a priori, y por tanto limitada, en 2008 se ha ampliado, al adoptarse el control a posteriori de constitucionalidad de las leyes. Este proceso, en todo caso, como se ha dicho antes, ya se había iniciado antes de manera más amplia en otros países de Europa continental como Austria, Alemania e Italia.

Otro factor que contribuyó a la aparición de mecanismos de control jurisdiccional de la constitucionalidad de las leyes fue la transformación de la noción de

---

[31] *Véase* L. Favoreu y L. Philip, *Les grandes décisions du Conseil constitutionnel, cit.,* p. 527. L. Favoreu, "Les décisions du Conseil constitutionnel dans l'affaire des nationalisations", en *Revue du droit public et de la science politique en France et à l'étranger*, T. XCVIII, Nº 2, Paris 1982, p. 400.

[32] *Idem, loc. cit.,* p. 400.

[33] *Véase* J. Rivero, "Fin d'un absolutisme", *Pouvoirs,* 13, París, 1980, pp. 5–15.

"ley" como acto del Parlamento. De hecho, las leyes, antiguamente consideradas en la tradición del siglo XIX, como el fruto de la tarea del legislador como expresión de la voluntad general, con la evolución de los regímenes parlamentarios realmente se habían convertido en actos de la mayoría parlamentaria y del propio Gobierno, mediante un sistema de vasos comunicantes a través de los partidos políticos. En esta forma, las leyes no siempre han sido, necesariamente, la expresión de la voluntad de todos los ciudadanos, ni han sido sancionadas por una mayoría sólida y mítica; en muchos casos sólo han sido, como lo señaló Jean Rivero, "la expresión de la voluntad gubernamental aprobada por una mayoría solidaria"[34]. Además, teniendo en cuenta la evolución de las tareas del Estado, la ley ha tendido a convertirse en un producto mucho más técnico, cuyo contenido, incluso, escapa con frecuencia al control efectivo de los miembros del Parlamento, puesto que son los tecnócratas en el seno de la Administración los que a veces la conciben y fijan su contenido, sin la participación efectiva de aquellos. Por ello, en virtud de que en muchos casos las leyes traducen más la voluntad gubernamental que la voluntad general, el control jurisdiccional constituye un instrumento eficaz que permite velar por su constitucionalidad.

En todo caso, la supremacía de la Constitución y su influencia sobre el Legislativo hizo que la misma Constitución se dotara de garantías jurisdiccionales en vez de políticas, sobre todo cuando en Francia, la experiencia del Senado Conservador de 1799 y de la Constitución de 1852 había demostrado que estas últimas eran ineficaces. En general, como se dijo, las Constituciones habían fijado la distribución de los poderes públicos entre los diferentes órganos del Estado y esencialmente habían otorgado poderes fundamentales al Legislativo, cuerpo que tradicionalmente había sido considerado como infalible puesto que era la expresión misma de la voluntad popular. Sin embargo, desde el punto de vista político, el auto control del Parlamento fue ilusorio.

Por otra parte, las Constituciones comenzaron a establecer progresivamente declaraciones de derechos fundamentales de los individuos y de las minorías, incluso contra la voluntad de la mayoría. Por ello, como lo señaló Mauro Cappelletti, "ningún sistema eficaz de control de los derechos puede estar confiado a los electores o a las personas y órganos dependientes y estrechamente tributarios, de la voluntad de la mayoría"[35], en otros términos, del Legislativo propiamente dicho.

Esta es la razón por la cual, contrariamente a los sistemas de control político de la constitucionalidad de las leyes, la tendencia general del constitucionalismo contemporáneo en los regímenes constitucionales dotados de una Constitución escrita, fue prever la existencia de medios de protección judicial o jurisdiccional de la Constitución, otorgando poderes efectivos de control de la constitucionalidad de las leyes sea a los tribunales o a las autoridades judiciales ordinarias, sea a los Tribunales especiales.

---

[34]   J. Rivero, "Rapport de synthése", en L. Favoreu (ed.), *Cours constitutionnelles européennes et droits fundamentaux,* París, 1982, p. 519.

[35]   M. Cappelletti, "Rapport général", en L. Favoreu y J. A. Jolowicz. (ed) *Le contrôle juridictionnel des lois. Légitimité, effectivité et développements récents,* París 1986, p. 295.

Debe decirse, en efecto, que en la mayoría de los países contemporáneos, la justicia constitucional, es decir, el poder de controlar la constitucionalidad de las leyes y proteger los derechos fundamentales, es hoy día conferida constitucionalmente a los órganos que ejercen el Poder Judicial. En estos países, puede decirse que el juez constitucional es el Poder Judicial. En otros países, en cambio, particularmente de Europa continental, las autoridades judiciales no ejercen completamente la justicia constitucional sino que ésta está conferida, en algunos casos, a órganos constitucionales diferentes e independientes del Poder Judicial, especialmente creados para ello, en la forma de Cortes, Tribunales o Consejos Constitucionales. Por lo tanto, en estos países, el juez constitucional no siempre es una autoridad judicial, sino un órgano constitucional que no depende del Poder Judicial ni de ningún otro poder del Estado.

Evidentemente, en ambos sistemas, el juez constitucional ejerce una función jurisdiccional, en el sentido de declarar el derecho con fuerza de verdad legal en calidad de órgano independiente en el seno del Estado, de los órganos de los poderes legislativo y ejecutivo. En ambos sistemas, la justicia constitucional es la expresión más elocuente de la supremacía de la Constitución y de su garantía. La diferencia entre ellos estriba en el hecho de que en el primer sistema, es decir, en aquellos países en los cuales el Poder Judicial es juez constitucional, la garantía jurisdiccional de la supremacía de la Constitución es una garantía judicial, mientras que, en los demás sistemas, sólo se trata de una garantía jurisdiccional, pero no judicial. Pero por supuesto, en ambos casos, para que la justicia constitucional sea efectiva, los órganos encargados de ejercerla tienen que estar dotados de autonomía e independencia.

Ahora bien, de acuerdo con los principios del constitucionalismo moderno que se desprendieron de la Revolución Norteamericana, el Poder Judicial debe considerarse como el poder del Estado que tiene, por excelencia, la función de ser juez constitucional, es decir, el poder del Estado que de conformidad con el principio de la separación de los poderes debe velar por la supremacía de la Constitución, tanto desde un punto de vista orgánico como dogmático; estando por tanto facultado para controlar la constitucionalidad de las leyes y proteger los derechos fundamentales establecidos en la Constitución.

Puede decirse que este es el principio en casi todos los países del mundo contemporáneo que han tenido la influencia del constitucionalismo moderno, sin las desviaciones relativas a la separación de los poderes emanadas de la Revolución Francesa. Esta es la razón por la cual el principio general en el ámbito del control de la constitucionalidad de las leyes, salvo en los países europeos, es la atribución de la función de juez constitucional al Poder Judicial. En cambio, en cuanto a la protección de los derechos y garantías constitucionales, en todos los países del mundo contemporáneo, el Poder Judicial, es decir, la autoridad judicial, es a quien corresponde la tarea de ser guardián de las libertades y de los derechos constitucionales de los individuos.[36]

Por otra parte, debe destacarse que cuando el control jurisdiccional de la constitucionalidad de las leyes se atribuye al Poder Judicial, éste puede ser tarea

---

[36]   Allan R. Brewer–Carías, *Constitutional Protection of Human Rights in Latin America,* Cambridge University Press, New York, 2009.

de todos los jueces o de algunos de ellos. En el primer caso, el sistema de control judicial de la constitucionalidad es el sistema difuso, el más difundido en el mundo contemporáneo; en el segundo caso, el sistema de control de la constitucionalidad de las leyes es el sistema concentrado ya que la tarea de controlar se concede a un solo órgano judicial, bien sea la Corte Suprema del país o a un Tribunal constitucional perteneciente al Poder Judicial. En algunos países, incluso, ambos sistemas de control coexisten.[37]

En todo caso, el control jurisdiccional de la constitucionalidad de las leyes, es decir, este poder de controlar la conformidad de actos del Estado con la Constitución, especialmente los actos legislativos y aquellos dictados en ejecución directa de la Constitución, sólo puede darse en sistemas jurídicos en los cuales existe una Constitución escrita, que impone límites a las actividades de los órganos del Estado y, en particular, al Parlamento, y donde la separación de poderes está garantizada. En consecuencia, incluso en los sistemas de control judicial, el poder de los tribunales para controlar la constitucionalidad de los actos del Estado no es necesariamente una consecuencia de la existencia de un Poder Judicial autónomo e independiente, sino de los límites jurídicos impuestos en una Constitución sancionada como ley suprema a los órganos constituidos del Estado.

III. LA JUSTICIA CONSTITUCIONAL Y LAS LIMITACIONES CONSTITUCIONALES A LOS ÓRGANOS ESTATALES

Como se ha señalado, para que exista control jurisdiccional de la constitucionalidad de las leyes, no sólo es necesario que exista una Constitución escrita, como norma suprema que consagre los valores fundamentales de una sociedad, sino además, es necesario que esa norma superior se establezca en forma rígida y estable, en el sentido de que no puede ser modificada por la legislación ordinaria. En un sistema de este tipo, todos los órganos del Estado están limitados por la Constitución y están sujetos a la misma, por lo que sus actividades deben ser llevadas a cabo de conformidad con esta ley suprema.

Esto implica, por supuesto, no sólo que la Administración y los jueces, como órganos de ejecución de la ley, están sujetos a la legalidad (Constitución y "legislación"), sino también que los órganos que crean la "legislación", especialmente los cuerpos legislativos, también están sujetos a la Constitución.

En todo caso, una Constitución escrita y rígida, ubicada en la cúspide de un sistema jurídico, no sólo exige que todos los actos dictados por los órganos del Estado en ejecución directa o indirecta de la misma la respeten y no la violen, sino también, una garantía que prevenga y sancione dicha violación[38]. Precisamente, el control jurisdiccional de la constitucionalidad es el poder atribuido, generalmente, a los órganos que ejercen el Poder Judicial, de controlar el cumplimiento de la ley suprema de un país, por parte de los órganos del Estado.

---

[37] Allan R. Brewer–Carías, *Judicial Review in Comparative Law,* Cambridge University Press, Cambridge 1989.

[38] *Véase* H. Kelsen, "La garantie juridictionnelle de la Constitution (La Justice Constitutionnelle, en *Revue du Droit public et de la Science politique en France et à l'étranger,* París, 1928, pp. 197–257.

Ahora bien, en todos los sistemas jurídicos dotados de Constituciones escritas y rígidas, puede decirse que siempre existe un sistema jerarquizado de normas y actos jurídicos, por lo que no todos los actos del Estado tienen el mismo nivel de derivación en la creación de normas jurídicas. Al contrario, en primer lugar, existen actos que ejecutan directa e inmediatamente la Constitución y que sólo están sujetos a esta norma suprema, a los cuales se denomina genéricamente como "legislación"; y en segundo lugar, existen actos del Estado que ejecutan indirectamente la Constitución, y que se producen al mismo tiempo en ejecución directa e inmediata de la "legislación", y por consiguiente, directamente sujeta a ella. Entre los primeros se encuentran, básicamente, las leyes formales, los otros actos del Parlamento, incluyendo los *interna corporis,* y los actos de gobierno dictados de conformidad con los poderes constitucionales que le han sido conferidos al Jefe de Gobierno. Entre los segundos se encuentran los actos administrativos y los actos judiciales.

En un Estado de derecho, la garantía del principio de legalidad está establecida respecto de los dos niveles de creación o derivación de las normas jurídicas, a través de tres sistemas de control jurisdiccional: primero, el control jurisdiccional de la constitucionalidad establecido para controlar los actos del Estado dictados en ejecución directa de la Constitución; segundo, el control jurisdiccional contencioso administrativo establecido básicamente respecto de los actos administrativos; y tercero, con respecto a los actos judiciales dictados por los Tribunales, los sistemas de control judicial de apelación o casación.

Además, en el Estado de derecho en el cual la Constitución establece los derechos y libertades fundamentales, también existen mecanismos de control judicial o amparo a fin de garantizar y proteger dichos derechos contra cualquier acto del Estado que pueda violarlos, e incluso, contra actos de los particulares que puedan afectarlos.

Ahora bien, la justicia constitucional o si se quiere los sistemas de control jurisdiccional de la constitucionalidad, tienen particular relevancia respecto de los actos de los órganos constitucionales del Estado, donde el principio de "legalidad" se convierte en "constitucionalidad", pues se trata de actos que ejecutan directa e inmediatamente la Constitución.

En efecto, entre los actos estatales sujetos al control de la constitucionalidad están las leyes formales, y precisamente por ello es por lo que la justicia constitucional se identifica normalmente con el control jurisdiccional de la constitucionalidad de las leyes[39]. Sin embargo, las leyes no son los únicos actos del Estado dictados en ejecución directa e inmediata de la Constitución y en ejercicio de poderes constitucionales. Además, existen otros actos de los cuerpos legislativos, como los Reglamentos Internos y de Debates e, incluso, otros actos parlamentarios sin forma de ley y de contenido no normativo, como los que regula la Constitución y mediante los cuales el Congreso o la Asamblea o sus Cámaras legislativas se relacionan con otros órganos constitucionales del Estado (aprobaciones de Tratados, u otros actos políticos, por ejemplo). Todos estos actos adop-

---

[39]   *Véase* por ejemplo, M. Cappelletti, *Judicial Review in Contemporary World,* Indianapolis, 1971; Allan R. Brewer–Carías, *Judicial Review in Comparative Law,* Cambridge, 1989.

tados por el Parlamento están sujetos a la Constitución porque se dictan en virtud de poderes que le están atribuidos directamente por el texto fundamental. Por ello, en un Estado de derecho, estos actos también están sometidos al control de la constitucionalidad[40].

Además de estos actos del Parlamento, el Gobierno, en un Estado de derecho, también dicta actos que ejecutan directamente la Constitución, que en el sistema jurídico jerarquizado tienen el mismo rango que las leyes y en algunos casos, incluso tienen la misma fuerza que una ley formal.

En efecto, en el derecho constitucional contemporáneo, en una variedad de formas, el gobierno dicta actos que tienen la misma fuerza que una ley formal bien sea mediante una legislación delegada o en virtud de poderes establecidos directamente en la misma Constitución. En esos casos, se trata de actos ejecutivos con contenido normativo y la misma jerarquía, fuerza y poder de derogación que la ley formal dictada por el parlamento. Por ello, estos decretos-leyes dictados en ejecución directa de la Constitución, no son actos administrativos, sino actos de contenido normativo y rango legislativo. En consecuencia, también están sujetos al control jurisdiccional de la constitucionalidad.[41]

Por otra parte, el Presidente de la República o el Gobierno también tiene poderes establecidos en la Constitución para dictar ciertos actos políticos sin ninguna interferencia legislativa, como por ejemplo, cuando declara el estado de sitio o emergencia, o la restricción o suspensión de las garantías constitucionales, cuando dirige las relaciones internacionales o cuando veta una ley sancionada en el Parlamento. Todos estos actos, denominados en Europa continental como "actos de gobierno", también están sujetos al control de la constitucionalidad. Es cierto que conforme al criterio tradicional del derecho administrativo francés, esos "actos del gobierno" se configuraron con miras a ser excluidos del control contencioso administrativo, sea por su contenido político, por sus motivos o porque eran dictados por el gobierno en sus relaciones con otros órganos constitucionales, especialmente, con el Parlamento[42]. Sin embargo, como se ha indicado, estos actos también están sujetos a la Constitución, y por consiguiente, también están sometidos al control jurisdiccional de la constitucionalidad.[43]

Por último, en los sistemas jurídicos contemporáneos, y dejando de lado los problemas que derivan de las concepciones monistas y dualistas, los tratados y acuerdos internacionales también están sujetos al control jurisdiccional de la constitucionalidad[44], bien sea directamente o a través del control sobre las leyes del Parlamento o los actos de gobierno que los incorporan al orden jurídico in-

---

[40] *Véase.* H. Kelsen, "La garantie juridictionnelle de la Constitution (La Justice Constitutionnelle, en *Revue du Droit public et de la Science politique en France et à l'étranger,* París, 1928, p. 228.

[41] *Idem.,* p. 229.

[42] *Véase* la obra clásica de P. Duez, *Les actes de gouvernement,* París, 1953.

[43] *Véase* H. Kelsen, "La garantie juridictionnelle de la Constitution (La Justice Constitutionnelle, en *Revue du Droit public et de la Science politique en France et à l'étranger,* París, 1928, p. 230.

[44] *Idem.,* p. 231.

terno. Excepciones hay, sin embargo, como en el caso de Holanda, donde la Constitución excluye de todo control de constitucionalidad además de sobre las leyes, sobre los tratados (art. 120); lo que por otra parte se mitigaron la previsión en la Constitución del control de conformidad de todos los actos estatales, incluyendo las leyes, con respecto de los tratados de aplicación general e inmediata (artículo 94), como los relativos a los derechos humanos, lo cual ha originado un importante sistema de control de "convencionalidad" de las leyes, con efectos similares al control de constitucionalidad pero básicamente en materia de derechos humanos.

En todo caso, lo que es general, es que en los sistemas jurídicos con una Constitución escrita, todos los actos del Estado dictados en ejecución de la Constitución están sujetos al control jurisdiccional de la constitucionalidad.

IV. LA LEGITIMIDAD DEL CONTROL JURISDICCIONAL DE LA CONSTITUCIONALIDAD Y LOS SISTEMAS DE DISTRIBUCIÓN DEL PODER PÚBLICO

Puede afirmarse que en el constitucionalismo moderno, el Poder Judicial, supuestamente el "menos peligroso"[45] de todos los poderes del Estado, recibió la tarea de defender la Constitución y velar por la constitucionalidad de las leyes. Ese es el caso en los Estados Unidos de América y en los países de América Latina. En otros casos, como en Europa, la función jurisdiccional del control de la constitucionalidad ha sido atribuida a órganos o tribunales constitucionales especiales independientes del Poder Judicial.

Tanto en uno como en otro caso, este hecho, particularmente en Europa, desencadenó en el pasado un debate interminable referente al "gigantesco problema del control judicial", según la expresión utilizada por Cappelletti, centrándose la discusión en torno a la legitimidad o ilegitimidad del poder conferido a órganos estatales que no son responsables ante el pueblo ni electos por éste, de controlar los actos de otros que, en cambio, sí son políticamente responsables y elegidos democráticamente[46]; o desde otro punto de vista, en torno al carácter democrático o no democrático del control jurisdiccional[47].

En este debate, en los regímenes en los que prevalecía la soberanía del Parlamento, las posiciones se alternaron, sea para justificar la ausencia de control jurisdiccional o judicial de la constitucionalidad, sea para criticar dicho control, porque los jueces habrían demostrado un activismo desmesurado en la adaptación de la Constitución, estableciendo normas constitucionales no escritas o

---

[45] *Véase* A. Bickel, *The Least Dangerous Branch. The Supreme Court at the Bar of Politics,* Indianapolis 1962.

[46] *Véase* M. Cappelletti, "El formidable problema del control judicial y la contribución del análisis comparado", *Revista de Estudios Políticos,* Nº 13, Madrid 1980, pp. 61–103 ("The mighty problem of Judicial Review and the contribution of comparative analysis", en *Southern California Law Review,* 1980, p. 409).

[47] *Véase* M. Cappelletti, "Rapport Général", en L. Favoreu y J. A. Jolowicz. (ed) *Le contrôle juridictionnel des lois. Légitimité, effectivité et développements récents,* París 1986, pp. 296 y ss.

atribuyendo a ciertas normas un carácter constitucional. En esas condiciones, se estimó que el control jurisdiccional podía ser "ilegítimo," pues se pensaba que los órganos estatales no elegidos no debían controlar a los cuerpos elegidos del Estado, y porque los órganos públicos no elegidos no podían tener la facultad para determinar qué norma podía tener fuerza de ley, es decir, pronunciarse sobre su constitucionalidad o su inconstitucionalidad.

En todo caso, este debate puede considerarse no sólo como interminable y abstracto, sino bizantino, particularmente porque se basa en un supuesto problema de legitimidad abstracta del control jurisdiccional, que sólo podría resolverse de forma abstracta[48]. El problema del control jurisdiccional de la constitucionalidad o de los poderes otorgados a los jueces o a órganos constitucionales de naturaleza jurisdiccional para velar por la constitucionalidad de las leyes, no puede ser tratado o discutido bajo el ángulo de la legitimidad o ilegitimidad partiendo del principio de que la democracia sólo se basa en la representatividad. La democracia va más allá del marco de la sola representatividad y de las elecciones, porque se trata más bien de un modo político de vida y de un sistema montado necesariamente, además, en el principio de la separación de poderes y en el control del poder, en el pluralismo político, y la existencia y garantía de las libertades individuales y los derechos fundamentales de los seres humanos que tienen primacía.[49] Ello es así, al punto de que se puede decir que un sistema de control jurisdiccional efectivo de la constitucionalidad de las leyes no es viable en regímenes no democráticos, sobre todo porque en esos sistemas no puede existir una verdadera independencia y autonomía de los jueces[50]; siendo absolutamente claro que no se puede ejercer un control judicial efectivo en sistemas en los que no se garantiza la autonomía e independencia del Poder Judicial[51]. En esos sistemas, por más elecciones que pueda haber, y por más "representativos" que puedan ser los miembros del Parlamento, no hay efectiva democracia y en ellos, el juez constitucional sometido al poder, es más bien un instrumento de consolidación del autoritarismo.

Fue por esta razón por la cual muchos países europeos instauraron un control jurisdiccional en materia de constitucionalidad luego de períodos de dictadura, como fue el caso en Alemania, Italia, España y Portugal[52]. De allí, por supuesto,

---

[48] *Véase* Allan R. Brewer–Carías, *Judicial Review in Comparative Law, cit.,* pp. 116 y ss.

[49] Como por ejemplo, se ha establecido expresamente en los artículos 3 y 4 de la Carta Interamericana de Derechos Humanos de 2001.

[50] *Véase* M. Cappelletti, "Rapport Général", en L. Favoreu y J. A. Jolowicz. (ed) *Le contrôle juridictionnel des lois. Légitimité, effectivité et développements récents,* París 1986, p. 29.

[51] *Véase* J. Carpizo y H. Fix–Zamudio, *The necessily for and the Legitimacy of the Judicial Review of the Constitutionality of the Laws in Latin America, Developments.* International Association of Legal Sciences. Uppsala Colloquium 1984 (mineo), p. 22. Publicado también en L. Favoreu y J. A. Jolowicz (ed). *Le contrôle juridictionnel des lois. Légitimité effectivité et et développements récents,* París 1986, pp. 119–151.

[52] *Véase* L. Favoreu, "Europe occidentale", en L. Favoreu y J. A. Jolowicz. (ed) *Le contrôle juridictionnel des lois. Légitimité, effectivité et développements récents,*

no puede deducirse que la justicia constitucional sea sólo un sistema propio de nuevas democracias, o de Estados cuya tradición democrática es más débil y quebradiza[53].

En consecuencia, en todo régimen representativo y democrático porque está garantizada la separación de poderes y el control del poder, el poder otorgado a los jueces o a ciertos órganos constitucionales independientes y autónomos para vigilar las anomalías del Legislativo y las infracciones del órgano representativo contra los derechos fundamentales, debe considerarse como completamente democrático y legítimo[54]. Como lo puso de manifiesto Jean Rivero en su Informe final en el Coloquio Internacional de Aix–en–Provence en 1981 sobre la protección de derechos fundamentales por parte de los Tribunales constitucionales en Europa:

"Creo, incluso, que el control marca un progreso en el sentido de la democracia, que no es solamente un modo de atribución del poder, sino también un modo de ejercicio del poder. Y pienso que todo lo que refuerce las libertades fundamentales del ciudadano va en el sentido de la democracia"[55].

En este orden de ideas, Eduardo García de Enterría, refiriéndose a las libertades constitucionales y a los derechos fundamentales como límites impuestos a los poderes de Estado, observó lo siguiente:

"Si la Constitución los consagra, es obvio que una mayoría parlamentaria ocasional que los desconozca o los infrinja, lejos de estar legitimada para ello por el argumento mayoritario, estará revelando su abuso de poder, su posible intento de postración o de exclusión de la minoría. La función protectora del Tribunal Constitucional frente a este abuso, anulando los actos legislativos atentatorios de la libertad de todos o de algunos ciudadanos, es el único instrumento eficaz frente a ese atentado; no hay alternativa posible si se pretende una garantía efectiva de la libertad, que haga de ella algo más que simple retórica del documento constitucional"[56].

París 1986, p. 44. *Cfr.* P. de Vega García, "Jurisdicción constitucional y Crisis de la Constitución", en *Revista de Estudios políticos,* N° 7, Madrid, 1979, p. 108.

[53]   Como lo afirmó Francisco Rubio Llorente, "Seis tesis sobre la jurisdicción constitucional en Europa", en *Revista Española de Derecho Constitucional,* N° 35, Madrid 1992, p. 12.

[54]   *Véase* E. V. Rostow, "The Democratic Character of Judicial Review", en *Harvard Law Review,* 193, 1952.

[55]   *Véase* J. Rivero, "Rapport de Synthèse", en L. Favoreu (ed.), *Cours constitutionnelles européennes et droits fundamentaux,* París, 1982, pp. 525–526. *Cfr.* M. Cappelletti "Rapport Général" en L. Favoreu y J. A. Jolowicz. (ed) *Le contrôle juridictionnel des lois. Légitimité, effectivité et développements récents,* París 1986, p. 300.

[56]   *Véase* E. García de Enterría, *La Constitución como norma y el Tribunal constitucional,* Madrid, 1985, p. 190.

Este mismo argumento lo expuso Hans Kelsen en 1928, para refutar la tesis referente a la fuerza de la mayoría. A este respecto escribió:

"Si se ve la esencia de la democracia, no en el poder todo poderoso de la mayoría, sino en el compromiso constante entre los grupos representados en el Parlamento por la mayoría y la minoría, y luego en la paz social, la justicia constitucional surge como un medio particularmente adecuado para llevar a cabo esta idea. La simple amenaza de recurso a un tribunal constitucional puede ser, en manos de la minoría, un instrumento para impedir a la mayoría violar inconstitucionalmente intereses jurídicamente protegidos, y, para oponerse eventualmente a la dictadura de la mayoría, que no es menos peligrosa para la paz social, que la de la minoría"[57].

Pero la legitimidad democrática del control jurisdiccional de la constitucionalidad de las leyes no sólo proviene de la garantía de protección de los derechos fundamentales, sino también de los aspectos orgánicos de la Constitución, es decir, de los sistemas de distribución y separación de poderes adoptados por la Constitución.

En este respecto cabe destacar que el problema de la legitimidad de dicho control nunca se ha planteado en el caso de la distribución vertical del Poder del Estado, propio de los regímenes políticamente descentralizados o de tipo federal. Al contrario, puede afirmarse que el control jurisdiccional de la constitucionalidad de las leyes está estrechamente ligado al federalismo[58].

En efecto, el federalismo exige la imposición de un cierto grado de supremacía de las leyes federales sobre la legislación local, regional o de los Estados miembros. Por ello, no es casualidad que los países dotados de una estructura federal y políticamente descentralizados, hayan sido los primeros en instaurar un control judicial de la constitucionalidad de las leyes. Ese fue el caso, durante el siglo XIX, de los Estados Unidos de América, y de todos los Estados federales de América Latina (Argentina, Brasil, México y Venezuela), los cuales instauraron un sistema de control judicial de la constitucionalidad de las leyes y demás actos del Estado. De igual modo, en Europa, al haber Alemania adoptado un modelo de Estado federal, Italia un sistema regional descentralizado y España el sistema de comunidades autónomas, estos tres países establecieron un sistema de control jurisdiccional de la constitucionalidad de las leyes.

En todos estos casos, la necesidad de instaurar un control judicial o jurisdiccional de la constitucionalidad de las leyes se justificaba, precisamente, con miras a resolver los conflictos de poder que pudieran surgir entre las diversas instancias políticas nacionales y regionales. Una de las tareas fundamentales de las Cortes y Tribunales Constitucionales en Austria, Alemania, Italia y España, y del control judicial de la constitucionalidad que ejercen las Cortes Supremas y Tribunales Constitucionales en América Latina es, precisamente, la resolución de

---

[57] *Véase* H. Kelsen, "La garantie juridictionnelle de la Constitution (La justice constitutionnelle)", en *Revue du Droit public et de la Science politique en France et à l'étranger,* París, 1928, p. 253.

[58] *Véase* W. J. Wagner, *The Federal States and their Judiciary,* The Hague, 1959, p. 85.

los conflictos y colisiones entre las instancias Político Administrativas nacionales y los Estados miembros de la federación, las regiones o entidades locales políticas o las comunidades autónomas, según los países. En el caso de los Estados Federales o regionalizados, la descentralización política contribuyó a la aparición y consolidación de Cortes o Tribunales Constitucionales encargados, precisamente, de velar por la constitucionalidad de las leyes, para garantizar el equilibrio constitucional entre el Estado y las otras entidades territoriales. Por ello, en los Estados federales y los políticamente descentralizados, no puede haber duda en cuanto a la legitimidad del control jurisdiccional de la constitucionalidad de las leyes, ni puede haber debate al respecto, salvo para justificar su existencia y necesidad.

Por consiguiente, los problemas de legitimidad que plantea el control jurisdiccional de la constitucionalidad de las leyes no pueden tener relación alguna ni con la garantía de la Constitución referente a la forma del Estado, al federalismo o la descentralización política, ni tampoco con la que se refiere a los derechos fundamentales del individuo. En estos casos, ello constituye un freno para el poder legislativo, por lo que dicho control jurisdiccional se ejerce legítimamente sin ninguna duda.

Sin embargo, no puede decirse lo mismo respecto de la distribución horizontal o la separación de poderes. Aun cuando este principio también le impone límites al poder legislativo, en este caso, la aceptación del control judicial de la constitucionalidad de las leyes ha suscitado polémicas en cuanto a su legitimidad, en particular, debido a que ese control se enfrentaba al principio de la supremacía del Parlamento sobre los demás poderes del Estado. Por otra parte, ello mismo ha proporcionado argumentos en favor del control judicial, como elemento de contrapeso esencial entre los diferentes poderes del Estado, para garantizar la Constitución.

En efecto, la separación de poderes, consecuencia de la distribución horizontal de los poderes del Estado entre sus órganos, entre otras cosas ha exigido esencialmente un mecanismo independiente para garantizar el contenido orgánico de la Constitución. Tal sistema de control siempre ha sido indispensable, en particular, en cuanto a la delimitación de poderes entre el Legislativo y el Ejecutivo. En este caso, en particular, ha sido necesario intercalar un sistema de contrapeso con miras a mantener el equilibrio que plantea la Constitución. Por ello, por ejemplo, los poderes otorgados a los órganos judiciales para controlar la constitucionalidad y la legalidad de los actos administrativos siempre fueron aceptados sin discusión, como poderes estrechamente relacionados al concepto de Estado de derecho.

Sin embargo, como se ha señalado, los principios tradicionales de la supremacía del Parlamento, por un lado, y, por el otro, de la separación de poderes, fueron tan importantes en Europa, que tuvieron como consecuencia impedir a las autoridades judiciales toda posibilidad de ejercer su poder de control, no sólo sobre la legalidad de los actos administrativos, sino también sobre la constitucionalidad de las leyes. Esa fue la razón por la que en Francia se creó la Jurisdicción Contencioso Administrativa independiente del Poder Judicial, y en general, en Europa se hubieran desarrollaron sistemas de control jurisdiccional de la constitucionalidad, pero tomando la precaución de confiarlos a nuevos órganos consti tucionales, distintos y separados del Poder Judicial. En esta forma, la necesidad ineludible de instaurar un control jurisdiccional de la constitucionalidad de las leyes como garantía de la Constitución, se adaptó a la interpretación extrema del principio de la separación de poderes conforme al cual, tradicionalmente se consideraba toda tentativa de control judicial de la constitucionalidad de las leyes, como una injerencia inadmisible de las autoridades judiciales en el campo del Legislador.

Esta confrontación entre la necesidad de instaurar un control jurisdiccional de la Constitución y el principio de la separación de poderes fue, precisamente, lo que llevó a la creación de Tribunales constitucionales en Europa continental, con la atribución jurisdiccional particular y específica de velar por la constitucionalidad de las leyes, sin que ello se atribuyera, sin embargo, al orden judicial tradicional. En esta forma, se puso fin a la antinomia, creándose nuevos Tribunales o Cortes constitucionales, ubicadas jerárquicamente por encima de los órganos que ejercen los poderes públicos horizontalmente; en consecuencia ubicados por encima del Parlamento, del Ejecutivo y de las autoridades judiciales, con miras a velar por la supremacía de la Constitución sobre todos los órganos del Estado.

El llamado "sistema austriaco" de control jurisdiccional de la constitucionalidad o el "modelo Europeo", como también se lo ha llamado[59], se caracteriza así, por el hecho de que la justicia constitucional fue confiada a un órgano constitucional en algunos casos estructuralmente independiente de las autoridades judiciales ordinarias, es decir del Poder Judicial y de su organización. Además, en general, los miembros de los Tribunales Constitucionales no pertenecen a la carrera judicial y son más bien, nombrados por los órganos políticos del Estado, en particular por el Parlamento y el Ejecutivo. Este sistema dio origen a órganos constitucionales especiales que, como se dijo, en algunos casos no pertenecen al Poder Judicial, pero que en todo caso, ejercen una actividad jurisdiccional propiamente dicha.

Estas Cortes, Consejos y Tribunales Constitucionales fueron considerados como los "intérpretes supremos de la Constitución", según el calificativo que le atribuyó la Ley Orgánica que creó el Tribunal Constitucional en España[60] o como los "guardianes de la Constitución"[61]. Eduardo García de Enterría, al hablar del Tribunal Constitucional español, lo calificó de "comisario del poder constituyente, encargado de defender la Constitución y de velar por que todos los órganos constitucionales conserven su estricta calidad de poderes constituidos"[62] y el antiguo presidente de ese mismo Tribunal español, Manuel García Pelayo vio en él "un órgano constitucional instituido y directamente estructurado por la Constitución" y que:

---

[59] *Véase* L. Favoreu, "Actualité et légitimité du contrôle juridictionnel des lois en Europe occidentale", en *Revue du Droit Public et de la Science Politique en France et á l'étranger,* 1984, p. 1.149.

[60] Art. 1. Ley Orgánica del Tribunal constitucional. Oct. 1979, *Boletín Oficial del Estado,* N° 239.

[61] *Véase* G. Leibholz, *Problemas fundamentales de la Democracia,* Madrid, 1971 p. 15.

[62] *Véase* E. García de Enterría, *La Constitución como norma y el Tribunal constitucional,* Madrid, 1985, p. 198.

"Como regulador de la constitucionalidad de la acción estatal, está destinado a dar plena existencia al Estado de derecho y a asegurar la vigencia de la distribución de poderes establecida por la Constitución, ambos componentes inexcusables, en nuestro tiempo, del verdadero "Estado constitucional"[63].

V. EL JUEZ CONSTITUCIONAL Y LA PROTECCIÓN DE DERECHOS FUNDAMENTALES

Por otra parte, debe señalarse que la defensa de la Constitución como función esencial de la justicia constitucional no sólo tiene como objetivo garantizar los diferentes modos de distribución del poder entre los cuerpos constituidos del Estado y así, la estabilidad y continuidad política del Estado, sino que además, tiene la función de garantizar los derechos y libertades individuales fundamentales. Se trata, sin duda, de otro elemento esencial del Estado de derecho y uno de los argumentos de peso empleados para defender la legitimidad del control jurisdiccional de la constitucionalidad de los actos del Estado.

En efecto, la justicia constitucional o el control jurisdiccional de la constitucionalidad de las leyes están estrechamente relacionados con la declaración constitucional y efectiva de los derechos fundamentales. Precisamente, cuando existen declaraciones de derechos y libertades fundamentales con respecto a los valores constitucionales de una sociedad determinada, es que más surge la necesidad de instaurar un sistema de control jurisdiccional de la constitucionalidad.

Ahora bien, aun cuando la idea de declarar y establecer derechos fundamentales en una Constitución tenga sus antecedentes históricos en las Revoluciones Americana y Francesa y haya sido práctica normal en toda América Latina desde comienzos del siglo XIX, en realidad, ésta sólo surgió en Europa después de la Segunda Guerra Mundial. Precisamente, la creación de sistemas de control jurisdiccional de la constitucionalidad en Europa, salvo los implantados en Austria y Checoslovaquia en los años veinte del siglo pasado, como medios para defender los derechos del hombre, sólo se desarrollaron después de la Segunda Guerra Mundial debido, precisamente, a las graves violaciones de los mismos que se produjeron. En este caso, por ejemplo, el hecho de que en Italia y en Austria se hubiera incluido por primera vez en su Constitución, una declaración de los derechos humanos y paralelamente se hubiera admitido la necesidad de establecer mecanismos adecuados que asegurasen su defensa, entre los cuales figuraba el control de la constitucionalidad de las leyes, no fue producto de una mera casualidad.

En cambio, la ausencia de una declaración constitucional de los derechos individuales o fundamentales como un medio para limitar la acción del legislador, ha sido una de las razones primordiales que explican la inexistencia de cualquier sistema de control judicial o jurisdiccional de la constitucionalidad de las leyes, tal y como lo ilustra el caso británico. Esta situación condujo a D.G.T. Williams, con razón, a expresar que "el problema de fondo en cuanto a la consagración

---

[63]   *Véase* M. García Pelayo, "El Status del Tribunal constitucional", en *Revista Española de Derecho Constitucional,* Nº 1, Madrid, 1981, p. 15.

constitucional de los derechos fundamentales o de una estructura federal en el Reino Unido, es el control judicial", puesto que "la adopción de una declaración constitucional de derechos fundamentales supondría naturalmente el ejercicio por los tribunales ingleses de sus poderes de control", es decir, que le correspondería a los tribunales ordinarios "garantizar o proteger ciertas libertades fundamentales contra el legislador propiamente dicho."[64] Sin embargo, en cierta forma ello se logró en el reino Unido y en países como Holanda, que excluyen el control judicial de la constitucionalidad de las leyes, con el control de la conformidad de las leyes con la Convención Europea de Derechos Humanos.

En todo caso, es evidente que en los regímenes dotados de Constituciones escritas, si la Constitución se rige en la ley suprema, con fuerza directamente obligatoria, el sistema constitucional debe establecer expresamente los medios para defenderla y garantizarla. En caso contrario, como lo puso de manifestó Kelsen:

> "Una Constitución en la cual no exista la garantía de la anulación de actos inconstitucionales, no es, en sentido técnico, plenamente obligatoria... Una Constitución en la cual los actos inconstitucionales y, en particular, las leyes inconstitucionales, permanezcan igual de válidas –porque su inconstitucionalidad no permita anularlas– equivale, desde el punto de vista propiamente jurídico, más o menos a un acto sin fuerza obligatoria"[65].

Las garantías jurisdiccionales de la Constitución, es decir, el poder conferido a las autoridades judiciales ordinarias o a instancias constitucionales especiales, según el caso, para declarar inconstitucionales los actos de los órganos que ejercen los poderes públicos que violen la Constitución o para incluso, anular los que tienen efectos generales, son los mecanismos esenciales del Estado de derecho para asegurar el respeto de la ley, por parte de todos los órganos del Estado; el respeto que les impone la Constitución conforme a los sistemas de distribución del poder del Estado en vigencia[66], y, además, el respeto de los derechos y libertades fundamentales que consagra la Constitución.

VI. EL JUEZ CONSTITUCIONAL COMO GUARDIÁN DE LA CONSTITUCIÓN, Y EL PROBLEMA DEL CONTROL DEL GUARDIÁN

Tal como Eduardo García de Enterría calificó al Tribunal Constitucional español, el órgano estatal de control de la constitucionalidad de las leyes se ha constitutivo en "comisario del poder constituyente, encargado de defender la Constitución y de velar por que todos los órganos constitucionales conserven su estricta calidad de poderes constituidos."[67] Si las Constituciones son normas

---

[64] Véase D. G. T. Williams, "The Constitution of the United Kingdom", en *Cambridge Law Journal,* 31, 1972, pp. 278–279.

[65] Véase H. Kelsen, "La garantie juridictionnelle de la Constitution (La justice constitutionnelle)", en *Revue du Droit public et de la Science politique en France et à l'étranger,* París, 1928, p. 250.

[66] Véase M. Hiden, "Constitutional Rights in the Legislative process: the Finish system of advance control of Legislation", en *Scandinavian Law,* 17, Estocolmo, 1973, p. 97.

[67] Véase E. García de Enterría, *La Constitución como norma y el Tribunal constitucional,* Madrid, 1985, p. 198.

jurídicas efectivas, que prevalecen en el proceso político, en la vida social y económica del país, y que sustentan la validez a todo el orden jurídico,[68] la solución institucional para preservar su vigencia y la libertad, está precisamente en establecer estos comisarios del poder constituyente, como guardianes de la Constitución, que al tener por misión asegurar que todos los órganos del Estado la acaten, también tienen que adaptarse a lo que el texto fundamental establece, sometiéndose a su normativa, estándole vedado mutarla.

Es decir, como tal guardián de la Constitución, y como sucede en cualquier Estado de derecho, el sometimiento del tribunal constitucional a la Constitución es una preposición absolutamente sobreentendida y no sujeta a discusión, ya que sería inconcebible que el juez constitucional pueda violar la Constitución que está llamado a aplicar y garantizar. Esa la podrían violar los otros poderes del Estado, pero no el guardián de la Constitución.

Sin embargo, para garantizar que ello no ocurra, otra garantía adicional se establece en todos los sistemas jurídicos, y es que el tribunal constitucional debe gozar de absoluta independencia y autonomía frente a todos los poderes del Estado, pues un tribunal constitucional sujeto a la voluntad del poder, en lugar de ser el guardián de la Constitución se convierte en el instrumento más atroz del autoritarismo. El mejor sistema de justicia constitucional, por tanto, en manos de un juez sometido al poder, es letra muerta para los individuos y es un instrumento para el fraude a la Constitución. En todo caso, para garantizar esa autonomía e independencia, en todas las Constituciones donde se han establecido sistemas de justicia constitucional, se han dispuesto, entre otros aspectos, mecanismos tendientes a lograr una elección de los miembros o magistrados de los tribunales, de manera de neutralizar las influencias políticas no deseadas en una democracia.[69] Con ello se busca asegurar, por la forma de selección de sus integrantes, que los poderes atribuidos a un órgano estatal de esta naturaleza quien no tiene quien lo controle, no sean distorsionados y abusados. La pregunta, en todo caso, en este campo de los tribunales constitucionales, *Quis custodies ipso custodiem*? siempre hay que hacerla, aunque no tenga respuesta.[70] Por ello, George Jellinek decía

---

[68]   *Idem*, pp. 33, 39, 66, 71, 177 y 187.

[69]   *Véase* Allan R. Brewer–Carías, "The question of Legitimacy: How to choose the Supreme Court Judges", en Ingolf Pernice, Julianne Kokott, Cheryl Sauders (eds), *The Future of the European Judicial System in Comparative Perspective*. 6th International ECLN Colloquium / IACL Round Table, Berlin, 2–4 November 2005, European Constitutional Law Network Series, Vol. 6, Nomos, Berlín 2006, pp. 153–182; y Allan R. Brewer–Carías "La cuestión de legitimidad: cómo escoger los jueces de las Cortes Supremas. La doctrina europea y el contraste latinoamericano," en *Estudios sobre el Estado Constitucional (2005–2006)*. Cuadernos de la Cátedra Fundacional Allan R. Brewer Carías de Derecho Público, Universidad Católica del Táchira, N° 9, Editorial Jurídica Venezolana. Caracas, 2007, pp. 125–161

[70]   *Véase* Jorge Carpizo, *El Tribunal Constitucional y sus límites*, Grijley Ed., Lima 2009, pp. 44, 47, 51; Allan R. Brewer–Carías, "*Quis Custodiet Ipsos Custodes*: De la interpretación constitucional a la inconstitucionalidad de la interpretación", en *Revista de Derecho Público*, N° 105, Editorial Jurídica Venezolana, Caracas 2006, pp. 7–27; y en *VIII Congreso Nacional de derecho Constitucional, Perú*, Fondo Edi-

que la única garantía del guardián de la Constitución al final radica en su "conciencia moral;"[71] y Alexis de Tocqueville fue tan preciso al observar cuando analizó la Constitución federal de los Estados Unidos que:

"La paz, la prosperidad, y la existencia misma de la Unión están depositados en manos de siete Jueces Federales. Sin ellos, la Constitución sería letra muerta...,

No solo los Jueces federales deben ser buenos ciudadanos, y hombres con la información e integridad indispensables en todo magistrado, sino que deben ser hombres de Estado, suficientemente sabios para percibir los signos de su tiempo, sin miedo para afrontar obstáculos que puedan dominarse, no lentos en poder apartarse de la corriente cuando el oleaje amenaza con barrerlos junto con la supremacía de la Unión y la obediencia debida a sus leyes.

El Presidente, quien ejerce poderes limitados, puede fallar sin causar gran daño en el Estado. El Congreso puede errar sin que la Unión se destruya, porque el cuerpo electoral en el cual se origina puede provocar que se retracte en las decisiones cambiando sus miembros. Pero si la Corte Suprema alguna vez está integrada por hombres imprudentes y malos, la Unión caería en la anarquía y la guerra civil."[72]

Esto es particularmente importante a tener en cuenta en regímenes democráticos, donde la tentación de los tribunales constitucionales en convertirse en legisladores e incluso en poder constituyente, resquebraja el principio de la separación de poderes, pues cumplirían funciones estatales sin estar sometidos a control alguno ni del pueblo ni de otros órganos estatales. En otras palabras, la usurpación incontrolada por el juez constitucional de poderes normativos "podría transformar al guardián de la Constitución en soberano."[73]

---

torial 2005, Colegio de Abogados de Arequipa, Arequipa, septiembre 2005, pp. 463–489.

[71] *Véase* George Jellinek, *Ein Verfassungsgerichtshof fur Österreich*, Alfred Holder, Wien 1885, citado por Francisco Fernández Segado, "Algunas reflexiones generales en torno a los efectos de las sentencias de inconstitucionalidad y a la relatividad de ciertas fórmulas esterotipadas vinculadas a ellas," in *Anuario Iberoamericano de Justicia Constitucional*, Centro de Estudios Políticos y Constitucionales, N° 12, 2008, Madrid 2008, p. 196.

[72] *Véase* Alexis de Tocqueville, *Democracy in America*, Chapter VIII "The Federal Constitution," de la traducción de Henry Reeve, revisada y corregida en 1899, en http://xroads.virginia.edu/~HYPER/DETOC/1_ch08.htm *Véase* igualmente la referencia en Jorge Carpizo, *El Tribunal Constitucional y sus límites*, Grijley Ed., Lima 2009, pp. 46–48.

[73] *Véase* Francisco Fernández Segado, "Algunas reflexiones generales en torno a los efectos de las sentencias de inconstitucionalidad y a la relatividad de ciertas fórmulas esterotipadas vinculadas a ellas," en *Anuario Iberoamericano de Justicia Constitucional*, Centro de Estudios Políticos y Constitucionales, N° 12, 2008, Madrid 2008, p. 161.

Y la verdad, es que lamentablemente, en muchos países, por el régimen político desarrollado o por la condición de los integrantes de los tribunales constitucionales, estos importantes instrumentos diseñados para garantizar la supremacía de la Constitución, para asegurar la protección y el respeto de los derechos fundamentales y asegurar el funcionamiento del sistema democrático, algunas veces se han convertido en uno de los más diabólicos instrumentos del autoritarismo, legitimando las acciones de las otras ramas del poder público contrarias a la Constitución,[74] y en algunos casos, por propia iniciativa, en fieles servidores de quienes detentan el poder, configurándose lo que podría denominarse la "patología" de la justicia constitucional. Esta afección ocurre, precisamente, cuando los tribunales constitucionales asumen las funciones del legislador, o proceden a mutar[75] la Constitución en forma ilegítima y fraudulenta,[76] configurando un completo cuadro de "in" justicia constitucional.[77] En una situación como esa, sin duda, todas las ventajas de la justicia constitucional como garantía de la supremacía de la Constitución se desvanecen, y la justicia constitucional pasa a convertirse en el instrumento político más letal para la violación impune de la Constitución, la destrucción del Estado de derecho y el desmantelamiento de la democracia.[78]

---

[74] *Véase* Néstor Pedro Sagües, *La interpretación judicial de la Constitución*, Lexis-Nexis, Buenos Aires 2006, p. 31

[75] Una mutación constitucional ocurre cuando se modifica el contenido de una norma constitucional de tal forma que aún cuando la misma conserva su contenido, recibe una significación diferente. *Véase* Salvador O. Nava Gomar, "Interpretación, mutación y reforma de la Constitución. Tres extractos," en Eduardo Ferrer Mac–Gregor (coordinador), *Interpretación Constitucional*, Tomo II, Ed. Porrúa, Universidad Nacional Autónoma de México, México 2005, pp. 804 ss. *Véase* en general sobre el tema, Konrad Hesse, "Límites a la mutación constitucional", en *Escritos de derecho constitucional*, Centro de Estudios Constitucionales, Madrid 1992. *Véase* por ejemplo sobre el caso de Venezuela, Allan R. Brewer–Carías, "El juez constitucional al servicio del autoritarismo y la ilegítima mutación de la Constitución: el caso de la Sala Constitucional del Tribunal Supremo de Justicia de Venezuela (1999–2009)", en *Revista de Administración Pública*, Nº 180, Centro de Estudios Políticos y Constitucionales, Madrid 2009, pp. 383–418.

[76] *Véase* Néstor Pedro Sagües, *La interpretación judicial de la Constitución*, Buenos Aires 2006, pp. 56–59, 80–81, 165 ss.

[77] *Véase* por ejemplo el caso en Venezuela durante la primera década del siglo XXI, en Allan R. Brewer–Carías, *Crónica de la "In" Justicia Constitucional. La Sala Constitucional y el autoritarismo en Venezuela*, Editorial Jurídica Venezolana, Caracas 2007.

[78] *Véase* por ejemplo, también sobre el caso de Venezuela, Allan R. Brewer–Carías, "La demolición del Estado de derecho y la destrucción de la democracia en Venezuela (1999–2009)," en José Reynoso Núñez y Herminio Sánchez de la Barquera y Arroyo (Coordinadores), *La democracia en su contexto. Estudios en homenaje a Dieter Nohlen en su septuagésimo aniversario,* Instituto de Investigaciones Jurídicas, Universidad nacional Autónoma de México, México 2009, pp. 477–517.

PRIMERA PARTE
SOBRE LOS MÉTODOS
DE LA JUSTICIA CONSTITUCIONAL

*§2. EL MÉTODO DIFUSO DE CONTROL DE CONSTITUCIONALIDAD DE LAS LEYES**

Los mecanismos de justicia constitucional para el control de la constitucionalidad de los actos del Estado, especialmente de la legislación[1], se clasifican básicamente según los órganos del Estado a los cuales se encomienda se ejercicio, en el sentido de que pueden ser todos los tribunales o uno sólo, sea la Corte Suprema o un Tribunal Constitucional.

El primer tipo es del control difuso, denominado "modelo americano", establecido en los Estados Unidos de América desde el caso *Marbury vs. Madison* en el cual la Corte Suprema, en 1803, consideró el control de constitucionalidad de las leyes como una función-deber de los tribunales de justicia. El sistema, sin embargo, no es propio de los países con tradición del *common law*[2], y se estable-

---

[*] Publicado en Víctor Bazán (coord.), *Derecho Procesal Constitucional Americano y Europeo*, Edit. Abeledo–Perrot, dos tomos, Buenos Aires, Rep. Argentina, 2010, Tomo I, pp. 671–690.

[1] *Véase* en general M. Cappelletti, *Judicial Review in the Contemporary World*, Indianapolis 1971, p. 45; *Véase* Mauro Cappelletti, "El Control Jurisdiccional de la Constitucionalidad de las Leyes en el Derecho Comparado", en *Revista de la Facultad de Derecho*, México, N° 65, Tomo XVI, 1966, pp. 28 a 33; M. Cappelletti and J. C. Adams, "Judicial Review of Legislation: European Antecedents and Adaptations", *Harvard Law Review,* 79, 6, Abril de 1966, p. 1.207; Allan R. Brewer–Carías, *Judicial Review in Comparative Law*, Cambridge 1989, pp. 125 ss.; Allan R. Brewer–Carías, *La Justicia Constitucional (Procesos y procedimientos constitucionales)*, Porrúa, México 2007, 79 ss.

[2] *Véase* Héctor Fix Zamudio, "Protección procesal de los Derechos Humanos", *Boletín Mexicano de Derecho Comparado*, N° 13–14, México, enero–agosto 1972, p. 78.

ció, por ejemplo, en América Latina, en Argentina, Brasil, Colombia, Guatemala, Perú, Nicaragua, República Dominicana y Venezuela. En Ecuador se aplicó hasta la reforma constitucional de 2008. En México y Honduras está previsto en la Constitución pero no se aplica.

El segundo tipo, es el del control concentrado de justicia constitucional, el cual, aún cuando establecido desde el siglo pasado en América latina, se lo conoce, sin embargo, como el "sistema austriaco" o "modelo europeo" por la importancia que tuvo su establecimiento en Austria, en 1920, cuando el poder de control se atribuyó, no a la Corte Suprema existente como sucedió en América Latina, sino a un Tribunal o Corte Constitucional creado al efecto, a veces ubicado fuera del Poder Judicial (Alemania, Italia, España, Francia, Portugal). Este sistema se aplica también en América Latina, en ambas modalidades: por un Tribunal o Corte Constitucional (Bolivia, Chile, Colombia, Ecuador, Guatemala y Perú) o por la Corte Suprema (Costa Rica, El Salvador, Honduras, Panamá, Paraguay, Brasil, Nicaragua, México, República Dominicana, Uruguay y Venezuela).[3]

A la diferencia entre ambos sistemas de control, basada en el órgano judicial que lo ejerce, se suma la diferencia que en general existe respecto de los efectos legales que surte la decisión de control. En los sistemas de control concentrado, cuando la decisión jurisdiccional es una consecuencia del ejercicio de una acción, en general, los efectos de tal decisión mediante la cual se anula la ley, son generales con validez *erga omnes*[4]. La decisión, en este caso es, en principio, prospectiva, ya que tiene consecuencias *ex nunc y pro futuro;* es decir, la ley anulada por inconstitucional, es considerada como habiendo surtido efectos hasta su anulación por el Tribunal o hasta el momento que este determine como consecuencia de la decisión. En este caso, por consiguiente, la decisión tiene efectos "constitutivos" ya que la ley se vuelve inconstitucional solamente después de la decisión[5].

En cambio, en los sistemas de control difuso, la decisión del juez en materia de inconstitucionalidad sólo tiene efectos *ínter partes*, de manera que la ley declarada inconstitucional con efectos *ínter partes,* en principio, es nula y no surte ningún tipo de efectos para el caso concreto ni para las partes en el mismo. Por ello, en este caso, la decisión es, en principio, retroactiva en el sentido de que tiene consecuencias *ex tunc* o *pro pretaerito,* es decir, la ley declarada inconstitucional se considera como si nunca hubiera existido o nunca hubiera sido válida. En estos casos, esta decisión tiene efectos declarativos, en el sentido de que declara la nulidad preexistente de la ley inconstitucional[6].

---

[3]   *Véase* Allan R. Brewer–Carías, *Judicial Review..., cit.,* pp. 182 y ss., *El control concentrado de la constitucionalidad de las leyes,* Editorial Jurídica Venezolana, Caracas 1994, pp. 127 y ss

[4]   *Véase* Allan R. Brewer–Carías, *El control concentrado de la constitucionalidad..., cit.,* pp. 31 ss.

[5]   Allan R. Brewer–Carías, *El control concentrado de la constitucionalidad..., cit.,* pp. 32 ss.

[6]   *Véase* Allan R. Brewer–Carías, *Judicial Review in Comparative Law, cit.,* pp. 131 ss.

Sin embargo, esta distinción relativa a los efectos de la decisión judicial con respecto a la inconstitucionalidad de una ley, no es absoluta. Por un lado, si bien es cierto que en el sistema de control difuso la decisión surte efectos *inter partes,* cuando la decisión es adoptada por la Corte Suprema como consecuencia de la doctrina *stare decisis,* los efectos prácticos de la decisión son, de hecho, generales, en el sentido de que obliga a todos los Tribunales inferiores del país. Por ello, a partir del momento en que la Corte Suprema declara inconstitucional una ley, en principio, ningún otro Tribunal podría aplicarla.

Por otro lado, en sistemas de control concentrado de la constitucionalidad, cuando se adopta una decisión en una cuestión incidental de constitucionalidad, algunos sistemas constitucionales (Uruguay y Paraguay) han establecido que los efectos de la misma, en principio, sólo se relacionan con el proceso particular en el que se planteó la cuestión de constitucionalidad, y entre las partes de dicho proceso, aunque como hemos señalado, esa no es la regla general.

Por otra parte, en cuanto a los efectos declarativos o constitutivos de la decisión, o sus efectos retroactivos o prospectivos, el paralelismo absoluto entre los sistemas difuso y concentrado también ha desparecido. En los sistemas de control difuso de la constitucionalidad, aun cuando los efectos de las decisiones declarativas de inconstitucionalidad de la ley sean *ex tunc, pro pretaerito,* en la práctica, algunas excepciones en materia de derecho civil (protección de derechos adquiridos), han hecho que dicha invalidez de la ley no sea siempre retroactiva. De la misma manera, en los sistemas de control concentrado de la constitucionalidad, aun cuando los efectos de las decisiones anulatorias de una ley por inconstitucionalidad en principio sean constitutivos, *ex nunc, pro futuro,* también en la práctica, algunas excepciones en casos regulados por el derecho penal, han hecho que dicha invalidez de la ley, pueda ser retroactiva en beneficie del reo.

I. EL SISTEMA MIXTO O INTEGRAL DE JUSTICIA CONSTITU-CIONAL EN VENEZUELA

En Venezuela, como también sucede en muchos otros países latinoamericanos (Colombia, Guatemala, Perú, El Salvador, Brasil, Nicaragua, República Dominicana y Venezuela), desde el siglo pasado se aplican ambos sistemas de justicia constitucional en forma paralela, dando origen a un sistema mixto o integral[7].

---

[7]   Véanse los comentarios en relación con sistema mixto de justicia constitucional en Venezuela como consecuencia del principio de supremacía constitucional en R. Feo, *Estudios sobre el Código de Procedimiento Civil Venezolano,* Caracas, 1904, Tomo I, pp. 26–35; R. Marcano Rodríguez, *Apuntaciones Analíticas sobre las materias fundamentales y generales del Código de Procedimiento Civil Venezolano,* Caracas, Tomo I, pp. 36–38; A. Borjas, *Comentarios al Código de Procedimiento Civil,* Caracas, Tomo I, pp. 33–35; Allan R. Brewer–Carías, *El control de la constitucionalidad de los actos estatales,* Caracas, 1977; "Algunas consideraciones sobre el control jurisdiccional de la constitucionalidad de los actos estatales en el Derecho venezolano", *Revista de Administración Pública,* N° 76, Madrid, 1975, pp. 419 a 446; "La Justicia Constitucional en Venezuela", Simposio Internacional sobre Modernas Tendencias de Derecho Constitucional (España y América Latina). Universidad Exter-

En efecto, por una parte, la Constitución de 1999 establece en forma expresa en sus artículos 266, 334 y 336 la competencia de la Sala Constitucional del Tribunal Supremo de Justicia para declarar la nulidad por inconstitucionalidad de las leyes y demás actos de los cuerpos deliberantes de carácter nacional, estadal o municipal dictados en ejecución directa de la Constitución, así como de los actos con rango legal dictados por el Ejecutivo Nacional.

Es decir, la Constitución prevé un control judicial concentrado de la constitucionalidad de todos los actos estatales (con exclusión de los actos judiciales y de los actos administrativos respecto de los cuales prevé medios específicos de control de legalidad y constitucionalidad, como el recurso de casación, las apelaciones y las acciones ante la Jurisdicción Contencioso Administrativa) de rango legal o de ejecución directa de la Constitución, que en el ámbito nacional son las leyes, los actos parlamentarios sin forma de ley y los actos de gobierno; en el nivel estadal, son las leyes emanadas de las Asambleas Legislativas y demás actos de ejecución directa de la Constitución; y en el nivel municipal, son las Ordenanzas Municipales, consideradas invariablemente como leyes locales, y los demás actos de ejecución directa de la Constitución.

Pero por otra parte, tanto el artículo 20 del Código de Procedimiento Civil, el artículo 19 del Código Orgánico Procesal Penal, como la propia Constitución (art. 334) atribuyen a todos los tribunales de la República cuando decidan un caso concreto, el poder de declarar la inaplicabilidad de las leyes y demás actos estatales normativos cuando estimen que son inconstitucionales, dándole por tanto preferencia a las normas constitucionales. Se trata, sin duda, de la base legal del control difuso de la constitucionalidad.

Este carácter mixto del sistema venezolano fue destacado por la antigua Corte Suprema de Justicia en 1953 al señalar que el control de constitucionalidad está encomendado:

"No tan sólo al Supremo Tribunal de la República, sino a los jueces en general, cualquiera sea su grado y por ínfima que fuere su categoría. Basta que el funcionaria forme parte de la rama judicial para ser custodio de la Constitución y aplicar, en consecuencia, las normas de ésta prevalecientemente a las leyes ordinarias... Empero, la aplicación de la norma fundamental por parte de los jueces de grado, sólo surte efecto en el caso concreto debatido, y no alcanza, por lo mismo, sino a las partes interesadas en el conflicto; en tanto, que cuando se trata de la ilegitimidad constitucional de las leyes pronunciadas por el Supremo Tribunal en ejercicio de su función soberana, como intérprete de la Constitución y en respuesta a la acción pertinente, loa efectos de la decisión se extienden *erga omnes* y cobran fuerza de ley. En el primer caso, el control es incidental y especial; y en el segundo, principal y general; y cuando éste ocurre, vale decir, cuando el recurso es autónomo, éste es formal o material, según que la nulidad verse sobre una irregularidad concerniente al proceso elaborativo de la ley, o bien que no

---

nado de Colombia, Bogotá, Nov. 1986; y M. Gaona Cruz, "El control judicial ante el Derecho Comparado" en *Archivo de Derecho Público y Ciencias de la Administración* (El Derecho Público en Colombia y Venezuela), Vol. VII, 1986, Caracas, 1986.

obstante haberse legislado regularmente en el aspecto formalista, el contenido intrínseca de la norma adolezca de vicios sustanciales"[8].

II. EL FUNDAMENTO CONSTITUCIONAL Y LEGAL DEL MÉTODO DIFUSO DE CONTROL DE CONSTITUCIONALIDAD DE LAS LEYES

En cuanto al método denominado de control difuso de la constitucionalidad de leyes, como se ha dicho, el mismo existe en Venezuela desde el siglo XIX[9], habiéndose regulado expresamente desde 1897 en el Código de Procedimiento Civil, que ahora establece que:

"*Artículo 20:* Cuando la ley vigente, cuya aplicación se pida, colidiere con alguna disposición constitucional, los jueces aplicarán ésta con preferencia".

Más recientemente, esta norma se recogió en el artículo 19 del Código Orgánico Procesal Penal, al disponer que:

"*Artículo 19:* Control de la Constitucionalidad. Corresponde a los jueces velar por la incolumidad de la Constitución de la República. Cuando la ley cuya aplicación se pida colidiere con ella, los tribunales deberán atenerse a la norma constitucional".

Siguiendo la orientación de consolidar constitucionalmente el método de control difuso de la constitucionalidad de las leyes, como se ha establecido en las Constituciones de Colombia, desde 1910 (art. 4); Guatemala, en 1965 (art. 204); Bolivia, en 1994 (art. 228); Honduras, en 1982 (art. 315) y Perú, en 1993 (art. 138); en la Constitución venezolana de 1999 se incluyó una disposición similar[10]en el artículo 334, con el siguiente texto:

"En caso de incompatibilidad entre esa Constitución y una ley u otra norma jurídica, se aplicarán las disposiciones constitucionales, correspondiendo a los tribunales en cualquier causa, aun de oficio, decidir lo conducente".

---

[8]   *Véase* sentencia de la antigua Corte federal de 19–6–53, en *Gaceta Forense,* Nº 1, 1953, pp. 77 y 78. *Véase* en general, Allan R. Brewer–Carías, *Instituciones Políticas y Constitucionales,* Tomo VI, *La Justicia Constitucional,* Editorial Jurídica Venezolana, Caracas 1996., pp. 86 y ss.

[9]   *Véase* Allan R. Brewer–Carías, *Judicial Review in Comparative Law, cit.,* pp. 127 ss.; Allan R. Brewer–Carías, *Instituciones Políticas y Constitucionales,* Tomo VI, *La Justicia Constitucional, cit.,* pp. 86 y ss.

[10] *Véase* nuestras propuestas respecto del artículo 7 en Allan R. Brewer–Carías, *Debate Constituyente,* Tomo II, Fundación de Derecho Público–Editorial Jurídica Venezolana, Caracas, 1999, pp. 24 y 34; Allan R. Brewer–Carías, *Debate Constituyente (Aportes a la Asamblea Nacional Constituyente),* Tomo III, (18 Octubre–30 Noviembre 1999), Fundación de Derecho Público–Editorial Jurídica Venezolana, Caracas, 1999, pp. 94 a 105

En esta forma, el método de control difuso de la constitucionalidad adquirió rango constitucional, previéndose, incluso, que puede ser ejercido *de oficio* por los tribunales[11] incluyendo, por supuesto, las diversas Salas del Supremo Tribunal[12]. Como lo ha señalado la Sala Político Administrativa del Tribunal Supremo en sentencia N° 1213 de 30 de mayo de 2000 (Caso: *Carlos P. García P. vs. Ministerio de Justicia. Cuerpo Técnico de Policía Judicial*:

> "La Constitución de la República Bolivariana de Venezuela, concretamente, el artículo 334 establece como obligación para todos los Jueces de la República la de asegurar la integridad de la Constitución, en el ámbito de sus competencias y conforme a lo previsto en su texto y en las leyes, para que de este modo, la justicia constitucional sea ejercida por todos los Tribunales, consagrándose el control difuso de la constitucionalidad. De este modo, se establece para todos los Jueces, de cualquier nivel, el poder–deber para controlar la constitucionalidad de los actos normativos del poder Público y ofrecer a todas las personas la tutela efectiva en el ejercicio de sus derechos e intereses legítimos, al no aplicar a los casos concretos que deban decidir, las normas que estimen inconstitucionales. Por tanto, si bien en nuestro país se puede afirmar que existe una "jurisdicción constitucional", concentrada en la Sala Constitucional del Tribunal Supremo de Justicia, no es menos cierto que por mandato expreso de la propia Constitución de 1999, se encuentra previsto el control difuso de la misma como obligación para todos los Jueces de la República"[13].

La Sala Constitucional, sin embargo, ha limitado el ámbito del poder de los jueces de desaplicar normas que estimen inconstitucionales, al cercenarles la potestad que necesariamente deben tener para interpretar las normas constitucionales en relación con las leyes que deben aplicar en los casos concretos que decidan. Así, en la sentencia N° 833 de 25 de mayo de 2001, la Sala interpretó el artículo 334 de la Constitución, y apartándose del texto constitucional, estableció "con carácter vinculante... en qué consiste el control difuso, y en qué consiste el control concentrado de la Constitución", y respondiendo a la pregunta de "¿si en ejercicio del control difuso un juez puede interpretar los principios constitucionales, y en base a ellos, suspender la aplicación de una norma?", resolvió lo siguiente:

---

[11] Esta ha sido una de las características del sistema venezolano. *Véase* Allan R. Brewer–Carías, *Instituciones Políticas y Constitucionales,* Tomo VI, *La Justicia Constitucional, cit.*, p. 101.

[12] La Sala Constitucional del Tribunal Supremo, sin embargo, en forma completamente incomprensible, ha resuelto que como a la misma le corresponde ejercer el control concentrado la constitucionalidad, es incompetente para ejercer el control difuso. *Véase* sentencia N° 2294 de 24–9–2004 (Caso: *Henry León Pérez y otros vs. Decisión de la Sala Segunda de la Corte de Apelaciones del Circuito Judicial Penal de la Circunscripción Judicial del Estado Carabobo*), en *Revista de Derecho Público*, N° 99–100, Editorial Jurídica Venezolana, Caracas, 2004, p. 311.

[13] *Véase* en *Revista de Derecho Público*, N° 82, Editorial Jurídica Venezolana, Caracas, 2000, p. 446.

"Fuera de la Sala Constitucional, debido a las facultades que le otorga el artículo 335 de la Constitución vigente, con su carácter de máximo y última intérprete de la Constitución y unificador de su interpretación y aplicación, no pueden los jueces desaplicar o inaplicar normas, fundándose en principios constitucionales o interpretaciones *motu propio* que de ellas hagan, ya que el artículo 334 comentado no expresa que según los principios constitucionales, se adelante tal control difuso. Esta es función de los jueces que ejercen el control concentrado, con una modalidad para el derecho venezolano, cual es que sólo la interpretación constitucional que jurisdiccionalmente haga esta Sala, es vinculante para cualquier juez, así esté autorizado para realizar control concentrado.

Ahora bien, el juez al aplicar el derecho adjetivo, debe hacerlo ceñido a la Constitución, adaptándose en sus actuaciones a lo constitucional, y por ello sin que se trate de un control difuso, sino de aplicación de la ley, puede anular los actos procesales que contraríen a la Constitución, y sus principios. Este actuar amoldado a la Constitución es parte de su obligación de asegurar la integridad constitucional y, dentro de la misma, el juez debe rechazar en su actividad todo lo que choque con la Constitución.

Conforme a lo expuesto, la defensa y protección de los derechos fundamentales corresponde a todos los jueces, los que los ejercen desde diversas perspectivas: mediante el control difuso y, otros, mediante el control concentrado; pero todo este control corresponde exclusivamente a actos netamente jurisdiccionales, sin que otros órganos del Poder Público, ni siquiera en la materia llamada cuasi–jurisdiccional, puedan llevarlo a cabo. El artículo 334 constitucional es determinante al respecto...

Siendo la Constitución la cúspide del ordenamiento jurídico, tanto en lo formal como en lo material, no puede prescindirse de ella en la aplicación e interpretación de todo el ordenamiento, por lo que todos los jueces, y no sólo los de la jurisdicción constitucional, están en el deber de mantener su integridad, y de allí, surge el control difuso, así como las extensiones señaladas del control concentrado".[14]

Dejando aparte esta interpretación restrictiva que se aparta del sentido de la norma constitucional, el método de control difuso de la constitucionalidad de las leyes, como se ha dicho, confiere a cualquier juez de cualquier nivel en la jerarquía judicial[15], el poder necesario para actuar como juez constitucional, estando autorizado para juzgar la constitucionalidad de la ley que debe aplicar en la resolución del caso concreto y, en consecuencia, decidir su inaplicabilidad al mismo

---

[14]   *Véase* Caso: *Instituto Autónomo Policía Municipal de Chacao vs. Corte Primera de lo Contencioso Administrativo*, en *Revista de Derecho Público*, Nº 85–88, Editorial Jurídica Venezolana, Caracas 2001, pp. 369 ss.

[15]   Por supuesto, se trata de un poder reservado a los jueces y que no puede ser ejercido por autoridades administrativas o de otro orden no judiciales. *Véase* sentencia de la Sala Constitucional Nº 331 de 13–3–2001, Caso: *Henrique Capriles R. vs. Comisión Nacional de Casinos, Salas de Bingo y Máquinas Traganíqueles*, en *Revista de Derecho Público*, Nº 85–88, EJV, Caracas 2001, p. 373.

cuando la consideren inconstitucional, dando aplicación preferente a la Constitución[16].

III. LA LÓGICA DEL MÉTODO DIFUSO COMO CONSECUENCIA DEL PRINCIPIO DE LA SUPREMACÍA CONSTITUCIONAL

Desde el punto de vista lógico y racional, este poder general de todo juez de actuar como juez constitucional deriva del hecho de que si la Constitución se considera como la ley suprema del país, como por lo demás lo declara expresamente el artículo 7 de la Constitución de 1999, en todo caso de conflicto entre una ley y la Constitución, ésta es la que debe prevalecer, considerándose como un deber de todo juez el decidir cuál es la ley aplicable en un caso concreto.[17] Este método de control, como se ha dicho, deriva del principio de la supremacía constitucional y del consecuente poder de todo juez de controlar la constitucionalidad de las leyes que resultó de la práctica judicial de la interpretación de la Constitución de los Estados Unidos de 1787, y en particular de la muy conocida "Cláusula de Supremacía" contenida en el artículo VI, Sección 2, el cual dispone:

"Esta Constitución, y las leyes de los Estados Unidos que se expidan con arreglo a ella, y todos los Tratados celebrados o que se celebren bajo la autoridad de los Estados Unidos, serán la suprema Ley del país y los jueces de cada Estado estarán obligados a observarlos, a pesar de cualquier cosa en contrario, que se encuentre en la Constitución o las leyes de cualquier Estado".

Esta "Cláusula de Supremacía", por lo demás, se recogió en el artículo 227 de la Constitución Federal para las Provincias de Venezuela de 1811, que estableció en una forma más amplia lo siguiente:

"La presente Constitución, las leyes que en consecuencia se expidan para ejecutarla y todos los Tratados que se concluyan bajo la autoridad del Gobierno de la Unión serán la Ley suprema del Estado en toda la extensión de la Confederación, y las autoridades y habitantes de las Provincias estarán obligados a obedecerlas y observarlas religiosamente sin excusa ni pretexto

---

[16]   *Véase* Allan R. Brewer–Carías, *Judicial Review in Comparative Law,* Cambridge, 1989, pp. 127 y ss. *Véase* Allan R. Brewer–Carías, "Prólogo" al libro de Humberto Briceño León, *La acción de Inconstitucionalidad en Venezuela,* Caracas, 1989; José V. Haro, "El sentido y alcance del control difuso de la constitucionalidad: ¿control abstracto o control concreto?", en *El Derecho Público a comienzos del siglo XXI. Estudios homenaje al Profesor Allan R. Brewer–Carías,* Tomo I, Instituto de Derecho Público, UCV, Civitas Ediciones, Madrid, 2003, pp. 1003–1014.

[17]   *Véase* Antonio Canova González, "Rasgos generales de los modelos de justicia constitucional en derecho comparado: Estados Unidos de América", en *Temas de Derecho Administrativo: Libro Homenaje a Gonzalo Pérez Luciani,* Volumen I. Editorial Torino, Caracas, 2002, pp. 373–411; Antonio Canova González, "Rasgos generales de los modelos de justicia constitucional en Derecho Comparado: (2) Kelsen", en *Revista de Derecho Constitucional,* N° 6, enero–diciembre–2002, Editorial Sherwood, Caracas, 2003, pp. 65 a 88; Antonio Canova González, "Rasgos generales de los modelos de justicia constitucional en Derecho Comparado: (3) Europa Actual", en *Revista de Derecho Constitucional,* N° 7, enero–junio 2003, Editorial Sherwood, Caracas, 2003, pp. 75 a 114.

alguno; pero las leyes que se expidieren contra el tenor de ello *no tendrán ningún valor*, sino cuando hubieren llenado las condiciones requeridas para una justa y legítima revisión y sanción".

Y fue precisamente la "Cláusula de Supremacía" de la Constitución norteamericana, limitada en su formulación respecto a las Constituciones y leyes de los Estados Miembros de la Federación, la que en el caso *Marbury vs. Madison (1803)* fue extendida a las leyes federales, a través de una interpretación y aplicación lógica y racional del principio de la supremacía de la Constitución, el cual, como se ha visto, en otros países encontró expresión formal en el derecho constitucional positivo.

Sin embargo, a pesar de su origen en el sistema norteamericano, el método difuso de control judicial de la constitucionalidad de las leyes no es peculiar a los sistemas jurídicos anglosajones o del *common law,* siendo compatible con los sistemas jurídicos de tradición civil o de derecho romano; habiendo existido desde el siglo XIX en muchos de los países de América Latina, como Argentina que sigue más de cerca el modelo norteamericano, y de Brasil, Colombia, Guatemala, Perú, Nicaragua, República Dominicana y Venezuela, donde existe en paralelo con el método concentrado. El método también se ha aplicado en Europa, en países con una tradición de derecho civil como Suiza, Grecia y Portugal.

En consecuencia, el método difuso de control judicial de constitucionalidad existe y ha funcionado en sistemas jurídicos tanto con tradición de *common law* como de derecho romano, por lo que no compartimos la apreciación que hace unas décadas formularon Mauro Cappelletti y John Clarke Adams, cuando señalaron que existía una incompatibilidad fundamental entre el método difuso de control judicial de la constitucionalidad y los sistemas jurídicos basados en la tradición del derecho romano[18], así como tampoco compartimos lo que el mismo Mauro Cappelletti señaló, en otra parte, al referirse a la experiencia de Italia y Alemania Federal antes de la creación de sus respectivas Corte y Tribunal Constitucionales, señalando que esos países "revelaron completamente, la no adaptación del método descentralizado (difuso) de control judicial para los países con sistemas jurídicos de derecho civil"[19].

En nuestro criterio, los argumentos en favor del método concentrado de control judicial que se formularon en Europa Continental, no pueden resolverse con base en su supuesta adaptabilidad o no con un sistema jurídico particular, sino con el respectivo sistema constitucional. Si en este se consagra y garantiza la supremacía constitucional, la consecuencia lógica y necesaria es la atribución dada a todos los jueces del poder de decidir cuál norma debe ser aplicada cuando existe una contradicción entre una ley particular y la Constitución, estando entonces obligados a dar prioridad a la Constitución, como un verdadero deber,

---

[18]   *Véase* M. Cappelletti and J.C. Adams, "Judicial Review of legislation: European Antecedents and adaptations", *Harvard Law Review,* 79 (6), 1966, p. 1215.

[19]   *Véase* M. Cappelletti, *Judicial Review in the Contemporary World,* Indiannapolis, 1971, p. 59. En sentido similar M. Fromont considera que es "difícil admitir el método difuso de control de constitucionalidad en países con tradición de derecho romano. *Véase* "Preface" en J.C. Beguin, *Le Contrôle de la Constitutionalité des lois en République Fédérale d'Allemagne,* París, 1982, p. V.

independientemente del sistema jurídico de tradición de *common law* o de derecho romano que exista en el país.

Por supuesto, otra cuestión es la relativa a los efectos prácticos que puede tener la adopción del método difuso de control de la constitucionalidad. Así, en ausencia de método alguno de control de la constitucionalidad, en Europa, antes de los años veinte del siglo pasado y con el marco tradicional del principio de la separación de poderes basado en los principios de soberanía del Legislador, de la supremacía de la Ley y de la desconfianza en los tribunales como órganos de control de la acción legislativa, las críticas al método difuso de control de la constitucionalidad formuladas en Europa, fueron tan antiguas como la existencia misma del mismo "modelo europeo" de control. Por ejemplo, Hans Kelsen, el creador del modelo austriaco hizo referencia a los problemas que originaba el método difuso de control para justificar "la centralización del poder para examinar la regularidad de las normas generales", subrayando "la ausencia de unidad en las soluciones" y "la incertidumbre legal" que resultaba cuando "un tribunal se abstenía de aplicar una ley considerada irregular, en tanto que otro tribunal hacía lo contrario"[20]. En sentido similar, Cappelletti y Adams insistieron en que el método difuso de control constitucional "puede llevar a una grave incertidumbre y confusión, cuando un tribunal decide aplicar una ley y otro la considera inconstitucional"[21].

Pero en realidad, estos problemas existen tanto en los sistemas del *common law* como de derecho romano que han adoptado el método difuso, no pudiendo considerarse como esencialmente peculiares a los países con tradición de derecho romano que lo han adoptado. Sin embargo, lo contrario fue lo que pretendieron demostrar Cappelletti y Adams basando su argumento en los efectos correctivos respecto de esos problemas que tiene la doctrina del *stare decisis,* que es peculiar del sistema norteamericano y extraña a los sistemas de tradición de derecho romano. Su argumento, básicamente, fue el siguiente:

> "Conforme a la doctrina angloamericana de *stare decisis*, la decisión del más alto Tribunal en cualquier jurisdicción es obligatoria para todos los tribunales inferiores de la misma jurisdicción, por lo que tan pronto el Tribunal Supremo ha declarado una ley inconstitucional, ningún otro tribunal puede aplicarla. La Corte no necesita que se le confiera un especial poder para declarar una ley inválida, ni debe decidir otros aspectos más allá de la aplicabilidad de la ley cuestionada al caso concreto; el principio *stare decisis* hace el resto, al requerir de los otros tribunales el seguir el precedente en todos los casos sucesivos. Por lo que aun cuando la ley inconstitucional continúe en la *Gaceta Oficial*, es una "ley muerta".

---

[20]   *Véase* H. Kelsen, "La garantie juridictionnelle de la Constitution (La Justice constitutionnelle)" *Revue du Droit Public et de la Science Politique en France et a l'étranger",* 1928, p. 218.

[21]   *Véase* M. Cappelletti and J.C. Adams, "Judicial Review of legislation: European Antecedents and adaptations", *loc. cit.,* p. 1215.

Por ello, concluyeron estos autores su argumento señalando:

"...*stare decisis*, sin embargo, no es normalmente un principio de los sistemas jurídicos de derecho romano, donde los tribunales generalmente no están obligados por las decisiones de los más altos tribunales"[22].

El argumento fue luego desarrollado por el mismo Cappelletti, al señalar:

"por cuanto el principio de *stare decisis* es extraño a los jueces en los sistemas jurídicos de derecho civil, un método de control de la constitucionalidad que permita a cada juez decidir sobre la constitucionalidad de las leyes, puede conducir a que una ley pueda ser inaplicada por algunos jueces, por inconstitucional y ser considerada aplicable, por otros jueces en sus decisiones. Aún más, el mismo órgano judicial, que puede algún día haber desaplicado una ley, puede luego, al día siguiente, considerarla aplicable, cambiando su criterio acerca de la legitimidad constitucional de la Ley. Además, entre diferentes tipos o grados de tribunales podrían surgir diferencias, por ejemplo, entre un tribunal de la jurisdicción ordinaria y tribunales de la jurisdicción administrativa, o entre jueces jóvenes y más radicales de los tribunales inferiores y jueces mayores de conciencia tradicional de los tribunales superiores... El resultado extremadamente peligroso de ello, puede ser un grave conflicto entre órganos judiciales y una grave incertidumbre respecto de la Ley aplicable"[23].

Sin embargo, insistimos en que esos problemas derivados del principio de la supremacía constitucional existen tanto en países con tradición de sistemas de *common law* como de derecho romano, y si bien es cierto que la doctrina *stare decisis* es una corrección a los problemas anotados, dicha corrección no es absoluta, pues no todos los casos en los cuales los tribunales inferiores decidan cuestiones de constitucionalidad, por ejemplo, en los Estados Unidos, llegan a la Corte Suprema, la cual decide discrecionalmente los casos que conoce (28 *U.S. Code*, Secc. 1254, 1255, 1256, 1257; Rule N° 17 de la Corte Suprema). Por otra parte, la doctrina obligatoria impuesta por el Tribunal Supremo o un Tribunal Constitucional no es extraña a los países de tradición derecho civil, como ocurre en Venezuela con las interpretaciones vinculantes y obligatorias que puede adoptar la Sala Constitucional (art. 335).

Por otra parte, y aún cuando la doctrina *stare decisis,* tal como es conocida en los países del *common law,* sea de excepcional aplicación en países con sistemas jurídicos de la tradición del derecho romano, aquellos en los cuales se ha adoptado un método difuso de control de constitucionalidad han adoptado, paralelamente, sus propios correctivos a los problemas planteados, con efectos similares. Por ejemplo, en el sistema de amparo mexicano, la Constitución ha establecido el principio de que la Ley de Amparo debe regular los casos en los cuales la "jurisprudencia", es decir, los precedentes judiciales de las Cortes Federales, debe ser obligatoria (art. 107, Sección XIII, parágrafo 1 de la Constitución, Enmienda de 1950–1951). Por ello, la Ley de Amparo establece los casos en los

---

22   *Idem.*, p. 1215.
23   *Véase* M. Cappelletti, *Judicial Review in the Contemporary World, cit.,* p. 58.

cuales las decisiones de la Corte Suprema e, incluso, de las Cortes de Circuito, deben considerarse como precedentes obligatorios, lo que sucede sólo cuando se hayan dictado cinco decisiones consecutivas, que no sean interrumpidas por alguna decisión incompatible, con el mismo efecto.

Los efectos de esta "jurisprudencia" parcialmente han sido considerados como equivalentes a los que resultan del principio *stare decisis*. Incluso, en el sistema de amparo mexicano, el llamado "amparo contra leyes" ha sido desarrollado también como una acción extraordinaria de inconstitucionalidad de leyes auto-aplicativas, que afecten directamente derechos de un individuo, y que pueden ser impugnadas ante las Cortes Federales, permitiéndoles juzgar la inconstitucionalidad de la ley sin relación alguna con un proceso concreto[24]. En estos casos, además, en la reforma constitucional de 1988, se ha atribuido a la Suprema Corte el poder de decidir en última instancia todos los casos de amparo en los cuales la decisión respectiva resuelva sobre la inconstitucionalidad de leyes federales y establezca una interpretación directa de alguna norma constitucional (art. 107, IX).

En sentido similar, en Argentina y Brasil, países que también siguen de cerca el modelo norteamericano en el sentido del poder otorgado a todos los tribunales de decidir no aplicar las leyes basados en consideraciones constitucionales, se ha establecido la institución procesal denominada "recurso extraordinario de inconstitucionalidad" que puede formularse ante la Corte Suprema contra decisiones judiciales adoptadas en última instancia en las cuales se considera una ley federal como inconstitucional e inaplicable al caso concreto[25]. En estos casos, la decisión adoptada por la Corte Suprema tiene efectos *in caso et inter partes* pero siendo dictada por el Tribunal Supremo, tiene de hecho efectos obligatorios respecto de los tribunales inferiores[26]. En igual sentido, otros países con tradición de derecho romano que han adoptado el método difuso de control de constitucionalidad, han establecido mecanismos judiciales especiales para superar los problemas que se puedan derivar de decisiones contradictorias en materia constitucional de tribunales diferentes. Es el caso de Grecia, donde la Constitución de 1975 estableció una Corte Suprema Especial, con poderes para decidir sobre materias de inconstitucionalidad de las leyes cuando se adopten decisiones contradictorias en la materia, por el Consejo de Estado, la Corte de Casación o la Corte de Cuentas. En esos casos, las decisiones de la Corte Suprema Especial tienen efectos absolutos y generales en lo que concierne al control de la constitu-

---

[24] *Véase* Robert D. Baker, *Judicial Review in Mexico. A Study of the Amparo Suit,* Austin, 1971, pp. 164, 250–251, 256, 259.

[25] *Véase* H. Fix Zamudio, *Veinticinco años de evolución de la Justicia Constitucional 1940–1965,* México, 1968, uu. 26, 36; J. Carpizo *y* H. Fix Zamudio, "La necesidad y la legitimidad de la revisión judicial en América Latina. Desarrollo reciente", *Boletín Mexicano de Derecho, Comparado,* 52, 1985, p. 33; también publicado en L. Favoreu y J.A. Jolowicz (ed.), *Le contróle juridictionnel des lois. Légitimité, effectivité et développements récents,* París, 1986, pp. 119–151.

[26] *Véase* J.R. Vanossi and P.E. Ubertone, *Instituciones de defensa de la Constitución en la Argentina,* UNAM. Congreso Internacional sobre la Constitución y su Defensa, México, 1982 (mineo), p. 32.

cionalidad de las leyes[27] En igual sentido, otros países europeos con tradición de derecho romano que han adoptado el método difuso de control de la constitucionalidad, también han adoptado paralelamente un método concentrado de control, asignando a la Corte Suprema del país el poder de anular leyes inconstitucionales. Es el caso de Suiza, donde a pesar de que no exista control judicial de constitucionalidad en relación con las leyes federales, la Corte Federal tiene poder para declarar la inconstitucionalidad de leyes cantonales, con efectos *erga omnes,* cuando se requiera su decisión a través del denominado "recurso de derecho público" en casos de violación de derechos fundamentales[28].

Finalmente, en los otros países con tradición de derecho romano donde se ha adoptado el método difuso de control de la constitucionalidad, debe tenerse en cuenta, particularmente en materia de casación, el valor de las decisiones de la Sala de Casación de la Corte Suprema para los tribunales de instancia. En Venezuela, el Código de Procedimiento Civil establece que "los jueces de instancia procurarán acoger la doctrina de casación establecida en los casos análogos, para defender la integridad de la legislación y la uniformidad de la jurisprudencia" (art. 321). Por tanto, si en su sentencia, la Sala de Casación ha hecho uso del poder de control difuso de la constitucionalidad, esa doctrina, en principio, debe ser seguida por los jueces de instancia.

Pero en los casos en que los asuntos no lleguen a la Sala de Casación, los sistemas de tradición de derecho romano con método difuso de control de constitucionalidad, además han establecido correctivos a los problemas originados por la incertidumbre y conflictividad de decisiones judiciales, mediante el establecimiento de un sistema mixto de control de constitucionalidad, que combina el método difuso con el método concentrado. En América Latina es el caso de Brasil, Colombia, Ecuador, Guatemala, Nicaragua, Perú, República Dominicana y Venezuela, donde conforme al método concentrado de control de constitucionalidad, un Tribunal o Corte Constitucional o la Corte Suprema pueden anular formalmente las leyes inconstitucionales, con efectos *erga omnes.* En consecuencia, en estos países, paralelamente al poder atribuido a cualquier tribunal para considerar en un caso concreto una ley como inconstitucional y desaplicarla, la Corte o Tribunal Supremo o un Tribunal Constitucional tiene el poder de anular con efectos generales las leyes impugnadas por inconstitucionales[29].

En Venezuela, además, a partir de la Constitución de 1999, otros correctivos se han establecido, consistentes, en primer lugar, en la previsión del recurso extraordinario de revisión ante la Sala Constitucional que puede interponerse contra las sentencias dictadas en juicios de amparo o en las cuales el juez haya

---

[27]   *Véase* E. Spiliotopoulos, "Judicial Review of Legislative Acts in Greece", *Temple Law Quarterly,* 56, (2), Philadelphia, 1983, pp. 496–500.

[28]   *Véase* E. Zellweger. "El Tribunal Federal Suizo en calidad de Tribunal Constitucional", *Revista de la Comisión Internacional de Juristas,* Vol. VII (1), 1966, p. 119; H. Fix Zamudio, *Los tribunales constitucionales y los derechos humanos,* México 1980, p. 84.

[29]   *Véase* A.R. Brewer–Carías, *El Control de la Constitucionalidad de los actos estatales,* Caracas, 1977; L.C. Sachica, *El Control de la Constitucionalidad y sus mecanismos,* Bogotá, 1908.

aplicado el método difuso de control de constitucionalidad (art. 333,10); y en segundo lugar, regulándose la posibilidad de interpretación vinculante que pueda establecer la Sala Constitucional sobre el contenido y alcance de las normas constitucionales (art. 335).

En consecuencia, en el mismo sentido en el cual se ha desarrollado la doctrina *stare decisis* en los países con sistemas jurídicos del *common law* para resolver los problemas de incertidumbre y la posible conflictividad entre las decisiones judiciales adoptadas por los diferentes tribunales en materia de inconstitucionalidad de las leyes que un método difuso puede originar, también los países con sistemas jurídicos de tradición de derecho romano que han adoptado el mismo método, han desarrollado diversos mecanismos legales para prevenir los efectos negativos originados por los mencionados problemas, sea otorgando carácter obligatorio a los precedentes, o sea asignando los poderes necesarios a una Corte Suprema para declarar la inconstitucionalidad de las leyes, con carácter general y efectos obligatorios.

Los eventuales problemas originados por la aplicación del método difuso de control de constitucionalidad de las leyes, en consecuencia, son comunes a los países que lo han adoptado, sea que pertenezcan a sistemas jurídicos con tradición de derecho romano o de *common law,* por lo que la adopción del método difuso no puede conducir, en si mismo, a considerarlo como incompatible con los sistemas jurídicos de derecho romano, por el solo hecho que no exista en ellos la regla del *stare decisis.*

En nuestro criterio, el único aspecto de compatibilidad que en este respecto es absoluto, es que cuando existe el principio de la supremacía de la Constitución, la consecuencia lógica del mismo es el poder de todos los jueces que tienen a su cargo la aplicación de la ley, de decidir sobre la inaplicabilidad de la legislación cuando ésta contradice la Constitución, dando preferencia a la Constitución en sí misma. Este fue el sistema original de control de la constitucionalidad después del triunfo de la Constitución sobre el Legislador.

Sin embargo, en los países europeos con tradición de sistema jurídico de derecho romano, la tradicional desconfianza respecto del poder judicial fue la que abrió el camino al establecimiento de un sistema concentrado de control de la constitucionalidad que en cierto sentido provocó el "redescubrimiento" de la supremacía constitucional a través de otros medios judiciales. Pero esto no puede conducir a que se considere el método difuso de control de la constitucionalidad de la legislación como incompatible con los sistemas jurídicos con tradición de derecho romano.

IV. LA RACIONALIDAD DEL MÉTODO DIFUSO

Como hemos señalado, la esencia del método difuso de control de constitucionalidad está en la noción de supremacía constitucional, en el sentido de que si la Constitución es la ley suprema de un país y que, como tal, prevalece sobre las otras leyes, ningún otro acto del Estado que sea contrario a la Constitución puede ser una ley efectiva y, al contrario, debe ser considerado como nulo. En palabras del Juez Marshall, si la Constitución es "la ley fundamental y suprema de una nación... un acto del legislador que repugne a la Constitución es nulo", *Marbury vs. Madison* 3 US (1 Cranch) 137 (1803). En este sentido, la efectiva garantía de la supremacía de la Constitución es que los actos que colidan con la Constitución son, en efecto, nulos, y como tales, tienen que ser considerados por los tribunales, los cuales son, precisamente, los órganos estatales llamados a aplicar las leyes.

1. La nulidad de los actos estatales inconstitucionales

En consecuencia, el primer aspecto que muestra la racionalidad del método difuso de control de constitucionalidad es la consideración como nulos de los actos estatales, particularmente de las leyes que colidan con la Constitución. Así, por ejemplo, la Constitución venezolana expresamente declara que las leyes, que son actos dictados en ejercicio del Poder Público, que violen o menoscaben los derechos garantizados en la Constitución, son nulos (art. 25).

La declaración como nulo de un acto estatal significa considerar que jurídicamente no existe, porque es irregular, en el sentido de que no se corresponde con las condiciones establecidas para su emisión por una norma de rango superior. Esto fue lo que Hans Kelsen denominó la "garantía objetiva de la Constitución"[30], lo que implica que un acto estatal nulo no puede producir efectos y, en principio, no necesita de otro acto estatal que así lo declare. Si ello fuera necesario, entonces, la garantía no sería la nulidad del acto, sino su anulabilidad.

En consecuencia, en estricta lógica, la supremacía de la Constitución significa que todo acto estatal que viole la Constitución es nulo y, por tanto, teóricamente cualquier autoridad pública e incluso, los particulares, estarían autorizados para examinar su irregularidad, declarar su inexistencia y considerar el acto inválido como no obligatorio. Por supuesto, esto podría conducir a la anarquía jurídica, por lo que conforme al principio de la separación de poderes, el derecho positivo establece límites respecto de este poder de examinar la regularidad de los actos estatales, y lo reserva a los órganos judiciales. En consecuencia, cuando un acto estatal viola la Constitución y es nulo, esta nulidad sólo puede ser examinada por los jueces y sólo los jueces tienen el poder para considerar y declarar el acto nulo[31]. Sólo excepcionalmente las mismas Constituciones establecen la

---

[30] Véase H. Kelsen, loc. cit., p. 214.

[31] La Sala Constitucional del Tribunal Supremo, por ello, anuló una decisión de un órgano administrativo que pretendió ejercer el control difuso de la constitucionalidad de una Ley. En sentencia N° 332 de 13–3–2001 (Caso: Henrique Capriles vs. Comisión Nacional de Casinos, Salas de Bingo y Máquinas Traganíqueles) la Sala señaló: "Visto el contenido de la norma constitucional transcrita, considera esta Sala evidente que la Comisión Nacional de Casinos, Salas de Bingo y Máquinas Traganíqueles, incurrió en una flagrante violación de lo dispuesto en la misma, al ejercer un control difuso de la constitucionalidad de la norma contenida en el artículo 25 de la Ley para el Control de los Casinos, Salas de Bingo y Máquinas Traganíqueles, al desaplicarla y no dar estricto cumplimiento a los requisitos previstos en la misma para el otorgamiento de las Licencias cuestionadas, por estimarla contraria a lo dispuesto en el artículo 71 constitucional; atribución que conforme a lo dispuesto en el trascrito artículo 334, es exclusiva de los jueces o juezas de la República, quienes la ejercen con ocasión de un caso concreto sometido a su conocimiento, al verificar la incompatibilidad entre el texto fundamental y otra ley o norma jurídica, cuya aplicación se les solicita. "En efecto, son los jueces y juezas de la República quienes al constatar la existencia de una colisión entre una norma de menor rango a la Consti-

antes mencionada lógica, consecuencia de la garantía objetiva, por ejemplo, cuando la Constitución venezolana declara que los actos dictados en usurpación de autoridad son nulos (art. 138), como sería un acto que derogue la propia Constitución por acto de fuerza, en cuyo caso todo ciudadano investido o no de autoridad tiene incluso el deber de colaborar en el restablecimiento de su efectiva vigencia (art. 333).

Pero sin embargo, a pesar de los límites impuestos por el derecho positivo respecto del poder de examinar la nulidad de los actos estatales, esto no significa que la garantía de la Constitución cese de ser la nulidad de los actos estatales y que aquellos la transformen en anulabilidad. Al contrario, la nulidad del acto inconstitucional persiste, pero con la limitación derivada de la reserva legal atribuida a los jueces para declarar, con exclusividad, su nulidad.

Así, hasta que no sea judicialmente declarado inconstitucional, el acto irregular debe ser considerado como siendo efectivo y obligatorio por cualquier autoridad pública y particularmente, por las autoridades administrativas y los particulares; pero una vez que el juez declara su inconstitucionalidad en relación con un caso concreto, entonces el acto deviene nulo y sin valor, con relación a dicho proceso.

En conclusión, en el método difuso de control de la constitucionalidad, el deber de todos los jueces es el de examinar la constitucionalidad de las leyes, y declarar, cuando ello sea necesario, que una ley particular no debe ser aplicada a un proceso específico en razón de que es inconstitucional y, por tanto, considerarla nula y sin valor.

2. *El poder de todos los jueces*

Lo anterior nos conduce al segundo aspecto de la racionalidad del método difuso de control de la constitucionalidad, el cual es, que el poder para declarar la inconstitucionalidad de la legislación es atribuida a todos los jueces de un país determinado.

En efecto, si la Constitución es la Ley suprema del país y el principio de la supremacía es aceptado, entonces la Constitución se debe aplicar con preferencia sobre cualquier otra ley que sea inconsistente con la misma, sea que ello esté expresamente establecido en el texto expreso de la Constitución (artículo 334) o de la ley (artículo 20 del Código de Procedimiento Civil), o sea una consecuen-

---

tución, y ésta, aplicarán la última preferentemente, al caso concreto de que se trate, quedando a cargo de esta Sala, la declaratoria de inconstitucionalidad de la ley o la norma, con efectos *erga omnes,* por ser ésta una atribución exclusiva y excluyente de la misma, conforme lo dispone el mismo artículo 334 del Texto Fundamental, el cual le inviste la condición de órgano que ostenta el monopolio del "control concentrado de la Constitución". "Así pues, establece esta Sala que la violación del artículo 334 aludido no versa sobre la inconstitucionalidad del artículo 25 de la Ley para el Control de los Casinos, Salas de Bingo y Máquinas Traganíqueles, sino sobre el ejercicio por parte de la Comisión de Casinos, Salas de Bingo y Máquinas Traganíqueles de una atribución que no le correspondía, ni le corresponde, por prescripción expresa del citado artículo 334". *Véase* en *Revista de Derecho Público*, Nº 85–88, Editorial Jurídica Venezolana, Caracas, 2001, pp. 376–377.

cia implícita de su supremacía. Consecuentemente, las leyes que violen la Constitución o que en cualquier forma colidan con sus normas, principios y valores, son, como hemos dicho, nulas y sin valor, y no pueden ser aplicadas por los tribunales, los cuales tienen que aplicar preferentemente la Constitución.

Todos los tribunales deben en consecuencia decidir los casos concretos que están considerando, como lo decía el Juez Marshall en el caso *Marbury vs. Madison 5 US* (1 Cranch), 137 (1803), "conforme a la Constitución desaplicando la ley inconstitucional" siendo esto "la verdadera esencia del deber judicial". En consecuencia, en el método difuso de control de la constitucionalidad, este rol corresponde a todos los jueces y no sólo a una Corte o Tribunal en particular, y no debe ser sólo visto como un poder atribuido a los tribunales, sino como un deber de los mismos para decidir conforme a las reglas constitucionales, desaplicando las leyes contrarias a sus normas.

3. *El carácter incidental del método difuso*

Este deber de todos los tribunales de dar preferencia a la Constitución y, en consecuencia, desaplicar las leyes que consideren inconstitucionales y, por tanto, nulas y sin valor, nos lleva al tercer aspecto de la racionalidad del método difuso de control de la constitucionalidad de las leyes, el cual es, que este deber judicial sólo puede ser cumplido *incidenter tantum,* es decir, en un proceso concreto que el juez esté conociendo conforme a su competencia, en el cual, por tanto, la inconstitucionalidad de la ley o norma no es ni el objeto de dicho proceso ni el asunto principal del mismo. Como lo dice el artículo 20 del Código de Procedimiento Civil: los jueces deben aplicar la Constitución con preferencia cuando la ley vigente cuya aplicación se pida y que regula el caso concreto, colidiere con alguna disposición constitucional.

En consecuencia, en este caso, siempre debe iniciarse y estar en curso un proceso ante un tribunal en cualquier materia, por lo que el método difuso de control de la constitucionalidad siempre es de carácter incidental, en el sentido de que la cuestión de inconstitucionalidad de una ley y su inaplicabilidad, se plantea en un caso o proceso concreto (*cases and controversies*), cualquiera sea su naturaleza, en el cual la aplicación o no de una norma concreta es considerada por el juez como relevante para la decisión del caso. En consecuencia, en el método difuso de control de constitucionalidad, el *thema decidendum,* es decir, el objeto principal del proceso y de la decisión judicial no es la consideración abstracta de la constitucionalidad o inconstitucionalidad de la ley o su aplicabilidad o inaplicabilidad, sino más bien, la decisión de un caso concreto por ejemplo, en materia civil, penal, administrativa, mercantil o laboral, etc., en el cual la cuestión de constitucionalidad sólo es un aspecto incidental en el proceso que sólo debe ser considerada por el juez para resolver la aplicabilidad o no de una ley en la decisión del caso concreto, cuando surgen cuestiones relativas a su inconstitucionalidad.

4. *La iniciativa del poder de los jueces*

Tratándose de un deber de los jueces el aplicar la Constitución en un caso concreto y, para su decisión, desaplicar la ley que consideren inconstitucional, el cuarto aspecto de la racionalidad del método difuso consiste en que los jueces deberían poder considerar *de oficio* las cuestiones de constitucionalidad, a pesar de que ninguna de las partes en el proceso la haya planteado. De hecho, esta es la consecuencia directa de la garantía de la Constitución cuando se establece como "garantía objetiva", lo que implica la nulidad de las leyes contrarias a la Constitución, y la reserva dada a los jueces para considerar la nulidad y la inaplicabilidad de una norma en un caso concreto.

Dentro de este marco, la inconstitucionalidad de la ley en relación con los procesos particulares no debe quedar a la sola instancia de las partes en el proceso, por lo que aún cuando las partes no planteen ante el Juez la cuestión de inconstitucionalidad, éste tiene el deber de considerarla, y decidir, de oficio, sobre la inconstitucionalidad de la ley. Este aspecto de la racionalidad del método difuso de control de la constitucionalidad incluso está expresamente establecido en muchos países como en Venezuela[32] (artículo 334 de la Constitución) y en Grecia.[33] Sin embargo, en la mayoría de los países conforme al principio dispositivo, prevalece la prohibición dispuesta en las normas procesales generales para que los tribunales puedan considerar de oficio, al decidir un caso concreto, cualquier cuestión, incluso las cuestiones de inconstitucionalidad[34].

En todo caso, el signo común de este aspecto de la racionalidad del método difuso es que la cuestión de inconstitucionalidad sólo puede ser incidental en un proceso particular el cual, por supuesto, siempre debe ser iniciado a instancia de parte.

5. *El efecto inter partes de la decisión judicial*

El quinto aspecto de la racionalidad del método difuso de control de constitucionalidad se refiere a los efectos de la decisión que adopten los tribunales en relación con la constitucionalidad o aplicabilidad de la ley en un caso concreto; y este aspecto de los efectos de la decisión judicial busca determinar, primero, a quienes afecta la decisión, y segundo, el momento en el cual comienza a surtir efectos.

En relación con el primer aspecto, la racionalidad del método difuso es que la decisión adoptada por el Juez sólo tiene efectos en relación con las partes en el proceso concreto en la cual aquella se adopta. En otras palabras, en el método difuso de control de constitucionalidad, la decisión adoptada sobre la inconstitucionalidad e inaplicabilidad de la ley en un caso concreto, sólo tiene efectos *in casu et inter partes,* es decir, en relación con el caso y exclusivamente, en relación con las partes que han participado en el mismo, por lo que no puede ser

---

[32] Así lo sostuvimos desde hace décadas. *Véase* Allan R. Brewer–Carías, "La Justicia Constitucional en Venezuela" en *Modernas Tendencias del derecho constitucional en España y América Latina, Revista de la Universidad Externado de Colombia,* Noviembre 1986, Bogotá 1986, p. 538; *Judicial Review in Comparative Law*, Cambridge 1989, p. 133.

[33] *Véase* E. Spilliotopoulos, "Judicial review of legislative acts in Grece", *loc. cit.,* p. 479.

[34] *Véase* la discusión sobre el tema en J.R. Vanossi y E. Ubertone, *op. cit.,* p. 24; G. Bidart Campos, *El Derecho Constitucional del Poder,* Tomo II, Cap. XXI; y J.R. Vanossi, *Teoría Constitucional,* Tomo II, Buenos Aires, 1976, pp. 318 y 319.

aplicada a otros particulares extraños a la relación procesal. Esta es la consecuencia directa del antes mencionado aspecto relativo al carácter incidental del método difuso de control de constitucionalidad.

En efecto, si la decisión judicial sobre la constitucionalidad y aplicabilidad de una ley sólo puede ser adoptada en un proceso particular desarrollado entre partes específicas, la lógica del sistema consiste en que la decisión sólo se puede aplicar a este proceso en particular y a las partes del mismo y, en consecuencia, no puede ni beneficiar ni perjudicar a ningún otro individuo ni a otros procesos.

En consecuencia, si en una decisión judicial, una ley es considerada inconstitucional, esto no significa que dicha ley haya sido invalidada y que no sea efectiva y aplicable en otros casos. Sólo significa que en cuanto concierne a ese proceso particular y a las partes que en el mismo intervinieron, en el cual el Juez decidió la inaplicabilidad de la Ley, es que ésta debe considerarse inconstitucional, nula y sin valor, sin que ello tenga ningún efecto con relación a otros procesos, otros jueces y otros particulares.

En todo caso, a los efectos de poder uniformizar los criterios jurisprudenciales por la posibilidad de múltiples decisiones judiciales, en muchos países se han establecido correcciones a estos efectos *inter partes,* sea a través de la doctrina *stare decisis* o mediante regulaciones de derecho positivo, al establecerse, por ejemplo, el recurso extraordinario de revisión de las sentencias que resuelvan las cuestiones incidentales de constitucionalidad que se puede ejercer ante el Tribunal Supremo o un Tribunal Constitucional, como sucede en Venezuela (art. 336,10).

Pero puede darse el caso de que la decisión judicial aplicando el método difuso de control de constitucionalidad en un caso concreto, como un juicio de amparo, la dicte el órgano de la Jurisdicción Constitucional, en cuyo caso, los efectos de la decisión podrían ser de carácter *erga omnes.* [35].

6. *Los efectos declarativos de las decisiones judiciales*

Ahora bien, los efectos *inter partes* de la decisión judicial adoptada conforme al método de control difuso de constitucionalidad, están directamente relaciona-

---

[35]   Así lo decidió, por ejemplo, la Sala Constitucional del Tribunal Supremo de Justicia de Venezuela al resolver un proceso de amparo intentado en defensa de intereses colectivos o difusos, en sentencia N° 85 de 24 de enero de 2002, (Caso: *Asociación Civil Deudores Hipotecarios de Vivienda Principal (Asodeviprilara) vs. Superintendencia de Bancos y Otras Instituciones Financieras y otros*), al expresar que como resultado de ese control: "la ley sobre la que se ejerce el control no ha sido anulada por inconstitucional, y sólo deja de aplicarse en el caso concreto, que en materia de acciones por derechos e intereses difusos o colectivos, que es la que conduce a la doctrina planteada, tienen un rango de desaplicación de mayor amplitud, producto de lo "universal" de la pretensión y de la naturaleza *erga omnes* de los fallos que en ellos se dictan; y por ello la desaplicación de la ley al caso, no resulta tan puntual como cuando en un juicio concreto se declara inaplicable una ley por inconstitucional, o se declara inconstitucional a una norma ligada a la situación litigiosa". *Véase* en *Revista de Derecho Público*, N° 89–92, Editorial Jurídica Venezolana, Caracas, 2002.

dos con otras cuestiones concernientes también a los efectos de la decisión, pero en el tiempo, es decir, la determinación del momento cuando la declaración de inconstitucionalidad comienza a ser efectiva y, por supuesto, también con relación a la nulidad como garantía de la Constitución.

En efecto, hemos señalado que el principal aspecto de la racionalidad del método difuso de control de constitucionalidad es el de la supremacía de la Constitución sobre todos los demás actos estatales, lo que lleva a considerar que las leyes contrarias a la Constitución son nulas y sin valor, siendo ésta la garantía más importante de la Constitución. En consecuencia, cuando un juez decide sobre la constitucionalidad de una *ley*, y la declara inconstitucional e inaplicable a un caso concreto, es porque la considera nula y sin valor, tal cual como si nunca hubiera existido. Por ello, la decisión tiene efectos declarativos, en el sentido de que declara que una ley es inconstitucional y consecuentemente que ha sido inconstitucional desde que se dictó. Así, la ley cuya inaplicabilidad se decide por ser contraria a la Constitución, debe ser considerada por el juez como si nunca ha tenido validez y como si siempre ha sido nula y sin valor. Por ello es que se dice que la decisión del juez, en virtud de ser de carácter declarativo, tiene efectos *ex tunc, pro pretaerito* o de carácter retroactivo, en el sentido de que dichos efectos se retrotraen al momento en que la norma considerada inconstitucional fue dictada, evitando que la ley pueda tener efectos, por supuesto, solamente en lo que concierne al caso concreto decidido por el juez y con relación a las partes que intervinieron en el proceso. El acto legislativo declarado inconstitucional por un juez conforme al método difuso de control de constitucionalidad, por tanto, es considerado, como nulo y sin valor *ab initio*, de manera que no es anulado por el juez sino que éste sólo declara su inconstitucionalidad y nulidad preexistentes.

7. *La revisión de las sentencias dictadas mediante el método difuso*

Una de las críticas europeas más frecuentes al método difuso de control de constitucionalidad de las leyes, es la posible dispersión de las decisiones judiciales en materia constitucional, por lo que para garantizar la posibilidad de la uniformización de la interpretación jurisprudencial de la Constitución, como se dijo, los sistemas jurídicos han establecido diversos mecanismos que permiten al más alto tribunal del país conocer en última instancia de las sentencias en las que se aplique dicho método.

Es el caso en Venezuela, donde la Constitución (artículo 336, 10) asigna a la Sala Constitucional la competencia para revisar, a su discreción, las sentencias definitivamente firmes dictadas por los tribunales en las cuales se aplique el método difuso, y hayan sido objeto de un recurso extraordinario de revisión. En todo caso, mecanismos de revisión por parte de los Tribunales Constitucionales o Tribunales Supremos también se han regulado en otros países de América Latina, en algunos casos mediante recursos extraordinarios (Argentina, Brasil, Colombia, México) cuyo conocimiento, en algunos casos es de carácter discrecional, y en otros casos, mediante una revisión obligatoria (Bolivia, Ecuador, Honduras).

CONCLUSIÓN GENERAL

En conclusión, podemos señalar, en el campo de los principios, que la racionalidad del método difuso de control de constitucionalidad que establecen expresamente tanto el artículo 20 del Código de Procedimiento Civil, el 19 artículo del Código Orgánico Procesal Civil y el artículo 334 de la Constitución, funciona en Venezuela de la siguiente manera:

La Constitución tiene un carácter supremo sobre todo el orden jurídico, por lo que los actos contrarios a la Constitución no pueden tener efectos y son considerados nulos y sin valor.

Todos los jueces tienen el poder y el deber de aplicar la Constitución, y en consecuencia, de dar preferencia a la Constitución sobre las leyes que la violen, y a declararlas inconstitucionales e inaplicables en la decisión de los casos concretos de los cuales conocen.

El poder-deber de los jueces de considerar una ley inconstitucional aplicando preferentemente la Constitución, sólo puede ser ejercido en un proceso particular, iniciado a instancia de parte, donde la cuestión constitucional sólo es una cuestión incidental, y cuando su consideración es necesaria para resolver el caso.

La decisión judicial relativa a la inconstitucionalidad e inaplicabilidad en un proceso concreto puede ser adoptada *de oficio* por el Juez, pues es su deber el aplicar y respetar la supremacía de la Constitución.

En estos casos, la decisión adoptada por los jueces sobre la inconstitucionalidad e inaplicabilidad de la ley sólo tiene efectos *inter partes* en relación con el caso concreto en el cual se adopta; y tiene efectos declarativos en el sentido que declara la nulidad *ab initio* de la ley. Por ello, al declarar una ley inconstitucional e inaplicable, de hecho la decisión tiene efectos *ex tunc y pro pretaerito* en el sentido que ellos son retroactivos al momento en que se promulgó la ley, la cual es considerada como no habiendo producido efecto alguno en relación con caso concreto y a las partes que en él intervinieron.

Todas las decisiones dictadas por los Tribunales en las cuales se haya ejercido el control difuso de la constitucionalidad de las leyes pueden ser objeto del recurso extraordinario de revisión que puede ejercerse directamente ante la Sala Constitucional del Tribunal Supremo, el cual tiene el poder discrecional de escoger los casos y establecer incluso interpretaciones vinculantes de la Constitución.

Todos estos principios los resumió la Sala Constitucional del Tribunal Supremo, precisamente en una interpretación vinculante del artículo 334 de la Constitución, en sentencia N° 833 de 25 de mayo de 2001, en la cual dispuso:

> "Consecuencia de dicha norma es que corresponde a todos los jueces (incluso los de la jurisdicción alternativa) asegurar la integridad de la Constitución, lo cual adelantan mediante el llamado control difuso.
>
> Dicho control se ejerce cuando en una causa de cualquier clase que está conociendo el juez, éste reconoce que una norma jurídica de cualquier categoría (legal, sub legal), que es incompatible con la Constitución. Caso en que el juez del proceso, actuando a instancia de parte o de oficio, la desaplica (la suspende) para el caso concreto que está conociendo, dejando sin

efecto la norma en dicha causa (y sólo en relación a ella), haciendo prevalecer la norma constitucional que la contraría.

Por lo tanto, el juez que ejerce el control difuso, no anula la norma inconstitucional, haciendo una declaratoria de carácter general o particular en ese sentido, sino que se limita a desaplicarla en el caso concreto en el que consideró que los artículos de la ley invocada, o hasta la propia ley, coliden con la Constitución...

Conforme al artículo 334 aludido, el control difuso sólo lo efectúa el juez sobre normas (lo que a juicio de esta Sala incluye las contractuales) y no sobre actos de los órganos que ejercen el poder público, así ellos se dicten en ejecución directa e inmediata de la Constitución.

No debe confundirse el control difuso, destinado a desaplicar normas jurídicas, con el poder que tiene cualquier juez como garante de la integridad de la Constitución, de anular los actos procesales que atenten contra ella o sus principios, ya que en estos casos, el juzgador cumple con la obligación de aplicar la ley, cuya base es la Constitución.

Distinta es la situación del juez que desaplica una norma porque ella colide con la Constitución, caso en que la confrontación entre ambos dispositivos (el constitucional y el legal) debe ser clara y precisa." [36]

---

[36] Véase Caso: *Instituto Autónomo Policía Municipal de Chacao vs. Corte Primera de lo Contencioso Administrativo*, en *Revista de Derecho Público*, N° 85–88, Editorial Jurídica Venezolana, Caracas 2001, pp. 369 ss.

§3. EL MÉTODO CONCENTRADO DE CONTROL DE LA CONSTITUCIONALIDAD DE LAS LEYES*

El método concentrado de control jurisdiccional de la constitucionalidad de las leyes[1], contrariamente al sistema difuso, se caracteriza por el hecho de que el ordenamiento constitucional confiere *a un solo órgano estatal* el poder de actuar como juez constitucional *con poderes de anulación*, es decir, que este sistema existe cuando un solo órgano estatal tiene la facultad de decidir jurisdiccionalmente la nulidad por inconstitucionalidad de los actos legislativos y otros actos del Estado de rango y valor similar a las leyes.

El órgano estatal dotado del privilegio de ser único juez de la constitucionalidad de las leyes con poderes anulatorios, aun cuando sea generalmente similar al "modelo europeo" de Tribunales constitucionales especiales[2], no implica necesariamente la existencia de un Tribunal Constitucional especial, concebido constitucionalmente fuera del Poder Judicial. El sistema sólo implica la atribución, a un órgano particular del Estado que ejerce una actividad jurisdiccional, del poder y del deber de actuar como juez constitucional con poderes anulatorios. Esta es la esencia propia del sistema concentrado con relación al sistema difuso, sea que el órgano dotado del poder para actuar como juez constitucional sea el Tribunal más alto del Poder Judicial o una Sala especializada del mismo o un Tribunal especializado en materia constitucional; y en este último caso, sea que se trate de un órgano constitucional especial creado fuera de la organización judicial o dentro de la misma, aun cuando este último aspecto no resulte esencial para establecer la distinción.

---

*   Publicado en José de Jesús Navaja Macías y Víctor Bazán (Coordinadores), *Derecho Procesal Constitucional*, Tomo I, Orlando Cárdenas Editor, Irapuato, GTO, México, 2007, pp. 251–272.

[1]   *Véase* Allan R. Brewer–Carías, *El control concentrado de la constitucionalidad de las leyes (Estudio de Derecho Comparado)*, Caracas, 1994; Allan R. Brewer–carías, *La Justicia Constitucional, Vol. VI, Instituciones Políticas y Constitucionales*, Caracas 1996.

[2]   *Véase* M. Cappelletti, *Judicial Review in the Contemporary World*, Indianápolis, 1971, pp. 46, 50, 63; José F. Palomino Manchego, "Los orígenes de los Tribunales constitucionales en América Latina", en *El Derecho Público a comienzos del siglo XXI. Estudios homenaje al Profesor Allan R. Brewer–Carías*, Tomo I, Instituto de Derecho Público, UCV, Civitas Ediciones, Madrid, 2003, pp. 1015–1026.

I. LA SUPREMACÍA DE LA CONSTITUCIÓN Y EL CARÁCTER EXPRESO DEL MÉTODO CONCENTRADO

Desde un punto de vista lógico y racional, puede afirmarse que el poder conferido a un órgano estatal que ejerce una actividad jurisdiccional para que actúe como juez constitucional con poderes anulatorios, es una consecuencia del principio de la supremacía de la Constitución. En estos sistemas de justicia constitucional concentrada, siendo la Constitución la Ley suprema de país, es evidente que en caso de conflicto entre un acto estatal y la Constitución, ésta última debe prevalecer. Sin embargo, la Constitución no siempre confiere poderes a todos los tribunales para que actúen como jueces constitucionales. En muchos casos, reserva este poder a la Corte o Tribunal Supremo de Justicia o a un Tribunal Constitucional especial, sobre todo en lo que respecta a algunos actos del Estado los cuales solamente pueden ser anulados por dichos órganos cuando contradicen la Constitución.

De manera general puede señalarse que la lógica del método reside en el principio de la supremacía de la Constitución y del deber de los tribunales de decidir la ley aplicable a cada caso en particular[3]; ello sin embargo, con una limitación precisa: el poder de decidir la inconstitucionalidad de los actos legislativos y otros actos del Estado del mismo rango se reserva al Tribunal o Corte Suprema de Justicia o a una Corte, un Consejo o un Tribunal Constitucional. En consecuencia, en el método concentrado de control de la constitucionalidad de las leyes, cuando se establece como método exclusivo, todos los demás tribunales continúan teniendo plenos poderes para decidir sobre la constitucionalidad de las normas aplicables en cada caso concreto, salvo las de las leyes o actos dictados en ejecución inmediata de la Constitución[4].

En todo caso, un método concentrado de control de la constitucionalidad de las leyes, el cual se basa en el principio de la supremacía de la Constitución, a diferencia del método difuso, no puede, por lo tanto, desarrollarse como consecuencia de la labor pretoriana de los jueces en sus decisiones judiciales, como sucedió en el caso del sistema difuso de control de la constitucionalidad, por ejemplo, en los Estados Unidos y en Argentina. Al contrario, debe ser expresamente establecido en la Constitución. Por tanto, las funciones de justicia constitucional con poderes anulatorios relativas a ciertos actos del Estado, reservadas a un Tribunal o Corte Suprema o a un Tribunal Constitucional especial, requieren texto expreso.

---

[3] *Véase* W.K. Geck, "Judicial Review of Statutes: A Comparative Survey of Present Institutions and Practices", *Cornell Law Quarterley,* 51, 1966, p. 278.

[4] *Véase* Manuel García Pelayo. "El status del Tribunal Constitucional", *Revista Española de Derecho Constitucional,* 1. Madrid, 1981, p. 19; E. García de Enterría, *La Constitución y el Tribunal Constitucional,* Madrid, 1981, p. 65. En particular en los sistemas concentrados de control de la constitucionalidad, los tribunales dotados de funciones de justicia administrativa siempre tienen el poder para actuar como juez constitucional de los actos administrativos. Ver C. Frank, *Les fonctions juridictionnelles du Conseil d'Etat dans l'ordre constitutionnel,* París, 1974.

Por consiguiente, dadas las limitaciones que ello implica tanto al deber como al poder de todos los jueces de determinar, en cada caso, la ley aplicable, sólo se puede implantar un sistema concentrado de control jurisdiccional de la constitucionalidad en la medida en que está previsto *expressis verbis* por normas constitucionales. En esta forma, la Constitución, como ley suprema de un país, es el único texto que puede limitar los poderes y deberes generales de los tribunales para decidir la ley aplicable en cada caso; es la única habilitada para atribuir dichos poderes y deberes en lo referente a ciertos actos del Estado, a ciertos órganos constitucionales, sea la Corte o Tribunal Supremo o una Corte, un Consejo o un Tribunal Constitucional.

Por lo tanto, el método concentrado de control jurisdiccional de la constitucionalidad solamente puede ser un sistema de control establecido y regido expresamente por la Constitución. Los órganos del Estado a los cuales la Constitución reserva el poder de actuar como jueces constitucionales con poderes anulatorios respecto de algunos actos del Estado tienen el carácter de jueces constitucionales, es decir, de órganos del Estado creados y regidos expresamente por la Constitución, trátese de un Tribunal o Corte Suprema de Justicia existente o de una Corte, un Consejo o un Tribunal Constitucional especialmente creado para tal fin. En Venezuela, ese órgano es la Sala Constitucional del Tribunal Supremo de Justicia, al cual la Constitución le otorga en exclusiva la potestad de anular las leyes y demás actos estatales que tengan rango legal o que sean dictados en ejecución directa e inmediata de la Constitución (art. 334), pero sin dejar de atribuir a los jueces en general el método difuso de control de constitucionalidad de las leyes en los casos concretos que decidan (art. 334)

II. LA COMPATIBILIDAD DEL MÉTODO CONCENTRADO CON TODOS LOS SISTEMAS JURÍDICOS

El método concentrado de control de la constitucionalidad de las leyes también puede decirse que es compatible con todos los sistemas jurídicos, es decir, no es propio de los sistemas de derecho civil ni tampoco incompatible con la tradición del *common law*. En realidad, se trata de un sistema que debe establecerse en una Constitución escrita, y poco importa que el sistema jurídico del país sea de derecho civil o de *common law,* aun cuando es más frecuente en países de derecho civil, lo que no ha impedido que se haya desarrollado en muchos países surgidos del proceso de descolonización inglesa con Constituciones escritas.

El sistema concentrado de control de la constitucionalidad en todo caso, no puede reducirse a los sistemas constitucionales en los cuales existe una Corte, un Consejo o un Tribunal Constitucional. Por esta razón consideramos que es erróneo, para estudiar el sistema, el enfoque que consiste en identificar el sistema concentrado de control de la constitucionalidad de las leyes con el "modelo europeo" de Cortes, Consejos o Tribunales constitucionales especiales.

De hecho, aun cuando el método concentrado de control de la constitucionalidad de las leyes se conozca también como el sistema "austriaco"[5] o "modelo

---

[5]   *Véase* M. Cappelletti, *op. cit.,* p. 50; J. Carpizo et H. Fix Zamudio, "La necesidad y la legitimidad de la revisión judicial en América Latina. Desarrollo reciente", *Boletín Mexicano de Derecho Comparado,* 52, 1985, p. 36.

europeo"[6] debido a la existencia de una Corte, un Consejo o un Tribunal Constitucional especial encargado por la Constitución de actuar como juez constitucional fuera del Poder Judicial, debe recalcarse el hecho de que la característica fundamental del sistema no es la existencia de una Corte, un Consejo o un Tribunal Constitucional especial, sino más bien, la atribución exclusiva a un solo órgano constitucional del Estado del poder de actuar como juez constitucional con poderes anulatorios en lo que respecta a algunos actos del Estado, trátese del Tribunal Supremo o de la Corte Suprema de Justicia existente en el país o de una Sala Constitucional de los mismos o de una Corte, un Consejo o un Tribunal Constitucional especialmente creado.

La adopción del método es una elección constitucional, una decisión constituyente tomada en función de las circunstancias concretas de cada país, pero no necesariamente implica la creación de Tribunales Constitucionales especiales con el fin de garantizar la justicia constitucional, ni la organización de tales Tribunales fuera del Poder Judicial. En Venezuela el método ha existido desde 1858 atribuido siempre a la Corte Suprema, y a partir de 2000 a una Sala Constitucional del Tribunal Supremo de Justicia (arts. 334 y 336).

En Europa, por ejemplo, la multiplicación de los Tribunales Constitucionales encargados de ejercer el sistema concentrado de control de la constitucionalidad de las leyes, debe considerarse como una consecuencia práctica de una tradición constitucional particular, vinculada al principio de la supremacía de la ley, a la separación de poderes y a la desconfianza hacia los jueces en lo que respecta al control de los actos estatales y particularmente de los administrativos[7]. Sin embargo, esto no puede llevar a considerar que el "modelo" del sistema concentrado de control de la constitucionalidad de las leyes esté limitado a la creación de órganos constitucionales fuera del Poder Judicial, para que actúen como jueces constitucionales. Antes del "descubrimiento" europeo de la justicia constitucional a través de la creación de Cortes o Tribunales constitucionales especiales después de la Primera Guerra Mundial, otros países con tradición de derecho civil habían implantado a partir de mediados del siglo XIX, sistemas concentrados de control de la constitucionalidad, atribuyendo a sus Cortes Supremas una jurisdicción exclusiva y original, con el fin de anular leyes y otros actos del Estado con efectos, similares, cuando éstos contradicen la Constitución. Este es el caso de algunos sistemas constitucionales latinoamericanos, incluso si, con alguna frecuencia, han combinado el sistema concentrado con el sistema difuso de control de la constitucionalidad, como ha sucedido en Venezuela.

De lo anterior se desprenden tres conclusiones con respecto al método concentrado de control de la constitucionalidad de las leyes.

---

[6]   *Véase* L. Favoreu, "Actualité et légitimité du contrôle juridictionnel des lois en Europe occidentale", *Revue du Droit public et de la Science politique en France et a l'étranger,* 1985 (5), París, p. 1149; publicado también en L. Favoreu y J.A. Jolowicz (ed.), *Le contrôle juridictionnel des lois. Légitimité, effectivité et développements récents.* París, 1986, pp. 17–68.

[7]   *Véase* M. Cappelletti, *op. cit.,* p. 54; M. Cappelletti y J.C. Adams, "Judicial Review of Legislation: European Antecedents and Adaptation", *Harvard Lew Review,* Vol. 79 (6), 1966, p. 1211.

En primer lugar, el método concentrado de control de la constitucionalidad sólo puede existir cuando está establecido *expressis verbis* en la Constitución; por lo tanto, no puede surgir de la sola interpretación del principio de la supremacía de la Constitución. En segundo lugar, el método, concentrado de control de la constitucionalidad, al atribuir a un solo órgano constitucional las funciones de justicia constitucional con poderes anulatorios, no es incompatible con algún sistema jurídico perteneciente al *common law* o al derecho civil, aun cuando se haya desarrollado ampliamente en los países de derecho civil. En tercer lugar, el método concentrado de control de la constitucionalidad no necesariamente supone atribuir funciones de justicia constitucional con poderes anulatorios a una Corte, un Consejo o un Tribunal Constitucional especial creado separadamente de la organización judicial, sino que también puede existir cuando las funciones de justicia constitucional con poderes anulatorios se atribuyen al Tribunal o Corte Suprema de Justicia existente en el país, incluso si, en numerosos países, en este último caso, el sistema tiende a combinarse con algunos aspectos del sistema difuso de control de la constitucionalidad.

III. LA RACIONALIDAD DEL MÉTODO

Como se ha señalado anteriormente, la esencia del método concentrado de control de la constitucionalidad de las leyes, por supuesto, también es la noción de supremacía de la Constitución. En efecto, si la Constitución es la ley suprema de un país y, por lo tanto, prevalece ante todas las demás leyes, entonces un acto del Estado que contradiga la Constitución no puede constituir una norma efectiva; al contrario, debe considerarse nulo. Ahora bien, el principal elemento que aclara la diferencia entre los dos grandes sistemas de control de la constitucionalidad (difuso y concentrado) no es una posible concepción distinta de la Constitución y de su supremacía, sino más bien el tipo de garantía adoptada en el sistema constitucional para preservar dicha supremacía. Como lo indicó Hans Kelsen en 1928, estas "garantías objetivas" son la nulidad o la anulabilidad del acto inconstitucional.

Por nulidad se entiende, como lo explicó Kelsen, que el acto inconstitucional del Estado no puede considerarse objetivamente como un acto jurídico; en consecuencia, no se requiere, en principio, de ningún otro acto jurídico para quitarle al primero su calidad usurpada de acto jurídico. En este caso, teóricamente cualquier órgano o autoridad pública o cualquier individuo tendría el derecho de examinar la regularidad de los actos considerados nulos, con el fin de decidir su irregularidad y juzgarlos no conformes y no obligatorios. En cambio, si otro acto jurídico fuera necesario para establecer la nulidad del acto inconstitucional, la garantía constitucional no sería la nulidad sino la anulabilidad[8].

Ahora bien, en principio, la nulidad de los actos inconstitucionales del Estado es la garantía de la Constitución que conduce al sistema difuso de control de la constitucionalidad, aun cuando la ley positiva restrinja el poder que podría tener

---

[8]   *Véase* H. Kelsen, "La garantie juridictionnelle de la Constitution. La Justice constitutionnelle" *Revue du Droit Public et de la Science politique en France et a l'étranger,* 1928, París, p. 124.

cualquier persona para juzgar como nulos los actos inconstitucionales[9] y atribuya este poder de manera exclusiva a los tribunales, como se puede observar en forma generalizada, dada la necesidad de confiabilidad y seguridad jurídica.

Por otra parte, la otra garantía de la Constitución, a saber la anulabilidad de los actos inconstitucionales del Estado, es precisamente la que conduce, en principio, al sistema concentrado de control de la constitucionalidad de las leyes.

1. *La anulabilidad de algunos actos inconstitucionales del Estado*

En efecto, el primer aspecto que muestra la racionalidad del sistema concentrado de control de la constitucionalidad de las leyes es el principio de anulabilidad de algunos actos del Estado, en particular de las leyes y otros actos dictados en ejecución directa de la Constitución, cuando la contradicen.

Contrariamente a la nulidad de los actos del Estado, la anulabilidad de dichos actos cuando se considera como una garantía objetiva de la Constitución, significa que el acto del Estado, aun irregular o inconstitucional, una vez producido por una institución pública, debe considerarse como un acto del Estado, y como tal, válido y efectivo hasta que el órgano que lo produjo lo derogue o revoque o hasta que se decida su anulación por otro órgano del Estado con los poderes constitucionales correspondientes. Este es precisamente el caso de los sistemas concentrados de control de la constitucionalidad, en los cuales la Constitución confiere el poder para anular algunos actos del Estado cuando se juzgan inconstitucionales, a un solo órgano constitucional, sea éste el Tribunal o Corte Suprema existente o un órgano creado especial y separadamente del Poder Judicial, con funciones jurisdiccionales que le permiten actuar como juez constitucional con poderes anulatorios.

En todo caso, debe señalarse que en los sistemas concentrados de control de la constitucionalidad, la anulabilidad de los actos del Estado no constituye la única garantía de la Constitución puesto que siempre va acompañada de la nulidad con relación a todos los actos del Estado distintos de aquellos que sólo pueden ser anulados por el Tribunal Constitucional o por la Corte Suprema. En efecto, como se ha señalado, en lo que respecta a los actos del Estado de rango inferior en la jerarquía de las normas, por ejemplo, los actos administrativos normativos, todos los jueces, en un sistema concentrado de control de la constitucionalidad, tienen normalmente el poder de considerarlos nulos cuando son inconstitucionales, con relación al juicio particular en el cual fueron cuestionados. En estos casos, la garantía de la Constitución es la nulidad del acto inconstitucional del Estado, aun cuando solamente los tribunales estén habilitados para examinarlo.

En consecuencia, la particularidad del sistema concentrado de control de la constitucionalidad reside en el hecho de que la ley positiva establece un límite adicional a los efectos de la inconstitucionalidad de los actos, a saber, que respecto de algunos de éstos, el poder para declarar su nulidad por inconstitucionalidad , y por tanto, para considerarlos sin efectos, ha sido reservado exclusivamente a un solo órgano constitucional: el Tribunal o Corte Suprema existente o una Corte, un Consejo o un Tribunal Constitucional especial. En estos casos, y

---

[9]   *Idem.*, p. 215.

con relación a tales actos, tratándose normalmente de actos legislativos y otros actos del Estado de rango o efectos similares en el sentido que sean de ejecución directa de la Constitución, la garantía de la Constitución ha sido reducida a la anulabilidad del acto del Estado considerado inconstitucional.

En conclusión, en los sistemas constitucionales que poseen sólo un sistema concentrado de control de la constitucionalidad, el deber de todos los jueces y todos los tribunales consiste en examinar la constitucionalidad de los actos del Estado. Sin embargo, cuando el acto cuestionado es una ley u otro acto de ejecución directa de la Constitución, los tribunales ordinarios no pueden juzgar su inconstitucionalidad, puesto que dicho poder está reservado a un Tribunal Constitucional especial o al Tribunal o Corte Suprema de un país determinado, el cual puede anular el acto. En este caso, la garantía de la Constitución es la anulabilidad y entonces el acto queda anulado con efectos generales, puesto que es considerado o declarado nulo, no solamente respecto de un caso particular, sino en general, con efectos *erga omnes*.

Salvo esta excepción jurisdiccional particular, la cual es propia del método concentrado de control de la constitucionalidad, todos los demás tribunales o jueces pueden, en un juicio concreto, decidir la inaplicabilidad de los actos normativos del Estado no contemplados por esta excepción, considerándolos nulos cuando los juzguen viciados de inconstitucionalidad. En estos casos, la garantía de la Constitución es, sin lugar a dudas, la nulidad.

2. *El poder de un órgano constitucional para anular algunos actos inconstitucionales del Estado*

El segundo aspecto de la racionalidad del método concentrado de control de la constitucionalidad es que el poder para declarar la nulidad de las leyes está conferido a un órgano constitucional con funciones jurisdiccionales, sea el Tribunal o Corte Suprema existente en un país determinado, sea una Sala Constitucional de los mismos, sea una Corte, un Consejo o un Tribunal Constitucional especialmente creado. Por consiguiente, el método concentrado posee una particularidad doble: en primer lugar, el poder para anular ciertos actos inconstitucionales está conferido a un solo órgano constitucional con funciones jurisdiccionales, y en segundo lugar, de acuerdo con la excepción mencionada, el poder de dichos órganos constitucionales para juzgar la inconstitucionalidad y declarar la nulidad de ciertos actos del Estado no concierne a todos los actos del Estado, sino a un número limitado de ellos, normalmente las leyes y otros actos de la Asamblea o Congreso o del Gobierno, de rango legal o dictados en ejecución directa e inmediata de la Constitución y únicamente sometidos a sus regulaciones.

Se ha señalado anteriormente que el método concentrado de control de la constitucionalidad no implica necesariamente el otorgamiento del poder para anular leyes a una Corte, un Consejo a un Tribunal Constitucional especialmente creado, tal como sucede en Europa, sino que dicho poder puede ser conferido al Tribunal o Corte Suprema existente en el país, como es el caso en América Latina mucho antes de que Europa continental implantase el modelo de los Tribunales constitucionales en 1920.

En efecto, desde mediados del siglo diecinueve, muchos países latinoamericanos habían adoptado un sistema concentrado de control de la constitucionalidad confiriendo a la Corte Suprema del país el poder para decidir la nulidad de las leyes. Debe señalarse los casos de Colombia y Venezuela que poseen un verdadero sistema concentrado de control de la constitucionalidad desde 1858, en los cuales la Corte o Tribunal Supremo ha tenido el monopolio de la anulación de las leyes. En Colombia, en 1991, este poder ha sido transferido a una Corte Constitucional y en Venezuela, en 1999, ha sido atribuido a la Sala Constitucional del Tribunal Supremo.

Debe señalarse que, por lo general, los sistemas de control de la constitucionalidad que se han desarrollado en América Latina durante los últimos 150 años se han ido orientando progresivamente hacia sistemas mixtos de control de la constitucionalidad, en los cuales coexisten el método difuso y el método concentrado. Este es el caso de Brasil, Colombia, Guatemala, Nicaragua, Perú, República Dominicana y Venezuela; y fue el caso de Ecuador hasta 2008. No obstante, algunos sistemas de América Latina han permanecido exclusivamente concentrados, como por ejemplo el de Bolivia, Costa Rica, Chile, Ecuador, El Salvador, Honduras, Panamá, Paraguay y Uruguay (donde la Corte Suprema de Justicia o en su caso el Tribunal constitucional, tienen una jurisdicción exclusiva y original para declarar la inconstitucionalidad de las leyes[10].

Debe destacarse, sin embargo, que la modalidad del método concentrado de control de la constitucionalidad basado en la creación de un órgano constitucional especial, una Corte, un Consejo o un Tribunal para actuar como juez constitucional dotado del poder original y exclusivo para anular las leyes y otros actos de rango y efectos similares, ha marcado, por su carácter novedoso, la evolución de la justicia constitucional en las últimas décadas, desde la creación de las primeras Cortes Constitucionales en Austria y Checoslovaquia en 1920. El sistema fue adoptado más tarde en Alemania y en Italia después de la Segunda Guerra Mundial, y más recientemente en España y en Portugal. También había sido adoptado antes de 1990, en algunos países ex socialistas (Yugoslavia, Checoslovaquia y Polonia) y desarrollado con posterioridad a 1989 en casi todos; y es el que se desarrolló bajo una forma particular en Francia.

Bajo la influencia del modelo europeo pero con características propias de los sistemas latinoamericanos, el sistema también se implantó en Guatemala en la década de los sesenta y en Chile hacia principios de los años 70, con la creación de un Tribunal Constitucional, y luego apareció en Ecuador y Perú donde fueron creados Tribunales de Garantías constitucionales. En Perú, en 1994 se cambió su denominación por Tribunal Constitucional. En 1991, la nueva Constitución colombiana, como se dijo, creó una Corte Constitucional; y en 1994 la reforma constitucional en Bolivia creó un Tribunal Constitucional. En Ecuador, en 2008

---

[10] *Véase* H. Gros Espiell, *La Constitución y su defensa*, Uruguay, UN–, Congreso Internacional sobre la Constitución su defensa, México, 1982, (mimeo), p. 7; J.P. Gatto de Souza, "El control constitucional de los actos del Poder público", *Memoria de la Reunión de Presidentes de Cortes Supremas de Justicia de Iberoamérica, el Caribe, España y Portugal*, Caracas, 1983, p. 661; L.M. Angaña, "Ponencia" (Paraguay), en *idem.*, p. 55.

al Tribunal se lo denominó Corte Constitucional. En Costa Rica, Honduras y Venezuela, por ejemplo, funcionan Salas Constitucionales de los Tribunales o Cortes Supremas.

En todo caso, puede considerarse que la introducción de un sistema de justicia constitucional en Europa fue el resultado de la influencia de la teoría pura del derecho de Hans Kelsen, quien diseñó la norma constitucional como fuente de validez para todas las normas del ordenamiento jurídico con un corolario fundamental: la necesidad de un órgano del Estado encargado de garantizar la Constitución, es decir, de resolver los conflictos entre las normas reglamentarias y aquellas de jerarquía superior en las que se basan las primeras (las legales), y entre todas ellas, y en última instancia, con la Constitución[11]. Este órgano era un Tribunal Constitucional al cual debían recurrir todos los tribunales cuando debían aplicar una ley cuya constitucionalidad fuera dudosa. En tal sistema, por lo tanto, los tribunales ordinarios no tenían el poder para abstenerse de aplicar leyes inconstitucionales. Pero dentro de su concepción teórica original, este sistema concentrado de control de la constitucionalidad de las leyes no había sido concebido por Kelsen como el ejercicio de una función jurisdiccional, sino más bien como un "sistema de legislación negativa"[12]. En este caso, se consideraba que la Corte Constitucional no decidía específicamente la constitucionalidad de las leyes; tal función estaba reservada al tribunal *a quo* que hubiera planteado la cuestión de la constitucionalidad por ante la Corte Constitucional. Normalmente, la competencia de esta última estaba limitada a la cuestión puramente abstracta de la compatibilidad lógica que debía existir entre la ley y la Constitución. Desde este punto de vista puramente teórico, puesto que no había ninguna aplicación concreta de la ley en un caso específico, se consideraba que no se trataba del ejercicio de una actividad jurisdiccional que implicara una decisión concreta. Esto llevó a Kelsen a sostener que, cuando el Tribunal Constitucional declaraba la inconstitucionalidad de una ley, la decisión, por tener efectos *erga omnes,* era una "acción legislativa" y que la decisión del Tribunal Constitucional tenía "fuerza de ley". Es también la razón por la cual la ley debía ser considerada válida hasta la adopción de la decisión de anularla, por la cual los jueces estaban obligados a aplicarla[13].

Tal concepción fue desarrollada por Kelsen para responder a las objeciones eventuales que podían formularse al control jurisdiccional de la acción legislativa, dado el concepto de supremacía del Parlamento hondamente arraigado en el derecho constitucional europeo. En esta forma, prohibiendo a los jueces ordinarios abstenerse de aplicar las leyes, y confiriendo a una Corte Constitucional el poder para declarar la inconstitucionalidad de una ley con efectos *erga omnes,* el Poder Judicial quedaba subordinado a las leyes sancionadas por el Parlamento, y al mismo tiempo, se mantenía la supremacía de la Constitución con respecto al Parlamento. La Corte Constitucional, así, más que una competidora del Parlamento, se concebía como su complemento natural. Sus funciones se limitaban a

---

[11] *Véase* H. Kelsen, *loc. cit.,* pp. 201, 223.

[12] *Véase* H. Kelsen, *loc. cit.,* pp. 224, 226: véase los comentarios de E. García de Enterría, *op. cit.,* pp. 57, 132.

[13] *Véase* H. Kelsen, *loc. cit.,* pp. 224, 225.

juzgar la validez de una ley empleando la pura lógica racional, sin tener que decidir conflictos en casos específicos, y a actuar como un "legislador negativo", aun cuando no espontáneamente, sino a instancia de las partes interesadas. Según Kelsen, el Poder Legislativo se dividía así en dos partes: la primera, ejercida por el Parlamento con la iniciativa política, como "legislador positivo"; y la segunda, ejercida por el Tribunal Constitucional, como "legislador negativo", con el poder para anular las leyes que violasen la Constitución[14].

De acuerdo con esta concepción, por supuesto, era necesaria que la Corte Constitucional fuese un órgano separado de los poderes tradicionales del Estado y no formara parte de las autoridades judiciales[15].

Hoy día, si bien se ha aceptado el carácter jurisdiccional (no legislativo) de la actividad de estas Cortes Constitucionales especiales rechazando su llamado carácter de "legislador negativo"[16], la idea de conferir funciones jurisdiccionales a un órgano constitucional especialmente creado (Corte, Consejo o Tribunal Constitucional) generalmente ubicado fuera de la organización judicial, prevaleció en Europa continental y abrió camino al "modelo europeo" de control de la constitucionalidad. Este, en cierta manera, se desarrolló como consecuencia de un compromiso entre la necesidad de un sistema de justicia constitucional derivado de la noción de supremacía constitucional y la concepción tradicional europea de la separación de los poderes, la cual niega el poder a los jueces para juzgar la invalidez de las leyes inconstitucionales[17].

En todo caso, es evidentemente erróneo identificar el sistema concentrado de control de la constitucionalidad de las leyes con el "modelo europeo", ya que un sistema en el cual la jurisdicción exclusiva y original para anular las leyes y otros actos del Estado se confieren al Tribunal o Corte Suprema de Justicia existente en un país dado y ubicado en la cúspide de la organización judicial, también debe ser considerado como un sistema concentrado de control de la constitucionalidad. Por esta razón, el segundo aspecto de la racionalidad del sistema concentrado de control de la constitucionalidad, es el otorgamiento a un órgano constitucional particular, sea el Tribunal o Corte Suprema o una Corte, un Consejo o un Tribunal Constitucional especialmente creado, del papel de juez constitucional con el fin de anular leyes con efectos *erga omnes*.

3. *El carácter incidental y principal del método*

Contrariamente al método difuso de control de la constitucionalidad, el cual siempre tiene un carácter incidental, el método concentrado puede tener un carácter principal o un carácter incidental, en la medida en que las cuestiones constitucionales relativas a las leyes lleguen a la Corte suprema o a la Corte Constitucional en virtud de una acción directa intentada ante la misma o cuando

---

[14] *Véase* los comentarios relativos al pensamiento de Kelsen en E. García de Enterría, *op. cit.*, pp. 57, 58, 59, 131, 132, 133.

[15] *Véase* H. Kelsen, *loc. cit.*, p. 223.

[16] *Véase* M. Cappelletti y J. C. Adams, *loc. cit.*, pp. 1218, 1219.

[17] *Véase* M. Cappelletti, *op. cit.*, p. 67.

un tribunal inferior donde a instancia de parte o *ex officio* se planteó la cuestión constitucional, recurre a la Corte.

En consecuencia, el tercer aspecto de la racionalidad del método concentrado de control de la constitucionalidad de las leyes, en el cual el poder para anularlas se confiere al Tribunal o Corte Suprema o a una Corte especial, es que la cuestión constitucional puede alcanzar la Corte de manera directa o principal mediante una acción contra la ley, o de manera incidental cuando la cuestión constitucional se plantea en un tribunal inferior con motivo de un juicio particular y concreto. En este caso, el juez debe remitir su decisión al Tribunal o la Corte Suprema o a la Corte Constitucional, para luego poder adoptar la resolución final del caso de acuerdo con la decisión tomada por la Corte. En ambos casos, el control de la constitucionalidad de las leyes es de tipo concentrado, porque un solo órgano está autorizado para juzgar la constitucionalidad de la ley.

Sin embargo, este carácter esencial del control concentrado no siempre implica que la cuestión constitucional deba plantearse sólo de una manera principal o incidental. Podría ser cualquiera de las dos y también ambas paralelamente, según las normas de la ley positiva. En esta forma, en nuestra opinión, no existe en el derecho comparado ningún motivo para identificar el sistema concentrado de control de la constitucionalidad con el carácter principal o abstracto del método de revisión de la cuestión constitucional. Si bien ello era cierto en el sistema original austriaco implantado en 1920, ya no lo es en el derecho constitucional contemporáneo[18] en el cuál el sistema concentrado de control de la constitucionalidad puede derivar de ambos métodos: principal e incidental.

En el sistema principal, la cuestión constitucional relativa a una ley es "la cuestión principal" y única del juicio iniciado mediante acción directa que puede ser interpuesta por ante la Corte Suprema o la Corte Constitucional, tanto por los ciudadanos mediante un *actio popularis,* o regida por reglas de legitimación particulares, por funcionarios o autoridades públicas específicas. Es el método que siempre ha existido en Venezuela mediante acción popular.

En el método incidental, la cuestión constitucional puede ser planteada por una parte ante un tribunal ordinario como una cuestión incidental en un juicio o *ex officio* por el tribunal. Este tribunal es, entonces, el único que puede remitir la cuestión constitucional ante la Corte Suprema o la Corte Constitucional, en cuyo caso se debe suspender la decisión del caso concreto hasta que la cuestión constitucional haya sido resuelta por la Corte Suprema o la Corte Constitucional. Este método no se ha aplicado en Venezuela, salvo en la previsión por unos años una figura similar en el Código de Procedimiento Civil de 1897.

4. *El poder de iniciativa del control de la constitucionalidad*

Como viene de señalarse, la cuestión de la constitucionalidad referente a la validez de una ley normalmente se plantea ante el Tribunal o Corte Suprema o la Corte Constitucional mediante una acción o por remisión de un tribunal inferior. En ambos casos, el juez constitucional debe decidir en derecho, sin considerar los hechos.

---

[18]   *Véase* M. Capelletti, *op. cit.,* pp. 69, 72.

En ambos casos, como se señaló, la cuestión constitucional debe formularse ante el Tribunal o Corte Suprema o la Corte Constitucional, por lo que ésta no tiene iniciativa propia para actuar como juez constitucional[19]. En esta forma, el principio *nemo judex sine actore* se aplica, pero una vez que la cuestión constitucional ha llegado a la Corte como consecuencia de una acción o de su remisión por parte de un tribunal inferior, el principio *in judex judicet ultra petitum partis* ya no es operante. Esto significa que el Tribunal o Corte Suprema o la Corte Constitucional, como juez constitucional, una vez requerida por una parte o por un medio incidental, tiene poderes *ex officio* para considerar cuestiones de constitucionalidad distintas a las que han sido planteadas.

Por otra parte, si bien es cierto que el Tribunal o Corte Suprema o la Corte Constitucional no tienen iniciativa propia para iniciar el procedimiento de control concentrado relativo a las leyes, debe recordarse que en el método incidental de control concentrado de la constitucionalidad, los tribunales inferiores que deben remitir la cuestión constitucional, pueden tener la iniciativa de plantearla por ante el Tribunal o Corte Suprema o a la Corte Constitucional. Es decir, los tribunales ordinarios, cuando plantean cuestiones constitucionales mediante el método incidental, no siempre están vinculados a lo que las partes o el Fiscal invoquen, por lo que cuando consideran el caso particular, pueden plantear la cuestión constitucional *ex officio y* transmitirla al Tribunal o Corte Suprema o a la Corte Constitucional para que ésta decida.

Esta es una consecuencia del principio de supremacía de la Constitución y del deber de los jueces de aplicar la ley. Por tanto, aun cuando en el sistema concentrado de control de la constitucionalidad, la Constitución prohíba a los tribunales ordinarios actuar como jueces constitucionales en cuanto a las leyes, esto no quiere decir que en caso de que éstos consideren inconstitucional una ley aplicable a la decisión de un caso concreto, no tengan el poder para plantear la cuestión constitucional y no puedan transmitirla al juez constitucional. Lo contrario significaría la ruptura con el principio de la supremacía de la Constitución y con el papel de los jueces en la aplicación de la ley.

5. *Los efectos erga omnes de las decisiones de la Corte*

El quinto aspecto de la racionalidad del sistema concentrado de control de la constitucionalidad se refiere a los efectos de las decisiones dictadas por el Tribunal o Corte Suprema o por la Corte Constitucional relativas a la inconstitucionalidad de la ley, sea que la cuestión constitucional haya sido planteada mediante una acción o de manera incidental, por remisión de un tribunal inferior. Este aspecto de los efectos de la decisión judicial también busca determinar, primero, a quién afecta la decisión, y segundo, cuándo comienzan los efectos de la decisión.

---

[19] De manera excepcional, el Tribunal Constitucional Federal de la Antigua Federación de Yugoslavia poseía poderes *ex officio* para iniciar un procedimiento de control de la constitucionalidad de las leyes. Ver artículo 4 de la Ley de la Corte Constitucional de Yugoslavia, 31–12–1963, en B.T. Blazojevic (ed.), *Constitucional Judicature*, Beograd, 1965, p. 16.

En lo que la primera cuestión se refiere, la racionalidad del sistema concentrado de control de la constitucionalidad implica que la decisión dictada por el Tribunal o Corte Suprema o por la Corte Constitucional, actuando como juez constitucional, tiene efectos generales *erga omnes*. Esto sucede cuando el control de la constitucionalidad se ejerce mediante una acción directa interpuesta por ante la Corte Constitucional o el Tribunal o Corte Suprema. En estos casos, la relación procesal puede decirse que no se establece entre un demandante y un demandado, sino más bien, fundamentalmente, entre un recurrente y una ley cuya constitucionalidad está cuestionada. En este caso, el objeto de la decisión acerca de la constitucionalidad de la ley es su anulación, y los efectos de la decisión son necesariamente *erga omnes*. Nunca podrían ser *inter partes,* particularmente debido a la ausencia de "partes" propiamente dichas en el procedimiento.

Por otra parte, en el sistema concentrado de control de la constitucionalidad iniciado por el método incidental, cuando se plantea una cuestión constitucional referente a una ley planteada en un procedimiento concreto y el tribunal inferior la remite al Tribunal o Corte Suprema o a la Corte Constitucional para que sea objeto de una decisión, dicha decisión también debe adoptarse sobre la base de los aspectos de derecho y no con respecto a los hechos, por lo que en principio, también tiene efectos *erga omnes,* es decir, no limitados al juicio concreto en el que se planteó la cuestión constitucional ni a las partes del mismo.

En efecto, en ambos casos del sistema concentrado o de control de la constitucionalidad, a través del método principal o del incidental, el Tribunal o Corte Suprema o la Corte Constitucional respectiva, debe decidir de manera abstracta la cuestión de la constitucionalidad de la ley, sin ninguna referencia a los hechos ni al juicio concreto en el que se planteó la cuestión constitucional. Por consiguiente, en el sistema concentrado, el juez constitucional no decide una cuestión constitucional con miras a resolver un caso concreto entre partes; el juez constitucional, como se señaló, no toma decisiones con respecto a un caso concreto sino únicamente con respecto a una cuestión de constitucionalidad de una ley. La lógica del sistema consiste pues, en que la decisión debe aplicarse en general a todos y a cualquier órgano del Estado por sus efectos *erga omnes*.

En consecuencia, cuando una ley sea considerada inconstitucional por la Corte Constitucional o por el Tribunal o Corte Suprema actuado como juez constitucional con poderes anulatorios, ello significa que dicha ley queda anulada y no pueda ejecutarse ni aplicarse a la resolución del caso concreto, pero tampoco a ninguna otra cosa.

6. *Los efectos constitutivos de la decisión*

Estos efectos *erga omnes* de la decisión jurisdiccional en el sistema concentrado de control de la constitucionalidad de las leyes están estrechamente vinculados tanto a la cuestión de los efectos temporales de la decisión, en particular la determinación de cuándo la decisión es efectiva, como al aspecto ya mencionado de la anulabilidad de algunos actos del Estado como garantía de la Constitución.

En efecto, tal como se ha señalado anteriormente, el primer y más importante aspecto de la racionalidad del método concentrado de control de la constitucionalidad, como de todos los métodos de justicia constitucional que se han establecido, es que la supremacía de la Constitución con respecto a todos los demás actos del Estado lo que conlleva a considerar que una ley contraria a la Constitución debe ser nula. También se señaló que, aun cuando la garantía de la Constitución en los sistemas de control de la constitucionalidad sea, en principio, la nulidad de los actos inconstitucionales del Estado, la Constitución ha restringido su propia garantía en lo que respecta a algunos actos del Estado como las leyes, reservando el examen y la declaración de la nulidad de las leyes a un solo órgano constitucional: el Tribunal o Corte Suprema o una Corte un Consejo o un Tribunal Constitucional especialmente creado, al cual se ha conferido el poder exclusivo de declarar la nulidad de dichos actos.

En consecuencia, cuando un juez constitucional decide la anulación por inconstitucionalidad de una ley, la decisión jurisdiccional tiene efectos prospectivos *ex nunc o pro futuro,* es decir, que no se remontan al momento de la promulgación de la ley considerada inconstitucional. Por lo tanto, los efectos producidos hasta el momento de la anulación de la ley se consideran válidos. En consecuencia, la ley declarada inconstitucional por un juez constitucional en el sistema concentrado de control de la constitucionalidad de las leyes, debe considerarse como un acto válido que ha producido efectos completos hasta su anulación por la Corte.

Este aspecto de la lógica del sistema concentrado de control de la constitucionalidad, sin embargo, está matizado por el mismo sistema constitucional, cuando éste establece una distinción entre los vicios de inconstitucionalidad que pueden afectar las leyes con nulidad absoluta o nulidad relativa. En el caso de los vicios constitucionales que pueden acarrear la nulidad absoluta de una ley, la anulación de la ley decidida por un juez constitucional produce evidentemente efectos *ex tunc,* puesto que una ley considerada nula de manera absoluta no puede producir ningún efecto. En consecuencia, en estos casos, la anulación de la ley tiene efectos *pro praeterito* o efectos retroactivos, ya que es considerada nula *ab initio.* En cambio, si el vicio constitucional de la ley que llevó a su anulación por el juez constitucional no es tan grave como para producir su nulidad absoluta, sino una nulidad relativa, entonces los efectos de la anulación de la ley son únicamente *ex nunc, pro futuro.* En todo caso y en definitiva, es el juez constitucional el que determinará los efectos de su decisión en el tiempo.

A MANERA DE CONCLUSIÓN

En conclusión, se puede afirmar que en principio, la racionalidad del método concentrado de control de la constitucionalidad de las leyes funciona de la manera siguiente:

La Constitución ejerce su supremacía sobre el ordenamiento jurídico en su conjunto; por consiguiente, los actos que la contradicen no pueden tener ningún efecto y se consideran nulos.

En principio, por lo que respecta a los actos del Estado subordinados a la ley, todos los tribunales tienen el poder y el deber de aplicar la Constitución y las leyes. Por lo tanto, deben dar la preferencia a la Constitución y a las leyes con relación a los actos del Estado que las violan, y declararlos inconstitucionales e inaplicables al juicio concreto desarrollado por ante los tribunales. Sin embargo, por lo que se refiere a algunos actos del Estado, como las leyes y otros actos inmediatamente subordinados a la Constitución, esta última reserva expresamente el poder examinar y declarar la inconstitucionalidad de tales actos, así como el poder anularlos, a un solo órgano constitucional, sea el Tribunal o Corte Suprema de un país determinado, o una Corte, un Consejo o un Tribunal Constitucional especialmente creado, integrado o no al Poder Judicial.

Este poder del juez constitucional para declarar la inconstitucionalidad de algunos actos del Estado sólo puede ejercerse si es solicitado mediante una acción directa interpuesta ante él contra la ley inconstitucional para que la examine de manera abstracta, o cuando un tribunal remite al juez constitucional una cuestión constitucional planteada en un juicio concreto. En este último caso, el carácter incidental de la cuestión acarrea efectos suspensivos, es decir, que el caso concreto sólo podrá ser resuelto después que el juez constitucional adopte su decisión con respecto a la constitucionalidad de la ley; decisión que debe adoptarse de manera abstracta y sin referencia a los hechos del juicio concreto.

Por lo tanto, la decisión de la Corte Constitucional puede adoptarse mediante un método principal o incidental con respecto a la constitucionalidad de la ley, sin que el juez constitucional pueda plantear la cuestión *motu propio o ex offìcio*. Sin embargo, cuando se somete la cuestión constitucional ante el juez constitucional, éste tiene el poder *ex offìcio* para considerar otras cuestiones constitucionales. En el caso del método incidental, el tribunal inferior que planteó la cuestión tiene el poder *ex offìcio* de formularla ya que no está limitado a la iniciativa de las partes.

La decisión adoptada por el juez constitucional en cuanto a la inconstitucionalidad de una ley tiene efectos *erga omnes* para con todos los órganos del Estado y todos los individuos. También tiene efectos constitutivos en la medida en que pronuncia la nulidad de la ley, por lo que la decisión, en principio, tiene efectos *ex nunc* y *pro futuro* en el sentido en que no son retroactivos. En este caso, el acto anulado debe ser considerado como habiendo producido efectos válidos hasta el momento de su anulación, a menos que la nulidad que lo afecta sea absoluta.

Por supuesto, en el sistema concentrado de control de la constitucionalidad esta lógica no siempre es absoluta, y cada sistema jurídico ha diseñado correctivos para las eventuales desviaciones de cada uno de los aspectos de la racionalidad del sistema, con relación a la anulabilidad o nulidad del acto inconstitucional, a la iniciativa de la Corte, a los efectos *inter partes o erga omnes* de la decisión y a su carácter declarativo o constitutivo.

§4. SOBRE EL CONTROL DE CONVENCIONALIDAD, SU CONCEPTUALIZACIÓN Y SU NECESARIO DESLINDE RESPECTO DEL CONTROL DE CONSTITUCIONALIDAD[*]

INTRODUCCIÓN

En el marco del Sistema Interamericano de Derechos Humanos, se entiende por control de convencionalidad[1] tanto la función judicial que ejerce la Corte Interamericana de Derechos Humanos cuando decide sobre las violaciones cometidas por los Estados miembros a los derechos humanos consagrados en la Convención Americana de Derechos Humanos, como la función jurisdiccional que ejercen los jueces y tribunales nacionales en el ámbito interno cuando aplican las normas de la Convención Americana de derechos Humanos para resolver denuncias sobre violaciones de los derechos consagrados en la misma. En ambos casos dicha función siempre tiene por objeto revisar las actuaciones de los órganos del Estado, incluidos los jueces, a la luz de la Convención Americana sobre Derechos Humanos, de sus Protocolos adicionales y de la propia jurisprudencia convencional sentada por la Corte Interamericana de manera de asegurar que las disposiciones de la Convención no se vean mermadas por la aplicación de leyes contrarias a su objeto y fin, de lo que resulta la obligación que tiene la Corte Interamericana como los tribunales nacionales de hacer que aquellas prevalezcan sobre las normas del derecho interno.

Este control de convencionalidad, que ha adquirido tanta notoriedad en los últimos años, en realidad es tan viejo como la vigencia misma de la Convención

---

[*]   Estudio elaborado para el *Liber Amicorum, en honor al Dr. Juan Manuel Pellerano Gómez* (República Dominicana)

[1]   *Véase* en general sobre el tema: Ernesto Rey Cantor, *Control de Convencionalidad de las Leyes y Derechos Humanos*, México, Editorial Porrúa–Instituto Mexicano de Derecho Procesal Constitucional, 2008; Juan Carlos Hitters, "Control de constitucionalidad y control de convencionalidad. Comparación," en *Estudios Constitucionales*, Centro de Estudios Constitucionales de Chile, Universidad de Talca, Año 7, N° 2, 2009, pp. 109–128; Susana Albanese (Coordinadora), El control de convencionalidad, Buenos Aireas, Ed. Ediar, 2008; Eduardo Ferrer Mac–Gregor, "El control difuso de convencionalidad en el Estado constitucional", en Fix–Zamudio, Héctor, y Valadés, Diego (Coordinadores), *Formación y perspectiva del Estado mexicano,* México, El Colegio Nacional–UNAM, 2010, pp. 151–188; Eduardo Ferrer Mac–Gregor, "Interpretación conforme y control difuso de convencionalidad el nuevo paradigma para el juez mexicano," en *Derechos Humanos: Un nuevo modelo constitucional*, México, UNAM–IIJ, 2011, pp. 339–429.

Americana sobre Derechos Humanos.[2] En realidad, ese ha sido y es, precisamente, el control que usualmente ha realizado y realiza la Corte Interamericana de Derechos Humanos en sus sentencias, cuando al juzgar las violaciones a la Convención Americana sobre derechos Humanos cometidas por los actos u omisiones de los Estados, ha tenido que confrontar las normas de la misma con las previsiones del derecho interno, de manera que en los casos en los cuales ha encontrado que estas son contrarias o incompatibles con aquella, ha ordenando a los Estados realizar la corrección de la inconvencionalidad, por ejemplo modificando la norma cuestionada.[3]

Ese también ha sido el control que han ejercido y ejercen los jueces o tribunales nacionales cuando han juzgado la validez de los actos del Estado, al confrontarlos no sólo con la Constitución respectiva, sino con el elenco de derechos humanos y de obligaciones de los Estados contenidos en la Convención Americana, o al aplicar las decisiones vinculantes de la Corte Interamericana, decidiendo en consecuencia, conforme a sus competencias, la anulación de las normas nacionales o su desaplicación en el caso concreto.

En esta materia, en realidad, tanto a la Corte Interamericana como con los jueces nacionales estuvieron aplicando dicho control de convencionalidad por casi cuarenta años desde que la Convención fuera suscrita (1969) sin haberlo identificado con precisión, hasta que gracias a la importante conceptualización efectuada en 2003 por el juez Sergio García Ramírez de la Corte Interamericana de Derechos Humanos, se captara en sus propios contornos dicho control que la propia Corte y los jueces y tribunales nacionales venían ejerciendo con anterioridad.

I. LA CONCEPTUALIZACIÓN DEL CONTROL DE CONVENCIONALIDAD Y SUS DOS VERTIENTES

En esta materia, por tanto, lo que realmente es nuevo ha sido, por una parte, la afortunada acuñación de un término como ha sido el de "control de conven-

---

[2]   *Véase* en el mismo sentido, Karlos A. Castilla Juárez, "El control de convencionalidad. Un nuevo debate en México a partir de la sentencia del caso Radilla pacheco," en Eduardo Ferrer Mac Gregor (Coordinador), *El control difuso de convencionalidad. Diálogo entre la Corte Interamericana de Derechos Humanos y los jueces nacionales), FUNDAp,* Querétaro, México 2012, pp. 83–84

[3]   Por ello, el juez Eduardo Ferrer Mac–Gregor ha señalado que el "control concentrado de convencionalidad" lo venía realizando la Corte IDH desde sus primeras sentencias, sometiendo a un examen de convencionalidad los actos y normas de los Estados en un caso particular." *Véase* su Voto razonado a la sentencia de la Corte Interamericana en el caso *Cabrera García y Montiel Flores vs. México* de 26 de noviembre de 2010 (Párr. 22), en http://www.corteidh.or.cr/docs/casos/articulos/seriec_220_esp.pdf. También ha dicho con razón que "el control de convencionalidad constituye la razón de ser de la Corte Interamericana." *Véase* en Eduardo Ferrer Mac Gregor, "Interpretación conforme y control difuso de convencionalidad. El nuevo paradigma para el juez mexicano," en Eduardo Ferrer Mac Gregor (Coordinador), *El control difuso de convencionalidad. Diálogo entre la Corte Interamericana de Derechos Humanos y los jueces nacionales), FUNDAp,* Querétaro, México 2012, p. 132.

cionalidad,"[4] que Sergio García Ramírez propuso en su Voto razonado a la sentencia del caso *Myrna Mack Chang vs. Guatemala*, de 25 de noviembre de 2003;[5] y por la otra, la clarificación de que dicho control de convencionalidad se efectúa en dos vertientes, dimensiones o manifestaciones: por un lado a nivel internacional por la Corte Interamericana, y por el otro, en el orden interno de los países, por los jueces y tribunales nacionales. [6] Estas dos vertientes, las identificó Sergio García Ramírez distinguiendo entre "el control propio, original o externo de convencionalidad" que ejerce la Corte Interamericana, y el "control interno de convencionalidad" que ejercen los tribunales nacionales; [7] y Eduardo Ferrer Mac Gregor, distinguiendo entre el "control concentrado" de convencionalidad" que

---

[4] Como lo ha destacado Juan Carlos Hitters, "Claro está que cuando se utiliza la terminología de "control de convencionalidad", no se quiere decir que recién a partir del citado asunto la Corte IDH haya ejercido tal potestad, porque desde siempre el cuerpo hace una comparación entre ambos esquemas, destacando por supuesto la prioridad de la regla supranacional; lo que en verdad ha sucedido es que desde ese momento se utiliza tal fraseología." *Véase* Juan Carlos Hitters, "Control de constitucionalidad y control de convencionalidad. Comparación," en *Estudios Constitucionales*, Centro de Estudios Constitucionales de Chile, Universidad de Talca, Año 7, Nº 2, 2009, pp. 109–128.

[5] *Véase* Voto Concurrente Razonado del Juez Sergio García Ramírez a la sentencia en el caso *Myrna Mack Chang Vs. Guatemala*, de 25 de noviembre de 2003, Serie C No. 101, http://www.corteidh.or.cr/docs/casos/articulos/seriec_101_esp.pdf, donde se refirió al "'control de convencionalidad' que trae consigo la jurisdicción de la Corte internacional" (Párr. 27). *Véase* el comentario del propio Sergio García Ramírez sobre dicho voto y la evolución de su aporte al desarrollo de la noción en Sergio García Ramírez, "El control judicial interno de convencionalidad," en Eduardo Ferrer Mac Gregor (Coordinador), *El control difuso de convencionalidad. Diálogo entre la Corte Interamericana de Derechos Humanos y los jueces nacionales)*, FUNDAp, Querétaro, México 2012, pp. 230 ss. *Véase* igualmente los comentarios a los criterios de García Ramírez en Karlos A. Castilla Juárez, "El control de convencionalidad. Un nuevo debate en México a partir de la sentencia del caso Radilla Pacheco," en Eduardo Ferrer Mac Gregor (Coordinador), *El control difuso de convencionalidad. Diálogo entre la Corte Interamericana de Derechos Humanos y los jueces nacionales)*, FUNDAp, Querétaro, México 2012, pp. 87 ss.

[6] Algunos autores, sin embargo, niegan que existan estas dos vertientes en el control de convencionalidad, argumentando que el mismo está reservado a la Corte Interamericana, negando la posibilidad de que los jueces y tribunales nacionales lleven a cabo dicho control. Karlos A. Castilla Juárez, "El control de convencionalidad. Un nuevo debate en México a partir de la sentencia del caso Radilla pacheco," en Eduardo Ferrer Mac Gregor (Coordinador), *El control difuso de convencionalidad. Diálogo entre la Corte Interamericana de Derechos Humanos y los jueces nacionales)*, FUNDAp, Querétaro, México 2012, pp. 88 ss.

[7] *Véase* Sergio García Ramírez, "El control judicial interno de convencionalidad," en Eduardo Ferrer Mac Gregor (Coordinador), *El control difuso de convencionalidad. Diálogo entre la Corte Interamericana de Derechos Humanos y los jueces nacionales)*, FUNDAp, Querétaro, México 2012, pp. 213..

ejerce la Corte Interamericana, en sede internacional, y el "control difuso" de convencionalidad, a cargo de los jueces nacionales, en sede interna.[8]

Estas dos vertientes, en efecto, las detectó el propio Juez García Ramírez al año siguiente, en otro Voto razonado, esta vez a la sentencia del Caso *Tibi vs. Ecuador* de 7 de diciembre de 2004, cuando efectuó una comparación entre el control de constitucionalidad y el control de convencionalidad, considerando en cuanto a la función de la Corte Interamericana, que la misma se asemejaba a la de los tribunales constitucionales cuando juzgan la inconstitucionalidad de las leyes y demás actos normativos conforme a las reglas, principios y valores constitucionales; agregando que dicha Corte analiza los actos de los Estados que llegan a su conocimiento "en relación con normas, principios y valores de los tratados en los que funda su competencia contenciosa;" y que si bien "los tribunales constitucionales controlan la 'constitucionalidad', el tribunal internacional de derechos humanos resuelve acerca de la 'convencionalidad' de esos actos."[9]

Por otra parte, en cuanto al control de constitucionalidad que realizan los órganos jurisdiccionales internos, de acuerdo con lo expresado por el mismo García Ramírez, estos "procuran conformar la actividad del poder público -y, eventualmente, de otros agentes sociales- al orden que entraña el Estado de Derecho en una sociedad democrática," en cambio, "el tribunal interamericano, por su parte, pretende conformar esa actividad al orden internacional acogido en la Convención fundadora de la jurisdicción interamericana y aceptado por los Estados partes en ejercicio de su soberanía."[10]

A raíz de estas reflexiones quedó claro en el mundo internacional de los derechos humanos que bajo la misma denominación de "control de convencionalidad" se han venido ejerciendo dos tipos de controles, por dos tipos de órganos jurisdiccionales distintos ubicados en niveles diferentes, uno en el ámbito internacional y otros en el ámbito nacional, y con dos efectos jurídicos completamente distintos, lo que amerita realizar algunas puntualizaciones sobre uno y otro a

---

[8] *Véase* Eduardo Ferrer Mac Gregor, "Interpretación conforme y control difuso de convencionalidad. El nuevo paradigma para el juez mexicano," en ," en Eduardo Ferrer Mac Gregor (Coordinador), *El control difuso de convencionalidad. Diálogo entre la Corte Interamericana de Derechos Humanos y los jueces nacionales), FUNDAp,* Querétaro, México 2012, p. 132.

[9] Voto razonado del Juez Sergio García Ramírez a la sentencia en el caso *Tibi Vs. Ecuador,* Sentencia de 7 de septiembre de 2004, Serie C N° 114 (Párr. 3), en http://www.corteidh.or.cr/docs/casos/articulos/seriec_114_esp.pdf. Véanse los comentarios sobre las dos vertientes del control de convencionalidad en Víctor Bazán y Claudio Nash (Editores), *Justicia Constitucional y derechos Fundamentales. El Control de Convencionalidad 2011,* Centro de Derechos Humanos Universidad de Chile, Konrad Adenauer Stiftung, 2011, pp. 24, 59; y Víctor Bazán, "Estimulando sinergias: de diálogos jurisprudenciales y control de convencionalidad," en Eduardo Ferrer Mac Gregor (Coordinador), *El control difuso de convencionalidad. Diálogo entre la Corte Interamericana de Derechos Humanos y los jueces nacionales), FUNDAp,* Querétaro, México 2012, p. 14 ss.

[10] Voto razonado del Juez Sergio García Ramírez a la sentencia en el caso *Tibi Vs. Ecuador,* Sentencia de 7 de septiembre de 2004, Serie C N° 114 (Párr. 4), en http://www.corteidh.or.cr/docs/casos/articulos/seriec_114_esp.pdf.

los efectos de podernos centrar en el objeto específico de esta exposición que es sobre las perspectivas del control de convencionalidad en materia de amparo de los derechos fundamentales.[11]

II. LA TRADICIÓN DEL CONTROL DE CONTROL DE CONVENCIO-NALIDAD EN EL ÁMBITO INTERNO

En cuanto al control de convencionalidad ejercido por los jueces y tribunales nacionales, si bien desde hace décadas se había venía realizando en muchas jurisdicciones nacionales, fue luego de la conceptualización efectuada por el juez García Ramírez, y a partir de la sentencia de la Corte Interamericana en el caso *Almonacid Arellano y otros vs. Chile* de 26 de septiembre de 2006,[12] cuando el término se acuñó en la jurisprudencia para identificar el control que ejercen dichos jueces cuando frente a normas nacionales que deban aplicar a casos concretos de los cuales conozcan, le dan prevalencia a las previsiones de la Convención Americana cuando aquellas normas nacionales le sean contrarias. Este control ocurre, igualmente cuando los jueces nacionales aplican en el ámbito interno las sentencias vinculantes de la Corte Interamericana. Dicho control de convencionalidad, además, particularmente en países en los cuales la Convención tiene rango constitucional o forma parte del bloque de la constitucionalidad, los jueces nacionales pueden, según sus respectivas competencias, no sólo desaplicar sino incluso anular las normas internas contrarias a la Convención Americana.

En la citada sentencia *Almonacid Arellano y otros vs. Chile* de 26 de septiembre de 2006, en efecto, la Corte Interamericana, después de aceptar que "los jueces y tribunales internos están sujetos al imperio de la ley y, por ello, están obligados a aplicar las disposiciones vigentes en el ordenamiento jurídico" de cada país, consideró sin embargo, que cuando los Estados respectivos han ratificado la Convención Americana, en virtud de que los jueces están sometidos a ella, eso los "obliga a velar porque los efectos de las disposiciones de la Conven-

---

[11]   En cuanto a las leyes de reguladoras del amparo que se mencionan sólo con el nombre de cada país, son las siguientes: ARGENTINA. Ley N° 16.986. Acción de Amparo, 1966; BOLIVIA. Ley N° 254, Código Procesal Constitucional 2012; BRAZIL. Lei N° 12.016 Mandado de Segurança, 2009; COLOMBIA. Decretos Ley N° 2591, 306 y 1382. Acción de Tutela, 2000; COSTA RICA. Ley N° 7135. Ley de la Jurisdicción Constitucional, 1989; ECUADOR. Ley Orgánica de Garantías Constitucionales y Control de Constitucionalidad, 2009; EL SALVADOR. Ley de Procedimientos Constitucionales, 1960; GUATEMALA. Decreto N° 1–86. Ley de Amparo. Exhibición personal y Constitucionalidad, 1986; HONDURAS. Ley sobre Justicia Constitucional, 2004; MÉXICO. Ley de Amparo, reglamentaria de los artículos 103 y 107 de la Constitución Política, 1936 (última reforma, 2013); NICARAGUA. Ley N° 49. Amparo, 1988; PANAMÁ. Código Judicial, Libro Cuarto: Instituciones de Garantía, 1999; PARAGUAY. Ley N° 1.337/88. Código Procesal Civil, Titulo II. El Juicio de Amparo, 1988; PERÚ. Ley N° 28.237. Código Procesal Constitucional, 2005; REPÚBLICA DOMINICANA. Ley Orgánica del Tribunal Constitucional y de los Procesos Constitucionales, 2011; URUGUAY. Ley N° 16.011. Acción de Amparo, 1988; VENEZUELA. Ley Orgánica de Amparo sobre Derechos y Garantías Constitucionales, 1988.

[12]   *Véase* sentencia en el caso *Almonacid Arellano y otros v Chile* de 26 de septiembre de 2006, en http://www.corteidh.or.cr/docs/casos/articulos/seriec_154_esp.pdf

ción no se vean mermadas por la aplicación de leyes contrarias a su objeto y fin, y que desde un inicio carecen de efectos jurídicos."[13]

Partiendo de esa premisa, la Corte Interamericana concluyó con su conocida afirmación de que "el Poder Judicial debe ejercer una especie de 'control de convencionalidad' entre las normas jurídicas internas que aplican en los casos concretos y la Convención Americana sobre Derechos Humanos," agregando, incluso que en esa tarea "el Poder Judicial debe tener en cuenta no solamente el tratado, sino también la interpretación que del mismo ha hecho la Corte Interamericana, intérprete última de la Convención Americana".[14]

Este control de convencionalidad, sin embargo, como hemos dicho, a pesar de la novedosa denominación introducida en 2006, se había ejercido con anterioridad por los tribunales nacionales en América Latina. Ello ocurrió, por ejemplo, en Venezuela, antes de que se iniciara el régimen autoritario que a partir de 1999 asaltó y se apoderó del Estado, incluyendo el Tribunal Supremo de Justicia y todos los tribunales de la República; cuando en la década de los setenta, los tribunales de instancia comenzaron a aplicar preferentemente la Convención Americana en relación con previsiones del derecho interno pocos años después de que la misma hubiera comenzado a entrar en vigor, con lo cual, por ejemplo pudieron cambiar, la interpretación jurisprudencial restrictiva que había sentado la antigua Corte Suprema de Justicia en 1970, que conducía en la práctica a la inadmisibilidad de la acción de amparo.

El artículo 49 de la Constitución de 1961 entonces vigente, en efecto había establecido el derecho de todas las personas a ser amparadas por los tribunales "en el goce y ejercicio de los derechos y garantías que la Constitución establece, *en conformidad con la Ley,*" frase ésta última de la cual dedujo la Corte Suprema que el ejercicio de tal derecho había quedado supeditado a lo que la ley estableciera. Ello, además, era lo que se deducía del texto de la Exposición de Motivos del proyecto de Constitución, donde al justificar la inclusión de la Disposición Transitoria (Quinta) que reglamentaba provisionalmente el derecho de *hábeas corpus*, se indicó que ello había sido "a fin de no dejar en suspenso" la eficacia del artículo en materia de libertad personal hasta la promulgación de la ley respectiva;[15] ley que sólo se sancionó en 1988.[16] Ello implicó que en los primeros

---

[13] *Ídem.,* Párr. 124

[14] Para llegar a esta conclusión, la Corte Interamericana precisó que dicho control "tiene sustento en el principio de la buena fe que opera en el Derecho Internacional, en el sentido que los Estados deben cumplir las obligaciones impuestas por ese Derecho de buena fe y sin poder invocar para su incumplimiento el derecho interno, regla que se encuentra recogida en el artículo 27 de la Convención de Viena sobre los Tratados." *Ídem.* Párr. 125.

[15] *Véase*, Exposición de Motivos del Proyecto de Constitución en *Revista de la Facultad de Derecho,* UCV, N° 21 Caracas, 1961, p. 381.

[16] *Véase* Ley Orgánica de Amparo a los Derechos y Garantías Constitucionales en Gaceta Oficial No 34060 de 27 de septiembre de 1988. Sobre esta Ley véanse los comentarios de Allan R Brewer–carías y Carlos Ayala Corao, *Ley Orgánica de Amparo a los Derechos y Garantías Constitucionales*, Editorial Jurídica Venezolana, 6ª, ed., Caracas 2007.

lustros de vigencia de la Constitución, con excepción de la libertad personal, los demás derechos y garantías constitucionales carecieron de un efectivo instrumento de protección judicial.

Lo anterior, sin embargo, no fue obstáculo para que hacia finales de la década de los sesenta, algunos jueces de instancia comenzaran a admitir acciones de amparo para proteger otras libertades o garantías distintas de la libertad individual,[17] aplicando para ello, el procedimiento previsto para el *hábeas corpus*, invocando incluso como antecedente la decisión del caso *Ángel Siri* de la Corte Suprema de Argentina dictada el 27 de diciembre de 1.957, en la cual, conforme al principio de la progresividad[18] se abrió el camino para la generalización de la acción de amparo.[19] Ello sin embargo fue contrariado por la Corte Suprema de Justicia a finales de 1970,[20] al considerar en relación con la Disposición Transi-

---

[17] Por sentencia del 13 de septiembre de 1968 del Juez Séptimo de Primera Instancia en lo Penal del Distrito Federal, confirmada por fallo de 4–10–68 de la Corte Superior Segunda en la Penal del Distrito Federal, se otorgó amparo a un ciudadano contra un acto administrativo que ordenó la detención de su automóvil en virtud de que el mismo no había sido importado regularmente al país. (*Véase*, R. Escala Zerpa, *Recurso de Amparo contra arbitrariedad de Funcionario Público*, Caracas, 1968). Asimismo, con fecha 14 de abril de 1989 otro Juez de Primera Instancia en lo Civil del Distrito Federal, acordó recurso de amparo, confirmado por decisión de 14 de julio de 1969 de la Corte Superior Segunda en lo Civil y Mercantil del Distrito Federal, contra un acto de la Policía Técnica Judicial que detuvo a un particular y se le obligó a reconocer como padre de un menor y a pagar una pensión alimentaria. Estas decisiones, tomadas de referencias contenidas en la publicación periódica *Síntesis Jurídica* (Escritorio Santana Mujica) fueron comentadas por dicha publicación en los siguientes términos: "Como un paso formativo del lento avance de nuestro país hacia un eficiente estado de derecho, ha de apuntarse las iniciales sentencias, derivadas de jueces penales y civiles, donde se derrota la tesis restrictiva, que se sostuvo inicialmente de que el amparo no era aplicable en el país, pese a su consagración en la Constitución porque carecía de reglamentación. Ahora se sostiene que cualquier juez es competente para conocer y decidir el amparo, que el fallo dictado no tiene consulta, que la ausencia de procedimiento no impide la procedencia del amparo, porque la Constitución dice: "la falta de la ley reglamentaria en estos derechos no menoscaba el ejercicio de los mismos". (Art. 50 CN), y se otorga ante cualquier acto público o privado, que desconozca, disminuya a menoscabe las garantías constitucionales". *Véase* además, Jesús R. Quintero "Recursos de Amparo, La cuestión central en dos sentencias y un voto salvado", en *Revista de la Facultad de Derecho*, N° 9, UCAB, Caracas, 1969–1970, pp. 157 a 206.

[18] *Véase* lo expuesto en Allan R. Brewer–Carías. "La reciente evolución jurisprudencial en relación a la admisibilidad del recurso de amparo," en *Revista de Derecho Público*, N° 19, Caracas, 1984, pp. 207 ss.

[19] *Véase* la referencia al caso *Ángel Siri* en José Luis Lazzarini, *El juicio de amparo*, La Ley, Buenos Aires, 1987, pp. 26 ss. y 373 ss.; Alí Joaquín Salgado, *Juicio de amparo y acción de inconstitucionalidad*, Ed. Astrea, Buenos Aires, 1987, pp. 5; Néstor Pedro Sagüés, *Derecho Procesal Constitucional. Acción de Amparo*, Volumen 3, 2a Edición, Editorial Astrea, Buenos Aires, 1988, pp. 9 ss.

[20] En la sentencia de la Corte Suprema de Justicia en Sala Político Administrativa de 11 de noviembre de 1970, en *Gaceta Oficial* N° 1.447, Extraordinaria de diciembre de 1970, pp. 27 y 28, ya se vislumbra la interpretación que posteriormente se

toria Quinta constitucional, que "la protección de cualquier otro derecho —establecido o no en la Constitución — queda excluida del campo de aplicación de esa norma, por ser evidente la intención del constituyente de limitar su alcance al caso expresamente previsto por ella", calificando las decisiones que se habían venido adoptadas por jueces de instancia en lo penal amparando otros derechos distintos a la libertad personal, como una "extralimitación de atribuciones,"[21] y considerando al artículo 49 constitucional como de carácter programático, y por tanto, no aplicable directamente."[22]

A esa interpretación que había sido sentada en una sentencia aislada, la Sala Político Administrativa de la Corte Suprema de Justicia, incluso, le dio una aplicación general al dictar un "Acuerdo" de 24 de abril de 1972 conforme a las

adoptaría: "A diferencia de otras situaciones en relación a las cuales el Congreso, aún no ha determinado por Ley, cuál es el juez competente y el procedimiento a seguir a fin de obtener amparo judicial...".

[21] *Véase* sentencia de la Corte Suprema de Justicia en Sala Político Administrativa de 14 de diciembre de 1970 en *Gaceta Oficial* N° 29.434 de 6 de febrero de 1971 pp. 219.984 y 219.985, y en *Gaceta Forense,* N° 70, 1970, pp. 179 ss. Esta decisión fue ratificada por sentencia de la misma Corte de 26 de abril de 1971 en *Gaceta Oficial* N° 1.478, Extraordinaria de julio de 1971, p. 31; y por Acuerdo de 24 de ABRIL DE 1972 en *Gaceta Oficial* N° 29.788 de 25 de abril de 1972, p. 222.865. El criterio de la Corte había sido también el de la Procuraduría General de la República. *Véase*, *Doctrina Procuraduría General de la República* 1970. Caracas 1971, pp. 37 ss.

[22] La Corte dijo: "no es una norma directa e inmediatamente aplicable por los jueces, sino un precepto programático, sólo parcialmente reglamentada para la fecha en que la Constitución fue promulgada, y dirigido particularmente al Congreso, que es el órgano al cual compete la reglamentación de las garantías constitucionales, en conformidad con los artículos 136, ordinal 24, y 139 de la Constitución. Tal es la interpretación que da la Corte al artículo 49 al analizar sus previsiones aisladamente con el fin de desentrañar la mente del constituyente del lenguaje usado por éste para expresar su voluntad. Pero esta interpretación gramatical se robustece con la observación adicional de que el constituyente se habría abstenido de regular el procedimiento de *hábeas corpus,* si hubiera considerado que para hacer efectivo el amparo bastaba lo dicho en el artículo 49 respecto al procedimiento, no siendo indispensable su reglamentación legal para determinar el fuero competente y el modo de proceder". De consiguiente, agregó la Corte.: ""el constituyente supone la existencia de una ley anterior al hecho o acto que afecte el derecho cuya protección se solicite; que autorice a determinados jueces para obrar en el sentido que pretenda el actor; y que establezca un procedimiento adecuado a la finalidad que se persiga. Dado el número y variedad de las situaciones jurídicas, en que pueda estar comprometido un derecho o una garantía constitucional, era forzoso que el constituyente dejara al legislador ordinario la potestad de establecer las reglas conforme a las cuales los tribunales deben amparar el goce y ejercicio de los derechos y garantías constitucionales, teniendo en cuenta no sólo las previsiones ya existentes que es necesario apreciar para atribuir a un determinado tribunal el conocimiento de un asunto, y establecer el procedimiento a seguir en cada situación." *Véase* la sentencia de la Corte Suprema de Justicia en Sala Político Administrativa de 14 de diciembre de 1970 en *Gaceta Forense,* N° 70, Caracas 1970, pp. 179 ss.

potestades reglamentarias que le otorgaba el artículo 138 de la Ley Orgánica del Poder Judicial, en el cual precisó que:

> "la competencia de los Tribunales de Primera Instancia y Superiores en lo Penal de la República, a que se refiere la Disposición Transitoria Quinta de la Constitución, se limita exclusivamente al conocimiento del recurso de *hábeas corpus* previsto en dicha norma; y que en consecuencia, toda decisión que no esté apoyada en la competencia específica de dichos Tribunales o que invada la atribuida por la Constitución y las Leyes, a otros órganos judiciales, constituye una usurpación o extralimitación de atribuciones"[23].

En esta forma quedó en general fuera de la competencia de los tribunales penales el poder conocer de acciones de amparo respecto de derechos cuyo conocimiento no formase parte de su competencia específica. Como el Acuerdo no consideró que fuera indispensable que para que una acción de amparo pudiera ser interpuesta ante otros tribunales fuera necesaria la sanción de una ley previa que regulara expresamente la acción, después de que Venezuela ratificó la Convención Americana sobre Derechos Humanos en 1977 (e igualmente, el Pacto Internacional de Derechos Económicos, Sociales y Culturales, en 1978, y el Pacto Internacional de Derechos Civiles y Políticos el mismo año 1978), los tribunales comenzaran a admitir acciones de amparo en virtud de la consagración en esos instrumentos internacionales (por ejemplo, el artículo 25.1 de la Convención Americana), del derecho de toda persona a un recurso sencillo y rápido o a cualquier otro recurso efectivo ante los Tribunales competentes que lo amparen contra actos que violen los derechos humanos.[24]

Fue con base en estos antecedentes, cuando pocos años después comenzó a modificarse la rigidez interpretativa que en materia de la admisibilidad de las acciones de amparo se había enunciado en 1970, lo que se produjo con una sentencia de un juzgado civil de instancia de 24 de noviembre de 1982 (*Caso Rondalera*),[25] en la cual se admitió una acción de amparo para la protección del derecho a la educación. Si bien al final en primera instancia se declaró sin lugar la acción, una vez apelada la sentencia, el Juzgado Superior competente en cambio decretó el amparo solicitado mediante sentencia de 10 de febrero de 1983,[26] para lo cual, al referirse al problema de la competencia, señaló:

> "el mandato del Constituyente de amparar está dirigido a todos los Jueces, y que si bien la jurisprudencia de la Corte Suprema de Justicia ha definido la incompetencia de los Tribunales Penales para conocer de juicios de amparo distintos a las que tengan por objeto la privación o restricción de la libertad humana, pues de ellos corresponde conocer a la Jurisdicción Penal

---

[23]   *Véase* el texto en *Gaceta Oficial* N° 29.788 de 25 de abril de 1972. *Véase*, así mismo en la revista *Ministerio Público*, N° 19, Caracas 1972, pp. 105–107.

[24]   *Véase* en *Gaceta Oficial* N° 31.256 de 14 de junio de 1977 y N° 2.146 Extra, de 28 de enero de 1978.

[25]   *Véase* René Molina Galicia, *El Amparo a Rondalera*, Ediciones, Síntesis Jurídica, Caracas, 1984, p. 80.

[26]   *Idem*, pp. 106 a 169.

con exclusividad, persiste en cuanto al recurso de amparo la competencia genérica que establece el artículo 49 de la Constitución, lo que hace competente a dicho Tribunal, como tribunal civil para conocer en primer grado de este recurso de amparo que evidentemente pretende obtener la protección de un derecho civil como son el de educar, mediante el ejercicio de la actividad docente y el de recibir educación en plantel escogido por los padres"[27].

El Tribunal Superior, para llegar a esta conclusión, al referirse a la sentencia de la Corte Suprema de Justicia de 1970, puntualizó además, que después de 21 años de vigencia de la Constitución de 1961, y a pesar de que no se había "reglamentado *ese recurso efectivo, rápido y eficaz,* para desentrañar las violaciones," salvo el amparo de la libertad personal y las restricciones de que ella pueda ser objeto, mediante el *Hábeas Corpus,* ya eran:

> "leyes vigentes en Venezuela los Tratados Internacionales cuya normativa transcribimos en materia de derechos humanos, políticos, civiles y penales, la que nos lleva a la conclusión de que la situación jurídica en Venezuela no es la misma de 1970, y la jurisprudencia favorable a la admisión a la acción de amparo a nivel de instancia se ha incrementado con los problemas de competencia, por ser llevados a la jurisdicción penal, aun cuando se trate de materias civiles, por la experiencia que se reconoce a dicha jurisdicción en el manejo de *Hábeas Corpus"*[28].

Esta puede considerarse, en Venezuela, como el antecedente remoto del control de convencionalidad que permitió, con base en las disposiciones de la Convención Americana, que se generalizara la admisión de las acciones de amparo aún sin que se hubiese dictado la ley que la regulara; interpretación que fue luego acogida por la propia Corte Suprema de Justicia en Sala Político-Administrativa, al decidir sobre una acción de amparo que había sido intentada por un candidato presidencial contra una decisión del Consejo Supremo Electoral que limitaba el derecho a realizar propaganda electoral en condiciones de igualdad. Se trató del caso *Andrés Velázquez* decidido mediante sentencia de 20 de octubre de 1983,[29] en el cual se admitió la posibilidad del ejercicio de acciones de amparo para la protección de derechos distintos al de *hábeas corpus,* al considerar que el carácter programático del artículo 49 de la Constitución, había quedado superado "desde el momento en que por Ley se habían aprobado Convenciones Internacionales sobre derechos humanos que exigían la garantía del amparo."

Se admitió así la acción de amparo en Venezuela, con base en el control de convencionalidad que realizó la Corte Suprema, exigiéndole sin embargo a los tribunales de instancia que ejercieran la competencia en la materia con prudencia "tratando de suplir por medio de la analogía y demás instrumentos de interpretación de que los provee el sistema jurídico venezolano, la lamentable ausencia de

---

[27]   *Idem,* pp. 152 a 163.

[28]   *Idem,* p. 149.

[29]   *Véase* en *Revista de Derecho Público,* N° 11, Editorial Jurídica Venezolana, Caracas 1983, pp. 169 y 170. *Véase* el comentario sobre esta sentencia del Magistrado ponente del fallo, René De Sola, "El Recurso de Amparo en Venezuela" en *Revista SIC,* N° 472, Caracas, febrero 1985, pp. 74 ss.

una ley reglamentaria de la materia," precisando que debían conocer de los "recursos de amparo de acuerdo con la afinidad que con su competencia natural tengan los derechos que se pretendan vulnerados."[30]

Posteriormente, en forma más directa, e igualmente en materia de admisibilidad de la acción de amparo en ausencia de previsiones constitucionales y legales, mediante un control de convencionalidad y en aplicación de la Convención Americana, en 1999 se admitió la acción de amparo en la República Dominicana, donde hasta esa fecha no se había admitido por falta de reglas de procedimiento relativas al amparo, incluyendo normas legales atributivas de competencia judiciales para conocer de la acción. Se trató de la sentencia del caso *Productos Avon S.A* dictada por la Corte Suprema el 24 de febrero de 1999 con motivo de un amparo ejercido contra una decisión judicial por violación de derechos laborales, que admitió la acción en ausencia de disposiciones constitucionales o legales sobre la misma, prescribiendo incluso las normas de procedimiento aplicables,[31]

---

[30] *Idem,* p. 170.

[31] El caso se desarrolló como sigue: 1. La empresa demandante alegó que la decisión judicial del tribunal laboral había violado su derecho a ser juzgado por el juez natural, a cuyo efecto solicitó a la Corte Suprema que: primero, declarara en su sentencia que el amparo debía considerarse como una institución dominicana de derecho público; y segundo, que la Corte Suprema, de acuerdo con las disposiciones de la Ley Orgánica Judicial que le atribuye a la Corte el poder de resolver sobre el procedimiento aplicable en caso de que no exista uno legalmente prescrito, disponiendo las normas respectivas, que en consecuencia estableciera dichas normas en relación con los recursos de amparo. Adicionalmente, el recurrente solicitó a la Corte que dictara una medida cautelar suspendiendo los efectos de la sentencia laboral impugnada mientras durase el juicio de amparo. 2. La Corte Suprema, a los efectos de decidir, estableció el criterio que los tratados internacionales invocados por el recurrente, particularmente los artículos 8 y 25,1 de la Convención Americana de Derechos Humanos, eran parte del derecho interno de la República Dominicana, y tenían la finalidad de garantizar la protección judicial de los derechos fundamentales reconocidos en la Constitución, en la ley y en la indicada Convención, contra todo acto violatorio de dichos derechos, cometido por cualquier persona actuando o no en el ejercicio de funciones públicas, por lo que incluso se admitía contra actuaciones de particulares. En este aspecto, la Corte Suprema resolvió que: "Contrariamente a como ha sido juzgado en el sentido de que los actos violatorios tendrían que provenir de personas no investidas con funciones judiciales o que no actúen en el ejercicio de esas funciones, el recurso de amparo, como mecanismo protector de la libertad individual en sus diversos aspectos, no debe ser excluido como remedio procesal específico para solucionar situaciones creadas por personas investidas de funciones judiciales ya que, al expresar el artículo 25.1 de la Convención, que el recurso de amparo está abierto a favor de toda persona contra actos que violes sus derechos fundamentales, "aún cuando tal violación sea cometida por personas que actúen en ejercicio de sus funciones oficiales", evidentemente incluye entre éstas a las funciones judiciales ". Igualmente, la Corte resolvió que la vía del amparo: "Queda abierta contra todo acto u omisión de los particulares o de los órganos o agentes de la administración pública, incluido la omisión o el acto administrativo, no jurisdiccional. Del poder judicial, si lleva cualquiera de ellos una lesión, restricción o alteración, a un derecho constitucionalmente protegido. *Véase* en *Iudicum et Vita, Jurisprudencia nacional de América Latina en Derechos Humanos*, No. 7, Tomo I, Instituto Interamericano de Derechos Humanos, San José, Costa Rica, Diciembre 2000 p. 329 y

declarando para tal fin que "el recurso de amparo previsto en el artículo 25,1 de la Convención Americana de Derechos Humanos de San José, Costa Rica, del 22 de noviembre de 1969, es una institución de derecho positivo dominicano, por haber sido adoptada y aprobada por el Congreso Nacional, mediante Resolución N° 739 del 25 de diciembre de 1977, de conformidad con el artículo 3, de la Constitución de la República."[32]

Esta sentencia de la Corte Suprema de la República Dominicana fue también un claro ejemplo de control de convencionalidad contra la omisión legislativa, admitiéndose la acción de amparo para la protección de los derechos humanos de acuerdo con lo establecido en la Convención Americana de Derechos Humanos.

Antes, sin embargo, la antigua Corte Suprema de Justicia de Venezuela, como Jurisdicción Constitucional, también había ejercido el control de convencionalidad al anular diversas disposiciones legales basando su decisión en la violación de los derechos establecidos en la Convención Americana de Derechos Humanos, considerados, de acuerdo con lo establecido en el artículo 50 de la Constitución de 1961 (equivalente al artículo 22 de la Constitución de 1999), como "derechos inherentes a la persona humana."[33]

Así ocurrió, por ejemplo, en 1996, cuando la antigua Corte Suprema de Justicia, al decidir la acción popular de inconstitucionalidad que se había intentado contra la Ley de División Político Territorial del Estado Amazonas por no haberse respetado los derechos de participación política de las comunidades indígenas que debieron haber sido consultadas, resolvió que siendo dicho Estado de la federación venezolana mayormente poblado por dichas comunidades, la sanción de dicha Ley sin previamente haberse oído la opinión de las mismas, mediante consulta popular, significó la violación del derecho constitucional a la participación política, el cual aún cuando no estaba expresamente enumerado en la Constitución de 1961, fue considerado como inherente a la persona humana, como un "principio general de rango constitucional en una sociedad democrática", aplicando la cláusula abierta del artículo 50 constitucional y además, la Convención Americana de derechos Humanos.[34] Para ello, la Corte decidió que en el caso

ss. Véanse los comentarios a dicha sentencia en Allan R. Brewer–Carías, "La admisión jurisprudencial de la acción de amparo en ausencia de regulación constitucional o legal en la República Dominicana", *Idem*, pp. 334 ss.; y en *Revista IIDH*, Instituto Interamericano de Derechos Humanos, San José 2000, pp. 95–102.

[32] *Véase* en en *Iudicum et Vita, Jurisprudencia nacional de América Latina en Derechos Humanos*, N° 7, Tomo I, Instituto Interamericano de Derechos Humanos, San José, Costa Rica, Diciembre 2000 p. 333

[33] *Véase* Allan R. Brewer–Carías, "La interrelación entre los Tribunales Constitucionales de América Latina y la Corte Interamericana de Derechos Humanos, y la cuestión de la inejecutabilidad de sus decisiones en Venezuela," en Armin von Bogdandy, Flavia Piovesan y Mariela Morales Antonorzi (Coodinadores), *Direitos Humanos, Democracia e Integracao Jurídica na América do Sul*, Lumen Juris Editora, Rio de Janeiro 2010, pp. 661–701

[34] *Véase* sentencia de 5 de diciembre de 1996, caso: *Antonio Guzmán, Lucas Omashi y otros*, en *Revista de Derecho Público*, N°. 67–68, Editorial Jurídica venezolana, Caracas 1996, pp. 176 ss. *Véase* sobre ello, Allan R. Brewer–Carías, "La interrelación entre los Tribunales Constitucionales de América Latina y la Corte Interamericana

había ocurrido una violación a los derechos constitucionales de las minorías establecidos en la Constitución y en los tratados y convenciones internacionales, en particular, al derecho a la participación política en el proceso de elaboración de leyes.

El año siguiente, en 1997, la misma antigua Corte Suprema de Venezuela dictó otra importante decisión, en este caso anulando una ley nacional, la llamada Ley de Vagos y Maleantes, por considerarla inconstitucional por violación de las garantías judiciales y al debido proceso, basándose de nuevo en el "proceso de constitucionalización de los derechos humanos de acuerdo con el artículo 50 de la Constitución", y considerando que dicha ley "vulnera *ipso jure*, Convenciones Internacionales y Tratados, sobre los derechos del hombre, en la medida en que dichos instrumentos adquieren jerarquía constitucional." La Corte en efecto, consideró a la ley impugnada como infamante, al permitir detenciones ejecutivas o administrativas de personas consideradas como vagos o maleantes sin garantía alguna del debido proceso, basando su decisión en el artículo 5 de la Declaración Universal de los Derechos Humanos y en la Convención Americana sobre Derechos Humanos, la cual consideró que "se ha incorporado a nuestro Derecho Interno como norma ejecutiva y ejecutable reforzada por la jurisprudencia, la cual le ha dado el carácter de parámetro de constitucionalidad. Ello entraña la incorporación a nuestro ordenamiento jurídico interno del régimen previsto en convenciones internacionales." La Corte consideró que la ley impugnada era inconstitucional en virtud de que omitía las garantías de un juicio justo establecidas en los artículo 7 y 8 de la Convención Americana y en los artículos 9 y 14 del Pacto Internacional de Derechos Civiles y Políticos, y porque además era discriminatoria, violando el artículo 24 de la misma Convención Americana, cuyo texto íntegro se transcribió en la sentencia.[35] Se trató, sin duda, de un ejem-

---

de Derechos Humanos, y la cuestión de la inejecutabilidad de sus decisiones en Venezuela," en Armin von Bogdandy, Flavia Piovesan y Mariela Morales Antonorzi (Coodinadores), *Direitos Humanos, Democracia e Integraçao Jurídica na América do Sul*, Lumen Juris Editora, Rio de Janeiro 2010, pp. 661–701; Carlos Ayala Corao, "El diálogo jurisprudencial entre los Tribunales internacionales de derechos humanos y los Tribunales constitucionales," Boris Barrios González (Coordinador), *Temas de Derecho Procesal Constitucional Latinoamericano*, Memorias I Congreso Panameño de Derecho Procesal Constitucional y III Congreso Internacional Proceso y Constitución, Panamá 2012, pp. 180–181

[35] *Véase* sentencia de 6 de noviembre de 1997, en *Revista de Derecho Público* No. 71–72, Editorial Jurídica Venezolana, Caracas 1997, pp. 177 y ss. *Véase* Allan R. Brewer–Carías, "La interrelación entre los Tribunales Constitucionales de America Latina y la Corte Interamericana de Derechos Humanos, y la cuestión de la inejecutabilidad de sus decisiones en Venezuela," en Armin von Bogdandy, Flavia Piovesan y Mariela Morales Antonorzi (Coodinadores), *Direitos Humanos, Democracia e Integracao Jurídica na América do Sul*, Lumen Juris Editora, Rio de Janeiro 2010, pp. 661–701.Carlos Ayala Corao, "El diálogo jurisprudencial entre los Tribunales internacionales de derechos humanos y los Tribunales constitucionales," en Boris Barrios González (Coordinador), *Temas de Derecho Procesal Constitucional Latinoamericano*, Memorias I Congreso panameño de Derecho Procesal Constitucional y III Congreso Internacional Proceso y Constitución, Panamá 2012, pp. 181–182

plo claro de control de convencionalidad ejercido por la jurisdicción Constitucional interna.

III. EL DESARROLLO CONCEPTUAL RECIENTE DEL CONTROL DE CONVENCIONALIDAD EN EL ORDEN INTERNO EN LA JURISPRUDENCIA DE LA CORTE INTERAMERICANA DE DERECHOS HUMANOS

En todo caso, esa tendencia de desarrollo del control de convencionalidad del orden normativo interno realizado por los jueces nacionales, como se dijo, fue la que encontró su definición conceptual expresa en la sentencia antes mencionada de la Corte Interamericana, dictada en el caso *Almonacid Arellano y otros vs. Chile* de 26 de septiembre de 2006, cuyo contenido ha sido reiterado en otras decisiones posteriores como por ejemplo, las dictadas en los casos.[36]

En el citado caso *Trabajadores Cesados del Congreso (Aguado Alfaro y otros) v. Perú* de 2006, en efecto, sobre el control de convencionalidad, la Corte Interamericana reiteró lo que antes había expuesto en el sentido de que:

"Cuando un Estado ha ratificado un tratado internacional como la Convención Americana, sus jueces están sometidos a ella, lo que les obliga a velar porque el efecto útil de la Convención no se vea mermado o anulado por la aplicación de leyes contrarias a sus disposiciones, objeto y fin;"

Agregando que en esos casos,

"los órganos del Poder Judicial deben ejercer no sólo un control de constitucionalidad, sino también de convencionalidad *ex officio*, entre las normas internas y la Convención Americana, evidentemente en el marco de sus respectivas competencias y de las regulaciones procesales pertinentes."[37]

De acuerdo con estas definiciones conceptuales el control de convencionalidad se concibe en el orden interno por la Corte Interamericana, como una tarea asignada básicamente al "Poder Judicial" en general, es decir, a los "jueces y

---

[36] *Véase* por ejemplo, las sentencias en los casos *Trabajadores Cesados del Congreso (Aguado Alfaro y otros) v. Perú* de 24 de noviembre de 2006; *La Cantuta vs. Perú* de 29 de noviembre de 2006 (Párr. 173); *Boyce y otros vs. Barbados* de 20 de noviembre de 2007 (Párr. 78); *Fermín Ramírez y Raxcacó Reyes v. Guatemala*" de 9 de mayo de 2008, (Párr. 63); *Heliodoro Portugal vs. Panamá de* 12 de agosto de 2008 (Párr. 180); *Rosendo Radilla Pacheco vs. Estados Unidos Mexicanos de* 23 de noviembre de 2009 (Párr. 339); *Manuel Cepeda Vargas vs. Colombia de* 26 de mayo de 2010 (Párr. 208, nota 307); *Comunidad Indígena Xákmok Kásek vs. Paraguay* de 24 de agosto de 2010; *Fernández Ortega y Otros vs. México* 30 de agosto de 2010); *Rosendo Cantú y Otra vs. México de* 31 de agosto de 2010 (Párr. 219); *Ibsen Cárdenas e Ibsen Peña vs. Bolivia de* 1º de septiembre de 2010 (Párr. 202); *Vélez Loor vs. Panamá de* 23 de noviembre de 2010 (Párr. 287); *Gomes Lund y Otros (Guerrilha do Araguaia) vs. Brasil de* 24 de noviembre de 2010 (Párr. 106), y *Cabrera García y Montiel Flores vs. México* de 26 de noviembre de 2010 (Párr. 225).

[37] *Véase* sentencia en el caso *Trabajadores Cesados del Congreso (Aguado Alfaro y otros) v. Perú* de de 24 de noviembre de 2006 (Párr. 128), en http://www.corteidh.or.cr/docs/casos/articulos/seriec_158_esp.pdf

tribunales internos" sin distinción alguna, e independientemente de las regulaciones que puedan existir en materia de control de constitucionalidad en cada país, siendo este quizás el dato de mayor interés a retener de dicha definición por las repercusiones que conlleva. Como lo dijo con toda precisión el juez Eduardo Ferrer Mac Gregor en su Voto razonado al caso *Cabrera García y Montiel Flores vs. México* de 2010, el control de convencionalidad en el ámbito interno "convierte al juez nacional en juez internacional: en un primer y auténtico guardián de la Convención Americana...Los jueces nacionales se convierten en los primeros intérpretes de la normatividad internacional."[38]

Por ello, como también lo expresó Ferrer Mac Gregor en su Voto razonado al mismo caso:

> "no existe duda de que el "control de convencionalidad" debe realizarse *por cualquier juez o tribunal que materialmente realice funciones jurisdiccionales*, incluyendo, por supuesto, a las Cortes, Salas o Tribunales Constitucionales, así como a las Cortes Supremas de Justicia y demás altas jurisdicciones de los veinticuatro países que han suscrito y ratificado o se han adherido a la Convención Americana sobre Derechos Humanos, 32 y con mayor razón de los veintiún Estados que han reconocido la jurisdicción contenciosa de la Corte IDH, 33 de un total de treinta y cinco países que conforman la OEA." [39]

---

[38] *Véase* Eduardo Ferrer Mac–Gregor, Voto razonado a la sentencia de la Corte Interamericana en el caso *Cabrera García y Montiel Flores vs. México* de 26 de noviembre de 2010 (Párr. 24), en http://www.corteidh.or.cr/docs/casos/articulos/seriec_220_esp.pdf *Véase* en igual sentido, Eduardo Ferrer Mac Gregor, "Interpretación conforme y control difuso de convencionalidad. El nuevo paradigma para el juez mexicano," en Eduardo Ferrer Mac Gregor (Coordinador), *El control difuso de convencionalidad. Diálogo entre la Corte Interamericana de Derechos Humanos y los jueces nacionales)*, FUNDAp, Querétaro, México 2012, p. 141. *Véase* Néstor Pedro Sagües, "El 'control de convencionalidad' en el sistema interamericano y sus anticipos en el ámbito de los derechos económico–sociales. Concordancias y diferencias con el sistema europeo," en Eduardo Ferrer Mac Gregor (Coordinador), *El control difuso de convencionalidad. Diálogo entre la Corte Interamericana de Derechos Humanos y los jueces nacionales)*, FUNDAp, Querétaro, México 2012, p. 428

[39] *Véase* Eduardo Ferrer Mac–Gregor, Voto razonado a la sentencia de la Corte Interamericana en el caso *Cabrera García y Montiel Flores vs. México* de 26 de noviembre de 2010 (Párr. 20, 23), en http://www.corteidh.or.cr/docs/casos/articulos/seriec_220_esp.pdf. En el mismo Voto razonado, el juez Ferrer Mac–Gregor agregó que "la doctrina del "control difuso de convencionalidad" establecida por la Corte IDH tiene como destinatarios *a todos los jueces nacionales*, que deben ejercer dicho "control" con independencia de su jerarquía, grado, cuantía o materia de competencia que la normatividad interna les otorgue." *Ídem*, Párr. 33. *Véase* igualmente en Eduardo Ferrer Mac Gregor, "Interpretación conforme y control difuso de convencionalidad. El nuevo paradigma para el juez mexicano," en Eduardo Ferrer Mac Gregor (Coordinador), *El control difuso de convencionalidad. Diálogo entre la Corte Interamericana de Derechos Humanos y los jueces nacionales)*, FUNDAp, Querétaro, México 2012, p. 139

Esto significa entonces que conforme a la doctrina de la Corte Interamericana, el control de convencionalidad corresponde ser ejercido en el ámbito interno por todos los jueces y tribunales, sin distingo, lo que implica:

En *primer lugar*, que se ejerce en las Jurisdicciones Constitucionales. Es decir, por una parte, por todos los Tribunales Constitucionales donde estos existan, estén estos ubicados dentro del Poder Judicial (Bolivia, Colombia, Ecuador, Guatemala, República Dominicana) o fuera del mismo (Chile, Perú), e independientemente de que ejerzan el control concentrado de constitucionalidad en forma exclusiva (Bolivia, Chile, Ecuador) o combinado con el método difuso (Colombia, Guatemala, Perú, República Dominicana); y por la otra, a las Cortes Supremas de Justicia cuando estén configuradas como tal Jurisdicción Constitucional, sea que ejerzan el control concentrado a través de una Sala Constitucional (Costa Rica, El Salvador, Honduras, Paraguay, Venezuela) o en Pleno (Brasil, México, Nicaragua, Panamá, Uruguay), e independientemente de que ejerzan dicho control de constitucionalidad concentrado en forma exclusiva (Costa Rica, El Salvador, Honduras, Panamá. Paraguay y Uruguay) o combinado con el método difuso (Venezuela, Nicaragua,).

En *segundo lugar*, que corresponde a todos los jueces y tribunales (incluyendo las Cortes Supremas) que en el orden interno ejerzan un control difuso de la constitucionalidad, sea que se trate de la única forma de control de constitucionalidad existente en el país (Argentina) o que lo ejerzan en forma combinada con el método concentrado (Colombia, Guatemala, Perú, Nicaragua, República Dominicana y Venezuela).

Y en *cuarto lugar*, que corresponde a todos los jueces y tribunales aún cuando en el orden interno no tengan asignado el ejercicio del control difuso de constitucionalidad (Bolivia, Chile, Costa Rica, Panamá, Honduras, Paraguay, Uruguay), pues en definitiva, si bien se pueden establecer semejanzas entre el control de constitucionalidad y el control de convencionalidad,[40] se trata de dos procesos distintos, de manera que en ningún caso se puede considerar al control de convencionalidad como un control de constitucionalidad, particularmente porque cuando se ejerce en el orden interno, su fuente no se encuentra en la Constitución de los respectivos países, sino en la Convención Americana como integrante que es del bloque de la constitucionalidad.

IV. ALGO SOBRE LOS EFECTOS DEL CONTROL DE CONVENCIONALIDAD EJERCIDO POR LA CORTE INTERAMERICANA DE DERECHOS HUMANOS

Por otra parte, por lo que respecta al control de convencionalidad ejercido en el ámbito internacional por la Corte Interamericana, las sentencias nunca tienen efectos ni anulatorios ni invalidatorios como resultado del mismo, limitándose la Corte Interamericana a ordenar al Estado cuyas normas han infringido los dere-

---

[40]   *Véase* Karlos A. Castilla Juárez, "El control de convencionalidad. Un nuevo debate en México a partir de la sentencia del caso Radilla pacheco," en Eduardo Ferrer Mac Gregor (Coordinador), *El control difuso de convencionalidad. Diálogo entre la Corte Interamericana de Derechos Humanos y los jueces nacionales), FUNDAp,* Querétaro, México 2012, p. 337.

chos garantizados en la Convención, a adoptar las medidas necesarias para reformar sus normas internas para adecuar los preceptos legales a lo establecido en la Convención, incluso las de orden constitucionales,[41] como sucedió en casos decididos por la Corte Interamericana respecto de Chile y Trinidad,[42] y proceder a dejar sin efecto los actos Estatales lesivos.

Esta adecuación, como lo destacó la Corte Interamericana en la sentencia del caso *Heliodoro Portugal vs. Panamá* de 12 de agosto de 2008, implica la adopción de medidas en dos vertientes, a saber:

"i) la supresión de las normas y prácticas de cualquier naturaleza que entrañen violación a las garantías previstas en la Convención o que desconozcan los derechos allí reconocidos u obstaculicen su ejercicio; y ii) la expedición de normas y el desarrollo de prácticas conducentes a la efectiva observancia de dichas garantías."[43]

Esta obligación de los Estados puede implicar incluso la de adaptar y modificar la propia Constitución como se decidió por la Corte Interamericana en la sentencia del caso *La Ultima Tentación de Cristo* de 2001. En dicha sentencia, la Corte Interamericana entendió que "la responsabilidad internacional del Estado puede generarse por actos u omisiones de cualquier poder u órgano de éste, independientemente de su jerarquía, que violen la Convención Americana, considerando que en dicho caso, dicha responsabilidad internacional del Estado chileno "se generó en virtud de que el artículo 19 número 12 de la Constitución establece la censura previa en la producción cinematográfica y, por lo tanto, determina los actos de los Poderes Ejecutivo, Legislativo y Judicial." Fue en virtud de ello, que además de declarar la violación al derecho a la libertad de pensamiento y de expresión consagrado en el artículo 13 de la Convención Americana, en perjuicio de los señores Juan Pablo Olmedo Bustos y otros, decidió "que el Esta-

---

[41] *Véase* Néstor Sagüés, *El control de convencionalidad. En particular sobre las Constituciones Nacionales,* La Ley, 2009–B, p. 761; y Víctor Bazán y Claudio Nash (Editores), *Justicia Constitucional y derechos Fundamentales. El Control de Convencionalidad 2011,* Centro de Derechos Humanos Universidad de Chile, Konrad Adenauer Stiftung, 2011, pp. 33, 78; Humberto Noguera Alcalá, "Los desafíos del control de convencionalidad del *corpus iuris interamericano.* Para los tribunales nacionales, en especial, para los Tribunales Constitucionales," en Eduardo Ferrer Mac Gregor (Coordinador), *El control difuso de convencionalidad. Diálogo entre la Corte Interamericana de Derechos Humanos y los jueces nacionales),* FUNDAp, Querétaro, México 2012, p. 337.

[42] *Véase* Ernesto Rey Cantor, "Controles de convencionalidad de las leyes,"en Eduardo Ferrer Mac Gregor (Coordinador), *El control difuso de convencionalidad. Diálogo entre la Corte Interamericana de Derechos Humanos y los jueces nacionales),* FUNDAp, Querétaro, México 2012, p. 412.

[43] *Véase* la sentencia en el caso *Heliodoro Portugal vs. Panamá.* Excepciones Preliminares, Fondo, Reparaciones y Costas. Sentencia de 12 de agosto de 2008. Serie C N° 186 (Párr. 180–181), en http://www.corteidh.or.cr/docs/casos/articulos/seriec_186_esp.pdf. *Véase* el comentario en Juan Carlos Hitters, "Control de constitucionalidad y control de convencionalidad. Comparación," en *Estudios Constitucionales*, Centro de Estudios Constitucionales de Chile, Universidad de Talca, Año 7, N° 2, 2009, pp. 109–128

do debe modificar su ordenamiento jurídico interno, en un plazo razonable, con el fin de suprimir la censura previa para permitir la exhibición de la película "La Última Tentación de Cristo", y debe rendir a la Corte Interamericana de Derechos Humanos, dentro de un plazo de seis meses a partir de la notificación de la presente Sentencia, un informe sobre las medidas tomadas a ese respecto."[44]

Otro ejemplo destacado que debe mencionarse fue la sentencia en el caso *Raxcacó Reyes Vs. Guatemala*, Sentencia de 15 de septiembre de 2005[45] en la cual la Corte Interamericana, consideró que una norma (art. 201) del Código Penal de Guatemala que permitía la pena de muerte en determinadas circunstancias, infringía la prohibición de privación arbitraria de la vida establecida en el artículo 4.1 y 4.2 de la Convención, razón por la cual ordenó al Estado guatemalteco que debía reformar el artículo 201 del Código Penal, que en la reforma el Estado "en ningún caso, ampliará el catálogo de delitos sancionados con la pena capital previsto con anterioridad a la ratificación de la Convención Americana," y que mientras ello ocurría el Estado debía "abstenerse de aplicar la pena de muerte y ejecutar a los condenados por el delito de plagio o secuestro exclusivamente."[46]

En sentido similar, en el caso *Cabrera García y Montiel Flores vs. México* de 26 de noviembre de 2010,[47] la Corte Interamericana al constatar que el Estado mexicano había violado el derecho a la protección judicial previsto en el artículo 25.1, en relación con el artículo 1.1 de la Convención Americana, declaró que el artículo 57 del Código de Justicia Militar era incompatible con la Convención Americana, ordenando al Estado "adoptar, en un plazo razonable, las reformas legislativas pertinentes para compatibilizar la citada disposición con los estánda-

---

[44]   *Véase* sentencia en el caso *"La Última Tentación de Cristo" [Olmedo Bustos y otros] Vs. Chile*, Sentencia de 5 de febrero de 2001, Serie C N° 73 (Párr. 103.4), en http://www.corteidh.or.cr/docs/casos/articulos/Seriec_73_esp.pdf Igualmente se destaca la sentencia de la Corte Interamericana en en casoCaesar vc. Trinidad de 11 de marzo de 2005. *Véase* en comentario en Ernesto Rey Cantor, "Controles de convencionalidad de las leyes," en Eduardo Ferrer Mac Gregor (Coordinador), *El control difuso de convencionalidad. Diálogo entre la Corte Interamericana de Derechos Humanos y los jueces nacionales), FUNDAp*, Querétaro, México 2012, pp. 412–413.

[45]   *Véase* sentencia en el caso *Raxcacó Reyes Vs. Guatemala*, Sentencia de 15 de septiembre de 2005, Serie C N° 133, en http://www.corteidh.or.cr/docs/casos/articulos/seriec_133_esp.pdf

[46]   *Ídem*, Párr. 132..

[47]   La Corte citó en apoyo las sentencias dictadas en los casos *Radilla Pacheco vs. México* de 23 de noviembre de 2009, (Párr. 341 y 342) en http://www.corteidh.or.cr/casos/articulos/seriec_209_esp.pdf; *Fernández Ortega y otros. vs. México*, (Párr. 238 y 239), y *Rosendo Cantú y otra vs. México*, de 30 de agosto de 2012 (Párr. 221 y 222) en http://www.corteidh.or.cr/docs/casos/articulos/seriec_215_esp.pdf .

res internacionales en la materia y de la Convención Americana, de conformidad con lo establecido en esta Sentencia."[48]

V. CONTROL DE CONVENCIONALIDAD Y CONTROL DE CONSTITUCIONALIDAD

Por todo ello, en nuestro criterio, el desarrollo del control de convencionalidad en la doctrina establecida por la Corte Interamericana, no supedita ni puede supeditar dicho control a la existencia de un determinado sistema de justicia constitucional que se pueda haberse desarrollado en cada país. Por ello consideramos, por ejemplo, que en los países en los cuales no existe un control difuso de la constitucionalidad, nada impide que los jueces y tribunales a los cuales se aplica directamente las previsiones de la Convención Americana, no puedan ejercer el control difuso de convencionalidad. Tal es el caso, por ejemplo, en los países en los cuales existen sistemas de justicia constitucional exclusivamente concentrados (Bolivia, Chile, Costa Rica, El Salvador, Honduras, Panamá. Paraguay y Uruguay), donde además de que las previsiones de la Convención Americana formen parte del bloque de constitucionalidad, las mismas obligan a todos los jueces y tribunales nacionales, siendo de aplicación directa por parte de todos ellos. Sin embargo, por ejemplo, en relación con Chile, a pesar de coincidir en que el control de convencionalidad es distinto al control de constitucionalidad, Humberto Noguera Alcalá, en definitiva hace depender uno de otro y considera que en dicho país, el control de convencionalidad sólo lo puede ejercer el órgano que ejerce el control de constitucionalidad que en ese caso es de carácter concentrado, que es el Tribunal Constitucional.[49] Al contrario Néstor Pedro Sagües, considera que todos los jueces en el ámbito interno deben ejercer el control de convencionalidad "que aunque no se encuentre habilitado para declarar la inconstitucionalidad, vgr., a una regla del Código Civil, de todos modos tiene, en el máximo esfuerzo posible, que modularla y hacerla operar conforme y no contra, a la Constitución Local."[50]

En nuestro criterio, sin embargo, cuando afirmamos que todos los jueces nacionales tienen competencia para ejercer el control de convencionalidad, es para ejercerlo, de manera que aún en los países que tienen un sistema concentrado de

---

[48]   *Véase* sentencia de la Corte Interamericana en el caso *Cabrera García y Montiel Flores vs. México* de 26 de noviembre de 2010 (Párr. 234), en http://www.corteidh.or.cr/docs/casos/articulos/seriec_220_esp.pdf

[49]   *Véase* Humberto Noguera Alcalá, "Los desafíos del control de convencionalidad del *corpus iuris interamericano*. Para los tribunales nacionales, en especial, para los Tribunales Constitucionales," en Eduardo Ferrer Mac Gregor (Coordinador), *El control difuso de convencionalidad. Diálogo entre la Corte Interamericana de Derechos Humanos y los jueces nacionales),* FUNDAp, Querétaro, México 2012, pp. 354, 363.

[50]   *Véase* Néstor Pedro Sagües, "El 'control de convencionalidad' en el sistema interamericano y sus anticipos en el ámbito de los derechos económico–sociales. Concordancias y diferencias con el sistema europeo," en Eduardo Ferrer Mac Gregor (Coordinador), *El control difuso de convencionalidad. Diálogo entre la Corte Interamericana de Derechos Humanos y los jueces nacionales),* FUNDAp, Querétaro, México 2012, p. 426.

control de constitucionalidad, y a pesar del control concentrado de constitucionalidad existente, todos los jueces y tribunales deben aplicar la Convención Americana y por ello están llamados a ejercer el control difuso de convencionalidad, lo que implica que en caso de incompatibilidad o conflicto entre una norma interna que deban aplicar para resolver un caso concreto y normas de la Convención Americana, deben dar preferencia a éstas y desaplicar las normas de derecho interno contrarias a la Convención. Dicho control de convencionalidad que los jueces deben ejercer, por supuesto, lo deben realizar, como lo precisó la Corte Interamericana, "en el marco de sus respectivas competencias y de las regulaciones procesales pertinentes." Ello es, de acuerdo con su competencia por la materia, el grado y el territorio que tengan en el ámbito interno, sin que en ello tenga ningún condicionante la competencia que puedan tener en materia de control de constitucionalidad, que es otra cosa.

Por tanto, no estamos de acuerdo que en materia de control de convencionalidad, se pueda afirmar, como lo hizo por ejemplo la Suprema Corte de México en la sentencia de 14 de julio de 2011 (Caso *Rosendo Radilla Pacheco*, Sentencia de la Corte Interamericana de Derechos Humanos), en el sentido general de que el ejercicio de este control difuso de convencionalidad "deberá adecuarse al modelo de control de constitucionalidad existente en nuestro país" o que "debe ser acorde con el modelo general de control establecido constitucionalmente."[51]

---

[51]   La Suprema Corte estableció:"Estos mandatos contenidos en el artículo 1o. constitucional, reformado mediante Decreto publicado en el Diario Oficial de la Federación de 10 de junio de 2011, deben interpretarse junto con lo establecido por el diverso 133 para determinar *el marco dentro del que debe realizarse el control de convencionalidad ex officio en materia de derechos humanos a cargo del Poder Judicial, el que deberá adecuarse al modelo de control de constitucionalidad existente en nuestro país.* Es en la función jurisdiccional, como está indicado en la última parte del artículo 133 en relación con el artículo 1o. constitucionales, en donde *los jueces están obligados a preferir los derechos humanos contenidos en la Constitución y en los tratados internacionales,* aun a pesar de las disposiciones en contrario que se encuentren en cualquier norma inferior. Si bien los jueces no pueden hacer una declaración general sobre la validez o expulsar del orden jurídico las normas que consideren contrarias a los derechos humanos contenidos en la Constitución y en los tratados (como sí sucede en las vías de control directas establecidas expresamente en los artículos 103, 105 y 107 de la Constitución), sí están obligados a dejar de aplicar las normas inferiores dando preferencia a las contenidas en la Constitución y en los tratados en la materia*" [...]* El mecanismo para el control de convencionalidad *ex officio* en materia de derechos humanos a cargo del Poder Judicial debe ser acorde con el modelo general de control establecido constitucionalmente." Sentencia en http://www2.scjn.gob.mx/AsuntosRelevantes/pagina/SeguimientoAsuntosRelevante sPub.aspx?ID=121589&SeguimientoID=225. Véase los comentarios y la trascripción de las partes pertinentes de dichas sentencias e Alfonso Jaime Martínez Lazcano, "Control difuso de convencionalidad en México," en Boris Barrios González (Coordinador), *Temas de Derecho Procesal Constitucional Latinoamericano*, Memorias I Congreso panameño de Derecho Procesal Constitucional y III Congreso Internacional Proceso y Constitución, Panamá 2012, pp. 209– 210. Publicado también en *REDESG / Revista Direitos Emergentes na Sociedade Global –* www.ufsm.br/redesg v. 2, n. 1, jan.jun/2013. Véase además el trabajo del mismo autor: "El control difuso de convencionalidad y su recepción en México," en

Esta afirmación implica que si en un país no existe el control difuso de la constitucionalidad entonces no se podría ejercer el control difuso de la convencionalidad en materia de derechos humanos. Ello por supuesto, tenía consecuencias en el propio México, pues al momento de dictarse la sentencia el sistema de justicia constitucional que estaba establecido era el del control concentrado exclusivo de la constitucionalidad de las leyes en la Suprema Corte de Justicia. Con la sentencia, sin embargo, ese control concentrado tuvo que ser reformulado por la propia Corte admitiéndose en paralelo el control difuso de constitucionalidad aunque en principio solo en materia de derechos humanos, modificándose y dejándose sin efectos la jurisprudencia anterior de la misma Corte que excluía expresamente el control difuso de la constitucionalidad de las leyes que sin embargo desde el siglo XIX estaba previsto en el artículo 133 de la Constitución.[52]

La afirmación general de la sentencia, por supuesto también tiene repercusiones en países como Panamá, Costa Rica o Chile, donde sólo existe un sistema de control concentrado de constitucionalidad que ejerce en exclusiva la Corte Suprema y no existe control difuso de constitucionalidad,[53] lo que podría llevar a la conclusión que los jueces en general no podrían ejercer el control de convencionalidad.[54] Esa aproximación limitante por ejemplo es a la cual llegó el magistrado Jerónimo Mejía Edwards de la Corte Suprema de Panamá, al indicar también que el control de convencionalidad en el ámbito interno debe ejercerse "a la luz del sistema de constitucionalidad previsto en el país"[55] o "a la luz de las disposi-

---

Primera Instancia. Revista Jurídica. Colegios de abogados procesalistas de América latina, en http://www.primerainstancia.com.mx/articulos/el-control-difuso-de-convencionalidad-y-su-recepcion-en-mexico/. *Véase* igualmente las referencias en Víctor Bazán y Claudio Nash (Editores), *Justicia Constitucional y derechos Fundamentales. El Control de Convencionalidad 2011,* Centro de Derechos Humanos Universidad de Chile, Konrad Adenauer Stiftung, 2011, pp. 41, 80.

[52] *Véase l*a tesis P./J. 73/99 y P./J. 74/99 anteriormente citadas aparecen publicadas en el *Semanario Judicial de la Federación* y su *Gaceta,* Novena Época, Tomo X, agosto de 1999, páginas 18 y 5, respectivamEn lnte. La sentencia dictada en el caso Rosendo Radilla Pacheco, en efecto, la Suprema Corte "resolvió que los juzgadores de todo el país, incluidos los de los Estados y el Distrito Federal, están obligados, en los casos concretos que les toque resolver, a verificar que las leyes y en general, todas las normas jurídicas aplicables, sean conformes a la Constitución Federal y a los Tratados Internacionales *sobre Derechos Humanos*

[53] *Véase* Allan R. Brewer–Carías, "El sistema panameño de justicia constitucional a la luz del Derecho Comparado," en *Revista Novum Ius,* Edicion N° 15°, Editada por los Miembros de la Asociación Nueva Generación Jurídica publicación estudiantil de la Facultad de Derecho y Ciencias Políticas de la Universidad de Panamá, Panamá, 2010. pp. 130–168

[54] Como se señaló, así lo considera por ejemplo respecto de Chile, *Véase* Humberto Noguera Alcalá, "Los desafíos del control de convencionalidad del *corpus iuris interamericano.* Para los tribunales nacionales, en especial, para los Tribunales Constitucionales," en Eduardo Ferrer Mac Gregor (Coordinador), *El control difuso de convencionalidad. Diálogo entre la Corte Interamericana de Derechos Humanos y los jueces nacionales),* FUNDAp, Querétaro, México 2012, pp. 354, 363.

ciones internas que reglamentan el control de constitucionalidad de las leyes y demás actos del Estado,"[56] concluyendo que tratándose en el caso de Panamá de un sistema completamente concentrado de control de constitucionalidad, el control de convencionalidad solo puede ejercerse "a través de esos mecanismos que se efectúa el control de constitucionalidad" pudiendo los jueces en caso de encontrar una incompatibilidad entre una ley y la Convención Americana, solamente elevar la consulta respectiva ante la Corte Suprema de Justicia para que sea ésta la que ejerza el control de convencionalidad.[57]

En estos casos de países en los cuales no existe control difuso de la constitucionalidad de las leyes, el propio juez Eduardo Ferrer Mac Gregor, quién también ha contribuido al desarrollo conceptual de los contornos del control de convencionalidad en nuestros países, particularmente en su Voto razonado a la sentencia de la Corte Interamericana en el caso *Cabrera García y Montiel Flores v. México* de 26 de noviembre de 2010, ha estimado que en esos casos en los cuales el control de convencionalidad es ejercido por los jueces y tribunales en países en los cuales no existe control difuso de constitucionalidad, se trata de un control de "menor intensidad" quedando limitado el juez, en esos casos, a sólo producir "interpretaciones conformes" a la Convención, sin poder decidir sobre la inaplicabilidad de normas cuando son inconvencionales.[58]

El razonamiento del juez Ferrer Mac Gregor parte de la interpretación de la frase de la jurisprudencia de la Corte Interamericana, según la cual el control de convencionalidad que deben ejercer todos los jueces de oficio, lo deben realizar "evidentemente en el marco de sus respectivas competencias y de las regulacio-

---

[55]   *Véase* Jerónimo Mejía Edwards, "Control de constitucionalidad y convencionalidad en Panamá," en Boris Barrios González (Coordinador), *Temas de Derecho Procesal Constitucional Latinoamericano*, Memorias I Congreso panameño de Derecho Procesal Constitucional y III Congreso Internacional Proceso y Constitución, Panamá 2012, pp. p. 258

[56]   *Ídem*, p. 261

[57]   *Ídem*, 261–263

[58]   *Véase* Eduardo Ferrer Mac Gregor, Voto razonado a la sentencia caso *Cabrera García y Montiel Flores vs. México* de 26 de noviembre de 2010 (Párr. 37), en http://www.corteidh.or.cr/docs/casos/articulos/seriec_220_esp.pdf El mismo juez Ferrer Mac Gregor ha agregado: "En caso de incompatibilidad absoluta, donde no exista "interpretación convencional" posible, si el juez carece de facultades para desaplicar la norma, se limitará a señalar la inconvencionalidad de la misma o, en su caso, "plantear la duda de inconvencionalidad" ante otros órganos jurisdiccionales competentes dentro del mismo sistema jurídico nacional que puedan ejercer el "control de convencionalidad" con mayor intensidad. Así, los órganos jurisdiccionales revisores tendrán que ejercer dicho "control" y desaplicar la norma o bien declarar la invalidez de la misma por resultar inconvencional (Párr. 39), *Ídem*. *Véase* igualmente en Eduardo Ferrer Mac Gregor, "Interpretación conforme y control difuso de convencionalidad. El nuevo paradigma para el juez mexicano," en Eduardo Ferrer Mac Gregor (Coordinador), *El control difuso de convencionalidad. Diálogo entre la Corte Interamericana de Derechos Humanos y los jueces nacionales)*, FUNDAp, Querétaro, México 2012, pp. 110, 123, 147, 148

nes procesales correspondientes,"[59] considerando sin embargo que la misma no puede interpretarse como "limitante para ejercer el "control difuso de convencionalidad," sino como una manera de "graduar" la intensidad del mismo;[60] concluyendo entonces con su apreciación de que "el grado de intensidad del "control difuso de convencionalidad" disminuye en aquellos sistemas donde no se permite el "control difuso de constitucionalidad" y, por consiguiente, no todos los jueces tienen la facultad de dejar de aplicar una ley al caso concreto."[61]

Estimamos, al contrario, que en relación con este control difuso de convencionalidad que ha definido la jurisprudencia de la Corte Interamericana para ser ejercido en el ámbito interno, "implica que todos los jueces, sin distinción, pueden ejercerlo,"[62] independientemente de que el sistema de justicia constitucional no admita el ejercicio del control difuso de constitucionalidad, por parte de los jueces ordinarios.[63]

Es sin duda útil hacer la comparación entre el sistema de control de constitucionalidad y el control de convencionalidad, como lo hizo en su momento el juez

---

[59] *Véase* Eduardo Ferrer Mac Gregor, Voto razonado a la sentencia caso *Cabrera García y Montiel Flores vs. México* de 26 de noviembre de 2010 (Párr. 39), en http://www.corteidh.or.cr/docs/casos/articulos/seriec_220_esp.pdf. *Véase* igualmente en Eduardo Ferrer Mac Gregor, "Interpretación conforme y control difuso de convencionalidad. El nuevo paradigma para el juez mexicano," en Eduardo Ferrer Mac Gregor (Coordinador), *El control difuso de convencionalidad. Diálogo entre la Corte Interamericana de Derechos Humanos y los jueces nacionales), FUNDAp*, Querétaro, México 2012, pp. 147, 151. *Véase* también Claudio Nash Rojas, "Comentarios al trabajo de Víctor Bazán: 'El control de convencionalidad: incógnitas, desafíos y perspectivas," en Victor Bazan y Claudio Nash (Editores), *Justicia Constitucional y derechos Fundamentales. El Control de Convencionalidad 2011*, Centro de Derechos Humanos Universidad de Chile, Konrad Adenauer Stiftung, 2011, p. 65.

[60] *Véase* Eduardo Ferrer Mac Gregor, Voto razonado a la sentencia caso *Cabrera García y Montiel Flores vs. México* de 26 de noviembre de 2010 (Párr. 35), en http://www.corteidh.or.cr/docs/casos/articulos/seriec_220_esp.pdf.

[61] *Ídem*, Párr. 37. *Véase* también Aylín Ordóñez Reyna, "Apuntes a Él control de convencionalidad: incógnitas, desafíos y perspectivas,'" de Víctor Bazán, en Victor Bazán y Claudio Nash (Editores), *Justicia Constitucional y derechos Fundamentales. El Control de Convencionalidad 2011*, Centro de Derechos Humanos Universidad de Chile, Konrad Adenauer Stiftung, 2011, p. 80

[62] *Véase* Alfonso Jaime Martínez Lazcano, "Control difuso de convencionalidad en México," en Boris Barrios González (Coordinador), *Temas de Derecho Procesal Constitucional Latinoamericano*, Memorias I Congreso panameño de Derecho Procesal Constitucional y III Congreso Internacional Proceso y Constitución, Panamá 2012, p 201

[63] *Véase* las dudas y discusión sobre esta posibilidad de que todos los jueces ejerzan en el ámbito interno el control de convencionalidad aún cuando el sistema de control de constitucionalidad adoptado no los autorice a ejercer el control difuso de constitucionalidad, en Aylín Ordóñez reyna, "Apuntes a Él control de convencionalidad: incógnitas, desafíos y perspectivas' de Víctor Bazán, en Víctor Bazan y Claudio Nash (Editores), *Justicia Constitucional y derechos Fundamentales. El Control de Convencionalidad 2011*, Centro de Derechos Humanos Universidad de Chile, Konrad Adenauer Stiftung, 2011, pp. 75, 76 81.

García Ramírez, pero en nuestro criterio, por ser distintos ambos controles,[64] ello no autoriza a hacer depender el funcionamiento del último respecto de lo que se establezca en el primero.

Por otra parte, de acuerdo con la doctrina de la Corte Interamericana, ese control difuso de convencionalidad lo deben ejercer todos los jueces, sin distinción, *de oficio*, lo que siempre ocurre, por supuesto, en el curso de un proceso que ha sido iniciado a instancia de parte.

Sobre ello, sin embargo, el magistrado Ernesto Jinesta de la Corte Suprema de Costa Rica ha considerado que con la sentencia de la Corte Interamericana en el caso *Trabajadores Cesados del Congreso v. Perú*,[65] se produjo:

> "una modificación o reforma tácita de todas las legislaciones nacionales en materia de acciones de inconstitucionalidad, por cuanto, ahora el respectivo Tribunal o Sala, de oficio y aunque no haya sido solicitado por la parte que plantea la acción, debe efectuar el test de convencionalidad de la norma, disposición o acto interno o local."[66]

De ello concluyó el magistrado Jinesta que:

> "en el Derecho Procesal Constitucional se da un salto parcial, a nivel interamericano, de un sistema dispositivo a uno parcialmente inquisitivo en materia de control de convencionalidad, por lo cual los Tribunales y Salas, so pena de hacer incurrir al Estado respectivo en responsabilidad internacional por omisión, deben efectuar, oficiosamente de convencionalidad, obviamente, todo dentro del marco de sus respectivas competencias y regulaciones procesales domésticas."[67]

Sin embargo, en realidad, la competencia de las Jurisdicciones Constitucionales para poder conocer de oficio, en el curso de un proceso ya incoado por una parte, de vicios de inconstitucionalidad no denunciados, o de los jueces de ejercer de oficio el control difuso de inconstitucionalidad no es nada nuevo en América Latina, habiendo sido consagrado en muchos casos legalmente.[68] Por lo

---

[64] *Véase* Claudio Nash Rojas, "Comentarios al trabajo de Víctor Bazán: 'El control de convencionalidad: incógnitas, desafíos y perspectivas'," en Víctor Bazán y Claudio Nash (Editores), *Justicia Constitucional y derechos Fundamentales. El Control de Convencionalidad 2011*, Centro de Derechos Humanos Universidad de Chile, Konrad Adenauer Stiftung, 2011, p. 65

[65] *Véase* sentencia en el caso *Trabajadores Cesados del Congreso (Aguado Alfaro y otros) v. Perú* de de 24 de noviembre de 2006 (Párr. 128), en http://www.corteidh.or.cr/docs/casos/articulos/seriec_158_esp.pdf

[66] *Véase* Ernesto Jinesta L., "Control de convencionalidad ejercido por los Tribunales y Salas Constitucionales," en Eduardo Ferrer Mac–Gregor, (Coordinador), *El control difuso de convencionalidad. Diálogo entre la Corte Interamericana de derechos humanos y los jueces nacionales. En memoria del Ministro José de Jesús Gudiño Pelayo*, Funda, Querétaro, México 2012, p. 278

[67] *Ídem.*

[68] *Véase* por ejemplo, Allan R. Brewer–Carías, "Régimen y alcance de la actuación judicial de oficio en materia de justicia constitucional en Venezuela", en *Estudios Constitucionales. Revista Semestral del Centro de Estudios Constitucionales*, Año 4,

demás, la referencia que hizo en este sentido la Corte Interamericana en las sentencias citadas sobre este control de convencionalidad de oficio, en nuestro criterio no elimina el principio dispositivo que rige los procesos judiciales, significando que la actuación de oficio para ejercer el control de convencionalidad se tiene que producir siempre en el curso de un proceso iniciado a instancia de parte, aún cuando las partes no lo hayan planteado la cuestión de convencionalidad.

El tema, en todo caso, lo que plantea hacia el futuro como tema de discusión en esta materia, es la posibilidad o el deber, no ya sólo de los tribunales nacionales, sino de la propia Corte Interamericana de poder ejercer de oficio el control de convencionalidad, cuando en los procesos por violación de derechos de la Convención Americana de los cuales esté conociendo, evidencie *motu proprio* la existencia de violaciones respecto de otros derechos de la Convención aún cuando no hayan sido denunciadas por la víctima , y que resulten de las actas del expediente.

New York, noviembre de 2012

N°. 2, Universidad de Talca, Santiago, Chile 2006, pp. 221–250. Publicado en Crónica sobre la "In" Justicia Constitucional. La Sala Constitucional y el autoritarismo en Venezuela, Colección Instituto de Derecho Público. Universidad Central de Venezuela, N° 2, Editorial Jurídica Venezolana, Caracas 2007, pp. 129–159.

SEGUNDA PARTE

SOBRE LA SITUACIÓN Y PROGRESO DE LA JUSTICIA CONSTITUCIONAL EN AMÉRICA LATINA

§5. UNA APROXIMACIÓN COMPARATIVA SOBRE LA JUSTICIA CONSTITUCIONAL EN AMÉRICA LATINA*

La justicia constitucional tiene por objeto, ante todo, asegurar la supremacía normativa de la Constitución por sobre todo acto estatal, es decir, sobre todo acto dictado en ejercicio del Poder Público, incluyendo, por supuesto, las leyes y demás actos del Parlamento. Como consecuencia, los tribunales llamados a ejercer tal control de constitucionalidad pueden anular todos los actos estatales que sean inconstitucionales o declararlos y considerarlos nulos por inconstitucionales e inaplicarlos en los casos concretos que decidan.

En este contexto, el control de constitucionalidad también tiene por objeto particular asegurar la vigencia de la parte dogmática de la Constitución, es decir, de los derechos declarados en el texto fundamental, así como de todos los que sin estar enumerados en forma expresa, sean inherentes a la persona humana. A estos efectos es que se han establecido, además, acciones específicas de protec-

---

* Este estudio con referencias al sistema de justicia constitucional en el derecho comparado latinoamericano está basado en lo que hemos expuesto en: Allan R. Brewer–Carías, *Judicial Review in Comparative Law*, Cambridge University Press, 1989; "La Jurisdicción Constitucional en América latina", en Domingo García Belaúnde y Francisco Fernández Segado, *La Jurisdicción Constitucional en Iberoamérica*, Madrid 1997, pp. 117–161; *El sistema mixto o integral de control de constitucionalidad en Colombia y Venezuela*, Bogotá, 1995; y *Études de Droit Public Comparé*, Bruylant, Bruxelles 2001. Igualmente en el estudio sobre "El sistema de justicia constitucional de honduras," en el libro *El sistema de Justicia constitucional de Honduras. Comentarios a la Ley sobre Justicia Constitucional de enero de 2004*, Instituto Interamericano de Derechos Humanos, San José 2004, pp. 1–148.

ción como las de amparo, hábeas corpus y hábeas data.[1] Además, el control judicial de la constitucionalidad también tiene por objeto asegurar la efectiva vigencia de la parte orgánica de la Constitución, la cual en el mundo moderno y en el Estado democrático, siempre se ha construido sobre la base de los principios tanto de la separación orgánica de poderes, como de la distribución territorial del Poder Público. Es decir, en definitiva, el control de constitucionalidad busca asegurar la vigencia de las normas constitucionales tanto atributivas de poder como limitativas del mismo.

En tal sentido, a los efectos de velar por el respeto del principio de la separación de poderes, el Poder Judicial es el llamado a resolver los conflictos entre los Poderes Legislativo y Ejecutivo y, además, respecto de los otros órganos constitucionales con autonomía funcional, de manera que todos actúen conforme a los poderes atribuidos en la Constitución, sancionando toda usurpación, por inconstitucionalidad.

Además, corresponde a los órganos judiciales encargados del control de la constitucionalidad, mantener el principio de la distribución territorial del poder que establece la Constitución conforme al esquema de descentralización política que disponga, haciendo respetar la autonomía de las entidades regionales y municipales que están constitucionalmente establecidas.

Por último, también forma parte del objeto del control judicial de la constitucionalidad, velar por el mantenimiento del régimen político democrático, de manera de asegurar que no se rompa; sancionando cualquier actuación que sea contraria a los valores de la democracia que establece la Constitución. Por ello, incluso, en algunos países, los Tribunales Constitucionales tienen competencias para proscribir la actuación de partidos políticos cuyo objeto sea destruir la democracia misma.

Ahora bien, a los efectos de asegurarle al Poder Judicial la posibilidad de asumir el rol esencial que debe tener en el Estado Constitucional de derecho, de interpretación de la Constitución y de ejercer el control de la constitucionalidad de los actos estatales; en el mundo contemporáneo se han venido estableciendo una variedad de sistemas de justicia constitucional de acuerdo a las peculiaridades de cada país y de cada sistema constitucional. Estos sistemas de justicia constitucional, en definitiva se pueden agrupar en relación con él o los órganos judiciales llamados a ejercer tal control de la constitucionalidad.

En efecto, en todos los sistemas de justicia constitucional, la potestad de ejercer el control de la constitucionalidad siempre se atribuye, o a todos los jueces que integran el Poder Judicial, o a un solo órgano del mismo. De allí la clásica distinción de los sistemas de justicia constitucional según el método de control que se ejerce: en primer lugar, el método difuso de control, cuando el poder para apreciar la constitucionalidad o inconstitucionalidad de las leyes y, en su caso, declarar su inconstitucionalidad, se atribuye a todos los jueces de un país, cualquiera que sea su jerarquía; y en segundo lugar, el método concentrado de con-

---

[1]   Allan R. Brewer–Carías, *Constitutional Protection of Human Rights in Latin America. A Comparative Study of the Amparo Proceedings*. Cambridge University Press. New York, 2009, 432 pp.

trol, conforme al cual el poder anulatorio de las leyes y demás actos estatales contrarios a la Constitución se atribuye a un solo órgano judicial, sea a la Corte Suprema de Justicia del país o a un Tribunal Constitucional especialmente creado para ello.

Ambos sistemas de justicia constitucional, sin duda, responden a principios diferentes, pero pueden coexistir en paralelo, como sucede en buena parte de los regímenes constitucionales de los países latinoamericanos.

En el mundo contemporáneo, por tanto, ya no es posible sostener que el sistema de justicia constitucional que se establezca en un país, tiene que optar entre uno u otro método de control, el concentrado o el difuso, y menos señalar que alguno de ellos pueda ser *incompatible* con los sistemas jurídicos del *common law* o del derecho civil. La realidad muestra, efectivamente, que en una forma u otra, ambos métodos de control de la constitucionalidad coexisten en muchos países, particularmente en América Latina, donde se ha venido configurando un sistema mixto o integral de control de constitucionalidad.

El método difuso de control de constitucionalidad, como poder atribuido a todos los jueces de un país para poder decidir sobre la inconstitucionalidad de una ley que deba aplicarse en un caso concreto, desaplicándola y aplicando preferentemente la Constitución, responde al principio de la garantía objetiva de la supremacía de la Constitución. Conforme a este principio, todo acto contrario a la Constitución debe considerarse nulo; y todos los jueces tienen el poder-deber de apreciar dicha nulidad. Ello es la consecuencia lógica cuando se habla de la Constitución como ley suprema.

Este método de control tiene su origen en los Estados Unidos de Norteamérica, precisamente a raíz de la sentencia dictada en el caso *Marbury vs. Madison* de 1803, en la cual la Corte Suprema de ese país aplicó la Constitución como ley suprema, desaplicando la ley correspondiente al decidir un caso concreto, la cual se consideraba que contrariaba la Constitución, siendo por tanto considerada nula. El método difuso de control fue luego adoptado, también en forma pretoriana, en Argentina (1860) y Brasil (1890) y luego, incluso incorporado al texto expreso de muchas leyes y Constituciones. Así sucedió por ejemplo, en el Código de Procedimiento Civil venezolano (1897) y luego entre otras, en las Constituciones de Colombia (1910), Bolivia (1994), Perú (1993), Venezuela (1999).

El método difuso de control de la constitucionalidad, en todo caso, se caracteriza por ser de carácter incidental, en el sentido de que se ejerce al decidirse un caso concreto, como poder que puede ejercer cualquier juez, incluso de oficio. En estos casos, en consecuencia, la decisión adoptada sólo tiene efectos *inter partes* y meramente declarativos. El juez, en estos casos, nunca anula la ley, sólo la considera nula, por lo que la decisión tiene efectos *ex tunc, pro praeterito*.

En relación con este método difuso de control de constitucionalidad, se ha planteado el problema de la eventual falta de uniformidad o la disparidad de decisiones que podrían adoptar los jueces de distinta jerarquía, sobre un tema de inconstitucionalidad de una ley. La solución a este problema, en todo caso, se ha establecido mediante correctivos que los propios sistemas constitucionales han ido adoptando, como la atribución del carácter vinculante a la decisión que adopte la Corte Suprema de Justicia en la materia, como sucede en los Estados Unidos de América, y como se ha establecido en Argentina, Colombia o Venezuela, al conocer de un recurso extraordinario de revisión. En efecto, este correctivo deriva de los mecanismos de consulta o revisión extraordinaria de las sentencias que se dicten conforme al método difuso, lo que permite al Tribunal Supremo uniformizar la jurisprudencia y resolver con carácter obligatorio y vinculante sobre el tema. Otro correctivo al problema se logra con el establecimiento, en paralelo al método difuso, del método concentrado de control de constitucionalidad de las leyes.

Por otra parte, en cuanto al método concentrado de control de constitucionalidad, puede decirse que el mismo tiene su origen en América Latina y fue luego desarrollado, durante el siglo XX, en Europa. Se caracteriza por la atribución a un solo órgano judicial (que puede ser el Tribunal o Corte Suprema con o sin Sala Constitucional, o un Tribunal Constitucional especial), del poder de conocer de la impugnación de leyes por inconstitucionalidad, y de anularlas en caso de que sean contrarias a la Constitución, con efectos *erga omnes*.

En América Latina, este poder se atribuyó inicialmente a las Cortes Supremas de Justicia, y luego de que en Europa, a partir de la década de los veinte del siglo pasado y conforme a las propuestas de Hans Kelsen, se comenzaran a crear Tribunales Constitucionales especiales para ejercer el control concentrado, esta figura institucional se introdujo en América Latina, particularmente en Guatemala, Chile, Colombia, Bolivia, Ecuador y Perú.

En otros casos, para ejercer el método concentrado de control de constitucionalidad, se han creado Salas Constitucionales especializadas en las Cortes Supremas de Justicia, como es el caso de Costa Rica, El Salvador, Honduras y Venezuela; y en otros casos, es la Corte Suprema de Justicia la que ejerce el control, como es el caso de Panamá, Nicaragua, México, Uruguay y Paraguay.

El método concentrado de control de constitucionalidad de las leyes, por tanto, se caracteriza por la atribución a un solo órgano judicial del poder anulatorio de las mismas, más que por el hecho de que para tal efecto se cree o exista un Tribunal Constitucional. Lo importante es la concentración de control en un órgano judicial, más que la forma o naturaleza que puede tener el mismo.

Este método concentrado de control de la constitucionalidad, a diferencia del método difuso, se ejerce en un proceso en el cual su objeto principal es, precisamente, la decisión sobre la inconstitucionalidad de una ley, la cual puede consistir en una decisión anulatoria de la misma, con efectos generales, *erga omnes*, y *ex nunc*, es decir *pro futuro* teniendo la decisión en consecuencia, carácter constitutivo.

El método concentrado de control, por otra parte, puede ser previo o posterior, según que se pueda ejercer contra leyes antes de que entren en vigor o sólo una vez que están vigentes. En algunos casos, como en relación con los Tratados, algunas Constituciones permiten la revisión constitucional por el juez constitucional, de la ley aprobatoria antes de que sea publicada, como sucede en Colombia y en Venezuela.

El método concentrado de control, además, puede ser principal o incidental, según que la cuestión de la inconstitucionalidad de la ley llegue al juez constitucional por vía de una acción de inconstitucionalidad, la cual incluso en algunos casos, como sucede en Colombia, Panamá y Venezuela, puede ser una acción popular; o que llegue por vía incidental, por una incidencia planteada en un juicio concreto, como excepción de inconstitucionalidad. La cuestión de inconstitucionalidad, en estos casos, incluso puede ser planteada de oficio por el juez, como sucede en Venezuela.

I. EL MÉTODO DIFUSO DE CONTROL CONSTITUCIONALIDAD EN AMÉRICA LATINA

1. *Antecedentes y fundamento constitucional*

El control de la constitucionalidad de las leyes, cuando se atribuye a todos los jueces cualquiera que sea su rango y jerarquía, como se dijo, da lugar a lo que se ha denominado el control difuso de la constitucionalidad de las leyes, el cual tiene su origen en los principios del constitucionalismo *norteamericano* y que se extendió, en especial durante el Siglo pasado, a casi todos los países *latinoamericanos*.

De acuerdo con el método difuso, la facultad de declarar la inconstitucionalidad de las leyes se atribuye a todos los jueces de un país determinado, pues si la Constitución es la ley suprema del país y si se reconoce el principio de su supremacía, la Constitución se impone a cualquier otra ley que le sea incoherente. En consecuencia, las leyes que violan la Constitución o que, de una u otra manera, sean contrarias a sus normas, principios o valores, son nulas y no pueden ser aplicadas por los jueces, quienes deben darle prioridad a la Constitución. Como lo afirmó el juez Marshall, en el caso *Marbury vs. Madison* en 1803, todos los jueces y todos los tribunales deben decidir sobre los casos concretos que les son sometidos "de conformidad con la Constitución, desistiendo de la ley inconstitucional" lo que constituye "la verdadera esencia del deber judicial". Sin embargo, en este sistema de control de la constitucionalidad, este papel le corresponde a todos los tribunales y no a uno en particular, y no debe considerarse sólo como un poder, sino como un deber que les está impuesto para decidir sobre la conformidad de las leyes con la Constitución, inaplicándolas cuando sean contrarias a sus normas.

La esencia del método difuso de control de constitucionalidad, por supuesto, como se dijo, radica en la noción de supremacía constitucional y en su efectiva garantía, en el sentido de que si hay actos que coliden con la Constitución, ellos son nulos y como tales tienen que ser considerados por los Tribunales, los cuales son, precisamente, los llamados a aplicar las leyes.

En consecuencia, el primer aspecto que muestra la racionalidad del método difuso de control de constitucionalidad, como garantía objetiva de la Constitución, es el principio de la nulidad de los actos estatales y, particularmente de las leyes que colidan con la Constitución, lo que significa que un acto estatal nulo no puede producir efectos, y no necesitaría de ningún otro acto estatal posterior para quitarle su calidad usurpada de acto estatal. Al contrario, si otro acto estatal fuera necesario para ello, entonces la garantía no sería la nulidad del acto, sino su anulabilidad.

En conclusión, en el método difuso de control de la constitucionalidad, el deber de todos los jueces es el de examinar la constitucionalidad de las leyes que deban aplicar en el caso concreto, y declarar, cuando ello sea necesario, que una ley particular no debe ser aplicada a la decisión de un proceso específico que el juez esté conociendo, en razón de que es inconstitucional, la cual, por tanto, debe considerarse nula y sin valor, para la resolución del caso.

Lo anterior conduce al aspecto central de la racionalidad del método difuso de control de la constitucionalidad, el cual es que el poder para declarar la inconstitucionalidad de la legislación es atribuido a todos los jueces de un país determinado, y no sólo una Corte o Tribunal en particular. Pero en su origen, la particularidad del sistema norteamericano estuvo en que dicho poder de todos los tribunales no estaba expresamente previsto en la Constitución, aún cuando se derivaba del conjunto del sistema constitucional. En el mismo sentido se desarrolló el sistema en Argentina, como creación pretoriana de la Suprema Corte de la Nación.

Sin embargo, en contraste con el sistema norteamericano y argentino, en los demás países *latinoamericanos* el poder de control difuso de la constitucionalidad de las leyes por parte de todos los jueces se ha establecido expresamente de forma general, como una norma de derecho positivo.

Así, por ejemplo, desde 1910, la Constitución colombiana prevé que:

La Constitución es la norma de normas. En caso de incompatibilidad entre la Constitución y la ley o cualquier otra norma jurídica, se aplicarán las disposiciones constitucionales. (art. 4 C. 1991).

En el mismo sentido, el Código de Procedimiento Civil venezolano desde 1897, establece que:

Cuando la ley vigente cuya aplicación se requiera está en contradicción con cualquiera de las disposiciones constitucionales, los jueces aplicarán preferiblemente esta última. (art. 20).

También en *Guatemala*, desde 1965, la Constitución estableció expresamente el principio que conserva el artículo 204 de la Constitución de 1985, que establece:

Art. 204. Condiciones esenciales de la administración de justicia. Los tribunales de justicia en toda resolución o sentencia observarán obligadamente el principio de que la Constitución de la República prevalece sobre cualquier ley o tratado.

En sentido similar, la Constitución Política de *Bolivia* de 1994, establece que:

Art. 228. La Constitución Política del Estado es la ley suprema del ordenamiento jurídico nacional. Los tribunales, jueces y autoridades la aplicarán con preferencia a las leyes, y éstas con preferencia a cualesquiera otras resoluciones."

Por último, la Constitución Política del *Perú* de 1993, dispone:

Art. 138. La potestad de administrar justicia emana del pueblo y se ejerce por el Poder Judicial a través de sus órganos jerárquicos con arreglo a la Constitución y a las leyes.

En todo proceso, de existir incompatibilidad entre una norma constitucional y una norma legal, los jueces prefieren la primera. Igualmente, prefieren la norma legal sobre toda otra norma de rango inferior.

En cuanto a *Ecuador*, la Constitución de 1998 atribuyó a la Corte Suprema de Justicia y a los tribunales de última instancia competencias "para declarar inaplicable un precepto legal contrario a las normas de la Constitución", no teniendo dicha declaración "fuerza obligatoria sino en las causas en que se pronunciare" (art. 141); competencia que fue eliminada en 2008.

Debe mencionarse, sin embargo, que en países como Honduras y México, la Constitución establece disposiciones similares a las mencionadas, pero sin embargo, el control difuso no se admite. En *Honduras* por ejemplo, la Constitución dispone que "En casos de incompatibilidad entre una norma constitucional y una legal ordinaria, el juez aplicará la primera" (art. 320); y en México, al artículo 133, que contiene la cláusula de supremacía precisa que: "Los jueces de cada Estado se arreglarán a dicha Constitución, leyes y tratados, a pesar de las disposiciones en contrario que pueda haber en las Constituciones o leyes de los Estados." Sin embargo, en Honduras, la Ley sobre la Justicia Constitucional de 2004 no admitió el control difuso; y en México, la jurisprudencia de la Suprema Corte lo ha negado tradicionalmente.

2. *La expansión del método difuso de justicia constitucional hacia América Latina*

Hacia la mitad del Siglo XIX, el sistema norteamericano de control de la constitucionalidad de las leyes puede decirse que influenció la mayor parte de los sistemas latinoamericanos, los cuales terminaron adoptándolo de una u otra forma (Argentina 1860; Venezuela 1858; Brasil 1890; República Dominicana 1844; Colombia 1850), orientándose incluso algunos hacia un sistema mixto o integral, sea agregándole al método difuso el método concentrado del control de la constitucionalidad como en Brasil, o adoptando el sistema mixto o integral desde el principio, como fue el caso de Venezuela, Colombia, Guatemala y Perú. En cambio, el sistema argentino sigue siendo el más parecido al modelo norteamericano.

En efecto, en lo que respecta a Argentina, la Constitución de la República de 1860 establecía, con una terminología muy parecida a la de la Constitución norteamericana, los principios de la supremacía constitucional y el papel que correspondía del Poder Judicial, pero no incluyó norma expresa alguna que confiriera poderes de control de la constitucionalidad de las leyes a la Corte Suprema o a otros Tribunales. Por ello, como sucedió en los Estados Unidos de América, el control de la constitucionalidad también fue una creación de la Suprema Corte, en el caso Sojo (1887) relativo a la inconstitucionalidad de una ley que buscaba ampliar la jurisdicción derivada de la Corte Suprema.

En cuanto al sistema brasilero de control de la constitucionalidad, al igual que el sistema argentino, se trata de uno de los sistemas latinoamericanos más cercanos al modelo norteamericano. Sin embargo, a partir de la Constitución de 1934, puede considerarse como un sistema mixto después de la previsión de una acción directa de inconstitucionalidad, que puede ser intentada ante el Tribunal Supremo Federal con el fin de impugnar una ley.

161

En cuanto al método difuso, éste fue expresamente previsto desde la Constitución de 1891, al atribuirse al Tribunal Supremo Federal competencia para juzgar, mediante recursos extraordinarios, los casos decididos en última instancia por otros tribunales u otros jueces, en primer lugar, cuando las decisiones cuestionadas estén en contradicción con una disposición de la Constitución o nieguen una ley federal o un tratado; en segundo lugar, cuando declaran la inconstitucionalidad de un tratado o de una ley federal, y en tercer lugar, cuando estimen que una ley u otro acto de un gobierno local es contrario a la Constitución o a una ley federal válida (art. 102, III Constitución). Esta norma establece, de esta manera, el método difuso de control de la constitucionalidad, así como la facultad del Tribunal Supremo Federal para intervenir en cualquier procedimiento relativo a la constitucionalidad de las leyes.

En cuanto a *México*, como hemos indicado, la Constitución de 1847, igualmente bajo la influencia del sistema de control de la constitucionalidad *norteamericano*, incluyó en el artículo 133 el método difuso, que no se ha aceptado por la Suprema Corte. Sin embargo, cierto control de constitucionalidad se ejerce pero a través de la atribución a los tribunales federales el deber de "proteger" los derechos y las libertades enumerados en la Constitución contra cualquier acción de los poderes ejecutivo y legislativo de los Estados miembros o de la Federación. El sistema adquirió perfiles propios en la Constitución de 1857, que creó esa institución jurisdiccional única conocida como *juicio de amparo*, regulada en la actualidad en las disposiciones del texto constitucional de acuerdo a las pautas determinadas desde la Constitución de 1917.

Debe señalarse que el juicio de amparo es una institución compleja que comprende por lo menos cinco acciones y procedimientos judiciales diferentes: el amparo libertad (habeas corpus), el amparo judicial (casación), el amparo administrativo (contencioso-administrativo), el amparo agrario y el amparo contra leyes. Entre estos cinco aspectos o contenidos del juicio de amparo, únicamente el último podría considerarse como un medio particular de protección judicial de la Constitución y de control de la constitucionalidad de los actos legislativos, compartiendo algunos puntos comunes con el sistema difuso de control de la constitucionalidad.

En todo caso, en el juicio de amparo, el control judicial de la constitucionalidad de la legislación tiene un carácter incidental con respecto a un procedimiento judicial concreto en el que se plantea la cuestión constitucional, lo que origina el uso del recurso de amparo contra la decisión judicial que aplica la ley anticonstitucional. Este recurso de amparo se intenta contra la "autoridad pública" que dictó el acto cuestionado: el juez que dictó la sentencia; la autoridad administrativa que produjo el acto administrativo; o las autoridades legislativas que sancionaron la ley objeto del amparo contra leyes. Este aspecto pone de manifiesto otra diferencia sustancial en lo que se refiere a las partes involucradas entre el sistema *mexicano* y el método difuso general, pues en el sistema difuso general, las partes en el juicio donde se plantea la cuestión constitucional siguen siendo las mismas del proceso.

Ahora bien, en cuanto al "amparo contra leyes", su particularidad reside en el hecho de que se trata de un procedimiento iniciado mediante una acción directa intentada por un demandante ante un Tribunal Federal de Distrito contra una ley particular, siendo la parte acusada el órgano legislativo que la produjo, el Presidente de la República o los Gobernadores de Estado que la promulgaron, y los Secretarios de Estado quienes la refrendaron y ordenaron su publicación. En estos casos, las decisiones judiciales de los Tribunales federales o de Distrito pueden ser objeto de una revisión por parte de la Corte Suprema de Justicia.

En esta forma, el amparo contra leyes en *México* ha sido considerado como una "acción directa" contra una ley no siendo necesaria para su ejercicio la existencia de un acto administrativo concreto o de una decisión judicial que la aplique. Sin embargo, dado que la cuestión constitucional planteada no puede ser abstracta, sólo las leyes que afectan directamente al demandante, sin necesidad alguna de otro acto del Estado inmediato o posterior, pueden ser objeto de esta acción. Así pues, el objeto de la acción son las leyes auto-aplicativas, es decir, aquellas que, por su contenido causan un perjuicio directo y personal al demandante. Por ello, en principio, la acción de amparo contra leyes debe plantearse ante los tribunales en un plazo de 30 días a partir de su publicación, y la decisión judicial respectiva, por supuesto, como en todo sistema difuso de control de constitucionalidad, tiene efectos *inter partes*.

Debe señalarse, en todo caso, que mediante la reforma constitucional de diciembre de 1994, en *México* se estableció la acción directa de inconstitucionalidad contra las leyes y demás normas de carácter general que se ejerce ante la Suprema Corte de Justicia, con lo cual *México* ha pasado a formar parte de los países con un sistema exclusivamente concentrado de control de constitucionalidad.

La Constitución de *Colombia* de 1991, como se dijo, siguiendo la tradición establecida a partir de la reforma constitucional de 1910, y que se había plasmado en la Ley 57 de 1887, de efímera vigencia, establece en su artículo 4 el principio de la supremacía de la Constitución y la base del sistema de control difuso de la constitucionalidad de las leyes y demás actos normativos. Este sistema de control se ejerce en paralelo al control concentrado atribuido a la Corte Constitucional la cual conoce de la inconstitucionalidad de las leyes mediante acción popular.

En *Venezuela*, también existe un sistema mixto o integral de control de la constitucionalidad, al combinarse el control concentrado que ejerce la Corte Suprema de Justicia mediante acción popular, creado en 1858, con el control difuso, previsto desde 1897, en el Código de Procedimiento Civil.

También conforme al modelo *norteamericano* y basado en el principio de la supremacía de la Constitución, la Constitución *guatemalteca* desde 1921, ha consagrado la facultad de los tribunales para declarar, en sus decisiones, la inaplicabilidad de cualquier ley o disposición de los demás poderes del Estado, cuando sean contrarios a las normas contenidas en la Constitución de la República (art 93, c. Constitución de 1921). Esta facultad de los Tribunales, que se configura como un poder difuso de control judicial, se mantuvo en todos los textos constitucionales hasta que la Constitución de 1965 añadió, al sistema difuso, un poder concentrado de control de la constitucionalidad conferido a un Tribunal Constitucional especialmente creado para ese fin, habiendo sido el primero de estos Tribunales creado en *América Latina*. Por lo tanto, desde 1965, el sistema *guatemalteco* de control judicial también puede considerarse como un sistema mixto o integral.

Finalmente, también existe un sistema mixto de control de la constitucionalidad en el *Perú*, desde la Constitución de 1979, donde se sentaron las bases del método difuso de justicia constitucional y, además, según el modelo español, se creó un Tribunal de Garantías Constitucionales dotado de poderes concentrados de control de la constitucionalidad, que la reforma de la Constitución de 1993, ha convertido en Tribunal Constitucional. Este Tribunal Constitucional es el único de su tipo, en *América Latina*, ubicado fuera del Poder Judicial.

3. *El carácter incidental del método difuso y los poderes ex-officio de los jueces*

El deber de todos los tribunales que deriva del método difuso de control de la constitucionalidad de las leyes, lo que implica el deber de dar preferencia a la Constitución y, en consecuencia, de desaplicar las leyes que consideren inconstitucionales, y por tanto, nulas y sin valor, implica que este deber judicial sólo puede ser cumplido *incidenter tantum,* es decir, en un proceso concreto del cual el juez esté conociendo, y donde la inconstitucionalidad de la ley o norma no es ni el objeto de dicho proceso ni el asunto principal del mismo.

En consecuencia, para que se pueda ejercer el control difuso de la constitucionalidad de las leyes, siempre tiene que existir un proceso ante un Tribunal en cualquier materia, por lo que siempre es un sistema incidental de control, en el sentido de que la cuestión de inconstitucionalidad de una ley y su inaplicabilidad, debe plantearse en un caso o proceso concreto ("*cases or controversies"* como lo ha precisado la jurisprudencia *norteamericana*), cualquiera sea su naturaleza, en el cual la aplicación o no de una norma concreta es considerada por el Juez como relevante para la decisión del caso. En consecuencia, en el método difuso de control de constitucionalidad, el objeto principal del proceso y de la decisión judicial no es la consideración abstracta de la constitucionalidad o inconstitucionalidad de la ley o su aplicabilidad o inaplicabilidad, sino mas bien, la decisión de un caso concreto de carácter civil, penal, administrativo, mercantil, laboral, etc.

Ahora bien, si se trata de un deber de los jueces el aplicar la Constitución en un caso concreto y desaplicar, para su decisión, la ley que consideren inconstitucional, los jueces deberían poder considerar *de oficio* las cuestiones de constitucionalidad, a pesar de que ninguna de las partes en el proceso las haya planteado. De hecho, esta es la consecuencia directa de la garantía objetiva de la Constitución cuando se establece la nulidad de las leyes que le sean contrarias, y lo que, además, produce como consecuencia la reserva dada a los jueces para considerar la nulidad y la inaplicabilidad de una norma en un caso concreto. Por supuesto, en el caso de que la cuestión constitucional se formule por una parte en el proceso, efectivamente debe tratarse de una parte con la legitimación necesaria para actuar como tal, y con el interés requerido para plantear la inaplicabilidad de la ley inconstitucional en el caso concreto.

Debe advertirse, sin embargo, que aún cuando este aspecto de la racionalidad del método difuso de control de la constitucionalidad es seguido en países como *Venezuela*, en general, las normas procesales de la mayoría de los países prohíben a los Tribunales considerar de oficio, al decidir un caso concreto, cualquier cuestión, incluso las cuestiones de inconstitucionalidad· En tal sentido en *Brasil,* al igual que en *Argentina*, conforme al modelo *norteamericano*, los jueces no tienen el poder de juzgar *ex officio* la constitucionalidad de las leyes, la cual debe ser alegada como una excepción o defensa por una de las partes en el procedimiento.

En el caso de *Colombia*, si bien el texto de la Constitución no excluye los eventuales poderes *ex officio* que puedan tener los jueces para decidir solos, y sin que se lo requiera una parte, desaplicar una determinada ley, se ha entendido que lo que se establece en la Constitución es una "excepción de inconstitucionalidad", en el sentido de que, en todo caso, la cuestión constitucional debe plantearse por una de las partes en el proceso mediante una excepción relativa a la aplicabilidad de una ley; parte que debe tener un interés personal y directo en la no aplicación de la ley en el caso concreto.

4. *Los efectos de las decisiones en materia de control difuso de la constitucionalidad*

Otro aspecto de la racionalidad del método difuso de control de constitucionalidad se refiere a los efectos de la decisión que adopten los Tribunales en relación a la constitucionalidad o aplicabilidad de la ley en un caso concreto; y este aspecto de los efectos de la decisión judicial se relaciona con dos preguntas: primero, ¿a quién afecta la decisión?, y segundo, ¿cuándo comienza a surtir efectos?

A. Los efectos *inter partes* de las decisiones

En relación al primer interrogante, la racionalidad del método difuso es que la decisión adoptada por el Juez sólo tiene efectos en relación a las partes en el proceso concreto en la cual aquella se adopta. En otras palabras, en el método difuso de control de constitucionalidad, la decisión adoptada en un caso sobre la inconstitucionalidad e inaplicabilidad de la ley, sólo tiene efectos *in casu et inter partes,* es decir, en relación al caso concreto y exclusivamente en relación a las partes que han participado en el proceso, por lo que no puede ser aplicada a otros particulares. Esta es la consecuencia directa del antes mencionado aspecto relativo al carácter incidental del método difuso de control de constitucionalidad.

En consecuencia, si una ley es considerada inconstitucional en una decisión judicial, esto no significa que dicha ley haya sido invalidada y que no sea efectiva y aplicable en otros casos. Sólo significa que en cuanto concierne a ese proceso particular y a las partes que en él intervinieron en el cual el Juez decidió la inaplicabilidad de la Ley, ésta debe considerarse inconstitucional, nula y sin valor, sin que ello tenga ningún efecto en relación a otros procesos, otros jueces y otros particulares.

B. Los efectos declarativos de las decisiones judiciales

Por otra parte, los efectos *inter partes* de la decisión judicial adoptada conforme al método de control difuso de control de la constitucionalidad, están directamente relacionados con otras cuestiones concernientes también a los efectos de la decisión, pero en el tiempo, es decir, respecto de cuándo comienza a ser efectiva la declaración de inconstitucionalidad y, por supuesto, también en relación a la nulidad como garantía de la Constitución.

Cuando un Juez decide sobre la constitucionalidad de una ley, y la declara inconstitucional e inaplicable a un caso concreto, es porque la considera nula y sin valor, tal cual como si nunca hubiera existido. Por ello, la decisión tiene efectos declarativos: declara que una ley es inconstitucional y consecuentemente que ha sido inconstitucional desde que se dictó. Así, la ley cuya inaplicabilidad se decida por ser contraria a la Constitución, debe ser considerada por el Juez como si nunca hubiera tenido validez y como si siempre hubiese sido nula y sin valor. Por ello es que se dice que la decisión del Juez, de carácter declarativa, tiene efectos *ex tunc, pro praeterito* o de carácter retroactivo, en el sentido de que dichos efectos se retrotraen al momento en el cual la norma considerada inconstitucional fue promulgada. El acto legislativo declarado inconstitucional por un Juez conforme al método difuso de control de constitucionalidad, por tanto, es considerado, *ab initio* como nulo y sin valor, por lo que no es anulado por el Juez sino que éste sólo lo considera como nulo.

Por tanto, en estos casos de control constitucional difuso, los jueces no pueden anular la ley sino considerarla inconstitucional, no pudiendo los efectos de su decisión extenderse o generalizarse a otros casos o sujetos. Por el contrario, tal como sucede en todos los sistemas con control judicial difuso, el Tribunal debe limitarse a decidir la no aplicación de la ley inconstitucional en el caso concreto, por supuesto, sólo cuando ello resulta pertinente para la resolución del caso. Por ello, la ley que ha sido inaplicada en un caso concreto, sigue vigente, y otros jueces pueden seguir aplicándola. Inclusive, el juez que decide no aplicar la ley en un caso concreto, podría cambiar de opinión en un juicio posterior.

5. *Las variadas soluciones al problema de la ausencia de uniformidad de las decisiones judiciales que provoca el sistema difuso*

Una cuestión central en relación al método difuso de control de la constitucionalidad de las leyes es la relativa a los efectos prácticos que puede tener su adopción, particularmente en cuanto a la ausencia de unidad de decisiones, de manera que para evitar la incertidumbre del orden legal y las posibles contradicciones en relación a la aplicabilidad de las leyes, se han establecido correcciones a estos efectos declarativos e *inter partes* de las decisiones, a través de la doctrina *stare decisis* o mediante regulaciones de derecho positivo, cuando las decisiones se adoptan por la Corte Suprema de Justicia de un país.

En efecto, en ausencia de método alguno de control de la constitucionalidad en *Europa*, antes de los años veinte y con el marco tradicional del principio de la separación de poderes basado en la soberanía del Legislador, la supremacía de la Ley y la desconfianza en los tribunales como órganos de control de la acción legislativa, una de las críticas fundamentales formuladas al método difuso de control de la constitucionalidad fue, no sólo la ausencia de uniformidad de las decisiones de control, sino la incertidumbre que podía derivarse de las eventuales decisiones contradictorias que podían dictarse en la materia.

En realidad, estos problemas existen en todos los países que han adoptado el método difuso, no pudiendo considerarse como esencialmente peculiares a los países con tradición de derecho romano que lo hayan adoptado, y si bien es cierto que la doctrina *stare decisis* en los países del *common law* es una corrección a los problemas anotados, la misma no es absoluta, pues no todos los casos en los cuales los tribunales inferiores decidan cuestiones de constitucionalidad, por ejemplo, en los *Estados Unidos de Norteamérica*, llegan a la Corte Suprema, la cual decide discrecionalmente los casos que conoce (*writ of certiorary*).

Por otra parte, y aún cuando la doctrina *stare decisis,* tal como es conocida en los países del *common law,* en general no se aplica en países con sistemas jurídicos de la tradición del derecho romano, aquellos en los cuales se ha establecido un método difuso de control de constitucionalidad han adoptado, paralelamente, sus propios correctivos a los problemas planteados, con efectos similares. Por ejemplo, en el sistema de amparo *mexicano*, la Constitución establece el principio de que la Ley de Amparo debe precisar los casos en los cuales la "jurisprudencia", es decir, los precedentes judiciales de las Cortes Federales, deben ser obligatorios (art. 107 Sección XIII, parágrafo 1 de la Constitución, Enmienda de 1950-1951). Por ello, la Ley de Amparo establece los casos en los cuales las decisiones de la Corte Suprema e, incluso, de las Cortes de Circuito, deben considerarse como precedentes obligatorios, lo que sucede sólo cuando se hayan dictado cinco decisiones consecutivas, que no sean interrumpidas por alguna decisión incompatible, con el mismo efecto.

Los efectos de esta "jurisprudencia", parcialmente han sido considerados como equivalentes a los que resultan del principio *stare decisis.* Incluso, en el sistema de amparo *mexicano*, el llamado "amparo contra leyes" ha sido desarrollado también como una acción extraordinaria de inconstitucionalidad de leyes auto-aplicativas, que afecten directamente derechos de un individuo, y que pueden ser impugnadas ante las Cortes Federales, permitiéndoles juzgar la inconstitucionalidad de la ley sin relación alguna con un proceso concreto.

En sentido similar, en *Argentina* y *Brasil*, países que también siguen de cerca el modelo *norteamericano* en el sentido del poder otorgado a todos los tribunales de decidir no aplicar las leyes basados en consideraciones constitucionales, se ha establecido la institución procesal denominada "recurso extraordinario de inconstitucionalidad" que puede formularse ante la Corte Suprema contra decisiones judiciales adoptadas en última instancia en las cuales se considera una Ley federal como inconstitucional e inaplicable al caso concreto. En estos casos, la decisión adoptada por la Corte Suprema tiene efectos *in casu et inter partes,* pero siendo dictada por el Tribunal Supremo, tiene de hecho efectos obligatorios respecto de los tribunales inferiores. El mismo sistema se estableció en *Colombia* al atribuirse a la Corte Constitucional la potestad de revisar las sentencias de amaro. En el caso de Venezuela, la Constitución de 1999 también previó expresamente la competencia de la Sala Constitucional del Tribunal Supremo para conocer de un recurso de revisión contra sentencias definitivas dictadas por los tribunales de instancia cuando ejercer el control difuso de la constitucionalidad de las leyes, cuyo conocimiento es discrecional por parte de la Sala, la cual puede adoptar interpretaciones constitucionales vinculantes para todos los órganos jurisdiccionales. En Honduras, igualmente, en cuanto a las sentencias dictadas por los tribunales de instancia en materia constitucional, se prevé un mecanismo de consulta obligatoria para ante la Sala de lo Constitucional de la Corte Suprema de Justicia, la cual también está facultada para conocer y resolver solamente aquellos casos que discrecionalmente seleccione por su importancia constitucional, y en cuyo caso, el criterio que establezca en materia constitucional será de obligatorio acatamiento por los órganos jurisdiccionales (art. 74).

Finalmente, en los otros países con tradición de derecho romano donde se ha adoptado el método difuso de control de la constitucionalidad, debe tenerse en cuenta, particularmente en materia de casación, el valor de las decisiones de la Sala de Casación de la Corte Suprema para los Tribunales de instancia. En *Venezuela*, el Código de Procedimiento Civil establece que "los jueces de instancia procurarán acoger la doctrina de casación establecida en los casos análogos, para defender la integridad de la legislación y la uniformidad de la jurisprudencia" (art. 321).

Pero en los casos en que los asuntos no lleguen a la Sala de Casación, los países de tradición de derecho romano con método difuso de control de constitucionalidad, también han establecido correctivos a los problemas originados por la incertidumbre y conflictividad de decisiones judiciales, mediante el establecimiento de un sistema mixto o integral de control de constitucionalidad, que combina el método difuso con el método concentrado. En *América Latina* este es el caso de *Bolivia, Colombia, Guatemala, Perú, Venezuela*, donde paralelamente al método difuso de control de constitucionalidad expresamente previsto en el derecho positivo, también existe el método concentrado de control de constitucionalidad, que autoriza a la Corte Suprema de Justicia o a la Corte Constitucional para anular formalmente las leyes inconstitucionales, con efectos *erga omnes,* cuando es requerida mediante el ejercicio de una acción que incluso puede ser *actio popularis,* como en *Colombia* y *Venezuela*, es decir, que puede ser interpuesta por cualquier persona.

En consecuencia, en estos países, paralelamente al poder atribuido a cualquier tribunal para considerar en un caso concreto una ley como inconstitucional y desaplicarla, la Corte Suprema de Justicia o la Corte Constitucional tiene el poder de anular con efectos generales las leyes impugnadas por inconstitucionales.

En consecuencia, en el mismo sentido en que se ha desarrollado la doctrina *stare decisis* en los países con sistemas jurídicos del *common law,* para resolver los problemas de incertidumbre y posible conflictividad entre las decisiones judiciales adoptadas por los diferentes tribunales en materia de inconstitucionalidad de las leyes que un método difuso puede originar; también los países con sistemas jurídicos de tradición de derecho romano que han adoptado el mismo método, han desarrollado diversos mecanismos legales particulares para prevenir los efectos negativos originados por los mencionados problemas, sea otorgando carácter obligatorio a los precedentes, sea asignando los poderes necesarios a una Corte Suprema o a un Tribunal Constitucional para declarar la inconstitucionalidad de las leyes, con carácter general y efectos obligatorios.

Los eventuales problemas originados por la aplicación del método difuso de control de constitucionalidad de las leyes, en consecuencia, son comunes a todos los países que lo han adoptado, sea que pertenezcan a sistemas jurídicos con tradición de derecho romano o de *common law*, por lo que la adopción del método difuso no puede conducir, en sí mismo, a considerarlo como incompatible con los sistemas jurídicos de derecho romano, por el solo hecho que no exista en ellos la regla del *stare decisis*. Ello lo desmiente el caso de *América Latina*.

II. EL MÉTODO CONCENTRADO DE CONTROL DE CONSTITUCIONALIDAD EN AMÉRICA LATINA

1. *Antecedentes*

Contrariamente al método difuso, el método concentrado de control de la constitucionalidad se caracteriza por el hecho de que el ordenamiento constitucional confiere a *un solo órgano estatal* el poder de actuar como juez constitucional, generalmente respecto de ciertos actos estatales (leyes o actos de similar rango dictados en ejecución directa de la Constitución), en general con potestad para anularlos. Excepcionalmente, en algunos casos, como sucede en Panamá, el control de la constitucionalidad que ejerce la Corte Suprema de Justicia no sólo se refiere a las leyes y demás actos de rango legal, sino materialmente a todos los actos estatales, lo que lo hace único en el mundo.

Este método concentrado de control puede ser *exclusivamente* concentrado como sucede en Panamá, Uruguay, Costa Rica o Paraguay y Honduras y México; o puede estar establecido en forma combinada con el método difuso de control, como sucede en Colombia, El Salvador, Venezuela, Guatemala, Brasil, Perú y Bolivia.

Ahora bien, el órgano estatal dotado del privilegio de ser el único juez constitucional de las leyes con poderes anulatorios (o derogatorios) de las mismas en el sistema concentrado de control de la constitucionalidad, puede ser la Corte Suprema de Justicia ubicada en la cúspide de la jerarquía judicial de un país, como es el caso por ejemplo en *México*; una Sala Constitucional de la Corte Suprema de Justicia, como sucede en Costa Rica, El Salvador, Venezuela y Honduras o una Corte o Tribunal Constitucional creado especialmente por la Constitución, dentro o fuera de la jerarquía judicial para actuar como único juez constitucional, como es el caso de *Colombia, Chile, Perú, Guatemala, Ecuador* y *Bolivia*. En ambos casos, estos órganos tienen en común el ejercicio de una actividad jurisdiccional, como jueces constitucionales.

Por ello, el método concentrado de control de la constitucionalidad, aun cuando sea generalmente similar al "modelo *europeo*" de Tribunales constitucionales especiales, no implica necesariamente la existencia de un Tribunal Constitucional especial, incluso concebido constitucionalmente fuera del Poder Judicial. La experiencia *latinoamericana* de control concentrado de la constitucionalidad así lo demuestra, pues en general, han sido las Cortes Supremas de Justicia las que lo han ejercido; y en los casos en los cuales se ha atribuido a Tribunales Constitucionales el ejercicio del control, estos están dentro del Poder Judicial (*Guatemala, Colombia, Ecuador* y *Bolivia*) con la excepción de los casos de *Chile* y del *Perú*, cuyas Constituciones regularon a los Tribunales Constitucionales fuera del Poder Judicial.

A diferencia del método difuso de control de la constitucionalidad de las leyes, el método concentrado de control de la constitucionalidad, al tener el juez constitucional en general potestades anulatorias (derogatorias, conforme a la terminología de Honduras), evidentemente que no puede desarrollarse como consecuencia de la labor pretoriana de los jueces, sino que debe ser expresamente establecido, *expressis verbis,* por normas constitucionales. En esta forma, la Constitución, como Ley suprema de un país, es el único texto que puede limitar los poderes y deberes generales de los tribunales para decidir la ley aplicable en cada caso; y es la única habilitada para atribuir dichos poderes y deberes con potestades anulatorias, en lo referente a ciertos actos del Estado, a ciertos órganos constitucionales, sea la Corte Suprema o una Corte o Tribunal Constitucional.

En tal sentido, el control concentrado de la constitucionalidad de las leyes se estableció por primera vez en *América Latina,* en *Venezuela,* en la Constitución de 1858, al atribuirse a la Corte Suprema de Justicia competencia para conocer de la *acción popular* de inconstitucionalidad de los actos de las Legislaturas Provinciales, precisándose en el artículo 113, ordinal 8° la competencia de la Corte para:

> Declarar la nulidad de los actos legislativos sancionados por las Legislaturas Provinciales, a petición de cualquier ciudadano, cuando sean contrarios a la Constitución.

Esta atribución de la Corte Suprema, a partir de la Constitución de 1893, se amplió respecto de todas las leyes, decretos y resoluciones inconstitucionales (art. 110, ord. 8°).

En el caso de *Colombia,* la competencia de la Corte Suprema de Justicia en materia de control de constitucionalidad se estableció por primera vez en la Constitución de 1886, respecto de los actos legislativos, en forma limitada y preventiva cuando hubiesen sido objetados por el Gobierno (arts. 88, 90 y 151, ord. 4°). Posteriormente, mediante el Acto Legislativo N° 3 de 31 de octubre de 1910 (reformatorio de la Constitución Nacional), el sistema concentrado *colombiano* de justicia constitucional adquirió plena consagración, al establecerse en el artículo 41, la *acción popular* de inconstitucionalidad, al atribuirse a la Corte Suprema de Justicia como "guardián de la integridad de la Constitución", competencia para:

> Decidir definitivamente sobre la exequibilidad de los actos legislativos que hayan sido objetados como inconstitucionales por el Gobierno, o sobre todas las leyes o decretos acusados ante ella por cualquier ciudadano como inconstitucionales, previa audiencia del Procurador General de la Nación.

La *acción popular* de inconstitucionalidad de las leyes, por tanto, tiene su antecedente en la Constitución *venezolana* de 1858 y en la Constitución *colombiana* de 1910; países en los cuales, como se ha visto, además, se previó el control difuso de la constitucionalidad de las leyes, consagrándoselo formalmente (*expressis verbis*) en *Venezuela* a partir de 1897 y en *Colombia,* en un breve período en 1887 y luego, a partir de 1910; configurándose así un sistema mixto o integral de control de la constitucionalidad, al cual se han ido orientando progresivamente los sistemas *latinoamericanos.* Este es el caso, por ejemplo, además de *Venezuela* y *Colombia,* de *Brasil, Perú, El Salvador* y *Guatemala.* No obstante, algunos sistemas de *América Latina,* como el de *Panamá, Uruguay, Paraguay* y *Honduras,* y *México* han permanecido exclusivamente concentrados, países donde sólo la Corte Suprema de Justicia tiene una jurisdicción exclusiva y original para declarar la inconstitucionalidad de las leyes.

Debe destacarse, sin embargo, que la modalidad del método concentrado de control de la constitucionalidad basado en la creación de un órgano constitucional especial, una Corte o un Tribunal para actuar como juez constitucional dotado del poder original y exclusivo para anular las leyes y otros actos de rango y efectos similares, ha marcado la evolución de la justicia constitucional en las últimas décadas en *América Latina*. Bajo la influencia del modelo *europeo*, pero de una manera incompleta, el sistema se ha implantado en *Guatemala*, en la década de los sesenta, y en *Chile* hacia principios de los años 70, con la creación de sendos Tribunales Constitucionales. Luego apareció en *Ecuador* y *Perú* donde fueron creados Tribunales de Garantías Constitucionales convertidos recientemente en Cortes o Tribunales Constitucionales. En 1991, la Constitución de *Colombia*, estableció una Corte Constitucional, al igual que sucedió en *Bolivia*, en 1994.

2. *La diversa configuración del método concentrado de justicia constitucional: exclusivo o combinado con el método difuso*

La esencia de todo sistema de control de la constitucionalidad de las leyes es la noción de supremacía de la Constitución, de manera que si la Constitución es la Ley suprema de un país y, por lo tanto, prevalece ante todas las demás leyes, entonces un acto del Estado que contradiga la Constitución no puede constituir una norma efectiva; al contrario, debe considerarse nulo.

Ahora bien, el principal elemento que aclara la diferencia entre los dos grandes métodos de control de la constitucionalidad (difuso y concentrado) no es una posible distinta concepción de la Constitución y de su supremacía, sino más bien, el tipo de garantía adoptado en el sistema constitucional para preservar dicha supremacía: la nulidad o la anulabilidad del acto inconstitucional. En esta forma, la nulidad de los actos inconstitucionales del Estado es la garantía de la Constitución que conduce al sistema difuso de control de la constitucionalidad; en cambio, la anulabilidad es, precisamente, la que conduce al método concentrado de control de la constitucionalidad de las leyes.

Contrariamente a la nulidad de los actos del Estado, la anulabilidad de dichos actos, cuando se considera como una garantía objetiva de la Constitución, significa que el acto del Estado, aún irregular o inconstitucional, una vez producido por una institución pública debe considerarse como un acto válido y efectivo hasta que el órgano que lo produjo lo derogue o revoque, o hasta que se decida su anulación por otro órgano del Estado con poderes constitucionales para ello. Este es, precisamente, el caso del método concentrado de control de la constitucionalidad, en el cual la Constitución confiere el poder para anular, con efectos generales, algunos actos inconstitucionales del Estado, a un solo órgano constitucional, sea éste la Corte Suprema existente o un órgano creado especialmente dentro o fuera del Poder Judicial, con funciones jurisdiccionales que le permiten actuar como juez constitucional.

En todo caso, en los sistemas constitucionales que adoptan el método concentrado de control de la constitucionalidad, el deber de todos los jueces y tribunales consiste en examinar la constitucionalidad de los actos del Estado. Sin embargo, cuando el acto cuestionado es una ley u otro acto inmediatamente subordinado o de ejecución directa de la Constitución, los tribunales ordinarios no pueden juzgar su inconstitucionalidad, puesto que dicho poder está reservado a un Tribunal Constitucional especial o a la Corte Suprema de un país determinado, el cual puede anular el acto.

Ahora bien, el poder de declarar la nulidad por inconstitucionalidad de las leyes y demás actos de ejecución directa de la Constitución, como se dijo, puede ser ejercido por la Corte Suprema de Justicia en forma exclusiva o por la propia Corte Suprema o un Tribunal Constitucional en un sistema mixto o integral, que además del control concentrado admite el control difuso de la constitucionalidad. En *América Latina* el control concentrado se ha configurado en esas dos formas. Además, existe una tercera forma de control concentrado que ejercen en forma paralela y exclusiva tanto la Corte Suprema de Justicia como un Tribunal Constitucional.

A. *El control judicial concentrado de la constitucionalidad de las leyes como método exclusivo*

En algunos países de América Latina se ha configurado el control de la constitucionalidad, exclusivamente como control judicial concentrado de la constitucionalidad de las leyes atribuido en exclusiva a las Cortes Supremas de Justicia en pleno o de una Sala Constitucional especializada de la misma, o a un Tribunal Constitucional. Este último es el caso de *Bolivia* y *Chile* configurados con el poder exclusivo de actuar como juez constitucional.

a. *El control de constitucionalidad ejercido por la Corte Suprema de Justicia*

En algunos supuestos, como se dijo, la Constitución atribuye a la Corte Suprema el carácter de único juez de la constitucionalidad de las leyes. Es el caso de *Uruguay, Panamá y México*.

En efecto, el artículo 188,1 de la Constitución de *Panamá* le otorga a la Corte Suprema de Justicia el poder exclusivo de proteger la integridad de la Constitución y controlar la constitucionalidad de la legislación a través de dos métodos: mediante el ejercicio de una acción directa o mediante el planteamiento de una cuestión de constitucionalidad de carácter incidental, formulada por un órgano estatal inferior que tenga competencia para impartir justicia. En ambos casos de control, la decisión de la Corte Suprema es de efectos generales, y obligatoria, y no está sujeta a ningún tipo de control.

En el sistema de *Uruguay*, la Constitución de 1989 atribuye a la Corte Suprema de Justicia la jurisdicción exclusiva y originaria para declarar la inconstitucionalidad de las leyes y otros actos del Estado que tengan fuerza de ley, con fundamento tanto en razones substantivas como formales (art. 256). La Corte también conoce de los asuntos de inconstitucionalidad, sea mediante una acción que sólo pueden ejercer los interesados, sea mediante una incidencia planteada en un proceso ordinario. En ambos casos, y a diferencia del sistema *panameño*, las decisiones de la Corte Suprema sobre cuestiones de constitucionalidad se refieren, exclusivamente, al caso concreto, teniendo, por tanto, efectos sólo en los procedimientos en los que fueron adoptados.

En *México*, mediante la reforma constitucional de 1994 se incorporó un aparte al artículo 105, que trata de la competencia de la Suprema Corte de Justicia asignándole atribuciones para conocer de los conflictos entre los poderes territoriales del Estado federal y, particularmente, de las acciones de inconstitucionalidad que tengan por objeto plantear la posible contradicción entre una norma de carácter general y la Constitución, con excepción de las que se refieran a la materia electoral. La acción sólo pueden intentarla determinados funcionarios y representantes, y la decisión de la Corte tiene efectos generales de invalidez de la Ley inconstitucional.

b. *El control de constitucionalidad ejercido por una Sala Constitucional de la Corte Suprema de Justicia*

En otros países, el poder exclusivo de actuar como juez constitucional se ha atribuido particularmente a una *Sala Constitucional* de la Corte Suprema de Justicia. Es el caso de *Paraguay, Costa Rica, El Salvador* y *Honduras.*

En efecto, de manera similar al modelo *uruguayo*, en *Paraguay*, la Constitución de 1992 ha mantenido el sistema de control concentrado de la constitucionalidad, atribuyendo exclusivamente a la Sala Constitucional de la Corte Suprema de Justicia, la competencia para decidir las acciones o excepciones que se planteen con el fin de declarar la inconstitucionalidad e inaplicabilidad de disposiciones contrarias al texto fundamental. De acuerdo con el artículo 260 de la Constitución, el procedimiento puede iniciarse por acción ante la Sala Constitucional o por vía de excepción en cualquier instancia, en cuyo caso se elevan los antecedentes a la Corte. En ambos casos la decisión de la Corte Suprema sólo tiene efectos con respecto al caso concreto y al peticionante.

En la Constitución de *El Salvador* (art. 174), y particularmente a raíz de las reformas de 1991-1992, se ha previsto que la Corte Suprema de Justicia tiene una Sala Constitucional, a la cual corresponde conocer y resolver las demandas de inconstitucionalidad de las leyes, decretos y reglamentos, los procesos de amparo, el *habeas corpus,* y las controversias entre los órganos Legislativos y Ejecutivos.

Como consecuencia de la reforma constitucional de 1989, en *Costa Rica* también se creó una Sala Constitucional en la Corte Suprema de Justicia, que está encargada de declarar exclusivamente la inconstitucionalidad de las normas, independientemente de su naturaleza, así como de los actos de derecho público, a excepción de los actos jurisdiccionales del Poder Judicial. Por consiguiente, en *Costa Rica* se estableció un sistema concentrado de control judicial de la constitucionalidad de las leyes atribuido exclusivamente a la Sala Constitucional de la Corte Suprema de Justicia.

La Sala Constitucional conforme a la Ley de la Jurisdicción Constitucional de 1990, puede ejercer el control de la constitucionalidad mediante cuatro medios distintos: la acción de inconstitucionalidad, las consultas legislativas, las consultas judiciales y la vía preventiva. En el primer caso, se trata del ejercicio de la acción de inconstitucionalidad contra las leyes y otras disposiciones generales, a través de dos procedimientos: la vía incidental y la vía de acción principal o directa. La decisión de la Sala Constitucional que declare la acción con lugar, anula la ley y tiene efectos *erga omnes*.

Según la Constitución y la Ley de la Jurisdicción Constitucional, el segundo medio a través del cual la Sala Constitucional puede ejercer su poder de control judicial concentrado de la constitucionalidad, es el de las consultas que le puede formular la Asamblea Legislativa durante la discusión de las reformas constitucionales, de la aprobación de acuerdos o tratados internacionales y de proyectos de reforma de la Ley de la Jurisdicción Constitucional; y además de proyectos de leyes ordinarias en discusión en la Asamblea, a petición de por lo menos diez diputados. En todos estos casos se trata de un medio de control de la constitucionalidad de tipo preventivo, puesto que la decisión de la Sala Constitucional se adopta antes de la sanción de la Ley, siendo de naturaleza obligatoria. En estos casos, la decisión interpretativa de la Sala Constitucional tiene carácter obligatorio y efectos de cosa juzgada.

El último medio de control de la constitucionalidad de las leyes previsto en *Costa Rica* se refiere al veto presidencial formulado respecto de leyes sancionadas pero no promulgadas, por razones de inconstitucionalidad, de conformidad con el artículo 125 de la Constitución. En esos casos de ejercicio del veto, si la Asamblea no acepta las objeciones constitucionales formuladas por el Presidente, el asunto debe ser sometido a la Sala Constitucional, suspendiéndose la promulgación de la ley.

En *Honduras*, la Constitución de 1982 (art. 184) y su reforma de 2000, también estableció un sistema de control de la constitucionalidad de carácter concentrado atribuido exclusivamente a la Corte Suprema de Justicia, la cual así mismo conoce de los asuntos mediante una acción intentada por las personas interesadas o por vía incidental, mediante la remisión que le hiciera de la cuestión un juez ordinario. Debe señalarse, además, que de acuerdo con el artículo 183, ordinal 2° de la Constitución de Honduras de 1982, también procedía el amparo contra leyes, para que se declarase en casos concretos que la ley no obligaba ni era aplicable al recurrente por contravenir, disminuir o tergiversar cualesquiera de los derechos reconocidos por la Constitución; competencia que la Ley de Amparo de 1936 atribuía a la Corte Suprema de Justicia. Esta competencia fue eliminada en la reforma constitucional de 2006

Como se ha dicho, en Honduras, a pesar de que el sistema de control difuso está expresamente previsto en el artículo 320 de la Constitución, con la reforma constitucional de 2000 se creó la Sala de lo Constitucional de la Corte Suprema de Justicia, atribuyéndosele competencia exclusiva para conocer del recurso de inconstitucionalidad y anular (derogar) las leyes inconstitucionales, con efectos *erga omnes*; no dándose cabida al control difuso quedando el sistema como exclusivamente concentrado.

c. *El control de constitucionalidad ejercido por un Tribunal Constitucional*

En otros casos, el control concentrado de la constitucionalidad de las leyes como sistema exclusivo ha sido atribuido a un Tribunal Constitucional, como es el caso de *Bolivia* y de *Chile*.

Mediante la reforma constitucional de 1994, creó en *Bolivia* un Tribunal Constitucional con poder para ejercer el control concentrado de la constitucionalidad de las leyes. El Tribunal Constitucional tiene así, competencia para conocer de acciones de inconstitucionalidad de las leyes y decidir sobre su nulidad cuando los considere inconstitucionales con efectos *erga omnes* (Article 58). Con tal propósito, la acción de inconstitucionalidad de las leyes o reglamentos generales, puede intentarse mediante acción de control abstracta solamente por el Presidente de la Republica, cualquier senador o diputado, por el Procurador general de la república el defensor del Pueblo (Article 7,1). También es posible para las partes en un caso, o por decisión del juez respectivo, de oficio, que se eleven ante el Tribunal Constitucional cuestiones de inconstitucionalidad de las leyes mediante un recurso incidental, cuando la decisión del caso concreto dependa en la constitucionalidad de la ley aplicable (Article 59).

En *Chile,* a partir de la reforma constitucional de 2006, el sistema de justicia constitucional se configuró como control concentrado exclusivo atribuido al Tribunal Constitucional, habiendo pasado de un sistema concentrado de control de la constitucionalidad que estaba conferido en forma exclusiva a dos órganos judiciales separados: a la Corte Suprema de Justicia, a través de una vía incidental, y al Tribunal Constitucional, a través de una acción directa, y sólo de carácter posterior; a la concentración del control en el solo Tribunal Constitucional.

En efecto, a partir de la reforma constitucional de 1925, se había autorizado a la Corte Suprema de Justicia para declarar la inaplicabilidad de una ley en vigor a un caso concreto por razones de inconstitucionalidad. En esta forma, la Constitución instauró un sistema concentrado de control de la constitucionalidad de carácter incidental por ante la Corte Suprema de Justicia, por medio de una institución llamada "recurso de inaplicación de las leyes". Sin embargo, en vista de que este sistema de control de la constitucionalidad no solucionaba los conflictos constitucionales surgidos entre los órganos del Estado, originados en cuestiones de inconstitucionalidad de las leyes y de otras normas con fuerza equivalente, mediante la reforma constitucional del 21 de enero de 1970 se creó un Tribunal Constitucional con una serie de funciones referentes al control de la constitucionalidad y a la solución de conflictos de atribuciones entre los órganos del Estado. Este Tribunal fue disuelto en 1973, y posteriormente, restablecido a través de los artículos 81 y 83 de la Constitución de 1980.

El Tribunal Constitucional chileno tenía, entre sus atribuciones, la de juzgar, antes de su promulgación, es decir, en forma preventiva, la constitucionalidad de las leyes orgánicas o las que interpretan preceptos de la Constitución. El Tribunal estaba igualmente autorizado para ejercer el control preventivo sobre toda cuestión que surgiera durante la discusión de los proyectos de ley, de los proyectos de reforma de la Constitución y de las leyes aprobatorias de los Tratados Internacionales sometidos a la sanción del Congreso. El Tribunal también era competente para resolver las cuestiones de constitucionalidad de los decretos del Ejecutivo que tuvieran fuerza de ley; y los reclamos formulados contra el Presidente de la República cuando no promulgase una ley que tenía que haber promulgado, cuando promulgase un texto diferente al sancionado, o cuando publicase decretos constitucionales. El Tribunal también tenía competencia para resolver los conflictos referentes a decretos o resoluciones emitidas por el Presidente de la República, cuando el Controlador General de la República negase su registro por inconstitucionalidad.

Además del control preventivo de la constitucionalidad de la legislación, antes de la reforma constitucional de 2005, en *Chile*, el Tribunal Constitucional tenía atribuidos poderes de control de la constitucionalidad con carácter *a posteriori*, pero sólo respecto a los decretos con fuerza de ley, es decir, a los decretos emitidos por el Presidente de la República en razón de los poderes delegados por el Congreso, así como de los poderes presidenciales relativos a la promulgación de las leyes. En esta forma, el control constitucional sustantivo de la legislación por el Tribunal Constitucional en *Chile* no procedía contra las leyes una vez que éstas hubiesen entrado en vigencia, sino sólo contra los decretos del Ejecutivo con fuerza de ley.

Por otra parte, el Tribunal Constitucional podía ejercer el control de la constitucionalidad *a posteriori* sobre leyes pero únicamente con respecto a las formalidades relativas a su promulgación a cargo del Presidente de la República, a petición de las Cámaras del Congreso, en casos en que como se dijo, el Presidente de la República no promulgase una ley estando obligado a ello, o cuando promulgase un texto distinto del que hubiese sido objeto del procedimiento de formación de las leyes.

A partir de la reforma constitucional de 2005 este sistema se cambió sustancialmente, pasando el sistema a ser un control concentrado exclusivo a cargo del Tribunal Constitucional, eliminándose las antiguas competencias que tenía la Corte Suprema de Justicia en la materia, y que se ejerce a través de dos vías procesales (art. 82): una acción directa de inconstitucionalidad de las leyes ya promulgadas que se intenta ante el Tribunal Constitucional aún cuando sólo por determinados altos funcionarios públicos como el Presidente de la República, el Senado, la Cámara de diputados o el Contralor General de la república; y a través de un incidente de inconstitucionalidad planteado en los tribunales ordinarios, a requerimiento del tribunal o de las partes en el proceso, cuando su decisión depende de la constitucionalidad de la ley aplicable. En el primer caso, la decisión del Tribunal Constitucional tiene efectos anulatorios *erga omnes*, pero en el segundo caso, los efectos de su sentencia son sólo inter partes (Articulo 82,7).

Debe mencionarse también el caso de Ecuador, que desde 2008 adoptó la modalidad de un control concentrado exclusivo a cargo de una Corte Constitucional. Hasta esa fecha, y con ocasión de las reformas constitucionales de 1995, se estableció definitivamente el método concentrado de control de la constitucionalidad de las leyes a cargo de un Tribunal Constitucional, que funcionó en paralelo con el método difuso.

En 2008, el Tribunal Constitucional, que comenzó a ser denominado como Corte Constitucional, es el máximo órgano que concentra el control y la interpretación constitucional, teniendo competencia para conocer y resolver sobre las acciones públicas de inconstitucionalidad contra los actos normativos de carácter general de los órganos del Estado, lo que incluye de las leyes, decretos-leyes, decretos y ordenanzas, pudiendo declararlos inválidos. También la Corte tiene competencia para conocer y resolver sobre la inconstitucionalidad de los actos administrativos de efectos generales emitidos por toda autoridad pública; para conocer de oficio y de modo inmediato el control de constitucionalidad de las declaratorias de los estados de excepción, cuando impliquen la suspensión de derechos constitucionales; y para declarar la inconstitucionalidad en que incurran las instituciones del Estado o autoridades públicas que por omisión inobserven, en forma total o parcial, los mandatos contenidos en normas constitucionales.

El Tribunal Constitucional también ejerce el control preventivo de la constitucionalidad de las leyes al resolver sobre las objeciones de inconstitucionalidad que formule el Presidente de la República en el proceso de formación de las leyes; sobre los Tratados internacionales, previamente a su ratificación por parte de la Asamblea Nacional; y sobre las convocatorias a consultas populares de carácter nacional o a nivel de los gobiernos autónomos descentralizados.

Las decisiones del Tribunal Constitucional de declaratoria de inconstitucionalidad causan ejecutoria y deben publicarse en el Registro Oficial, por lo que desde la fecha de la publicación entran en vigencia, dejando sin efecto la disposición y el acto declarado inconstitucional.

B. *El control judicial concentrado de la constitucionalidad de las leyes ejercido por la Corte Suprema o por un Tribunal Constitucional en un sistema mixto o integral de control (concentrado y difuso)*

El segundo tipo de control judicial concentrado de la constitucionalidad de las leyes atribuido a las Cortes Supremas de Justicia o a los Tribunales Constitucionales se encuentra en aquellos países que han adoptado un sistema mixto o integral de control de la constitucionalidad, en el cual funcionan, paralelamente, el control difuso y el control concentrado.

a. *El control concentrado de la constitucionalidad de las leyes atribuido a la Corte Suprema de Justicia en un sistema mixto o integral de control*

En *Venezuela y Brasil,* países que cuentan con un sistema difuso de control de la constitucionalidad, también se ha atribuido a la Corte Suprema de Justicia, en muchos casos a través de una Sala Constitucional, el ejercicio del control concentrado de la constitucionalidad de las leyes.

En efecto, la competencia de la Sala Constitucional del Tribunal Supremo de Justicia de *Venezuela* para declarar la nulidad, por inconstitucionalidad, de las leyes y otros actos de las Cámaras legislativas nacionales, de los Estados miembros de la Federación y de los Municipios, así como de los reglamentos y actos del gobierno promulgados por el Ejecutivo Nacional, está establecida en forma explícita, en los artículos 334 y 336 de la Constitución de 1999, correspondiendo *a todo habitante del país* la posibilidad de ejercer la acción. Se trata, por tanto, de una acción popular. Es decir, la Constitución prevé un control judicial concentrado de la constitucionalidad de todos los actos del Estado, con excepción de los actos judiciales y actos administrativos, para los cuales prevé medios específicos de control de la legalidad y constitucionalidad: el recurso de casación, la apelación y el recurso contencioso administrativo. La decisión anulatoria del Tribunal Supremo, en todo caso, tiene efectos generales, *erga omnes.*

Además, el control concentrado de la constitucionalidad de las leyes puede ejercerse en forma preventiva, respecto de las leyes sancionadas, aún no promulgadas, cuando el Presidente de la República antes de su "ejecútese" someta la consideración de la ley conforme a argumentos de inconstitucionalidad ante la sala Constitucional del Tribunal Supremo de Justicia (art. 214).

La Constitución de *Brasil,* desde 1934 instauró un sistema de control concentrado de la constitucionalidad de las leyes que corresponde al Tribunal Supremo Federal, el cual se perfeccionó definitivamente en la Constitución de 1988. Este control concentrado de la constitucionalidad se desarrolla a través de una acción de inconstitucionalidad, que puede ser de tres tipos: la acción de intervención, la acción genérica y la acción por omisión de los poderes públicos.

La acción de intervención directa fue establecida inicialmente en la Constitución de 1934 para proteger los principios constitucionales federales (gobierno republicano, independencia y armonía de los poderes, carácter temporal de los mandatos electorales, imposibilidad de un segundo mandato sucesivo de los Gobernadores, autonomía municipal, rendición de cuentas administrativas y garantías del Poder Judicial) frente a la legislación que pueden dictar los Estados miembros. En estos casos, la Constitución previó la posibilidad de que el Gobierno federal, mediante esta acción, intervenga en los Estados miembros para asegurar la observancia de dichos principios.

Además de la acción de intervención directa, la Constitución de 1946 también previó una acción directa de inconstitucionalidad, llamada "genérica" de protección de la Constitución, la cual es de dos tipos: por un lado, la que se intenta por ante el Tribunal Supremo Federal para controlar la constitucionalidad de las leyes o actos normativos federales o estadales; y por el otro, la acción que se intenta por ante la Corte Suprema de cada Estado, con el fin de obtener una declaración de inconstitucionalidad de las leyes y actos normativos de los Estados o municipios, pero en relación con las Constituciones de los Estados miembros. En estos casos, la acción sólo pueden intentarla determinados funcionarios o entidades expresamente legitimadas.

El control de la constitucionalidad también puede ser ejercido por el Tribunal Supremo Federal, a través de la acción de inconstitucionalidad por omisión, institución adoptada en la Constitución de 1988, sin duda, bajo la inspiración del sistema de control de la constitucionalidad existente en *Portugal*. El objetivo de esta acción es verificar los casos en los cuales no se han emitido las leyes o actos ejecutivos requeridos para hacer que las normas constitucionales sean plenamente aplicables.

b. *El control judicial de la constitucionalidad de las leyes ejercido por Tribunales Constitucionales en un sistema mixto o integral de control*

El control judicial concentrado de la constitucionalidad de las leyes en países que cuentan con el método difuso, también se ha atribuido a Tribunales Constitucionales especialmente creados en las Constituciones con este fin, en general integrados al Poder Judicial.

Este sistema ha sido adoptado en numerosos países de *América Latina*, bajo la influencia *europea*, particularmente en *Colombia, Guatemala y Perú*.

La Constitución de *Colombia* de 1991 atribuyó a la Corte Constitucional, el carácter de "guardián de la integridad y supremacía de la Constitución", que antes tenía la Corte Suprema de Justicia. Esta Corte Constitucional tiene a su cargo, entonces, el ejercicio del control concentrado de la constitucionalidad de las leyes y demás actos estatales de similar rango, para lo cual todos los ciudadanos pueden interponer una *acción popular* para requerir la anulación por inconstitucionalidad de dichos actos estatales, incluyendo los actos de reforma de la Constitución, y de convocatoria de referéndum o de asambleas constituyentes referentes a una reforma de la Constitución; los referéndum referentes a leyes, consultas populares y plebiscitos nacionales; decretos que tengan fuerza de ley dictados por el gobierno; decretos legislativos gubernamentales, tratados internacionales y leyes de ratificación de tratados.

La Corte Constitucional, además, ejerce un control preventivo de la constitucionalidad, respecto de las leyes cuya promulgación ha sido vetada por el Presidente de la República por razones de inconstitucionalidad. Además, este control preventivo de la constitucionalidad se prevé como obligatorio en ciertos casos como la emisión de decretos de emergencia o de leyes aprobatorias de tratados.

En todo caso en que la Corte anule por inconstitucionalidad un acto legislativo, esta decisión tiene efectos *erga omnes*. Además, tiene un valor de *res judicata* constitucional, y su contenido es obligatorio para todos, de forma tal que con posterioridad no puede presentarse otra acción de inconstitucionalidad contra el mismo acto.

En *Guatemala*, a partir de la Constitución de 1965, en forma paralela al método difuso se instauró un sistema concentrado de control judicial de la constitucionalidad de las leyes, atribuido a una Corte Constitucional creada para tal fin, siendo el primer país *latinoamericano* en haber creado un Tribunal Constitucional, conforme al modelo europeo.

De acuerdo con la Constitución de 1985, los poderes de control de la constitucionalidad son ejercidos por la Corte Constitucional cuando se ejerce un recurso de inconstitucionalidad, concebido como una acción directa, que puede ser ejercida contra "las leyes y disposiciones de carácter general, objetadas parcial o totalmente de inconstitucionalidad", sólo por determinados funcionarios y autoridades, teniendo la decisión de la Corte efectos generales.

Un elemento importante del procedimiento que se sigue ante la Corte Constitucional en *Guatemala*, es el hecho de que los efectos de la ley o del acto ejecutivo impugnado pueden ser suspendidos provisionalmente por la Corte durante el curso del proceso, cuando la inconstitucionalidad sea notoria y pueda causar gravamen irreparable. Esta decisión de suspender los efectos de la ley o del acto ejecutivo tiene consecuencias generales, de carácter *erga omnes* y debe ser publicada en el *Diario Oficial*.

Por último, debe señalarse que la Constitución del *Perú* de 1979, había establecido las bases de un sistema difuso de control de la constitucionalidad y además, había creado el Tribunal de Garantías Constitucionales, con poderes concentrados de control de la constitucionalidad según el modelo *español*. En la reforma constitucional de 1993 se eliminó el Tribunal de Garantías Constitucionales y se estableció, en su lugar, un Tribunal Constitucional separado del Poder Judicial. Se trata, por tanto, del único Tribunal Constitucional en *América Latina* que no está integrado al Poder Judicial.

Este Tribunal Constitucional ha sido creado como el "órgano de control de la Constitución" y tiene a su cargo conocer de la acción de inconstitucionalidad que sólo pueden ejercer determinados funcionarios o un número elevado de ciudadanos. La acción puede intentarse contra las leyes a actos de similar rango que contravengan la Constitución.

3. *El carácter previo o posterior del control concentrado de la constitucionalidad de las leyes*

El sistema de control concentrado de la constitucionalidad puede tener un carácter previo o posterior, o ambos, según que los órganos encargados de ejercer su poder jurisdiccional de control lo hagan antes de que la Ley entre en vigencia, es decir, antes de su promulgación, o una vez en vigencia. Por ello se distingue el control *a priori* del control *a posteriori* de la constitucionalidad de las leyes.

Puede decirse que lo característico del método concentrado de control de la constitucionalidad, es el control posterior, que permite anular actos estatales efectivos pero inconstitucionales y, en *América Latina*, este se combina en muchos casos, con un control *a priori* en algunos casos, a instancias del Presidente de la República cuando veta una ley.

En *Colombia, Venezuela, Ecuador, Panamá, Cosa Rica, Bolivia* y *Chile* en paralelo al control concentrado de la constitucionalidad de las leyes promulgadas ejercido por la propia Corte Suprema de Justicia o un Tribunal Constitucional, también existe un control preventivo que resulta, en general, de las objeciones formuladas por el Presidente de la República, al vetar las leyes por razones de inconstitucionalidad.

En efecto, en *Colombia*, a partir de 1886, en *Venezuela*, a partir de la reforma constitucional de 1945 y en *Ecuador* a partir de la Reforma Constitucional de 1955 la Constitución estableció expresamente la posibilidad de un control preventivo de la constitucionalidad de las leyes nacionales, incluyendo las leyes de aprobación de tratados internacionales y de contratos de interés público, correspondiendo su ejercicio a la Corte Suprema de Justicia o a la Corte o Tribunal Constitucional a petición del Presidente de la República, como consecuencia de su poder de veto respecto de leyes sancionadas por las Cámaras Legislativas.

En *Colombia* cuando una ley es objeto de un veto por causa de inconstitucionalidad, si las Cámaras Legislativas insisten en su promulgación, el Presidente de la República debe enviar el proyecto de ley a la Corte Suprema de Justicia o a la Corte Constitucional la cual debe decidir en un lapso de seis días.

En Venezuela, el control preventivo de la constitucionalidad de las leyes a instancias del presidente de la República, sin embargo, puede decirse que se independizó del veto a la promulgación de la ley, pudiendo el Presidente someter la Ley a la consideración de la Sala Constitucional del Tribunal Supremo cuando considere que algunas normas de la misma son inconstitucionales.

Sin embargo, en *Colombia*, además del control previo de constitucionalidad de las leyes por iniciativa del Presidente de la República, la Constitución prevé dos casos de ejercicio de control previo obligatorio de la constitucionalidad por parte de la Jurisdicción Constitucional.

En efecto, en primer lugar, el artículo 241, ord. 7º de la Constitución, prevé que, los decretos legislativos que emanen del Presidente de la República como consecuencia de un estado de sitio, declarado por causa de una guerra, crisis interna, o cuando el orden económico y social del país esté gravemente alterado (arts. 213, 214 y 215), deben ser sometidos en forma obligatoria a control de la constitucionalidad, para lo cual, al día siguiente de su promulgación, el Presidente de la República debe remitir estos decretos a la Corte Constitucional, a la cual corresponde decidir "definitivamente sobre su constitucionalidad" (art. 121). Cualquier ciudadano, puede intervenir en el procedimiento de revisión de los mencionados Decretos Legislativos, para defender o impugnar la constitucionalidad de los mismos (art. 37, Decreto 2067).

La Constitución también prevé en su artículo 241, ord. 10°, que la Corte Constitucional debe decidir definitivamente sobre la inconstitucionalidad de los Tratados internacionales y de las Leyes que los aprueben, a cuyo efecto, el Gobierno debe remitirlos a la Corte dentro de los 6 días siguientes a la sanción de la Ley. En el procedimiento, igualmente, cualquier ciudadano puede intervenir para defender o impugnar la constitucionalidad del Tratado o la Ley. Sólo si la Corte los declara constitucionales, el gobierno puede efectuar el canje de notas; en caso contrario, no serán ratificados.

Por último, aún cuando no se trate de leyes, también se prevé un control previo obligatorio de la constitucionalidad respecto de la convocatoria a un Referendo o a una Asamblea Constituyente para reformar la Constitución, y sólo por vicios de procedimiento en su formación, antes al pronunciamiento popular respectivo (art. 241, ord. 2°); así como de los referendos sobre leyes y de las consultas populares y plebiscitos del orden nacional, sólo por vicios de procedimiento en su convocatoria y realización (art. 241, ord. 3°).

En Venezuela, la Constitución de 1999 también atribuyó a la Sala Constitucional competencia para pronunciarse sobre la inconstitucionalidad de los Tratados internacionales antes de su ratificación, a solicitud del Presidente de la República, y en forma obligatoria, sobre la constitucionalidad de los decretos de estados de excepción (art. 336, 5 y 6)

En *Panamá*, también se ha previsto un control concentrado a priori de la constitucionalidad cuando el Presidente de la República objetare un proyecto de ley adoptada por la Asamblea Legislativa, cuando se le envía para su promulgación por razones de inconstitucionalidad, y la Asamblea insista en su adopción. En este caso, corresponde a la Corte Suprema de Justicia decidir sobre su inconstitucionalidad, de manera que si el fallo de la Corte declara el proyecto de ley como constitucional, el Ejecutivo debe sancionarlo y hacerlo promulgar. El mismo principio se aplica a los proyectos de reforma constitucional.

En *Costa Rica*, además de conocer de las cuestiones de constitucionalidad de leyes no promulgadas como consecuencia del veto presidencial, la Sala Constitucional de la Corte Suprema de Justicia tiene competencia para conocer de la inconstitucionalidad de los proyectos de ley como consecuencia de las consultas que le formule la Asamblea Legislativa en el caso de reformas constitucionales o Ley aprobatoria de Tratados Internacionales, o de reforma de la Ley de la Jurisdicción Constitucional.

En el caso de *Bolivia*, el control previo de la constitucionalidad no se regula como consecuencia del poder presidencial de veto de la legislación, sino que en general, la Constitución atribuye al Tribunal Constitucional competencia para absolver las consultas del Presidente de la República, el Presidente del Congreso Nacional y el Presidente de la Corte Suprema de Justicia, sobre la constitucionalidad de proyectos de ley, decretos o resoluciones aplicables a un caso concreto (art. 120, literal h). En estos casos, la opinión del Tribunal Constitucional es obligatoria.

En *Honduras*, la Constitución dispone entre de las atribuciones del Presidente de la República, la posibilidad de vetar las leyes que haya recibido para su promulgación, mediante su devolución al Congreso Nacional, exponiendo las razones en que funda su desacuerdo. El Congreso puede someter la ley a nueva deliberación y eventualmente ratificarla. Sin embargo, si el veto presidencial se hubiese fundado en que el proyecto de ley es inconstitucional, no se puede someter a nueva deliberación sin oír previamente el dictamen de la Corte Suprema de Justicia (Art. 216).

En el caso de *Chile*, puede decirse que siempre ha sido una tradición las competencias del Tribunal Constitucional para resolver *a posteriori* cuestiones de constitucionalidad respecto de los decretos ejecutivos que tengan fuerza de ley; y conforme al artículo 82 de la Constitución, para juzgar, antes de su promulgación, la constitucionalidad de las leyes orgánicas o las que interpretan preceptos de la Constitución. El Tribunal está igualmente autorizado, para ejercer el control preventivo sobre toda cuestión que surja durante la discusión de los proyectos de ley, de los proyectos de reforma de la Constitución y de las leyes aprobatorias de los Tratados Internacionales sometidos a la sanción del Congreso.

En todos estos casos, el control preventivo ejercido por el Tribunal Constitucional puede ser obligatorio o ejercido a petición de parte. En el caso de las leyes orgánicas constitucionales y de las leyes que interpretan una disposición constitucional, el control preventivo realizado por el Tribunal es obligatorio, a cuyo efecto el Presidente de la Cámara debe enviarle los textos dentro de los cinco días siguientes a su sanción. Dicho control preventivo, incluso, no sólo es obligatorio, sino que el Tribunal puede ejercerlo de oficio, no siendo el procedimiento, en estos casos, de carácter contencioso. Si en su decisión el Tribunal considera inconstitucional una o varias disposiciones del texto impugnado, debe enviarlo nuevamente a la Cámara correspondiente, cuyo Presidente, a su vez lo debe enviar al Presidente de la República a los efectos de su promulgación, con excepción de las disposiciones consideradas inconstitucionales.

En el caso de proyectos de enmienda constitucional o de los tratados internacionales, el ejercicio del control preventivo por el Tribunal Constitucional sólo es posible si antes de la sanción del texto y durante la discusión del proyecto, se le formula una petición por el Presidente de la República, por una de las Cámaras del Congreso o por una cuarta parte de sus miembros. Por ello, esta petición no tiene efectos suspensivos sobre el procedimiento legislativo y la acción interpuesta por ante el Tribunal es de carácter contenciosa, razón por la cual, en estos casos, el Tribunal debe notificar a los órganos constitucionales interesados y oír sus argumentos.

En todo caso, la decisión del Tribunal que considere inconstitucionales las disposiciones de un proyecto de ley o de un tratado, impide su promulgación.

4. *El carácter principal o incidental del control concentrado de la constitucionalidad*

El control concentrado de la constitucionalidad de las leyes puede tener un carácter principal o incidental, o ambos a la vez, según que los asuntos lleguen a la Jurisdicción Constitucional mediante el ejercicio de una acción o mediante remisión por parte de un Tribunal.

En todos los países en los cuales el control concentrado se ha establecido en forma exclusiva, como sucede en *Panamá, Uruguay, Paraguay, Honduras, Bolivia* y *Chile* donde sólo la Corte Suprema de Justicia puede actuar como juez constitucional, el sistema concentrado es a la vez principal e incidental. En cambio, en aquellos países en los cuales existe un sistema mixto o integral de control de la constitucionalidad, donde se combina el método difuso con el método concentrado, el control concentrado de la constitucionalidad de las leyes es siempre de carácter principal, siendo en general, incompatible con el mismo, el método incidental. Así sucede por ejemplo, en Colombia, Venezuela, Perú y Guatemala.

A. *El carácter principal e incidental del método concentrado en los sistemas exclusivamente concentrados de control de constitucionalidad*

En *Panamá, Uruguay* y *Paraguay*, donde sólo existe el método concentrado y exclusivo de control de la constitucionalidad, como se dijo, éste es, a la vez, principal e incidental.

En estos países, en efecto, un aspecto esencial de la racionalidad del método concentrado de control de la constitucionalidad de las leyes, en el cual el poder para anularlas se confiere a la Corte Suprema de Justicia, es que la cuestión constitucional puede alcanzar a la Corte, en primer lugar, de manera directa o principal mediante una acción ejercida contra la ley o el acto estatal concreto, la cual o sólo se concede a quien tenga interés personal y legítimo como sucede en *Uruguay*, o *Paraguay*, o se atribuye a todos los ciudadanos como es el caso de *Panamá* donde existe la acción popular; y en segundo lugar, de manera incidental, cuando la cuestión constitucional se plantea en un tribunal inferior con motivo de un juicio particular y concreto. En este caso, el juez debe remitir su decisión a la Corte Suprema de Justicia para luego poder adoptar la resolución final del caso, en conformidad con la decisión tomada por la Corte. Este sistema exclusivamente concentrado de control de la constitucionalidad que se ejerce por vía principal y por vía incidental, es el propio del modelo *europeo*.

En todo caso, en el sistema exclusivamente concentrado, cuando se ejerce el control por vía principal, la cuestión constitucional relativa a una ley u otro acto estatal es "la cuestión principal" y única del juicio iniciado mediante acción directa que puede ser interpuesta por ante la Corte Suprema, tanto por los ciudadanos mediante una *actio popularis* o regida por reglas de legitimación particulares. En los supuestos en los cuales la cuestión constitucional se formule de manera incidental, la misma puede ser planteada ante un tribunal ordinario o puede formularse *ex offìcio* por el tribunal. Este tribunal es, entonces, el único que puede remitir la cuestión constitucional ante la Corte Suprema de Justicia, en cuyo caso debe suspender la decisión del caso concreto hasta que la cuestión constitucional haya sido resuelta por ésta, siendo su decisión obligatoria.

En efecto, en *Panamá* la acción directa está concebida como una *acción popular* que puede ser interpuesta por ante la Corte Suprema por cualquier persona con el fin de denunciar la inconstitucionalidad de las leyes, decretos, decisiones o actos, fundada tanto en cuestiones substantivas como de carácter formal. Por otra parte, la Constitución de *Panamá* estipula que cuando un juez, durante un procedimiento judicial ordinario, observe, *ex-officio* o a instancia de una de las partes, la inconstitucionalidad de normas legales o ejecutivas aplicables al caso, debe someter la cuestión de constitucionalidad a la Corte Suprema; pudiendo el tribunal seguir el procedimiento principal sólo hasta el nivel de decisión.

En *Uruguay*, de acuerdo con la Constitución, la declaración de inconstitucionalidad de una ley y su inaplicación al caso concreto puede ser solicitada ante la Corte Suprema de Justicia por todos aquellos que estimen que sus intereses personales y legítimos han sido lesionados por la misma. En consecuencia, en *Uruguay*, la acción de inconstitucionalidad está sometida a una condición general de legitimación, similar a la que existe en materia de control contencioso administrativo. La cuestión constitucional también puede ser sometida a la Corte Suprema de manera incidental mediante remisión del asunto por un tribunal inferior, sea que éste actúe *ex officio*, sea como consecuencia de una excepción presentada por cualquier parte en el proceso concreto. En este caso, el juez debe enviar a la Corte Suprema un resumen de la cuestión, pudiendo seguir el procedimiento hasta el nivel de decisión. Una vez que la Corte Suprema haya decidido, el tribunal tiene que tomar su propia decisión, de conformidad con lo que la aquélla decida (arts. 258, 259).

En *Costa Rica*, en principio, la acción de inconstitucionalidad sólo puede intentarse por el Contralor General de la República, el Procurador General de la República, el Ministerio Público y el Defensor del Pueblo. Sin embargo, la acción también puede ejercerse de forma directa, cuando no exista, según la naturaleza del caso, ninguna lesión individual y directa o cuando se trate de la defensa de los intereses difusos o de intereses de la colectividad en general. En este caso, la acción se ejerce contra las normas o leyes auto-aplicativas, que no requieren para su ejecución de actos del Estado interpuestos, en cuyo caso, no es necesario que exista un asunto anterior pendiente para que pueda interponerse la acción. Tampoco es necesario invocar un interés individual; pues se trata de la defensa de intereses difusos o colectivos. Por ello, puede considerarse que en estos casos, la acción de inconstitucionalidad posee un cierto carácter de acción popular.

La vía incidental, que tiene como objetivo solicitar la decisión de la Sala Constitucional de la Corte Suprema de Justicia en materia de constitucionalidad, puede ser utilizada por cualquier persona que sea parte de un procedimiento en curso ante los tribunales, incluso en caso de *habeas corpus* o *amparo*, o ante la Administración, en un procedimiento administrativo que tenga por objeto agotar la vía administrativa. En este último caso, es necesario invocar la cuestión de inconstitucionalidad de la ley, como medio razonable de protección de los derechos o intereses que se consideren afectados. En estos casos de vía incidental, la acción se presenta directamente ante la Sala Constitucional, y su novedad reside en el hecho de que es posible plantearla, no sólo cuando se trata de un asunto de inconstitucionalidad formulado en un procedimiento judicial, sino también en un procedimiento administrativo. En esta forma, y por razones de economía procesal, para que se pueda ejercer la acción de inconstitucionalidad, no es necesario agotar previamente el procedimiento administrativo y llegar a los tribunales.

Conforme al artículo 120 de la Ley de la Jurisdicción Constitucional de Costa Rica, todos los jueces de la República pueden así mismo formular a la Sala Constitucional una consulta de constitucionalidad, cuando duden de la constitucionalidad de una norma o acto que deban aplicar, o de una acción u omisión que deban juzgar en un caso que les sea sometido. En estos casos, el juez que formule la consulta debe elaborar una resolución donde debe indicar las normas cuestionadas y las razones de las dudas del tribunal con respecto a su validez o interpretación constitucionales. En estos casos, el procedimiento judicial debe suspenderse hasta que la Sala Constitucional haya evacuado la consulta.

En *Honduras*, a los efectos del ejercicio del control exclusivamente concentrado de constitucionalidad que se implementó con la Ley sobre la Justicia Constitucional de 2004-2005, también se prevé como formas de acceder a la Sala de lo Constitucional de la Corte Suprema de Justicia para obtener decisiones de control de la constitucionalidad de las leyes, primero, a través del ejercicio de una acción de inconstitucionalidad por el titular de un interés personal, legítimo y directo (art. 185 de la Constitución); o segundo, por vía incidental, en cualquier procedimiento judicial, como excepción que una parte oponga o de oficio por el Tribunal que conozca del asunto. En este caso de la vía incidental, el procedimiento debe suspenderse antes de dictarse sentencia y elevarse copia de las actuaciones a la Corte Suprema de Justicia.

Igual sucede en Chile, donde como se ha dicho, el control concentrado exclusivo de la constitucionalidad se ejerce por el Tribunal Constitucional desde la reforma constitucional de 2005, por vía de acción, de legitimación restringida a altos funcionarios del Estado y por vía incidental mediante requerimiento formulado por los tribunales (art. 93).

B. *El carácter exclusivamente principal del método concentrado en los sistemas mixtos o integrales de control de la constitucionalidad*

Ahora bien, en los sistemas mixtos o integrales de control de la constitucionalidad, donde a la vez existe un control difuso y concentrado de la constitucionalidad, en general, este último sólo se ejerce por vía principal, mediante el ejercicio de una acción o demanda de inconstitucionalidad. Esta acción también puede ser una acción popular, o sometida a condiciones particulares de legitimación.

a. *La acción popular*

El ejercicio del control concentrado de la constitucionalidad por vía principal mediante una *acción popular,* en sistemas de controles mixtos o integrales donde el método concentrado se ejerce combinado con el método difuso de control de constitucionalidad, existe en *Colombia* y *Venezuela*. La acción popular, en efecto, puede considerarse como el sistema más acabado de control de la constitucionalidad de las leyes. Sin embargo, su existencia no es frecuente, pues lo normal es que se limite el ejercicio de la acción directa a determinados funcionarios u órganos del Estado (Presidente del Gobierno, Ministerio Público, miembros del Parlamento), para acceder a los Tribunales Constitucionales, como sucede en *Europa*; o se exija una legitimación activa determinada (interés personal, directo) en caso de que se permita el ejercicio de la acción a los particulares, como sucede en *Uruguay, Honduras* y *Paraguay*.

En *Panamá*, también se ha establecido la *acción popular* como medio procesal para acceder a la Jurisdicción Constitucional de la Corte Suprema de Justicia. La diferencia, en todo caso, entre el sistema *panameño* y el de *Venezuela* y Co-

lombia, radica en el objeto del control que es más amplio en *Panamá*, donde no sólo las leyes y demás actos estatales de rango o valor similar pueden ser impugnados por inconstitucionalidad mediante la acción popular, sino todos los actos estatales; y en que el sistema *panameño* de control es exclusivamente concentrado, en tanto que el *colombiano* y el *venezolano* es mixto o integral.

Debe señalarse, en todo caso, que además de los casos de *Colombia*, *Venezuela* y *Panamá*, también puede identificarse una acción popular de inconstitucionalidad en *El Salvador* y *Nicaragua*.

En efecto, el artículo 96 de la Constitución de 1950 de *El Salvador*, cuyo texto recoge el artículo 183 de la Constitución de 1992, establece la competencia de la Corte Suprema de Justicia, por medio de la Sala de lo Constitucional, como "único tribunal competente para declarar la inconstitucionalidad de las leyes, decretos y reglamentos, en su forma y contenido, de un modo general y obligatorio, y podrá hacerlo *a petición de cualquier ciudadano*". Por su parte, el artículo 187 de la Constitución de *Nicaragua* de 1995, establece "el recurso por inconstitucionalidad contra toda ley, decreto o reglamento que se oponga a lo prescrito por la Constitución política, el *cual podrá ser instaurado por cualquier ciudadano*".

Se observa, en todo caso, que una pequeña diferencia podría identificarse en cuanto a la legitimación amplia de la *acción popular*: en *Venezuela* se otorga a cualquier persona, al igual que en *Panamá*; en cambio en *El Salvador* y *Nicaragua* al igual que en *Colombia*, se confiere a los ciudadanos, es decir, a quienes gozan de derechos políticos en los respectivos países. Por ello, en *Colombia*, los extranjeros y los nacionales menores de 18 años no pueden ejercer la acción popular lo que no sucede en *Venezuela*, donde la legitimación es más amplia y se refiere a cualquier persona, aún cuando no sea nacional o no goce de los derechos políticos.

En Ecuador, la acción de inconstitucionalidad de las leyes se la califica como acción pública de inconstitucionalidad.

En otros países, si bien la legitimación para ejercer la acción de inconstitucionalidad está sometida a algunas restricciones, en definitiva podría identificarse una acción popular de inconstitucionalidad. Es el caso de *Guatemala,* donde la Constitución de 1985 reguló los poderes de control de la constitucionalidad ejercidos por la Corte Constitucional, cuando se ejerce un recurso de inconstitucionalidad, concebido como una acción directa (art. 272,a) que puede ser interpuesta contra "las leyes y disposiciones de carácter general, objetadas parcial o totalmente de inconstitucionalidad" (arts. 267 y 272,a). Conforme a la Ley de Amparo, Exhibición personal y de constitucionalidad de 1986, tienen legitimación para plantear la inconstitucionalidad de leyes, reglamentos o disposiciones de carácter general, la Junta Directiva del Colegio de Abogados, el Ministerio Público, el Procurador de Derechos Humanos y "cualquier persona con el auxilio de tres abogados colegiados activos" (art. 134).

b. *La legitimación específica para el ejercicio de la acción de inconstitucionalidad*

Salvo los casos de previsión de una acción popular, el ejercicio del control concentrado de la constitucionalidad de las leyes, está sometido a condiciones de legitimación específicas, generalmente reservándose la acción a determinados funcionarios públicos. Excepcionalmente, el caso de Honduras, la acción de inconstitucionalidad de una ley sólo la pueden intentar quienes ostenten un interés personal, legítimo y directo.

Ahora bien, en *Brasil*, para que el Tribunal Supremo Federal controle la constitucionalidad de las leyes y otros actos normativos, la acción federal de inconstitucionalidad puede ser intentada no solamente por el Procurador General de la República, como estaba dispuesto antes de 1988, sino también por el Presidente de la República, el Presidente del Senado, el Presidente de la Cámara de Diputados o el Presidente de las Asambleas Legislativas de los Estados miembros. Por otra parte, esta acción también puede ser interpuesta por el Gobernador de un Estado miembro, por el Consejo Federal de la Orden de los Abogados, por los partidos políticos representados en el Parlamento, por una confederación sindical o por una entidad gremial nacional.

En cuanto a la acción de inconstitucionalidad genérica de los Estados, ésta se interpone por ante las Cortes Supremas de los Estados para juzgar la constitucionalidad de las leyes o actos normativos de los Estados o municipios, con respecto a la Constitución de los Estados miembros. Puede ser interpuesta por el Gobernador del Estado, por la Asamblea Legislativa del Estado, por el Procurador General del Estado, por el Consejo de Abogados del Estado, por las entidades sindicales o gremiales a nivel del Estado o del municipio, siempre y cuando tengan algún interés jurídico en el caso, o por los partidos políticos representados en la Asamblea Legislativa del Estado o, si se trata de un acto normativo emitido por un municipio, por la Cámara correspondiente.

En el caso de *México*, de acuerdo con el artículo 105 de la Constitución, la acción de inconstitucionalidad puede ser interpuesta sólo por: a) El equivalente al treinta y tres por ciento de los integrantes de la Cámara de Diputados del Congreso de la Unión, en contra de leyes federales o del Distrito Federal expedidas por el Congreso de la Unión; b) El equivalente al treinta y tres por ciento de los integrantes del Senado, en contra de leyes federales o del Distrito Federal expedidas por el Congreso de la Unión o de tratados internacionales celebrados por el Estado Mexicano; c) El Procurador General de la República, en contra de leyes de carácter federal, estatal y del Distrito Federal, así como de tratados internacionales celebrados por el Estado Mexicano; d) El equivalente al treinta tres por ciento de los integrantes de alguno de los órganos legislativos estatales, en contra de leyes expedidas por el propio órgano, y e) El equivalente al treinta y tres por ciento de los integrantes de la Asamblea de Representantes del Distrito Federal, en contra de leyes expedidas por la propia Asamblea.

En *Perú*, las partes legitimadas para intentar la acción de inconstitucionalidad son: el Presidente de la República, la Corte Suprema de Justicia, el Procurador General, sesenta miembros del Congreso, veinte senadores, o cincuenta mil ciudadanos mediante una petición, cuyas firmas deben ser certificadas por el Consejo Supremo Electoral.

En *Guatemala*, conforme a la Ley de Amparo, Exhibición personal y de constitucionalidad de 1986, tienen legitimación para plantear la inconstitucionalidad de leyes, reglamentos o disposiciones de carácter general, la Junta Directiva del Colegio de Abogados, el Ministerio Público, el Procurador de Derechos

Humanos y "cualquier persona con el auxilio de tres abogados colegiados activos". Este último convierte el recurso, materialmente, en una acción popular de inconstitucionalidad, como la que existe en *Colombia, Panamá* y *Venezuela*.

5. *El poder de iniciativa del control concentrado de la constitucionalidad y la limitación a los poderes del juez constitucional*

A. *La ausencia de iniciativa del juez constitucional*

Como viene de señalarse, en general, la cuestión de constitucionalidad referente a la validez de una ley en los sistemas concentrados de control, se plantea normalmente ante la Corte Suprema o la Corte Constitucional mediante el ejercicio de una acción o por remisión de un tribunal inferior. En ambos casos, el juez constitucional, no tiene iniciativa propia para actuar.

En esta forma, en la Jurisdicción Constitucional se aplica el principio *nemo judex sine actore*, pero una vez que la cuestión constitucional ha llegado a la Corte como consecuencia de una acción o de su remisión por parte de un tribunal inferior, el principio *in judex judicet ultra petitum partis* ya no es operante. Esto significa que la Corte Suprema o la Corte Constitucional, como juez constitucional, una vez requerida su actuación por un accionante o por un medio incidental, en general tiene poderes de oficio para considerar cuestiones de constitucionalidad distintas a las que han sido planteadas. Por otra parte, en los casos de control concentrado de la constitucionalidad por vía incidental, el juez ordinario no sólo debe actuar a instancia de parte, sino que en general tiene poderes *ex-officio* para plantear la cuestión constitucional.

B. *La iniciativa de control de la constitucionalidad de los jueces ordinarios en el método incidental del sistema concentrado de control de la constitucionalidad*

En efecto, en el método incidental de control concentrado de la constitucionalidad, en los casos en los cuales los tribunales inferiores remiten la cuestión constitucional al juez constitucional, estos no siempre están vinculados por lo que invoquen las partes o el Fiscal, de manera que cuando consideran el caso particular, pueden plantear la cuestión constitucional de oficio y transmitirla a la Corte Suprema para que ésta decida. Así sucede en *Panamá, Uruguay, Honduras, Costa Rica,* y *Chile*

Esta es una consecuencia del principio de supremacía de la Constitución y del deber de los jueces de aplicar la ley. Por tanto, aun cuando en el sistema concentrado exclusivo de control de la constitucionalidad, la Constitución prohíba a los tribunales ordinarios actuar como jueces constitucionales en cuanto a las leyes y demás actos reglamentarios, esto no quiere decir que en caso de que estos consideren inconstitucional una disposición legal o reglamentaria aplicable a la decisión de un caso concreto, no tengan el poder para plantear la cuestión constitucional y no puedan transmitirla al juez constitucional. Lo contrario significaría una ruptura con el principio de la supremacía de la Constitución y con el papel de los jueces en la aplicación de la ley.

C. *Los poderes inquisitivos del juez constitucional*

Debe señalarse, por último, que en los casos de control concentrado de la constitucionalidad de las leyes ejercido por vía principal, la Corte Suprema de Justicia o el Tribunal Constitucional no pueden estar condicionados sólo por los motivos o vicios de inconstitucionalidad aducidos por el accionante, por lo que en general se admite el poder de control de oficio, respecto de otros motivos de inconstitucionalidad distintos a los invocados por el accionante. Así sucede en *Panamá, Colombia* y *Venezuela.*

El control de la constitucionalidad también puede abarcar otros preceptos de la ley respectiva no impugnados, si tienen conexión con el o los artículos cuestionados en la acción. Así sucede en *Costa Rica, Venezuela* y *Panamá.*

Por otra parte, la vida de la acción de inconstitucionalidad no siempre depende de la voluntad del accionante por lo que en algunos casos, a pesar de que este pueda desistir de la misma, la Corte tiene el poder de seguir conociendo del proceso. Así sucede en *Venezuela* y *Colombia.*

6. *Los efectos de las decisiones en materia de control concentrado de la constitucionalidad*

El último aspecto de la racionalidad del método concentrado de control de la constitucionalidad se refiere a los efectos de las decisiones dictadas por la Corte Suprema o por la Corte Constitucional relativas a la inconstitucionalidad de la ley, sea respecto a los destinatarios de la decisión, sea respecto al tiempo.

A. *Efectos en cuanto a los destinatarios*

El control concentrado de la constitucionalidad, en general, implica la atribución a un solo órgano estatal de la potestad anulatoria respecto de las leyes inconstitucionales, por lo que en general, los efectos de la decisión anulatoria son *erga omnes.* Sin embargo, en algunos sistemas concentrados de control, los efectos son *inter partes,* respecto del recurrente, aún cuando ello es excepcional.

a. *Los efectos erga omnes de la decisión anulatoria*

En lo que se refiere a quienes afecta la decisión del juez constitucional, la racionalidad del sistema concentrado de control de la constitucionalidad implica que la decisión dictada por la Corte Suprema o por la Corte Constitucional, actuando como juez constitucional, tiene efectos generales, *erga omnes.* Este es el valor de las sentencias anulatorias por inconstitucionalidad de la Corte Suprema de Justicia en *Venezuela, México, Costa Rica, Brasil, El Salvador, Honduras* y *Panamá,* y de la Corte o Tribunal Constitucional en *Colombia, Guatemala, Perú, Ecuador, Chile* y *Bolivia,* siguiendo, en este sentido, la situación general en el derecho comparado.

Esto sucede cuando el control de la constitucionalidad se ejerce mediante una acción directa interpuesta por ante la Corte Constitucional o la Corte Suprema, sin conexión con algún caso concreto contencioso. En estos casos, cuando se interpone una acción directa por ante un juez constitucional, la relación procesal no se establece entre un demandante y un demandado, sino más bien, fundamentalmente, entre un recurrente y una ley o acto estatal cuya constitucionalidad está cuestionada. En este caso, el objeto de la decisión acerca de la constitucionalidad de la ley es su anulación, y los efectos de la decisión son necesariamente *erga omnes*. Nunca deberían ser *inter partes*, particularmente debido a la ausencia de las partes propiamente dichas, en el procedimiento.

Por otra parte, en el sistema concentrado exclusivo de control de la constitucionalidad, iniciado por el método incidental, como sucede en *Panamá*, cuando se plantea una cuestión constitucional referente a una ley en un procedimiento concreto y el tribunal inferior la remite a la Corte Suprema para que sea objeto de una decisión, dicha decisión también debe adoptarse con base en aspectos de derecho y no con respecto a los hechos, por lo que también tiene efectos *erga omnes*, es decir, no limitados al juicio concreto en el que se planteó la cuestión constitucional ni a las partes del mismo.

    b. *Los efectos inter partes de la decisión declaratoria de la inconstitucionalidad*

En contraste con los efectos *erga omnes* de las decisiones anulatorias de leyes por inconstitucionales que, como regla general tienen las que dictan los Tribunales Constitucionales o las Cortes Supremas cuando ejercen el control concentrado de la constitucionalidad, puede decirse que con excepción de Honduras, en todos los países en los cuales la acción o excepción de inconstitucionalidad sólo puede ser ejercida por quien alegue un interés personal y directo, como sucede en *Uruguay* y *Paraguay* los efectos de las decisiones que adopte el juez constitucional sólo afectan al accionante o a las partes en el proceso; es decir, tienen efectos *inter partes*.

En *Honduras*, en cambio, a pesar de que sólo los titulares de un interés personal, legítimo y directo son los que pueden intentar la acción de inconstitucionalidad u oponer la excepción de inconstitucionalidad ante que puede remitirse ante la Corte Suprema, la decisión de ésta tiene efectos *erga omnes*.

En el caso de *Chile*, cuando la decisión del Tribunal Constitucional a ejercer el control concentrado exclusivo de la constitucionalidad de las leyes, se adopta mediante el método incidental, a requerimiento de un tribunal inferior o requerimiento de parte en el proceso, la decisión del Tribunal es de efectos *inter partes*.

B. *Efectos de las decisiones de inconstitucionalidad en el tiempo*

El principio general en cuanto a los efectos temporales de las decisiones adoptadas en materia de control concentrado de la constitucionalidad de las leyes, es que si estas tienen efectos generales, *erga omnes*, dado su carácter anulatorio, entonces sólo tienen efectos constitutivos, *ex nunc, pro futuro*; es decir, no tienen efectos retroactivos.

Esta es la solución general del derecho comparado y la que existe en *Panamá, Brasil, México, Colombia, Guatemala, Bolivia, Venezuela, Perú* y *Ecuador*.

Las decisiones anulatorias por inconstitucionalidad, por tanto, no tienen efectos retroactivos, aún cuando excepcionalmente podrían tenerlos en protección de derechos constitucionales. Por ello, la Ley Orgánica del Tribunal Constitucional del *Perú,* luego de precisar que las decisiones anulatorias no tienen efectos retroactivos, establece que la decisión que declare la inconstitucionalidad de un acto normativo del Estado sólo puede servir de base para revisar un procedimiento judicial ya concluido, en el cual se hubiesen aplicado las normas constitucionales. Sin embargo, de conformidad con el principio general excepcional de la aplicabilidad retroactiva de las leyes en materia penal, fiscal y laboral, la Ley Orgánica permite la aplicación en forma retroactiva de la decisión del Tribunal en los procedimientos cuyos efectos pudieran ser favorables para la persona condenada, para el trabajador o para el contribuyente, según los casos.

Por ello, igualmente, la reciente Ley *mexicana* reguladora de la acción de inconstitucionalidad de 1995 precisó que:

> la declaración de invalidez de las sentencias no tendrá efectos retroactivos, salvo en materia penal, en la que regirán los principios generales y disposiciones legales aplicables de esta materia (art. 45).

En sentido similar, en *Colombia*, el Decreto N° 2067 de 1991 regulador de la Jurisdicción Constitucional había establecido que:

> los fallos de la Corte sólo tendrán efecto hacia el futuro, salvo para garantizar el principio de favorabilidad en materia penal, policiva y disciplinaria y en el caso previsto en el artículo 149 de la Constitución.

Esta norma, sin embargo, fue declarada nula por inconstitucionalidad por la Corte Constitucional por sentencia N° C-103/93 por considerarse que ello corresponde decidirlo a la propia Corte Constitucional y no es materia del legislador.

Puede decirse, que por ello, en *Venezuela*, aún cuando rige el principio general señalado, desde la Ley Orgánica de la Corte Suprema de 1976, el legislador no resolvió el asunto en forma expresa, sino que se limitó a señalar que el Tribunal puede determinar los efectos de su decisión "en el tiempo," lo que se repite en la ley Orgánica del Tribunal Supremo de Justicia de 2010 (art. 126). Sin embargo, para precisar los efectos de las sentencias que anulan una Ley por inconstitucionalidad, debe recordarse que en *Venezuela* existe un sistema mixto o integral de control de la constitucionalidad, lo que implica el funcionamiento de dos sistemas de justicia constitucional en paralelo: por un lado, el sistema difuso, ejercido por todos los jueces, y por otro, el sistema concentrado, ejercido por la Sala Constitucional del Tribunal Supremo de Justicia. Por consiguiente, no deben confundirse los efectos de las decisiones en materia de control de la constitucionalidad en uno y otro método.

En efecto, en relación a los casos de control difuso de la constitucionalidad, está claro que la decisión judicial de no aplicar una ley inconstitucional, incluso si tiene sólo y exclusivamente efectos *inter partes*, equivale a una decisión simplemente declarativa, con efectos retroactivos, *pro praeterito* o *ex tunc*. Al ejercer este control difuso, el juez no anula la ley, sino que declara o constata únicamente una inconstitucionalidad preexistente; de forma que ignora la existencia de la ley (es decir, que la considera inexistente) y no la aplica en el caso concreto que corresponde el conocimiento del juez.

Ahora bien, los efectos del control difuso de la constitucionalidad de las leyes son completamente diferentes de los efectos producidos por el ejercicio del control concentrado de la constitucionalidad, cuando la Sala Constitucional declara la nulidad de una ley por inconstitucionalidad. En esos casos, cuando la Sala Constitucional, en el ejercicio de sus atribuciones previstas en el artículo 336 de la Constitución *venezolana*, "declara la nulidad" de la ley, es decir anula la ley, ésta, en principio, es válida y efectiva hasta que se publique la sentencia de la Corte, habiendo producido todos sus efectos a pesar de su inconstitucionalidad, en virtud de la presunción de la constitucionalidad de las leyes.

Como el control de la constitucionalidad de las leyes atribuida a la Sala Constitucional por el artículo 336 de la Constitución es un control concentrado, ejercido mediante acción popular, resulta claro que la sentencia que anula la ley tiene efectos constitutivos, por lo que los efectos de la anulación de la ley por inconstitucionalidad, al no existir una norma expresa constitucional o legal que disponga la solución, sólo pueden producirse *erga omnes* pero hacia el futuro, es decir, que las sentencias son, en principio, constitutivas, *pro futuro* y con efectos *ex nunc*, que no pueden referirse al pasado (no pueden ser retroactivas). Se puede afirmar que ese es el criterio que sigue no sólo la doctrina *venezolana*, sino también, en general, la jurisprudencia de la Corte Suprema de Justicia.

En todo caso, como se dijo a partir de 1976, la vieja Ley Orgánica de la Corte Suprema de Justicia y luego las Leyes del Tribunal Supremo de Justicia de 2004 y 2010, particularmente estas últimas, atribuyen a la Sala Constitucional la potestad de determinar los efectos de su decisión "en el tiempo." Por consiguiente, la Sala puede corregir los efectos desfavorables que podría engendrar el efecto *ex nunc* de sus decisiones, particularmente en el campo de los derechos y garantías constitucionales, y podría atribuir a sus sentencias efectos retroactivos, *pro praeterito*, *ex tunc*.

Por tanto, en general, las sentencias anulatorias de inconstitucionalidad en los sistemas concentrados de control tienen efectos constitutivos (no declarativos), es decir, *ex nunc* y *pro futuro*, y por tanto, no tienen efectos retroactivos. La excepción a esta regla, sin embargo, la constituye el sistema de *Costa Rica*, cuya Ley de la Jurisdicción Constitucional establece el principio contrario, es decir, que los efectos de la declaración de inconstitucionalidad y anulación de la ley por parte de la Sala Constitucional son *ex tunc* y, por consiguiente, declarativos y retroactivos, salvo en lo referente a los derechos adquiridos de buena fe (art. 91) o respecto de situaciones consolidadas por prescripción, caducidad o en virtud de una sentencia judicial.

En *Guatemala*, en general los efectos de la decisión de la Corte Constitucional son *ex-nunc*; pero si la Corte ha decidido la suspensión provisional de los efectos de una ley durante el proceso, la decisión final tiene efectos *ex tunc*, de forma retroactiva, pero sólo hasta la fecha de la decisión de suspensión de los efectos de la ley cuestionada.

§6. LA CONFORMACIÓN CONTEMPORÁNEA DEL SISTEMA VENEZOLANO DE JUSTICIA CONSTITUCIONAL[*]

La Constitución venezolana de 1999 establece en forma expresa en sus artículos 266, 334 y 336 la competencia de la Sala Constitucional del Tribunal Supremo de Justicia para declarar la nulidad por inconstitucionalidad, de las leyes y demás actos de los cuerpos deliberantes de carácter nacional, estadal o municipal dictados en ejecución directa de la Constitución, así como de los actos con rango legal dictados por el Ejecutivo Nacional.

Es decir, la Constitución prevé un control judicial concentrado de la constitucionalidad de todos los actos estatales, con exclusión de los actos judiciales y de los actos administrativos respecto de los cuales prevé medios específicos de control de legalidad y constitucionalidad (recurso de casación, apelaciones y Jurisdicción Contencioso Administrativa). De acuerdo con la Constitución, por tanto, existe un control concentrado de la constitucionalidad reservado en el nivel nacional, a los actos estatales de rango legal o de ejecución directa de la Constitución (leyes, actos parlamentarios sin forma de ley y actos de gobierno); en el nivel estadal], a las leyes emanadas de las Asambleas Legislativas y demás actos de ejecución directa de la Constitución; y en el nivel municipal, a las Ordenanzas Municipales, consideradas invariablemente como leyes locales, y demás actos de ejecución directa de la Constitución. Este control de la constitucionalidad de los actos estatales permite a la Sala Constitucional del Tribunal Supremo de Justicia declarar su nulidad cuando sean violatorios o colidan con la Constitución. Se trata, por tanto, como hemos dicho, de un control concentrado de la constitucionalidad de las leyes, y otros actos estatales de rango legal o de ejecución directa e inmediata de la Constitución atribuido a la Sala Constitucional. Se trata de un sistema de control que se incorporó expresamente en el ordenamiento constitucional desde la Constitución de 1858.[1]

Pero además, tanto el artículo 20 del Código de Procedimiento Civil, el artículo 19 del Código Orgánico Procesal Penal, como la propia Constitución (art. 334) le otorgan potestad a todos los tribunales de la República, cuando decidan

---

[*] Para la elaboración de este estudio hemos partido de nuestro trabajo: Allan R. Brewer–Carías, "Sobre la justicia constitucional y la justicia contencioso administrativo. A 35 años del inicio de la configuración de los procesos y procedimientos constitucionales y contencioso administrativos (1976–2011)," publicado en Allan R. Brewer–Carías y Víctor Hernández Mendible (Directores), *El contencioso administrativo y los procesos constitucionales*, Editorial Jurídica Venezolana, Caracas 2011, pp. 19–74

[1] *Véase* en general sobre el sistema venezolano de justicia constitucional: Allan R. Brewer–Carías, *La Justicia Constitucional., procesos y procedimientos constitucionales*, Universidad Nacional Autónoma de México, México 2007.

un caso concreto, para declarar la inaplicabilidad de las leyes y demás actos estatales normativos cuando estimen que son inconstitucionales, dándole por tanto preferencia a las normas constitucionales. Se trata, sin duda, de la base legal del método difuso de control de la constitucionalidad que está incorporada en forma expresa en el derecho positivo desde el Código de Procedimiento Civil de 1897.

Por tanto, el sistema venezolano de control de la constitucionalidad de las leyes y otros actos estatales, puede decirse que es uno de los más amplios conocidos en el mundo actual si se lo compara con los que muestra el derecho comparado, pues mezcla el llamado control difuso de la constitucionalidad de las leyes con el control concentrado de la constitucionalidad de las mismas.[2] En esta forma, no puede identificárselo, en particular, con alguno de los dos clásicos métodos de control de constitucionalidad que muestra el derecho comparado,[3] configurándose durante bastante más de un siglo como un sistema mixto o integral que se ha construido basado en el principio de la supremacía constitucional, ahora expresamente declarado en el artículo 7 de la Constitución.[4]

En torno al carácter mixto del sistema venezolano, la antigua Corte Suprema de Justicia insistió sobre el ámbito del control de la constitucionalidad de las leyes, al señalar que está encomendado:

"No tan sólo al Supremo Tribunal de la República, sino a los jueces en general, cualquiera sea su grado y por ínfima que fuere su categoría. Basta que el funcionaria forme parte de la rama judicial para ser custodio de la Constitución y aplicar, en consecuencia, las normas de ésta prevalecientemente a las leyes ordinarias... Empero, la aplicación de la norma fundamen-

---

2   De acuerdo a la terminología acuñada por Piero Calamandrei, *La illegittimitá Costituzionale delle Leggi,* Padova, 1950, p. 5; y difundida por Mario Capelletti, *Judicial Review in the contemporary World, Indianápolis, 1971.* Véase Allan R. Brewer–Carías, *Judicial review in comparative law,* Cambridge University Press, *1989.* Véase además, Allan R. Brewer–Carías, *El sistema mixto o integral de control de constitucionalidad en Colombia y Venezuela,* Bogotá, 1995.

3   *Véase* Allan R. Brewer–Carías, *El control de la constitucionalidad de los actos estatales,* Caracas, 1977; "Algunas consideraciones sobre el control jurisdiccional de la constitucionalidad de los actos estatales en el Derecho venezolano", *Revista de Administración Pública,* n° 76, Madrid, 1975, pp. 419 a 446; "La Justicia Constitucional en Venezuela", Simposio Internacional sobre Modernas Tendencias de Derecho Constitucional (España y América Latina). Universidad Externado de Colombia, Bogotá, Nov. 1986, 102 páginas. *Véase* además, M. Gaona Cruz, "El control judicial ante el Derecho Comparado" en *Archivo de Derecho Público y Ciencias de la Administración* (El Derecho Público en Colombia y Venezuela), Vol. VII, 1986, Caracas, 1986.

4   Véanse los comentarios en relación con sistema mixto de justicia constitucional en Venezuela como consecuencia del principio de supremacía constitucional en R. Feo, *Estudios sobre el Código de Procedimiento Civil Venezolano,* Caracas, 1904, Tomo I, pp. 26–35; R. Marcano Rodríguez, *Apuntaciones Analíticas sobre las materias fundamentales y generales del Código de Procedimiento Civil Venezolano,* Caracas, Tomo I, pp. 36–38; A. Borjas, *Comentarios al Código de Procedimiento Civil,* Caracas, Tomo I, pp. 33–35.

tal por parte de los jueces de grado, sólo surte efecto en el caso concreto debatido, y no alcanza, por lo mismo, sino a las partes interesadas en el conflicto; en tanto, que cuando se trata de la ilegitimidad constitucional de las leyes pronunciadas por el Supremo Tribunal en ejercicio de su función soberana, como intérprete de la Constitución y en respuesta a la acción pertinente, los efectos de la decisión se extienden *erga omnes* y cobran fuerza de ley. En el primer caso, el control es incidental y especial; y en el segundo, principal y general; y cuando éste ocurre, vale decir, cuando el recurso es autónomo, éste es formal o material, según que la nulidad verse sobre una irregularidad concerniente al proceso elaborativo de la ley, o bien que no obstante haberse legislado regularmente en el aspecto formalista, el contenido intrínseca de la norma adolezca de vicios sustanciales"[5].

En consecuencia, el sistema venezolano de justicia constitucional es un sistema mixto, en el cual el control difuso de la constitucionalidad está atribuido a todos los tribunales de la República, y el sistema concentrado, con relación a las leyes y demás actos de rango legal o de ejecución directa e inmediata de la Constitución, está atribuido a la Sala Constitucional del Tribunal Supremo de Justicia, el cual, en la actualidad, se complementa con otros procesos y procedimientos constitucionales que desde mitades del siglo XX se le fueron agregando al sistema, los cuales se desarrollan ante la Jurisdicción Constitucional en Venezuela, es decir, ante la Sala Constitucional del Tribunal Supremo de Justicia.

El inicio de la configuración contemporánea del sistema puede decirse que se inició con la sanción de la muy importante Ley Orgánica de la Corte Suprema de Justicia de 30 de julio de 1976[6] que sustituyó la Ley Orgánica de la Corte Federal de 2 de agosto 1953,[7] la cual durante sus veinticinco años de vigencia, y a pesar de las escasas y muy simples normas de orden procesal que tenía, establecidas en adición a las normas que contenía de atribución de competencia en materia constitucional. Estas últimas estaban destinadas a la Corte Federal, que ejercía la Jurisdicción Constitucional, la cual se había creado en la Constitución de 1953 en forma separada de la Corte de Casación. Antes de 1953, y durante el siglo XX, lo que siempre existió en Venezuela fue un solo tribunal supremo, denominado Corte Federal y de Casación, la cual, precisamente con el nombre de Corte Suprema de Justicia se restableció en la Constitución de 1961 refundiendo las dos mencionadas Cortes, Federal y de Casación, que funcionaron entre 1953 y 1961 en una sola Corte Suprema.

En todo caso, fue con la Ley de la Corte Suprema de Justicia de 1976, dictada bajo la vigencia de la Constitución de 1961, cuando, con base en las competencias asignadas a la Corte Suprema en la propia Constitución, se inició la regulación efectiva en un texto legal de los procedimientos en materia de control judi-

---

5   *Véase* sentencia de la antigua Corte federal de 19–6–53, en *Gaceta Forense,* Nº 1, 1953, pp. 77 y 78.

6   *Véase* en *Gaceta Oficial* Nº 1.893, Extraordinaria del 30–07–76. *Véase* sobre los comentarios sobre dicha Ley en Josefina Calcaño de Temeltas y Allan R. Brewer–Carías, *Ley Orgánica de la Corte Suprema de Justicia,* Caracas 1989.

7   *Véase* en *Compilación Legislativa de Venezuela, Anuario 1952,* Editorial Andrés Bello, Caracas 1953, pp. 331–343

cial de la constitucionalidad de los actos dictados en ejercicio del Poder Público; para lo cual la misma Ley precisó como una de las funciones primordiales de la Corte Suprema de Justicia, la de "controlar de acuerdo con la Constitución y las Leyes, la constitucionalidad y legalidad de los actos del Poder Público" (art. 18).

Fue por tanto en el marco de la Constitución de 1961 y particularmente con la aplicación de la Ley Orgánica de la Corte Suprema de 1976 cuando comenzó a tener lugar efectivamente, mediante el trabajo de la jurisprudencia de la propia Corte Suprema,[8] la configuración contemporánea de la justicia constitucional en Venezuela.[9] Ello se continuó después de la sanción de la Constitución de 1999, mediante la aplicación por el nuevo Tribunal Supremo de Justicia, y particularmente por la Sala Constitucional creada en el mismo, de la misma Ley Orgánica de la antigua Corte Suprema de 1976 y luego de la Ley Orgánica del Tribunal Supremo sancionada en 2004,[10] y reformada en 2010.[11]

I. LAS BASES LEGISLATIVAS INICIALES

La Ley Orgánica de la Corte Federal de 1953, sin duda, fue la fuente legislativa primigenia que sirvió para dar inicio a la configuración de los procesos constitucionales, partiendo de las competencias que se atribuyeron a dicha Corte en el artículo 41 de la Constitución de 1953. Esas y las previstas en el artículo 7 de la Ley Orgánica, en definitiva, fueron las que dieron origen a dichos procesos.

---

[8]   *Véase* sobre la jurisprudencia en materia administrativa y constitucional durante los años sesenta y setenta del siglo pasado, en Allan R. Brewer–Carías, *Jurisprudencia de la Corte Suprema 1930–74 y Estudios de Derecho Administrativo*, T.V, *La Jurisdicción Contencioso Administrativa*, Vol. 1 y 2, y T.VII, *La Jurisdicción Constitucional*, Instituto de Derecho Público, Facultad de Derecho, Universidad Central de Venezuela, Caracas, 1978.

[9]   *Véase* Allan R. Brewer–Carías, "Balance y perspectivas de los treinta años del Control Judicial de los Poderes Públicos en Venezuela," en *Boletín de la Academia de Ciencias Políticas y Sociales*, N° 149, Caracas 2010, pp. 193–208; y "Sobre la justicia constitucional y la justicia contencioso administrativo. A 35 años del inicio de la configuración de los procesos y procedimientos constitucionales y contencioso administrativos (1976–2011)," en Allan R. Brewer–Carías y Víctor Hernández Mendible (Directores), *El contencioso administrativo y los procesos constitucionales*, Editorial Jurídica Venezolana, Caracas 2011, pp. 19–74.

[10]   *Véase* en *G.O.* N° 37.942 de 19–05–2004. Véanse los comentarios sobre esta ley, en Allan R. Brewer–Carías, *Ley Orgánica del Tribunal Supremo de Justicia. El Tribunal Supremo de Justicia y los procesos y procedimientos constitucionales y contenciosos administrativos*, Editorial Jurídica Venezolana, Caracas 2004.

[11]   *Véase* en *G.O.* N° 5.991 Extraordinaria de 29–07–2010, reimpresa en dos oportunidades: *G.O.* N° 39.483 de 9–8–2010 y *G.O.* N° 39.522, de 1–10–2010. Véanse los comentarios sobre esta ley, en Allan R. Brewer–Carías y Víctor Hernández Mendible, *Ley Orgánica del Tribunal Supremo de Justicia. El Tribunal Supremo de Justicia y los procesos y procedimientos constitucionales y contencioso electorales*, Editorial Jurídica Venezolana, Caracas 2010.

En cuanto a los procesos constitucionales,[12] en efecto, de acuerdo con las competencias previstas en la Ley de la Corte Federal, se configuraron los tres siguientes:

En primer lugar, el proceso constitucional de nulidad por inconstitucionalidad de los actos estatales, a cuyo efecto se atribuyó en el artículo 7.8 de la Ley a la Corte Federal la competencia para:

8. Declarar la nulidad de todos los actos del Poder Público que sean violatorios de la Constitución Nacional, así como la de aquéllos a que se refiere el artículo 41 de la misma, cuando ello no fuere atribuido por la Ley a otra Autoridad.

El artículo 41 de la Constitución de 1953 se refería al principio de legalidad y al de la competencia ("El Poder Público se ejercerá conforme a esta Constitución y a las leyes que definan sus atribuciones y facultades"), agregando que "todo acto que extralimite dicha definición constituye una usurpación de atribuciones." Además, la Constitución asignó a la Corte Federal en su artículo 41.10 la competencia en materia de control de constitucionalidad, para:

10. Declarar la nulidad total o parcial de las Leyes Nacionales y Estatales y de las Ordenanzas o Acuerdos Municipales, cuando colidan con la Constitución de la República. La nulidad se limitará al párrafo, artículo o artículos en que aparezca la colisión, salvo que éstos sean de tal importancia, por su conexión con los demás, que, a juicio de la Corte, su nulidad acarreare la de todo el acto legislativo.

En segundo lugar, el otro proceso constitucional relativo a la solución de controversias de orden constitucional que se pudiesen suscitar entre los Estados, en particular, las relativas a límites, al atribuirse en el artículo 7 de la Ley a la Corte federal competencia para:

13. Dirimir las controversias sobre límites entre las diversas Entidades Federales; y.

14. Dirimir las controversias de cualquier naturaleza que se susciten entre la Nación y los Estados; entre dos o más Estados; entre éstos y el Distrito Federal o los Territorios Federales; entre los funcionarios del Orden Político o Administrativo de la Nación y los de los Estados, del Distrito Federal y de los Territorios Federales y de ellos entre sí...

Por último, en tercer lugar, la Ley de la Corte Federal también previó en el artículo 7.12, entre las competencias de la misma, la relativa a resolver las colisiones legislativas, asignándoles la competencia "para declarar cuál Ley debe prevalecer cuando se hallen en colisión las Nacionales entre sí, o éstas con las de los Estados o con las Ordenanzas Municipales; qué artículo o artículos de una Ley han de regir cuando exista colisión entre ellos; cuál Ley debe prevalecer cuando se hallen en colisión entre sí las Leyes de un mismo Estado o las de los

---

12 Sobre estos procesos constitucionales en el marco de la Ley Orgánica de la Corte Federal, véase José Guillermo Andueza, *La Jurisdicción Constitucional en el derecho venezolano*, Caracas 1955.

Estados con las Ordenanzas Municipales o cuando éstas se hallen en colisión entre sí; y cuáles son el artículo o artículos de la Ley Estatal u Ordenanza Municipal que han de regir cuando existiere colisión entre las disposiciones de ellas, siempre que en las Constituciones o Leyes de los Estados no se señale la competencia de otro Tribunal."

II. LOS PROCESOS CONSTITUCIONALES DE "CONTROL JUDICIAL DE LOS PODERES PÚBLICOS" EN LA CONSTITUCIÓN DE 1961 Y EN LA LEY ORGÁNICA DE LA CORTE SUPREMA DE JUSTICIA DE 1976

1. *Las competencias de la Corte Suprema en materias constitucionales conforme a la Ley Orgánica de la Corte Suprema de Justicia de 1976*

A pesar de las precarias normas procesales antes mencionadas de la Ley Orgánica de la Corte Federal de 1953, relativas a los procesos y procedimientos constitucionales, ello no impidió su desarrollo por parte de la jurisprudencia y de la doctrina nacional,[13] particularmente, después del inicio del régimen democrático en 1958 y después de la entrada en vigencia la Constitución de 1961; en un proceso que culminó con la importante Ley Orgánica de la Corte Suprema de Justicia de 1976.

En esta Ley, en efecto, se establecieron una serie de normas procesales nuevas, que aún cuando de carácter transitorio, permitieron a la propia Corte Suprema seguir con un nuevo aliento legislativo en su labor de creación jurisprudencial,[14] sentando así las bases del moderno derecho procesal constitucional y contencioso administrativo.

En la Constitución de 1961, en efecto, partiendo de la orientación incorporada en la Constitución de 1947[15] y que tuvo muy corta vigencia, se regularon con precisión las competencias de la Corte Suprema de Justicia en materia de justicia

---

[13] Antes de la promulgación de la Ley de 1953, incluso, véase en materia contencioso administrativa, Luis Torrealba Narváez, "Consideraciones acerca de la Jurisdicción Contencioso Administrativa, su Procedimiento y Algunas Relaciones de éste con el de la Jurisdicción Judicial Civil", en *Anales de la Facultad de Derecho,* Universidad Central de Venezuela, Caracas, 1951; y en materia constitucional, Pablo Ruggeri Parra, *La supremacía de la Constitución y su defensa,* Caracas 1941.

[14] Por lo que se refiere a la jurisprudencia en materia constitucional y administrativa a partir de 1980, véase la recopilada trimestral efectuada por Mary Ramos Fernández, "Jurisprudencia Administrativa y Constitucional," en la Sección "Información Jurisprudencial," de la *Revista de Derecho Público,* desde que se inició, en 1980, Editorial Jurídica Venezolana, Caracas 1980.

[15] Martín Pérez Guevara, quien fuera Presidente de la Corte Suprema de Justicia, con razón señaló que el punto de partida para el desarrollo del sistema de control de la constitucionalidad de las leyes y del control judicial de los actos administrativos, fue la Constitución de 1947; que orientó la atribución a la Corte Suprema de Justicia, creada en la Constitución de 1961, de la función de controlar la constitucionalidad y legalidad de los actos del Poder Público. *Véase* Martín Pérez Guevara, en *El control jurisdiccional de los Poderes Públicos en Venezuela,* Instituto de Derecho Público, Caracas, 1979, pp. 18, 19 y 29.

constitucional, en normas cuyo origen remoto se sitúa en las disposiciones de la Constitución de 1858.[16]

Así, el artículo 215 de la Constitución de 1961 atribuyó a la Corte Suprema de Justicia, en Corte Plena, competencia para:

3. Declarar la nulidad total o parcial de las leyes nacionales y demás actos de los cuerpos legislativos que colindan con esta constitución;

4. Declarar la nulidad total o parcial de las leyes estadales, de las ordenanzas municipales y demás actos de los cuerpos deliberantes de los Estados o Municipios que colindan con esta Constitución;

5. Resolver las colisiones que existan entre las diversas disposiciones legales y declarar cuál de éstas debe prevalecer;

6. Declarar la nulidad de los reglamentos y demás actos del Ejecutivo Nacional cuando sean violatorios de esta Constitución.

Con base en estas normas, se concentró en la Corte Plena de la Corte Suprema de Justicia, la competencia para conocer de las acciones y los subsiguientes procesos en materia de control de la constitucionalidad de las leyes, de los "reglamentos" entendiéndose que se trataba sólo de los "Reglamentos Ejecutivos," y de los "demás actos del Ejecutivo Nacional," lo que se entendía como referido a aquellos que no eran "actos administrativos," estos últimos sometidos a control contencioso administrativo ante una de las Salad de la Corte Suprema de Justicia, la Sala Constitucional, la cual conforme al artículo 206 de la Constitución era la llamada a conocer de las acciones de nulidad y los subsiguientes procesos contencioso administrativo respecto de los mismos.

Con base en esta concentración de competencias, y en ausencia de la legislación acorde con el texto constitucional de 1961, fue entonces la propia Corte Suprema la que en su jurisprudencia, fue sentando las bases para el futuro desarrollo del derecho procesal constitucional y por supuesto también, en paralelo del derecho procesal administrativo. Puede decirse, precisamente, que fue con base en estas normas que la antigua Corte Suprema de Justicia elaboró las bases de los procesos contencioso administrativos,[17] las cuales desarrolladas por la doctrina nacional,[18] condujeron a la sanción de la Ley Orgánica de la Corte Suprema de Justicia de 1976.

---

[16] *Véase* en Allan R. Brewer–Carías, *La Justicia Constitucional. Procesos y procedimientos Constitucionales*, México 2007, pp. 49, 309; y en *Instituciones Políticas y Constitucionales*, T.VI, Justicia Constitucional, Universidad Católica del Táchira, Editorial Jurídica Venezolana, San Cristóbal–Caracas 1996, 131 ss.

[17] *Véase* además de las fuentes de jurisprudencia antes citadas, en Allan R. Brewer–Carías y Luís Ortiz Álvarez, *Las grandes decisiones de la jurisprudencia Contencioso administrativa*, Editorial Jurídica Venezolana, Caracas 1996.

[18] *Véase* por ejemplo, antes de 1976, Hildegard Rondón de Sansó, *El Sistema Contencioso administrativo de la Carrera Administrativa. Instituciones, Procedimiento y Jurisprudencia*, Ediciones Magón, Caracas 1974.

Esta Ley de 1976, en todo caso, permitió que se comenzaran a delinear los siguientes sistemas de control judicial de constitucionalidad de los actos estatales:

En primer lugar, conforme se disponía en el artículo 49 de la Constitución de 1961, relativo al control de la constitucionalidad de los actos estatales violatorios de los derechos y garantías constitucionales, se configuró la acción y proceso constitucional de amparo constitucional, regulado originalmente en la Disposición Transitoria Cuarta de dicha Constitución respecto de los actos estatales violatorios de la libertad personal, y a partir de 1988, en la Ley Orgánica de Amparo sobre Derechos y Garantías Constitucionales.[19]

En segundo lugar, con base en el tradicional artículo 20 del Código de Procedimiento Civil, se encontraba configurado el procedimiento constitucional de control difuso de constitucionalidad de las leyes previéndose la potestad de todos los tribunales para en cualquier proceso, dar aplicación preferente a la Constitución "cuando la Ley vigente, cuya aplicación se pida, colidiere con alguna disposición constitucional." Mediante este método de control, cualquiera de las partes en un proceso puede solicitar para el caso concreto, o el juez decidirlo de oficio, la inaplicabilidad de una ley que se estime inconstitucional, en cuyo caso, el juez puede aplicar con preferencia la Constitución e inaplicar la ley en la decisión, teniendo la decisión por supuesto, efectos *inter partes*.

En tercer lugar, con base en el artículo 215, ordinales 3°, 4° y 6° de la Constitución de 1961 y en el artículo 42, ordinales 1° a 4° y 11 y 12 de la Ley Orgánica de 1976, el sistema de control concentrado de la constitucionalidad de las leyes y demás actos estatales de rango legal o de ejecución directa de la Constitución, así como de los Reglamentos Ejecutivos; lo que dio origen a los procesos constitucionales de anulación, cuyo conocimiento se atribuyó a la Corte Suprema de Justicia en Corte Plena, y que se iniciaban mediante el ejercicio de la acción popular de inconstitucionalidad. Mediante las mencionadas disposiciones se otorgó a la Corte Suprema de Justicia el monopolio de la declaratoria de nulidad por inconstitucionalidad, de las leyes y demás actos de ejecución directa de la Constitución y de los Reglamentos Ejecutivos, con efectos *erga omnes*.

Conforme a estas normas, y con las normas procesales que se establecieron en la Ley Orgánica de la Corte Suprema de Justicia de 1976 y que se destinaron en común a regular los procesos de nulidad por inconstitucionalidad e ilegalidad que constituyen el origen tanto del proceso constitucional de anulación como del proceso contencioso administrativo de anulación, fue entonces que se configuraron las normas procesales básicas en la materia. Esas previsiones procesales que contribuyeron a la conformación de los procesos constitucionales fueron las de los artículos 112 a 118 de la dicha Ley Orgánica relativos a la impugnación de los "actos de efectos generales," prevista independiente del tipo de acto impugnado o del motivo de impugnación. Aparte, en los artículos 121 a 129 de la misma Ley Orgánica, relativos a la impugnación de los "actos administrativos de

---

[19] *Véase* en *G.O.* N° 33.891 de 22–01–1988. *Véase* en Allan R. Brewer–Carías, Carlos Ayala Corao y Rafael J. Chavero Gazdik, *Ley Orgánica de Amparo sobre Derechos y Garantías Constitucionales*, Editorial Jurídica Venezolana, 6ª. edición corregida, aumentada y actualizada, Caracas 2007.

efectos particulares," se establecieron las normas básicas que por su lado condujeron al desarrollo de los procesos contencioso administrativos.

Lo importante en establecer ahora, es sin embargo, que fue esa fuente legal común la que permitió consolidar uno de los principio más importante tanto del derecho procesal constitucional como del derecho procesal administrativo, que es el carácter universal del control de constitucionalidad y de ilegalidad,[20] en el sentido de que no podía ni puede haber acto estatal alguno que escape al control judicial tanto mediante los procesos constitucionales como mediante los procesos contencioso administrativos.

Al materializarse esta universalidad, sin embargo, las únicas distinciones fundamentales que se establecieron en relación con las acciones que iniciaban los procesos, se basaron en la legitimación y en el lapso de tiempo para accionar. En tal sentido, en el artículo 112 de la Ley Orgánica de 1976 se reguló la legitimación para ejercer tanto la acción de anulación por inconstitucionalidad contra las leyes, ordenanzas y reglamentos ejecutivos; como la acción contencioso administrativa de anulación por razones de inconstitucionalidad o de ilegalidad contra los demás actos administrativos de efectos generales (distintos al reglamento Ejecutivo), configurándose dichas acciones como acciones populares. En cambio, en materia de impugnación de los actos administrativos de efectos particulares, el artículo 121 restringió la legitimación para intentar la acción solo respecto de las personas que tuviesen "interés personal, legítimo y directo en impugnar el acto."

Otra de las distinciones básicas en los procesos se refirió a la oportunidad para intentar las acciones, distinguiéndose, de nuevo, entre las acciones (de inconstitucionalidad o contencioso administrativa) para la impugnación de las leyes, ordenanzas, reglamentos y demás actos estatales de efectos generales, incluidos los actos administrativos de efectos generales, por una parte; y por la otra, la acción contencioso administrativa para la impugnación de los actos administrativos de efectos particulares. Para ello, el artículo 134 de la Ley Orgánica de 1976 estableció que "Las acciones o recursos de nulidad contra los actos generales del Poder Público podrán intentarse en cualquier tiempo, pero los dirigidos a anular actos particulares de la Administración, caducarán en el término de seis meses contados a partir de su publicación en el respectivo órgano oficial, o de su notificación al interesado, si fuere procedente y aquélla no se efectuare. Sin embargo, aún en el segundo de los casos señalados, la ilegalidad del acto podrá oponerse siempre por vía de excepción, salvo disposiciones especiales."

Estas normas comunes condujeron, en la Ley Orgánica, a una distribución de competencias según el acto impugnado: las leyes, ordenanzas y demás actos de

---

[20] Lo que significa que no hay ni puede haber actos excluidos de control. *Véase* por ejemplo, Allan R. Brewer–Carías, "La universalidad del control contencioso administrativo" en *Libro de la Amistad en Homenaje a Enrique Pérez Olivares,* Caracas 1992, pp. 203–226, y en *Revista de Derecho Público,* Nº 46, Editorial Jurídica Venezolana, Caracas, abril–junio 1991, pp. 5–22; "El proceso constitucional de amparo en Venezuela: su universalidad y su inefectividad en el régimen autoritario," en *Horizontes Contemporáneos del Derecho Procesal Constitucional. Liber Amicorum Néstor Pedro Sagüés,* Centro de Estudios Constitucionales del Tribunal Constitucional, Lima 2011.

ejecución directa de la Constitución (y excepcionalmente los reglamentos Ejecutivos) se impugnaban por razones de inconstitucionalidad en un proceso constitucional que se desarrollaba ante la Corte Suprema de Justicia en Corte Plena (art. 42.4); y los actos administrativos de efectos generales o de efectos particulares se impugnaban por razones de inconstitucionalidad o de ilegalidad, ante la Sala Político-Administrativa en un proceso contencioso administrativo (art. 42, ords. 11 y 12).

2. *Los procesos constitucionales conforme a la Ley Orgánica de la Corte Suprema de Justicia de 1976*

Conforme a la Constitución de 1961 y a la Ley Orgánica de la Corte Suprema de Justicia, antes de entrar en vigencia la Constitución de 1999, en materia de procesos constitucionales, se podían distinguir entonces los siguientes:

Primero, el proceso constitucional de anulación de actos estatales por inconstitucionalidad, materializado en el llamado control concentrado de la constitucionalidad de las leyes y demás actos estatales (nacionales, estadales y municipales) de rango legal o de ejecución directa de la Constitución, regulado en los ordinales 1 a 4 del artículo 215 de la Constitución de 1961 y en el ordinales 1, 2 y 3 y 11 del artículo 42 de la Ley Orgánica de 1976.[21] Este proceso constitucional que se desarrollaba ante la Corte Plena de la Corte Suprema de Justicia, se extendía, además, hacia los Reglamentos Ejecutivos, los cuales a pesar de ser actos administrativos, sólo se podían impugnar por motivos de inconstitucionalidad ante la Jurisdicción Constitucional (art. 42.4), y no ante la Jurisdicción contencioso administrativa que es donde lógicamente correspondía.

Estas competencias de anulación por inconstitucionalidad ante la Corte en Pleno, se ponían en movimiento mediante el ejercicio de la acción popular de inconstitucionalidad, produciendo la decisión respectiva, efectos *erga omnes*, y en principio *pro futuro, ex nunc*, aun cuando la Ley Orgánica dejó a la Corte Plena la determinación de los efectos de sus decisiones de anulación en el tiempo.

Segundo, el proceso constitucional de amparo a los derechos y garantía constitucionales, conforme a lo dispuesto en el artículo 49 de la Constitución de 1961, que se iniciaba mediante acción de amparo o mediante pretensión ejercida conjuntamente con otra acción, contra todo tipo de acto estatal o de actuaciones o vías de hecho de particulares, y para la protección de todos los derechos y garantías establecidos en la Constitución, o que fueran inherentes a la persona humana, habiéndose llegado a incluir los establecidos en los tratados internacionales de derechos humanos. Este proceso constitucional, como dijimos, fue regulado en la Ley Orgánica de Amparo sobre Derechos y Garantías Constitucionales de 1988.

En *tercer* lugar, estaba el proceso constitucional para la solución de las controversias constitucionales, que podía derivarse del artículo 215.8 de la Constitución de 1961 y del artículo 42.13 de la Ley Orgánica de 1976 y cuyo conoci-

---

[21] *Véase* Allan R. Brewer–Carías, *El control de la constitucionalidad de los actos estatales*, Caracas 1977; e Instituciones Políticas y Constitucionales, Justicia Constitucional, T.VI, Universidad Católica del Táchira, Editorial Jurídica Venezolana, San Cristóbal–Caracas 1996.

miento se atribuyó a la Sala Político Administrativa de la antigua Corte Suprema, para "dirimir las controversias en que una de las partes sea la República o algún Estado o Municipio, cuando la contraparte sea otra de esas mismas entidades."

En la Ley Orgánica de 1976 se podía identificar, además, un procedimiento constitucional desarrollado ante la Corte Plena, para decidir acerca de la inconstitucionalidad de las leyes que solicite el Presidente de la República antes de ponerle el ejecútese, conforme al artículo 173 de la Constitución de 1961 (art. 42.2).

Tal era, en líneas muy generales, no sólo la fuente legislativa que utilizó la Corte Suprema de Justicia para sentar las bases de los procesos constitucionales que estaban ya configurados cuando se sancionó la Constitución de 1999, sino el marco general de dichos procesos.

III. LOS PROCESOS CONSTITUCIONALES EN LA CONSTITUCIÓN DE 1999, CONFORME A LA LEY ORGÁNICA DEL TRIBUNAL SUPREMO DE 2004

La Constitución de 1999, sin duda, puede considerarse como el punto culminante de la evolución del sistema de control de constitucionalidad de los actos estatales y, por tanto, el punto de partida para la configuración definitiva del derecho procesal constitucional en Venezuela.

La misma se concibió formalmente como el marco jurídico para un Estado de derecho, que conlleva la necesaria sumisión de todas las actuaciones de los órganos del Estado al ordenamiento jurídico preestablecido, compuesto no sólo por la Constitución y las leyes, sino por el conjunto de reglamentos y normas dictados por las autoridades competentes. De ello deriva el principio de la legalidad, que en relación con todos los órganos del Estado, y en particular de la Administración Pública, les impone la obligación de actuar con arreglo a lo establecido en la Constitución, ley y las otras normas jurídicas que regulan su actividad.[22]

1. La Jurisdicción Constitucional en la Constitución de 1999

Esta idea del Estado de derecho implica, además, la indispensable previsión de garantías de control judicial a los efectos de asegurar la sumisión de los órganos del Estado al derecho, a cuyo efecto se han desarrollado y estructurado por una parte, la Jurisdicción Constitucional, y por la otra, la Jurisdicción Contencioso Administrativa, las cuales se distinguen, como siempre, no por los motivos de impugnación de los actos estatales, sino básicamente, por los actos objeto de control.[23]

---

[22]   *Véase* Antonio Moles Caubet, *El principio de legalidad y sus implicaciones,* Universidad Central de Venezuela, Facultad de Derecho, Publicaciones del Instituto de Derecho Público, Caracas 1974.

[23]   *Véase* Allan R. Brewer–Carías, *Instituciones Políticas y Constitucionales,* T. VI, *Justicia Constitucional,* Universidad Católica del Táchira–Editorial Jurídica Venezolana, Caracas–San Cristóbal 1996; Editorial Jurídica Venezolana, Caracas 1997; La Justicia Constitucional (Procesos y procedimientos constitucionales), Universidad nacional Autónoma de México, México 2007.

Conforme al artículo 266.1 de la Constitución de 1999, el Tribunal Supremo de Justicia ejerce la Jurisdicción Constitucional la cual conforme al Título VIII de la misma está atribuida, en exclusiva, a la Sala Constitucional.

Pero por supuesto, Jurisdicción Constitucional no se puede confundir con "justicia constitucional." Esta última se refiere en general a la competencia judicial para velar por la integridad y supremacía de la Constitución, y que en Venezuela se ejerce por *todos los jueces* y no sólo por el Tribunal Supremo de Justicia, ni sólo por su Sala Constitucional, en cualquier causa o proceso que conozcan y, además, en particular, cuando conozcan de acciones de amparo o de las acciones contencioso administrativas al tener la potestad para anular actos administrativos por contrariedad a la Constitución (como forma de contrariedad al derecho) (art. 259).[24]

En cuanto al Tribunal Supremo de Justicia, en materia de justicia constitucional, todas sus Salas también tienen expresamente como competencia, el garantizar "la supremacía y efectividad de las normas y principios constitucionales", correspondiéndoles a todas las salas el ser "el máximo y último intérprete de la Constitución" y velar "por su uniforme interpretación y aplicación" (art. 335). La Sala Constitucional, por tanto, no es "el máximo y último intérprete de la Constitución" como se ha afirmado,[25] o como lo ha señalado la propia Sala Constitucional, no es el órgano judicial que tenga "el monopolio interpretativo último de la Constitución."[26] Esta es una apreciación completamente errada, que no deriva del texto de la Constitución, de cuyo artículo 335, al contrario, lo que se deriva es que *todas las Salas* ejercen la justicia constitucional conforme a sus respectivas competencias y son el máximo y último intérprete de la Constitución. También se deriva que es a través de la Sala Constitucional, que el Tribunal Supremo de Justicia concentra la Jurisdicción Constitucional (Arts. 266, ord. 1° y 336).

De lo anterior resulta, en todo caso, que la expresión "justicia constitucional" es un concepto material que equivale a *control judicial de la constitucionalidad de las leyes y demás actos estatales,* el cual ha sido ejercido en Venezuela, siempre, por todos los tribunales pertenecientes a todas las Jurisdicciones, es decir, por todos los órganos que ejercen el Poder Judicial, dando origen a los procesos constitucionales.

En cambio, la expresión *"Jurisdicción Constitucional"* es una noción orgánica, que tiende a identificar a un órgano específico del Poder Judicial que tiene, en forma exclusiva, la potestad de anular *ciertos actos estatales* por razones de inconstitucionalidad, en particular, las leyes y demás actos con rango de ley o de ejecución directa e inmediata de la Constitución; atribución que en Venezuela

24 *Véase* Allan R. Brewer–Carías, *Instituciones Políticas y Constitucionales*, T. VII, *La Justicia Contencioso administrativa*, Universidad Católica del Táchira–Editorial Jurídica Venezolana, Caracas–San Cristóbal 1997, pp. 26 y ss.

25 *Véase* en José Vicente Haro G., "La justicia constitucional en Venezuela y la Constitución de 1999." en *Revista de Derecho Constitucional*, Editorial Sherwood, N° 1, Caracas, sep–dic. 1999, pp. 137 y 146.

26 *Véase* sentencia N° 1374 de 09–11–2000, en *Revista de Derecho Público*, N° 84, Editorial Jurídica Venezolana, Caracas 2000, p. 267.

siempre ha correspondido al Supremo Tribunal de Justicia,[27] ahora a través de su Sala Constitucional. Por ello, el artículo 334 de la Constitución establece que:

"Corresponde exclusivamente a la Sala Constitucional del Tribunal Supremo de Justicia como jurisdicción constitucional, declarar la nulidad de las leyes y demás actos de los órganos que ejercen el Poder Público dictados en ejecución directa e inmediata de esta Constitución o que tengan rango de ley, cuando colidan con aquella."

La noción de justicia constitucional, por tanto, es distinta a la de Jurisdicción Constitucional. Esta se identifica con la potestad de la Sala Constitucional de juzgar en materia constitucional, y aquella en cambio con la "la potestad de juzgar en materia constitucional" que corresponde, además de a la Sala Constitucional, a otros órganos judiciales.[28]

La particularidad de la Jurisdicción Constitucional, si se quiere, es que tiene atribuidas en forma exclusiva unas competencias judiciales en materia de justicia constitucional, como son por ejemplo, las de anular ciertos y determinados actos estatales: las leyes y demás actos de rango legal o de ejecución directa e inmediata de la Constitución, y las de revisar las sentencias en materia constitucional. De ello deriva, que la Sala Constitucional ni siquiera tiene el monopolio para ejercer el control concentrado de la constitucionalidad de los actos estatales, y solo tiene el monopolio de dicho control *respecto de determinados actos estatales* (los de rango y fuerza de ley y los dictados en ejecución directa e inmediata de la Constitución), como se la caracteriza en el derecho comparado.[29]

Por ello puede decirse, en general, que el control concentrado de la constitucionalidad de los actos estatales conforme a la Constitución, se ejerce por dos Jurisdicciones distintas: la Jurisdicción Constitucional y la Jurisdicción Contencioso Administrativa. Ello se deriva del hecho de que los órganos de la Jurisdicción Contencioso Administrativa tienen competencia, conforme al artículo 259 de la Constitución, para controlar la constitucionalidad de los actos administrativos, tanto normativos (Reglamentos) como no normativos, que son siempre actos de rango sublegal. Esta norma, eliminó la incongruencia que en la Constitución de 1961 prevalecía, al atribuir a la Jurisdicción Constitucional de entonces (Corte Plena), la competencia para controlar la constitucionalidad de los Reglamentos Ejecutivo, tal como ya se ha dicho anteriormente.

---

[27] *Véase* Allan R. Brewer–Carías, *Instituciones Políticas y Constitucionales,* T. VI, *La Justicia Constitucional,* Universidad Católica del Táchira–Editorial Jurídica Venezolana, Caracas 1996; Allan R. Brewer–Carías, *Judicial Review in Comparative Law,* Cambridge, 1989.

[28] No es correcto, por tanto, lo afirmado por la Sala Constitucional en el sentido de que la misma tenga atribuida competencia para ejercer la "la potestad de juzgar y de hacer ejecutar lo juzgado en materia constitucional." *Véase* sentencia Nº 129 de 17–03–2000 (Caso *Vicente Bautista García Fermín),* Expediente 00–0005. Ello sólo es así cuando ejerce la Jurisdicción Constitucional.

[29] *Véase* en general, Allan R. Brewer–Carías, *Judicial Review in Comparative Law, op. cit.* p. 190; y Allan R. Brewer–Carías, *El control concentrado de la constitucionalidad de las leyes (Estudio de Derecho Comparado),* Caracas 1994, p. 19.

De ello resulta, por tanto, que los órganos de la Jurisdicción Contencioso Administrativa ejercen la justicia constitucional mediante el control concentrado de la constitucionalidad, al conocer de los recursos contenciosos administrativos de anulación contra los actos administrativos por razones de inconstitucionalidad; entendiéndose por supuesto que los actos administrativos son siempre de carácter sublegal, no siendo por tanto en forma alguna dictados "en ejecución directa e inmediata de la Constitución." Estos últimos actos ejecutivos están sometidos al control de constitucionalidad exclusivamente a cargo de la Sala Constitucional del Tribunal Supremo.

Con base en este marco constitucional se dictó la Ley Orgánica del Tribunal Supremo de Justicia de 2004, la cual derogó la Ley Orgánica de la Corte Suprema de Justicia de 1976, cuyo articulado había sido el que efectivamente había innovado en esta materia, habiendo sentado las bases para el ejercicio del control jurisdiccional. La Ley de 2004, en realidad, salvo por lo que se refirió a las nuevas normas que eran indispensables para poner a funcionar un nuevo Tribunal que había sustituido a la antigua Corte Suprema, desde el punto de vista sustantivo no pasó de ser, en realidad, sino una muy mala y disparatada copia de las previsiones de la Ley de 1976.

Sin embargo desde el punto de vista·formal, la Ley Orgánica de 2004 se caracterizó por tener una disparatada composición, una asistemática división y una absurda ordenación.[30] La verdad es que puede decirse que no existe en los anales de la historia legislativa del país, desde 1830, un texto legal tan mal concebido y peor expresado como aquella Ley Orgánica de 2004, que quedó como legado de unos legisladores poco conocedores de la más elemental técnica legislativa; que sancionaron un texto que será ejemplo de cómo no debe legislarse.

En dicha Ley Orgánica de 2004, en todo caso, en su artículo 5, párrafo 2°, se le atribuyeron al Tribunal Supremo en Sala Constitucional, como Jurisdicción Constitucional,[31] los asuntos previstos en los numerales 3 al 23 del párrafo 1° de

---

[30] *Véase* la crítica sobre la técnica de redacción utilizada en la ley de 2004 en Carlos Luis Carrillo Artiles, *Ley Orgánica del Tribunal Supremo de Justicia. Titulada, Concordada, Comentada con sus Antecedentes y Modificaciones*, Funeda, Caracas 2004, pp. 7–13.

[31] *Véase* en general, Allan R. Brewer–Carías, *El Sistema de Justicia Constitucional en la Constitución de 1999: Comentarios sobre su desarrollo jurisprudencial y su explicación a veces errada, en la Exposición de Motivos*, Editorial Jurídica Venezolana, Caracas 2000; Allan R. Brewer–Carías, "La Justicia Constitucional en la Nueva Constitución" en *Revista de Derecho Constitucional*, N° 1, Septiembre–Diciembre 1999, Editorial Sherwood, Caracas 1999, pp. 35–44; Allan R. Brewer–Carías, "La justicia constitucional en la Constitución de 1999", en *Derecho Procesal Constitucional*, Colegio de Secretarios de la Suprema Corte de Justicia de la Nación, A.C., Editorial Porrúa, México 2001, pp. 931–961. Publicado también en *Reflexiones sobre el Constitucionalismo en América*, Editorial Jurídica Venezolana, Caracas 2001, pp. 255–285; Jesús M. Casal H., *Constitución y justicia constitucional: los fundamentos de la justicia constitucional en la nueva Carta Magna*, Universidad Católica Andrés Bello, Caracas 2000; Héctor Fix Zamudio, "La justicia constitucional y la judicialización de la política", en *Constitución y Constitucionalismo Hoy*. Editorial Ex Libris, Caracas 2000, pp. 557–592; Jesús M. Casal H., "Hacia el fortalecimiento y racionalización de la justicia constitucional", en *Revista de Derecho*

dicho artículo, que originaron por una parte diversos procesos constitucionales, y por la otra algunos procedimientos constitucionales, en los cuales no se traba *litis* procesal.

2. *Los procesos constitucionales en la Ley Orgánica de 2004*

En primer lugar, están por tanto, una serie de competencias atribuidas a la Sala Constitucional que originan procesos constitucionales y que están signados por el principio de la bilateralidad, requiriendo siempre instancia de parte. Esos de acuerdo con la Ley Orgánica de 2004 eran los siguientes:

A. *El proceso constitucional de control concentrado de la constitucionalidad de las leyes y actos de ejecución directa de la Constitución*

Primero el proceso constitucional de control concentrado de constitucionalidad de las leyes y otros actos estatales de igual rango y valor (control concentrado de la constitucionalidad), regulado en los ordinales 6 a 9 del párrafo 1º del artículo 5 de la Ley Orgánica de 2004 que atribuían a la Sala Constitucional las siguientes competencias en materia de control de la constitucionalidad de actos del Estado establecidas en el artículo 336 de la Constitución, según los actos objeto de control:

En primer lugar, "6. Declarar la nulidad total o parcial de las *leyes nacionales y demás actos con rango de ley de la Asamblea Nacional,* que colidan con la Constitución de la República Bolivariana de Venezuela, mediante el ejercicio del control concentrado de la constitucionalidad."

Esta norma repetía tanto el texto constitucional como el del artículo 42.1 de la Ley Orgánica de 1976, a los cuales sólo se le agregó la última frase sobre el "ejercicio del control concentrado de la constitucionalidad," terminología que, por tanto, adquirió rango legal en Venezuela. Los actos con rango de ley de la Asamblea Nacional serían aquellos actos parlamentarios sin forma de ley dictados en ejecución directa e inmediata de la Constitución, como los *interna corporis*.

En segundo lugar, "7. Declarar la nulidad total o parcial de las *Constituciones y leyes estadales, de las ordenanzas municipales y demás actos* de los cuerpos deliberantes de los Estados, Municipios y del Distrito Capital, dictados *en ejecución directa e inmediata de la Constitución* y que colidan con ella, mediante el ejercicio del control concentrado de la constitucionalidad."

En este caso, también, la novedad respecto de lo que establecía la Constitución de 1999 y de lo que establecía Ley Orgánica de 1976 no sólo fue la califica-

---

Constitucional, Nº 2 (enero–junio), Editorial Sherwood, Caracas 2000, pp. 215–242; Antonio Canova González, "La futura justicia constitucional en Venezuela", en *Revista de Derecho Constitucional,* Nº 2 (enero–junio), Editorial Sherwood, Caracas 2000, pp. 93–181; María A. Bonnemaison, "El control constitucional de los Poderes Públicos", en *Bases y principios del sistema constitucional venezolano (Ponencias del VII Congreso Venezolano de Derecho Constitucional realizado en San Cristóbal del 21 al 23 de Noviembre de 2001),* Volumen II, pp. 233–260; Carla Crazut Jiménez, "Progreso de la protección constitucional en Venezuela", en *Libro Homenaje a Enrique Tejera París, Temas sobre la Constitución de 1999,* Centro de Investigaciones Jurídicas (CEIN), Caracas 2001, pp. 273 a 289.

ción del proceso, también como "el ejercicio del control concentrado de la constitucionalidad," sino la referencia, conforme a la Constitución (arts. 334 y 336) de los actos estatales sometidos a control como aquellos dictados en ejecución directa e inmediata de la Constitución, y que sin tener "valor de ley" tienen el mismo rango. En la Ley Orgánica se agregaron, además, los actos de tal naturaleza del Distrito Capital.

En tercer lugar, "8. Declarar la nulidad total o parcial de *los actos con rango de ley dictados por el Ejecutivo Nacional*, que colidan con la Constitución de la República Bolivariana de Venezuela, mediante el ejercicio del control concentrado de la constitucionalidad."

Esta norma se refería, básicamente, a los decretos leyes dictados en virtud de ley habilitante (art. 203), así como a las regulaciones sobre el ejercicio de derechos constitucionales que debe dictar el Ejecutivo Nacional en caso de restricción de garantías derivadas de un decreto de estado de excepción (art. 339). Se destaca igualmente, el calificativo del proceso que originaba la competencia como de "el ejercicio del control concentrado de la constitucionalidad."

En cuarto lugar, "9. Declarar la nulidad total o parcial de los actos dictados por cualquier órgano en ejercicio del Poder Público, en ejecución directa e inmediata de la Constitución de la República Bolivariana de Venezuela, cuando colidan con ésta y que no sean reputables como actos de rango legal."

Lamentablemente en la identificación del objeto de la acción de inconstitucionalidad en este caso, el Legislador de 2004 no sólo no lo calificó como "control concentrado de la constitucionalidad," perdiendo la coherencia normativa, sino que no entendió las disposiciones constitucionales (arts. 334, 336.4) que se refieren al control de constitucionalidad de los "actos dictados en ejecución directa e inmediata de la Constitución," los cuales precisamente por ello tienen rango legal, aún cuando puedan no tener valor de ley. Las categorías de actos dictados en ejecución directa e inmediata de la Constitución y los actos con rango de ley, no son excluyentes. Los actos dictados en ejecución directa e inmediata de la Constitución, precisamente por ello sólo pueden estar regulados por sus normas y no admiten que se pueda dictar una ley para regularlos. Pero la noción nada tiene que ver con el concepto de normas constitucionales de aplicación directa e inmediata. No es lo mismo, por tanto, un acto dictado en ejecución directa e inmediata de la Constitución que una norma constitucional de aplicación directa e inmediata.[32]

En todo caso, en ejercicio de estas cuatro competencias (ordinales 6 a 9) y aún cuando no se utilizó la misma terminología en el ordinal 9, la Sala Constitu-

---

[32]   Ello, lamentablemente se ha confundido en forma inaceptable por la Sala Constitucional en la sentencia N° 566 de 12–04–2004 (Caso *Julio Borges, César Pérez Vivas, Henry Ramos Allup, Jorge Sucre Castillo, Ramón José Medina y Gerardo Blyde vs. Consejo Nacional Electoral*) mediante la cual la Sala Constitucional se avocó al conocimiento de la causa relativa al referendo revocatorio presidencial que competía a la Sala Electoral. *Véase* los comentarios en Allan R. Brewer–Carías, *La Sala Constitucional vs. El Estado Democrático de Derecho (El secuestro del Poder Electoral y de la Sala Electoral del Tribunal Supremo y la confiscación del derecho a la participación política)*, Ediciones El Nacional, Caracas 2004, pp. 133 y ss.

cional ejercía el "control concentrado de la constitucionalidad", el cual, como lo precisaba el artículo 5, párrafo 3° de la Ley Orgánica de 2004:

> "Sólo corresponderá a la Sala Constitucional en los términos previstos en esta Ley, la cual no podrá conocerlo incidentalmente en otras causas, sino únicamente cuando medie un recurso popular de inconstitucionalidad, en cuyo caso no privará el principio dispositivo, pudiendo la Sala suplir, de oficio, las deficiencias o técnicas del recurrente sobre las disposiciones expresamente denunciadas por éste, por tratarse de un asunto de orden público".

Con esta disposición expresa, en el caso de control concentrado de constitucionalidad, el Legislador buscó poner límite a la potestad de control concentrado de oficio que había venido desarrollando la Sala Constitucional, imponiendo aquí el principio dispositivo al exigir el ejercicio de una acción popular. Esta terminología de "recurso popular de inconstitucionalidad", además, adquirió rango legal en Venezuela con esta disposición.

Debe advertirse, por último, que si bien en todos estos casos se hablaba en la Ley Orgánica de "ejercicio del control concentrado de constitucionalidad," la verdad es que no lo agotaban, pues los otros procesos constitucionales que se desarrollaba ante la Sala Constitucional como Jurisdicción Constitucional, también constituían, precisamente por ello, control concentrado de la constitucionalidad.

B. *El proceso constitucional de control concentrado de la constitucionalidad con motivo de incidente derivado del ejercicio del control difuso de la constitucionalidad*

Segundo, el proceso constitucional de control concentrado de la constitucionalidad de las leyes como incidente con motivo del control difuso de constitucionalidad efectuado por otras Salas del Tribunal Supremo. De acuerdo con lo dispuesto en el artículo 5, párrafo 1°, 22 de la Ley Orgánica, era competencia de la Sala Constitucional:

> "22. Efectuar el examen abstracto y general sobre la constitucionalidad de una norma previamente desaplicada mediante control difuso de la constitucionalidad por alguna de las Salas del Tribunal Supremo de Justicia, absteniéndose de conocer sobre el mérito y fundamento de la sentencia pasada con fuerza de cosa juzgada".

En estos casos, conforme al artículo 5, párrafo 5°,

> "Cuando cualquiera de las Salas del Tribunal Supremo de Justicia haga uso del control difuso de la constitucionalidad, únicamente para un caso concreto, deberá informar a la Sala Constitucional sobre los fundamentos y alcances de la desaplicación adoptada para que ésta proceda a efectuar un examen abstracto sobre la constitucionalidad de la norma en cuestión, absteniéndose de revisar el mérito y alcance de la sentencia dictada por la otra Sala, la cual seguirá conservando fuerza de cosa juzgada".

Conforme a estas normas, por tanto, la Sala Constitucional del Tribunal Supremo era competente para ejercer el control concentrado de la constitucionalidad de las normas legales cuando las mismas hubieran sido desaplicadas en casos concretos por las otras Salas del Tribunal Supremo mediante la aplicación del método difuso de control de constitucionalidad.

C. *El proceso constitucional de control de la constitucionalidad de las omisiones legislativas*

Tercero, el proceso constitucional de control concentrado de la inconstitucionalidad de la omisión del Legislador y de los demás órganos del Poder Público en relación con sus obligaciones constitucionales, el cual se extiende a las omisiones de los órganos que ejercen el poder legislativo municipal, estadal o nacional, cuando dichos órganos hayan dejado de dictar las normas o medidas indispensables para garantizar el cumplimiento de la Constitución, o las hubiesen dictado en forma incompleta. En la decisión de estos procesos, la Sala Constitucional tiene competencia para establecer el plazo para la emisión de la legislación necesaria y para, de ser necesario, establecer los lineamientos para la corrección de la misión.

La Constitución reguló este proceso constitucional de control de la constitucionalidad de las omisiones del Legislador (art. 336,7), el cual se recogió en el artículo 5, párrafo 1°,12 de la Ley Orgánica, al atribuirse a la Sala Constitucional, competencia para:

> "Declarar la inconstitucionalidad de las omisiones del Poder Legislativo Municipal, Estadal o Nacional cuando haya dejado de dictar las normas o medidas indispensables para garantizar el cumplimiento de la Constitución de la República Bolivariana de Venezuela, o las haya dictado en forma incompleta, y establecer el plazo y, de ser necesario, los lineamientos generales esenciales para su corrección, *sin que ello implique usurpación de funciones de otro órgano del Poder Público, o extralimitación de atribuciones*".

La última frase subrayada, constituye un agregado del Legislador respecto de lo que dispone la Constitución, en el sentido de imponerle límites a la Sala Constitucional en cuanto a que los lineamientos que puede establecer para la corrección de la omisión por parte del órgano legislativo, no puede implicar en caso alguno, que la Sala pueda sustituirse en el ejercicio de la competencia del órgano legislativo omiso y asumir y ejercer su competencia; es decir, usurpar sus funciones e incurrir en extralimitación de atribuciones.[33]

Pero la Ley Orgánica en su artículo 5, párrafo 1°,13 amplió las competencias de la Sala Constitucional, al regular el control concentrado de la constitucionalidad de las omisiones respecto de cualesquiera otros órganos del Poder Público, y

---

[33] Como lo hizo en agosto de 2003 al designar a los miembros del Consejo Nacional Electoral, y limitarle sus atribuciones. *Véase* sentencias N° 2073 de 4–8–2003 (Caso *Hernann E. Escarrá Malavé (acción de inconstitucionalidad por omisión contra la Asamblea Nacional)*, y N° 2341 de 25–08–2003 (Caso *Hermann Escarrá y otros*), en *Revista de Derecho Público*, N° 93–96, EJV, Caracas 2003, pp. 520 ss. y pp. 525 ss. Véanse los comentarios en Allan R. Brewer–Carías, *La Sala Constitucional vs. El Estado Democrático de Derecho, (El secuestro del Poder Electoral y de la Sala Electoral del Tribunal Supremo y la confiscación del derecho a la participación política)*, Caracas 2004, pp. 43 y ss.

no sólo del órgano legislativo, en relación con el cumplimiento de obligaciones directamente establecidas en la Constitución, así:

"13. Declarar la inconstitucionalidad de las omisiones de cualquiera de los órganos que ejerzan el Poder Público de rango nacional, respecto a obligaciones o deberes establecidos directamente por la Constitución de la República Bolivariana de Venezuela".

Esta disposición, tal como está redactada, implicaba la concentración en la Sala Constitucional, por ejemplo, del conocimiento de todas las acciones de amparo o contencioso administrativas contra las conductas omisivas de los entes y funcionarios públicos en el cumplimiento de las obligaciones que le son impuestas en las regulaciones referidas, por ejemplo, a los derechos constitucionales, que son normas de aplicación directa e inmediata. Ello resquebrajaba las competencias judiciales en materia de amparo y contencioso administrativas.

D. *El proceso constitucional para la solución de controversias constitucionales*

Cuarto, el proceso constitucional para la solución de las controversias constitucionales entre los órganos del Poder Público. De acuerdo con el artículo 336.9 de la Constitución, la Sala Constitucional conforme al artículo 5, párrafo 1°,15 de la Ley Orgánica tiene competencia para: "15. Dirimir las controversias constitucionales que se susciten entre cualquiera de los órganos del Poder Público".

E. *El proceso constitucional de interpretación abstracta de la Constitución*

Quinto, el proceso constitucional de la interpretación constitucional. A pesar de la jurisprudencia desarrollada por la Sala Constitucional, la Ley Orgánica no reguló expresamente el proceso constitucional de interpretación de la Constitución, mediante acción autónoma; y lo que la Ley estableció fue un conjunto de atribuciones que son comunes a todas las Salas del Tribunal Supremo, entre las cuales está el conocimiento de los recursos de interpretación de las leyes.

F. *El proceso constitucional de revisión de sentencias constitucionales*

Sexto, el proceso constitucional de la revisión de sentencias en materia constitucional. De acuerdo con la innovación consagrada en el artículo 336,10 de la Constitución,[34] se atribuye a la Sala Constitucional la competencia para conocer

---

[34] En la propuesta que formulamos ante la Asamblea Nacional Constituyente el 31 de octubre de 1999 sobre el control difuso de la constitucionalidad de las leyes, consideramos que en la Constitución: "También debería atribuirse a la Sala Constitucional una competencia para conocer de un recurso extraordinario de revisión que pueda intentarse contra las sentencias de *última instancia* en las cuales se resuelvan cuestiones constitucionales relativas a las leyes, de conocimiento discrecional por la Sala. En esta forma, en materia de cuestiones de constitucionalidad, la Sala Constitucional de la Suprema Corte, a su juicio, podría tener la última palabra en estas materias y en los casos en los que estime necesario estatuir con fuerza de precedente y uniformizar la jurisprudencia." *Véase* en *Véase* Allan R. Brewer–Carías, *Debate Constituyente, (Aportes a la Asamblea Nacional Constituyente),* T. III (18 octubre–30 noviembre 1999), Fundación de Derecho Público–Editorial Jurídica Venezolana, Caracas 1999, p. 105.

del recurso extraordinario de revisión de sentencias definitivamente firmes dictadas en los procesos de amparo constitucional y por los jueces ejerciendo el control difuso de constitucionalidad de leyes o normas jurídicas al decidir casos concretos. Conforme con el artículo 5, párrafo 1°,16 de la Ley Orgánica de 2004, igualmente se atribuyó competencia a la Sala Constitucional competencia para "revisar las sentencias definitivamente firmes de amparo constitucional y control difuso de la constitucionalidad de leyes o normas jurídicas, dictadas por los demás tribunales de la República."

Se trata de una competencia que tiene por objeto establecer la uniformidad de la aplicación e interpretación constitucional, al permitirle a la Sala Constitucional conocer, a su discreción, de los recursos extraordinarios de revisión que se intenten contra sentencias definitivamente firmes de los tribunales dictadas en materia de amparo, en los casos en los cuales han ejercido el control difuso de la constitucionalidad de las leyes.

En particular, sobre las sentencias dictadas en ejercicio del control difuso de la constitucionalidad, el artículo 5, párrafo 4° de la Ley Orgánica, dispuso que "de conformidad con lo previsto en la Constitución de la República Bolivariana de Venezuela, todo tribunal de la República podrá ejercer el control difuso de la constitucionalidad únicamente para el caso concreto, en cuyo supuesto dicha sentencia estará expuesta a los recursos o acciones ordinarias o extraordinarias a que haya lugar." Dicho artículo dejó "a salvo en todo caso", que la Sala Constitucional pueda hacer uso, *de oficio o a instancia de parte,* de la competencia de revisión prevista en el numeral 16 del artículo 5 "y se avoque a la causa para revisarla cuando ésta se encuentre definitivamente firme."

La jurisprudencia de la Sala Constitucional, sin embargo, apartándose de la Constitución, fue ampliando sus competencias de revisión de sentencias dictadas por otras Salas del Tribunal Supremo (distintas a las dictadas en materia de amparo o de control difuso de la constitucionalidad), lo cual fue regularizado por el Legislador en la Ley Orgánica de 2004, atribuyendo además a la Sala Constitucional, en su artículo 5, párrafo 1°, 4, competencia para:

"4. Revisar las sentencias dictadas por una de las Salas, cuando se denuncie fundadamente la violación de principios jurídicos fundamentales contenidos en la Constitución de la República Bolivariana de Venezuela, Tratados, Pactos o Convenios Internacionales suscritos y ratificados válidamente por la República, o que haya sido dictada como consecuencia de un error inexcusable, dolo, cohecho o prevaricación; asimismo podrá avocarse al conocimiento de una causa determinada, cuando se presuma fundadamente la violación de principios jurídicos fundamentales contenidos en la Constitución de la República Bolivariana de Venezuela, Tratados, Pactos o Convenios Internacionales suscritos y ratificados válidamente por la República, aun cuando por razón de la materia y en virtud de la ley, la competencia le esté atribuida a otra Sala."

Debe mencionarse por último, que conforme al artículo 5, párrafo 1°,14 la Ley Orgánica de 2004, siguiendo la tradición en la materia, reguló, la competencia de la Sala Constitucional para resolver sobre la colisión (vigencia y derogación) de leyes, atribuyendo a la Sala Constitucional competencia para "resolver las colisiones que existan entre diversas disposiciones legales y declarar cuál debe prevalecer."

En este caso se trata de un proceso destinado a determinar cuál es la ley aplicable en caso de colisiones entre leyes.

3. *Los procedimientos constitucionales en la Ley Orgánica de 2004*

Pero por otra parte, como se dijo, conforme a la Constitución, la Ley Orgánica definió una serie de competencias respecto de procedimientos de control concentrado de la constitucionalidad de ciertos actos estatales, los cuales no se rigen por el principio de la bilateralidad ni requieren de instancia de parte. Así, estos se refieren de acuerdo con la Constitución, en primer lugar, a mecanismos de control de constitucionalidad, de carácter preventivo, primero, respecto del carácter orgánico de las leyes (art. 203); segundo respecto de la conformidad con la Constitución de los tratados internacionales suscritos por la República, antes de su ratificación (art. 335.5); y tercero a la revisión en todo caso, aun de oficio, de la constitucionalidad de los decretos que declaren estados de excepción dictados por el Presidente de la República (artículo 336.6).

Estos procedimientos constitucionales, en efecto, son los siguientes:

A. *El procedimiento constitucional de control preventivo de la constitucionalidad de las leyes orgánicas*

Primero, el procedimiento de control concentrado y obligatorio de la constitucionalidad de las leyes orgánicas. La Constitución estableció, en su artículo 203, un control de constitucionalidad de carácter obligatorio respecto de ciertas leyes orgánicas, aquellas "que así haya calificado la Asamblea Nacional" en la forma dispuesta en dicha norma; las cuales constituyen sólo uno de los cinco tipos de leyes orgánicas que regula la Constitución.

El artículo 5, párrafo 1º, 17 de la Ley Orgánica, sin embargo, pareció haber extendido este control automático y obligatorio por parte la Sala Constitucional respecto de *todas las leyes orgánicas*, al atribuirle competencia para:

> "17. Conocer, antes de su promulgación, la constitucionalidad del carácter orgánico de las leyes dictadas por la Asamblea Nacional, y de los Decretos con Fuerza de Ley que dicte el Presidente de la República en Consejo de Ministros mediante Ley Habilitante".

A pesar de lo mal redactado de la norma, debía presumirse que el control previsto respecto de los decretos ejecutivos con fuerza de Ley en ella establecido, sólo se refiere a aquellos que tengan el carácter de "leyes orgánicas."

B. *El procedimiento constitucional de control automático de la constitucionalidad de los decretos de estados de excepción*

Segundo, el procedimiento de control concentrado y obligatorio de constitucionalidad de los decretos de estado de excepción. Conforme al artículo 336,6 de la Constitución, el artículo 5, párrafo 1º,11 de la Ley Orgánica atribuye a la Sala Constitucional competencia para controlar la constitucionalidad en forma obligatoria de los decretos de estados de excepción, así: "11. Revisar, en todo caso, aun de oficio, la constitucionalidad de los decretos que declaren estados de excepción dictados por el Presidente o Presidenta de la República."

C. *El procedimiento constitucional de control preventivo de la constitucionalidad de los tratados internacionales*

Tercero, el proceso constitucional de control concentrado preventivo de la constitucionalidad de los Tratados. Conforme al artículo 5, párrafo 1°, 10 de la Ley, y al artículo 336.5 de la Constitución, la Sala Constitucional era y es competente para verificar, a solicitud del Presidente de la República o de la Asamblea Nacional, la conformidad con la Constitución, de los Tratados Internacionales suscritos por la República antes de su ratificación.

Se trata entonces del ejercicio de un control concentrado de carácter preventivo de la constitucionalidad de los tratados internacionales, a solicitud del Presidente de la República o de la Asamblea nacional.

A ello habría que agregar la competencia de la Sala Constitucional para la resolución de controversias en relación con los tratados internacionales, que se reguló en la Ley Orgánica, en el artículo 5, párrafo 1°, 23, al atribuirle competencia para:

> "23. Conocer de las controversias que pudieren suscitarse con motivo de la interpretación y ejecución de los tratados, convenios o acuerdos internacionales suscritos y ratificados por la República. La sentencia dictada deberá ajustarse a los principios de justicia internacionalmente reconocidos y será de obligatorio cumplimiento por parte del Estado Venezolano".

Nada más reguló la Ley Orgánica sobre estas competencias ni sobre la legitimación activa para iniciar el proceso.

D. *El procedimiento constitucional de control preventivo de la constitucionalidad de las leyes aún no promulgadas*

Cuarto, el proceso constitucional de control concentrado preventivo de la constitucionalidad de leyes sancionadas antes de su promulgación tal como se reguló en el artículo 214 de la Constitución. Conforme al artículo 5, párrafo 1°,21 de la Ley Orgánica, correspondía a la Sala Constitucional, "conocer de la solicitud de pronunciamiento, efectuada por el Presidente de la República, sobre la inconstitucionalidad de las leyes sancionadas por la Asamblea Nacional, de conformidad con lo previsto en el artículo 214 de la Constitución de la República Bolivariana de Venezuela."[35]

En este caso, igualmente se trata del ejercicio de un control concentrado preventivo de la constitucionalidad de las leyes antes de su publicación, a solicitud del Presidente de la República e independientemente del ejercicio del veto presidencial.

---

[35] En esta forma, este control de constitucionalidad de las leyes no sancionadas, ni publicadas, se desligó del veto presidencial tal como estaba regulado en la Constitución de 1961, artículo 173.

IV. LOS PROCESOS Y PROCEDIMIENTOS CONSTITUCIONALES CONFORME A LA LEY ORGÁNICA DEL TRIBUNAL SUPREMO DE JUSTICIA DE 2010

En 2010, se sancionó la nueva la Ley Orgánica del Tribunal Supremo de Justicia que derogó la Ley Orgánica de 2004, volviéndose en cierta forma, particularmente desde el punto de vista formal, al espíritu de la Ley Orgánica de 1976, es decir, la vuelta a la sensatez legislativa.

La Ley Orgánica de 2010, en efecto, en relación con el de la Ley 2004, solo significó una variación en cuanto al ámbito de sus Disposiciones Transitorias procesales, que eran la médula de esta regulación legal desde 1976, quedando en la misma reducidas a regular sólo los procesos y procedimientos constitucionales y los contencioso electorales, incluyendo, en los primeros, además de la acción popular de inconstitucionalidad, las demandas de protección de derechos e intereses colectivos y difusos y el proceso de habeas data.[36]

En esta última materia, en realidad, lo que hizo la Asamblea fue poner en articulado las normas que como legislador positivo había venido dictando la Sala Constitucional del Tribunal Supremo en varias de sus sentencias. El resultado ha sido, en todo caso, que en la Ley de 2010 se han eliminado de las normas transitorias que estaban destinadas a regular los procesos contencioso-administrativos, que se han incorporado en la nueva Ley Orgánica de la Jurisdicción Contencioso Administrativa de 2010. [37]

Es decir, los pocos cambios sustantivos que se aprecian en la Ley Orgánica del Tribunal Supremo de 2010, en comparación con la de 2004, contrastan sin embargo, con los grandes cambios introducidos en la Ley Orgánica desde el punto de vista formal, en el sentido de que afortunadamente, sus redactores tuvieron la virtud de haber superado la disparatada y asistemática composición de aquella. En la Ley Orgánica de 2010 afortunadamente volvió a la racional división de Títulos, Capítulos y Secciones, y aquellos largos, interminables, desordenados y confusos artículos que tenía, se han agrupado en la forma usual de la más elemental técnica legislativa tradicional.

En la Ley Orgánica de 2010, se pueden también identificar los distintos procesos y procedimientos constitucionales cuyo conocimiento se atribuye a la Sala Constitucional como Jurisdicción Constitucional, dependiendo si es su conformación procesal se está en presencia de una *litis* o contradictorio. En los procesos constitucionales, en efecto, tiene que establecerse una *litis* o contradictorio entre un demandante y unos demandados que deben ser emplazados, que son

---

[36]   *Véase* Allan R. Brewer–Carías, "Introducción General al Régimen del Tribunal Supremo de Justicia y de los procesos y procedimientos constitucionales y contencioso electorales," en Allan R. Brewer–Carías y Víctor Hernández Mendible, *Ley Orgánica del Tribunal Supremo de Justicia. El Tribunal Supremo de Justicia y los procesos y procedimientos constitucionales y contencioso electorales*, Editorial Jurídica Venezolana, Caracas 2010.

[37]   *Véase* en *Gaceta Oficial* N° 39.451 de 22–06–2010. Véanse los comentarios sobre esta ley, en Allan R. Brewer–Carías y Víctor Hernández Mendible, *Ley Orgánica de la Jurisdicción Contencioso Administrativa,* Editorial Jurídica Venezolana, Caracas 2010.

procesos sujetos a tramitación como se indica en el artículo 128 de la Ley Orgánica; en cambio en los procedimientos constitucionales no se plantea tal contradictorio, y conforme al artículo 145 de la Ley Orgánica son los que no requieren sustanciación.

1. *Los diversos procesos constitucionales en la Ley Orgánica de 2010*

En esta forma, la Ley Orgánica del Tribunal Supremo de 2010 permite distinguir los siguientes procesos constitucionales:

A. *El proceso constitucional de control de la constitucionalidad de las leyes y demás actos de ejecución directa de la Constitución*

Primero, el proceso constitucional de control de la constitucionalidad de las leyes iniciado mediante la acción popular de inconstitucionalidad, que se desarrolla ante la Jurisdicción Constitucional, y en el cual la Sala Constitucional tiene poderes anulatorios teniendo sus decisiones en tal sentido efectos *erga omnes*, y en principio *pro futuro* o *ex nunc*. Este proceso constitucional de anulación se desarrolla de acuerdo con el artículo 334 de la Constitución, respecto de las leyes y demás actos estatales de valor o rango de ley, o dictados "en ejecución directa e inmediata de la Constitución o que tengan rango de ley." Esto significa, que de acuerdo con el artículo 336, numerales 1 a 4 de la Constitución, la Sala Constitucional del Tribunal Supremo, como Jurisdicción Constitucional tiene la atribución de control concentrado de la constitucionalidad de las *leyes nacionales* y demás actos con *rango de ley* de la Asamblea Nacional; las *Constituciones* y *leyes estadales*, las *ordenanzas municipales* y demás actos de los cuerpos deliberantes de los Estados y Municipios dictados en *ejecución directa e inmediata* de la Constitución; los *actos con rango de ley* dictados por el Ejecutivo Nacional; y los *actos en ejecución directa e inmediata* de la Constitución, dictados por cualquier otro órgano estatal en ejercicio del Poder Público. Estas competencias se repiten, en el artículo 25, numerales 1 a 4 de la Ley Orgánica.

Tratándose de un proceso constitucional que se inicia mediante una acción popular, rige el principio dispositivo, de manera que la Sala Constitucional en ningún caso puede iniciar de oficio el control concentrado de la constitucionalidad de las leyes, como en decisiones anteriores lo había pretendido.[38]

B. *El proceso constitucional de control de la constitucionalidad de las leyes derivado del incidente del control difuso de la constitucionalidad de las leyes*

Segundo, proceso constitucional de control de la constitucionalidad de las leyes derivado del incidente del control difuso de la constitucionalidad de las leyes.

En efecto, debe señalarse que con motivo del ejercicio del control difuso de la constitucionalidad de las leyes, en particular, por parte de las otras Salas del Tribunal Supremo, la Sala Constitucional también había venido desarrollando un

---

[38] *Véase* por ejemplo en sentencia n° 331 de 13 de marzo de 2001 (Caso *Henrique Capriles R. vs. Comisión Nacional de Casinos, Salas de Bingo y Máquinas Traganíqueles*), en *Revista de Derecho Público*, N° 85–88, Editorial Jurídica Venezolana, Caracas 2001, p. 391.

mecanismo de control abstracto, vía incidente, de constitucionalidad de las leyes, desarrollando incluso poderes de control de oficio de la constitucionalidad. Es decir, partiendo del control difuso por las otras Salas, la Sala Constitucional había desarrollado otro mecanismo de control concentrado de la constitucionalidad,[39] al declarar la nulidad con efectos generales de disposiciones legales por vía de lo que ha llamado incidente de constitucionalidad. Esta posibilidad ahora se ha recogido en el artículo 33 de la Ley Orgánica al disponer que:

> "Cuando cualquiera de las Salas del Tribunal Supremo de Justicia y los demás tribunales de la República ejerzan el control difuso de la constitucionalidad deberán informar a la Sala Constitucional sobre los fundamentos y alcance de la desaplicación que sea adoptada, para que ésta proceda a efectuar un examen abstracto sobre la constitucionalidad de la norma en cuestión. A tal efecto deberán remitir copia certificada de la sentencia definitivamente firme."[40]

En estos casos, conforme al artículo 34 de la Ley,

> "cuando se declare la conformidad a derecho de la desaplicación por control difuso, la Sala Constitucional podrá ordenar el inicio del procedimiento de nulidad que dispone esta Ley. Igualmente procederá cuando el control difuso de la constitucionalidad sea ejercido por dicha Sala."

C. El proceso constitucional de control de la inconstitucionalidad de la omisión del Legislador

Segundo, el proceso constitucional de control de la inconstitucionalidad de la omisión del Legislador, que como se ha dicho también reguló la Constitución de 1999 (art. 336.7), al atribuirle a la Sala Constitucional competencia para "declarar la inconstitucionalidad de las omisiones del poder legislativo municipal, estadal o nacional, cuando hayan dejado de dictar las normas o medidas indispensables para garantizar el cumplimiento de la Constitución, o las hayan dictado en forma incompleta, y establecer el plazo y, de ser necesario, los lineamientos de su corrección."

La Ley Orgánica, reiteró estas competencias, pero las amplió al atribuirle a la Sala Constitucional también competencia para declarar la inconstitucionalidad de las omisiones de cualquiera de los órganos del Poder Público Nacional, Estatal y Municipal (art. 25,7). El mecanismo para impulsar este control de las omisiones legislativas estimamos que recibe el mismo tratamiento de una *acción popular*, es decir, que basta el simple interés en la constitucionalidad para intentar la acción, desarrollándose un proceso contradictorio.

---

[39]   *Véase* sentencia N° 1225 de 19 de octubre de 2000. *Véase* en *Revista de Derecho Público*, N° 84, Editorial Jurídica Venezolana, Caracas 2000, pp. 259–260.

[40]   El artículo 5, párrafo 5° de la Ley Orgánica de 2004 agregaba en esta misma norma la aclaratoria lógica de que la sala debía abstenerse "de revisar el mérito y alcance de la sentencia dictada por la otra Sala, la cual seguirá conservando fuerza de cosa juzgada.

D. *El proceso constitucional de las controversias constitucionales*

Tercero, el proceso constitucional de las controversias constitucionales entre los órganos del Poder Público. El Tribunal Supremo, en Sala Constitucional, también tiene competencia, conforme al artículo 336.9 de la Constitución, para "dirimir las controversias constitucionales que se susciten entre cualesquiera de los órganos del Poder Público," lo que ha sido recogido en el artículo 25.9 de la Ley Orgánica. Esta competencia de la Sala Constitucional tiene por objeto resolver los conflictos constitucionales que se planteen entre los órganos que ejercen el Poder Público, tanto en su distribución vertical (República, Estados y Municipios), como en su división horizontal a nivel nacional (Poder Legislativo, Poder Ejecutivo, Poder Judicial, Poder Ciudadano, Poder Electoral) y a nivel estadal y municipal (Poder Legislativo y Poder Ejecutivo).

Es decir, se trata de la resolución de controversias sobre atribuciones *constitucionales* entre los órganos que ejercen del Poder Público; que son distintas a las controversias administrativas que se puedan suscitar entre la República, los Estados, Municipios u otro ente público, las que compete ser resueltas por la Sala Político-Administrativa del Tribunal Supremo de Justicia (art. 266,4), como Jurisdicción Contencioso-Administrativa.

En estos casos, la legitimación activa para intentar un recurso a los efectos de dirimir controversias constitucionales, corresponde a los órganos del Poder Público que sean parte en la controversia, abriéndose en el proceso, necesariamente una litis entre órganos del Poder Público en controversia, habiendo necesariamente un órgano estatal demandante y un órgano estatal demandado.

E. *El proceso constitucional de la interpretación de las leyes*

Cuarto, el proceso constitucional de la interpretación constitucional, que deriva de la competencia de la Sala Constitucional como Jurisdicción Constitucional, para conocer del recurso de interpretación abstracta de la Constitución, que fue creado por la propia Sala Constitucional, mediante la interpretación que le dio al artículo 335 de la Constitución,[41] que atribuye al Tribunal Supremo el carácter de ser "máximo y último intérprete de la Constitución." El artículo 25.17 de la Ley Orgánica de 2010, sin embargo, ha consagrado como competencia de la Sala Constitucional el conocer "la demanda de interpretación de normas y principios que integran el sistema constitucional," la cual en los términos del artículo 128 de la Ley Orgánica da origen a un proceso constitucional.

Este proceso, como lo precisó la Sala Constitucional, tiene por objeto obtener una sentencia declarativa de mera certeza sobre el alcance y contenido de las normas constitucionales, que no anula el acto en cuestión, pero que busca en efecto semejante, ya que en estos casos, coincide el interés particular con el interés constitucional. En cuanto a la legitimidad necesaria para interponer la

---

[41] Sentencia Nº 1077 de la Sala Constitucional de 22–09–00 (Caso *Servio Tulio León Briceño),* en *Revista de Derecho Público,* Nº 83, Editorial Jurídica Venezolana, Caracas 2000, pp. 247 y ss. *Véase* Allan R. Brewer–Carías, "Le recours d'interprétation abstrait de la Constitution au Vénézuéla", en *Le renouveau du droit constitutionnel, Mélanges en l'honneur de Louis Favoreu,* Dalloz, Paris 2007, pp. 61–70.

demanda, la Sala Constitucional ha señalado que el recurrente debe tener un interés particular en el sentido de que "Como persona pública o privada debe invocar un interés jurídico actual, legítimo, fundado en una situación jurídica concreta y específica en que se encuentra, y que requiere necesariamente de la interpretación de normas constitucionales aplicables a la situación, a fin de que cese la incertidumbre que impide el desarrollo y efectos de dicha situación jurídica."[42]

En todo caso, estimamos que en el supuesto de la acción de interpretación constitucional, también se está en presencia de un proceso constitucional, que requiere de un accionante, debiendo abrirse el proceso a un contradictorio conforme a las normas procesales antes indicadas. Ello por lo demás deriva de lo que se establece en el artículo 128 de la Ley Orgánica. Lamentablemente, sin embargo, no ha sido ese el criterio de algunas sentencias de la Sala Constitucional dictadas antes de la sanción de la Ley.[43]

2. *Los diversos procedimientos constitucionales en la Ley de 2010*

Aparte de los anteriores procesos constitucionales en la Ley Orgánica de 2010, en los cuales en general debe abrirse un contradictorio, dada la demanda o solicitud fundamentada que los motiva, conforme a las previsiones de la Ley Orgánica también se pueden desarrollar varios procedimientos constitucionales de control de constitucionalidad, los cuales, al contrario, no requieren sustanciación (art. 145) por lo que puede decirse que en los mismos no se abre un contradictorio ni se entraba una *litis*. En general se trata de procedimientos en algunos casos obligatorios y automáticos establecidos para el control de constitucionalidad de determinados actos estatales, en particular, de ciertas leyes orgánicas y de los decretos de estados de excepción. Estos son:

A. *El procedimiento constitucional de control preventivo de la constitucionalidad de los tratados internacionales*

Primero, el procedimiento constitucional de control preventivo de la constitucionalidad de los tratados internacionales. En el artículo 336.5 de la Constitución de 1999 como se ha dicho, se estableció una innovación en materia de control de constitucionalidad, al regularse la competencia de la Sala Constitucional, a solicitud del Presidente de la República o de la Asamblea Nacional, para verificar la conformidad con la Constitución de los tratados internacionales suscritos por la República antes de su ratificación. Se trata de un control previo de la constitucionalidad de los tratados antes de su ratificación y en su caso, antes de su

---

[42] Caso *Servio Tulio León Briceño*, en *Revista de Derecho Público*, N° 83, Editorial Jurídica Venezolana, Caracas 2000, pp. 247 y ss. Adicionalmente, en otra sentencia, N° 1029 de 13–06–2001, la Sala Constitucional atemperó el rigorismo de declarar inadmisible el recurso si no precisaba el contenido de la acción, ya que señaló que "La solicitud deberá expresar: 1.– Los datos concernientes a la identificación del accionante y de su representante judicial; 2.– Dirección, teléfono y demás elementos de ubicación de los órganos involucrados; 3.– Descripción narrativa del acto material y demás circunstancias que motiven la acción."

[43] *Véase* sentencia N° 2651 de 2 de octubre de 2003 (Caso *Ricardo Delgado*, Interpretación artículo 174 de la Constitución).

aprobación por ley, lo que implica que en esos casos no puede ejercerse una acción popular para que el Tribunal Supremo realice tal verificación constitucional. La acción, en cambio, podría intentarse contra las leyes aprobatorias de los tratados, pero una vez sancionadas y publicadas.

B. *El procedimiento constitucional de control de la constitucionalidad de los decretos de estados de excepción*

Segundo, el procedimiento de control de constitucionalidad obligatorio de los decretos de estado de excepción. De acuerdo con el artículo 339 de la Constitución, el decreto que declare el Estado de Excepción debe en todo caso ser remitido por el Presidente de la República a la Sala Constitucional del Tribunal Supremo, para que ésta se pronuncie sobre su inconstitucionalidad. Por ello, el artículo 336.6 le atribuye a la Sala, competencia expresa para "revisar, en todo caso, *aun de oficio*, la constitucionalidad de los decretos que declaren estados de excepción dictados por el Presidente de la República." Se trata del único supuesto constitucional en el cual la Sala puede actuar de *ex officio*, una vez que el decreto se haya publicado en *Gaceta Oficial*.

C. *El procedimiento constitucional de revisión de sentencias constitucionales*

Tercero, el procedimiento constitucional de la revisión de sentencias en materia constitucional. A tal efecto, como hemos dicho, el artículo 336.10 de la Constitución atribuye a la Sala Constitucional, competencia que es de ejercicio discrecional, para "revisar las sentencias definitivamente firmes de amparo constitucional y de control de constitucionalidad de leyes o normas jurídicas dictadas por los tribunales de la República, en los términos establecidos por la Ley Orgánica respectiva."[44]

Esta competencia, sin embargo, fue inmediatamente ampliada por la sala Constitucional al establecer en la sentencia N° 93 de 6 de febrero de 2001 (Caso *Olimpia Tours and Travel vs. Corporación de Turismo de Venezuela*), dentro del objeto de revisión otras sentencias dictadas por las Salas del Tribunal Supremo u otros tribunales, distintas a las dictadas en materia de amparo o de control difuso de constitucionalidad, afirmando así su potestad para revisar, además de estas, las siguientes:

---

[44] Esta competencia fue recogida en el artículo 5, párrafo 1°,16 de la Ley Orgánica de 2004, como competencia excepcional para que la Sala Constitucional pudiera revisar, a su juicio y discreción, mediante un recurso extraordinario que se podía ejercer contra sentencias de *última instancia* dictadas por los tribunales de la República, incluidas las otras Salas del Tribunal Supremo, en materia de amparo constitucional o dictadas en ejercicio del método difuso de control de la constitucionalidad de las leyes. *Véase* en general, José V. Haro G., "El mecanismo extraordinario de revisión de sentencias definitivamente firmes de amparo y control difuso de la constitucionalidad previsto en el artículo 336, numeral 10 de la Constitución", en *Revista de Derecho Constitucional,* N° 3 (julio–diciembre), Editorial Sherwood, Caracas 2000, pp. 231–266; Adán Febres Cordero, "La revisión constitucional", en *Nuevos estudios de derecho procesal, Libro Homenaje a José Andrés Fuenmayor*, Vol. I, Tribunal Supremo de Justicia, Colección Libros Homenaje, N° 8, Caracas 2002 pp. 489 a 508.

3. Las sentencias definitivamente firmes que hayan sido dictadas por las demás Salas de este Tribunal o por los demás tribunales o juzgados del país apartándose u obviando expresa o tácitamente alguna interpretación de la Constitución contenida en alguna sentencia dictada por esta Sala con anterioridad al fallo impugnado, realizando un errado control de constitucionalidad al aplicar indebidamente la norma constitucional.

4. Las sentencias definitivamente firmes que hayan sido dictadas por las demás Salas de este Tribunal o por los demás tribunales o juzgados del país que de manera evidente hayan incurrido, según el criterio de la Sala, en un error grotesco en cuanto a la interpretación de la Constitución o que sencillamente hayan obviado por completo la interpretación de la norma constitucional. En estos casos hay también un errado control constitucional.[45]

Esta tendencia expansiva, fue legitimada en la Ley Orgánica de 2010, en los numerales 10, 11 y 12 del artículo 25, en los cuales, además de asignarse competencia a la Sala para revisar las sentencias definitivamente firmes en las que se haya "ejercido el control difuso de la constitucionalidad de las leyes u otras normas jurídicas," se le asignó competencia para revisar las sentencias definitivamente firmes "cuando hayan desconocido algún precedente dictado por la Sala Constitucional; efectuado una indebida aplicación de una norma o principio constitucional; o producido un error grave en su interpretación; o por falta de aplicación de algún principio o normas constitucionales;" o cuando incurran en "violación de principios jurídicos fundamentales que estén contenidos en la Constitución, tratados, pactos o convenios internacionales suscritos y ratificados válidamente por la República o cuando incurran en violaciones de derechos constitucionales."

La única norma procesal respecto de este recurso extraordinario de revisión de sentencia en la Ley Orgánica, se consagró en su artículo 35 en el cual se dispone que:

Artículo 35. Cuando ejerza la revisión de sentencias definitivamente firmes, la Sala Constitucional determinará los efectos inmediatos de su de-

---

[45] *Véase* en *Revista de Derecho Público*, Nº 85–88, Editorial Jurídica Venezolana, Caracas 2001, pp. 414–415. La Sala Constitucional, por otra parte, en sentencia Nº 727 de 8 de abril de 2003 continuó precisando las sentencias que pueden ser objeto del recurso extraordinario de revisión, indicando que además de las sentencias de amparo constitucional y las sentencias de control expreso de constitucionalidad de leyes o normas jurídicas fundamentadas en un errado control de constitucionalidad, pueden ser objeto del recurso de revisión": "(iii) Las sentencias que de manera evidente hayan incurrido, según el criterio de la Sala, en un error grotesco en cuanto a la interpretación de la Constitución o que sencillamente hayan obviado por completo la interpretación de la norma constitucional y (iv) Las sentencias que hayan sido dictadas por las demás Salas de este Tribunal o por los demás juzgados del país apartándose u obviando, expresa o tácitamente, alguna interpretación de la Constitución que contenga alguna sentencia de esta Sala con anterioridad al fallo que sea impugnado." *Véase* Caso *Revisión de la sentencia dictada por la Sala Electoral en fecha 21 de noviembre de 2002*, en *Revista de Derecho Público*, Nº 93–96, Editorial Jurídica Venezolana, Caracas 2003. *Véase* también, *Revista de Derecho Público*, Nº 82, Editorial Jurídica Venezolana, Caracas 2001, pp. 412–414.

cisión y podrá reenviar la controversia a la Sala o Tribunal respectivo o conocer la causa, siempre que el motivo que haya generado la revisión constitucional sea de mero derecho y no suponga una nueva actividad probatoria; o que la Sala pondere que el reenvío pueda significar una dilación inútil o indebida, cuando se trate de un vicio que pueda subsanarse con la sola decisión que sea dictada.

D. *El procedimiento constitucional de control de la constitucionalidad de las leyes orgánicas*

Cuarto, el procedimiento de control de constitucionalidad obligatorio de ciertas leyes orgánicas. Conforme al artículo 203 de la Constitución, la Sala Constitucional debe pronunciarse sobre la constitucionalidad del carácter orgánico de las *leyes orgánicas* que así hayan sido calificadas por la Asamblea Nacional, antes de su promulgación. No se trata, por tanto, de un procedimiento de control de constitucionalidad establecido respecto de cualquier Ley Orgánica, sino de sólo aquellas así calificadas por la Asamblea Nacional. En estos casos, el Presidente de la Asamblea o el Presidente de la República deben remitir, *automáticamente*, antes de su promulgación, a la Sala Constitucional del Tribunal Supremo de Justicia, para que ésta se pronuncie acerca de la constitucionalidad de ese carácter orgánico. Sin embargo, la Ley Orgánica de 2010, ha establecido una competencia general que no se ajusta al sentido de la norma constitucional, al atribuir a la Sala Constitucional competencia para "determinar, antes de su promulgación, la constitucionalidad del carácter orgánico de las leyes que sean sancionadas por la Asamblea Nacional".

En todo caso, puede decirse que en estos procedimientos tampoco existe un proceso, pues no hay ni demanda ni fundamentación requerida alguna que cuestione la calificación de la ley como orgánica. No habiendo una legitimación activa atribuida a un órgano o persona específica para requerir este control, el mismo debe realizarse de manera automática, para lo cual, la Asamblea Nacional está obligada a remitir la ley sancionada a la Sala Constitucional.

E. *El procedimiento constitucional de control preventivo de la constitucionalidad de las leyes*

Quinto, el procedimiento constitucional de control preventivo de la constitucionalidad de leyes sancionadas antes de su promulgación, que resulta del artículo 214 de la Constitución, respecto de las leyes sancionadas por la Asamblea Nacional, lo que se ha establecido, también, en el artículo 25.15 de la Ley Orgánica. Se trata de una innovación de la Constitución de 1999, que lo ha regulado desvinculándolo del llamado "veto presidencial" a las leyes, que siempre implica su devolución a la Asamblea Nacional.

En estos casos, el Presidente de la República, al recibir la ley sancionada para su promulgación, puede solicitar a la Sala Constitucional en el lapso que tiene para promulgar las leyes, que la revise por cuestiones de constitucionalidad. La legitimación activa para iniciar este proceso se reserva al Presidente de la República,[46] por lo que con esta regulación se ratifica el criterio jurisprudencial de la improcedencia de la acción popular contra las leyes sancionadas, antes de su promulgación ejecutiva y su publicación.

3. El tema del proceso sobre colisión de leyes

Debe mencionarse por último, que en la Ley Orgánica y conforme a la Constitución, se establece el proceso sobre colisión de leyes, que no es propiamente de "constitucionalidad" sino de determinación de la vigencia o derogación de disposiciones legales.

Conforme a una tradicional competencia que tenía la antigua Corte Suprema de Justicia (art. 215, 5 de la Constitución de 1961), el artículo 336.8 de la Constitución de 1999 le atribuye al Tribunal Supremo competencia para "resolver las colisiones que existan entre diversas disposiciones legales y declarar cuál de éstas debe prevalecer." Este mecanismo de control, antes que un control abstracto de constitucionalidad, es un control respecto de la vigencia de las leyes en casos de derogación tácita en aplicación del artículo 218 de la Constitución que dispone que "las leyes se derogan por otras leyes."

Sobre este recurso, la Sala Constitucional ha ratificado la doctrina jurisprudencial que había sentado la Sala Plena de la antigua Corte Suprema de Justicia en sentencia de 31 de octubre de 1995 (Caso *Alí José Venturini B.*), la cual transcribió en sentencia Nº 265 de 25 de abril de 2000, en la cual se dispuso que "1. La Corte conoce del mismo a instancia de parte interesada, tal como lo prevé el artículo 82 de la Ley Orgánica de la Corte Suprema de Justicia. (…); [y que] 2. Se trata de un verdadero y propio recurso, en el sentido de que se solicita a la Corte se dirima un conflicto planteado por la preexistencia de normas que aparentemente coliden."[47]

En cuanto al procedimiento, la Sala Constitucional en este caso, igualmente debe abrir un contradictorio, notificando y emplazando a los interesados para que se hagan parte en el proceso.

REFLEXIÓN FINAL

El tema del control judicial de la constitucionalidad de los actos del Estado por supuesto no se agota en el establecimiento en la constitución y en la ley de los procesos constitucionales.

Para que dicho control tenga efectividad, es indispensable, no sólo que el Estado esté formalmente configurado como un Estado de Derecho, sino que funcione como tal, en un régimen democrático, donde esté garantizada la separación de poderes y, en particular, la autonomía e independencia de los jueces. Sólo jueces constitucionales autónomos e independientes son los que, por ejemplo,

---

[46]   La Sala Constitucional ha considerado que se trata de una legitimación activa exclusiva del Presidente de la República. *Véase* sentencia Nº 194 de 15–02–2001, en *Revista de Derecho Público*, Nº 85–88, Editorial Jurídica Venezolana, Caracas 2001, pp. 416 y ss.

[47]   *Véase* sentencia Nº 265 de 25–04–2000 en *Revista de Derecho Público*, Nº 82, Editorial Jurídica Venezolana, Caracas 2000, p. 146.

pueden declarar la nulidad de los actos dictados en ejercicio del Poder Legislativo y del Poder Ejecutivo, de ejecución directa de la Constitución. Es por ello, precisamente, que la Jurisdicción Constitucional tuvo en Venezuela su proceso de formación y mayor desarrollo a partir de la entrada en vigencia de la Constitución de 1961, durante las cuatro décadas de democracia que vivió el país hasta 1999.

Lamentablemente, a partir de la entrada en vigencia de la Constitución de 1999 y durante la última década 1999-2011, la situación ha variado radicalmente y el régimen autoritario que se ha apoderado del Estado ha hecho añicos la independencia y autonomía del Tribunal Supremo de Justicia y de los jueces en general,[48] situación en la cual el control efectivo de la constitucionalidad de los actos del Estado ha quedado en entredicho.

Ello, al menos, es lo que nos muestra la experiencia en los últimos años del funcionamiento de la Jurisdicción Constitucional,[49] particularmente desde que el Poder Ejecutivo, a partir de 2000 controló el nombramiento de los Magistrados del Tribunal Supremo de Justicia, lo que se consolidó a partir de 2004,[50] y se

---

[48] *Véase* Rafael J. Chavero Gazdik, *La Justicia Revolucionaria. Una década de reestructuración (o involución) Judicial en Venezuela*, Editorial Aequitas, Caracas 2011; Laura Louza Scognamiglio, *La revolución judicial en Venezuela*, FUNEDA, Caracas 2011; Allan R. Brewer–Carías, "La progresiva y sistemática demolición institucional de la autonomía e independencia del Poder Judicial en Venezuela 1999–2004", en *XXX Jornadas J.M Domínguez Escovar, Estado de derecho, Administración de justicia y derechos humanos*, Instituto de Estudios Jurídicos del Estado Lara, Barquisimeto, 2005, pp. 33–174.

[49] *Véase*, Allan R. Brewer–Carías, *Crónica Sobre la "In" Justicia Constitucional. La Sala Constitucional y el autoritarismo en Venezuela*, Colección Instituto de Derecho Público, Universidad Central de Venezuela, N° 2, Editorial Jurídica Venezolana, Caracas 2007; "El rol del Tribunal Supremo de Justicia en Venezuela, en el marco de la ausencia de separación de poderes, producto del régimen autoritario", en *Segundo Congreso Colombiano de Derecho Procesal Constitucional, Bogotá D.C., 16 de marzo de 2011*, Centro Colombiano de Derecho Procesal Constitucional, Universidad Católica de Colombia, Bogotá de Bogotá 2011, pp. 85–111; "El juez constitucional al servicio del autoritarismo y la ilegítima mutación de la Constitución: el caso de la Sala Constitucional del Tribunal Supremo de Justicia de Venezuela (1999–2009)," en *Revista de Administración Pública*, N° 180, Madrid 2009, pp. 383–418.

[50] Tal como lo reconoció públicamente el Presidente de la Comisión parlamentaria que escogió los Magistrados, al punto de afirmar públicamente que "En el grupo de postulados no hay nadie que vaya actuar contra nosotros." Dicho diputado en efecto, declaró a la prensa: "Si bien los diputados tenemos la potestad de esta escogencia, el Presidente de la República fue consultado y su opinión fue tomada muy en cuenta." Añadió: "Vamos a estar claros, nosotros no nos vamos a meter autogoles. En la lista había gente de la oposición que cumplen con todos los requisitos. La oposición hubiera podido usarlos para llegar a un acuerdo en las últimas sesiones, pero no quisieron. Así que nosotros no lo vamos a hacer por ellos. En el grupo de postulados no hay nadie que vaya actuar contra nosotros." *Véase El Nacional*, Caracas, 13 de diciembre de 2004. La Comisión Interamericana de Derechos Humanos sugirió en su Informe a la Asamblea General de la OEA para 2004 que las "normas de la Ley Orgánica del Tribunal Supremo de Justicia habrían facilitado que el Poder Ejecutivo manipulara el proceso de elección de magistrados llevado a cabo durante 2004."

agravó en 2010,[51] mediante un nombramiento de Magistrados casi todos sometidos al Poder Ejecutivo.

Sin duda, una ley como la sancionada en 2010 relativa al Tribunal Supremo de Justicia con las disposiciones necesarias sobre la Jurisdicción Constitucional, en cualquier parte podría ser una pieza fundamental llamada a garantizar la constitucionalidad de las acciones del Estado, y la libertad y los derechos ciudadanos. Esa ley, a pesar de sus deficiencias, en un régimen democrático, hubiera podido ser un instrumento fenomenal para garantizar el sometimiento del Estado a la Constitución y las leyes.

Lamentablemente, sin embargo, por la sumisión del Poder Judicial en su conjunto a los designios del Poder Ejecutivo, dicha ley en estos tiempos no pasa de ser un papel sin importancia. ¿De qué sirve una ley que regule el Tribunal Supremo de Justicia, en particular, su Sala Constitucional, si sus Magistrados, además de inhibirse en ejercer el control de la constitucionalidad de leyes y actos estatales, lo que han hecho es legitimar el ejercicio autoritario del Poder, cuyos

---

Véase Comisión Interamericana de Derechos Humanos, *Informe sobre Venezuela 2004*, párrafo 180

[51] Con motivo de la ilegitima "reforma" de la Ley Orgánica del Tribunal Supremo de 2010, mediante una irregular "reimpresión por error material," véase Víctor Rafael Hernández Mendible, "Sobre la nueva reimpresión por "supuestos errores" materiales de la Ley Orgánica del Tribunal Supremo, octubre de 2010," y Antonio Silva Aranguren, "Tras el rastro del engaño en la web de la Asamblea Nacional," en *Revista de Derecho Público*, n° 124, Editorial Jurídica Venezolana, Caracas 2011, pp. 110–111 y pp. 112–114, respectivamente), el nombramiento de los nuevos Magistrados del Tribunal Supremo significó el control total de casi todas sus Salas por el poder político, al punto de que Hildegard Rondón de Sansó señaló que "El mayor de los riesgos que plantea que el Estado la desacertada actuación de la Asamblea Nacional en la reciente designación de los Magistrados del Tribunal Supremo de Justicia, no está solo en la carencia, en la mayoría de los designados de los requisitos constitucionales, sino el haber llevado a la cúspide del Poder Judicial la decisiva influencia de un sector del Poder Legislativo, ya que para diferentes Salas, fueron elegidos cinco parlamentarios." Destacó además la profesora Sansó que "todo un sector fundamental del poder del Estado, va a estar en manos de un pequeño grupo de sujetos que no son juristas, sino políticos de profesión, y a quienes corresponderá, entre otras funciones el control de los actos normativos;" agregando que "Lo más grave es que los designantes, ni un solo momento se percataron de que estaban nombrando a los jueces máximos del sistema jurídico venezolano que, como tales, tenían que ser los más aptos, y de reconocido prestigio como lo exige la Constitución." Concluyó reconociendo entre "los graves errores" que incidieron sobre la elección, el hecho de "la configuración del Comité de Postulaciones Judiciales, al cual la Constitución creó como un organismo neutro, representante de los "diferentes sectores de la sociedad" (Art. 271), pero la Ley Orgánica del Tribunal Supremo de Justicia, lo convirtió en forma inconstitucional, en un apéndice del Poder Legislativo. La consecuencia de este grave error era inevitable: los electores eligieron a sus propios colegas, considerando que hacerlo era lo más natural de este mundo y, ejemplo de ello fueron los bochornosos aplausos con que se festejara cada nombramiento." *Véase* en Hildegard Rondón de Sansó, "*Obiter Dicta*. En torno a una elección," en *La Voce d'Italia*, Caracas 14–12–2010.

magistrados consideran que es uno y único, denunciando al principio mismo de la separación de poderes, como mecanismo que "debilita al Estado"?[52]

De esto ya tenemos dilatada experiencia en el país, con una Sala Constitucional que ha mutado a su antojo la Constitución,[53] por ejemplo implementando vía interpretación lo que no se pudo imponer mediante referendo en la proyectada reforma constitucional de 2007, es decir, a pesar de que fuera rechazada por el pueblo;[54] que ha reformado arbitrariamente y a su antojo leyes, incluso de oficio, sin tener autoridad alguna para ello, y a pesar incluso hasta de protestas de la propia Asamblea Nacional.[55] Si esto lo hace el más alto tribunal de la República, nada serio se puede esperar del resto de los tribunales, salvo sumisión al Poder o inhibición frente al mismo.

Y por supuesto, en esta situación, a pesar de que se pueda contar con leyes nuevas, el control judicial de actos de los órganos que ejercen los Poderes Públicos lamentablemente no pasará de ser una parodia. Esa es lamentable y trágica la situación actual y la perspectiva que tenemos hacia el futuro, que solo será cambiable cuando la democracia se imponga como régimen político, y cuando quienes sin escrúpulos asaltaron el poder desde 1999, sean devueltos a la oscura mediocridad de la cual salieron.

---

[52]   *Véase* Juan Francisco Alonso, "La división de poderes debilita al estado. La presidenta del TSJ [Luisa Estela Morales] afirma que la Constitución hay que reformarla," *El Universal,* Caracas 15–12–2009, http://www.eluniversal.com/2009/12/05/pol_art_mo–rales:–la–divisio_1683109. shtml

[53]   *Véase* entre otros, Allan R. Brewer–Carías, "La fraudulenta mutación de la Constitución en Venezuela, o de cómo el juez constitucional usurpa el poder constituyente originario," en *Anuario de Derecho Público,* Centro de Estudios de Derecho Público de la Universidad Monteávila, Año 2, Caracas 2009, pp. 23–65; "La ilegítima mutación de la Constitución por el juez constitucional y la demolición del Estado de derecho en Venezuela," *Revista de Derecho Político,* n° 75–76, Homenaje a Manuel García Pelayo, Universidad Nacional de Educación a Distancia, Madrid, 2009, pp. 289–325.

[54]   *Véase* Allan R. Brewer–Carías, "La proyectada reforma constitucional de 2007, rechazada por el poder constituyente originario," en *Anuario de Derecho Público 2007,* Año 1, Instituto de Estudios de Derecho Público de la Universidad Monteávila, Caracas 2008, pp. 17–65.

[55]   *Véase* la sentencia del Tribunal Supremo de Justicia, Sala Constitucional, N° 301 del 27–02–2007 (Caso *Adriana Vigilanza y Carlos A. Vecchio*) (Exp. n° 01–2862) en *Gaceta Oficial* n° 38.635 del 01–03–2007. Véanse comentarios en Allan R. Brewer–Carías, "El juez constitucional en Venezuela como legislador positivo de oficio en materia tributaria" en *Revista de Derecho Público* n° 109, Editorial Jurídica Venezolana, Caracas 2007, pp. 193–212; y "De cómo la Jurisdicción constitucional en Venezuela, no sólo legisla de oficio, sino subrepticiamente modifica las reformas legales que "sanciona", a espaldas de las partes en el proceso: el caso de la aclaratoria de la sentencia de Reforma de la Ley de Impuesto sobre la Renta de 2007, *Revista de Derecho Público,* n° 114, Editorial Jurídica Venezolana, Caracas 2008, pp. 267–276.

De lo contrario, la perspectiva es que veamos florecer un nuevo "derecho" en el país, en el cual, por ejemplo, simplemente no exista el derecho constitucional ni el administrativo, ni el derecho procesal y mucho menos el derecho procesal constitucional o el derecho procesal administrativo.[56]

---

[56] Ello es lo que se puede apreciar, por ejemplo, de la "malla curricular" que forma el plan de la carrera "Estudios Jurídicos" para formar "abogados" que ofrece una llamada "Universidad Bolivariana de Venezuela," donde ninguna de esas ramas del derecho existe. *Véase* en la página web del Ministerio del Poder Popular para la Educación Superior" en http://www.ubv.edu.ve/index.php?option=com_content&view=article&id=94&Itemid=105; y en http://pfgej.org.ve/index.php?option=com_ content&view=article&id=37&Itemid=37

§7. EL SISTEMA PANAMEÑO DE JUSTICIA CONSTITUCIONAL: DOS APROXIMACIONES EN EL DERECHO COMPARADO

PRIMERA APROXIMACIÓN: EL SISTEMA PANAMEÑO DE JUSTICIA CONSTITUCIONAL A LA LUZ DEL DERECHO COMPARADO*

I. BASES CONSTITUCIONALES DEL SISTEMA PANAMEÑO DE CONTROL DE CONSTITUCIONALIDAD

1. *El sistema exclusiva y privativamente concentrado*

La Constitución de Panamá de 2004, siguiendo la orientación de la de 1972 reformada en 1978, 1983 y 1994, en sus artículos 171 y 206,1, establece las bases de uno de los sistemas más concentrados, excluyentes y amplios de control de la constitucionalidad que existen en el derecho comparado, al atribuir a la Corte Suprema de Justicia la guarda de la integridad de la Constitución y, como consecuencia, el poder exclusivo para conocer y decidir sobre la inconstitucionalidad de *todos los actos estatales.*

Dichas normas disponen lo siguiente:

"*Artículo 171.* Cuando el Ejecutivo objetare un proyecto por inexequible y la Asamblea Nacional, por la mayoría expresada, insistiere en su adopción, aquél lo pasará a la Corte Suprema de Justicia para que decida sobre su inconstitucionalidad. El fallo de la Corte que declare el proyecto constitucional obliga al Ejecutivo a sancionarlo y hacerlo promulgar.

Artículo 206. La Corte Suprema de Justicia tendrá, entre sus atribuciones constitucionales y legales, las siguientes:

1. La guarda de la integridad de la Constitución para la cual la Corte en pleno conocerá y decidirá, con audiencia del Procurador General

---

*   Publicado en en *Revista Novum Ius*, Edicion N° 15°, Editada por los Miembros de la Asociación Nueva Generación Jurídica publicación estudiantil de la Facultad de Derecho y Ciencias Políticas de la Universidad de Panamá, Panamá, 2010. pp. 130–168. Este trabajo tuvo como antecedente el estudio sobre "El sistema panameño de control concentrado de constitucionalidad en el Derecho Comparado," elaborado con ocasión de una conferencia que dicté en las *II Jornadas Internacionales de Derecho Procesal J. Fabregas,* en Panamá, 1995, por invitación de profesor Cesr A. Quintero, y que fue publicado en *Registro Judicial,* Publicación del Órgano Judicial de la República de Panamá, Panamá, Enero 1997, pp. i-xxii; y Febrero 1997, pp. i-xxvi.

de la Nación o del Procurador de la Administración, sobre la inconstitucionalidad de las leyes, decretos, acuerdos, resoluciones y demás actos que por razones de fondo o de forma impugne ante ella cualquier persona.

Cuando en un proceso el funcionario público encargado de impartir justicia advirtiere o se lo advirtiere alguna de las partes que la disposición legal o reglamentaria aplicable al caso es inconstitucional, someterá la cuestión al conocimiento del pleno de la Corte, salvo que la disposición haya sido objeto de pronunciamiento por parte de ésta, y continuará el curso del negocio hasta colocarlo en estado de decidir."

Las partes sólo podrán formular tales advertencias una vez por instancia.

De estas normas se deduce la conformación de un sistema exclusivamente concentrado que atribuye a la Corte Suprema de Justicia el control de la constitucionalidad de las leyes y demás actos estatales normativos o no,[1] en la siguiente forma:

1. Por vía de *acción popular*, de las Leyes, decretos, acuerdos, resoluciones y demás actos estatales. La amplitud del sistema radica en que se trata de un control concentrado de la constitucionalidad, no sólo de las leyes y demás actos de rango legal como sucede, en general, en el derecho comparado, sino de todos los decretos, acuerdos, resoluciones y demás actos estatales, con lo cual, entre otros efectos, el control contencioso-administrativo de los actos administrativos sólo se ejerce por razones de ilegalidad. Además, la acción para el ejercicio del control de constitucionalidad, está concebida como una *acción popular*, que corresponde a cualquier persona y por tanto, sin legitimación específica sino basada en un simple interés en la constitucionalidad, siguiendo en este aspecto la orientación de los sistemas venezolano y colombiano.

2. Por *vía incidental*, de las disposiciones legales o reglamentarias, cuando un funcionario público que imparta justicia, de oficio o por advertencia de una de las partes en un proceso público concreto, someta la cuestión de inconstitucionalidad a la Corte Suprema de Justicia.

Se trata de un control de constitucionalidad *incidenter tantum*, que no sólo puede incitar un tribunal o autoridad judicial, sino cualquier funcionario de la Administración actuando en ejercicio de funciones jurisdiccionales. En cuanto a los primeros, el método sigue la orientación general del derecho comparado, con la advertencia de que no sólo se refiere a las leyes, sino también a las disposiciones reglamentarias; y

---

[1] *Véase* en general sobre el sistema panameño de justicia constitucional: Carlos Bolívar Pedreschi, *El control de la constitucionalidad en Panamá*. Ediciones Guadarrama, España, 1965; Edgardo Molina Mola, *La jurisdicción constitucional en Panamá*. Edit. Biblioteca Jurídica Dike, Colombia, 1998; Rigoberto González Montenegro, *Los desafíos de la justicia constitucional panameña*, Instituto de Estudios Políticos e Internacionales, Panamá 2002, consultada también en http://www.asamblea.gob.pa/debate/Ediciones_anteriores/Ponencias/DESAFIOS_JUST_CONST_PANAME%C3%–91A.pdf;

3. A *requerimiento*, del Presidente de la República, cuando objetare un proyecto de Ley por inconstitucional (inexequible) y la Asamblea Nacional por mayoría de los 2/3 de los Legisladores que la componen, insistiere en la adopción del proyecto. En este sentido, el sistema da origen a un control previo de constitucionalidad de las leyes, cuando el veto presidencial se funda en razones de inconstitucionalidad. En este aspecto, el sistema recoge la orientación de los sistemas venezolano y colombiano.

Por otra parte, de acuerdo con los artículos 23 y 54 de la Constitución y con los artículos 2611 y 2616 del Código Judicial,[2] las acciones de habeas corpus de la libertad personal y de amparo constitucional de los derechos y garantías consagrados en la Constitución se pueden interponer en general ante los tribunales judiciales (incluyendo la Corte Suprema de Justicia). Las decisiones judiciales dictadas en protección de los derechos y garantías constitucionales, sin duda, también se integran dentro del sistema de justicia constitucional. Sin embargo, en el caso de Panamá, si para la decisión de la acción de habeas corpus o amparo el juez respectivo que conozca de la acción debe declarar la inconstitucionalidad de una ley u otro acto normativo, esa decisión no la puede adoptar y debe proceder a someter la cuestión de inconstitucionalidad ante la Corte Suprema de Justicia. Por tanto, el carácter "difuso" de la competencia judicial para las decisiones en materia de habeas corpus o amparo, no cambia el sistema exclusivamente concentrado de control de constitucionalidad.

Por ello, el sistema de control de constitucionalidad de Panamá, como se dijo, es uno de los más concentrados y amplios que se conocen en el derecho comparado, siguiendo la orientación de los sistemas también *exclusivamente concentrados* de Uruguay, Honduras y Paraguay, en el sentido de que *no se lo combina* con el sistema difuso de control de la constitucionalidad de las leyes. En Panamá, si bien el control difuso se estableció en el los Códigos Judicial y Civil de 1916 y 1917[3] en el marco de la Constitución de 1904, el mismo fue eliminado totalmente a partir de la reforma constitucional de 1941.

Este sistema panameño de control de la constitucionalidad, exclusivamente concentrado, se desarrolla en el Código Judicial al establecer en su artículo 2545, lo siguiente:

"*Art. 2545.-* Al pleno de la Corte Suprema de Justicia le corresponderá privativamente conocer y decidir de manera definitiva y en una sola instancia:

1. De la inexequibilidad de los proyectos de ley que el Ejecutivo haya objetado como inconstitucional por razones de fondo o de forma.

2. De las consultas que de oficio o por advertencia de parte interesada, de acuerdo con el artículo 203 de la Constitución, eleve ante ella cualquier autoridad o funcionario que, al impartir justicia en un ca-

---

[2]   Ley 23 de 01–06–2001, *Gaceta Oficial* N° 24.384 de 10–09–2001.

[3]   *Véase* Rigoberto González Montenegro, "La justicia constitucional en Panamá", en *Anuario Iberoamericano de Justicia Constitucional*, Centro de Estudios Políticos y Constitucionales, Madrid 1997, pp. 276 ss.

so concreto, estime que la disposición o disposiciones aplicables pueden ser inconstitucionales por razones de fondo o de forma; y

3. De la inconstitucionalidad de todas las leyes, decretos de gabinete, decretos leyes, reglamentos, estatutos, acuerdos, resoluciones y demás actos provenientes de autoridad impugnados por razones de fondo o de forma."

2. *El sistema panameño de control de la constitucionalidad no es de carácter mixto*

Ahora bien, a pesar de que algunos autores han calificado el sistema panameño de control de la constitucionalidad como un sistema mixto[4], en realidad, el mismo no tiene dicho carácter, pues dentro de sus componentes no hay, técnicamente, ningún elemento de control difuso de la constitucionalidad de las leyes que permita a cualquier juez, incluso al llamado a decidir una acción de habeas corpus o amparo, desaplicar una ley o acto normativo en la decisión del caso concreto por razones de inconstitucionalidad. El sistema mixto o integral de control de constitucionalidad, en efecto, es aquél en el cual se combina el método concentrado con el método difuso de control de constitucionalidad, como ha sido el modelo tradicional que desde el siglo XIX se ha aplicado en Venezuela y Colombia,[5] y que también funciona en Guatemala, Perú, Brasil y El Salvador.

En efecto, en Venezuela, en la Constitución de 1858 se previó la competencia de la Corte Suprema de Justicia para conocer de la *acción popular* de inconstitucionalidad de los actos de las Legislaturas Provinciales al atribuírsele en el artículo 113,8 competencia para:

"Declarar la nulidad de los Actos Legislativos sancionados por las legislaturas provinciales, a petición de cualquier ciudadano, cuando sean contrarios a la Constitución".

Esta atribución de la Corte Suprema se amplió a partir de la Constitución de 1893, respecto de las leyes, decretos y resoluciones inconstitucionales (art. 110,8). En la Constitución de 1999, la competencia de la sala Constitucional de la Corte Suprema de Justicia en materia de control concentrado de la constitucionalidad, con poderes anulatorios, se extiende a leyes nacionales y demás actos con rango de ley de la Asamblea Nacional que colidan con esta Constitución; a las Constituciones y leyes estadales, a las ordenanzas municipales y demás actos de los cuerpos deliberantes de los Estados y Municipios dictados en ejecución

---

[4]. *Véase* Arturo Hoyos, "El control judicial y el bloque de constitucionalidad en Panamá", *Boletín del Instituto de Investigaciones Jurídicas*, N° 75, UNAM México 1992, págs. 788 y 789; Arturo Hoyos, "La justicia constitucional en Panamá: estructura y evolución reciente", en *Contribuciones (Estado de Derecho)*, Fundación Konrad Adenauer, N° 2, Buenos Aires, 1994, p. 184; Arturo Hoyos, *La interpretación constitucional*., Edit. Temis, Bogotá, p. 8

[5] *Véase* Allan R. Brewer–Carías, *El sistema mixto o integral de control de la constitucionalidad en Colombia y Venezuela*, Universidad Externado de Colombia, Temas de Derecho Público N° 39; y Pontificia Universidad Javeriana, Quaestiones Juridicae N° 5, Bogotá 1995.

directa e inmediata de esta Constitución y que colidan con ella; a los actos con rango de ley dictados por el Ejecutivo Nacional que colidan con esta Constitución; y a los actos en ejecución directa e inmediata de esta Constitución, dictados por cualquier otro órgano estatal en ejercicio del Poder Público, cuando colidan con ésta (art. 336).[6]

Este control concentrado de la constitucionalidad se estableció, en paralelo, con el control difuso, desarrollado durante el siglo XIX por la previsión expresa de la garantía objetiva de la Constitución (nulidad de los actos inconstitucionales) a partir de 1811[7], el cual encontró consagración legal expresa a partir del Código de Procedimiento Civil de 1897, en la cual se estableció:

"Art. 10. Cuando la Ley vigente, cuya aplicación se pida, colidiere con alguna disposición constitucional, los tribunales aplicarán ésta con preferencia."

La Constitución de Venezuela de 1999 recogió este principio del control difuso y dispuso en su artículo 334:

"En caso de incompatibilidad entre esta Constitución y una ley u otra norma jurídica, se aplicarán las disposiciones constitucionales, correspondiendo a los tribunales en cualquier causa, aun de oficio, decidir lo conducente."

En el caso de Colombia, la competencia de la Corte Suprema en materia de control de constitucionalidad se estableció por primera vez en la Constitución de 1886, respecto de los actos legislativos, en forma limitada y preventiva cuando hubiesen sido objetados por el Gobierno (arts. 88, 90 y 151, ord. 4°), y sólo fue mediante el Acto Legislativo N° 3 de 31-10-1910 (reformatorio de la Constitución Nacional), que el sistema de justicia constitucional adquirió plena consagración, de carácter mixto, al establecerse en los artículos 40 y 41, la acción popular de inconstitucionalidad, en paralelo con el control difuso de la constitucionalidad de las leyes, en la forma siguiente:

"Art. 40. En todo caso de incompatibilidad entre la Constitución y la Ley se aplicarán de preferencia las disposiciones constitucionales.

Art. 41. A la Corte Suprema de Justicia se le confía la guarda de la integridad de la Constitución. En consecuencia, además de las facultades que le confieren ésta y las leyes, tendrá las siguientes:

Decidir definitivamente sobre la exequibilidad de los actos legislativos que hayan sido objetados como inconstitucionales por el Gobierno, o sobre todas las leyes o decretos acusados ante ella por cualquier ciudadano como inconstitucionales, previa audiencia del Procurador General de la Nación."

---

[6] Veáse Allan R. Brewer–Carías, *La justicia constitucional (Procesos y procedimientos constitucionales)*, Editorial Porrúa/ Instituto Mexicano de Derecho Procesal Constitucional, México 2007.

[7]. *Véase* Allan R. Brewer–Carías, *Estado de Derecho y Control Judicial*, Madrid, 1987, pp. 25 y ss.

De lo anterior resulta que, en realidad, Colombia no fue el primer país que creó la acción popular de inconstitucionalidad de las leyes[8], la cual tiene su antecedente en la Constitución venezolana de 1858.

En todo caso, estas competencias se recogieron en la Constitución de 1991 en la cual además de ratificarse el control difuso de la constitucionalidad de las leyes, se consolidó el control concentrado al atribuirse la potestad de declarar la nulidad de las mismas una Corte Constitucional.

Este sistema de justicia constitucional que existe en Venezuela y Colombia, aún en la actualidad, es un sistema mixto, que combina el control concentrado con el control difuso, y que además, está concebido en paralelo con la consagración de garantías judiciales para la protección de los derechos constitucionales a través de la acción de amparo o de tutela, cuyo conocimiento corresponde como en Panamá, a todos los tribunales, generalmente de primera instancia.

Los autores panameños que han calificado el sistema de control de constitucionalidad como sistema mixto, lo han hecho al señalar que el sistema concentrado de justicia constitucional, coexiste con la consagración de las acciones de *habeas corpus* y amparo, cuyo conocimiento corresponde a todos los tribunales ordinarios[9]. En realidad, la existencia de garantías judiciales de los derechos constitucionales mediante las acciones de *habeas corpus*, amparo (tutela o protección), habeas data o los medios judiciales ordinarios (*writs, référés*, procedimientos de urgencia)[10], es un signo de nuestro tiempo, por lo que todos los países con régimen de Estado de Derecho las consagran.

En general, la competencia para conocer y decidir las acciones de amparo o *habeas corpus* corresponde a los tribunales ordinarios, siendo excepcional su conocimiento exclusivo atribuido a Tribunales Constitucionales (es el sistema europeo de Alemania, Austria, España) o a la Corte Suprema de Justicia (es el caso excepcionalísimo, de la Sala Constitucional de la Corte Suprema de Costa Rica y de El Salvador). Lo normal y común, se insiste, sobre todo en los países anglosajones, en Francia e Italia y en América Latina es la competencia de los tribunales ordinarios para conocer de estas acciones de protección de los derechos constitucionales. En todo caso, al decidirlas, por supuesto, los jueces resuelven como jueces constitucionales cuestiones de inconstitucionalidad, pero limitadamente en relación a la protección de los derechos constitucionales.

El sistema difuso de control de la constitucionalidad de las leyes, en cambio, es mucho más amplio, no sólo cuando se les plantea una cuestión de constitucionalidad en relación a la protección de derechos constitucionales, sino básicamente, cuando en un caso judicial ordinario que no tiene por objeto una cuestión constitucional, los jueces actúan como jueces constitucionales en todo caso en el

---

8.   Como lo afirmó Cesar A. Quintero, "La jurisdicción constitucional en Panamá", en Jorge Fabrega P. (Compilador), *Estudios de Derecho Constitucional Panameño*, Panamá, 1987, p. 826.

9.   A. Hoyos, "El control judicial y el bloque de constitucionalidad en Panamá", *loc. cit.*, p. 790.

10.   Allan R. Brewer–Carías, *El amparo a los derechos y garantías constitucionales (una aproximación comparativa)*, Caracas 1994.

cual deban aplicar una ley, que juzguen inconstitucional, aplicando preferentemente la Constitución.

Por ello, en realidad, el sistema de control de constitucionalidad de Panamá es un sistema exclusiva y privativamente concentrado, donde no existe control difuso de la constitucionalidad de las leyes y donde además, como es natural, se prevén garantías judiciales (*habeas corpus* y amparo) de los derechos constitucionales cuyo conocimiento corresponde a los tribunales ordinarios.

3. *Aproximación general al sistema concentrado de control de constitucionalidad*

Como se deduce de las disposiciones constitucionales y legales antes transcritas, el sistema de panameño de control de constitucionalidad es un sistema exclusivo y privativo de control concentrado, de una amplitud tal, que lo distingue de todos los sistemas que muestra el derecho comparado[11].

En efecto, el sistema concentrado de control de la constitucionalidad, contrariamente al sistema difuso, se caracteriza por el hecho de que el ordenamiento constitucional confiere a *un solo órgano estatal* el poder de actuar como juez constitucional, generalmente de ciertos actos estatales, es decir, este sistema existe cuando un solo órgano estatal tiene la facultad de decidir jurisdiccionalmente la nulidad por inconstitucionalidad de determinados actos estatales, particularmente de los actos legislativos y otros actos del Estado de rango y valor similar. Como se ha señalado, en el caso de Panamá, el control no sólo se refiere a las leyes y demás actos de rango legal, sino materialmente a todos los actos estatales, lo que lo hace único en el derecho comparado.

Ahora bien, el órgano estatal dotado del privilegio de ser único juez constitucional en el sistema concentrado de control de la constitucionalidad puede ser la Corte Suprema de Justicia, ubicada en la cúspide de la jerarquía judicial de un país, como es el caso de Panamá; o una Corte, un Consejo o un Tribunal Constitucional creado especialmente por la Constitución, dentro o fuera de la jerarquía judicial, para actuar como único juez constitucional. En ambos casos, estos órganos tienen en común el ejercicio de una actividad jurisdiccional, como jueces constitucionales.

Por ello, el sistema concentrado de control de la constitucionalidad, aun cuando sea generalmente similar al "modelo europeo" de Tribunales constitucionales especiales[12], no implica necesariamente la existencia de un Tribunal Constitucional especial, concebido constitucionalmente fuera del Poder Judicial. La experiencia latinoamericana de control concentrado de la constitucionalidad así lo demuestra, pues en general, son las Cortes Supremas de Justicia las que lo ejercen; y en el caso de que se haya atribuido a Tribunales Constitucionales el ejercicio del control, estos están integrados al Poder Judicial (Guatemala, Co-

---

[11]. Allan R. Brewer–Carías, *El control concentrado de la constitucionalidad de las leyes (Estudio de Derecho Comparado)*, Caracas 1994.

[12] M. Cappelletti, *Judicial Review in the Contemporary World*, Indianapolis, 1971, pp. 46, 50, 53.

lombia, Ecuador, Bolivia y Chile) con la sola excepción del caso del Perú, cuya Constitución de 1993 creó el Tribunal Constitucional fuera del Poder Judicial.

En realidad, el sistema sólo implica la atribución, a un órgano particular del Estado que ejerce una actividad jurisdiccional, del poder y del deber de actuar como juez constitucional. Esta es la esencia propia del sistema concentrado con relación al sistema difuso, sea que el órgano dotado del poder para actuar como juez constitucional sea el Tribunal más alto del Poder Judicial (Corte Suprema de Justicia) o un Tribunal especializado en materia constitucional, dentro del Poder Judicial; sea que se trate de un órgano constitucional especial, creado fuera de la organización judicial, aun cuando este último aspecto no resulte esencial para establecer la distinción.

Ahora bien, en el caso de Panamá, tratándose de un sistema de control concentrado de la constitucionalidad, exclusivamente concentrado en la Corte Suprema de Justicia, se analizarán a continuación los aspectos más relevantes de dicho sistema, encuadrándolo adecuadamente en el derecho comparado.

II. LA SUPREMACÍA DE LA CONSTITUCIÓN Y EL SISTEMA CONCENTRADO DE CONTROL DE LA CONSTITUCIONALIDAD

1. *La lógica de los sistemas de justicia constitucional*

Desde un punto de vista lógico y racional, puede afirmarse que el poder conferido a un órgano estatal que ejerce una actividad jurisdiccional para que actúe como juez constitucional, es una consecuencia del principio de la supremacía de la Constitución. Así, en todo sistema de justicia constitucional, siendo la Constitución la Ley suprema del país, es evidente que en caso de conflicto entre un acto estatal y la Constitución, ésta última debe prevalecer.

Sin embargo, las Constituciones no siempre confieren poderes a todos los tribunales para que actúen como jueces constitucionales. Cuando así lo hacen se trata de un sistema de control difuso de la constitucionalidad, como el que existe en casi toda América Latina concebido sea en forma exclusiva (Argentina, por ejemplo) o en forma mixta, mezclado con un sistema concentrado (Guatemala, Costa Rica, Colombia, Venezuela, Perú, Brasil, El Salvador, Brasil, establecido bajo la inferencia norteamericana; y como el que existió en Panamá, hasta 1941.

Al contrario del sistema difuso, en muchos casos, las Constituciones reservan este poder a la Corte Suprema de Justicia o a un Tribunal Constitucional, sobre todo en lo que respecta a algunos actos del Estado, los cuales solamente pueden ser anulados por dicho órgano cuando contradicen la Constitución. En algunos casos excepcionales, como sucede en Panamá, el poder de la Corte Suprema para actuar como juez constitucional se refiere a absolutamente todos los actos estatales.

2. *El sistema concentrado de control de la constitucionalidad de ciertos actos estatales*

En efecto, de manera general puede señalarse que la lógica del sistema concentrado, así como del sistema difuso, reside en el principio de la supremacía de la Constitución y del deber de los tribunales de decidir la ley aplicable a cada caso en particular; ello, sin embargo, con una limitación precisa en el sistema concentrado: el poder de decidir la inconstitucionalidad, generalmente de los actos legislativos y otros actos del Estado del mismo rango, se reserva a la Corte Suprema de Justicia o a un Tribunal Constitucional.

Debe decirse, sin embargo, que en casi todos los países en los cuales existe un sistema concentrado de control de la constitucionalidad, este sólo se refiere a las Leyes y actos de similar rango, por lo que todos los otros tribunales continúan teniendo plenos poderes para decidir sobre la constitucionalidad de las normas aplicables en cada caso concreto, salvo las de las leyes u actos dictados en ejecución inmediata de la Constitución.[13] Por ejemplo, en materia contencioso-administrativa en Venezuela, los tribunales de la jurisdicción tienen plena competencia para declarar la nulidad de los reglamentos y demás actos administrativos por razones de inconstitucionalidad o por ilegalidad. En el caso de Panamá, sin embargo, el sistema de control concentrado de la constitucionalidad atribuido a la Corte Suprema de Justicia es total, pues se refiere a todos los actos estatales, con lo cual ningún otro Tribunal de la República puede hacer pronunciamientos sobre constitucionalidad de los actos estatales. Ello además se confirma con la atribución que hace el artículo 206,2 de la Constitución a la Corte Suprema de Justicia, de la competencia en materia de:

"La jurisdicción contencioso-administrativa respecto de los actos, omisiones, prestación defectuosa o deficiente de los servicios públicos, resoluciones, órdenes o disposiciones que ejecuten, adopten, expidan o en que incurran en ejercicio de sus funciones o pretextando ejercerlas, los funcionarios públicos y autoridades nacionales, provinciales, municipales y de las entidades públicas autónomas o semiautónomas. A tal fin, la Corte Suprema de Justicia con audiencia del Procurador de la Administración, podrá anular los actos acusados de ilegalidad; restablecer el derecho particular violado; estatuir nuevas disposiciones en reemplazo de las impugnadas y pronunciarse prejudicialmente acerca del sentido y alcance de un acto administrativo o de su valor legal."

En cambio, por ejemplo, en los sistemas concentrados de control de constitucionalidad europeos atribuidos a Tribunales Constitucionales, el poder de éstos para declarar la nulidad de actos estatales por inconstitucionalidad sólo se extiende a las leyes (o proyectos de Leyes), incluyendo las leyes aprobatorias de Tratados, y demás actos de rango legal o dictados en ejecución directa de la Constitución, como los actos de gobierno y los *interna corporis* de las Cámaras Legislativas (es el caso, en general, con diferencias entre uno u otro país, de Alemania, Austria, Italia, España y Portugal). La misma orientación, en general, la tienen los sistemas de control concentrado de la constitucionalidad de las leyes en América Latina, sea atribuido a Tribunales Constitucionales (Guatemala, Colombia, Ecuador, Perú, Bolivia, Chile) o a las Cortes Supremas de Justicia (El

---

[13] *Cf.* M. García Pelayo, "El 'Status' del Tribunal Constitucional". *Revista Española de Derecho Constitucional,* 1, Madrid, 1981, p. 19; E. García de Enterría, *La Constitución como norma y el Tribunal Constitucional,* Madrid, 1981, p. 65. En particular en los sistemas concentrados de control de la constitucionalidad, los tribunales dotados de funciones de justicia administrativa siempre tienen el poder para actuar como juez constitucional de los actos administrativos. Ver C. Frank, *Les fonctions juridictionnelles du Conseil d'Etat dans l'ordre constitutionnel,* París, 1974.

Salvador, Costa Rica, Colombia, Venezuela, Brasil, Uruguay, Paraguay, Honduras, México). En general, y con diferencias entre cada país, el poder anulatorio de la Corte Suprema o del Tribunal Constitucional, como juez constitucional sólo se refiere a las leyes o proyectos de leyes y a los actos dictados en ejecución directa de la Constitución, como los Decretos Leyes, los actos de gobierno y los actos parlamentarios sin forma de Ley; adicionalmente, en algunos países, a los reglamentos.

De resto, los otros actos estatales incluyendo los actos administrativos, no están sometidos a control concentrado de la constitucionalidad ante la Jurisdicción Constitucional, y desde el punto de vista de su conformación al texto constitucional están sometidos al control de los jueces respectivos, por ejemplo, los jueces contencioso-administrativos que conocen de la contrariedad al derecho (ilegalidad o inconstitucionalidad) de los actos administrativos, incluyendo los Reglamentos.

En general debe recordarse que conforme a las orientaciones de Kelsen[14] los actos del Estado sometidos al control jurisdiccional de constitucionalidad pueden ser considerados como actos subordinados a la Constitución de manera inmediata; por lo tanto, el control de la constitucionalidad aparece como la consecuencia de la expresión jerárquica del ordenamiento legal[15]. Por ello, el control de la constitucionalidad de los actos ejecutivos, normalmente subordinados a las leyes, generalmente se confiere en Europa, a la jurisdicción administrativa y no a las Cortes Constitucionales.[16] Sin embargo, en particular, según Kelsen, sólo debían quedar excluidos de la jurisdicción constitucional los actos del Estado con efectos particulares (administrativos o judiciales)[17]; lo que implica que por ejemplo en **Austria**, las normas ejecutivas o los actos administrativos con efectos generales también estén sometidos a la jurisdicción del Tribunal Constitucional.

3. *La amplitud del sistema exclusiva y privativamente concentrado de Panamá respecto de todos los actos estatales*

En contraste con esa orientación general, el sistema de Panamá es totalmente concentrado, al atribuir en su artículo 206,1 a la Constitución a la Corte Suprema de Justicia, competencia exclusiva para conocer y decidir sobre la constituciona-

---

[14] Hans Kelsen, "La garantie juridictionnelle de la Constitution. La Justice Constitutionnelle", *Revue du Droit Public et de la Science Politique en France et a l'etranger, París, 1928.*

[15] *Cf.* H. Kelsen, *loc. cit.*, pp. 228–231.

[16] "No obstante, a pesar de estas directrices, el control jurisdiccional de los actos ejecutivos se confiere también, en Austria, al Tribunal Constitucional. Al respecto, Kelsen afirmaba: Tal vez estos reglamentos no sean... actos inmediatamente subordinados a la Constitución; su irregularidad consiste inmediatamente en su ilegalidad y, de manera mediata solamente, en su inconstitucionalidad. A pesar de ello, si nos proponemos aplicarles también la competencia de la jurisdicción constitucional, no es tanto por considerar la relatividad... de la oposición entre constitucionalidad directa y constitucionalidad indirecta, sino en razón de la frontera natural entre actos jurídicos generales y actos jurídicos particulares". *Idem*, p. 230.

[17] *Idem*, p. 232.

lidad de las leyes, y además, de todos "los decretos, acuerdos, resoluciones y demás actos" estatales; o como lo precisan los artículos 2554,3, 2559 y 2561 del Código Judicial, de "las leyes, decretos de gabinete, decretos-leyes, reglamentos, estatutos, acuerdos, resoluciones y demás actos provenientes de autoridad". Esta enunciación del artículo 206,1 de la Constitución, precisada por los mencionados artículos del Código Judicial, conduce a un objeto amplísimo para el ejercicio del poder de control concentrado por parte de la Corte Suprema de Justicia, que abarca, como lo destacó César A. Quintero, el control sobre:

"La constitucionalidad de leyes, actos administrativos, actos jurisdiccionales y actos políticos dictados por el Órgano Legislativo; de decretos-leyes y decretos de gabinete, así como de resoluciones, órdenes y otros actos administrativos dictados por el Órgano Legislativo o cualquier autoridad administrativa nacional, provincial o municipal; de sentencias u otras decisiones definitivas dictadas por cualquier tribunal judicial o especial".[18]

Sin duda, la redacción del texto constitucional le da una amplitud única al sistema panameño, permitiendo el control de constitucionalidad, exclusivo y excluyente, de *todos* los actos estatales, es decir, los provenientes de cualquier autoridad, nacional, provincial o municipal, sea legislativa, ejecutiva o judicial. Por ello, estimamos que las excepciones a este control exclusivo y privativo sólo podrían tener fundamento constitucional, como por ejemplo, la previsión del artículo 207 de la Constitución que establece que "no se admitirán recursos de inconstitucionalidad ni de amparo de garantías constitucionales contra los fallos de la Corte Suprema de Justicia o sus Salas". En el mismo sentido, se destaca la exclusión que ha hecho la jurisprudencia de la Corte Suprema para conocer de la inconstitucionalidad de reformas constitucionales, las cuales, al tener rango constitucional no podrían ser inconstitucionales. Ello no excluye, sin embargo, que pudiera plantearse recurso de inconstitucionalidad por razones de forma, concernientes al procedimiento de reforma constitucional.[19]

Pero adicionalmente, la Corte Suprema de Justicia ha excluido del control de constitucionalidad otros actos estatales: las leyes o normas que no estén vigentes, es decir, las leyes derogadas; los contratos civiles celebrados por el Estado y los Tratados Internacionales. En relación al primer caso, entendemos que ello es consecuencia del carácter constitutivo, con efectos *ex nunc,* de las sentencias de inconstitucionalidad, pues si los efectos fueran *ex tunc* procedería la declaratoria de inconstitucionalidad de las normas derogadas. Sin embargo, debe señalarse que la Corte Suprema de Justicia "excepcionalmente" ha admitido ejercer el control de la constitucionalidad de normas legales o reglamentarias derogadas, en virtud del principio de la ultra actividad o vigencia residual que pudieran tener dichos preceptos conforme al cual, la norma derogada puede ser aplicada para regular ciertos efectos de eventos que se produjeron cuando estaba vigente[20]. Se destaca, sin embargo, que estas sentencias se han dictado con motivo del ejerci-

[18]. César A. Quintero, *loc. cit.*, p. 829.
[19]. César A. Quintero, *loc. cit.*, p. 830.
[20]. *Véase* sentencia de 26–3–93, en la cual se citan sentencias anteriores de 8–6–92 y 26–2–93.

cio del control de constitucionalidad incidental, planteado como advertencia en casos concretos, y no con motivo del ejercicio de una acción popular.

En cuanto a los últimos dos supuestos, coincidimos con los comentarios de Jorge Fábrega P. y César A. Quintero en el sentido de que la exclusión no está justificada en el marco del sistema constitucional panameño[21]. Por lo demás, las leyes aprobatorias de Tratados son en general objeto de control de constitucionalidad en los países con sistema concentrado de control, como por ejemplo sucede en Austria, Alemania y España; y en América latina en Colombia y Venezuela[22].

III. EL CARÁCTER EXPRESO DEL SISTEMA CONCENTRADO DE CONTROL DE LA CONSTITUCIONALIDAD COMO GARANTÍA DE LA CONSTITUCIÓN

1. *La creación pretoriana del sistema difuso y el carácter expressis verbis del sistema concentrado*

Un sistema concentrado de control de la constitucionalidad de las leyes, basado en el principio de la supremacía de la Constitución, no puede desarrollarse como consecuencia de la labor pretoriana de los jueces en sus decisiones judiciales, como en cambio sucedió en el caso del sistema difuso de control de la constitucionalidad, por ejemplo, en los Estados Unidos y en Argentina. Al contrario, debe ser expresamente establecido en la Constitución, como sucede en Panamá. Por tanto, las funciones de justicia constitucional relativas a ciertos o a todos los actos del Estado, reservadas a la Corte Suprema o a un Tribunal Constitucional, requieren texto expreso.

Por consiguiente, dadas las limitaciones que ello implica tanto al deber como al poder de todos los jueces de determinar, en cada caso, la ley aplicable, un sistema concentrado de control jurisdiccional de la constitucionalidad sólo se puede implantar en la medida en que está previsto, *expressis verbis,* por normas constitucionales. En esta forma, la Constitución, como Ley suprema en un país, es el único texto que puede limitar los poderes y deberes generales de los tribunales para decidir la ley aplicable en cada caso; es la única habilitada para atribuir dichos poderes y deberes, en lo referente a ciertos actos del Estado, a ciertos órganos constitucionales, sea la Corte Suprema o una Corte, un Consejo o un Tribunal Constitucional.

Por lo tanto, el sistema concentrado de control jurisdiccional de la constitucionalidad solamente puede ser un sistema de control establecido y regido expresamente por la Constitución. Los órganos del Estado a los cuales la Constitución reserva el poder de actuar como jueces constitucionales respecto de algunos o todos actos del Estado, tienen el carácter de jueces constitucionales, es decir, de órganos del Estado creados y regidos expresamente por la Constitución, trátese de la Corte Suprema de Justicia existente o de una Corte, un Consejo o un Tribunal Constitucional especialmente creado para tal fin.

---

[21]. *Cfr.* Jorge Fábrega P., "Derecho Constitucional Procesal Panameño" en Jorge Fábrega P. (Compilador), *Estudios de Derecho Constitucional Panameño*, Panamá 1987, pp. 902–903; César A. Quintero, *loc. cit.*, pp. 830–831.

[22]. *Cfr.* Allan R. Brewer–Carías, *El control concentrado....*, *cit.*, pp. 51, 75, 119, 163.

2. *El caso panameño: del control difuso al control concentrado de la constitucionalidad*

El sistema de control concentrado de la constitucionalidad se estableció en Panamá, en la Constitución de 1941, mediante una previsión expresa de la Constitución (artículo 188) inspirada, sin duda, en el artículo 149 de la Constitución colombiana cuyo texto resultó de la reforma constitucional establecida mediante el Acto Legislativo N° 3 de 1910 (artículo 41).

Con anterioridad, la Constitución de 1904 no contenía previsión alguna sobre atribución de la Corte Suprema en materia de control de la constitucionalidad de las leyes y demás actos estatales. La Constitución de 1904 establecía, en cambio, normas expresas derivadas del principio de la supremacía constitucional, como la contenida en el artículo 48 que prohibía "a la Asamblea Nacional dictar leyes que disminuyan, restrinjan o adulteren cualquiera de los derechos individuales consignados" en la Constitución.

Sin duda, con fundamento en el principio de la supremacía constitucional, se desarrolló el control difuso de la constitucionalidad, sin texto constitucional expreso, para lo cual, además, los jueces encontraron apoyo legal en dos normas fundamentales del Código Civil y del Código Judicial de la época.

En efecto, el artículo 12 del Código Civil, establecía y aún establece:

"*Art. 12*. Cuando haya incompatibilidad entre una disposición constitucional y una legal, se preferirá aquélla."

Por su parte el artículo 4 del Código Judicial disponía:

Art. 4. Es prohibido a los funcionarios del orden judicial aplicar en la administración de justicia, leyes, acuerdos municipales o decretos del Poder Ejecutivo que sea contrarios a la Constitución."

Estas normas, por supuesto, formalizaban el sistema de control difuso de la constitucionalidad que se desarrolló en Panamá, conforme al modelo desarrollado en materialmente toda América Latina, con algunas excepciones como en Uruguay y Paraguay. Este sistema, fue duramente criticado por algunos autores como Eusebio A. Morales y José D. Moscote[23], resumiéndose esas críticas por Carlos Pedreschi según el cual, el sistema "estaba cargado de inconvenientes y deficiencias" pues dejaba en manos de cualquier funcionario judicial la trascendental función de interpretar los preceptos constitucionales y creaba, a la vez, "cierta amargura... al legitimar tantas interpretaciones de la Constitución como jueces existieran en la República[24].

En realidad, esta crítica, necesariamente debe vincularse a la realidad del momento del Poder Judicial en Panamá, pero no puede erigirse en apreciación

[23]. *Véase* Eusebio A. Morales "Leyes Inconstitucionales", en *Ensayos, Documentos y Discursos,* Panamá 1928, Tomo I, p. 221; y José D. Moscote, *Introducción al Estudio de la Constitución*, Panamá 1929, p. 116. Citados por César A. Quintero, *loc. cit.*, p. 818 y 819 y Jorge Fábrega P., *loc. cit.*, pp. 897 a 899.

[24]. Carlos B. Pedreschi, *El control de la constitucionalidad en Panamá*, Madrid, 1965, pp. 155; *cit.* por César A. Quintero, *loc. cit.*, p. 818.

general y objetiva, pues ello sería la negación del sistema de control difuso de la constitucionalidad de las leyes, que es el más difundido en *el mundo*. En todo caso, las propuestas formuladas por Morales y Moscote, cristalizaron en la reforma constitucional de 1941, cuyo artículo 188, en parte, se inspiró, en parte, en el texto constitucional colombiano conforme a la reforma de 1910, ya señalada. Decimos que en parte, se inspiró en parte de dicho texto, por lo siguiente: En primer lugar, porque la Constitución de Colombia, conforme a la reforma de 1910, establecía un sistema mixto de control de la constitucionalidad, a la vez difuso y concentrado. La reforma panameña de 1941, sólo tomó en cuenta el sistema concentrado que atribuía a la Corte Suprema la guarda de la Constitución, desechando el sistema de control difuso de la constitucionalidad que también preveía la Constitución colombiana. En segundo lugar, la inspiración en el texto colombiano fue en parte, pues en éste no se estableció el sistema de control concentrado incidental que se incorporó a la Constitución panameña; y además, el texto colombiano sólo prevería la acción popular de inconstitucionalidad contra "todas las leyes" y contra ciertos decretos ejecutivos, particularmente los dictados en ejercicio de facultades extraordinarias que le confiriera el Congreso; en cambio, la Constitución de Panamá la previó respecto de "todas las leyes, decretos, ordenanzas y resoluciones".

En esta forma, el sistema panameño de control de la constitucionalidad pasó de ser un sistema de control difuso a ser un sistema concentrado de control, amplio, exclusivo y excluyente, precisamente por previsión expresa de la Constitución. El sistema establecido es único por lo que, en realidad, no siguió "el modelo de la Constitución colombiana de 1910", como lo ha señalado César A. Quintero[25] salvo, en parte de la fraseología relativa a la atribución a la Corte Suprema "la guarda de la integridad de la Constitución", y al incorporar la institución de la "acción popular".

3. *Otros sistemas de control concentrado y exclusivo de constitucionalidad atribuido a las Cortes Supremas de Justicia en América Latina: Uruguay, Honduras y Paraguay*

Desde el punto de vista del derecho comparado latinoamericano, en realidad, se puede encontrar alguna similitud con la estructura general del sistema panameño de control de la constitucionalidad, en los sistemas de Uruguay, Paraguay y Honduras,[26] con la advertencia, en todo caso, de que, en general, en estos países no es tan amplio, pues sólo se refiere a las leyes o actos estatales de similar rango; y no existe la acción popular, y en cuanto a que los efectos de la decisión de la Corte Suprema en materia de inconstitucionalidad, en el caso de Uruguay y Paraguay son más bien *inter partes*. En Honduras, en cambio, los efectos de las sentencias que declaren la inconstitucionalidad de normas legales son *erga omnes*.

En efecto, en el sistema uruguayo, la Constitución cuya última reforma es de 1989, atribuye a la Corte Suprema de Justicia la jurisdicción exclusiva y original para declarar la inconstitucionalidad de las leyes y otros actos del Estado que tengan fuerza de ley, con fundamento tanto en razones substantivas como forma-

---

[25]. *Loc. cit.* p. 825.

[26]. *Véase* las referencias en Allan R. Brewer–Carías, *El control concentrado...*, pp. 41 y ss.

les (arts. 256 y 257). De acuerdo con la Constitución, la declaración de inconstitucionalidad de una ley y su inaplicación al caso concreto, puede ser solicitada ante la Corte por todos aquellos que estimen que sus intereses personales y legítimos han sido lesionados por la misma (art. 258). En consecuencia, en contraste con la acción popular de Panamá, en Uruguay, la acción de inconstitucionalidad está sometida a una condición general de legitimación, similar a la que existe en materia de control contencioso administrativo.

La cuestión constitucional también puede ser sometida a la Corte Suprema de manera incidental mediante remisión del asunto por un tribunal inferior, sea que éste actúe de oficio, sea como consecuencia de una excepción presentada por cualquier parte en el proceso concreto (art. 258). En este caso, el juez debe enviar a la Corte un resumen de la cuestión, pudiendo seguir el procedimiento hasta el nivel de decisión. Una vez que la Corte Suprema haya decidido, el tribunal tiene que tomar su propia decisión, de conformidad con lo que la Corte Suprema decida (arts. 258 y 259).

En Uruguay, al contrario que en Panamá, las decisiones de la Corte Suprema sobre cuestiones de constitucionalidad se refieren, exclusivamente, al caso concreto, teniendo, por tanto, efectos sólo en los procedimientos en los que fueron adoptados (art. 259). Obviamente, esta solución es clara con respecto a las vías incidentales de control de la constitucionalidad, pero no lo es en los casos en que el asunto constitucional se plantea como una acción directa. En este caso, la Ley N° 13747 de 1969, referente al procedimiento en materia de justicia constitucional, señala que la decisión puede impedir la aplicación de las normas declaradas inconstitucionales con respecto al que entabló la acción y que obtuvo la decisión, y autoriza a utilizarla como excepción en todos los procedimientos judiciales, incluyendo el control contencioso administrativo.

De manera similar al modelo uruguayo, en Paraguay, la Constitución de 1992 ha mantenido el sistema de control concentrado de la constitucionalidad, atribuido exclusivamente a la Sala Constitucional de la Corte Suprema de Justicia. Esta, por tanto, de acuerdo con el artículo 260, tiene competencia para decidir las acciones o excepciones que se le planteen con el fin de declarar la inconstitucionalidad e inaplicabilidad de disposiciones contrarias al texto fundamental, en la siguiente forma:

1. Conocer y resolver la inconstitucionalidad de las leyes y de otros instrumentos normativos, declarando la inaplicabilidad de las disposiciones contrarias a esta Constitución en cada caso concreto y en fallo que sólo tendrá efecto con relación a ese caso; y

2. Decidir sobre la inconstitucionalidad de las sentencias definitivas o interlocutorias, declarando la nulidad de las que resulten contrarias a esta Constitución.

De acuerdo con la misma norma, el procedimiento puede iniciarse por acción ante la Sala Constitucional de la Corte Suprema de Justicia, y por vía de excepción en cualquier instancia, en cuyo caso se elevarán los antecedentes a la Corte.

En este último caso, el procedimiento relativo al caso concreto debe continuar hasta el nivel de decisión. De todas formas, como se dijo, en ambos casos la decisión de la Corte Suprema sólo tiene efectos con respecto al caso concreto y al peticionante.

En Honduras, a pesar de la existencia de normas constitucionales expresas que permiten identificar la existencia de un control difuso,[27] también se ha establecido un sistema de control exclusivamente concentrado de la constitucionalidad, atribuido a la Sala Constitucional del la Corte Suprema de Justicia. En efecto, el artículo 184 de la Constitución de 1982, con redacción similar a la Constitución de Uruguay, establece lo siguiente:

"*Art. 184.*- Las leyes podrán ser declaradas inconstitucionales por razón de forma o de contenido.

A la Corte Suprema de Justicia le compete el conocimiento y la resolución originaria y exclusiva en la materia; y deberá pronunciarse con los requisitos de las sentencias definitivas."

En esta forma, la Corte Suprema de Justicia, a través de su Sala de lo Constitucional, tiene la potestad exclusiva de actuar como juez de la constitucionalidad. Su competencia para declarar la inconstitucionalidad de una ley y su inaplicabilidad, puede ser solicitada por quien se considere lesionado en su interés directo, personal y legítimo, a través de las siguientes vías (art. 185 de la Constitución):

1. Por vía de acción que se entabla directamente ante la Corte Suprema de Justicia.

2. Por vía incidental, sea como excepción que puede oponerse en cualquier procedimiento judicial; sea a instancia del Juez o Tribunal que conozca en cualquier procedimiento judicial, quien puede solicitar de oficio la declaración de inconstitucionalidad de una ley y su inaplicabilidad antes de dictar resolución. En este caso de la vía incidental, las actuaciones se deben elevar a la Corte Suprema de Justicia, y el procedimiento debe seguirse hasta el momento de la citación para sentencia, momento a partir del cual se debe suspender en espera de la resolución sobre la inconstitucionalidad.

Debe señalarse además, que de acuerdo con el artículo 183,2 de la Constitución de Honduras, y hasta la reforma de 2006, también procedía el amparo contra leyes, que se intentaba ante la Corte Suprema de Justicia, para que se declarase en casos concretos que la ley no obligaba al recurrente ni era aplicable por contravenir, disminuir o tergiversar cualquiera de los derechos reconocidos por la Constitución. Esta modalidad del amparo contra leyes, sin embargo, fue eliminada en 2006.

---

[27] *Véase* Allan R. Brewer–Carías, "El sistema de justicia constitucional en Honduras" en *El sistema de Justicia Constitucional en Honduras (Comentarios a la Ley sobre Justicia Constitucional)*, Instituto Interamericano de Derechos Humanos, Corte Suprema de Justicia. República de Honduras, San José, 2004, pp. 1–148; y "La reforma del sistema de justicia constitucional en Honduras", en *Revista Iberoamericana de Derecho Procesal Constitucional. Proceso y Constitución* (Directores Eduardo Ferrer Mac–Gregor y Aníbal Quiroga León), Nº 4, 2005, Editorial Porrúa, México, pp. 57–77. *Véase* los comentarios actualizados en el parágrafo 7 de este libro.

4. *La compatibilidad del sistema concentrado de control de la cons-titucionalidad con todos los sistemas jurídicos*

Como resulta de lo anterior, puede señalarse que el sistema concentrado de control de la constitucionalidad de las leyes, sin duda, es compatible con todos los sistemas jurídicos, es decir, no es propio de los sistemas de derecho civil ni tampoco incompatible con la tradición del *common law*. En realidad, se trata de un sistema que debe establecerse en una Constitución escrita, y poco importa que el sistema jurídico del país sea de derecho civil o de *common law*, aun cuando es más frecuente en países de derecho civil[28].

Por ello, la expresión de que "la práctica del *common law* siempre ha sido in-compatible con la noción de tribunal constitucional especial según el modelo continental"[29] en materia de control de la constitucionalidad, debe entenderse como una referencia al modelo europeo de Corte, Consejo o Tribunal Constitu-cional especial, y no, a un sistema "en el que la jurisdicción está determinada y limitada a ciertas cuestiones"[30]. El sistema concentrado de control de la constitu-cionalidad no puede reducirse a los sistemas constitucionales en los cuales existe una Corte, un Consejo o un Tribunal Constitucional. Por esta razón, como hemos dicho, consideramos que es erróneo para estudiar el sistema, el enfoque que consiste en identificar el sistema concentrado de control de la constitucionalidad de las leyes con el "modelo europeo" de Cortes, Consejos o Tribunales constitu-cionales especiales.

De hecho, aun cuando el sistema concentrado de control de la constitucio-nalidad de las leyes se conozca también como el sistema "austríaco"[31] o "modelo europeo"[32] debido a la existencia de una Corte, un Consejo o un Tribunal Consti-tucional especial, encargado por la Constitución de actuar como juez constitu-cional fuera del Poder Judicial, debe recalcarse el hecho de que la característica fundamental del sistema no es la existencia de una Corte, una Consejo o un Tri-bunal Constitucional especial, sino más bien, la atribución exclusiva a un solo órgano constitucional del Estado del poder de actuar como juez constitucional en lo que respecta algunos actos del Estado, trátese de la Corte Suprema de Justicia

---

28. *Véase* Allan R. Brewer–Carías, *Judicial Review in Comparative Law*, Cambridge 1989, pp. 186 y ss.

29. E. Mc Whinney, "Constitutional Review in the Commonwealth", en E. Mosler (ed.), Max–Plank–Institut für Ausländisches öffentliches recht und völkerrecht, *Verfassungs gerichtsbarkeit in der Gegenwart*, Internationales Kolloquium, Heidel-berg, 1961, Köln – Berlín, 1962, p. 80.

30. *Idem*, p. 80.

31. M. Cappelletti, *Judicial Review in the Contemporary World*, Indianapolis, 1971, p. 50; J. Carpizo et H. Fix Zamudio, "La necesidad y la legitimidad de la revisión judi-cial en América Latina. Desarrollo reciente", *Boletín Mexicano de Derecho compa-rado*, 52, 1985, p. 36.

32. L. Favoreu, "Actualité et légitimité du contrôle juridictionnel des lois en Europe occidentale", *Revue du Droit public et de la Science politique en France et à l'étranger*, 1985 (5), *París*, p. 1149. Publicado también en L. Favoreu y J.A. Jolo-wicz (ed.), *Le contrôle juridictionnel des lois. Légitimité, effectivité et développements récents*, París, 1986, pp. 17–68.

existente en el país o de una Corte, un Consejo o un Tribunal Constitucional especialmente creado.

La adopción del sistema es una elección constitucional, tomada en función de las circunstancias concretas de cada país, pero no necesariamente implica la creación de Tribunales Constitucionales especiales con el fin de garantizar la justicia constitucional, ni la organización de tales Tribunales fuera del Poder Judicial.

En Europa, por ejemplo, la multiplicación de los Tribunales Constitucionales encargados de ejercer el sistema concentrado de control de la constitucionalidad de las leyes, debe considerarse como una consecuencia práctica de una tradición constitucional particular, vinculada al principio de la supremacía de la Ley, a la separación de los poderes y a la desconfianza hacia los jueces en lo que respecta al control de los actos estatales y particularmente de los administrativos[33]. Sin embargo, esto no puede llevar a considerar que el "modelo" del sistema concentrado de control de la constitucionalidad de las leyes esté limitado a la creación de órganos constitucionales fuera del Poder Judicial, para que actúen como jueces constitucionales. Antes del "descubrimiento" europeo de la justicia constitucional a través de la creación de Cortes o Tribunales constitucionales especiales después de la Primera Guerra mundial, otros países con tradición de derecho civil habían implantado, a partir de mitades del siglo pasado, sistemas concentrados de control de la constitucionalidad, atribuyendo a sus Cortes Supremas una jurisdicción exclusiva y original, con el fin de anular leyes y otros actos del Estado con efectos similares, cuando éstos contradicen la Constitución. Este es el caso de los sistemas constitucionales latinoamericanos, incluso si, con alguna frecuencia, han combinado el sistema concentrado con el sistema difuso de control de la constitucionalidad.

IV. LA ANULABILIDAD DE LOS ACTOS ESTATALES COMO GARANTÍA CONSTITUCIONAL QUE FUNDAMENTA EL CONTROL CONCENTRADO

Como se ha señalado anteriormente, la esencia del sistema concentrado de control de la constitucionalidad de las leyes, es la noción de supremacía de la Constitución, de manera que si la Constitución es la Ley suprema de un país y, por lo tanto, prevalece ante todas las demás leyes, entonces un acto del Estado que contradiga la Constitución no puede constituir una norma efectiva; al contrario, debe considerarse nulo.

Ahora bien, el principal elemento que aclara la diferencia entre los dos grandes sistemas de control de la constitucionalidad (difuso y concentrado) no es una posible concepción distinta de la Constitución y de su supremacía, sino más bien el tipo de garantía adoptada en el sistema constitucional para preservar dicha supremacía.

---

[33] *Cf.* M. Cappelletti, *op. cit.*, p. 54; M. Cappelletti y J.C. Adams, "Judicial Review of Legislation: European Antecedents and Adaptation", *Harvard Law Review*, Vol. 79, (6), 1966, p. 1211.

Como lo indicó Hans Kelsen en 1928, estas "garantías objetivas" son la nulidad o la anulabilidad del acto inconstitucional. Por nulidad se entiende, como lo explicó Kelsen, que el acto inconstitucional del Estado no puede considerarse objetivamente como un acto jurídico; en consecuencia, no se requiere, en principio, de ningún otro acto jurídico para quitarle al primero su calidad usurpada de acto jurídico. En este caso, teóricamente, cualquier órgano, cualquier autoridad pública o cualquier individuo tendría el derecho de examinar la regularidad de los actos considerados nulos, con el fin de decidir su irregularidad y juzgarlos no conformes y no obligatorios. En cambio, si otro acto jurídico fuera necesario para establecer la nulidad del acto inconstitucional, la garantía constitucional no sería la nulidad sino la anulabilidad.[34]

Ahora bien, en principio, la nulidad de los actos inconstitucionales del Estado es la garantía de la Constitución que conduce al sistema difuso de control de la constitucionalidad, aun cuando la ley positiva restrinja el poder que podría tener cualquier persona para juzgar como nulos los actos inconstitucionales[35] y atribuya este poder de manera exclusiva a los tribunales, como se puede observar en forma generalizada, dado la necesidad de confiabilidad y seguridad jurídicas.

Por otra parte, la otra garantía de la Constitución, a saber la anulabilidad de los actos inconstitucionales del Estado es precisamente la que conduce, en principio, al sistema concentrado de control de la constitucionalidad de las leyes. Este es el caso del sistema panameño.

1. *Características generales del sistema concentrado de control de constitucionalidad como garantía de la anulabilidad de los actos inconstitucionales*

En efecto, el aspecto fundamental que muestra la racionalidad del sistema concentrado de control de la constitucionalidad de las leyes, es el principio de anulabilidad de los actos del Estado, cuando contradicen la Constitución.

Contrariamente a la nulidad de los actos del Estado, la anulabilidad de dichos actos, cuando se considera como una garantía objetiva de la Constitución, significa que el acto del Estado, aun irregular o inconstitucional, una vez producido por una institución pública, debe considerarse como un acto del Estado y, como tal, válido y efectivo hasta que el órgano que lo produjo lo derogue o revoque, o hasta que se decida su anulación por otro órgano del Estado, con los poderes constitucionales correspondientes. Este es precisamente el caso de los sistemas concentrados de control de la constitucionalidad, en los cuales la Constitución confiere el poder para anular, generalmente algunos actos del Estado, cuando se juzgan inconstitucionales, a un solo órgano constitucional, sea éste la Corte Suprema existente o un órgano creado especial y separadamente dentro o fuera del Poder Judicial, con funciones jurisdiccionales, que le permiten actuar como juez constitucional.

Sin embargo, debe señalarse que, en general en los sistemas concentrados de control de la constitucionalidad, la anulabilidad de los actos del Estado no constituye la única garantía de la Constitución, puesto que siempre va acompañada de

[34] H. Kelsen, *loc. cit.*, 1928, París, p. 214.
[35] *Idem*, p. 215.

la nulidad. En cierta manera, se configura como una restricción a la regla de la nulidad que deriva de la violación de la Constitución.

En efecto, se ha afirmado que en lo que respecta a la nulidad de los actos inconstitucionales del Estado, en el sistema difuso de control de la constitucionalidad, la ley positiva, con miras a evitar la anarquía jurídica, limita el poder teórico general de las autoridades públicas y los individuos para considerar como inexistente e inválido un acto inconstitucional del Estado, reservando dicho poder a los jueces. Esto significa que, de hecho, el acto inconstitucional del Estado sólo puede ser examinado por los tribunales, los cuales son los únicos en tener el poder para considerarlo nulo; lo que significa que, hasta ese momento, el acto irregular debe considerarse efectivo y obligatorio para las autoridades públicas y los individuos. Por ello, en el sistema difuso de control de la constitucionalidad, una vez que un tribunal ha apreciado y declarado la inconstitucionalidad del acto estatal en relación a un juicio particular, el acto se considera nulo con relación a dicho juicio.

En todo caso, esta misma situación también se presenta en los sistemas constitucionales dotados de un sistema concentrado de control de la constitucionalidad, con relación a todos los actos del Estado distintos de aquellos que sólo pueden ser anulados por el Tribunal Constitucional o por la Corte Suprema. En efecto, como se ha señalado, en lo que respecta a los actos del Estado de rango inferior en la jerarquía de las normas, por ejemplo, los actos administrativos normativos, todos los jueces, en un sistema concentrado de control de la constitucionalidad, tienen normalmente el poder de considerarlos nulos cuando son inconstitucionales, con relación al juicio particular en el cual fueron cuestionados. En estos casos, la garantía de la Constitución es la nulidad del acto inconstitucional del Estado, aun cuando solamente los tribunales estén habilitados para examinarlo.

En consecuencia, la particularidad del sistema concentrado de control de la constitucionalidad reside en el hecho de que la ley positiva establece un límite adicional a los efectos de la inconstitucionalidad de los actos, a saber que respecto de algunos de éstos, el poder para declarar su inconstitucionalidad y su invalidez, y por lo tanto, para considerarlos sin efectos, ha sido reservado exclusivamente a un solo órgano constitucional: la Corte Suprema existente o una Corte, un Consejo o un Tribunal Constitucional especial. En estos casos, y con relación a tales actos, tratándose normalmente de actos legislativos y otros actos del Estado de rango o efectos similares en el sentido en que están inmediatamente subordinados a la Constitución, la garantía de la Constitución ha sido reducida a la anulabilidad del acto del Estado considerado inconstitucional.

En conclusión, en los sistemas constitucionales que poseen un sistema concentrado de control de la constitucionalidad, el deber de todos los jueces y tribunales consiste en examinar la constitucionalidad de los actos del Estado. Sin embargo, cuando el acto cuestionado es una ley u otro acto inmediatamente subordinado o de ejecución directa de la Constitución, los tribunales ordinarios no pueden juzgar su inconstitucionalidad, puesto que dicho poder está reservado a un Tribunal Constitucional especial o a la Corte Suprema de un país determinado, el cual puede anular el acto. En este caso, la garantía de la Constitución es la anulabilidad y entonces el acto queda anulado con efectos generales, puesto que es considerado o declarado nulo, no solamente respecto de un caso particular, sino en general.

Salvo esta excepción jurisdiccional particular, la cual es propia del sistema concentrado de control de la constitucionalidad, todos los demás tribunales o jueces pueden, en un juicio concreto, decidir la inaplicabilidad de los actos normativos del Estado no contemplados por esta excepción, considerándolos nulos cuando los juzguen viciados de inconstitucionalidad. En estos casos, la garantía de la Constitución es, sin lugar a dudas, es la nulidad.

En el sistema de control concentrado de Panamá, como se ha señalado, el mismo es sumamente amplio, en el sentido de que la Corte Suprema de Justicia tiene el monopolio total para anular todos los actos estatales por inconstitucionalidad. En este caso, por tanto, la excepción mencionada se ha convertido en regla absoluta, pues ningún otro tribunal puede declarar la nulidad de ningún acto estatal por inconstitucionalidad.

2. *El poder de un órgano constitucional para anular algunos o todos los actos inconstitucionales del Estado*

El otro aspecto de la racionalidad del sistema concentrado de control de la constitucionalidad es que el poder para declarar la nulidad de las leyes está conferido a un órgano constitucional con funciones jurisdiccionales, sea la Corte Suprema existente en un país determinado, sea una Corte, un Consejo o un Tribunal Constitucional especialmente creado. Por consiguiente, el sistema concentrado posee, en general una particularidad doble: en primer lugar, el poder para anular ciertos actos inconstitucionales está conferido a un solo órgano constitucional con funciones jurisdiccionales, y, en segundo lugar, de acuerdo con la excepción mencionada, el poder de dichos órganos constitucionales para juzgar la inconstitucionalidad y declarar la nulidad de actos del Estado, no concierne todos los actos del Estado, sino un número limitado de ellos, normalmente las leyes y otros actos del Congreso o del Gobierno, inmediatamente subordinados a la Constitución o dictados en ejecución directa de ésta y únicamente sometidos a sus regulaciones. Como se dijo, este, sin embargo, no es el caso de Panamá, donde la Corte Suprema de Justicia es el sólo órgano con poder para anular, por inconstitucionalidad, todos los actos estatales.

3. *El rechazo de considerar el modelo europeo de justicia constitucional como "el modelo" del control concentrado de la constitucionalidad*

Se ha señalado anteriormente que el sistema concentrado de control de la constitucionalidad no implica necesariamente el otorgamiento del poder para anular leyes a una Corte, un Consejo o un Tribunal Constitucional especialmente creado, tal como sucede en Europa, sino que dicho poder puede ser conferido a la Corte Suprema existente en el país, como es el caso en muchos países de América Latina, mucho antes de que Europa continental implantase el modelo de los Tribunales Constitucionales en 1920.

En efecto, como ya lo hemos señalado, desde mediados del siglo pasado, muchos países latinoamericanos han adoptado un sistema concentrado de control de la constitucionalidad, confiriendo a la Corte Suprema del país el poder para decidir la nulidad de las leyes. Debe insistirse en los casos de Colombia y Venezuela, que poseen desde hace más de un siglo, un sistema concentrado de control de la constitucionalidad, en paralelo con el sistema difuso, en el cual la Corte Suprema ha tenido el monopolio de la anulación de las leyes. En Colombia, en 1991, este poder ha sido transferido a una Corte Constitucional.

Debe insistirse que al contrario del sistema panameño, por lo general, los sistemas de control de la constitucionalidad que se han desarrollado en América Latina, se han ido orientando progresivamente hacia sistemas mixtos de control de la constitucionalidad, en los cuales coexisten el sistema difuso y el sistema concentrado. Este es el caso, por ejemplo, de Venezuela, Colombia, Brasil, Perú, Costa Rica, El Salvador, y Guatemala. No obstante, como hemos señalado, algunos sistemas de América Latina, como el de Panamá, Uruguay, Bolivia, Honduras, México y Paraguay permanecieron concentrados, donde la Corte Suprema de Justicia o un Tribunal Constitucional que tiene una jurisdicción exclusiva y original para declarar la inconstitucionalidad de las leyes.

Debe destacarse, sin embargo, que la modalidad del sistema concentrado de control de la constitucionalidad basado en la creación de un órgano constitucional especial, una Corte, un Consejo o un Tribunal para actuar como juez constitucional dotado del poder original y exclusivo para anular las leyes y otros actos de rango y efectos similares, ha marcado, por su carácter novedoso, la evolución de la justicia constitucional en las últimas décadas, desde la creación de las primeras Cortes Constitucionales en Austria y Checoslovaquia en 1920. El sistema fue adoptado más tarde en Alemania y en Italia después de la Segunda Guerra Mundial, y hace unas décadas en España y Portugal. También había sido adoptado, antes de 1990, en algunos países ex socialistas (Yugoslavia, Checoslovaquia y Polonia) y se desarrolló bajo una forma particular en Francia. Bajo la influencia del modelo europeo pero de una manera incompleta, el sistema también se implantó en Guatemala, en la década de los sesenta, y en Chile hacia principios de los años 70, con la creación de un Tribunal Constitucional, y luego apareció en Ecuador y Perú donde fueron creados Tribunales de Garantías Constitucionales. En Perú, en 1993 dicho Tribunal fue sustituido por un Tribunal Constitucional. En 1991, la nueva Constitución colombiana, como se dijo, creó una Corte Constitucional, al igual que sucedió en Bolivia en 1994; y en 2009, en Ecuador, el Tribunal se transformó en Corte Constitucional.

A pesar del desarrollo del constitucionalismo desde principios del siglo pasado, principalmente gracias a las experiencias norteamericanas, debe admitirse que Europa continental se había quedado atrás de las concepciones constitucionales, por lo que el sistema de justicia constitucional sólo fue adoptado en Europa después de la Primera Guerra Mundial. Dicha adopción se hizo en dos etapas. La primera terminó con la Constitución de Weimar (1919) mediante la cual Alemania instituyó un Tribunal dotado de una jurisdicción para decidir los conflictos entre los poderes constitucionales del Estado y, particularmente, entre los distintos poderes territoriales, distribuidos verticalmente como consecuencia de la organización federal del Estado. La segunda fue el sistema austríaco, creación personal del Profesor Hans Kelsen, quien concibió un sistema que fue recogido inicialmente en la Constitución austríaca de 1920, y luego perfeccionado por la reforma constitucional de 1929.

4. *Las influencias de Kelsen en la concepción del modelo europeo*

En todo caso, puede considerarse que la introducción de un sistema de justicia constitucional en Europa fue el resultado de la influencia de las teorías de Hans Kelsen, quien diseñó la norma constitucional como fuente de validez para todas las normas del ordenamiento jurídico con un corolario fundamental: la necesidad de un órgano del Estado encargado de garantizar la Constitución, es decir, de resolver los conflictos entre las normas reglamentarias y aquellas de jerarquía superior en las que se basan las primeras (las legales), y entre todas ellas, y en última instancia, con la Constitución.[36]

Kelsen concibió la justicia constitucional como un aspecto particular de un concepto más general de garantía de la conformidad de una norma inferior con una norma superior de la cual la primera deriva y en base a la cual ha sido determinado su contenido. Así, la justicia constitucional es una garantía de la Constitución que se desprende de la "pirámide jurídica" del ordenamiento legal donde se encuentran determinadas, tanto la unidad como la jerarquía de las diferentes normas.

Debe recordarse que, fuera de Austria y bajo la influencia de Kelsen, Checoslovaquia fue el primer país europeo en adoptar el sistema de control de la constitucionalidad, en su Constitución del 29 de febrero de 1920[37]. Los fundamentos de la adopción del sistema concentrado de control de la constitucionalidad en Checoslovaquia provinieron de una norma constitucional, la cual estableció de manera explícita la supremacía de la Constitución con respecto al resto del ordenamiento legal, consagrando que "Todas las leyes contrarias a la Constitución o a una de sus partes así como a las leyes que la modifican y la completan se consideran nulas" (art. I,1); prohibiendo expresamente a los tribunales ejercer el control difuso de la constitucionalidad de las leyes[38]. Además, la Constitución estableció la obligación para todos los tribunales de consultar al Tribunal Constitucional en casos de aplicación de una ley considerada como inconstitucional. Todos estos elementos llevaron a la concentración de la jurisdicción constitucional para juzgar la constitucionalidad de las leyes en un órgano especial, el Tribunal Constitucional, el cual existió hasta 1938.[39]

La concepción de Kelsen acerca del sistema concentrado de control de la constitucionalidad, contrariamente a la del sistema difuso en el cual todos los

---

[36]   H. Kelsen, *loc. cit.*, pp. 201, 223.

[37]   Artículo I.1. Ver en P. Cruz Villalón, "Dos modos de regulación del control de constitucionalidad: Checoslovaquia (1920–1938) y España (1931–1936)", *Revista Española de Derecho Constitucional*, 5, Madrid, 1982, p. 119.

[38]   El artículo 102 establece que "Los tribunales pueden verificar la validez de los reglamentos ejecutivos, cuando examinan una cuestión legal específica; en lo que se refiere a las leyes, sólo pueden verificar si han sido correctamente publicadas", ver en P. Cruz Villalón, *loc. cit.*, p. 135.

[39]   También debe observarse que en el régimen constitucional rumano existió un sistema de control de la constitucionalidad de las leyes, en el Artículo 103 de la Carta Fundamental del 29 de marzo de 1923. Sin embargo, este control sólo se confiaba a la Corte de Casación y fue eliminado por la República Popular, bajo la influencia soviética, en la Ley Fundamental de 1948.

jueces tienen el poder para abstenerse de aplicar leyes que consideren contrarias a la Constitución, tendía a conferir a un órgano especial el poder exclusivo para declarar la inconstitucionalidad de una ley y para anularla. Este órgano es un Tribunal Constitucional al cual deben recurrir todos los tribunales cuando deben aplicar una ley cuya constitucionalidad sea dudosa. En tal sistema, por lo tanto, los tribunales ordinarios no tienen el poder para abstenerse de aplicar leyes inconstitucionales.

Dentro de su concepción teórica original, este sistema concentrado de control de la constitucionalidad de las leyes no había sido concebido por Kelsen como el ejercicio de una función jurisdiccional, sino más bien como un "sistema de legislación negativa"[40]. En este caso, se consideraba que la Corte Constitucional no decidía específicamente la constitucionalidad de las leyes; tal función estaba reservada al tribunal *a quo* que hubiera planteado la cuestión de la constitucionalidad por ante la Corte Constitucional. Normalmente, la competencia de esta última estaba limitada a la cuestión puramente abstracta de la compatibilidad lógica que debía existir entre la ley y la Constitución. Desde este punto de vista puramente teórico, puesto que no había ninguna aplicación concreta de la ley en un caso específico, se consideraba que no se trataba del ejercicio de una actividad jurisdiccional que implicara una decisión concreta. Esto llevó a Kelsen a sostener que, cuando el Tribunal Constitucional declaraba la inconstitucionalidad de una ley, la decisión, por tener efectos *erga omnes*, era una "acción legislativa" y que la decisión del Tribunal Constitucional tenía "fuerza de ley". Es también la razón por la cual la ley debía ser considerada válida hasta la adopción de la decisión de anularla, por la cual los jueces estaban obligados a aplicarla.[41]

Tal concepción fue desarrollada por Kelsen para responder a las objeciones eventuales que podían formularse al control jurisdiccional de la acción legislativa, dado el concepto de supremacía del Parlamento, hondamente arraigado en el derecho constitucional europeo. En esta forma, prohibiendo a los jueces ordinarios abstenerse de aplicar las leyes, y confiriendo a una Corte Constitucional el poder para declarar la inconstitucionalidad de una ley con efectos *erga omnes*, el Poder Judicial quedaba subordinado a las leyes sancionadas por el Parlamento y, al mismo tiempo, se mantenía la supremacía de la Constitución con respecto al Parlamento. La Corte Constitucional, así, más que una competidora del Parlamento, se concebía como su complemento natural. Sus funciones se limitaban a juzgar la validez de una ley empleando la pura lógica racional, sin tener que decidir conflictos en casos específicos, y a actuar como un "legislador negativo", aun cuando no espontáneamente, sino a instancia de las partes interesadas. Según Kelsen, el Poder Legislativo se dividió así en dos partes: la primera, ejercida por el Parlamento con la iniciativa política, el "legislador positivo"; y la segunda, ejercida por el Tribunal Constitucional, el "legislador negativo", con el poder para anular las leyes que violasen la Constitución.[42]

---

[40] H. Kelsen, *loc. cit.* pp. 224, 226. Ver los comentarios de E. García de Enterría, *op. cit.*, pp. 57, 132.

[41] H. Kelsen, *loc. cit.*, pp. 224,225.

[42] Ver los comentarios relativos al pensamiento de Kelsen en E. García de Enterría, *op. cit.*, pp. 57, 58, 59, 131, 132, 133.

De acuerdo con esta concepción, por supuesto, era necesario que la Corte Constitucional fuese un órgano separado de los poderes tradicionales del Estado y no formara parte de las autoridades judiciales.[43]

Hoy día, si bien se ha aceptado el carácter jurisdiccional (no legislativo) de la actividad de estas Cortes Constitucionales especiales rechazando su llamado carácter de "legislador negativo"[44], la idea de conferir funciones jurisdiccionales a un órgano constitucional especialmente creado (Corte, Consejo o Tribunal Constitucional) generalmente ubicado fuera de la organización judicial, prevaleció en Europa continental y abrió camino al "modelo europeo" de control de la constitucionalidad. Este, en cierta manera, se desarrolló como consecuencia de un compromiso entre la necesidad de un sistema de justicia constitucional derivado de la noción de supremacía constitucional y la concepción tradicional europea de la separación de los poderes, la cual niega el poder a los jueces para juzgar la invalidez de las leyes inconstitucionales.[45]

En todo caso, es evidentemente erróneo identificar el sistema concentrado de control de la constitucionalidad de las leyes con el "modelo europeo", ya que un sistema en el cual la jurisdicción exclusiva y original para anular las leyes y otros actos del Estado se confiere a la Corte Suprema de Justicia existente en un país dado y ubicada en la cúspide de la organización judicial, como es el caso de Panamá, también debe ser considerado como un sistema concentrado de control de la constitucionalidad. Por esta razón, el otro aspecto de la racionalidad del sistema concentrado de control de la constitucionalidad es el otorgamiento, a un órgano constitucional particular, sea la Corte Suprema o una Corte, un Consejo o un Tribunal Constitucional especialmente creado, del papel de juez constitucional con el fin de anular leyes con efectos *erga omnes*.

En el caso de Panamá, como hemos señalado, el carácter concentrado del sistema es sumamente amplio, pues al contrario de la generalidad de los países que han adoptado el sistema de control concentrado, la Corte Suprema de Justicia panameña no sólo tiene el poder exclusivo de anular las leyes y demás actos estatales de similar valor o rango, sino materialmente todos los actos estatales. En esa forma, la garantía que la Constitución ha adoptado respecto de su propia supremacía, es la de anulabilidad, con carácter general y absoluto; y no la de la nulidad.

V. EL CARÁCTER PREVIO O POSTERIOR DEL CONTROL CONCENTRADO DE LA CONSTITUCIONALIDAD

El sistema de control concentrado de la constitucionalidad puede tener un carácter previo o posterior, o ambos. Tal sistema de control funciona en Austria, Italia y España donde se crearon constitucionalmente Cortes, Tribunales ó Consejos constitucionales encargados de ejercer el control jurisdiccional de la consti-

---

[43] H. Kelsen, *loc. cit.*, p. 223.

[44] M. Cappelletti y J.C. Adams, *loc. cit.*, pp. 1218, 1219. Ver en Allan R. Brewer–Carías, *Constitutional Courts as Positive Legislators*, Cambridge University Press, New York, 2011, 923 pp.

[45] M. Cappelletti, *op. cit.*, p. 67.

tucionalidad de las leyes. Con funciones similares se crearon Tribunales constitucionales en Alemania y Portugal, pero integrados al Poder Judicial.

Estas Cortes Constitucionales ejercen su poder jurisdiccional de control bien sea antes de que la ley entre en vigencia, es decir antes de su promulgación, o una vez en vigencia. Por ello se distingue el control *a priori* del control *a posteriori* de la constitucionalidad de las leyes.

En general, puede decirse que los sistemas concentrados de control jurisdiccional que conforman al modelo europeo se caracterizan por la utilización de varios medios de control jurisdiccional de la constitucionalidad de las leyes vigentes, es decir, una vez promulgadas y después de que se hayan iniciado sus efectos normativos jurídicos. Sólo excepcionalmente algunos sistemas concentrados europeos prevén un medio de control preventivo sobre algunos actos del Estado, como por ejemplo en Francia, en relación a las leyes; en Italia, con respecto a las leyes regionales, y en España, en cuanto a las leyes orgánicas y los tratados internacionales.

En todo caso, el fundamento de la existencia de un sistema de control jurisdiccional *a posteriori* reside en la superación del dogma de la soberanía del Parlamento y de la ley, así como en la flexibilización del principio de separación de los poderes. El control jurisdiccional implica la existencia de una Constitución escrita y rígida, dotada de un carácter normativo directamente aplicable a los individuos; de manera que sus límites se imponen a todos los órganos constitucionales, incluyendo al legislador cuyas actividades deben estar en conformidad con su texto y, por lo tanto, sujetas a un control jurisdiccional.

De lo anterior se deduce que en general, puede decirse que lo característico del sistema concentrado de control de la constitucionalidad, sin duda, es el control posterior, que permite anular actos estatales efectivos inconstitucionales. Sin embargo, algunos sistemas de control concentrado sólo preveían un control previo de la constitucionalidad de las leyes, es decir, respecto de proyectos de ley, o de leyes sancionadas, antes de su promulgación, como sucedió en Francia hasta 2009 y en Chile hasta 2005, por ejemplo.

1. *El abandono de los sistemas de control preventivo de la constitucionalidad de las leyes, como único método de control concentrado: Francia y Chile*

En efecto, en el derecho comparado, como sistemas de control preventivo de la constitucionalidad de las leyes en tanto que único método de control concentrado, se destacaban los sistemas de Francia y Chile, donde la situación cambió a partir de 2008 y 2005, respectivamente.

En cuanto al sistema preventivo francés de control jurisdiccional de la constitucionalidad de las leyes, el mismo fue definitivamente implantado por la Constitución del 5 de octubre de 1958, la cual creó el Consejo Constitucional (arts. 56 a 63) como órgano constitucional encargado de establecer la conformidad de las leyes a la Constitución "antes de su promulgación" (art. 61). Tal innovación institucional fue producto de una reacción en contra de por lo menos dos de los fundamentos del sistema constitucional francés tradicional, a saber, el absolutismo de la ley y el rechazo de cualquier injerencia judicial con respecto a los demás poderes del Estado, en especial al Parlamento.

En efecto, uno de los principales dogmas políticos derivados de la Revolución Francesa[46] fue la profunda desconfianza del legislador revolucionario para con los jueces, a quienes les negó cualquier posibilidad de controlar los demás poderes del Estado. Esta posición antijudicial tuvo su razón política de ser en el papel desempeñado por los *Parlements* prerrevolucionarios, los cuales como Altas Cortes, examinaban las leyes y los decretos que se les sometían con el fin de garantizar que no contenían nada contradictorio con "las leyes fundamentales del Reino", lo que confería a dichos *Parlements* un poder político conservador considerable[47]. Este poder lo ejercieron particularmente en la víspera de la Revolución.

Esta desconfianza hacia el Poder Judicial llevó a una interpretación revolucionaria extrema del principio de separación de los poderes: todos los jueces se vieron impedidos no sólo del derecho de controlar los actos legislativos y administrativos, lo que explica porqué, al inicio, la Corte de Casación era un órgano legislativo; sino del poder de interpretar las leyes, el cual había sido reservado al Legislador, quien lo ejercía por decreto promulgado a instancia de los jueces, mediante el denominado *référé législatif*, lo que se producía en caso de dudas respecto a la interpretación del texto de una ley[48]. Por consiguiente, los jueces sólo eran, como decía Montesquieu "la boca de la ley", es decir, la boca que pronunciaba las palabras de la ley, y por lo tanto, seres totalmente pasivos, incapaces de apreciar la fuerza o el rigor de la ley.[49]

En todo caso, como se ha señalado, la Constitución de 1958, al crear el Consejo Constitucional y sin rechazar totalmente el dogma de la supremacía de la ley ni la prohibición para los tribunales y los jueces de controlar la constitucionalidad de las leyes, permitió el ejercicio de un control preventivo de la constitucionalidad de las leyes antes de su promulgación (Art. 61).En esta forma, en Francia, hasta 2008, el Consejo Constitucional había ejercido el control de constitucionalidad sólo bajo dos tipos de control preventivo de la constitucionalidad: sobre las leyes no promulgadas y sobre la repartición de las competencias normativas del Estado entre la ley y los reglamentos. En ambos casos, el Consejo Constitucional, aun cuando no tenía el poder para controlar la constitucionalidad de las leyes vigentes, sin embargo desempeñó un papel muy significativo en lo que respecta al desarrollo del principio de la constitucionalidad.[50]

El control preventivo de la constitucionalidad de las leyes no promulgadas es ejercido por el Consejo Constitucional de dos maneras: en forma obligatoria, en

---

[46]   Allan R. Brewer–Carías "Los aportes de la Revolución Francesa al constitucionalismo moderno y su repercusión en hispanoamérica a comienzos del siglo XIX," en *Revista Ars Boni et Aequi*, Universidad Bernardo O'Higgins, Santiago de Chile, N° 7, Fascículo 2, Santiago de Chile, 2011. pp. 127 y ss.

[47]   M. Cappelletti, *op. cit*, pp. 33–35; F. Luchaire, *Le Conseil Constitutionnel*, París, 1980, pp. 5–6.

[48]   *Idem.*

[49]   Montesquieu, *De l'esprit des lois*, Book XI, Ch. VI, citado por Ch. H. Mc Ilwain, *The High Court of Parliament and its Supremacy*, Yale, 1910, p. 323.

[50]   Allan R. Brewer–Carías, *Judicial Review...*, *cit.*, pp. 255 y sig.

cuanto a los reglamentos parlamentarios y las leyes orgánicas, y en forma facultativa, en cuanto a las leyes ordinarias y los tratados internacionales.

En cuanto a las leyes ordinarias estas pueden ser sometidas al Consejo Constitucional, antes de su promulgación, por el Presidente de la República, el Primer Ministro o el Presidente de cualquiera de las Asambleas. La reforma constitucional de 1974 también legitimó para formular la solicitud a 60 diputados y senadores, quienes pueden someter al Consejo Constitucional la cuestión de la constitucionalidad de las leyes ordinarias (art. 61), dando así a las minorías la posibilidad de cuestionar las decisiones adoptadas por la mayoría.

Este control facultativo de la constitucionalidad también se puede ejercer respecto de los tratados internacionales, a instancia del Presidente de la República, del Primer Ministro o del Presidente de cualquiera de las Asambleas. En este caso, el Consejo Constitucional debe decidir si un tratado internacional contiene cláusulas contrarias a la Constitución, por lo que la autorización necesaria para su firma o aprobación sólo puede otorgarse previa una reforma constitucional (art. 54).

En todos los casos en los cuales se recurre al Consejo Constitucional con miras al control de la constitucionalidad de las leyes orgánicas, reglamentos parlamentarios, leyes ordinarias o tratados internacionales, antes de su promulgación, la interposición de la petición produce efectos suspensivos, los cuales comienzan en el momento en que el Consejo recibe la solicitud, por lo que a partir de ese momento, la promulgación del texto normativo cuestionado queda suspendida (art. 61).

Este sistema de control de la constitucionalidad de las leyes en Francia, exclusivamente preventivo, ha sido reformado sustancialmente mediante la reforma constitucional de 2008, al establecerse en el artículo 26 de la ley de reforma n° 2008-724, una nueva provisión a continuación del artículo 61 de la Constitución (que regula el control a priori), como artículo 61,1, en el cual se prevé que el control a posteriori incidental, disponiéndose que cuando en el curso de una controversia que se desarrolle ante el Consejo de Estado o la Corte de casación, se alegue que una disposición legal infringe los derechos y libertades consagrados en la Constitución, dichos altos tribunales podrán requerir del Consejo Constitucional para que decida la materia, remitiendo la Constitución a una Ley Orgánica para que regule la aplicación de este artículo.[51]

En cuanto al sistema de Chile, debe decirse que si bien el Tribunal Constitucional tenía competencia para resolver las cuestiones de constitucionalidad respecto de los decretos ejecutivos que tuvieran fuerza de ley; en cuanto a las leyes, hasta 2005 estas sólo podían ser objeto de un control preventivo, antes de su promulgación. En tal sentido, el artículo 82 de la Constitución, atribuía al Tribunal Constitucional competencia para juzgar, antes de su promulgación, la constitucionalidad de las leyes orgánicas o las que interpretan preceptos de la Constitución. El Tribunal estaba igualmente autorizado, a petición de parte, para ejercer

---

[51]   *Véase* Federico Fabbrini, "Kelsen in Paris: France's Constitutional Reform and the Introduction of A Posteriori Constitutional review of legislation", en *German Law Journal*, Vol 09, N° 10, pp. 1297 ss.

el control preventivo sobre toda cuestión que surja durante la discusión de los proyectos de ley, de los proyectos de reforma de la Constitución y de las leyes aprobatorias de los Tratados Internacionales sometidos a la sanción del Congreso.

En todos estos casos, como en el original modelo francés ahora también superado, el control preventivo ejercido por el Tribunal Constitucional podía ser obligatorio o ejercido a petición de parte. En el caso de las leyes orgánicas constitucionales y de las leyes que interpretan una disposición constitucional, el control preventivo realizado por el Tribunal es obligatorio, a cuyo efecto el Presidente de la Cámara debe enviarle los textos dentro de los cinco días siguientes a su sanción. Dicho control preventivo, incluso, no sólo es obligatorio, sino que el Tribunal puede ejercerlo de oficio, no siendo el procedimiento, en estos casos, de carácter contencioso. Si en su decisión, el Tribunal considera inconstitucional una o varias disposiciones del texto impugnado, debe enviarlo nuevamente a la Cámara correspondiente, cuyo Presidente, a su vez lo debe enviar al Presidente de la República a los efectos de su promulgación, con excepción de las disposiciones consideradas inconstitucionales.

En el caso de proyectos de enmienda constitucional o de los tratados internacionales, el ejercicio del control preventivo por el Tribunal Constitucional sólo es posible si antes de la sanción del texto y durante la discusión del proyecto, se le formula una petición por el Presidente de la República, por una de las Cámaras del Congreso o por una cuarta parte de sus miembros. Por ello, esta petición no tiene efectos suspensivos sobre el procedimiento legislativo y la acción interpuesta por ante el Tribunal es de carácter contenciosa, razón por la cual, en estos casos, el Tribunal debe notificar a los órganos constitucionales interesados y oír sus argumentos.

En todo caso, la decisión del Tribunal que considere inconstitucionales las disposiciones de un proyecto de ley o de un tratado, impide su promulgación.

Debe decirse, sin embargo que hasta 2005, el control de la constitucionalidad en Chile, podía ser *a posteriori* únicamente con respecto a las formalidades relativas a la promulgación de las leyes a cargo del Presidente de la República; a cuyo efecto la Constitución otorgaba al Tribunal la competencia para resolver las peticiones que le formulen las Cámaras del Congreso, en casos en que el Presidente de la República no promulgase una ley estando obligado a ello, o cuando promulgase un texto distinto del que haya sido objeto del procedimiento de formación de las leyes (art. 82).

En todo caso, el sistema de exclusivo control concentrado a priori también ha sido reformado en Chile, mediante la reforma constitucional de 2005, en la cual se ha establecido la posibilidad de un control de constitucionalidad a posteriori de carácter incidental. En tal sentido, la reforma al artículo 82,6 de la Constitución, asignó al Tribunal Constitucional competencia para revisar la constitucionalidad y decidir la inaplicabilidad con efectos inter partes, respecto de preceptos legales cuya aplicación en cualquier gestión que se siga ante un tribunal ordinario o especial, resulte contraria a la Constitución. El requerimiento ante el Tribunal lo puede formular el juez correspondiente de oficio o a solicitud de parte en el proceso. El control concentrado a posteriori de la constitucionalidad también lo ejerce el Tribunal Constitucional Chileno en vía principal, al decidir la acción de inconstitucionalidad de las leyes que se regula como acción pública, con respecto de preceptos legales que hayan sido previamente declaradas inaplicables en casos concretos conforme a lo antes expuesto (artículo 82,7). La decisión en estos casos de acción pública, que también puede ser hecha de oficio por el Tribunal Constitucional, tiene *efectos erga omnes.*[52]

2. *La fórmula general del control concentrado a posteriori de la constitucionalidad de las leyes*

Habiéndose superado la situación precedente de los sistemas francés y chileno, puede decirse que, en general, los sistemas de control concentrado de la constitucionalidad de las leyes y demás actos de rango y valor de las leyes, son de carácter *a posteriori*, sea que dicho control lo ejerzan Tribunales Constitucionales como en Europa y algunos países de América Latina, sea que lo ejerzan las Cortes Supremas de Justicia, como sucede en Colombia, Venezuela y Panamá. En estos casos, el control se ejerce en relación a las leyes vigentes, para que sean anuladas si son inconstitucionales, generalmente con carácter *erga omnes*.

En estos sistemas, además, por lo general el sistema es de carácter mixto, pues se combina el control preventivo con el control *a posteriori*. En Europa, es el caso de Portugal, donde la Constitución, además del sistema difuso de control judicial de la constitucionalidad de las leyes, ha instituido paralelamente, un sistema concentrado de control de la constitucionalidad atribuido al Tribunal Constitucional, el cual lo ejerce no solamente en relación con las leyes promulgadas y, por lo tanto, *a posteriori* en relación con su aplicación, sino también a título preventivo, a semejanza del modelo francés.

En cuanto al sistema de control preventivo de la constitucionalidad, este está referido a los tratados y acuerdos internacionales, a las leyes, y los decretos-ley oficiales, en el nivel nacional; y a nivel regional, a los actos del Poder legislativo, y a los de carácter normativo de los Ejecutivos regionales.

La constitucionalidad de las leyes en Portugal también puede ser objeto de un "examen abstracto minucioso" por parte del Tribunal Constitucional, mediante recurso o acción directa.

En efecto, la inconstitucionalidad de una disposición legal puede ser objeto de un recurso que puede ser introducido ante el Tribunal Constitucional por el Presidente de la República, el Presidente de la Asamblea de la República, el Primer Ministro, los Ombudsman, los Procuradores Generales o una decena de miembros de la Asamblea de la República (art. 281,1). Además, las Asambleas Regionales o los Presidentes de los Gobiernos regionales igualmente tienen la posibilidad de ejercer el recurso directo de inconstitucionalidad contra las leyes que puedan haber lesionado los derechos de las regiones autónomas (art. 281,1).

En América Latina, el sistema mixto también es la regla, existiendo un control preventivo pero sólo mediante objeción formulada por el Presidente de la República, al vetar las leyes por razones de inconstitucionalidad; en paralelo al control concentrado de la constitucionalidad de las leyes promulgadas ejercido

---

[52] *Véase* Humberto Nogueira Alcalá, *Justicia y Tribunales Constitucionales en América del Sur*, Editorial Jurídica Venezolana, Caracas 2006.

por la propia Corte Suprema de Justicia o un Tribunal Constitucional. Es el caso de Colombia, Venezuela y Panamá.

En Venezuela, en efecto, además de que existe un sistema difuso de control de constitucionalidad, también funciona en paralelo un sistema de control concentrado de la constitucionalidad de las leyes[53] ejercido por la Corte Suprema de Justicia en Sala Constitucional. Se trata en principio de un control de la constitucionalidad a posteriori, ejercido mediante una acción popular, luego de que la ley cuestionada haya entrado en vigor y haya producido efectos. Sin embargo, en el sistema venezolano puede identificarse también un control concentrado de la constitucionalidad de las leyes con carácter previo (a priori), ejercido por la Sala Constitucional del Tribunal Supremo de Justicia a petición del Presidente de la República antes de la promulgación de las leyes aprobadas por las Cámaras Legislativas, incluso independientemente del procedimiento de veto legislativo. Por consiguiente, el sistema concentrado de justicia constitucional en Venezuela puede ser tanto preventivo como a posteriori. En tal sentido la Constitución de 1999, en su artículo 214, si bien regula el veto presidencial, luego, en párrafo aparte, establece que:

> "Cuando el Presidente o Presidenta de la República considere que la ley o alguno de sus artículos es inconstitucional solicitarán el pronunciamiento de la Sala Constitucional del Tribunal Supremo de Justicia, en el lapso de diez días que tiene para promulgar la misma. El Tribunal Supremo de Justicia decidirá en el término de quince días contados desde el recibo de la comunicación del Presidente o Presidenta de la República. Si el Tribunal negare la inconstitucionalidad invocada o no decidiere en el lapso anterior, el Presidente o Presidenta de la República promulgará la ley dentro de los cinco días siguientes a la decisión del Tribunal o al vencimiento de dicho lapso".

Conforme a esta norma, la posibilidad de que el Presidente de la República someta al pronunciamiento del Tribunal Supremo de Justicia la inconstitucionalidad de una ley sancionada que se le haya enviado para su promulgación, no está por tanto ligada al veto presidencial a la ley y su devolución a la Asamblea, sino que en el lapso de diez días que tiene para su promulgación, puede dirigirse directamente al Tribunal Supremo, sin necesidad de devolverla previamente a la Asamblea Nacional.

Por otra parte, en cuanto al sistema de control concentrado de la constitucionalidad de las leyes de carácter a posteriori se ejerce en Venezuela por la Sala Constitucional del Tribunal Supremo de Justicia cuando sea requerida mediante una acción popular, que puede ser intentada por cualquier habitante de la República (art. 336). Se trata del medio más importante para el ejercicio, por la Sala Constitucional del Tribunal Supremo, del control concentrado de la constitucio-

---

[53]. *Véase* nuestros trabajos: Allan R. Brewer–Carías, *El Control de la Constitucionalidad de los actos estatales*, Caracas 1977; "Algunas Consideraciones sobre el control Jurisdiccional de la Constitucionalidad de los actos estatales en el Derecho Venezolano", *Revista de Administración Pública*, Madrid N° 76, 1975, pp. 419 a 446; *Estado de Derecho y Control Judicial, cit.*, pp. 17 a 207; *Judicial Review..., op. cit.*, pp. 279 y sig.

nalidad de las leyes nacionales, de las de los Estados y de las de los Municipios (Ordenanzas), así como de los actos estatales dictados en ejecución directa e inmediata de la Constitución.

En sentido similar, en Colombia también se ha establecido, además del control difuso de la constitucionalidad, el control concentrado tanto preventivo como *a posteriori* mediante acción popular.

En cuanto al control preventivo de la constitucionalidad de las leyes, como se ha dicho, la Constitución colombiana, a partir de 1886, ha previsto un método de control preventivo de la constitucionalidad en virtud del poder de veto a la legislación, atribuido al Presidente de la República (arts. 167 y 241,8).

En efecto, cuando una ley es objeto de un veto por causa de inconstitucionalidad, si las Cámaras Legislativas insisten en su promulgación, el Presidente de la República debe enviar el proyecto de ley a la Corte Constitucional la cual debe decidir en un lapso de seis días. En caso de que la Corte declare inconstitucional el proyecto de ley, éste debe ser archivado. Si por el contrario, la Corte rechaza las objeciones constitucionales presentadas por el Presidente de la República, éste está obligado a promulgar la ley (art. 167).

En cuanto al control concentrado de la constitucionalidad de las leyes, como se dijo, en Colombia, la Constitución de 1991 atribuyó a la Corte Constitucional la función de "guardián de la integridad y supremacía de la Constitución"(art. 241), que ejerce, además, mediante el control *a posteriori* a través de la *acción popular*. Adicionalmente, la Constitución prevé un control obligatorio por parte de la Corte Constitucional respecto de los decretos que emanen del Presidente de la República como consecuencia de un estado de sitio, declarado por causa de guerra, crisis interna o cuando el orden económico y social del país esté gravemente alterado (arts. 213 y 214). En estos casos, al día siguiente de su promulgación, el Presidente de la República debe remitir esos decretos a la Corte Constitucional, a la cual corresponde decidir "definitivamente sobre su constitucionalidad" (art. 121).

En Panamá, como se ha dicho, se establece un sistema similar al de Colombia y Venezuela en cuanto al control concentrado a priori y *a posteriori*. En cuanto al primero, de acuerdo al artículo 171 de la Constitución, cuando el Ejecutivo "objetare un proyecto por inexequible" y la Asamblea Nacional, por la mayoría de los dos tercios de los Diputados que la componen, insistiere en su adopción, el Presidente lo pasará a la Corte Suprema de Justicia "para que decida sobre su inconstitucionalidad." El fallo de la Corte que declare el proyecto constitucional, obliga al Ejecutivo a sancionarlo y hacerlo promulgar.[54]

En tal sentido, el Código Judicial establece en su artículo 2555, lo siguiente:

> Art. 2555. Cuando el Ejecutivo objetare un proyecto de ley por considerarlo inexequible y la Asamblea Legislativa, por mayoría de las dos terceras partes, insistiere en su adopción, el Órgano Ejecutivo dispondrá de un

---

[54] *Véase* en general Rigoberto González Montenegro y Francisco Rodríguez Robles, "La objeción de inexequibilidad constitucional en Panamá", en *Anuario Iberoamericano de Justicia Constitucional*, Centro de Estudios Políticos y Constitucionales, Madrid, 2001, pp. 125 ss.

término de seis días hábiles para enviar el proyecto con las respectivas objeciones a la Corte Suprema de Justicia, la cual decidirá definitivamente sobre la exequibilidad del mismo.

De acuerdo con el artículo 2556, también procede el control previo de la constitucionalidad (exequibilidad) respecto de las reformas constitucionales, sólo cuando el Órgano Ejecutivo la objetare por considerar que no se ajusta a lo establecido por la Constitución.

Adicionalmente, como se dijo, en Panamá existe un sistema amplio de control de la constitucionalidad, *a posteriori*, de todos los actos estatales, tanto de carácter principal como de carácter incidental.

VI. EL CARÁCTER PRINCIPAL E INCIDENTAL DEL SISTEMA DE CONTROL CONCENTRADO DE LA CONSTITUCIONALIDAD

1. *La situación general en el derecho comparado*

Contrariamente al sistema difuso de control de la constitucionalidad, el cual siempre tiene un carácter incidental, el sistema concentrado puede tener bien sea un carácter principal o un carácter incidental, en la medida en que las cuestiones constitucionales relativas a las leyes lleguen a la Corte Suprema o a la Corte Constitucional en virtud de una acción directa intentada ante la misma, o cuando un tribunal inferior donde se planteó, a instancia de parte o de oficio, la cuestión constitucional, remite el asunto a la Corte. En Panamá, como se dijo, el sistema concentrado de control de la constitucionalidad es a la vez principal e incidental, como lo es en Uruguay, Honduras y Paraguay.

En consecuencia, otro aspecto de la racionalidad del sistema concentrado de control de la constitucionalidad de las leyes, en el cual el poder para anularlas se confiere a la Corte Suprema o a una Corte especial, es que la cuestión constitucional puede alcanzar la Corte de manera directa o principal mediante una acción contra la ley o el acto estatal concreto o de manera incidental cuando la cuestión constitucional se plantea en un tribunal inferior con motivo de un juicio particular y concreto. En este caso, el juez debe remitir su decisión a la Corte Suprema o a la Corte Constitucional para luego poder adoptar la resolución final del caso, en conformidad con la decisión tomada por la Corte. En ambos casos, el control de la constitucionalidad es de tipo concentrado, porque un solo órgano está autorizado para juzgar la constitucionalidad de la ley. En el caso de Panamá, como hemos dicho, sin embargo, el método incidental de control de la constitucionalidad no sólo se refiere a disposiciones legales sino también, reglamentarias.

Ahora bien, este carácter esencial del control concentrado no siempre implica que la cuestión constitucional deba plantearse sólo de una manera principal o de una manera incidental. Podría ser cualquiera de las dos maneras y también ambas paralelamente, como es el caso de Panamá, todo según las normas de la ley positiva.

En esta forma, no existe, en el derecho comparado, ningún motivo para identificar el sistema concentrado de control de la constitucionalidad con el carácter principal o abstracto del método de revisión de la cuestión constitucional. Si bien ello era cierto en el sistema original austríaco implantado en 1920, ya no lo es en el derecho constitucional contemporáneo[55], en el cual el sistema concentrado de control de la constitucionalidad puede derivar de ambos métodos: principal e incidental.

En el sistema principal, la cuestión constitucional relativa a una ley u otro acto estatal es "la cuestión principal" y única del juicio iniciado mediante acción directa que puede ser interpuesta por ante la Corte Suprema o la Corte Constitucional, tanto por los ciudadanos mediante una *actio popularis* o regida por reglas de legitimación particulares, o por funcionarios o autoridades públicas específicas. En el método incidental, la cuestión constitucional puede ser planteada ante un tribunal ordinario como una cuestión incidental en el juicio o de oficio por el tribunal. Este tribunal es, entonces, el único que puede remitir la cuestión constitucional ante la Corte Suprema o la Corte Constitucional, en cuyo caso se debe suspender la decisión del caso concreto hasta que la cuestión constitucional haya sido resuelta por la Corte Suprema o la Corte Constitucional[56].

2. *El control concentrado principal de la constitucionalidad y la acción popular*

En el derecho comparado, sin duda, el ejercicio del control concentrado de la constitucionalidad por vía principal, mediante una *acción popular* es absolutamente excepcional. Lo normal es que se limite el ejercicio de la acción directa a determinados funcionarios u órganos del Estado (Presidente del Gobierno, Ministerio Público, miembros del Parlamento), como sucede en Europa, para acceder a los Tribunales Constitucionales, o se exija una legitimación activa determinada en caso de que se permita el ejercicio de la acción a los particulares, como sucede en Uruguay, Honduras y Paraguay.

En Panamá, como se ha señalado, desde 1941 y, sin duda, en este punto, por influencia del sistema colombiano, se estableció la acción popular como medio procesal para acceder a la jurisdicción constitucional de la Corte Suprema de Justicia. Igual sistema existe en Venezuela. La diferencia, en todo caso, entre el sistema panameño y el de Venezuela y Colombia, radica en el objeto del control, que es más amplio en Panamá, donde no sólo las leyes y demás actos estatales de rango o valor similar pueden ser impugnados por inconstitucionalidad mediante la acción popular, sino todos los actos estatales.

Debe señalarse, en todo caso, que además de los casos de Colombia, Venezuela y Panamá, también puede identificarse una acción popular de inconstitucionalidad, en El Salvador y Nicaragua.

En efecto, el artículo 96 de la Constitución de 1950 de El Salvador, cuyo texto recoge el artículo 183 de la Constitución de 1992, establece la competencia de la Corte Suprema de Justicia, por medio de la Sala de lo Constitucional, como "único tribunal competente para declarar la inconstitucionalidad de las leyes, decretos y reglamentos, en su forma y contenido, de un modo general y obligatorio, y podrá hacerlo *a petición de cualquier ciudadano"*. Por su parte, el artículo 187 de la Constitución de Nicaragua establece "el Recurso por Inconstitucionali-

---

[55]   *Cf.* M. Cappelletti, *op. cit.*, pp. 69, 72.
[56].   *Cf.,* Allan R. Brewer–Carías, *Judicial Review in Comparative Law, cit.,* pp. 186 y ss.

dad contra toda ley, decreto o reglamento que se oponga a lo prescrito por la Constitución política, el *cual podrá ser instaurado por cualquier ciudadano*".

Se observa, en todo caso, que una pequeña diferencia podría identificarse en cuanto a la legitimación amplia de la acción popular: en Panamá se otorga a cualquier persona, al igual que en Venezuela; en cambio en El Salvador y Nicaragua, se confiere a los ciudadanos, es decir, a quienes gozan de derechos políticos en los respectivos países[57].

En otros países, si bien la legitimación para ejercer la acción de inconstitucionalidad está sometida a algunas restricciones, en definitiva podría identificarse una acción popular de inconstitucionalidad, tal es el caso de Guatemala, cuya Constitución de 1985, reguló los poderes de control de la constitucionalidad ejercidos por la Corte Constitucional, cuando se ejerce un recurso de inconstitucionalidad, concebido como una acción directa (art. 272,a), que puede ser interpuesta contra "las leyes y disposiciones de carácter general, objetadas parcial o totalmente de inconstitucionalidad"(arts. 267 y 272,a). Conforme a la Ley de Amparo, Exhibición personal y de constitucionalidad de 1986, tienen legitimación para plantear la inconstitucionalidad de leyes, reglamentos o disposiciones de carácter general, la Junta Directiva del Colegio de Abogados, el Ministerio Público, el Procurador de Derechos Humanos y "cualquier persona con el auxilio de tres abogados colegiados activos"(art. 134). Este último convierte el recurso, materialmente, en una acción popular de inconstitucionalidad, como la que existe en Colombia, Panamá, Venezuela, El Salvador y Nicaragua.

A. *La acción popular de inconstitucionalidad en Venezuela*

En efecto, en Venezuela desde 1858, la principal característica de la competencia de la Corte Suprema de Justicia en el ejercicio de sus poderes de control concentrado de la constitucionalidad, es que puede ser requerida por cualquier persona natural o jurídica, que goce de sus derechos[58]. Por consiguiente, el sistema concentrado de justicia constitucional en Venezuela siempre está concebido como un proceso de carácter principal que se desarrolla ante la Corte Suprema, cuando se introduce una acción popular. Dicha acción popular, tal como lo señaló la misma Corte en 1971, está abierta "a cualquiera del pueblo (de ahí su denominación)", siendo su objetivo "la defensa de un interés público que es a la vez simple interés del accionante quien, por esta sola razón, no requiere estar investido de un interés jurídico diferenciado legítimo". Por consiguiente, en Venezuela, la acción popular está consagrada "para impugnar la validez de un

---

57. *Cfr.* Luis López Guerra, "Protección de los Derechos Fundamentales por la Jurisdicción Constitucional en Centro América y Panamá", en Instituto de Investigaciones Jurídicas, Centro de Estudios Constitucional México–Centroamérica, *Justicia Constitucional Comparada*, UNAM, México 1993, p. 86.

58. *Véase* sentencia de la Corte Federal del 22/2/60, *Gaceta Forense* Nº 27, 1960, pp. 107 et 108; así como la sentencia de la Corte Suprema de Justicia en la Sala Político–Administrativa del 3/10/63, *Gaceta Forense* Nº 42, 1963, pp. 19 y 20, la del 6/2/64 *Gaceta Oficial* Nº 27.373, 21/2/64, la del 30/5/63, *Gaceta Forense* Nº 52, 1968, p. 109, y la del 25/9/73 *Gaceta Oficial* Nº 1643 Extra, 21/3/74, p. 15.

acto del Poder Público, que por tener un carácter normativo y general, obra *erga omnes*, y por tanto, su vigencia afecta e interesa a todos por igual".[59]

En cuanto a la acción popular, cabe señalar que su "popularidad", tradicionalmente muy amplia, fue de algún modo limitada en 1976 hasta 2010, primero por la Ley Orgánica de la Corte Suprema de Justicia de 1976 y luego por la Ley Orgánica del Tribunal Supremo de Justicia de 2010, la cual exigió un interés simple "particularizado" para poder introducirla. En efecto, el artículo 112 de la Ley de 1976 exigía que el acto impugnado debía lesionar, de algún modo, "los derechos e intereses" del recurrente. Por lo tanto, la amplia popularidad de la acción de inconstitucionalidad puede considerarse que fue objeto de una especie de restricción legal, sin que por ello hubiera perdido su carácter de "acción popular". En efecto, una restricción de este tipo podría considerarse razonable ya que en realidad sólo afectaría la legitimación necesaria en casos extremos. Por ejemplo, si se impugna una Ley de una Asamblea Legislativa de uno de los Estados de la Federación, sería lógico que se considere necesario que el recurrente, por ejemplo, al menos, resida en ese Estado, que tenga bienes en su territorio o que sus derechos e intereses puedan, de algún modo, resultar lesionados por dicha ley.[60]

De todos modos, la misma Corte Suprema de Justicia aclaró las dudas con respecto a la posible restricción de la popularidad de la acción,[61] y consideró que la exigencia del mencionado artículo 112 de la derogada Ley Orgánica en el sentido de que la ley impugnada debía lesionar "los derechos e intereses" del recurrente, no significaba que la acción popular hubiera sido eliminada, ni que se había establecido una exigencia especial de legitimación activa para requerir de la Corte Suprema el ejercicio del control de la constitucionalidad. Según la Corte, el objeto de la acción popular es "la defensa objetiva de la majestad de la Constitución y su supremacía", y si bien es cierto que la Ley Orgánica de la Corte Suprema requiere que los derechos e intereses del recurrente hayan sido afectados, dicha expresión no debe interpretarse de manera "rigurosamente restrictiva."[62] Basándose en todo lo anterior, la Corte Suprema llegó a la conclusión de que cuando una persona ejercía la acción popular de inconstitucionalidad en virtud de los términos del mencionado artículo 112 de la Ley de 1976,

"debe presumirse, al menos relativamente, que el acto de efectos generales recurrido en alguna forma afecta los derechos o intereses del recurrente

---

[59]   *Véase* la sentencia de la Corte Suprema de Justicia en la Sala Político–Administrativa del 18/2/71, *Gaceta Oficial* N° 1472 Extra, 11/6/71, p. 6; ver también la sentencia de la Corte Suprema de Justicia en la Sala Político–Administrativa del 6/2/64, *Gaceta Oficial* N° 27373, 21/2/64.

[60]   Allan R. Brewer–Carías, *El Control de la Constitucionalidad...*, *op. cit.*. p. 122.

[61]   *Véase* L.H. Farías Mata, "¿Eliminada la Acción Popular del Derecho Positivo Venezolano?", *Revista de Derecho Público*, N° 11, EJV, Caracas 1982, pp. 5/18.

[62]   Sentencia de la Corte en Sala Plena del 30/6/82, ver en *Revista de Derecho Público*, N° 11, EJV, Caracas 1982, p. 138.

en su condición de ciudadano venezolano, salvo que del contexto del recurso aparezca manifiestamente lo contrario".[63]

En todo caso, en la Ley Orgánica del Tribunal Supremo de Justicia de 2010, dictada en sustitución de la Ley Orgánica de 2004, se eliminó esta norma, y en su lugar simplemente se califica la acción de inconstitucionalidad como una "demanda popular de inconstitucionalidad," aclarándose definitivamente el tema de la legitimación activa propia de la acción popular.

Conforme a la Constitución de 1999, el control de la constitucionalidad de los actos del Estado a través de la acción popular está reservado a los actos de rango legal o normativo, es decir, a los actos de ejecución inmediata a la Constitución, y a los reglamentos. A nivel nacional, los actos del Estado de rango legal son las leyes, los actos parlamentarios sin forma de ley y los actos del gobierno; y a nivel de los Estados miembros de la Federación y de los Municipios, las leyes de las Asambleas Legislativas de los Estados miembros y las Ordenanzas dictadas por los Concejos Municipales[64]. En consecuencia en el nivel nacional, todos los actos estatales de rango legal o dictados en ejecución directa e inmediata de la Constitución son impugnables ante la Jurisdicción Constitucional.[65]

Sin embargo, de todos los actos sometidos al control de la constitucionalidad, es evidente que las leyes son las más importantes, en virtud de su alcance general. En este sentido, la Constitución prevé expresamente la competencia del Tri-

---

[63] En esta forma, la Corte reservó este recurso de inconstitucionalidad a los actos que tienen efectos *erga omnes* y que interesan a cualquiera. *Véase* al respecto la sentencia de la Corte Suprema de Justicia en la Sala Político–Administrativa del 14/3/60, *Gaceta Oficial* N° 26.222, 1/4/60. pp. 154/225. Debe señalarse que hasta 2010, sin embargo, la Sala Constitucional en diversas sentencias llegó a indicar que nuestra legislación procesal no preveía una "acción popular," en el sentido de estar reconocida a todos, pero sí una muy similar, debido a que difícilmente faltará entre la población el simple interés que la ley exige para demandar. Véanse por ejemplo, sentencia N° 37 del 27 de enero de 2004; N° 1448 de 2003 y n° 2167 de 2004. *Véase* los comentarios en Allan R. Brewer–Carías, "El juez constitucional en Venezuela como legislador positivo de oficio en materia tributaria". en *Revista de Derecho Público*, N° 109. Editorial Jurídica Venezolana, Caracas, 2007, pp. 198 y ss. y de igual modo "El juez constitucional como legislador positivo de oficio en materia tributaria. La legitimación activa en la acción popular y la impugnación de leyes derogadas" en *Crónica sobre la "in" Justicia Constitucional. La Sala Constitucional y el autoritarismo en Venezuela*, Colección Instituto de Derecho Público, Universidad Central de Venezuela, N° 2, Caracas 2007. pp. 565–592

[64] Las ordenanzas municipales tienen el carácter de leyes locales. *Véase* Allan R. Brewer–Carías, *El Régimen Municipal en Venezuela*, Caracas 1984, p. 162.

[65] La Corte Suprema de Justicia enunció claramente este criterio en los términos siguientes: "El examen de una acción de inconstitucionalidad supone la confrontación entre el acto que se considera viciado y las normas de la Constitución presuntamente infringidas por éste. Si tales normas condicionan el acto, es decir, determinan, por ejemplo, la finalidad de éste, la autoridad competente para realizarlo, o los requisitos intrínsecos o extrínsecos cuyo incumplimiento puede afectar su validez, la acción o recurso dirigido a anularlo por colidir con la Constitución, es de inconstitucionalidad". Sentencia de la Corte Suprema de Justicia en la Sala Político–Administrativa del 13/2/68, *Gaceta Forense* N° 59, 1968, p. 83.

bunal Supremo para declarar la nulidad total o parcial de las leyes nacionales, de las leyes de los Estados y de las Ordenanzas Municipales que colidan con la Constitución (art. 336).

B. *La acción popular en Colombia*

En Colombia, como se ha dicho, conforme a la Constitución de 1991, todos los ciudadanos pueden interponer por ante la Corte Constitucional una *acción popular* para requerir la anulación, por inconstitucionalidad, de los siguientes actos estatales: actos de reforma de la Constitución, por vicios de procedimiento; actos de convocatoria de referéndum o de asambleas constituyentes referentes a una reforma de la Constitución, por vicios de procedimiento; los referéndum referentes a leyes, consultas populares y plebiscitos nacionales, solamente por vicios de procedimiento en la convocatoria o en su realización; leyes, tanto por su contenido material como por vicios de procedimiento en su elaboración; decretos que tengan fuerza de ley dictados por el gobierno, por su contenido material o por vicios de procedimiento en su elaboración; decretos legislativos gubernamentales, tratados internacionales y leyes de ratificación de tratados (art. 199).

El carácter popular de la acción de inconstitucionalidad viene dado por el hecho de que ésta puede ser ejercida por todos los ciudadanos, incluso sin tener ningún interés en particular, por lo que el procedimiento que se desarrolla ante la Corte Constitucional es de carácter objetivo. En efecto, esta acción no se intenta contra el Estado o contra uno de sus órganos, sino contra una ley o un acto estatal que tenga fuerza de ley. Esa es la razón por la cual, en principio, un ciudadano cualquiera puede intervenir en el procedimiento, adhiriéndose a la petición del accionante, o como parte interesada en el mantenimiento de la ley impugnada (art. 242,2). Igualmente por este carácter popular, de conformidad con el artículo 242.2 de la Constitución, el Procurador de la República debe intervenir en todo caso de acción de inconstitucionalidad.

El carácter objetivo del procedimiento también resulta del hecho de que la Corte Constitucional, como guardián de la Constitución, puede considerar vicios de naturaleza constitucional diferentes de los que fueron denunciados por el accionante o por los ciudadanos que hayan participado en el procedimiento y por consiguiente, puede declarar la inconstitucionalidad de la ley examinada por motivos diferentes a los expresados en la acción (art. 29, Decreto 432 de 1969).

Los vicios de inconstitucionalidad contenidos en el escrito de la acción, por tanto, no limitan en absoluto los poderes de la Corte que, como guardián de la integridad de la Constitución, está autorizada para examinar de oficio el acto cuestionado y para someterlo a todas las condiciones constitucionales[66]. Por otra parte, el desistimiento de la acción por parte del recurrente no tiene efectos inmediatos, dado el papel atribuido a la Corte, y ésta, por consiguiente, puede continuar efectuando el examen constitucional del acto impugnado.[67]

---

[66] L.C. Sáchica, *El Control de la Constitucionalidad y sus mecanismos*, Bogotá 1982, p. 106.

[67] A. Copete Lizarralde, *Lecciones de Derecho Constitucional*, Bogotá, p. 246.

Finalmente, y como consecuencia del carácter popular de la acción, en principio, ningún plazo de caducidad está previsto para su ejercicio; por tanto, como es inextinguible, el ejercicio de la acción popular puede ser considerado como un derecho político de los ciudadanos. Sin embargo, debe señalarse que la reforma constitucional de 1991 estableció que cuando la acción se basa en vicios formales o de procedimiento de la ley impugnada, la acción está sometida a un lapso de caducidad de un año, contado a partir de la fecha de su publicación (art. 242,3).

C. La acción popular en Panamá

En Panamá, como se ha dicho, conforme al artículo 206.1 de la Constitución, la acción de inconstitucionalidad puede ser interpuesta ante la Corte Suprema de Justicia, "por cualquier persona", por razones de fondo o de forma, contra "leyes, decretos, acuerdos, resoluciones, y demás actos" estatales. Se consagra así la acción popular, cuyo contorno se precisa en el artículo 2550 del Código Judicial, así:

> *Art. 2550.* Cualquier persona por medio de apoderado legal, puede impugnar ante la Corte Suprema de Justicia las leyes, decretos, acuerdos, resoluciones y demás actos provenientes de autoridad que considere inconstitucionales, y pedir la correspondiente declaración de inconstitucionalidad".

El mismo Código Judicial regula la forma de ejercicio de la acción, exigiendo que la demanda de inconstitucionalidad debe, necesariamente, contener la transcripción literal de la disposición, norma o acto acusados de inconstitucionales; y la indicación de las disposiciones constitucionales que se estimen infringidas y el concepto de la infracción (art. 2560).

Por otra parte, la demanda debe acompañarse de copia debidamente autenticada de la ley, decreto de gabinete, decreto-ley, orden, acuerdo, resolución o acto que se considere inconstitucional. En todo caso, si se trata de una ley u otro documento publicado en la *Gaceta Oficial* no hay necesidad de acompañar la copia, bastando citar el número y fecha de la respectiva *Gaceta Oficial*. Además, cuando el recurrente no haya podido obtener dicha copia, debe exponerlo ante la Corte señalando las causas de la omisión, en cuyo caso la Corte debe ordenar de oficio a la corporación o funcionario respectivo que compulse y envíe las copias correspondientes (art. 2561).

El mismo artículo 2561 del Código precisa que la inobservancia de los requisitos referidos anteriormente producirá la inadmisibilidad de la demanda.

El proceso que se sigue con motivo de la acción popular, en todo caso, es un proceso objetivo en interés de la Constitución, contra la ley o acto impugnado, razón por la cual "en la acción de inconstitucionalidad no cabe desistimiento" (art. 2562).

Una vez admitida la demanda la Corte debe dar traslado, por turno, al Procurador General de la Nación o al Procurador de la Administración, para que emita concepto en un término no mayor de 10 días (art. 2563). En el procedimiento, luego de devuelto el expediente por el Procurador, la Corte debe fijar en lista por 3 días en un periódico de circulación nacional, para que en el término de 10 días contados a partir de la última publicación, el demandante y todas las personas interesadas presenten argumentos por escrito sobre el caso (artículo 2564).

3. El control concentrado incidental de la constitucionalidad

El segundo método de control concentrado de la constitucionalidad, además del método principal por vía de acción, es el método incidental que también existe en Panamá, y que aparte de estar establecido en Uruguay, Honduras, Paraguay y Costa Rica, no es frecuente en América Latina. Ya nos hemos referido al sistema en los tres primeros países. En cuanto a Costa Rica, la Ley de la Jurisdicción Constitucional prevé que todos los jueces de la República pueden formular a la Sala Constitucional una consulta de constitucionalidad, cuando duden de la constitucionalidad de una norma o acto que deban aplicar, o de una acción u omisión que deban juzgar en un caso que les sea sometido (art. 120 LJC).

En estos casos, el juez que formule la consulta debe elaborar una resolución donde debe indicar las normas cuestionadas y las razones de las dudas del tribunal con respecto a su validez o interpretación constitucionales. En estos casos, el procedimiento judicial debe suspenderse hasta que la Sala Constitucional haya evacuado la consulta (art. 104), cuya decisión interpretativa tiene carácter obligatorio y efectos de cosa juzgada (art. 117).

En todo caso, debe señalarse que el método incidental de control concentrado de la constitucionalidad es el más desarrollado en Europa, y quizás la característica más destacada del sistema europeo de control de la constitucionalidad.[68]

A. El método incidental ante algunos Tribunales Constitucionales Europeos

Los Tribunales Constitucionales Europeos en general conocen de las cuestiones constitucionales, incidenten tantum, cuando un juez de las jurisdicciones ordinaria o especial le remite el asunto para su decisión.

En Austria, en efecto, la cuestión constitucional relativa a los actos del Estado puede plantearse ante el Tribunal constitucional por vías distintas al recurso o acción directa, para lo cual en la reforma constitucional de 1929, se adoptó un método incidental de control jurisdiccional, el cual fue ampliado en 1975.

En efecto, de conformidad con la Constitución, la cuestión de la constitucionalidad de las leyes puede plantearse ante el Tribunal Constitucional mediante una remisión que le haga la Corte Administrativa, la Corte Suprema o cualquier Corte de apelación cuando deban aplicar la ley en un procedimiento concreto (art. 140,1). En lo que respecta a los reglamentos ejecutivos, cualquier tribunal puede requerir al Tribunal Constitucional que examine la cuestión constitucional con miras a su anulación por la vía incidental (art. 139,1). En este caso, el procedimiento incidental planteado ante el Tribunal Constitucional tiene efectos suspensivos con respecto al proceso concreto en el cual se planteó la cuestión constitucional, por lo que sólo puede proseguirse el procedimiento, después que se dicte la sentencia del Tribunal Constitucional (art. 57 de la Ley del Tribunal).

Aunque la Corte Suprema y las Cortes de apelación no tengan ningún poder de control jurisdiccional de las leyes en el sistema concentrado austríaco, la vía

---

[68]. Véase Allan R. Brewer–Carías, El control concentrado..., pp. 173 y ss.

incidental de control jurisdiccional les confiere, en cierto modo, no sólo el poder sino también el deber de no aplicar las leyes cuya constitucionalidad está cuestionada, sin haber oído previamente la sentencia obligatoria de la Corte Constitucional[69], lo que significa que dichas cortes tienen el poder para juzgar la inconstitucionalidad de las leyes, pero no para anularlas.

En Alemania, el método incidental, conocido como control concreto de las normas (*Konkrete Normenkontrolle*), está regulado en el artículo 100 de la Constitución Federal, así:

> "Si una Corte considera inconstitucional una ley cuya validez afecta la decisión que debe adoptar, debe procederse a suspender la instancia en espera de una decisión de la Corte de un Land competente en materia de conflicto constitucional cuando se estima que ha habido violación de la Constitución de un Land o de la del Tribunal Constitucional Federal cuando la violación afecta la Ley fundamental. Sucede lo mismo en el caso en que se estime que hay violación de dicha Ley fundamental por parte de la ley de un Land cuando una ley de un Land no esté conforme a una ley federal".

Esta disposición constitucional confirma claramente el carácter concentrado del sistema de control judicial de la constitucionalidad de las leyes en el régimen constitucional de Alemania, debido principalmente a la prohibición implícita que tienen los tribunales de controlar la constitucionalidad de las leyes, incluso sí, como lo hemos visto, éstas conservan un poder de control difuso de la constitucionalidad de los actos normativos administrativos del Estado. En todo caso, contrariamente al control abstracto de las normas en el cual el recurso se refiere a cualquier acto normativo del Estado, el control concreto de las normas sólo se refiere al aspecto formal de las leyes.

Conforme a este método incidental de control judicial, la cuestión constitucional que puede plantearse respecto de una ley, siempre es llevada ante el Tribunal Constitucional mediante remisión que le hace un tribunal cualquiera, cuando en un procedimiento en curso, éste considera inconstitucional una ley cuya validez debe servir de base para su decisión en el caso concreto. Por consiguiente, la cuestión constitucional que se plantea en este caso siempre reviste un carácter incidental vinculado a la solución de un caso concreto por el tribunal; de tal manera que ella debe estar vinculada al caso y ser determinante en su decisión.

En este supuesto, si bien es cierto que los tribunales no tienen el poder de declarar la nulidad de leyes, ni tampoco de decidir de oficio acerca de su inaplicación, en cambio poseen el poder de examinar la inconstitucionalidad de las leyes remitiendo el asunto constitucional al Tribunal Constitucional.

Además, en estos casos, el juez debe estar convencido de la inconstitucionalidad de la ley, razón por la cual debe fundamentar su criterio por ante el Tribunal Constitucional, explicando en qué medida su decisión depende de la validez de la ley y precisando con cuál disposición constitucional no está ésta conforme (art. 80,2 de la Ley del Tribunal Constitucional Federal).

---

[69]   M. Cappelletti, *op. cit.*, p. 74.

Por otra parte, la posibilidad de plantear ante el Tribunal Constitucional Federal asuntos referentes a la constitucionalidad de las leyes, es una atribución de los tribunales que pueden ejercer de oficio y cuyo ejercicio no está subordinado a la voluntad de las partes. Por consiguiente, la atribución de los tribunales de remitir cuestiones constitucionales al Tribunal Constitucional, es independiente de las partes en lo que se refiere a la inconstitucionalidad de una disposición legal, razón por la cual el método incidental de control judicial no necesariamente se origina en una excepción alegada por una de las partes en el proceso concreto.

En todo caso, y a pesar de su carácter incidental, los poderes del Tribunal Constitucional sólo se limitan al examen de la cuestión constitucional planteada por el tribunal respectivo. El Tribunal Constitucional, por lo tanto, no efectúa una revisión del fondo del asunto debatido, sino que se limita a determinar si la ley considerada inconstitucional por el tribunal inferior es o no conforme a la Constitución (art. 80 de la Ley). Por ello, este procedimiento del control judicial concreto de las normas, al igual que aquel de tipo abstracto, también reviste un carácter objetivo.

En todo caso, una vez que el Tribunal Constitucional ha decidido la cuestión constitucional que le ha sido remitida por un tribunal inferior, este último debe retomar la instancia y dictar su sentencia de conformidad con la decisión del Tribunal Constitucional, la cual tiene fuerza obligatoria general (art. 31,1 de la Ley).

En Italia, el medio principal para introducir la cuestión de la constitucionalidad de las leyes por ante la Corte Constitucional y, sin lugar a dudas, el mejor medio para mantener las leyes y los actos legislativos en el marco de la Constitución, es el método incidental expresamente consagrado en la Ley Constitucional Nº 1 de 1948, la cual contiene las normas relativas a las sentencias de ilegitimidad constitucional y a las garantías de independencia de la Corte Constitucional. El artículo 1 de esta Ley Constitucional reza como sigue:

> "La cuestión de la ilegitimidad de una ley o de un acto de la República con fuerza de ley, planteada de oficio o invocada por cualquiera de las partes en un juicio y no considerada sin fundamento por el juez, debe ser referida a la Corte Constitucional".

Las normas fundamentales de este método incidental de control jurisdiccional fueron establecidas en la Ley Nº 87 de 1953, la cual enfatiza el carácter concentrado incidental del sistema italiano de control jurisdiccional.

De conformidad con dicha Ley Nº 87 de 1953, en un juicio intentado por ante un tribunal, cualquiera de las partes o el Ministerio público puede plantear la cuestión de la legitimidad constitucional mediante una petición, indicando, en primer lugar, las disposiciones de la ley o del acto con fuerza de ley del Estado o de la Región, que contienen los vicios de "legitimidad constitucional", y luego las disposiciones de la Constitución o de las "leyes constitucionales" presuntamente violadas.

Una vez planteada la cuestión de la constitucionalidad por ante el juez ordinario, éste debe tomar la decisión de referir la cuestión a la Corte Constitucional cuando se trate de una cuestión prejudicial, es decir, si el caso no permite al juez tomar una decisión evitando la cuestión de la "legitimidad constitucional", e igualmente cuando el juez estime que la cuestión está suficientemente fundamentada (art. 23).

En otras palabras, si el juez considera que la cuestión de constitucionalidad está suficientemente fundada y su resolución es esencial para la decisión del juicio, debe tomar una decisión relativa a la existencia de estas dos condiciones y, por lo tanto, referir la cuestión a la Corte Constitucional anexando a la remisión la declaración de las partes o del Ministerio público, así como el expediente completo del caso, cuyo procedimiento debe suspenderse. La cuestión constitucional invocada por las partes o el Fiscal puede ser rechazada por el juez, mediante una decisión motivada, cuando estime que el caso no es pertinente o no está suficientemente fundamentado. Sin embargo, tal rechazo no impide que las partes puedan volver a plantear la cuestión posteriormente, en cualquier fase del procedimiento (art. 24).

Tal como lo establecen la Ley Constitucional N° 1 de 1948 y la Ley Constitucional N° 87 de 1953, la cuestión de la legitimidad constitucional también puede ser planteada de oficio por el juez de la causa; en este caso, el juez también debe tomar una decisión en la cual debe indicar con precisión las disposiciones de la ley o de los actos con fuerza de ley consideradas inconstitucionales, así como las normas de la Constitución o de las leyes constitucionales consideradas violadas por la ley cuestionada. El juez, igualmente, debe justificar en su decisión el carácter prejudicial de la cuestión y las razones de la inconstitucionalidad de la ley.

En todo caso, cuando se plantea la cuestión constitucional de la ilegitimidad constitucional de una ley o de un acto del Estado con fuerza de ley, el juez no está obligado por la voluntad de las partes: puede rechazar sus alegatos relativos a cuestiones constitucionales y plantear éstas de oficio. En todo caso, le corresponde al juez decidir la in-constitucionalidad de las leyes, aun cuando no tenga el poder para anularlas, ya que sus poderes se limitan a remitir la cuestión a la Corte Constitucional.

Además, la Corte Constitucional, cuando examina una cuestión constitucional, tampoco está obligada por las partes del juicio original en el cual se planteó la cuestión constitucional. En consecuencia, incluso si bien se debe convocar y oír a las partes del juicio a quo, así como a la autoridad ejecutiva involucrada (Presidente del Consejo de Ministros o del Consejo regional) (art. 25 de la Ley 87), el procedimiento iniciado por ante la Corte no constituye un procedimiento contencioso entre partes, sino más bien un procedimiento de carácter objetivo, independiente de la voluntad de las partes, incluso, en los casos de desistimiento de la acción.

El método de control jurisdiccional de la constitucionalidad de las leyes con carácter incidental, también está previsto en España por el artículo 163 de la Constitución, que establece:

> "Cuando un órgano judicial considere, en algún proceso, que una norma con rango de ley, aplicable al caso, de cuya validez dependa el fallo, pueda ser contraria a la Constitución, planteará la cuestión ante el Tribunal Consti-

tucional, en los supuestos, en la forma y con los efectos que establezca la ley, que en ningún caso serán suspensivos"[70.]

El primer aspecto de este método incidental de control jurisdiccional de la constitucionalidad en el sistema español, es que los jueces son los únicos órganos habilitados para plantear ante el Tribunal Constitucional la cuestión constitucional, pudiendo actuar de oficio o a instancia de parte. Las partes pueden plantear la cuestión constitucional en cualquier momento del juicio concreto, pero el juez es quien debe tomar una decisión inapelable, por lo que únicamente cuando estima que la norma examinada es contraria a la Constitución, es que debe remitir la cuestión al Tribunal Constitucional.

De conformidad con la Ley Orgánica que rige el Tribunal[71], el juez sólo puede plantear esta cuestión constitucional una vez concluido el procedimiento del caso concreto y dentro de los plazos necesarios para decidir el caso. Por este motivo, la cuestión constitucional no tiene efectos suspensivos en el sentido de que el procedimiento debe continuar hasta la adopción de la decisión final.

La remisión al Tribunal Constitucional debe indicar la ley o la norma con fuerza de ley cuya constitucionalidad se cuestiona, así como la norma constitucional presuntamente violada. El juez, además, debe precisar y justificar hasta qué punto la decisión del procedimiento concreto está condicionada por la validez de la norma en cuestión, es decir, debe justificar el carácter prejudicial de la inconstitucionalidad de la ley o del acto normativo en cuanto al juicio concreto.

De todas maneras, antes de tomar su decisión en la materia, el juez debe oír al Ministerio público y a las partes con respecto a la cuestión constitucional (art. 35,2 de la Ley Orgánica del Tribunal). Sin embargo, una vez planteada ante el Tribunal Constitucional la cuestión de la inconstitucionalidad, las partes del procedimiento *a quo* no tienen el derecho de intervenir en el juicio constitucional. El Tribunal Constitucional sólo tiene el deber de notificar la cuestión a los representantes de los órganos cuyos actos fueron cuestionados, con el fin de permitirles que hagan sus declaraciones en la materia ante el Tribunal (art. 37,2 de la Ley Orgánica).

En relación a este método incidental de control jurisdiccional, sin duda, hay una diferencia entre los regímenes existentes en el sistema español y en el alemán. En este último, la cuestión constitucional incidental sólo puede ser planteada por un tribunal ante el Tribunal Constitucional, cuando el juez está convencido de la inconstitucionalidad de la ley, mientras que, en el sistema español, basta que el juez considere que la norma aplicable "pueda ser contraria a la Constitución", lo que se asemeja más al sistema italiano, en el cual el juez puede plantear la cuestión constitucional cuando considera que tiene suficiente fundamento.

El método incidental de control concentrado de constitucionalidad, como se ha dicho, también se ha admitido en 2008 en Francia, aún cuando solo respecto de asuntos en curso ante el Consejo de Estado o la Corte de casación.

---

[70]   Ver también Artículo 35, 1 de la Ley Orgánica 2/1979.

[71]   Ley Orgánica del Tribunal Constitucional Español 2/1979, de 3 de Octubre.

B. *El método incidental en Panamá: las consultas sobre constitucionalidad*

Siguiendo, en líneas generales, la orientación de los sistemas europeos, pero con la advertencia de que el método incidental de control de la constitucionalidad fue establecido en Panamá antes que en Europa (salvo Austria), la Constitución panameña lo prevé, como se ha visto, estando regulado en el artículo 2557 del Código Judicial, así:

> *Art. 2557.* Cuando un servidor público al impartir justicia, advierta que la disposición legal o reglamentaria aplicable al caso es inconstitucional, elevará consulta a la Corte Suprema de Justicia y continuará el curso del negocio hasta colocarlo en estado de decidir.

De esta norma se debe destacar, que el control de constitucionalidad que prevé en forma incidental es más restringido que el control de constitucionalidad que se ejerce en forma principal, pues la consulta oficial de inconstitucionalidad sólo se puede referir a leyes o a actos reglamentarios,[72] siendo el sistema panameño, el único sistema en el derecho comparado, en el cual, la consulta sobre la constitucionalidad de una ley o norma reglamentaria no sólo podrían formularla los jueces, sino cualquier autoridad pública "al impartir justicia", es decir, actuando en función jurisdiccional. Por tanto, el juez ordinario o cualquier funcionario de la Administración Pública actuando en función jurisdiccional, tendrían competencia para formular la consulta, de oficio. Pero también las partes en el proceso o procedimiento concreto tienen la iniciativa para planteársela, a cuyo efecto el artículo 2558 del Código Judicial dispone que:

> *Art. 2558.* Cuando alguna de las partes en un proceso, advierta que la disposición legal o reglamentaria es inconstitucional, hará la advertencia respectiva a la autoridad correspondiente, quien en un término de 2 días, sin más trámites elevará la consulta a la Corte Suprema de Justicia, para los efectos del artículo anterior.

En todo caso, queda claro que las partes no pueden acudir directamente ante la Corte Suprema, sino que las consultas de constitucionalidad sólo pueden formularlas los funcionarios judiciales, o los administrativos que ejerzan una función jurisdiccional, de oficio o a instancia de parte.[73]

La finalidad de la consulta de constitucionalidad, como lo señaló la Corte Suprema de Justicia:

> "es la de evitar que una norma legal o reglamentaria contraria a las orientaciones constitucionales sirva de fundamento a una decisión o pro-

---

72   *Véase* en general Cesar A. Quintero, "La consulta de inconstitucionalidad en Panamá," en *Anuario de Derecho* Nº 23 y 24, Facultad de Derecho y Ciencias Políticas. Universidad de Panamá, 1994–1995, pp. 224–225.

73.   *Véase* Víctor L. Benavides P., "Breves comentarios sobre la consulta de constitucionalidad", en Jorge Fábrega P. (Compilador), *Estudios de Derecho Constitucional...*, pp. 851 y ss.

DERECHO PROCESAL CONSTITUCIONAL. INSTRUMENTOS PARA LA JUSTICIA CONSTITUCIONAL

nunciamiento conclusivo de un proceso cualquiera, que cursa ante un servidor público para su juzgamiento, en nombre del Estado".[74]

Ha precisado además la Corte Suprema, que para que proceda la consulta de constitucionalidad, es preciso la existencia de un proceso en marcha y la creencia fundada de que la norma será utilizada como fundamento jurídico de la resolución aún no adoptada que concluye la instancia respectiva. No puede entonces la Corte Suprema revisar por esta vía, la constitucionalidad de una norma legal o reglamentaria, fuera de un proceso en marcha ni lo puede hacer, cuando la norma ha sido ya aplicada o cuando resulta racionalmente inaplicable[75].

En todo caso, el juez o funcionario que consulta debe explicar las razones por las que ocurre a la Corte y señalar en que concepto las disposiciones legales infringen normas constitucionales[76]. Cuando la advertencia sobre la inconstitucionalidad de una norma legal o reglamentaria, aplicable al caso, la formule una de las partes ante el juez o funcionario correspondiente, debe argumentar su advertencia, indicando las normas constitucionales infringidas; no correspondiéndole al juez o funcionario decidir sobre el fondo de la misma, es decir, sobre si procede o no la consulta, sino que está obligado a remitirla a la Corte Suprema de Justicia en un término de 2 días, sin trámite alguno[77]. En todo caso, las partes sólo pueden formular la advertencia de inconstitucionalidad una sola vez por instancia.

Por último, debe advertirse como ya indicamos, que la consulta de constitucionalidad, como método de control, tiene un ámbito más reducido que el método principal, pues sólo se refiere a disposiciones legales o reglamentarias, y no puede formularse respecto de otro acto estatal. Por otra parte, la Constitución habla de "disposiciones" legales o reglamentarias, por lo que la consulta debe formularse en relación a normas concretas aplicables al caso y no sobre la totalidad de una ley o reglamento. Además, la consulta no procede sobre la constitucionalidad de disposiciones legales o reglamentarias que ya hubiesen sido objeto de pronunciamiento por parte de la Corte Suprema.[78]

VII. EL PODER DE INICIATIVA DEL CONTROL CONCENTRADO DE LA CONSTITUCIONALIDAD Y LA LIMITACIÓN A LOS PODERES DEL JUEZ CONSTITUCIONAL

1. La ausencia de iniciativa del juez constitucional

Como viene de señalarse, en general, la cuestión de constitucionalidad referente a la validez de una ley normalmente se plantea en los sistemas concentrados de control, ante la Corte Suprema o la Corte Constitucional mediante una acción o por remisión de un tribunal inferior. En ambos casos, el juez constitucional debe decidir en derecho, sin considerar los hechos.

---

[74]. Fallo de 27–10–81.

[75]. *Idem.*

[76]. Fallo de la Corte Suprema de 14–1–91.

[77]. Fallo de la Corte Suprema de 29–11–1990.

[78]. Víctor Benavides P., *loc. cit.*, pp. 853 y 855.

En ambos casos, la cuestión constitucional debe formularse ante la Corte Suprema o la Corte Constitucional, por lo que ésta no tiene iniciativa propia para actuar como juez constitucional[79]. En esta forma, el principio *nemo judex sine actore* se aplica, pero una vez que la cuestión constitucional ha llegado a la Corte como consecuencia de una acción o de su remisión por parte de un tribunal inferior, el principio *in judex judicet ultra petitum partis* ya no es operante. Esto significa que la Corte Suprema o la Corte Constitucional, como juez constitucional, una vez requerida por una parte o por un medio incidental, tiene poderes de oficio para considerar cuestiones de constitucionalidad distintas a las que han sido planteadas, como también sucede en el sistema de Panamá.

2. *La iniciativa de control de la constitucionalidad de los jueces ordinarios en el método incidental del sistema concentrado de control de la constitucionalidad*

Por otra parte, si bien es cierto que la Corte Suprema o la Corte Constitucional no tienen iniciativa propia para iniciar el procedimiento de control constitucional relativo a las leyes, debe recordarse que en el método incidental de control concentrado de la constitucionalidad, los tribunales inferiores que deben remitir la cuestión constitucional al juez constitucional, pueden tener la iniciativa de plantearla por ante la Corte Suprema o a la Corte Constitucional. Es decir, como se dijo, los tribunales ordinarios, cuando plantean cuestiones constitucionales mediante el método incidental, no siempre están vinculados a lo que las partes o el Fiscal invoquen, por lo que cuando consideran el caso particular, pueden plantear la cuestión constitucional de oficio y transmitirla a la Corte Suprema o a la Corte Constitucional para que ésta decida. Así sucede en Panamá.

Esta es una consecuencia del principio de supremacía de la Constitución y del deber de los jueces de aplicar la ley. Por tanto, aun cuando en el sistema concentrado de control de la constitucionalidad, la Constitución prohíba a los tribunales ordinarios actuar como jueces constitucionales en cuanto a las leyes y demás actos reglamentarios, esto no quiere decir que en caso de que estos consideren inconstitucional una disposición legal o reglamentaria aplicable a la decisión de un caso concreto, no tengan el poder para plantear la cuestión constitucional y no puedan transmitirla al juez constitucional. Lo contrario significaría la ruptura con el principio de la supremacía de la Constitución y con el papel de los jueces en la aplicación de la ley.

3. *Los poderes inquisitivos del juez constitucional*

Debe señalarse, por último, que en los casos de control concentrado de la constitucionalidad de las leyes ejercido por vía principal, como es el caso de la acción popular, la Corte Suprema de Justicia no puede estar ceñida a los motivos o vicios de inconstitucionalidad aducidos por el accionante, por lo que en general se admite el poder de control de oficio por la Corte Suprema, respecto de otros

---

[79] De manera excepcional, el Tribunal Constitucional Federal de la Antigua Federación de Yugoslavia poseía poderes de oficio para iniciar un procedimiento de control de la constitucionalidad de las leyes. Ver Artículo 4 de la Ley de la Corte Constitucional de Yugoslavia, 31–12–1963, en B.T. Blagojevic (ed.), *Constitutional Judicature*, Beograd, 1965, p. 16.

motivos de inconstitucionalidad distintos a los invocados por el accionante. Así sucede en Panamá y en otros países como Venezuela[80].

En efecto, la acción popular en Venezuela pone en juego la validez de una ley y la supremacía constitucional, por lo que estimamos que, como ya hemos señalado, la Corte Suprema puede apreciar la inconstitucionalidad del acto cuestionado, por vicios no invocados por el recurrente, sin tener que limitarse a conocer únicamente las denuncias formuladas en el escrito. Por consiguiente, si bien es cierto que la acción popular debe ser formulada por un recurrente por ante la Corte Suprema (art. 82 Ley Orgánica de la Corte), ésta no está totalmente sujeta a la voluntad del mismo en el juicio de inconstitucionalidad. Por ello, a pesar de que el recurrente puede desistir del recurso una vez que este haya sido intentado, la Corte tiene el poder de seguir conociendo del caso (art. 87 de la Ley Orgánica).

En Panamá, el Código Judicial es expreso, en el sentido de otorgar poderes a la Corte Suprema para apreciar, de oficio, en relación a la norma o acto impugnado, cuestiones constitucionales distintas de las alegadas por el demandante, al establecer:

> *Art. 2566.* En estos asuntos la Corte no se limitará a estudiar la disposición tachada de inconstitucional únicamente a la luz de los textos citados en la demanda, sino que debe examinarla, confrontándola con todos los preceptos de la Constitución que estimen pertinentes.

Pero además, en los sistemas concentrados de control de la constitucionalidad en muchos casos, los jueces constitucionales tienen poderes para, de oficio, apreciar y declarar la inconstitucionalidad de otras normas de una ley distintas a las referidas en la acción[81].

Es el caso del Tribunal Constitucional Federal de Alemania, cuya decisión sobre la conformidad o no de una Ley con la Constitución, si bien, en principio, puede adaptarse al contenido de la petición, del recurso constitucional o de la remisión que haya hecho un tribunal inferior, según el método utilizado para los fines del control; al pronunciar su decisión, el Tribunal Constitucional no está vinculado a las denuncias efectuadas, en el sentido de que puede plantear de oficio cualquier otro asunto de orden constitucional vinculado con la ley cuestionada o con cualquiera de los artículos de la misma, y por lo tanto, decidir *ultra petita*. Esta es la razón por la cual el mismo artículo 78 de la Ley Federal que instituye el Tribunal Constitucional Federal estipuló que:

> "En caso de que otras disposiciones de la misma ley no estén conformes a la Constitución o a cualquier otra norma de la ley federal, el Tribunal Constitucional Federal puede al mismo tiempo declararlas nulas".

En Italia, en cambio, en todos los casos de control jurisdiccional de la constitucionalidad de las leyes, la Corte Constitucional debe decidir, "dentro de los límites" de la acción o del planteamiento judicial de la cuestión constitucional (art. 27 de la Ley 87), cuáles son las normas consideradas "ilegítimas", es decir

---

[80].   *Véase* en Allan R. Brewer–Carías, *El control concentrado....*, *cit.*, p. 58.

[81].   *Idem*, pp. 85 y ss.

inconstitucionales. En consecuencia, de conformidad con los términos de la Ley Nº 87, se ha considerado que la Corte Constitucional no tiene poderes de oficio para analizar cuestiones constitucionales distintas de aquellas que le son sometidas mediante el método incidental o mediante la acción o recurso en el método directo o principal de control de la constitucionalidad. Al respecto, la Corte sólo tiene el poder para declarar "cuáles son las otras disposiciones legislativas cuya ilegitimidad es producto de la decisión adoptada" (art. 27), pero no puede declarar la inconstitucionalidad de disposiciones legislativas diferentes de aquellas indicadas en la remisión efectuada por el juez ordinario o en la acción directa.

En España, como hemos dicho, el Tribunal Constitucional como juez constitucional e intérprete supremo de la Constitución, si bien no puede plantear de oficio una cuestión de inconstitucionalidad, una vez que se haya sometido una cuestión al Tribunal, éste tiene poderes de oficio para plantear otras cuestiones de inconstitucionalidad con respecto a la norma cuestionada, es decir, que puede "basar la declaración de inconstitucionalidad en la violación de cualquier disposición constitucional, haya sido o no invocada en el juicio" (art. 39,2 de la Ley Orgánica del Tribunal). Igualmente, el Tribunal puede ampliar la declaración de inconstitucionalidad a otras disposiciones de la ley a pesar de que se haya producido un cuestionamiento parcial, en casos afines o como consecuencia de la declaración relativa a las disposiciones cuestionadas.

VIII. LOS EFECTOS DE LAS DECISIONES EN MATERIA DE CONTROL CONCENTRADO DE LA CONSTITUCIONALIDAD

El último aspecto de la racionalidad del sistema concentrado de control de la constitucionalidad se refiere a los efectos de las decisiones dictadas por la Corte Suprema o por la Corte Constitucional relativas a la inconstitucionalidad de la ley, sea que la cuestión constitucional haya sido planteada mediante una acción o de manera incidental, por remisión de un tribunal inferior. Este aspecto de los efectos de la decisión judicial responde a dos preguntas: primero, ¿a quién afecta la decisión?, y segundo, ¿cuándo comienzan los efectos de la decisión?

1. *Los efectos erga omnes de la decisión anulatoria*

A. *La situación general en Panamá y en el derecho comparado*

En lo que a la primera pregunta se refiere, la racionalidad del sistema concentrado de control de la constitucionalidad implica que la decisión dictada por la Corte Suprema o por la Corte Constitucional, actuando como juez constitucional, tiene efectos generales *erga omnes*. Este es el valor de las sentencias de la Corte Suprema de Justicia de Panamá cuando actúa como juez constitucional.

Esto sucede cuando el control de la constitucionalidad se ejerce mediante una acción directa interpuesta por ante la Corte Constitucional o la Corte Suprema, sin conexión con algún caso concreto contencioso. En estos casos, cuando se interpone una acción directa por ante un juez constitucional, la relación procesal no se establece entre un demandante y un demandado, sino más bien, fundamentalmente, entre un recurrente y una ley o acto estatal cuya constitucionalidad está cuestionada. En este caso, el objeto de la decisión acerca de la constitucionalidad de la ley es su anulación, y los efectos de la decisión son necesariamente *erga*

DERECHO PROCESAL CONSTITUCIONAL. INSTRUMENTOS PARA LA JUSTICIA CONSTITUCIONAL

omnes. Nunca deberían ser *inter partes*, particularmente debido a la ausencia de las partes propiamente dichas, en el procedimiento. Sin embargo, como se ha señalado, en Uruguay y Paraguay, de manera excepcional, las decisiones de la Corte Suprema en materia de control de constitucionalidad siempre tienen efectos *inter partes*.

Por otra parte, en el sistema concentrado de control de la constitucionalidad, iniciado por el método incidental, cuando se plantea una cuestión constitucional referente a una ley en un procedimiento concreto y el tribunal inferior la remite a la Corte Suprema o a la Corte Constitucional para que sea objeto de una decisión, dicha decisión también debe adoptarse en base a los aspectos de derecho y no con respecto a los hechos, por lo que también tiene efectos *erga omnes*, es decir, no limitados al juicio concreto en el que se planteó la cuestión constitucional ni a las partes del mismo.

En efecto, en ambos casos del sistema concentrado de control de la constitucionalidad, a través del método principal o del incidental, la Corte Suprema o la Corte Constitucional respectiva, de manera abstracta, debe decidir la cuestión de la constitucionalidad de la ley, sin ninguna referencia a los hechos ni al juicio concreto en el que se planteó la cuestión constitucional. Por consiguiente, en el sistema concentrado, el juez constitucional no decide una cuestión constitucional con miras a resolver un caso concreto entre partes; el juez constitucional, como se señaló, no toma decisiones con respecto a un caso concreto, sino únicamente con respecto a una cuestión de constitucionalidad de una ley. La lógica del sistema consiste pues, en que la decisión debe aplicarse en general a todos y a cualquier órgano del Estado por sus efectos *erga omnes*.

En consecuencia, cuando una ley sea considerada inconstitucional por la Corte Constitucional o por la Corte Suprema actuando como juez constitucional, ello significa que dicha ley queda anulada y no pueda ejecutarse ni aplicarse a la resolución del caso concreto, pero tampoco a ninguna otra cosa.

B. ***La situación en otros países donde está admitida la acción popular***

En todo caso, y por lo que respecta a los países que cuentan con acción popular, como es el caso de Colombia, Venezuela, El Salvador y Nicaragua, la situación es similar[82].

En efecto, como en casi todos los casos de control concentrado de la constitucionalidad de las leyes, cuando la Corte Constitucional **colombiana** declara la inconstitucionalidad de un acto legislativo, esta decisión tiene efectos *erga omnes*. Además, tiene un valor de *res judicata* constitucional, y su contenido es obligatorio para todos, de forma tal que con posterioridad no puede presentarse otra acción de inconstitucionalidad contra el mismo acto[83]. En particular, este valor de *res judicata* de las decisiones de la Corte Constitucional rige tanto en los casos en los cuales la Corte rechaza la acción de inconstitucionalidad, como en los casos en los cuales declara la inconstitucionalidad del acto impugnado.

---

[82]. *Véase* en Allan R. Brewer–Carías, *El control concentrado...., cit.*, pp. 96 y 59 y ss.

[83] Como lo establecía la reforma constitucional sancionada por el acto legislativo N° 1, luego anulado. *Véase* L.C. Sáchica, *El Control..., op. cit.*, pp. 148–149.

Por tanto, y aun cuando en Colombia todos los Tribunales pueden ejercer el control de la constitucionalidad de leyes mediante el sistema difuso, sin embargo no pueden declarar la inaplicabilidad de la ley por el motivo de inconstitucionalidad que la Corte Constitucional hubiese rechazado.

En el caso de Venezuela, la decisión del Tribunal Supremo de Justicia al declarar la nulidad de una ley por inconstitucionalidad como consecuencia, de una acción popular, también tiene un valor general, es decir, *erga omnes*, o como lo indica el artículo 32 de la ley Orgánica del Tribunal Supremo de 2010 son "de aplicación general." Ello, por otra parte, ha sido confirmado por la jurisprudencia de la misma Corte desde hace más de medio siglo. En efecto, en una sentencia fechada el 17 de noviembre de 1938, la antigua Corte Federal y de Casación expresó:

> "La Corte Federal y de Casación está en el grado más alto de la jerarquía judicial; la cosa juzgada por ella establecida, aun suponiéndola errada en doctrina, es siempre la última palabra del Poder Judicial, contra la cual no pueden nada en derecho, ni ella misma ni los otros dos Poderes. Siendo una institución federal, con atribuciones exclusivas para anular *erga omnes* las leyes y los actos del Poder Público que violen la Constitución, esto la constituye en soberano intérprete del texto constitucional y de las Leyes ordinarias, y en único juez de los actos de los Poderes Públicos y de los altos funcionarios del Estado. Cualquier funcionario, por elevado que sea, o cualquiera de los otros Poderes Públicos que pretenda hacer prevalecer su propia interpretación de la ley, sobre la interpretación y aplicación que de la misma haya hecho esta Corte al decidir o resolver algo sobre el mismo asunto, usurpa atribuciones y viola la Constitución y las leyes de la República".[84]

La antigua Corte Federal y de Casación se pronunció en el mismo sentido, mediante una sentencia del 21 de marzo de 1939, cuando calificó sus decisiones como "disposiciones complementarias de la Constitución y de las leyes de la República, y surten sus efectos *erga omnes*"[85]. Así mismo, por sentencia del 16 de diciembre de 1940, cuando señaló que sus decisiones "entran a formar una legislación especial emergente del Poder Constituyente secundario que en tales materias ejerce este Alto Tribunal"[86]. La antigua Corte Federal fue coherente con ese criterio y, por sentencia del 19 de junio de 1953, señaló que sus decisiones "cobran fuerza de ley"[87] porque tienen efectos *erga omnes*.

---

[84]   *Véase* sentencia de la Corte Federal y de Casación en Sala Político–Administrativa del 17/11/38, *Memoria*, 1939, pp. 330 a 334.

[85]   *Véase* sentencia de la Corte Federal y de Casación en Sala Político–Administrativa del 21/03/39, *Memoria*, 1940, p. 176.

[86]   *Véase* sentencia de la Corte Federal y de Casación en Sala Político–Administrativa del 16/12/40, *Memoria*, 1941, p. 311.

[87]   *Véase* sentencia de la Corte Federal del 19/3/53, *Gaceta Forense* N° 1, 1953, pp. 77–78. Por otra parte, en la sentencia de la Corte Suprema de Justicia en Sala Político–Administrativa del 19/11/68, *Gaceta Forense* N° 62, 1968, pp. 106 a 113, se sostuvo que "los efectos de las decisiones dictadas por Corte Suprema en el ejercicio de sus

La antigua Corte Suprema de Justicia, en época más reciente, a través de la Sala de Casación Civil, Mercantil y del Trabajo, precisó su posición en la materia, por sentencia del 12 de diciembre de 1963, de la manera siguiente:

"El control absoluto de constitucionalidad lo ejerce la Corte Suprema de Justicia, en Pleno, cuando declara la nulidad total o parcial de una ley nacional por inconstitucional. Tal decisión deja sin efecto la Ley o la parte de ella que sea anulada, y tiene fuerza de cosa juzgada *erga omnes*. Esta nulidad es pronunciada en virtud de la llamada *acción popular*.

Una atribución similar, pero sólo en cuanto a leyes estadales y a ordenanzas municipales es ejercida por la Sala Político Administrativa de este Supremo Tribunal, también por acción popular y su declaratoria produce igualmente cosa juzgada *erga omnes*.

Quiere esto decir que la declaratoria de constitucionalidad o inconstitucionalidad de una Ley, por acción principal (popular) es definitiva y surte efectos contra todos, pues tal presunta Ley deja de serla desde el momento de ser declarada inconstitucional. Lo mismo ocurre en los casos de Leyes estadales y ordenanzas municipales, cuya inconstitucionalidad sea pronunciada".[88]

En definitiva, según la doctrina establecida por la Corte, la sentencia declaratoria de inconstitucionalidad de una ley, que por consiguiente anula esta última, tiene efectos *erga omnes*, con carácter de cosa juzgada.

En El Salvador, como lo dice el artículo 183 de la Constitución, la sentencia anulatoria de la Sala de lo Constitucional de la Corte Suprema se pronuncia "de modo general y obligatorio", es decir, con efectos *erga omnes*.

C. *La situación en los países europeos*

En los países europeos dotados de Cortes o Tribunales Constitucionales, los efectos de las decisiones de los mismos, son siempre *erga omnes*[89].

Es la situación en Alemania con las decisiones del Tribunal Constitucional, las cuales siempre tienen fuerza obligatoria para con todos los órganos constitucionales de la Federación y de los *Länder*, así como para con todas las autoridades y los tribunales, y, naturalmente, para todos los particulares. Por tanto, las decisiones del Tribunal Constitucional tienen efectos *erga omnes* (art. 31,1 de la Ley del Tribunal Constitucional Federal). Particularmente en los casos de control abstracto o concreto de las normas ejercido mediante petición o recurso por un órgano del Estado o remisión por un Tribunal inferior, en los casos en los que el Tribunal Constitucional declara la nulidad de una ley, la decisión reviste la misma fuerza que una ley (art. 31,2), en el sentido de que tiene un carácter obligatorio, *erga omnes*, inclusive para el propio Tribunal Constitucional.

---

atribuciones, sólo son válidos mientras subsiste la aplicación del precepto constitucional en el que se basan".

[88]   *Véase* la sentencia de la Corte Suprema de Justicia en SCCMT del 12/12/63, *Gaceta Forense* N° 42, 1963, pp. 667 a 672.

[89].   *Véase* Allan R. Brewer Carías, *El control concentrado..., cit.* pp. 86 y 185 y ss.

Una situación similar se observa en Austria, donde la decisión del Tribunal Constitucional en materia de control jurisdiccional de la constitucionalidad de las leyes, de los decretos y otros actos del Estado, cuando anula una ley, tiene efectos *erga omnes*, es decir que es obligatoria para todos los tribunales, todas las autoridades administrativas (art. 139, 6; 140, 7) y los particulares.

En Italia, la decisión de la Corte Constitucional de declarar la inconstitucionalidad de una ley también tiene efectos *erga omnes* y, como consecuencia, conforme al artículo 137 de la Constitución, el acto "no puede aplicarse a partir del día siguiente a la publicación de la decisión".

En España, en lo que se refiere a las decisiones de anulación de una ley o de otras normas con fuerza de ley por cualquier medio de control jurisdiccional, sea cuando el Tribunal Constitucional decide un recurso de inconstitucionalidad, o cuando decide acerca de una cuestión de inconstitucionalidad planteada de manera incidental, el artículo 164,1 de la Constitución establece los efectos *erga omnes* de las decisiones, ya que tienen "plenos efectos frente a todos". Además, en los casos de aplicación del método incidental de control jurisdiccional, el Tribunal Constitucional debe inmediatamente informar el tribunal respectivo encargado del juicio, el cual debe a su vez notificar las partes. En este caso, la Ley Orgánica del Tribunal prevé que el juez o el tribunal deberá cumplir la decisión a partir del momento en que se entere, y las partes a partir del momento en que sean notificadas (art. 38,3 de la Ley Orgánica del Tribunal Constitucional).

2. *Los efectos constitutivos de la decisión anulatoria del juez constitucional*

A. *La situación general del sistema, aplicada en Panamá*

Los efectos *erga omnes* de la decisión jurisdiccional en el sistema concentrado de control de la constitucionalidad de las leyes antes señalados, están estrechamente vinculados a la cuestión de los efectos temporales de la decisión, en particular, como consecuencia del principio anulabilidad de algunos actos del Estado como garantía de la Constitución.

En efecto, tal como se ha señalado anteriormente, el más importante aspecto de la racionalidad del sistema concentrado de control de la constitucionalidad, es que la supremacía de la Constitución con respecto a todos los demás actos del Estado, lleva a considerar que una ley contraria a la Constitución debe ser nula. También se señaló que, aun cuando la garantía de la Constitución en los sistemas de control de la constitucionalidad sea, en principio, la nulidad de los actos inconstitucionales del Estado, la Constitución ha restringido su propia garantía, en lo que respecta a algunos actos del Estado, como las leyes, reservando el examen y la declaración de su nulidad a un solo órgano constitucional: la Corte Suprema o una Corte, un Consejo o un Tribunal Constitucional especialmente creado, al cual se ha conferido el poder exclusivo de declarar la nulidad de dichos actos. En Panamá, como se ha dicho, el poder de la Corte Suprema de Justicia para controlar la constitucionalidad se refiere no sólo a las leyes, sino a todos los actos estatales.

En consecuencia, cuando un juez constitucional decide la anulación por inconstitucionalidad de una ley, la decisión jurisdiccional tiene efectos constitutivos: declara la nulidad de la ley debido a su inconstitucionalidad, habiendo ésta producido efectos hasta el momento en que se estableció su nulidad. De esta manera, la Corte considera, en principio, que la ley cuya nulidad ha sido declarada y establecida, ha sido válida hasta ese momento. Así sucede también en Panamá, al establecer el Código Judicial en su artículo 2573, que:

"Las decisiones de la Corte proferidas en materia de inconstitucionalidad son finales, definitivas, obligatorias y no tienen efecto retroactivo."

Es la razón por la cual se afirma que, siendo la decisión de la Corte Suprema de carácter constitutivo, tiene efectos prospectivos, *ex nunc* o *pro futuro*, es decir, que no se remontan al momento de la promulgación de la ley considerada inconstitucional, de manera que las relaciones jurídicas consolidadas o cumplidas no pueden ser modificadas por la sentencia de inconstitucionalidad.[90] Por lo tanto, los efectos producidos hasta el momento de la anulación de la ley se consideran válidos. En consecuencia, la ley declarada inconstitucional por un juez constitucional en el sistema concentrado de control de la constitucionalidad, debe considerarse como un acto válido que ha producido efectos completos hasta su anulación por la Corte.

Este aspecto de la lógica del sistema concentrado de control de la constitucionalidad, sin embargo, está matizado en algunos sistemas constitucionales, cuando establece una distinción entre los vicios de inconstitucionalidad que pueden afectar las leyes, con nulidad absoluta o nulidad relativa. En el caso de los vicios constitucionales que pueden acarrear la nulidad absoluta de una ley, la anulación de la ley decidida por un juez constitucional produce evidentemente efectos *ex tunc*, puesto que una ley considerada nula de manera absoluta no puede producir ningún efecto. En consecuencia, en estos casos, la anulación de la ley tiene efectos *pro praeterito* o efectos retroactivos, ya que es considerada nula *ab initio*. En cambio, si el vicio constitucional de la ley que llevó a su anulación por el juez constitucional no es tan grave como para producir su nulidad absoluta, sino una nulidad relativa, entonces los efectos de la anulación de la ley son únicamente *ex nunc*, *pro futuro*.

Ahora bien, en el caso de Panamá, como se dijo, conforme al artículo 2573 del Código Judicial, si bien las sentencias de la Corte Suprema de Justicia adoptadas al decidirse una acción popular, en principio, tienen efectos constitutivos, *ex nunc,* cuando anulan el acto estatal, ello es claro cuando se trata de leyes, reglamentos y demás actos normativos. Sin embargo, al referirse también el control constitucional a actos individuales, podría haber casos en los cuales la justicia exigiría atribuir efectos *ex tunc* a la sentencia de la Corte, por ejemplo, cuando se trata de asuntos criminales. En tal sentido debe destacarse la doctrina de la Corte Suprema establecida en fallo de 8 de agosto de 1990, en el cual se estableció lo siguiente:

"La Corte ha sostenido en innumerables fallos que la declaratoria de inconstitucionalidad no tienen efectos retroactivos. Esta posición ha sido

---

[90] *Véase*, Francisco Rodríguez Robles, El proceso de inconstitucionalidad en el ordenamiento jurídico panameño, Universidad de panamá, Panamá 1991, p. 113; Rigoberto González Montenegro, "La Justicia constitucional en Panamá," p. 287, consultado en http://www.cepc.es/rap/Publicaciones/Revistas/8/AIB_001_275.pdf

siempre sostenida cuando la que se declara inconstitucional es una norma legal. Igualmente, el artículo 2564 del Código Judicial establece que las decisiones de la Corte en materia de inconstitucionalidad no tienen efectos retroactivos. Tratándose de normas legales, no queda entonces la menor duda de que las decisiones de la Corte en materia constitucional no producen efectos retroactivos. Sin embargo, la Constitución Nacional, en su artículo 204, permite que se pueda demandar la inconstitucionalidad de actos jurisdiccionales. (Salvo los fallos de la Corte Suprema o de sus Salas) que normalmente se agotan con la ejecución de los mismos y no continúan rigiendo, como es el caso de las normas legales que mantienen su vigencia hasta que sean derogadas por los diferentes medios que la Constitución consagra.

Si se permite que un acto jurisdiccional pueda ser demandado como inconstitucional, es obvio que puede ser declarado inconstitucional. Sostener que la decisión de la Corte en estos casos no produce efecto retroactivo y que sólo produce efectos hacia el futuro, traería como consecuencia que la declaratoria de inconstitucionalidad sea totalmente intrascendente, inocua. Lo que realmente ocurre es que el fallo de inconstitucionalidad de una norma legal produce una derogatoria por mandato constitucional, ya que la Constitución establece en su artículo 311 que quedan derogadas todas las leyes y demás normas jurídicas que sean contrarias a esta Constitución, y, como la Corte tiene por atribución constitucional decidir sobre la inconstitucionalidad de las leyes, cuando declara que una norma legal es inconstitucional la deroga constitucionalmente, en virtud de lo que establece el artículo 311 de la Constitución Nacional.

Si las normas legales se derogan por inconstitucionales, los actos jurisdiccionales deben declararse nulos, por inconstitucionales. Se produce entonces una nulidad constitucional, como consecuencia de la violación de normas constitucionales por un acto jurisdiccional"[91]

Por tanto, en Panamá, en los casos de declaratoria de nulidad por inconstitucionalidad de sentencias, los efectos de la decisión de la Corte Suprema son de carácter declarativo, *ex tunc* y por tanto, retroactivo.

En todo caso, en algunos países, como Costa Rica, expresamente se prevé el efecto contrario, en el sentido de que los efectos de la declaración de inconstitucionalidad y anulación de la ley por parte de la Sala Constitucional de la Corte Suprema, son *ex tunc*, y por tanto, declarativos y retroactivos, salvo en lo referente a los derechos adquiridos de buena fe (art. 91 de la Ley de la Jurisdicción Constitucional), o respecto de situaciones consolidadas por prescripción, caducidad o en virtud de una sentencia judicial (art. 92 de la Ley).

B. *La situación en Colombia y Venezuela*

En Colombia, el debate tradicional de los efectos *ex tunc* o *ex nunc* de las decisiones dictadas por la Corte al ejercer el control de la constitucionalidad, también se ha dado, aún cuando la mayoría de los autores tienden a atribuir a las

---

[91]. Fallo de 8–8–90.

mismas sólo los efectos *ex nunc*, *pro futuro*[92], lo cual ahora regula expresamente el Decreto 2067 de 1991.

Por tanto, en razón de la presunción de constitucionalidad, las leyes se tienen como efectivas hasta que la Corte pronuncie su nulidad. En consecuencia, las situaciones jurídicas creadas por la ley antes de su anulación sólo podrían ser sometidas a revisión por los procedimientos judiciales ordinarios.

En Venezuela, la Ley Orgánica del Tribunal Supremo de Justicia de 2010, siguiendo la orientación iniciada en la Ley Orgánica la Corte Suprema de 1976, no resolvió expresamente el problema planteado, sino que básicamente se limitó a asignar a la Sala Constitucional la "potestad" de determinar los efectos de su decisión "en el tiempo" en una norma algo confusa (art. 126) que parece sugerir que la sentencia, al ser de interés general, comienza lógicamente a surtir efectos a partir de su publicación en la gaceta Judicial. Sin embargo, para precisar los efectos de las sentencias que anulan una Ley por inconstitucionalidad, debe recordarse que en Venezuela existe un sistema mixto de control de la constitucionalidad, lo que implica el funcionamiento de dos sistemas de justicia constitucional en paralelo: por un lado, el sistema difuso, ejercido por todos los jueces, y por otro, el sistema concentrado, ejercido por la Corte Suprema. Por consiguiente, no deben confundirse los efectos de las decisiones en materia de control de la constitucionalidad en uno y otro sistema.

En efecto, en relación a los casos de control difuso de la constitucionalidad, está claro que la decisión judicial de no aplicar una ley inconstitucional, incluso si tiene sólo y exclusivamente efectos *inter partes*, equivale a una decisión simplemente declarativa, con efectos retroactivos, *pro praeterito* o *ex tunc*. Al ejercer este control difuso, el juez no anula la ley, sino que declara o constata únicamente una inconstitucionalidad preexistente; de forma que ignora la existencia de la ley (es decir, que la considera inexistente) y no la aplica en el caso concreto que corresponde el conocimiento del juez.

Ahora bien, los efectos del control difuso de la constitucionalidad de las leyes son completamente diferentes de los efectos producidos por el ejercicio del control concentrado de la constitucionalidad, cuando el Tribunal Supremo declara la nulidad de una ley por inconstitucionalidad. En esos casos, cuando la el Tribunal Supremo, en el ejercicio de sus atribuciones previstas en el artículo 336 de la Constitución, "declara la nulidad" de la ley, es decir anula la ley, ésta, en principio, es válida y efectiva hasta que se publique la sentencia de la Corte, habiendo producido todos sus efectos a pesar de su inconstitucionalidad, en virtud de la presunción de la constitucionalidad de las leyes.[93]

Como el control de la constitucionalidad de las leyes atribuido al Tribunal Supremo en los artículos 334 y 336 de la Constitución es un control concentrado, ejercido mediante acción popular, resulta claro que la sentencia que anula la ley tiene efectos constitutivos, por lo que los efectos de la anulación de la ley por inconstitucionalidad, al no existir una norma expresa constitucional o legal que

---

[92]   *Cf.* L.C. Sáchica, *El Control...*, *op. cit.*, p. 68; E. Sarría, *Guarda de la Constitución*, Bogotá, p. 83.

[93]   J.G. Andueza, *op. cit.*, p. 90.

disponga la solución, sólo pueden producirse *erga omnes* pero hacia el futuro, es decir que las sentencias son, en principio, constitutivas, *pro futuro* y con efectos *ex nunc*, que no pueden referirse al pasado (no pueden ser retroactivas). Se puede afirmar que ese es el criterio que sigue no sólo la doctrina venezolana[94], sino también la jurisprudencia constitucional, aún cuando la misma no ha sido siempre constante.[95]

En todo caso, a partir de 1976, que ha regulado transitoriamente la jurisdicción constitucional, actualmente la ley Orgánica del Tribunal Supremo de Justicia de 2010, atribuye a la Sala Constitucional el poder de determinar los efectos de su decisión "en el tiempo". En consiguiente, la Sala puede corregir los efectos desfavorables que podría engendrar el efecto *ex nunc* de sus decisiones, particularmente en el campo de los derechos y garantía constitucionales, y puede atribuir a sus sentencias efectos retroactivos, *pro praeterito, ex tunc*.

C. *La situación en los países europeos*

Puede afirmarse que el conjunto de los sistemas de control jurisdiccional concentrado de la constitucionalidad de las leyes en Europa, ejercido por Cortes Constitucionales, confieren efectos generales a las decisiones de las Cortes Constitucionales que declaran la nulidad de una ley por su inconstitucionalidad, así como la eficacia *ex nunc* de éstas, es decir, únicamente hacia el futuro. Asimismo, se puede afirmar que ningún sistema concentrado de control jurisdiccional de la constitucionalidad de las leyes atribuye en Europa, a la decisión de la Corte Constitucional, *efectos generales hacia el pasado*, es decir, *ex tunc, pro praeterito*. Dichas decisiones no son puramente declarativas sino que son solamente constitutivas y no acarrean efectos retroactivos.

Cuando se atribuyen efectos hacia el pasado, como en el sistema alemán e italiano, éstos se limitan fundamentalmente al ámbito penal. Por otra parte, ello es lógico; pues sería monstruoso, debido a las repercusiones respecto a la seguridad pública, pretender que las decisiones de anulación de una ley por ser inconstitucional, tengan efectos puramente declarativos y que, por esta razón, los actos

---

[94]   En su libro *La jurisdicción constitucional en el Derecho Venezolano* (*op. cit.,*). José Guillermo Andueza demostró clara y abundantemente que la sentencia de nulidad por inconstitucionalidad tiene un carácter constitutivo. En efecto, señaló que "la presunción de constitucionalidad de que gozan los actos de los Poderes Públicos hace que produzcan todos sus efectos jurídicos hasta tanto la Corte no pronuncie su nulidad. En consecuencia, la sentencia de la Corte deberá necesariamente respetar los efectos que el acto estatal produjo durante su vigencia" (p. 93), pues ésta "realiza una modificación en los efectos del acto estatal. Es decir, la sentencia hace ineficaz un acto que antes era válido" (p.94). Según Andueza, y según la doctrina más ortodoxa, "lo que caracteriza a las sentencias constitutivas, es la ausencia de efectos retroactivos. Ellas estatuyen siempre pro futuro, ex nunc; es decir, que la sentencia produce sus efectos desde el día de su publicación" (p. 94). Por lo tanto, no compartimos el punto de vista de Humberto J. La Roche, *El Control Jurisdiccional en Venezuela y Estados Unidos*, Maracaibo, 1972, p. 153.

[95]   *Véase* en general al respecto Allan R. Brewer–Carías, *Estado de Derecho y Control Judicial, op. cit.*, pp. 185 y sig.

realizados previamente a la declaración de nulidad de la ley, deban ser considerados como no habiendo sido dictados ni cumplidos.

Asimismo, sería injusto que, en asuntos penales, las decisiones adoptadas de conformidad con una ley posteriormente declarada inconstitucional, y por lo tanto, nula, no sean consideradas también como nulas. Esta es la razón por la cual existe la excepción respecto a los asuntos penales establecida en la legislación italiana, en relación los efectos de las decisiones de anulación de una ley por inconstitucional, que en principio sólo se refieren al futuro.

Igualmente, esta misma situación conflictiva que se puede presentar entre la seguridad pública y las decisiones en materia penal ha llevado a la jurisprudencia de la Corte Suprema de los Estados Unidos a formular excepciones al principio contrario. En efecto, en los Estados Unidos, el control judicial de la constitucionalidad tiene un carácter difuso; de allí el carácter retroactivo de los efectos de las decisiones declaratorias de inconstitucionalidad que son puramente declarativas. Estas decisiones, en principio, tienen un ámbito de aplicación *inter partes*, pero sin embargo, en virtud de la técnica del precedente y de la regla *stare decisis*, dichas decisiones revisten un carácter general obligatorio. En todo caso, a pesar de ello, la jurisprudencia ha reducido el carácter retroactivo a las cuestiones penales, respetando en cambio los efectos producidos en materia civil y administrativa por una ley declarada inconstitucional[96].

Ahora bien, en cuanto a las decisiones del Tribunal Constitucional en Austria, estas tienen efectos *constitutivos* en la medida en que anulan la ley o el decreto, *pro futuro, ex nunc*. Sin embargo, el Tribunal Constitucional tiene plenos poderes para anular leyes o decretos ya abrogados, es decir sin validez formal (arts. 139,4 y 140,4), lo que, en principio, implica los efectos retroactivos del control jurisdiccional, o sea una excepción a los efectos *ex nunc*.

De acuerdo con la regla general de los efectos *ex nunc*, propuesta por Hans Kelsen como una cuestión de principio[97], las situaciones de hecho o aquellas verificadas antes de la anulación de la ley o el decreto, siguen estando sujetas a ésta o éste, salvo en el caso considerado en la decisión, a menos que el Tribunal decida de otra manera (arts. 139,6 y 140,7). Por consiguiente, las consecuencias negativas eventuales de la regla *ex nunc* pueden ser compensadas por la decisión del Tribunal.

---

[96]. *Véase* Allan R. Brewer–Carías, *Judicial Review...*, *cit.*, pp. 201, 223, 233; y *El control concentrado...cit.*, pp. 180 y ss.

[97] H. Kelsen, *loc. cit.*, p. 242. Por ejemplo, en lo que se refiere al sistema austríaco, L. Adamouch declaraba en 1954: "No se puede atribuir un simple valor declarativo a la decisión del Tribunal Constitucional que declara la inconstitucionalidad de una ley; no establece que una ley ha sido nula desde su origen y cuyos efectos deben ser nulos *ex tunc*, es decir, como si se tratara de un acto sin ningún valor jurídico desde su origen. Al contrario, la decisión del Tribunal Constitucional sólo anula el acto inconstitucional, es decir que destruye *ex nunc* su existencia jurídica, exactamente como si hubiese sido abolido por un acto legislativo posterior y como si la existencia jurídica de este acto hubiese terminado", en "Esperienza della Corte Constituzionale della Republica Austriaca", *Revista Italiana per la scienze giuridiche*, Milán, 1954.

Sin embargo, por lo general, los efectos de la decisión del Tribunal sólo comienzan el día de la publicación de la revocación del acto anulado por parte de la autoridad ejecutiva implicada, a menos que el Tribunal determine un plazo para la expiración de los efectos del acto anulado (arts. 139,5 y 140,5) no superior a un año. En este caso y sobre una base puramente discrecional, el inicio de los efectos *ex nunc,* derivados de la anulación de la ley puede ser pospuesto por el Tribunal.

En el caso de Italia, las decisiones de la Corte Constitucional también tienen carácter constitutivo ya que anulan la ley inconstitucional, y sus efectos son *ex nunc, pro futuro.* Sin embargo, esta regla ha sido objeto de numerosas discusiones habiendo interpretado la Corte Constitucional la norma constitucional del artículo 136, la cual establece que el acto inconstitucional anulado ya no puede aplicarse a partir del día siguiente a la publicación de la decisión de la Corte, de la manera siguiente:

"... la decisión relativa a la inconstitucionalidad, si bien es cierto que excluye todos los efectos irrevocablemente producidos por la norma declarada inconstitucional, produce en cambio efectos sobre las situaciones jurídicas que aún no han concluido y que pueden ser regidas de una manera distinta como consecuencia de la decisión. La declaración de inconstitucionalidad de una ley acarrea su inaplicabilidad a todas las relaciones jurídicamente cuestionadas ya que éstas aún no han sido objeto de una decisión con fuerza *res judicata.* La consecuencia es que, en cualquier fase del juicio, el juez debe tomar en consideración, incluso de oficio, dicha decisión de ilegitimidad constitucional cuando decide la relación jurídica concreta de un caso, de la misma manera y en la misma medida que si se tratase de *ius superveniens".* [98]

En realidad, este criterio de la Corte Constitucional confirma el carácter constitutivo de los efectos de las decisiones que declaran la inconstitucionalidad de las leyes, cuyas excepciones establece la Ley N° 87 de 1953, en la cual los efectos retroactivos de la decisión sólo son aplicables en los casos penales, cuando se ha pronunciado una condena judicial sobre la base de una ley considerada luego como inconstitucional. En este caso, conforme al artículo 30 de la Ley N° 87, su ejecución y sus efectos penales deben cesar. Otra excepción indirecta de los efectos *ex nunc* de la decisión deriva de la posibilidad de anulación de leyes ya revocadas.

En el caso español de conformidad con el artículo 164,1 de la Constitución, la "declaración de inconstitucionalidad" o "declaración de nulidad" de una ley significa la anulación de ésta, siendo la garantía de la Constitución la anulabilidad de los actos del Estado inconstitucionales más que su nulidad. Por lo tanto, la ley declarada inconstitucional es anulada y la declaración tiene efectos *ex nunc, pro futuro.* Por este motivo el artículo 161,1 de la Constitución establece expresamente que las decisiones ya adoptadas en los procedimientos judiciales

---

[98]   Decisión N° 3491, 1957. Citado en F. Rubio Llorente, *La Corte Constitucional Italiana,* Caracas 1966, p. 30.

no pierden su valor *res judicata* y el artículo 40,1 de la Ley Orgánica del Tribunal Constitucional prevé lo siguiente:

> "Las sentencias declaratorias de la inconstitucionalidad de Leyes, disposiciones o actos con fuerza de ley, no permitirán revisar procesos fenecidos mediante sentencia con fuerza de cosa juzgada en los que se haya hecho aplicación de las leyes, disposiciones o actos inconstitucionales...".

Como sucede en la mayoría de los sistemas concentrados de control jurisdiccional de la constitucionalidad en Europa, la excepción a los efectos *ex nunc* se establece en los casos penales, permitiendo efectos retroactivos limitados, lo que se ha ampliado a las decisiones de los tribunales contenciosos administrativos en el caso de sanciones administrativas. Al respecto, el artículo 40,1 de la Ley Orgánica del Tribunal Constitucional prevé la posibilidad de revisar los juicios, en los casos siguientes:

> "procesos penales o contencioso administrativos referentes a un procedimiento sancionador en que, como consecuencia de la nulidad de la norma aplicada, resulte una reducción de la pena o de la sanción, o una exclusión, exención o limitación de la responsabilidad".

Por último, en contraste con la situación en Austria, Italia y España y contrariamente a lo que afirmaba Hans Kelsen con respecto a los efectos de la decisión del juez constitucional en un sistema concentrado de control de la constitucionalidad, cuando éste resuelve la nulidad de una ley[99]; según la tradición constitucional alemana[100], en el caso de ejercicio de los controles abstracto y concreto de las normas y tratándose de una decisión acerca de un recurso constitucional contra una ley, cuando en la decisión se declara nula una ley, se entiende que dicha ley es declarada nula e inexistente *ab initio*, es decir que la decisión del Tribunal tiene efectos retroactivos, *ex tunc*. Esta doctrina tradicional sin embargo, fue mitigada por el Legislador, en la Ley federal que instituyó el Tribunal Constitucional, al limitar expresamente el alcance de la decisión estableciendo que cuando se declara una ley nula por inconstitucionalidad, sólo se pueden revisar las causas criminales en los casos en que la decisión judicial definitiva esté basada en dicha ley declarada nula (art 79,1 de la Ley del Tribunal Constitucional Federal). Todas las demás sentencias definitivas y no revisables, así como los actos administrativos basados en la ley declarada nula, deben quedar intactos; sin embargo su ejecución, en caso de que no se hubiese efectuado previamente, debe ser considerada ilegal (art. 79,2 de la Ley del Tribunal).

CONCLUSIÓN

Como resulta de todo lo anteriormente expuesto, podemos concluir, como lo señalamos al inicio, que el sistema panameño de control de la constitucionalidad, si bien es un sistema de control concentrado de la constitucionalidad que sigue

---

[99]   H. Kelsen, *loc. cit*, p. 243.

[100]   *Cf.* J.C. Béguin, *Le contrôle de la constitutionnalité des lois en République Fédéral d'Alemagne,* París 1982, pp. 209–228.

las pautas generales de esa técnica de justicia constitucional, presenta características particulares que lo hacen único desde el punto de vista del derecho comparado.

En efecto, los sistemas de control de la constitucionalidad que muestra el derecho comparado se pueden clasificar de la manera siguiente:

1. Según el órgano a quien compete su ejercicio, se clasifican en difusos o concentrados. En el primer caso, corresponde a todos los jueces; en el segundo caso, sólo corresponde a la Corte Suprema de Justicia o a un Tribunal Constitucional.

2. Según el objeto del control, se clasifican en restringidos o amplios. El control difuso generalmente es restringido en el sentido de que se ejerce sólo sobre las leyes, reglamentos y actos normativos aplicables para la decisión de un caso. El control concentrado, generalmente también es de carácter restringido, en el sentido de que se ejerce sólo sobre las leyes y otros actos de rango legal por ser de ejecución directa de la Constitución. Un sistema amplio de control de constitucionalidad se refiere a todos los actos estatales.

3. Según el momento en el cual se ejerce el control concentrado, se clasifican en previos o posteriores, según que el control lo ejerza la Corte o el Tribunal Constitucional, antes o después de la promulgación de la Ley.

4. Según el método utilizado para obtener el control concentrado, se clasifican en control por vía principal o por vía incidental. En el primer caso, la acción de inconstitucionalidad puede ser atribuida a determinados funcionarios u órganos del Estado, a quien tenga interés personal, legítimo y directo o a cualquier persona o ciudadano (acción popular). En el segundo caso, la decisión de plantear la cuestión de inconstitucionalidad por vía incidental, corresponde al juez ordinario, teniendo poderes de oficio para ello.

5. Según la garantía objetiva que se establezca de la Constitución, se clasifican en controles que declaran la inconstitucionalidad de un acto estatal, con efectos *ex tunc*; y controles que anulan un acto estatal, generalmente con efectos *ex nunc*. En el primer caso las sentencias son declarativas; en el segundo caso constitutivas. En general, el primer caso coincide con el sistema difuso de control de constitucionalidad; y el segundo, con el sistema concentrado de control.

Ahora bien, en cuanto al sistema panameño de control de la constitucionalidad, puede señalarse lo siguiente:

1. Es un sistema exclusivamente concentrado, en el cual se atribuye a la Corte Suprema de Justicia, en pleno, poderes privativos y excluyentes en materia de justicia constitucional. Dicho sistema de control, en consecuencia, no es mixto, pues el sistema de control difuso se eliminó en Panamá a partir de 1941.

El sistema concentrado de justicia constitucional panameño es tanto *a priori* como *a posteriori*, y se ejerce tanto por vía de acción como por vía incidental.

2. El control concentrado *a priori* de la constitucionalidad, referido a las leyes no promulgadas, se ejerce por la Corte Suprema a requerimiento del Ejecutivo, cuando éste objete un proyecto de ley emanado de la Asamblea Legislativa por razones de inconstitucionalidad.

3. El control concentrado *a posteriori* se refiere a todos los actos estatales (leyes, decretos, acuerdos, resoluciones y demás actos estatales), y se ejerce por la Corte Suprema por *vía principal*, cuando se le requiere el ejercicio de dichos poderes de control, mediante *acción popular*.

4. Este control concentrado *a posteriori* referido a disposiciones de una ley o de un reglamento, también se ejerce por la Corte Suprema por *vía incidental*, mediante remisión que le haga un funcionario que esté impartiendo justicia, de oficio o a instancia de parte, de una cuestión de inconstitucionalidad respecto de las disposiciones de la ley o reglamentos aplicables para la resolución de un caso concreto.

Dicho sistema se asemeja al de Uruguay, Honduras y Paraguay en cuanto al carácter *exclusivamente* concentrado de constitucionalidad, pero con la diferencia de que en esos países no existe acción popular, y de que en Uruguay y Paraguay los efectos de la decisión de la Corte Suprema son *ad casu et inter partes*.

Dicho sistema, además, se asemeja al venezolano y colombiano en cuanto al control de la constitucionalidad *a priori* y *a posteriori* de las leyes y en cuanto al control por vía principal, mediante *acción popular*, se asemeja al de Venezuela, Colombia, Nicaragua y El Salvador con la diferencia de que en estos países, sólo se refiere a las leyes, los decretos-leyes y demás actos estatales de rango legal por ser de ejecución directa de la Constitución y a los Reglamentos. Además, en Colombia, Venezuela y El Salvador, a diferencia de Panamá, existe un sistema mixto de control de la constitucionalidad, que mezcla el control difuso con el concentrado; pero no existe el método incidental del control concentrado de la constitucionalidad, que sí se aplica en Panamá.

SEGUNDA APROXIMACIÓN: LA JURISDICCIÓN CONSTITUCIONAL COMO GARANTÍA DEL ESTADO DE DERECHO Y EL SISTEMA DE JUSTICIA CONSTITUCIONAL EN PANAMÁ*

Hablar de la Jurisdicción Constitucional como garantía del Estado de derecho exige, de entrada, que comencemos haciendo un ejercicio de precisión al menos respecto de tres conceptos envueltos en el título de la conferencia: el Estado de derecho, sus garantías y la Jurisdicción Constitucional; todo para luego poder referirnos al sistema panameño de justicia constitucional.

I. ALGUNAS PRECISIONES SOBRE EL ESTADO DE DERECHO Y SUS GARANTÍAS JUDICIALES

1. El Estado de derecho y el control del poder

En cuanto al Estado de derecho que todos los países democráticos del mundo occidental actual claman por tener estructurado, el cual incluso está expresamente definido en muchas Constituciones, puede decirse que existe cuando la organización política de una sociedad está regida por una Constitución como ley suprema, adoptada por el pueblo como pacto político en ejercicio de su soberanía a través de sus representantes electos, quienes gobiernan sometidos a límites y controles derivados de la adopción del principio de separación de poderes en un marco de sujeción al derecho, de primacía de la dignidad humana y de garantía de los derechos del hombre, y en el cual los ciudadanos siempre tienen la posibilidad de controlar judicialmente el ejercicio del poder.

Ese Estado de derecho, que tiene su origen en los principios que conformaron el constitucionalismo moderno derivados de las Revoluciones Norteamericana (1776), Francesa (1789), e Hispanoamérica (1810),[1] es el que también existe

---

*   Texto de base de la conferencia dictada en los salones de la Escuela Judicial, (Instituto Superior de la Judicatura Dr. César A. Quintero, Corte Suprema de Justicia, Panamá, 4 de diciembre de 2015.

[1]   Véase Allan R. Brewer-Carías, *Reflexiones sobre la Revolución americana (1776) y la Revolución francesa (1789) y sus aportes al constitucionalismo moderno*, (Cuadernos de la Cátedra Allan R. Brewer-Carías, de Derecho Administrativo, Universidad Católica Andrés Bello, Nº 1, Editorial Jurídica Venezolana, Caracas 1992. Una segunda edición ampliada fue publicada con el título: *Reflexiones sobre la Revolución Americana (1776), la Revolución Francesa (1789) y la Revolución Hispanoamericana (1810-1830) y sus aportes al constitucionalismo moderno*, Serie de Derecho Administrativo Nº 2, Universidad Externado de Colombia, Bogotá 2008.

regulado en Panamá, en cuya Constitución de 2004, si bien no se utiliza expresamente el concepto, se lo materializa normativamente al organizarse la Nación panameña como un Estado soberano e independiente, sometido a una Constitución dictada con el fin supremo de fortalecerla, de garantizar la libertad, de asegurar la democracia y la estabilidad institucional, exaltar la dignidad humana, promover la justicia social, el bienestar general y la integración regional, con un sistema de gobierno unitario, republicano, democrático y representativo (art. 1), cuyos órganos ejercen el Poder Público que sólo emana del pueblo, conforme lo establece la misma Constitución, por medio de los Órganos Legislativo, Ejecutivo y Judicial, los cuales actúan limitada y separadamente, pero en armónica colaboración (art. 2).

Lo que primero caracteriza al Estado de derecho es entonces que siempre está regido por una Constitución que como ley suprema contiene normas de aplicación directa e inmediata tanto para las autoridades como para los ciudadanos. Como en su momento lo señaló Mauro Cappelletti, la Constitución tiene que ser concebida "no como una simple pauta de carácter político, moral o filosófico, sino como una ley verdadera, positiva y obligante, con un carácter supremo y más permanente que la legislación positiva ordinaria;"[2] o como más recientemente lo puntualizó Eduardo García de Enterría al iniciarse el proceso democrático en España en las últimas décadas del siglo pasado, las Constituciones son normas jurídicas efectivas, que prevalecen en el proceso político, en la vida social y económica del país, y que sustentan la validez a todo el orden jurídico[3].

Es decir, se trata, siempre, de una ley suprema, real y efectiva, que contiene normas directamente aplicables tanto a los órganos del Estado como a los individuos, no limitándose a regular la sola organización del Estado y establecer algunos principios generales sobre su funcionamiento, sino a proclamar y garantizar los derechos fundamentales de los individuos. Por ello, la preeminencia de la Constitución significa no sólo la estricta observancia de las normas y procedimientos establecidos para la organización del Estado, sino también el respeto de los derechos fundamentales de los ciudadanos, declarados o implícitos en la misma.

Por tanto, la Constitución la aplica el Congreso, cuando dicta una ley; la aplica el Presidente de la República cuando dicta un acto de gobierno, y además, la aplica el propio Presidente y todos los funcionarios públicos cuando dictan actos administrativos y la aplican los jueces al decidir en sus sentencias, en estos dos últimos casos, aplicando también todas las leyes y reglamentos que rigen su actuación.

Pero además de ser un Estado sometido a una Constitución, el Estado de derecho es necesariamente un Estado democrático, en el sentido de que los gober-

---

[2]   Véase Mauro Cappelletti, *Judicial Review of Legislation and its Legitimacy. Recent Developments.* General Report. International Association of Legal Sciences. Uppsala, 1984 (mimeo), p. 20; también publicado como "Rapport général" en L. Favoreu y J.A. Jolowicz (ed), *Le contrôle juridictionnel des lois Légitimité, effectivité et développements récents,* París 1986, pp. 285–300.

[3]   Véase Eduardo García de Enterría, *La Constitución como norma y el Tribunal Constitucional,* Madrid, 1981, pp. 33, 39, 66, 71, 177 y 187.

nantes tienen que tener su fuente de legitimidad en la elección popular basada en el sufragio universal y secreto; Estado en el cual además, en su funcionamiento deben concurrir necesaria y acumulativamente, los siguientes elementos esenciales definidos en la Carta Democrática Interamericana de 2001:[4] 1) el respeto a los derechos humanos y las libertades fundamentales; 2) el acceso al poder y su ejercicio con sujeción al Estado de derecho; 3) el régimen plural de partidos y organizaciones políticas y 5) la separación e independencia de los poderes públicos (art. 3), en especial del poder judicial; y además, deben concurrir una serie de componentes fundamentales, que son: 1) la transparencia de las actividades gubernamentales; 2) la probidad y la responsabilidad de los gobiernos en la gestión pública; 3) el respeto de los derechos sociales; 4) el respeto de la libertad de expresión y de prensa; 5) la subordinación constitucional de todas las instituciones del Estado a la autoridad civil legalmente constituida y 6) el respeto al Estado de derecho de todas las entidades y sectores de la sociedad (art. 4).[5]

No hay duda por tanto que en el mundo contemporáneo, el Estado democrático de derecho es mucho más que la sola elección de representantes, en el sentido de que los mismos tienen que ejercer sus funciones conforme al principio de la separación de poderes para asegurar la limitación y control del poder, de cuya existencia puede decirse que dependen todos los otros elementos y componentes señalados, pues en definitiva, solo controlando el poder es que puede haber elecciones libres y justas, así como efectiva representatividad democrática; solo controlando el poder es que puede haber pluralismo político; solo controlando el poder es que puede haber efectiva participación democrática en la gestión de los asuntos públicos; solo controlando el poder es que puede haber transparencia administrativa en el ejercicio del gobierno, así como posibilidad de rendición de cuentas por parte de los gobernantes; solo controlando el poder es que puede haber un efectivo acceso a la justicia de manera que ésta pueda funcionar con

---

[4]   La Carta fue adoptada en Lima por la Organización de los Estados Americanos, coincidencialmente, el mismo día en que ocurrieron los ataques terroristas en Nueva York y Washington. Véase en http://www.oas.org/charter/docs_es/resolucion1_es.htm. Véase mis primeros comentarios sobre la misma en Allan R. Brewer-Carías, *La Crisis de la democracia venezolana. La Carta Democrática Interamericana y los sucesos de abril de 2002*, Los Libros de El Nacional, Colección Ares, Caracas 2002.

[5]   Véase Allan R. Brewer-Carías, "Los problemas del control del poder y el autoritarismo en Venezuela", en Peter Häberle y Diego García Belaúnde (coordinadores), *El control del poder. Homenaje a Diego Valadés*, Instituto de Investigaciones Jurídicas, Universidad Nacional Autónoma de México, tomo I, México, 2011, pp. 159-188; "Sobre los elementos de la democracia como régimen político: representación y control del poder", en *Revista Jurídica Digital IUREced*, Edición 01, Trimestre 1, 2010-2011, en http://www.megaupload.com/?d=ZN9Y2W1R; "Democracia: sus elementos y componentes esenciales y el control del poder", en *Grandes temas para un observatorio electoral ciudadano*, tomo I, *Democracia: retos y fundamentos, (compiladora Nuria González Martín)*, Instituto Electoral del Distrito Federal, México 2007, pp. 171-220; "Los problemas de la gobernabilidad democrática en Venezuela: el autoritarismo constitucional y la concentración y centralización del poder", en Diego Valadés (coord.), *Gobernabilidad y constitucionalismo en América Latina*, Universidad Nacional Autónoma de México, México, 2005, pp. 73-96.

efectiva autonomía e independencia; solo controlando el poder es que puede haber real y efectiva garantía de respeto a los derechos humanos; y, en fin, solo controlando el poder es que se puede asegurar un gobierno sometido a la Constitución y las leyes, es decir, ajustado al principio de legalidad.

Como en su momento lo razonó el Juez John Marshall en el conocido caso *Marbury vs Madison* resuelto por la Corte Suprema de los Estados Unidos en 1803, y que originó el sistema de justicia constitucional en el constitucionalismo moderno:

> "¿Con qué propósito se limitan los poderes y dichas limitaciones se establecen por escrito, si esos límites, en cualquier momento, pueden ser traspasados por aquellos a quienes debían supuestamente limitar? La diferencia entre un gobierno con poderes limitados y uno con poderes ilimitados deja de existir, cuando las limitaciones no obligan a las personas sobre las cuales se imponen y cuando los actos prohibidos y los permitidos son de igual obligatoriedad."[6]

Y la forma de hacer que las limitaciones obliguen a los órganos del Estado, es precisamente, mediante el aseguramiento de diversas formas de control del ejercicio del Poder Público, o de garantías del mismo, pues en definitiva nada se lograría con limitar en la Constitución a los poderes del Estado, establecer el principio de su supremacía y de la legalidad, declarar formalmente los derechos y libertades fundamentales, si no existiesen los medios para garantizar el respeto de dichas limitaciones, el sometimiento de los órganos del Estado a la legalidad y el goce efectivo por parte de los ciudadanos de los derechos y libertades.

Por ello es que se considera, en el Estado de derecho, que la Constitución es la ley suprema de un país, o norma de normas, lo que implica que en caso de que haya un conflicto entre una ley y la Constitución, ésta debe prevalecer, considerándose como un deber de todo juez el poder decidir cuál debe ser la norma aplicable en un caso concreto que debe resolver.

Como lo señaló el Juez William Paterson en una de las más viejas decisiones de la Corte Suprema de los Estados Unidos de América sobre la materia, en el caso *Vanhorne's Lessee v. Dorrance* (1795) referido a leyes estadales:

> "... si un acto legislativo se opone a un principio constitucional el primero debe dejarse de lado y rechazarse por repugnante. Sostengo que es una posición clara y sonora que, en tales casos, es un deber de todo tribunal el adherirse a la Constitución y declarar tal acto nulo y sin valor."[7].

O como fue definitivamente establecido por el Juez Marshall en el conocido caso *Marbury v. Madison* (1803), decidido por la misma Corte Suprema y referido a leyes federales:

---

[6] *Marbury vs. Madison*, 5. U.S. (1 Cranch) 137; 2 L, Ed. 60 (1803). Véase el texto en R. A. Rossum and G. A. Tarr, *American Constitutional Law, Cases and Interpretation*, Nueva York 1983, p. 70

[7] *Vanhorne's Lessec v. Dorrance*, 2 Dallas 304 (1795). *Véase* el texto S.I. Kutler (ed), *The Supreme Court and the Constitution, Readings in American Constitutional History*, N.Y. 1984, p. 8

"Aquellos que aplican las normas a casos particulares, deben necesariamente exponer e interpretar aquella regla, de manera que si una Ley se encuentra en oposición a la Constitución, la Corte debe determinar cuál de las reglas en conflicto debe regir el caso: Esta es la real esencia del deber judicial. Si en consecuencia, los tribunales deben ver la Constitución, y la Constitución es superior a cualquier acto ordinario de la Legislatura, es la Constitución, y no tal acto ordinario, la que debe regir el caso al cual ambas se aplican."[8]

Desde entonces, la supremacía constitucional y el poder de todo juez de controlar la constitucionalidad de las leyes han sido conceptos que han estado esencialmente vinculados en el constitucionalismo moderno,[9] habiendo tenido a la vez su fundamento en la llamada "Cláusula de Supremacía" del artículo VI, Sección 2 la Constitución de los Estados Unidos de 1787, respecto de las leyes de los Estados, en la cual se dispuso que:

"Esta Constitución, y las leyes de los Estados Unidos que se expidan con arreglo a ella, y todos los Tratados celebrados o que se celebren bajo la autoridad de los Estados Unidos, serán la suprema Ley del país y los jueces de cada Estado estarán obligados a observarlos, a pesar de cualquier cosa en contrario, que se encuentre en la Constitución o las leyes de cualquier Estado".

La norma, incluso tuvo su repercusión inmediata en la primera Constitución dictada en el mundo hispanoamericano que fue la Constitución federal de los Estados de Venezuela de 1811, en cuyo artículo 227 se estableció en una forma más amplia que:

"La presente Constitución, las leyes que en consecuencia se expidan para ejecutarla y todos los Tratados que se concluyan bajo la autoridad del Gobierno de la Unión serán la Ley Suprema del Estado en toda la extensión de la Confederación, y las autoridades y habitantes de las Provincias estarán obligados a obedecerlas y observarlas religiosamente sin excusa ni pretexto alguno; *pero las leyes que se expidieren contra el tenor de ella no tendrán ningún valor,* sino cuando hubieren llenado las condiciones requeridas para una justa y legítima revisión y sanción".

Se destaca, de esta norma, que no sólo se recogió el principio del artículo VI, 2 de la Constitución Americana 1787, sino la doctrina jurisprudencial que ya se había establecido en la sentencia de 1803, en el sentido de que no sólo estableció el principio de la supremacía, sino su consecuencia, es decir, la garantía objetiva de la nulidad absoluta de las leyes contrarias a la Constitución al agregar que las mismas "no tendrán ningún valor." Es decir, como lo afirmó el Juez Marshall en la sentencia:

---

8. *Marbury v Madison*, 1 Cranch 137 (1803). *Véase* el texto en S.I. Kutler (ed), *op. cit.*, p. 29.
9. Véase en particular A. Hamilton, *The Federalist* (ed. B. F. Wright), Cambridge Mass. 1961, *letter* N° 78, pp. 491–493. Véanse además, los comentarios de Alexis de Tocqueville, *Democracy in America* (ed. J. P. Mayer and M. Lerner), London, 1968, vol. I, p. 120.

"No cabe la menor duda de que todos los que tienen una Constitución escrita y estable la consideran como la ley fundamental y suprema de la nación, y por consiguiente, para estos gobiernos, un acto legislativo contrario a la Constitución es nulo."[10]

Ello, incluso, se estableció todavía más expresamente en la misma Constitución venezolana de 1811 en relación a los derechos fundamentales al establecer el último de los artículos del Capítulo relativo a los derechos del hombre de la misma Constitución, que para precaver toda transgresión a los derechos declarados se los declaró "exentos y fuera del alcance del Poder general ordinario del gobierno" agregando que "toda ley contraria a ella que se expida por la legislatura federal, o por las provincias *será absolutamente nula y de ningún valor"* (art. 199).

En consecuencia, el Estado de Derecho, con todas sus características, sólo existe en la medida en que la garantía del mismo esté asegurada, mediante diversos mecanismos de control, y particularmente, por parte del Poder Judicial, considerado por lo demás, como el "menos peligroso"[11] de los Poderes del Estado. [12] Por ello, en el Estado de Derecho, los tribunales deben tener esencialmente la posibilidad de garantizar la efectividad de las limitaciones impuestas a los órganos del mismo, asegurando su sometimiento a la norma constitucional y al principio de legalidad, así como por el goce de los derechos y libertades fundamentales de los individuos, entre otros, mediante el conocimiento y decisión de los recursos judiciales que los ciudadanos pueden ejercer.

2 El Estado de derecho, el sometimiento al derecho y los sistemas de control judicial

La principal limitación impuesta en el esquema de funcionamiento del Estado de derecho es, sin duda, la necesidad de que sus órganos siempre actúen con sujeción estricta al derecho que en cada caso les es aplicable, cuyo ámbito, sin embargo, no es el mismo para todos los órganos del Estado.

Es decir, el ámbito del derecho aplicable a los órganos del Estado y en particular, a los actos estatales que los mismos dicten, varían según la relación directa o indirecta que tengan respecto de la Constitución en un sistema jurídico caracterizado por la producción escalonada de normas jurídicas, todo lo cual condiciona las modalidades de control judicial sobre los mismos,.

Por ello, para determinar cuáles son las garantías judiciales del Estado de derecho, para asegurar su sometimiento al derecho, siempre resulta necesario precisar cuál es la jerarquía que ocupa cada órgano del Estado en el proceso de for-

---

[10] Marbury vs Madison, 5.U.S. (1 Cranch), 137, 2 L, Ed. 60, 1803.

[11] Véase A. Bickel, *The Least Dangerous Branch. The Supreme Court at the Bar of Politics,* Indianapolis, 1962.

[12] Véase en general, H. Kelsen, "La garantie juridictionnelle de la Constitution (La justice constitutionnelle)", *Revue du Droit Public et de la Science Politique en France et à l'étranger,* T. XLV, París 1928, pp. 197-257

mación del ordenamiento jurídico por grados, partiendo siempre de la Constitución, ubicada en la cúspide del mismo. Ello permite apreciar que, por ejemplo, el derecho que rige el proceso de formación y sanción de las leyes por el órgano legislativo (Parlamento o Congreso), o la emisión de decretos leyes o de actos de gobierno por el Jefe del Poder Ejecutivo, que se dictan siempre en ejecución directa e inmediata de atribuciones insertas en las Constituciones, es el derecho que básicamente está establecido en la propia Constitución que se ejecuta. En cambio, el ámbito del derecho que por ejemplo rige en la emisión de una sentencia por un tribunal o de un acto administrativo por cualquier funcionario público de la Administración, es distinto, pues en este caso, ambos se dictan en ejecución y aplicación directa e inmediata de la legislación y de todo el ordenamiento jurídico restante que les sea aplicable, básicamente establecido (además de en la Constitución) en leyes y reglamentos.

En otras palabras, si bien la Constitución como ley suprema siempre está en el vértice del ordenamiento jurídico, por lo que en definitiva rige para todos los actos estatales, en todos los sistemas jurídicos dotados de Constituciones escritas y rígidas se puede distinguir siempre un sistema jerarquizado de normas y actos jurídicos, que origina diversos actos jurídicos con niveles distintos en el proceso de creación de normas jurídicas. Así, por ejemplo, existen actos que se dictan en ejecución directa e inmediatamente la Constitución y que por tanto sólo están sujetos a esta norma suprema, y hay otros que en cambio ejecutan directa e inmediatamente a las leyes y los actos de ejecución directa de la Constitución, siendo de segundo grado en la jerarquía de las fuentes, de manera que solo ejecutan la Constitución de manera indirecta. Entre los primeros se encuentran, básicamente, las leyes formales, los otros actos del Parlamento, incluyendo los *interna corporis,* y los actos de gobierno dictados de conformidad con los poderes constitucionales que le han sido conferidos al Jefe de Gobierno. Entre los segundos se encuentran los actos administrativos y los actos judiciales.

Si bien todos órganos del Estado y a los actos que dicten están sometidos al derecho establecido en la Constitución, el ámbito del derecho que les es aplicable varía por el grado que tengan en la ejecución del orden jurídico, por lo que, en los segundos, al ser dictados en ejecución directa de la legislación e indirecta de la Constitución el ámbito del derecho que les es aplicable es más amplio, pues además de la Constitución, incluye a todas las otras fuentes del derecho.

Por ello, precisamente, para asegurar el sometimiento al derecho, la garantía judicial del Estado de derecho ha dado origen a los siguientes tres sistemas clásicos de control judicial de la conformidad de los actos estatales con el derecho que son: primero, el *sistema de justicia constitucional* o de control de constitucionalidad de las leyes destinado a controlar la conformidad con la Constitución de las leyes y demás actos estatales dictados de ejecución directa e inmediata de la misma, y que por ello, solo están sometidos a la Constitución; [13] segundo, el

---

[13] Por eso Jean Rivero estimó que el último paso en la construcción del Estado de derecho, es que el Legislador mismo esté sometido a una norma superior, la Constitución, en "Rapport de Synthèse", en L. Favoreu (ed.), *Cours constitutionnelles européennes et droits fondamentaux,* París, 1982, p. 519. Así mismo P. Lucas Murillo de la Cueva, calificó a la justicia constitucional como "la culminación de la construcción del Estado de derecho", en "El Examen de la Constitucionalidad de las Le-

sistema de justicia administrativa o de control judicial contencioso administrativo que tiene por objeto asegurar el sometimiento al derecho de los actos administrativos dictados por la Administración Pública y por los demás órganos y entes del Estado en ejercicio de la función administrativa, que además de estar sometidos a la Constitución esencialmente están sometidos a la legalidad general, por lo que siempre son de rango sublegal; y tercero, el *sistema de control judicial de las decisiones de los propios tribunales de justicia*, destinado a controlar la conformidad con el derecho de las sentencias, a través de los procesos judiciales de apelación, revisión y de casación respecto de las sentencias y demás actos judiciales.

Además en cuarto lugar, se podría distinguir en muchos países, un cuarto sistema garantista de control judicial de la las actuaciones del Estado y en muchos casos, de los particulares, establecido específicamente para la *protección o amparo de los derechos fundamentales* de las personas, a través de los procesos judiciales de amparo, tutela o protección constitucional de los mismos.

3. *Sobre la justicia constitucional: control de constitucionalidad y Jurisdicción Constitucional*

El primero de dichos sistemas, es decir, el de la justicia constitucional o si se quiere de control jurisdiccional de la constitucionalidad de las leyes, como se dijo, en el derecho comparado en general se identifica por el objeto del control y no por el motivo de control, pues controla los actos de los órganos constitucionales del Estado, para los cuales el principio de "legalidad" equivale a principio de "constitucionalidad" que es el que les es aplicable, pues se trata de actos que ejecutan directa e inmediatamente la Constitución.

En efecto, entre esos actos estatales sujetos a la justicia constitucional están ante todo las leyes formales, como actos del Parlamento, y precisamente por eso es que la misma se identifica normalmente con el sistema de "control jurisdiccional de la constitucionalidad de las leyes."[14] Sin embargo, las leyes no son los únicos actos del Estado dictados en ejecución directa e inmediata de la Constitución y en ejercicio de poderes constitucionales, sujetos por tanto a control de la justicia constitucional, existiendo otros dictados por los cuerpos legislativos, en ejecución de atribuciones directamente establecidas en la Constitución, como los Reglamentos Internos y de Debates e, incluso, otros actos parlamentarios sin forma de ley y de contenido no normativo, como los que regula la Constitución y mediante los cuales el Congreso o la Asamblea o sus Cámaras legislativas se relacionan con otros órganos constitucionales del Estado (aprobaciones de Tratados, u otros actos políticos, o autorizaciones de algún acto ejecutivo, como el

---

yes y la Soberanía Parlamentaria", en *Revista de Estudios Políticos,* N° 7, Madrid, 1979, p. 200.

[14] Véase por ejemplo, M. Cappelletti, *Judicial Review in Contemporary World,* Indianapolis, 1971; Allan R. Brewer–Carías, *Judicial Review in Comparative Law,* Cambridge, 1989.

nombramiento de algunos funcionarios o la adopción de modificaciones al presupuesto).[15]

Además de estos actos del Parlamento, el Gobierno, en un Estado de derecho, también dicta actos que se dictan ejecutando directamente la Constitución, y que por ser de ejecución de primer grado de la Constitución, que en el sistema jurídico jerarquizado de normas tienen el mismo rango que las leyes y en algunos casos, incluso tienen la misma fuerza de una ley formal. Entre estos están los decretos leyes dictados por el Jefe del Estado o del Gobierno con base a atribuciones establecidas en la Constitución, y que por el principio de separación de poderes no pueden ser regulados por el Parlamento salvo en la forma establecida en la propia Constitución. Esos decretos leyes dictados en ejecución directa de la Constitución, por su contenido normativo y rango legislativo, también están sujetos al control jurisdiccional de la constitucionalidad.[16]

Por otra parte, el Presidente de la República o el Gobierno también tiene poderes establecidos en la Constitución para dictar ciertos actos políticos sin ninguna interferencia legislativa, como por ejemplo, cuando declara el estado de sitio o emergencia, cuando decreta la restricción o suspensión de las garantías constitucionales, cuando dirige las relaciones internacionales o cuando veta una ley sancionada en el Parlamento. Todos estos actos, denominados en Europa continental como "actos de gobierno", también están sujetos al control de la constitucionalidad,[17] pues como se ha indicado, también se dictan en ejecución directa de la Constitución, y por consiguiente, también están sometidos a la justicia constitucional[18].

Por último, en los sistemas jurídicos contemporáneos, y dejando de lado los problemas que derivan de las concepciones monistas y dualistas, los tratados y acuerdos internacionales también están sujetos al control jurisdiccional de la constitucionalidad[19], bien sea directamente o a través del control sobre las leyes del Parlamento o los actos de gobierno que los incorporan al orden jurídico interno.

Lo anterior lo que hace es confirmar que en los sistemas jurídicos con una Constitución escrita, todos estos actos del Estado dictados en ejecución directa e inmediata de la Constitución están sujetos al control jurisdiccional de la constitu-

---

[15] Véase. H. Kelsen, "La garantie juridictionnelle de la Constitution (La Justice Constitutionnelle, en *Revue du Droit public et de la Science politique en France et à l'étranger*, París, 1928, p. 228.

[16] *Idem.*, p. 229.

[17] Es cierto que conforme al criterio tradicional del derecho administrativo francés, esos "actos del gobierno" se configuraron con miras a ser excluidos del control contencioso administrativo, sea por su contenido político, por sus motivos o porque eran dictados por el gobierno en sus relaciones con otros órganos constitucionales, especialmente, con el Parlamento. Véase la obra clásica de P. Duez, *Les actes de gouvernement*, París, 1953.

[18] Véase H. Kelsen, "La garantie juridictionnelle de la Constitution (La Justice Constitutionnelle, en *Revue du Droit public et de la Science politique en France et à l'étranger*, París, 1928, p. 230.

[19] *Idem.*, p. 231.

cionalidad, organizándose para ello el sistema de justicia constitucional con base en dicho objeto del control (actos estatales que son dictados en ejecución directa e inmediata de la Constitución) y no por el motivo de control.

Por ello, el sistema de justicia constitucional en general no se caracteriza por el hecho de exista un solo tribunal que controle la constitucionalidad de los actos estatales, es decir, que tenga el monopolio de controlar la constitucionalidad de todos los actos del Estado, sino en general, por el objeto específico de controlar a determinados actos del Estado, que son los que dictan en ejecución directa e inmediata la Constitución. El control de constitucionalidad de todos los otros actos estatales, como los actos administrativos y las sentencias de los tribunales, corresponde a los otros sistemas de control judicial, con lo que se logra la garantía esencial del Estado de derecho de asegurar la conformidad con el derecho de todos los actos estatales.

Sin embargo, ante esta tendencia general del derecho comparado del sistema de justicia constitucional organizado por el objeto de control y no por los motivos de control, el sistema de justicia constitucional desarrollado en Panamá evidentemente se nos presenta como una disidencia, pues aquí, y únicamente aquí, el mismo se ha organizado por el motivo de control, concentrándose todo el control de constitucionalidad de todos los actos estatales en la Corte Suprema de Justicia en Pleno. Es decir, en Panamá, puede decirse que el sistema de justicia constitucional se ha monopolizado por una Jurisdicción Constitucional que es la Corte Suprema de Justicia.

El sistema panameño en todo caso difiere de la forma cómo se ha desarrollado la justicia constitucional en el mundo contemporáneo, donde no se identifica justicia constitucional con Jurisdicción Constitucional, y donde ésta última, en los casos en los cuales se ha organizado no monopoliza todo el control de constitucionalidad.

En efecto, en el mundo contemporáneo actual, en materia específica de justicia constitucional para el control de constitucionalidad de las leyes y todos los otros actos estatales dictados en ejecución directa de la Constitución, puede decirse que en general se han desarrollado dos sistemas de control según los órganos del Poder Judicial a los cuales se ha asignado competencia para ello, teniendo, en algunos casos, todos los tribunales de un país la potestad de juzgar sobre la constitucionalidad de las leyes;; y en otros casos, un solo órgano judicial o jurisdiccional, configurado como la "Jurisdicción Constitucional," que puede ser la Corte Suprema de Justicia, o a una Corte o Tribunal constitucional especial. Esta diversa configuración del control de constitucionalidad de las leyes es la que da lugar a la distinción entre los métodos difuso y concentrado de justicia constitucional.

Sin embargo, de esta aproximación, lo que resulta claro es que no es lo mismo hablar de "justicia constitucional" como noción material equiparable a "control de constitucionalidad," que hablar de "Jurisdicción Constitucional," como noción de carácter orgánico, que más bien identifica un órgano estatal específico, judicial o no, que ejerce la justicia constitucional en forma de control concentrado de la constitucionalidad de las leyes y demás actos normativos dictados en ejecución inmediata de la Constitución, con poderes anulatorios de las mismas. La distinción entre ambos conceptos la recogió, por ejemplo, el 5 de la Ley No.

137-11 Orgánica del Tribunal Constitucional y de los procedimientos constitucionales de la República Dominicana de 2011 cuando dispone que

> "La justicia constitucional es la potestad *del Tribunal Constitucional y del Poder Judicial* de pronunciarse en materia constitucional en los asuntos de su competencia. Se realiza mediante procesos y procedimientos jurisdiccionales que tienen como objetivo sancionar las infracciones constitucionales para garantizar la supremacía, integridad y eficacia y defensa del orden constitucional, su adecuada interpretación y la protección efectiva de los derechos fundamentales" (art. 5)

De ello resulta, por tanto, que la noción de *justicia constitucional* es el género en la materia (potestad de pronunciarse en materia constitucional), que se refiere a la competencia que ejercen todos los órganos judiciales incluidos la Jurisdicción Constitucional cuando deciden sobre la constitucionalidad de las leyes o casos concretos o juicios de amparo aplicando y garantizando la Constitución; en tanto que la expresión *Jurisdicción Constitucional* es, en cambio, de carácter orgánica, y busca identificar al órgano jurisdiccional al cual la Constitución le atribuye la *competencia exclusiva* en materia anulación de leyes inconstitucionales, como es el caso en República Dominicana precisamente del Tribunal Constitucional, al igual que lo que sucede en otros países al atribuirse poderes anulatorios de las leyes a las Cortes Supremas.

Pero en esos casos, la característica de la Jurisdicción Constitucional es que solo controla la constitucionalidad de los actos dictados en ejecución directa e inmediata de la Constitución y no en la forma como la Jurisdicción Constitucional se ha organizado en Panamá, en la Corte Suprema de Justicia para controlar la constitucionalidad respecto de todo acto estatal, así sea una sentencia de un tribunal o un acto administrativo. Sobre esto por ahora solo destaco la disidencia de panamá, con la observación de que quizás ya sea tiempo de comenzar a revisar el sistema, porque lejos de reforzar la garantía de la supremacía constitucional, creo que por el monopolio que sobre el sistema ejerce la Corte Suprema de Justicia, en realidad quizás debilita su carácter garantista por lo difícil que resulta el efectivo acceso a la justicia. Creo que el espectacular desarrollo que Panamá, particularmente durante las últimas décadas, quizás esté exigiendo la revisión de su sistema de justicia constitucional, concebido en un momento ya muy lejano en su historia política, con criterio excesivamente centralista y de desconfianza en los jueces, para ahora abrirlo y hacerlo más garantista del Estado de derecho.

4. *Los otros sistemas de control judicial y la justicia contencioso administrativa*

Precisamente porque en el mundo contemporáneo la tendencia ha sido hacia la configuración del sistema de justicia constitucional basada en el objeto del control, es decir, los actos estatales sometidos a control judicial, es que se han desarrollado los otros dos sistemas de control judicial sobre los otros actos estatales dictados en ejecución directa e inmediata de la legislación e indirecta y mediata de la Constitución, es decir, los actos estatales de rango sublegal, y que por tanto, tampoco están configurados con base en los motivos de control, sino basados en el objeto del control, dando origen a los sistemas de justicia contencioso administrativa para controlar a los actos administrativos y las diversas actuaciones de la Administración, y los sistemas de la control o revisión de las decisiones judiciales.

La característica común de estos dos sistemas es que el control judicial lo ejercen siempre sobre actos estatales dictados en el segundo grado de ejecución del orden jurídico, en ejecución directa de la "legislación," y cuya legalidad si bien implica siempre el sometimiento a la Constitución, básicamente comprende además todas las demás normas contenidas en el ordenamiento jurídico. Por consiguiente, en relación a estos actos y particularmente respecto de los actos administrativos y los actos judiciales, "legalidad" significa sometimiento al ordenamiento jurídico en su conjunto.

En cuanto al *control judicial contencioso administrativo* que se ejerce en relación con la actuación u omisiones de la Administración, el mismo se configura como el poder que tienen ciertos tribunales para decidir acerca de la conformidad con el derecho, es decir, control de constitucionalidad y de legalidad sobre las actividades realizadas por los órganos administrativos del Estado; en otras palabras, sobre su conformidad con la Constitución, con las leyes formales y las otras normas y reglas contenidas en el ordenamiento jurídico, como los reglamentos.

La organización del sistema de justicia contencioso administrativa, no ha tenido una línea uniforme, de pudiendo señalarse una diferencia sustancial entre su desarrollo en los sistemas jurídicos influenciados por los países de Europa continental, principalmente de Francia, y los sistemas influenciados por los países del *common law* anglo-americanos. En estos últimos, el control contencioso administrativo no está atribuido a tribunales especiales que formen alguna Jurisdicción (dentro o fuera del Poder Judicial), sino a los tribunales ordinarios, lo que también ocurre en países del mundo latino como es el caso de Chile, donde éstos son los que conocen de las acciones contencioso administrativas o de control judicial de la acción administrativa. Sin embargo, en general, en los países de tradición latina y germánica, el control judicial es la facultad que tienen algunos tribunales especiales de decidir acerca de la legalidad de los actos administrativos, que se han configurado en general como una Jurisdicción especial dentro del Poder judicial, con la excepción fundamental de Francia, donde el Consejo de Estado y la Jurisdicción Contencioso Administrativa, por razones históricas, se configuró desde su origen fuera del Poder Judicial.

En los casos en los cuales el control contencioso administrativo de los actos administrativos está atribuido a tribunales especializados, en general la Jurisdicción Contencioso Administrativa, se conforma por una multiplicidad de tribunales de diverso grado y competencia según los actos administrativos sometidos a control, a los efectos de asegurar el acceso a la justicia de los ciudadanos. Y en esto, el sistema panameño de control contencioso administrativo también puede considerarse como otra disidencia adicional en el derecho comparado, al atribuirse la competencia en la materia a un solo tribunal que es la Sala Tercera de la Corte Suprema de Justicia); disidencia que quizás ya sea tiempo también de comenzar a revisar, porque lejos de reforzar la garantía del sometimiento de la Administración Pública y su actividad al derecho, ello lo hace de difícil acceso al ciudadano, afectando su carácter garantista.

Pero además, en el tema de la configuración de la justicia administrativa basada en el objeto de control (los actos administrativos) y no en el motivo de control, también hay que observar otra disidencia del sistema panameño de control contencioso administrativo, en relación con el derecho comparado, al atribuirse la competencia contencioso administrativa a la Sala Tercera de la Corte Suprema, en forma reducida, limitada a controlar la "legalidad" en sentido estricto de los actos administrativos, estándole vedada la posibilidad de juzgar sobre la constitucionalidad de los mismos, potestad que se reserva a la Jurisdicción Constitucional (Sala Plena del Tribunal Supremo); disidencia que quizás ya sea también tiempo de comenzar a revisar, porque en mi criterio, igualmente, lejos de reforzar la garantía del sometimiento de la Administración al derecho, por la reducción del control sobre los actos administrativos a solo motivos de legalidad, y el monopolio del control de constitucionalidad de los mismos por la Corte Suprema de Justicia, lo hace de más difícil acceso al ciudadano, afectando su carácter garantista.

En todo caso, la importancia de la consolidación de la garantía de la justicia administrativa es tal en el derecho público contemporáneo, que basta constatar el propio derecho administrativo se ha configurado como consecuencia directa del ejercicio de dicho control judicial o jurisdiccional, teniendo sus principios fundamentales básicamente un origen jurisprudencial, que luego han sido progresivamente plasmados en leyes como las de procedimiento administrativo.

5. *El sistema de control judicial sobre las decisiones judiciales*

Pero además de la garantía de control judicial de la constitucionalidad de la legislación y de los actos de gobierno, y de control judicial de la acción administrativa, en otras palabras, de justicia constitucional y de justicia contencioso administrativa con el fin de asegurar la conformidad de los órganos legislativos y ejecutivos al principio de la legalidad, una tercera garantía de control desarrollada en el mundo contemporáneo es el *sistema de control judicial de las propias decisiones judiciales*.

En efecto, los tribunales, como órganos de aplicación del derecho a los casos concretos que deben resolver, están sujetos al ordenamiento jurídico en su conjunto, lo que incluye sujeción a la Constitución, a las leyes formales, a los decretos-leyes, a los reglamentos y demás actos normativos de los órganos del Estado. De allí que, en el Estado de Derecho, las decisiones de los tribunales también deben someterse al control judicial el cual se aplica normalmente de dos maneras: por una parte, los sistemas ordinarios de apelación que permiten el control de las decisiones de tribunales inferiores por parte de tribunales superiores; y por la otra, el sistema de control de la constitucionalidad y de la legalidad de decisiones judiciales mediante recursos extraordinarios, como sucede con el "recurso de casación" desarrollado en los sistemas influenciados por el derecho procesal de Europa continental.

A través de este medio de control, la Corte Suprema de un país tiene la facultad de verificar la constitucionalidad y legalidad de las decisiones adoptadas por los tribunales inferiores; al decidir, por ejemplo, en apelación sobre los méritos de la decisión apelada, o simplemente controlar los aspectos constitucionales y legales de la decisión en el recurso de casación. En esto, también puede decirse que el sistema panameño de control judicial de la conformidad al derecho de las decisiones de los tribunales es otra disidencia adicional respecto de la regla en el derecho comparado, al atribuirse la competencia exclusiva para controlar la constitucionalidad de las sentencias a la Corte Suprema de Justicia, negándole a los tribunales de apelación o al control de casación la posibilidad de controlar la constitucionalidad de las sentencias; disidencia que quizás ya sea también tiempo de comenzar a revisar, porque lejos de reforzar la garantía del sometimiento de los tribunales al orden jurídico general es decir, al derecho, ello lo hace de difícil acceso al ciudadano, afectando su carácter garantista.

De todo lo antes dicho, resulta entonces que los tres sistemas de control del sometimiento de los órganos y actos del Estado al principio de la legalidad, es decir, al derecho, que son los sistemas de control de la constitucionalidad de las leyes (justicia constitucional), de control judicial de los actos administrativos (justicia contencioso administrativa) y de control judicial de las decisiones de los tribunales, son las tres garantías judiciales básicas del Estado de derecho en cuanto a la sumisión a la Constitución y la ley de sus actuaciones.

II. LOS SISTEMAS DE JUSTICIA CONSTITUCIONAL

Ahora bien, concretándome ahora al primero de los sistemas de control judicial propios del Estado de derecho, que es el sistema de justicia constitucional, como se dijo, el mismo se ha desarrollado en dos vertientes de control según los órganos judiciales del Estado a los cuales se encomienda se ejercicio, que pueden ser todos los tribunales de un país o solo uno de ellos, como la Corte Suprema o un Tribunal Constitucional, lo que he originado la clásica y siempre útil distinción entre el métodos difuso y método concentrado de control de constitucionalidad.

1. *El método difuso de justicia constitucional*

El primero, el método difuso, como se indicó, surgió en el constitucionalismo norteamericano a comienzos del siglo XIX de los aportes del sistema norteamericano, como el poder general de todos los jueces de velar por la supremacía constitucional frente a las leyes, con el poder, en las decisiones de los casos concretos sometidos a su conocimiento, de aplicar preferentemente la Constitución frente a leyes contrarias a la misma, que por ello se consideran nulas y sin valor. En este sistema de justicia constitucional que en el mundo del derecho comparado se califica como difuso, los jueces, al decidir en esos casos concretos, no tienen poder anulatorio respecto de las leyes, sino que lo que tienen es el poder de declararlas inconstitucionales y considerarlas sin ningún valor, inaplicándolas en el caso concreto, dando preferencia a la Constitución,.

Como se dijo, ese es el denominado sistema difuso de justicia constitucional, también denominado como el "modelo americano" por su origen en la mencionada sentencia en el caso *Marbury vs. Madison* en el cual la Corte Suprema, en 1803, consideró como una función-deber de todos los tribunales de justicia el ejercer la justicia constitucional. El sistema, sin embargo, a pesar de su origen en los Estados Unidos no es propio de los países con tradición del *common law,*[20] habiéndose desarrollado progresivamente en el mundo contemporáneo desde comienzos del siglo XIX, particularmente en América hispana, como sucedió en Argentina, Brasil, Colombia, Guatemala, Perú, Nicaragua, Venezuela y República Dominicana, habiendo incluso tenido consagración constitucional en muchos de dichos países.

De acuerdo con este método difuso, la facultad de declarar la inconstitucionalidad de las leyes se atribuye entonces a todos los jueces de un país determinado, pues si la Constitución es la ley suprema del mismo y se reconoce el principio de su supremacía, la Constitución tiene que imponerse sobre cualquier otra ley que le sea incoherente. En consecuencia, las leyes que violan la Constitución o que, de una u otra manera, sean contrarias a sus normas, principios o valores, son nulas y no pueden ser aplicadas por los jueces, quienes deben darle prioridad a la Constitución. Como lo afirmó el juez Marshall, en el caso *Marbury vs. Madison* en 1803, y antes se explicó, todos los jueces y todos los tribunales deben decidir sobre los casos concretos que les son sometidos "de conformidad con la Constitución, desistiendo de la ley inconstitucional" lo que constituye "la verdadera esencia del deber judicial." Sin embargo, en este sistema de control de la constitucionalidad, este papel le corresponde a todos los tribunales y no a uno en particular, y no debe considerarse sólo como un poder, sino como un deber que les está impuesto para decidir sobre la conformidad de las leyes con la Constitución, inaplicándolas cuando sean contrarias a sus normas.

La esencia del método difuso de control de constitucionalidad, por supuesto, como se dijo, radica en la noción de supremacía constitucional y en su efectiva garantía, en el sentido de que si hay actos que coliden con la Constitución, ellos son nulos y como tales tienen que ser considerados por los Tribunales, los cuales son, precisamente, los llamados a aplicar las leyes.

En consecuencia, el primer aspecto que muestra la racionalidad del método difuso de control de constitucionalidad como garantía objetiva de la Constitución, es el principio de la nulidad de los actos estatales y, particularmente de las leyes que colidan con la Constitución (garantía objetiva de la Constitución), lo que significa que un acto estatal nulo no puede producir efectos, y no necesitaría de ningún otro acto estatal posterior para quitarle su calidad usurpada de acto estatal. Al contrario, si otro acto estatal fuera necesario para ello, entonces la garantía no sería la nulidad del acto, sino su anulabilidad.

En conclusión, en el método difuso de control de la constitucionalidad, todos los jueces cualquiera que sea su jerarquía tienen el deber de examinar la constitucionalidad de las leyes que deban aplicar en el caso concreto, y declarar, cuando ello sea necesario, que una ley particular no debe ser aplicada a la decisión de un proceso específico que el juez esté conociendo, en razón de que es inconstitucional, la cual, por tanto, debe considerarse nula y sin valor, para la resolución del caso.

---

[20] *Véase* Héctor Fix Zamudio, "Protección procesal de los Derechos Humanos", *Boletín Mexicano de Derecho Comparado,* N° 13–14, México, enero–agosto 1972, p. 78.

Lo anterior conduce al aspecto central de la racionalidad del método difuso de control de la constitucionalidad, que es el poder para declarar la inconstitucionalidad de la legislación atribuido a todos los jueces de un país determinado, y no sólo una Corte o Tribunal en particular, el cual deriva de la noción de supremacía constitucional, razón por la cual en su origen, como surgió en el sistema norteamericano, el método difuso no tenía que estar expresamente previsto en la Constitución, habiendo sido creación pretoriana de los jueces. Fue además, en ese mismo sentido que el sistema se desarrolló por ejemplo en Brasil y en Argentina, como creación pretoriana de los Tribunales supremos de esos países.

Ello no impidió, sin embargo, que en contraste con el sistema norteamericano y argentino, en muchos otros países latinoamericanos el poder de control difuso de la constitucionalidad de las leyes por parte de todos los jueces se haya establecido expresamente de forma general, en los textos constitucionales o legales, en normas de derecho positivo.

Así, por ejemplo el Código de Procedimiento Civil venezolano desde 1897, establece que:

"Cuando la ley vigente cuya aplicación se requiera está en contradicción con cualquiera de las disposiciones constitucionales, los jueces aplicarán preferiblemente esta última" (art. 20).

Así, desde 1910, la Constitución colombiana prevén, como se dispone en la Constitución de 1991 que:

"La Constitución es la norma de normas. En caso de incompatibilidad entre la Constitución y la ley o cualquier otra norma jurídica, se aplicarán las disposiciones constitucionales". (art. 4 C. 1991).

Y sin duda, por influencia colombiana, en Panamá, el control difuso se estableció en los Códigos Judicial y Civil de 1916 y 1917[21] en el marco de las previsiones de la Constitución de 1904, aun cuando el mismo fuera eliminado totalmente a partir de la reforma constitucional de 1941.

También en *Guatemala*, desde 1965, la Constitución estableció expresamente el principio que se conserva en el artículo 204 de la Constitución de 1985, que establece:

"*Art. 204.* Condiciones esenciales de la administración de justicia. Los tribunales de justicia en toda resolución o sentencia observarán obligadamente el principio de que la Constitución de la República prevalece sobre cualquier ley o tratado."

Igualmente, la Constitución Política del *Perú* de 1993, disponía:

Art. 138. La potestad de administrar justicia emana del pueblo y se ejerce por el Poder Judicial a través de sus órganos jerárquicos con arreglo a la Constitución y a las leyes.

---

[21] *Véase* Rigoberto González Montenegro, "La justicia constitucional en Panamá", en *Anuario Iberoamericano de Justicia Constitucional*, Centro de Estudios Políticos y Constitucionales, Madrid 1997, pp. 276 ss.

En todo proceso, de existir incompatibilidad entre una norma constitucional y una norma legal, los jueces prefieren la primera. Igualmente, prefieren la norma legal sobre toda otra norma de rango inferior.

2. *El método concentrado de justicia constitucional*

El segundo de los métodos de control de constitucionalidad establecidos en el mundo contemporáneo es el denominado método de control concentrado de justicia constitucional, el cual, aun cuando establecido desde el siglo pasado en América Latina, se lo conoce, sin embargo, como el "sistema austriaco" o "modelo europeo"[22] por la importancia que tuvo su establecimiento en Austria, en 1920, cuando el poder de control se atribuyó, no a la Corte Suprema existente en dicho país, como sucedió en América Latina, sino a un Tribunal o Corte Constitucional creado al efecto, a veces ubicado fuera del Poder Judicial como sucede en Alemania, Italia, España, Francia, Portugal.

Este sistema, en efecto, también se aplica en América Latina, aún cuando en dos modalidades: por un Tribunal Constitucional especialmente creado para ello como son los que existen en Bolivia, Chile, Colombia, Ecuador, Guatemala, Perú, República Dominicana; o por la Corte Suprema de Justicia, en Pleno como es el caso de Panamá, Paraguay, Brasil, Nicaragua, México, y por una Sala Constitucional del tribunal supremo como sucede en Costa Rica, El Salvador, Honduras y Venezuela);[23] con la característica esencial en América Latina, de que en muchos casos, se ha establecido en forma combinada con el método difuso de control, como sucede en Colombia, El Salvador, Venezuela, Guatemala, Brasil, Perú, Bolivia y República Dominicana.

En todos estos casos, sea que se trate de la creación de estas Cortes, Consejos y Tribunales Constitucionales como Jurisdicción Constitucional o de la consideración como tal Jurisdicción Constitucional de las Cortes Supremas de Justicia existentes, el órgano judicial o jurisdiccional encargado se lo considera como el "intérprete supremo de la Constitución", según el calificativo que por ejemplo le atribuyó la Ley Orgánica que creó el Tribunal Constitucional en España[24] o como el "guardián de la Constitución."[25] Eduardo García de Enterría, incluso, al hablar del Tribunal Constitucional español, lo calificó de el "comisario del poder constituyente, encargado de defender la Constitución y de velar por que todos los

---

[22] Véase L. Favoreu, "Actualité et légitimité du contrôle juridictionnel des lois en Europe occidentale", en *Revue du Droit Public et de la Science Politique en France et á l'étranger,* 1984, p. 1.149.

[23] *Véase* Allan R. Brewer–Carías, *Judicial Review..., cit.,* pp. 182 y ss., *El control concentrado de la constitucionalidad de las leyes,* Editorial Jurídica Venezolana, Caracas 1994, pp. 127 y ss.

[24] Art. 1. Ley Orgánica del Tribunal constitucional. Oct. 1979, *Boletín Oficial del Estado,* Nº 239.

[25] Véase G. Leibholz, *Problemas fundamentales de la Democracia,* Madrid, 1971 p. 15.

órganos constitucionales conserven su estricta calidad de poderes constituidos"[26] y el antiguo presidente de ese mismo Tribunal español, Manuel García Pelayo vio en él "un órgano constitucional instituido y directamente estructurado por la Constitución," que:

> "como regulador de la constitucionalidad de la acción estatal, está destinado a dar plena existencia al Estado de derecho y a asegurar la vigencia de la distribución de poderes establecida por la Constitución, ambos componentes inexcusables, en nuestro tiempo, del verdadero "Estado constitucional."[27]

En todo caso, contrariamente a lo que ocurre en el método difuso, lo que caracteriza el método concentrado de control de la constitucionalidad es el hecho de que el ordenamiento constitucional confiere a *un solo órgano estatal* el poder de actuar como juez constitucional específicamente respecto de ciertos actos estatales (leyes o actos de similar rango dictados en ejecución directa e inmediata de la Constitución), en general con potestad para anularlos. Y en este aspecto, de nuevo, el sistema panameño de justicia constitucional se nos presenta como una disidencia en el derecho comparado al establecer un sistema de control de la constitucionalidad que ejerce la Corte Suprema de Justicia, no basado en determinados actos sujetos a dicho control, como son las leyes y demás actos de rango legal, sino en el motivo de control, abarcando así materialmente a todos los actos estatales, lo que lo hace único en el mundo, pero no necesariamente más garantista.

Ahora bien, a diferencia del método difuso de control de la constitucionalidad de las leyes, el método concentrado, al tener el juez constitucional en general potestades anulatorias, evidentemente que no puede desarrollarse como consecuencia de la labor pretoriana de los jueces como sucedió con el método difuso, sino que debe siempre estar expresamente establecido, *expressis verbis,* en normas constitucionales. En esta forma, la Constitución, como Ley suprema de un país, es el único texto que puede limitar los poderes y deberes generales de los tribunales para decidir cuál es la ley aplicable en cada caso, cuando hay contradicción entre la ley y la Constitución; y es la única habilitada para atribuir dichos poderes y deberes con potestades anulatorias, en lo referente a ciertos actos del Estado, a ciertos órganos constitucionales, como puede ser la Corte Suprema o una Corte o Tribunal Constitucional.

El origen del control concentrado de la constitucionalidad de las leyes, por tanto, se puede situar en América Latina en las primeras constituciones que lo regularon como fue la de Venezuela de 1858, en la cual se atribuyó a la Corte Suprema de Justicia competencia para conocer de la *acción popular* de inconstitucionalidad de las leyes de las Legislaturas Provinciales, precisándose en el artículo 113.8 la competencia de la Corte para:

---

26   Véase E. García de Enterría, *La Constitución como norma y el Tribunal constitucional,* Madrid, 1985, p. 198.

27   Véase M. García Pelayo, "El Status del Tribunal constitucional", en *Revista Española de Derecho Constitucional,* N° 1, Madrid, 1981, p. 15.

"Declarar la nulidad de los actos legislativos sancionados por las Legislaturas Provinciales, a petición de cualquier ciudadano, cuando sean contrarios a la Constitución."

Esta atribución de la Corte Suprema se amplió a partir de la Constitución de 1893, respecto de todas las leyes, decretos y resoluciones inconstitucionales (art. 110.8), habiéndose recogido la competencia en todas las Constituciones del siglo XX hasta la vigente de 1999, donde se atribuye el control de constitucionalidad a la Sala Constitucional del Tribunal Supremo, como Jurisdicción Constitucional, respecto de los actos estatales dictados en ejecución directa e inmediata de la Constitución (leyes, decretos leyes, actos de gobierno, *interna corporis*).

En el caso de Colombia, igualmente, la competencia de la Corte Suprema de Justicia en materia de control de constitucionalidad se estableció por primera vez en la Constitución de 1886, respecto de los actos legislativos, en forma limitada y preventiva cuando hubiesen sido objetados por el Gobierno (arts. 88, 90 y 151, ord. 4°). Posteriormente, mediante el Acto Legislativo N° 3 de 31 de octubre de 1910 (reformatorio de la Constitución Nacional), el sistema concentrado colombiano de justicia constitucional adquirió plena consagración, al establecerse en el artículo 41, la *acción popular* de inconstitucionalidad, al atribuirse a la Corte Suprema de Justicia como "guardián de la integridad de la Constitución", competencia para:

"Decidir definitivamente sobre la exequibilidad de los actos legislativos que hayan sido objetados como inconstitucionales por el Gobierno, o sobre todas las leyes o decretos acusados ante ella por cualquier ciudadano como inconstitucionales, previa audiencia del Procurador General de la Nación."

La *acción popular* de inconstitucionalidad de las leyes, por tanto, tiene su antecedente en la Constitución venezolana de 1858 y en la Constitución colombiana de 1910; países en los cuales, como se ha visto, además, se previó el control difuso de la constitucionalidad de las leyes, consagrándoselo formalmente (*expressis verbis*) en *Venezuela* a partir de 1897 y en *Colombia*, en un breve período en 1887 y luego, a partir de 1910; configurándose así un sistema mixto o integral de control de la constitucionalidad, al cual se han ido orientando progresivamente los sistemas *latinoamericanos*.

Este es el caso, por ejemplo, además de Venezuela y Colombia, de Brasil, Perú, El Salvador y Guatemala. No obstante, algunos sistemas de América Latina, como el de Panamá, Uruguay y Paraguay, México y Honduras han permanecido exclusivamente concentrados, países donde sólo la Corte Suprema de Justicia tiene una jurisdicción exclusiva y original para declarar la inconstitucionalidad de las leyes.

3. *Algunas diferencias sustanciales entre los métodos difuso y concentrado*

En todo caso, globalmente, a la diferencia entre ambos sistemas de control, el difuso y el concentrado, fundamentalmente basada en el órgano judicial que lo ejerce, se suma la diferencia que en general existe respecto de los efectos legales que en cada caso produce la decisión de control. En los sistemas de control concentrado, cuando la decisión jurisdiccional es una consecuencia del ejercicio de una acción, en general, los efectos de tal decisión mediante la cual se anula la ley, son generales, con validez *erga omnes*[28]. La decisión, en este, en principio es prospectiva, ya que tiene consecuencias *ex nunc y pro futuro;* es decir, la ley anulada por inconstitucional es considerada como habiendo surtido efectos hasta su anulación por el Tribunal o hasta el momento que éste determine como consecuencia de la decisión. En este caso, por consiguiente, la decisión tiene efectos "constitutivos" ya que la ley se vuelve inconstitucional solamente con ocasión de la decisión.[29]

En cambio, en los sistemas de control difuso la decisión del juez en materia de inconstitucionalidad sólo tiene efectos *ínter partes*, de manera que la ley declarada inconstitucional en principio es nula y no surte ningún tipo de efectos para el caso concreto en relación con las partes en el mismo. Por ello, en este caso, la decisión, en principio es retroactiva en el sentido de que tiene consecuencias *ex tunc* o *pro pretaerito,* es decir, la ley declarada inconstitucional se considera como si nunca hubiera existido o nunca hubiera sido válida. Por ello, en estos casos la decisión tiene efectos declarativos, en el sentido de que declara la nulidad preexistente de la ley inconstitucional[30].

Esta distinción relativa a los efectos de la decisión judicial con respecto a la inconstitucionalidad de una ley, sin embargo, no es absoluta. Por un lado, si bien es cierto que en el sistema de control difuso la decisión surte efectos *inter partes,* cuando la decisión es adoptada por la Corte Suprema, como consecuencia de la doctrina *stare decisis* los efectos prácticos de la decisión son, de hecho, generales, en el sentido de que obliga a todos los Tribunales inferiores del país. Por ello, a partir del momento en que la Corte Suprema declara inconstitucional una ley, en principio, ningún otro Tribunal podría aplicarla.

Por otro lado, en sistemas de control concentrado de la constitucionalidad, cuando se adopta una decisión en una cuestión incidental de constitucionalidad, algunos sistemas constitucionales (Uruguay y Paraguay) han establecido que los efectos de la misma, en principio, sólo se relacionan con el proceso particular en el que se planteó la cuestión de constitucionalidad, y entre las partes de dicho proceso, aunque como hemos señalado, esa no es la regla general.

Por otra parte, en cuanto a los efectos declarativos o constitutivos de la decisión, o sus efectos retroactivos o prospectivos, el paralelismo absoluto entre los sistemas difuso y concentrado también ha desparecido. En los sistemas de control difuso de la constitucionalidad, aun cuando los efectos de las decisiones declarativas de inconstitucionalidad de la ley sean *ex tunc, pro pretaerito,* en la práctica, algunas excepciones en materia de derecho civil (protección de derechos adquiridos), han hecho que dicha invalidez de la ley no sea siempre retroactiva para La salvaguarda de derechos adquiridos. De la misma manera, en los sistemas de control concentrado de la constitucionalidad, aun cuando los efectos

---

[28] Véase Allan R. Brewer–Carías, *El control concentrado de la constitucionalidad...*, *cit.,* pp. 31 ss.

[29] Allan R. Brewer–Carías, *El control concentrado de la constitucionalidad...* , *cit.,* pp. 32 ss.

[30] Véase Allan R. Brewer–Carías, *Judicial Review in Comparative Law, cit.,* pp. 131 ss.

de las decisiones anulatorias de una ley por inconstitucionalidad en principio sean constitutivos, *ex nunc, pro futuro,* también en la práctica, algunas excepciones en casos regulados por el derecho penal, han hecho que dicha invalidez de la ley, pueda ser retroactiva en casos en los cuales beneficie del reo.

4. *Las garantías judiciales de los derechos fundamentales*

En el constitucionalismo moderno, particularmente en América Latina, además de los clásicos sistemas de justicia constitucional antes indicados, desde el siglo XIX se han desarrollado los medios específicos de protección judicial especialmente establecido para la protección de los derechos constitucionales, que son las acciones de amparo, tutela o protección y de habeas corpus, que pueden intentarse contra los agravios o amenazas infligidos contra los mismos por parte de autoridades y de particulares, cuyos procesos constitucionales concluyen normalmente con una orden judicial de amparo, protección o tutela de los derechos violados o amenazados de violación.[31]

Este medio judicial extraordinario de protección no sólo es una de las piezas más importantes del sistema constitucional latinoamericano, sino quizás la más "latinoamericana" de todas las que lo conforman, estando regulado en todos los países (excepto Cuba), en la Constitución. En todos os países donde se regula constitucionalmente el amparo y el habeas corpus, además, con excepción de Chile (donde está regulado por un auto acordado de la Corte Suprema), se han dictado leyes específicas para regularlos. En algunos casos, se trata de leyes específicas para regular exclusivamente la acción de amparo como sucede en Argentina, Brasil, Colombia, México, Nicaragua, Uruguay y Venezuela. En otros casos, la legislación dictada, además de regular la acción de amparo, también contiene regulaciones en relación con otros medios judiciales de protección de la Constitución, como las acciones de inconstitucionalidad y las acciones de habeas corpus y habeas data, como es el caso Bolivia, Guatemala, Perú, Costa Rica, Ecuador, El Salvador, Honduras y República Dominicana. Sólo en Panamá y en

---

31 Véase en general, desde el punto de vista comparado, Héctor Fix-Zamudio y Eduardo Ferrer Mac-Gregor (Coord.), *El derecho de amparo en el mundo*, Edit. Porrúa, México 2006; Allan R. Brewer-Carías, *El amparo a los derechos y libertades constitucionales. Una aproximación comparativa*, Cuadernos de la Cátedra de Derecho Público, N° 1, Universidad Católica del Táchira, San Cristóbal 1993, 138 pp.; también publicado por el Instituto Interamericano de Derechos Humanos, (Curso Interdisciplinario), San José, Costa Rica, 1993, (mimeo), 120 pp. y en *La protección jurídica del ciudadano. Estudios en Homenaje al Profesor Jesús González Pérez*, Tomo 3, Editorial Civitas, Madrid 1993, pp. 2.695-2.740; Allan R. Brewer-Carías, *Mecanismos nacionales de protección de los derechos humanos (Garantías judiciales de los derechos humanos en el derecho constitucional comparado latinoamericano)*, Instituto Interamericano de Derechos Humanos, San José 2005; *Constitucional Protection of Human Rights in Latin America. A Comparative Law Study on the amparo proceeding*, Cambridge University Press, New York, 2008; y "Ensayo de síntesis comparativa sobre el régimen del amparo en la legislación latinoamericana," en *Revista Iberoamericana de Derecho Procesal Constitucional*, n° 9 enero-junio 2008, Editorial Porrúa, Instituto Iberoamericano de Derecho Procesal Constitucional, México 2008, pp. 311-321.

Paraguay el proceso de amparo está regulado en un Capítulo especial en los respectivos Códigos de procedimiento: el Código Judicial en panamá y el Código de Procedimiento Civil en Paraguay.

En la gran mayoría de los países latinoamericanos, además de la acción de amparo, las Constituciones en general han regulado el recurso de habeas corpus como medio judicial aparte para la protección de la libertad e integridad personales. Es el caso de Argentina, Bolivia (acción de libertad), Brasil, Colombia, Costa Rica, Chile, República Dominicana, Ecuador, El Salvador, Honduras, Nicaragua, Panamá, Paraguay, Perú y Uruguay; de manera que sólo en algunas Constituciones como la de Guatemala, México y Venezuela, el proceso de amparo está concebido como una acción para la protección de todos los derechos y libertades constitucionales, incluyendo la libertad personal, en cuyo caso el habeas corpus es considerado como un tipo de acción de amparo, denominado por ejemplo como acción de exhibición personal (Guatemala) o amparo para la protección de la libertad personal (Venezuela).

Por otra parte, más recientemente, en algunos países como Argentina, Bolivia, Ecuador, Paraguay, Perú y Venezuela, además de la acción de amparo y de la de habeas corpus, las Constituciones han establecido otra acción distinta, llamada de habeas data (o protección de privacidad), mediante la cual las personas pueden formular peticiones para obtener información sobre sí mismas que estén contenidas en archivos, registros y bancos de datos, públicos o privados, y en caso de información falsa, errada o discriminatoria, pueden solicitar su eliminación, confidencialidad o corrección.

Como resultado de todo este proceso protectivo de los derechos humanos, en la actualidad, las regulaciones constitucionales en la materia en América Latina, se han configurado en tres formas diferentes:

En primer lugar, previendo tres recursos o acciones diferentes, el *amparo, el habeas corpus y el habeas data*, como sucede en Argentina, Brasil, Bolivia (acción de protección de privacidad), Ecuador, Paraguay, Perú y República Dominicana;

En segundo lugar, estableciendo dos recursos diferentes, por una parte el *amparo y el habeas corpus*, como es el caso en Colombia, Costa Rica, Chile, El Salvador, Honduras, Nicaragua, Panamá y Uruguay; y por la otra, el *amparo y el habeas data*, como es el caso de Venezuela; y

En tercer lugar, regulando un solo recurso o acción de *amparo,* comprendiendo en el mismo la protección de la libertad personal, como es el caso de Guatemala, México y Venezuela.

III. NECESARIA REFERENCIA AL CONTROL DE CONVENCIONALIDAD

En el derecho constitucional contemporáneo, además de los sistemas clásicos de justicia constitucional que se han desarrollado en los diversos países, y que siempre podemos decir que giran en torno a los dos métodos, concentrado y difuso de control de constitucionalidad, a los cuales como se ha indicado se suman las garantías judiciales de los derechos fundamentales (amparo habeas corpus); con ocasión del proceso de internacionalización de la constitucionalización de los derechos humanos que se ha producido durante las últimas décadas, llevando los derechos fundamentales a ser parte del derecho internacional contemporáneo, los mismos, además de encontrar su marco de protección en el orden interno mediante los procesos de amparo, protección o tutela y habeas corpus tanto por parte de los tribunales ordinarios o ante una Corte Suprema o una Corte constitucional especial[32], han venido siendo protegidos a través del denominado control de convencionalidad[33] en aplicación de la Convención Americana sobre Derechos Humanos.[34]

Ese control de convencionalidad, en efecto, ha sido y es el control que usualmente ha ejercido y ejerce la Corte Interamericana de Derechos Humanos en sus sentencias, cuando al juzgar las violaciones a los derechos fundamentales declarados en la Convención Americana cometidas por los actos u omisiones de los Estados, ha tenido que confrontar las normas de la misma con las previsiones del derecho interno, de manera que en los casos en los cuales ha encontrado que éstas son contrarias o incompatibles con aquella, ha ordenado a los Estados realizar la corrección de la inconvencionalidad necesaria, para garantizar los derechos, por ejemplo, modificando la norma cuestionada.[35]

---

32 Véase en general sobre el amparo en el derecho comparado: Allan R. Brewer-Carías, *Constitutional protection of human rights in Latin America. A Comparative Study of the Amparo Proceedings*, Cambridge University Press, New York 2008.

33 Véase Ernesto Rey Cantor, Control de Convencionalidad de las Leyes y Derechos Humanos, México, Editorial Porrúa-Instituto Mexicano de Derecho Procesal Constitucional, 2008; Juan Carlos Hitters, "Control de constitucionalidad y control de convencionalidad. Comparación," en Estudios Constitucionales, Centro de Estudios Constitucionales de Chile, Universidad de Talca, Año 7, Nº 2, 2009, pp. 109-128; Susana Albanese (Coordinadora), El control de convencionalidad, Buenos Aires, Ed. Ediar, 2008; Eduardo Ferrer Mac-Gregor, "El control difuso de convencionalidad en el Estado constitucional", en Fix-Zamudio, Héctor, y Valadés, Diego (Coordinadores), Formación y perspectiva del Estado mexicano, México, El Colegio Nacional-UNAM, 2010, pp. 151-188; Eduardo Ferrer Mac-Gregor, "Interpretación conforme y control difuso de convencionalidad el nuevo paradigma para el juez mexicano," en Derechos Humanos: Un nuevo modelo constitucional, México, UNAM-IIJ, 2011, pp. 339-429; Carlos Ayala Corao, Del diálogo jurisprudencial al control de convencionalidad, Editorial Jurídica venezolana, Caracas 2013, pp. 113 y ss. V., además, Jaime Orlando Santofimio y Allan R. Brewer-Carías, *Control de convencionalidad y responsabilidad del Estado*, Universidad Externado de Colombia, Bogotá 2013.

34 Véase en el mismo sentido, Karlos A. Castilla Juárez, "El control de convencionalidad. Un nuevo debate en México a partir de la sentencia del caso Radilla Pacheco", en Eduardo Ferrer Mac Gregor (Coordinador), *El control difuso de convencionalidad. Diálogo entre la Corte Interamericana de Derechos Humanos y los jueces nacionales*, FUNDAp, Querétaro, México 2012, pp. 83-84

35 Por ello, el juez Eduardo Ferrer Mac-Gregor ha señalado que el "control concentrado de convencionalidad" lo venía realizando la Corte IDH desde sus primeras sentencias, sometiendo a un examen de convencionalidad los actos y normas de los Estados en un caso particular". Véase su Voto razonado a la sentencia de la Corte Interamericana en el caso Cabrera García y Montiel Flores vs. México de 26 de noviembre de 2010 (Párr. 22), en http://www.corteidh.or.cr/docs/casos/articulos/seriec_220_esp.pdf. También ha dicho con razón que "el control de convencionalidad constituye la razón de ser de la Corte Interamericana. V., en Eduardo Ferrer Mac

Pero lo importante en esta materia es que ese también ha sido el control que han ejercido y ejercen los jueces o tribunales nacionales cuando han juzgado sobre la validez de los actos del Estado al confrontarlos no sólo con la Constitución respectiva de cada Estado (control de constitucionalidad), sino con el elenco de derechos humanos y de obligaciones de los Estados contenidos en la Convención Americana, o al aplicar las decisiones vinculantes de la Corte Interamericana, decidiendo en consecuencia, conforme a sus competencias, la anulación de las normas nacionales o su desaplicación en el caso concreto.

El tema, si bien era de siempre, sin embargo solo no se visualizó completamente cuarenta años después de que la Convención Americana fuera suscrita (1969), gracias a la importante conceptualización efectuada en 2003 por el juez Sergio García Ramírez de la Corte Interamericana de Derechos Humanos, quien captó en sus propios contornos el significado del control que la propia Corte y los jueces y tribunales nacionales venían ejerciendo con anterioridad con respecto de las previsiones de la Convención.

En esta materia, por tanto, lo que realmente es nuevo ha sido, por una parte, la afortunada acuñación de un término "control de convencionalidad,"[36] que Sergio García Ramírez propuso en su Voto razonado a la sentencia del caso *Myrna Mack Chang vs. Guatemala*, de 25 de noviembre de 2003;[37] y por la otra,

---

Gregor, "Interpretación conforme y control difuso de convencionalidad. El nuevo paradigma para el juez mexicano", en Eduardo Ferrer Mac Gregor (Coordinador), *El control difuso de convencionalidad. Diálogo entre la Corte Interamericana de Derechos Humanos y los jueces nacionales*, FUNDAp, Querétaro, México 2012, p. 132.

36   Como lo ha destacado Juan Carlos Hitters, "Claro está que cuando se utiliza la terminología de control de convencionalidad, no se quiere decir que recién a partir del citado asunto la Corte IDH haya ejercido tal potestad, porque desde siempre el cuerpo hace una comparación entre ambos esquemas, destacando por supuesto la prioridad de la regla supranacional; lo que en verdad ha sucedido es que desde ese momento se utiliza tal fraseología". *V.*, Juan Carlos Hitters, "Control de constitucionalidad y control de convencionalidad. Comparación," en *Estudios Constitucionales*, Centro de Estudios Constitucionales de Chile, Universidad de Talca, Año 7, N° 2, 2009, pp. 109-128.

37   Véase Voto Concurrente Razonado del Juez Sergio García Ramírez a la sentencia en el caso Myrna Mack Chang vs. Guatemala, de 25 de noviembre de 2003, Serie C N° 101, http://www.corteidh.or.cr/docs/casos/articulos/seriec_101_esp.pdf, donde se refirió al "'control de convencionalidad' que trae consigo la jurisdicción de la Corte internacional" (Párr. 27). *V.*, el comentario del propio Sergio García Ramírez sobre dicho voto y la evolución de su aporte al desarrollo de la noción en Sergio García Ramírez, "El control judicial interno de convencionalidad," en Eduardo Ferrer Mac Gregor (Coordinador), *El control difuso de convencionalidad. Diálogo entre la Corte Interamericana de Derechos Humanos y los jueces nacionales*, FUNDAp, Querétaro, México 2012, pp. 230 ss. *V.*, igualmente los comentarios a los criterios de García Ramírez en Karlos A. Castilla Juárez, "El control de convencionalidad. Un nuevo debate en México a partir de la sentencia del caso Radilla Pacheco," en Eduardo Ferrer Mac Gregor (Coordinador), *El control difuso de convencionalidad. Diálogo entre la Corte Interamericana de Derechos Humanos y los jueces nacionales*, FUNDAp, Querétaro, México 2012, pp. 87 y ss.

la clarificación de que dicho control de convencionalidad se efectúa en dos vertientes, dimensiones o manifestaciones, por un lado a nivel internacional por la Corte Interamericana, y por el otro, en el orden interno de los países, por los jueces y tribunales nacionales[38]. Estas dos vertientes las han identificado: Sergio García Ramírez distinguiendo entre lo que llama "el control propio, original o externo de convencionalidad" que ejerce la Corte Interamericana, y el "control interno de convencionalidad" que ejercen los tribunales nacionales;[39] y Eduardo Ferrer Mac Gregor, distinguiendo entre el llamado "control concentrado" de convencionalidad" que ejerce la Corte Interamericana, en sede internacional, y el "control difuso" de convencionalidad, a cargo de los jueces nacionales, en sede interna[40].

Estas dos vertientes, por otra parte las precisó el propio Juez García Ramírez en 2004, en otro Voto razonado a la sentencia del *Caso Tibi vs. Ecuador* de 7 de diciembre de 2004, cuando efectuó la comparación entre el control de constitucionalidad y el control de convencionalidad, considerando en cuanto a la función de la Corte Interamericana, que la misma se semejaba a la de los tribunales constitucionales cuando juzgan la inconstitucionalidad de las leyes y demás actos normativos conforme a las reglas, principios y valores constitucionales; agregando que dicha Corte analiza los actos de los Estados que llegan a su conocimiento "en relación con normas, principios y valores de los tratados en los que funda su competencia contenciosa;" y que si bien "los tribunales constitucionales controlan la 'constitucionalidad', el tribunal internacional de derechos humanos resuelve acerca de la 'convencionalidad' de esos actos."[41]

---

38 Algunos autores, sin embargo, niegan que existan estas dos vertientes en el control de convencionalidad, argumentando que el mismo está reservado a la Corte Interamericana, negando la posibilidad de que los jueces y tribunales nacionales lleven a cabo dicho control. Karlos A. Castilla Juárez, "El control de convencionalidad. Un nuevo debate en México a partir de la sentencia del caso Radilla Pacheco", en Eduardo Ferrer Mac Gregor (Coordinador), *El control difuso de convencionalidad. Diálogo entre la Corte Interamericana de Derechos Humanos y los jueces nacionales*, FUNDAp, Querétaro, México 2012, pp. 88 y ss.

39 Véase Sergio García Ramírez, "El control judicial interno de convencionalidad", en Eduardo Ferrer Mac Gregor (Coordinador), *El control difuso de convencionalidad. Diálogo entre la Corte Interamericana de Derechos Humanos y los jueces nacionales*, FUNDAp, Querétaro, México 2012, p. 213.

40 Véase Eduardo Ferrer Mac Gregor, "Interpretación conforme y control difuso de convencionalidad. El nuevo paradigma para el juez mexicano", en Eduardo Ferrer Mac Gregor (Coordinador), *El control difuso de convencionalidad. Diálogo entre la Corte Interamericana de Derechos Humanos y los jueces nacionales*, FUNDAp, Querétaro, México 2012, p. 132.

41 Voto razonado del Juez Sergio García Ramírez a la sentencia en el caso *Tibi Vs. Ecuador*, Sentencia de 7 de septiembre de 2004, Serie C Nº 114 (Párr. 3), en http://www.corteidh. or.cr/docs/casos/articulos/seriec_114_esp.pdf. Véanse los comentarios sobre las dos vertientes del control de convencionalidad en Víctor Bazan y Claudio Nash (Editores), *Justicia Constitucional y derechos Fundamentales. El Control de Convencionalidad 2011*, Centro de Derechos Humanos Universidad de Chile, Konrad Adenauer Stiftung, 2011, pp. 24, 59; y Víctor Bazán, "Estimulando sinergias: de diálogos jurisprudenciales y control de convencionalidad", en Eduardo

Por otra parte, en cuanto al control de constitucionalidad que realizan los tribunales nacionales en el orden interno, de acuerdo con lo expresado por el mismo García Ramírez, estos "procuran conformar la actividad del poder público y, eventualmente, de otros agentes sociales, al orden que entraña el Estado de Derecho en una sociedad democrática," en cambio, "el tribunal interamericano, por su parte, pretende conformar esa actividad al orden internacional acogido en la Convención fundadora de la jurisdicción interamericana y aceptado por los Estados partes en ejercicio de su soberanía."[42]

A raíz de estas reflexiones quedó claro en el derecho internacional de los derechos humanos que bajo la misma denominación de "control de convencionalidad" se han venido ejerciendo dos tipos de controles, por dos tipos de órganos jurisdiccionales distintos ubicados en niveles diferentes, uno en el ámbito internacional y otros en el ámbito nacional.

En particular, en cuanto al control de convencionalidad que se ejerce en el ámbito interno que es el que nos interesa destacar, es importante señalar que el mismo difiere del control de constitucionalidad, al punto de que incluso, en el desarrollo del control de convencionalidad en la doctrina establecida por la Corte Interamericana, no se supedita ni se puede supeditar dicho control a la existencia o no de un determinado sistema de justicia constitucional que se pueda haberse desarrollado en cada país.

Es decir, se trata de dos controles distintos, con objetos distinto, de manera que por ejemplo, en los países en los cuales no existe un control difuso de la constitucionalidad como es el caso de Panamá (y también de Bolivia, Chile, Costa Rica, El Salvador, Honduras, Panamá. Paraguay y Uruguay), nada debe impedir que los jueces y tribunales ordinarios a los cuales se tienen que aplicar directamente las previsiones de la Convención Americana, que puedan ejercer el control difuso de convencionalidad. Es decir, nada autoriza, salvo que ello esté previsto en la Constitución, a sostener que en los países con sistema de justicia constitucional concentrada, el control de convencionalidad no lo puedan ejercer los tribunales ordinarios y que el mismo sólo pueda aplicarse por la Corte Suprema de Justicia o el Tribunal Constitucional.[43]

Ferrer Mac Gregor (Coordinador), *El control difuso de convencionalidad. Diálogo entre la Corte Interamericana de Derechos Humanos y los jueces nacionales*, FUNDAp, Querétaro, México 2012, pp. 14 ss.

42 Voto razonado del Juez Sergio García Ramírez a la sentencia en el caso *Tibi vs. Ecuador*, Sentencia de 7 de septiembre de 2004, Serie C N° 114 (Párr. 4), en http://www.corteidh. or.cr/docs/casos/articulos/seriec_114_esp.pdf.

43 Como por ejemplo en relación con Chile, Humberto Noguera Alcalá, hace depender el control de convencionalidad del control de constitucionalidad, considerando que en dicho país, el control de convencionalidad sólo lo puede ejercer el órgano que ejerce el control de constitucionalidad que en ese caso es de carácter concentrado, que es el Tribunal Constitucional. *Véase* Humberto Noguera Alcalá, "Los desafíos del control de convencionalidad del *corpus iuris interamericano*. Para los tribunales nacionales, en especial, para los Tribunales Constitucionales," en Eduardo Ferrer Mac Gregor (Coordinador), *El control difuso de convencionalidad. Diálogo entre la Corte Interamericana de Derechos Humanos y los jueces nacionales*, FUNDAp, Querétaro, México 2012, pp. 354, 363.

Al contrario, como lo ha señalado Néstor Pedro Sagües, todos los jueces en el ámbito interno deben ejercer el control de convencionalidad aun cuando "no se encuentren habilitados para declarar la inconstitucionalidad," por ejemplo de una regla del Código Civil," pues "de todos modos tienen, en el máximo esfuerzo posible, que modularla y hacerla operar conforme y no contra, a la Constitución Local."[44]

En mi criterio, en todo caso, en el marco de la Convención Americana de Derechos Humanos, todos los jueces nacionales tienen competencia para ejercer el control de convencionalidad, lo que significa que aún en los países que tienen un sistema concentrado de control de constitucionalidad como Panamá, todos los jueces y tribunales tienen la obligación de aplicar la Convención Americana y por ello están llamados a ejercer el control difuso de convencionalidad, lo que implica que en caso de incompatibilidad o conflicto entre una norma interna que deban aplicar para resolver un caso concreto y normas de la Convención Americana, deben dar preferencia a éstas y desaplicar las normas de derecho interno contrarias a la Convención. Dicho control de convencionalidad que los jueces deben ejercer, por supuesto, lo deben realizar, como lo precisó la Corte Interamericana, "en el marco de sus respectivas competencias y de las regulaciones procesales pertinentes." Ello es, de acuerdo con su competencia por la materia, el grado y el territorio que tengan en el ámbito interno, sin que en ello tenga ningún condicionante la competencia que puedan tener en materia de control de constitucionalidad, que es otra cosa.

Por tanto, no estamos de acuerdo que en materia de control de convencionalidad, se pueda afirmar, como lo hizo por ejemplo la Suprema Corte de México en sentencias de diciembres de 2011, en el sentido de que el ejercicio de este control difuso de convencionalidad "deberá adecuarse al modelo de control de constitucionalidad existente en nuestro país" o que "debe ser acorde con el modelo general de control establecido constitucionalmente."[45]

La afirmación tiene importantes consecuencias en México y otros países como Panamá, Costa Rica o Chile, donde sólo existe un sistema de control concentrado de constitucionalidad que ejerce en exclusiva la Corte Suprema y no existe

---

[44] Véase Néstor Pedro Sagües, "El 'control de convencionalidad' en el sistema interamericano y sus anticipos en el ámbito de los derechos económico–sociales. Concordancias y diferencias con el sistema europeo," en Eduardo Ferrer Mac Gregor (Coordinador), *El control difuso de convencionalidad. Diálogo entre la Corte Interamericana de Derechos Humanos y los jueces nacionales,* FUNDAp, Querétaro, México 2012, p. 426.

[45] Véase las sentencias en Alfonso Jaime Martínez Lazcano, "Control difuso de convencionalidad en México," en Boris Barrios González (Coordinador), *Temas de Derecho Procesal Constitucional Latinoamericano, Memorias I Congreso panameño de Derecho Procesal Constitucional* y *III Congreso Internacional Proceso y Constitución,* Panamá 2012, pp. 209– 210. Véase igualmente las referencias en Víctor Bazán y Claudio Nash (Editores), *Justicia Constitucional y derechos Fundamentales. El Control de Convencionalidad 2011,* Centro de Derechos Humanos Universidad de Chile, Konrad Adenauer Stiftung, 2011, pp. 41, 80.

control difuso de constitucionalidad,[46] lo que podría llevar a la conclusión que los jueces en general no podrían ejercer el control de convencionalidad. [47]

Esta ha sido por ejemplo, la conclusión a la que llegó el magistrado Jerónimo Mejía Edwards de la Corte Suprema de Panamá, al indicar que el control de convencionalidad en el ámbito interno debe ejercerse "a la luz del sistema de constitucionalidad previsto en el país"[48] o "a la luz de las disposiciones internas que reglamentan el control de constitucionalidad de las leyes y demás actos del Estado,"[49] concluyendo en mi criterio sin fundamento ni en la Constitución ni en la Convención, que tratándose en el caso de Panamá de un sistema completamente concentrado de control de constitucionalidad, el control de convencionalidad solo puede ejercerse "a través de esos mecanismos que se efectúa el control de constitucionalidad" pudiendo los jueces en caso de encontrar una incompatibilidad entre una ley y la Convención Americana, solamente elevar la consulta respectiva ante la Corte Suprema de Justicia para que sea ésta la que ejerza el control de convencionalidad.[50]

---

[46] Véase Allan R. Brewer–Carías, "El sistema panameño de justicia constitucional a la luz del Derecho Comparado," en *Revista Novum Ius*, Edicion Nº 15º, Editada por los Miembros de la Asociación Nueva Generación Jurídica publicación estudiantil de la Facultad de Derecho y Ciencias Políticas de la Universidad de Panamá, Panamá, 2010. pp. 130–168.

[47] Como se señaló, así lo considera por ejemplo respecto de Chile, *Véase* Humberto Noguera Alcalá, "Los desafíos del control de convencionalidad del *corpus iuris interamericano*. Para los tribunales nacionales, en especial, para los Tribunales Constitucionales," en Eduardo Ferrer Mac Gregor (Coordinador), *El control difuso de convencionalidad. Diálogo entre la Corte Interamericana de Derechos Humanos y los jueces nacionales,* FUNDAp, Querétaro, México 2012, pp. 354, 363.

[48] *Véase* Jerónimo Mejía Edwards, "Control de constitucionalidad y convencionalidad en Panamá," en Boris Barrios González (Coordinador), *Temas de Derecho Procesal Constitucional Latinoamericano, Memorias I Congreso panameño de Derecho Procesal Constitucional y III Congreso Internacional Proceso y Constitución*, Panamá 2012, pp. p. 258.

[49] *Ídem*, p. 261.

[50] *Ídem*, 261–263. Debe señalarse, sin embargo, que en estos casos de países en los cuales no existe control difuso de la constitucionalidad de las leyes, el propio juez Eduardo Ferrer Mac Gregor, quién también ha contribuido al desarrollo conceptual de los contornos del control de convencionalidad en nuestros países, particularmente en su Voto razonado a la sentencia de la Corte Interamericana en el caso *Cabrera García y Montiel Flores v. México* de 26 de noviembre de 2010, ha estimado que en esos casos en los cuales el control de convencionalidad es ejercido por los jueces y tribunales en países en los cuales no existe control difuso de constitucionalidad, se trata de un control de "menor intensidad" quedando limitado el juez, en esos casos, a sólo producir "interpretaciones conformes" a la Convención, sin poder decidir sobre la inaplicabilidad de normas cuando son inconvencionales. Véase Eduardo Ferrer Mac Gregor, Voto razonado a la sentencia caso *Cabrera García y Montiel Flores vs. México* de 26 de noviembre de 2010 (Párr. 37), en http://www.corte-idh.or.cr/docs/casos/articulos/seriec_220_esp.pdf El mismo juez Ferrer Mac Gregor ha agregado: "En caso de incompatibilidad absoluta, donde no exista "interpretación convencional" posible, si el juez carece de facultades para desaplicar la norma, se

Estimamos, al contrario, en relación con este control difuso de convencionalidad que ha definido la jurisprudencia de la Corte Interamericana para ser ejercido en el ámbito interno, el mismo "implica que todos los jueces, sin distinción, pueden ejercerlo,"[51] independientemente de que el sistema de justicia constitucional no admita el ejercicio del control difuso de constitucionalidad, por parte de los jueces ordinarios.[52]

Es sin duda útil hacer la comparación entre el sistema de control de constitucionalidad y el control de convencionalidad, como lo hizo en su momento el juez García Ramírez, pero en nuestro criterio, por ser distintos ambos controles,[53] ello no autoriza a hacer depender el funcionamiento del último respecto de lo que se establezca en el primero.

---

limitará a señalar la inconvencionalidad de la misma o, en su caso, "plantear la duda de inconvencionalidad" ante otros órganos jurisdiccionales competentes dentro del mismo sistema jurídico nacional que puedan ejercer el "control de convencionalidad" con mayor intensidad. Así, los órganos jurisdiccionales revisores tendrán que ejercer dicho "control" y desaplicar la norma o bien declarar la invalidez de la misma por resultar inconvencional (Párr. 39), *Ídem*. *Véase* igualmente en Eduardo Ferrer Mac Gregor, "Interpretación conforme y control difuso de convencionalidad. El nuevo paradigma para el juez mexicano," en Eduardo Ferrer Mac Gregor (Coordinador), *El control difuso de convencionalidad. Diálogo entre la Corte Interamericana de Derechos Humanos y los jueces nacionales),* FUNDAp, Querétaro, México 2012, pp. 110, 123, 147, 148.

[51] Véase Alfonso Jaime Martínez Lazcano, "Control difuso de convencionalidad en México," en Boris Barrios González (Coordinador), *Temas de Derecho Procesal Constitucional Latinoamericano, Memorias I Congreso panameño de Derecho Procesal Constitucional y III Congreso Internacional Proceso y Constitución*, Panamá 2012, p.201.

[52] Véase las dudas y discusión sobre esta posibilidad de que todos los jueces ejerzan en el ámbito interno el control de convencionalidad aún cuando el sistema de control de constitucionalidad adoptado no los autorice a ejercer el control difuso de constitucionalidad, en Aylín Ordóñez reyna, "Apuntes a Él control de convencionalidad: incógnitas, desafíos y perspectivas' de Víctor Bazán, en Víctor Bazan y Claudio Nash (Editores), *Justicia Constitucional y derechos Fundamentales. El Control de Convencionalidad 2011*, Centro de Derechos Humanos Universidad de Chile, Konrad Adenauer Stiftung, 2011, pp. 75, 76 81.

[53] *Véase* Claudio Nash Rojas, "Comentarios al trabajo de Víctor Bazán: 'El control de convencionalidad: incógnitas, desafíos y perspectivas'," en Víctor Bazán y Claudio Nash (Editores), *Justicia Constitucional y derechos Fundamentales. El Control de Convencionalidad 2011*, Centro de Derechos Humanos Universidad de Chile, Konrad Adenauer Stiftung, 2011, p. 65.

IV. ALGUNAS CARACTERÍSTICAS DEL SISTEMA PANAMEÑO EXCLUSIVAMENTE CONCENTRADO DE CONTROL DE CONSTITUCIONALIDAD

1. *Antecedentes*

Ahora bien, en contraste con la variedad de los sistemas de justicia constitucional que antes hemos destacado, la Constitución de Panamá de 2004, siguiendo la orientación de la de 1972 reformada en 1978, 1983 y 1994, en sus artículos 171 y 206.1, establece las bases de uno de los sistemas más concentrados, excluyentes y amplios de control de la constitucionalidad que existen en el derecho comparado,[54] -aun cuando no necesariamente más garantista– al atribuir a la Corte Suprema de Justicia la guarda de la integridad de la Constitución y, como consecuencia, el poder exclusivo para conocer y decidir sobre la inconstitucionalidad de *todos los actos estatales,* excluyendo completamente toda posibilidad de control difuso de la constitucionalidad de las leyes por parte de los tribunales ordinarios, así como el control de constitucionalidad sobre los actos administrativos por parte de la Sala tercera de la misma Corte Suprema.

Este sistema tuvo en realidad su origen en la Constitución de 1941, donde se incorporó una previsión expresa (artículo 188) atribuyendo la competencia a la Corte Suprema, sin duda inspirada en el artículo 149 de la Constitución colombiana cuyo texto resultó de la reforma constitucional establecida mediante el Acto Legislativo N° 3 de 1910 (artículo 41), y que atribuyó a la Corte Suprema de Justicia, pero sin tener en cuenta que para ese momento el sistema colombiano ya era de carácter mixto o integral al haberse establecido en el mismo texto de 1910, en paralelo al control concentrado, el control difuso mediante el cual se atribuyó también a todos los tribunales la potestad de anular las leyes inconstitucionales.

Con anterioridad a la Constitución de 1941, la Constitución de 1904 no contenía previsión alguna sobre atribución de la Corte Suprema en materia de control de la constitucionalidad de las leyes y demás actos estatales, la cual en cambio establecía normas expresas derivadas del principio de la supremacía constitucional, como la contenida en el artículo 48 que prohibía "a la Asamblea Nacional dictar leyes que disminuyan, restrinjan o adulteren cualquiera de los derechos individuales consignados" en la Constitución.

---

[54]   *Véase Allan R. Brewer-Carías,* "El sistema panameño de justicia constitucional a la luz del Derecho Comparado," en *Revista Novum Ius,* Edicion N° 15°, Editada por los Miembros de la Asociación Nueva Generación Jurídica publicación estudiantil de la Facultad de Derecho y Ciencias Políticas de la Universidad de Panamá, Panamá, 2010. pp. 130-168; "El sistema panameño de control concentrado de constitucionalidad en el Derecho Comparado" en *Registro Judicial,* Publicación del Órgano Judicial de la República de Panamá, Panamá, Enero 1997, pp. i-xxii; y Febrero 1997, pp. i-xxvi; "El sistema panameño de control concentrado de constitucionalidad en el Derecho Comparado" en *El Nuevo Derecho Constitucional Latinoamericano, IV Congreso Venezolano de Derecho Constitucional,* Volumen II, Fundación Konrad Adenauer, Asociación Venezolana de Derecho Constitucional, Caracas, 1996, pp. 889-974.

Fue sin duda, con fundamento en ese principio de la supremacía constitucional, que puede decirse que en Panamá, en sus inicios, se desarrolló en los textos legales la base del control difuso de la constitucionalidad, sin texto constitucional expreso, para lo cual, los jueces podían encontrar apoyo legal en dos normas fundamentales del Código Civil y del Código Judicial de la época.

En efecto, el artículo 12 del Código Civil, se establecía y aún establece:

"*Art. 12*. Cuando haya incompatibilidad entre una disposición constitucional y una legal, se preferirá aquélla."

Por su parte el artículo 4 del Código Judicial disponía:

Art. 4. Es prohibido a los funcionarios del orden judicial aplicar en la administración de justicia, leyes, acuerdos municipales o decretos del Poder Ejecutivo que sea contrarios a la Constitución."

Estas normas, por supuesto, formalizaban en Panamá la base del sistema de control difuso de la constitucionalidad que se desarrolló en casi toda América Latina, con algunas excepciones como en Uruguay y Paraguay. Este sistema, sin embargo, fue duramente criticado por algunos autores como Eusebio A. Morales y José D. Moscote[55], resumiéndose esas críticas por Carlos Pedreschi según el cual, el sistema "estaba cargado de inconvenientes y deficiencias" pues dejaba en manos de cualquier funcionario judicial la trascendental función de interpretar los preceptos constitucionales, considerándose que creaba, a la vez "cierta amargura... al legitimar tantas interpretaciones de la Constitución como jueces existieran en la República."[56]

Esta crítica, en realidad, solo podría justificarse basándose quizás en la realidad del funcionamiento en el momento del Poder Judicial en Panamá, pero lo cierto es que no puede erigirse en apreciación general y objetiva, pues ello sería la negación del sistema de control difuso de la constitucionalidad de las leyes, que es el más difundido en el mundo.

En todo caso, las propuestas formuladas por Morales y Moscote fueron las que en definitiva se impusieron en la reforma constitucional de 1941, cuyo artículo 188, en parte, como se dijo, se inspiró en el texto constitucional colombiano derivado de la reforma de 1910, ignorando que en la misma se estableció en Colombia un sistema mixto de control de la constitucionalidad, a la vez difuso y concentrado. Es decir, la reforma panameña de 1941, sólo tomó en cuenta el

---

[55]. Véase Eusebio A. Morales "Leyes Inconstitucionales", en *Ensayos, Documentos y Discursos,* Panamá 1928, Tomo I, p. 221; y José D. Moscote, *Introducción al Estudio de la Constitución*, Panamá 1929, p. 116. Citados por César A. Quintero, "La jurisdicción constitucional en Panamá", en Jorge Fábrega P. (Compilador), *Estudios de Derecho Constitucional Panameño,* Panamá, 1987, pp. p. 818 y 819 y Jorge Fábrega P., "Derecho Constitucional Procesal Panameño" en Jorge Fábrega P. (Compilador), *Estudios de Derecho Constitucional Panameño*, Panamá 1987, pp. 897 a 899.

[56]. Carlos B. Pedreschi, *El control de la constitucionalidad en Panamá*, Madrid, 1965, pp. 155, citado por César A. Quintero, "La jurisdicción constitucional en Panamá", en Jorge Fábrega P., *cit.*, p. 818.

sistema concentrado que atribuía a la Corte Suprema la guarda de la Constitución, desechando el sistema de control difuso de la constitucionalidad que también preveía la Constitución colombiana.

2. El sistema de justicia constitucional totalmente concentrado

De lo anterior resultó, por tanto, que la configuración del sistema panameño de control de la constitucionalidad no pueda considerarse como un sistema mixto[57], pues dentro de sus componentes no hay, técnicamente, ningún elemento de control difuso de la constitucionalidad de las leyes que permita a cualquier juez, incluso al llamado a decidir una acción de habeas corpus o amparo, desaplicar una ley o acto normativo en la decisión del caso concreto por razones de inconstitucionalidad. El sistema mixto o integral de control de constitucionalidad, en efecto, es aquél en el cual se combina el método concentrado con el método difuso de control de constitucionalidad, como ha sido el modelo tradicional que desde el siglo XIX se ha aplicado en Venezuela y Colombia,[58] y que también funciona en Guatemala, Perú, Brasil, y El Salvador. En el sistema mixto, además, se establece en paralelo con el control concentrado y el control difuso, las garantías judiciales específicas para la protección de los derechos constitucionales a través de la acción de amparo o de tutela, cuyo conocimiento corresponde como en Panamá, a todos los tribunales, generalmente de primera instancia.

Los autores panameños que calificaron el sistema de control de constitucionalidad como sistema mixto, en su momento lo hicieron al señalar que el sistema concentrado de justicia constitucional, coexistía con la consagración de las acciones de habeas corpus y amparo, cuyo conocimiento corresponde a todos los tribunales ordinarios[59]. En realidad, la existencia de garantías judiciales de los derechos constitucionales mediante las acciones de habeas corpus, amparo (tutela o protección), habeas data o los medios judiciales ordinarios (writs, référés,

---

57. En el pasado así fue considerado por Arturo Hoyos, "El control judicial y el bloque de constitucionalidad en Panamá", Boletín del Instituto de Investigaciones Jurídicas, N° 75, UNAM México 1992, págs. 788 y 789; Arturo Hoyos, "La justicia constitucional en Panamá: estructura y evolución reciente", en Contribuciones (Estado de Derecho), Fundación Konrad Adenauer, N° 2, Buenos Aires, 1994, p. 184; Arturo Hoyos, La interpretación constitucional., Edit. Temis, Bogotá, p. 8. Hoyos se ha apartado de esa consideración en su trabajo: "La justicia constitucional en Panamá. Una apretada síntesis," en las ediciones Biblioteca Jurídica Virtual, UNAM, en http://biblio.juridicas.unam.mx/libros/6/2894/23.pdf

58. Véase Allan R. Brewer–Carías, El sistema mixto o integral de control de la constitucionalidad en Colombia y Venezuela, Universidad Externado de Colombia, Temas de Derecho Público N° 39; y Pontificia Universidad Javeriana, Quaestiones Juridicae N° 5, Bogotá 1995.

59. A. Hoyos, "El control judicial y el bloque de constitucionalidad en Panamá", loc. cit., p. 790.

procedimientos de urgencia)[60], es un signo de nuestro tiempo, por lo que todos los países con régimen de Estado de Derecho las consagran.

En general, la competencia para conocer y decidir las acciones de amparo o *habeas corpus* corresponde a los tribunales ordinarios, siendo excepcional su conocimiento exclusivo atribuido a Tribunales Constitucionales (es el sistema europeo de Alemania, Austria, España) o a la Corte Suprema de Justicia (es el caso excepcionalísimo, de la Sala Constitucional de la Corte Suprema de Costa Rica y de El Salvador). Lo normal y común, se insiste, sobre todo en los países anglosajones, en Francia e Italia y en América Latina es la competencia de los tribunales ordinarios para conocer de estas acciones de protección de los derechos constitucionales. En todo caso, al decidirlas, por supuesto, los jueces resuelven como jueces constitucionales cuestiones de inconstitucionalidad, pero limitadamente en relación a la protección de los derechos constitucionales.

El sistema difuso de control de la constitucionalidad de las leyes, en cambio, es mucho más amplio, no sólo cuando se les plantea una cuestión de constitucionalidad en relación a la protección de derechos constitucionales, sino básicamente, cuando en un caso judicial ordinario que no tiene por objeto una cuestión constitucional, los jueces actúan como jueces constitucionales en todo caso en el cual deban aplicar una ley, que juzguen inconstitucional, aplicando preferentemente la Constitución.

Por ello, en realidad, el sistema de control de constitucionalidad de Panamá es un sistema exclusiva y privativamente concentrado, con una amplitud no comparable en el derecho comparado, lo que sin embargo no significa que sea más garantista.

Su consagración está en la propia Constitución, en cuyo artículo 206.1 se atribuye a la Corte Suprema de Justicia, competencia exclusiva para conocer y decidir no sólo sobre la constitucionalidad de las leyes, y los actos estatales de ejecución directa e inmediata de la Constitución, sino sobre absolutamente todos los actos estatales, definidos como "los decretos, acuerdos, resoluciones y demás actos" estatales; o como lo precisan los artículos 2554,3, 2559 y 2561 del Código Judicial, de "las leyes, decretos de gabinete, decretos-leyes, reglamentos, estatutos, acuerdos, resoluciones y demás actos provenientes de autoridad".

Esta enunciación del artículo 206.1 de la Constitución, precisada por los mencionados artículos del Código Judicial, conduce a un objeto amplísimo para el ejercicio del poder de control concentrado por parte de la Corte Suprema de Justicia, que abarca, como lo destacó en su momento César A. Quintero, el control sobre:

> "La constitucionalidad de leyes, actos administrativos, actos jurisdiccionales y actos políticos dictados por el Órgano Legislativo; de decretos-leyes y decretos de gabinete, así como de resoluciones, órdenes y otros actos administrativos dictados por el Órgano Legislativo o cualquier autoridad ad-

---

[60]. Allan R. Brewer-Carías, *El amparo a los derechos y garantías constitucionales (una aproximación comparativa)*, Caracas 1994.

ministrativa nacional, provincial o municipal; de sentencias u otras decisiones definitivas dictadas por cualquier tribunal judicial o especial".[61]

Sin duda, la redacción del texto constitucional le da una amplitud única al sistema panameño, permitiendo el control de constitucionalidad exclusivo y excluyente, de *todos* los actos estatales, es decir, los provenientes de cualquier autoridad, nacional, provincial o municipal, sea legislativa, ejecutiva o judicial. Por ello, estimamos que las excepciones a este control exclusivo y privativo sólo podrían tener fundamento constitucional, como por ejemplo, la previsión del artículo 207 de la Constitución que establece que "no se admitirán recursos de inconstitucionalidad ni de amparo de garantías constitucionales contra los fallos de la Corte Suprema de Justicia o sus Salas". En el mismo sentido, se destaca la exclusión que ha hecho la jurisprudencia de la Corte Suprema para conocer de la inconstitucionalidad de reformas constitucionales, las cuales, al tener rango constitucional no podrían ser inconstitucionales. Ello no excluye, sin embargo, que pudiera plantearse recurso de inconstitucionalidad por razones de forma, concernientes al procedimiento de reforma constitucional.[62]

El Código Judicial, sin embargo, excluye de la acción de inconstitucionalidad a las sentencias de casación laboral (art. 931).

La Corte Suprema, además, en su jurisprudencia, ha excluido del control de constitucionalidad a las leyes o normas que no estén vigentes, es decir, las leyes derogadas; los contratos civiles celebrados por el Estado y los Tratados Internacionales.

En relación al primer caso, entendemos que ello es consecuencia del carácter constitutivo, con efectos *ex nunc,* de las sentencias de inconstitucionalidad, pues si los efectos fueran *ex tunc* procedería la declaratoria de inconstitucionalidad de las normas derogadas. Sin embargo, debe señalarse que la Corte Suprema de Justicia "excepcionalmente" ha admitido ejercer el control de la constitucionalidad de normas legales o reglamentarias derogadas, en virtud del principio de la ultra actividad o vigencia residual que pudieran tener dichos preceptos conforme al cual, la norma derogada puede ser aplicada para regular ciertos efectos de eventos que se produjeron cuando estaba vigente[63]. Se destaca, sin embargo, que estas sentencias se han dictado con motivo del ejercicio del control de constitucionalidad incidental, planteado como advertencia en casos concretos, y no con motivo del ejercicio de una acción popular.

En cuanto a los últimos dos supuestos, coincidimos con los comentarios de Jorge Fábrega P. y César A. Quintero en el sentido de que la exclusión no está justificada en el marco del sistema constitucional panameño[64]. Por lo demás, las

---

[61]. César A. Quintero, "La jurisdicción constitucional en Panamá", en Jorge Fábrega P., *cit.*, p. 829.

[62]. César A. Quintero, "La jurisdicción constitucional en Panamá", en Jorge Fábrega P., *cit.*, p. 830.

[63]. Véase sentencia de 26–3–1993, en la cual se citan sentencias anteriores de 8–6–1992 y 26–2–1993.

[64]. *Cfr.* Jorge Fábrega P., "Derecho Constitucional Procesal Panameño" en Jorge Fábrega P. (Compilador), *Estudios de Derecho Constitucional Panameño*, Panamá

leyes aprobatorias de Tratados son en general objeto de control de constitucionalidad en los países con sistema concentrado de control, como por ejemplo sucede en Austria, Alemania y España; y en América latina en Colombia y Venezuela[65].

De todo lo anterior, se puede constatar, en todo caso, que el sistema panameño de control de la constitucionalidad pasó de ser en sus inicios un sistema de control difuso, a ser un sistema totalmente concentrado de control, amplio, exclusivo y excluyente por previsión expresa de la Constitución. El sistema que se estableció, en realidad, como hemos dicho, es único en el derecho comparado, por lo que en mi criterio no puede decirse, como lo señaló el profesor César A. Quintero, -mi recordado amigo quien fue el que por primera vez me invitó a hablar de estos temas aquí, en Panamá, en 1995-, que el sistema panameño haya seguido "el modelo de la Constitución colombiana de 1910,[66] salvo por lo que se refiere a la fraseología relativa a la atribución a la Corte Suprema para "la guarda de la integridad de la Constitución", y al incorporar la institución de la "acción popular."

Por ello, por ejemplo, otro aspecto que confirma la inspiración muy parcial en el sistema colombiano, es que en el texto colombiano, primero, no se preveía el control concentrado incidental que se incorporó a la Constitución panameña; y segundo, sólo preveía la acción popular de inconstitucionalidad contra "todas las leyes" y contra ciertos decretos ejecutivos, particularmente los dictados en ejercicio de facultades extraordinarias que le confiriera el Congreso; y en cambio, en la Constitución de Panamá se previó respecto de "todas las leyes, decretos, ordenanzas y resoluciones," es decir, de todos los actos del Estado.

En todo caso, como antes mencioné, en la actualidad el sistema, totalmente concentrado, está ahora regulado en los mencionados artículos 171 y 206 de la Constitución de 2004, en los cuales se establece un control de constitucionalidad a priori y a posteriori, y en este último caso, tanto por vía directa de acción popular como por vía incidental de consulta de inconstitucionalidad.[67]

3. *El control concentrado a priori de la constitucionalidad de las leyes*

El control de constitucionalidad concentrado *a priori* se establece en el artículo 171 de la Constitución al disponer que cuando el Ejecutivo "objetare un proyecto por inexequible" y la Asamblea Nacional, por la mayoría de los dos

---

1987, pp. 902–903; César A. Quintero, "La jurisdicción constitucional en Panamá", en Jorge Fábrega P. *cit.*, pp. 830–831.

[65]. *Cfr.* Allan R. Brewer–Carías, *El control concentrado....*, *cit.*, pp. 51, 75, 119, 163.

[66]. Véase César A. Quintero, "La jurisdicción constitucional en Panamá", en Jorge Fábrega P., *cit*, p. 825.

[67] *Véase* en general sobre el sistema panameño de justicia constitucional: Carlos Bolívar Pedreschi, *El control de la constitucionalidad en Panamá*. Ediciones Guadarrama, España, 1965; Edgardo Molina Mola, *La jurisdicción constitucional en Panamá*. Edit. Biblioteca Jurídica Dike, Colombia, 1998; Rigoberto González Montenegro, *Los desafíos de la justicia constitucional panameña*, Instituto de Estudios Políticos e Internacionales, Panamá 2002, consultada también en http://www.asamblea.gob.pa/debate/Ediciones_anteriores/Ponen-cias/DESAFIOS_JUST_CONST_PANAME%C3%–91A.pdf;

tercios de los Diputados que la componen, insistiere en su adopción, el Presidente debe pasar el asunto a la Corte Suprema de Justicia "para que decida sobre su inconstitucionalidad." La norma agrega que el fallo de la Corte que declare el proyecto constitucional, obliga al Ejecutivo a sancionarlo y hacerlo promulgar.[68]

La competencia de la Corte Suprema de Justicia el Pleno está establecida en el artículo 2545 del Código Judicial[69] al disponer que:

"*Art. 2545*.- Al pleno de la Corte Suprema de Justicia le corresponderá privativamente conocer y decidir de manera definitiva y en una sola instancia:

1. De la inexequibilidad de los proyectos de ley que el Ejecutivo haya objetado como inconstitucional por razones de fondo o de forma.

Sobre este control *a priori*, el mismo Código Judicial establece en su artículo 2555, en el mismo sentido, lo siguiente:

"*Art. 2555*. Cuando el Ejecutivo objetare un proyecto de ley por considerarlo inexequible y la Asamblea Legislativa, por mayoría de las dos terceras partes, insistiere en su adopción, el Órgano Ejecutivo dispondrá de un término de seis días hábiles para enviar el proyecto con las respectivas objeciones a la Corte Suprema de Justicia, la cual decidirá definitivamente sobre la exequibilidad del mismo."

De acuerdo con el artículo 2556, también procede el control previo de la constitucionalidad respecto de las reformas constitucionales, sólo cuando el Órgano Ejecutivo la objetare por considerar que no se ajusta a lo establecido por la Constitución.

4. *El control concentrado de constitucionalidad a posteriori por vía principal*

En cuanto al control concentrado de constitucionalidad *a posteriori*, el mismo también está regulado en la Constitución, tanto por vía directa o principal, o como vía indirecta o incidental.

En cuanto al control concentrado de constitucionalidad por vía directa, la Corte Suprema de Justicia conoce del mismo a requerimiento de cualquier persona, es decir, por vía de una *actio popularis* o acción popular, conforme a lo dispuesto en el artículo 206 de la Constitución que dispone que:

Artículo 206. La Corte Suprema de Justicia tendrá, entre sus atribuciones constitucionales y legales, las siguientes:

1. La guarda de la integridad de la Constitución para la cual la Corte en pleno conocerá y decidirá, con audiencia del Procurador General de la Na-

---

[68] Véase en general Rigoberto González Montenegro y Francisco Rodríguez Robles, "La objeción de inexequibilidad constitucional en Panamá", en *Anuario Iberoamericano de Justicia Constitucional*, Centro de Estudios Políticos y Constitucionales, Madrid, 2001, pp. 125 ss.

[69] Véase en https://www.unodc.org/tldb/pdf/Panama/Codigo_Judicial_Panama_2010.pdf.

ción o del Procurador de la Administración, sobre la inconstitucionalidad de las leyes, decretos, acuerdos, resoluciones y demás actos que por razones de fondo o de forma impugne ante ella cualquier persona.

De esta norma resultan dos elementos fundamentales que configuran la acción de inconstitucionalidad en Panamá:

Por una parte, la amplitud de la legitimación activa para accionar, configurándose la acción como una *acción popular*, en el sentido de que para intentarla no se requiere de la existencia de alguna legitimación específica sino que está basada en el simple interés en la constitucionalidad del accionante, siguiendo en este aspecto la orientación de los sistemas venezolano y colombiano. Ello lo reitera el artículo 2559 del Código Judicial, al indicar que:

> *Art. 2559.* Cualquier persona por medio de apoderado legal, puede impugnar ante la Corte Suprema de Justicia las leyes, decretos, acuerdos, resoluciones y demás actos provenientes de autoridad que considere inconstitucionales, y pedir la correspondiente declaración de inconstitucionalidad".

Por otra parte, la amplitud del objeto de la impugnación, al disponerse que la acción de inconstitucionalidad procede contra las Leyes, decretos, acuerdos, resoluciones y demás actos estatales, atribuyéndose competencia a la Corte Suprema de Justicia en pleno para conocer de estas impugnaciones y decidir de manera definitiva y en una sola instancia, como lo reitera el artículo 2545.1 del Código Judicial:

> 3. De la inconstitucionalidad de todas las leyes, decretos de gabinete, decretos leyes, reglamentos, estatutos, acuerdos, resoluciones y demás actos provenientes de autoridad impugnados por razones de fondo o de forma."

El mismo Código Judicial regula la forma de ejercicio de la acción, exigiendo que la demanda de inconstitucionalidad debe, necesariamente, contener la transcripción literal de la disposición, norma o acto acusados de inconstitucionales; y la indicación de las disposiciones constitucionales que se estimen infringidas y el concepto de la infracción (art. 2560).

Pero a la amplitud del sistema panameño de justicia constitucional derivado del hecho de que la legitimación activa para impugnar los actos por inconstitucionalidad se atribuye a cualquier persona, se suma la peculiaridad de que en Panamá, se trata de un sistema de control concentrado con un objeto amplísimo que abarca todos los actos del Estado, es decir, no sólo de las leyes y demás actos de rango legal como sucede, en general, en el derecho comparado, sino de todos los decretos, acuerdos, resoluciones y demás actos estatales. Los únicos actos estatales excluidos de control de constitucionalidad en Panamá, son los fallos de la Corte Suprema de Justicia o sus Salas contra los cuales, conforme al artículo 207 de la Constitución "no se admitirán recursos de inconstitucionalidad ni de amparo de garantías constitucionales."

En todo caso, y por lo que se refiere a todos los demás actos estatales, ningún otro Tribunal de la República puede hacer pronunciamiento alguno sobre la constitucionalidad de los actos estatales, ni siquiera los órganos que ejercen el control contencioso-administrativo de los actos administrativos que sólo se puede ejercer por razones de ilegalidad.

Ello, por lo demás, se confirma el artículo 206,2 de la Constitución al regular también como competencia de la Corte Suprema "la jurisdicción contencioso-administrativa respecto de los actos, omisiones, prestación defectuosa o deficiente de los servicios públicos, resoluciones, órdenes o disposiciones que ejecuten, adopten, expidan o en que incurran en ejercicio de sus funciones o pretextando ejercerlas, los funcionarios públicos y autoridades nacionales, provinciales, municipales y de las entidades públicas autónomas o semiautónomas," con la precisión de que:

> "A tal fin, la Corte Suprema de Justicia con audiencia del Procurador de la Administración, *podrá anular los actos acusados de ilegalidad*; restablecer el derecho particular violado; estatuir nuevas disposiciones en reemplazo de las impugnadas y pronunciarse prejudicialmente acerca del sentido y alcance de un acto administrativo o de su valor legal."

Con ello, la Sala Tercera de la Corte Suprema que es la Jurisdicción Contencioso Administrativa, quedó sólo como una jurisdicción de control de legalidad.

Ello, en la práctica, significa que en Panamá existen dos procesos contencioso administrativo: por una parte, el proceso contencioso administrativo de anulación contra los actos administrativos por razones de ilegalidad que se desarrolla ante la Sala Tercera de la Corte Suprema; y el proceso contencioso administrativo de anulación contra los mismos actos administrativos por razones de inconstitucionalidad, que se desarrolla ante el Pleno de la Corte Suprema de Justicia. Ello, por supuesto, no es nada conveniente al escindirse el contencioso administrativo entre dos tribunales distintos, por los motivos de control.

En términos similares cuando se trate de la impugnación de sentencias, también puede decirse que el proceso de casación en panamá se encuentra escindido. Por una parte, existe *una casación ordinaria de orden legal*, donde las diversas Salas de la Corte Suprema pueden juzgar la revisión de las sentencias pero solo por vicios o razones de legalidad, es decir, sobre la aplicación de las leyes por el juez; siendo ello lo único que pueden hacer en materia de casación en interés de la ley, por ejemplo, la Sala Primera en materia de recurso de casación en los procesos civiles (art. 92.1, Código Judicial); la Sala Segunda en materia de recursos de casación de los procesos penales carácter legal (art. 95, Código Judicial); y la Sala Tercera hasta que se cree la Sala de Casación Laboral, en materia de recursos de casación laboral (arts. 97.13, 461-C Código Judicial).

Por la otra parte, existe lo que se podría denominar como *una casación de orden constitucional*, que está a cargo del Pleno de la Corte Suprema de Justicia (Código Judicial (art. 86), que es la única que puede revisar sentencias cuando se plantean motivos de inconstitucionalidad.

Ahora bien, en cuanto a las normas procesales que rigen la acción popular y el proceso constitucional de anulación por inconstitucionalidad de los actos estatales, el accionante está obligado a acompañar su demanda con copia debidamente autenticada de la ley, decreto de gabinete, decreto-ley, orden, acuerdo, resolución o acto que se considere inconstitucional. Por supuesto, si se trata de una ley u otro documento publicado en la *Gaceta Oficial* no hay necesidad de acompañar la copia, bastando citar el número y fecha de la respectiva *Gaceta Oficial*. Además, cuando el recurrente no haya podido obtener dicha copia, debe exponerlo ante la Corte señalando las causas de la omisión, en cuyo caso la Corte debe ordenar de oficio a la corporación o funcionario respectivo que compulse y envíe las copias correspondientes (art. 2561).

El mismo artículo 2561 del Código Judicial precisa que la inobservancia de dichos requisitos producirá la inadmisibilidad de la demanda.

El proceso que se sigue con motivo de la acción popular, en todo caso, es un proceso objetivo en interés de la Constitución, que se sigue contra la ley o acto impugnado, razón por la cual "en la acción de inconstitucionalidad no cabe desistimiento" (art. 2562).

Una vez admitida la demanda la Corte debe dar traslado, por turno, al Procurador General de la Nación o al Procurador de la Administración, para que emita concepto en un término no mayor de 10 días (art. 2563). En el procedimiento, luego de devuelto el expediente por el Procurador, la Corte debe fijar en lista por 3 días en un periódico de circulación nacional, para que en el término de 10 días contados a partir de la última publicación, el demandante y todas las personas interesadas presenten argumentos por escrito sobre el caso (artículo 2564).

Por otra parte, debe mencionarse que en Panamá, como sucede en general en el derecho comparado, el Código Judicial otorga en forma expresa poderes a la Corte Suprema para apreciar, de oficio, en relación a la norma o acto impugnado, cuestiones constitucionales distintas de las alegadas por el demandante, al establecer:

> *Art. 2566.* En estos asuntos la Corte no se limitará a estudiar la disposición tachada de inconstitucional únicamente a la luz de los textos citados en la demanda, sino que debe examinarla, confrontándola con todos los preceptos de la Constitución que estimen pertinentes.

5 *El control concentrado a posteriori por vía incidental: la consulta de inconstitucionalidad*

Otra de las peculiaridades del control concentrado de la constitucionalidad en Panamá es que la misma Corte Suprema de Justicia ejerce la justicia constitucional también por vía incidental, al establecer el mismo artículo 206.2 de la Constitución, al regular las atribuciones de la Corte Suprema, que:

> "2. Cuando en un proceso el funcionario público encargado de impartir justicia advirtiere o se lo advirtiere alguna de las partes que la disposición legal o reglamentaria aplicable al caso es inconstitucional, someterá la cuestión al conocimiento del pleno de la Corte, salvo que la disposición haya sido objeto de pronunciamiento por parte de ésta, y continuará el curso del negocio hasta colocarlo en estado de decidir. Las partes sólo podrán formular tales advertencias una sola vez por instancia."

Se trata de un control concentrado por *vía incidental* sobre la constitucionalidad de las disposiciones legales o reglamentarias que sean aplicables a un caso, que cualquier funcionario público que imparta justicia puede plantear de oficio o por advertencia de una de las partes en un proceso público concreto, ante la Corte Suprema de Justicia en Pleno.

La competencia de la Corte Suprema en Pleno para ejercer este control, además, la reitera el artículo 2245.2 del Código Judicial, al precisar que le corresponde conocer privativamente y decidir de manera definitiva y en una sola instancia:

> 2. De las consultas que de oficio o por advertencia de parte interesada, de acuerdo con el artículo 203 de la Constitución, eleve ante ella cualquier autoridad o funcionario que, al impartir justicia en un caso concreto, estime que la disposición o disposiciones aplicables pueden ser inconstitucionales por razones de fondo o de forma.

Dicho control se regula también en el artículo 2557 del Código Judicial, al disponer que:

> *"Art. 2557.* Cuando un servidor público al impartir justicia, advierta que la disposición legal o reglamentaria aplicable al caso es inconstitucional, elevará consulta a la Corte Suprema de Justicia y continuará el curso del negocio hasta colocarlo en estado de decidir."

Esta atribución confirma el monopolio dela Corte Suprema de Justicia para decidir sobre la inconstitucionalidad de los actos estatales, en este caso específicamente de las leyes y reglamentos[70] que sean aplicables en casos concretos judiciales, lo que implica, que ningún otro juez puede en sus sentencias, pronunciarse sobre la inconstitucionalidad de las normas aplicables al caso concreto.

Por otra parte, se destaca que en la revisión de la inconstitucionalidad en casos concretos, siendo el sistema panameño, el único sistema en el derecho comparado, en el cual, la consulta sobre la constitucionalidad de una ley o norma reglamentaria no sólo podrían formularla los jueces, sino cualquier autoridad pública "al impartir justicia", es decir, actuando en función jurisdiccional. Por tanto, el juez ordinario o cualquier funcionario de la Administración Pública actuando en función jurisdiccional, tendrían competencia para formular la consulta, de oficio. Pero también las partes en el proceso o procedimiento concreto tienen la iniciativa para planteársela, a cuyo efecto el artículo 2558 del Código Judicial dispone que:

> *Art. 2558.* Cuando alguna de las partes en un proceso, advierta que la disposición legal o reglamentaria es inconstitucional, hará la advertencia respectiva a la autoridad correspondiente, quien en un término de 2 días, sin más trámites elevará la consulta a la Corte Suprema de Justicia, para los efectos del artículo anterior.

En todo caso, queda claro que las partes no pueden acudir directamente ante la Corte Suprema, sino que las consultas de constitucionalidad sólo pueden for-

---

[70]   Véase en general César A. Quintero, "La consulta de inconstitucionalidad en Panamá," en *Anuario de Derecho* N° 23 y 24, Facultad de Derecho y Ciencias Políticas. Universidad de Panamá, 1994–1995, pp. 224–225.

mularlas los funcionarios judiciales, o los administrativos que ejerzan una función jurisdiccional, de oficio o a instancia de parte.[71]

La finalidad de la consulta de constitucionalidad, como lo señaló la Corte Suprema de Justicia:

> "es la de evitar que una norma legal o reglamentaria contraria a las orientaciones constitucionales sirva de fundamento a una decisión o pronunciamiento conclusivo de un proceso cualquiera, que cursa ante un servidor público para su juzgamiento, en nombre del Estado".[72]

Ha precisado además la Corte Suprema, que para que proceda la consulta de constitucionalidad, es preciso la existencia de un proceso en marcha y la creencia fundada de que la norma será utilizada como fundamento jurídico de la resolución aún no adoptada que concluye la instancia respectiva. No puede entonces la Corte Suprema revisar por esta vía, la constitucionalidad de una norma legal o reglamentaria, fuera de un proceso en marcha ni lo puede hacer, cuando la norma ha sido ya aplicada o cuando resulta racionalmente inaplicable[73].

En todo caso, el juez o funcionario que consulta debe explicar las razones por las que ocurre a la Corte y señalar en que concepto las disposiciones legales infringen normas constitucionales[74]. Cuando la advertencia sobre la inconstitucionalidad de una norma legal o reglamentaria, aplicable al caso, la formule una de las partes ante el juez o funcionario correspondiente, debe argumentar su advertencia, indicando las normas constitucionales infringidas; no correspondiéndole al juez o funcionario decidir sobre el fondo de la misma, es decir, sobre si procede o no la consulta, sino que está obligado a remitirla a la Corte Suprema de Justicia en un término de 2 días, sin trámite alguno[75]. En todo caso, las partes sólo pueden formular la advertencia de inconstitucionalidad una sola vez por instancia.

Por último, debe advertirse que la Constitución habla de "disposiciones" legales o reglamentarias, por lo que la consulta debe formularse en relación con normas concretas aplicables al caso y no sobre la totalidad de una ley o reglamento. Además, la consulta no procede sobre la constitucionalidad de disposiciones legales o reglamentarias que ya hubiesen sido objeto de pronunciamiento por parte de la Corte Suprema.[76]

[71]. Véase Víctor L. Benavides P., "Breves comentarios sobre la consulta de constitucionalidad", en Jorge Fábrega P. (Compilador), *Estudios de Derecho Constitucional...*, *cit.*, pp. 851 y ss.
[72]. Fallo de 27–10–1981.
[73]. *Idem.*
[74]. Fallo de la Corte Suprema de 14–1–1991.
[75]. Fallo de la Corte Suprema de 29–11–1990.
[76]. Víctor Benavides P., *loc. cit.*, pp. 853 y 855.

6 Los efectos de las sentencias de inconstitucionalidad

El principio de la supremacía constitucional en Panamá, sobre el cual está montado el sistema concentrado de control de constitucionalidad, implica considerar que toda ley, decreto, acuerdo, resolución y demás actos estatales que sean contrarios a la Constitución deben necesariamente considerarse nulos y sin ningún valor.

Para asegurarse de ello, la Constitución estableció como garantía de su supremacía, el principio de la inexequibilidad o anulación de dichos actos contrarios a la Constitución, exigiendo que el examen y la declaración de su nulidad sea efectuado por la Corte Suprema de Justicia, en Pleno, a la cual la propia Constitución le ha conferido el poder exclusivo de anularlos.

Esta decisión de la Corte Suprema de Justicia cuando ejerce el control de constitucionalidad a priori en relación con las leyes aún no promulgadas, impide que la misma pueda entrar en vigencia.

En cambio, cuando la Corte Suprema de Justicia ejerce el control de constitucionalidad de los actos estatales en forma a posteriori, al declarar la nulidad de los mismos, la sentencia tiene efectos generales *erga omnes*, haciendo desaparecer el acto impugnado del ordenamiento jurídico.

Esto sucede, en primer lugar, en todos los casos en los cuales el control de la constitucionalidad se ejerce como consecuencia del ejercicio de una acción popular, sin conexión por tanto con algún caso concreto contencioso. En estos casos, la relación procesal constitucional que surge no se establece entre un demandante y un demandado, sino más bien, fundamentalmente, entre un recurrente y una ley o acto estatal cuya constitucionalidad está cuestionada, siendo el objeto del proceso por tanto, no solo considerar inconstitucional el acto impugnado sino como dice la Constitución, declararlo "inexequible" que es hacerlo desaparecer del orden jurídico, es decir, anularlo. Por ello, la decisión tienen necesariamente efectos *erga omnes*, y no solo *inter partes*, como sin embargo sucede por ejemplo en algunos países con sistemas de control concentrado como en Uruguay y Paraguay, donde de manera excepcional, las decisiones de la Corte Suprema en materia de control de constitucionalidad siempre tienen efectos *inter partes*.

Por otra parte, en segundo lugar, en los casos en los cuales el control concentrado de constitucionalidad se realice en forma incidental, como consecuencia de una consulta formulada ante el Pleno de la Corte Suprema de Justicia por alguna autoridad judicial o actuando e ejercicio de funciones jurisdiccionales, cuando se plantea una cuestión constitucional en relación con disposiciones legales o reglamentarias en un proceso o procedimiento concreto, la decisión sobre el tema de la constitucionalidad que debe adoptar la Corte Suprema debe formularse también en forma abstracta, declarándose la inconstitucionalidad de la disposición legal o reglamentaria cuestionada, sin relación alguna con los hechos concretos del caso, razón por la cual también tiene efectos anulatorios *erga omnes*, es decir, no limitados al juicio concreto en el que se planteó la cuestión constitucional ni a las partes del mismo.

En consecuencia, cuando una ley o cualquier acto estatal impugnado sea considerado inconstitucional por la Corte Suprema de Justicia actuando como juez constitucional, ello significa que dicha ley es anulada, o como indica la tradición terminológica, sea declarada inexequible y eliminada del orden jurídico.

Por ello, a tal efecto, tratándose de una anulación, que es la forma de sacar el acto estatal declarado inexequible del orden jurídico, la decisión de la Corte Suprema tiene en principio efectos constitutivos, lo que significa que la ley o acto jurídico anulado se considera que ha sido válida hasta su anulación, habiendo producido sus efectos jurídicos hasta que se publica la decisión de la Corte Suprema que dispone su nulidad. Así sucede expresamente, por lo demás, en el Código Judicial de Panamá en Panamá, al disponer su artículo 2573, que:

> "Las decisiones de la Corte proferidas en materia de inconstitucionalidad son finales, definitivas, obligatorias y no tienen efecto retroactivo."

Esto significa que siendo la decisión de la Corte Suprema Justicia de carácter constitutivo, la misma tiene efectos prospectivos, *ex nunc* o *pro futuro*, es decir, que no se remontan al momento de la promulgación de la ley o reglamento considerado inconstitucional e inexequible, de manera que las relaciones jurídicas consolidadas o cumplidas mientras estuvo en vigencia se consideran válidas y no pueden ser modificadas por la sentencia de inconstitucionalidad.[77]

Ello, por supuesto es claro es claro que cuando se trata de leyes, reglamentos y demás actos estatales normativos las sentencias que pueda dictar la Corte Suprema de Justicia por ejemplo al decidir una acción popular, en principio, tienen efectos constitutivos, *ex nunc,* cuando anulan el acto estatal declarándolo inexequible. Sobre esto la propia Corte Suprema de Panamá, por ejemplo, en fallo de 8 de agosto de 1990, al referirse a lo que había sostenido en innumerables fallos en el sentido de que "la declaratoria de inconstitucionalidad no tienen efectos retroactivos," precisó:

> "Esta posición ha sido siempre sostenida cuando la que se declara inconstitucional es una norma legal. Igualmente, el artículo 2564 del Código Judicial establece que las decisiones de la Corte en materia de inconstitucionalidad no tienen efectos retroactivos. Tratándose de normas legales, no queda entonces la menor duda de que las decisiones de la Corte en materia constitucional no producen efectos retroactivos." [78]

Sin embargo, aún en este caso de impugnación de normas legales o incluso reglamentarias, en mi criterio debe tenerse en cuenta la distinción que se ha establecido en algunos sistemas constitucionales respecto de los vicios de inconstitucionalidad de los actos estatales, que pueden originar la nulidad absoluta o la nulidad relativa de los mismos. En el caso de los vicios constitucionales que pueden acarrear la nulidad absoluta de un acto estatal cualquiera, como en mi criterio sería por ejemplo, el que podría afectar a una ley u otro acto estatal que llegaran a establecer la pena de muerte, la pena de expatriación o la confiscación

---

[77] Véase, Francisco Rodríguez Robles, *El proceso de inconstitucionalidad en el ordenamiento jurídico panameño*, Universidad de panamá, Panamá 1991, p. 113; Rigoberto González Montenegro, "La Justicia constitucional en Panamá," p. 287, consultado en http://www.cepc.es/rap/Publicaciones/Revistas/8/AIB_001_275.pdf.

[78]. Fallo de 8–8–1990.

de bienes, todas prohibidas en el artículo 30 de la Constitución, la anulación del mismo decidida por la Corte Suprema no podría quedarse produciendo sólo efecto hacia futuro, sino que debería producir evidentemente, efectos *ex tunc*, es decir, retroactivos, pues un acto inconstitucional con ese vicio de nulidad absoluta no puede considerarse que pudo haber producido efecto alguno. En consecuencia, en estos casos, la anulación de la ley o acto estatal debería tener efectos *pro praeterito* o efectos retroactivos, ya que la inconstitucionalidad tiene que haber afectado al acto anulado *ab initio*. En cambio, si el vicio constitucional de la ley o acto impugnado que llevó a su anulación por la Corte Suprema no es tan grave como para producir su nulidad absoluta, sino una nulidad relativa, entonces los efectos de la anulación serían únicamente *ex nunc*, *pro futuro*.

El tema de los efectos de las sentencias de inconstitucionalidad solo hacia el futuro, también se debe plantear por lo que se refiere al control concentrad de constitucionalidad respecto de los actos de efectos individuales, podría haber casos en los cuales la justicia exigiría atribuir efectos *ex tunc* a la sentencia de la Corte, por ejemplo, cuando se trata también de actos viciados de nulidad absoluta, o en materia penal.

En efecto, tenemos de nuevo que recordar que la lógica del sistema concentrado de control de la constitucionalidad que rige en Panamá, fue concebido en el derecho comparado, fundamentalmente para controlar la constitucionalidad de ciertos actos estatales, que son los dictados en ejecución directa e inmediata de la Constitución que en general son actos de efectos generales, como las leyes, pero no de otros actos de efectos individuales. Pero al adoptarse en Panamá, como una excepción a lo que nos muestra el derecho comparado, el control concentrado de constitucionalidad no solo se estableció respecto de las leyes y otros actos normativos, sino también respecto de otros tipos de actos estatales de efectos individuales como pueden ser los actos administrativos o las sentencias, lo que sin duda repercute en los efectos de la decisión de anulación, en el sentido de que la regla de no retroactividad de las sentencias anulatorias no siempre es la más justa.

Sobre ello también se refirió la Corte Suprema en el mencionado fallo de 8 de agosto de 1990, en el cual argumentó sobre el tema de los efectos no retroactivos de las sentencias cuando se trata de normas legales, agregando respecto de los casos de impugnación de actos estatales de efectos individuales lo siguiente:

> "Sin embargo, la Constitución Nacional, en su artículo 204, permite que se pueda demandar la inconstitucionalidad de actos jurisdiccionales. (Salvo los fallos de la Corte Suprema o de sus Salas) que normalmente se agotan con la ejecución de los mismos y no continúan rigiendo, como es el caso de las normas legales que mantienen su vigencia hasta que sean derogadas por los diferentes medios que la Constitución consagra.
>
> Si se permite que un acto jurisdiccional pueda ser demandado como inconstitucional, es obvio que puede ser declarado inconstitucional. Sostener que la decisión de la Corte en estos casos no produce efecto retroactivo y que sólo produce efectos hacia el futuro, traería como consecuencia que la declaratoria de inconstitucionalidad sea totalmente intrascendente, inocua. Lo que realmente ocurre es que el fallo de inconstitucionalidad de una norma legal produce una derogatoria por mandato constitucional, ya que la

Constitución establece en su artículo 311 que quedan derogadas todas las leyes y demás normas jurídicas que sean contrarias a esta Constitución, y, como la Corte tiene por atribución constitucional decidir sobre la inconstitucionalidad de las leyes, cuando declara que una norma legal es inconstitucional la deroga constitucionalmente, en virtud de lo que establece el artículo 311 de la Constitución Nacional.

Si las normas legales se derogan por inconstitucionales, los actos jurisdiccionales deben declararse nulos, por inconstitucionales. Se produce entonces una nulidad constitucional, como consecuencia de la violación de normas constitucionales por un acto jurisdiccional"[79]

Por tanto, en Panamá, en los casos de declaratoria de nulidad por inconstitucionalidad de sentencias, los efectos de la decisión de la Corte Suprema son de carácter declarativo, *ex tunc* y por tanto, retroactivo.

7. *Las garantías constitucionales de los derechos fundamentales*

Por último, debe mencionarse que en paralelo al sistema concentrado de justicia constitucional, en Panamá también se han desarrollado las garantías judiciales específicas de protección de los derechos fundamentales, a cuyo efecto, los artículos 23 y 54 de la Constitución y los artículos 2611 y 2616 del Código Judicial,[80] regulan las acciones de habeas corpus de la libertad personal y de amparo constitucional de los derechos y garantías consagrados en la Constitución, que se pueden interponer en general ante los tribunales de circuito y en ciertos casos ante el Pleno de la Corte Suprema de Justicia).

Estas decisiones judiciales dictadas en protección de los derechos y garantías constitucionales, que sin duda también se integran dentro del sistema de justicia constitucional, constituyen en realidad la única excepción al sistema concentrado de control de constitucionalidad en Panamá, pues mediante su decisión se permite a los jueces ordinarios el poder juzgar sobre la constitucionalidad de actos estatales, aun cuando solo en relación con las normas constitucionales relativas a los derechos fundamentales.

Esto significa que en Panamá, en definitiva, solo las normas constitucionales referidas a los derechos fundamentales son las que pueden aplicarse directamente por los jueces ordinarios cuando conocen de acciones de amparo y habeas corpus, juzgando sobre la inconstitucionalidad de actos estatales. Ello, sin embargo, no puede significar que los jueces puedan pronunciarse sobre la inconstitucionalidad de las leyes que deben aplicar en el caso para la decisión de las acciones de habeas corpus o amparo, en cuyo caso, el juez respectivo que conozca de la misma debe proceder a someter la cuestión de inconstitucionalidad ante la Corte Suprema de Justicia.

---

[79]. Fallo de 8–8–1990.

[80] Ley 23 de 01–06–2001, *Gaceta Oficial* Nº 24.384 de 10–09–2001.

REFLEXIÓN FINAL

Como resulta de todo lo anteriormente expuesto, podemos concluir, como lo señalamos al inicio, que el sistema panameño de control de la constitucionalidad, si bien es un sistema de control concentrado de la constitucionalidad que sigue las pautas generales de esa técnica de justicia constitucional, presenta características particulares que lo hacen único desde el punto de vista del derecho comparado.

En efecto, los sistemas de control de la constitucionalidad que muestra el derecho comparado se pueden clasificar de la manera siguiente:

1. Según el órgano a quien compete su ejercicio, se clasifican en difusos o concentrados. En el primer caso, corresponde a todos los jueces; en el segundo caso, sólo corresponde a la Corte Suprema de Justicia o a un Tribunal Constitucional. En este último caso se ubica el sistema de Panamá, como exclusivamente concentrado en el Pleno de la Corte Suprema de Justicia, estándole prohibido a los jueces pronunciarse sobre la inconstitucionalidad de los actos estatales, con la única excepción de los pronunciamientos de los jueces de amparo en relación con los actos lesivos de los derechos constitucionales.

2. Según el objeto del control, se clasifican en restringidos o amplios. El control difuso generalmente es restringido en el sentido de que se ejerce sólo sobre las leyes, reglamentos y actos normativos aplicables para la decisión de un caso. El control concentrado, generalmente también es de carácter restringido, en el sentido de que se ejerce sólo sobre las leyes y otros actos de rango legal por ser de ejecución directa de la Constitución. Un sistema amplio de control de constitucionalidad concentrado se refiere no sólo a las leyes o actos de ejecución directa de la Constitución, sino a todos los actos estatales, incluyendo los actos administrativos y sentencias, como es el caso excepcional de Panamá.

3. Según el momento en el cual se ejerce el control concentrado, se clasifican en previos o posteriores, según que el control lo ejerza la Corte o el Tribunal Constitucional, antes o después de la promulgación de la Ley. El sistema panameño es a la vez un sistema concentrado que se ejerce a priori y a posteriori, por ejemplo, en relación con las leyes, antes de que se sancionen o después de sancionada.

4. Según el método utilizado para obtener el control concentrado, se clasifican en control por vía principal o por vía incidental. En el primer caso, la acción de inconstitucionalidad puede ser atribuida a determinados funcionarios u órganos del Estado, a quien tenga interés personal, legítimo y directo o a cualquier persona o ciudadano (acción popular). En el segundo caso, la decisión de plantear la cuestión de inconstitucionalidad por vía incidental, corresponde al juez ordinario, teniendo poderes de oficio para ello. El sistema panameño es, a la vez, principal que se ejerce por la vía de la acción popular ejercida directamente ante la Corte Suprema, e incidental, por la vía de consulta formulada ante la Corte Suprema por quien administra justicia.

5. Según la garantía objetiva que se establezca de la Constitución, se clasifican en controles que declaran la inconstitucionalidad de un acto estatal, con sentencias declarativas de efectos *ex tunc*, es decir, hacia el pasado o retroactivos, como sucede en los casos de aplicación del método difuso de control de

constitucionalidad; y controles que anulan un acto estatal, con sentencias constitutivas, que los declararan inexequibles, generalmente con efectos *ex nunc,* es decir, hacia el futuro y no retroactivos, como sucede en los casos de aplicación del método concentrado de control de constitucionalidad. El sistema panameño se ubica en este segundo grupo de sentencias constitutivas de inexequibilidad que en principio no tienen efectos retroactivos.

Esto significa que en Panamá, se ha establecido un sistema exclusivamente concentrado de control de constitucionalidad, en el cual se atribuye al Pleno de la Corte Suprema de Justicia, poderes privativos y excluyentes en materia de justicia constitucional respecto de las leyes, decretos, acuerdos, resoluciones y demás actos estatales, lo que significa en la práctica que Panamá, sólo nueve personas que son los Magistrados de la Corte Suprema de Justicia, y que conforman el Pleno de la misma, tienen el monopolio de juzgar sobre la constitucionalidad de los actos del Estado, lo que lo hace único en el derecho comparado. La única excepción al monopolio se produce en materia de acciones de amparo y hábeas corpus, en cuyos casos el juez competente para conocer de las mismas, al decidirlas, sin duda conoce de la inconstitucionalidad de los actos estatales que producen el agravio.

Para asegurar dicha concentración, se configuró el sistema para juzgar la constitucionalidad tanto en forma *a priori,* respecto de las leyes aún no promulgadas que ejerce la Corte Suprema a requerimiento del Ejecutivo, cuando éste objete un proyecto de ley emanado de la Asamblea Legislativa por razones de inconstitucionalidad; como *a posteriori,* respecto todos los actos estatales (leyes, decretos, acuerdos, resoluciones y demás actos estatales), y se ejerce por la Corte Suprema por *vía principal,* cuando se le requiere el ejercicio de dichos poderes de control, mediante *acción popular;* y por *vía incidental,* mediante remisión que le haga un funcionario que esté impartiendo justicia, de oficio o a instancia de parte, de una cuestión de inconstitucionalidad respecto de las disposiciones de la ley o reglamentos aplicables para la resolución de un caso concreto.

Dicho sistema se asemeja al de Uruguay, Honduras y Paraguay en cuanto al carácter *exclusivamente* concentrado de constitucionalidad, pero con la diferencia de que en esos países no existe acción popular, y de que en Uruguay y Paraguay la acción de inconstitucionalidad se ejerce fundamentalmente contra las leyes, y los efectos de la decisión de la Corte Suprema son *ad casu et inter partes.*

El sistema panameño, además, se asemeja al venezolano y colombiano solo en cuanto al control de la constitucionalidad *a priori* y *a posteriori* de las leyes; y en cuanto al control por vía principal mediante *acción popular,* se asemeja también al sistema de Venezuela y Colombia, además del de Nicaragua y El Salvador con la diferencia de que en todos estos países, la acción popular es sólo para impugnar las leyes, los decretos-leyes y demás actos estatales de rango legal por ser de ejecución directa de la Constitución y además, a los Reglamentos. Además, en Colombia, Venezuela y El Salvador, a diferencia de Panamá, existe un sistema mixto de control de la constitucionalidad, que mezcla el control difuso con el concentrado; pero no existe el método incidental del control concentrado de la constitucionalidad, que sí se aplica en Panamá. Y además, en Colombia y Venezuela, por ejemplo, existe una jurisdicción contencioso administrativa que juzga no solo la legalidad sino la inconstitucionalidad de los actos administrativos; y una Corte Suprema que conoce sobre el control de casación de las sentencias, no solo por ilegalidad sino también por inconstitucionalidad.

Frente a este sistema, en todo caso, pienso que el tema fundamental de reflexión que se debe plantear cuando se lo analiza a la luz del derecho comparado, en definitiva, es el relativo a su real efectividad como garantía de la Constitución y del Estado de derecho.

Y para ello, lo primero que tienen ustedes que inquirir es si por su excesiva concentración en la Corte Suprema de Justicia, estándole vedado a los jueces el poder juzgar sobre la constitucionalidad de los actos estatales (salvo cuando deciden acciones de protección de derechos fundamentales), el sistema es real y efectivamente garantista. Parecería, en todo caso, que un sistema tan concentrado, donde la Constitución no se puede esgrimir en los juicios ordinarios, y solo la Corte Suprema puede aplicarla cuando se cuestionan actos estatales, no parece que sea realmente un cuerpo normativo que esté realmente y en forma cotidiana al alcance del ciudadano.

Quizás ya es tiempo de comenzar a plantearse la reforma del sistema, que si bien pudo tener su justificación a partir de los años cuarenta del siglo pasado, ya parece que ha sido superado por el proceso de democratización del país, que exige llevar la Constitución que es la base del Estado de derecho al alcance de todos, de manera que la garantía de la misma pueda ser más efectiva. Quizás ya es tiempo de comenzar a tener confianza en todos los jueces como garantes de la Constitución y del Estado de derecho, y volver a adoptar en [paralelo el sistema de control difuso de la constitucionalidad de las leyes que es tan panameño como el sistema concentrado, pues no se nos olvide que fue el que existió al comienzo de la República en 1903 hasta 1941.

Y todo ello, sin abandonar el sistema de control concentrado de la constitucionalidad en manos de la Corte Suprema, particularmente en relación con las leyes, siempre teniendo en cuenta lo que Alexis de Tocqueville observó a comienzos del siglo XIX cuando analizó la Constitución federal de los Estados Unidos –aplicable por supuesto, mutatis mutandi al caso de Panamá-, indicando que:

"La paz, la prosperidad, y la existencia misma de la Unión están depositados en manos de siete Jueces Federales. Sin ellos, la Constitución sería letra muerta…,

No solo los Jueces federales deben ser buenos ciudadanos, y hombres con la información e integridad indispensables en todo magistrado, sino que deben ser hombres de Estado, suficientemente sabios para percibir los signos de su tiempo, sin miedo para afrontar obstáculos que puedan dominarse, no lentos en poder apartarse de la corriente cuando el oleaje amenaza con barrerlos junto con la supremacía de la Unión y la obediencia debida a sus leyes.

El Presidente, quien ejerce poderes limitados, puede fallar sin causar gran daño en el Estado. El Congreso puede errar sin que la Unión se destruya, porque el cuerpo electoral en el cual se origina puede provocar que se retracte en las decisiones cambiando sus miembros. Pero si la Corte Suprema alguna vez está integrada por hombres imprudentes y malos, la Unión caería en la anarquía y la guerra civil."[81]

Por eso, la enorme importancia que tiene en todos los países, el proceso de escogencia de los Magistrados que van a ser los jueces constitucionales. aun tribunal constitucional es un órgano demasiado importante y poderoso, que si bien no debe tener miedo de tomar decisiones que lo enfrenten a los otros poderes del Estado, a la vez debe tener la sabiduría de hacerlo siempre en defensa de los valores fundamentales de la Constitución, de la democracia y de la primacía de los derechos fundamentales.

Y siempre además, con la prudencia de no caer en desviaciones de sus cometidos constitucionales, ni caer en la tentación de convertirse en legislador o en poder constituyente, mutando la Constitución,[82] salvo cuando se trate de la ampliación del principio de la progresividad en la protección de los derechos humanos, incluido el derecho a la democracia, que le imponen el deber de adaptar la Constitución a esos fines superiores.

Lo que nunca puede hacer un Tribunal constitucional es darle la espalda a la democracia y ponerse al servicio del poder. Y ejemplo tenemos con lo que ha ocurrido en otros países, como en Venezuela, no lejos de aquí, donde el Tribunal Supremo de Justicia, lejos de garantizar la supremacía de la Constitución, asegurar la protección y el respeto de los derechos fundamentales y apuntalar el funcionamiento del sistema democrático, se ha convertido en uno de los más diabólicos instrumentos más letales del autoritarismo, para legitimar las acciones del Estado Totalitario a través de la actuación de las otras ramas del poder público contrarias a la Constitución,[83] contribuyendo al desmantelamiento de la democracia, y en algunos casos, incluso, por propia iniciativa, como fiel servidor de quienes detentan el poder, para mutar la Constitución en forma ilegítima y fraudulenta, en desmedro de los valores democráticos, configurando un completo

---

[81] Véase Alexis de Tocqueville, *Democracy in America*, Chapter VIII "The Federal Constitution," de la traducción de Henry Reeve, revisada y corregida en 1899, en http://xroads.virginia.edu/~HYPER/DETOC/1_ch08.htm Véase igualmente la referencia en Jorge Carpizo, *El Tribunal Constitucional y sus límites*, Grijley Ed., Lima 2009, pp. 46-48.

[82] Una mutación constitucional ocurre cuando se modifica el contenido de una norma constitucional de tal forma que aún cuando la misma conserva su contenido, recibe una significación diferente. Véase Salvador O. Nava Gomar, "Interpretación, mutación y reforma de la Constitución. Tres extractos," en Eduardo Ferrer Mac-Gregor (coordinador), *Interpretación Constitucional*, Tomo II, Ed. Porrúa, Universidad Nacional Autónoma de México, México 2005, pp. 804 ss. Véase en general sobre el tema, Konrad Hesse, "Límites a la mutación constitucional", en *Escritos de derecho constitucional*, Centro de Estudios Constitucionales, Madrid 1992. Véase por ejemplo sobre el caso de Venezuela, Allan R. Brewer-Carías, "El juez constitucional al servicio del autoritarismo y la ilegítima mutación de la Constitución: el caso de la Sala Constitucional del Tribunal Supremo de Justicia de Venezuela (1999-2009)", en *Revista de Administración Pública*, N° 180, Centro de Estudios Políticos y Constitucionales, Madrid 2009, pp. 383-418.

[83] Véase Néstor Pedro Sagüés, *La interpretación judicial de la Constitución*, Lexis-Nexis, Buenos Aires 2006, p. 31

cuadro patológico de "in" justicia constitucional.[84] Es decir, un cuadro patológico de la justicia constitucional en el cual la misma ha sido convertida en el instrumento político más letal para la violación impune de la Constitución, la destrucción del Estado de derecho y el desmantelamiento de la democracia.[85]

Ahora, pensando en la necesidad de continuar apuntalando la democracia, que es la tarea fundamental que el liderazgo de este país tiene que impulsar, y en cuanto al sistema que ustedes han desarrollado de justicia constitucional, , analizado en su globalidad después de setenta años desde que se adoptó, pienso que quizás ya es tiempo de comenzar a plantear abiertamente su reforma.

Hay demasiadas enseñanzas útiles de experiencias positivas sobre justicia constitucional en el derecho comparado que sin duda habría que aprovechar; y por supuesto, también hay casos patológicos de la justicia constitucional[86] que también hay que conocer para evitar contagios nocivos.

Lo importante en todo caso, es pensar que la justicia constitucional hay que llevarla al ciudadano, hay que ponerla efectivamente a su alcance; que éste, junto con la Constitución la sienta como propia, con posibilidad real de tener acceso a la misma para que le sirva de garantía de su derecho a la tutela judicial efectiva frente al Poder del Estado.

Para eso, la justicia constitucional, en fin, tiene que ser democratizada, lo que en realidad sólo se logra desconcentrándola. Ese, entre tantos otros, es otro de los retos que ustedes tienen por delante.

Panamá, 4 de noviembre de 2015

---

[84] Véase por ejemplo el caso en Venezuela durante la primera década del siglo XXI, en Allan R. Brewer-Carías, *Crónica de la "In" Justicia Constitucional. La Sala Constitucional y el autoritarismo en Venezuela*, Editorial Jurídica Venezolana, Caracas 2007.

[85] Véase Allan R. Brewer-Carías, "La demolición del Estado de derecho y la destrucción de la democracia en Venezuela (1999-2009)," en José Reynoso Núñez y Herminio Sánchez de la Barquera y Arroyo (Coordinadores), *La democracia en su contexto. Estudios en homenaje a Dieter Nohlen en su septuagésimo aniversario*, Instituto de Investigaciones Jurídicas, Universidad nacional Autónoma de México, México 2009, pp. 477-517.

[86] Véase por ejemplo el caso en Venezuela durante la primera década del siglo XXI, en Allan R. Brewer-Carías, *La patología de la Justicia Constitucional*, Tercera Edición, Editorial Jurídica Venezolana, Caracas 2015.

§8. EL SISTEMA DE JUSTICIA CONSTITUCIONAL EN HONDURAS[*]

En la construcción del Estado de Derecho, además del principio de la supremacía constitucional, uno de los elementos determinantes de su afianzamiento está en el poder atribuido a los jueces para controlar la constitucionalidad de los actos del Estado, y declarar su inconstitucionalidad o anular aquellos que sean contrarios a la Constitución.

Esto significa, en definitiva, que la culminación de la edificación del Estado de Derecho está en el establecimiento de un sistema de justicia constitucional, lo cual en el constitucionalismo moderno se traduce en el instrumento jurídico para el ejercicio del derecho ciudadano a la supremacía de la Constitución y al control judicial.[1] Si la Constitución es emanación del pueblo, el primer y principal derecho de los ciudadanos es el derecho a su supremacía, de manera de asegurar que no sólo el pueblo sea el único que pueda modificarla, sino que cualquier violación de la Constitución pueda ser controlada judicialmente.

En esa línea de razonamiento, puede decirse que la gran mayoría de los países de América Latina disponen, en sus sistemas constitucionales, de instrumentos para asegurar la justicia constitucional, los cuales se han venido desarrollando en las últimas décadas, con todos los altibajos derivados de la turbulenta his-

---

[*] Este trabajo tiene su origen en el estudio sobre "El sistema de justicia cosntiucional en Honduras" publicado en el libro *El sistema de Justicia Constitucional en Honduras (Comentarios a la Ley sobre Justicia Constitucional)*, (autores Allan R. Brewer–Carías, Néstor Pedro Sagüés, Jorge Mario García La Guardia), editado por el Instituto Interamericano de Derechos Humanos, Corte Suprema de Justicia. República de Honduras, San José, 2004, pp. 1–148. Dicho estudio se realizó en relación con la Ley de la Justicia Constitucional aprobada en el Congreso en enero de 2004, la cual posteriormente sufrió algunas modificaciones, hasta su publicación en septiembre de 2005. *Véase* sobre dicha Ley, además, Allan R. Brewer–Carías, "La reforma del sistema de justicia constitucional en Honduras," en *Revista Iberoamericana de Derecho Procesal Constitucional*, N° 4. Editorial Porrúa, México, 2005, pp. 57–77.

[1] *Véase* Allan R. Brewer–Carías, "La justicia constitucional como garantía de la Constitución," en Armin von Bogdandy, Eduardo Ferrer Mac–Gregor y Mariela Morales Antoniazzi (Coordinadores), *La Justicia Constitucional y su Internacionalización. ¿Hacia un Ius Constitucionale Commune en América Latina?*, Instituto de Investigaciones Jurídicas, Instituto Iberoamericano de Derecho Constitucional, Max Planck Institut Für Ausländisches Öffentliches Rechts Und Völkerrecht, Universidad Nacional Autónoma de México, México 2010, Tomo I, pp. 25–62; y en "La justicia constitucional como garantía de la Constitución," en *Revista de Derecho Público*, N° 9–10, Asociación Costarricense de Derecho Administrativo, San José, 2009, pp. 9–28.

toria política de nuestros pueblos y a pesar de los mismos.[2] Honduras no escapó a ese proceso, pudiendo decirse que en su ordenamiento constitucional, después de la reforma constitucional adoptada mediante Decreto N° 162-2000 de 20 de diciembre de 2000, comenzó a disponer de un completo sistema de justicia constitucional.

Ahora bien, antes de analizar el sistema hondureño de justicia constitucional, y para ubicarlo adecuadamente en el derecho comparado, estimamos de interés resumir en primer lugar, los grandes rasgos contemporáneos relativos a los sistemas de justicia constitucional.

I. APROXIMACIÓN GENERAL COMPARATIVA SOBRE LA JUSTICIA CONSTITUCIONAL

En el mundo contemporáneo no existe un solo sistema de justicia constitucional, o de control jurisdiccional de la constitucionalidad de los actos del Estado, sino que más bien existe una gran variedad de sistemas, particularmente cuando nos referimos al control de la constitucionalidad de las leyes.[3] Todos los sistemas, sin embargo, se relacionan con un criterio básico y es el referente a los órganos del Estado que pueden ejercer las funciones de justicia constitucional.

En efecto, fundamentalmente, el control jurisdiccional de la constitucionalidad de las leyes puede ser ejercido por todos los tribunales de un país determinado; o sólo por la Corte Suprema del país, o por un órgano constitucional especialmente creado con ese fin.

En el primer caso, todos los tribunales de un país determinado tienen la facultad de juzgar la constitucionalidad de las leyes. Este es el caso de Estados Unidos de América, donde se inició el desarrollo de la justicia constitucional a comienzos del siglo XIX, habiéndose llamado este sistema el "sistema americano" porque se adoptó particularmente, después del famoso caso *Marbury vs. Madison* decidido por la Suprema Corte de ese país en 1803. Además, muchos otros paí-

---

[2] *Véase* sobre la justicia constitucional en América Latina, Allan R. Brewer–Carías, *Judicial Review in Comparative Law*, Cambridge University Press, Cambridge 1989; y "La jurisdicción constitucional en América Latina," en Domingo García Belaúnde–Francisco Fernández Segado (Coordinadores), *La jurisdicción constitucional en Iberoamérica*, Dykinson S.L. (Madrid), Editorial Jurídica Venezolana (Caracas), Ediciones Jurídicas (Lima), Editorial Jurídica E. Esteva (Uruguay), Madrid 1997, pp. 117–161.

[3] *Véase* en general Mauro Cappelletti, "Judicial Review of Legislation and its Legitimacy. Recent Developments»(Rapport général), en L. Favoreu y J.A. Jolowicz (ed), *Le contrôle juridictionnel des lois Légitimité, effectivité et développements récents*, París 1986, pp. 285–300; *Véase* también, Mauro Cappelletti, "El Control Jurisdiccional de la Constitucionalidad de las Leyes en el Derecho Comparado," en *Revista de la Facultad de Derecho*, México, N° 65, Tomo XVI, 1966, pp. 28 a 33; M. Cappelletti and J. C. Adams, "Judicial Review of Legislation: European Antecedents and Adaptations", *Harvard Law Review,* 79, 6, Abril de 1966, p. 1.207; Allan R. Brewer–Carías, *Judicial Review in Comparative Law, cit.,* pp. 125 y ss.

ses, con o sin tradición del *common law,* también aplican este sistema,[4] como es el caso, por ejemplo, en América latina de Argentina, Brasil, Colombia, Guatemala, Perú, Nicaragua, República Dominicana y Venezuela, y en Europa de Grecia, Australia, Canadá, la India, Japón, Suecia, Noruega y Dinamarca. A este sistema se lo denomina sistema difuso de control judicial de la constitucionalidad[5] porque el control judicial se atribuye a todos los tribunales desde el nivel más bajo hasta la Corte Suprema del país.

Por otra parte, existe el sistema concentrado de justicia constitucional, donde la facultad de control de la constitucionalidad de las leyes y de otros actos del Estado producidos en ejecución directa de la Constitución, se atribuye a un solo órgano del Estado, sea la Corte Suprema o un órgano constitucional, Tribunal, Corte o Consejo Constitucional especialmente creado para ese fin. Este último caso, se conoce como el "sistema austriaco" porque en Europa se estableció primero en Austria, en 1920[6]. Este sistema, también llamado el "modelo europeo", cuando el poder de control se atribuye a un Tribunal o Corte Constitucional particularmente ubicado fuera del Poder Judicial o a la Corte Suprema, es aplicado en Europa, en Alemania, Austria, Italia y España y en muchos de los países de Europa del Este; y en América Latina, en forme exclusiva, en Bolivia, Costa Rica, Chile, El Salvador, Honduras, Panamá, Paraguay y Uruguay, y conjuntamente con el método difuso, en Brasil, Colombia, Guatemala, Perú, Nicaragua, República Dominicana y Venezuela. Se lo denomina sistema concentrado de control jurisdiccional por oposición al sistema difuso, porque la facultad de control de la constitucionalidad de los actos del Estado sólo se le confiere a un órgano constitucional que puede ser la Corte Suprema de un país dado o a un Tribunal Constitucional especialmente creado para tal fin que, puede o no estar integrado dentro de la organización del Poder Judicial[7].

En los sistemas norteamericano y latinoamericano, el control jurisdiccional de la constitucionalidad de las leyes forma en general parte de las atribuciones del Poder Judicial, cuyo ejercicio corresponde tanto a la Corte Suprema o un Tribunal Constitucional, como a la justicia ordinaria. En estos sistemas se puede afirmar que el juez constitucional es el Poder Judicial. En cambio, en el sistema europeo, el control jurisdiccional de la constitucionalidad de las leyes en muchos casos se ha asignado a Cortes o Tribunales Constitucionales creados como órganos de rango constitucional e independiente del Poder Judicial, que sin embargo, ejercen la función jurisdiccional. Es decir, en ambos sistemas, la justicia consti-

---

4   *Véase* Héctor Fix Zamudio, "Protección procesal de los Derechos Humanos," en *Boletín Mexicano de Derecho Comparado,* N° 13–14, México, enero–agosto 1972, p. 78.

5   *Véase* M. Cappelletti, "El control judicial de la constitucionalidad de las leyes en el Derecho Comparado," en *Revista de la Facultad de Derecho de México,* N° 61, 1966, p. 28; Allan R. Brewer–Carías, *Judicial Review in Compative Law, cit.*

6   *Idem.*

7   *Véase* Allan R. Brewer–Carías, *Judicial Review..., cit.,* pp. 182 y ss., *El control concentrado de la constitucionalidad de las leyes,* Editorial Jurídica Venezolana, Caracas 1994, pp. 127 y ss

tucional es el resultado del ejercicio de una función jurisdiccional, la cual no es monopolio del Poder Judicial.

El desarrollo de los sistemas de justicia constitucional, en todo caso, ha conducido a que se pueda señalar que en la actualidad no existe un único sistema de justicia constitucional para garantizar y defender la Constitución, así como tampoco puede existir un sistema ideal que pueda aplicarse a todos los países[8]. En el derecho constitucional contemporáneo, cada país ha desarrollado su propio sistema, habiendo sido el sistema difuso atribuido a los órganos del Poder Judicial, iniciado en Norteamérica, el que más influencia ha tenido.

En otros países se ha adoptado una mezcla de los sistemas antes mencionados, el difuso y el concentrado, con miras a permitir que ambos tipos de control funcionen al mismo tiempo. Este es el caso, en América Latina, de Brasil, Colombia, Guatemala, Nicaragua, Perú, República Dominicana, Venezuela, y en Europa, de Portugal, donde todos los tribunales tiene la facultad de juzgar la constitucionalidad de las leyes, y por consiguiente, pueden decidir en forma autónoma la inaplicabilidad de una ley en un proceso dado, y además, la Corte Suprema o un Tribunal o Corte Constitucional tienen la facultad de declarar la nulidad por inconstitucionalidad de las leyes, en un proceso constitucional. Como se ha señalado, esos países tienen un sistema mixto, que aplica en paralelo, los métodos difuso y concentrado de control judicial de la constitucionalidad, quizá el más completo en derecho comparado.

Por otra parte, con respecto a los denominados sistemas concentrados de la constitucionalidad, en los cuales la facultad de control es otorgada a un sólo órgano constitucional, como la Corte Supremo o un Tribunal o Corte Constitucional, se pueden observar otras diferencias.[9]

En primer lugar, en relación al momento en el que se efectúa el control de la constitucionalidad de las leyes, el control puede producirse antes de la sanción de la ley, como es el caso en Francia, o puede ser ejercido por el Tribunal luego de que la ley ha entrado en vigor, como es el caso en Alemania e Italia. En otros países como España, Portugal, Colombia y Venezuela se han adoptado ambas posibilidades. En Venezuela, una ley sancionada por el Congreso antes de su entrada en vigor, puede ser sometida por el Presidente de la República al Tribunal Supremo, independientemente del veto presidencial, con el fin de obtener una decisión relativa a su constitucionalidad; pero igualmente, el Tribunal Supremo, puede decidir sobre la constitucionalidad de la ley después de su publicación y de su entrada en vigor, cuando es impugnada por la vía de acción popular.

Además, en relación con los sistemas concentrados de control de la constitucionalidad, existen dos vías para ejercerlo: la vía incidental y la vía principal.[10] En primer caso, la cuestión constitucional sólo se considera justiciable cuando está estrecha y directamente relacionada con un proceso en particular, en el cual

---

8   *Véase* Allan R. Brewer–Carías, *Judicial Review..., cit.,* pp. 125 y ss.

9   *Véase* Allan R. Brewer–Carías, *El control concentrado de la constitucionalidad de las leyes, cit.,* pp. 44 y ss.

10 *Véase* Allan R. Brewer–Carías, *El control concentrado de la constitucionalidad...,* *cit.,* pp. 28 y ss.

la constitucionalidad de la ley específica, no es el único aspecto requerido para el solo desenlace del proceso. Debe destacarse, que el carácter incidental del control judicial es de la esencia de los sistemas de control difuso y, por tanto, de todos los sistemas jurídicos que siguen el modelo americano.

En los sistemas de control concentrado, el control de la constitucionalidad puede ser incidental y la Corte Suprema o el Tribunal Constitucional sólo pueden intervenir y decidir cuando así sea requerido por el tribunal ordinario al cual está sometido el caso. En estas circunstancias, la cuestión constitucional ante el Tribunal Constitucional le es sometida por el tribunal ordinario que debe decidir el caso concreto.

Ahora bien, en cuanto al sistema concentrado de control de la constitucionalidad, el poder de control otorgado a la Corte Suprema o a un Tribunal Constitucional, también puede ser ejercido por vía principal, mediante una acción directa en la que la constitucionalidad de una ley específica constituye la única cuestión del proceso, sin relación ni referencia a un caso particular. En este último supuesto puede hacerse otra distinción en cuanto a la legitimación para ejercer la acción directa de inconstitucionalidad. En numerosos países dotados de un sistema concentrado de control de la constitucionalidad, únicamente son los otros órganos del Estado los que pueden ejercer la acción directa de constitucionalidad ante el Tribunal Constitucional, por ejemplo, el Jefe de Gobierno o un cierto número de representantes en el Parlamento.

Otros sistemas de control concentrado, sin embargo, permiten que los particulares puedan ejercer la acción de inconstitucionalidad, sea alegando que una determinada ley afecta los derechos de un individuo o, como en el caso de Colombia y Venezuela, mediante una acción popular en la que cualquier ciudadano puede solicitar al Tribunal Supremo o a la Corte Constitucional que decida su solicitud referente a la inconstitucionalidad de una ley determinada, sin que exista condición especial con respecto a la legitimación.

Ahora bien, con respecto a esta distinción entre sistemas concentrado y difuso de control de la constitucionalidad también se puede hacer otra diferencia según los efectos legales que surte la decisión jurisdiccional de control. En este sentido, pueden distinguirse decisiones con efectos *in casu et inter partes* o *erga omnes,* es decir, decisiones que surten efectos solamente entre las partes de un juicio determinado, o que surten efectos generales, aplicables a cualquiera.

Por ejemplo, en los sistemas de control concentrado, de acuerdo con el modelo austriaco, cuando la decisión jurisdiccional es una consecuencia del ejercicio de una acción objetiva, en general, los efectos de tal decisión mediante la cual se anula la ley, son generales con validez *erga omnes*[11].

En cambio, en los sistemas de control difuso, la decisión del juez en materia de inconstitucionalidad sólo tiene efectos *ínter partes.* Por consiguiente, en estos sistemas, una ley declarada inconstitucional con efectos *ínter partes,* en principio, es nula y no surte ningún tipo de efectos para el caso concreto ni para las partes en el mismo. Por ello, en este caso, la decisión es, en principio, retroactiva

---

[11]   *Véase* Allan R. Brewer–Carías, *El control concentrado de la constitucionalidad...,* cit., pp. 31 ss.

en el sentido de que tiene consecuencias *ex tunc* o *pro pretaerito,* es decir, la ley declarada inconstitucional se considera como si nunca hubiera existido a nunca hubiera sido válida. En estos casos, esta decisión tiene efectos "declarativos", en el sentido de que declara la nulidad preexistente de la ley inconstitucional[12].

Por el contrario, en los sistemas de control concentrado, una ley anulada por inconstitucional, con efectos *erga omnes,* se considera, en principio, como anulable. La decisión en este caso es, por lo tanto, en principio prospectiva ya que tiene consecuencias *ex nunc y pro futuro;* es decir, la ley anulada por inconstitucional, es considerada como habiendo surtido efectos hasta su anulación por el Tribunal o hasta el momento que este determine como consecuencia de la decisión. En este caso, por consiguiente, la decisión tiene efectos "constitutivos" ya que la ley se vuelve inconstitucional solamente después de la decisión[13].

Sin embargo, esta distinción relativa a los efectos de la decisión judicial con respecto a la inconstitucionalidad de una ley, no es absoluta. Por un lado, si bien es cierto que en el sistema de control difuso la decisión surte efectos *inter partes,* cuando la decisión es adoptada por la Corte Suprema como consecuencia de la doctrina *stare decisis,* los efectos prácticos de la decisión son, de hecho, generales, en el sentido de que obliga a todos los Tribunales inferiores del país. Por ello, a partir del momento en que la Corte Suprema declara inconstitucional una ley, en principio, ningún otro Tribunal podría aplicarla.

Por otro lado, en sistemas de control concentrado de la constitucionalidad, cuando se adopta una decisión en una cuestión incidental de constitucionalidad, algunos sistemas constitucionales han establecido que los efectos de la misma, en principio, sólo se relacionan con el proceso particular en el que se planteó la cuestión de constitucionalidad, y entre las partes de dicho proceso, aunque como hemos señalado esa no es la regla general.

En cuanto a los efectos declarativos o constitutivos de la decisión, o sus efectos retroactivos o prospectivos, el paralelismo absoluto entre los sistemas difuso y concentrado también ha desparecido.

En los sistemas de control difuso de la constitucionalidad, aun cuando los efectos de las decisiones declarativas de inconstitucionalidad de la ley sean *ex tunc, pro pretaerito,* en la práctica, algunas excepciones en casos regulados por el derecho civil, han hecho que dicha invalidez de la ley no sea siempre retroactiva. De la misma manera, en los sistemas de control concentrado de la constitucionalidad, aun cuando los efectos de las decisiones anulatorias de una ley por inconstitucionalidad en principio sean constitutivos, *ex nunc, pro futuro,* también en la práctica, algunas excepciones en casos regulados por el derecho penal, han hecho que dicha invalidez de la ley, sea retroactiva y beneficie al reo.

II. ALGUNOS ANTECEDENTES HISTÓRICOS EN LA CONFORMACIÓN DEL SISTEMA HONDUREÑO DE JUSTICIA CONSTITUCIONAL

En el marco comparado antes mencionado, el sistema hondureño de justicia constitucional está conformado *en la Constitución actual,* después de la reforma

---

12   *Véase* Allan R. Brewer–Carías, *Judicial Review..., cit.,* pp. 131 ss.

13   Allan R. Brewer–Carías, *El control concentrado..., cit.,* pp. 32 ss.

constitucional realizada mediante el Decreto N° 162-2000 de 20 de diciembre de 2000, como un sistema mixto o integral que combina el control difuso con el control concentrado de la constitucionalidad; pero que en la Ley sobre Justicia Constitucional sancionada en 2004 y publicada en septiembre de 2005, se ha configurado como un sistema exclusivamente concentrado, abandonándose totalmente la regulación del método difuso de control.

Los elementos fundamentales relativos a este sistema de control de la constitucionalidad de las leyes en Honduras, si bien se consolidaron dicha reforma constitucional de 2000, sin embargo tienen sus antecedentes en regulaciones constitucionales que se introdujeron desde el Siglo XIX.

En efecto, en cuanto a las acciones de protección de los derechos constitucionales, el habeas corpus fue establecido en Honduras como derecho a partir de la Constitución de 1865 (art. 77), y en la Constitución de 1894 se garantizó que:

"Toda persona tiene derecho para requerir amparo contra cualquier atentado o arbitrariedad de que sea víctima, y para hacer efectivo el ejercicio de todas las garantías que esta Constitución establece, cuando sea indebidamente coartada en el goce de ellas, por leyes o actos de cualquier autoridad, agente o funcionario público" (art. 29).

Ambas instituciones, el habeas corpus y el amparo, se recogieron posteriormente en todas las Constituciones subsiguientes, habiendo estado reguladas en la Constitución de 1982 en los artículos 182 y 183.

En cuanto a los medios judiciales de defensa de la Constitución, a partir de la misma Constitución de 1894 se reconoció el recurso de inconstitucionalidad, disponiéndose que se podía establecerse directamente ante la Corte Suprema de Justicia pero sólo respecto de una ley que se refiriera a asuntos no ventilables ante los Tribunales, recurso que podía interponer "toda persona que al serle aplicada en un caso concreto, sea perjudicada en sus legítimos derechos" (art. 128). Se estableció, así, el embrión del método concentrado de control de la constitucionalidad que se desarrollaría lenta y progresivamente con posterioridad, regulándose en la Constitución de 1936 (art. 145).

Pero la misma Constitución de 1894, además, también estableció el embrión del método difuso de control de la constitucionalidad de las leyes, al disponer que correspondía a los Tribunales "la aplicación de las leyes en casos concretos que legalmente se sometan a su conocimiento y negarles cumplimiento cuando sean contrarias a la Constitución" (art. 125). Este método, incluso, fue previsto con toda precisión en la Constitución de 1936, cuyo artículo 141 estableció que:

"Es la facultad privativa de las Cortes y demás Tribunales de Justicia juzgar y ejecutar lo juzgado. A ellos corresponde la aplicación de las leyes en casos concretos que legalmente se sometan a su conocimiento y negarles cumplimiento cuando sean contrarias a la Constitución."

Sin embargo, a pesar de esta previsión, la institución no encontró aplicación práctica pues la Ley de Amparo de 1936, dictada por la misma Asamblea Nacional Constituyente que sancionó la Constitución, y que estuvo vigente durante todo el Siglo XX hasta que fue derogada por la Ley sobre la Justicia Constitucional de 2004, reguló expresamente el amparo contra leyes, con los mismos efectos del método difuso de control de constitucionalidad de las leyes, pero atribuyendo la competencia exclusiva para conocer del mismo a la Corte Suprema de Justicia.

En efecto, la Ley de Amparo de 14 de abril de 1936 (reformada por Decreto Nº 125 de 1967), la cual fue dictada por la Asamblea Nacional Constituyente antes de sancionarse la Constitución de diciembre de 1936, reguló el derecho de toda persona de pedir amparo "para que, en casos concretos, se declare que una ley, un reglamento o una disposición de la autoridad, no le es aplicable por ser inconstitucional (art. 1,2), atribuyendo la competencia para conocer de dichos amparos contra normas, calificado impropiamente como un "recurso de inconstitucionalidad", a la Corte Suprema de Justicia (art. 5,1). Ello condujo a que se consolidara el método concentrado de control de la constitucionalidad con efectos respecto de los casos concretos, es decir, con efectos *inter partes*, quedando inoperante el método difuso de control de constitucionalidad de las leyes que las Constituciones continuaron regulado.

En las Constituciones de 1957 y de 1965, en efecto, se repitió la misma norma sobre el método difuso de control de la constitucionalidad de las leyes (art. 141), el cual sin embargo, tampoco encontró desarrollo alguno en los tribunales, permaneciendo en aplicación el régimen de control concentrado de la constitucionalidad de las leyes a cargo de la Corte Suprema de Justicia, pero con solos efectos *inter partes*, que derivaba del régimen de la Ley de Amparo, y de las propias normas constitucionales.

En efecto, el artículo 232,11 de la Constitución de 1957 (art. 230,11 de la Constitución de 1965) atribuyó a la Corte Suprema de Justicia competencia para "declarar la inconstitucionalidad de las leyes en la forma y casos previstos en esta Constitución", como competencia "originaria y exclusiva" (art. 237; art. 234 de la Constitución de 1965) consistente en la potestad de "la declaración de inconstitucionalidad de una ley y la inaplicación de las disposiciones afectadas por aquélla" (art. 238; art. 236 de la Constitución de 1965). El ejercicio de dicha competencia por la Corte se podía requerir por vía de acción, por vía de excepción y a solicitud de los jueces que conocieran de cualquier procedimiento judicial; y la decisión de la Corte sólo podía referirse "exclusivamente al caso concreto, y sólo tenía "efecto en el procedimiento" en los cuales se hubiera pronunciado (art. 239; art. 237 de la Constitución de 1965), es decir, efectos *inter partes*. Tales potestades llevaron a la Corte Suprema a ejercer en forma exclusiva el control de la constitucionalidad de las leyes y la declaración de su inaplicabilidad en el caso concreto, quedando entonces sin aplicación alguna el artículo 141 sobre el método difuso de control de constitucionalidad de las leyes.

La Constitución de 1982, sancionada mediante Decreto Nº 131 de la Asamblea Nacional Constituyente, siguió algo de la orientación de los textos precedentes en cuanto al sistema de justicia constitucional, regulando el control concentrado pero eliminando la mención de los efectos de la sentencia como exclusivamente referida al caso concreto, lo que dio origen a que se considerase que los efectos de las sentencias de la Corte Suprema de Justicia, en estos casos (arts. 184 y 185), aún cuando no fueran anulatorios sino sólo de inaplicabilidad, eran sin embargo generales, *erga omnes* y *ex tunc*, en el sentido de que ninguna autoridad podía aplicar la ley en el futuro; [14] y además siguió regulando el método de control difuso de la constitucionalidad de las leyes (art. 315), el cual tampoco tuvo aplicación práctica por la pervivencia de las regulaciones de la Ley de Amparo de 1936, asumiendo la Corte Suprema el monopolio del control de la constitucionalidad de las leyes.

La reforma constitucional más importante en esta materia, por tanto, puede decirse que se produjo a través del Decreto N° 162-2000 del 20 de diciembre de 2000, mediante el cual se transformó el método de control concentrado de la constitucionalidad de las leyes, que definitivamente pasó de tener efectos de inaplicabilidad *inter partes* de las leyes, a tener efectos anulatorios (derogatorios) de las mismas, con carácter general, *erga omnes*. La reforma de 2000, además, creó la Jurisdicción Constitucional a cargo de la Sala de lo Constitucional de la Corte Suprema de Justicia (art. 316), atribuyéndole la competencia, precisamente, para anular las leyes inconstitucionales, al establecerse que "las sentencias que declaren la inconstitucionalidad de una norma será de ejecución inmediata y tendrá efectos generales, y por tanto derogarán la norma inconstitucional" (art. 316).

Se pasó así, como se ha dicho, de un método de control concentrado con efectos *inter partes*, a un método de control concentrado con efectos generales, *erga omnes*, con lo que el método difuso de control de la constitucionalidad de las leyes que se conservó en el texto constitucional (art. 320) debía haber adquirido plena operatividad, como potestad atribuida a todos los jueces para desaplicar las leyes que consideren inconstitucionales al decidir los casos concretos que deben resolver.

En esta reforma de 2000, además, se atribuyó a la Sala de lo Constitucional la competencia para dirimir los conflictos entre los Poderes del Estado, incluido el Tribunal Nacional de Elecciones, así como entre las demás entidades u órganos que indique la ley (art. 316).

Ahora bien, a los efectos de desarrollar legislativamente este sistema, y con la asistencia de una misión de expertos organizada por el Instituto Interamericano de Derechos Humanos, [15] durante los años 2002-2004 se elaboró un proyecto

---

[14] *Véase* Edmundo Orellana, *La Justicia Constitucional en Honduras*, Universidad Nacional Autónoma de Honduras, Tegucigalpa 1993, pp. 160–161. Orellana, sin embargo, destacó que en la práctica, la Corte seguía limitando los efectos de la sentencia al caso concreto. *Idem.* pp. 165 ss.

[15] La Misión de Expertos estuvo integrada por el profesor Néstor Pedro Sagües y por el autor de este trabajo y fue coordinada por Víctor Rodríguez funcionario del Instituto Interamericano. Los integrantes de la Misión elaboramos un documento de trabajo sobre el Proyecto de Ley y durante su elaboración tuvimos en Tegucigalpa varias reuniones con los magistrados de la Sala Constitucional y con representantes de la comunidad de abogados en dicha ciudad y en San Pedro de Sula. Por mi parte, sobre la reforma y el Proyecto de Ley me correspondió dictar las siguientes conferencias sobre: "*El sistema hondureño de justicia constitucional y el Proyecto de Ley sobre la Justicia Constitucional,*" Sala de lo Constitucional, Corte Suprema de Justicia de Honduras, Tegucigalpa, 26/06/02; "*La Justicia Constitucional y el fortalecimiento de la democracia,*" Corte Suprema de Justicia de Honduras, Tegucigalpa, 27/06/02; "*La justicia constitucional en Honduras,*" en el Seminario–Taller sobre

de *Ley sobre la Justicia Constitucional* que llegó a ser sancionado por el Congreso en enero de 2004.[16] Dicha Ley, sin embargo, no siguió inmediatamente el procedimiento de formación de las leyes, y sólo fue meses después en septiembre de ese mismo año que como Decreto N° 244-2003 de 20 enero de 2004, fue promulgado por el Presidente de la República en fecha 30 de agosto de 2004, habiendo sido publicado en la *Gaceta* N° 30.792 de 3 de septiembre de 2005.[17] La Ley entró en vigencia veinte días después, es decir, el 23 de septiembre de 2005, con excepción de varios artículos referidos a la garantía de habeas data y al recurso de revisión en materia civil,[18] cuya vigencia se supeditó a la ratificación de "reformas al texto constitucional" que había adoptado el mismo Congreso sobre dichas materias (art. 124).

En todo caso, entre el texto sancionado el 20 de enero de 2004 y el publicado en septiembre de 2004, se introdujeron una serie de modificaciones o "fe de erraras" por el Congreso, muchas de las cuales fueron sustantivas, como las relativas a la eliminación de toda posibilidad de desarrollo del control difuso de la constitucionalidad de las leyes que está previsto en la Constitución (art. 320), y en materia de la garantía de habeas data, que había quedado muy deficientemente regulada en la Ley sancionada en enero de 2004. Por ello, en esta última materia relativa al habeas data, el texto definitivo de la Ley publicado en septiembre de 2005 se adaptó a la reforma constitucional que durante ese mismo año

---

Justicia Constitucional, Sala Constitucional de la Corte Suprema de Justicia y Colegio de Abogados de Honduras, Tegucigalpa, 20/01/2003; "*La justicia constitucional en Honduras*," en el Seminario–Taller sobre el Proyecto de Ley sobre la Justicia Constitucional, Sala Constitucional de la Corte Suprema de Justicia y Colegio de Abogados de Honduras, capítulo de San Pedro de Sula, San Pedro de Sula, 22/01/2003; "Proyecto de Ley sobre Justicia Constitucional," en el Congreso de la República de Honduras, Tegucigalpa, 24/09/03; *El sistema de Justicia Constitucional en Honduras y el Proyecto de Ley sobre Justicia Constitucional*, en Sala de lo Constitucional de la Corte Suprema de Justicia, Colegio de Abogados de Honduras, Tegucigalpa, 24/09/03; y "*La reforma del sistema de justicia constitucional en Honduras: 2004*," en Seminario sobre la Justicia Constitucional en Honduras, Corte Suprema de Justicia, Tegucigalpa, 25–08–2004

[16] El texto de la Ley sobre la Justicia Constitucional sancionada en enero de 2004, una vez enviado al Instituto Interamericano de Derechos Humanos al culminar su Misión, fue publicado por el Instituto en un libro con trabajos de Allan R. Brewer–Carías, Néstor Pedro Sagües y Jorge Mario García La Guardia, titulado *El sistema de Justicia Constitucional en Honduras (Comentarios a la Ley sobre Justicia Constitucional)*, Instituto Interamericano de Derechos Humanos, Corte Suprema de Justicia República de Honduras, Embajada del Reino de los Países Bajos, San José 2004, pp. 207–239.

[17] *Véase* el texto de la Ley publicada en la *Gaceta* en 3 de septiembre de 2005 en *Ley sobre Justicia Constitucional. Decreto 244–2003*, Editorial OIM, Tegucigalpa 5 de enero de 2009 (ISBN 00026–690–8–X)

[18] Sobre habeas data: Artículo 3.2; 4.9; 9.1; 13.2; 16, 40, 70 y 72; y sobre revisión: artículo 95.

2005 discutió y sancionó el Congreso, y que como Decreto N° 381-2005 de 21 de enero de 2006, se publicó en la *Gaceta* N° 30.920 de 4 de febrero de 2006.[19]

A pesar de estas diferencias iniciales entre los textos sancionados y publicados, es indudable que con el sistema constitucional y legal actual, Honduras cuenta con todos los elementos necesarios para consolidar el modelo de Estado Constitucional del Derecho, cuyo objeto, en definitiva, es hacer efectivas las garantías constitucionales destinadas a asegurar la supremacía de la Constitución, es decir, velar porque ésta permanezca siendo, efectivamente, una ley suprema. Es a estos efectos que el control judicial de la constitucionalidad de los actos estatales puede considerarse como de la esencia del rol del Poder Judicial, de manera que se pueda asegurar que todo acto de los órganos que ejercen el Poder Público que sea contrario a la Constitución, pueda ser considerado nulo o pueda ser anulado.

Ahora bien, a los efectos de estudiar el sistema hondureño de justicia constitucional, analizaremos el texto de la Ley sobre la Justicia Constitucional, explicando en *primer lugar*, las bases constitucionales y legales del sistema de justicia constitucional; en *segundo lugar*, el método difuso de control de constitucionalidad que está previsto en la Constitución y que al final fue eliminado del texto de la ley; en tercer *lugar*, el método concentrado de control de constitucionalidad, que en la Ley tal como fue publicada configuró el sistema hondureño como exclusivamente concentrado; en *cuarto lugar*, las acciones de protección de los derechos humanos; y en *quinto lugar*, la garantía *ex post facto* del debido proceso y la revisión extraordinaria de sentencias.

III. BASES CONSTITUCIONALES Y LEGALES DEL SISTEMA HONDUREÑO DE JUSTICIA CONSTITUCIONAL

De acuerdo con lo dispuesto en la Constitución de Honduras, en nuestro criterio, en la misma se puede distinguir el establecimiento de un sistema de justicia constitucional mixto o integral, que combina el método difuso con el método concentrado de control de constitucionalidad,[20] el cual, a pesar de que así se

---

[19]   *Véase* el texto del decreto en Enrique Flores Valeriano, *La Justicia Constitucional en Honduras*, Litografía López, Tegucigalpa 2006, pp. 222–227.

[20]   *Véase* en sentido contrario, Enrique Flores Valeriano, *La Justicia Constitucional en Honduras*, Litografía López, Tegucigalpa 2006, pp. 78, 80. Este autor sostiene que el sistema de justicia constitucional en Honduras "se orienta hacia el sistema concentrado" p. 78. Por supuesto, como se argumenta en el texto de este trabajo, discrepamos totalmente de esa apreciación, y aún más de la argumentación que hace el autor en relación con ese sistema "exclusivamente" de control concentrado de Honduras en el sentido de que el mismo haya podrido haber tener su antecedente en un supuesto "recurso de inconstitucionalidad" que haya "nacido y evolucionado en los Estados Unidos de América." *Idem*, pp. 51 ss. Como es sabido, en los Estados Unidos de América lo que nació y se desarrolló fue precisamente el método contrario, el control difuso de la constitucionalidad de las leyes, y allí no existe "recurso de inconstitucionalidad" alguno que pueda ser similar al que da origen al control de constitucionalidad en los sistemas de control concentrado de constitucionalidad. El *writ of cerciorari* que es lo que permite someter determinadas sentencias a la revisión discrecional por parte de la Suprema Corte de los Estados Unidos, por supuesto, na-

desarrolló por el Congreso en la Ley sobre la Justicia Constitucional sancionada inicialmente en enero de 2004, se eliminó del texto de la Ley publicado en septiembre de 2005, en la cual se continuó regulando un sistema de control de constitucionalidad exclusivamente concentrado.

1. *El nunca desarrollado método difuso de control de constitucionalidad*

A pesar de esta falla legislativa, es indudable que de acuerdo con la Constitución, el método difuso de control de constitucionalidad de las leyes está expresamente establecido en el artículo 320 de la Constitución de Honduras, el cual dispone:

> *Art. 320.* En casos de incompatibilidad entre una norma constitucional y una legal ordinaria, el juez aplicará la primera.

Este artículo constitucional, como se dijo, tiene su antecedente remoto en el artículo 125 de la Constitución de 1894, al disponerse que correspondía a los Tribunales "la aplicación de las leyes en casos concretos que legalmente se sometan a su conocimiento y negarles cumplimiento cuando sean contrarias a la Constitución;" lo que repitió el artículo 141 de la Constitución de 1936.

Es importante destacar que esta norma constitucional contenía dos previsiones expresas: primero, que corresponde a los tribunales "la aplicación de la leyes en casos concretos;" y segundo, que con tal motivo, los tribunales podían desaplicar una ley aplicando preferentemente la Constitución.

Estas previsiones se conservaron en la reforma constitucional de 1982 (Decreto Nº 131-1982), pero regulando ambos aspectos, en lugar de en un solo artículo, en dos artículos separados: en el artículo 314 donde se dispuso que a los tribunales "corresponde la aplicación de las leyes en casos concretos;" y en el artículo 315 donde se reguló el control difuso estableciéndose que la misma previsión anterior de que "En casos de incompatibilidad entre una norma constitucional y una legal ordinaria, el juez aplicará la primera."

Estas dos previsiones se conservaron en la reforma constitucional de 2001 (Decreto Nº 38-2001),[21] en el capítulo XII relativo al Poder Judicial: la primera, en el artículo 304, que dispone que "corresponde a los órganos jurisdiccionales aplicar las leyes a casos concretos, juzgar y ejecutar lo juzgado;" y la segunda, en el artículo 320, el cual dispone que "en casos de incompatibilidad entre una norma constitucional y una legal ordinaria, se aplicará la primera." Se destaca que si bien de esta segunda norma se eliminó la indicación expresa de las anteriores de que era "el juez" el que debía aplicar la primera, ello no cambió en absoluto el sentido ni contenido de la norma, pues no sólo la misma está en el

---

da tiene en común con las acciones de inconstitucionalidad que se ejercen ante los Tribunales Constitucionales o Cortes Supremas como la que existe en Honduras. *Véase* en general sobre estos temas en el derecho comparado Edmundo Orellana, *La Justicia Constitucional en Honduras*, Universidad Nacional Autónoma de Honduras, Tegucigalpa 1993, pp. 41–47, 69–85.

[21] Sancionada por Decreto Nº 262–2000 de 22 de diciembre de 2000, *La Gaceta* Nº 39.414 de 26 de febrero de 2001 y ratificada por decreto Nº 38–2001 de 16 de abril de 2001, en *La Gaceta* Nº 29.489 de 29 de mayo de 2001.

capítulo sobre el Poder Judicial, relativo a todos los tribunales, sino que en el mismo se indica que son precisamente "los órganos jurisdiccionales" en general los llamados a "aplicar las leyes" siendo ellos, por tanto, los que en los casos concretos que decidan, pueden aplicar la Constitución con preferencia a las leyes que consideren incompatibles con la misma.[22]

De estas normas, en nuestro criterio, no podría ser más clara la previsión de la Constitución en cuanto al establecimiento del método difuso de control de constitucionalidad de las leyes, ni podría ser objeto de interpretación alguna distinta de lo que deriva de su propio texto y del significado de las palabras empleadas. Lamentablemente quizás, haya sido la carga histórica de la tradición de un deficiente control concentrado, la desconfianza general que puede existir en los jueces ordinarios como jueces constitucionales y el monopolio que haya comenzado a desarrollar la Sala Constitucional en materia de justicia constitucional, posiblemente conspiraron contra el desarrollo legislativo del control difuso como inicialmente se había sancionado.

Pero independientemente de esto, ateniéndonos a la norma del artículo 320 de la Constitución en concordancia con la del artículo 306, de las mismas resulta el poder atribuido a todos los jueces de aplicar la Constitución con preferencia a la ley, cuando estas sean incompatibles. Se trata, por tanto, de una competencia judicial que corresponde a todos los jueces, la cual sólo pueden ejercer, por supuesto, al decidir los procesos judiciales que se desarrollen en el ámbito de su competencia, es decir, cuando aplican las leyes a casos concretos. Por tanto, se trata de un método de control de constitucionalidad que se ejerce al decidirse un caso concreto, donde el fondo del asunto es el propio de un proceso ordinario. Es decir, conforme a este método de control, el control que se ejerce no es un control abstracto de la constitucionalidad de una ley, el cual no es el tema *decidendum* ni el objeto principal del proceso.

El poder-deber del juez, por tanto, al decidir un caso concreto sobre cualquier asunto en el cual debe aplicar una ley, consiste en aplicar con preferencia la Constitución para resolver el asunto concreto, en caso de que estime que dicha ley es incompatible con una norma constitucional.

Esta decisión en relación con la Constitución y la desaplicación de la ley en caso de incompatibilidad al resolverse judicialmente el caso concreto, por otra parte, podría adoptarla el juez de oficio o a instancia de parte. La Constitución no distingue en esta materia, por lo que la cuestión de la inconstitucionalidad de la ley que deba aplicar un juez para resolver el caso concreto que está conociendo, podría ser planteada de oficio por el propio juez. Por supuesto, también podría

---

[22] En nuestro criterio no tiene fundamento alguno para negar la existencia del control difuso de la constitucionalidad que deriva del artículo 320 de la Constitución, argumentar que como la norma ya no menciona al "juez," entonces la potestad para desaplicar las leyes incompatibles con la Constitución corresponde sólo a la Corte Suprema de Justicia, pues ello significaría negarle a los jueces potestad para aplicar la ley en los casos concretos que decidan, lo que por lo demás se expresa en el artículo 306 de la misma Constitución. *Véase* en contrario de lo que sostenemos en Enrique Flores Valeriano, *La Justicia Constitucional en Honduras*, Litografía López, Tegucigalpa 2006, p. 83.

tener su origen en una excepción de inconstitucionalidad que presenten las partes en el proceso.

Los efectos de la decisión del juez de desaplicar una ley al resolver un caso concreto, aplicando preferentemente la Constitución, por otra parte, en todos los sistemas en los cuales existe el control difuso, son de carácter declarativo. El juez constata la incompatibilidad de la ley con la Constitución; la considera como nula, sin valor y declara su inaplicación para decidir el caso. El juez, por tanto, no anula ni "deroga" la ley, sino que sólo la considera inconstitucional y, por tanto, como si no existiera para el caso concreto, no la aplica. Es decir, en estos casos, el juez desaplica la norma legal, teniendo su decisión, por tanto, efectos *ex tunc*, retroactivos, pero sólo respecto de las partes en el proceso. Es decir, la decisión en el método difuso de control de constitucionalidad de las leyes, sólo tiene efectos *inter partes*.

Este método difuso de control de la constitucionalidad expresamente previsto en la Constitución, durante el Siglo XIX tuvo un origen pretoriano tanto en los Estados Unidos de América como en América Latina (comenzando por Argentina y Brasil), habiéndose ejercido por los jueces, incluso en ausencia de previsiones constitucionales o legislativas expresas, basándose en el desarrollo del principio de la supremacía constitucional.

2. *El método concentrado de control de constitucionalidad*

Pero además del método difuso de control de constitucionalidad de las leyes, la Constitución de Honduras también regula en forma expresa, el método concentrado de control de constitucionalidad al atribuir a la Sala de lo Constitucional de la Corte Suprema de Justicia competencia para declarar la inconstitucionalidad de las leyes por razón de su forma o contenido, con efectos anulatorios; que es el que se ha regulado en la Ley sobre la Justicia Constitucional.

En efecto, el artículo 184 de la Constitución establece que:

Art. 184. Las leyes podrán ser declaradas inconstitucionales por razón de forma o de contenido.

A la Corte Suprema de Justicia le compete el conocimiento y al resolución originaria y exclusiva en la materia y deberá pronunciarse con los requisitos de las sentencias definitivas.

De esta norma, en concordancia con el artículo 313.5 de la Constitución, resulta que la Corte Suprema de Justicia es el órgano judicial competente para conocer en primera y única instancia (competencia originaria) y con exclusividad, del "recurso de inconstitucionalidad" de las leyes por razón de forma o de contenido mediante decisiones que tienen efectos generales y derogatorios.

En efecto, tales declaratorias de inconstitucionalidad de las leyes que pronuncia la Corte Suprema, conforme al artículo 316 de la Constitución, "tendrán efectos generales, y por tanto derogarán la norma inconstitucional," por lo que, lo que es competencia exclusiva de la Corte Suprema de Justicia, es conocer y decidir "recursos" de inconstitucionalidad de las leyes, teniendo la decisión efectos generales y derogatorios (anulatorias) de las mismas, pues como se ha visto, y conforme al método difuso de control de la constitucionalidad de las leyes, todos los jueces pueden declarar tal inconstitucionalidad, pero con sólo carácter *inter partes.*

Precisamente por el carácter general y por los efectos *ex nunc*, constitutivos y *pro futuro* de las sentencias de inconstitucionalidad dictadas por la Corte Suprema de Justicia, es que la Constitución exige que las mismas se publiquen en la *Gaceta* o *Diario Oficial* (art. 316.2).

Ahora bien, esta competencia de la Corte Suprema de Justicia para ejercer el método concentrado de control de la constitucionalidad de las leyes, conforme al artículo 316 de la Constitución, se atribuye en particular a la Sala de lo Constitucional de la Corte, la cual se configura entonces como la *Jurisdicción Constitucional* en Honduras, con competencia para:

1. Conocer, de conformidad con esta Constitución y la ley, de los recursos de hábeas corpus, amparo, inconstitucionalidad y revisión; y,

2. Dirimir los conflictos entre los Poderes del Estado, incluido el Tribunal Nacional de Elecciones, así como entre las demás entidades y órganos que indique la ley...

De acuerdo con todas estas normas constitucionales, por tanto, la Sala de lo Constitucional de la Corte Suprema de Justicia, como Jurisdicción Constitucional, no tiene el monopolio de la justicia constitucional, es no tiene el monopolio del control de la constitucionalidad de las leyes, sino lo que tiene es el monopolio del ejercicio del método concentrado de control de la constitucionalidad de las leyes, es decir, la potestad exclusiva de conocer y decidir los "recursos de inconstitucionalidad" directos contra las leyes que se formulen ante la Sala Constitucional, con potestad en esos casos para anular las leyes; y además, el monopolio de la resolución de conflictos constitucionales entre los órganos del Estado.

La justicia constitucional, en realidad, es mucho más que el ejercicio del método concentrado de control de la constitucionalidad de las leyes mediante el ejercicio de los recursos de inconstitucionalidad, pues como se ha visto, también comprende el ejercicio del método difuso de control, así como el conocimiento de las acciones de amparo y de *hábeas corpus* que también compete a otros tribunales distintos a la Sala de lo Constitucional.

3. *Algunos aportes innovadores en el proceso de elaboración del proyecto de Ley sobre Justicia Constitucional (2003-2004)*

A. *La distinción conceptual entre Justicia constitucional y Jurisdicción Constitucional*

Ahora bien, con base estrictamente en las previsiones constitucionales antes mencionadas, a los efectos de desarrollar el sistema constitucional de justicia constitucional regulado en la Constitución de Honduras, durante los años 2002 y 2003, la Sala Constitucional de la Corte Suprema de Justicia de Honduras con la asistencia de la Misión mencionada organizada por el Instituto Interamericano de Derechos Humanos, elaboró un Proyecto de *Ley sobre Justicia Constitucional* cuyo objeto fue, precisamente, desarrollar legislativamente, en *primer lugar*, tanto el control difuso de control de la constitucionalidad de las leyes, como el control concentrado de la constitucionalidad de las mismas ejercido mediante recurso de inconstitucionalidad por la Sala de lo Constitucional de la Corte Suprema de Justicia como Jurisdicción Constitucional, a la cual también se atribuye la resolución de los conflictos constitucionales entre los órganos del Estado; y *en segundo lugar*, el sistema de protección específica de los derechos humanos a través de los recursos de amparo, hábeas corpus y hábeas data. Como se dijo, la Ley sobre Justicia Constitucional fue sancionada por el Congreso Nacional el 20 de enero de 2004, encomendándose en su artículo 116 a la Corte Suprema de Justicia, por medio de la Sala de lo Constitucional, velar por el estricto cumplimiento de lo dispuesto en la misma; texto en el cual se sigue el Proyecto elaborado con dicha orientación.[23]

Debe señalarse, ante todo, que a la Ley se la denominó "Ley sobre Justicia Constitucional", pues como se ha dicho anteriormente, luego de la reforma constitucional de 2000, en Honduras, y al contrario de los que sucede, por ejemplo, en Costa Rica o Panamá, alejándose de lo que había sido la tradición legislativa anterior, la justicia constitucional conforme al texto estricto de la Constitución no se concentra en un solo órgano judicial que conformaría la Jurisdicción Constitucional, y que en Honduras sería la Corte Suprema de Justicia a través de su Sala de lo Constitucional.

Esta Sala, sin duda, se configura en Honduras como la Jurisdicción Constitucional, noción orgánica que identifica un órgano judicial que ejerce el control concentrado de la constitucionalidad de las leyes y demás actos normativos de ejecución inmediata de la Constitución, al decidir recursos de inconstitucionalidad que se intenten contra las mismas, con poderes derogatorios (o anulatorios) de las leyes impugnadas; pero sin tener el monopolio de la justicia constitucional, noción material equiparable a control de constitucionalidad, la cual como se ha dicho, en la Constitución también se atribuye a todos los jueces u órganos jurisdiccionales y que podrían ejercer mediante el método difuso de control de constitucionalidad. En todo caso, en la Ley, al crearse la Secretaría de la Sala Constitucional, se indicó expresamente que la Sala tiene como "papel fundamental" el "ser guardián de la constitucionalidad de las leyes y protector de la Justicia Constitucional" (art. 122).

Pero además de regular a la Sala de lo Constitucional como Jurisdicción Constitucional, la Ley reguló las competencias en materia de justicia constitucional que ejercen los demás tribunales u órganos jurisdiccionales, por ejemplo, cuando conocen de las acciones de hábeas corpus, amparo o hábeas data, y además, cuando ejercen el método de control difuso de la constitucionalidad de las leyes. Esto último, sin embargo, se eliminó del texto de la ley que fue publicado en septiembre de 2005, con lo que el título que se le había dado a la misma "sobre la justicia constitucional" parcialmente era innecesario. La Ley, con esa eliminación, en realidad quedó como una Ley sobre la Jurisdicción Constitucional y sobre los recursos de garantía y de inconstitucionalidad.

---

[23] El autor de este estudio tiene en su archivo personal una copia del texto de la Ley sobre la Justicia Constitucional, tal como fue sancionado con fecha 20 de enero de 2004.

Sin embargo, la denominación de "justicia constitucional" prevaleció al punto de que en título empleado en el artículo 4 de la Ley sancionada en enero de 2004, 200, que se refería a "Reglas especiales de la *Jurisdicción Constitucional*," fue cambiado, y adaptado al sentido del proyecto, de manera que en el texto publicado en septiembre de 2005, aparece referido a "Reglas especiales de la *justicia constitucional*," en congruencia, incluso con la redacción de la propia norma del artículo 4 que comienza con la frase "En el ejercicio de *la justicia constitucional* los órganos jurisdiccionales observarán..." De ello queda claro que la expresión "Jurisdicción constitucional" no puede confundirse con "justicia constitucional."

Como consecuencia, conforme a la Ley, todos los tribunales u órganos jurisdiccionales que conocen de cuestiones de constitucionalidad (incluida la Sala de lo Constitucional de la Corte Suprema de Justicia, como Jurisdicción Constitucional) ejercen la justicia constitucional, (arts. 3, 4, 5 y 6) de acuerdo con la Constitución y la Ley, y están sólo sometidos a sus normas (art. 5).

Por ello, el artículo 3° de la Ley dispone que los Juzgados y Tribunales a que se refiere la Ley *ejercen la justicia constitucional* y a ellos les corresponde conocer de las acciones de: 1) Habeas corpus o exhibición personal y de habeas data; 2) Amparo; 3) Inconstitucionalidad; 4) Revisión; y, además, 5) De los conflictos entre los Poderes del Estado o entre cualquiera de éstos y el Tribunal Supremo Electoral. De los conflictos de competencia o atribuciones de las municipalidades entre sí. De los conflictos de competencia o atribuciones que se produzcan entre el Ministerio Público, la Procuraduría General de la Republica y el Tribunal Superior de Cuentas. También tienen competencia para conocer de los demás asuntos que la Constitución de la República o la ley misma le atribuyan (art. 3.6).

En el Proyecto que fue elaborado por la Sala de lo Constitucional en 2003, en todo caso, puede decirse que la redacción que se le había dado al artículo 3 era más rica, jurídicamente hablando, pues no se limitaba sólo a enumerar las diversas acciones de carácter constitucional, sino que contenía regulaciones sustantivas sobre el objeto de la justicia constitucional en general, al indicar que con ella se busca, por una parte, garantizar, mediante las acciones o recursos de amparo y hábeas corpus o exhibición personal, los derechos y libertades fundamentales consagrados por la Constitución de la República, y por los tratados, convenciones y otros instrumentos internacionales sobre derechos humanos vigentes en la República de Honduras; y por la otra, ejercer control de la constitucionalidad de las leyes y otras normas de carácter y aplicación general no sometidos al control de la jurisdicción contencioso administrativa; y dirimir los conflictos de competencia constitucional.

B. *El sistema de garantías de la Constitución*

En todo caso, lo que resulta claro de la Ley es que la noción de *justicia constitucional* es de carácter material o sustantiva y se refiere a la competencia que ejercen todos los órganos judiciales que la Ley califica como "órganos jurisdiccionales" cuando les corresponde garantizar la Constitución. Como lo dice el artículo 1° de la Ley:

Artículo 1.- Objeto de la Ley. La presente ley tiene por objeto desarrollar las garantías constitucionales y las defensas del orden jurídico constitucional.

En esta forma, la expresión *Jurisdicción Constitucional*, en cambio, como se ha dicho, es de carácter orgánica, e identifica al órgano jurisdiccional al cual se atribuye *competencia exclusiva* en materia de conocimiento y decisión de los recursos de inconstitucionalidad de las leyes, es decir, en materia de control concentrado de la constitucionalidad de las leyes, y que conforme a la Constitución, es la Sala de lo Constitucional de la Corte Suprema de Justicia. De allí lo previsto en el artículo 7 que dice:

Artículo 7.- De la Sala de lo Constitucional-jurisdicción- Integración. Las funciones que la presente ley atribuye a la Corte Suprema de Justicia, serán cumplidas por ésta a través de la Sala de lo Constitucional, a la cual corresponde la jurisdicción constitucional.

La Sala de lo Constitucional estará integrada por cinco (5) magistrados de la Corte Suprema de Justicia, designados por el pleno de la misma.

Además, conforme al artículo 5 de la Ley, en el ejercicio de la justicia constitucional, los órganos jurisdiccionales solamente están sometidos a la Constitución y la ley.

Las regulaciones de la Ley, en todo caso, responden a las que caracterizan el régimen de la justicia constitucional en el derecho constitucional contemporáneo, y que permiten identificar dos grandes mecanismos de garantía de la Constitución:

En *primer lugar*, los medios judiciales de garantía y defensa de los derechos humanos, en particular, las acciones de hábeas corpus (art. 182 de la Constitución) y de amparo (art. 183 de la Constitución); y *en segundo lugar*, los medios judiciales de control de la constitucionalidad de las leyes y demás actos normativos (art. 184 y 313,5 de la Constitución), y en particular el control concentrado de la constitucionalidad de las Leyes (art. 185 de la Constitución), atribuido a la Sala de lo Constitucional de la Corte Suprema de Justicia, con poderes derogatorios (art. 316 de la Constitución). Como se dijo, a pesar de que la Constitución regula el control difuso de la constitucionalidad (art. 320 de la Constitución), en el texto de la ley que se publicó en septiembre de 2005 se eliminó toda referencia a dicha materia.

De ello resulta, como se ha dicho, que si bien la Constitución de Honduras establece un sistema mixto o integral de control de la constitucionalidad, siguiendo la tendencia prevaleciente en América Latina; sin embargo, la Ley sobre la Justicia Constitucional que buscaba regular dicho sistema mixto e integral, resultó regulando un sistema exclusivamente concentrado de control de la constitucionalidad, apartándose de las orientación constitucional.

En este contexto, la Ley sobre la Justicia Constitucional destina su *Título Segundo,* a regular las acciones o recursos de protección de los derechos constitucionales: amparo, habeas corpus y hábeas data (arts. 9 a 73); y su *Título Tercero,* a regular el control de la constitucionalidad de las leyes y demás actos normativos, mediante el método concentrado (arts. 74 a 94), precisando la competencia general de la Sala de lo Constitucional (art. 74), y regulando incluso en su *Título*

Quinto, la competencia para resolver los conflictos constitucionales entre órganos del Poder Público (arts. 107 a 110). Además, la Ley regula en su *Título Cuarto* lo concerniente al recurso de revisión (arts. 95 a 106), terminando con los *Títulos Sexto y Séptimo* para algunas Disposiciones Comunes, Finales y Transitorias (arts. 111 a 124).

Todos los órganos jurisdiccionales, incluyendo la Sala de lo Constitucional, cuando ejercen la justicia constitucional, están sometidos a las mismas reglas procesales comunes que establece el artículo 4 y que son las siguientes:

1)   Todas las actuaciones se practicaran en papel simple o común;

2)   Toda notificación deberá hacerse a más tardar el día siguiente a la fecha de la respectiva providencia, auto o sentencia.

3)   La tramitación y resolución de la acción de hábeas corpus o exhibición personal será prioritaria respecto de cualquier otro asunto de que estuviere conociendo el correspondiente órgano jurisdiccional. En defecto de tal acción, la prioridad le corresponderá por su orden a la de hábeas data, amparo y a la de inconstitucionalidad.

4)   Interpuesta cualquiera de las acciones constitucionales, los órganos jurisdiccionales impulsarán de oficio todos los trámites.

5)   En la tramitación de las acciones de exhibición personal, habeas data, amparo e inconstitucionalidad, prevalecerá el fondo sobre la forma, por lo que los defectos procesales no impedirán la expedita sustanciación de los asuntos. Las partes podrán corregir sus propios errores, siempre que fueren subsanables. No obstante los órganos jurisdiccionales que conozcan del asunto podrán hacerlo de oficio.

6)   Contra las providencias, autos y sentencias que se dicten en el ejercicio de la justicia constitucional[24] no cabrá recurso alguno.

7)   Los plazos establecidos en esta ley son improrrogables a menos que la misma disponga lo contrario.

8)   El incumplimiento de tales plazos por parte de los titulares de los órganos jurisdiccionales, originará la responsabilidad señalada en la presente ley.

En todo caso, y como norma supletoria, el artículo 119 de la Ley autoriza a la Sala de lo Constitucional para establecer en los casos no previstos en la Ley, el procedimiento para conocer de los asuntos que se sometan a su decisión, en las resoluciones que adopte de conformidad con la naturaleza del asunto.

En el artículo 2 de la Ley se establece además una norma interpretativa general de gran importancia en el derecho comparado, conforme al principio de la

---

[24]   En realidad, aquí debió usarse la expresión "jurisdicción constitucional" en el sentido de que son las decisiones de la Sala de lo Constitucional las que no están sujetas a recurso alguno. Otras sentencias, como las dictadas en casos de amparo, que son dictadas por tribunales inferiores en ejercicio de la justicia constitucional, pueden estar sujetas a apelación.

progresividad en la protección de los derechos humanos[25] conforme al orden jurídico constitucional, incluso, exigiendo que la interpretación se haga conforme a los tratados, convenciones y demás instrumentos internacionales sobre derechos humanos vigentes en la República, dentro de los cuales ocupa lugar preferente la Convención Americana de Derechos Humanos, tomando en consideración las interpretaciones hechas por los tribunales internacionales, en particular, por la Corte Interamericana de Derechos Humanos.[26] Ello permite insertar el sistema nacional de garantía de la Constitución a los principios del Sistema Interamericano de Protección a los Derechos Humanos. Dicha norma, en efecto, dispone:

> *Artículo 2*.- Regla de Interpretación y Aplicación. Las disposiciones de esta ley se interpretarán y aplicarán siempre de manera que aseguren una eficaz protección de los derechos humanos y el adecuado funcionamiento de las defensas del orden jurídico constitucional.

> Se interpretarán y aplicarán de conformidad con los tratados, convenciones y otros instrumentos internacionales sobre derechos humanos vigentes en la República de Honduras, tomando en consideración las interpretaciones que de ellos hagan los tribunales internacionales.

En el Proyecto que elaboró la Sala de lo Constitucional, se establecía, además que la restricción o la suspensión de derechos referidas en los artículos 187 y 188 de la Constitución de la República, no debía alcanzar a las acciones de garantía previstas en la ley, previsión que aún cuando, quedó eliminada del texto sancionado, sin embargo, tiene vigencia debido a las previsiones de la Convención Interamericana de Derechos Humanos.

Ahora bien, el presente estudio está destinado a analizar detalladamente las regulaciones de dicha Ley, por lo que ahora sólo queremos destacar los aportes más significativos de la misma en el afianzamiento del sistema de justicia constitucional en Honduras.

C. *La regulación actualizada de las clásicas acciones de protección de los derechos humanos: amparo y hábeas corpus*

En materia de amparo y hábeas corpus, la Ley buscó sustituir y actualizar las normas de la vieja Ley de Amparo de 1936, agregando además, la previsión

---

[25] Sobre el principio de progresividad véase Pedro Nikken, *La protección internacional de los derechos humanos: su desarrollo progresivo*, Instituto Interamericano de Derechos Humanos, Ed. Civitas, Madrid, 1987; Humberto Henderson, "Los tratados internacionales de derechos humanos en el orden interno: la importancia del principio *pro homine*," en *Revista IIDH*, Instituto Interamericano de Derechos Humanos, N° 39, San José, 2004, pp. 71 ss. *Véase* también, Allan R. Brewer–Carías, *Mecanismos nacionales de protección de los derechos humanos, Instituto Internacional de Derechos Humanos*, San José, 2004, pp. 62 ss.

[26] Sobre esto véase Allan R. Brewer–Carías, "Nuevas reflexiones sobre el papel de los tribunales constitucionales en la consolidación del Estado democrático de derecho: defensa de la Constitución, control del poder y protección de los derechos humanos", en Francisco Fernández Segado (coordinador), *Dignidad de la persona, Derechos Fundamentales, Justicia Constitucional*, Dykinson, Madrid 2008, pp. 761–826.

relativa a la acción de hábeas data., siguiendo no sólo la larga tradición de regulación legislativa de estas acciones en Honduras, sino su línea del desarrollo en América Latina. El Título II de la Ley, por tanto, sustituye las regulaciones de la Ley que regulaba el amparo y el hábeas corpus de 14 de abril de 1936, cuyo texto quedó entonces formalmente derogado por la nueva Ley (art. 123).

A tal efecto, la Ley al establecer en su artículo 13 el "deber del Estado de garantizar la libertad personal y la integridad e intimidad de la persona humana," establece que el Estado reconoce la garantía de hábeas corpus o exhibición personal, y hábeas data, e igualmente la 'garantía de amparo" (art. 41), destacándose entre su normativa, las siguientes regulaciones:

En cuanto al objeto de la acción de amparo y conforme con las orientaciones de la Convención Americana de Derechos Humanos (art. 25),[27] se permite su ejercicio contra los resoluciones, actos y hechos de cualesquiera de los Poderes del Estado, incluyendo las entidades descentralizadas, desconcentradas; las sostenidas con fondos públicos y las que actúen por delegación de algún órgano del Estado en virtud de concesión, de contrato u otra resolución válida (art. 42). En la Ley sancionada en enero de 2004 se había establecido también expresamente la procedencia de la acción de amparo, expresamente, contra las "omisiones y amenazas," lo que permitía un mayor ámbito del amparo, por lo demás clásico en el derecho comparado,[28] lamentablemente se eliminó en el texto publicado en septiembre de 2005. Sin embargo, las omisiones se mencionan en los artículos 48, 63.1 y 64, y la amenazas en los artículos 49.6 y 59, quedando en todo caso las mismas subsumidas en actos y hechos.

La competencia para conocer de la acción de habeas corpus y de habeas data (art. 9.1) corresponde tanto a la Sala de lo Constitucional; y en cuanto a la acción de amparo corresponde tanto a la Sala de lo Constitucional, cuando se intente por violación de los derechos fundamentales cometidos por el Presidente de la República, los Secretarios de Estado, las Cortes de Apelaciones, el Tribunal Superior de Cuentas, la Procuraduría General de la República y el Tribunal Supremo Electoral y acción de habeas data), y contra violaciones cometidas por los demás funcionarios con autoridad en toda la República (art. 9).

También corresponde conocer de la acción de habeas corpus (art. 10.1) y de la acción de amparo a las Cortes de Apelaciones cuando se intente por violación de los derechos fundamentales cometidos por los Jueces de letras Departamenta-

---

[27] Sobre la universalidad del amparo en la Convención véase Allan R. Brewer–Carías, "El amparo en América Latina: La universalización del régimen de la Convención Americana sobre los Derechos Humanos y la necesidad de superar las restricciones nacionales," en *Etica y Jurisprudencia*, 1/2003, Enero–Diciembre, Universidad Valle del Momboy, Facultad de Ciencias Jurídicas y Políticas, Centro de Estudios Jurídicos "Cristóbal Mendoza", Valera, Estado Trujillo, 2004, pp. 9–34; "La acción de amparo en Venezuela y su universalidad," en José de Jesús Naveja Macía (Coordinador), *Génesis, Desarrollo y Actualidad de Amparo en América Latina,* Tomo I, Ediciones Ilcsa, Tijuana México, pp.109–141.

[28] *Véase* Allan R. Brewer–Carías, *Constitutional Protection of Human Rights in Latin America. A Comparative Study of the Amparo Proceedings*, Cambridge University Press, New York, 2008.

les o seccionales, Jueces de Ejecución y Jueces de paz, en los casos de jurisdicción preventiva, o por los funcionarios departamentales o seccionales de orden político, administrativo o militar (art. 10).

En esta materia, los Juzgados de Letras también tienen competencia en materia de recurso de habeas data (art. 11.1) y en materia de recurso de amparo por violaciones de los derechos fundamentales cometidas por los inferiores en el orden jerárquico, según la materia; de violaciones cometidas por las corporaciones municipales o algunos de sus miembros, inclusive los Jueces de Policía y Alcaldes Auxiliares, y de las violaciones cometidas por empleados que no estén comprendidos en los supuestos anteriores (Art. 12).

En consecuencia, en materia de *hábeas corpus y de amparo*, la competencia se atribuye a todos los tribunales (art. 9 a 11) pero en materia de *habeas data*, la competencia queda en exclusividad en la Sala de lo Constitucional de la Corte Suprema de Justicia. (art. 13)

En cuanto a los recursos de habeas corpus y de habeas data, los derechos protegidos mediante el habeas corpus, la libertad personal y la integridad y seguridad personales; y mediante el habeas data, el derecho a acceder a la información sobre su persona o bienes (art. 13).[29]

En cuanto al procedimiento judicial, el mismo se regula como un procedimiento expedito. Particularmente, en materia de hábeas corpus, y habeas data se pueden ejercer sin necesidad de poder ni de formalidad alguna (art. 16); pudiéndose iniciar de oficio y no sólo a petición de parte (arts. 19 y 20), no requiriéndose formalidad alguna para el ejercicio de la acción, la cual puede presentarse sin la asistencia de abogado, verbalmente o por escrito, utilizando cualquier medio de comunicación, en horas o días hábiles e inhábiles y libre de costas (art. 16).

En esta materia de hábeas corpus, el principio del procedimiento está en la inmediatez de la protección (art. 26), debiendo realizarse sin pérdida de tiempo (art. 25). Los poderes del juez, en todo caso, atendiendo a la protección constitucional, son muy amplios.

---

[29]   En esta materia debe decirse que la Ley sancionada en enero de 2004 entre sus regulaciones innovadoras había regulado el habeas data (Art. 13,3), a pesar de no existir en ese momento previsión expresa constitucional, pero en forma por demás confusa, para garantizar el derecho de las personas "al acceso a la información; impedir su transmisión o divulgación; rectificar datos inexactos o erróneos; actualizar información, exigir confidencialidad y la eliminación de información falsa; respecto de cualquier archivo o registro, privado o público, que conste en medios convencionales, electrónicos o informáticos, que produzcan daño al honor, a la intimidad personal, familiar, y a la propia imagen". Esta garantía, agregaba el artículo 13,3 de dicha Ley sancionada en enero de 2004 no afectaba "el secreto de las fuentes de información periodística′ (art. 13). La norma, en realidad, mezclaba conceptos y podía conducir a una desnaturalización de la acción de hábeas data, la cual tiene por objeto, básicamente, el acceso a los archivos y registros oficiales a los efectos de la corrección o eliminación de datos. En el texto de la Ley publicado en septiembre de 2005, se corrigieron estos defectos, previéndose el habeas data para acceder a "la información sobre si misma o sus bienes contenida en banco de datos públicos o privados, y en su caso, para actualizarla, rectificarla y/o enmendarla (art. 13.2).

En materia del *recurso de amparo*, las características más importantes de las regulaciones de la Ley, que lo reconoce como una *"garantía de amparo"* (art. 41), son las siguientes:

En cuanto a los derechos protegidos, conforme a la orientación de la Convención Americana, están los reconocidos en la Constitución y en los Tratados, convenciones y otros instrumentos internacionales sobre derechos humanos (art. 40.1).

En cuanto a la legitimación activa, la acción de amparo puede ser ejercida por cualquier persona sin distingo, sea natural o jurídica, y también la puede intentar cualquier persona en representación del agraviado y por cualquier otra civilmente capaz sin necesidad de poder (art. 44).

En cuanto a la legitimación pasiva, como se dijo, el amparo procede contra actos o hechos de cualquier autoridad, como los normativos, las sentencias o actos administrativos, quedando dentro de los hechos, las omisiones y dentro de los actos, las amenazas de violación (arts. 13 y 40). Amenazas y omisiones en todo caso son nombradas en los artículos 48, 49.6, 59, 63.1 y 64 de la Ley. También procede el amparo contra particulares, aún cuando en forma limitada, respeto de instituciones sostenidas con fondos públicos y las que actúen por delegación de algún órgano del Estado en virtud de concesión, de contrato u otra resolución válida (art. 42).

En cuanto a las formalidades de la acción, las mismas se regulan expresamente (art. 49), debiendo devolverse el escrito al accionante cuando tuviese deficiencias de redacción para que la enmiende (art. 50). La tramitación del amparo, por otra parte, debe hacerse con prelación a cualquier otro asunto, con excepción de los casos de exhibición personal (art. 51).

La Ley establece una importante innovación en cuanto a las medidas cautelares, las cuales se consagran con gran amplitud (art. 57), y no sólo se concretan a la suspensión de efectos del acto impugnado, como se regulaba anteriormente. En consecuencia, la medida cautelar puede consistir en órdenes de hacer o de deshacer o en prohibiciones consistentes en órdenes de no hacer.

Se establece en la Ley un procedimiento de dos instancias y en todo caso, una consulta obligatoria de las sentencias de los Jueces de Letras Departamentales o seccionales por parte de la Corte de Apelaciones (art. 68). En cuanto a las sentencias de primera instancia de las Cortes de Apelaciones en materia de amparo, también se establece la consulta obligatoria por ante la Sala Constitucional de la Corte Suprema (art. 68).

En cuanto a las sentencias de las Cortes de Apelaciones dictadas en segunda instancia, la ley prevé la posibilidad de ejercicio de un recurso de revisión extraordinario (a solicitud de parte como "petición de estudio") por ante la Sala de lo Constitucional (art. 68), la cual tiene potestad discrecional para resolver sobre la admisión de la misma.

D. *La regulación del control de la constitucionalidad de las leyes*

Siguiendo la normativa constitucional, la Ley sobre la Justicia Constitucional reguló y desarrolló sólo el método concentrado de control de la constitucionalidad de las leyes y demás actos normativos,[30] y conforme a la orientación de la Constitución, estableció la competencia de la Sala de lo Constitucional para conocer de la acción o recurso de inconstitucionalidad, atribuyéndosele además competencia para la resolución de conflictos constitucionales entre los órganos del Estado (art. 107).

Los aspectos más relevantes de la Ley en esta materia son los siguientes:

Respecto del objeto de control, procede la acción de inconstitucionalidad contra las leyes; contra normas de carácter y aplicación general que infrinjan preceptos constitucionales, excepto los reglamentos cuya impugnación debe hacerse por ante la jurisdicción contencioso administrativa; contra las reforma constitucional adoptadas con inobservancia de los requisitos establecidos en la Constitución; contra las leyes aprobatorias de tratados internacionales que afecten una disposición constitucional, sancionadas sin seguirse el procedimiento establecido (art. 17) en la Constitución; y contra las ley que contraríen lo dispuesto en un Tratado o convención internacional del que Honduras forme parte (art. 76).

Respecto de la legitimación activa para interponer la acción, la Ley sigue el criterio restringido establecido tradicionalmente en la Constitución, limitándolo a los titulares de un "interés personal, directo y legítimo" (art. 77), y la acción es imprescriptible, en el sentido de que puede interponerse en cualquier momento posterior a la vigencia de la ley (art. 78).

El método concentrado de control de la constitucionalidad, por otra parte, se puede realizar también por vía incidental, cuando se interponga una excepción de inconstitucionalidad de una ley en un proceso (art. 82) o mediante remisión que haga ante la Sala de lo Constitucional un Tribunal que conozca del asunto, para que la Sala de lo Constitucional decida la inconstitucionalidad antes de que el juez dicte sentencia (art. 87). En estos casos de remisión del asunto a la Sala Constitucional continúa el procedimiento judicial de la cuestión principal, el cual sólo se suspende al momento de la citación para sentencia, en espera de la resolución sobre la inconstitucionalidad (art. 77) por la Sala de lo Constitucional.

---

[30] En cuanto al método difuso de control, como se ha dicho, en la Ley sancionada el 20 de enero de 2004, se buscó actualizar por primera vez la norma constitucional del artículo 320, precisando que el control se podía ejercer por el juez competente que debe resolver el caso concreto, incluso de oficio (art. 74). Se estableció la posibilidad de apelación contra la sentencia que se dictase en la materia, y en cuanto a las sentencias de segunda instancia que dictasen las Cortes de Apelaciones, se previó la consulta obligatoria ante la Sala de lo Constitucional, en cuyo caso ésta también tenía poder discrecional de decidir (art. 78), quedando a juicio de la Sala su admisión. Estas previsiones, sin embargo, se eliminaron del texto de la Ley publicado en La gaceta en septiembre de 2005. Debe mencionarse, sin embargo, que en el artículo 118 de la Ley quedó la referencia al control difuso cuando se regula la no suspensión de recursos previos a sentencia, al referirse además de a las acciones de protección y a la inconstitucionalidad por vía de acción, a "los casos de incompatibilidad entre la Constitución y la ley ordinaria," lo que no obsta para que las partes hagan uso de los recursos procesales que la Constitución y las leyes les conceden.

Por último, en cuanto a los efectos de la sentencia, la Ley también establece los efectos generales, *erga omnes*, con carácter derogatorio (anulatorio) del acto impugnado (art. 94).

Como se puede apreciar de lo antes expuesto, el sistema hondureño de justicia constitucional, conforme a la normativa de la Constitución vigente, a pesar de que puede considerarse como un sistema mixto o integral que combina el método difuso con el método concentrado de control de la constitucionalidad de las leyes, en la ley sobre la Justicia Constitucional se ha regulado sólo como un sistema exclusivamente de control concentrado de la constitucionalidad.

La Constitución crea la Jurisdicción Constitucional atribuyéndole competencia a la Sala de lo Constitucional de la Corte Suprema de Justicia, para conocer de este control concentrado de la constitucionalidad de las leyes así como para la resolución de conflictos constitucionales ante los órganos del Poder Público. Además, se regulan las acciones de protección de los derechos humanos, es decir, el amparo, el hábeas corpus y el hábeas data, atribuyéndose la competencia para conocer de las acciones a los Tribunales en general, incluyéndose en ciertos casos a la Sala de lo Constitucional, salvo la acción de habeas data que se reserva a la Sala.

Este sistema de justicia constitucional desarrollado mediante por la Ley de la Justicia Constitucional, en todo caso, permite un adecuado ejercicio del control de constitucionalidad, incorporando a Honduras en las modernas corrientes de la Justicia Constitucional.

IV. EL CONTROL CONCENTRADO DE LA CONSTITUCIONALIDAD DE LAS LEYES

1. *El régimen del método concentrado de control de la constitucionalidad en Honduras*

A. *Régimen general*

a. *La competencia exclusiva de la Sala de lo Constitucional como Jurisdicción Constitucional*

El método concentrado de control de la constitucionalidad se ha concebido en Honduras mediante la creación de la Sala de lo Constitucional de la Corte Suprema de Justicia, a la cual se ha atribuido constitucionalmente la potestad exclusiva para declarar la nulidad de las leyes, como Jurisdicción Constitucional. A tal efecto, el artículo 184 de la Constitución asigna a la Corte Suprema de Justicia, competencia para conocer y la resolver en forma "originaria y exclusiva" en materia de declaración de inconstitucionalidad de las leyes y sobre ello con los requisitos de las sentencias definitivas.

Además, el artículo 313.5 de la Constitución precisa que la Corte Suprema de Justicia tiene entre sus atribuciones la de declarar la inconstitucionalidad de las leyes en la forma y casos previstos en la Constitución; para lo cual el artículo 316 de la Constitución, introducido en la reforma de 2000, dispuso la creación de la Sala de lo Constitucional, como Jurisdicción Constitucional, atribuyéndole las siguientes competencias:

1. Conocer, de conformidad con esta Constitución y la Ley, de los recursos de hábeas corpus, amparo, inconstitucionalidad y revisión; y

2. Dirimir los conflictos entre los Poderes del Estado, incluido el Tribunal Nacional de Elecciones, así como, entre las demás entidades u órganos que indique la ley.

Para desarrollar estas normas constitucionales, la Ley dispuso:

> *Artículo 74*. Del conocimiento exclusivo. Únicamente la Corte Suprema de Justicia, por medio de la Sala de lo Constitucional, como intérprete último y definitivo de la Constitución en los casos concretos sometidos a su conocimiento, tiene la facultad originaria y exclusiva para conocer de la garantía de inconstitucionalidad y conforme a los artículos 184, 313 numeral 5) y 316 de la Constitución, y del control previo de constitucionalidad previsto en el artículo 216 de la misma.

Debe destacarse de esta norma, sin embargo, que tratándose de la consagración específica de la competencia exclusiva de la Sala de lo Constitucional para ejercer el control concentrado de la constitucionalidad de las leyes, resulta totalmente incomprensible la limitación que parecería derivarse de la norma respecto del carácter de la Sala Constitucional de ser "interprete último y definitivo de la Constitución" pero sólo referido "*a los casos concretos sometidos a su conocimiento*". Esta última frase, en realidad no parece tener sentido alguno, pues siendo el control de constitucionalidad que ejerce la Sala Constitucional un control abstracto, con decisiones anulatorias (derogatorias) de las leyes, de efectos generales en muchos casos desvinculado de casos concretos alguno, su potestad interpretativa no se puede limitar "a los casos concretos" entre otros factores porque entonces no se entenderían los efectos generales de las sentencias. La mención de "casos concretos *sometidos a su conocimiento*" quizás se refiere a insistir en que el control concentrado responde al principio dispositivo, y que la Sala de lo Constitucional no puede iniciar de oficio una acción o recurso de inconstitucionalidad, sino que siempre tiene que someterse a instancia de parte, al conocimiento de la Sala

b. *El objeto del control*

De acuerdo con el artículo 76 de la Ley, la acción de inconstitucionalidad procede:

1. Contra las leyes y otras normas de carácter y aplicación general no sometidos al control de la jurisdicción contencioso administrativa, que infrinjan preceptos constitucionales.

2. Cuando se ponga en vigencia una reforma constitucional con inobservancia de los requisitos establecidos en la Constitución de la República;

3. Cuando al aprobarse un tratado internacional que afecte una disposición constitucional, no se siga el procedimiento establecido en el artículo 17 de la Constitución de la Republica;

4. Cuando la ley ordinaria contraríe lo dispuesto en un Tratado o convención internacional del que Honduras forma parte.

En todo caso, la acción de inconstitucionalidad puede ejercitarse contra una ley de manera total o parcial (art. 76) y el control de constitucionalidad procede por razón de forma o de contenido (art. 75). En ambos casos, a la Sala de lo Constitucional de la Corte Suprema de Justicia le compete el conocimiento y la resolución originaria y exclusiva en la materia, para lo cual debe pronunciarse con los requisitos de las sentencias definitivas.

Cuando se trate de impugnaciones por razón de la forma, la acción puede fundamentarse en la inobservancia del proceso legislativo establecido en la Constitución, o cuando a una disposición se le atribuya el carácter de ley sin haber sido sancionada por el órgano legislativo.

Cuando se trate de impugnaciones por razón de contenido, la acción puede intentarse cuando una ley es contraria a la Constitución (art. 75).

De acuerdo con estas normas, lo que se corrobora en el texto del artículo 78 de la ley, el control de la constitucionalidad de las leyes procede solamente contra leyes promulgadas después de que hayan entrado en vigencia.

Se debe destacar, por otra parte, que conforme al artículo 76,1 de la Ley, al corresponder a la jurisdicción contencioso administrativa conocer del control de la constitucionalidad e ilegalidad de los reglamentos y demás actos administrativos normativos o de efectos generales, estos están excluidos de la competencia de la Jurisdicción Constitucional, la cual controla sólo la constitucionalidad de las leyes y otras normas de carácter y aplicación general no sometidos al control de la jurisdicción contencioso administrativa, que infrinjan preceptos constitucionales.

c. *La legitimación activa y la imprescriptibilidad de la solicitud*

Conforme al artículo 186 de la Constitución, que desarrolla el artículo 77 de la Ley, la declaración de inconstitucionalidad de una ley y su anulación (o su "derogación" como lo indica la norma), puede solicitarse sólo "por quien se considere lesionado en su interés directo, personal y legítimo." Se establece, así, a diferencia de la mayoría de los sistemas de control concentrado de constitucionalidad que muestra el derecho comparado, una legitimación activa que no se compadece completamente con las características el control abstracto de constitucionalidad, con efectos generales, por lo general desligados de casos concretos y de afectación de intereses personales, directos y legítimos.

La declaración de inconstitucionalidad de una ley o precepto legal en todo caso, podrá solicitarse en cualquier tiempo posterior a su vigencia, no previéndose lapso de caducidad alguno (art. 78).

d. *Los diversos medios procesales de control*

Tal como lo dispone el artículo 185 de la Constitución y lo confirma el artículo 77 de la Ley, la declaración de inconstitucionalidad de una ley y su anulación o "derogación," puede solicitarse por quien se considere lesionado en su interés directo, personal y legítimo, mediante las siguientes dos vías procesales:

Primero, por vía de acción mediante el ejercicio de una acción o recurso de inconstitucionalidad que debe promoverse ante la Sala de lo Constitucional de la Corte Suprema de Justicia;

Segundo, por vía de excepción, que se puede oponer en cualquier procedimiento judicial en curso.

Además, también puede solicitar la declaración de inconstitucionalidad de una ley, de oficio, cualquier órgano jurisdiccional que conozca, en cualquier procedimiento judicial, antes de dictar sentencia o resolución.

En estos dos últimos casos, las actuaciones respectivas se deben elevar ante la sala Constitucional siguiéndose el procedimiento hasta el momento de la citación para sentencia, a partir del cual, se debe suspender el procedimiento judicial de la cuestión principal en espera de la decisión sobre la inconstitucionalidad de la ley por la Sala Constitucional (art. 77)

Por último, también puede considerarse como método de control de constitucionalidad que ejerce la Jurisdicción Constitucional, la competencia de la Sala de lo Constitucional para resolver los conflictos de competencias constitucionales y para conocer, con carácter previo, de los proyectos de ley vetados por el Presidente de la República por razones de inconstitucionalidad.

B. *La acción de inconstitucionalidad*

La primera vía procesal para que la Jurisdicción Constitucional ejerza el control concentrado de la constitucionalidad de las leyes, es la acción de inconstitucionalidad que se puede intentar directamente ante la Sala de lo Constitucional por quien se considere lesionado en su interés personal, legítimo y directo por la ley en cuestión.

a. *Los requisitos de la demanda y sus efectos*

La demanda de inconstitucionalidad por vía de acción conforme al artículo 79 de la Ley debe contener:

1. Suma y designación de la Sala de lo Constitucional.

2. El nombre y apellidos, profesión u oficio, domicilio y dirección para recibir notificaciones del solicitante o de su mandatario o representante legal;

3. El señalamiento de la ley o alguno o algunos de sus preceptos, cuya declaración de inconstitucionalidad se pretende;

4. Los motivos que le sirven de fundamento a la pretensión;

5. Explicación clara y precisa del interés directo, personal y legítimo que motiva su acción; así como la explicación del concepto que motiva su acción de inconstitucionalidad.

6. El lugar, fecha de la demanda y la firma del solicitante.

Además, con la demanda de inconstitucionalidad se debe acompañar copia del propio escrito de la demanda.

En todo caso, conforme con lo establecido en el artículo 116 de la Ley, la substanciación de las acciones de inconstitucionalidad, no obsta para que las partes hagan uso de los recursos procesales que la Constitución y las leyes les conceden.

La norma agrega, sin embargo, que ningún recurso ordinario o extraordinario debe ser resuelto en forma definitiva sino hasta que recaiga sentencia en la acción intentada, lo que en este caso de las acciones de inconstitucionalidad parece no tener sentido, ya que se trata de un control abstracto de la constitucionalidad de una ley, pudiendo conducir la aplicación de esta norma del artículo 116 a la posibilidad de paralización total de los procesos judiciales en los que se pueda aplicar la ley impugnada, hasta que la acción de inconstitucionalidad no se decida.

b. *La admisión, la comunicación al Congreso y el traslado al Ministerio Público*

De acuerdo con lo establecido en el artículo 80 de la Ley, la Sala de lo Constitucional debe admitir la demanda de inconstitucionalidad, "por razón de forma" -agrega la Ley-, y debe librar comunicación a la "Secretaria del Congreso Nacional a efecto de que dentro del plazo de cinco días remita los antecedentes del proceso de formación de la ley impugnada o en su caso, informe."

De la redacción un poco confusa de la norma, puede sin embargo deducirse: primero, la exigencia de que la Sala adopte una decisión sobre la admisibilidad o no de la acción; y segundo, según se trate de una acción basada en inconstitucionalidades de forma o de contenido, la Sala entonces debe requerir del Congreso Nacional los antecedentes del proceso de formación de la ley, en el primer caso; y en todo caso, un informe sobre la inconstitucionalidad alegada.

Una vez recibidos los antecedentes o el informe, en su caso, la Sala debe dar traslado de estos por el término de seis días hábiles al Ministerio Público, para que emita su dictamen. Sin embargo, "cuando se tratare de un recurso por razón del contenido, se le dará el trámite correspondiente, oyendo el Dictamen del Ministerio Público" (Art. 80).

En todo caso, conforme al artículo 71 de la Ley, es causa de responsabilidad: "2.-La demora injustificada en la remisión, transmisión y entrega de los expedientes, mensajes y despachos", así como "3.-La alteración o la falsedad en los informes que deban rendirse por cualquier funcionario o persona"

c. *El desistimiento*

De acuerdo con el artículo 111 de la Ley, el accionante puede desistir en cualquier estado del procedimiento de la acción de inconstitucionalidad interpuesta, mediante su comparecencia personal. En los casos de las personas jurídicas, lo pueden hacer por medio de su representante legal debidamente acreditado.

En tal caso quedan subsistentes las acciones y recursos que puedan corresponderle a las partes con independencia de la acción desistida.

d. *Plazo para dictar sentencia*

La sentencia respectiva se debe dictarse dentro de los veinte (20) días hábiles siguientes al recibo del dictamen del Ministerio Público, o del vencimiento del plazo para hacerlo (art. 81).

C. *Del control concentrado de constitucionalidad por vía de incidental*

Como se ha dicho, el control de constitucionalidad de las leyes en Honduras, también puede ejercerse por la Sala de la Constitucional por vía incidental, cuando la cuestión de constitucionalidad se remita a la Sala de lo Constitucional por un juzgado o tribunal (órgano jurisdiccional) que esté conociendo de una causa, en primer lugar, cuando se le solicite alguna parte que un proceso judicial haya opuesto una excepción de inconstitucionalidad de una ley; y en segundo lugar, de oficio, cuando sea que el mismo juzgado o tribunal el que formule la solicitud de control de constitucionalidad ante la Sala (art. 77).

En cuanto a este método concentrado de control de la constitucionalidad de las leyes por vía incidental, la Ley ha establecido las siguientes reglas:

a. *La excepción de inconstitucionalidad*

a'. La oportunidad del planteamiento y sus efectos

Como lo indica el artículo 82, la excepción de inconstitucionalidad se puede oponer en cualquier estado del proceso, siempre que sea "antes de la citación para sentencia." Se entiende, por supuesto, que la excepción la pueden oponer las partes en el proceso, y se debe referir a una ley que deba ser aplicada por el juez en la resolución del mismo.

En todo caso, si el órgano jurisdiccional estableciera que la excepción pretende dilatar el proceso, razonándolo debidamente, debe condenar al recurrente al pago de los daños y perjuicios ocasionados, los cuales se deben liquidar en la sede de instancia (art. 118). El artículo en realidad se refiere a "la acción" pero el sentido del mismo es que se refiera a las excepciones, que son las que pueden "dilatar el proceso."

b'. El contenido del escrito

El escrito de excepción deberá reunir los mismos requisitos establecidos en el artículo 79, antes comentado, que regula los requisitos de la demanda en la acción de inconstitucionalidad (art. 83). La parte, además, debe acompañar copia de este escrito (art. 79).

c'. El trámite en la Sala de lo Constitucional: solicitud y traslado

Una vez recibidas las actuaciones en la Corte Suprema de Justicia, la Sala de lo Constitucional debe resolver sobre la procedencia o improcedencia de la admisión de la excepción de inconstitucionalidad (art. 84); y admitida la excepción, conforme al artículo 85, la Sala de lo Constitucional debe proceder de conformidad con lo establecido en los artículos 80 y 81 antes indicados relativos a la comunicación que debe enviarse a la Secretaria del Congreso Nacional requiriéndose los antecedentes del proceso de formación de la ley impugnada o en su caso, el informe respectivo, así como al traslado de estos al Ministerio Público, para que emita su dictamen.

d'. Los efectos de las excepciones temerarias

Dispone el artículo 86 que si la inconstitucionalidad por vía de excepción fuese declarada improcedente en el trámite de la admisión o bien, en su caso, fuere declarada totalmente sin lugar en sentencia definitiva, el solicitante será responsable por el resarcimiento de los daños o perjuicios que hubiere ocasionado con motivo de la suspensión del procedimiento principal.

b. *La iniciativa de oficio de la cuestión de inconstitucionalidad*

Como lo indican los artículos 77.3 y 87 de la Ley, los órganos jurisdiccionales conociendo en cualquier procedimiento judicial, podrán solicitar de oficio a la Sala de lo Constitucional que declare la inconstitucionalidad de una ley o algunos de sus preceptos aplicables al caso concreto, y su anulación ("derogación"), cuando consideren que son contrarios a la Constitución o a un Tratado o Instrumento internacional, y que de dicha ley o precepto legal depende el fallo que deben dictar.

En la resolución mediante la que un juez inicie de oficio el proceso de inconstitucionalidad, solicitando la declaratoria de inconstitucionalidad, debe dictar una resolución motivada, señalando con precisión y claridad la ley o precepto legal que supone violatorio de la Constitución; y asimismo, debe razonar el por qué la decisión del juicio depende de la aplicación de la ley o precepto legal que estime violatorios a la Constitución (art. 88).

c. *La suspensión del procedimiento y la remisión de las actuaciones a la Sala de lo Constitucional*

De acuerdo con lo establecido en el artículo 185 de la Constitución, opuesta la excepción de inconstitucionalidad en un proceso, o planteada de oficio la cuestión de inconstitucionalidad "se suspenderán los procedimientos elevándose las actuaciones a la Corte Suprema de Justicia". La previsión constitucional, sin duda, debía desarrollarse legalmente a los efectos de que la excepción de inconstitucionalidad no se convirtiera en un mecanismo para suspender procesos ordinarios.

Por ello, en estos casos de excepción de inconstitucionalidad o de planteamiento de la cuestión de constitucionalidad de oficio, el artículo 77 de la Ley dispone que el órgano jurisdiccional correspondiente, si bien debe elevar las actuaciones a la Sala de lo Constitucional de la Corte Suprema de Justicia, debe en todo caso seguir el procedimiento hasta el momento de la citación para sentencia, y sólo es a partir de ese momento es que se suspende el procedimiento judicial de la cuestión principal en espera de la resolución de la Sala de lo Constitucional sobre la inconstitucionalidad (art. 77). El Juzgado o Tribunal, por tanto, no debe dictar sentencia sino hasta que la cuestión de constitucionalidad haya sido resuelta por la Sala Constitucional.

En esta forma, en la Ley se ha desarrollado lógicamente lo dispuesto en la última parte del artículo 185 de la Constitución, pues su aplicación literal podría conducir a la paralización total de los procedimiento en los casos de cuestiones incidentales de constitucionalidad, lo que contravendrían el sentido de la justicia constitucional que exige salvaguardar las garantías del debido proceso establecidas en la Convención Americana de Derechos Humanos (art. 8).

d. *La devolución de los antecedentes.*

Conforme al artículo 93 de la Ley, cuando el proceso de constitucionalidad incidental hubiese sido promovido por vía de excepción o de oficio, la sentencia que recaiga se debe certificar y se remitir junto con las actuaciones del proceso principal, al órgano jurisdiccional de su competencia, para que entonces este decida de conformidad con la sentencia de la Corte Suprema. La remisión se debe hacer dentro de los cinco (5) días siguientes a la fecha de la notificación.

D. *Los conflictos de competencias constitucionales*

La Sala de lo Constitucional como Jurisdicción Constitucional tiene además, competencia para resolver los conflictos que se susciten entre los Poderes del Estado o entre cualquiera de éstos y el Tribunal Supremo Electoral; y los conflictos de competencia o atribuciones de las municipalidades entre sí, y los que se produzcan entre el Ministerio Público, la Procuraduría General de la Republica y el Tribunal Superior de Cuentas art. 3.5). Ello se regula en el Título V de la Ley.

a. *La competencia de la Sala de lo Constitucional*

A tal efecto, el artículo 107 de la Ley le atribuye a la Sala, competencia para resolver:

1. Los conflictos de competencia o atribuciones que se susciten entre los Poderes del Estado o entre cualquiera de éstos y el Tribunal Supremo Electoral.

2. Los conflictos de competencia o atribuciones que se produzcan entre el Ministerio Público, la Procuraduría General de la Republica y el Tribunal Superior de Cuentas.

3. Los conflictos de competencia o atribuciones de las municipalidades entre sí.

b. *La legitimación y la presentación de la solicitud*

La cuestión relativa a la resolución de conflictos de competencia, conforme al artículo 118, debe ser planteada por el titular de cualquiera de los órganos o entidades en conflicto, mediante una solicitud que debe ser presentada ante la Sala de lo Constitucional de la Corte Suprema de Justicia, en la cual se debe señalar con claridad y precisión la causa del conflicto y las normas jurídicas con el cual se relaciona (art. 108).

c. *El traslado y el informe*

La Sala de lo Constitucional debe dar traslado de inmediato de la solicitud o demanda de resolución de conflicto, a los titulares de los otros órganos o entidades, para que dentro de los seis días hábiles siguientes a la fecha de la recepción del traslado, exponga lo que considere oportuno sobre el asunto (art. 109).

De acuerdo con lo establecido en el artículo 70 de la Ley, son causas de responsabilidad, tanto la demora injustificada en la remisión, transmisión y entrega de los expedientes, mensajes y despachos, como la alteración o la falsedad en los informes que deban rendirse por cualquier funcionario o persona.

d. *La resolución del conflicto*

De acuerdo con lo establecido en el artículo 110, transcurrido el término antes señalado de seis días hábiles para que se pronuncie la otra parte, y esta se haya o no pronunciado, la Sala de lo Constitucional debe resolver el conflicto dentro de los cinco días hábiles siguientes.

Dentro de dicho término, en todo caso, la Sala de lo Constitucional puede ordenar la práctica de cualquier prueba con suspensión del plazo para dictar sentencia.

La sentencia que recaiga se debe notificar a más tardar dentro de los diez días hábiles siguientes a los órganos o entidades involucradas en el conflicto. Dicha sentencia, en todo caso, tendrá el carácter de firme y, por supuesto, no admite recurso alguno (art. 110).

E. *El control previo de la constitucionalidad de las leyes*

De acuerdo con lo establecido en el artículo 216 de la Constitución, con motivo de la promulgación de las leyes por el Poder Ejecutivo, si este vetare el Proyecto de Ley por razones de inconstitucionalidad, el mismo no puede someterse a nueva deliberación en el Congreso, sin que el asunto se someta previamente al conocimiento de a la Sala de lo Constitucional de la Corte Suprema de Justicia, órgano que debe emitir su dictamen en el término que el Congreso le señale.

En esta forma se configura una vía de control preventivo de la constitucionalidad de las leyes antes de su sanción.

2. *La sentencia de la Sala de lo Constitucional en ejercicio del control concentrado de constitucionalidad*

A. *La necesidad del voto unánime y la intervención del Pleno*

De acuerdo con el artículo 316 de la Constitución, en los casos de decisiones relativas a la justicia constitucional, el artículo 8 de la Ley exige que para que la sentencia dictada sea definitiva, debe ser emitida por unanimidad de votos por la Sala de lo Constitucional de la Corte Suprema de Justicia. La sentencia debe proferirse en nombre de la Corte Suprema de Justicia y tendrán el carácter de definitiva.

Contra los fallos proferidos por unanimidad de la Sala de lo Constitucional, solo habrá el recurso de reposición, que podrá ser interpuesto en el acto de la notificación o al día siguiente hábil al de su notificación por la tabla de avisos del Despacho (art. 120).

Cuando la sentencia se pronuncie por mayoría de votos, el artículo 8 de la Ley dispone que el asunto debe someterse al pleno de la Corte Suprema de Justicia para su conocimiento y resolución definitiva, a cuyo efecto el Presidente de la Sala debe remitir la sentencia y sus antecedentes a la Presidencia de la Corte Suprema de Justicia, a más tardar al día siguiente hábil de haberse sometido a discusión y votación el asunto, quien en el acto de su recepción debe convocar al Pleno para su conocimiento y resolución dentro del término de diez días hábiles a partir de la fecha en que se hayan recibido los antecedentes.

Contra los fallos proferidos en su caso, por el Pleno de la Corte Suprema de Justicia, solo habrá el recurso de reposición, que podrá ser interpuesto en el acto de la notificación o al día siguiente hábil al de su notificación por la tabla de avisos del Despacho (art. 120).

B. *La inmutabilidad de la sentencia y su aclaratoria.*

La Sala de lo Constitucional, conforme lo regula en general el artículo 6 de la Ley, en el ejercicio de la justicia constitucional no puede variar ni modificar sus sentencias después de firmadas; pero sí puede aclarar algún concepto oscuro o corregir errores materiales de las mismas.

Estas aclaraciones pueden hacerse de oficio dentro del día hábil siguiente al de la fecha de la sentencia, o a solicitud de parte, presentada a más tardar el día hábil siguiente al de la notificación. En este último caso, el órgano jurisdiccional debe resolver lo que estime procedente dentro del día hábil siguiente al de la presentación de la solicitud (art. 6).

C. *Los alcances de la sentencia en el control concentrado de constitucionalidad y sus efectos extensivos*

De acuerdo con lo dispuesto en el artículo 89 de la Ley, la sentencia puede declarar la inconstitucionalidad total o parcial de una ley. La declaración parcial de inconstitucionalidad procede cuando la parte de la ley en la cual ocurre la violación, puede ser separada de la totalidad. De lo contrario debe declararse la inconstitucionalidad de la totalidad de la ley en su conjunto.

Conforme al artículo 123, las sentencias definitivas que recayeren deberán contener la motivación y fundamentación correspondiente a su parte resolutiva.

Además, conforme a los efectos extensivos de la declaratoria de inconstitucionalidad que regula el artículo 90 de la Ley, la sentencia que declare la inconstitucionalidad de un precepto legal, también puede declarar inconstitucionales no sólo aquellos preceptos de la misma ley con las cuales tenga una relación directa y necesaria, sino de otra u otras leyes con las cuales también tenga la misma relación directa y necesaria.

D. *Los efectos de las sentencias conforme al método concentrado de control*

a. *Los efectos erga omnes de las sentencias anulatorias*

El artículo 316 de la Constitución dispone que las sentencias que declaren la inconstitucionalidad de las normas son "de ejecución inmediata y tendrán efectos generales, y por tanto derogarán la norma inconstitucional."

En el mismo sentido, el artículo 94 de la Ley dispone que la sentencia que declare la inconstitucionalidad de una ley o de un precepto de la misma, "será de ejecución inmediata, de efectos generales, y por tanto, derogarán la norma inconstitucional derogatorios". Es decir, la sentencia tiene efectos anulatorios, con carácter *erga omnes,* y efectos *ex nunc,* es decir, de carácter constitutivo (anulatorio), y en principio *pro futuro*. Por ello, la sentencia no afecta las situaciones jurídicas "que ya hayan sido definitivamente resueltas y ejecutadas." Es decir, no tiene efectos retroactivos, salvo en materia penal, donde beneficiará, en su caso, al procesado o condenado.

Dado el carácter *erga omnes* de los efectos de la sentencia que anula una ley, la misma debe ser publicada en el Diario Oficial. Sin embargo, la Constitución exige que ello se haga a través del Poder Legislativo, al cual debe ser comunicada para su publicación en el Diario Oficial *La Gaceta*. En la Ley, sin embargo, no se estableció un término para que el Congreso Nacional haga publicar la sentencia, por lo que transcurrido un lapso razonable, a los efectos de garantizar la publicación y la propia potestad de la Jurisdicción Constitucional en asegurar los efectos de sus sentencias, la Sala de lo Constitucional podría ordenar directamente su publicación.

b. *Los efectos de la sentencia desestimatoria de la acción*

En los casos de sentencias en las cuales se haya declarado sin lugar la inconstitucionalidad alegada, conforme al artículo 91 de la Ley, los efectos de las mismas también son generales, en el sentido de que la Sala de lo Constitucional puede desestimar toda acción, excepción o cuestión de inconstitucionalidad cuando los motivos alegados sean los mismos, aunque se trate de personas distintas, en que se hubiese sustentado un proceso anterior en el que la respectiva sentencia haya declarado sin lugar la inconstitucionalidad.

E. *La notificación*

Las sentencias deben ser notificadas personalmente o de oficio por la Sala de lo Constitucional a más tardar el día siguiente de su fecha, mediante cédula fijada en la Tabla de Avisos (art. 92).

F. *Las consecuencias del entorpecimiento en la ejecución de las sentencias*

Conforme lo dispone el artículo 114 de la Ley, sin perjuicio de otras sanciones establecidas en la misma, la desobediencia, retardo u oposición a una resolución o sentencia dictada con motivo de las acciones constitucionales que ella regula, de parte de un funcionario o empleado del Estado, de sus instituciones desconcentradas o descentralizadas y demás a que se refiere el artículo 42, será causa legal de destitución, la que debe producirse de inmediato.

Además, toda persona extraña a los procesos que se regulan en la Ley, lo mismo que el funcionario judicial o administrativo que en cualquier forma, por acción u omisión, retarde, impida o estorbe su tramitación o ejecución, debe ser encausada de conformidad con la ley (art. 115).

V. LA ACCIÓN DE HABEAS CORPUS O EXHIBICIÓN PERSONAL

El principio constitucional en materia de hábeas corpus está establecido en el artículo 182 que dispone lo siguiente:

> *Artículo 182.* El Estado reconoce la garantía de Hábeas Corpus o de Exhibición Personal. En consecuencia, toda persona agraviada o cualquiera otra en nombre de ésta tienen derecho a promoverla:
>
> 1. Cuando se encuentre ilegalmente presa, detenida o cohibida de cualquier modo en el goce de su libertad individual; y

2. Cuando en su detención o prisión legal, se apliquen al detenido o preso, tormentos, torturas, vejámenes, exacción ilegal y toda coacción, restricción o molestia innecesaria para su seguridad individual o para el orden de la prisión.

La acción de Hábeas Corpus se ejercerá sin necesidad de poder ni de formalidad alguna, verbalmente o por escrito, utilizando cualquier medio de comunicación, en horas o días hábiles o inhábiles y libres de costa.

Los jueces (zas) o magistrados(as) no podrán desechar la acción de Hábeas Corpus y tienen la obligación ineludible de proceder de inmediato para hacer cesar la violación a la libertad o a la seguridad personal.

Los tribunales que dejaren de admitir estas acciones incurrirán en responsabilidad penal y administrativa.

Las autoridades que ordenaren y los agentes que ejecutaren el ocultamiento del detenido o que en cualquier forma quebrante esta garantía incurrirán en el delito de detención ilegal.

Conforme a estos principios que son tradicionales del sistema constitucional hondureño, la Ley regula la acción o recurso de hábeas corpus o exhibición personal conforme a las disposiciones que se indican a continuación.

1. *El objeto de la protección*

A. *Los derechos garantizados*

Conforme al artículo 13 de la Ley, por medio de la acción de exhibición personal o de hábeas corpus el Estado garantiza y debe hacer efectiva la libertad personal, que puede intentar toda persona agraviada o cualquiera otra en nombre de ésta, en particular:

1. Cuando se encuentre ilegalmente presa, detenida, cohibida de cualquier modo en el goce de su libertad; y

2. Cuando en su detención o prisión legal se apliquen al detenido o preso, tormentos, torturas, vejámenes, exacción ilegal y toda coacción, restricción o molestia innecesaria para su seguridad individual o para el orden de la prisión.[31]

En todo caso, conforme al artículo 15 de la Ley, cuando en la exhibición personal se aleguen otras violaciones que guarden relación con la libertad personal en cualquiera de sus formas y los hechos fueren conexos con el acto tenido como ilegítimo por constituir su causa o su finalidad, en esa vía se resolverá también sobre estas violaciones.

---

[31] En el texto de la Ley que se sancionó en enero de 2004, se incluía también expresamente la protección del derecho de trasladarse de un lugar a otro de la República y de permanecer, salir e ingresar a su territorio. Ello sin embargo, queda comprendido en la expresión general de cohibición de "cualquier modo en el goce de la libertad."

B. Las situaciones protegidas

A los efectos de la protección constitucional, el artículo 24 de la Ley define "las privaciones de libertad que se consideran ilegales y arbitrarias, señalando que "es ilegal y arbitraria":

1. Toda orden verbal de prisión o arresto, salvo si tiene como finalidad impedir la inminente comisión de un delito, la fuga de quienes hayan participado en aquél o evitar daños graves a las personas o a la propiedad.

2. Toda orden de prisión o arresto que no emane de autoridad competente o que haya sido expedida sin las formalidades legales o por motivos que no hayan sido previamente establecidos en la ley; y

3. Toda detención o arresto que no se cumpla en los centros destinados para el efecto por el Estado.

2. La competencia

De acuerdo con lo señalado en los artículos 9, 10 y 11 de la Ley, en el artículo 17, todos los órganos jurisdiccionales en sus respectivas jurisdicciones y competencias tienen competencia para conocer de la acción de hábeas corpus o de exhibición personal: la Sala de lo Constitucional (art. 9.1); las Cortes de Apelaciones, (art. 10.1) y los Juzgados (art. 11.1).

Estas autoridades judiciales, como lo indica el artículo 18 de la Ley, no pueden desechar esta acción constitucional, y tienen, además, la obligación ineludible de proceder de inmediato para hacer cesar la violación a la libertad o a la seguridad personal.

La contravención de esta disposición es sancionada en el artículo 18 de la Ley, en la siguiente forma: los titulares de los órganos jurisdiccionales que dejaren de admitir esta acción incurren en responsabilidad penal y administrativa; y las autoridades que ordenaren y los agentes que ejecuten el ocultamiento del detenido o que en cualquier forma quebranten esta garantía incurren en el delito de detención ilegal.

3. El inicio del proceso

La acción de exhibición personal se puede iniciar de oficio, por el órgano judicial respectivo o a petición de cualquier persona, sea o no pariente del supuesto ofendido (arts. 15 y 19).

A. El inicio a petición de parte (legitimación activa)

La legitimación activa para intentar la acción de habeas corpus corresponde a toda persona agraviada o cualquier otra que actúe en su nombre, y que se encuentre en las situaciones establecidas en el artículo 13.1 antes mencionadas de lesión a la libertad y seguridad personales.

En todos estos casos, el agraviado o toda persona en su nombre, tiene derecho a pedir su inmediata exhibición ante los órganos jurisdiccionales para que se le restituya o asegure su libertad o se hagan cesar los tormentos, torturas, tratos crueles, inhumanos o degradantes, vejámenes, exacciones ilegales o demás coacciones, restricciones o molestias (art. 14).

B. *Ausencia de formalismo y simplicidad de la demanda*

La presentación y substanciación de la acción de hábeas corpus se debe ejercer sin necesidad de poder ni de formalidad alguna, verbalmente o por escrito, utilizando cualquier medio de comunicación, en horas o días hábiles e inhábiles, y libre de costas (art. 16). La demanda, por tanto, puede ser escrita u oral

En los casos de solicitud escrita, el artículo 21 de la Ley dispone que el peticionario debe expresar en la solicitud o acción, los hechos que la motivan; el lugar, real o probable, en que se encuentra el ofendido, si lo sabe, y la autoridad o persona a quien considere culpable. De ignorarse la identidad del supuesto autor de la violación constitucional, la demanda se debe tener por ejercitada contra el superior jerárquico de la dependencia respectiva, en su caso.

En caso de que la demanda de exhibición personal se solicite oralmente, el artículo 22 dispone que el órgano jurisdiccional respectivo debe levantar acta en la que debe dejar constancia del lugar y de la fecha, del nombre y apellidos del solicitante, del medio empleado para su formulación, así como de la fecha y hora de la solicitud, del nombre y apellidos de la persona detenida o agraviada, lugar en que se encuentra real o presuntamente, los hechos que motivaron la detención o prisión y, en general, los demás datos que sobre el hecho haya suministrado el interesado, y si fuere necesario en el mismo acto se debe hacer consignar el nombramiento del Juez Ejecutor. Si el actor no puede o no sabe escribir, se debe dejar constancia de ello en el acta.

De la lectura general de la Ley puede señalarse que la figura del Juez Ejecutor es clave en el procedimiento de hábeas corpus, desde sus inicios, en el trámite del mismo.

C. *El inicio de oficio*

De acuerdo con el artículo 20 de la Ley, la acción de exhibición personal se debe iniciar de oficio cuando el órgano jurisdiccional tenga noticias de que una persona se encuentra ilegalmente presa, detenida o cohibida de cualquier modo en el goce de su libertad personal, o cuando en su detención o prisión legal se le estén aplicando tormentos, torturas, tratos crueles, inhumanos o degradantes, o vejámenes de cualquier clase, o se le esté haciendo objeto de apremios ilegales o de coacción, restricción o molestia innecesaria para su seguridad individual o para el orden de la prisión.

En consecuencia, como lo indica el artículo 30 de la Ley, cuando los órganos jurisdiccionales o ejecutores tuvieren conocimiento de que alguno de los hechos a que se refiere el Artículo 24 (privaciones ilegales y arbitrarias de la libertad) están teniendo lugar, deben iniciar de inmediato el proceso correspondiente y se deben constituir sin demora en el lugar en que estuviere el agraviado, para los efectos previstos en la Ley.

A los efectos de asegurar la actuación de oficio, el artículo 23 impone a los alcaides, jefes, encargados y subalternos de un establecimiento o lugar en donde una persona se encuentre detenida, presa o privada de su libertad, la obligación de denunciar inmediatamente cualquier hecho que dé lugar a la exhibición personal del detenido o preso ante cualesquiera de los órganos jurisdiccionales a que la ley se refiere. En todo caso, el hecho o la circunstancia de que la correspondiente orden de privación de libertad haya sido dada por un superior jerárquico, no exime de esta obligación.

La contravención de esta obligación, conforme al mismo artículo 23 de la ley, sujeta a quienes la quebranten a lo que al efecto establezca la legislación penal aplicable.

4. *La tramitación del proceso*

A. *El principio de celeridad*

El artículo 4.3 de la Ley establece el principio de que la tramitación y resolución de la acción de hábeas corpus o exhibición personal será prioritaria respecto de cualquier otro asunto de que estuviere conociendo el correspondiente órgano jurisdiccional.

Además, el artículo 25 dispone que la substanciación de la acción de hábeas corpus se debe hacer sin pérdida de tiempo, por lo que el respectivo órgano jurisdiccional debe posponer cualquier asunto de distinta naturaleza de que estuviere conociendo.

Adicionalmente, debe adoptar sin tardanza, las medidas necesarias para la averiguación del caso y para proteger la libertad o la seguridad del detenido o preso. En caso contrario, se le juzgará como coautor de la detención, vejación o agravio.

Para garantizar la aplicación del principio de celeridad, el artículo 36 de la Ley dispone que los mensajes telegráficos, postales, telefónicos, electrónicos, faxes o cualquier otro medio de comunicación relacionados con la exhibición personal se deben transmitir o enviar por la correspondiente oficina estatal o privada urgente y gratuitamente, debiendo darle constancia al interesado. Los Jefes de las indicadas oficinas son personalmente responsables por la falta de cumplimiento de esta disposición y se deben sancionar por el superior jerárquico con una multa equivalente a un día de su salario por cada día de atraso.

Además, en artículo 70 de la Ley prohíbe que en el recurso de exhibición personal se puedan plantear cuestiones incidentales.

Adicionalmente, para asegurar la celeridad en los trámites, el artículo 71 establece como una causa de responsabilidad la negativa de admisión de una acción por causas distintas de las previstas en la ley o el retardo injustificado en su tramitación así como la demora injustificada en la remisión, transmisión y entrega de los expedientes, mensajes y despachos.

B. *La inmediatez de la protección: auto de admisión*

Una vez recibida la solicitud o demanda de exhibición personal, conforme al artículo 26 de la Ley, el titular del órgano jurisdiccional o el Juez Ejecutor designado en su caso, debe ordenar, mediante auto, la inmediata exhibición del detenido o preso, ante el funcionario que se designe y éste al alcaide, jefe, encargado o subalterno, o a la persona presuntamente responsable, que presente al ofendido, así como el original o copia de la orden de detención y que rinda informe detallado de los hechos que la motivaron; todo lo cual debe cumplir dentro de un plazo que no exceda las 24 horas.

En el auto de admisión se debe ordenar, asimismo, no ejecutar acto alguno que pueda dar como resultado un cambio en las condiciones en que se encuentra el detenido o preso, salvo si ello es necesario para preservar su vida, su salud y su integridad física o mental.

El auto de admisión de la demanda de exhibición también se debe notificar al Ministerio Público, para el cumplimiento de los deberes de su cargo. La ausencia de apersonamiento del Ministerio Público sin embargo, no impide la tramitación y resolución del recurso.

En todo caso, conforme al artículo 35, el Juez Ejecutor, en su caso, pedirá el auxilio de la fuerza pública o de cualquier ciudadano para el cumplimiento de su cometido. La negativa a prestar dicho auxilio se sancionará de conformidad con lo dispuesto en la legislación penal.

C. *El Informe y los efectos de su no presentación*

El informe que regula el artículo 26 de la Ley debe contener, por lo menos, lo siguiente:

1. Autoridad o persona que ordenó la detención ó vejación y el nombre y apellidos de quienes ejecutaren el correspondiente acto, con indicación de la fecha y circunstancias del mismo;

2. Las causas que motivaron la detención o la conducta denunciada y las circunstancias y fechas en que tuvieron lugar;

3. Indicación de si el detenido o preso ha estado únicamente bajo su inmediata custodia o si fue transferido de otro centro de reclusión ó detención, en cuyo caso indicará el nombre de éste, la fecha en que tuvo lugar el traslado, el estado físico del agraviado en dicho momento y el motivo de la transferencia; y

4. Firma y sello del servidor público o persona que rinde el informe.

Si el informe no se rinde en el término señalado, se deben tener por ciertos los hechos invocados por el demandante o solicitante y, si procede en derecho, se debe declarar con lugar la exhibición pedida (art. 26).

Conforme al artículo 71 de la Ley, como se ha dicho, son causas de responsabilidad, tanto la demora injustificada en la remisión, transmisión y entrega de los expedientes, mensajes y despachos, como la alteración o la falsedad en los informes que deban rendirse por cualquier funcionario o persona.

D. *La presentación del agraviado (audiencia de exhibición)*

Conforme al artículo 27 de la Ley, la presentación del agraviado ante la autoridad requirente se debe efectuar sin excusas ni condiciones de ninguna clase. Si no se exhibe a la persona detenida o presa, el funcionario o empleado responsable debe ser destituido y el órgano jurisdiccional debe ordenar su detención y lo debe poner sin tardanza a la orden de la autoridad competente para que lo encause con base en lo dispuesto en la legislación penal; y debe ordenar, asimismo, la libertad del detenido o preso, si ello procede de conformidad con la ley.

Si la no exhibición obedece al propósito de ocultar al detenido o preso, bien sea en el mismo establecimiento o en cualesquiera otros, se debe proceder igualmente conforme se indica en el párrafo anterior y el delito se debe sancionar con la pena máxima aplicable al secuestro.

Si la no exhibición se debe a que la autoridad o persona ya no tiene bajo su custodia al detenido o preso porque haya sido trasladado a otro lugar o establecimiento, dicha persona o autoridad debe conducir al Juez Ejecutor al lugar o establecimiento en que se encuentra el detenido o preso, o al que fue trasladado.

En todo caso, conforme al artículo 31 de la Ley, el detenido o preso debe ser presentado al Juez Ejecutor, aún cuando la detención o prisión sea consecuencia de una orden de autoridad judicial competente y de un procedimiento legal regular.

En la audiencia de la exhibición el Juez ejecutor debe levantar un acta en la cual se deben asentar todas las incidencias que en ella ocurran (art. 34).

E. *El lugar de la presentación y poderes del órgano jurisdiccional)*

Conforme al artículo 28 de la Ley, cuando la parte interesada lo haya solicitado o el Juez Ejecutor lo juzgue pertinente, la exhibición personal se debe practicar en el lugar en que se encuentre el detenido o preso, sin previo aviso a autoridad o persona alguna.

Notificado el auto de exhibición al Jefe del establecimiento o a quien haga sus veces, éste debe presentar de inmediato a la persona agraviada y entregarle sin tardanza al Juez Ejecutor el informe y antecedentes del caso. Mientras resuelve lo pertinente, el órgano jurisdiccional debe adoptar las medidas de seguridad que crea oportunas para proteger al detenido o preso. Tales medidas deben ser cumplidas, sin pretexto alguno, por las correspondientes autoridades.

Además, el Juez Ejecutor tendrá libre acceso a todas las dependencias del lugar de detención, en días u horas hábiles o inhábiles y debe hacer las pesquisas o interrogatorios que estime oportunos.

En caso de que la persona en cuyo favor se ejercita la acción de exhibición personal se encuentra bajo custodia de autoridad competente pero no ha transcurrido el término contenido en el Artículo 71 de la Constitución, el Juez Ejecutor debe declarar legal la detención o incomunicación, pero debe velar porque se ponga al detenido o preso a la orden de la autoridad competente para su juzgamiento (art. 32).

F. *La oposición*

De acuerdo con el artículo 29 de la Ley, si la autoridad o persona requerida negare haber restringido la libertad del beneficiario del recurso de hábeas corpus, el tribunal debe ordenar todas las medidas pertinentes para lograr la ubicación del mismo, reservando las actuaciones hasta que la persona aparezca o sea encontrada.

En los casos, por ejemplo, de desapariciones forzosas, conforme a esta norma, el procedimiento necesariamente permanece abierto hasta que la persona aparezca o fuera encontrada.

G. *Los medios de prueba*

En todo caso, el Juez Ejecutor puede, en cualquier momento del trámite y sin formalidad alguna, ordenar la comparecencia de los testigos, peritos o expertos que considere necesarios para esclarecer los hechos y recabar cualquier otra clase de información (art. 33).

5. *La sentencia en el juicio de habeas corpus*

Concluidos los trámites antes señalados, el Juez Ejecutor debe declarar sin dilación alguna si ha o no lugar a la acción.

Una vez recibidos los antecedentes contentivos de las actuaciones practicadas por el Juez Ejecutor o concluidas las mismas por el titular del órgano jurisdiccional, éste debe dictar la sentencia que corresponda dentro de los tres días hábiles siguientes (art. 37). En todo caso, las sentencias definitivas que recayeren, deben contener la motivación y fundamentación correspondiente a su parte resolutiva (art. 120).

De acuerdo con el artículo 38 de la ley, la sentencia debe declarar con lugar la exhibición personal, cuando se constate la violación de alguno de los supuestos establecidos en los artículos 13.1 y 24 de la Ley. En caso contrario se debe declarar sin lugar.

Conforme al artículo 39 de la Ley, si del estudio de los antecedentes a que se refieren los artículos de la Ley, resulta que la detención, restricción o amenaza es ilegal, el Juez Ejecutor debe decretar la orden de libertad del agraviado o la cesación de las restricciones, vejámenes, tratos crueles, inhumanos o degradantes, amenazas, apremios ilegales o de cualquier otra coacción, restricción o molestia innecesaria para la seguridad individual o para el orden de la prisión, y debe poner esos hechos en conocimiento del Ministerio Público con el objeto de que se ejerza la acción penal correspondiente.

Igual obligación la tiene el juez o magistrado que conozca de la acción una vez dictada la sentencia que declare con lugar la misma.

Las resoluciones anteriores tendrán el carácter de sentencias definitivas, una vez revisadas en su caso por la Sala de lo Constitucional.

Por otra parte, los titulares de los órganos jurisdiccionales que conozcan de las acciones a que esta ley se refiere, están obligados a imponer las sanciones previstas en la misma e incurrirán en responsabilidad civil y administrativa si no lo hicieren (art. 117).

VI. LA ACCIÓN DE HÁBEAS DATA

La Ley sobre la Justicia Constitucional, reguló expresamente a la acción de hábeas data, en el Capítulo II del Título II, conjuntamente con la acción de exhibición personal, para garantizar el acceso de las personas a los datos personales que se puedan encontrar en los archivos públicos o privados.

La Ley, que como hemos dicho, se sancionó en enero de 2004 y se publicó en septiembre de 2005, sin embargo, solo contiene escasas normas en las cuales se reguló o refirió a la acción de habeas data; y en todo caso, en relación con dichas normas (arts. 3.1, 4.3, 9.1, 13.2, 40, 70 y 72), conforme al artículo 124 de la misma Ley, se dispuso que sólo entrarían en vigencia una vez que se ratificara la reforma de la Constitución en la materia que se discutió y aprobó durante los años 2004 y 2005, lo que ocurrió efectivamente mediante Decreto N° 381-2005 de 20 de enero de 2006 que se publicó en *La Gaceta* N° 30.920 de 4 de febrero de 2006.

Las siguientes son las regulaciones más destacadas en la Constitución y en la Ley sobre la materia.

1. *Derechos protegidos*

En la Ley, la acción de habeas data deriva del derecho de toda persona, de poder "acceder a la información sobre sí misma o sus bienes en forma expedita y no onerosa, ya esté contenida en base de datos, registros públicos o privados y, en el caso que fuere necesario, actualizarla, rectificarla y/o enmendarla" (art. 13.2).

Este ámbito de los derechos protegidos mediante esta acción de protección se ha ampliado en el artículo 182 de la Constitución, en el cual se indica que la acción está destinada a asegurar el "acceso a la información; impedir su trasmisión o divulgación; rectificar datos inexactos o erróneos; actualizar información; exigir confidencialidad y la eliminación de información falsa; respecto de cualquier archivo o registro, privado o público, que conste en medios convencionales, electrónicos o informáticos, que produzcan daño al honor, a la intimidad personal, familiar y a la propia imagen."

Esta garantía, agrega la norma constitucional, "no afectará el secreto de las fuentes de información periodística."

2. *Legitimación*

De acuerdo con el artículo 13 de la Ley, la legitimación para intentar la acción corresponde "únicamente" a "la persona cuyos datos personales o familiares consten en los archivos, registros públicos o privados;" condición que se establece también en el artículo 182.2 de la Constitución.

3. *La competencia*

En cuanto a la competencia para conocer de la acción de habeas data, contrariamente al carácter difuso que tiene la competencia judicial en materia de habeas corpus y amparo, la Ley atribuyó competencia exclusiva para conocerla a la Sala de lo Constitucional de la Corte Suprema (art. 9.1).

La misma competencia exclusiva de la Sala de lo Constitucional para conocer de esta acción de habeas data se estableció en la reforma constitucional aprobada mediante Decreto N° 181 de 2005 (art. 182.2; 313.5; 316 de la Constitución).

4. *Normas sobre tramitación*

Sobre las normas procesales aplicables a las acciones de habeas data, la Ley sólo estableció escasas regulaciones, disponiendo en general que las disposiciones que regulan el recurso de habeas corpus se deben aplicar en lo pertinente al procedimiento de habeas data (art. 40); y prescribiendo, también en general el orden de prioridad que deben tener los trámites judiciales en relación con la tramitación y resolución de las acciones constitucionales, de manera que la prioridad la tienen las acciones de hábeas corpus o exhibición personal, seguidas, por su orden, de la acción de hábeas data, de la de amparo y de la de inconstitucionalidad (art. 4.3).

A los efectos del inicio de la acción de hábeas data debe ejercer, la misma puede también iniciarse sin necesidad de poder ni de formalidad alguna, verbalmente o por escrito, utilizando cualquier medio de comunicación, en horas o días hábiles e inhábiles y libre de costas (art. 16).

Sin embargo, el artículo 40 de la Ley exige que el recurso de habeas data sólo puede interponerse ante la Sala de lo Constitucional de la Corte Suprema de Justicia "cuando se haya agotado el trámite administrativo correspondiente," lo que implica que la petición de acceso a la información debe haberse formulado ante la autoridad o institución correspondiente, y esta haya sido negada o no contestada.

De acuerdo con el artículo 18 de la Ley, las autoridades judiciales no pueden desechar esta acción constitucional de habeas data (art 18), y tienen, además, la obligación ineludible de proceder de inmediato para hacer cesar la violación al honor, la intimidad personal, familiar o la propia imagen como ahora lo establece el artículo 182.2 de la Constitución. Además, se aplica la norma relativa a la responsabilidad penal y administrativa (art. 70) en la cual incurren los titulares de los órganos que dejen de admitir esta acción de habeas data, también incorporada indicada en el artículo 182.2 de la Constitución.

En materia de habeas data también se aplica la previsión del artículo 70 de la Ley que prohíbe que en los procesos se planteen cuestiones incidentales.

Por último, en materia de la sentencia en estos juicios de habeas data, el artículo 72 de la Ley dispone que las mismas producirán efecto de cosa juzgada solamente entre las partes y en relación con la controversia constitucional planteada.

VII. LA ACCIÓN O RECURSO DE AMPARO

La acción de amparo está establecida en el artículo 183 de la Constitución, donde se precisa que "el Estado reconoce la garantía de amparo," por lo cual, "en consecuencia, toda persona agraviada o cualquiera otra en nombre de esta, tiene derecho a interponer recurso de amparo" conforme a la ley:

"1. Para que se le mantenga o restituya en el goce o disfrute de los derechos o garantías que la Constitución establece; y,

2. Para que se declare en casos concretos que un reglamento, hecho, acto o resolución de autoridad, no obliga al recurrente ni es aplicable por contravenir, disminuir o tergiversar cualquiera de los derechos reconocidos por esta Constitución."

Esta previsión fue también objeto de reforma en la reforma constitucional de 2006 (Decreto N° 381-2005), en la cual, en realidad, lo que se hizo fue eliminar el "amparo contra leyes" que establecía el numeral segundo de esta norma que anteriormente permitía que el amparo se pudiera intentar para que el juez competente declarase "en casos concretos que *una ley*," y no sólo resoluciones, actos o hechos de autoridad, no obligaban al recurrente ni le eran aplicable por contravenir, disminuir o tergiversar cualquiera de los derechos reconocidos por esta Constitución.

Con la reforma de 2006, simplemente desapareció la institución del amparo contra normas legales, concentrándose totalmente en la Sala de lo Constitucional el control de constitucionalidad.

1. *Los derechos protegidos*

Tal como lo precisan los artículos 41 y 42 de la Ley, el recurso de amparo tiene como finalidad proteger a las personas contra las acciones, omisiones o amenazas de violación de las autoridades públicas y demás entidades señaladas en la ley que lesionen, restrinjan, alteren o tergiversen los derechos reconocidos en la Constitución y en los tratados, convenciones y otros instrumentos internacionales sobre derechos humanos vigentes en la República de Honduras. Como se ha dicho, la Ley establece además, que el amparo tiene por objeto que el juez competente declare, en casos concretos, que un reglamento, hecho, acto o resolución de autoridad no obliga o no le es aplicable al reclamante por contravenir, disminuir o tergiversar cualesquiera de los mencionados derechos.

Se trata de una acción intentada en todo caso, contra violaciones constitucionales, por lo que el artículo 46.1 de la Ley precisa que el recurso de amparo es inadmisible cuando se aleguen violaciones de mera legalidad.

La Ley solo menciona como circunstancias agravantes que pueden motivar el ejercicio de la acción de amparo, "las resoluciones, actos y hechos" de autoridades públicas o de particulares (art. 42) no haciendo mención expresa a las omisiones o a las amenazas de violación. Sin embargo, las omisiones se mencionan en los artículos 48, 63.1 y 64 y las amenazas en los artículos 49.6 y 59; y en todo caso, constituyen un hecho, y las amenazas de violación que pueden motivar la acción para evitar que la misma se produzca, también se configuran como hechos o actos.

2. *La competencia*

En cuanto a la acción o recurso de amparo, la Ley distribuye la competencia judicial según la jerarquía de los actos objeto del recurso, de manera que puede decirse que la misma es de carácter difuso, en el sentido de que no se atribuye la competencia para decidirlo en forma exclusiva a un solo tribunal, como sucede en Nicaragua y Costa Rica (Sala Constitucional) o en Panamá (Corte Suprema de Justicia), sino a todos los Tribunales de la República, incluyendo a la Corte Suprema de Justicia, conforme al artículo 313.5 de la Constitución.

A. *La Sala de lo Constitucional*

A la Sala de lo Constitucional se le atribuye competencia en los casos de amparo contra actos y hechos de autoridades públicas que violen derechos reconocidos en la Constitución y contra violaciones a los derechos o garantías que la Constitución, los tratados, convenciones y otros instrumentos internacionales establecen (art. 9.2; 41), cometidos por los siguientes funcionarios enumerados en el art. 9.3:

    a.   El Presidente de la República o los Secretarios de Estado.

    b.   Las Cortes de Apelaciones.

    c.   El Tribunal Superior de Cuentas, la Procuraduría General de la República y el Tribunal Supremo Electoral.

    d.   Las violaciones cometidas por los demás funcionarios con autoridad en toda la República.

B. *Las Cortes de Apelaciones*

En cuanto a las Cortes de Apelaciones, conforme al artículo 10.2 de la Ley, en sus respectivas jurisdicciones se les atribuye competencia para conocer y resolver el recurso de amparo por violación de los derechos fundamentales, es decir, los derechos o garantías que la Constitución, los tratados, convenciones y otros instrumentos internacionales establecen (art. 40,1), que sean cometidas por:

    a)   Jueces de Letras Departamentales o Seccionales, Jueces de Sentencia, Jueces de Ejecución y Jueces de Paz, en los casos de jurisdicción preventiva,

    b)   Empleados departamentales o seccionales del orden político, administrativo o militar.

C. *Los Juzgados de Letras*

En cuanto a los Juzgados de Letras, en sus respectivas jurisdicciones y competencias, conforme al artículo 10,2 de la Ley, en materia de recursos de amparo, conocerán y resolverán en los casos siguientes:

    1.   Por violaciones cometidas por los inferiores en el orden jerárquico, según la materia.

    2.   De las violaciones cometidas por las Corporaciones Municipales o alguno de sus miembros, inclusive los Jueces de Policía y Alcaldes Auxiliares.

    3.   De las violaciones cometidas por los empleados que no estén comprendidos en las disposiciones anteriores.

D. *La regulación supletoria de la competencia*

Conforme al artículo 41 de la ley, cuando la acción de amparo se interpusiere ante un órgano jurisdiccional incompetente, éste debe remitir el escrito original al órgano jurisdiccional competente.

Por su parte, el artículo 12 regula el supuesto de "conocimiento a prevención en caso de ambigüedad," estableciendo el principio de que cuando la competencia no estuviere claramente establecida, debe conocer de la acción de habeas corpus y de amparo, a prevención, el órgano jurisdiccional que, por razón de la materia, tenga jurisdicción en el lugar donde ocurrió la violación o la amenaza de los derechos o en donde haya producido o pudiere producir efectos.

3. Las personas protegidas (Legitimación activa)

El amparo lo concibe la Constitución (art. 183) y la Ley (art. 41) como un derecho de toda persona a pedir amparo, sin hacer distingo alguno sobre si se trata de personas naturales y jurídicas, con el objeto general de proteger los derechos o garantías establecidos en la Constitución y en los tratados, convenciones y otros instrumentos internacionales, a los efectos de mantener o restituir a dichas personas en el goce o disfrute de los mismos; y además, como se ha dicho, para que respecto de reglamentos, hechos, actos o resoluciones de autoridad que contravengan, disminuyan o tergiversen cualquiera de los derechos reconocidos por la Constitución, en casos concretos se pueda obtener una decisión judicial en el sentido de que no obliga al recurrente ni le son aplicables.

Conforme al artículo 44, la acción de amparo puede ser ejercida por cualquier persona natural o jurídica y puede interponerse por la persona agraviada o por cualquier otra civilmente capaz sin necesidad de poder. En este último caso debe prevalecer el criterio de la persona en cuyo favor se demanda o se interpone el amparo. Conforme al artículo 56 de la Ley, la acción de amparo también puede ser incoada por el Ministerio Público en representación del agraviado.

En todo caso, para que se admita el amparo, la lesión al derecho reclamado no debe ser consentida por la persona agraviada. Por ello, conforme al artículo 46.3, se considera inadmisible el recurso de amparo:

3. Cuando los actos hayan sido consentidos por el agraviado. Se entenderá que han sido consentidos por el agraviado, cuando no se hubieren ejercitado, dentro de los términos legales, los recursos o acciones, salvo los casos de probada imposibilidad para la interposición de los recursos correspondientes.

La Ley debió precisar que las acciones o recursos que conforme a esta norma deben agotarse previamente, tienen que ser sólo aquellos pertinentes y que efectivamente pudieran garantizar la protección constitucional de los derechos. De lo contrario el amparo podría quedar configurado como una acción meramente subsidiaria, vaciándosela de su carácter protectivo.

Además, también es inadmisible la acción de amparo, si se produce un consentimiento tácito por el agraviado, cuando no la hubiese ejercitado dentro del plazo establecido en el artículo 48 de esta Ley, que es de dos meses siguientes a la notificación del acto u omisión o a su toma de conocimiento del mismo.

4. El objeto de la acción

Como se dijo, conforme al artículo 42 de la Ley, puede solicitarse amparo contra "las resoluciones, actos y hechos" de cualquiera de los Poderes del Estado, incluyendo las entidades descentralizadas y desconcentradas, lo que comprende a las corporaciones municipales e instituciones autónomas. No se estableció expresamente la procedencia del amparo contra "omisiones o amenazas" pero las mismas pueden subsumirse como circunstancias agravantes en hechos y actos. Además, los artículos 48, 63.1 y 64 hacen mención a las omisiones para establecer el lapso de caducidad de la acción; y los artículos 49.6 y 59 a las amenazas para el decreto de medidas cautelares.

En consecuencia, puede decirse que la ley no excluye de la acción de amparo acto alguno de las autoridades públicas, pudiendo intentarse contra resoluciones, actos administrativos y sentencias. Solo quedarían excluidas de la acción de amparo las resoluciones dictadas en los juicios de amparo (art. 46.2).

En cuanto al amparo contra particulares, su procedencia no se establece en general, sino en forma limitada, de manera que el artículo 42 sólo lo admite cuando se trate de entidades sostenidas con fondos públicos o que actúen por delegación de algún órgano del Estado en virtud de concesión, de contrato u otra resolución válida.

En todo caso, precisa el artículo 43 que el recurso de amparo puede interponerse aún cuando el acto o hecho violatorio de los derechos no conste por escrito.

5. *El inicio del proceso*

A. *Interposición a de la acción ante el órgano jurisdiccional competente*

El amparo debe interponerse, tal como lo indica el artículo 47 de la Ley, ante el órgano jurisdiccional competente, tal como se dispone en los artículos 9, 10, y 11 de la Ley, sin perjuicio de lo estatuido en los artículos 12 y 41 párrafo último de la misma. Esta última norma dispone, en particular que cuando la acción de amparo se interpusiese ante un órgano jurisdiccional incompetente, éste debe remitir el escrito original al órgano jurisdiccional competente. Además, el artículo 70 insiste en señalar que cuando el órgano jurisdiccional se declare incompetente para conocer de una acción de amparo, lo remitirá original al funcionario competente, a más tardar dentro de veinticuatro horas para que le de el curso correspondiente. La falta de cumplimiento de este precepto debe ser sancionada de conformidad con la ley.

En todo caso, cuando la competencia no estuviere claramente establecida, debe conocer de la acción de amparo, a prevención, el órgano jurisdiccional que, por razón de la materia, tenga jurisdicción en el lugar donde ocurrió la violación o la amenaza de los derechos o en donde haya producido o pudiere producir efectos (art. 12).

B. *El lapso de caducidad*

Conforme se establece en el artículo 48 la demanda de la acción de amparo debe presentarse dentro de los dos meses siguientes a la fecha de la última notificación al afectado o de aquélla en que este haya tenido conocimiento de la acción u omisión que, a su juicio, le perjudica o pueda perjudicarle. En esta forma, se hace referencia a la omisión como circunstancia agravante de los derechos fundamentales que puede motivar la acción de amparo.

C. *Las formalidades*

En el caso de la acción de amparo, conforme al artículo 49, la demanda debe interponerse siempre por escrito y debe contener por lo menos, lo siguiente:

1. La designación del órgano jurisdiccional ante el que se presenta;

2. Los nombres y apellidos, estado civil, nacionalidad, profesión u oficio, domicilio y lugar para recibir notificaciones del solicitante y, en su ca-

so, de quien lo represente. Cuando quién promueva el amparo sea una persona jurídica, se indicarán, de manera sucinta, los datos relativos a su existencia, personalidad jurídica, nacionalidad, domicilio y fines;

3. Hecho, acto, resolución, orden o mandato contra el cual se reclama, con expresión del juicio o diligencia en que ha sido dictada la resolución orden o mandato reclamada, y la indicación de los recursos de que se ha hecho uso para obtener su subsanación.

4. Indicación concreta de la autoridad, funcionario, persona o entidad contra quien se interpone el amparo;

5. Relación de los hechos que motivan la solicitud, con las pruebas correspondientes que tuviere a su disposición;

6. El o los derechos constitucionales que se consideran violados o amenazados.

7. Lo que se pide;

8. Lugar y fecha;

9. Firma o huella digital si no sabe leer o escribir del recurrente o agraviado, y en su caso firma del representante o apoderado legal.

En todo caso, en beneficio de la protección constitucional, si por deficiencias en la redacción no pudiere determinarse el hecho o la razón de la solicitud de amparo u otro dato esencial de los previstos en el artículo 49, el órgano jurisdiccional le debe conceder al demandante un plazo de tres días hábiles para que corrija la demanda. Si no lo hiciere, entonces la acción se debe declarar inadmisible (art. 50).

6. *La sustanciación de la acción*

A. *La prioridad y la celeridad*

Conforme se indica en el artículo 45, el recurso de amparo se debe sustanciarse con arreglo a los principios de independencia, oralidad en el debate, informalidad, publicidad, prevalencia del derecho sustancial, gratuidad, celeridad, economía procesal, eficacia y debido proceso.

Además, el recurso de amparo debe ser sustanciado con prelación a cualquier otro asunto, salvo el de exhibición personal y en orden, el de habeas data (art. 4,3). En consecuencia, los órganos jurisdiccionales deben iniciar el trámite de las respectivas demandas el mismo día de su presentación o el día hábil siguiente (art. 51).

Precisamente como consecuencia del principio de la celeridad, el artículo 70 de la Ley dispone que en el recurso de amparo no podrán plantearse cuestiones incidentales.

Para asegurar la celeridad en los trámites, el artículo 71,1 establece como una causa de responsabilidad la negativa de admisión de una acción por causas distintas de las previstas en la ley o el retardo injustificado en su tramitación; así como la demora injustificada en la remisión, transmisión y entrega de los expedientes, mensajes y despachos (art. 71.2).

El artículo 113 de la Ley establece, además, que toda persona extraña a un proceso de amparo, lo mismo que el funcionario judicial o administrativo que en cualquier forma, por acción u omisión, retarde, impida o estorbe su tramitación o ejecución, será encausada de conformidad con la ley.

B. *Efectos de la tramitación*

El artículo 116 de la ley dispone que la substanciación de las acciones de amparo no obste para que las partes hagan uso de los recursos procesales que la Constitución y las leyes les conceden. Sin embargo, precisa la norma que "ningún recurso ordinario o extraordinario será resuelto en forma definitiva sino hasta que recaiga sentencia en la acción intentada".

C. *La admisión*

a. *La decisión de admisibilidad*

El procedimiento de amparo se inicia mediante auto en el cual el órgano jurisdiccional competente debe admitir la demanda o declararla inadmisible.

En este último caso ello sólo procede por las causales de inadmisibilidad establecidas en el artículo 46 y en la última parte del artículo 50. En estos casos, conforme al artículo 46, el órgano jurisdiccional debe rechazar de plano la demanda de amparo que fuese inadmisible.

Por lo demás, la negativa de admitir un amparo por causas distintas, produce responsabilidad (art. 71.1)

b. *Las causales de inadmisibilidad*

El artículo 46 de la Ley, en efecto establece que la acción de amparo es inadmisible en los siguientes casos:

1. Cuando se aleguen violaciones de mera legalidad.
2. Contra resoluciones dictadas en los juicios de amparo.
3. Cuando los actos hayan sido consentidos por el agraviado. Se entenderá que han sido consentidos por el agraviado, cuando no se hubieren ejercitado, dentro de los términos legales, los recursos o acciones, salvo los casos de probada imposibilidad para la interposición de los recursos correspondientes.
4. Cuando no se hubiese ejercitado la acción de amparo dentro del lapso establecido en el artículo 48.
5. Contra los actos consumados de modo irreparable;
6. Cuando han cesado los efectos del acto reclamado;
7. En los asuntos judiciales puramente civiles, con respecto a las partes que intervengan o hubieren intervenido en ellos y a los terceros que tuvieren expeditos recursos o acciones legales en el mismo juicio, y contra las sentencias definitivas, ejecutoriadas, en causa criminal.
8. Cuando se tuvieren expeditos recursos o acciones en la vía contencioso administrativa; y
9. Cuando examinados que sean los antecedentes, se constate en forma manifiesta que la acción tiene por objeto la dilación del proceso.

Otra causal de inadmisibilidad de la acción de amparo está regulada en el artículo 50 de la Ley, cuando establece que si por deficiencias en la redacción de la demanda, el demandante no la corrige dentro de un plazo de tres días hábiles, la acción se declarará inadmisible.

Ahora bien, si dentro del trámite del juicio llegare a constar en autos una causal de inadmisibilidad, el órgano jurisdiccional debe sobreseer las diligencias (art. 46)

c. *Las notificaciones y solicitud de informe*

Ahora bien, admitida la acción, de acuerdo con lo que dispone el artículo 52, en el auto de admisión de la demanda de amparo, el órgano jurisdiccional debe ordenar el libramiento de comunicación a la autoridad, persona o entidad contra la que se interpone la acción para que remita los respectivos antecedentes o rinda un informe circunstanciado en relación con los mismos.

El auto de admisión de la demanda de amparo, además, debe notificarse al Ministerio Público, para el cumplimiento de los deberes de su cargo. Sin embargo, la ausencia de apersonamiento del Ministerio Público no impide la tramitación y resolución del recurso.

El envío de los antecedentes no obsta para que la autoridad recurrida siga con el conocimiento del asunto hasta el momento de dictar sentencia definitiva, y con tal fin, dejará un extracto de las actuaciones principales, siempre y cuando el amparo no se haya admitido con suspensión del acto reclamado.

De acuerdo con el artículo 71.1 y 71.2, de la Ley, como antes se ha señalado, son causas de responsabilidad, tanto la demora injustificada en la remisión, transmisión y entrega de los expedientes, mensajes y despachos, como la alteración o la falsedad en los informes que deban rendirse por cualquier funcionario o persona.

d. *El Informe del presunto agraviante*

Conforme al artículo 52 de la Ley, el plazo para remitir los antecedentes o el informe requeridos por el órgano jurisdiccional debe ser determinado por el mismo órgano jurisdiccional, pero no puede exceder de cinco días hábiles teniendo en cuenta la distancia y la rapidez de los medios de comunicación.

Los informes se consideran rendidos bajo juramento, por consiguiente, cualquier inexactitud o falsedad hace incurrir a quienes lo firmen en el delito de falsificación de documentos públicos.

Ahora bien, si dentro del plazo antes señalado no se enviaren los antecedentes o el informe, la autoridad que estuviere conociendo de la acción debe dictar un auto de apremio, mandando a requerir a la autoridad recurrida bajo el apercibimiento de que si no cumple dentro del término de veinticuatro horas con el mandato, se tendrá como violado el derecho o garantía que motiva la acción, y se resolverá éste sin más trámite, salvo el caso fortuito o de fuerza mayor (art. 53).

Conforme al mismo artículo 53 de la Ley, el no envío de los antecedentes o, en su caso, del informe, hace incurrir al responsable en el delito de abuso de autoridad y los daños y perjuicios que se ocasionaren, corren por cuenta de quien haya incumplido antes indicado.

El órgano jurisdiccional ante quien se promoviere la acción, deberá hacer, a la autoridad recurrida, todas las prevenciones antes señaladas.

e. *La vista al presunto agraviado y la formalización del recurso*

Conforme al artículo 54 de la Ley, una vez recibidos los antecedentes o el informe en su caso, el órgano jurisdiccional debe conceder vista por cuarenta y ocho horas al recurrente para que formalice su petición por escrito.

Si el recurrente no formaliza el recurso, sin más trámites se deben sobreseer las diligencias. Sin embargo, si del escrito de interposición del amparo se aprecia que el recurrente desarrolló de manera puntual el concepto de la violación, se continuará con el trámite normal del proceso de amparo.

f. *Las pruebas*

El Artículo 49.5 de la Ley establece que la demanda de amparo se debe acompañar con las pruebas correspondientes que tuviere a su disposición el accionante.

Sin embargo, en todo caso, el órgano jurisdiccional respectivo puede decretar la apertura a pruebas, de oficio o a instancia de parte. El período probatorio no debe exceder de ocho días hábiles comunes para proponer y evacuar las pruebas ofrecidas. Este período puede ampliarse hasta por cuatro días hábiles, si se debe de rendir prueba fuera de la sede del órgano jurisdiccional que conozca del amparo (art. 55).

g. *La vista al Ministerio Público*

Una vez que se reciban los antecedentes o el informe, y evacuadas en su caso las pruebas, si la acción no es incoada por el Ministerio Público, se debe dar vista al Fiscal por el término de cuarenta y ocho horas para que emita su dictamen (art. 56).

h. *El desistimiento de la acción*

Conforme se regula en el artículo 111 de la Ley, en los casos de los juicios de amparo, el agraviado puede desistir en cualquier estado del procedimiento de la acción interpuesta, mediante su comparecencia personal. En los casos de las personas jurídicas, lo pueden hacer por medio de su representante legal debidamente acreditado.

En tal caso quedan subsistentes las acciones y recursos que puedan corresponderle a las partes con independencia de la acción desistida.

7. *Las medidas cautelares*

Una de las más importantes innovaciones de la Ley es la amplia regulación de la potestad judicial de dictar medidas cautelares para garantizar la inmediata protección constitucional, más allá de la sola suspensión del acto del agraviante. Se prevé, así, que las medidas cautelares podrán decretarse en el auto de admisión de la demanda o en cualquier estado del procedimiento, pero antes de dictar sentencia. (art. 57).

A. *Los tipos de medidas cautelares*

En materia de amparo, en beneficio de la protección constitucional y conforme a la formulación amplia del artículo 58, pueden decretarse todo tipo de medidas cautelares, entre ellas la suspensión provisional del acto reclamado, a instancia de parte y bajo la responsabilidad del peticionario.

En casos excepcionales, prudenciales y razonablemente apreciados por el órgano jurisdiccional, previa a la adopción de las medidas cautelares que correspondan, el órgano jurisdiccional puede decretar el rendimiento de la caución que, igualmente de manera prudencial y razonable, estime procedente.

B. *Las causas para decretar las medidas cautelares*

El artículo 59 establece que se decretarán medidas cautelares sobre el acto, hecho, resolución, amenaza, orden o mandato reclamado, en los siguientes casos:

1. Si de su mantenimiento resulta peligro para la integridad personal del reclamante o una grave e inminente violación de un derecho fundamental;

2. Cuando su ejecución haga inútil el amparo al hacer difícil, gravosa o imposible la restitución de las cosas a su estado anterior;

3. Cuando sea notoria la falta de jurisdicción o competencia de la autoridad, persona o entidad contra la que se reclama;

4. En cualquier otra situación análoga a las anteriores.

C. *La notificación*

Decretadas las medidas cautelares, se deben comunicar éstas a la autoridad, persona o entidad que corresponda, por escrito y por el medio de verificación más rápido dentro de las veinticuatro horas siguientes (art. 60).

D. *La obligatoriedad de las medidas*

Las medidas cautelares dictadas, por supuesto, son de obligatorio cumplimiento. En consecuencia, conforme al artículo 62, si la autoridad, persona o entidad a quién se haya comunicado la medida cautelar desobedece la orden judicial y sigue actuando, el órgano jurisdiccional notificará al Ministerio Público para que ejercite la acción penal correspondiente.

El incumplimiento de esta obligación por parte de la autoridad recurrida, será sancionado de conformidad con lo establecido en el Código Penal, sin perjuicio del cumplimiento de la medida cautelar decretada.

E. *La modificación y revocabilidad de las medidas*

En cualquier estado del juicio pero antes de dictar sentencia, el órgano jurisdiccional competente puede revocar o modificar la medida cautelar decretada, de oficio o a petición de parte. También se puede reconsiderar la denegatoria en virtud de circunstancias sobrevinientes que no se conocían en el momento en que se dictó la resolución (art. 61).

8. *La sentencia en el juicio de amparo*

A. *La oportunidad*

El órgano jurisdiccional debe dictar sentencia dentro de los cinco días hábiles siguientes (art. 55) a vencimiento del término para la vista del Fiscal, la cual debe contener la motivación y fundamentación correspondiente a su parte resolutiva (art. 120).

También, conforme al artículo 53 de la Ley, si dentro del plazo correspondiente no se envíaren al órgano jurisdiccional los antecedentes o el informe, se tendrá como violado el derecho o garantía que motiva la acción, y se resolverá éste sin más trámite, salvo el caso fortuito o de fuerza mayor.

B. *Requisitos en los casos de sentencias de la Sala de lo Constitucional*

En los casos en los cuales sea la Sala de lo Constitucional la que esté conociendo de la acción de amparo, de acuerdo con el artículo 316 de la Constitución, el artículo 8 de la Ley exige que para que la sentencia dictada sea definitiva, debe ser emitida por unanimidad.

Contra los fallos proferidos por unanimidad de la Sala de lo Constitucional, solo cabe el recurso de reposición, que puede ser interpuesto en el acto de la notificación o al día siguiente hábil al de su notificación por la tabla de avisos del Despacho (art. 120).

En los casos en los que no se logre la unanimidad, es decir, cuando las sentencias se pronuncien por mayoría de votos, entonces conforme al artículo 8 de la Ley, deberán someterse al pleno de la Corte Suprema de Justicia para su conocimiento y resolución definitiva. Para tal efecto el Presidente de la Sala debe remitir la sentencia y sus antecedentes a la Presidencia de la Corte Suprema de Justicia, a más tardar al día siguiente hábil de emitido el fallo, quien en el acto de su recepción debe convocar al Pleno para su conocimiento y resolución dentro del término de diez días hábiles a partir de la fecha en que se hayan recibido los antecedentes en la Presidencia de la Corte Suprema de Justicia.

Contra los fallos proferidos por el Pleno de la Corte Suprema de Justicia, solo cabe el recurso de reposición, que puede ser interpuesto en el acto de la notificación o al día siguiente hábil al de su notificación por la tabla de avisos del Despacho (art. 120).

C. *El contenido de la sentencia*

a. *Las sentencias estimatorias del amparo y su carácter restablecedor y sancionatorio*

Conforme al artículo 63 de la Ley, la sentencia debe otorgar o denegar el amparo. Además, la sentencia puede declarar inadmisible la acción o recurso en los casos establecidos en el artículo 46 de la Ley.

La sentencia que *otorgue el amparo* debe contener en su parte dispositiva los siguientes elementos enumerados en el artículo 63 de la Ley:

1. La mención concreta de la autoridad, persona o entidad contra cuya resolución, acción u omisión se concede el amparo;

2. La indicación precisa de la resolución, acto o hecho de autoridad que no obliga al peticionario ni le es aplicable por contravenir, disminuir o tergiversar cualesquiera de los derechos fundamentales.

3. La determinación precisa de la conducta a cumplir, con las especificaciones necesarias para su debida ejecución; y

4. Las multas u otras sanciones aplicables.

El carácter restablecedor del amparo está determinado en el artículo 40, antes mencionado. Por ello el artículo 63 de la Ley prescribe que el órgano jurisdiccional, al dictar la sentencia, "debe tener siempre en cuenta que su finalidad es garantizar al agraviado en el pleno goce de sus derechos fundamentales y volver las cosas, siempre que sea posible, al estado anterior a la violación".

Además, específicamente, conforme al artículo 64 de la Ley, cuando la acción de amparo se haya ejercitado por la denegación de un acto o por una omisión, la sentencia debe ordenar su realización o que se ejecute el acto omitido. Nada dispone expresamente la Ley, sin embargo, en relación con los casos en los cuales la acción de amparo se haya ejercitado contra un acto material o mera actuación, en cuyo caso, la sentencia debe ordenar su inmediata cesación y disponer lo necesario para evitar toda nueva violación, perturbación, peligro o restricción.

Por otra parte, como se ha dicho, en la sentencia de amparo, el órgano jurisdiccional está obligado a imponer las multas u otras sanciones aplicables (art. 63.4) e incurrirán en responsabilidad civil y administrativa si no lo hicieren (art. 71.4 y 117).

b. *Las sentencias desestimatorias y sus efectos*

Cuando se trate de una sentencia que *deniegue el amparo*, en la misma se debe ordenar que se devuelvan los antecedentes a la autoridad recurrida y que se continúe con el trámite procedente (art. 63).

Conforme se establece en el artículo 67 de la Ley, que regula "el efecto excluyente y no prejuzgamiento de la sentencia denegatoria", la denegación del amparo deja a salvo las acciones civiles o penales que en derecho procedan contra el autor del agravio alegado y no prejuzga sobre ninguna materia.

D. *La ejecución de la sentencia*

a. *La ejecución inmediata por el agraviante*

El artículo 65 de la Ley regula el cumplimiento inmediato de la sentencia que conceda el amparo, estableciendo que proferida la sentencia que lo otorga, el responsable del agravio debe cumplirla tan pronto como se haya puesto en su conocimiento lo resuelto. Si no lo hiciere, el órgano jurisdiccional debe entonces remitir al Ministerio Público certificación de las correspondientes actuaciones para que inicie la acción penal correspondiente.

En todo caso, el cumplimiento de la sentencia que otorga el amparo no impide que se proceda contra el responsable del agravio si sus acciones u omisiones generan responsabilidad (art. 66).

b. *La ejecución forzosa en caso de órdenes de hacer y el nombramiento de Juez Ejecutor*

Conforme al artículo 64 de la Ley, si la autoridad recurrida que motivó el recurso de amparo no procediere inmediatamente a ejecutar lo dispuesto en la sentencia, la Corte Suprema de Justicia, a petición de parte o de oficio, comisionará a otra autoridad del lugar o a un ciudadano, para que con el carácter de Juez Ejecutor, dé el debido cumplimiento a lo mandado a efecto de que ordene la realización o ejecución del acto omitido, y en su caso proceda a ordenar la inmediata cesación de la violación declarada, disponiendo lo necesario para evitar toda nueva violación, perturbación, peligro o restricción; asimismo debe comunicar lo actuado al Ministerio Público para que ejercite la acción penal correspondiente.

El Juez Ejecutor representa al órgano jurisdiccional que lo haya nombrado, goza de las prerrogativas e inmunidades de los miembros de dicho órgano y no podrá negarse a desempeñar el encargo, sino por enfermedad u otro motivo justo, a juicio del órgano que lo hubiere nombrado.

Para la eficacia de lo dispuesto en esta norma del artículo 64, el órgano jurisdiccional respectivo, o el Juez Ejecutor, en su caso, podrán requerir el auxilio de la fuerza pública, y en defecto de ella el de los ciudadanos, quienes están obligados a darlo y serán considerados como agentes de la autoridad.

c. *Las consecuencias del entorpecimiento en la ejecución de las sentencias*

Conforme lo dispone el artículo 112 de la Ley, sin perjuicio de otras sanciones establecidas en la misma, la desobediencia, retardo u oposición a una resolución o sentencia dictada con motivo de las acciones constitucionales que ella regula, de parte de un funcionario o empleado del Estado, de sus instituciones desconcentradas o descentralizadas y demás a que se refiere el artículo 40, será causa legal de destitución, la que debe producirse de inmediato.

Además, toda persona extraña a los procesos que se regulan en la Ley, lo mismo que el funcionario judicial o administrativo que en cualquier forma, por acción u omisión, retarde, impida o estorbe su tramitación o ejecución, debe ser encausada de conformidad con la ley (art. 113).

E. *Los efectos judiciales de la sentencia de amparo: cosa juzgada*

Las sentencias dictadas en los procedimientos de amparo producen efecto de cosa juzgada solamente entre las partes con relación a la controversia constitucional planteada (art. 72).

El efecto de cosa juzgada, agrega dicha norma, sólo se puede hacer valer si la respectiva sentencia declara que la acción u omisión ha violado derechos constitucionales. Esta sentencia, sin embargo, no origina derechos subjetivos a favor de los particulares o del Estado, por lo que no puede oponerse como excepción de cosa juzgada en ningún proceso que se ventile con posterioridad ante los órganos jurisdiccionales.

F. *La inmutabilidad de las sentencias y su aclaratoria.*

Las sentencias de amparo, como todas las que se dicten en ejercicio de la justicia constitucional, conforme a lo que dispone el artículo 6 de la Ley, no se pueden variar ni modificar por los órganos jurisdiccionales después de firmadas; pero estos si pueden aclarar algún concepto oscuro o corregir errores materiales de las mismas.

Estas aclaraciones pueden hacerse de oficio dentro del día hábil siguiente al de la fecha de la sentencia, o a solicitud de parte, presentada a más tardar el día hábil siguiente al de la notificación. En este último caso, el órgano jurisdiccional debe resolver lo que estime procedente dentro del día hábil siguiente al de la presentación de la solicitud.

G. *La consulta obligatoria de las sentencias de amparo*

Dispone el artículo 68 de la Ley que la sentencia de amparo dictada por los Jueces de Letras Departamentales o Seccionales irá en trámite de consulta obligatoria para ante la Corte de Apelaciones que corresponda. Sobre la sentencia que se pronuncie en este procedimiento, a solicitud de parte la, Corte de Apelaciones debe elevar petición de estudio de la sentencia emitida para ante la Sala de lo Constitucional de la Corte Suprema de Justicia, la cual discrecionalmente debe resolver sobre su admisión.

La sentencia de amparo dictada por las Cortes de Apelaciones en primera instancia conforme se establece en el artículo 10 de la Ley, irá en trámite de consulta obligatoria para ante la Sala de lo Constitucional.

En estos dos últimos supuestos, las sentencias que emitan en su orden la Corte de Apelaciones o la Sala de lo Constitucional, no serán objeto de recurso alguno.

El órgano jurisdiccional competente que conozca de la consulta obligatoria antes indicada, debe fallar con sólo la vista de autos, dentro de seis días de haberlos recibido, reformando, confirmando o revocando la sentencia consultada, debiendo comunicar inmediatamente "por el medio de comunicación mas efectivo" a la autoridad recurrida que la dictó en primera instancia, ordenando su cumplimiento (art. 69).

H. *La doctrina legal del amparo*

El artículo 72 de la Ley, sin duda bajo influencia de la legislación mexicana sobre el juicio de amparo, incorporó el denominado "precedente" al establecer a la llamada "doctrina legal en el amparo", la cual se produce cuando se dicten "tres sentencias conformes" por la Sala de lo Constitucional en las demandas de amparo, "por lo que deberán observarse como ley". Sin embargo, la Sala de lo Constitucional puede separarse de su propia jurisprudencia razonando la innovación.

De acuerdo con esta norma, entonces, las interpretaciones constitucionales que adopte la Sala de lo Constitucional en sus sentencias de amparo, que por principio tienen efectos *inter partes,* pueden adquirir efectos *erga omnes*, es decir, carácter vinculante en el sentido de que deben observarse como ley (efectos generales), cuando se han dictado tres sentencias conformes.

VII. LA GARANTÍA *EX POST FACTO* DEL DEBIDO PROCESO Y LA REVISIÓN EXTRAORDINARIA DE SENTENCIAS

1. *El recurso de revisión*

La Constitución establece el principio general de que "ningún poder ni autoridad puede avocarse causas pendientes ni abrir juicios fenecidos" lo que repite el artículo 95 de la ley sobre la Justicia Constitucional; salvo por lo que se refiere a la potestad de revisión por parte de la sala de lo Constitucional en materia penal y civil.

A tal efecto, el artículo 186 de la Constitución, que es una norma que está incorporada en el Capítulo II (De la inconstitucionalidad y la revisión) del Título IV sobre "Las garantías constitucionales," atribuye competencia exclusiva a la Sala de lo Constitucional para conocer del recurso de revisión contra sentencias dictadas en juicios civiles y penales.

Esta es una potestad judicial de la Corte Suprema que en términos generales, sólo se justifica cuando hayan aparecido sobrevenidamente elementos desconocidos para el momento en que se dictó sentencia que desvirtúan su contenido o, en general, cuando se haya violado la garantía del debido proceso.

En cuanto a la garantía del debido proceso está establecida en diversas normas contenidas en los artículos 80 y siguientes de la Constitución, así como en el artículo 8 de la Convención Americana de Derechos Humanos; y se desdobla en múltiples garantías procesales, tales como: el derecho a un proceso justo conforme a las formalidades legales; el derecho al Juez natural; el derecho a un tribunal imparcial; el derecho a la presunción de inocencia; el derecho a la defensa y a ser informado de los cargos formulados; el derecho a ser oído; el derecho a un proceso sin dilaciones indebidas; el derecho a utilizar los medios de prueba pertinentes para su defensa; el derecho a no confesarse culpable y no declarar contra sí mismo; y el derecho a la tutela judicial efectiva de los derechos e intereses del procesado.

Ahora bien, aún cuando no se trata propiamente de un mecanismo exclusivo de justicia constitucional ya que en general lo consagran los ordenamientos procesales, el recurso de revisión puede identificarse como un medio extraordinario para la revisión *ex post facto* de sentencias definitivamente firmes en las cuales, por circunstancias sobrevenidas, pueda estimarse que en general, cuando se dictaron, vulneraron algunas de las garantías constitucional del debido proceso.

2. *La revisión en materia penal*

A. *Los motivos para intentar el recurso*

Tal como lo dispone los artículos 95 y 96 de la Ley, las sentencias firmes dictadas en juicios penales pueden ser revisadas en cualquier tiempo por la Sala de lo Constitucional de la Corte Suprema de Justicia a favor de los condenados, a pedimento de estos, de cualquier persona, del Ministerio Público o de oficio en cualquiera de los casos siguientes cuando:

1. Dos o más personas hayan sido condenadas por un mismo delito, que sólo pudo ser cometido por una de ellas;

2. Una misma persona haya sido condenada por el mismo hecho delictivo, en dos sentencias distintas;

3. Una persona haya sido condenada en una sentencia, y absuelta en otra por el mismo hecho delictivo;

4. Una persona haya sido condenada como autor o cómplice del homicidio de otra que en realidad no ha fallecido;

5. Haya sido condenada alguna persona en virtud de sentencia con base en un documento o testimonio declarado después falso, por sentencia firme;

6. Después de la condena sobrevengan nuevos hechos o elementos de prueba que solos unidos a los ya examinados en el proceso, hagan evidente que el hecho no existió, que el condenado no lo cometió o que el hecho cometido, no es punible o encuadra en una norma más favorable; o se produzca un cambio de doctrina legal que favorece al reo;

7. Se haya condenado por prevaricato o cohecho a alguno de los jueces por su actuación en el juicio que se trate; y,

8. Proceda la aplicación retroactiva de una ley penal por ser más benigna.

B. *La legitimación y el lapso para solicitar la revisión*

El artículo 95 de la Ley, como se dijo, atribuye competencia a la Sala de lo Constitucional de la Corte Suprema de Justicia para rever sentencias dictadas en los procesos penales, las cuales pueden ser revisadas en toda época en favor de los condenados, a pedimentos de éstos, de cualquier persona, del Ministerio Público o de oficio.

C. *Las formalidades de la solicitud de revisión*

La revisión debe ser promovida por escrito ante la Sala de lo Constitucional de la Corte Suprema de Justicia, con expresión concreta de los motivos en que se funda y de las disposiciones legales aplicables.

El peticionario debe ofrecer todos los medios de prueba que acrediten la verdad de sus afirmaciones, y acompañar la prueba documental o indicar el lugar o archivo en que se encuentre (Art. 97).

D. *La admisión y la audiencia de las partes*

La Sala de lo Constitucional de la Corte Suprema de Justicia debe resolver si admite o no la solicitud de revisión, y en caso de hacerlo, debe ordenar la inmediata remisión de los antecedentes y debe citar a las partes a una audiencia, que debe celebrarse dentro de los treinta días hábiles siguientes a la fecha de recepción de los antecedentes, para que la parte afectada con la admisión del recurso se pueda oponer al mismo y ambas partes presenten las pruebas en que se fundan sus pretensiones, debiendo oírse en la misma audiencia la opinión del Fiscal del Despacho, de no ser éste parte en el proceso.

Cumplido lo anterior, se debe suspender la audiencia por el tiempo que requiera para examinar las pruebas presentadas y dictar la sentencia que corresponda de conformidad a la materia. Dicha suspensión no podrá exceder de veinte (20) días hábiles (Art. 106).

E. *Los efectos de la interposición del recurso de revisión*

La Sala de lo Constitucional debe decidir sobre la admisibilidad o no de la solicitud de revisión, y si la admite, no suspenderá la ejecución de la sentencia salvo si por no existir duda en cuanto a la realidad de los hechos en que se funda la solicitud, la Sala dispone otra cosa y ordena la libertad del condenado. En caso necesario, puede aplicar una medida cautelar (Art. 98).

F. *Los efectos de la sentencia*

La Sala de lo Constitucional, según proceda, debe declarar sin lugar la revisión o anulará la sentencia impugnada (Art. 99). Además, conforme al artículo 101 de la Ley, en la sentencia que declare procedente la acción, la Sala de lo Constitucional de la Corte Suprema de Justicia debe ordenar, según el caso:

1. La libertad del condenado;

2. La restitución total o parcial de la suma de dinero pagada en concepto de multa;

3. El cese de la inhabilitación y de las penas accesorias, con devolución de los efectos del comiso, si ello es posible, y la cesación de las medidas de seguridad; y,

4. La ejecución de la nueva pena o la práctica de un nuevo cómputo, cuando en la nueva sentencia se imponga pena al condenado, con abono del tiempo que haya estado en prisión.

Ahora bien, conforme se regula en el artículo 99 de la ley, si la sentencia de la Sala de lo Constitucional anula la sentencia revisada, debe pronunciar el nuevo fallo y, en el caso de que se haya condenado por prevaricato o cohecho a alguno de los jueces por su actuación en el juicio (Art. 96.7), debe devolver los antecedentes al correspondiente Tribunal de Sentencia, para que se celebre nuevo juicio. En el nuevo juicio no puede intervenir ninguno de los miembros del Tribunal de Sentencia que hayan dictado el fallo revisado.

En el caso de que una misma persona haya sido condenada por el mismo hecho delictivo, en dos sentencias distintas (Art. 96.2), la Sala de lo Constitucional de la Corte Suprema de Justicia, debe declarar la nulidad de la sentencia en que se impugna mayor pena, dejando válida aquella en la que se condene a una pena menor.

En el caso de que una persona haya sido condenada en una sentencia, y absuelta en otra por el mismo hecho delictivo (Art. 96.3), se debe declarar la nulidad de la sentencia condenatoria, a efecto de que pueda ser ejecutada la sentencia absolutoria.

En todo caso, el rechazo de la solicitud de revisión no impide la interposición de una nueva solicitud, fundada en motivos distintos (Art. 100).

3. La revisión en materia civil

A. Los motivos para intentar el recurso

Conforme al artículo 102 de la Ley, en efecto, la Sala de lo Constitucional de la Corte Suprema de Justicia puede prever una sentencia firme pronunciada en juicio civil declarativo ordinario de mayor cuantía, en los casos siguientes:

1) Si después de pronunciada se recobraren documentos decisivos, detenidos por fuerza mayor, o por obra de la parte en cuyo favor se hubiere dictado.

2) Si hubiere recaído en virtud de documentos que al tiempo de dictarse ignoraba una de las partes haber sido reconocidos y declarados falsos, o cuya falsedad se reconociere o declarare después.

3) Si habiéndose dictado en virtud de prueba testifical, los testigos hubieren sido condenados por falso testimonio, dado en las declaraciones que sirvieren de fundamento a la sentencia.

4) Si la sentencia firme se hubiere dictado injustamente en virtud de cohecho, violencia u otra maquinación fraudulenta.

B. La legitimación y el lapso para solicitar la revisión

La Sala de lo Constitucional de la Corte Suprema de Justicia puede ejercer esta competencia de revisión extraordinaria respecto de sentencias firmes pronunciadas en un juicio civil, dentro de los seis meses siguientes de dictado el fallo cuya revisión se pretenda Así lo regula el artículo 186 de la Constitución y el artículo 95 de la Ley.

La legitimación activa para solicita la de revisión corresponde a las partes en el proceso, o con derecho a ser llamada a participar en él, debiendo interponerse el recurso, conforme al artículo 95 de la Ley, dentro de seis meses contados desde el día en que habiéndose realizado la última notificación, la sentencia quedó firme. Por tanto, si el recurso se presentare pasado este plazo, se debe rechazar de plano. De acuerdo con los considerandos del Decreto Nº 181-2005 de la reforma constitucional, se consideró como "un error someter las sentencias firmes en materia civil a un tiempo ilimitado para ser objeto de revisión."

C. La admisión y la audiencia de las partes

De acuerdo con lo dispuesto en el artículo 106 de la ley, la Sala de lo Constitucional de la Corte Suprema de Justicia debe resolver si admite o no la solicitud de revisión, y en caso de hacerlo, debe ordenar la inmediata remisión de los antecedentes y debe citar a las partes a una audiencia, que debe celebrarse dentro de los treinta días hábiles siguientes a la fecha de recepción de los antecedentes, para que la parte afectada con la admisión del recurso se pueda oponer al mismo y ambas partes presenten las pruebas en que se fundan sus pretensiones, debiendo oírse en la misma audiencia la opinión del Fiscal del Despacho, de no ser éste parte en el proceso.

Cumplido lo anterior, se debe suspender la audiencia por el tiempo que requiera para examinar las pruebas presentadas y dictar la sentencia que corresponda de conformidad a la materia. Dicha suspensión no podrá exceder de veinte (20) días hábiles (Art. 108).

D. *Los efectos de la interposición del recurso de revisión*

Tal como lo precisa el artículo 103 de la Ley, por la sola interposición de la acción no se suspende la ejecución de la sentencia impugnada. Sin embargo, la Sala, en vista de las circunstancias, a petición del recurrente, y oído el Fiscal, puede ordenar que se suspenda la ejecución de la sentencia, siempre que aquél diere fianza bastante para satisfacer el valor de lo litigado y los perjuicios que se causen con la inejecución de la sentencia, para el caso de que la acción fuere desestimada.

E. *Los efectos de la sentencia*

En caso de que la Sala de lo Constitucional estimare *procedente* la revisión por haberse comprobado, con arreglo a la ley, los hechos en que se funda, conforme al artículo 104 de la Ley, la Sala así lo debe declarar y, en consecuencia, debe anular en todo o en parte la sentencia impugnada (art. 104).

En la misma sentencia que acepte el recurso de revisión la Sala debe además declarar si debe o no seguirse nuevo juicio. En el primer caso debe determinar, además el estado en que queda el proceso, el cual se debe remitir para su conocimiento al órgano jurisdiccional de que proceda. Dispone la misma norma del artículo 104 de la Ley, que las declaraciones que se hubieren hecho en el recurso de revisión, servirán de base al nuevo juicio, las cuales no podrán ser ya discutidas.

En los casos en los cuales la acción de revisión se declare *improcedente,* se debe condenar en las costas al que lo hubiere promovido, y se ordenará que sean devueltos al órgano jurisdiccional que corresponda los autos mandados traer a la vista (Art. 105).

§9. EL SISTEMA DE JUSTICIA CONSTITUCIONAL DE LA REPÚBLICA DOMINICANA*

Con fecha 8 de noviembre de 2010, el Presidente de la República Dominicana, mediante Oficio N° 11339, sometió al Senado un Proyecto de *Ley Orgánica del Tribunal Constitucional y de los Procesos Constitucionales*, con el objeto de regular la organización del Tribunal Constitucional creado por la Constitución de enero de 2010, y "el ejercicio de la Justicia Constitucional entendida como la potestad del Tribunal Constitucional y el Poder Judicial de pronunciarse en materia constitucional en los asuntos de su competencia."

En su comunicación, además, el Presidente resumió que

"la Justicia Constitucional se realiza mediante procesos y procedimientos constitucionales que tienen como objetivo sancionar las infracciones constitucionales, para garantizar la supremacía, integridad y eficacia de la Constitución, la defensa del orden constitucional, la adecuada interpretación constitucional y la protección efectiva de los derechos fundamentales."

A tal efecto, según expresó el Presidente en su comunicación, la Ley Orgánica estará regida por los siguientes principios rectores: "constitucionalidad, interdependencia, efectividad, oficiosidad, vinculatoriedad, inconvalidabilidad, favorabilidad, accesibilidad, celeridad, informalidad, gratuidad, inderogabilidad y supletoriedad."

El Presidente precisó además, que el Proyecto buscaba definir y regular, "la Justicia Constitucional y sus principios; la organización y atribuciones del Tribunal Constitucional; los procesos y procedimientos constitucionales, entre los que se encuentran: el control concentrado de constitucionalidad, el control difuso de constitucionalidad y el control preventivo de los tratados internacionales; los conflictos de competencia; las acciones de habeas corpus, habeas data y amparo; los procedimientos particulares de amparo, entre los cuales se encuentran: el amparo contra actos jurisdiccionales, el amparo de cumplimiento, el amparo colectivo y el amparo electoral; la revisión constitucional de sentencias; y el procedimiento de ejecución de sentencias de la Corte Interamericana de Derechos Humanos.

Luego de las discusiones en la Cámara del Senado el Proyecto fue discutido en la Cámara de Diputados donde fue aprobado en fecha 1 de marzo de 2011, habiendo sido devuelto al senado mediante oficio N° 201 de 4 de marzo de 2011 con el título de *Ley Orgánica del Tribunal Constitucional y de los Procedimien-*

---

* Este comentario sobre la Ley Orgánica del Tribunal Constitucional y de los Procedimientos Constitucionales (marzo, 2011), fue publicado en *Revista de Derecho Público*, N° 125, (enero–marzo 2011), Editorial Jurídica Venezolana, Caracas 2011, pp. 71–97.

tos Constitucionales, el cual fue precedido de una serie de "Considerandos" en los cuales se motiva el mismo, expresándose entre otros aspectos sobre el "sistema robusto de justicia constitucional independiente y efectivo," que "la tutela de la justicia constitucional fue conferida, tanto al Tribunal Constitucional como al Poder Judicial, a través del control concentrado y el control difuso" (Considerando Quinto).

En ese marco, las presentes notas están destinadas a analizar globalmente este importante Proyecto de Ley (en adelante "Ley Orgánica"), en su versión de fecha 1 de marzo de 2011, en especial solo en lo que se refiera a sus previsiones en materia de control difuso de la constitucionalidad (III); en materia de control concentrado de la constitucionalidad, incluyendo el control a posteriori de la constitucionalidad de los actos estatales y de omisiones legislativas, el control a priori de los tratados internacionales y la solución de conflictos de competencia de orden constitucional (IV); y la revisión constitucional de sentencias constitucionales (V) y de amparo (VI) por el Tribunal Constitucional. No nos referiremos por tanto, a los procesos constitucionales de protección de los derechos fundamentales (amparo, habeas corpus, habeas data) que también están regulados detalladamente en la Ley Orgánica (arts. 63 a 114). Antes sin embargo, haremos algunas precisiones sobre los sistemas de justicia constitucional (I), y sobre las previsiones en la materia en la Constitución de la República Dominicana, y algunos principios generales en la Ley Orgánica (II).

I. ALGUNAS PRECISIONES SOBRE LOS SISTEMAS DE JUSTICIA CONSTITUCIONAL

A los efectos de asegurarle al que en el Estado Constitucional de derecho, los órganos superiores de justicia puedan asumir el rol esencial de interpretar la Constitución y de ejercer el control de la constitucionalidad de los actos estatales, en el mundo contemporáneo, y de acuerdo a las peculiaridades de cada país y de cada sistema constitucional, se han venido estableciendo una variedad de sistemas de justicia constitucional, los cuales siempre se pueden clasificar tomando en cuenta lo que se haya dispuesto en relación con el o los órganos judiciales o de otra índole constitucional llamados a ejercer tal control de la constitucionalidad.

Es decir, sea cual fuere el sistema de justicia constitucional, cuando la potestad de ejercer el control de la constitucionalidad se atribuye a los órganos judiciales, estos pueden ser o todos los jueces que integran el Poder Judicial, o un solo órgano del mismo, u otro órgano separado del Poder Judicial al cual se atribuye la Jurisdicción Constitucional.

De allí la clásica distinción de los sistemas de justicia constitucional según el método de control que se ejerce: en primer lugar, el llamado método difuso de control, cuando el poder para apreciar la constitucionalidad o inconstitucionalidad de las leyes y, en su caso, declarar su inconstitucionalidad, se atribuye a todos los jueces de un país, cualquiera que sea su jerarquía; y en segundo lugar, el llamado método concentrado de control, conforme al cual el poder anulatorio respecto de las leyes y demás actos estatales contrarios a la Constitución se atribuye a un solo órgano del Poder judicial, sea a la Corte Suprema de Justicia del país o a un Tribunal Constitucional especialmente creado para ello, que incluso puede ser ubicado fuera del Poder Judicial.

Ambos sistemas de justicia constitucional, sin duda, aún cuando en su inicio respondían a principios diferentes, en muchos países coexisten en paralelo, como sucede en buena parte de los regímenes constitucionales de los países latinoamericanos y como está regulado expresamente en la Constitución de República Dominicana.

En cuanto al método difuso de control de constitucionalidad, como poder atribuido a todos los jueces para decidir sobre la inconstitucionalidad de una ley que deba aplicarse en un caso concreto, desaplicándola y aplicando preferentemente la Constitución, el mismo se lo regula expresamente en el artículo 188 de la Constitución de República Dominicana. Como en virtud de la supremacía de la Constitución, todo acto estatal contrario a la misma debe considerarse inconstitucional y nulo; todos los jueces tienen el poder-deber de apreciar dicha inconstitucionalidad. Ello es la consecuencia lógica cuando se habla de la Constitución como "norma suprema y fundamento de todo el ordenamiento jurídico" (art. 6).

Ahora bien, correspondiendo el método difuso de control de la constitucionalidad a todos los jueces, su ejercicio se caracteriza por ser de carácter incidental, en el sentido de que se ejerce al decidirse un caso concreto, como poder que puede ejercer cualquier juez, incluso de oficio. En estos casos, en consecuencia, no se trata de un proceso constitucional que tiene por objeto específico controlar la constitucionalidad de una ley, sino de una decisión judicial que se adopta en un proceso judicial cualquiera, con su propio objeto específico, en el cual, para decidirlo, se aprecia la inconstitucionalidad de la ley. Por ello, la decisión que en tal sentido se adopta, sólo tiene efectos *inter partes* y meramente declarativos. El juez, en estos casos, no anula la ley sino sólo la considera inconstitucional y nula, por lo que la decisión tiene en principio efectos *ex tunc, pro praeterito*.

En relación con este método difuso de control de constitucionalidad, en el derecho comparado se ha planteado el problema de la eventual falta de uniformidad o la disparidad de decisiones que podrían adoptar los jueces de distinta jerarquía, en torno a la inconstitucionalidad de una ley, habiéndose establecido diversos correctivos en los propios sistemas constitucionales.

Uno de ellos es, por ejemplo, la asignación del carácter vinculante a las decisiones que adopte la Corte Suprema de Justicia en la materia cuando el asunto llegue a ese nivel, como sucede en los Estados Unidos de América.

Otro correctivo es, por ejemplo, la atribución a la Corte Constitucional o Tribunal Supremo de la competencia para conocer de un recurso extraordinario de revisión, como se ha establecido en las Constituciones de Colombia o Venezuela, lo que permite al Tribunal constitucional uniformizar la jurisprudencia y resolver con carácter obligatorio y vinculante sobre el tema. Esta es la solución adoptada en la Constitución de la República Dominicana.

Adicionalmente, otro correctivo al problema se logra precisamente con el establecimiento, en paralelo del método concentrado de control de constitucionalidad de las leyes, como también ocurre en la Constitución de República Dominicana siguiendo el modelo mixto e integral que se desarrolló inicialmente en América Latina en Colombia y Venezuela, otorgándose a las decisiones del Tribunal Constitucional el carácter de "precedentes vinculantes para los poderes públicos y todos los órganos del Estado " (art. 184). El principio se reitera en el artículo 31 de la Ley Orgánica y, además, en el artículo 7.13 al definir el principio de la "vinculatoriedad" como uno de los principios rectores del sistema de justicia constitucional, indicando que:

> "Las decisiones del Tribunal Constitucional y las interpretaciones que adoptan o hagan los tribunales internacionales en materia de derechos humanos constituyen precedentes vinculantes para los poderes públicos y todos los órganos del Estado."

Se destaca, en esta declaración, por supuesto, la importancia que significa la atribución mediante la Ley Orgánica, del carácter vinculante para el Estado de la república Dominicana que tienen las decisiones por ejemplo de la Corte Interamericana de Derechos Humanos.

Por otra parte, el método concentrado de control de constitucionalidad, como es sabido, tuvo su origen en América Latina y fue luego desarrollado durante el siglo pasado en Europa. Se caracteriza por la atribución a un solo órgano judicial, que puede ser el Tribunal o Corte Suprema con o sin Sala Constitucional, o un Tribunal Constitucional especial, del poder de conocer de la impugnación de leyes por inconstitucionalidad, y de anularlas en caso de que sean contrarias a la Constitución, con efectos *erga omnes*. Esta última opción es la que se ha seguido en la Constitución de 2010 de la República Dominicana con la creación del Tribunal Constitucional "para garantizar la supremacía de la Constitución, la defensa del orden constitucional y la protección de los derechos fundamentales" (art. 184).

Sin embargo, en realidad, lo que caracteriza al método concentrado de control de constitucionalidad de las leyes no es la creación de un tribunal constitucional, sino la atribución a *un solo órgano judicial o tribunal constitucional del poder anulatorio* de las mismas. Es decir, lo importante es la concentración del poder anulatorio de control en un solo órgano judicial o de control constitucional, más que la forma o naturaleza que puede tener el mismo.

Este método concentrado de control de la constitucionalidad, a diferencia del método difuso, como se ha dicho, se ejerce en un proceso en el cual su objeto principal es, precisamente, el juzgamiento de la inconstitucionalidad de una ley, la cual puede consistir en una decisión anulatoria de la misma, con efectos generales, *erga omnes*, y en general *ex nunc*, es decir *pro futuro* teniendo la decisión en consecuencia, carácter constitutivo.

El método concentrado de control, por otra parte, puede ser previo o posterior, según que se pueda ejercer contra leyes antes de que entren en vigencia o sólo una vez que están vigentes. En el caso de la República Dominicana el control concentrado de la constitucionalidad de las leyes en general es a posteriori, regulándose sin embargo un control en forma a priori respecto de" los tratados internacionales antes de su ratificación por el órgano legislativo" (art. 185,2), como también, por ejemplo, sucede en Colombia y en Venezuela.

El método concentrado de control, además, puede ser principal o incidental, según que la cuestión de la inconstitucionalidad de la ley llegue al juez constitucional por vía de una acción de inconstitucionalidad, la cual incluso en algunos casos, como sucede en Colombia, Panamá y Venezuela, puede ser una acción popular; o que llegue por vía incidental, por una incidencia planteada en un juicio concreto, como excepción de inconstitucionalidad, lo cual no sucede por supuesto, cuando se establece en paralelo el control difuso de constitucionalidad como es el caso de los sistemas mixtos o integrales, como el que se establece en la República Dominicana.

Por último, además del método difuso y concentrado de control de la constitucionalidad de la legislación existente, en el mundo contemporáneo también se han venido desarrollando mecanismos de control de la constitucionalidad de las omisiones del Legislador, cuando ha dejado de sancionar leyes indispensables para la completa aplicación o vigencia de la Constitución. Se trata del control de la constitucionalidad de las misiones legislativas.

II. MARCO REGULATORIO GENERAL DE LA JUSTICIA CONSTITUCIONAL EN LA CONSTITUCIÓN DE LA REPÚBLICA DOMINICANA DE 2010

Como todas las Constituciones del mundo contemporáneo, la Constitución de la República Dominicana está revestida de supremacía en el ordenamiento jurídico, a cuyo efecto, en su propio texto se indica que:

"Todas las personas y los órganos que ejercen potestades públicas están sujetos a la Constitución, norma suprema y fundamento del ordenamiento jurídico del Estado" (art. 6).

En la Constitución se regula, además, la garantía objetiva de la misma, al indicar que:

"son nulos de pleno derecho toda ley, decreto, resolución, reglamento o acto contrarios a esta Constitución" (art. 6).

Estos principios se complementa, en la Ley Orgánica al disponer el principio de "inconvalibilidad" en el sentido de que:

"la infracción de los valores, principios y reglas constitucionales está sancionada con la nulidad y se prohíbe su subsanación o convalidación" (art. 7.7)

La inconstitucionalidad, por tanto, no sólo se produce por violación directa de las normas constitucionales, sino de los valores, principios y reglas constitucionales, como lo indica artículo 6 de la Ley Orgánica, la Constitución se tiene por infringida:

"cuando haya contradicción del texto de la norma, acto u omisión cuestionado, de sus efectos o de su interpretación o aplicación con los valores, principios y reglas contenidos en la Constitución y en los tratados internacionales sobre derechos humanos suscritos y ratificados por la República Dominicana o cuando los mismos tengan como consecuencia restar efectividad a los principios y mandatos contenidos en los mismos."

Para asegurar la supremacía normativa de la Constitución por sobre todo acto estatal, es decir, sobre todo acto dictado en ejercicio del Poder Público, incluyendo, por supuesto, las leyes y demás actos del Congreso, como se dijo, la propia Constitución ha establecido un marco general de la justicia constitucional, atribuyendo, por una parte, al Tribunal Constitucional en República Dominicana, competencia para ejercer tal control de constitucionalidad de dichos actos legislativos y otros actos estatales (art. 185,1), con potestad para anularlos cuando sean inconstitucionales; y además, por la otra, asignando a todos los tribunales competencia para declarar dichos actos como inconstitucionales e inaplicarlos en los casos concretos que decidan (art. 188). Como parte integrante de dicho control de constitucionalidad, está, por supuesto, el control de convencionalidad en relación con los tratados en materia de derechos humanos, ya que la Ley orgánica precisa que también hay infracción constitucional cuando se violan las normas, valores y reglas de los tratados.

1. *Base normativa de la justicia constitucional en la Constitución de 2010 y el sistema mixto o integral de justicia constitucional*

Se trata, por tanto, como dijimos, de un sistema mixto o integral de justicia constitucional que combina el control difuso con el control concentrado de la constitucionalidad y convencionalidad adoptado en otros países latinoamericanos como Colombia, Venezuela, Perú, Brasil, Guatemala y Nicaragua.

La consecuencia de ello es que en República Dominicana, al contrario de los que sucede, por ejemplo, en países como Costa Rica o Panamá, la justicia constitucional no se concentra en un solo órgano que conforma la "Jurisdicción Constitucional" como el Tribunal Constitucional, sino que se ejerce por éste y por todos los órganos judiciales.

Se distingue, entonces, en la República Dominicana, la "justicia constitucional" de la "Jurisdicción Constitucional." Esta última es una noción de carácter orgánico, que identifica un órgano estatal judicial o no que ejerce el control concentrado de la constitucionalidad de las leyes y demás actos normativos generalmente dictados de ejecución inmediata de la Constitución, con poderes anulatorios de las mismas, y que por ello, no tiene el monopolio de la "justicia constitucional."

En cambio, la noción de "justicia constitucional," es una noción material equiparable a "control de constitucionalidad," la cual, como se ha dicho, además de por el Tribunal Constitucional, también se ejerce por todos los jueces u órganos jurisdiccionales mediante el método difuso de control de constitucionalidad. Así se precisa en el artículo 5 de la Ley Orgánica al disponerse que

> "La justicia constitucional es la potestad del Tribunal Constitucional y del Poder Judicial de pronunciarse en materia constitucional en los asuntos de su competencia. Se realiza mediante procesos y procedimientos jurisdiccionales que tienen como objetivo sancionar las infracciones constitucionales para garantizar la supremacía, integridad y eficacia y defensa del orden constitucional, su adecuada interpretación y la protección efectiva de los derechos fundamentales" (art. 5)

Por ello, en la Constitución, además de crearse el Tribunal Constitucional como "Jurisdicción Constitucional," se regulan las competencias en materia de justicia constitucional que ejercen los demás tribunales de la República al decidir las excepciones de inconstitucionalidad cuando ejercen el método de control difuso de la constitucionalidad de las leyes, y al decidir los procesos iniciados mediante las acciones de hábeas corpus, amparo o hábeas data, o.

En resumen, la noción de *justicia constitucional* es carácter material o sustantiva y se refiere a la competencia que ejercen todos los órganos judiciales cuando les corresponde decidir casos concretos o juicios de amparo aplicando y garantizando la Constitución; en tanto que la expresión *Jurisdicción Constitucional* es, en cambio, de carácter orgánica, e identifica al órgano jurisdiccional al cual se ha atribuido en la Constitución *competencia exclusiva* en materia de control concentrado de la constitucionalidad de las leyes, y que es el Tribunal Constitucional.

Esta distinción, en todo caso, se acoge en la Ley Orgánica cuando dispone en el artículo 2 que la misma tiene como finalidad, no sólo regular "la organización del Tribunal Constitucional" el cual conforme al artículo 3 ejerce sus funciones como *Jurisdicción Constitucional*; sino regular "el ejercicio de la *justicia constitucional*" la cual como hemos dicho se define en el artículo 5 como la potestad de los tribunales ("del Tribunal Constitucional y del Poder judicial") "de pronunciarse en materia constitucional en los asuntos de su competencia," la cual "se realiza mediante procesos y procedimientos constitucionales que tienen como objetivo sancionar las infracciones constitucionales para garantizar la supremacía, integridad y eficacia de la Constitución, la defensa del orden constitucional, la adecuada interpretación constitucional y la protección efectiva de los derechos fundamentales." En el mismo sentido, en el artículo 2 de la Ley Orgánica se insiste en que la justicia constitucional es "para garantizar la supremacía y defensa de las normas y principios constitucionales y del Derecho Internacional vigente en la República, su uniforme interpretación y aplicación, así como los derechos y libertades fundamentales consagrados en la Constitución o en los instrumentos internacionales de derechos humanos aplicables."

En este mismo sentido, por otra parte, es que se define la expresión "constitucionalidad" en el artículo 7.3 de la Ley Orgánica, al declarar que:

"Corresponde al Tribunal Constitucional y al Poder Judicial, en el marco de sus respectivas competencias, garantizar la supremacía, integridad y eficacia de la Constitución y del bloque de constitucionalidad."

Por su parte, en cuanto al bloque de constitucionalidad, "que sirve de parámetro al control de la constitucionalidad y al cual está sujeto la validez formal y material de las normas infra constitucionales," conforme al artículo 7.10 de la Ley Orgánica, está integrado por:

"los valores, principios y reglas contenidos en la Constitución y en los tratados internacionales sobre derechos humanos adoptados por los poderes públicos de la República Dominicana, conjuntamente con los derechos y garantías fundamentales de igual naturaleza a los expresamente contenidos en aquellos."

En esta forma puede decirse que se materializa en la Ley Orgánica, la previsión del artículo 74,3 de la Constitución que otorga jerarquía internacional a los "tratados, pactos y convenciones relativos a derechos humanos, suscritos y ratificados por el Estado dominicano," los cuales son, por tanto, "de aplicación directa e inmediata por los tribunales y demás órganos del Estado." Por ello, como se dijo, en materia de derechos humanos, el control de constitucionalidad a cargo del Tribunal Constitucional y de los tribunales de la República, es además un control de convencionalidad.

En todo caso, todo este sistema mixto o integral de justicia constitucional en la Constitución de 2010 se concretiza en las previsiones expresas relativas al control concentrado de la constitucionalidad, al control difuso de la constitucionalidad y a los procesos de protección de los derechos fundamentales.

2. *El control difuso de la constitucionalidad en la Constitución de 2010*

En lo que se refiere al control difuso de la constitucionalidad, la Constitución de la República Dominicana lo reguló, en paralelo al control concentrado, al disponer en su artículo 188 que:

> "Los tribunales de la República conocerán la excepción de constitucionalidad en los asuntos sometidos a su conocimiento."

En estos casos, por tanto, todos los tribunales de la República tienen el carácter de jueces constitucionales cuando al resolver un caso concreto sobre el cual tengan conocimiento, declaren la inconstitucionalidad de una norma (el juez la considera "nula"), como si la misma nunca se hubiese dictado (*ab inicio*), y por tanto, la desapliquen al decidir el caso concreto. En estos casos, por supuesto, el juez no anula la ley cuestionada, competencia que está reservada al Tribunal Constitucional.

En este supuesto, la consideración de la ley aplicable al caso como inconstitucional con efectos retroactivos, debería permitir al juez, también, graduar dichos efectos, como es en general aceptado en el derecho comparado, en materia penal o sancionatoria si se trata de previsiones más favorables, o de respeto a ciertos derechos adquiridos.

3. *El control concentrado de la constitucionalidad en la Constitución de 2010*

El sistema de control concentrado de la constitucionalidad se establece en la Constitución mediante la regulación en el propio texto constitucional, en forma expresa, de la acción de inconstitucionalidad, del control a priori de la constitucionalidad de los tratados internacionales, de los procesos de resolución de conflictos constitucionales entre órganos del Estado y del control de constitucionalidad de las omisiones legislativas. En forma indirecta, también se abre posibilidad en la Constitución para la estructuración del control de la constitucionalidad de la actuación de los partidos políticos.

A tal efecto, el artículo 184 de la Constitución creó el Tribunal Constitucional "para garantizar la supremacía de la Constitución, la defensa del orden constitucional y la protección de los derechos fundamentales," al cual conforme al artículo 9 de la Ley Orgánica, le corresponde conocer de los casos previstos por el artículo 185 de la Constitución y de los que se le atribuyen en la Ley Orgánica, teniendo además competencia para conocer "de las cuestiones incidentales que surjan ante él y dirimirá las dificultades relativas a la ejecución de sus decisiones."

A. *Acción de inconstitucionalidad*

En lo que se refiere al control concentrado de la constitucionalidad, el artículo 185.1 de la Constitución le atribuye al Tribunal Constitucional como Jurisdicción Constitucional, competencia para conocer en única instancia de:

"1) Las acciones directas de inconstitucionalidad contra las leyes, decretos, reglamentos, resoluciones y ordenanzas, a instancia del Presidente de la República, de una tercera parte de los miembros del Senado o de la Cámara de Diputados y de cualquier persona con interés legítimo y jurídicamente protegido."

Como consecuencia de esta competencia, el Tribunal Constitucional tiene el poder de anular los actos estatales inconstitucionales con efectos, en principio, hacia el futuro, aún cuando el Tribunal Constitucional tiene competencia para graduarlos y hacerlos retroactivos.

B. *El control de constitucionalidad a priori de los tratados internacionales*

Por otra parte, también como mecanismo de control concentrado de constitucionalidad, conforme al artículo 185.2 de la Constitución, el Tribunal Constitucional tiene competencia para conocer en única instancia, del "control preventivo de los tratados internacionales antes de su ratificación por el órgano legislativo."

C. *El control concentrado de los conflictos constitucionales*

Además, en virtud de que el control concentrado de la constitucionalidad tiene por objeto, en particular, asegurar la efectiva vigencia de la parte orgánica de la Constitución, la cual en el mundo moderno y en el Estado democrático siempre se ha construido sobre la base de los principios tanto de la separación orgánica de poderes como de distribución territorial del Poder Público, en la Constitución se asigna también al Tribunal Constitucional competencia para resolver los "conflictos de competencia" entre los Poderes Públicos (art. 185,3).

Estos conflictos son básicamente, los que se originan entre los Poderes Legislativo y Ejecutivo y, además, respecto de los otros órganos constitucionales con autonomía funcional, de manera que todos actúen conforme a los poderes atribuidos en la Constitución, sancionando toda usurpación, por inconstitucionalidad.

Sin embargo, también correspondería al Tribunal Constitucional como órgano encargado del control de la constitucionalidad, mantener el principio de la distribución territorial del poder que establece la Constitución conforme al esquema de descentralización política adoptado, haciendo respetar la autonomía de las entidades municipales que están constitucionalmente establecidas. Por tanto, en el caso de los Municipios que en República Dominicana se dotan de autonomía (art. 199), los conflictos de competencia también caerían bajo la competencia del Tribunal Constitucional para resolver los conflictos de competencia constitucional entre las entidades territoriales.

D. *El control de las omisiones legislativas absolutas*

La Constitución de 2010 no reguló en forma expresa la potestad del Tribunal Constitucional de controlar la constitucionalidad de las omisiones absolutas del Legislador, como por ejemplo, se regula expresamente en las Constituciones de Brasil, Colombia y Venezuela.

Sin embargo, habiéndose creado el Tribunal constitucional en el artículo 184 de la Constitución "para garantizar la supremacía de la Constitución, la defensa del orden constitucional y la protección de los derechos fundamentales," sin duda que el mismo, conforme a esta norma, tiene potestad para controlar la constitucionalidad de las omisiones legislativas absolutas, a los efectos de no sólo poder garantizar la supremacía de la Constitución frente a la omisión legislativa en regular mediante ley aspectos sustantivos necesarios para que aquélla tenga efectiva vigencia, sino para la defensa del orden constitucional y además, en particular, para la protección de los derechos fundamentales cuando la omisión legislativa pueda afectar su efectivo ejercicio.

Sobre esto, en todo caso, la Ley Orgánica dispuso al regular la acción directa de inconstitucionalidad, que la misma puede ser interpuesta ante el Tribunal Constitucional "contra las leyes, decretos, reglamentos, resoluciones y ordenanzas, que infrinjan, por acción u *omisión*, alguna norma sustantiva" (art. 36). Igualmente, el artículo 6 de la Ley Orgánica dispuso que la Constitución también se tiene por infringida "cuando haya contradicción del texto de la norma, acto u *omisión* cuestionado, de sus efectos o de su interpretación o aplicación con los valores, principios y reglas contenidos en la Constitución."

E. *El control de la constitucionalidad de la actuación de los partidos políticos*

Por último, también formaría parte del objeto del control de la constitucionalidad el velar por el mantenimiento del régimen político democrático, de manera de asegurar que no se rompa; sancionando cualquier actuación que sea contraria a los valores de la democracia que establece la Constitución. Por ello, incluso, en algunos países, los Tribunales Constitucionales tienen competencias para proscribir la actuación de partidos políticos cuyo objeto sea destruir la democracia misma. En la República Dominicana, por ejemplo, la actuación de los partidos debe realizarse "con sujeción a los principios establecidos en esta Constitución (art. 216), por lo que el control último de la constitucionalidad de la actuación de los partidos políticos también correspondería al Tribunal Constitucional.

4. *El control de constitucionalidad y la garantía de los derechos fundamentales en la Constitución de 2010*

Por otra parte, el control de constitucionalidad también tiene por objeto particular asegurar la vigencia de la parte dogmática de la Constitución, es decir, de los derechos fundamentales declarados en el texto constitucional, y en el caso de la República Dominicana, también los declarados en los tratados internacionales de derechos humanos a los que se da rango constitucional (art. 74,3).

A estos efectos en la República Dominicana la Constitución ha establecido acciones específicas de protección como las de amparo, hábeas corpus y hábeas data (arts. 70-72), cuyo conocimiento corresponde en forma difusa a los tribunales de la República, consagrándose como principio fundamental en la Ley Orgánica (art. 7.4), lo que se denomina el principio de "efectividad" en el sentido de que:

> "Todo juez o tribunal debe garantizar la efectiva aplicación de las normas constitucionales y de los derechos fundamentales frente a los sujetos obligados o deudores de los mismos, respetando las garantías mínimas del debido proceso y está obligado a utilizar los medios más idóneos y adecuados a las necesidades concretas de protección frente a cada cuestión planteada, pudiendo conceder una tutela judicial diferenciada cuando lo amerite el caso en razón de sus peculiaridades."

5. *Principios generales en la Ley Orgánica del Tribunal Constitucional y de los Procedimientos Constitucionales (01/03/2010)*

Conforme al marco constitucional regulatorio de la justicia constitucional antes esbozada, en la Ley Orgánica del Tribunal Constitucional y de los Procedimientos Constitucionales de 2010, se ha establece el marco regulatorio legislativo general de todo el sistema mixto o integral de justicia constitucional de la República Dominicana, conforme a las previsiones que se resumen a continuación.

A. *Los diversos procesos constitucionales en la Ley Orgánica*

En la Ley Orgánica, en efecto, se regula en primer lugar, el control difuso de la constitucionalidad de las leyes y demás actos del Estado.

En segundo lugar, en la Ley Orgánica se regula el control concentrado de la constitucionalidad, previéndose la competencia del Tribunal Constitucional para conocer del proceso constitucional el control a posteriori de la constitucionalidad de las leyes y otros actos estadales, el cual se ejerce mediante la acción de inconstitucionalidad; el procedimiento constitucional del control a priori en relación específicamente con los tratados internacionales; y el proceso constitucional de la resolución de conflictos constitucionales.

En tercer lugar, en la Ley Orgánica también se regula en forma detallada, el régimen general de la garantía judicial de los derechos fundamentales, regulándose los procesos constitucionales en materia de habeas corpus, habeas data y amparo, a cuyo efecto se deroga la Ley número 437-06 de Recurso de Amparo de fecha 30 de noviembre del año 2006.

En cuarto lugar, en la Ley Orgánica también se establecen algunas previsiones, aún cuando incompletas, relativas al control de constitucionalidad de las omisiones absolutas del Legislador.

Y en quinto lugar, también se establecen en la Ley Orgánica previsiones destinadas a regular la potestad del Tribunal Constitucional de revisión de sentencias en materia constitucional; y de conocer en segunda instancia de los casos de amparo, habeas corpus y habeas data vía un recurso de revisión.

B. *El principio de la progresividad en materia de derechos fundamentales*

En todos los procesos constitucionales que se regulan en la Ley Orgánica en los cuales esté en juego la protección de los derechos fundamentales, en la misma se ha establecido como principio rector que debe guiar los mismos, el principio de la progresividad o principio *pro homine*, que se denomina como principio de "favorabilidad" (art. 7.5), en el sentido de que se declara, primero, que "ninguna disposición de la presente ley puede ser interpretada en el sentido de limitar o suprimir el goce y ejercicio de los derechos y garantías fundamentales"; y segundo, que los jueces y funcionarios tienen el deber de interpretar y aplicar la Constitución y los derechos fundamentales de modo que se "optimice su máxima efectividad para favorecer al titular del derecho fundamental." La consecuencia del principio es que "cuando exista conflicto entre normas integrantes del bloque de constitucionalidad" debe prevalecer "la que sea más favorable al titular del derecho vulnerado," agregándose que "Si una norma infra constitucional es más favorable para el titular del derecho fundamental que las normas del bloque de constitucionalidad la primera se aplicará de forma complementaria, de manera tal que se asegure el máximo nivel de protección."

C. *Los principios rectores de carácter adjetivo del conjunto de procesos constitucionales*

Respecto de todos estos procesos y procedimientos constitucionales, la Ley Orgánica, por otra parte, ha establecido en su artículo 7, un conjunto de principios rectores de carácter adjetivo, entre los cuales se destacan los siguientes:

En primer lugar, el principio de "accesibilidad" (art. 7.1), conforme al cual la jurisdicción debe estar "libre de obstáculos, impedimentos, formalismos o ritualismos que limiten irrazonablemente la accesibilidad y oportunidad de la justicia."

En segundo lugar, el principio de la "celeridad" (art. 7.2), conforme al cual, "los procesos de justicia constitucional, en especial los de tutela de los derechos fundamentales deben resolverse dentro de los plazos constitucional y legalmente previstos y sin demora innecesaria."

En tercer lugar, el principio de "informalidad" (art. 7.9), en el sentido de que los procesos y procedimientos constitucionales "deben estar exentos de formalismos o rigores innecesarios que afecten la tutela judicial efectiva."

En cuarto lugar, el principio de la "gratuidad" (art. 7.6), precisando que "la justicia constitucional no está condicionada a sellos, fianzas o gastos de cualquier naturaleza que dificulten su acceso o efectividad y no está sujeta al pago de costas, salvo la excepción de inconstitucionalidad cuando aplique."

En quinto lugar, el principio de la "inderogabilidad" (art. 7.8), disponiéndose que los procesos constitucionales "no se suspenden durante los estados de excepción y, en consecuencia, los actos adoptados que vulneren derechos protegidos o que afecten irrazonablemente derechos suspendidos, están sujetos al control jurisdiccional."

Y en sexto lugar, el principio de la "supletoriedad" (art. 2.13), en el sentido de que para la solución de toda "imprevisión, oscuridad, insuficiencia o ambigüedad" de la Ley, se deben aplicar supletoriamente "los principios generales del

Derecho Procesal Constitucional y sólo subsidiariamente las normas procesales afines a la materia discutida, siempre y cuando no contradigan los fines de los procesos y procedimientos constitucionales y los ayuden a su mejor desarrollo."

III. EL RÉGIMEN DEL CONTROL DIFUSO DE LA CONSTITUCIO- NALIDAD DE LAS LEYES Y DEMÁS ACTOS ESTATALES

Como se dijo, el artículo 188 de la Constitución regula el "control difuso" de la constitucionalidad, al atribuir a los tribunales de la República competencia para conocer de la "excepción de constitucionalidad" en los asuntos sometidos a su conocimiento;" control que también podría consistir en un control de convencionalidad, en virtud de la jerarquía constitucional de los tratados, pactos y convenciones relativos a derechos humanos, suscritos y ratificados por el Estado dominicano que, además, son de aplicación directa e inmediata por los tribunales y demás órganos del Estado (art. 74.3).

Por ello, en el Considerando Octavo de la Ley Orgánica se definió el control difuso como el poder "otorgado a los tribunales del Poder Judicial, los cuales por disposición de la propia normativa constitucional, tienen la facultad de revisar, en el marco de los procesos sometidos a su consideración, la constitucionalidad del ordenamiento jurídico dominicano;" habiéndose destinado los artículos 51 y 52 de la Ley Orgánica a regular, dentro de las modalidades de "control de constitucionalidad," este control difuso de la constitucionalidad, conforme a las siguientes reglas:

En primer lugar, se trata de un control de la constitucionalidad que puede realizar "todo juez o tribunal del Poder Judicial apoderado del fondo de un asunto" (art. 51).

En segundo lugar, es un control difuso de objeto amplio, en el sentido de que no sólo se establece respecto de las leyes, sino que procede respecto de tipo de acto estatal como una "ley, decreto, reglamento o acto" (art. 51). Es decir, ni en la Constitución ni en la Ley se establece que se trate exclusivamente de un control de constitucionalidad de las leyes ni siquiera de los actos normativos, Sin embargo, el control difuso no procede respecto de los Tratados internacionales una vez que se han reputado constitucionales por el Tribunal Constitucional, de manera que el artículo 57, Parágrafo Único de la Ley Orgánica dispone que luego de que hayan sido objeto de control preventivo de constitucionalidad por el Tribunal Constitucional, "ello impide que posteriormente, el mismo sea cuestionado por inconstitucional ante el Tribunal Constitucional o cualquier juez o tribunal por los motivos que valoró el Tribunal Constitucional."

En tercer lugar, la Ley Orgánica dispone que cuando ante un tribunal apoderado del fondo de un asunto "se alegue como medio de defensa la inconstitucionalidad de una ley, decreto, reglamento o acto," dicho tribunal "tiene competencia y está en el deber de examinar, ponderar y decidir la excepción planteada como cuestión previa al resto del caso."

En cuarto lugar, y contrariamente al sistema tradicional derivado del principio dispositivo, en el régimen de la República Dominicana revalorizándose el principio de la supremacía constitucional, se establece la posibilidad de que el control difuso de la constitucionalidad se pueda ejercer de oficio por todo juez o tribunal del Poder Judicial, en aquellas causas llamadas a su conocimiento. Se sigue aquí la misma orientación adoptada en el sistema venezolano, a cuyo efecto por una parte se define en la Ley Orgánica, como principio de "oficiosidad," el que:

> "Todo juez o tribunal, como garante de la tutela judicial efectiva, debe adoptar de oficio las medidas requeridas para garantizar la supremacía constitucional y el pleno goce de los derechos fundamentales, aunque no hayan sido invocadas por las partes o lo hayan sido erróneamente" (art. 2.4).

Y por la otra, el artículo 52 de la Ley Orgánica expresamente dispone que:

> "El control difuso de la constitucionalidad debe ejercerse por todo juez o tribunal del Poder Judicial, aún de oficio, en aquellas causas sometidas a su conocimiento."

En quinto lugar, cuanto se trate de una decisión que acepte la excepción de inconstitucionalidad y la consecuencia de la misma sea la desestimación de la acción, la sentencia dictada es entonces recurrible ante la instancia superior. En el caso de que la decisión judicial sea de rechazo de la excepción de inconstitucionalidad, en la Ley Orgánica se dispone que las mismas sólo puedan ser recurridas con la sentencia que recaiga sobre el fondo del asunto (art. 51, parágrafo único).

Debe mencionarse, por último, que en la versión inicial del Proyecto de Ley sometido al Senado por el Presidente de la República (art. 30.3) se buscaba regular expresamente los casos en los cuales dentro de los procesos judiciales, fuera la Suprema Corte de Justicia, o una de sus Salas, la que declarase en su sentencia, por vía de excepción, la inconstitucionalidad de una norma, en cuyo caso se proponía que la misma debía remitirse al Tribunal Constitucional para que éste se pronunciase de manera definitiva sobre la conformidad o no a la Constitución de la norma cuestionado, sin perjuicio de la autoridad de cosa juzgada en el caso. Esta propuesta, sin embargo, no fue acogida en el Proyecto aprobado en el Congreso. De haberlo sido, hubiera sido el único caso del ejercicio del control concentrado de constitucionalidad de las leyes y demás normas, por vía incidental, como consecuencia del ejercicio del control difuso de la constitucionalidad de normas por la Corte Suprema.

IV. EL RÉGIMEN DEL CONTROL CONCENTRADO DE LA CONSTITUCIONALIDAD DE LAS LEYES Y DEMÁS ACTOS ESTATALES Y DE LAS OMISIONES LEGISLATIVAS

1. La acción de inconstitucionalidad

El control concentrado de la constitucionalidad, como se dijo, en la Ley Orgánica y conforme a la Constitución, se atribuye al Tribunal Constitucional, el cual está definido como "el órgano supremo de interpretación y control de la constitucionalidad" (art. 1).

A tal efecto, y siguiendo lo previsto en la Constitución, en la Ley Orgánica se lo concibe como una institución autónoma de los poderes públicos y de los demás órganos del Estado (art. 1), por lo cual los jueces integrantes del Tribunal no están sujetos a mandato imperativo, ni reciben instrucciones de ninguna autoridad; no incurriendo en responsabilidad por los votos emitidos en el ejercicio de sus funciones (art. 18). Por ello, el artículo 3 de la Ley Orgánica expresamente dispone que "en el cumplimiento de sus funciones como jurisdicción constitucional, el Tribunal Constitucional solo se encuentra sometido a la Constitución, a las normas que integran el bloque de Constitucionalidad, a esta Ley Orgánica y a sus reglamentos."

Conforme a la Constitución, en definitiva, el Tribunal Constitucional fue concebido "con el objetivo de garantizar la supremacía de la Constitución, la defensa del orden constitucional y la protección de los derechos fundamentales" (Considerando Sexto de la Ley), con la competencia para conocer "de los procesos previstos por el artículo 185 de la Constitución."

A. La competencia del Tribunal Constitucional

a. La precisión del objeto de la acción de inconstitucionalidad

La competencia del Tribunal Constitucional en materia de control concentrado de la constitucionalidad está definida en la Ley Orgánica, en la Sección I ("Del control concentrado de constitucionalidad") del Capítulo I ("Del control de constitucionalidad") del Título II ("De los procesos y procedimientos constitucionales"), estableciéndose que dicho control se ejerce mediante el conocimiento de "la acción directa de inconstitucionalidad" que puede ser interpuesta ante el Tribunal Constitucional "contra las leyes, decretos, reglamentos, resoluciones y ordenanzas, que infrinjan, por acción u omisión, alguna norma sustantiva." (art. 36). Se entiende, por supuesto, que en esta expresión de infracción de "norma sustantiva" el artículo se está refiriendo a las infracciones constitucionales tal como se definen en el artículo 6 de la Ley Orgánica.

En el caso de los tratados internacionales, sin embargo, en la Ley Orgánica se dispone que los mismos, luego de que hayan sido objeto de control preventivo de constitucionalidad, y sean reputados como constitucionales, ello impide que los mismos pueden ser cuestionado por inconstitucional ante el Tribunal Constitucional por los motivos que valoró el Tribunal Constitucional (artículo 57, Párrafo único).

Ahora bien, con esta última excepción, se trata en general, de un control concentrado de constitucionalidad que se regula en la Ley en forma universal, que abarca materialmente todos los actos del Estado. Ello, sin duda, constituye una disidencia respecto de los sistemas de control concentrados de la constitucionalidad en el derecho comparado, cuyo objeto se limita normalmente a las leyes o demás actos de igual rango y valor (como los decretos leyes), así como respecto de actos de los órganos superiores del Estado dictados en ejecución directa de la Constitución, como por ejemplo serían los *interna corporis* del Congreso, los actos de gobierno, como los que declaran los estados de excepción, o las resoluciones, por ejemplo dictadas por la Corte Suprema de Justicia.

Es cierto que el artículo 184 de la Constitución atribuye al Tribunal Constitucional competencia para conocer de las "acciones directas de inconstitucionalidad contra las leyes, decretos, reglamentos, resoluciones y ordenanzas;" pero también es cierto que la misma Constitución regula la Jurisdicción Contencioso Administrativa, atribuyendo a los Tribunales Superiores Contencioso Administrativos competencia para "conocer de los recursos contenciosos contra los actos, actuaciones y disposiciones de autoridades administrativas contrarias al Derecho como consecuencia de las relaciones entre la Administración del Estado y los particulares, si éstos no son conocidos por los tribunales contencioso administrativos de primera instancia" (art. 165.2).

Por tanto, esta la Ley reguladora de la Jurisdicción Constitucional tendría que haber sido precisamente la que debía establecer con precisión el deslinde de su ámbito u objeto con relación al de la Jurisdicción Contencioso Administrativa, cuyos jueces también son jueces constitucionales, no sólo cuando ejercen el control difuso de la constitucionalidad como cualquier juez en los casos que resuelven, sin cuando anulan actos administrativos por razones de inconstitucionalidad que es una forma de "contrariedad del derecho."

En el caso de la República Dominicana, puede decirse que la Jurisdicción Constitucional no tiene el monopolio del control concentrado de la constitucionalidad; sino que lo que tiene es el monopolio del control concentrado de la constitucionalidad de ciertos actos estatales, como las leyes y los demás actos estatales de ejecución directa de la Constitución. El control concentrado de la constitucionalidad de los actos administrativos, en cambio, debe seguir bajo la competencia de los tribunales de la Jurisdicción Contencioso Administrativa.

b. *El necesario deslinde entre el objeto de la Jurisdicción Constitucional y la Jurisdicción contencioso administrativa*

El necesario deslinde de estas competencias entre los tribunales de las dos Jurisdicciones, la Constitucional y la Contencioso Administrativa, deberá ser, sin duda, una de las tareas iniciales del Tribunal Constitucional, lo que deberá hacer, como ha ocurrido en general en el derecho comparado, basándose en la naturaleza de los actos impugnados y no en los motivos de impugnación. Para ello, insistimos, resultan fundamentales las previsiones de la Constitución.

En cuanto a la Jurisdicción Contencioso Administrativa, la competencia de los tribunales de la misma es para conocer de la impugnación de los actos administrativos, o como lo dice el artículo 165,2 de la Constitución de "los actos, actuaciones y disposiciones de autoridades administrativas contrarias al Derecho como consecuencia de las relaciones entre la Administración del Estado y los particulares," por contrariedad al derecho, es decir, por vicios de inconstitucionalidad o de legalidad propiamente dicha. Por supuesto, la clave de esta norma está en determinar, primero, si los actos administrativos normativos, como los reglamentos, se consideran o no como actos administrativos; y además, segundo, si hay actos administrativos que puedan estar excluidos del control contencioso administrativo, lo que en principio parece no permitir la norma.

En cuanto a la Jurisdicción Constitucional, la competencia del Tribunal Constitucional es para conocer de las "acciones directas de inconstitucionalidad contra las leyes, decretos, reglamentos, resoluciones y ordenanzas," tal como lo establece el artículo 185,2 de la Constitución. Ahora bien, es esta materia que el Tribunal Constitucional deberá interpretar la Constitución para distribuir la competencia entre ambas Jurisdicciones, pues si se atiene literalmente al texto, algunos "decretos, reglamentos, resoluciones y ordenanzas" pueden ser considerados o contener actos administrativos, y otros no.

Es decir, en ausencia de una precisa determinación legal por el legislador, deberá ser el Tribunal Constitucional el que precise cuándo algunos "decretos, reglamentos, resoluciones y ordenanzas" son meros actos administrativos y por tanto, sujetos al control de la Jurisdicción Contencioso Administrativa; y cuándo otros "decretos, reglamentos, resoluciones y ordenanzas" no son actos administrativos y por tanto, sujetos al control de la Jurisdicción Constitucional; y la clave para ello no es otra que la interpretación del sistema jurídico conforme a la doctrina de la creación del derecho por grados (Kelsen, Merkel) de manera que llámense como se llamen los actos estatales, deberían estar sometidos al control de la Jurisdicción Constitucional, aquellos actos estatales, como lo son las leyes, dictados en ejecución directa e inmediata de la Constitución o de previsiones constitucionales, con rango legal en la formación del orden jurídico. De resto, los otros actos estatales serían de rango sub-legal como los actos administrativos, dictados en ejecución directa de la legislación (e indirecta de la Constitución) y, por tanto, sometidos al control de la Jurisdicción Contencioso Administrativa

Esto implica que el criterio de distinción entre la Jurisdicción Constitucional y la Jurisdicción Contencioso Administrativa, debe establecerse con claridad con base en la naturaleza de los actos impugnados, independientemente de su denominación formal o de su forma jurídica, y por supuesto, de ninguna manera con base en los motivos de impugnación, pues los motivos de inconstitucionalidad se pueden formular en ambas Jurisdicciones.

De acuerdo con el artículo 139 de la Constitución el control de "legalidad" de los actos de la Administración Pública lo ejercen los tribunales, y en particular, los de la Jurisdicción Contencioso Administrativa que deben conocer de los recursos contenciosos contra los actos, actuaciones y disposiciones de autoridades administrativas "contrarias al Derecho" realizadas como consecuencia de las relaciones entre la Administración del Estado y los particulares (Artículo 165,2). Y "contrariedad al derecho" implica contrariedad a la Constitución y, además, a las leyes y demás fuentes de derecho, por lo que la impugnación de los actos administrativos por razón de inconstitucionalidad, es una competencia exclusiva de los tribunales de la Jurisdicción Contencioso Administrativa y no puede corresponder a la Jurisdicción Constitucional.

Por tanto, como se dijo, frente a los "decretos, resoluciones y ordenanzas" debe precisarse si en cada caso se trata o no de actos administrativos, pues si se trata de actos administrativos, la competencia para conocer de su impugnación corresponde a los tribunales de la Jurisdicción Contencioso Administrativa aún cuando los motivos de impugnación sean de inconstitucionalidad. Solo en el caso de los "reglamentos," sin embargo, en particular los dictados por el Presidente de la República (Reglamentos Ejecutivos), aún tratándose de actos administrativos, en virtud de la mención expresa de la Constitución, podrían considerarse que como excepción, la competencia para conocer de su impugnación corresponde en forma exclusiva a la Jurisdicción Constitucional. Pero ello no debería aplicarse a reglamentos es decir, actos normativos dictados por otros funcionarios de la Administración.

En nuestro criterio, por ejemplo, la Ley Orgánica pudo haberse dispuesto, casuísticamente, que la acción directa de inconstitucionalidad podía ser interpuesta contra las leyes y resoluciones dictados por el Congreso Nacional; contra los reglamentos dictados por el Presidente de la República; contra los decretos ejecutivos y demás resoluciones emanados de los diversos órganos de los poderes públicos y dictados en ejecución directa e inmediata de la Constitución, incluyendo las declaratorias de los estados de excepción; y contra las ordenanzas, como leyes locales municipales; siempre que no se trate de actos administrativos cuya impugnación debe realizarse ante la Jurisdicción Contencioso Administrativa.

En tal sentido, además, debería aclararse en todo caso, que los actos administrativos de efectos particulares solo pueden ser impugnados ante la Jurisdicción Contencioso Administrativa aún cuando el motivo de impugnación sea su inconstitucionalidad.

La redacción de los artículos 184 y 185.1 de la Constitución impone que se interprete la competencia de las dos Jurisdicciones en el sentido de que los actos llamados a ser impugnados ante el Tribunal Constitucional (Jurisdicción Constitucional), con excepción de los reglamentos, sólo deben ser los actos estatales dictados en ejecución directa e inmediata de la Constitución; o en otros términos, que no debe proceder la impugnación ante la Jurisdicción Constitucional de los actos administrativos, los cuales sólo deben ser impugnados, conforme al artículo 165.2 de la Constitución, ante los tribunales de la Jurisdicción Contencioso Administrativa.

En la enumeración de actos estatales incluida en el artículo 36 de la Ley Orgánica, sin embargo, se sigue a la letra la misma que trae el artículo 185.1 de la Constitución, de la cual resulta, sin duda, unos actos estatales que definitivamente no son actos administrativos, como es el caso de las "leyes" y algunas "resoluciones" que dicta el Congreso Nacional o la Corte Suprema de Justicia.

En cuanto a los "reglamentos," como se dijo, aún siendo actos administrativos, es la Constitución la que prevé su impugnación ante el Tribunal Constitucional, por lo que en ausencia de precisión legal, es el Tribunal Constitucional el llamado a determinar si se trata de cualquier reglamento o acto reglamentario o normativo (que son actos administrativos) o sólo de ciertos Reglamentos como los Reglamentos Ejecutivos, es decir, los dictados por el Presidente de la República conforme al artículo 128,1,b de la Constitución. Todos los otros actos administrativos reglamentarios dictados por cualquier otra autoridad administrativa nacional, provincial o municipal deberían ser impugnables ante los tribunales de la Jurisdicción Contencioso Administrativa.

En cuanto a los otros actos enumerados en la norma del artículo 36 de la Ley Orgánica, también deberá ser el Tribunal Constitucional el que determine en su jurisprudencia interpretativa cuáles se reservan al conocimiento de la Jurisdicción Constitucional, que deberían ser solo aquellos dictados en ejecución directa e inmediata de la Constitución. Ello será necesario, por ejemplo, en relación con los "Decretos" que debe presumirse que se refiere a los dictados por el Presidente de la República. Estos, en general, son actos administrativos (impugnables, por tanto, ante la Jurisdicción Contencioso Administrativa) excepto aquellos dictados en ejecución directa e inmediata de la Constitución que serían los únicos que deberían ser impugnables ante la Jurisdicción Constitucional, como serían muchos de los dictados por el Presidente de la República como Jefe de Estado, por ejemplo, en materia de declaratoria de estados de excepción o estado de defensa nacional conforme al artículo 128,1 e y f de la Constitución, que serían lo que en otras latitudes se conocen como "actos de gobierno" impugnables ante el Tribunal Constitucional.

En cuanto a las "Ordenanzas" debe observarse que en la Constitución esa palabra sólo se utiliza precisamente en el artículo 185.2, y no se la usa para calificar ningún acto estatal específico. En la terminología de otros países de América Latina, las Ordenanza serían las "leyes locales," es decir, los actos normativos dictados por los Concejos Municipales autónomos, en las materias que la Constitución les asigna y reserva, que presumimos es el mismo sentido que tienen en la república Dominicana.

B. *La legitimación activa para intentar la acción de inconstitucionalidad*

El artículo 37 de la Ley Orgánica regula la legitimación para interponer la acción de inconstitucionalidad, distinguiendo dos supuestos distintos con criterios diferentes

a. *Legitimación activa del Presidente de la República y de representantes de las Cámaras Legislativas*

En primer lugar, se dispone que la acción directa en inconstitucionalidad pueda ser interpuesta a instancia del Presidente de la República o de una tercera parte de los miembros del Senado o de la Cámara de Diputados. En estos casos, la legitimación activa que se regula es específica, sin consideración alguna al interés que puedan tener dichos funcionarios en la impugnación.

b. *Legitimación respecto de los ciudadanos: la exigencia de un interés legítimo y protegido*

En segundo lugar, se establece en general que la acción de inconstitucionalidad puede ser impuesta por cualquier persona "con interés legítimo y jurídicamente protegido" (art. 37). En consecuencia, sea cual fuere la naturaleza del acto estatal objeto de la impugnación, es decir, trátese o no de un acto estatal de carácter normativo, la condición legal para intentar la acción de inconstitucionalidad es que sólo las personas afectados por los mismos, y que por tanto, sean titulares de un "interés legítimo," es decir, derivado de un título jurídico, y que se encuentre jurídicamente protegido, pueden interponerla.

En esta forma, se eliminó de la Ley Orgánica toda posibilidad de que la acción de inconstitucionalidad se pudiera configurar como una acción popular, que corresponde a todos los ciudadanos por el simple interés en la constitucionalidad, como existe en Colombia y Venezuela. A tal efecto, en el Proyecto enviado al Senado por el Presidente de la república en 2010 (art. 99), se disponía que frente a los actos normativos se presumía siempre que toda persona tenía un interés legítimo y jurídicamente protegido, con lo que la acción de inconstitucionalidad contra los actos normativos, se configuraba como una acción popular, pudiendo cualquier persona interponerla. No estableciéndose en el texto de la Ley Orgánica esta presunción legal, es forzado que se interprete que todo ciudadano siempre tiene "interés legítimo" en la constitucionalidad de los actos estatales, y que dado el principio constitucional de la supremacía, se presuma que por ello ese interés en la constitucionalidad está "jurídicamente protegido."

Nada se estableció expresamente en la Ley Orgánica sobre la posibilidad de acciones de inconstitucionalidad interpuestas contra actos estatales que vulneren derechos colectivos y del medio ambiente o intereses colectivos y difusos, por lo que respecto de los mismos se aplica la misma regla del interés legítimo y jurídicamente protegido.

C. *Los principios del procedimiento en el proceso constitucional de anulación*

En cuanto al procedimiento en los procesos de control de constitucionalidad, la Ley Orgánica establece las siguientes reglas principales de procedimiento:

a. *Escrito de la demanda*

El escrito mediante el cual se interponga la acción de inconstitucionalidad debe ser presentado ante la Secretaría del Tribunal Constitucional, y en el mismo deben exponerse sus "fundamentos en forma clara y precisa, con cita concreta de las disposiciones constitucionales que se consideren infringidas" (art. 38).

b. *Admisión de la acción*

Si el Presidente del Tribunal Constitucional considera que se han cumplido los requisitos antes indicados, debe decidir sobre la admisión de la acción, debiendo en el auto de admisión de la acción, notificar el escrito al Procurador General República y a la autoridad de la que emane la norma o acto cuestionado, para que en el plazo de 30 días a partir de su recepción, manifiesten su opinión al respecto (art. 39). La falta de dictamen del Procurador o de las observaciones de la autoridad cuya norma o acto se cuestione no impide la tramitación y fallo de la acción en inconstitucionalidad (art. 39, Parágrafo único).

El Presidente del Tribunal debe igualmente en el mismo acto de admisión, disponer que un extracto de la acción que ha sido incoada se publique en el portal institucional del Tribunal y en cualquier otro medio que se estime pertinente (art. 40).

En el Proyecto de Ley Orgánica sometido por el Presidente de la República al Senado (art. 30.16), se había previsto que conjuntamente con la acción de inconstitucionalidad, y mediante instancia separada, el accionante podía solicitar que mientras se decidiera la acción de inconstitucionalidad de la norma o acto impugnado, el Tribunal Constitucional podía disponer sobre la suspensión de sus efectos, hasta tanto dictara sentencia sobre la acción principal. Esta previsión fue eliminada al sancionarse la Ley Orgánica.

c. *Audiencia oral*

Una vez vencido el plazo antes indicado para la manifestación de la opinión del Procurador y de la autoridad de la que emane la norma o acto cuestionado, el Tribunal debe convocar a una audiencia oral y pública, a fin de que el accionante, dicha autoridad y el Procurador presenten sus conclusiones. La no comparecencia de las partes no impide el fallo de la acción en inconstitucionalidad (art. 41).

En esta forma, al eliminarse de la ley Orgánica la popularidad de la acción, se eliminó también del procedimiento la posibilidad de intervención de terceros como coadyuvantes en las alegaciones que pudieren justificar la procedencia o improcedencia de la inconstitucionalidad, o para ampliar, en su caso, los motivos de inconstitucionalidad en relación con el asunto que les pudiese interesar, tal como se había dispuesto en el Proyecto de ley Orgánica que el Presidente de la república sometió al Senado en 2010 (art. 29.4).

d. *Informes técnicos*

El Tribunal Constitucional puede requerir de instituciones públicas o privadas informes técnicos para mejor resolver en ocasión de una acción de inconstitucionalidad (art. 42).

e. *Lapso de decisión*

El Tribunal Constitucional debe resolver la acción de inconstitucionalidad dentro de un término máximo de cuatro (4) meses, a partir de la fecha en que concluya la vista. (art. 43).

D. *Las sentencias del Tribunal Constitucional en materia de control concentrado de constitucionalidad*

La Ley Orgánica establece en el artículo 30, los siguientes tipos de tipos de sentencias en los procesos de control de constitucionalidad:

a. *Sentencias desestimatorias o de denegación*

En primer lugar, están las sentencias desestimatorias o de denegación de la acción en las cuales el Tribunal debe examinar todos los motivos de inconstitucionalidad que se hubieren alegado para fundamentarla.

Estas sentencias únicamente surten efecto entre las partes en el caso concreto y no producen cosa juzgada (art. 44).

b. *Sentencias estimatorias y de anulación*

En segundo lugar, están las sentencias estimatorias o de acogimiento de la acción, que declaran la inconstitucionalidad y que, en consecuencia, disponen la anulación consecuente de la norma o los actos impugnados.

Estas sentencias producen cosa juzgada y eliminan la norma o acto del ordenamiento jurídico, lo que rige "a partir de la publicación de la sentencia" (art. 45). Esto significa que las sentencias anulatorias del Tribunal Constitucional tienen, en principio, efectos *pro futuro, ex nunc*; lo que se reafirma en el artículo 48 donde se afirma que "la sentencia que declara la inconstitucionalidad de una norma produce efectos inmediatos y para el porvenir." Sin embargo, la norma autoriza por vía de excepción al Tribunal Constitucional para "reconocer y graduar excepcionalmente, de modo retroactivo, los efectos de sus decisiones de acuerdo a las exigencias del caso."

Estas sentencias que declaran la inconstitucionalidad de una norma o disposición general, deben declarar también la inconstitucionalidad de los demás preceptos de ella, o de cualquier otra norma o disposición cuya anulación resulte evidentemente necesaria por conexidad, así como la de los actos de aplicación cuestionados (art. 46).

c. *Sentencias interpretativas en armonía con la Constitución y de desestimación de la anulación*

En tercer lugar, están las sentencias interpretativas de acuerdo con la Constitución y de desestimación de la anulación, sobre las cuales el artículo 47, dispone que el Tribunal Constitucional, en todos los casos que conozca, puede dictar "sentencias interpretativas de desestimación o rechazo que descartan la demanda de inconstitucionalidad, declarando la constitucionalidad del precepto impugnado, en la medida en que se interprete en el sentido que el Tribunal Constitucional considera como adecuado a la Constitución, o no se interprete en el sentido o sentidos que considera inadecuados." Se trata de las sentencias de interpretación de la ley en armonía con la Constitución evitando su anulación.

d. *Sentencias aditivas en los casos de estimación de la omisión legislativa relativa inconstitucional*

En cuarto lugar, están las sentencias aditivas o exhortativas dictadas en los casos de control de la constitucionalidad de omisiones legislativas relativas. En tal sentido, el artículo 47.I dispone expresamente la posibilidad para el Tribunal Constitucional, al controlar la inconstitucionalidad de las omisiones legislativas, de dictar sentencias interpretativas de estimación en las cuales se puede declarar expresamente la inconstitucionalidad parcial de un precepto, sin que dicha inconstitucionalidad afecte a su texto.

Puede tratarse de las llamadas sentencias interpretativas "aditivas", que son las sentencias dictadas cuando el Tribunal considera inconstitucional una omisión legislativa relativa en el sentido amplio de "ausencia de previsión legal expresa de lo que constitucionalmente debía haberse previsto," interpretando la norma en el sentido de contener lo que conforme a la Constitución debía haberse previsto; o realizando una "interpretación extensiva o analógica del precepto impugnado" para cubrir el vacío legislativo (art. 47.II).

E. *El carácter vinculante de las sentencias del Tribunal Constitucional*

Conforme a los principios establecidos en la Constitución (art. 184), las sentencias del Tribunal Constitucional en materia de control de constitucionalidad, son "definitivas e irrevocables," constituyendo "precedentes vinculantes para todos los poderes públicos y los órganos del Estado" (Considerando Séptimo de la ley Orgánica), lo que como se ha dicho se precisa en el artículo 7.13 la Ley Orgánica, y se reitera en el artículo 31 de la misma Ley Orgánica al disponerse que "las decisiones del Tribunal Constitucional son definitivas e irrevocables y constituyen precedentes vinculantes para los poderes públicos y todos los órganos del Estado." Se prevé en la norma, sin embargo, que el Tribunal Constitucional pude resolver "apartándose de su precedente," en cuyo caso debe expresar en los fundamentos de hecho y de derecho de la decisión "las razones por las cuales ha variado su criterio (art. 31.I).

F. *Algunas previsiones adjetivas en torno a las sentencias*

La Ley Orgánica, además, en torno a la sentencia, establece las siguientes provisiones generales de carácter adjetivo:

a. *Notificación*

Una vez dictadas la sentencia, cualquiera que fuese su forma, se debe notificar siempre: al Procurador General de la República, al accionante y "a las partes que hubieren intervenido" (art. 49), las que quedan reducidas a la autoridad o autoridades de las que emane la norma o acto cuestionado. Además, la Secretaría del Tribunal Constitucional la debe comunicar por nota a los funcionarios que conozcan del asunto principal y los de las demás partes, para que lo hagan constar en los autos, y debe publicar por tres veces consecutivas un aviso en el Boletín Constitucional así como en el portal institucional del Tribunal (art. 49.I). La declaración de inconstitucionalidad se debe comunicar además, al Poder o Poderes, órganos o entidades que emitieron las normas o actos declarados inconstitucionales, así como, en su caso, "a los competentes para su corrección o conversión" (art. 49.II)

b. *Publicación*

El fallo debe publicarse íntegramente en el Boletín Constitucional, y reseñarse en un diario de circulación nacional y en las publicaciones oficiales de los textos a que pertenecían la norma o normas anuladas (art. 49.III).

A tal efecto, el artículo 4 de la Ley Orgánica precisa que el Boletín Constitucional es el órgano de publicación oficial de los actos del Tribunal Constitucional, debiendo además tener el Tribunal su propio portal institucional.

c. *Ejecución*

El Tribunal Constitucional, además, puede disponer en la sentencia, o en actos posteriores, el responsable de ejecutarla y, en su caso, resolver las incidencias de la ejecución (art. 50) conforme a lo dispuesto en el artículo 87 que regula los poderes del juez de amparo, conforme al cual, por tanto, el Tribunal Constitucional goza de los más amplios poderes para celebrar medidas de instrucción.

2. *El control preventivo de la constitucionalidad de los tratados internacionales*

Conforme al artículo 185.2 de la Constitución, el Tribunal Constitucional tiene competencia para conocer en única instancia, del "control preventivo de los tratados internacionales antes de su ratificación por el órgano legislativo," razón por la cual en los artículos 55 y siguientes de la Ley Orgánica se regula el procedimiento constitucional, estableciéndose las siguientes reglas:

A. *Carácter automático del control*

En primer lugar, se ratifica el carácter preventivo y obligatorio o automático del control, al disponerse que "previo a su ratificación por el Congreso Nacional," el Presidente de la República debe someter los tratados internacionales suscritos por la República al Tribunal Constitucional, "a fin de que éste ejerza sobre ellos el control previo de constitucionalidad" (55).

B. *Ámbito y competencia del Tribunal*

En segundo lugar, en cuanto a la competencia del Tribunal Constitucional, el artículo 52 dispone que el mismo debe decidir "sobre la constitucionalidad o no de los tratados internacionales suscritos" dentro de los 30 días siguiente a su recibo, y, al hacerlo, el Tribunal debe indicar, si considerare que el Tratado es inconstitucional, "sobre cuales aspectos recae la inconstitucionalidad" así como las razones que fundamentan su decisión.

C. Efectos de las sentencia

En tercer lugar, en cuanto a los efectos de la sentencia del Tribunal Constitucional también se dispone en la Ley Orgánica, por una parte, que la misma es vinculante para el Congreso Nacional y el Poder Ejecutivo (art. 57); y por la otra, en los casos en los cuales el tratado internacional sea reputado constitucional, la decisión impide que, posteriormente, el mismo tratado sea cuestionado por inconstitucional ante el Tribunal Constitucional o cualquier juez o tribunal por los motivos que valoró el Tribunal Constitucional (art. 57, Párrafo único).

D. Publicación de las sentencia

La decisión del Tribunal Constitucional sobre el control preventivo de los tratados, también debe publicarse por los medios oficiales del Tribunal Constitucional (art. 58), es decir, el Boletín Constitucional y el portal del Tribunal Constitucional (art. 4).

3. El control de la constitucionalidad de las omisiones legislativa absolutas

Es evidente que al atribuirle, el artículo 184 de la Constitución, al Tribunal Constitucional competencia "para garantizar la supremacía de la Constitución, la defensa del orden constitucional y la protección de los derechos fundamentales," que frente a omisiones legislativas absolutas, el Tribunal tendría competencia para conocer de las denuncias que se formulen al respecto.

La Ley Orgánica, a tal efecto, reguló expresamente la posibilidad de intentar una acción autónoma de inconstitucionalidad contra las omisiones de las leyes (art. 36), considerando además las omisiones legislativas como infracciones constitucionales (art. 6).

La consecuencia de ello es la previsión en la Ley Orgánica, al regularse los tipos de sentencias que puede dictar el Tribunal, de las llamadas "sentencias exhortativas" en las cuales requiere o exhorta al legislador para dictar la normativa necesaria para cubrir un vacío legislativo absoluto. En tal sentido, en el artículo 47.III de la Ley Orgánica se incluyó la posibilidad para el Tribunal Constitucional de dictar en estos casos de omisiones legislativas "cualquier otra modalidad admitida en la práctica constitucional comparada" lo cual abre un campo muy amplio de justicia constitucional, por ejemplo, cuando en las sentencias exhortativas el Tribunal en su mismo texto se establece el régimen legal aplicable, de vigencia temporal hasta que debe regir hasta tanto el legislador dicte la legislación correspondiente.

4. El control de la constitucionalidad de los conflictos de competencia de orden constitucional

Conforme al artículo 185.3 de la Constitución, el Tribunal Constitucional tiene competencia para conocer en única instancia de "los conflictos de competencia entre los poderes públicos, a instancia de uno de sus titulares."

A. *Naturaleza constitucional del conflicto*

Conforme al artículo 59 de la Ley Orgánica, este control es un control de constitucionalidad, por lo que los conflictos que el Tribunal Constitucional está llamado a resolver son sólo:

"los conflictos de competencia de orden constitucional entre los poderes del Estado, así como los que surjan entre cualesquiera de estos poderes, y entes órganos constitucionales, entidades descentralizadas y autónomas, los municipios u otras personas de Derecho Público, o los de cualesquiera de éstas entre sí, salvo aquellos conflictos que sean de la competencia de otras jurisdicciones en virtud de la Constitución o leyes especiales" (art. 59).

Por tanto, conflictos meramente administrativos entre órganos o entidades de la Administración sobre competencias no reguladas en la Constitución, se deben someter, por ejemplo, al conocimiento de los tribunales de la Jurisdicción Contencioso Administrativa.

B. *Legitimación*

En cuanto a la iniciativa para plantear el conflicto constitucional, la Ley Orgánica dispone que el mismo debe ser planteado "por el titular de cualquiera de los poderes del Estado, órganos o entidades en conflicto," quien debe enviar a la Secretaría del Tribunal Constitucional, "un memorial con una exposición precisa de todas las razones jurídicas en que se fundamente el hecho en cuestión" (art. 60).

C. *Audiencia*

En cuanto al procedimiento, se dispone en la Ley Orgánica que el Presidente del Tribunal debe dar audiencia al titular del otro poder, órgano o entidad por un plazo improrrogable de 30 días, a partir de la recepción del memorial (art. 61).

D. *Sentencia*

Una vez cumplido el lapso antes mencionado para la audiencia, aunque no se hubiere contestado la audiencia, el Tribunal debe resolver el conflicto dentro de los siguientes 60 días, salvo que se considere indispensable practicar alguna prueba, en cuyo caso dicho plazo se contará a partir del momento en que ésta se haya practicado (art. 62). Por supuesto, en este caso, como en todas las sentencias del Tribunal Constitucional, la misma se considera como precedente vinculante.

V. EL PROCESO CONSTITUCIONAL DE LA REVISIÓN CONSTITUCIONAL DE SENTENCIAS CONSTITUCIONALES ANTE EL TRIBUNAL CONSTITUCIONAL

La Constitución de 2010 establece, como principio general, en su artículo 277, que todas las decisiones judiciales que hubieran adquirido la autoridad de la cosa irrevocablemente juzgada, especialmente las dictadas en ejercicio del control directo de la constitucionalidad por la Suprema Corte de Justicia, hasta el momento de la proclamación de la Constitución (enero 2010), no pueden ser examinadas por el Tribunal Constitucional.

En cambio, dispuso la norma en relación con las sentencias dictadas con posterioridad a la entrada en vigencia de la Constitución, que las mismas están "sujetas al procedimiento que determine la ley que rija la materia."

Se estableció así, indirectamente, la posibilidad para el Tribunal Constitucional de revisar sentencias definitivamente firmes por motivos de inconstitucionalidad.

1. *Previsión legal*

Fue por tanto conforme a esta autorización constitucional que en la Ley Orgánica se ha previsto un procedimiento para la "revisión constitucional de las decisiones constitucionales," conforme al cual, tal como lo dispone el artículo 53, el Tribunal Constitucional tiene "la potestad de revisar las decisiones jurisdiccionales que hayan adquirido la autoridad de la cosa irrevocablemente juzgada con posterioridad al 26 de enero de 2010, fecha de proclamación y entrada en vigencia de la Constitución," en las cuales se haya resuelto alguna cuestión constitucional.

El fundamento de este procedimiento de revisión constitucional de sentencias constitucionales, se expresó en los Considerandos Noveno y Décimo de la ley Orgánica, al declarar lo siguiente:

"*Considerando Noveno*: Que se hace necesario establecer un mecanismo jurisdiccional a través del cual se garantice la coherencia y unidad de la jurisprudencia constitucional, siempre evitando la utilización de los mismos en perjuicio del debido proceso y la seguridad jurídica;

Considerando Décimo: Que en tal virtud, el artículo 277 de la Constitución de la República atribuyó a la ley la potestad de establecer las disposiciones necesarias para asegurar la adecuada protección y armonización de los bienes jurídicos envueltos en la sinergia institucional que debe darse entre el Tribunal Constitucional y el Poder Judicial, tales como la independencia judicial, la seguridad jurídica derivada de la adquisición de la autoridad de cosa juzgada y la necesidad de asegurar el establecimiento de criterios uniformes que garanticen en un grado máximo la supremacía constitucional y la protección de los derechos fundamentales."

2. *Supuestos de decisiones judiciales sujetas a revisión constitucional*

De acuerdo con estas declaraciones y con el mismo artículo 53 de la Ley Orgánica que está destinado a regular la "revisión constitucional de decisiones jurisdiccionales," sujeto a la limitación temporal antes mencionada así como al carácter de sentencia que ha adquirido autoridad de cosa irrevocablemente juzgada, la revisión procede respecto de las siguientes:

A. *Sentencias dictadas en materia de control difuso de la constitucionalidad*

En primer lugar, cuando se trate de decisiones judiciales que "declaren inaplicables por inconstitucional una ley, decreto, reglamento, resolución u ordenanza," en un caso concreto, es decir, en los casos sentencias en las cuales se ejerza el control difuso de la constitucionalidad.

B. *Sentencias que violen un precedente del Tribunal Constitucional*

En segundo lugar, cuando se trate de decisiones judiciales en las cuales se "viole un precedente del Tribunal Constitucional."

Siendo las sentencias del Tribunal Constitucional precedentes vinculantes, cuando una decisión judicial viole tal precedente su revisión constitucional.

C. *Sentencias que violen derechos fundamentales*

En tercer lugar, cuando se trate de sentencias en las cuales "se haya producido una violación de un derecho fundamental," siempre que concurran y se cumplan todos y cada uno de los siguientes requisitos:

a. Que el derecho fundamental vulnerado se haya invocado formalmente en el proceso, tan pronto quien invoque la violación haya tomado conocimiento de la misma;

b. Que se hayan agotado todos los recursos disponibles dentro de la vía jurisdiccional correspondiente y que la violación no haya sido subsanada; y

c. Que la violación al derecho fundamental sea imputable de modo inmediato y directo a una acción u omisión del órgano jurisdiccional, con independencia de los hechos que dieron lugar al proceso en que dicha violación se produjo, los cuales el Tribunal Constitucional no podrá revisar.

Debe mencionarse que en este tercer supuesto de revisión constitucional de sentencias, conforme al Párrafo único del artículo 53, la revisión sólo es admisible por el Tribunal Constitucional cuando éste considere "que, en razón de su especial trascendencia o relevancia constitucional, el contenido del recurso de revisión justifique un examen y una decisión sobre el asunto planteado." En estos casos, el Tribunal siempre debe motivar su decisión, lo que se ratifica en el artículo 31, Párrafo II, al indicar en general que "en los casos en los cuales esta ley establezca el requisito de la relevancia o trascendencia constitucional como condición de recurribilidad de la acción o recurso, el Tribunal debe hacer constar en su decisión los motivos que justifican la admisión."

D. *Sentencias de amparo constitucional*

En cuarto lugar, debe mencionarse en materia de las sentencias constitucionales sujetas a revisión por el Tribunal Constitucional, que también estarían las sentencias de amparo, aún cuando la revisión en este caso no se produzca mediante el recurso previsto en los artículos 53 y siguientes de la Ley Orgánica, sino mediante el recurso de revisión establecido en los artículos 94 y siguientes de la misma Ley Orgánica.

En estos casos, ciertamente, se regula la competencia del Tribunal Constitucional para conocer en segunda instancia (revisión o apelación) de las sentencias de primera instancia dictadas en materia de amparo, y si bien la revisión no es, por tanto, en principio, sólo de orden constitucional, pues comprende el conocimiento de la causa, uno de los motivos fundamentales de revisión es de tipo constitucional al punto de que se establece como requisito de admisibilidad del recurso de revisión, a la existencia de una "especial trascendencia o relevancia constitucional de la cuestión planteada, que se apreciará atendiendo a su importancia para la interpretación, aplicación y general eficacia de la Constitución, o para la determinación del contenido, alcance y la concreta protección de los derechos fundamentales" (art. 100).

2. *Legitimación activa*

Aún cuando la Ley Orgánica no estableció expresamente las condiciones de legitimación para intentar el recurso, se entiende que la misma corresponde a quienes hayan sido parte en el proceso jurisdiccional correspondiente.

3. *Normas generales de procedimiento*

El artículo 54 de la Ley Orgánica establece las siguientes normas básicas de procedimiento a seguir en materia de revisión constitucional de las decisiones jurisdiccionales:

A. *Lapso para recurrir y escrito del recurso.*

El recurso de revisión constitucional debe interponerse mediante escrito motivado que debe ser depositado en la secretaría del tribunal que dictó la sentencia recurrida, en un plazo no mayor de treinta días a partir de la notificación de la sentencia (art. 54.1).

B. *Notificación a las partes y escrito de defensa*

El escrito contentivo del recurso debe ser notificado a las partes que participaron en el proceso resuelto mediante la sentencia recurrida, en un plazo no mayor de cinco días a partir de la fecha de su depósito (art. 54.2).

La otra parte del proceso, o "el recurrido" debe depositar el escrito de defensa en la secretaría del tribunal que dictó la sentencia, en un plazo no mayor de treinta días a partir de la fecha de la notificación del recurso. Este escrito de defensa debe ser notificado "al recurrente" en un plazo de cinco días contados a partir de la fecha de su depósito (art. 54.3).

C. *Remisión del expediente al Tribunal Constitucional y la decisión sobre la admisibilidad*

El tribunal que dictó la sentencia recurrida debe remitir a la Secretaría del Tribunal Constitucional copia certificada de la misma, así como de los escritos correspondientes presentados por las partes en un plazo no mayor de diez días contados a partir de la fecha de vencimiento del plazo para el depósito del escrito de defensa. Las partes ligadas en el diferendo pueden diligenciar la tramitación de los documentos anteriormente indicados, en interés de que la revisión sea conocida, con la celeridad que requiere el control de la constitucionalidad (art. 54.4).

El recurso de revisión no tiene efecto suspensivo, salvo que, a petición, debidamente motivada, de parte interesada, el Tribunal Constitucional disponga expresamente lo contrario (art. 54.8)

Una vez recibidos los recaudos en el Tribunal Constitucional, el mismo tiene un plazo no mayor de 30 días, a partir de la fecha de la recepción del expediente, para decidir sobre la admisibilidad del recurso, estando obligado a motivar su decisión "en caso de que decida admitirlo" (art. 54.5).

D. *La sentencia de revisión y su efecto*

El Tribunal Constitucional debe realizar la revisión en "Cámara de Consejo, sin necesidad de celebrar audiencia" (art. 54.6), debiendo dictar sentencia de revisión en un plazo no mayor de 90 días contados a partir de la fecha de la decisión sobre la admisibilidad del recurso (art. 54.7).

La decisión del Tribunal Constitucional que acogiere el recurso, debe anular la sentencia objeto del mismo y el Tribunal Constitucional debe devolver el expediente a la secretaría del tribunal que la dictó (art. 54.9).

E. *La nueva decisión judicial*

Con motivo de la devolución del expediente al tribunal que dictó la sentencia recurrida, este deberá conocerá nuevamente del caso, con estricto apego al criterio establecido por el Tribunal Constitucional en relación del derecho fundamental violado o a la constitucionalidad o inconstitucionalidad de la norma cuestionada por la vía difusa (art. 54.10).

VI. EL PROCEDIMIENTO DE REVISIÓN DE LAS SENTENCIAS DE AMPARO ANTE EL TRIBUNAL CONSTITUCIONAL

Como se dijo, de acuerdo con el artículo 94 de la Ley Orgánica, los procesos de amparo se desarrollan en dos instancias, siendo la segunda instancia el Tribunal Constitucional, razón por la cual, "todas las sentencias emitidas por el juez de amparo pueden ser recurridas en revisión por ante el Tribunal Constitucional." En consecuencia, ningún otro recurso es posible, salvo la tercería, en cuyo caso debe procederse "con arreglo a lo que establece el derecho común" (art. 94, Párrafo único).

1. *Escrito de interposición del recurso*

El recurso de revisión de las sentencias de amparo se debe interponer mediante escrito motivado que debe ser depositado en la secretaría del juez o tribunal que rindió la sentencia, en un plazo de cinco (5) días contados a partir de la fecha de su notificación (art. 95).

Dicho escrito debe contener las menciones exigidas para la interposición de la acción de amparo, haciéndose constar además de forma clara y precisa los agravios causados por la decisión impugnada (art. 96).

2. *Notificación y escrito de defensa*

El recurso de revisión interpuesto debe ser notificado a las demás partes en el proceso, junto con las pruebas anexas, en un plazo no mayor de cinco (5) días (art. 97); de manera que en el plazo de cinco (5) días contados a partir de dicha notificación del recurso, las demás partes en el proceso deben depositar en la secretaría del juez o tribunal que rindió la sentencia, su escrito de defensa, junto con las pruebas que lo avalan (art. 98).

3. *Remisión al Tribunal Constitucional y requisitos de admisibilidad vinculados a la trascendencia constitucional de la cuestión*

Al vencerse el plazo para la presentación del escrito de defensa, la secretaría de juez o tribunal debe remitir sin demora el expediente conformado al Tribunal Constitucional (art. 99), a los efectos de que este decida sobre la admisibilidad del recurso.

Se destaca, a este respecto, que la admisibilidad de los recursos de revisión contra las sentencias de amparo es limitada, sólo cuando existan cuestiones constitucionales, y más específicamente, cuando haya "especial trascendencia o relevancia constitucional de la cuestión planteada," lo cual se debe apreciar por el Tribunal Constitucional, "atendiendo a su importancia para la interpretación, aplicación y general eficacia de la Constitución, o para la determinación del contenido, alcance y la concreta protección de los derechos fundamentales" (art. 100).

4. *Audiencia y sentencia*

En el curso del procedimiento que se sigue ante el Tribunal Constitucional, la posibilidad de convocar a una audiencia pública para una mejor sustanciación del caso, queda a juicio del Tribunal Constitucional, si "lo considera necesario" (art. 101).

La sentencia del Tribunal Constitucional sobre el recurso de revisión de las sentencias de amparo debe pronunciarse dentro del plazo máximo de 30 días que sigan a la recepción de las actuaciones (art. 102).

§10. EL SISTEMA MIXTO O INTEGRAL DE CONTROL DE CONSTITUCIONALIDAD EN VENEZUELA Y COLOMBIA*

Dentro de los sistemas de control de la constitucionalidad que existen en el mundo, el sistema mixto de control de constitucionalidad que existe en Colombia y Venezuela, se configura como un modelo de justicia constitucional en sí mismo, mixto o integral, que combina el llamado sistema difuso con el sistema concentrado de control de constitucionalidad, y que se consolidó en nuestros países mucho antes de que este último se hubiese comenzado a implantar en Europa[1]. También funciona en Guatemala, Perú, Brasil y El Salvador[2].

En efecto, en Venezuela, en la Constitución de 1858 se previó la competencia de la Corte Suprema de Justicia para conocer de la *acción popular* de inconstitucionalidad de los actos de las Legislaturas Provinciales, al atribuírsele en el artículo 113, ordinal 8° competencia para:

"Declarar la nulidad de los Actos Legislativos sancionados por las legislaturas provinciales, *a petición de cualquier ciudadano*, cuando sean contrarios a la Constitución".

Esta atribución de la Corte Suprema se amplió, a partir de la Constitución de 1893, respecto de las leyes, decretos y resoluciones inconstitucionales (art. 110, ord. 8°).

Este control concentrado de la constitucionalidad se estableció, en paralelo, con el control difuso desarrollado durante el siglo pasado por la previsión expresa de la garantía objetiva de la Constitución (nulidad de los actos inconstitucio-

---

* Este estudio fue publicado por con el mismo título, en edición conjunta de Universidad Externado de Colombia (Temas de Derecho Público N° 39) y la Pontificia Universidad Javeriana (Quaestiones Juridicae N° 5), Bogotá 1995, 120 pp. Por su interés histórico, se conserva en esta edición el texto original de 1995, con las referencias a la Constitución venezolana de 1961. En todo caso, las líneas generales del sistema mixto o integral permanecieron invariables en la Constitución de 1999.

[1] El modelo colombo–venezolano fue analizado con el espíritu crítico que lo caracterizó, por Manuel Gaona Cruz, en las Primeras Jornadas Venezolano–Colombianas de Derecho Público que organizamos en Caracas en 1983 en su trabajo "El control de constitucionalidad de los actos jurídicos en Colombia ante el Derecho Comparado," en *Derecho Público en Venezuela y Colombia, Archivo de Derecho Público y Ciencias de la Administración*, Vol. VII, 1984–1985, Instituto de Derecho Público, Caracas 1986, pp. 39 a 114; y en el Simposio organizado por la Universidad Externado de Colombia en 1984, recogido en el libro *Aspectos del control constitucional en Colombia*, Bogotá 1984, pp. 67 a 89.

[2] *Véase* en general, Allan R. Brewer–Carías, *Judicial Review in Comparative Law*, Cambridge 1989, pp. 183 y ss.

nales) a partir de 1811[3], el cual encontró consagración legal expresa a partir del Código de Procedimiento Civil de 1897, en una norma que se ha conservado desde entonces en todos los Códigos posteriores, en la cual se estableció:

"*Art. 10.* Cuando la Ley vigente, cuya aplicación se pida, colidiere con alguna disposición constitucional, los tribunales aplicarán ésta con preferencia".

En el caso de Colombia, la competencia de la Corte Suprema de Justicia en materia de control de constitucionalidad se estableció por primera vez en la Constitución de 1886, respecto de los actos legislativos, en forma limitada y preventiva cuando hubiesen sido objetados por el Gobierno (arts. 88, 90 y 151, ord. 4°).

Posteriormente, en 1887, el artículo 5 de la Ley 57 estableció que:

"*Art. 5°.* Cuando haya incompatibilidad entre una disposición constitucional y una legal, preferirá aquélla."

La norma consagraba el control difuso de la constitucionalidad de las leyes, pero lamentablemente, no por mucho tiempo, pues la Ley 153 del mismo año (art. 6°) eliminó toda posibilidad de que los jueces pudieran desaplicar leyes dictadas con posterioridad a la Constitución de 1886 que considerasen inconstitucionales en la resolución de casos concretos, exigiéndoles al contrario, aplicarlas "aún cuando parezca contraria a la Constitución" (art. 6°). El control difuso sólo quedó entonces vigente, respecto de leyes pre-constitucionales[4], lo que en realidad consistía en un ejercicio interpretativo sobre el poder derogatorio de la Constitución respecto de las leyes precedentes.

Posteriormente, sólo fue mediante el Acto Legislativo N° 3 de 31-10-1910 (reformatorio de la Constitución Nacional), que el sistema colombiano de justicia constitucional adquirió plena consagración, de carácter mixto, al establecerse en los artículos 40 y 41, la *acción popular* de inconstitucionalidad, en paralelo con el control difuso de la constitucionalidad de las leyes, en la forma siguiente:

"*Art. 40.* En todo caso de incompatibilidad entre la Constitución y la Ley se aplicarán de preferencia las disposiciones constitucionales.

Art. 41. A la Corte Suprema de Justicia se le confía la guarda de la integridad de la Constitución. En consecuencia, además de las facultades que le confieren ésta y las leyes, tendrá las siguientes:

---

3. *Véase* Humberto J. La Roche, "La jurisdicción constitucional en Venezuela y la nueva Ley Orgánica de la Corte Suprema de Justicia" en *La jurisdicción constitucional en Iberoamérica, II Coloquio Iberoamericano de Derecho Constitucional*, Universidad Externado de Colombia, Bogotá 1984, pp. 503 y ss. *Véase* sobre el sistema venezolano, Allan R. Brewer–Carías, *El control de la constitucionalidad de los actos estatales*, Caracas 1977; *Estado de Derecho y Control Judicial*, Madrid, 1987, pp. 25 y ss.; y "La Justicia Constitucional en Venezuela" en *Revista de la Universidad Externado de Colombia*, N° 3, Bogotá 1986, pp. 527 y ss.

4. *Véase* Manuel Gaona Cruz, "El control constitucional...", *loc. cit*, p. 91.

Decidir definitivamente sobre la exequibilidad de los actos legislativos que hayan sido objetados como inconstitucionales por el Gobierno, o sobre todas las leyes o decretos acusados ante ella *por cualquier ciudadano* como inconstitucionales, previa audiencia del Procurador General de la Nación."

De lo anterior resulta que la *acción popular* de control jurisdiccional de la constitucionalidad de las leyes, tiene su antecedente en la Constitución venezolana de 1858[5] y en la Constitución colombiana de 1910; y que en el derecho positivo, el control difuso de la constitucionalidad de las leyes se consagró formalmente en Venezuela a partir de 1897 y en Colombia en un breve período en 1887 y luego, a partir de 1910.

Las reformas constitucionales que se han efectuado durante el presente siglo no han variado el modelo colombo-venezolano de control de la constitucionalidad, a la vez difuso y concentrado; siendo la única modificación la efectuada, en Colombia, de carácter orgánico, al atribuirse los aspectos del control concentrado, en 1979, a la Sala Constitucional de la Corte Suprema de Justicia y a partir de 1991, a la Corte Constitucional, pero sin variarse, afortunadamente, el modelo mixto o integral, que se erige como un tercer género frente al modelo de control concentrado exclusivo, europeo o latinoamericano; y al modelo americano o difuso.

Este sistema mixto o integral de control de la constitucionalidad, colombo-venezolano, con razón lo calificó Manuel Gaona Cruz, a pesar de todas las críticas que se le han hecho[6], como:

"el sistema de control constitucional más eficiente, completo, experimentado, avanzado y depurado de Occidente y por lo tanto del orbe, pues aglutina la organización, los mecanismos y la operancia de todos los existentes"[7].

Por ello, ante las propuestas que se habían formulado en Colombia para el establecimiento de un sistema de control exclusivamente concentrado (en la orientación del sistema panameño, más que del modelo europeo), el mismo Manuel Gaona finalizaba su exposición en el Simposio de 1984, advirtiendo:

"Francamente, entonces, no nos dejemos influir por manías doctrinarias extranjerizantes, que como no nos conocen, nos interpretan mal; ni menos por intereses ocasionales y pasajeros, siempre constantes y siempre distintos, de estirpe política o de efímero lucimiento personalista. Conozcamos y defendamos lo que tenemos y no sustituyamos por prurito imitativo lo que ya hemos perfeccionado y logrado con mayor experiencia y solidez llevar a

5. Contrariamente a lo que afirma Cesar A. Quintero, "La jurisdicción constitucional en Panamá", en Jorge Fabrega P. (Compilador), *Estudios de Derecho Constitucional Panameño*, Panamá, 1987, p. 826.

6. *Véase* Luis Carlos Sáchica, *El control de constitucionalidad*, Bogotá 1980, pp. 58 y 59; y *La Corte Constitucional y su jurisdicción*, Bogotá 1993, p. 24 y ss.

7. *Véase* en el libro de la Universidad Externado de Colombia, *Aspectos del control constitucional en Colombia, cit.*, p. 67.

un grado superior de avance y completud, como aporte al mundo de nuestro genio jurídico nacional"[8].

Afortunadamente, el modelo no ha variado, y como se dijo, la diferencia fundamental entre el sistema colombiano y el venezolano es de carácter orgánico, en el sentido de que las competencias anulatorias de leyes inconstitucionales en Colombia, corresponde a la Corte Constitucional, integrada en el Poder Judicial; y en cambio, en Venezuela, como antes sucedía en Colombia, a la Corte Suprema de Justicia, situada en la cúspide del Poder Judicial.

En todo caso, sobre este sistema de justicia constitucional que existe en Venezuela y Colombia, de carácter mixto, la propia Corte Suprema de Justicia de Venezuela, al insistir sobre el ámbito del control de la constitucionalidad de las leyes, ha señalado que está encomendado:

> "no tan sólo al Supremo Tribunal de la República, sino a los jueces en general, cualquiera sea su grado y por ínfima que fuere su categoría. Basta que el funcionario forme parte de la rama judicial para ser custodio de la Constitución y aplicar, en consecuencia, las normas de ésta prevalecientemente a las leyes ordinarias... Empero, la aplicación de la norma fundamental por parte de los jueces de grado, sólo surte efecto en el caso concreto debatido, y no alcanza, por lo mismo, sino a las partes interesadas en el conflicto; en tanto, que cuando se trata de la ilegitimidad constitucional de las leyes pronunciadas por el Supremo Tribunal en ejercicio de su función soberana, como intérprete de la Constitución y en respuesta a la acción pertinente, los efectos de la decisión se extiende *erga omnes* y cobran fuerza de ley. En el primer caso, el control es incidental y especial; y en el segundo, principal y general; y cuando éste ocurre, vale decir, cuando el recurso es autónomo, éste es formal o material, según que la nulidad verse sobre una irregularidad concerniente al proceso elaborativo de la ley, o bien que no obstante haberse legislado regularmente en el aspecto formalista, el contenido intrínseco de la norma adolezca de vicios sustanciales"[9].

En todo caso, además, tanto en Venezuela como en Colombia, el sistema mixto de control de la constitucionalidad, que combina el control concentrado con el control difuso, está concebido en paralelo con la consagración de garantías judiciales para la protección de los derechos constitucionales a través de las acciones de amparo o de tutela, cuyo conocimiento corresponde a todos los tribunales, generalmente de primera instancia.

Debe aclararse que algunos autores han calificado como mixto el sistema de control de constitucionalidad que mezcla el control concentrado exclusivo con la consagración de las acciones de *habeas corpus* y amparo, cuyo conocimiento corresponde a todos los tribunales ordinarios[10]. En realidad, debe decirse que la

---

8.   *Idem*, p. 89.

9.   *Véase* sentencia de la antigua Corte Federal de 19–6–53, en *Gaceta Forense*, N° 1, 1953, pp. 77 y 78.

10.   Como lo indica A. Hoyos, "El control judicial y el bloque de constitucionalidad en Panamá", *Boletín del Instituto de Investigaciones Jurídicas*, N° 75, UNAM. México 1992, p. 790.

ALLAN R. BREWER-CARÍAS

existencia de garantías judiciales de los derechos constitucionales mediante las acciones de *habeas corpus*, amparo (tutela o protección), *habeas data* o los medios judiciales ordinarios (*writs, référés*, procedimientos de urgencia)[11], es un signo de nuestro tiempo, por lo que todos los países con régimen de Estado de Derecho las consagran.

En general, la competencia para conocer y decidir las acciones de amparo o *habeas corpus* corresponde a los tribunales ordinarios, siendo excepcional su conocimiento exclusivo por Tribunales Constitucionales (es el sistema europeo de Alemania, Austria, España) o por la Corte Suprema de Justicia (es el caso excepcionalísimo en América Latina, de la Sala Constitucional de la Corte Suprema de Costa Rica). Lo normal y común, se insiste, sobre todo en los países anglosajones, en Francia e Italia y en América Latina es la competencia de los tribunales ordinarios para conocer de estas acciones. En todo caso, al decidirlas, por supuesto, los jueces resuelven como jueces constitucionales cuestiones de inconstitucionalidad, pero limitadamente en relación a la protección de los derechos constitucionales.

El sistema difuso de control de la constitucionalidad de las leyes, en cambio, es mucho más amplio, y opera no sólo cuando se le plantea al Juez una cuestión de constitucionalidad en relación a la protección de derechos constitucionales, sino básicamente, cuando en un caso judicial ordinario que no tiene por objeto una cuestión constitucional, los jueces actúan como jueces constitucionales en todo caso en el cual deban aplicar una ley, que juzguen inconstitucional, aplicando preferentemente la Constitución.

Por ello, en realidad, el sistema mixto de control de constitucionalidad responde al modelo de Colombia y Venezuela, donde además del sistema de control concentrado existe el control difuso de la constitucionalidad de las leyes y donde además, como es natural, se prevén garantías judiciales (*habeas corpus*, tutela y amparo) de los derechos constitucionales cuyo conocimiento corresponde a los tribunales ordinarios.

A continuación nos limitaremos a exponer los aspectos más importantes de los sistemas concentrado y difuso de control de la constitucionalidad, conforme al modelo colombo-venezolano.

I. EL SISTEMA DIFUSO DE CONTROL DE CONSTITUCIONALIDAD EN COLOMBIA Y VENEZUELA

1. *Aproximación general al sistema difuso de control de la constitucionalidad de las leyes y demás actos normativos*

La Constitución de Colombia de 1991, siguiendo la tradición establecida a partir de la reforma constitucional de 1910, y que se había plasmado en la Ley 57 de 1887, de efímera vigencia, establece en su artículo 4 el principio de la supre-

---

[11]. *Véase* Allan R. Brewer–Carías, *El amparo a los derechos y garantías constitucionales (una aproximación comparativa)*, Caracas 1994, pp. 21 y ss., *Véase* parte de este estudio en Manuel José Cepeda (ed), *La Carta de Derechos. Su interpretación y sus implicaciones*, Bogotá 1993, pp. 21 a 65.

macía de la Constitución y la base del sistema de control difuso de la constitucionalidad de las leyes y demás actos normativos, así:

> "Art. 4°.   La Constitución es norma de normas. En todo caso de incompatibilidad entre la Constitución y la Ley u otra norma jurídica, se aplicarán las disposiciones constitucionales".

En Venezuela, el artículo 20 del Código de Procedimiento Civil, con redacción similar a la norma prevista desde 1897, establece:

> "Art. 20.   Cuando la Ley vigente, cuya aplicación se pida, colidiere con alguna disposición constitucional, los Jueces aplicarán ésta con preferencia".

Estas normas, que regulan el control difuso de la constitucionalidad de las leyes, confieren a cualquier Juez de cualquier nivel en la jerarquía judicial, el necesario poder para actuar como juez constitucional. En consecuencia, conforme a dicha norma, todos los jueces, al aplicar la ley en un caso concreto sometido a su consideración, están autorizados a juzgar la constitucionalidad de dicha ley y, en consecuencia, a decidir su inaplicabilidad a dicho caso concreto cuando la consideren inconstitucional, dando aplicación preferente a la Constitución[12].

Desde el punto de vista lógico y racional, este poder general de todo Juez de actuar como juez constitucional es la obvia consecuencia del principio de la supremacía constitucional, por lo que si la Constitución se considera como la Ley Suprema del país, o como lo dice la Constitución colombiana la "norma de normas", en todo caso de conflicto entre una Ley y la Constitución, ésta debe prevalecer, considerándose por lo demás, como un deber de todo juez, el decidir cual es la ley aplicable en un caso concreto. Como lo señaló el Juez William Paterson en una de las más viejas decisiones de la Corte Suprema de los Estados Unidos de América sobre la materia, en el caso *Vanhorne's Lessee v. Dorrance* (1795) hace doscientos años:

> "... si un acto legislativo se opone a un principio constitucional el primero debe dejarse de lado y rechazarse por repugnante. Sostengo que es una posición clara y sonora que, en tales casos, es un deber de todo tribunal el adherirse a la Constitución y declarar tal acto nulo y sin valor"[13].

O como fue definitivamente establecido por el Juez Marshall en el conocido caso *Marbury v. Madison* (1803), decidido por la misma Corte Suprema:

> "Aquellos que aplican las normas a casos particulares, deben necesariamente exponer e interpretar aquella regla... de manera que si una Ley se en-

---

12. *Véase* en general sobre el sistema difuso, Allan R. Brewer–Carías, *Judicial Review in Comparative Law, cit.*, pp. 127 y ss. En Venezuela, véase Allan R. Brewer–Carías, "La Justicia constitucional en Venezuela", *loc. cit.*, pp. 533 y ss. No entendemos cómo en Colombia, ante la norma constitucional del artículo 4, Luis Carlos Sáchica niega la existencia del control difuso. *Véase* en *La Corte Constitucional..., cit.*, p. 26

13. *Vanhorne's Lessec v. Dorrance*, 2 Dallas 304 (1795). *Véase* el texto S.I. Kutler (ed), *The Supreme Court and the Constitution, Readings in American Constitutional History*, N.Y. 1984, p. 8

cuentra en oposición a la Constitución... la Corte debe determinar cual de las reglas en conflicto debe regir el caso: Esta es la real esencia del deber judicial. Si en consecuencia, los tribunales deben ver la Constitución, y la Constitución es superior a cualquier acto ordinario de la Legislatura, es la Constitución, y no tal acto ordinario, la que debe regir el caso al cual ambas se aplican"[14].

En consecuencia, la supremacía constitucional y el poder de todo juez de controlar la constitucionalidad de las leyes, son conceptos que están esencialmente unidos en el constitucionalismo moderno. Por ello debe recordarse que en relación a las Constituciones y a las Leyes de los Estados Miembros de la Federación Americana, se estableció expresamente en la Constitución de 1787 la muy conocida "Cláusula de Supremacía" contenida en el artículo VI, Sección 2, el cual dispone:

"Esta Constitución, y las leyes de los Estados Unidos que se expidan con arreglo a ella, y todos los Tratados celebrados o que se celebren bajo la autoridad de los Estados Unidos, serán la suprema Ley del país y los jueces de cada Estado estarán obligados a observarlos, a pesar de cualquier cosa en contrario, que se encuentre en la Constitución o las leyes de cualquier Estado".

Esta "Cláusula de Supremacía" se recogió en el artículo 227 de la Constitución venezolana de 1811, que estableció en una forma más amplia lo siguiente:

"La presente Constitución, las leyes que en consecuencia se expidan para ejecutarla y todos los Tratados que se concluyan bajo la autoridad del Gobierno de la Unión serán la Ley Suprema del Estado en toda la extensión de la Confederación, y las autoridades y habitantes de las Provincias estarán obligados a obedecerlas y observarlas religiosamente sin excusa ni pretexto alguno; pero las leyes que se expidieren contra el tenor de ella *no tendrán ningún valor,* sino cuando hubieren llenado las condiciones requeridas para una justa y legítima revisión y sanción".

Se destaca, en efecto, que el artículo 227 de la Constitución venezolana de 1811 iba más allá de lo establecido en el artículo VI, 2 de la Constitución Americana 1787, en el sentido de que no sólo estableció el principio de la supremacía, sino su consecuencia, es decir, la nulidad -"no tendrán ningún valor" dice la norma- de toda ley que contraríe la Constitución.

Es decir, la Constitución de 1811 estableció la garantía de la supremacía constitucional, con la sanción de la nulidad de toda ley contraria a la Constitución. Ello, incluso, se estableció todavía más expresamente en relación a los derechos fundamentales al establecer, el último de los artículos del Capítulo relativo a los derechos del hombre, lo siguiente:

"*Art. 199.* Para precaver toda transgresión de los altos poderes que nos han sido confiados, declaramos: que todas y cada una de las cosas constituidas en la anterior declaración de derechos están exentas y fuera del alcance

---

14. *Marbury v Madison*, 1 Cranch 137 (1803). *Véase* el texto en S.I. Kutler (ed), op. cit, p. 29.

del Poder general ordinario del gobierno y que, conteniendo o apoyándose sobre los indestructibles y sagrados principios de la naturaleza, toda ley contraria a ellas que se expida por la legislatura federal, o por las provincias *será absolutamente nula y de ningún valor"*

En todo caso, fue precisamente la "Cláusula de Supremacía" de la Constitución Americana, limitada en su formulación respecto a las Constituciones y Leyes de los Estados Miembros de la Federación, la que en el caso *Marbury v. Madison* (1803) fue extendida a las leyes federales, a través de una interpretación y aplicación lógica y racional del principio de la supremacía de la Constitución, el cual, como se ha visto, en Colombia y Venezuela encontró expresión formal en el derecho positivo.

2. *La compatibilidad del sistema con todos los sistemas jurídicos*

En consecuencia, el sistema difuso de control judicial de la constitucionalidad de las leyes puede decirse que no es un sistema peculiar a los sistemas jurídicos anglosajones o del *common law,* y que pudiera ser incompatible con los sistemas jurídicos de tradición civil o de derecho romano. Al contrario, el sistema de control difuso ha existido desde el siglo pasado en casi todos los países de América Latina, todos pertenecientes a la familia de tradición del derecho romano. Es el caso de Argentina y Brasil que siguieron el modelo norteamericano y el de Colombia y Venezuela donde coexiste con el sistema concentrado de control de la constitucionalidad.

También ha existido en Europa, en países con una tradición de derecho civil, como Suiza y Grecia. En Suiza, el sistema difuso fue establecido por primera vez en la Constitución de 1874, aún cuando en forma limitada, lo que se confirma en el sentido de que si bien el sistema suizo actualmente permite que los tribunales decidan sobre asuntos constitucionales, ello es sólo en cuanto a la inaplicabilidad de actos legislativos de los Cantones, pero no de las leyes federales[15]. En Grecia donde se ha adoptado, también un sistema mixto de control de constitucionalidad, la Constitución de 1975 atribuye a todos los tribunales competencia para desaplicar una disposición cuyo contenido consideren contrario a la Constitución[16]. Así el artículo 95 de dicha Constitución establece:

"Los Tribunales están obligados a no aplicar leyes cuyo contenido sea contrario a la Constitución".

En consecuencia, el método difuso de control judicial de constitucionalidad existe y ha funcionado en sistemas jurídicos tanto con tradición de *common law*

---

[15]. *Véase* en H. Fix Zamudio, *Los Tribunales Constitucionales y los Derechos Humanos,* México, 1980, p. 17, 84; A. Jiménez Blanco, "El Tribunal Federal Suizo", *Boletín de Jurisprudencia Constitucional, Cortes Generales*, 6, Madrid, 1981, p. 477.

[16]. Art. 93. *Véase* H. Fix Zamudio, *op. cit.,* p. 162; L. Favoreu, *Le control jurisdictionnel des lois et sa légitimité, Developpements recents en Europe Occidentale.* Association Internationale des Sciences Juridiques, Colloque d'Uppsala, 1984, (mineo), p. 14. Publicado también en L. Favoreu y J.A. Jolowicz (ed), *Le controle jurisdictionnel des lois. Légitimité effectivité et développements récents,* París, 1986, p. 17–68.

como de derecho romano. Por ello, no estamos de acuerdo con Cappelleti y Adams, cuando señalan que existe una incompatibilidad fundamental entre el método difuso de control judicial de la constitucionalidad y los sistemas jurídicos basados en la tradición del derecho romano[17], ni con lo que el mismo Mauro Cappelletti ha señalado en otra parte, al referirse a la experiencia de Italia y Alemania Federal antes de la creación de sus respectivas Corte y Tribunal Constitucionales, y señalar que esos países "revelaron completamente la desadaptación del método descentralizado (difuso) de control judicial para los países con sistemas jurídicos de derecho civil"[18].

En nuestro criterio, los argumentos en favor del método concentrado de control judicial que se ha adoptado en Europa Continental, no pueden resolverse en base a su supuesta adaptabilidad o no con un sistema jurídico particular, sino en realidad, con el sistema de garantía constitucional que se adopte en relación a la supremacía de la Constitución. Entonces si se adopta el principio de la supremacía constitucional, la consecuencia lógica y necesaria es la atribución dada a todos los jueces del poder decidir cual norma debe ser aplicada cuando existe una contradicción entre una ley particular y la Constitución, estando entonces obligados a dar prioridad a la Constitución, como un verdadero deber, independientemente del sistema jurídico de tradición de *common law* o de derecho romano del país en particular.

Por supuesto, otra cuestión es la relativa a los efectos prácticos que puede tener la adopción del método difuso de control de la constitucionalidad. Así, en ausencia de método alguno de control de la constitucionalidad, en Europa, antes de los años veinte y con el marco tradicional del principio de la separación de poderes basado en los principios de soberanía del Legislador, de la supremacía de la Ley y de la desconfianza en los tribunales como órganos de control de la acción legislativa, las críticas al método difuso de control de la constitucionalidad formuladas en Europa, son tan antiguas como la existencia del mismo "modelo europeo" de control. Por ejemplo, Hans Kelsen, el creador del modelo austríaco hizo referencia a los problemas que originaba el método difuso de control para justificar "la centralización del poder para examinar la regularidad de las normas generales", subrayando "la ausencia de unidad en las soluciones" y "la incertidumbre legal" que resultaba cuando "un tribunal se abstenía de aplicar una ley considerada irregular, en tanto que otro Tribunal hacía lo contrario"[19]. En sentido similar, Mauro Cappelleti y John Clarke Adams insisten en que el método difuso de control constitucional, "puede llevar a una grave incertidumbre y

---

17. M. Cappelletti, and J.C. Adams, "Judicial Review of legislation: "European Antecedents and adaptations", *Harvard Law Review*, 79 (6), 1966, p. 1215.

18. M. Cappelleti, *Judicial Review in the Contemporary World*, Indiannapolis, 1971, p. 59. En sentido similar M. Fromont considera que es "difícil admitir el método difuso de control de constitucionalidad en países con tradición de derecho romano". *Véase* "Preface" en J.C. Beguin, *Le Contróle de la Constitutionalité des lois en Republique Federale d 'Allemagne*, París, 1982, p. V.

19. *Véase* H. Kelsen, "La guarantie juridictionnelle de la Constitucion (La Justice constitucionnelle)," *Revue du Droit Public et de la Science Polotique en France et a l'etranger*, 1928, p. 218

confusión, cuando un tribunal decide aplicar una ley y otro la considera inconstitucional"[20].

Pero en realidad, estos problemas existen tanto en los sistemas del *common law* como de derecho romano que han adoptado el método difuso, no pudiendo considerarse como esencialmente peculiares a los países con tradición de derecho romano que lo hayan adoptado. Sin embargo, lo contrario pretenden demostrarlo Cappelletti y Adams basando su argumento en los efectos correctivos respecto de esos problemas, que tiene la doctrina del *stare decisis,* que es peculiar a los sistemas del *common law y* extraña a los sistemas de tradición de derecho romano. Su argumento, básicamente, es el siguiente:

> "Conforme a la doctrina angloamericana del *stare decisis,* la decisión del más alto Tribunal en cualquier jurisdicción es obligatoria para todos los tribunales inferiores de la misma jurisdicción, por lo que tan pronto el Tribunal Supremo ha declarado una ley inconstitucional, ningún otro tribunal puede aplicarla. La Corte no necesita que se le confiera un especial poder para declarar una ley inválida, ni debe decidir otros aspectos más allá de la aplicabilidad de la ley cuestionada al caso concreto; el principio *stare decisis* hace el resto, al requerir de los otros tribunales el seguir el precedente en todos los casos sucesivos. Por lo que aun cuando la ley inconstitucional continúe en la Gaceta Oficial, es una "ley muerta".

Por ello, concluyen estos autores su argumento señalando:

> *"...stare decisis,* sin embargo, no es normalmente un principio de los sistemas jurídicos de derecho romano, donde los tribunales generalmente no están obligados por las decisiones de los más altos tribunales"[21].

El argumento ha sido luego desarrollado por el mismo Cappelleti, al señalar:

> "por cuanto el principio de s*tare decisis* es extraño a los jueces en los sistemas jurídicos de derecho civil, un método de control de la constitucionalidad que permita a cada juez decidir sobre la constitucionalidad de las leyes, puede conducir a que una ley pueda ser inaplicada por algunos jueces, por inconstitucional y ser considerada aplicable, por otros jueces en sus decisiones. Aún más, el mismo órgano judicial, que puede algún día haber desaplicado una ley, puede luego, al día siguiente, considerarla aplicable, cambiando su criterio acerca de la legitimidad constitucional de la Ley. Además, entre diferentes tipos o grados de tribunales podrían surgir diferencias, por ejemplo, entre un tribunal de la jurisdicción ordinaria y tribunales de la jurisdicción administrativa, o entre jueces jóvenes y más radicales de los tribunales inferiores y jueces mayores de conciencia tradicional de los tribunales superiores... El resultado extremadamente peligroso de ello,

---

20. M. Cappelletti, and J.C. Adams, "Judicial Review of legislation: "European Antecedents and adaptations", *loc. cit.*, p. 1215.

21. *Idem*, p. 1215

puede ser un grave conflicto entre órganos judiciales y una grave incertidumbre respecto de la Ley aplicable"[22].

Sin embargo, insistimos en que esos problemas derivados del principio de la
supremacía constitucional existen tanto en países con tradición de sistemas de
common law como de derecho romano, y si bien es cierto que la doctrina *stare
decisis* es una corrección a los problemas anotados, dicha corrección no es absoluta, pues no todos los casos en los cuales los tribunales inferiores decidan cuestiones de constitucionalidad, por ejemplo, en los Estados Unidos, llegan a la
Corte Suprema, la cual decide discrecionalmente los casos que conoce[23].

Por otra parte, y aún cuando la doctrina *stare decisis,* tal como es conocida en
los países del *common law,* no se aplica en países con sistemas jurídicos de la
tradición del derecho romano, aquellos en los cuales se ha adoptado un método
difuso de control de constitucionalidad han adoptado, paralelamente, sus propios
correctivos a los problemas planteados, con efectos similares. Por ejemplo, en el
sistema de amparo mexicano, la Constitución establece el principio de que la Ley
de Amparo debe establecer los casos en los cuales la "jurisprudencia", es decir,
los precedentes judiciales de las Cortes Federales, debe ser obligatoria[24]. Por
ello, la Ley de Amparo establece los casos en los cuales las decisiones de la
Corte Suprema e incluso, de las Cortes de Circuito, deben considerarse como
precedentes obligatorios, lo que sucede sólo cuando se hayan dictado cinco decisiones consecutivas, que no sean interrumpidas por alguna decisión incompatible, con el mismo efecto.

Los efectos de esta "jurisprudencia", incluso parcialmente, han sido considerados como equivalentes a los que resultan del principio *stare decisis.* Incluso, en
el sistema de amparo mexicano, el llamado "amparo contra leyes" ha sido desarrollado también como una acción extraordinaria de inconstitucionalidad de
leyes autoaplicativas, que afecten directamente derechos de un individuo, y que
pueden ser impugnadas ante las Cortes Federales, permitiéndoles juzgar la inconstitucionalidad de la ley sin relación alguna con un proceso concreto[25].

En sentido similar, en Argentina y Brasil, países que también siguen de cerca
el modelo norteamericano en el sentido del poder otorgado a todos los tribunales
de decidir no aplicar las leyes basados en consideraciones constitucionales, se ha
establecido la institución procesal denominada "recurso extraordinario de inconstitucionalidad" que puede formularse ante la Corte Suprema contra decisiones
judiciales adoptadas en última instancia en las cuales se considera una Ley federal como inconstitucional e inaplicable al caso concreto[26]. En estos casos, la

---

[22]. M. Cappelletti, *op. cit.*, p. 58.

[23]. 28 *U.S. Code*, Secc. 1254, 1255, 1256, 1257. *Véase* también *Rule N° 17* of the Supreme Court.

[24]. Art. 107 Sección XIII, parágrafo 1 de la Constitución (Enmienda de 1950–1951).

[25]. R.D. Baker, *Judicial Review en México. A. Study of the Amparo Suit*, Austin, 1971,
p. 164, 250–251, 256, 259.

[26]. H. Fix Zamudio, *Veinticinco años de Evolución de la Justicia Constitucional, 1940–
1965*, México 1968, pp. 26, 36; J. Carpizo y H. Fix Zamudio, "La necesidad y la legitimidad de la revisión judicial en América Latina. Desarrollo reciente", *Boletín*

decisión adoptada por la Corte Suprema tiene efectos *in casu et inter partes,* pero siendo dictada por el Tribunal Supremo, tiene de hecho efectos obligatorios respecto de los tribunales inferiores[27]. En igual sentido, otros países con tradición de derecho romano que han adoptado el método difuso de control de constitucionalidad, han establecido mecanismos judiciales especiales para superar los problemas que se puedan derivar de decisiones contradictorias en materia constitucional de tribunales diferentes. Es el caso de Grecia, donde la Constitución de 1975, estableció una Corte Suprema Especial con poderes para decidir sobre materias de inconstitucionalidad de las leyes, cuando se adopten decisiones contradictorias, en la materia, por el Consejo de Estado, la Corte de Casación o la Corte de Cuentas. En esos casos, las decisiones de la Corte Suprema Especial tienen efectos absolutos y generales en lo que concierne al control de la constitucionalidad de las leyes[28].

Finalmente, en los otros países con tradición de derecho romano donde se ha adoptado el método difuso de control de la constitucionalidad, debe tenerse en cuenta, particularmente en materia de casación, el valor de las decisiones de la Sala de Casación de la Corte Suprema para los Tribunales de instancia.

En Venezuela, el Código de Procedimiento Civil establece que "los jueces de instancia procurarán acoger la doctrina de casación establecida en los casos análogos, para defender la integridad de la legislación y la uniformidad de la jurisprudencia" (art. 321). En tal sentido, en un reciente caso (4-10-89) decidido por la Corte Suprema de Justicia en Sala de Casación Civil, la Corte creyó haber ejercido el control difuso en relación al artículo 197 del Código de Procedimiento Civil, que regula los lapsos y términos procesales, y al declarar con lugar un recurso de casación, dictó una sentencia de enorme significación e importancia, no sólo porque estableció una interpretación abiertamente *contra legem* de una norma del Código de Procedimiento Civil, sino porque, al dictarla además, no desaplicó norma alguna, sino que pretendió dictar una norma, extinguiendo otra[29]. Pero en todo caso, si en su sentencia, la Sala de Casación hizo uso del poder de control difuso de la constitucionalidad, esa doctrina, en principio, debe ser seguida por los jueces de instancia. Pero en los casos en que los asuntos no lleguen a la Sala de Casación, los sistemas de tradición de derecho romano con método difuso de control de constitucionalidad, han establecido correctivos a los

---

Mexicano de Derecho Comparado, 52, 1985, p. 33; también publicado en L. Favoreu y J.A. Jolowicz (ed), *Le controle jurisdictionnel des lois. Légitimité, effectivité et developpments récents*, París, 1986, pp. 119 y 151.

27. *Véase* J.R. Vanossi and P.E. Ubertone, *Instituciones de defensa de la Constitución en la Argentina*, UNAM, Congreso Internacional sobre la Constitución y su Defensa, México, 1982 (mineo), p. 32

28. *Véase* E. Spiolotopoulos, "Judicial Review of Legislative Act in Greece", *Temple Law Quarlety*, 56, (2), Philadelphia, 1983, p. 496–500

29. *Véase* nuestro prólogo a la obra de Humberto Briceño León, *La acción de inconstitucionalidad en Venezuela*, EJV, Caracas, 1990. *Véase* además, Allan R. Brewer–Carías "La sentencia de los lapsos procesales (1989) y el control difuso de la constitucionalidad de las leyes", *Revista de Derecho Público*, N° 40, Caracas 1989, pp. 157 a 175.

problemas originados por la incertidumbre y conflictividad de decisiones judiciales, mediante el establecimiento de un sistema mixto de control de constitucionalidad, que combina el método difuso con el método concentrado. En América Latina es el caso de Guatemala, Colombia y Venezuela, donde como hemos dicho, paralelamente el método difuso de control de constitucionalidad, expresamente previsto en el derecho positivo, también existe un método concentrado de control de constitucionalidad, que autoriza a la Corte Suprema de Justicia o a la Corte Constitucional, para anular formalmente las leyes inconstitucionales, con efectos *erga omnes,* cuando es requerida mediante el ejercicio de una *actio popularis,* que puede ser interpuesta por cualquier habitante del país. En consecuencia, en estos países, paralelamente al poder atribuido a cualquier tribunal para considerar en un caso concreto una ley como inconstitucional y desaplicarla, la Corte Suprema de Justicia o la Corte Constitucional tiene el poder de anular con efectos generales las leyes impugnadas por inconstitucionales[30].

En igual sentido, otros países europeos con tradición de derecho romano que han adoptado el método difuso de control de la constitucionalidad, también han adoptado paralelamente un método concentrado de control, asignando a la Corte Suprema del país, el poder de anular leyes inconstitucionales. Es el caso de Portugal y antes de Suiza, donde a pesar de que no exista control judicial de constitucionalidad en relación a las leyes federales, la Corte Federal tiene poder para declarar la inconstitucionalidad de leyes cantonales, con efectos *erga omnes,* cuando se requiera su decisión a través del denominado "recurso de derecho público" en casos de violación de derechos fundamentales[31].

En consecuencia en el mismo sentido en que se han desarrollado la doctrina *stare decisis* en los países con sistemas jurídicos del *common law,* para resolver los problemas de incertidumbre y posible conflictividad entre las decisiones judiciales adoptadas por los diferentes tribunales en materia de inconstitucionalidad de las leyes que un método difuso puede originar, también los países con sistemas jurídicos de tradición de derecho romano que han adoptado el mismo método, también han desarrollado diversos mecanismos legales particulares para prevenir los efectos negativos originados por los mencionados. problemas, sea otorgando carácter obligatorio a los precedentes, o sea asignando los poderes necesarios a una Corte Suprema para declarar la inconstitucionalidad de las leyes, con carácter general y efectos obligatorios.

Los eventuales problemas originados por la aplicación del método difuso de control de constitucionalidad de las leyes, en consecuencia, son comunes a los países que lo han adoptado, sea que pertenezcan a sistemas jurídicos con tradición de derecho romano o de *common law,* por lo que la adopción del método difuso no puede conducir, en sí mismo, a considerar el método difuso como

---

30. *Véase* Allan R. Brewer–Carías, *El control concentrado de la constitucionalidad de las leyes,* pp. 44 y ss, y 88 y ss., 90 y ss, Caracas 1994. *Véase* este trabajo en el libro *Homenaje a Carlos Restrepo Piedrahita. Simposio Internacional sobre Derecho del Estado.* Universidad Externado de Colombia, Tomo III, Bogotá 1993, pp. 705 a 845.

31. E. Zellweger, "El Tribunal Federal Suizo en calidad de Tribunal Constitucional", Revista de la Comisión Internacional de Juristas, Vol. VII (1), 1966, p. 119; H. Fix Zamudio, Los Tribunales Constitucionales... *cit.,*, p. 84.

incompatible con los sistemas jurídicos de derecho romano, por el solo hecho que no exista en ellos la regla del *stare decisis*.

En nuestro criterio, el único aspecto de compatibilidad que en este respecto es absoluto, es que cuando existe el principio de la supremacía de la Constitución, la consecuencia lógica del mismo es el poder de todos los jueces que tienen a su cargo la aplicación de la ley, de decidir sobre la inaplicabilidad de la legislación cuando ésta contradice la Constitución, dando preferencia a la Constitución en sí misma. Este fue el sistema original de control de la constitucionalidad, después del triunfo de la Constitución sobre el Legislador.

Sin embargo, en los países europeos con tradición de sistema jurídico de derecho romano, la tradicional desconfianza en relación al poder judicial ha sido la que ha abierto el camino al establecimiento de un sistema exclusivamente concentrado de control de la constitucionalidad que, en cierto sentido ha provocado el "redescubrimiento" de la supremacía constitucional a través de otros medios judiciales. Pero esto no puede conducir a que se considere el método difuso de control de la constitucionalidad de la legislación como incompatible con los sistemas jurídicos de derecho romano.

3. *La nulidad de los actos estatales inconstitucionales como garantía constitucional que fundamenta el control difuso*

Como hemos señalado, la esencia del método difuso de control de constitucionalidad radica en la noción de supremacía constitucional, en el sentido de que si la Constitución es la Ley Suprema de un país y que, como tal, prevalece sobre las otras leyes, ningún otro acto del Estado que sea contrario a la Constitución puede ser una Ley efectiva, y al contrario debe ser considerado como nulo. En palabras del Juez Marshall, si la Constitución es "la ley fundamental y suprema de una nación... un acto del legislador que repugne a la Constitución es nulo"[32]. En este sentido, la efectiva garantía de la supremacía de la Constitución es que tales actos que colidan con la Constitución son, en efecto, nulos, y como tales, tienen que ser considerados por los Tribunales, los cuales son, precisamente, los órganos estatales llamados a aplicar las leyes.

En consecuencia, el primer aspecto que muestra la racionalidad del método difuso de control de constitucionalidad, es el principio de la nulidad de los actos estatales y particularmente de las leyes que colidan con la Constitución.

Ahora bien, en principio, la nulidad de un acto estatal significa que si tal acto pretende existir jurídicamente, objetivamente, en realidad, no existe porque es irregular, en el sentido de que no se corresponde con las condiciones establecidas para su emisión por una norma de rango superior. Esto fue lo que Hans Kelsen llamó la "garantía objetiva de la Constitución"[33], lo que significa que un acto estatal nulo no puede producir efectos, y no necesita de ningún otro acto estatal posterior para quitarle su calidad usurpada de acto estatal. Al contrario, si otro

---

32. *Marbury v. Madison* 5 US (1 Cranch) 137, (1803). *Véase* el texto en S.I. Kutler (ed), *op. cit.*, p. 29.
33. H. Kelsen, *loc. cit.*, p. 214.

acto estatal fuera necesario, entonces la garantía no sería la nulidad del acto, si no anulabilidad.

En consecuencia, en estricta lógica, la supremacía de la Constitución significa que todo acto estatal que viole la Constitución es nulo, y por tanto teóricamente, cualquier autoridad pública, e incluso, los particulares, estarían autorizados para examinar su irregularidad, declarar su inexistencia y considerar el acto inválido como no obligatorio. Por supuesto, esto podría conducir a la anarquía jurídica, por lo cual normalmente, el derecho positivo establece límites respecto de este poder de examinar la regularidad de los actos estatales, y lo reserva a los órganos judiciales. En consecuencia, cuando un acto estatal viola la Constitución y es nulo, este sólo debe ser examinado por los jueces y sólo los jueces deben tener el poder para considerarlo nulo. Debe señalarse, sin embargo, que en Colombia, dada la amplitud de la norma constitucional del artículo 4 (que recoge la incorporada al texto fundamental en 1910), se ha considerado que además de los jueces, los funcionarios de la Administración tendrían el poder de desaplicar las normas que consideren inconstitucionales[34], lo que sin duda, no sólo es inconveniente sino que no debería admitirse, por lo que ha sido rechazado por algunos autores[35].

En todo caso, estimamos que, realmente, esta discusión es inadmisible. Creemos que la única aplicación lógica y compatible con la seguridad jurídica del sistema difuso, es la que conduce a atribuir esta facultad de control, a los jueces y tribunales. En un Estado de Derecho, solamente los jueces pueden ser jueces de la constitucionalidad de la legislación; al contrario, la atribución del poder de controlar la constitucionalidad de las leyes a todos los funcionarios públicos, en especial del Poder Ejecutivo, quienes tienen como tarea el aplicar la ley, podría llevar a la anarquía, siendo ello inadmisible en un Estado de Derecho

Pero sin embargo, a pesar de los límites impuestos por el derecho positivo respecto del poder de examinar la nulidad de los actos estatales, esto no significa que la garantía de la Constitución cese de ser la nulidad de los actos estatales y quede convertida en anulabilidad. Al contrario, la nulidad del acto inconstitucional persiste, pero con la limitación derivada de la reserva legal atribuida a los jueces para declarar, con exclusividad, su nulidad.

Así, hasta ese momento, el acto irregular debe ser considerado como siendo efectivo y obligatorio por cualquier autoridad pública, y especialmente, por las autoridades administrativas y por los particulares; pero una vez que el juez declara su inconstitucionalidad en relación a un caso concreto, entonces el acto deviene nulo y sin valor, en relación a dicho proceso.

---

34. *Véase* Manuel Gaona C., "El control de constitucionalidad de los actos jurídicos en Colombia ante el derecho comparado", *loc. cit.*, p. 69; Luis Carlos Sáchica, *La Corte Constitucional* ..., p. 25; Carlos Medellín, en la obra colectiva *Aspectos del control constitucional en Colombia, op. cit.,* p. 27.

35. *Véase* las distintas opiniones en A. Copete Lizarralde, *Lecciones de Derecho Constitucional,* Bogotá, pp. 244; E. Sarría, *Guarda de la Constitución,* Bogotá, p. 78; Jaime Vidal Perdomo, *Derecho Constitucional General,* Bogotá 1985, p. 48; L.C. Sáchica, *La Constitución y su Defensa,* Congreso Internacional sobre la Constitución y su Defensa, UNAM, México, 1982, (mineo) p. 44.

En conclusión, en el método difuso de control de la constitucionalidad, el deber de todos los jueces es el de examinar la constitucionalidad de las leyes, y declarar, cuando ello sea necesario, que una ley particular no debe ser aplicada a un proceso específico y que el juez esté conociendo, en razón de que es inconstitucional, y por tanto, debe considerarse nula y sin valor.

Lo anterior nos conduce al aspecto central de la racionalidad del método difuso de control de la constitucionalidad, el cual es que el poder para declarar la inconstitucionalidad de la legislación es atribuido a todos los jueces de un país determinado.

En efecto, si la Constitución es la Ley suprema del país, y el principio de la supremacía es aceptado, entonces la Constitución se debe aplicar con preferencia sobre cualquier otra ley que sea inconsistente con la misma, sea que ello esté expresamente establecido en el texto expreso de la Constitución, o sea una consecuencia implícita de su supremacía. Consecuentemente, las leyes que violen la Constitución o en cualquier forma colidan con sus normas, principios y valores, son, como hemos dicho, nulas y sin valor, y no pueden ser aplicadas por los Tribunales, los cuales tienen que aplicar preferentemente la Constitución.

Todos los Tribunales deben en consecuencia decidir los casos concretos que están considerando, como lo decía el Juez Marshall, "conforme a la Constitución desaplicando la ley inconstitucional" siendo esto "la verdadera esencia del deber judicial"[36]. En consecuencia, en el método difuso de control de la constitucionalidad, este rol corresponde a todos los jueces y no sólo una Corte o Tribunal en particular, y no debe ser sólo visto como un poder atribuido a los Tribunales, sino como un deber de los mismos[37], para decidir conforme a las reglas constitucionales, desaplicando las leyes contrarias a sus normas.

4. *El carácter incidental del método difuso y los poderes ex-officio de los jueces*

Este deber de todos los tribunales de dar preferencia a la Constitución y, en consecuencia, a desaplicar las leyes que consideren inconstitucionales y por tanto nulas y sin valor, nos lleva al tercer aspecto de la racionalidad del método difuso de control de la constitucionalidad de las leyes, el cual es que este deber judicial solo puede ser cumplido *incidenter tantum,* es decir en un proceso concreto del cual el juez esté conociendo, y donde la inconstitucionalidad de la ley o norma no es ni el objeto de dicho proceso ni el asunto principal del mismo.

En consecuencia, en este caso, siempre debe iniciarse un proceso ante un Tribunal en cualquier materia, por lo que el método difuso de control de la constitucionalidad siempre es un sistema incidental de control, en el sentido de que la cuestión de inconstitucionalidad de una ley y su inaplicabilidad, debe plantearse en un caso o proceso concreto (*"cases or controversies"* como lo ha precisado la

---

[36.] *Marbury v. Madison* 5 US (1 Cranch), 137, (1803).

[37.] Confróntese B.O. Nwabueze, *Judicial control of legislative action and its legitimacy. Recent development.* African regional report. International Association of Legal Sciences. Uppsala Colloquium 1984 (mineo), p. 2–3. También publicado en L. Favoreu y J.A. Jolowicz (ed), *Le controle juridictionnel des lois. Légitimité, effectivité et développements récents.* París, 1986, p. 193–222.

jurisprudencia norteamericana)[38], cualquiera sea su naturaleza, en el cual la aplicación o no de una norma concreta es considerada por el Juez como relevante para la decisión del caso. En consecuencia, en el método difuso de control de constitucionalidad, el objeto principal del proceso y de la decisión judicial no es la consideración abstracta de la constitucionalidad o inconstitucionalidad de la ley o su aplicabilidad o inaplicabilidad, sino mas bien, la decisión de un caso concreto de carácter civil, penal, administrativo, mercantil o laboral, etc. La cuestión de constitucionalidad, en consecuencia, sólo es un aspecto incidental del proceso que sólo debe ser considerada por el juez para resolver la aplicabilidad o no de una ley en la decisión del caso concreto, cuando surgen cuestiones relativas a su inconstitucionalidad.

Ahora bien, si se trata de un deber de los jueces el aplicar la Constitución en un caso concreto y desaplicar, para su decisión, la ley que consideren inconstitucional, debe señalarse que el otro aspecto de la racionalidad del método difuso, consiste en permitir a los jueces el considerar *de oficio* las cuestiones de constitucionalidad, a pesar de que ninguna de las partes en el proceso las haya planteado. De hecho, esta es la consecuencia directa de la garantía de la Constitución cuando se establece como "garantía objetiva", lo que implica la nulidad de las leyes contrarias a la Constitución, y lo que además produce como consecuencia, la reserva dada a los jueces para considerar la nulidad y la inaplicabilidad de una norma en un caso concreto. Por supuesto, en el caso de que la cuestión constitucional se formule, por una parte, en el proceso, efectivamente debe tratarse de una parte con la legitimación necesaria para actuar como tal, y el interés requerido para plantear la inaplicabilidad de la ley inconstitucional en el caso concreto.

En todo caso, en nuestra opinión, estimamos que la inconstitucionalidad de la ley en relación a los procesos particulares, no debe quedar a la sola instancia de las partes en el proceso, por lo que aún cuando las partes no planteen ante el Juez la cuestión de inconstitucionalidad, este tiene el deber de considerarla, y decidir, de oficio, sobre la inconstitucionalidad de la Ley. Debe advertirse, sin embargo, que aún cuando este aspecto de la racionalidad del método difuso de control de la constitucionalidad es seguido en muchos países como Venezuela y Grecia[39], debemos admitir que, en general, las normas procesales de la mayoría de los países prohíbe a los Tribunales considerar de oficio, al decidir un caso concreto, cualquier cuestión, incluso las cuestiones de inconstitucionalidad[40].

En el caso de Colombia, si bien el texto de la Constitución no excluye los eventuales poderes *ex officio* que puedan tener los jueces para decidir, solos y sin

---

38. *Véase* en Allan R. Brewer–Carías, *Judicial Review...*, *cit.*, pp. 136 y ss

39. E. Spiliotopoulos, "Judicial review of legislative acts in Greece", *loc. cit.*, p. 479.

40. Por ejemplo, B.O. Nwabueze ha dicho que "El hecho de que este deber sólo puede ser ejercido a instancia de parte agraviada por una violación de la Constitución, refuerza la legitimidad de la función. Esto significa que aún en presencia de una violación flagrante de la Constitución por el "legislador, la Corte no puede intervenir por su propia iniciativa. debe esperar a que alguien la inste", *loc. cit.*, p. 3. *Véase* la discusión de J.R. Vanossi y P.E. Ubertone, *op. cit.*, p. 24, en G. Bidart Campos, *El Derecho Constitucional del Poder*, Tomo II, cap. XXIX; y en J.R. Vanossi, *Teoría Constitucional*, Tomo II, Buenos Aires, 1976, pp. 318 y 319.

que se lo requiera una parte, desaplicar una determinada ley, en el caso concreto, cuando la consideren inconstitucional tal como ocurre en Venezuela, todos los autores colombianos, sin excepción, entienden que lo que se establece en el artículo de la Constitución es una "excepción de inconstitucionalidad", en el sentido de que, en todo caso, la cuestión constitucional debe plantearse por una de las partes en el proceso mediante una excepción relativa a la aplicabilidad de una ley[41]; parte que debe tener un interés personal y directo en la no aplicación de la ley en el caso concreto[42].

En todo caso, el signo común de la racionalidad del método difuso de control de la constitucionalidad es que sólo puede ser incidental, en un proceso concreto. Sin embargo, con motivo del ejercicio de una acción de amparo constitucional en Venezuela podría identificarse un sistema de control difuso de las leyes y actos normativos por vía principal.

En efecto, el artículo 3 de la Ley Orgánica de Amparo sobre Derechos y Garantías Constitucionales, establece:

> *Art. 3.* También procede la acción de amparo, cuando la violación o amenaza de violación deriven de una norma que colida con la Constitución. En este caso, la providencia judicial que resuelva la acción interpuesta deberá apreciar la inaplicación de la norma impugnada y el Juez informará a la Corte Suprema de Justicia acerca de la respectiva decisión".

En esta forma, en Venezuela se prevé la acción directa de amparo contra leyes o normas que violen o amenacen violar un derecho constitucional, en cuyo caso, estamos en presencia de un sistema de control difuso de la constitucionalidad por vía de acción.

En consecuencia, se trata de un control principal de la constitucionalidad de las leyes mediante una acción de amparo, pero con carácter difuso puesto que la acción no se intenta ante un solo órgano judicial, sino ante todos los jueces competentes en materia de amparo, que son los jueces de primera instancia con competencia, afín al del derecho o garantía constitucional violado o amenazado de violación. Sin embargo, cuando los hechos, actos u omisiones que originen las violaciones o amenazas de violación sucedan en lugares en los cuales no exista un tribunal de primera instancia, la acción de amparo se puede intentar por ante cualquier juez de la localidad (art. 9). En esta forma, el carácter difuso de la competencia judicial en materia de amparo convierte el amparo contra leyes y normas en un control principal y difuso de la constitucionalidad de las mismas.

En todo caso, tratándose de un control principal, por vía de acción, los poderes del juez de amparo en materia de control de la constitucionalidad se encuentran circunscritos a la cuestión planteada por el agraviado en lo que se refiere a la violación que denuncia de los derechos o garantías que podrían resultar lesionados por la ley o norma. Por lo tanto, el juez de amparo no tiene facultad alguna

---

41. *Véase* J. Vidal Perdomo, *op. cit.*, pp. 47–48; L.Carlos Sáchica, *El control ...*, *cit*. p. 64; E. Sarría, *op. cit*, p. 77; D.R. Salazar, *Constitución Política de Colombia*, Bogotá 1982, p. 307; A. Capele Lizzarralde, *Lecciones de Derecho Constitucional,* Bogotá, pp. 243–244.

42. *Véase* A. Copete Lizarralde, *op. cit.,* p. 246

para actuar de oficio, ni tampoco para considerar de oficio otros vicios o violaciones de los derechos no denunciados por el agraviado.

Tal como lo establece el artículo 3 de la Ley Orgánica de Amparo sobre Derechos y Garantías Constitucionales, el Juez de amparo, en los casos de amparo contra leyes o normas, "debe examinar la inaplicabilidad de la norma", es decir que debe ejercer un control de la constitucionalidad parecido al control difuso clásico y decidir acerca de la inconstitucionalidad de la ley o norma sólo respecto del accionante.

5. *Los efectos de las decisiones en materia de control difuso de la constitucionalidad*

El último aspecto de la racionalidad del método difuso de control de constitucionalidad se refiere a los efectos de la decisión que adopten los Tribunales en relación a la constitucionalidad o aplicabilidad de la ley en un caso concreto; y este aspecto de los efectos de la decisión judicial se relaciona con dos preguntas primero, ¿a quién afecta la decisión? y segundo, ¿cuándo comienza a sufrir efectos?

A. *El efecto inter partes de las decisiones judiciales*

En relación al primer interrogante, la racionalidad del método difuso es que la decisión adoptada por el Juez sólo tiene efectos en relación a las partes en el proceso concreto en la cual aquella se adopta. En otras palabras, en el método difuso de control de constitucionalidad, la decisión adoptada sobre la inconstitucionalidad e inaplicabilidad de la ley en un caso, sólo tiene efectos *in casu et inter partes,* es decir en relación al caso concreto y exclusivamente en relación a las partes que han participado en el proceso, por lo que no puede ser aplicada a otros particulares. Esta es la consecuencia directa del antes mencionado aspecto relativo al carácter incidental del método difuso de control de constitucionalidad.

En efecto, si la decisión judicial sobre la constitucionalidad y aplicabilidad de una ley sólo puede ser adoptada en un proceso particular desarrollado entre partes concretas, la lógica del sistema es que la decisión sólo se puede aplicar a este proceso en particular, y a las partes del mismo, y en consecuencia, no puede ni beneficiar ni perjudicar a ningún otro individuo ni a otros procesos.

En consecuencia, si una ley es considerada inconstitucional en una decisión judicial, esto no significa que dicha ley ha sido invalidada y que no es efectiva y aplicable en otros casos. Sólo significa que en cuanto concierne a ese proceso particular, y a las partes que en el intervinieron en el cual el Juez decidió la inaplicabilidad de la Ley, es que ésta debe considerarse inconstitucional, nula y sin valor, sin que ello tenga ningún efecto en relación a otros procesos, otros jueces y otros particulares.

Sin embargo, para evitar la incertidumbre del orden legal y las contradicciones en relación a la aplicabilidad de las leyes, como se dijo, se han establecido correcciones a estos efectos *inter partes,* a través de la doctrina *stare decisis* o mediante regulaciones de derecho positivo cuando las decisiones se adoptan por la Corte Suprema de un país[43].

---

43. *Véase* Allan R. Brewer–Carías, *Judicial Review..., cit.*, pp. 151 y ss.

B. *Los efectos declarativos de las decisiones judiciales*

Ahora bien, los efectos *inter partes* de la decisión judicial adoptada conforme al método de control difuso de constitucionalidad, están directamente relacionados con otras cuestiones concernientes también a los efectos de la decisión, pero en el tiempo, es decir, respecto de cuándo comienza a ser efectiva la declaración de inconstitucionalidad y, por supuesto, también en relación a la nulidad como garantía de la Constitución.

En efecto, hemos señalado que el principal aspecto de la racionalidad del método difuso de control de constitucionalidad es el de la supremacía de la Constitución sobre todos los demás actos estatales, lo que lleva a considerar que las leyes contrarias a la Constitución son nulas y sin valor, siendo ésta la garantía más importante de la Constitución. En consecuencia, cuando un Juez decide sobre la constitucionalidad de una ley, y la declara inconstitucional e inaplicable a un caso concreto, es porque la considera nula y sin valor, tal cual como si nunca hubiera existido. Por ello, la decisión tiene efectos declarativos: declara que una ley es inconstitucional y consecuentemente que ha sido inconstitucional desde que se dictó. Así, la ley cuya inaplicabilidad se decida por ser contraria a la Constitución, debe ser considerada por el Juez como si nunca hubiera tenido validez y como si siempre hubiese sido nula y sin valor. Por ello es que se dice que la decisión del Juez en virtud de ser de carácter declarativo, tiene efectos *ex tunc, pro pretaerito* o de carácter retroactivo, en el sentido de que dichos efectos se retrotraen al momento en que la norma considerada inconstitucional fue dictada, evitando que pueda tener efectos, por supuesto, solamente en lo que concierne al caso concreto decidido por el Juez y en relación a las partes que intervinieron en el proceso. El acto legislativo declarado inconstitucional por un Juez conforme al método difuso de control de constitucionalidad, por tanto, es considerado, *ab initio,* como nulo y sin valor, por lo que no es anulado por el Juez sino que este sólo declara su nulidad preexistente[44].

Por tanto, en estos casos de control constitucional difuso, los jueces no pueden anular la ley sino considerarla inconstitucional, no pudiendo los efectos de su decisión extenderse o generalizarse. Por el contrario, tal como sucede en todos los sistemas con control judicial difuso, el Tribunal debe limitarse a decidir la no aplicación de la ley inconstitucional en el caso concreto, por supuesto, sólo cuando ello resulta pertinente para la resolución del caso. Por ello, la ley cuya aplicación ha sido denegada en un caso concreto, sigue vigente, y otros jueces pueden seguir aplicándola. Inclusive, el juez que decide no aplicar la ley en un caso concreto, podría cambiar de opinión en un juicio posterior[45]

II. EL SISTEMA CONCENTRADO DE CONTROL DE CONSTITUCIO-NALIDAD EN COLOMBIA Y VENEZUELA

Como se ha dicho, paralelamente al sistema difuso de control de constitucionalidad, en Colombia y Venezuela existe un sistema concentrado de dicho con-

---

44. *Véase* estos principios en relación a Venezuela, en Allan R. Brewer–Carías, "La Justicia Constitucional en Venezuela", *loc. cit.*, pp. 538 y ss.

45. *Cfr.* L. Carlos Sáchica, *El control ..., cit.*, p. 65.

trol de constitucionalidad de las leyes y demás actos de rango y valor de Ley, atribuido a la Corte Constitucional en Colombia y a la Corte Suprema de Justicia en Venezuela.

1. *Aproximación general al sistema concentrado de control de constitucionalidad*

En efecto, el sistema concentrado de control de la constitucionalidad, contrariamente al sistema difuso, se caracteriza por el hecho de que el ordenamiento constitucional confiere a *un solo órgano estatal* el poder de actuar como juez constitucional, generalmente de ciertos actos estatales, es decir, este sistema existe cuando un solo órgano estatal tiene la facultad de decidir jurisdiccionalmente la nulidad por inconstitucionalidad, de determinados actos estatales, particularmente de los actos legislativos y otros actos del Estado de rango y valor similar. Excepcionalmente, sin embargo, en algunos casos, como sucede en Panamá, el control no sólo se refiere a las leyes y demás actos de rango legal, sino materialmente a todos los actos estatales, lo que lo hace único en el derecho comparado. En todo caso, el sistema concentrado puede ser *exclusivamente* concentrado como el de Panamá, Honduras, Uruguay, Costa Rica o Paraguay, y el modelo europeo; o puede ser mixto combinado con el control difuso, como el colombo-venezolano.

Ahora bien, el órgano estatal dotado del privilegio de ser único juez constitucional en el sistema concentrado de control de la constitucionalidad puede ser la Corte Suprema de Justicia, ubicada en la cúspide de la jerarquía judicial de un país, como es el caso de Venezuela; o una Corte Constitucional creado especialmente por la Constitución, dentro o fuera de la jerarquía judicial, para actuar como único juez constitucional. En el caso de Colombia, la Corte Constitucional forma parte del Poder Judicial (art. 228 y ss.). En ambos casos, estos órganos tienen en común el ejercicio de una actividad jurisdiccional, como jueces constitucionales.

Por ello, el sistema concentrado de control de la constitucionalidad, aun cuando sea generalmente similar al "modelo europeo" de Tribunales constitucionales especiales[46], no implica necesariamente la existencia de un Tribunal Constitucional especial, concebido constitucionalmente fuera del Poder Judicial. La experiencia latinoamericana de control concentrado de la constitucionalidad así lo demuestra, pues en general, han sido las Cortes Supremas de Justicia las que lo han ejercido; y en los casos en los cuales se ha atribuido a Tribunales Constitucionales el ejercicio del control, estos están integrados al Poder Judicial (Guatemala, Colombia, Ecuador y Bolivia) con la sola excepción del caso del Perú, cuya Constitución de 1993 creó el Tribunal Constitucional fuera del Poder Judicial.

En realidad, el sistema sólo implica la atribución a un órgano particular del Estado que ejerce una actividad jurisdiccional, del poder y del deber de actuar como juez constitucional. Esta es la esencia propia del sistema concentrado con relación al sistema difuso, sea que el órgano dotado del poder para actuar como juez constitucional sea el Tribunal más alto del Poder Judicial (Corte Suprema de Justicia) o un Tribunal especializado en materia constitucional, dentro del Poder

---

46. M. Cappelletti, *op. cit.*, 1971, pp. 46,50,53.

Judicial; sea que se trate de un órgano constitucional especial, creado fuera de la organización judicial, aun cuando este último aspecto no resulte esencial para establecer la distinción.

Ahora bien, en todo caso, desde un punto de vista lógico y racional, también puede afirmarse que el poder conferido a un órgano estatal que ejerce una actividad jurisdiccional para que actúe como juez constitucional, es una consecuencia del principio de la supremacía de la Constitución. Así, en todo sistema de justicia constitucional, siendo la Constitución la Ley suprema del país, es evidente que en caso de conflicto entre un acto estatal y la Constitución, ésta última debe prevalecer.

Sin embargo, las Constituciones no siempre confieren poderes a todos los tribunales para que actúen como jueces constitucionales. Cuando así lo hacen, como hemos señalado, se trata de un sistema de control difuso de la constitucionalidad, como el que existe en muchos países de América Latina concebido sea en forma exclusiva (Argentina, por ejemplo) o en forma mixta, mezclado con un sistema concentrado (Guatemala, Colombia, Venezuela, Perú, Brasil, El Salvador, República Dominicana).

Al contrario del sistema difuso, en muchos casos, las Constituciones reservan este poder a la Corte Suprema de Justicia o a un Tribunal Constitucional, sobre todo en lo que respecta a algunos actos del Estado, los cuales solamente pueden ser anulados por dicho órgano cuando contradicen la Constitución. En algunos casos excepcionales, como se dijo, como sucede en Panamá, el poder de la Corte Suprema para actuar como juez constitucional se refiere a absolutamente todos los actos estatales.

Al contrario, en casi todos los países en los cuales existe un sistema exclusivamente concentrado de control de la constitucionalidad, este sólo se refiere a las Leyes y actos de similar rango, por lo que todos los otros tribunales continúan teniendo plenos poderes para decidir sobre la constitucionalidad de las normas aplicables en cada caso concreto, salvo las de las leyes u actos dictados en ejecución inmediata de la Constitución.[47]

En efecto, por ejemplo, en los sistemas exclusivamente concentrados de control de constitucionalidad europeos, atribuidos a Tribunales Constitucionales, el poder de éstos para declarar la nulidad de actos estatales sólo se extiende a las Leyes (o proyectos de Leyes), incluyendo las Leyes aprobatorias de Tratados, y demás actos de rango legal o dictados en ejecución directa de la Constitución, como los actos de gobierno y los *interna corporis* de las Cámaras Legislativas (es el caso, en general, con diferencias entre uno u otro país, de Alemania, Austria, Italia, España y Portugal). La misma orientación, en general, la tienen los sistemas de control concentrado de la constitucionalidad de las leyes en América

---

[47.] *Cf.*, M. García Pelayo, "El 'Status' del Tribunal Constitucional". *Revista Española de Derecho Constitucional*, 1, Madrid, 1981, p. 19; E. García de Enterría, *La Constitución como norma y el Tribunal Constitucional*, Madrid, 1981, p. 65. En particular en los sistemas concentrados de control de la constitutionnalidad, los tribunales dotados de funciones de justicia administrativa siempre tienen el poder para actuar como juez constitucional de los actos administrativos. Ver C. Frank, *Les fonctions juridictionnelles du Conseil d'Etat dans l'ordre constitutionnel*, París, 1974.

Latina, sea atribuido a Tribunales Constitucionales (Guatemala, Colombia, Ecuador, Perú, Bolivia, Chile) o a las Cortes Supremas de Justicia (El Salvador, Costa Rica, Colombia, Venezuela, Brasil, Uruguay, Paraguay). En general, y con diferencias entre cada país, el poder anulatorio de la Corte Suprema o del Tribunal Constitucional, como juez constitucional sólo se refiere a las leyes o proyectos de leyes y a los actos dictados en ejecución directa de la Constitución, como los Decretos Leyes, los actos de gobierno y los actos parlamentarios sin forma de Ley; adicionalmente, en algunos países, a los reglamentos.

De resto, los otros actos estatales no están sometidos a control concentrado de la constitucionalidad y desde el punto de vista de su conformación al texto constitucional, están sometidos al control de los jueces respectivos, por ejemplo, los contencioso-administrativos, que conocen de la contrariedad al derecho (ilegalidad o inconstitucionalidad) de los actos administrativos, incluyendo los Reglamentos. Es la situación en Colombia y Venezuela. En efecto, en Venezuela, la jurisdicción contencioso-administrativa tiene competencia para anular los actos administrativos individuales y normativos (estos últimos mediante acción popular) por razones de ilegalidad e inconstitucionalidad, por lo que la Corte Suprema de Justicia en Corte Plena, como juez concentrado de la constitucionalidad con poderes anulatorios, sólo tiene por objeto las leyes y demás actos de rango y valor de las leyes y excepcionalmente, los Reglamentos dictados por el Presidente de la República en Consejo de Ministros[48]. En Colombia, la jurisdicción contencioso-administrativa es el juez de la constitucionalidad de los actos administrativos en paralelo a los poderes de la Corte Constitucional para juzgar la constitucionalidad de las leyes y demás actos de rango o valor similar[49]. Por tanto, además de existir el control difuso de la constitucionalidad, en Venezuela y Colombia, ni la Corte Suprema de Justicia ni la Corte Constitucional monopolizan la justicia constitucional con poderes anulatorios.

En todo caso, debe recordarse que conforme a las orientaciones de Kelsen[50] los actos del Estado sometidos al control jurisdiccional de constitucionalidad pueden ser considerados actos subordinados a la Constitución de manera inmediata; por lo tanto, el control de la constitucionalidad aparece como la consecuencia de la expresión jerárquica del ordenamiento legal[51]. Por ello, el control de la constitucionalidad de los actos administrativos, normalmente subordinados a las leyes, generalmente también se confiere en Europa, a la jurisdicción administrativa y no a las Cortes Constitucionales.

No obstante, a pesar de estas directrices, el control jurisdiccional de los actos ejecutivos se confiere también, en Austria, al Tribunal Constitucional. Al respecto, Kelsen afirmaba:

---

[48]. *Véase* Allan R. Brewer–Carías, *Nuevas tendencias en el contencioso administrativo en Venezuela*, Caracas 1993, pp. 47 y ss.

[49]. *Véase* Luis Carlos Sáchica, *La Corte Constitucional..., cit,* pp. 64 y 107 y ss.

[50]. Hans Kelsen, "La garantie juridictionnelle de la Constitution. La Justice Constitutionelle", *loc. cit.,* p. 228

[51]. *Cf.,* H. Kelsen, *loc. cit.,* pp. 228–231.

"Tal vez estos reglamentos no sean ...actos inmediatamente subordinados a la Constitución; su irregularidad consiste inmediatamente en su ilegalidad y, de manera mediata solamente, en su inconstitucionalidad. A pesar
de ello, si nos proponemos aplicarles también la competencia de la jurisdicción constitucional, no es tanto por considerar la relatividad ...de la oposición entre constitucionalidad directa y constitucionalidad indirecta, sino en
razón de la frontera natural entre actos jurídicos generales y actos jurídicos
particulares".[52]

Por consiguiente, según Kelsen, sólo se deben excluir de la jurisdicción constitucional los actos del Estado con efectos particulares (administrativos o judiciales)[53]; lo que implica que en Austria, las normas ejecutivas o los actos administrativos con efectos generales también están sometidos a la jurisdicción del Tribunal Constitucional.

2. El carácter expreso del sistema concentrado de control de la constitucionali-
dad como garantía de la Constitución

Un sistema concentrado de control de la constitucionalidad de las leyes, el
cual se basa en el principio de la supremacía de la Constitución, no puede desarrollarse como consecuencia de la labor pretoriana de los jueces en sus decisiones judiciales, como sucedió en el caso del sistema difuso de control de la constitucionalidad, por ejemplo, en los Estados Unidos y en Argentina. Al contrario,
debe ser expresamente establecido en la Constitución. Por tanto, las funciones de
justicia constitucional relativas a ciertos o a todos los actos del Estado, reservadas a la Corte Suprema o a un Tribunal Constitucional, requieren texto expreso.

Por consiguiente, dadas las limitaciones que ello implica tanto al deber como
al poder de todos los jueces de determinar, en cada caso, la ley aplicable, sólo se
puede implantar un sistema concentrado de control jurisdiccional de la constitucionalidad en la medida en que está previsto, *expressis verbis,* por normas constitucionales. En esta forma, la Constitución, como Ley suprema de un país, es el
único texto que puede limitar los poderes y deberes generales de los tribunales
para decidir la ley aplicable en cada caso; es la única habilitada para atribuir
dichos poderes y deberes, en lo referente a ciertos actos del Estado, a ciertos
órganos constitucionales, sea la Corte Suprema o una Corte, un Consejo o un
Tribunal Constitucional, como poderes anulatorios.

En tal sentido, el artículo 241 de la Constitución de Colombia atribuye a la
Corte Constitucional "la guarda de la integridad y supremacía de la Constitución", con poderes para anular por inconstitucionalidad los siguientes actos estatales: actos de reforma de la Constitución, por vicios de procedimiento; actos de
convocatoria de referéndum o de asambleas constituyentes referentes a una reforma de la Constitución, por vicios de procedimiento; los referéndum referentes
a leyes, consultas populares y plebiscitos nacionales, solamente por vicios de
procedimiento en la convocatoria o en su realización; leyes, tanto por su contenido material como por vicios de procedimiento en su elaboración; decretos que

---

[52.] *Idem*, p. 230

[53.] *Idem*, p. 232.

tengan fuerza de ley dictados por el gobierno, por su contenido material o por vicios de procedimiento en su elaboración; decretos legislativos gubernamentales, tratados internacionales y leyes de ratificación de tratados. En general, es un control concentrado respecto de las leyes y demás actos estatales de similar rango y valor[54]. Debe señalarse que con motivo de la reforma constitucional de 1991, fue superada la secular discusión sobre si las leyes aprobatorias de tratados podían o debían ser objeto de control de la constitucionalidad[55]. Ahora ello se admite pero no sólo contra dichas leyes aprobatorias de tratados, sino contra los tratados internacionales en sí mismos[56].

En Venezuela, conforme a la Constitución de 1961, el control de la constitucionalidad de los actos del Estado por la Corte Suprema en Corte Plena, a través de la acción popular también está reservado, en general, a los actos de rango o valor legal, es decir, a los actos de ejecución inmediata a la Constitución. A nivel nacional, los actos del Estado de rango legal son las leyes, los actos parlamentarios sin forma de ley y los actos del gobierno; y a nivel de los Estados miembros de la Federación y de los Municipios, las leyes de las Asambleas Legislativas de los Estados miembros y las Ordenanzas dictadas por los Concejos Municipales[57]. En consecuencia en el nivel nacional, los actos promulgados por el Congreso y sus Cámaras Legislativas son los únicos que pueden ser objeto de una acción de inconstitucionalidad, así como los actos del Ejecutivo adoptados en ejecución directa e inmediata de la Constitución.[58] En cuanto a los Reglamentos, éstos también pueden ser objeto de acción popular, sólo si se trata de los Reglamentos dictados por el Presidente de la República en Consejo de Ministros[59]. De resto, la Corte Suprema en Sala Político-Administrativa en ejercicio de la jurisdicción contencioso-administrativa tiene competencia anulatoria en relación a los otros actos reglamentarios.

---

[54]. *Véase* Luis Carlos Sáchica, *La Corte Constitucional..., op. cit.* pp. 16 y ss.

[55]. *Véase* las diversas opiniones a favor de ello en la obra colectiva Aspectos del control constitucional en Colombia..., *op. cit.*, pp. 20, 48 y 57.

[56]. *Véase* Luis Carlos Sáchica, La Corte Constitucional..., *op. cit.*, pp. 21, entiende que este poder de control sólo se aplica a los Tratados suscritos con posterioridad a la vigencia de la Constitución de 1991, pues la inconstitucionalidad sobrevenida, a su juicio, sólo se aplica a las normas de derecho interno.

[57]. Las ordenanzas municipales tienen el carácter de leyes locales. *Véase* Allan R. Brewer-Carías, *El Régimen Municipal en Venezuela*, Caracas 1984, p. 162.

[58]. La Corte Suprema de Justicia enunció claramente este criterio en los términos siguientes: "El examen de una acción de inconstitucionalidad supone la confrontación entre el acto que se considera viciado y las normas de la Constitución presuntamente infringidas por éste. Si tales normas condicionan el acto, es decir, determinan, por ejemplo, la finalidad de éste, la autoridad competente para realizarlo, o los requisitos intrínsecos o extrínsecos cuyo incumplimiento puede afectar su validez, la acción o recurso dirigido a anularlo por colidir con la Constitución, es de inconstitucionalidad". Sentencia de la Corte Suprema de Justicia en la Sala Político-Administrativa del 13/2/68, *Gaceta Forense* N° 59, 1968, p. 83.

[59]. La Corte Suprema ha reservado esta acción de inconstitucionalidad a los actos que tienen efectos erga omnes y que interesan a cualquiera. *Véase* sentencia de la Sala Político Administrativa de 14-3-60, *Gaceta Oficial* N° 26.222 de 1-4-60

En este sentido, de conformidad con la Constitución, los siguientes actos de Estado podrían ser objeto de una acción de inconstitucionalidad: 1) las leyes nacionales; 2) las leyes de los Estados Federados; 3) las Ordenanzas Municipales; 4) los actos del Congreso o de las Cámaras Legislativas Nacionales, dictados en ejecución directa de la Constitución, y los actos de las Asambleas Legislativas o de los Concejos Municipales promulgados en el ejercicio de la función normativa (es decir, que no sean dictados en el ejercicio de la función administrativa, pues entonces constituirían actos administrativos)[60]; 5) los actos de gobierno y los Reglamentos dictados por el Ejecutivo Nacional[61].

En la Constitución no se enumera a los Tratados o a sus Leyes aprobatorias como objeto de control de la constitucionalidad por la Corte Suprema de Justicia en Corte Plena. El tema se ha discutido ampliamente[62], y ha habido contradicciones jurisprudenciales hasta que en 1989 la Corte Suprema admitió una demanda de inconstitucionalidad de la Ley que aprobó el Tratado que creó el Tribunal Andino de Justicia, y si bien la declaró sin lugar, aceptó la tesis de la impugnabilidad por inconstitucionalidad[63]

En todo caso, por el carácter expreso del sistema en el derecho constitucional positivo, el sistema concentrado de control de la constitucionalidad de las leyes, también es compatible con todos los sistemas jurídicos, es decir, no es propio de los sistemas de derecho civil ni tampoco incompatible con la tradición del *common law*. En realidad, se trata de un sistema que debe establecerse en una Constitución escrita, y poco importa que el sistema jurídico del país sea de derecho civil o de *common law*, aun cuando es más frecuente en países de derecho civil[64].

Por ello, la expresión de que "la práctica del *common law* siempre ha sido incompatible con la noción de tribunal constitucional especial según el modelo continental"[65] en materia de control de la constitucionalidad, debe entenderse

---

60. *Véase* Allan R. Brewer–Carías, *Control de la Constitucionalidad de los actos estatales,* Caracas 1977

61. Artículo 215, apartes 3, 4 y 6 de la Constitución. *Véase* también el voto salvado del Magistrado J.G. Sarmiento Núñez en la sentencia de la Corte Suprema de Justicia del 29–4–65 publicada por la *Imprenta Nacional*, Caracas, 1965, p. 25; J.G. Sarmiento Núñez, "El Control de la Constitucionalidad de las Leyes y de los Tratados", *Libro Homenaje al Doctor Eloy Lares Martínez*, Caracas, 1984, Tomo II, pp. 705–707

62. *Véase* Allan R. Brewer–Carías, *El control de la constitucionalidad de los actos estatales, op. cit.* pp. 48 y ss; *Instituciones Políticas y Constitucionales*, Caracas 1985, Tomo I, pp. 490 y ss

63. *Véase* Allan R. Brewer–Carías, "El control de la constitucionalidad de las leyes aprobatorias de Tratados Internacionales y la cuestión constitucional de la integración latinoamericana", *Revista de Derecho Público*, Nº 44, Caracas 1990, pp. 225 y ss.

64. *Véase* Allan R. Brewer–Carías, *Judicial Review in Comparative Law, op. cit.,* pp. 186 y ss.

65. E. Mc Whinney, "Constitutional Review in the Commonwealth", en E. Mosler (ed.), *Verfassungs gerichtsbarkeit in der Gegenwart, Internationales Kolloquium,* Max–Plank–Institut für Ausländisches öffentliches recht und völkerrecht, Heidelberg, 1961, Köln – Berlín, 1962, p. 80.

como una referencia al modelo europeo de Corte, Consejo o Tribunal Constitucional especial, y no, a un sistema "en el que la jurisdicción está determinada y limitada a ciertas cuestiones"[66]. El sistema concentrado de control de la constitucionalidad no puede reducirse a los sistemas constitucionales exclusivamente concentrados ni a aquellos en los cuales existe una Corte, un Consejo o un Tribunal Constitucional. Por esta razón, como hemos dicho, consideramos que es erróneo para estudiar el sistema, el enfoque que consiste en identificar el sistema concentrado de control de la constitucionalidad de las leyes con el "modelo europeo" de Cortes, Consejos o Tribunales constitucionales especiales.[67]

De hecho, aun cuando el sistema concentrado de control de la constitucionalidad de las leyes se conozca también como el sistema "austríaco"[68] o "modelo europeo"[69] debido a la existencia de una Corte, un Consejo o un Tribunal Constitucional especial, encargado por la Constitución de actuar como juez constitucional fuera del Poder Judicial, debe recalcarse el hecho de que la característica fundamental del sistema no es la existencia de una Corte, una Consejo o un Tribunal Constitucional especial, sino más bien, la atribución exclusiva a un solo órgano constitucional del Estado del poder de actuar como juez constitucional en lo que respecta algunos actos del Estado, trátese de la Corte Suprema de Justicia existente en el país o de una Corte, un Consejo o un Tribunal Constitucional especialmente creado.

La adopción del sistema es una elección constitucional, tomada en función de las circunstancias concretas de cada país, pero no necesariamente implica la creación de Tribunales Constitucionales especiales con el fin de garantizar la justicia constitucional, ni la organización de tales Tribunales fuera del Poder Judicial.

En Europa, por ejemplo, la multiplicación de los Tribunales Constitucionales encargados de ejercer el sistema concentrado de control de la constitucionalidad de las leyes, debe considerarse como una consecuencia práctica de una tradición constitucional particular, vinculada al principio de la supremacía de la Ley, a la separación de los poderes y a la desconfianza hacia los jueces en lo que respecta al control de los actos estatales y particularmente de los administrativos[70]. Sin embargo, esto no puede llevar a considerar que el "modelo" del sistema concentrado de control de la constitucionalidad de las leyes esté limitado a la creación

[66]. *Idem*, p. 80.

[67]. *Véase* Allan R. Brewer–Carías, *El control concentrado de la constitucionalidad ...*, *op. cit.* pp. 16 y ss.

[68]. M. Cappelletti, *Judicial Review in the Contemporary World, op. cit*, p. 50; J. Carpizo et H. Fix Zamudio, "La necesidad y la legitimidad de la revisión judicial en América Latina. Desarrollo reciente", *loc. cit*., p. 36.

[69]. L. Favoreu, "Actualité et légitimité du contrôle juridictionnel des lois en Europe occidentale", *Revue du Droit public et de la Science politique en France et à l'étranger*, 1985 (5), París, p. 1149. Publicado también en L. Favoreu y J.A. Jolowicz (ed.), *Le contrôle juridictionnel des lois. Légitimité, effectivité et développements récents*, París, 1986, pp. 17–68

[70]. *Cf.,* M. Cappelletti, *op. cit.*, p. 54; M. Cappelletti y J.C. Adams, "Judicial Review of Legislation: European Antecedents and Adaptation", *loc. cit*, p. 1211

de órganos constitucionales fuera del Poder Judicial, para que actúen como jueces constitucionales. Antes del "descubrimiento" europeo de la justicia constitucional a través de la creación de Cortes o Tribunales constitucionales especiales después de la Primera Guerra Mundial, otros países con tradición de derecho civil habían implantado, a partir de mitades del siglo pasado, sistemas concentrados de control de la constitucionalidad, atribuyendo a sus Cortes Supremas una jurisdicción exclusiva y original, con el fin de anular leyes y otros actos del Estado con efectos similares, cuando éstos contradicen la Constitución. Este es el caso de los sistemas constitucionales latinoamericanos, incluso si, con alguna frecuencia, han combinado el sistema concentrado con el sistema difuso de control de la constitucionalidad.

En efecto, puede decirse que los sistemas de control de la constitucionalidad que se han desarrollado en América Latina, se han ido orientando progresivamente hacia sistemas mixtos de control de la constitucionalidad, en los cuales coexisten el sistema difuso y el sistema concentrado. Este es el caso, por ejemplo, de Venezuela, Colombia, Brasil, Perú, El Salvador, y Guatemala. No obstante, algunos sistemas de América Latina, como el de Panamá, Uruguay, Honduras y Paraguay permanecieron exclusivamente concentrados, donde la Corte Suprema de Justicia tiene una jurisdicción exclusiva y original para declarar la inconstitucionalidad de las leyes.

Debe destacarse, sin embargo, que la modalidad del sistema concentrado de control de la constitucionalidad basado en la creación de un órgano constitucional especial, una Corte, un Consejo o un Tribunal para actuar como juez constitucional dotado del poder original y exclusivo para anular las leyes y otros actos de rango y efectos similares, ha marcado, por su carácter novedoso, la evolución de la justicia constitucional en las últimas décadas, desde la creación de las primeras Cortes Constitucionales en Austria y Checoslovaquia en 1920. El sistema fue adoptado más tarde en Alemania y en Italia después de la Segunda Guerra mundial, y hace menos de dos décadas en España y Portugal. También había sido adoptado, antes de 1990, en algunos países ex-socialistas (Yugoslavia, Checoslovaquia y Polonia) y se desarrolló bajo una forma particular en Francia. Bajo la influencia del modelo europeo pero de una manera incompleta, el sistema también se implantó en Guatemala, en la década de los sesenta, y en Chile hacia principios de los años 70, con la creación de un Tribunal Constitucional, y luego apareció en Ecuador y Perú don-de fueron creados Tribunales de Garantías Constitucionales. En Perú, en 1993 dicho Tribunal fue sustituido por un Tribunal Constitucional. En 1991, la nueva Constitución colombiana, como se dijo, creó una Corte Constitucional, al igual que sucedió en Bolivia en 1994; y en Ecuador en 2008 el Tribunal se transformó en una Corte Constitucional.

3. *La anulabilidad de los actos estatales como garantía constitucional que fundamenta el control concentrado*

Como se ha señalado anteriormente, la esencia del sistema concentrado de control de la constitucionalidad de las leyes, es la noción de supremacía de la Constitución. En efecto, si la Constitución es la Ley suprema de un país y, por lo tanto, prevalece ante todas las de-más leyes, entonces un acto del Estado que contradiga la Constitución no puede constituir una norma efectiva; al contrario, debe considerarse nulo. Ahora bien, el principal elemento que aclara la diferencia entre los dos grandes sistemas de control de la constitucionalidad (di-fuso y concentrado) no es una posible concepción distinta de la Constitución y de su supremacía, sino más bien el tipo de garantía adoptada en el sistema constitucional para preservar dicha supremacía.

Como lo indicó Hans Kelsen en 1928, estas "garantías objetivas" son la nulidad o la anulabilidad del acto inconstitucional. Por nulidad se entiende, como lo explicó Kelsen, que el acto inconstitucional del Estado no puede considerarse objetivamente como un acto jurídico; en consecuencia, no se requiere, en principio, de ningún otro acto jurídico para quitarle al primero su calidad usurpada de acto jurídico. En este caso, teóricamente, cualquier órgano, cualquier autoridad pública o cualquier individuo tendría el derecho de examinar la regularidad de los actos considerados nulos, con el fin de decidir su irregularidad y juzgarlos no conformes y no obligatorios. En cambio, si otro acto jurídico fuera necesario para establecer la nulidad del acto inconstitucional, la garantía constitucional no sería la nulidad sino la anulabilidad.[71]

Ahora bien, en principio, la nulidad de los actos inconstitucionales del Estado es la garantía de la Constitución que conduce al sistema difuso de control de la constitucionalidad, aun cuando la ley positiva restrinja el poder que podría tener cualquier persona para juzgar como nulos los actos inconstitucionales[72] y atribuya este poder de manera exclusiva a los tribunales, como se puede observar en forma generalizada, dado la necesidad de confiabilidad y seguridad jurídicas.

Por otra parte, la otra garantía de la Constitución, a saber la anulabilidad de los actos inconstitucionales del Estado es precisamente la que conduce, en principio, al sistema concentrado de control de la constitucionalidad de las leyes. Este es el caso del sistema colombiano y venezolano.

En efecto, el aspecto fundamental que muestra la racionalidad del sistema concentrado de control de la constitucionalidad de las leyes, es el principio de anulabilidad de los actos del Estado, cuando contradicen la Constitución.

Contrariamente a la nulidad de los actos del Estado, la anulabilidad de dichos actos, cuando se considera como una garantía objetiva de la Constitución, significa que el acto del Estado, aun irregular o inconstitucional, una vez producido por una institución pública, debe considerarse como un acto del Estado y, como tal, válido y efectivo hasta que el órgano que lo produjo lo derogue o revoque, o hasta que se decida su anulación por otro órgano del Estado, con los poderes constitucionales correspondientes. Este es precisamente el caso de los sistemas concentrados de control de la constitucionalidad, en los cuales la Constitución confiere el poder para anular, generalmente algunos actos del Estado, cuando se juzgan inconstitucionales, a un solo órgano constitucional, sea éste la Corte Suprema existente o un órgano creado especial y separadamente dentro o fuera del Poder Judicial, con funciones jurisdiccionales, que le permiten actuar como juez constitucional.

[71.] H. Kelsen, *loc. cit.*, p. 214.

[72.] *Idem*, p. 215.

Sin embargo, debe señalarse que, en general en los sistemas concentrados de control de la constitucionalidad, la anulabilidad de los actos del Estado no constituye la única garantía de la Constitución, puesto que siempre va acompañada de la nulidad. En cierta manera, se configura como una restricción a la regla de la nulidad que deriva de la violación de la Constitución.

En efecto, se ha afirmado que en lo que respecta a la nulidad de los actos inconstitucionales del Estado, en el sistema difuso de control de la constitucionalidad, la ley positiva, con miras a evitar la anarquía jurídica, limita el poder teórico general de las autoridades públicas y los individuos para considerar como inexistente e inválido un acto inconstitucional del Estado, reservando dicho poder a los jueces. Esto significa que, de hecho, el acto inconstitucional del Estado sólo puede ser examinado por los tribunales, los cuales son los únicos en tener el poder para considerarlo nulo; lo que significa que, hasta ese momento, el acto irregular debe considerarse efectivo y obligatorio para las autoridades públicas y los individuos. Por ello, en el sistema difuso de control de la constitucionalidad, una vez que un tribunal ha apreciado y declarado la inconstitucionalidad del acto estatal en relación a un juicio particular, el acto se considera nulo con relación a dicho juicio.

En todo caso, esta misma situación también se presenta en los sistemas constitucionales dotados de un sistema concentrado de control de la constitucionalidad, con relación a todos los actos del Estado distintos de aquellos que sólo pueden ser anulados por el Tribunal Constitucional o por la Corte Suprema. En efecto, como se ha señalado, en lo que respecta a los actos del Estado de rango inferior en la jerarquía de las normas, por ejemplo, los actos administrativos normativos, todos los jueces, en un sistema concentrado de control de la constitucionalidad, tienen normalmente el poder de considerarlos nulos cuando son inconstitucionales, con relación al juicio particular en el cual fueron cuestionados. En estos casos, la garantía de la Constitución es la nulidad del acto inconstitucional del Estado, aun cuando solamente los tribunales estén habilitados para examinarlo.

En consecuencia, la particularidad del sistema concentrado de control de la constitucionalidad reside en el hecho de que la ley positiva establece un límite adicional a los efectos de la inconstitucionalidad de los actos, a saber que respecto de algunos de éstos, el poder para declarar su inconstitucionalidad y su invalidez, y por lo tanto, para considerarlos sin efectos, ha sido reservado exclusivamente a un solo órgano constitucional: la Corte Suprema existente o una Corte, un Consejo o un Tribunal Constitucional especial. En estos casos, y con relación a tales actos, tratándose normalmente de actos legislativos y otros actos del Estado de rango o efectos similares en el sentido en que están inmediatamente subordinados a la Constitución, la garantía de la Constitución ha sido reducida a la anulabilidad del acto del Estado considerado inconstitucional.

En conclusión, en los sistemas constitucionales que poseen un sistema concentrado de control de la constitucionalidad, el deber de todos los jueces y tribunales consiste en examinar la constitucionalidad de los actos del Estado. Sin embargo, cuando el acto cuestionado es una ley u otro acto inmediatamente subordinado o de ejecución directa de la Constitución, los tribunales ordinarios no pueden juzgar su inconstitucionalidad, puesto que dicho poder está reservado a un Tribunal Constitucional especial o a la Corte Suprema de un país determinado, el cual puede anular el acto. En este caso, la garantía de la Constitución es la anulabilidad y entonces el acto queda anulado con efectos generales, puesto que es considerado o declarado nulo, no solamente respecto de un caso particular, sino en general.

Salvo esta excepción jurisdiccional particular, la cual es propia del sistema concentrado de control de la constitucionalidad, todos los demás tribunales o jueces pueden, en un juicio concreto, decidir la inaplicabilidad de los actos normativos del Estado no contemplados por esta excepción, considerándolos nulos cuando los juzguen viciados de inconstitucionalidad. En estos casos, la garantía de la Constitución es, sin lugar a dudas, la nulidad.

4. *El carácter previo o posterior del control concentrado de la constitucionalidad de las leyes*

El sistema de control concentrado de la constitucionalidad puede tener un carácter previo o posterior, o ambos; según que los órganos encargados de ejercer su poder jurisdiccional de control lo hagan antes de que la Ley entre en vigencia, es decir antes de su promulgación, o una vez en vigencia. Por ello se distingue el control *a priori* del control *a posteriori* de la constitucionalidad de las leyes.

En general, puede decirse que los sistemas concentrados de control jurisdiccional que conforman al modelo europeo se caracterizan por la utilización de varios medios de control jurisdiccional de la constitucionalidad de las leyes vigentes, es decir, una vez promulgadas y después de que se hayan iniciado sus efectos normativos jurídicos. Sólo excepcionalmente algunos sistemas concentrados europeos prevén un medio de control preventivo sobre algunos actos del Estado, como por ejemplo en Francia, en relación a las leyes; en Italia, con respecto a las leyes regionales, y en España, en cuanto a las leyes orgánicas y los tratados internacionales.

En todo caso, el fundamento de la existencia de un sistema de control jurisdiccional *a posteriori* reside en la superación del dogma de la soberanía del Parlamento y de la ley, así como en la flexibilización del principio de separación de los poderes. El control jurisdiccional implica la existencia de una Constitución escrita y rígida, dotada de un carácter normativo directamente aplicable a los individuos; de manera que sus límites se imponen a todos los órganos constitucionales, incluyendo al legislador cuyas actividades deben estar en conformidad con su texto y, por lo tanto, sujetas a un control jurisdiccional.

De lo anterior se deduce que en general, puede decirse que lo característico del sistema concentrado de control de la constitucionalidad, sin duda, es el control posterior, que permite anular actos estatales efectivos inconstitucionales. Sin embargo, algunos sistemas de control concentrado sólo prevén un control previo de la constitucionalidad de las leyes, es decir, respecto de proyectos de ley, o de leyes sancionadas, antes de su promulgación, como sucede en Francia y Chile, por ejemplo. En cuanto al modelo de control mixto de la constitucionalidad de las leyes en Colombia y Venezuela, el control concentrado que ejerce la Corte Constitucional o la Corte Suprema de Justicia, respectivamente, es tanto previo como posterior.

A. *El control preventivo de la constitucionalidad de las leyes*

La Constitución de Colombia, a partir de 1886, ha previsto un método de control preventivo de la constitucionalidad en virtud del poder de veto a la legislación, atribuido al Presidente de la República (art. 167 y 241,8 de la Constitución de 1991).

En efecto, cuando una ley es objeto de un veto por causa de inconstitucionalidad, si las Cámaras Legislativas insisten en su promulgación, el Presidente de la República debe enviar el proyecto de ley a la Corte Constitucional la cual debe decidir en un lapso de seis días. En caso de que la Corte declare inconstitucional el proyecto de ley, éste debe ser archivado.

De acuerdo con el artículo 33 del Decreto 2067 de 4-9-91 por el cual se dictó el régimen procedimental de los juicios y actuaciones que deban seguirse ante la Corte Constitucional, si la Corte considera que el proyecto es sólo parcialmente inconstitucional, así lo debe indicar a la Cámara en que tuvo origen para que, con audiencia del Ministro del ramo, rehaga e integre las disposiciones afectadas. Si por el contrario, la Corte rechaza las objeciones constitucionales presentadas por el Presidente de la República, éste está obligado a promulgar la ley (art. 167). En tal sentido, el artículo 35 del Decreto N° 2067 establece que la sentencia surtirá efectos de cosa juzgada respecto de las normas invocadas formalmente por el gobierno y consideradas por la Corte, y obliga al Presidente de la República a sancionarlo.

Debe señalarse, además, que en Colombia existe un sistema de control preventivo de la constitucionalidad de los proyectos de leyes, de carácter obligatorio, es decir, sin que sea necesario el veto presidencial. Esto sucede respecto de las denominadas leyes estatutarias por el artículo 152 de la Constitución (las destinadas a regular los derechos fundamentales, la administración de justicia, la organización y régimen de los partidos políticos, instituciones de participación ciudadana y estados de excepción). En tales casos, conforme al artículo 153 de la Constitución y 39 del Decreto 2067, los proyectos de Ley, inmediatamente después de haber sido aprobados en segundo debate deben ser enviados a la Corte Constitucional para su revisión, lo cual se hará con la posibilidad de participación de cualquier ciudadano para defender o impugnar el proyecto.

En Venezuela, sólo fue a partir de la reforma constitucional de 1945, la Constitución estableció expresamente la posibilidad de un control preventivo de la constitucionalidad de las leyes nacionales, incluyendo las leyes de aprobación de tratados internacionales y de contratos de interés público, correspondiendo su ejercicio a la Corte Suprema de Justicia a petición del Presidente de la República, como consecuencia de su poder de veto respecto de leyes sancionadas por las Cámaras Legislativas (art. 91).

En la actualidad, la Constitución de 1961 prevé, en el procedimiento de "formación de leyes" esta misma posibilidad del veto presidencial contra las leyes sancionadas, en la forma siguiente:

El Presidente de la República debe promulgar las leyes sancionadas por las Cámaras Legislativas en un plazo de 10 días contados a partir del momento en que las recibe del Presidente del Congreso. Sin embargo, durante ese lapso, el Presidente puede pedir al Congreso, con el acuerdo del Consejo de Ministros, que se *reconsidere* la ley, mediante una exposición razonada con el fin de poder modificar ciertas disposiciones de la misma o levantar la sanción de toda la ley o parte de sus disposiciones.

Cuando la decisión de las Cámaras de ratificar la Ley sancionada se adopte por los dos tercios de los miembros presentes, el Presidente de la República debe proceder a promulgar la ley en el transcurso de los cinco días siguientes a partir de su recepción, sin poder formular nuevas observaciones. Sin embargo, en caso de que la decisión sea adoptada por mayoría simple, el Presidente de la República puede escoger entre promulgar la ley o devolverla al Congreso, en el mismo período de cinco días, para un nuevo y último examen.

La subsiguiente decisión de las Cámaras en sesión conjunta es definitiva, aun cuando se adopte por mayoría simple, y por consiguiente, la ley debe ser promulgada por el Presidente en los cinco días subsiguientes a su recepción.

Sin embargo, si la objeción del Presidente de la República se basó en motivos de *inconstitucionalidad*, este puede solicitar a la Corte Suprema de Justicia, en los plazos señalados para la promulgación de la ley, que resuelva la inconstitucionalidad alegada, suspendiéndose la promulgación.

En esos casos, la Corte debe decidir en un plazo de diez días contados a partir del día en que reciba la comunicación del Presidente de la República. En caso de que la Corte rechace la inconstitucionalidad invocada, o si no toma su decisión en el plazo previsto, el Presidente de la República debe promulgar la ley en un lapso de cinco días contados a partir de la decisión de la Corte o del vencimiento del plazo para que esta decida (art. 173).

Si por el contrario, la Corte decide la cuestión y declara la inconstitucionalidad de la ley sancionada, ello impide su promulgación (art. 175), debiendo las Cámaras modificar el texto sancionado, aplicando la decisión de la Corte, que es de carácter obligatorio.

Pero además del control preventivo de la constitucionalidad de las leyes derivado del veto presidencial, también ello puede lograrse a través de la acción de amparo. En efecto, de acuerdo con lo establecido en los artículos 1 y 2 de la Ley Orgánica de Amparo sobre Derechos y Garantías Constitucionales, la acción de amparo procede contra toda amenaza de violación de derechos o garantías constitucionales proveniente de todo acto, hecho u omisión de particulares o de entes públicos. Por tanto, es incuestionable que si durante el procedimiento de formación de las leyes, que implica su aprobación en dos discusiones en cada una de las Cámaras Legislativas, éstas aprobasen un proyecto de norma que de sancionarse la ley, violaría un derecho o garantía constitucional, ello configuraría una amenaza cierta e inminente de violación de los mismos, que podría dar lugar a la protección constitucional consagrada en la Ley Orgánica de Amparo.

En esos supuestos, la persona amenazada de ser lesionada podría intentar una acción de amparo por ante la Corte Suprema de Justicia, contra tal amenaza de violación de su derecho o garantía constitucional para impedir que esa violación se produzca, mediante la obtención de un mandamiento judicial de amparo contra las Cámaras Legislativas para que se abstengan de sancionar la norma inconstitucional. Existiendo esta vía del amparo constitucional contra la amenaza de violación de los derechos constitucionales, no tendría sentido obligar al agraviado amenazado a que espere la sanción de la ley y por tanto que se apruebe y promulgue la ley inconstitucional, para que pueda ejercer la acción popular de inconstitucionalidad.

B. *El control a posteriori de la constitucionalidad de las leyes y demás actos de rango o valor de ley*

Además del control preventivo de la constitucionalidad, en Colombia y Venezuela, el control concentrado de la constitucionalidad se realiza al igual que en Panamá, El Salvador y Nicaragua, mediante el ejercicio de una *acción popular.* Sin embargo, en Colombia, además del control *a posteriori* mediante *acción popular* que ejerce la Corte Constitucional, la Constitución prevé dos casos de ejercicio de control obligatorio de la constitucionalidad por la Corte Constitucional. En efecto, en primer lugar, el artículo 241, ord. 7°, prevé que los decretos legislativos que emanen del Presidente de la República como consecuencia de un estado de sitio, declarado por causa de una guerra, crisis interna, o cuando el orden económico y social del país esté gravemente alterado (arts. 213, 214 y 215), deben ser sometidos en forma obligatoria a control de la constitucionalidad, para lo cual, al día siguiente de su promulgación, el Presidente de la República debe remitir estos decretos a la Corte Constitucional, a la cual corresponde decidir "definitivamente sobre su constitucionalidad" (art. 121). Cualquier ciudadano, puede intervenir en el procedimiento de revisión de los mencionados Decretos Legislativos, para defender o impugnar la constitucionalidad de los mismos (art. 37, Decreto 2067).

La Constitución también prevé en su artículo 241, ord. 10°, que la Corte Constitucional debe decidir definitivamente sobre la inconstitucionalidad de los Tratados internacionales y de las Leyes que los aprueben, a cuyo efecto, el Gobierno debe remitirlos a la Corte dentro de los 6 días siguientes a la sanción de la Ley. En el procedimiento, igualmente, cualquier ciudadano puede intervenir para defender o impugnar la constitucionalidad del Tratado o la Ley. Sólo si la Corte los declara constitucionales, el gobierno puede efectuar el canje de notas; en caso contrario, no serán ratificados.

Por último, aún cuando no se trate de leyes también se prevé un control previo obligatorio de la constitucionalidad de la convocatoria a un Referendo o a una Asamblea Constituyente para reformar la Constitución, y sólo por vicios de procedimiento en su formación, antes al pronunciamiento popular respectivo (art. 241, ord. 2°); así como de los referendos sobre leyes y de las consultas populares y plebiscitos del orden nacional, sólo por vicios de procedimiento en su convocatoria y realización (art. 241, ord. 3°). En estos últimos casos no se excluye la acción popular, pero la misma conforme al artículo 379 de la Constitución y al artículo 43 del Decreto 2067, sólo procede dentro del año siguiente a su promulgación.

5. *El carácter principal del sistema colombo venezolano de control concentrado de la constitucionalidad y la acción popular*

A. *La situación general en el derecho comparado*

Contrariamente al sistema difuso de control de la constitucionalidad, el cual siempre tiene un carácter incidental, el sistema concentrado puede tener bien sea un carácter principal o un carácter incidental, en la medida en que las cuestiones constitucionales relativas a las leyes lleguen a la Corte Suprema o a la Corte Constitucional en virtud de una acción directa intentada ante la misma, o cuando un tribunal inferior donde se planteó, a instancia de parte o *ex officio*, la cuestión constitucional, remite el asunto a la Corte. En Panamá, Uruguay, Honduras y Paraguay, donde sólo existe un sistema concentrado de control de la constitucionalidad, este es a la vez principal e incidental.

En consecuencia, otro aspecto de la racionalidad del sistema concentrado de control de la constitucionalidad de las leyes, en el cual el poder para anularlas se confiere a la Corte Suprema o a una Corte especial, que no se produce, por supuesto, en los sistemas mixtos, es que la cuestión constitucional puede alcanzar la Corte de manera directa o principal mediante una acción contra la ley o el acto estatal concreto o de manera incidental cuando la cuestión constitucional se plantea en un tribunal inferior con motivo de un juicio particular y concreto. En este caso, el juez debe remitir su decisión a la Corte Suprema o a la Corte Constitucional para luego poder adoptar la resolución final del caso, en conformidad con la decisión tomada por la Corte. En ambos casos, el control de la constitucionalidad es de tipo concentrado, porque un solo órgano está autorizado para juzgar la constitucionalidad de la ley.

Este sistema exclusivamente concentrado de control de la constitucionalidad, que se ejerce por vía principal y por vía incidental, es el propio del modelo europeo (Austria, Alemania, Italia, España). Por supuesto, no existe el método incidental en Portugal, pues este país adoptó el sistema mixto de control de constitucionalidad[73].

En todo caso, en el sistema exclusivamente concentrado, en el método principal de control, la cuestión constitucional relativa a una ley u otro acto estatal es "la cuestión principal" y única del juicio iniciado mediante acción directa que puede ser interpuesta por ante la Corte Suprema o la Corte Constitucional, tanto por los ciudadanos mediante una *actio popularis* o regida por reglas de legitimación particulares, o por funcionarios o autoridades públicas específicas. En el método incidental, la cuestión constitucional puede ser planteada ante un tribunal ordinario como una cuestión incidental en el juicio o *ex officio* por el tribunal. Este tribunal es, entonces, el único que puede remitir la cuestión constitucional ante la Corte Suprema o la Corte Constitucional, en cuyo caso se debe suspender la decisión del caso concreto hasta que la cuestión constitucional haya sido resuelta por la Corte Suprema o la Corte Constitucional[74].

En los sistemas mixtos de control de la constitucionalidad, donde a la vez existe un control difuso y concentrado de la constitucionalidad, en general, este último sólo se ejerce por vía principal, mediante el ejercicio de una acción o demanda de inconstitucionalidad.

Ahora bien, en el derecho comparado, el ejercicio del control concentrado de la constitucionalidad por vía principal, mediante una *acción popular* puede con-

---

[73.] *Véase* Allan R. Brewer–Carías, *Judicial Review in Comparative Law, op. cit.*, pp. 265 y ss.

[74.] *Cf., Idem*, pp. 186 y ss.

siderarse como el sistema más acabado, aún cuando no es tan frecuente. En efecto, lo normal es que se limite el ejercicio de la acción directa a determinados funcionarios u órganos del Estado (Presidente del Gobierno, Ministerio Público, miembros del Parlamento), como sucede en Europa, para acceder a los Tribunales Constitucionales, o se exija una legitimación activa determinada (interés personal, directo) en caso de que se permita el ejercicio de la acción a los particulares, como sucede en Uruguay, Honduras y Paraguay.

En Panamá, desde 1941 y, sin duda, en este punto, por influencia del sistema colombiano, se estableció la acción popular como medio procesal para acceder a la jurisdicción constitucional de la Corte Suprema de Justicia. Igual sistema existe en Venezuela. La diferencia, en todo caso, entre el sistema panameño y el de Venezuela y Colombia, radica en el objeto del control, que es más amplio en Panamá, donde no sólo las leyes y demás actos estatales de rango o valor similar pueden ser impugnados por inconstitucionalidad mediante la acción popular, sino todos los actos estatales; y en que el sistema panameño o de control es exclusivamente concentrado, en tanto que el colombiano y el venezolano es mixto.

Debe señalarse, en todo caso, que además de los casos de Colombia, Venezuela y Panamá, también puede identificarse una acción popular de inconstitucionalidad, en El Salvador y Nicaragua.

En efecto, el artículo 96 de la Constitución de 1950 de El Salvador, cuyo texto recoge el artículo 183 de la Constitución de 1992, establece la competencia de la Corte Suprema de Justicia, por medio de la Sala de lo Constitucional, como "único tribunal competente para declarar la inconstitucionalidad de las leyes, decretos y reglamentos, en su forma y contenido, de un modo general y obligatorio, y podrá hacerlo *a petición de cualquier ciudadano"*. Por su parte, el artículo 187 de la Constitución de Nicaragua establece "el Recurso por inconstitucionalidad contra toda ley, decreto o reglamento que se oponga a lo prescrito por la Constitución política, el *cual podrá ser instaurado por cualquier ciudadano"*.

Se observa, en todo caso, que una pequeña diferencia podría identificarse en cuanto a la legitimación amplia de la acción popular: en Venezuela se otorga a cualquier persona, al igual que en Panamá; en cambio en El Salvador y Nicaragua[75] al igual que en Colombia, se confiere a los ciudadanos, es decir, a quienes gozan de derechos políticos en los respectivos países. Por ello, en Colombia, los extranjeros y los nacionales menores de 18 años no pueden ejercer la acción popular[76] lo que no sucede en Venezuela, donde la legitimación es más amplia y se refiere a cualquier persona, aún cuando no sea nacional o no goce de los derechos políticos.

En otros países, si bien la legitimación para ejercer la acción de inconstitucionalidad está sometida a algunas restricciones, en definitiva podría identificar-

---

[75]. *Cfr.,* Luis López Guerra, "Protección de los Derechos Fundamentales por la Jurisdicción Constitucional en Centro América y Panamá", en *Justicia Constitucional Comparada,* Instituto de Investigaciones Jurídicas, Centro de Estudios Constitucionales México–Centroamérica, UNAM, México 1993, p. 86

[76]. *Véase* los comentarios de Luis Carlos Sáchica al criticar las disposiciones del Decreto 2067 de 1991, en *La Corte Constitucional... op. cit.,* p. 75.

se una acción popular de inconstitucionalidad, como es el caso de Guatemala, cuya Constitución de 1985, reguló los poderes de control de la constitucionalidad ejercidos por la Corte Constitucional, cuando se ejerce un recurso de inconstitucionalidad, concebido como una acción directa (art. 272,a) que puede ser interpuesta contra "las leyes y disposiciones de carácter general, objetadas parcial o totalmente de inconstitucionalidad" (arts. 267 y 272,a). Conforme a la Ley de Amparo, Exhibición personal y de constitucionalidad de 1986, tienen legitimación para plantear la inconstitucionalidad de leyes, reglamentos o disposiciones de carácter general, la Junta Directiva del Colegio de Abogados, el Ministerio Público, el Procurador de Derechos Humanos y "cualquier persona con el auxilio de tres abogados colegiados activos"(art. 134).

B. *La acción popular de inconstitucionalidad en Venezuela*

En efecto, en Venezuela desde 1858, la principal característica de la competencia de la Corte Suprema de Justicia en el ejercicio de sus poderes de control concentrado de la constitucionalidad, es que puede ser requerida por cualquier persona natural o jurídica, que goce de sus derechos[77]. Por consiguiente, el sistema concentrado de justicia constitucional en Venezuela siempre está concebido como un proceso de carácter principal que se desarrolla ante la Corte Suprema, cuando se introduce una acción popular. Dicha acción popular, tal como lo señaló la misma Corte en 1971, está abierta "a cualquiera del pueblo (de ahí su denominación)", siendo su objetivo "la defensa de un interés público que es a la vez simple interés del accionante quien, por esta sola razón, no requiere estar investido de un interés jurídico diferenciado legítimo". Por consiguiente, en Venezuela, la acción popular está consagrada "para impugnar la validez de un acto del Poder Público, que por tener un carácter normativo y general, obra *erga omnes*, y por tanto, su vigencia afecta e interesa a todos por igual".[78] En consecuencia, conforme al artículo 134 de la Ley Orgánica de la Corte, la acción popular puede intentarse "en cualquier tiempo".

En cuanto al carácter popular de la acción, cabe señalar que su "popularidad", tradicionalmente muy amplia, fue de algún modo limitada desde 1976, por la Ley Orgánica de la Corte Suprema de Justicia, la cual exigió un interés simple "particularizado" para poder introducirla. En efecto, el artículo 112 de dicha Ley exige que el acto impugnado debe lesionar, de algún modo, "los derechos e intereses" del recurrente. Por lo tanto, la amplia popularidad de la acción de inconstitucionalidad puede considerarse que ha sido objeto de una especie de restricción legal, sin que por ello haya perdido su carácter de "acción popular".

---

[77] *Véase* sentencia de la Corte Federal del 22/2/60, *Gaceta Forense* N° 27, 1960, pp. 107 et 108; así como la sentencia de la Corte Suprema de Justicia en la Sala Político–Administrativa del 3/10/63, *Gaceta Forense* N° 42, 1963, pp. 19 y 20, la del 6/2/64 *Gaceta Oficial* N° 27.373, 21/2/64, la del 30/5/63, *Gaceta Forense* N° 52, 1968, p. 109, y la del 25/9/73 *Gaceta Oficial* N° 1643 Extra, 21/3/74, p. 15.

[78] *Véase* la sentencia de la Corte Suprema de Justicia en la Sala Político–Administrativa del 18/2/71, *Gaceta Oficial* N° 1472 Extra, 11/6/71, p. 6; ver también la sentencia de la Corte Suprema de Justicia en la Sala Político–Administrativa del 6/2/64, *Gaceta Oficial* N° 27373, 21/2/64

En efecto, una restricción de este tipo podría considerarse razonable ya que en realidad sólo afectaría la legitimación necesaria en casos extremos. Por ejemplo, si se impugna una Ley de una Asamblea Legislativa de uno de los Estados de la Federación, sería lógico que se considere necesario que el recurrente, por ejemplo, al menos, resi-da en ese Estado, que tenga bienes en su territorio o que sus derechos e intereses puedan, de algún modo, resultar lesionados por dicha ley.[79]

De todos modos, la misma Corte Suprema de Justicia aclaró las dudas con respecto a la posible restricción de la popularidad de la acción[80], y consideró que la exigencia del artículo 112 de la Ley Orgánica en el sentido de que la ley impugnada debe lesionar "los derechos e intereses" del recurrente, no significa que la acción popular haya sido eliminada, ni que se haya establecido una exigencia especial de legitimación activa para requerir de la Corte Suprema el ejercicio del control de la constitucionalidad. Según la Corte, el objeto de la acción popular es "la defensa objetiva de la majestad de la Constitución y su supremacía", y si bien es cierto que la Ley Orgánica de la Corte Suprema requiere que los derechos e intereses del recurrente hayan sido afectados, dicha expresión no debe interpretarse de manera "rigurosamente restrictiva"[81]. Basándose en todo lo anterior, la Corte Suprema llegó a la conclusión de que cuando una persona ejerce la acción popular de inconstitucionalidad en virtud de los términos del artículo 112 de su Ley,

"*debe presumirse*, al menos relativamente, que el acto de efectos generales recurrido en alguna forma afecta los derechos o intereses del recurrente en su condición de ciudadano venezolano, salvo que del contexto del recurso aparezca manifiestamente lo contrario".[82]

Conforme a la Constitución de 1961, como se ha dicho, el control de la constitucionalidad de los actos del Estado a través de la acción popular está reservado a los actos de rango legal o normativo, es decir, a los actos de ejecución inmediata a la Constitución, y a los reglamentos dictados por el Presidente de la República en Consejo de Ministros.

La consecuencia directa del carácter popular de la acción de inconstitucionalidad en el sistema venezolano, es el carácter objetivo del proceso que se desarrolla ante la Corte Suprema como consecuencia de la acción.

En efecto, en Venezuela, la acción de inconstitucionalidad no se interpone contra el órgano del Estado (por ejemplo, el Congreso o el Presidente de la República) que hubiese adoptado o promulgado la ley cuestionada por inconsti-

---

79.   Allan R. Brewer–Carías, *El Control de la Constitucionalidad..., op. cit.*, p. 122

80.   *Véase* L.H. Farías Mata, "¿Eliminada la Acción Popular del Derecho Positivo Venezolano?", *Revista de Derecho Público*, N° 11, EJV, Caracas 1982, pp. 5/18

81.   Sentencia de la Corte en Sala Plena del 30/6/82, ver en *Revista de Derecho Público*, N° 11, EJV, Caracas 1982, p. 138

82.   En esta forma, la Corte reservó este recurso de inconstitucionalidad a los actos que tienen efectos erga omnes y que interesan a cualquiera. *Véase* al respecto la sentencia de la Corte Suprema de Justicia en la Sala Político–Administrativa del 14/3/60, *Gaceta Oficial* N° 26.222, 1/4/60. pp. 154/225.

cionalidad. En realidad, esta acción sólo se dirige contra un acto de Estado, como por ejemplo, una ley. Por consiguiente, en el proceso de inconstitucionalidad no hay "partes" propiamente dichas, ni demandante ni demandados en el sentido estricto del término. En realidad, el proceso de inconstitucionalidad es un proceso contra un acto, que puede ser iniciado por cualquier particular o funcionario público.

Por otra parte, como en el proceso de inconstitucionalidad no hay demandado, no es necesario citar a nadie[83], y una vez que la acción es admitida, la Corte, en realidad, sólo debe notificar por escrito al Presidente de la entidad o al funcionario que promulgó el acto, y solicitar la opinión del Ministerio Público, en caso de que este no haya sido el que hubiese iniciado el proceso, quien puede consignar su informe antes de que se dicte la sentencia (art. 116 de la Ley Orgánica de la Corte).

La Corte puede, sin embargo, ordenar el emplazamiento público de los interesados, cuando lo estime necesario. Por tanto, así como cualquier persona natural o jurídica lesionada en sus derechos e intereses puede ejercer la acción popular de inconstitucionalidad de las leyes, también, toda persona, con el mismo simple interés, tiene derecho de presentar argumentos y alegatos durante el proceso, en defensa de la ley o del acto cuestionado (art. 137 de la Ley Orgánica de la Corte).

Para concluir, debe señalarse que el proceso de inconstitucionalidad debe comenzar mediante la introducción ante la Corte de un escrito de recurso en el que el recurrente debe identificar claramente el acto cuestionado[84], e indicar con precisión las inconstitucionalidades denunciadas, es decir, tanto las razones del recurso como las normas constitucionales supuestamente violadas[85]. Sin embargo, tratándose de una acción popular que pone en juego la validez de una ley y la supremacía constitucional, estimamos que la Corte puede apreciar la inconstitucionalidad del acto cuestionado *ex officio*, por vicios no invocados por el recurrente[86], sin tener que limitarse a conocer únicamente las denuncias formuladas en el escrito[87].

---

83. *Véase* la sentencia de la Corte Federal en Sala Político–Administrativa del 20/11/40, *Memoria 1941*, pp. 265 y 266

84. Artículo 113 de la Ley Orgánica de la Corte Suprema de Justicia. *Véase* la sentencia de la Corte Suprema de Justicia en Sala Político–Administrativa del 23/1/69, *Gaceta Forense* N° 63, 1969, p. 95.

85. Artículo 113 de la Ley Orgánica de la Corte Suprema de Justicia. *Véase* sentencia de la Corte Federal del 14/12/51, *Gaceta Forense* N° 6, 1950, pp. 46 y 47; y sentencia de la Corte Suprema de Justicia en Sala Político–Administrativa del 11/8/64, *Gaceta Forense* N° 45, 1964, pp. 185 y 186

86. En este sentido, la Procuraduría General de la República ha señalado que la constitucionalidad de los actos legislativos constituye una materia eminentemente pública. Por ello, en los juicios en los que son tratados tales problemas, las facultades del juez no están ni pueden estar limitadas por lo invocado y probado en actos. *Véase Doctrina PGR 1963*, Caracas 1964, pp. 23 y 24

87. Al igual que la Corte Suprema lo sostuvo en la sentencia de la Corte Suprema de Justicia en CP del 15/3/62, *Gaceta Forense* N° 760 especial, 22/3/62. En este senti-

Por consiguiente, si bien es cierto que la acción popular debe ser formulada por un recurrente por ante la Corte Suprema (art. 82 LOCSJ), la Corte no está totalmente sujeta a la voluntad del mismo en el juicio de inconstitucionalidad. Por ello, a pesar de que el recurrente puede desistir del recurso una vez que este haya sido intentado, la Corte tiene el poder de seguir conociendo dicho caso (art. 87 LOCSJ).

En cuanto a los motivos de la acción popular de inconstitucionalidad debe señalarse que este recurso puede ser interpuesto únicamente para invocar violaciones de la Constitución o colisiones con la misma, es decir, basado en motivos de inconstitucionalidad[88]. De allí surge la tesis que ha formulado la Corte Suprema de Justicia en relación a la necesidad de que exista una *violación directa* de la Constitución para que la acción popular sea procedente[89]. Según la Corte, la inconstitucionalidad no puede surgir de simples enunciados teóricos o de un posible conflicto entre la norma impugnada y otra norma cualquiera de la legislación ordinaria[90], sino que debe ser el resultado de la violación directa de una norma constitucional.

En este sentido, la Corte Suprema sostuvo en una sentencia de 1983 lo siguiente:

"En efecto, el artículo 133 de la Ley Orgánica de la Corte Suprema de Justicia, al establecer que la sola denuncia de la infracción del artículo 117 de la Constitución[91] no podrá invocarse como fundamento de la acción y del recurso a que se refieren los artículos 112 y 121 *ejusdem*, sino que se requiere la denuncia de otra disposición de aquella que "haya sido directamente infringida por el acto cuya nulidad se solicita", está señalando que la violación indirecta de una norma constitucional no podrá constituir fundamento del recurso de inconstitucionalidad... Afinando los conceptos expuestos ... podría agregarse que existe recurso por violación directa de la Carta Fundamental, cuando sea factible llegar a la solución positiva o negativa del problema planteado con la exclusiva aplicación de las normas constitucionales violadas".[92]

La Corte Suprema ha señalado incluso que no todas las normas constitucionales pueden servir de base para la acción popular, y ha exigido que se trate de una norma directamente operativa, rechazando el recurso cuando las violaciones

---

do, J.G. Andueza sostiene que la decisión de la Corte no puede contener ultra petita, *La Jurisdicción Constitucional en el Derecho Venezolano*, Caracas 1955, p. 37

88. En consecuencia, ningún motivo de ilegalidad puede ser alegado. *Véase* la sentencia de la Corte Suprema de Justicia en Sala Político–Administrativa del 13/12/68, *Gaceta Forense* N° 59, 1969, pp. 85 y 86

89. Allan R. Brewer–Carías, *El Control de la Constitucionalidad...*, op. cit., p. 131.

90. *Véase* la sentencia de la Corte en Corte Plena del 26/2/85, *Revista de Derecho Público* N° 22, EJV, Caracas 1985, p. 164.

91. El artículo 117 estipula lo siguiente: "La Constitución y las leyes definen las atribuciones del Poder Público cuyo ejercicio les debe estar sometido

92. *Véase* la sentencia de la Corte Suprema de Justicia en Sala Político–Administrativa del 28/6/83, *Revista de Derecho Público* N° 15, EJV, Caracas 1983, pp. 155/156

invocadas se refieran a normas programáticas[93]. Sin embargo, esta doctrina no quiere decir que el control de la constitucionalidad de las leyes no pueda realizarse basándose en principios constitucionales. Por ejemplo, el artículo 50 de la Constitución establece expresamente que "la enumeración de los derechos y garantías contenida en esta Constitución no debe entenderse como negación de otros que, siendo inherentes a la persona humana, no figuren expresamente en ella". Por consiguiente, la Corte Suprema podría ejercer sus funciones de control de la constitucionalidad basándose en la violación de los derechos inherentes a la persona humana, no enumerados expresamente en el texto constitucional.

Finalmente, debe señalarse que la declaración de inconstitucionalidad debe necesariamente plantear una relación lógica, como consecuencia de una motivación seria y necesaria, entre el acto impugnado y la norma supuestamente transgredida por dicho acto[94]. Esa es la razón por la que la Corte ha considerado formalmente insuficientes las denuncias de infracciones a normas constitucionales, cuando esa relación no surge de las denuncias. En todo caso, es evidente que puede ocurrir la violación de la Constitución cuando el acto objeto del recurso está en contradicción con el espíritu y propósito de una norma constitucional[95] y no sólo cuando existe una contradicción literal entre la norma y el acto cuestionado.

Por último, debe señalarse que en Venezuela, tradicionalmente, la jurisprudencia de la Corte Suprema de Justicia ha rechazado sistemáticamente las solicitudes de suspensión de los efectos de los actos estatales de efectos generales impugnados por inconstitucionalidad. En una sentencia del 28 de julio de 1969, dictada con motivo de la impugnación de una ley de una Asamblea Legislativa, la Corte señaló que decretar la suspensión de los efectos de esa ley conduciría a una situación anormal según la cual bastaría con cuestionar ante la Corte, por inconstitucionalidad, un acto legislativo debidamente promulgado, concretamente una ley, para obtener por vía de sentencia previa, la suspensión de sus efectos, con el grave perjuicio de las facultades que corresponden al órgano legislativo.[96]

[93.] *Véase* las sentencias de la Corte Suprema de Justicia en Corte Plena del 12/9/69, *Gaceta Forense* N° 65, 1969, p. 10, y en Sala Político–Administrativa del 27/4/69, *Gaceta Forense* N° 64, 1969, p. 23, así como la de la Corte Suprema de Justicia en Sala Político–Administrativa del 13/2/68, *Gaceta Forense* N° 59, 1969, pp. 85–86.

[94.] *Véase* la sentencia de la Corte Suprema de Justicia en Sala Político–Administrativa del 21/12/67, *Gaceta Forense* N° 58, 1968, p. 68.

[95.] *Véase* la sentencia de la Corte Federal del 25–3–58, *Gaceta Forense* N° 19, 1958, p. 58. Al contrario, la Procuraduría General de la República sostuvo que la infracción de las bases de la Constitución no puede constituir una causa de anulación de un texto legal. *Véase Doctrina PGR 1964*, Caracas 1965, p. 158. Sin embargo, la Procuraduría también sostuvo la tesis según la cual la Constitución es violada cuando la ley pretende alcanzar objetivos diferentes de aquellos fijados por la Constitución, y no solamente cuando existe una contradicción formal entre la norma constitucional y la norma legal. *Doctrina PGR 1969*, Caracas 1970, p. 111. De manera general, en cuanto a los distintos tipos de motivos de inconstitucionalidad de las leyes, ver *Doctrina PGR 1966*, Caracas 1967, pp. 170 a 174.

[96.] *Véase* las sentencias de la Corte Suprema de Justicia en Sala Político–Administrativa de los 28 y 29/7/69, *Gaceta Forense* N° 65, 1969, pp. 102–103 y

Sin embargo, esta doctrina fue modificada por la Ley Orgánica de Amparo sobre Derechos y Garantías Constitucionales de 1988, la cual prevé expresamente, que cuando se trata de leyes o normas que violan los derechos o garantías constitucionales, y se formula al mismo tiempo, con la acción popular de inconstitucionalidad de las leyes y otros actos normativos del Estado, una pretensión de amparo, la Corte Suprema de Justicia, si lo estima pertinente para la protección constitucional, puede decretar la suspensión de la aplicación de la norma a la situación jurídica concreta cuya violación se ha alegado, mientras dure el procedimiento de nulidad (art. 3).

Se trata, aquí, de la posibilidad de suspender los efectos de la norma cuestionada por vía de acción popular cuando se formula conjuntamente una pretensión de amparo, únicamente mientras dura el procedimiento de nulidad, y con efectos estrictos con respecto a la situación jurídica concreta del recurrente que ha invocado la violación.

C. *La acción popular en Colombia*

En Colombia, como se ha dicho, conforme a la Constitución de 1991, todos los ciudadanos pueden interponer por ante la Corte Constitucional una *acción popular* para requerir la anulación, por inconstitucionalidad, de los siguientes actos estatales: actos de reforma de la Constitución, por vicios de procedimiento; actos de convocatoria de referéndum o de asambleas constituyentes referentes a una reforma de la Constitución, por vicios de procedimiento; los referéndum referentes a leyes, consultas populares y plebiscitos nacionales, solamente por vicios de procedimiento en la convocatoria o en su realización; leyes, tanto por su contenido material como por vicios de procedimiento en su elaboración; decretos que tengan fuerza de ley dictados por el gobierno, por su contenido material o por vicios de procedimiento en su elaboración; decretos legislativos gubernamentales, tratados internacionales y leyes de ratificación de tratados (art. 241).

El carácter popular de la acción de inconstitucionalidad viene dado por el hecho de que ésta puede ser ejercida por todos los ciudadanos, incluso sin tener ningún interés en particular, por lo que el procedimiento que se desarrolla ante la Corte Constitucional es de carácter objetivo. En efecto, esta acción no se intenta contra el Estado o contra uno de sus órganos, sino contra una ley o un acto estatal que tenga fuerza de ley. Esa es la razón por la cual, en principio, un ciudadano cualquiera puede intervenir en el procedimiento, adhiriéndose a la petición del accionante, o como parte interesada en el mantenimiento de la ley impugnada (art. 242,2). Igualmente por este carácter popular, de conformidad con el artículo 242.2 de la Constitución, el Procurador de la República debe intervenir en todo caso de acción de inconstitucionalidad.

Finalmente, y como consecuencia del carácter popular de la acción, en principio, ningún plazo de caducidad está previsto para su ejercicio; por tanto, como es inextinguible, el ejercicio de la acción popular puede ser considerado como un

---

115–116. Asimismo, ver las sentencias de la Corte Suprema de Justicia en Sala Político–Administrativa del 25/2/70, *Gaceta Forense* N° 67, 1970; del 21/6/71, Gaceta Oficial N° 1478 especial, 16/7/71, p. 39; y del 31–1–74, *Gaceta Oficial* N° 30322, 5/2/74, p. 227.

derecho político de los ciudadanos. Sin embargo, debe señalarse que la reforma constitucional de 1991 estableció que cuando la acción se basa en vicios formales o de procedimiento de la ley impugnada, la acción está sometida a un lapso de caducidad de un año, contado a partir de la fecha de su publicación (art. 242,3 y 379).

6. *El poder de iniciativa del control concentrado de la constitucionalidad y los poderes ex-officio del juez constitucional*

Como viene de señalarse, en general, la cuestión de constitucionalidad referente a la validez de una ley normalmente se plantea en los sistemas concentrados de control, ante la Corte Suprema o la Corte Constitucional mediante una acción o por remisión de un tribunal inferior. En ambos casos, el juez constitucional debe decidir en derecho, sin considerar los hechos.

En ambos casos, como se señaló, la cuestión constitucional debe formularse ante la Corte Suprema o la Corte Constitucional, por lo que ésta no tiene iniciativa propia para actuar como juez constitucional[97]. En esta forma, el principio *nemo judex sine actore* se aplica, pero una vez que la cuestión constitucional ha llegado a la Corte como consecuencia de una acción o de su remisión por parte de un tribunal inferior, el principio *in judex judicet ultra petitum partis* ya no es operante. Esto significa que la Corte Suprema o la Corte Constitucional, como juez constitucional, una vez requerida por una parte o por un medio incidental, tiene poderes *ex officio* para considerar cuestiones de constitucionalidad distintas a las que han sido planteadas[98].

En efecto, la acción popular en Venezuela pone en juego la validez de una ley y la supremacía constitucional, por lo que estimamos que, como ya hemos señalado, la Corte Suprema puede apreciar la inconstitucionalidad del acto cuestionado *ex officio*, por vicios no invocados por el recurrente, sin tener que limitarse a conocer únicamente las denuncias formuladas en el escrito. Por consiguiente, si bien es cierto que la acción popular debe ser formulada por un recurrente por ante la Corte Suprema (art. 82 Ley Orgánica de la Corte), ésta no está totalmente sujeta a la voluntad del mismo en el juicio de inconstitucionalidad. Por ello, a pesar de que el recurrente puede desistir del recurso una vez que este haya sido intentado, la Corte tiene el poder de seguir conociendo del caso (art. 87 de la Ley Orgánica).

El caso de Colombia la Corte Constitucional, como guardián de la Constitución, puede considerar vicios de naturaleza constitucional diferentes de los que fueron denunciados por el accionante o por los ciudadanos que hayan participado en el procedimiento y por consiguiente, puede declarar la inconstitucionalidad de la ley examinada por motivos diferentes a los expresados en la acción.

[97.] De manera excepcional, el Tribunal Constitucional Federal de la Antigua Federación de Yugoslavia poseía poderes ex officio para iniciar un procedimiento de control de la constitucionalidad de las leyes. Ver Artículo 4 de la Ley de la Corte Constitucional de Yugoslavia, 31–12–1963, en B.T. Blagojevic (ed.), *Constitutional Judicature*, Beograd, 1965, p. 16.

[98.] *Véase* en Allan R. Brewer–Carías, *El control concentrado...., cit.*, p. 58.

Así lo establece expresamente al artículo 22 del Decreto 2067 de 1991 al señalar que "La Corte Constitucional podrá fundar una declaración de inconstitucionalidad en la violación de cualquiera norma constitucional, así ésta no hubiere sido invocada en el curso del proceso".

Los vicios de inconstitucionalidad contenidos en el escrito de la acción, por tanto, no limitan en absoluto los poderes de la Corte que, como guardián de la integridad de la Constitución, está autorizada para examinar *ex officio* el acto cuestionado y para someterlo a todas las condiciones constitucionales[99]. Por otra parte, el desistimiento de la acción por parte del recurrente no tiene efectos inmediatos, dado el papel atribuido a la Corte, y ésta, por consiguiente, puede continuar efectuando el examen constitucional del acto impugnado.[100]

En esta materia, la situación del modelo colombo venezolano, puede decirse que se repite, en general, en el derecho comparado. En efecto, en Panamá, el Código Judicial es expreso, en el sentido de otorgar poderes a la Corte Suprema para apreciar de oficio cuestiones constitucionales distintas de las alegadas respecto de las normas impugnadas, al establecer:

> *Art. 2557.* En estos asuntos la Corte *no se limitará* a estudiar la disposición tachada de inconstitucional únicamente a la luz de los textos citados en la demanda, sino que debe examinarla, confrontándola con todos los preceptos de la Constitución que estimen pertinentes.

Pero además, en los sistemas concentrados de control de la constitucionalidad en muchos casos, los jueces constitucionales tienen poderes de oficio para apreciar y declarar la inconstitucionalidad de otras normas de una ley distintas a las referidas en la acción[101].

Es el caso del Tribunal Constitucional Federal de Alemania, cuya decisión sobre la conformidad o no de una Ley con la Constitución, si bien, en principio, puede adaptarse al contenido de la petición, del recurso constitucional o de la remisión que haya hecho un tribunal inferior, según el método utilizado para los fines del control; al pronunciar su decisión, el Tribunal Constitucional no está vinculado a las denuncias efectuadas, en el sentido de que puede plantear *ex officio* cualquier otro asunto de orden constitucional vinculado con la ley cuestionada o con cualquiera de los artículos de la misma, y por lo tanto, decidir *ultra petita*. Esta es la razón por la cual el mismo artículo 78 de la Ley Federal que instituye el Tribunal Constitucional Federal estipuló que:

> "En caso de que otras disposiciones de la misma ley no estén conformes a la Constitución o a cualquier otra norma de la ley federal, el Tribunal Constitucional Federal puede al mismo tiempo declararlas nulas".

En Italia, en cambio, en todos los casos de control jurisdiccional de la constitucionalidad de las leyes, la Corte Constitucional debe decidir, "dentro de los

---

[99]. L.C. Sáchica, *El Control de la Constitucionalidad y sus mecanismos, op. cit*, p. 106; *La Corte Constitucional ..., op. cit.*, p. 84.

[100]. A. Copete Lizarralde, *Lecciones de Derecho Constitucional, op. cit.*, p. 246.

[101]. *Véase* Allan R. Brewer–Carías, *El control concentrado..., cit.* pp. 158 y ss

límites" de la acción o del planteamiento judicial de la cuestión constitucional (art. 27 de la Ley 87), cuáles son las normas consideradas "ilegítimas", es decir inconstitucionales. En consecuencia, de conformidad con los términos de la Ley N° 87, se ha considerado que la Corte Constitucional no tiene poderes *ex officio* para analizar cuestiones constitucionales distintas de aquellas que le son sometidas mediante el método incidental o mediante la acción o recurso en el método directo o principal de control de la constitucionalidad. Al respecto, la Corte sólo tiene el poder para declarar "cuáles son las otras disposiciones legislativas cuya ilegitimidad es producto de la decisión adoptada" (art. 27), pero no puede declarar la inconstitucionalidad de disposiciones legislativas diferentes de aquellas indicadas en la remisión efectuada por el juez ordinario o en la acción directa.

En España, como hemos dicho, el Tribunal Constitucional como juez constitucional e intérprete supremo de la Constitución, si bien no puede plantear *ex officio* una cuestión de inconstitucionalidad, una vez que se haya sometido una cuestión al Tribunal, éste tiene poderes *ex officio* para plantear otras cuestiones de inconstitucionalidad con respecto a la norma cuestionada, es decir, que puede "basar la declaración de inconstitucionalidad en la violación de cualquier disposición constitucional, haya sido o no invocada en el juicio" (art. 39,2 de la Ley Orgánica del Tribunal). Igualmente, el Tribunal puede ampliar la declaración de inconstitucionalidad a otras disposiciones de la ley a pesar de que se haya producido un cuestionamiento parcial, en casos afines o como consecuencia de la declaración relativa a las disposiciones cuestionadas.

7. *Los efectos de las decisiones en materia de control concentrado de la constitucionalidad*

El último aspecto de la racionalidad del sistema concentrado de control de la constitucionalidad se refiere a los efectos de las decisiones dictadas por la Corte Suprema o por la Corte Constitucional relativas a la inconstitucionalidad de la ley. Este aspecto de los efectos de la decisión judicial también responde a dos preguntas: primero, ¿a quién afecta la decisión?, y segundo, ¿cuándo comienzan los efectos de la decisión?

A. *Los efectos erga omnes de la decisión anulatoria*

En lo que a la primera pregunta se refiere, la racionalidad del sistema concentrado de control de la constitucionalidad implica que la decisión dictada por la Corte Suprema o por la Corte Constitucional, actuando como juez constitucional, tiene efectos generales *erga omnes*. Este es el valor de las sentencias de la Corte Suprema de Justicia en Venezuela y de la Corte Constitucional en Colombia, siguiendo, en este sentido, la situación general en el derecho comparado.

En Colombia, también cuando la Corte Constitucional declara la inconstitucionalidad de un acto legislativo, esta decisión tiene efectos *erga omnes*. Además, conforme al artículo 21 del Decreto 2067 de 1991 tiene un valor de *res judicata* constitucional, y su contenido es obligatorio para todos (autoridades y funcionarios) de forma tal que con posterioridad no puede presentarse otra acción de inconstitucionalidad contra el mismo acto. En particular, este valor de *res judicata* de las decisiones de la Corte Constitucional rige tanto en los casos en los cuales la Corte rechaza la acción de inconstitucionalidad, como en los casos en los cuales declara la inconstitucionalidad del acto impugnado.

Por otra parte, en Colombia, además, conforme al mismo Decreto 2067 de 1991, "la doctrina constitucional enunciada en las sentencias de la Corte Constitucional, mientras no sea modificada por ésta, será criterio auxiliar obligatorio para las autoridades y corrige la jurisprudencia (art. 23).[102]

Además en Colombia, si bien todos los Tribunales pueden ejercer el control de la constitucionalidad de leyes mediante el sistema difuso, sin embargo, en principio no pueden declarar la inaplicabilidad de la ley por el motivo de inconstitucionalidad que la Corte Constitucional hubiese rechazado. Sin embargo, el artículo 24 del Decreto 2067 de 1991 expresamente indica que la declaración de constitucionalidad de una norma no obsta para que proceda la acción de tutela respecto de acciones y omisiones de las autoridades o de los particulares derivadas de ella. Tampoco impide, que un juez no aplique la norma cuando por las circunstancias particulares del caso sea necesario proteger algún derecho constitucional que no fue considerado en la sentencia de la Corte Constitucional.

En el caso de Venezuela, la decisión de la Corte Suprema de Justicia al declarar la nulidad de una ley por inconstitucionalidad como consecuencia, de una acción popular, también tiene un valor general, es decir, *erga omnes* lo cual ha sido confirmado por la jurisprudencia de la misma Corte desde hace más de medio siglo. En efecto, en una sentencia fechada el 17 de noviembre de 1938, la antigua Corte Federal y de Casación expresó:

> "La Corte Federal y de Casación está en el grado más alto de la jerarquía judicial; la cosa juzgada por ella establecida, aun suponiéndola errada en doctrina, es siempre la última palabra del Poder Judicial, contra la cual no pueden nada en derecho, ni ella misma ni los otros dos Poderes. Siendo una institución federal, con atribuciones exclusivas para anular *erga omnes* las leyes y los actos del Poder Público que violen la Constitución, esto la constituye en soberano intérprete del texto constitucional y de las Leyes ordinarias, y en único juez de los actos de los Poderes Públicos y de los altos funcionarios del Estado. Cualquier funcionario, por elevado que sea, o cualquiera de los otros Poderes Públicos que pretenda hacer prevalecer su propia interpretación de la ley, sobre la interpretación y aplicación que de la misma haya hecho esta Corte al decidir o resolver algo sobre el mismo asunto, usurpa atribuciones y viola la Constitución y las leyes de la República".[103]

La antigua Corte Federal y de Casación se pronunció en el mismo sentido, mediante una sentencia del 21 de marzo de 1939, cuando calificó sus decisiones como "disposiciones complementarias de la Constitución y de las leyes de la

---

[102] *Véase* las críticas a esta disposición en Luis Carlos Sáchica, *La Corte Constitucional, op. cit.*, pp. 88.

[103] *Véase* sentencia de la Corte Federal y de Casación en Sala Político–Administrativa del 17/11/38, *Memoria 1939*, pp. 330 a 334.

República, y surten sus efectos *erga omnes*"[104]. Así mismo, por sentencia del 16 de diciembre de 1940, cuando señaló que sus decisiones "entran a formar una legislación especial emergente del Poder Constituyente secundario que en tales materias ejerce este Alto Tribunal"[105]. La antigua Corte Federal fue coherente con ese criterio y, por sentencia del 19 de junio de 1953, señaló que sus decisiones "cobran fuerza de ley"[106] porque tienen efectos *erga omnes*.

La Corte Suprema de Justicia, en época más reciente, a través de la Sala de Casación Civil, Mercantil y del Trabajo, precisó su posición en la materia, por sentencia del 12 de diciembre de 1963, de la manera siguiente:

"El control absoluto de constitucionalidad lo ejerce la Corte Suprema de Justicia, en Pleno, cuando declara la nulidad total o parcial de una ley nacional por inconstitucional. Tal decisión deja sin efecto la Ley o la parte de ella que sea anulada, y tiene fuerza de cosa juzgada *erga omnes*. Esta nulidad es pronunciada en virtud de la llamada *acción popular*.

Una atribución similar, pero sólo en cuanto a leyes estadales y a ordenanzas municipales es ejercida por la Sala Político Administrativa de este Supremo Tribunal, también por acción popular y su declaratoria produce igualmente cosa juzgada *erga omnes*.

Quiere esto decir que la declaratoria de constitucionalidad o inconstitucionalidad de una Ley, por acción principal (popular) es definitiva y surte efectos contra todos, pues tal presunta Ley deja de serla desde el momento de ser declarada inconstitucional. Lo mismo ocurre en los casos de Leyes estadales y ordenanzas municipales, cuya inconstitucionalidad sea pronunciada".[107]

En definitiva, según la doctrina establecida por la Corte, la sentencia declaratoria de inconstitucionalidad de una ley, que por consiguiente anula esta última, tiene efectos *erga omnes*, con carácter de cosa juzgada.

En El Salvador, como lo dice el artículo 183 de la Constitución, la sentencia anulatoria de la Sala de lo Constitucional de la Corte Suprema se pronuncia "de modo general y obligatorio", es decir, con efectos *erga omnes*.

[104.] *Véase* sentencia de la Corte Federal y de Casación en Sala Político–Administrativa del 21/03/39, *Memoria, 1940*, p. 176

[105.] *Véase* sentencia de la Corte Federal y de Casación en Sala Político–Administrativa del 16/12/40, *Memoria, 1941*, p. 311

[106.] *Véase* sentencia de la Corte Federal del 19/3/53, *Gaceta Forense* Nº 1, 1953, pp. 77–78. Por otra parte, en la sentencia de la Corte Suprema de Justicia en Sala Político–Administrativa del 19/11/68, *Gaceta Forense* Nº 62, 1968, pp. 106 a 113, se sostuvo que "los efectos de las decisiones dictadas por Corte Suprema en el ejercicio de sus atribuciones, sólo son válidos mientras subsiste la aplicación del precepto constitucional en el que se basan".

[107.] *Véase* la sentencia de la Corte Suprema de Justicia en SCCMT del 12/12/63, *Gaceta Forense* Nº 42, 1963, pp. 667 a 672

Por otra parte, en los países europeos dotados de Cortes o Tribunales Constitucionales, los efectos de las decisiones de los mismos, son siempre *erga omnes*[108].

Es la situación en Alemania con las decisiones del Tribunal Constitucional, las cuales siempre tienen fuerza obligatoria para con todos los órganos constitucionales de la Federación y de los *Lander*, así como para con todas las autoridades y los tribunales, y, naturalmente, para todos los particulares. Por tanto, las decisiones del Tribunal Constitucional tienen efectos *erga omnes* (art. 31,1 de la Ley del Tribunal Constitucional Federal). Particularmente en los casos de control abstracto o concreto de las normas ejercido mediante petición o recurso por un órgano del Estado o remisión por un Tribunal inferior, en los casos en los que el Tribunal Constitucional declara la nulidad de una ley, la decisión reviste la misma fuerza que una ley (art. 31,2), en el sentido de que tiene un carácter obligatorio, *erga omnes*, inclusive para el propio Tribunal Constitucional.

Una situación similar se observa en Austria, donde la decisión del Tribunal Constitucional en materia de control jurisdiccional de la constitucionalidad de las leyes, de los decretos y otros actos del Estado, cuando anula una ley, tiene efectos *erga omnes*, es decir que es obligatoria para todos los tribunales, todas las autoridades administrativas (art. 139, 6; 140, 7) y los particulares.

En Italia, la decisión de la Corte Constitucional de declarar la inconstitucionalidad de una ley también tiene efectos *erga omnes* y, como consecuencia, conforme al artículo 137 de la Constitución, el acto "no puede aplicarse a partir del día siguiente a la publicación de la decisión".

En España, en lo que se refiere a las decisiones de anulación de una ley o de otras normas con fuerza de ley por cualquier medio de control jurisdiccional, sea cuando el Tribunal Constitucional decide un recurso de inconstitucionalidad, o cuando decide acerca de una cuestión de inconstitucionalidad planteada de manera incidental, el artículo 164,1 de la Constitución establece los efectos *erga omnes* de las decisiones, ya que tienen "plenos efectos frente a todos". Además, en los casos de aplicación del método incidental de control jurisdiccional, el Tribunal Constitucional debe inmediatamente informar el tribunal respectivo encargado del juicio, el cual debe a su vez notificar las partes. En este caso, la Ley Orgánica del Tribunal prevé que el juez o el tribunal deberá cumplir la decisión a partir del momento en que se entere, y las partes a partir del momento en que sean notificadas (art. 38,3 de la Ley Orgánica del Tribunal Constitucional).

B. *Los efectos constitutivos de la decisión anulatoria del juez constitucional*

a. *La situación general del sistema*

Los efectos *erga omnes* de la decisión jurisdiccional en el sistema concentrado de control de la constitucionalidad de las leyes antes señalados, están estrechamente vinculados a la cuestión de los efectos temporales de la decisión, en particular, como consecuencia del principio anulabilidad de algunos actos del Estado como garantía de la Constitución.

[108.] *Véase* Allan R. Brewer Carías, *El control concentrado...*, *cit.* pp. 86 y 185 y ss.

En efecto, tal como se ha señalado anteriormente, el más importante aspecto de la racionalidad del sistema concentrado de control de la constitucionalidad, es que la supremacía de la Constitución con respecto a todos los demás actos del Estado, lleva a considerar que una ley contraria a la Constitución debe ser nula. También se señaló que, aun cuando la garantía de la Constitución en los sistemas de control de la constitucionalidad sea, en principio, la nulidad de los actos inconstitucionales del Estado, la Constitución ha restringido su propia garantía, en lo que respecta a algunos actos del Estado, como las leyes, reservando el examen y la declaración de su nulidad a un solo órgano constitucional: la Corte Suprema o una Corte, un Consejo o un Tribunal Constitucional especialmente creado, al cual se ha conferido el poder exclusivo de declarar la nulidad de dichos actos. En Panamá, como se ha dicho, el poder de la Corte Suprema de Justicia para controlar la constitucionalidad se refiere no sólo a las leyes, sino a todos los actos estatales.

En consecuencia, cuando un juez constitucional decide la anulación por inconstitucionalidad de una ley, la decisión jurisdiccional tiene efectos constitutivos: declara la nulidad de la ley debido a su inconstitucionalidad, habiendo ésta producido efectos hasta el momento en que se estableció su nulidad. De esta manera, la Corte considera, en principio, que la ley cuya nulidad ha sido declarada y establecida, ha sido válida hasta ese momento. Así sucede, por ejemplo, en Panamá, al establecer el Código Judicial en su artículo 2564, que:

"Las decisiones de la Corte proferidas en materia de inconstitucionalidad son finales, definitivas, obligatorias y *no tienen* efecto retroactivo.

En todo caso, en algunos países, como Costa Rica, expresamente se prevé, en el derecho constitucional positivo, que los efectos de la declaración de inconstitucionalidad y anulación de la ley por parte de la Sala Constitucional de la Corte Suprema, son *ex tunc* y, por consiguiente, declarativos y retroactivos, salvo en lo referente a los derechos adquiridos de buena fe (art. 91 de la Ley de la Jurisdicción Constitucional), o respecto de situaciones consolidadas por prescripción, caducidad o en virtud de una sentencia judicial (art. 92 de la Ley).

b. *La situación en Colombia y Venezuela*

En Colombia, antes de 1991 el debate tradicional de los efectos *ex tunc* o *ex nunc* de las decisiones dictadas por la Corte al ejercer el control de la constitucionalidad, también se había dado, aún cuando la mayoría de los autores tendían a atribuir a las mismas sólo los efectos *ex nunc, pro futuro*.[109]. En 1991, el Decreto N° 2067 resolvió definitivamente la cuestión y estableció que:

"los fallos de la Corte sólo tendrán efecto hacia el futuro, salvo para garantizar el principio de favorabilidad en materia penal, policiva y disciplinaria y en el caso previsto en el artículo 149 de la Constitución".

[109.] *Cf.*, L.C. Sáchica, *El Control..., op. cit.*, p. 68; E. Sarría, *Guarda de la Constitución, cit.*, p. 83

El supuesto de ese artículo 149 de la Constitución, es el de nulidad absoluta de los actos adoptados por miembros del Congreso en reunión efectuada fuera de las condiciones constitucionales.

En Venezuela, la Ley Orgánica de la Corte Suprema de 1976 no resolvió el problema planteado, sino que se limitó a señalar que la Corte debe determinar "los efectos de su decisión en el tiempo" (art. 119 y 131). Sin embargo, para precisar los efectos de las sentencias que anulan una Ley por inconstitucionalidad, debe recordarse que en Venezuela existe un sistema mixto de control de la constitucionalidad, lo que implica el funcionamiento de dos sistemas de justicia constitucional en paralelo: por un lado, el sistema difuso, ejercido por todos los jueces, y por otro, el sistema concentrado, ejercido por la Corte Suprema. Por consiguiente, no deben confundirse los efectos de las decisiones en materia de control de la constitucionalidad en uno y otro sistema.

En efecto, en relación a los casos de control difuso de la constitucionalidad, está claro que la decisión judicial de no aplicar una ley inconstitucional, incluso si tiene sólo y exclusivamente efectos *inter partes*, equivale a una decisión simplemente declarativa, con efectos retroactivos, *pro praeterito* o *ex tunc*. Al ejercer este control difuso, el juez no anula la ley, sino que declara o constata únicamente una inconstitucionalidad preexistente; de forma que ignora la existencia de la ley (es decir, que la considera inexistente) y no la aplica en el caso concreto que corresponde el conocimiento del juez.

Ahora bien, los efectos del control difuso de la constitucionalidad de las leyes son completamente diferentes de los efectos producidos por el ejercicio del control concentrado de la constitucionalidad, cuando la Corte Suprema declara la nulidad de una ley por inconstitucionalidad. En esos casos, cuando la Corte Suprema, en el ejercicio de sus atribuciones previstas en el artículo 215, párrafos 3 y 4 de la Constitución, "declara la nulidad" de la ley, es decir anula la ley, ésta, en principio, es válida y efectiva hasta que se publique la sentencia de la Corte, habiendo producido todos sus efectos a pesar de su inconstitucionalidad, en virtud de la presunción de la constitucionalidad de las leyes.[110]

Como el control de la constitucionalidad de las leyes atribuida a la Corte Suprema por el artículo 215, ordinales 3 y 4 de la Constitución es un control concentrado, ejercido mediante acción popular, resulta claro que la sentencia que anula la ley tiene efectos constitutivos, por lo que los efectos de la anulación de la ley por inconstitucionalidad, al no existir una norma expresa constitucional o legal que disponga la solución, sólo pueden producirse *erga omnes* pero hacia el futuro, es decir que las sentencias son, en principio, constitutivas, *pro futuro* y con efectos *ex nunc*, que no pueden referirse al pasado (no pueden ser retroactivas). Se puede afirmar que ese es el criterio que sigue no sólo la doctrina venezolana[111], sino también la jurisprudencia de la Corte Suprema de Justicia, aun cuando la Corte no haya sido siempre constante.[112]

[110.] J.G. Andueza, *op. cit.*, p. 90.

[111.] En su libro *La jurisdicción constitucional en el derecho venezolano* (*op. cit.*). José Guillermo Andueza demostró clara y abundantemente que la sentencia de nulidad por inconstitucionalidad tiene un carácter constitutivo. En efecto, señaló que "la presunción de constitucionalidad de que gozan los actos de los Poderes Públicos

En todo caso, a partir de 1976, el artículo 131 de la Ley Orgánica de la Corte Suprema de Justicia atribuye a la Corte el poder de determinar "los efectos de su decisión en el tiempo". Por consiguiente, la Corte puede corregir los efectos desfavorables que podría engendrar el efecto *ex nunc* de sus decisiones, particularmente en el campo de los derechos y garantía constitucionales, y puede atribuir a sus sentencias efectos retroactivos, *pro praeterito, ex tunc*.

Por último, puede afirmarse que el conjunto de los sistemas de control jurisdiccional concentrado de la constitucionalidad de las leyes en Europa, ejercido por Cortes Constitucionales, confieren efectos generales a las decisiones de las Cortes Constitucionales que declaran la nulidad de una ley por su inconstitucionalidad, así como la eficacia *ex nunc* de éstas, es decir, únicamente hacia el futuro. Asimismo, se puede afirmar que ningún sistema concentrado de control jurisdiccional de la constitucionalidad de las leyes atribuye en Europa, a la decisión de la Corte Constitucional, *efectos generales hacia el pasado*, es decir, *ex tunc, pro praeterito*. Dichas decisiones no son puramente declarativas sino que son solamente constitutivas y no acarrean efectos retroactivos. Cuando se atribuyen efectos hacia el pasado, como en los sistemas alemán e italiano, éstos se limitan fundamentalmente al ámbito penal. Por otra parte, ello es lógico; pues sería monstruoso, debido a las repercusiones respecto a la seguridad pública, pretender que las decisiones de anulación de una ley por ser inconstitucional, tengan efectos puramente declarativos y que, por esta razón, los actos realizados previamente a la declaración de nulidad de la ley, deban ser considerados como no habiendo sido dictados ni cumplidos.

Asimismo, sería injusto que, en asuntos penales, las decisiones adoptadas de conformidad con una ley posteriormente declarada inconstitucional, y por lo tanto, nula, no sean consideradas también como nulas. Esta es la razón por la cual existe la excepción respecto a los asuntos penales establecida en la legislación italiana, en relación los efectos de las decisiones de anulación de una ley por inconstitucional, que en principio sólo se refieren al futuro.

Igualmente, esta misma situación conflictiva que se puede presentar entre la seguridad pública y las decisiones en materia penal ha llevado a la jurisprudencia de la Corte Suprema de los Estados Unidos a formular excepciones al principio contrario. En efecto, en los Estados Unidos, el control judicial de la constitucionalidad tiene un carácter difuso; de allí el carácter retroactivo de los efectos de las decisiones declaratorias de inconstitucionalidad que son puramente declarati-

---

hace que produzcan todos sus efectos jurídicos hasta tanto la Corte no pronuncie su nulidad. En consecuencia, la sentencia de la Corte deberá necesariamente respetar los efectos que el acto estadal produjo durante su vigencia" (p. 93), pues ésta "realiza una modificación en los efectos del acto estadal. Es decir, la sentencia hace ineficaz un acto que antes era válido" (p. 94). Según Andueza, y según la doctrina más ortodoxa, "lo que caracteriza a las sentencias constitutivas, es la ausencia de efectos retroactivos. Ellas estatuyen siempre pro futuro, ex nunc; es decir, que la sentencia produce sus efectos desde el día de su publicación" (p. 94). Por lo tanto, no compartimos el punto de vista de Humberto J. La Roche, *El Control Jurisdiccional en Venezuela y Estados Unidos*, Maracaibo, 1972, p. 153.

112. *Véase* en general al respecto Allan R. Brewer–Carías, *Estado de Derecho y Control Judicial, op. cit.*, pp. 185 y sig.

vas. Estas decisiones, en principio, tienen un ámbito de aplicación *inter partes*, pero sin embargo, en virtud de la técnica del precedente y de la regla *stare decisis*, dichas decisiones revisten un carácter general obligatorio. En todo caso, a pesar de ello, la jurisprudencia ha reducido el carácter retroactivo a las cuestiones penales, respetando en cambio los efectos producidos en materia civil y administrativa por una ley declarada inconstitucional[113].

Ahora bien, en cuanto a las decisiones del Tribunal Constitucional en Austria, estas tienen efectos *constitutivos* en la medida en que anulan la ley o el decreto, *pro futuro, ex nunc*. Sin embargo, el Tribunal Constitucional tiene plenos poderes para anular leyes o decretos ya abrogados, es decir sin validez formal (arts. 139,4 y 140,4), lo que, en principio, implica los efectos retroactivos del control jurisdiccional, o sea una excepción a los efectos *ex nunc*.

De acuerdo con la regla general de los efectos *ex nunc*, propuesta por Hans Kelsen como una cuestión de principio[114], las situaciones de hecho o aquellas verificadas antes de la anulación de la ley o el decreto, siguen estando sujetas a ésta o éste, salvo en el caso considerado en la decisión, a menos que el Tribunal decida de otra manera (arts. 139,6 y 140,7). Por consiguiente, las consecuencias negativas eventuales de la regla *ex nunc* pueden ser compensadas por la decisión del Tribunal.

Sin embargo, por lo general, los efectos de la decisión del Tribunal sólo comienzan el día de la publicación de la revocación del acto anulado por parte de la autoridad ejecutiva implicada, a menos que el Tribunal determine un plazo para la expiración de los efectos del acto anulado (arts. 139,5 y 140,5) no superior a un año. En este caso y sobre una base puramente discrecional, el inicio de los efectos *ex nunc,* derivados de la anulación de la ley puede ser pospuesto por el Tribunal.

En el caso de Italia, las decisiones de la Corte Constitucional también tienen carácter constitutivo ya que anulan la ley inconstitucional, y sus efectos son *ex nunc, pro futuro*. Sin embargo, esta regla ha sido objeto de numerosas discusiones habiendo interpretado la Corte Constitucional la norma constitucional del artículo 136, la cual establece que el acto inconstitucional anulado ya no puede aplicarse a partir del día siguiente a la publicación de la decisión de la Corte, de la manera siguiente:

---

113. *Véase* Allan R. Brewer–Carías, *Judicial Review...*, *cit.*, pp. 201, 223, 233; y *El control concentrado...cit.*, pp. 180 y ss·

114. H. Kelsen, *loc. cit.*, p. 242. Por ejemplo, en lo que se refiere al sistema austríaco, L. Adamouch declaraba en 1954: "No se puede atribuir un simple valor declarativo a la decisión del Tribunal Constitucional que declara la inconstitucionalidad de una ley; no establece que una ley ha sido nula desde su origen y cuyos efectos deben ser nulos ex tunc, es decir, como si se tratara de un acto sin ningún valor jurídico desde su origen. Al contrario, la decisión del Tribunal Constitucional sólo anula el acto inconstitucional, es decir que destruye ex nunc su existencia jurídica, exactamente como si hubiese sido abolido por un acto legislativo posterior y como si la existencia jurídica de este acto hubiese terminado", en "Esperienza della Corte Constituzionale della Republica Austriaca", *Revista Italiana per la scienze giuridiche*, Milán, 1954.

"... la decisión relativa a la inconstitucionalidad, si bien es cierto que excluye todos los efectos irrevocablemente producidos por la norma declarada inconstitucional, produce en cambio efectos sobre las situaciones jurídicas que aún no han concluido y que pueden ser regidas de una manera distinta como consecuencia de la decisión. La declaración de inconstitucionalidad de una ley acarrea su inaplicabilidad a todas las relaciones jurídicamente cuestionadas ya que éstas aún no han sido objeto de una decisión con fuerza *res judicata*. La consecuencia es que, en cualquier fase del juicio, el juez debe tomar en consideración, incluso *ex officio*, dicha decisión de ilegitimidad constitucional cuando decide la relación jurídica concreta de un caso, de la misma manera y en la misma medida que si se tratase de *ius superveniens*".[115]

En realidad, este criterio de la Corte Constitucional confirma el carácter constitutivo de los efectos de las decisiones que declaran la inconstitucionalidad de las leyes, cuyas excepciones establece la Ley N° 87 de 1953, en la cual los efectos retroactivos de la decisión sólo son aplicables en los casos penales, cuando se ha pronunciado una condena judicial sobre la base de una ley considerada luego como inconstitucional. En este caso, conforme al artículo 30 de la Ley N° 87, su ejecución y sus efectos penales deben cesar. Otra excepción indirecta de los efectos *ex nunc* de la decisión deriva de la posibilidad de anulación de leyes ya revocadas.

En el caso de español de conformidad con el artículo 164,1 de la Constitución, la "declaración de inconstitucionalidad" o "declaración de nulidad" de una ley significa la anulación de ésta, siendo la garantía de la Constitución la anulabilidad de los actos del Estado inconstitucionales más que su nulidad. Por lo tanto, la ley declarada inconstitucional es anulada y la declaración tiene efectos *ex nunc, pro futuro*. Por este motivo el artículo 161,1 de la Constitución establece expresamente que las decisiones ya adoptadas en los procedimientos judiciales no pierden su valor *res judicata* y el artículo 40,1 de la Ley Orgánica del Tribunal Constitucional prevé lo siguiente:

"Las sentencias declaratorias de la inconstitucionalidad de Leyes, disposiciones o actos con fuerza de ley, no permitirán revisar procesos fenecidos mediante sentencia con fuerza de cosa juzgada en los que se haya hecho aplicación de las leyes, disposiciones o actos inconstitucionales...".

Como sucede en la mayoría de los sistemas concentrados de control jurisdiccional de la constitucionalidad en Europa, la excepción a los efectos *ex nunc* se establece en los casos penales, permitiendo efectos retroactivos limitados, lo que se ha ampliado a las decisiones de los tribunales contenciosos administrativos en el caso de sanciones administrativas. Al respecto, el artículo 40,1 de la Ley Orgánica del Tribunal Constitucional prevé la posibilidad de revisar los juicios, en los casos siguientes:

[115.] Decisión N° 3491, 1957. Citado en F. Rubio Llorente, *La Corte Constitucional Italiana*, Caracas 1966, p. 30

"procesos penales o contencioso administrativos referentes a un procedimiento sancionador en que, como consecuencia de la nulidad de la norma
aplicada, resulte una reducción de la pena o de la sanción, o una exclusión,
exención o limitación de la responsabilidad".

Por último, en contraste con la situación en Austria, Italia y España y contrariamente a lo que afirmaba Hans Kelsen con respecto a los efectos de la decisión
del juez constitucional en un sistema concentrado de control de la constitucionalidad, cuando éste resuelve la nulidad de una ley[116]; según la tradición constitucional alemana[117], en el caso de ejercicio de los controles abstracto y concreto de
las normas y tratándose de una decisión acerca de un recurso constitucional contra una ley, cuando en la decisión se declara nula una ley, se entiende que dicha
ley es declarada nula e inexistente *ab initio*, es decir que la decisión del Tribunal
tiene efectos retroactivos, *ex tunc*. Esta doctrina tradicional sin embargo, fue
mitigada por el Legislador, en la Ley federal que instituyó el Tribunal Constitucional, al limitar expresamente el alcance de la decisión estableciendo que cuando se declara una ley nula por inconstitucionalidad, sólo se pueden revisar las
causas criminales en los casos en que la decisión judicial definitiva esté basada
en dicha ley declarada nula (art 79,1 de la Ley del Tribunal Constitucional Federal). Todas las demás sentencias definitivas y no revisables, así como los actos
administrativos basados en la ley declarada nula, deben quedar intactos; sin embargo su ejecución, en caso de que no se hubiese efectuado previamente, debe
ser considerada ilegal (art. 79,2 de la Ley del Tribunal).

CONCLUSIÓN

Como resulta de todo lo anteriormente expuesto, podemos concluir, como lo
señalamos al inicio, que el sistema de control de la constitucionalidad, de Colombia y Venezuela, se puede considerar como un modelo más dentro de los
sistemas de justicia constitucional, de carácter mixto e integral, con características particulares que lo distinguen desde el punto de vista del derecho comparado.

En efecto, los sistemas de control de la constitucionalidad que muestra el derecho comparado se pueden clasificar de la manera siguiente:

1. Según el órgano a quien compete su ejercicio, se clasifican en difusos o
concentrados. En el primer caso, corresponde a todos los jueces; en el segundo
caso, sólo corresponde a la Corte Suprema de Justicia o a un Tribunal Constitucional.

2. Según el objeto del control, se clasifican en restringidos o amplios. El
control difuso generalmente es restringido en el sentido de que se ejerce sólo
sobre las leyes, reglamentos y actos normativos aplicables para la decisión de un
caso. El control concentrado, generalmente también es de carácter restringido, en
el sentido de que se ejerce sólo sobre las leyes y otros actos de rango legal por

---

[116.] H. Kelsen, *loc. cit*, p. 243.

[117.] *Cf.,* J.C. Béguin, *Le contrôle de la constitutionnalité des lois en République Fédéral
d'Alemagne, op. cit.*, pp. 209–228.

ser de ejecución directa de la Constitución. Un sistema amplio de control de constitucionalidad se refiere a todos los actos estatales.

3. Según el momento en el cual se ejerce el control concentrado, se clasifican en previos o posteriores, según que el control lo ejerza la Corte o el Tribunal Constitucional, antes o después de la promulgación de la Ley.

4. Según el método utilizado para obtener el control concentrado, se clasifican en control por vía principal o por vía incidental. En el primer caso, la acción de inconstitucionalidad puede ser atribuida a determinados funcionarios u órganos del Estado, a quien tenga interés personal, legítimo y directo o a cualquier persona o ciudadano (acción popular). En el segundo caso, la decisión de plantear la cuestión de inconstitucionalidad por vía incidental, corresponde al juez ordinario, teniendo poderes *ex-officio* para ello.

5. Según la garantía objetiva que se establezca de la Constitución, se clasifican en controles que declaran la inconstitucionalidad de un acto estatal, con efectos *ex tunc*; y controles que anulan un acto estatal, generalmente con efectos *ex nunc*. En el primer caso las sentencias son declarativas; en el segundo caso constitutivas. En general, el primer caso coincide con el sistema difuso de control de constitucionalidad; y el segundo, con el sistema concentrado de control.

Ahora bien, en cuanto al modelo colombo venezolano de control de la constitucionalidad, puede señalarse lo siguiente:

1. Es un sistema mixto o integral, que a la vez es difuso y concentrado.

2. El sistema difuso aplicado en Venezuela y Colombia habilita a todos los jueces a desaplicar las leyes cuando las consideren inconstitucionales, aplicando preferentemente la Constitución. Dichas decisiones, por supuesto, tienen efectos *inter partes* y *ex tunc*, siendo declarativas y retroactivas; y sólo están sometidas a los recursos de apelación o revisión ordinarios.

3. El sistema concentrado de justicia aplicado en Venezuela y Colombia es tanto *a priori* como *a posteriori*, y sólo se ejerce por vía principal.

El control concentrado *a priori* de la constitucionalidad, referido a las leyes no promulgadas, se ejerce por la Corte Suprema o la Corte Constitucional a requerimiento del Ejecutivo, cuando éste objete un proyecto de ley emanado del Congreso por razones de inconstitucionalidad. En Colombia, sin embargo, se regulan diversos supuestos de control *a priori* de la constitucionalidad de carácter automático (leyes estatutarias).

El control concentrado *a posteriori* se refiere a las leyes y demás actos de igual rango y valor, y se ejerce por la Corte Suprema o la Corte Constitucional por vía principal, cuando se le requiere el ejercicio de dichos poderes de control, mediante *acción popular*. En Colombia, sin embargo, se regulan diversos supuestos de control de la constitucionalidad de carácter automático (Tratados internacionales y sus leyes aprobatorias) convocatoria a Asamblea Constituyente, por ejemplo.

TERCERA PARTE

SOBRE LAS ACCIONES DE PROTECCIÓN CONSTITUCIONAL DE LOS DERECHOS FUNDAMENTALES

§11. ENSAYO DE SÍNTESIS COMPARATIVA SOBRE EL RÉGIMEN DEL AMPARO EN LA LEGISLACIÓN LATINOAMERICANA*

1. El amparo ha sido concebido en todos los países latinoamericanos como un medio judicial extraordinario especialmente establecido para la protección de los derechos constitucionales, contra los agravios o amenazas infligidos contra los mismos por parte de autoridades y de particulares. Aún cuando ha sido indistintamente calificado como acción, recurso o juicio, en realidad, en todos los casos se trata de un proceso constitucional que normalmente concluye con una orden judicial de amparo, protección o tutela de los derechos violados o amenazados de violación.[1]

---

* Este trabajo tiene su origen en el publicado con el mismo título en *Revista Iberoamericana de Derecho Procesal Constitucional,* N° 9 enero–junio 2008, Editorial Porrúa, Instituto Iberoamericano de Derecho Procesal Constitucional, México 2008, pp. 311–321; y como Estudio Preliminar al libro *Leyes De Amparo De América Latina,* Instituto de Administración Pública de Jalisco y sus Municipios, Instituto de Administración Pública del Estado de México, Poder Judicial del Estado de México, Academia de Derecho Constitucional de la Confederación de Colegios y Asociaciones de Abogados de México, Jalisco 2009, Vol. I. pp. 16–37.

[1] *Véase* en general, desde el punto de vista comparado, Héctor Fix–Zamudio y Eduardo Ferrer Mac–Gregor (Coord.), *El derecho de amparo en el mundo*, Edit. Porrúa, México 2006; Allan R. Brewer–Carías, *El amparo a los derechos y libertades constitucionales. Una aproximación comparativa*, Cuadernos de la Cátedra de Derecho Público, n° 1, Universidad Católica del Táchira, San Cristóbal 1993, 138 pp.; también publicado por el Instituto Interamericano de Derechos Humanos, (Curso Interdisciplinario), San José, Costa Rica, 1993, (mimeo), 120 pp. y en *La protección*

Este medio judicial extraordinario de protección no sólo es una de las piezas más importantes del sistema constitucional latinoamericano, sino quizás la más "latinoamericana" de todas las que lo conforman, habiendo incluso influido en la adopción en otros países de instituciones similares, como recientemente ha ocurrido en Filipinas con la creación del *Writ of amparo* a través de reglas dictadas por la Corte Suprema de ese país, en septiembre de 2007[2].

En cuanto a los aspectos del sistema constitucional latinoamericano relativos a la protección de los derechos constitucionales, en términos generales los mismos han respondido a dos grandes tendencias: por una parte, la progresiva adopción y ampliación de las declaraciones constitucionales de derechos; y por la otra, la también progresiva constitucionalización de las garantías judiciales de los mismos, en particular mediante el proceso de amparo.

2. En efecto, si algo en esta materia ha sido característico del constitucionalismo latinoamericano, ha sido la larga tradición que todos nuestros países han tenido incorporando en el texto de las Constituciones extensas declaraciones de derechos, y no sólo de los civiles y políticos, sino de los sociales, culturales, económicos, ambientales y de los pueblos indígenas. Ello contrasta, por ejemplo, con la reducida lista de derechos que por ejemplo se enumeran en las primeras Enmiendas (*Bill of Rights*) a la Constitución de los Estados Unidos de América o con la total ausencia de declaración de derechos constitucionales en el orden interno del Reino Unido.

La tradición declarativa latinoamericana comenzó hace casi 200 años, con la adopción, en 1811, de la "Declaración de los Derechos del Pueblo" por el Congreso Supremo de las Provincias de Venezuela, el 1 de julio de 1811, unos días antes de la declaración de Independencia de dichas provincias respecto de España; y luego, con la incorporación de un largo capítulo sobre derechos del hombre y de la sociedad, en la primera Constitución latinoamericana, que fue la "Constitución Federal de los Estados de Venezuela del 21 de diciembre de 1811."

Es por ello que puede decirse que aún cuando nuestros países, por más de tres siglos fueron colonias del Imperio español, en la configuración inicial del constitucionalismo realmente no se pueden encontrar influencias del sistema constitucional español, sino más bien, influencias directas de los principios constitucionales que se derivaron de las Revoluciones americana y francesa del siglo XVIII, los cuales a la vez, y paralelamente, también fueron luego seguidos en España a

---

jurídica del ciudadano. Estudios en Homenaje al Profesor Jesús González Pérez, Tomo 3, Editorial Civitas, Madrid 1993, pp. 2.695–2.740; Allan R. Brewer–Carías, *Mecanismos nacionales de protección de los derechos humanos (Garantías judiciales de los derechos humanos en el derecho constitucional comparado latinoamericano)*, Instituto Interamericano de Derechos Humanos, San José 2005; y Allan R. Brewer–Carías, *Constitucional Protection of Human Rights in Latin America. A Comparative Law Study on the amparo proceeding*, Cambridge University Press, New York, 2008.

2 "The Rule of the Writ of Amparo", Supreme Court of Philippines, 2007

partir de la sanción de la Constitución de la Monarquía Española de Cádiz de 1812. [3]

Otro aspecto que por supuesto está ligado a la tradición declarativa de derecho y que ha sido parte de la realidad constitucional latinoamericana, ha sido el desafortunado proceso de violación de los mismos por regímenes autoritarios, lo que desafortunadamente y quizás en forma más sofisticada, incluso se produce en el presente, al haberse instalado en algunos países, gobiernos autoritarios en fraude a la Constitución y a la democracia misma. Ello ha provocado que haya sido precisamente en los períodos de transición democrática, donde normalmente se haya acentuado el esfuerzo por ampliar dichas declaraciones de derechos, a los efectos de reesforzar su protección y agregar los nuevos derechos humanos, tanto individuales como colectivos.

En ese contexto también ha sido característico de nuestro constitucionalismo histórico, la incorporación en el texto de las Constituciones de la llamada "cláusula abierta" de los derechos humanos, siguiendo la tradición iniciada con la de la IX Enmienda de la Constitución de los Estados Unidos de América (1791), pero referida, no sólo a los otros derechos no enumerados en el texto constitucional que son "retenidos por el pueblo" como esta indica, sino a otros derechos que son inherentes a la persona humana o a la dignidad humana, o que derivan de la naturaleza de la persona humana, como se dispone en muchas de nuestras Constituciones. El resultado es que cláusulas de esta naturaleza se encuentran en todas las Constituciones latinoamericanas, excepto en las de Cuba, Chile, México y Panamá.

3. Por otra parte, esta progresiva expansión del contenido de las declaraciones constitucionales de derechos también ha provocado la incorporación expresa en las Constituciones, en muchos casos con rango constitucional, de los derechos declarados en tratados y convenciones internacionales de derechos humanos. A estos, por tanto, no sólo se les ha dado rango legal siguiendo la tradición constitucional también iniciada en Norteamérica, sino que en muchos casos incluso se les ha dado rango supra legal, rango constitucional y hasta rango supra constitucional. Algunas Constituciones, incluso, han conferido preeminencia a las previsiones de los tratados internacionales sobre derechos humanos en relación con las normas de la propia Constitución, cuando contengan previsiones más favorables al ejercicio de los derechos. Es el caso, por ejemplo, de la Constitución de Venezuela (art. 23).

En relación con este tema de la jerarquía de los tratados internacionales sobre derechos humanos en el derecho interno, aún en ausencia de disposiciones constitucionales expresas, en algunos países latinoamericanos el tema se ha resuelto mediante interpretación constitucional, al haberse incorporado en el texto mismo de las Constituciones, el principio de que en materia de derechos humanos, la interpretación del alcance de los mismos siempre debe ser hecha de acuerdo con lo establecido en dichos tratados internacionales de derechos humanos. Este es el

---

[3]   *Véase* Allan R. Brewer–Carías, *Reflexiones sobre la Revolución Americana (1776), la Revolución Francesa (1789) y la Revolución Hispanoamericana (1811–1830) y sus aportes al Constitucionalismo Moderno,* Universidad Externado de Colombia, Bogotá 2008.

caso, por ejemplo, de la Constitución de Colombia (art. 93) y del Código Procesal Constitucional del Perú (art. V).

Sin embargo, en este proceso de constitucionalización y de internacionalización de los derechos humanos, un específico tratado multilateral que ha tenido una importancia excepcional en la materia, ha sido como ha sido la Convención Americana de Derechos Humanos de 1969, y no sólo respecto del contenido de las declaraciones de derechos, sino en relación con el desarrollo de los mecanismos de protección judicial de los mismos, incluso a nivel internacional, con la creación de la Corte Interamericana de Derechos Humanos. Esta Convención, firmada en 1969 y ratificada por todos los países latinoamericanos con excepción de Cuba, ha sido un muy efectivo instrumento para la consolidación de un muy rico estándar mínimo sobre la regulación de los derechos civiles y políticos, común para todos los países.

4. Pero además de por las declaraciones sobre derechos humanos progresivamente ampliadas, el sistema constitucional latinoamericano de protección de los mismos se caracteriza por una segunda tendencia, que consiste en la expresa previsión en las Constituciones, precisamente de los mecanismos de protección judicial de los derechos, mediante la regulación de un específico medio judicial para ello, que ha sido llamado *Amparo* (Guatemala), *Juicio de amparo,* (México), *Proceso de amparo* (El Salvador, Perú), *Acción de amparo* (Argentina, República Dominicana, Honduras, Paraguay, Uruguay y Venezuela), *Recurso de amparo* (Bolivia, Costa Rica, Nicaragua, y Panamá), *Acción de tutela* (Colombia), *Recurso de protección* (Chile; Ecuador), *Mandado de segurança* y *mandado de injunçao* (Brasil), y que en todos los casos, se rigen por reglas procesales diferentes a las generales que se han establecido en los Códigos de Procedimiento Civil para los procesos destinadas a la protección general de los derechos o interesas de las personas y de sus bienes.

Ello implica que la protección de los derechos constitucionales en nuestros países puede lograrse de dos maneras: por una parte, a través de las acciones o recursos ordinarios y extraordinarios que en general se han establecidos en los Códigos de Procedimiento Civil; y por la otra, además, mediante las acciones y recursos establecidos en forma separada para el específico propósito de proteger los derechos constitucionales, y que han dado origen al proceso constitucional de amparo.

Como antes se mencionó, esta última solución es la que ha sido seguida en los países de América Latina, siendo ella uno de los signos distintivos de mayor importancia del derecho constitucional de nuestros países. La misma contrasta, por ejemplo, con la seguida en el sistema constitucional de los Estados Unidos de América donde la protección efectiva de los derechos humanos se asegura mediante los remedios judiciales ordinarios del proceso o a través de los remedios extraordinarios de equidad (como las *injunctions*), las cuales también se utilizan para la protección de cualquier tipo de derechos o intereses de las personas. En América latina, en cambio, y en parte dada la tradicional deficiencia de los medios judiciales generales y ordinarios para asegurar la protección efectiva de los derechos constitucionales, es que se ha desarrollado el proceso de amparo como un medio judicial específico para asegurar su protección.

5. Este medio específico de protección fue inicialmente introducido en México en 1847, con el nombre de juicio de amparo, el cual de acuerdo con la opinión unánime de los autores mexicanos tuvo su origen en el sistema de control judicial de constitucionalidad (*Judicial Review*) de los Estados Unidos de América, tal como había sido descrito por Alexis de Tocqueville en su obra *La democracia en América*, escrita sólo unos años después del caso *Malbury v. Madison* U.S. (1 Cranch), 137; 2 L. Ed. 60 (1803).[4]

Sin embargo, en su evolución posterior, el juicio de amparo mexicano, en una forma bien diferente al modelo norteamericano, se convirtió en la institución única y compleja de la actualidad, que sólo se encuentra en México, mediante la cual, además de asegurarse la protección de las garantías individuales (*amparo libertad*), comprende un variado y amplio grupo de otras medidas de protección judicial que se pueden ejercer contra el Estado y sus agentes, y que en los otros países latinoamericanos son siempre acciones o procesos separados. En ellos se incluyen, las acciones para el control de la constitucionalidad de las leyes (*amparo contra leyes*), las acciones para el control de legalidad e inconstitucionalidad de los actos administrativos (*amparo administrativo*), las acciones para el control judicial de las sentencias (*amparo casación*), y las acciones para la protección de los derechos campesinos (*amparo agrario*).[5] Este carácter comprehensivo y único del juicio de amparo no se encuentra en ningún otro país de América Latina, lo que no ha impedido a que sea precisamente el amparo mexicano el que más se conozca fuera de América Latina.

En todo caso, después de su introducción en México, durante el mismo Siglo XIX el proceso de amparo comenzó a extenderse por América Latina, dando origen en todos los países a una diferente y específica acción o recurso, y a un proceso, establecido exclusivamente para la protección de los derechos y libertades constitucionales, llegando en algunos casos a convertirse incluso en una institución procesal más protectiva que el amparo mexicano.[6]

En esta forma, además del recurso de habeas corpus que se generalizó en casi todos los países, el amparo fue introducido durante la segunda mitad del Siglo XIX en las Constituciones de Guatemala (1879), El Salvador (1886) y Honduras (1894); y durante el siglo XX, en las Constituciones de Nicaragua (1911), Brasil (*mandado de segurança* 1934), Panamá (1941), Costa Rica (1946), Venezuela (1961), Bolivia, Paraguay, Ecuador (1967), Perú (1976), Chile (*recurso de protección*, 1976) y Colombia (*acción de tutela*, 1991).

---

[4]   *Véase* Francisco Fernández Segado, "Los orígenes del control de la constitucionalidad y del juicio de amparo en el constitucionalismo mexicano de la primera mitad del siglo XIX. El impacto del Voto particular de don mariano Otero", en *Revista Iberoamericana de Derecho Procesal Constitucional*, Nº 5, Instituto Iberoamericano de Derecho Procesal Constitucional, Ed. Porrúa, México 2006, pp. 67 ss.

[5]   *Véase* Héctor Fix–Zamudio, *Ensayos sobre el derecho de amparo*, Editorial Porrúa, México 2003

[6]   *Véase* Joaquín Brague Camazano, *La Jurisdicción constitucional de la libertad. Teoría general, Argentina, México, Corte Interamericana de Derechos Humanos*, Editorial Porrúa, México, 2005, pp. 156 ss.

ALLAN R. BREWER-CARÍAS

Desde 1957, y mediante precedentes judiciales, la acción de amparo había sido admitida en Argentina, habiendo sido regulada por Ley en 1966, y luego incorporada en la reforma constitucional de 1994. En la República Dominicana, desde 2000 la Corte Suprema también había admitido el amparo, el cual también fue regulado posteriormente, en 2006, mediante la Ley de Amparo. Las normas de esta última Ley fueron incorporadas en 2011 en la Ley Orgánica del Tribunal Constitucional y de los Procesos Constitucionales 2011, que derogó la ley de 2006.

6. La consecuencia de este proceso constitucionalización de las garantías judiciales de los derechos humanos es que en todos los países latinoamericanos, con la excepción de Cuba, están reguladas las acciones de habeas corpus y amparo como medios judiciales específicos exclusivamente diseñados para la protección de los derechos constitucionales.

En todos los países el amparo está regulado en expresas normas constitucionales; y en todos los países, excepto en Chile, el proceso de amparo está regulado en textos legislativos específicos. En Chile, el recurso de protección se encuentra regulado en un cuerpo normativo denominado Auto Acordado sancionado por la Corte Suprema de Justicia, cuya última reforma es de 2006.

En la actualidad, por tanto, las siguientes son las leyes que regulan el proceso de amparo en América Latina[7]:

ARGENTINA.	Ley N° 16.986. Acción de Amparo, 1966;
BOLIVIA.	Ley N° 254. Código Procesal Constitucional, 2012
BRAZIL.	Lei N° 12.016 Mandado de Segurança, 2009
COLOMBIA.	Decretos Ley N° 2591, 306 y 1382. Acción de Tutela, 2000;
COSTA RICA.	Ley N° 7135. Ley de la Jurisdicción Constitucional, 1989;
ECUADOR.	Ley Orgánica de Garantías Jurisdiccionales y Control Constitucional, Ley 0 Registro Oficial Suplemento 52 de 22-oct-2009.
	Ley N° 000. RO/99. Ley de Control Constitucional, 1997
EL SALVADOR.	Ley de Procedimientos Constitucionales, 1960;
GUATEMALA.	Decreto N° 1-86. Ley de Amparo. Exhibición personal y Constitucionalidad, 1986;
HONDURAS.	Ley sobre Justicia Constitucional, 2004;
MÉXICO.	Ley de Amparo, reglamentaria de los artículos 103 y 107 de la Constitución Política, 1936 (última reforma, 2013);

---

[7] *Véase* Allan R. Brewer–Carías, *Leyes de Amparo de América Latina* (Compilación y Estudio Preliminar), Instituto de Administración Pública de Jalisco y sus Municipios, Instituto de Administración Pública del Estado de México, Poder Judicial del Estado de México, Academia de Derecho Constitucional de la Confederación de Colegios y Asociaciones de Abogados de México, Jalisco, 2009. 2 Vols. 419 pp. y 405 pp.

NICARAGUA.	Ley N° 49. Amparo, 1988;
PANAMÁ.	Código Judicial, Libro Cuarto: Instituciones de Garan-tía, 1999;
PARAGUAY.	Ley N° 1.337/88. Código Procesal Civil, Titulo II. El Juicio de Amparo, 1988;
PERÚ.	Ley N° 28.237. Código Procesal Constitucional, 2005;
REPÚBLICA DOMINICANA:	Ley Orgánica del Tribunal Constitucional y de los Procesos Constitucionales, 2011.
URUGUAY.	Ley N° 16.011. Acción de Amparo, 1988;
VENEZUELA.	Ley Orgánica de Amparo sobre Derechos y Garantías Constitucionales, 1988.

Estas leyes, en algunos casos han sido específicamente sancionadas para regular la acción de amparo como sucede en Argentina, Brasil, Colombia, México, Nicaragua, Uruguay y Venezuela. En otros casos, la legislación dictada también contiene regulaciones en relación con otros medios judiciales de protección de la Constitución, como las acciones de inconstitucionalidad y las acciones de habeas corpus y habeas data, como es el caso Bolivia, Guatemala, Perú, Costa Rica, Ecuador, El Salvador, Honduras y República Dominicana. Sólo en Panamá y en Paraguay el proceso de amparo está regulado en un Capítulo especial en los respectivos Códigos de Procedimiento Civil o judicial.

7. En la gran mayoría de los países latinoamericanos, además de la acción de amparo, las Constituciones siempre se ha regulado como medio judicial aparte para la protección de la libertad e integridad personal, el recurso de habeas corpus. Es el caso de Argentina, Bolivia, Brasil, Colombia, Costa Rica, Chile, la República Dominicana, Ecuador, El Salvador, Honduras, Nicaragua, Panamá, Paraguay, Perú y Uruguay

Sólo en algunas Constituciones como la de Guatemala, México y Venezuela, el proceso de amparo está concebido como una acción concebida para la protección de todos los derechos y libertades constitucionales, incluyendo la libertad personal, en cuyo caso el habeas corpus es considerado como un tipo de acción de amparo, denominado por ejemplo como acción de exhibición personal (Guatemala) o amparo para la protección de la libertad personal (Venezuela).

Por otra parte, más recientemente, en algunos países como Argentina, Ecuador, Paraguay, Perú y Venezuela, además de la acción de amparo y de la de habeas corpus, las Constituciones han establecido otra acción distinta, llamada de habeas data, mediante la cual las personas pueden formular peticiones para obtener información sobre sí mismas que estén contenidas en archivos, registros y bancos de datos, públicos o privados, y en caso de información falsa, errada o discriminatoria, pueden solicitar su eliminación, confidencialidad o corrección.

Como resultado de todo este proceso protectivo de los derechos humanos, en la actualidad, las regulaciones constitucionales en la materia en América Latina, se han configurado en tres formas diferentes:

En primer lugar, previendo tres recursos o acciones diferentes, el *amparo, el habeas corpus y el habeas data*, como sucede en Argentina, Brasil, Ecuador, Paraguay, Perú y República Dominicana;

En segundo lugar, estableciendo dos recursos diferentes, por una parte el *amparo y el habeas corpus*, como es el caso en Bolivia, Colombia, Costa Rica, Chile, El Salvador, Honduras, Nicaragua, Panamá y Uruguay; y por la otra, el *amparo y el habeas data*, como es el caso de Venezuela; y

En tercer lugar, regulando un solo recurso o acción de *amparo,* comprendiendo en el mismo la protección de la libertad personal, como es el caso de Guatemala, México y Venezuela.

8. El proceso constitucional de amparo en América Latina, por otra parte, se ha configurado como una pieza más del sistema general de protección de la Constitución que desde el siglo XIX se ha venido desarrollando en nuestros países, es decir, dentro de los diversos sistemas nacionales de control de constitucionalidad de los actos estatales, en particular de las leyes. Siguiendo los criterios más tradicionales derivados del órgano llamado a ejercer el control de constitucionalidad, estos pueden clasificarse en tres grandes grupos:

En primer lugar están los países que han adoptado única y exclusivamente el método difuso de control de constitucionalidad, que en América Latina sólo es Argentina, donde además se regula el recurso de amparo.

En segundo lugar están los países que han adoptado también única y exclusivamente, el método de control concentrado de la constitucionalidad, atribuyéndolo a un Tribunal Constitucional o a la Corte Suprema de Justicia, los cuales a la vez se pueden clasificar en dos grupos, según que la acción de amparo también esté concentrada en la Jurisdicción Constitucional, como es el caso de Costa Rica y El Salvador (Sala Constitucional de la Corte Suprema); o que se pueda ejercer ante una universalidad de tribunales, como es el caso de Bolivia, Chile, Ecuador, Honduras, Panamá, Paraguay, México y Uruguay; y

En tercer lugar, están los países que han adoptado un sistema mixto de control de constitucionalidad que combinan el método difuso con el método concentrado, como es el caso de Brasil, Colombia, Guatemala, Nicaragua, Perú, República Dominicana y Venezuela.

9. En términos generales, los derechos constitucionales que pueden ser objeto de protección mediante el proceso constitucional de amparo son todos aquellos declarados en la Constitución o que se considere que tienen rango constitucional. En algunos países, incluso, se establece expresamente que mediante la acción de amparo también pueden protegerse los derechos declarados en los convenios internacionales (Argentina, Costa Rica, Ecuador y Venezuela) y en otros, los establecidos en leyes (Argentina, Bolivia, Guatemala y Paraguay).

Solo excepcionalmente algunas Constituciones reducen el ámbito de protección del amparo respecto de algunos derechos o garantías individuales o "derechos fundamentales" declarados en la Constitución, como es el caso de Colombia y Chile. Esta es la tendencia que por lo demás se ha seguido en Alemania y España con el recurso de protección individual o recurso de amparo, establecidos para la sola protección de los "derechos fundamentales", y que más recientemente se ha seguido en la regulación del *writ of amparo* en Filipinas, para la protección sólo del derecho a la vida, la libertad y la seguridad.

10. En todos los países latinoamericanos, la acción de amparo está concebida como una vía judicial extraordinaria, para cuyo ejercicio se establecen diversas regulaciones particularmente referidas a su relación con las vías ordinarias de protección:

En primer lugar, en algunos países se establece que la acción de amparo sólo se puede ejercer cuando no exista otro medio judicial adecuado para la inmediata protección constitucional, como es el caso de Argentina, Bolivia, Chile, República Dominicana, El Salvador, Paraguay, Uruguay y Venezuela.

En segundo lugar, en otros países se establece que la acción de amparo sólo puede ejercerse cuando se hayan agotado los otros medios judiciales existentes para proteger los derechos constitucionales, como es el caso de Brasil, Colombia, Guatemala, México y Perú; y

En tercer lugar, en otros países lo que se establece es la inadmisibilidad de la acción de amparo cuando ya se hayan intentado otros recursos protectivos, como es el caso de Argentina, Bolivia, Chile, Ecuador, México, Perú y Venezuela.

11. En todo caso, en cuanto al procedimiento del proceso de amparo, en todos los países de América Latina, con excepción de Chile, se ha garantizado el carácter bilateral del proceso, debiendo en general iniciarse a instancia de parte. En Honduras y Guatemala, sin embargo, la legislación permite que en materia de habeas corpus los tribunales puedan iniciar el procedimiento de oficio.

En general, dado el carácter personal de la acción de amparo, es por tanto la parte injuriada o agraviada la que puede intentar la acción de amparo, aún cuando en algunas legislaciones se admite que otras personas distintas puedan intentar en nombre de la persona agraviada, tanto la acción de habeas corpus (Argentina, Bolivia, Guatemala, Honduras, México, Nicaragua, Perú y Venezuela) como la acción de amparo (Guatemala, Colombia y Perú), al igual que las acciones colectivas (Argentina, Brasil, Costa Rica, Colombia -acción popular-, Ecuador y Perú).

Por otra parte, muchas legislaciones otorgan legitimación para intentar la acción de amparo en nombre de los agraviados o de la colectividad, al Defensor de los Derechos Humanos o Defensor del Pueblo, como es el caso de Argentina, Bolivia, Colombia, Ecuador, El Salvador, Guatemala, Perú, Nicaragua, Paraguay y Venezuela.

12. La acción o recurso de amparo se ha establecido en América Latina para la protección de los derechos constitucionales, de manera que ha sido su objeto el que realmente ha dado origen a este proceso constitucional extraordinario, independientemente de la persona o entidad que haya causado el agravio o violación del derecho. Por ello, la lógica del sistema protectivo es que el amparo debe proceder en cualquier caso de violación o amenaza, cualquiera haya sido el origen de la misma, sea un acto u omisión de una autoridad pública o de un individuo.

Sin embargo, si bien todos los países de América Latina admiten la acción de amparo contra funcionarios y autoridades públicas -incluso, el amparo, en su origen, fue concebido como un medio de protección frente al Estado- , no todos los países admiten la posibilidad de ejercer la acción contra particulares agraviantes.

En cuanto a la acción de amparo contra acciones u omisiones lesivas provenientes de autoridades y funcionarios, si bien en la mayoría de los países se establece como un medio general de protección sin ningún tipo de distinciones como sucede en Bolivia, Colombia, El Salvador, Guatemala, Perú, Nicaragua, Uruguay y Venezuela; en México, en cambio, se limita la posibilidad de intentarla sólo contra autoridades que tengan el poder de decidir, de ejecutar o de imponer decisiones.

En otros países se excluye la acción de amparo sólo respecto de ciertas autoridades como son los cuerpos electorales, tal como sucede en Costa Rica, México, Nicaragua, Panamá, Perú y Uruguay; o el Consejo de la Magistratura, como es el caso de Perú.

13. Excepto en los países en los cuales la acción de amparo sólo se admite contra autoridades, que son la minoría (Brasil, El Salvador, México, Nicaragua y Panamá), en el resto de los países latinoamericanos la acción de amparo se admite contra particulares, en algunos casos sin distinción de ningún tipo como sucede en Argentina, Bolivia, Chile, República Dominicana, Paraguay, Perú, Uruguay y Venezuela; y en otros casos, en forma restrictiva sólo respecto de ciertos individuos o empresas privadas concesionarias de servicios públicos, con poderes públicos delegados o que estén en ciertas situaciones de poder en relación con la colectividad, como es el caso de Colombia, Costa Rica, Ecuador, Guatemala y Honduras.

14. En cuanto a la acción de amparo ejercida contra autoridades y funcionarios, el tratamiento de los actos estatales que pueden ser objeto de la acción de amparo tampoco es uniforme, en el sentido de que en muchos casos se establecen exclusiones puntuales.

Por ejemplo, en cuanto a actos ejecutivos, en México se excluyen de la acción de amparo ciertos actos presidenciales, y en Uruguay se excluyen los reglamentos ejecutivos; en Argentina y Perú se excluyen de la acción de amparo los actos estatales en los cuales se decidan cuestiones políticas, y en Argentina, además, los actos relativos a la defensa nacional. Igualmente, en Argentina y en Paraguay se excluyen de la acción de amparo los actos que afecten el funcionamiento de los servicios públicos.

En cuanto a los actos legislativos, en México se excluyen de la acción de amparo ciertos actos del Congreso; y en cuanto al amparo contra leyes, la mayoría de los países lo excluyen, como sucede en Argentina, Bolivia, Brasil, Colombia, Costa Rica, Chile, Ecuador, El Salvador, Nicaragua, Perú, Panamá, Paraguay, Republica Dominicana y Uruguay. En realidad, el amparo contra leyes sólo se admite en Honduras, donde sólo se aplica el método concentrado de control de constitucionalidad de las leyes; y en Guatemala, México y Venezuela, que han adoptado el sistema mixto de control de constitucionalidad de las leyes.

En cuanto a los actos judiciales, también en la mayoría de los países de América Latina se excluye la acción de amparo contra los mismos, como es el caso de Argentina, Bolivia, Brasil, Costa Rica, Chile,El Salvador, Nicaragua, Paraguay, República Dominicana, y Uruguay. En otros países, sin embargo, se admite la acción de amparo contra sentencias, como sucede en Colombia, Ecuador, Guatemala, Honduras, México, Panamá, Perú y Venezuela; aún cuando en algunos de ellos se excluye expresamente respecto de decisiones de las Cortes Supremas (México, Panamá, Perú, Venezuela) o de las decisiones dictadas en los juicios de amparo (Honduras, México).

15. Por último, en esta síntesis comparativa al amparo en América Latina, debe hacerse mención al tratamiento que la legislación le da al tema de la revisión de las sentencias dictadas en los procesos de amparo, pues tratándose de procesos constitucionales, las leyes tienden a asegurar la uniformidad de la aplicación e interpretación de la Constitución, particularmente en aquellos casos, que son la mayoría, en los cuales la competencia judicial para conocer de la acción de amparo se ejerce por una universalidad de tribunales y no sólo por la Jurisdicción Constitucional, como sólo ocurre en Costa Rica, El Salvador y Nicaragua.

En todos los otros países, en todo caso, para la búsqueda de la uniformidad de la interpretación constitucional se han establecido mecanismos judiciales de revisión de manera que en una forma u otra las decisiones dictadas en los procesos de amparo puedan llegar a ser revisadas por las Cortes Supremas o los Tribunales Constitucionales.

En tal sentido, en Argentina, que sólo aplica el método difuso de control de constitucionalidad, las sentencias dictadas en los juicios de amparo y en materias constitucionales, pueden ser objeto de un recurso extraordinario de revisión ante el la Corte Suprema.

En los países que sólo aplican el método concentrado de control de constitucionalidad de las leyes pero donde los juicios de amparo se desarrollan ante tribunales inferiores, se han establecido mecanismos de revisión obligatoria (Bolivia, Ecuador) o discrecional (Honduras) por el Tribunal Constitucional o por la Sala Constitucional del Tribunal Supremo de Justicia, respectivamente.

En los países que aplican el sistema mixto de control de constitucionalidad, en unos casos se han establecido mecanismos de revisión automáticos por los Tribunales Constitucionales, de carácter obligatorio o discrecional (Colombia); y en otros, se han previsto mecanismos de revisión, mediante recursos o apelaciones, por las Cortes Supremas o los Tribunales Constitucionales, también de carácter obligatorio (Brasil, Guatemala, Perú) o discrecional (México, Venezuela).

§12. ALGUNOS ASPECTOS DE LA UNIVERSALIDAD DEL AMPARO EN LA CONVENCIÓN AMERICANA DE DERECHOS HUMANOS Y EL DEBATE, EN 2007, DE LA REFORMA DEL AMPARO EN MÉXICO*

Una de las características más destacadas del derecho constitucional latinoamericano, ha sido la de la constitucionalización de la institución de amparo, como una vía judicial expedita, también denominada como tutela (Colombia), protección constitucional (Chile) o *mandado de segurança* y *mandado de injunciao (Brasil)*[1] para la protección de los derechos humanos. Ello ha ocurrido en todas las constituciones latinoamericanas, excepto en la de Cuba.

Se trata, sin duda, desde el inicio de su regulación en México, a mitades del Siglo XIX, de una institución latinoamericana[2], que los latinoamericanos podemos reivindicar como tal, sin tener que estar buscando antecedentes, que en mi criterio no los hay, en los regímenes históricos europeos.

Pero además de ser una institución propia del derecho constitucional latinoamericano, puede decirse que a partir de su consagración en la Convención Americana sobre Derechos Humanos, también se la puede considerar como una institución interamericana, establecida como la garantía judicial por excelencia de los derechos humanos, tanto de los regulados en las constituciones nacionales

---

*   Ponencia preparada para el *II Congreso Mexicano de Derecho Procesal Constitucional*, Instituto de Investigaciones Jurídicas, UNAM, México, 29 de mayo al 1° de junio 2007. Con las Reformas Constitucionales de junio de 2011 se realizaron cambios importantísimos en relación con el juicio de amparo en México.

[1]   En relación con nuestros trabajos comparativos sobre el tema véase Allan R. Brewer–Carías, *El amparo a los derechos y libertades constitucionales. Una aproximación comparativa*, Cuadernos de la Cátedra Allan R. Brewer–Carías de Derecho Público, n° 1, Universidad Católica del Táchira, San Cristóbal 1993, 138 pp; también publicado en el Instituto Interamericano de Derechos Humanos (Curso Interdisciplinario), San José, Costa Rica, 1993, (mimeo), 120 pp. y en el libro *La protección jurídica del ciudadano. Estudios en Homenaje al Profesor Jesús González Pérez*, Tomo 3, Editorial Civitas, Madrid 1993, pp. 2.695–2.740; Allan R. Brewer–Carías, *Mecanismos nacionales de protección de los derechos humanos (Garantías judiciales de los derechos humanos en el derecho constitucional comparado latinoamericano)*, Instituto Interamericano de Derechos Humanos, San José 2005; y Allan R. Brewer–Carías, *Judicial Protection of Human Rights in Latin America (A Comparative Constitutional Law Study on the latin American Injunction For the Protection od Constitucional Rights ("Amparo" Proceeding)*, Columbia Law School, New York 2006

[2]   *Véase* en general, Héctor Fix–Zamudio and Eduardo Ferrer Mac–Gregor (Coordinadores), *El derecho de amparo en el mundo*, Porrúa, México 2006

y otras normas del derecho interno, como de los enumerados en la propia Convención y en otros instrumentos internacionales.

En tal sentido, el artículo 25 de la Convención establece la institución del amparo como un derecho fundamental al disponer que:

> *Art.25,1.* Toda persona tiene derecho a un recurso sencillo y rápido o a cualquier otro recurso efectivo ante los jueces o tribunales competentes, que la ampare contra los actos que violen sus derechos fundamentales reconocidos por la Constitución, la ley o la presente Convención, aún cuando tal violación sea cometida por personas que actúen en ejercicio de sus funciones oficiales.

Esta consagración del derecho de amparo en la Convención Americana, la cual constituye derecho aplicable en todos nuestros países -incluso en muchos de ellos con rango constitucional-, implica el establecimiento de una obligación internacional impuesta a los Estados Miembros de asegurar a las personas ese recurso efectivo de protección de sus derechos. Por ello, la propia Convención dispone que los Estados Partes se comprometen "a garantizar que la autoridad competente prevista en el sistema legal del Estado decidirá sobre los derechos de toda persona que interponga tal recurso" (art. 25,2,a). La Corte Interamericana de Derechos Humanos, por ello, incluso ha señalado en una *Opinión Consultiva* (OC-9/87, sec. 24) que para que el recurso exista: "no basta con que esté previsto por la Constitución o la ley o con que sea formalmente admisible, sino que se requiere que sea realmente idóneo para establecer si se ha incurrido en una violación a los derechos humanos y prever lo necesario para remediarla"; al punto de que su falta de consagración en el derecho interno podría considerarse como una trasgresión de la Convención.

En la actualidad, por tanto, puede considerarse que la regulación contenida en la Convención Americana sobre el derecho de amparo, constituye el parámetro más adecuado e importante en América Latina sobre este mecanismo efectivo de protección de los derechos humanos, que bien, podría servir de punto de partida para la reforma del amparo en muchos de nuestros países, incluyendo México, de manera que se puedan superar las posibles restricciones nacionales a la institución del amparo que todavía subsisten.

I. EL SENTIDO DE LA REGULACIÓN DEL AMPARO EN LA CONVENCIÓN AMERICANA SOBRE DERECHOS HUMANOS

Conforme al antes mencionado artículo 25 de la Convención Americana sobre Derechos Humanos, cuya redacción y lenguaje sigue los del Pacto Internacional de los Derechos Civiles y Políticos, toda persona tiene derecho a un recurso sencillo y rápido o a cualquier otro recurso efectivo ante los jueces o tribunales competentes, que la amparen contra actos que violen sus derechos fundamentales reconocidos en la respectiva Constitución y en las leyes, y en la propia Convención Americana.

De esta norma internacional puede decirse que se derivan los contornos fundamentales que debería tener la institución del amparo, de tutela o de protección de los derechos fundamentales en los derechos internos, cuyo sentido[3] se puede conformar por los siguientes elementos:

En *primer lugar*, la Convención Americana concibe al amparo -tal como se desarrollo la institución en México[4]-, como un derecho fundamental en si mismo y no sólo como una garantía adjetiva, en una concepción que, sin embargo, no se ha seguido generalmente en América latina. En realidad sólo en Venezuela el amparo se ha concebido en la Constitución como un derecho más que como una sola garantía adjetiva[5].

Se indica en la Convención, que toda persona *"tiene derecho"* a un recurso, lo que no significa que solamente tenga derecho a una específica garantía adjetiva que se concretiza en un solo recurso o en una acción de amparo, tutela o protección. El derecho, se ha concebido más amplio como derecho a la protección constitucional de los derechos o al amparo de los mismos. Por eso, en realidad, estamos en presencia de un derecho fundamental de carácter internacional y constitucional de las personas, a tener a su disposición medios judiciales efectivos, rápidos y eficaces de protección.

Por ello, en *segundo lugar*, los mecanismos judiciales de protección de los derechos humanos a los que se refiere la Convención Americana pueden ser variados. Lo que deben ser es efectivos, rápidos y sencillos y los mismos pueden ser de cualquier clase, de cualquier medio judicial y no necesariamente una sola y única acción de protección o de amparo. Es decir, la Convención no necesariamente se refiere a un solo medio adjetivo de protección, sino que puede y debe tratarse de un conjunto de medios de protección que puede implicar, incluso, la posibilidad de utilizar los medios judiciales ordinarios.

En *tercer lugar* debe destacarse que la Convención regula un derecho que se le debe garantizar a *"toda persona"* sin distingo de ningún tipo, por lo que corresponde a las personas naturales y jurídicas o morales; nacionales y extranjeras; hábiles y no hábiles; de derecho público y derecho privado. Es decir, corresponde a toda persona en el sentido más universal.

En *cuarto lugar*, la Convención señala que el medio judicial de protección o la acción de amparo puede interponerse ante los tribunales competentes, de manera que no se trata de un solo y único tribunal competente, sino de una función que esencialmente es del Poder Judicial.

---

[3]   *Véase* Allan R. Brewer–Carías, "El amparo en América Latina: La universalización del Régimen de la Convención Americana sobre los Derechos Humanos y la necesidad de superar las restricciones nacionales", en *Ética y Jurisprudencia*, 1/2003, Enero–Diciembre, Universidad Valle del Momboy, Facultad de Ciencias Jurídicas y Políticas, Centro de Estudios Jurídicos "Cristóbal Mendoza", Valera, Estado Trujillo, 2004, pp. 9–34.

[4]   *Véase* en general, Héctor Fix–Zamudio, *Ensayos sobre el derecho de amparo*, Porrúa, México 2003; y Héctor Fix–Zamudio and Eduardo Ferrer Mac–Gregor (Coordinadores), El derecho de amparo en el mundo, Porrúa, México 2006.

[5]   *Véase* Allan R. Brewer–Carías, *Instituciones Políticas y Constitucionales*, Vol. V, *Derecho y Acción de Amparo*, Caracas 1998.

En *quinto lugar,* conforme a la Convención, este derecho a un medio efectivo de protección ante los tribunales se establece para la protección de *todos* los derechos constitucionales que estén en la Constitución, en la ley, en la propia Convención Americana o que sin estar en texto expreso, sean inherentes a la persona humana, por lo que también son protegibles aquellos establecidos en los instrumentos internacionales. Por ello, aquí adquieren todo su valor las cláusulas enunciativas de los derechos, que los protegen aún cuando no estén enumerados en los textos, pero que siendo inherentes a la persona humana y a su dignidad, deban ser objeto de protección constitucional.

Además, en *sexto lugar*, la protección que regula la Convención es contra cualquier acto, omisión, hecho o actuación de cualquier autoridad que viole los derechos y, por supuesto, también que amenace violarlos, porque no hay que esperar que la violación se produzca para poder acudir al medio judicial de protección. Es decir, este medio de protección tiene que poder existir antes de que la violación se produzca, frente a la amenaza efectiva de la violación y, por supuesto, frente a toda violación o amenaza de violación que provenga del Estado y de sus autoridades. Es decir, no puede ni debe haber acto ni actuación pública alguna excluida del amparo, en cualquier forma, sea una ley, un acto administrativo, una sentencia, una vía de hecho, una actuación o una omisión.

Y en *séptimo lugar,* la protección que consagra la Convención es también contra cualquier acto, omisión, hecho o actuación de los particulares, individuos o empresas de cualquier naturaleza, que violen o amenacen violar los derechos fundamentales.

Este es, en realidad, el parámetro que establece la Convención Americana sobre el amparo, y es ese el que debería prevalecer en los derechos internos, donde hay que realizar un importante esfuerzo de adaptación para superar el cuadro de restricciones constitucionales o legislativas que en algunos aspectos ha sufrido la institución del amparo; que teniendo una concepción tan amplia en el texto de la Convención Americana, en muchos casos ha sido restringida.

Por lo demás, no se olvide que en la mayoría de los países latinoamericanos la Convención tiene rango constitucional o rango supra legal, e incluso, en algunos tiene rango supra constitucional[6], lo que implica la necesidad jurídica de que la legislación interna se adapte a la misma.

[6] En relación a la clasificación de los sistemas constitucionales de acuerdo con el rango de los tratados internacionales, véase Rodolfo E. Piza R., *Derecho internacional de los derechos humanos: La Convención Americana*, San José 1989; Carlos Ayala Corao, "La jerarquía de los instrumentos internacionales sobre derechos humanos", en *El nuevo derecho constitucional latinoamericano, IV Congreso venezolano de Derecho constitucional*, Vol. II, Caracas, 1996 y *La jerarquía constitucional de los tratados sobre derechos humanos y sus consecuencias*, México, 2003; Florentín Meléndez, *Instrumentos internacionales sobre derechos humanos aplicables a la administración de justicia. Estudio constitucional comparado*, Cámara de Diputados, México 2004, pp. 26 y ss; y Humberto Henderson, "Los tratados internacionales de derechos humanos en el orden interno: la importancia del principio pro homine", en *Revista IIDH*, Instituto Interamericano de Derechos Humanos, Nº 39, San José 2004, pp. 71 y ss. *Véase* también, Allan R. Brewer–Carías, *Mecanismos*

El caso de Venezuela es, sin duda excepcional, ya que la Constitución de 1999 dispone, en su artículo 23 que:

> "Los tratados, pactos y convenciones relativos a derechos humanos, suscritos y ratificados por Venezuela, tienen jerarquía constitucional y prevalecen en el orden interno, en la medida en que contengan norma sobre su goce y ejercicio más favorable a las establecidas por esta Constitución y la ley de la República, y son de aplicación inmediata y directa por los tribunales y demás órganos del Poder Público".

Al señalar esta Constitución que los derechos humanos establecidos en los instrumentos internacionales prevalecen en el "*orden interno*", es decir, el establecido en la propia Constitución y en las leyes, cuando prevean condiciones de goce y ejercicio más favorables, sin duda que le está otorgando rango supra constitucional a dichos derechos y a sus mecanismos de protección.

En contraste, en el caso de México, la Convención y los tratados internacionales, en principio han considerado que tienen igual jerarquía que las leyes, conforme a la orientación iniciada en el derecho constitucional moderno con la denominada cláusula de supremacía de la Constitución de los Estados Unidos de América (art. VI. 2). En tal sentido, la Constitución de México es quizás de las Constituciones de los países de América Latina, la que de cerca sigue el texto de la cláusula norteamericana, otorgando a los tratados el mismo rango que la ley (artículo 133).

Con base en esta disposición, la Suprema Corte de la Nación de México en decisión N° C/92 del 30 de junio de 1992 decidió que como las leyes tienen el mismo rango que los tratados, estos, en la jerarquía de las normas en el ordenamiento jurídico mexicano, están "inmediatamente debajo de la Constitución", y, en consecuencia, en el caso concreto, "los tratados internacionales no pueden ser el criterio para determinar la inconstitucionalidad de una ley, ni viceversa". En consecuencia, en el caso sometido a la decisión de la Corte, la Ley relativa a las Asociaciones Comerciales e Industriales no podía considerarse inconstitucional por ser contraria a lo que estaba regulado en un tratado internacional.[7]

Sin embargo, este criterio ha sido abandonado en 1998 por la misma Suprema Corte de la Nación en una sentencia N° 1475/98, en la cual el supremo tribunal interpretando el artículo 133 de la Constitución a la luz de la Convención de Viena sobre Tratados de 1969, determinó que en virtud de que "los tratados internacionales son asumidos por el Estado Mexicano en su conjunto y todas sus autoridades en relación con la comunidad internacional", los mismos están ubicados en un segundo nivel inmediatamente debajo de la Constitución y por encima de las leyes federales y locales".[8]

---

nacionales de protección de los derechos humanos, Instituto Internacional de Derechos Humanos, San José, 2004, pp. 62 y ss.

[7] Tesis P. C/92, en *Gaceta del Semanario Judicial de la Federación*, N° 60, diciembre de 1992, p. 27.

[8] *Véase* Guadalupe Barrena y Carlos Montemayor "Incorporación del derecho internacional en la Constitución mexicana", *Derechos Humanos. Memoria del IV Congreso Nacional de Derecho Constitucional*, Vol. III, Instituto de Investigaciones

Ello, sin duda, significa un avance sustancial, pues podría considerarse que la Convención Americana tiene rango superior a las leyes, donde se incluye la Ley de Amparo.

Sin embargo, en este proceso de aplicación del derecho internacional de los derechos humanos en el orden interno, es de destacar que la Constitución mexicana no contiene declaraciones generales como las que existen en otros países de América Latina, mediante las cuales los derechos declarados en los tratados internacionales, por la vía de la interpretación pudieran adquirir rango constitucional, tal como sucede, por ejemplo, en la Constitución de Colombia en la cual se establece expresamente una norma orientadora para la interpretación de los derechos humanos declarados en el texto fundamental, exigiendo que la misma debe realizarse en armonía o de conformidad con los tratados internacionales en la materia (artículo 93).

Asimismo, en la Constitución de Guatemala, el preámbulo establece expresamente como finalidad del texto constitucional, "Impulsar la plena vigencia de los derechos humanos dentro de un orden institucional estable, permanente y popular, donde gobernados y gobernantes procedan con absoluto apego al derecho". Igualmente, puede mencionarse la Constitución de Chile en la cual, se precisa que el ejercicio de la soberanía está limitada por "El respeto a los derechos esenciales establecidos en la naturaleza humana", estableciéndose además, como "Deber de los órganos del Estado respetar y promover tales derechos garantizados por esta Constitución, así como por los tratados internacionales ratificados por Chile y que se encuentren vigentes" (artículo 5).

Del mismo modo, en la Constitución de Ecuador, también se establece como una obligación del Estado el garantizar "sin discriminación alguna el efectivo goce de los derechos establecidos en la Constitución y en los instrumentos internacionales, en particular la educación, la salud, la alimentación, la seguridad social y el agua para sus habitantes." (art. 3.1). Esta obligación del Estado, por tanto, no sólo se refiere a garantizar el ejercicio y goce de los derechos enumerados en la Constitución, sino de todos los enumerados en los instrumentos internacionales, los cuales en consecuencia adquieren rango y valor de derechos constitucionales.

Ahora bien, ante la amplitud de la regulación de la Convención Americana sobre Derechos humanos, y ante el proceso de constitucionalización de sus regulaciones que ha ocurrido en América Latina, es indudable que en muchos países se podrían realizar esfuerzos de reforma de la institución del amparo para adaptarla a las exigencias de la Convención, cuyo contenido constituye, en definitiva, un estándar mínimo común para todos los Estados.

Ello implica, si nos adentramos en las regulaciones de derecho interno de muchos de nuestros países, la necesidad, por ejemplo, de que se amplíe la protección constitucional de manera que la pueda acordar cualquier juez o tribunal y no sólo un Tribunal como ocurre en Costa Rica, El Salvador o Nicaragua; median-

---

Jurídicas, UNAM, México 2001, *cit.*, por Humberto Henderson, "Los tratados internacionales de derechos humanos en el orden interno: la importancia del principio *pro homine*", in *Revista IIDH*, Instituto Interamericano de Derechos Humanos, Nº 39, San José 2004, p. 82, nota 15.

te el ejercicio de todas las vías judiciales y no sólo a través de un sólo recurso o acción de amparo como sucede en la gran mayoría de los países; en relación con todas las personas y para la protección de absolutamente todos los derechos constitucionales, y no sólo algunos, como sucede en Chile o Colombia; y contra todo acto u omisión provenga de quién provenga, superando las restricciones que en este aspecto existen en muchos de nuestros países.

Veamos entonces, qué resulta de la confrontación entre la Convención Americana y los derechos internos, con especial referencia a México, donde la amplitud con la cual históricamente se ha desarrollado la institución del amparo, sin duda influyó en la propia redacción de la Convención Americana, y décadas antes, de la Declaración Americana de Derechos Humanos de 1948.

II. EL TEMA DE LOS DERECHOS PROTEGIBLES POR EL AMPARO Y LA SOLA PROTECCIÓN DE LAS "GARANTÍAS INDIVIDUALES"

Uno de los temas esenciales relativos a la institución del amparo se refiere a universo de los derechos protegibles. De acuerdo con la Convención Americana de Derechos Humanos todos los derechos humanos y constitucionales son protegibles mediante las acciones de amparo y, por supuesto, no sólo son derechos humanos los derechos civiles y políticos sino los económicos, sociales, culturales, ambientales y los de los pueblos indígenas.

Entre estos derechos constitucionales se encuentran tanto los declarados en el texto de las Constituciones, en las leyes, en la Convención Americana y otros instrumentos internacionales, y además todos los que sean inherentes a la persona humana. Como lo ha precisado la Corte Interamericana de Derechos Humanos en una Opinión Consultiva (OC-8/87) al analizar el artículo 25,1 de la Convención, donde señaló que dicho texto:

> "Es una disposición de carácter general que recoge la institución procesal del amparo, entendido como el procedimiento judicial sencillo y breve que tiene por objeto la tutela **de todos los derechos reconocidos por las Constituciones y leyes de los Estados Partes y por la Convención**".

Conforme al sistema interamericano, por tanto, el elenco de los derechos protegibles tendría que ser completo. Sin embargo, en contraste, en algunos casos existen restricciones, sea porque las constituciones sólo dan rango constitucional a determinados derechos o porque, en otros casos, las constituciones solo protegen mediante el amparo ciertos derechos, quizás por la influencia del modelo europeo de la acción de amparo. Es el caso particularmente regulado en Alemania y en España, donde el amparo está consagrando constitucionalmente para proteger sólo ciertos derechos que a tal efecto se enumeran expresamente en el texto constitucional de dichos países como "*derechos fundamentales*", los cuales son solo una especie dentro del género de los derechos constitucionales.

Nada similar a esto puede derivarse de la Convención Americana ni de la generalidad de las Constituciones de América Latina, en las cuales en general, todos los derechos son amparables. Por ello puede considerarse que aquellas constituciones que establecen un elenco restringido y determinado de derechos protegibles mediante la acción de amparo, son incompatibles con las obligaciones internacionales que a esos Estados impone la Convención, ya que la Convención Americana no permite que el amparo se reduzca a la protección sólo respecto de determinados derechos declarados en una Constitución.

En consecuencia, sistemas como los regulados en los textos constitucionales de Chile y de Colombia podrían considerarse como incompatibles con la Convención Americana. En el caso de Chile, la Constitución enumera cuáles son los derechos objeto de la acción de protección, y en el caso de Colombia, la Constitución también trae una enumeración respecto de los *"derechos fundamentales"* que son los únicos que pueden ser objeto de la tutela. Sin embargo, en Colombia debe señalarse que afortunadamente, los tribunales de la República han venido corrigiendo esta situación restrictiva mediante la aplicación del principio de la conexión, de manera que en la actualidad, casi no hay derecho constitucional que no pueda ser tutelable.

En el caso de México, el juicio de amparo se ha regulado en la Constitución (Artículo 103,1) para la protección de las *"garantías individuales"* que se declaran y enumeran en la Sección I de la Constitución, Artículos 1 a 29, en los cuales, por supuesto, no se incluyen todos los derechos constitucionales.

En esta materia, la *jurisprudencia* de la Suprema Corte ha establecido como doctrina judicial obligatoria que *"El juicio de amparo fue establecido... no para resguardar todo el cuerpo de la propia Constitución, sino para proteger las garantías individuales"*[9], que están enumeradas en los primeros 29 artículos de la Constitución.

Estos artículos inicialmente comprendían, básicamente, los derechos civiles o individuales, algunos derechos económicos como la libertad económica y de trabajo, y el derecho social a la educación. En las reformas recientes importantes se han agregado al contenido de los primeros artículos de la Constitución, otros derechos sociales, como los de los pueblos indígenas (artículo 2); el derecho a la protección de la familia; el derecho a la protección de la salud; el derecho a un medio ambiente adecuado; el derecho a la vivienda; y los derechos de los niños (artículo 4).

En todo caso, desde el siglo diecinueve en relación con la lista restringida de los garantías individuales, se han desarrollado discusiones e interpretaciones buscando extender la protección del amparo, y en tal sentido hay que recordar la opinión de quien fuera Presidente de la Suprema Corte de la Nación, Ignacio L. Vallarta (1878-1882), quien sostuvo que las garantías individuales no podían reducirse a aquellas enumeradas en los primeros 29 artículos de la Constitución y que los derechos declarados en otros artículos de la Constitución podían ser protegidos, siempre y cuando en ellos hubiera una explicación, regulación o limitación o extensión relativa a las garantías individuales.[10]

---

[9]   *Véase* Suprema Corte de Justicia, *Jurisprudencia de la Suprema Corte*, Tesis 111, II, 246. *Véase* las referencias en Ignacio Burgoa, *El juicio de amparo*, Editorial Porrúa, México 1991, p. 250; y Richard D. Baker, *Judicial Review in Mexico. A Study of the Amparo Suit*, University of Texas, Austin and London, 1971, p. 112.

[10] *Véase* Ignacio L. Vallarta, *Cuestiones constitucionales. Votos del C. Ignacio L. Vallarta*, Presidente de la Suprema Corte de Justicia en los negocios más notables, III, pp. 145–149, *cit.* en Ignacio Burgoa, *El juicio de amparo, cit.*, p. 253; Richard D. Baker, *Judicial Review in Mexico. A Study of the Amparo Suit, cit.*, p. 113t.

De acuerdo con esta doctrina, Vallarta defendió la admisibilidad del juicio de amparo no solo en los casos definidos en el artículo 103, sino de otros derechos incluidos en otros artículos, basándose en el principio de la conexión que tuvieran con aquellos enumerados en la sección I de la Constitución.[11] Esta doctrina, fue el más importante instrumento para la extensión de la protección constitucional del amparo, particularmente en relación con los derechos sociales relativos a materias agrarias y laborales incluidas en el artículo 27 y 123 de la Constitución, que se han considerado también como garantías individuales.[12]

Sin embargo, la *jurisprudencia* de la Suprema Corte no fue siempre uniforme al decidir sobre la protección mediante el amparo de derechos no incluidos en los primeros artículos de la Constitución, como es particularmente el caso de los derechos políticos. La Suprema Corte ha mantenido, por ejemplo, que las violaciones de los derechos políticos no da pié para la admisibilidad del juicio de amparo porque esos derechos no son garantías individuales.[13]

Pero en otros casos, mediante la doctrina de la *"conexión"*, la Suprema Corte le ha dado curso a las demandas de amparo relativas a la protección de los derechos políticos, estableciendo que aún cuando estos estén en juego, si el acto atacado puede implicar la violación de una garantía individual, como ello no puede ser juzgado *a priori*, la demanda debe ser admitida.[14] De manera, que incluso con las restricciones constitucionales relativas a las garantías individuales, mediante la interpretación de la conexión, en México la protección del juicio de amparo ha abarcado otros derechos constitucionales.

En todo caso, en contraste con los casos de previsiones constitucionales restrictivas sobre los derechos constitucionales que pueden ser objeto de protección mediante la acción de amparo, de tutela o de protección, deben destacarse otros sistemas constitucionales que expresamente establecen dentro de los derechos protegibles, no sólo todos los derechos constitucionales, sino además, los declarados en el sistema de protección internacional. Es el caso, por ejemplo de la Constitución de Costa Rica, que enumera entre los derechos objeto de protección mediante el amparo a los derechos *"de carácter fundamental establecidos en los instrumentos internacionales sobre derechos humanos, aplicables a la Republica"*.

En sentido aun más amplio, la Constitución de Venezuela de 1999 precisa en forma expresa que el derecho de amparo comprende la protección de los *"derechos y garantías constitucionales, aun de aquéllos inherentes a la persona que no figuren expresamente en esta Constitución o en los instrumentos internacionales sobre derechos humanos"*, de lo que debe interpretarse que no sólo son

---

[11] *Idem.*

[12] *Véase* Ignacio Burgoa, *El juicio de amparo, cit.,* p. 263.

[13] *Véase* Suprema Corte de la Nación, *Jurisprudencia de la Suprema Corte*, Tesis 345, III, 645, *cit.,* por Richard D. Baker, *Judicial Review in Mexico. A Study of the Amparo Suit, cit.,* pp. 130, 156.

[14] *Véase* Suprema Corte de la Nación, *Jurisprudencia de la Suprema Corte*, Tesis 346, III, 656, *cit.,* por Richard D. Baker, *Judicial Review in Mexico. A Study of the Amparo Suit, cit.,* p. 157. *Véase* también Suprema Corte de la Nación, Mendoza Eustaquio y otros, 10 S. J. (475) (1922), *cit.,* por Richard D. Baker, *Judicial Review in Mexico. A Study of the Amparo Suit, cit.,* pp. 130, 156.

objeto de protección los derechos y garantías constitucionales y los enumerados en los instrumentos internacionales de derechos humanos, sino todos aquéllos inherentes a la persona humana, aún cuando no estén expresamente enumerados en la propia Constitución o en los instrumentos internacionales.

Debe recordarse, en esta materia, que la Constitución de México es de las pocas de América Latina, junto con la de Cuba, Chile y Panamá, que no contiene una cláusula abierta que haga referencia expresa a los derechos inherentes a la persona humana, y que conforme a la orientación iniciada con la IX Enmienda a la Constitución norteamericana (1791), ha constituido en el resto de los países de América Latina un importantísimo instrumento para la expansión de la protección constitucional del amparo. Dicha Enmienda, en efecto estableció el principio de que "*la enumeración en la Constitución de ciertos derechos, no puede significar la negación de otros retenidos por el pueblo*".

La mayoría de las Constituciones latinoamericanas, como se dijo, contienen esas cláusulas abiertas, haciendo énfasis al enumerar los derechos en el sentido de que ello no debe entenderse como la negación de otros no enumerados en ellas que sean inherentes a la persona humana o a la dignidad de la persona humana. Cláusulas de este tipo se encuentran en las Constituciones de Argentina (Artículo 33), Bolivia (Artículo 33), Colombia (Artículo 94), Costa Rica (Artículo 74), Ecuador (Artículo 9.7), Guatemala (Artículo 44), Honduras (Artículo 63), Nicaragua (Artículo 46), Paraguay (Artículo 45), Perú (Artículo 3), Uruguay (Artículo 72) y Venezuela (Artículo 22).

Pero en algunos casos, como en Colombia y Venezuela, las cláusulas abiertas permiten la identificación de derechos inherentes a la persona humana, no sólo en relación a los no enumerados en las Constituciones, sino también a los enumerados en los instrumentos internacionales de derechos humanos, abriendo en consecuencia considerablemente el ámbito de protección.

Como hemos mencionado, cláusulas abiertas sobre derechos humanos se encuentran en casi todas las Constituciones de América latina, aún con contenidos diferentes. La Constitución de Ecuador, por ejemplo, se refiere a los derechos enumerados en los instrumentos internacionales de derechos humanos, y a los demás derechos "derechos derivados de la dignidad de las personas, comunidades, pueblos y nacionalidades, que sean necesarios para su pleno desenvolvimientol" (Artículo 7.1).[15] En Costa Rica la Constitución se refiere a los derechos que se derivan "del principio cristiano de justicia social" (Artículo 74), lo que se ha interpretado como referido a los principios de la dignidad humana y de la justicia social.

En otras Constituciones, en lugar de referirse a los derechos inherentes a la persona humana, las cláusulas abiertas se refieren a la soberanía del pueblo y la forma republicana de gobierno, haciendo mayor énfasis en los derechos políticos. Es el caso de las Constituciones de Argentina (artículo 33), Bolivia (Art. 55) y Uruguay (Artículo 72). En el Perú (Artículo 3) y en Honduras (Artículo 63) las Constituciones se refieren a los derechos de naturaleza análoga o que se basan en

---

[15] El artículo 46 de la Constitución de Nicaragua, que establece una larga lista de tratados, y por tanto, limitativa.

la dignidad del hombre, o en la soberanía del pueblo o en el Estado democrático de derecho.

En todos estos casos, la inserción de cláusulas abiertas en las Constituciones en relación con los derechos humanos, implica que la ausencia de desarrollo legislativo de esos derechos no puede ser invocada para negar o desmejorar su ejercicio por las personas, como incluso se expresa formalmente en las Constituciones de Argentina, Bolivia, Paraguay, Venezuela y Ecuador. Esta previsión, por supuesto, responde al principio de la aplicabilidad inmediata de la constitución en materia de derechos humanos, lo que implica el rechazo al concepto tradicional de las llamadas "*cláusulas programáticas*" que se construyeron en el constitucionalismo de hace algunas décadas, particularmente en el campo de los derechos sociales, lo que impedía su completo ejercicio y justiciabilidad hasta que se dictara la legislación que los desarrollara.

III. EL TEMA DEL CARÁCTER PERSONAL DEL AMPARO, LAS PERSONAS PROTEGIDAS Y LA EXCLUSIÓN DE LA PROTECCIÓN DE LOS DERECHOS COLECTIVOS Y DIFUSOS

Otra tendencia que se observa en América Latina, limitativa del ámbito del amparo, se refiere a legitimación activa para la utilización de los medios judiciales de garantía, es decir, al tema del ámbito de las personas protegidas o protegibles.

En general puede decirse que el amparo se ha concebido como un medio de protección de carácter personalísimo, que beneficia al reclamante, y cuyos efectos en principio no se puede extender a terceros.

Esta tendencia plantea, en primer lugar, el problema de la posibilidad de exclusión de ciertas personas del ejercicio de la acción de amparo, y en segundo lugar, el problema de la protección de los derechos colectivos, cuya iniciativa de protección se atribuye a los Defensores del Pueblo o de los Derechos Humanos, pero que a la vez las propias colectividades, sus miembros o sus representantes pueden ejercer la acción de amparo.

El principio general en las leyes de amparo de América Latina es que las personas, sean naturales o jurídicas (morales) tienen la legitimidad necesaria para intentar acciones de amparo en protección de sus derechos constitucionales, de manera que en la expresión "*persona*" se incluyen a las humanas y a las morales.

En cuanto a las personas humanas, sin embargo, la expresión no equivale a la de "*ciudadano*" que se refiere más al vínculo jurídico que se establece entre una persona humana y el Estado con fundamento en la nacionalidad o en el ejercicio de los derechos políticos (ciudadanía).

Ello implica, sin embargo, que los ciudadanos sean las únicas personas humanas que pueden ejercer un amparo en protección de sus derechos políticos, los cuales se reservan a los mismos, como el derecho al sufragio a la participación política.

Pero fuera de estos derechos políticos, en relación con los derechos humanos, todas las personas, nacionales o extranjeras, residentes o transeúntes, tienen derecho de amparo a sus derechos constitucionales.

En el universo latinoamericano, sin embargo, sólo en México se encuentra una excepción en esta materia, en relación con las decisiones del Presidente de la República dictadas conforme a la Constitución ordenando la expulsión de extranjeros, quienes quedan excluidos de la protección de juicio de amparo.[16]

Pero aparte de las personas naturales, como se dijo, las personas jurídicas también son titulares de derechos constitucionales, de manera que cuando los derechos de asociaciones, corporaciones, compañías o fundaciones han sido violados, sus representantes (México, Artículo 8) pueden ejercer la acción de amparo,[17] por ejemplo en caso de vulneración del derecho a la no discriminación, al debido proceso legal, a la defensa, a la libertad económica o a la propiedad. Como fue decidido por la Sala Constitucional del Tribunal Supremo de Justicia de Venezuela, la protección constitucional del amparo los derechos constitucionales "no implica que se restrinja la noción de derechos constitucionales y garantías solo a los de las personas naturales, porque también las personas morales son titulares de derechos fundamentales".[18]

Otra importante cuestión relativa a la legitimación de las personas morales para intentar acciones de amparo, se refiere a la posibilidad que tienen las personas de derecho público o las personas estatales para accionar en amparo. No se olvide que históricamente el juicio de amparo surgió como un mecanismo de protección de los individuos o personas privadas frente al Estado, sus autoridades y funcionarios. Por ello, en sus inicios, era inconcebible que las personas estatales pudieran intentar acciones de amparo contra otras autoridades o contra particulares.

Sin embargo, debido a que las personas estatales, como personas morales, pueden ser titulares de derechos constitucionales, en la actualidad se admite en general, que puedan intentar acciones de amparo para la protección de esos derechos. Así se establece expresamente, por ejemplo, en Argentina[19], en Uruguay

---

[16]   Véase Eduardo Ferrer Mac–Gregor, *La acción constitucional de amparo en México y España*, Editorial Porrúa, México 2002, p. 230.

[17]   También es el caso de Colombia donde la acción de tutela se establece para los "derechos fundamentales" de aplicación inmediata, lo que incluye los de las personas morales como el derecho de petición (Artículo 22), el debido proceso y el derecho a la defensa (Artículo 29) el derecho a la tutela judicial (Artículo 31). En Ecuador, la legitimación de las personas jurídicas ha sido rechazada por Marco Morales Tobar en "La acción de amparo y su procedimiento en el Ecuador", *Estudios Constitucionales. Revista del Centro de Estudios Constitucionales*, Año 1, N° 1, Universidad de Talca, Santiago, Chile 2003, pp. 281–282. Incluso en la República Dominicana donde el amparo, antes de la Ley de 2006 se admitió por la jurisprudencia de la Corte Suprema en un caso precisamente de un amparo intentado por una empresa comercial (Caso *Productos Avon SA*). *Véase* por ejemplo, Juan de la Rosa, *El recurso de amparo, Estudio Comparativo*, Santo Domingo, 2001, p. 69.

[18]   Véase decisión N° 1595 de Noviembre de 2000, Caso *Estado Mérida y otros vs. Ministerio de Finanzas*, en *Revista de Derecho Público*, N° 84, Editorial Jurídica Venezolana, Caracas, 2000, pp. 315 y ss.

[19]   Véase José Luis Lazzarini, *El juicio de Amparo*, Ed. La Ley, Buenotes 1987, p. 238–240; 266. Entre los casos de amparo decididos en Argentina como consecuencia de las medidas de emergencia económica adoptadas por el gobierno en 2001 congelan-

(donde la Ley de Amparo expresamente se refiere a la legitimación de las "*personas públicas y privadas*") y en Venezuela.[20]

También en México se admite expresamente que las personas estatales puedan intentar juicios de amparo pero sin embargo sólo en relación con sus intereses patrimoniales (Artículo 9), lo que implica que en ningún otro caso puede una entidad pública en México, por ejemplo un Estado de la federación, una Municipalidad o una corporación pública intentar un juicio de amparo, pues de lo contrario se ha considerado que implicaría un conflicto entre autoridades que no puede resolverse por la vía del juicio de amparo.[21]

En un sentido similar se ha regulado en el Código Procesal Constitucional del Perú, al declararse inadmisible la acción de amparo cuando se refiera a "*conflictos entre entidades de derecho público interno*", es decir, las ramas del poder público, los órganos constitucionales o los gobiernos regionales o locales, los

---

do los depósitos de ahorro y cuentas corrientes en los bancos y convirtiéndolas de dólares a pesos devaluados, uno de los que debe mencionarse es el Caso *San Luis*, decidido por la Corte Suprema el 5 de marzo de 2003, en el cual la Corte no sólo declaró la inconstitucionalidad de la decisión ejecutiva sino ordenó al Banco Central de la nación a reembolsar a la Provincia de San Luis los montos de dólares depositados, o su equivalente en pesos al valor del día de pago, de acuerdo con la rata de venta en el mercado libre de divisas. Lo interesante es que la acción la intentó una provincia contra el Estado nacional y el Banco Central para la protección del derecho constitucional de propiedad de dicha Provincia. *Véase* los comentarios en Antonio María Hernández, *Las emergencias y el orden constitucional*, Universidad Nacional Autónoma de México, Rubinzal–Culsoni Editores, México, 2003, pp. 119 y ss.

[20] La Sala Constitucional del Tribunal Supremo en sentencia N° 1595 de Noviembre 2000, decidió que "las entidades políticas como los Estados y Municipios pueden... intentar acciones de amparo para la protección de los derechos y libertades de las que pueden ser titulares, como el debido proceso, el derecho a la igualdad y a la irretroactividad de la ley." Caso *Estado Mérida y otros vs. Ministerio de Finanzas*, en *Revista de Derecho Público*, N° 84, Editorial Jurídica Venezolana, Caracas, 2000, pp. 315 y ss.

[21] *Véase* Eduardo Ferrer Mac–Gregor, *La acción constitucional de amparo en México y España*, Editorial Porrúa, México 2002, p. 244–245; Richard D. Baker, *Judicial Review in México. A Study of the Amparo Suit*, University Press of Texas, Austin 1971 pp. 107–109. La Suprema Corte ha decidido que "es absurdo pretender que una dependencia pública del Ejecutivo pueda invocar la violación de garantías individuales buscando protección contra actos de otras entidades públicas actuando dentro de la rama del poder Ejecutivo". *Véase* "Tesis jurisprudencial 916", *Apéndice al Semanario Judicial de la Federación*, 1917–1988, Segunda Parte, "Salas y Tesis Comunes", p. 1500, *cit.*, por Eduardo Ferrer Mac–Gregor, *La acción constitucional de amparo en México y España*, Editorial Porrúa, México 2002, p. 245, nota 427. En otra decisión de la Suprema Corte se decidió que no es posible conceder la acción extraordinaria de amparo a "órganos del Estado contra actos del Estado mismo" manifestados a través de otras agencias, ya que ello sería establecer un conflicto entre poderes soberanos, pues la acción de amparo sólo se concede cuando hay una petición de un individuo privado contra el abuso de poder. *Véase* Tesis 450, III, pp. 868 ss, *cit.*, por Richard D. Baker, *Judicial Review in México. A Study of the Amparo Suit*, University Press of Texas, Austin 1971 p. 108.

cuales deben ser resueltos mediante el procedimiento constitucional establecido al efecto en el mismo Código (Artículo 5,9).[22]

Pero como se dijo al inicio, si bien es cierto que el principio general del juicio o la acción de amparo es su carácter personal, en el sentido de que sólo puede ser intentado por la persona natural o jurídica titular del derecho violado o amenazado, es necesario tener en cuenta que en el mundo contemporáneo, no todos los derechos constitucionales son derechos individuales o personales, pues hay muchos que tienen naturaleza colectiva, en el sentido de que corresponden a un grupo más o menos definido de personas, de manera tal que su violación afecta no sólo derechos personales sino al grupo entero de personas o colectividad al cual pertenecen los individuos. En estos casos, el amparo puede ser intentado por el grupo o la asociación de personas que las represente, incluso sin estas tener formalmente personalidad jurídica.[23]

En algunos casos como en Venezuela, la Constitución expresamente establece como parte del derecho de acceso a la justicia, el derecho de cualquier persona de solicitar protección no sólo de sus derechos personales, sino de los derechos "*colectivos*" y "*difusos*" (artículo. 26).

En relación con estos derechos colectivos, la Sala Constitucional del Tribunal Supremo de Venezuela los ha considerado como derechos que corresponden a un grupo de personas no determinadas o individualizas que forman parte de un sector de la población, cuando entre ellas existe un vínculo jurídico que las unifica, como sucede en los casos de daños a grupos profesionales, de vecinos, sindicatos, o de habitantes de un área urbana.[24] En relación con los derechos difusos, la misma Sala Constitucional ha establecido que en esos casos, se refiere a los que pueden afectar a la población en general porque buscan asegurar a las personas en general una mejor calidad de vida así como condiciones mínimas de existencia.[25] En este sentido, por ejemplo, están los daños al ambiente o a los consumidores que tienen efectos dañinos y expansivos en relación con grandes grupos

---

[22]   El Código sustituyó la previsión de la Ley 25011 que declaraba inadmisible las acciones de amparo intentadas por entidades públicas, incluyendo empresas públicas, contra actos cumplidos en ejercicio regular de sus funciones por los poderes públicos del Estado y los órganos creados por la Constitución. (Artículo 5,4, Código). *Véase* los comentarios sobre la previsión de la Ley derogada en Víctor Julio Orcheto Villena, *Jurisdicción y procesos constitucionales*, Editorial Rhodas, Lima, p. 169.

[23]   Por ello, por ejemplo, el Código Procesal Civil de Paraguay, al definir la legitimación activa para peticionar en amparo, además de las personas físicas o jurídicas, se refiere a los partidos políticos con personería reconocida por el organismo electoral, las entidades con personería gremial o profesional y las sociedades o asociaciones que sin tener el carácter de personas jurídicas, justificaren "que no contrarían una finalidad de bien común" (Art. 568). En Argentina, la Ley de Amparo también concede legitimación para intentar la acción de amparo a las asociaciones que sin tener formalmente personalidad jurídica pueden justificar de acuerdo con sus estatutos, que no están en contra del "bien público" (Artículo 5).

[24]   *Véase* la sentencia de la Sala Constitucional Nº 656 de 5 de junio de 2001 (Caso: *Defensor del Pueblo vs. Comisión Legislativa Nacional*).

[25]   *Idem,* sentencia de la Sala Constitucional Nº 656 of 06–05–01 (Case: *Defensor del Pueblo vs. Comisión Legislativa Nacional.*

de la población, y que responden a obligaciones genéricas de protección al ambiente o a los consumidores.[26]

Ahora bien, en relación con la legitimación activa para intentar acciones de amparo en búsqueda de protección de estos derechos colectivos y difusos, por ejemplo, la Sala Constitucional del Tribunal Supremo de Venezuela ha admitido la posibilidad de que "*cualquier individuo con capacidad legal*" pueda intentar la acción, cuando busca impedir daños a la población o partes de ella a las que pertenece, estando habilitado para intentar la acción basada en la protección de intereses difusos o colectivos.[27]

Fue el caso, por ejemplo, de una acción de amparo intentada para la protección de los derechos electorales, en el cual, un ciudadano invocando los derechos generales del sufragio, intentó una acción de amparo que incluso, significó en 2000 la suspensión inmediata de una elección general presidencial y legislativa.[28] En otras palabras, la Sala Constitucional ha admitido que "cualquier persona capaz que busque impedir daños a la población o a sectores de la misma a los que pertenece, puede intentar acciones en defensa de los intereses colectivos o difusos", extendiendo "la legitimación a las asociaciones, sociedades, fundaciones, cámaras, sindicatos y otras entidades colectivas dedicadas a la defensa de la sociedad, siempre que actúen dentro de los límites de sus fines societarios referidos a la protección de los intereses de sus miembros."[29]

En estos casos, la Sala Constitucional estableció las condiciones generales de la legitimación, decidiendo que la acción debe basarse "no sólo en el derecho personal o interés del accionante, sino también en el derecho común o colectivo".[30] En consecuencia, en estos casos debe existir una relación o vínculo "incluso sin ser de carácter jurídico, entre quien demanda en nombre del interés general de la sociedad o de parte de ella (interés social común) y el daño o peligro causado a la colectividad."[31]

---

[26]   *Idem*, sentencia de la Sala Constitucional N° 656 of 06–05–01 (Case: *Defensor del Pueblo vs. Comisión Legislativa Nacional.*

[27]   *Idem,* sentencia de la Sala Constitucional N° 656 de 05–06–2001 (Case: *Defensor del Pueblo vs. Comisión Legislativa Nacional*

[28]   En estos casos, la Sala Constitucional incluso ha otorgado medidas cautelares con efectos *erga omnes* tanto a los individuos y la entidad que interpusieron la acción como "a todos los votantes como grupo". *Véase* sentencia de la Sala Constitucional N° 483 de 29 de septiembre de 2000 (Caso: *"Queremos Elegir" y otros*), *Revista de Derecho Público*, N° 82, 2000, EJV, pp 489–491. En sentido similar véase la decisión de la misma Sala N° 714 de 13–06–2000 (Caso: *APRUM*).

[29]   *Véase* sentencia de la Sala Constitucional de 30–06–2000 (Caso *Defensoría del Pueblo. Véase* las referencias y comentarios en Rafael Chavero, *El nuevo régimen del amparo constitucional en Venezuela*, Caracas 2001, pp. 110–114.

[30]   *Véase* sentencia N° 1948 de 17–02–2000 (Caso: *William O. Ojeda O. vs. Consejo Nacional Electoral*).

[31]   *Idem. Véase* sentencia N° 1948 de 17–02–2000 (Caso: *William O. Ojeda O. vs. Consejo Nacional Electoral*). Sin embargo, a pesar de las sentencias progresistas antes mencionadas en relación con la protección de los intereses colectivos o difusos, como los derechos políticos, en una más reciente decisión de 21 de noviembre de

Estas acciones *"colectivas"* de amparo para la protección de derechos difusos, particularmente en materia ambiental, han sido expresamente constitucionalizados en América Latina, como es el caso de Argentina, en cuya Constitución se estableció que la acción de amparo puede intentarse por la parte afectada, el Defensor del Pueblo y las asociaciones registradas que persigan esos fines, contra cualquier tipo de discriminación en relación con los derechos para la protección del ambiente, la libre competencia, los derechos de usuarios y consumidores y los derechos de incidencia colectiva general (Artículo 43).[32]

En Perú, el artículo 40 del Código Procesal Constitucional también autoriza a cualquier persona para intentar acciones de amparo, en casos referidos a las amenazas o violaciones a los derechos ambientales u otros derechos difusos que gozan de reconocimiento constitucional, así como respecto de cualquier entidad con fines no lucrativos cuyos fines sean la defensa de esos derechos.

En sentido similar, en Brasil se ha regulado en la Constitución el *mandado de segurança colectivo*, destinado a la protección de los derechos difusos o colectivos, que puede intentarse por los partidos políticos con representación en el Congreso nacional, por los sindicatos y los instrumentos de clase o asociaciones legalmente establecidas en defensa de los intereses de sus miembros, que hayan estado funcionando al menos durante el año (Artículo 5, LXIII).[33]

En Ecuador, el artículo 48 de la Ley de Amparo también autoriza a cualquier persona natural o jurídica para intentar una acción de amparo cuando se trate de la protección al ambiente, incluyendo a las comunidades indígenas a través de sus representantes.[34]

2005, la Sala Constitucional ha revertido su decisión en un caso intentado por otro partido político denominado "Un Solo Pueblo". *Véase* Caso *Willian Ojeda vs. Ministro de la Defensa y los Comandantes Generales del Ejército y de la Guardia Nacional*, en *Revista de Derecho Público*, Nº 104, Editorial Jurídica Venezolana, Caracas 2005.

[32] *Véase* Joaquín Brage Camazano, *La jurisdicción constitucional de la libertad*, Editorial Porrúa, México 2005, pp. 94 y ss.; Alí Joaquin Salgado, *Juicio de amparo y acción de inconstitucionalidad*, Astrea Buenos Aires 1987, pp. 81–89. En relación con asociaciones que pueden intentar la acción de amparo, la Suprema Corte de la nación ha considerado que no requieren registro formal. *Véase* sentencia 320:690, Caso: *Asociación Grandes Usuarios y sentencia 323:1339*, Caso *Asociación Benghalensis*, en Joaquín Brage Camazano, *La jurisdicción constitucional de la libertad*, Editorial Porrúa, México 2005, pp. 92–93.

[33] Adicionalmente, desde 1985, en Brasil se ha desarrollado las "acciones civiles colectivas", en forma similar a las *Class Actions* del derecho norteamericano para la protección de derechos de grupo, como consumidores, aún cuando limitando la legitimación a las entidades públicas y a las asociaciones *Véase* Antonio Gidi, "Acciones de grupo y amparo colectivo en Brasil. La protección de derechos difusos, colectivos e individuales homogéneos", in Eduardo Ferrer Mac Gregor (Coordinator), *Derecho Procesal Constitucional*, Colegio de Secretarios de la Suprema Corte de Justicia de la Nación, Editorial Porrúa, Tomo III, México 2003, pp. 2.538 y ss.

[34] Hernán Salgado Pesantes, *Manual de Justicia Constitucional Ecuatoriana*, Corporación Editora Nacional, Quito 2004, p. 76.

En el caso de Costa Rica, los amparos colectivos han sido admitidos por la Sala Constitucional de la Corte Suprema de Justicia en materias relativas al ambiente, basándose en la previsión constitucional que establece el derecho de todos "a un ambiente saludable y ecológicamente equilibrado" (Artículo 50); atribuyendo a cualquier persona "la legitimación para denunciar los actos que infrinjan tales derechos".[35]

Pero contrariamente a esta tendencia expansiva general de la acción de amparo para la protección de los derechos colectivos, en México, el juicio de amparo continúa teniendo el tradicional carácter personal, basado en el interés personal y directo del accionante[36]. El único caso en el cual en cierto modo el juicio de amparo protege intereses colectivos son los relativos al amparo para la protección de los derechos de los campesinos y de los derechos colectivos a las tierras rurales.[37]

Incluso en Colombia, si bien la acción de tutela también responde al carácter personal y privado de la acción de amparo, de manera que sólo puede intentarse por el titular del derecho fundamental protegido por la Constitución[38], ello no significa que los derechos difusos o colectivos no encuentren protección judicial, a cuyo efecto la Constitución ha regulado la "*acción popular*" para la protección de los mismos.[39]

IV. EL TEMA DE LA UNIVERSALIDAD DEL AMPARO Y LA EXCLUSIÓN DEL AMPARO CONTRA PARTICULARES

Otro aspecto que en los derechos internos de América latina contrasta con el sistema de protección de derechos humanos internacionalmente regulado, se refiere a la legitimación pasiva en materia de amparo, es decir, a la determina-

---

[35] *Véase* sentencia 1700–03 de la Sala Constitucional. *Véase* la referencia en Rubén Hernández Valle, *Derecho Procesal Constitucional*, Editorial Juricentro, San José, 2001, pp. 239–240.

[36] *Véase* Eduardo Ferrer Mac–Gregor, *Juicio de amparo e interés legítimo: la tutela de los derechos difusos y colectivos*, Editorial Porrúa, México 2003, p. 56.

[37] *Véase* Eduardo Ferrer Mac–Gregor, *La acción constitucional de amparo en México y España*, Editorial Porrúa, México 2002, p. 233 y ss.

[38] *Véase* Juan Carlos Esguerra Portocarrero, *La protección constitucional del ciudadano*, Lexis, Bogotá 2005, p. 121. Es por ello que el artículo 6,3 de la Ley de Tutela expresamente dispone que la acción de tutela es inadmisible cuando los derechos que se busca proteger son derechos colectivos como el derecho a la paz y otros referidos en el artículo 88 de la Constitución", particularmente porque para tal fin se ha establecido una vía específica denominada "acción popular".

[39] Estas acciones populares están establecidas en la Constitución para la protección de los derechos e intereses relacionados con la propiedad pública, el espacio público, la seguridad pública y la salud, la moral administrativa, el ambiente, la libertad de competencia y otros de naturaleza similar. Todos estos son derechos difusos, y su protección se regula en la Ley 472 de 1998 relativa a las acciones populares. Esta ley también regula otras acciones para la protección de los derechos en caso de daños infringidos a un una pluralidad de personas.

ción de las personas contra quienes se puede intentar la acción de amparo, lo cual no encuentra restricción alguna en la Convención Americana.

No olvidamos, por supuesto, que en su origen la acción de protección de amparo o de tutela se concibió siempre como un mecanismo de protección contra el Estado, precisamente porque los derechos humanos se concibieron inicialmente frente al Estado, y como un ámbito de limitaciones a la actuación de los entes públicos. Sin embargo, la universalización progresiva de los derechos humanos como inherentes a la persona humana con independencia de quien debe respetarlos, ha venido ampliando el ámbito de su protección, admitiéndose que el amparo pueda también intentarse contra los particulares, los cuales también pueden violar ilegítimamente derechos constitucionales que requieren protección inmediata. Es decir, conforme con la Convención Americana, que no hace distingos, el amparo no sólo procede frente a la lesión a los derechos humanos que puedan provenir de los actos, hechos y omisiones de las autoridades y entes públicos, sino también de los particulares y empresas privadas.

Esto fue admitido por primera vez en Argentina en la conocida decisión de la Suprema Corte de la Nación de 1958 conocida como el caso *Samuel Kot*, en el cual se decidió que nada de la letra de la Constitución permite aseverar que la protección de los derechos constitucionales se circunscribe solo a los ataques del Estado, siendo en estos casos lo importante no solo el origen del daño sino el derecho en si mismo, aceptándose definitivamente la acción de amparo contra particulares.[40]

A partir de esta decisión, la acción de amparo contra particulares se fue admitiendo en muchos países de América Latina como Bolivia, Chile, Perú, República Dominicana, Uruguay y Venezuela, y además en Colombia, Costa Rica, Ecuador y Guatemala, donde la acción de amparo puede intentarse contra acciones u omisiones solo de ciertas empresas particulares concesionarias de servicios públicos o que actúen por delegación de prerrogativas públicas o gocen de una posición de superioridad en relación con las personas.

En otros países, la posibilidad del ejercicio de la acción de amparo contra individuos continúa sin admitirse, como es el caso de México, donde la protección constitucional mediante el juicio de amparo está establecida exclusivamente contra autoridades.[41]

También en el Brasil, en relación con el *mandado de segurança,* la Constitución admite la acción de amparo exclusivamente para proteger los derechos y

---

[40] *Véase* José Luis Lazzarini, *El juicio de amparo,* La Ley, Buenos Aires, 1987, p. 228; Joaquín Brage Camazo, *La jurisdicción constitucional de la libertad (Teoría general, Argentina, México, Corte Interamericana de derechos humanos),* Editorial Porrúa, México 2005, p. 99; Néstor Pedro Sagüés, "Derecho procesal Constitucional", Vol. 3, *Acción de amparo,* Editorial Astrea Buenos Aires 1988, pp. 13, 512, 527 y ss.

[41] *Véase* Eduardo Ferrer Mac–Gregor, *La acción constitucional de amparo en México y España. Estudio de derecho comparado,* Editorial Porrúa, México 2002, p, 251; Joaquín Brage Camazo, *La jurisdicción constitucional de la libertad (Teoría general, Argentina, México, Corte Interamericana de derechos humanos),* Editorial Porrúa, México 2005, 184.

libertades cuando la parte responsable de la ilegalidad o abuso de poder es una autoridad pública o un agente de una entidad que ejerza atribuciones de autoridad, en consecuencia, excluyendo la protección del amparo contra acciones de personas privadas.[42] Previsiones similares se encuentran en las leyes reguladoras del amparo de Panamá (artículo 50, Constitución; artículo 2608 Código Judicial), El Salvador (artículo 12) y Nicaragua (artículo 23).

En contraste, como se dijo, la acción de amparo contra particulares se admitió inicialmente en Argentina, aún cuando la Ley 16.986 solo se refiere a la acción de amparo contra las acciones y omisiones de las autoridades (Artículo 1); de manera que el amparo contra los particulares está regulada en los artículos 321,2 y 498 del Código de Procedimiento Civil y Comercial.

En Venezuela, la acción de amparo también se admite contra actos de cualquier particular, de manera que la Ley Orgánica de Amparo de 1988[43] dispone que la acción se puede intentar contra cualquier hecho, acto u omisión de ciudadanos, personas jurídicas, grupos u organizaciones privadas, que hayan violado, violen o amenacen violar cualquiera de las garantías o derechos amparados por esa Ley (Artículo 2).

En sentido similar, la Ley 16.011 de Uruguay de 1988, en términos generales admite la acción de amparo contra cualquier acto, omisión o hecho del Estado o de autoridades del sector público, así como de individuos que en una forma actual, inminente, manifiesta e ilegal lesionen, restrinjan, alteren o amenacen cualesquiera de los derechos y libertades expresa o implícitamente reconocidos en la Constitución (Art. 1).[44]

Una previsión similar está en el Código de Procedimientos constitucionales del Perú (Artículo 2)[45] y en la Constitución de Bolivia (Art. 19).

Incluso en Chile, que es el único de los países latinoamericanos que crea una ley reguladora de la acción de protección prevista en la Constitución, se ha interpretado que la acción se establece para la protección de los derechos constitucionales contra actos arbitrarios e ilegales que los violen o amenacen (Artículo 20), sin consideración alguna respecto de su origen, siendo admitida contra actos u omisiones de particulares.[46] Una interpretación similar se ha seguido en la Re-

---

[42] *Véase* Celso Agrícola Barbi, *Do mandado de segurança*, Editora Forense, Rio de Janeiro 1993, p. 92.

[43] *Véase* Allan R. Brewer–Carías, *Instituciones Políticas y Constitucionales*, Vol. V, *Derecho y Acción de Amparo*, Editorial Jurídica Venezolana, Caracas 1998, pp. 96, 128; Rafael Chavero, *El nuevo régimen del amparo constitucional en Venezuela*, Editorial Sherwood, Caracas 2001.

[44] *Véase* Luis Alberto Viera, *Ley de Amparo*, Ediciones Idea, Montevideo 1993, pp. 63, 157.

[45] *Véase* Samuel B. Abad Yupanqui, *El proceso constitucional de amparo*, Gaceta Jurídica, Lima 2004, pp. 389 y ss.

[46] *Véase* Humberto Nogueira Alcalá, "El derecho de amparo o protección de los derechos humanos, fundamentales o esenciales en Chile: evolución y perspectivas", en Humberto Nogueira Alcalá (Editor), *Acciones constitucionales de amparo y protección: realidad y perspectivas en Chile y América Latina*, Editorial Universidad de Talca, Talca 2000, p. 41.

pública Dominicana sobre la admisibilidad de la acción de amparo contra particulares[47], lo que se ha recogido en la Ley reguladora de la acción de amparo de 2006 (artículo 1).

Otros países latinoamericanos como Guatemala (Artículo 9), Colombia (artículo 86, Constitución),[48] Costa Rica (artículo 57 Ley de la Jurisdicción Constitucional)[49], Ecuador (artículo 88, Constitución)[50] y Honduras (artículo 41, Ley de la Justicia Constitucional), como se dijo, solo admiten la acción de amparo contra particulares en forma restringida, en el sentido de que sólo puede ser intentada contra individuos o corporaciones que estén en posición de superioridad en relación al común de las personas, o que en alguna forma ejerzan funciones o actividades públicas o que estén prestando un servicio público mediante concesión.[51]

V. EL TEMA DEL AMPARO CONTRA AUTORIDADES PÚBLICAS Y EL CONCEPTO RESTRICTIVO DE "AUTORIDAD RESPONSABLE"

Otro aspecto fundamental de la concepción del amparo en la Convención Americana, se refiere al ámbito de entidades públicas contra las cuales puede ejercerse la acción de amparo, en el sentido de que tiene una configuración universal de manera que no puede ni debe existir acto alguno del Estado que escape del ámbito del amparo.

Si el amparo es un medio judicial de protección de los derechos, ello es y tiene que serlo frente a cualquier acción de cualquier ente público o funcionario público; por lo que no se concibe que frente a esta característica universal del

---

[47] *Véase* Eduardo Jorge Prats, *Derecho Constitucional*, Vol. II, *Gaceta Judicial*, Santo Domingo 2005, p. 390.

[48] En Colombia donde la Constitución se refiere expresamente a la ley para el establecimiento de los casos en los cuales la acción de tutela puede intentarse contra individuos privados encargados de la prestación de servicios públicos o cuya conducta pueda afectar seria y directamente los derechos colectivos o respecto de los cuales el accionante se encuentre en una situación de subordinación o vulnerabilidad. (Art. 86). Los supuestos en los cuales procede la acción de tutela los reguló el Decreto 2.591 de 1991 (Artículo 42).

[49] En este sentido, el Artículo 57 de la Ley de la Jurisdicción Constitucional de Costa Rica restringe la acción de amparo contra individuos, sólo cuando ejerzan funciones públicas o de autoridad, o estén por derecho o de hecho en una posición de poder respecto de la cual los recursos ante la jurisdicción ordinaria sean claramente inefectivos para garantizar los derechos y la libertad prevista en el Artículo 2,a de la Ley. *Véase* Rubén Hernández Valle, *Derecho Procesal Constitucional,* Editorial Juricentro, San José 2001, pp. 275, 281 y ss.

[50] En Ecuador, la acción de amparo se admite cuando la violación proceda de una persona particular, si la violación del derecho provoca daño grave, si presta servicios públicos impropios, si actúa por delegación o concesión, o si la persona afectada se encuentra en estado de subordinación, indefensión o discriminación (art. 88).

[51] En una forma similar a las injunctions que se admiten en el derecho norteamericano contra las corporaciones de servicios públicos. *Véase*, John Bourdeau et al, "Injunctions" in Kevin Schroder, John Glenn and Maureen Placilla, *Corpus Juris Secundum*, Volume 43A, Thompson West, 2004, p. 182 y ss.

amparo, pueda haber determinadas actividades del Estado que puedan quedar excluidas del ámbito de una acción de amparo.

Dos aspectos, sin embargo, deben destacarse en esta materia, y se refieren por una parte, a las autoridades públicas contra las que se puede ejercer la acción de amparo; y por la otra, a los actos estatales que pueden ser objeto de la acción de amparo.

En cuanto al primer aspecto, en México, desde un inicio, el amparo se ha regulado en la Constitución como un medio de protección constitucional contra las "autoridades" (artículo 108), de manera que siempre se exige la existencia de una "autoridad responsable".[52] Este término se ha concebido siempre más desde el punto de vista institucional que personal, en el sentido de que la institución involucrada en la violación es la que se considera como autoridad responsable, independientemente de quién sea la persona o funcionario encargado de representarla.[53]

Pero por otra parte, de acuerdo con la jurisprudencia de la Suprema Corte, estas "autoridades" no son cualquier entidad o institución pública sino sólo aquellas dotadas de poderes de decisión que puedan imponer y ejecutar sus actos incluso mediante el uso de la fuerza pública.[54] De acuerdo con esta doctrina, en consecuencia, los tribunales han rechazado acciones de amparo contra entidades públicas consideradas como carentes de poderes de decisión, como por ejemplo ha ocurrido con aquellas de asesoría o consulta.[55] En este sentido, por ejemplo, inicialmente en muchos casos le fue rechazada la categoría de "autoridad" a entidades como Petróleos Mexicanos, la Comisión Nacional de Electricidad, el Defensor de los Derechos Humanos de la UNAM y las Universidades Autóno-

---

[52] De acuerdo con el artículo 11 de la Ley de Amparo, la autoridad responsable es la que ha dictado, promulgado, ordenado, ejecutado o tratado de ejecutar la ley o el acto reclamado. *Véase* "Autoridades para efectos del juicio de amparo" (*Apéndice al Semanario Judicial de la Federación*, 1917–1988, Segunda parte, Tesis 300, p. 519; en Eduardo Ferrer Mac–Gregor, *La acción constitucional de amparo en México y España. Estudio de derecho comparado*, Editorial Porrúa, México 2002, p, 254.

[53] *Véase* Richard D. Baker, *Judicial Review in Mexico. A Study of the Amparo Suits*, Texas University Press, Austin 1971, p. 209. *Véase* Suprema Corte, *Jurisprudencia de la Suprema Corte*, Tesis 183, II, p. 365; y Suprema Corte, Montufar Miguel, 17 S.J. 798 (1925). *Véase* las referencias en *Idem.*, p. 208–109, note 36

[54] Así fue definido el término desde la sentencia dictada en el caso *Campos Otero Julia*, 1935. *Véase* "Autoridades para efectos del juicio de amparo" (*Apéndice al Semanario Judicial de la Federación*, 1917–1988, Segunda parte, Tesis 300, p. 519, *cit.*, por Eduardo Ferrer Mac–Gregor, *La acción constitucional de amparo en México y España. Estudio de derecho comparado*, Editorial Porrúa, México 2002, p. 253. *Véase* también Suprema Corte, *Jurisprudencia de la Suprema Corte*, Tesis 179, II, 360, *cit.*, por Richard D. Baker, *Judicial Review in Mexico. A Study of the Amparo Suit*, Texas University Press, Austin, 1971, p. 94.

[55] *Véase* Richard D. Baker, *Judicial Review in Mexico. A Study of the Amparo Suit*, Texas University Press, Austin, 1971, p. 95.

mas.[56] Ello sin embargo, se ha progresivamente interpretado en favor de la protección constitucional, habiéndose admitido la acción de amparo contra muchas de esas entidades con base en la posible existencia de poderes de decisión en las mismas.[57]

En todo caso, en contraste con la tradición restrictiva mexicana en torno al concepto de "autoridad", en los otros países de América Latina, el término "autoridad" a los efectos del amparo ha sido interpretado y aplicado en forma amplia, comprendiendo cualquier entidad pública o cualquier funcionario público, independientemente de los poderes y funciones que le estén atribuidos. En Argentina, por ejemplo, en la Ley de Amparo, la expresión "autoridad pública" (artículo 1) incluye todo tipo de entes públicos o funcionarios de todas las ramas del poder público, por lo que a pesar de alguna interpretación restrictiva aislada conforme a la tradición de la jurisprudencia mexicana,[58] la tendencia general es entender como autoridad, cualquier agente, empleado, funcionario público, magistrado o cualquier agente actuando en tal carácter, incluyendo particulares actuando en ejercicio de funciones públicas, como los concesionarios de servicios públicos.

En similar sentido, por ejemplo, en Bolivia (Art. 94), Colombia (Art. 1), El Salvador (Art. 12), Perú (Art. 2), Nicaragua (Art. 3),Uruguay (Art. 2) and Venezuela (Art. 2), también conforme a una interpretación amplia, el término autoridad pública se concibe con el propósito de garantizar la protección del amparo contra cualquier funcionario o entidad públicos, "independientemente de su categoría y funciones" como lo establece la Ley de Brasil sobre el *mandado de segurança* (Artículo 1). Incluso, algunas Leyes de amparo, con el objeto de disipar dudas son enumerativas, incluyendo cualquier acto de los órganos del poder público, así se trate de entes descentralizados o autónomos, de orden municipal, financiados con fondos públicos o actuando por delegación del Estado mediante concesión, contrato o decisión administrativos. (Guatemala Art. 9, Honduras, Art. 41).

VI. EL TEMA DE LA IMPUGNACIÓN DE ACTOS PÚBLICOS Y LOS ACTOS EXCLUIDOS

Conforme a la Convención Americana, por otra parte, todos los actos, vías de hecho y omisiones de las autoridades públicas pueden ser objeto de la acción de

---

[56] *Véase* Eduardo Ferrer Mac–Gregor, *La acción constitucional de amparo en México y España. Estudio de derecho comparado,* Editorial Porrúa, México 2002, pp. 255–256.

[57] *Véase* Eduardo Ferrer Mac–Gregor, *La acción constitucional de amparo en México y España. Estudio de derecho comparado*, Editorial Porrúa, México 2002, p, 257

[58] En algunas ocasiones se ha interpretado el término comprendiendo solo los funcionarios dotados de *imperium*, es decir, de poderes de dirección y de emisión de decisiones obligatorias que incluso requieran el uso de la fuerza pública para ser ejecutada. *Véase* Néstor Pedro Sagüés, "Derecho procesal Constitucional", Vol. 3, *Acción de amparo*, Editorial Astrea, Buenos Aires 1988, pp. 91–93; Joaquin Brague Camazano, *La Jurisdicción constitucional de la libertad (Teoría general, Argentina, México, Corte Interamericana de Derechos Humanos),* Editorial Porrúa, México 2005, p. 97; José Luis Lazzarini, *El juicio de amparo,* Editorial La Ley, Buenos Aires, 1987, pp. 208–209.

amparo, cuando mediante ellos se violen o amenacen derechos constitucionales, sea que emanen de autoridades legislativas, ejecutivas o judiciales.

En México, por ejemplo, el amparo procede contra leyes, contra actos ejecutivos o administrativos y contra sentencias; y en tal sentido, sin duda, se presenta un contraste con otros países de América Latina donde pueden detectarse unas tendencias a establecer determinadas exclusiones.

En primer lugar se destaca la tendencia a excluir del amparo a los actos de ciertas autoridades públicas, como por ejemplo, a los organismos electorales – tendencia de la cual en este aspecto no escapa México-, cuyos actos, en algunos países como Perú, Costa Rica y Uruguay, se excluyen expresamente de la acción de amparo.

En otros casos, por ejemplo, en el mismo Perú se prevé una exclusión del ámbito de protección constitucional del amparo respecto a los actos del Consejo Nacional de la Judicatura. En otros casos la exclusión se refiere a la materia, como las que tengan relación con la aplicación de leyes de defensa pública, como sucede en Argentina.

En segundo lugar, también se destaca otra tendencia en el ámbito latinoamericano a excluir de la protección del amparo respecto de ciertos actos estatales, lo que se ha previsto particularmente en relación con las leyes, como sucede por ejemplo en Argentina, Brasil, Bolivia, Colombia, Costa Rica, Chile, Ecuador, El Salvador, Nicaragua, Panamá, Paraguay, Perú, Uruguay, la República Dominicana y Uruguay, cuyas legislaciones excluyen la posibilidad de ejercer la acción de amparo contra leyes, es decir, contra normas.

En México, en cambio, al igual que en Venezuela, se admite la acción de amparo contra leyes auto aplicativas; y por su parte, en Guatemala y Honduras el amparo contra leyes está previsto en forma general.

Por tanto, en contraste con la amplitud mexicana respecto del amparo contra leyes, en México el amparo se restringe en relación con los actos de los cuerpos legislativos, distintos a las leyes; y esto, a la inversa contrasta con la tendencia latinoamericana. En efecto, en relación con los actos parlamentarios distintos a las leyes, incluyendo los emanados de los cuerpos legislativos regionales y municipales, los mismos pueden ser objeto de acciones de amparo en muchos países, cuando con ellos se violen derechos constitucionales, tal como se ha aceptado en Argentina,[59] Costa Rica,[60] y Venezuela.[61]

---

[59] *Véase* decisión del Tribunal de Primera Instancia Criminal de 1984 (1ª. InstCrim-CorrFed, Juzg Nº 3, 10–9–84, ED 110–653) en Néstor Pedro Sagüés, *Derecho procesal Constitucional*, Vol 3, "Acción de amparo", Editorial Astrea Buenos Aires 1988, pp. 95–97; Joaquin Brague Camazano, *La Jurisdicción constitucional de la libertad (Teoría general, Argentina, México, Corte Interamericana de Derechos Humanos)*, Editorial Porrúa, México 2005, p. 98; y José Luis Lazzarini, *El juicio de amparo*, Editorial La Ley, Buenos Aires 1987, pp. 216–216.

[60] *Véase* Rubén Hernández Valle, *Derecho Procesal Constitucional*, Editorial Juricentro, San José 2001, pp. 211–214.

[61] En Venezuela, en sentido similar, la antigua Corte Suprema admitió la acción de amparo, incluso contra actos parlamentarios respecto de los cuales se excluía el con-

En contraste con esta tendencia, en México, el Artículo 73,VIII de la Ley de Amparo expresamente excluye de la acción de amparo las resoluciones y declaraciones del Congreso federal y de sus Cámaras, al igual que de las legislaturas de los Estados y sus comisiones, relativas a la elección, suspensión y remoción de funcionarios públicos en casos en los cuales las respectivas Constituciones confieran a dichos órganos el poder de decisión en la materia de manera soberana y discrecional.[62] Por otra parte, las decisiones adoptadas por la Cámara de Diputados o el Senado en casos de juicio político, que son consideradas como in impugnables[63] (Artículo 110 de la Constitución) también están excluidas de la acción de amparo.

Por otra parte, en cuanto a las acciones de amparo contra decisiones judiciales, ampliamente aceptadas en México, aún cuando también los jueces, al dictar sus sentencias, puedan lesionar derechos constitucionales en muchos países de América Latina se encuentran restringidas. La verdad es que ningún juez tiene poder para que en sus sentencias pueda violar un derecho constitucional, por lo que también debería admitirse la acción de amparo contra las sentencias, lo cual no se excluye en la Convención Americana y es admitida en muchos países de América Latina.

En Ecuador se ha regulado la acción extraordinaria de protección contra sentencias (art. 437, Constitución) que puede ser intentada ante la Corte Constitucional por los ciudadanos en forma individual o colectiva contra sentencias, autos definitivos y resoluciones con fuerza de sentencia, para cuya admisión la Corte debe constatar el cumplimiento de los siguientes requisitos: 1. Que se trate de sentencias, autos y resoluciones firmes o ejecutoriados; y 2. Que el recurrente demuestre que en el juzgamiento se ha violado, por acción u omisión, el debido proceso u otros derechos reconocidos en la Constitución.

Pero en algunos países, en cambio, se excluye expresamente la acción de amparo contra sentencias, como es el caso de Argentina, Bolivia, Brasil, Costa Rica, Chile, El Salvador, Nicaragua, Paraguay, República Dominicana y Uruguay. En Colombia, si bien la tutela contra sentencias se incorporó expresamente en el Decreto-Ley reglamentario de la acción, en sentencia de la Corte Constitucional de 1992 se anuló el artículo 40 de dicho Decreto Ley que la regulaba. Sin embargo, posteriormente y a pesar de la anulación de la norma, la labor tanto de la propia Corte Constitucional como de la Corte Suprema, del Consejo de Estado y de los tribunales de instancia, ha sido progresiva en admitir por vía de interpretación, la acción de tutela contra sentencias arbitrarias.

---

trol de constitucionalidad (actos privativos de las Cámaras legislativas). Sentencia de 31–01–1991 (Caso: *Anselmo Natale*), en *Revista de Derecho Público*, N° 45, EJV, Caracas, 1991, p. 118.

[62] *Véase* Richard D. Baker, *Judicial Review in Mexico. A Study of the Amparo Suit*, Texas University Press, Austin 1971, p. 98.

[63] *Véase* Eduardo Ferrer Mac–Gregor, *La acción constitucional de amparo en México y España. Estudio de derecho comparado*, Editorial Porrúa, México 2002, p. 378.

VII. EL TEMA DE LA IMPUGNACIÓN DE LOS ACTOS PÚBLICOS Y LA EXIGENCIA DE LA DEFINITIVIDAD DEL ACTO IMPUGNADO

Como se ha dicho, en México, contrariamente a lo que sucede en la mayoría de los países latinoamericanos, inclusive con antelación a la adopción de la Convención Americana, el juicio de amparo ha sido concebido como un derecho constitucional que se ha desarrollado procesalmente con estas características, resultando en las cinco grandes vertientes que el profesor Héctor Fix Zamudio desentrañó magistralmente hace años de manera que los juristas pudiéramos apreciar el universo del juicio de amparo, que son el amparo a la libertad, el amparo contra leyes, el amparo administrativo, el amparo judicial o amparo casación y amparo agrario.

Esas mismas vertientes se han desarrollado en el amparo en Venezuela pudiendo configurarse en vías judiciales de amparo, pero conservando cada una su propia formulación adjetiva histórica: la acción autónoma de amparo (que incluye el habeas corpus), la acción de inconstitucionalidad de las leyes con pretensión de amparo, la acción contencioso administrativa de anulación con pretensión de amparo, el recurso de casación o la apelación judicial con pretensión de amparo y amparo agrario. En el resto de los países de América Latina, como se dijo, el amparo es básicamente una acción o recurso, es decir, una importante garantía adjetiva de los derechos fundamentales.

Pero aparte de la configuración del amparo como un derecho o como una garantía, la amplitud de la institución puede verse reducida en algunos aspectos mediante el establecimiento de las condiciones de admisibilidad del juicio o de la acción de amparo.

En esta materia de amparo, tratándose siempre de un medio judicial extraordinario, la condición de admisibilidad general del juicio o acción deriva de su relación que existe siempre con los medios ordinarios, de manera que el principio general es el de la inadmisibilidad del juicio o acción cuando existan otras vías judiciales ordinarias adecuadas que permitan efectivamente la obtención de la protección inmediata del derecho constitucional.

Esta condición general de admisibilidad del amparo, basada en la inexistencia de otras vías ordinarias adecuadas que puedan asegurar efectivamente la protección constitucional inmediata del derecho, puede decirse que se aplica en la mayoría de los países latinoamericanos.

Como ejemplo se puede mencionar el caso de Argentina, donde siendo la acción de amparo un medio extraordinario y residual, es la propia Constitución la que dispone que la acción de amparo es admisible siempre que no existan otros medios judiciales más adecuados (Artículo 43). Esta condición también se establece en la Ley de Amparo, ampliándola en relación con las vías de recursos administrativos, al disponer la inadmisibilidad de la acción cuando existan otros recursos judiciales y administrativos, que permitan la obtención de la protección del derecho o garantía constitucional (Artículo 2,a). Sin embargo, en relación con esta condición de admisibilidad, se establece una excepción general en el sentido de admitir la acción en los casos en los que si se utilizan esos otros recursos existentes, ello produce un daño grave e irreparable; o los mismos no sean suficientes para otorgar la inmediata y adecuada protección que requiere el derecho constitucional violado o amenazado.[64]

La regla general de existencia y adecuación de los otros recursos judiciales existentes, sin embargo, no se aplica en otros países, como Brasil, Colombia, Guatemala, México y Perú, donde la única regla que se aplica es la de la existencia y disposición de los recursos pero no la de su adecuación.

Es decir, en algunos países, la condición de admisibilidad solo se refiere a la cuestión de la existencia y disposición de otros medios judiciales ordinarios de protección, sin consideración alguna sobre si son o no adecuados para garantizar la protección inmediata requerida por la violación constitucional, imponiendo al accionante en amparo la obligación de agotar previamente todos esos recursos judiciales (y en algunos casos administrativos), siempre con algunas excepciones relativas a los daños irreparables que pueda ello ocasionar, pero independientemente de toda consideración en relación a si son o no adecuados para la protección constitucional En estos países, podría decirse que la acción de amparo es subsidiaria, tal como sucede en España.[65]

En México esta condición responde al principio de definitividad, es decir, que el acto impugnado por amparo sea de carácter definitivo, lo que ocurre cuando el acto ya no pueda ser impugnado por ninguna otra vía judicial.[66] Sin

---

[64] *Véase* José Luis Lazzarini, *El juicio de amparo*, Ed. La Ley, Buenos Aires, 1987, p. 94–95, 122 y ss., 139; Alí Joaquín Salgado, *Juicio de amparo y acción de inconstitucionalidad*, Editorial Astrea, Buenos Aires, 1987, pp. 31 y ss. Siendo esta una condición de admisibilidad, el accionante debe alegar y probar que no hay otro medio adecuado de protección de los derechos. *Véase* Néstor Pedro Sagüés, *Derecho Procesal Constitucional*, Vol. 3, "Acción de Amparo", Editorial Astrea, Buenos Aires, 1988, p. 170. Como fue decidido por la Suprema Corte: "Resulta indispensable para la admisión del remedio excepcional del amparo que quien solicita la protección judicial demuestre, en debida forma, la inexistencia de otras vías legales idóneas para la protección del derecho lesionado o que la remisión a ellas produzca un gravamen insustituible de reparación ulterior". *Véase* Caso *Carlos Alfredo Villar v. Banco de la República Argentina, cit.,* por Samuel B. Abad Yupanqui, *El proceso constitucional de amparo*, Gaceta Jurídica, Lima, 2004, pp. 223–224.

[65] En sentido similar, en España el principio general es que como la protección de los derechos constitucionales es una tarea atribuida a los tribunales, solo se puede admitir la acción de amparo ante el Tribunal Constitucional, una vez que se hayan agotado los recursos judiciales ordinarios, de manera que la acción de amparo en la práctica solo se puede intentar contra la decisión judicial final del caso. Por eso, el amparo en España es considerado como una acción subsidiaria en el sentido de que solo se puede intentar previo el agotamiento de los medios legales ordinarios, contra la decisión que en ellos se adopte. *Véase* Eduardo Ferrer Mac Gregor, *La acción constitucional de amparo en México y España. Estudio de derecho comparado*, Editorial Porrúa, México, 2002, pp. 292 y ss.

[66] En este sentido, el artículo 103 de la Constitución y el artículo 73 de la ley de Amparo disponen que la acción de amparo dirigida contra decisiones judiciales, solo se puede intentar contra la sentencia final y definitiva, respecto de la cual no cabe otro medio de impugnación para modificarla o revocarla (Art 73, XIII). El mismo principio se establece en relación con los actos administrativos, en relación con los cuales la acción de amparo sólo es admisible cuando los mismos no puedan ser impugna-

embargo, algunas excepciones se establecen respecto de esta condición, en particular, cuando el acto que se impugna implica un peligro a la vida del accionante, o de deportación del país, o de violación de los derechos al debido proceso previstos en el artículo 20 de la Constitución. De manera que en estos casos, incluso existiendo otras vías judiciales, el juicio de amparo puede intentarse.

La consecuencia general del principio de la definitividad del acto impugnado, es no sólo el necesario agotamiento de los recursos existentes u otros medios de defensa que puedan significar la modificación o revocación del acto impugnado, sino que esos medios judiciales deben ser agotados en si mismos, es decir, no es suficiente de que sean peticionados sino que es necesario que se haya seguido todo el procedimiento prescrito hasta su última fase concluyendo con la decisión definitiva emanada de la autoridad[67]

APRECIACIÓN FINAL

Como puede observarse de lo que he analizado anteriormente, la universalización de la concepción del amparo en la Convención Americana sobre Derechos Humanos tendría que prevalecer en los derechos internos, donde deberían quedar eliminadas todas las restricciones nacionales que se han venido estableciendo respecto de la acción de amparo.

Ello implica, ante todo, como sucede en México, que el amparo tiene que ser concebido como un derecho constitucional en sí mismo, y no sólo como una acción o garantía adjetiva de protección; pero además, que las personas amparables son todas, sin distingo de naturaleza alguna, incluyendo a las personas estatales; y que la protección judicial de los derechos no se debe limitar a una sola acción de amparo, sino que puede lograrse a través de cualquier medio judicial idóneo.

Asimismo, que la obligación judicial de amparar corresponde a todos los tribunales, por ser de la esencia del poder judicial, y no sólo a una Corte o Tribunal Constitucional; que todos los derechos constitucionales son amparables, incluso los inherentes a la persona humana no enumerados en los textos constitucionales; que la protección constitucional procede contra todo acto, omisión, hecho o actuación que viole los derechos o amenace violarlos; que la protección constitucional procede contra acciones u omisiones lesivas de los particulares y no sólo de los agentes del Estado; y que en este último caso, procede contra leyes, actos ejecutivos, administrativos y sentencias sin que pueda haber exclusión alguna.

---

dos mediante otros recursos o acciones o mediante ningún orto medio de defensa que pueda permitir la suspensión de sus efectos, siempre que no dispongan condiciones adicionales a los establecidos en la Ley de Amparo (Artículo 73, XV).

[67] *Véase* Eduardo Ferrer Mac Gregor, *La acción constitucional de amparo en México y España. Estudio de derecho comparado*, Editorial Porrúa, México, 2002, pp. 315, 392 y ss.; y Richard D. Baker, *Judicial Review in Mexico. A Study of the Amparo Suit*, University of Texas Press, Austin, 1971, p. 100.

§13. EL PROCESO CONSTITUCIONAL DE AMPARO EN VENEZUELA[*]

El proceso constitucional de amparo fue introducido en Venezuela en la Constitución de 1961, estableciéndolo, siguiendo la orientación del constitucionalismo moderno latinoamericano,[1] como la garantía judicial específica de los derechos y garantías constitucionales, pero configurándolo además, como un *derecho constitucional de todas las personas a ser amparados* por los Tribunales en el goce y ejercicio de todos dichos derechos y garantías,[2] con características bien definidas en el derecho constitucional comparado de América Latina[3]. Di-

---

[*]   Publicado en *Revista IUS*, Nº 27, Instituto de Ciencias Jurídicas de Puebla, Puebla, México 2011, ISSN 1870–2147, pp. 251–277; y en *Revista de Derecho Público*, Nº 74, Departamento de Derecho Público, Universidad de Chile, Santiago de Chile, 2011.

[1]   *Véase* el trabajo de Héctor Fix–Zamudio sobre el amparo venezolano en su trabajo: "Algunos aspectos comparativos del derecho de amparo en México y Venezuela", *Libro Homenaje a la Memoria de Lorenzo Herrera Mendoza*, UCV, Caracas, 1970, Tomo II, pp. 333–390. *Véase* además, Héctor Fix Zamudio, "La teoría de Allan R. Brewer–Carías sobre el derecho de amparo Latinoamericano y el juicio de amparo mexicano", en *El derecho público a comienzos del siglo XXI. Estudios en homenaje al Profesor Allan R. Brewer–Carías*, Editorial Thomson Civitas, Madrid, 2002, Tomo I, pp. 1125 y ss.

[2]   *Véase* Allan R. Brewer–Carías, *El Derecho y la Acción de Amparo*, Tomo V, *Instituciones Políticas y Constitucionales*, Editorial Jurídica Venezolana, Universidad Católica del Táchira, Caracas–San Cristóbal, 1998; *La Justicia Constitucional (Procesos y procedimientos constitucionales)*, Instituto Mexicano de Derecho Procesal Constitucional, Ed. Porrúa, México 2007.

[3]   *Véase* nuestros trabajos: Allan R. Brewer–Carías, *Judicial Review in Comparative Law,* Cambridge Studies in International and Comparative Law. New Series, Cambridge University Press, Cambridge 1989, 406 pp.; y en Allan R. Brewer–Carías, *Études de droit public comparé*, Académie International de Droit Comparé, Bruylant, Bruxelles 2001, pp. 526–934; "El amparo a los derechos y libertades constitucionales y la acción de tutela a los derechos fundamentales en Colombia: una aproximación comparativa", en Manuel José Cepeda (editor), *La Carta de derechos. Su interpretación y sus implicaciones*, Editorial Temis, Bogotá 1993, pp. 21–81, y en *La protección jurídica del ciudadano. Estudios en Homenaje al Profesor Jesús González Pérez*, Tomo 3, Editorial Civitas, Madrid 1993, pp. 2.695–2.748; *El amparo a los derechos y libertades constitucionales. Una aproximación comparativa*, Cuadernos de la Cátedra Allan R. Brewer–Carías de Derecho Público, nº 1, Universidad Católica del Táchira, San Cristóbal 1993, 138 pp.; "La justice constitutionnelle et le pouvoir judiciaire," en Allan R. Brewer–Carías, *Études de droit public comparé*, Académie International de Droit Comparé, Bruylant, Bruxelles 2001, pp. 935–1182; *Mecanismos nacionales de protección de los derechos humanos (Garantías judiciales de los derechos humanos en el derecho constitucional comparado latinoameri-*

cho derecho constitucional ha sido regulado ampliamente en el artículo 27 de la Constitución de 1999[4] siguiendo la orientación del artículo 49 de la Constitución de 1961,[5] así:

> "*Artículo 27*: Toda persona tiene derecho a ser amparada por los tribunales en el goce y ejercicio de los derechos y garantías constitucionales, aun de aquellos inherentes a la persona que no figuren expresamente en esta Constitución o en los instrumentos internacionales sobre derechos humanos.
>
> El procedimiento de la acción de amparo constitucional será oral, público, breve, gratuito y no sujeto a formalidad, y la autoridad judicial competente tendrá potestad para restablecer inmediatamente la situación jurídica infringida o la situación que más se asemeje a ella. Todo tiempo será hábil y el tribunal lo tramitará con preferencia a cualquier otro asunto.
>
> La acción de amparo a la libertad o seguridad podrá ser interpuesta por cualquier persona, y el detenido o detenida será puesto bajo la custodia del tribunal de manera inmediata, sin dilación alguna.
>
> El ejercicio de este derecho no puede ser afectado, en modo alguno, por la declaración del estado de excepción o de la restricción de garantías constitucionales."

De esta norma constitucional derivan las notas distintivas del derecho y acción de amparo en Venezuela, y entre ellas, su universalidad respecto de los derechos protegidos y las causas de la lesión o amenaza de lesión de los mismos;

---

cano), Instituto Interamericano de Derechos Humanos, San José 2005, 300 pp.; y *Constitutional Protection of Human Rights in Latin America. A Comparative Study of the Amparo Proceeding, Cambridge University Press, New York 2008,* 448 pp.

[4] *Véase* en general, Hildegard Rondón de Sansó, "La acción de amparo constitucional a raíz de la vigencia de la Constitución de 1999", en *Revista de la Facultad de Ciencias Jurídicas y Políticas de la UCV,* N° 119, Caracas, 2000, pp. 147–172; Richard D. Henríquez Larrazábal, "El problema de la procedencia del amparo constitucional en el Derecho venezolano", en *Bases y principios del sistema constitucional venezolano (Ponencias del VII Congreso Venezolano de Derecho Constitucional realizado en San Cristóbal del 21 al 23 de Noviembre de 2001),* Volumen II, pp. 403–475; Víctor R. Hernández–Mendible, "El amparo constitucional desde la perspectiva cautelar", en *El Derecho Público a comienzos del siglo XXI. Estudios homenaje al Profesor Allan R. Brewer–Carías,* Tomo I, Edit. Civitas, Madrid, 2003, pp. 1219–1301; Allan R. Brewer–Carías, "Introducción general al régimen del derecho de amparo a los derechos y garantías constitucionales (el proceso de amparo)", en *Ley Orgánica de amparo sobre derechos y garantías constitucionales,* Editorial Jurídica Venezolana, Caracas 2007, pp. 9–149.

[5] *Véase* en general Allan R. Brewer–Carías y Carlos Ayala Corao, en *Ley Orgánica de amparo sobre derechos y garantías constitucionales,* Editorial Jurídica Venezolana, Caracas 1988; Hildegard Rondón de Sansó, *La acción de amparo contra los Poderes Públicos,* Editorial Arte, Caracas 1994; Hildegard Rondón de Sansó, *Amparo constitucional,* Editorial Arte, Caracas 1998; Gustavo Linares Benzo, El proceso de amparo, Universidad Central de Venezuela, Caracas 1999; Rafael J. Chavero Gazdik, *El nuevo régimen del amparo constitucional en Venezuela,* Edit. Sherwood, Caracas 2001.

las formas de su ejercicio; y los principios del procedimiento los cuales desde el inicio fueron desarrollados por la jurisprudencia en aplicación de la Ley Orgánica de Amparo sobre Derechos y Garantías Constitucionales de 1988 (LOA).[6]

I. LA UNIVERSALIDAD DEL AMPARO: DERECHOS Y GARANTÍAS PROTEGIDOS Y ACTOS LESIVOS DE PARTICULARES Y DE AUTORIDADES

La acción de amparo procede en Venezuela para la protección de todos los derechos constitucionales enumerados en el texto de la Constitución (artículos 19 a 129: derechos civiles, políticos, sociales y de las familias, culturales y educativos, económicos, de los pueblos indígenas, y ambientales), y en los tratados internacionales sobre derechos humanos, que conforme al artículo 23 de la Constitución tienen jerarquía constitucional, y además, respecto de todos aquellos otros derechos inherentes a la persona humana que no figuren expresamente, ni en la Constitución o en dichos tratados internacionales (artículo 22, Constitución), los cuales además, prevalecen incluso sobre el orden interno si contienen regulaciones más favorables para el goce y ejercicio de los derechos.

Por tanto, no hay derechos o garantías constitucionales y fundamentales que no sean justiciables mediante la acción de amparo, correspondiendo su ejercicio a todas las personas tanto naturales como jurídicas o morales,[7] debiendo estas últimas estar domiciliadas en el país (art. 1, LOA). Lo único que se requiere para que proceda el amparo, sin embargo, es que sea una violación inmediata, directa y clara del derecho constitucional.[8] La consecuencia de esta universalidad del amparo, es que en Venezuela, el llamado derecho de hábeas corpus se haya configurado como parte del derecho de amparo[9] o, si se quiere, como una manifesta-

---

[6]   *Véase* Allan R. Brewer–Carías, "La reciente evolución jurisprudencial en relación a la admisibilidad del recurso de amparo", en *Revista de Derecho Público*, n° 19, Editorial Jurídica Venezolana (en lo adelante: EJV), Caracas, julio–septiembre 1984, pp. 207–217.

[7]   *Véase* lo indicado por la Corte Primera de lo Contencioso–Administrativa en sentencias de 30–4–87, 24–4–88 y 28–7–88 en FUNEDA, 15 *años de Jurisprudencia de la Corte Primera de lo Contencioso–Administrativo, 1977–1992, Amparo Constitucional,* Caracas, 1994, pp. 141, 180 y 225.

[8]   *Véase*, por ejemplo, sentencias de la Corte Primera de lo Contencioso administrativo de 22–1–88, *Revista de Derecho Público, N° 33,* EJV, Caracas, 1988, p. 109; de 24–5–88, *Revista de Derecho Público,* N° 35, EJV, Caracas, 1988, p. 100; de 30–6–88, *Revista de Derecho Público,* n° 35, EJV, Caracas, 1988, p. 129; de 8–10–91, *Revista de Derecho Público,* N° 48, EJV, Caracas, 1991, p. 138; de 15–9–92 y 16–9–92, *Revista de Derecho Público,* N° 51, EJV, Caracas, 1992, pp. 146 y 150; y de la antigua Corte Suprema de Justicia, Sala Político Administrativa, de 9–5–88, *Revista de Derecho Público* N° 34, EJV, Caracas, 1988, pp. 105 y 116; de 27–6–90, *Revista de Derecho Público* n° 43, EJV, Caracas, 1990 p. 92, y de 26–10–89, *Revista de Derecho Público,* N° 40, EJV, Caracas, 1989, p. 109. *Véase* también de la antigua Corte Suprema de Justicia, Sala Plena de 21–3–88, *Revista de Derecho Público,* n° 34, EJV, Caracas, 1988, p. 105.

[9]   Allan R. Brewer–Carías, "El derecho de amparo y la acción de amparo", en *Revista de Derecho Público,* n° 22, EJV, Caracas, abril–junio 1985, pp. 51–61; y "El dere-

ción del derecho de amparo, a cuyo efecto, la Ley Orgánica de Amparo establece en su artículo 1° que "La garantía de la libertad personal que regula el *hábeas corpus* constitucional, se regirá por esta ley"; destinando a ello los artículos 38 a 47 de la misma.

Por otra parte, de acuerdo con la Constitución, el amparo constitucional procede contra cualquier acto, hecho u omisión de autoridades o de particulares que viole derechos o garantías constitucionales o amenace violarlos. Por tanto, así como no hay derechos y garantías excluidos del amparo, tampoco hay actos, hechos u omisiones que escapen de la protección de la misma. Ello se precisa en el artículo 2° de la Ley Orgánica, cuando indica que:

> "La acción de amparo procede contra cualquier hecho, acto u omisión provenientes de los órganos del Poder Público Nacional, Estadal o Municipal. También procede contra el hecho, acto u omisión originados por ciudadanos, personas jurídicas, grupos u organizaciones privadas, que hayan violado, violen o amenacen violar cualquiera de las garantías o derechos amparados por esta Ley".

Por tanto, además de proceder el amparo contra particulares, sin distinción alguna,[10] procede contra todas las perturbaciones provenientes de autoridades públicas, igualmente sin distinción alguna, sea que se trate de actos estatales u omisiones así como de actos materiales y vías de hecho de las autoridades públicas (art. 5 LOA). Así, ninguna actuación u omisión pública escapa al amparo, quedando sólo excluidos de la acción, conforme se estableció en el artículo 6,6 de la ley Orgánica, "los actos de la Corte Suprema de Justicia."[11] Por ello, la antigua Corte Suprema de Justicia en Sala Político Administrativa en sentencia de 31 de enero de 1991 (Caso: *Anselmo Natale),* afirmó enfáticamente que "no puede existir ningún acto estatal que no sea susceptible de ser revisado por vía de amparo, entendiendo ésta como "un medio de protección de las libertades públicas cuyo objeto es restablecer su goce o disfrute, cuando alguna persona natural o jurídica, o grupos u organizaciones privadas, amenace vulnerarlas o las vulneren efectivamente."[12]

---

cho de amparo en Venezuela," en *Revista de Derecho,* N° 1, año V, Facultad de Derecho, Universidad Central, Santiago de Chile 1991, pp. 151–178; y en *Garantías jurisdiccionales para la defensa de los derechos humanos en Iberoamérica,* Instituto de Investigaciones Jurídicas, Universidad Nacional Autónoma de México, México 1992, pp. 7–53.

10 Tal como sucede en Argentina después del caso *Samuel Kot SRL.* de 1958. S. V. Linares Quintana, *Acción de Amparo,* Buenos Aires, 1960, p. 25, G. R. Carrio, *Algunos aspectos del recurso de amparo,* Buenos Aires, 1959, p. 13.

11 *Véase* sentencia de la Corte Primera de lo Contencioso Administrativa de 18–6–91, en FUNEDA, *15 años de Jurisprudencia op. cit.,* p. 145; y en *Revista de Derecho Público,* N° 46, EJV, Caracas, 1991, p. 124.

12 *Véase* en *Revista de Derecho Público,* N° 45, EJV, Caracas, 1991, p. 118. La tesis de la Corte Suprema fue reafirmada por la Corte Primera de lo Contencioso Administrativo en sentencia de 18–6–91, en *Véase* en *Revista de Derecho Público,* n° 46, EJV, Caracas, 1991, p. 125.

En cuanto al amparo contra leyes y demás actos normativos, de acuerdo al artículo 3° de la Ley Orgánica:

"También es procedente la acción de amparo cuando la violación o amenaza de violación deriven de una norma que colida con la Constitución. En este caso, la providencia judicial que resuelva la acción interpuesta deberá apreciar la inaplicación de la norma impugnada y el Juez informará a la Corte Suprema de Justicia acerca de la respectiva decisión".

Se previó así en la Ley Orgánica el llamado "amparo contra normas" el cual en ciertos aspectos se puede asimilar al denominado en México "amparo contra leyes,"[13] no teniendo la decisión del juez efectos anulatorios, sino de inaplicación de la norma respecto de quién se solicita amparo (*inter partes*). Pero en relación al control de la constitucionalidad de las leyes, que la Ley Orgánica, además de prever el amparo contra normas, permite ejercer la pretensión de amparo, conjuntamente con la acción popular de inconstitucionalidad de las leyes ante la Sala Constitucional del Tribunal Supremo de Justicia, previendo en el mismo artículo 3° de la Ley Orgánica, lo siguiente:

"La acción de amparo también podrá ejercerse conjuntamente con la acción popular de inconstitucionalidad de las leyes y demás actos estatales normativos, en cuyo caso, la Corte Suprema de Justicia, si lo estima procedente para la protección constitucional, podrá suspender la aplicación de la norma respecto de la situación jurídica concreta cuya violación se alega, mientras dure el juicio de nulidad".

Aún cuando de la norma del artículo 3° de la Ley Orgánica, puede decirse que resultaba una *vía directa de control difuso* de la constitucionalidad de las leyes,[14] la jurisprudencia de la Sala Político Administrativa de la antigua Corte Suprema impuso el criterio de que no procede la acción de amparo directamente contra normas, siendo que lo que procede es su ejercicio contra los actos de ejecución de la norma, que serían los actos lesivos.[15] Así lo indicó en sentencia de 24 de mayo de 1993, al afirmar que "el mencionado artículo de la Ley Orgánica de Amparo no consagra la posibilidad de interponer esta acción de protección constitucional contra una ley u otro acto normativo sino contra el acto de

---

13   Héctor Fix–Zamudio, "Algunos problemas que plantea el amparo contra leyes", *Boletín del Instituto de Derecho Comparado de México,* UNAM, N° 37, 1960, pp. 11 a 39. *Véase* además, además, Allan R. Brewer–Carías, "La acción de amparo contra leyes y demás actos normativos en el derecho venezolano," en *Liber Amicorum. Héctor Fix–Zamudio,* Volumen I, Secretaría de la Corte Interamericana de Derechos Humanos. San José, Costa Rica 1998, pp. 481–501

14   *Véase* Allan R. Brewer–Carías, *Nuevas tendencias en el contencioso administrativo en Venezuela,* EJV, Caracas, 1993, p. 168.

15   Fue el caso de la en sentencia de 8–8–94, la Sala Político Administrativa al resolver un amparo en el caso de las declaraciones juradas de patrimonio exigidas a los administradores de bancos por la Ley de Emergencia Financiera de 1994. *Véase* el texto en Allan R. Brewer–Carías y Carlos Ayala Corao, *El derecho a la intimidad y a la vida privada y su protección frente a las injerencias abusivas o arbitrarias del Estado,* Caracas, 1995, pp. 214 a 216.

aplicación o ejecución de ésta, el cual en definitiva es el que, en el caso concreto, puede ocasionar una lesión particular de los derechos y garantías constitucionales de una persona determinada."[16]

En materia de amparo contra actos administrativos y conductas omisivas de la Administración, el artículo 5° de la Ley Orgánica dispone que:

"La acción de amparo procede contra todo acto administrativo, actuaciones materiales, vías de hecho, abstenciones u omisiones que violen o amenacen violar un derecho o garantía constitucionales, cuando no exista un medio procesal breve, sumario y eficaz, acorde con la protección constitucional".

En consecuencia, si dicho medio procesal acorde con la protección constitucional existe, la acción de amparo no es admisible; pudiendo ser dicho medio el recurso contencioso administrativo de anulación, siempre que exista en la localidad un tribunal con competencia contencioso administrativa, y se formule en el mismo conjuntamente con la pretensión de nulidad, la pretensión de amparo.[17]

En estos casos, agrega el artículo 5° de la Ley Orgánica, el Juez, en forma breve, sumaria y efectiva, si lo considera procedente para la protección constitucional, suspenderá los efectos del acto recurrido como garantía de dicho derecho constitucional violado, mientras dure el juicio. Para garantizar que este recurso contencioso administrativo de anulación y amparo, sea un medio procesal breve, sumario y efectivo, acorde con la protección constitucional, el Parágrafo Único del artículo 5° de la Ley Orgánica precisa que:

"Cuando se ejerza la acción de amparo contra actos administrativos conjuntamente con el recurso contencioso administrativo que se fundamente en la violación de un derecho constitucional, el ejercicio del recurso procederá en cualquier tiempo, aun después de transcurridos los lapsos de caducidad previstos en la Ley; y no será necesario el agotamiento previo de la vía administrativa".

Ahora bien, en el caso de ejercicio de la acción autónoma de amparo contra actos administrativos, el tema central a precisar es que los efectos de la decisión de amparo no son de orden anulatorio sino de mera suspensión de efectos del acto, lo que implica que el acto administrativo lesivo queda incólume en cuanto a su validez, por lo que para que la protección constitucional sea integral debería buscarse su anulación posterior por la vía contencioso administrativa.

Pero la acción de amparo no sólo procede contra actos administrativos sino también contra conductas omisivas de la Administración, para lo cual debe existir mora frente a un requerimiento del interesado. Es decir, es necesario que el presunto agraviado se haya dirigido en forma previa a la presunta autoridad

---

[16] *Véase* en *Revista de Derecho Público*, N° 55–56, EJV, Caracas, 1993, pp. 287–288. *Véase* también sentencia de 19–11–92 (Caso: *Electrificación del Caroní, EDELCA*, N° 54).

[17] *Véase* sentencias de la antigua Corte Suprema de Justicia, Sala Político Administrativa de 25–1–89 y 9–8–89 en *Revista de Derecho Público*, n° 39, EJV, Caracas, 1989, p. 139.

agraviante, dando inicio a un procedimiento constitutivo, de manera que no se puede accionar por abstención cuando no habido requerimiento del administrado para que la autoridad administrativa emita algún acto administrativo[18]. Por supuesto, en todos estos casos de procedencia de la acción de amparo contra la mora de la Administración, como violatoria del derecho a obtener oportuna respuesta garantizado en el artículo 67 de la Constitución, la consecuencia de la violación de tal derecho, como lo ha señalado la Corte Primera de lo Contencioso Administrativo, "sólo implica ordenar a la autoridad administrativa que otorgue la respuesta correspondiente"[19].

Por otra parte, en cuanto al amparo contra sentencias y demás actos judiciales, el artículo 4° de la Ley Orgánica establece que:

> "Igualmente procede la acción de amparo cuando un Tribunal de la República, actuando fuera de su competencia, dicte una resolución o sentencia u ordene un acto que lesione un derecho constitucional".

En estos casos, y con el objeto de salvaguardar las jerarquías judiciales de revisión, se establece expresamente que "La acción de amparo debe interponerse por ante un Tribunal superior al que emitió el pronunciamiento, quien decidirá en forma breve, sumaria y efectiva".

Tratándose de amparo contra sentencias,[20] la jurisprudencia ha precisado sus contornos indicando que es necesario que exista un acto judicial lesivo, es decir, que lesione o amenace lesionar un derecho constitucional, para lo cual ningún tribunal puede tener competencia.[21] Por ello, la expresión legal "actuando fuera de su competencia" ha sido interpretada por la Sala Político Administrativa de la antigua Corte Suprema, en sentencia de 12 de diciembre de 1989 (Caso: *El Crack C.A*) como equivalente a un tribunal que "usurpa funciones, ejerciendo unas que no le son conferidas o hace uso indebido de las funciones que le han sido atribuidas, lesionando con su actuación derechos o garantías constitucionales."[22] De acuerdo a esta doctrina, por tanto, y dada la garantía de la cosa juzgada

---

[18] Sentencia de la antigua Corte Suprema de Justicia, Sala Político Administrativa de 18–11–93, en *Revista de Derecho Público* n⁰ˢ 55–56, EJV, Caracas, 1993, p. 295.

[19] *Véase* sentencia de 26–8–93 (Caso: *Inversiones Klanki*), en *Revista de Derecho Público,* n° 55–56, EJV, Caracas, 1993, p. 294.

[20] *Véase*, entre otras, la sentencia de la Sala Constitucional N° 848 de 28–7–2000 (Caso: *Luis A. Baca vs. Juzgado Segundo de Primera Instancia en lo Civil, Mercantil, Agrario y del Tránsito del Primer Circuito de la Circunscripción Judicial del Estado Bolívar*), en *Revista de Derecho Público,* n° 83, EJV, Caracas, 2000, p. 296 ss.

[21] *Véase* Allan R. Brewer–Carías, "El problema del amparo contra sentencias o de cómo la Sala de Casación Civil remedia arbitrariedades judiciales" en *Revista de Derecho Público,* N° 34, EJV, Caracas, 1988, p. 164; y "El recurso de amparo contra sentencias de amparo dictadas en segunda instancia", en *Revista de Derecho Público,* n° 36, Editorial Jurídica Venezolana, Caracas, octubre–diciembre 1988, pp. 160–172.

[22] *Véase* en *Revista de Derecho Público,* n° 41, EJV, Caracas, 1990, pp. 110–111. En igual sentido se destacan las sentencias de la misma Sala Político Administrativa de 27–6–90, 4–7–90, 7–8–90, 5–12–90 y 31–5–91, citadas en *Revista de Derecho*

que protege a las decisiones judiciales, no basta para que sea procedente una acción de amparo contra sentencias que el accionante sólo señale que la sentencia le fue adversa, sino que debe alegar abuso o exceso de poder del juez, como forma de incompetencia[23].

Por otra parte, en relación al amparo contra sentencias y demás actos judiciales, otro aspecto que debe destacarse es que la aplicación del artículo 4° de la Ley Orgánica de Amparo sólo procede cuando el juez en concreto actúa en ejercicio de funciones jurisdiccionales, en cuyo caso, el juez competente para conocer de la acción es el tribunal superior al que emitió el pronunciamiento. En cambio, en los supuestos en los cuales un juez dicte un acto actuando en función administrativa (no jurisdiccional), por ejemplo, cuando actúa como registrador mercantil, la competencia para conocer de la acción de amparo corresponde al tribunal de primera instancia que lo sea en la materia afín con la naturaleza del derecho violado"[24].

En relación con las partes en el proceso, debe señalarse que conforme a la doctrina de la Sala Constitucional, "la acción de amparo contra decisiones judiciales no procede contra el Juez que dictó la decisión sino contra la decisión en sí misma", en el sentido de que el Juez no es el legitimado pasivo en el procedimiento de amparo, siendo el fallo, en si mismo, "el presunto trasgresor de un derecho o garantía constitucional". Por ello es que se ha considerado que no es necesaria la presencia del Juez para defender o informar sobre la decisión tomada, de manera que según lo resuelto por la misma Sala en su sentencia de 1° de febrero de 2000 (Caso: *José A. Mejías y otros*), "la ausencia del juez a la audiencia oral, no significa aceptación de la pretensión de amparo".[25]

II. LAS FORMAS DE EJERCICIO DEL DERECHO DE AMPARO: AC-CIÓN AUTÓNOMA DE AMPARO Y PRETENSIÓN DE AMPARO ACUMULADA A OTRAS ACCIONES JUDICIALES

La regulación del amparo constitucional en la Constitución y en la Ley Orgánica de Amparo como un *derecho* fundamental y no sólo como una *única acción autónoma* de amparo, implicó la necesidad de conciliar el ejercicio del derecho de amparo con los medios judiciales existentes de protección constitucional, de manera que no quedasen éstos eliminados como tales, sino al contrario, reforzados. De allí las previsiones de los artículos 3, 5 y 6,5 de la Ley Orgánica de Amparo que permiten la formulación de pretensiones de amparo constitucional conjuntamente con las acciones de nulidad por inconstitucionalidad, con las acciones contencioso-administrativas de anulación y con las acciones judiciales ordinarias

---

Público, n° 46, EJV, Caracas, 1991, p. 132. Igualmente, sentencia de 4–2–93, *Revista de Derecho Público* n° 53–54, EJV, Caracas, 1993, p. 276.

[23] *Véase* sentencia antigua Corte Suprema de Justicia, Sala Político Administrativa de 31–5–91, *Revista de Derecho Público, N° 46,* EJV, Caracas, 1991, p. 132.

[24] *Véase* la sentencia de la Sala de Casación Civil de la Corte Suprema de Justicia de 21–9–89, *Revista de Derecho Público, N° 40,* EJV, Caracas, 1989, pp. 92–93.

[25] *Véase* sentencia N° 436 de 22–5–2000 (Caso: *Foramer de Venezuela, C.A. vs. Juzgado Tercero de Primera Instancia del Trabajo de la Circunscripción Judicial del Estado Zulia),* en *Revista de Derecho Público, N° 82,* EJV, Caracas, 2000, p. 476.

o extraordinarias, que propusimos en el proceso de formación de la Ley en la Cámara del Senado[26].

Después de múltiples vacilaciones jurisprudenciales que se extendieron por casi cuatro años, el sentido de la regulación contenida en dichas normas, finalmente lo resumió la Sala Político Administrativa de la antigua Corte Suprema en sentencia de 10 de junio de 1992, en la cual, haciendo referencia a la sentencia de 10 de julio de 1991 (Caso: *Tarjetas Banvenez*), señaló que la Ley Orgánica prevé fundamentalmente dos mecanismos procesales: "la acción autónoma de amparo y la acumulación de ésta con otro tipo de acciones o recursos."

En cuanto a la primera de las modalidades, es decir, la acción autónoma de amparo, al ser una acción que se ejercita en forma autónoma e independiente, no se vincula ni se subordina a ningún otro recurso o procedimiento.[27]

Por lo que respecta a la segunda de las modalidades señaladas, es decir, la acción de amparo ejercida conjuntamente con otros medios procesales, ha dicho la Corte, que "…regula tres supuestos: a) la acción de amparo acumulada a la acción popular de inconstitucionalidad de las leyes y demás actos estatales normativos (artículo 3°); b) la acción de amparo acumulada al recurso contencioso administrativo de anulación contra actos administrativos de efectos particulares o contra las conductas omisivas de la Administración (artículo 5°); c) la acción de amparo acumulada con acciones ordinarias (artículo 6°, ordinal 5°)." En este último supuesto, conforme a la Ley Orgánica, "el Juez deberá acogerse al procedimiento y a los lapsos establecidos en los artículos 23, 24 y 26 de la presente ley, a fin de ordenar la suspensión provisional de los efectos del acto cuestionado."

En todos estos casos, la pretensión de amparo no es una acción principal, sino una pretensión "subordinada, accesoria a la acción o al recurso al cual se acumuló, sometido al pronunciamiento jurisdiccional final que se emita en la acción acumulada tratándose de una acumulación de acciones, debe ser resuelta por el juez competente para conocer de la acción principal."[28] Por ello, en estos casos, el amparo tiene mero carácter cautelar y no tiene ninguna relevancia el que existan procedimientos distintos para la acción principal y para la acción de amparo[29], porque, en definitiva, en caso de acumulación de la pretensión de amparo con una acción principal, el procedimiento regular previsto para la acción de amparo (solicitud de informe y audiencia pública y oral, por ejemplo) no se debe aplicar.

---

26   *Véase* Allan R. Brewer–Carías, "Propuestas de reforma al Proyecto de Ley Orgánica de Amparo sobre Derechos y Garantías Constitucionales (1987)", *Estudios de derecho público, (Labor en el Senado 1985–1987)*, Tomo III, Ediciones del Congreso de la República, Caracas 1989, pp. 205–229.

27   *Idem.* pp. 169–170.

28   *Véase* en *Revista de Derecho Público,* N° 50, EJV, Caracas, 1992, pp. 183–184.

29   *Véase* sobre esto y la causal de inadmisibilidad de la acción contencioso–administrativa en materia de acumulación de acciones, sentencia de la Corte Primera de lo Contencioso Administrativa de 14–12–92, en FUNEDA, *15 años de Jurisprudencia, Corte Primera de lo Contencioso–Administrativo 1977–1992. Amparo Constitucional,* Caracas, 1994, p. 121.

III. LA COMPETENCIA JUDICIAL EN MATERIA DE ACCIONES DE AMPARO

De acuerdo con el artículo 27 de la Constitución, y en virtud de que el amparo está concebido como un derecho ciudadano a la tutela judicial efectiva de sus derechos constitucionales, más que como un solo medio procesal específico o garantía de los derechos, puede decirse que todos los jueces de la República pueden ser competentes para conocer de una acción o pretensión de amparo.

Ahora bien, en relación a la competencia judicial para conocer del amparo, conforme a la Ley Orgánica, la misma está condicionada por las dos modalidades de ejercicio del derecho de amparo: sea en forma conjunta con otra acción o recurso o como acción autónoma.

En el primer caso, de ejercicio conjunto de la pretensión de amparo junto con una acción de inconstitucionalidad, conforme al artículo 3° de la Ley Orgánica; con una acción contencioso administrativa, conforme al artículo 5° de la Ley Orgánica; o con cualquier otra acción o medio judicial, conforme al ordinal 5° del artículo 6° de la Ley Orgánica, el tribunal competente para conocer de la pretensión de amparo, sin duda, es el tribunal competente para conocer de la acción principal; es decir, en el caso del artículo 3° de la Ley Orgánica, la Sala Constitucional del Tribunal Supremo; en el caso del artículo 5° de la Ley Orgánica, el tribunal de la jurisdicción contencioso administrativa que sea competente para conocer de la nulidad del acto administrativo impugnado; y en el caso del ordinal 5° del artículo 6° de la Ley Orgánica, el tribunal competente para conocer de la acción o medio procesal al cual se acumule la pretensión de amparo. En todos esos casos de pretensión de amparo acumulada a otras acciones o medios judiciales, por tanto, la competencia judicial para conocer de la solicitud de amparo está resuelta en la propia Ley Orgánica.

En los casos de ejercicio de la acción autónoma de amparo, el artículo 7 de la Ley Orgánica establece el principio de que:

"*Artículo 7:* Son competentes para conocer de la acción de amparo, los Tribunales de Primera Instancia que lo sean en la materia afín con la naturaleza del derecho o de la garantía constitucionales violados o amenazados de violación, en la jurisdicción correspondiente al lugar donde ocurriere el hecho, acto u omisión que motivaren la solicitud de amparo.

En caso de duda, se observarán, en lo pertinente, las normas sobre competencia en razón de la materia".

Se establece así, como principio rector para dilucidar la competencia de los tribunales de primera instancia el criterio de la afinidad entre la materia natural del juez y los derechos o garantías denunciados como lesionados. Por lo que se refiere a amparo a la *libertad y seguridad personales*, la competencia se atribuye a los tribunales de primera instancia en lo penal (art. 40).

Este principio de la competencia tiene dos excepciones: La primera, indicada en el artículo 9 de la Ley Orgánica, que dispone:

"*Artículo 9.* Cuando los hechos, actos u omisiones constitutivos de la violación o amenaza de violación del derecho o de las garantías constitucionales se produzcan en lugar donde no funcionen Tribunales de Primera Instancia, se interpondrá la acción de amparo ante cualquier Juez de la localidad, quien decidirá conforme a lo establecido en esta Ley. Dentro de las veinticuatro (24) horas siguientes a la adopción de la decisión, el Juez la enviará en consulta al Tribunal de Primera Instancia competente".

En esta forma, el Legislador, al establecer esta excepción buscó "eliminar obstáculos sobre todo los de orden geográfico y económico"[30] para el ejercicio de la acción de amparo cuando los hechos, actos u omisiones constitutivos de la violación del derecho o garantías constitucionales se produzcan en un lugar donde no funcionen tribunales de primera instancia. En este caso, la acción puede intentarse ante cualquier juez de la localidad, se entiende, de inferior rango formal[31].

Una vez que se decida la acción interpuesta, el artículo 9 de la Ley Orgánica exige que se envíe en consulta al Tribunal de Primera Instancia competente, el cual, por supuesto, no necesariamente tiene que ser el superior jerárquico respectivo, sino el que debía conocer en primera instancia del asunto[32].

La segunda excepción al principio de la competencia definida por la afinidad entre la materia natural del juez y los derechos o garantías denunciados como lesionados, está establecida en el artículo 8 de la Ley Orgánica, que establece:

"*Artículo 8*: La Corte Suprema de Justicia conocerá, en única instancia y mediante aplicación de los lapsos y formalidades previstos en la Ley, en la Sala con competencia afín con el derecho o garantía constitucionales violados o amenazados de violación, de las acciones de amparo contra los hechos, actos y omisiones, emanados del Presidente de la República, de los Ministros, del Consejo Supremo Electoral y de los demás organismos electorales del país, del Fiscal General de la República, del Procurador General de la República o del Contralor General de la República".

La única reforma que ha tenido la Ley Orgánica se produjo, precisamente, en relación con este artículo, al agregarse a la enumeración al "Consejo Supremo Electoral y los demás organismos electorales"[33]. La Sala Constitucional, por otra parte, ha considerado que la enumeración contenida en el artículo 8 de la Ley Orgánica de Amparo es enunciativa y no taxativa, en tanto que existen órganos con rango similar -dada su naturaleza y atribuciones- a los cuales debe extenderse, necesariamente, la aplicación del fuero especial consagrado en el mismo,

---

[30] *Véase* sentencia de la Corte Primera de lo Contencioso administrativo de 10–9–92 (Caso: *UNET*), *Revista de Derecho Público*, Nº 51, EJV, Caracas, 1992, p. 138.

[31] *Véase* sentencia de la antigua Corte Suprema de Justicia, Sala Político Administrativa de 16–11–89 (Caso: *Copei*), *Revista de Derecho Público*, Nº 40, EJV, Caracas, 1989, p. 97.

[32] *Véase* sentencia de la Corte Primera de lo Contencioso administrativo de 10–9–92, *Revista de Derecho Público*, Nº 51, EJV, Caracas, 1992, p. 138.

[33] La Ley Orgánica, publicada en *Gaceta Oficial* Nº 33.891 de 22–1–88, fue reformada por Ley de 17–9–88 *Gaceta Oficial* Nº 34.060 de 27–9–88.

como fue el caso de la Comisión de Funcionamiento y Reestructuración del Sistema Judicial.[34]

Ahora bien, en relación con esta norma y con motivo de la creación de la Sala Constitucional del Tribunal Supremo en 2000, la misma al interpretar el artículo 27 de la Constitución, introdujo algunas "reformas" a la ahora derogada Ley Orgánica[35], en forma que consideramos totalmente irregular pues la Jurisdicción Constitucional no puede ser un "legislador positivo"[36], con tendencia a la concentración de competencias en materia de amparo.

Esto ocurrió, en el campo de las competencias de las Salas del Tribunal Supremo en materia de amparo. A pesar de que constitucionalmente todas las Salas del Tribunal Supremo serían competentes conforme a la Ley Orgánica de Amparo para conocer de acciones de amparo, la Sala Constitucional en sentencia n° 1 de 20 de enero de 2000 dictada con motivo de decidir la admisibilidad de una acción de amparo (Caso: *Emery Mata Millán vs. Ministro del Interior y Justicia y otros*), interpretó erradamente los principios constitucionales y resolvió *concentrar* exclusivamente en la propia Sala Constitucional, las competencias para conocer de las acciones de amparo que venían conociendo las otras Salas, en única instancia, contra altos funcionarios nacionales conforme al artículo 8 de la Ley Orgánica de Amparo; o contra las sentencias dictadas en primera instancia por los Tribunales Superiores de la República, la Corte Primera de lo Contencioso Administrativo y las Cortes de Apelaciones en lo Penal; o las apelaciones o consultas de las sentencias dictadas por esos mismos Tribunales cuando conocieran de acciones de amparo en primera instancia. Estas competencias, en todo

---

[34] *Véase* sentencia N° 432 de 19–5–2000 (Caso: *Elena C. Marval R. y otro vs. Comisión de Funcionamiento y Reestructuración del Sistema Judicial*), en *Revista de Derecho Público*, N° 82, EJV, Caracas 2000, p. 454. En igual sentido sentencia N° 864 de 28–7–2000 (Caso: *Braulio Sánchez vs. Comisión de Funcionamiento y Reestructuración del Sistema Judicial*), en *Revista de Derecho Público*, N° 83, EJV, Caracas 2000, p. 283

[35] *Véase* en general, Antonio Canova González, "La Sala Constitucional y su competencia en los procesos de amparo", en: *Estudios de Derecho Administrativo: Libro Homenaje a la Universidad Central de Venezuela,* Volumen I, Imprenta Nacional, Caracas, 2001, pp. 157–176; Luis Martínez Hernández, "Nuevo régimen de acción de amparo con motivo de sentencias dictadas por la Sala Constitucional del Tribunal Supremo de Justicia", en *Estudios de Derecho Público: Libro Homenaje a Humberto J. La Roche Rincón,* Volumen I. Tribunal Supremo de Justicia, Caracas, 2001, pp. 209–265; Rafael Badell Madrid, "El amparo constitucional en la jurisprudencia del Tribunal Supremo de Justicia, *Revista de derecho del Tribunal Supremo de Justicia*, N° 4, Caracas, 2002, pp. 87 a 129.

[36] Fue Hans Kelsen el que comparó a los Tribunales Constitucionales con ser "*legisladores negativos*" al equiparar la anulación de una ley con su derogación. *Véase* Allan R. Brewer–Carías, *Judicial Review in Comparative Law, op. cit.* p. 192; y "El juez constitucional como legislador positivo y la inconstitucional reforma de la Ley Orgánica de Amparo mediante sentencias interpretativas," en Eduardo Ferrer Mac–Gregor y Arturo Zaldívar Lelo de Larrea (Coordinadores), *La ciencia del derecho procesal constitucional. Estudios en homenaje a Héctor Fix–Zamudio en sus cincuenta años como investigador del derecho*, Instituto de Investigaciones Jurídicas, Universidad Nacional Autónoma de México, México 2008, Tomo V, pp. 63–80.

caso, se recogieron en la Ley Orgánica del Tribunal Supremo de Justicia desde 2004, ratificadas en la reforma de dicha Ley Orgánica de 2010. Posteriormente, la misma Sala Constitucional fue dictando nuevas "normas" reguladoras de la competencia judicial en materia de amparo, en la n° 1555 de 8 de diciembre de 2000 (Caso: *Yoslena Chamchamire B. vs. Instituto Universitario Politécnico Santiago Mariño*)[37]; y en la sentencia n° 26 de 25 de enero de 2001 (Caso: *José C.C. y otros vs. Comisión Legislativa Transitoria, Estado Portuguesa*).[38]

Por último, debe indicarse que conforme a doctrina de la propia Sala Constitucional, la misma se reservó el conocimiento de las acciones de amparo cuando sean intentadas en protección de derechos colectivos o difusos.[39]

IV. SOBRE LAS CONDICIONES DE ADMISIBILIDAD DE LA ACCIÓN DE AMPARO

Aparte de las causales generales de inadmisibilidad aplicables a todas las acciones judiciales, la acción de amparo se encuentra sometida a una serie de condiciones específicas de admisibilidad, establecidas en el artículo 6 de la Ley Orgánica de Amparo, y que se refieren a los siguientes aspectos.

En *primer lugar*, respecto de la *legitimación activa*, siendo la acción de amparo de carácter personalísimo, el legitimado activo sólo puede ser el agraviado en sus derechos o garantías constitucionales por un hecho, acto u omisión realizado por un agraviante preciso. La consecuencia del carácter personalísimo de la acción de amparo es por tanto, que nadie puede hacer valer en el proceso de amparo, en nombre propio, un derecho ajeno;[40] y quien la intente debe ostentar un interés personal, legítimo y directo.[41]

Sin embargo, dada la garantía de la tutela efectiva de los derechos colectivos y difusos establecida en el artículo 26 de la Constitución, la legitimación activa se ha ampliado de manera de proteger dichos derechos. A tal efecto, y en cuanto a los intereses difusos, la Sala Constitucional del Tribunal Supremo ha considerado que "son aquellos que garantizan al conglomerado (ciudadanía) en forma general una aceptable calidad de la vida (condiciones básicas de existencia), [cuando] la calidad de la vida de toda la comunidad o sociedad en sus diversos aspectos se ve desmejorada, y surge en cada miembro de esa comunidad un interés en beneficio de él y de los otros componentes de la sociedad en que tal

---

[37] *Véase* en *Revista de Derecho Público*, N° 84, EJV, Caracas, 2000, pp. 304 y ss.

[38] *Véase* en *Revista de Derecho Público*, N° 85–88, EJV, Caracas, 2001.

[39] *Véase* por ejemplo, sentencia N° 255 de 15–3–2005 (Caso: *Federación Venezolana de Fútbol vs. Sala Electoral del Tribunal Supremo de Justicia*), en *Revista de Derecho Público*, N° 101, EJV, Caracas, 2005, p. 212.

[40] *Véase* sentencia de la antigua Corte Suprema de Justicia, Sala Político Administrativa de 14–2–90, *Revista de Derecho Público*, n° 41, EJV, Caracas, 1990, p. 101.

[41] *Véase* sentencias de la antigua Corte Suprema de Justicia, Sala Político Administrativa de 22–10–90 y 22–10–92, *Revista de Derecho Público*, n° 52, EJV, Caracas, 1992, p. 140 y de 18–11–93, *Revista de Derecho Público*, n°ˢ 55–56, EJV, Caracas, 1993, p. 327.

desmejora no suceda, y en que si ya ocurrió sea reparada"[42]. En cuanto a los derechos colectivos, son aquellos que surgen cuando la lesión se localiza concretamente en un grupo, determinable como tal, aunque no cuantificado o individualizado, como serían los habitantes de una zona del país afectados por una construcción ilegal que genera problemas de servicios públicos en la zona. Estos intereses colectivos, ha dicho la misma Sala Constitucional, están "referidos a un sector poblacional determinado (aunque no cuantificado) e identificable, aunque individualmente, dentro del conjunto de personas existe o puede existir un vínculo jurídico que los une entre ellos." Ese es el caso de las lesiones a grupos profesionales, a grupos de vecinos, a los gremios, a los habitantes de un área determinada, etc. [43]

Debe mencionarse, por último, que teniendo competencia el Defensor del Pueblo, para la promoción, defensa y vigilancia de los derechos y garantías constitucionales y "de los intereses legítimos, colectivos o difusos de los ciudadanos" (arts. 280 y 281.2 Constitución), la Sala Constitucional ha admitido su legitimación activa para intentar acciones de amparo en representación de la globalidad de los ciudadanos.[44]

En estos casos de amparo respecto de intereses difusos o colectivos, las sentencias que puede dictar la Sala Constitucional en la misma sentencia, consideró que "pueden prohibir una actividad o un proceder específico del demandado, o la destrucción o limitación de bienes nocivos, restableciendo una situación que se había convertido en dañina para la calidad de vida (salud física o psíquica colectiva, preservación del medio ambiente, preservación de la vida, del entorno urbano, del derecho a una relación sana, o de evitar ser convertido en consumidor compulsivo de productos o ideologías, por ejemplo), o que sea amenazante para esa misma calidad de vida". En consecuencia, el fallo produce efectos *erga omnes*, ya que beneficia o perjudica a la colectividad en general o a sectores de ella.[45]

En *segundo lugar,* en cuanto a las *condiciones de la lesión* a los derechos o garantías constitucionales, la misma puede tener su origen tanto en una violación de los mismos como en una amenaza de violación. En cuanto a la violación, la Ley Orgánica de Amparo, en su artículo 6°, precisa que la misma sea actual, es decir, que no haya cesado; que sea reparable, y que no haya sido consentida. La consecuencia de ello, por ejemplo, es que no puede acordarse el amparo contra un acto administrativo cuando en el curso del procedimiento del juicio, el acto lesivo había sido revocado. Es decir, en el curso del juicio de amparo la lesión no

[42] *Véase* sentencia de la Sala Constitucional N° 656 de 05–06–2001, Caso: *Defensor del Pueblo vs. Comisión Legislativa Nacional.*

[43] *Idem. Véase* sentencia de la Sala Constitucional N° 656 de 05–06–2001, caso: *Defensor del Pueblo vs. Comisión Legislativa Nacional.*

[44] Sentencia de la Sala Constitucional N° 656 de 05–06–01, Caso: *Defensor del Pueblo vs. Comisión Legislativa Nacional.*

[45] Sentencia de la Sala Constitucional N° 656 de 05–06–01, Caso: *Defensor del Pueblo vs. Comisión Legislativa Nacional.*

puede haber cesado antes de la decisión del juez; de lo contrario, si cesare, el juez debe declarar, *in limine litis*, inadmisible la acción[46].

El ordinal 3° del artículo 6 de la Ley Orgánica de Amparo establece por otra parte, que no se admitirá la acción de amparo "Cuando la violación del derecho o la garantía constitucionales, constituya una evidente situación irreparable, no siendo posible el restablecimiento de la situación jurídica infringida." Ello deriva del carácter eminentemente restablecedor de la acción de amparo, en el sentido de que mediante la misma no se pueden crear situaciones jurídicas nuevas o modificar las existentes,[47] sino lo que se puede es restablecer las cosas al estado en que se encontraban para el momento de la lesión, haciendo desaparecer el hecho o acto invocado y probado como lesivo o perturbador a un derecho o garantía constitucional; o restablecerse a un estado que se asemeje a ella. El carácter restablecedor deriva, además, del propósito que el artículo 1 de la Ley Orgánica, en desarrollo del artículo 27 de la Constitución, le atribuye a la acción de amparo en el sentido de "que se restablezca inmediatamente la situación jurídica infringida o la situación que más se asemeje a ella." Por otra parte, sobre el tema de la inadmisibilidad por irreparabilidad de la situación jurídica infringida, el 6.1 de la Ley Orgánica, precisa que "se entenderá que son irreparables los actos que, mediante el amparo, no puedan volver las cosas al estado que tenían antes de la violación"[48].

La violación a los derechos y garantías constitucionales que pueden dar lugar al ejercicio de la acción de amparo, por otra parte, *no debe ser consentida* por el agraviado, por lo que, conforme al ordinal 4° del artículo 6 de la Ley Orgánica, no se debe admitir la acción de amparo, "Cuando la acción u omisión, el acto o la resolución que violen el derecho o la garantía constitucionales hayan sido consentidos expresa o tácitamente por el agraviado, a menos que se trate de violaciones que infrinjan el orden público o las buenas costumbres," entendiéndose "que hay consentimiento expreso cuando hubieren transcurrido los lapsos de prescripción establecidos en leyes especiales, o en su defecto, seis meses después de la violación o la amenaza al derecho protegido"; y que "el consentimiento tácito es aquel que entraña signos inequívocos de aceptación".

---

[46] *Véase* sentencias de la antigua Corte Suprema de Justicia, Sala Político Administrativa de 15–12–92, *Revista de Derecho Público* N° 52, EJV, Caracas, 1992, p. 164; y de 27–5–93, *Revista de Derecho Público*, n°s 53–54, EJV, Caracas, 1993, p. 264. *Cfr.* sentencia de la Corte Primera de lo Contencioso Administrativo de 12–12–92 (Caso: *Allan R. Brewer–Carías*), *Revista de Derecho Público*, n° 49, EJV, Caracas, 1992, pp. 131–132;

[47] *Véase* sentencias de la antigua Corte Suprema de Justicia, Sala Político Administrativa de 27–10–93 (Caso: *Ana Drossos*), y 4–11–93 (Caso: *Partido Convergencia*), *Revista de Derecho Público*, N° 55–56, EJV, Caracas, 1993, p. 340.

[48] *Véase* sentencia de la Corte Primera de lo Contencioso Administrativo de 14–1–92, *Revista de Derecho Público*, N° 49, EJV, Caracas, 1992, p. 130; y de la antigua Corte Suprema de Justicia, Sala Político Administrativa de 4–3–93, *Revista de Derecho Público*, N° 53–54, EJV, Caracas, 1993, p. 260.

La inadmisibilidad, sin embargo, no se aplica en los casos de violación o lesión continuada;[49] ni se aplica, conforme al ordinal 4° del artículo 6 de la ley Orgánica, cuando se trate de violaciones que infrinjan el orden público o las buenas costumbres, considerándose que ello ocurre, cuando se trate, por ejemplo de "violaciones flagrantes a los derechos individuales que no pueden ser denunciados por el afectado; privación de libertad; sometimiento a torturas físicas o psicológicas; vejaciones; lesiones a la dignidad humana y otros casos extremos."[50]

En cuanto a la amenaza de lesión, que significa "hacer temer a otros un daño, o avecinarse un peligro"[51], para que pueda considerarse válida para la procedencia de la acción de amparo, conforme al artículo 2 de la Ley Orgánica, es necesario que "sea inminente" y que no "haya cesado" (Ord. 1°), siendo inadmisible la acción cuando la amenaza contra el derecho o la garantía constitucional no sea "inmediata, posible y realizable por el imputado" (Ord. 2°)[52].

En *tercer lugar*, también son inadmisibles las acciones de amparo, en casos en los cuales exista algún recurso paralelo, sea porque el agraviado haya recurrido a otra vía judicial de protección o sea porque exista otra vía judicial para la protección constitucional que haga inadmisible la acción. En el primer caso, los ordinales 5 y 7 del artículo 6° de la Ley Orgánica prevén expresamente la inadmisibilidad; en el segundo caso, la inadmisibilidad deriva del carácter subsidiario o extraordinario de la acción. En el primer caso, la Ley Orgánica distingue dos casos de inadmisibilidad: el que se haya optado por ejercer una acción de amparo; o el que se haya optado por utilizar otra vía judicial para la protección constitucional, y que en ambos casos los procesos estén pendientes de decisión. En el segundo caso, el artículo 6,5 como causal de inadmisibilidad de la acción de amparo: "Cuando el agraviado haya optado por recurrir a las vías judiciales ordinarias o hecho uso de los medios judiciales preexistentes. En tal caso, al alegarse la violación o

---

[49]   *Véase* por ejemplo sentencias de la Corte Primera de lo Contencioso Administrativo de 22–10–90 (Caso: *María Cambra de Pulgar*), en *Revista de Derecho Público*, N° 44, EJV, Caracas, 1990, pp. 143–144; y N° 1310 de 9–10–2000 (Caso: *Productos Roche S.A. vs. Ministerio de Industria y Comercio*), en *Revista de Derecho Público*, N° 84, EJV, Caracas, 2000, pp. 345 ss.

[50]   *Véase* sentencia de la Corte Primera de lo Contencioso Administrativo de 13–10–88, *Revista de Derecho Público*, N° 36, EJV, Caracas, 1988, p. 95. Este criterio fue acogido textualmente por la antigua Corte Suprema de Justicia, Sala Político Administrativa en sentencias de 1–11–89, *Revista de Derecho Público*, n° 40, EJV, Caracas, 1989, p. 111; y de 1–2–90 (Caso: *Tuna Atlántica C.A.*) y de 30–6–92, *Revista de Derecho Público*, N° 60, EJV, Caracas, 1992, p. 157.

[51]   *Véase* sentencia de la Corte Primera de lo Contencioso Administrativo de 16–7–92, *Revista de Derecho Público*, N° 51, EJV, Caracas, 1992, p. 155.

[52]   *Véase* sentencias de la antigua Corte Suprema de Justicia, Sala Político Administrativa de 9–6–88, *Revista de Derecho Público*, N° 35, EJV, Caracas, 1988, p. 114; de 14–8–92, *Revista de Derecho Público*, N° 51, EJV, Caracas, 1992, pp. 158–159; y de 24–6–93, *Revista de Derecho Público*, N° 55–56, EJV, Caracas, 1993, p. 289; y sentencia de la Corte Primera de lo Contencioso Administrativo de 30–6–88, *Revista de Derecho Público*, N° 35, EJV, Caracas, 1988, p. 115.

amenaza de violación de un derecho o garantía constitucionales, el Juez deberá acogerse al procedimiento y a los lapsos establecidos en los artículos 23, 24 y 26 de la presente Ley, a fin de ordenar la suspensión provisional de los efectos del acto cuestionado."

V. ALGO SOBRE EL PROCEDIMIENTO EN LA ACCIÓN DE AMPARO

El artículo 27 de la Constitución, al consagrar el derecho de amparo, precisa en términos generales que "El procedimiento de la acción de amparo constitucional será oral, público, breve, gratuito y no sujeto a formalidad y la autoridad judicial competente tendrá potestad para restablecer inmediatamente la situación jurídica infringida o la situación que más se asemeje a ella. Todo tiempo será hábil y el tribunal lo tramitará con preferencia a cualquier otro asunto." El carácter breve del procedimiento había sido interpretado por la Corte Primera de lo Contencioso Administrativo aún antes de que se dictara la Ley Orgánica de 1988, considerando que debía entenderse "en el sentido de tener por si la condición de ser urgente, en tal condición, será tramitado con celeridad y debe ser resuelto en el menor tiempo posible"; además, debe ser sumario, en el sentido de que "debe ser simple, sencillo, despojado de incidencias, carente de formalidades complejas."[53] Además, consideró que debía impedirse que el procedimiento en materia de amparo "se transformara en una situación procesal compleja, confusa, limitada en el tiempo a resolver las múltiples y variadas impugnaciones opuestas como puntos previos."[54] En cuanto a la dedicación del tribunal para conocer de la acción de amparo, el artículo 31 de la Ley señala que "todo el tiempo será hábil y el Tribunal dará preferencia al trámite de amparo sobre cualquier otro asunto".

De acuerdo a lo establecido en el artículo 14 de la Ley Orgánica, "la acción de amparo, tanto en lo principal como en lo incidental, y en todo lo que de ella derive, hasta la ejecución de la providencia respectiva, es de eminente orden público." Por ello, de acuerdo al artículo 25 de la Ley Orgánica: "quedan excluidas del procedimiento constitucional del amparo todas las formas de arreglo entre las partes, sin perjuicio de que el agraviado pueda, en cualquier estado y grado de la causa, desistir de la acción interpuesta, salvo que se trate de un derecho de eminente orden público o que pueda afectar las buenas costumbres." En todo caso, conforme a la misma norma, el desistimiento malicioso o el abandono del trámite por el agraviado podrá ser sancionado por el juez de la causa o por el superior, según el caso, con multa.

El proceso de amparo constitucional, a pesar de la brevedad del procedimiento, da origen a un verdadero juicio entre partes, entre las cuales los jueces de amparo deben mantener "la absoluta igualdad" (art. 21). Por ello, incluso, dispone el artículo 21 de la Ley Orgánica que cuando el agraviante sea una autoridad pública quedaran excluidos del procedimiento los privilegios procesales; lo que significa que no tienen aplicación las normas de la Ley Orgánica de la Procura-

---

[53]   *Véase* la sentencia de 17–1–85 *Revista de Derecho Público*, n° 21, EJV, Caracas, 1985, p. 140.

[54]   *Idem.*

duría General de la República que regulan tales prerrogativas en relación a la actuación de la República en juicio.

El principio de la bilateralidad, sin embargo, no impide que en el procedimiento de la acción de amparo se otorguen al juez amplísimos poderes para conducir el procedimiento e, incluso, para evacuar pruebas de oficio a los efectos de garantizar la protección constitucional. En particular, el artículo 17 de la Ley Orgánica, faculta al Juez que conozca de la acción de amparo para ordenar, siempre que no signifique perjuicio irreparable para el actor, la evacuación de las pruebas que juzgue necesarias para el esclarecimiento de los hechos que aparezcan dudosos y oscuros. En tal sentido se entiende que hay perjuicio irreparable cuando exista otro medio de comprobación más acorde con la brevedad del procedimiento o cuando la prueba sea de difícil o improbable evacuación.

El procedimiento general contemplado en el Título IV de la Ley Orgánica de Amparo sobre Derechos y Garantías Constitucionales (artículos 19, 23, 24, 26, 29, 30, 31, 32 y 35), para el trámite de la acción de amparo, en el cual se regulaba en forma breve y sumaria, con una audiencia oral, y amplios poderes inquisitivos para el juez, fue "modificado" mediante una sentencia interpretativa por la Sala Constitucional del Tribunal Supremo luego de la sanción de la Constitución de 1999, asumiendo en forma irregular la función de legislador positivo,[55] supuestamente a los efectos de "adaptar" el procedimiento regulado en la Ley Orgánica de Amparo al texto de la nueva Constitución. En definitiva, la sala lo que hizo en esa forma fue establecer un *nuevo procedimiento* modificando y reformando, impropiamente, el regulado en la Ley Orgánica de Amparo de 1988.[56] Y en efecto, mediante sentencia N° 7 de 1° de febrero de 2000 (Caso: *José A. Mejía y otros*)[57], la Sala estableció un conjunto de normas procesales que estimó las adecuadas para desarrollar los principios constitucionales, reformando

[55] *Véase* Allan R. Brewer–Carías, "El juez constitucional como legislador positivo y la inconstitucional reforma de la Ley Orgánica de Amparo mediante sentencias interpretativas," en Eduardo Ferrer Mac–Gregor y Arturo Zaldívar Lelo de Larrea (Coordinadores), *La ciencia del derecho procesal constitucional. Estudios en homenaje a Héctor Fix–Zamudio en sus cincuenta años como investigador del derecho*, Instituto de Investigaciones Jurídicas, Universidad Nacional Autónoma de México, México 2008, Tomo V, pp. 63–80.

[56] *Véase* en general, Humberto Enrique Tercero Bello Tabares, "El procedimiento de Amparo Constitucional, según la sentencia N° 7 dictada por la Sala Constitucional del Tribunal Supremo de Justicia, de fecha 01 de febrero de 2000. Caso *José Amando Mejía Betancourt y José Sánchez Villavicencio*, en *Revista de derecho del Tribunal Supremo de Justicia,* N° 8, Caracas, 2003, pp. 139 a 176; María Elena Toro Dupouy, "El procedimiento de amparo en la jurisprudencia de la Sala Constitucional del Tribunal Supremo de Justicia (Años 2000–2002)", en *Revista de Derecho Constitucional,* N° 6, enero–diciembre–2002, Editorial Sherwood, Caracas, 2003, pp. 241 a 256; María Elena Toro Dupouy, "El amparo contra decisiones judiciales en la jurisprudencia de la Sala Constitucional del Tribunal Supremo de Justicia. El Amparo sobrevenido", en *Revista de Derecho Constitucional,* N° 7, enero–junio 2003, Editorial Sherwood, Caracas, 2003, pp. 207 a 222.

[57] *Véase* en *Revista de Derecho Público*, N° 81, EJV, Caracas, 2000, pp. 349 ss.

la Ley Orgánica de Amparo de 1988, en particular en los casos de ejercicio de la acción autónoma de amparo, en la siguiente forma:

En cuanto a los principios generales del procedimiento, la Sala señaló que:

"debido al mandato constitucional de que el procedimiento de amparo no estará sujeto a formalidades, los trámites como se desarrollarán las audiencias y la evacuación de las pruebas, si fueran necesarias, las dictará en las audiencias el tribunal que conozca del amparo, siempre manteniendo la igualdad entre las partes y el derecho de defensa," agregando que "todas las actuaciones serán públicas, a menos que por protección a derechos civiles de rango constitucional, como el comprendido en el artículo 60 de la Constitución de la República Bolivariana de Venezuela, se decida que los actos orales sean a puerta cerrada, pero siempre con inmediación del tribunal".

Una vez admitida la acción, el juez debe ordenar: "la citación del presunto agraviante y la notificación del Ministerio Público, para que concurran al tribunal a conocer el día en que tendrá lugar la audiencia oral, la cual tendrá lugar, tanto en su fijación como para su práctica, dentro de las noventa y seis (96) horas a partir de la última notificación efectuada." Dicha notificación, dispuso la Sala, para dar cumplimiento a la brevedad y falta de formalidad, "podrá ser practicada mediante boleta, o comunicación telefónica, fax, telegrama, correo electrónico, o cualquier medio de comunicación interpersonal, bien por el órgano jurisdiccional o bien por el Alguacil del mismo, indicándose en la notificación la fecha de comparecencia del presunto agraviante y dejando el Secretario del órgano jurisdiccional, en autos, constancia detallada de haberse efectuado la citación o notificación y de sus consecuencias."

En cuanto a la audiencia pública y oral en el proceso del juicio de amparo, al eliminar la exigencia legal del informe escrito que conforme a la ley Orgánica debía requerirse y presentar el agraviante, dispuso la realización de la audiencia oral y pública, que debe tener lugar en un lapso de 96 horas a partir de la última notificación efectuada. En dicha audiencia, las partes, oralmente, deben proponer sus alegatos y defensas ante el tribunal respectivo, el cual debe decidir si hay lugar a pruebas, caso en cual el presunto agraviante podrá ofrecer las que considere legales y pertinentes; todo lo cual debe recogerse en un acta del tribunal." La falta de comparecencia del presunto agraviante a la audiencia oral significará reconocimiento de las denuncias efectuadas; y la falta de comparencia del presunto agraviado dará por terminado el procedimiento, a menos que el Tribunal considere que los hechos alegados afectan el orden público.

Una vez concluido el debate oral o las pruebas, la Sala Constitucional dispuso que el juez o el Tribunal en el mismo día debe estudiar individualmente el expediente o deliberar (en los caso de los Tribunales colegiados) y puede decidir inmediatamente; en cuyo caso debe exponer de forma oral los términos del dispositivo del fallo; el cual deberá ser publicado íntegramente dentro de los cinco (5) días siguientes a la audiencia en la cual se dictó la decisión correspondiente.

Debe mencionarse que por supuesto, en los casos de la acción autónoma de amparo, el juez tiene amplias potestades para adoptar las medidas cautelares necesarias para la protección constitucional, en particular, conforme a los previsiones del Código de Procedimiento Civil (artículo 588) que le permite "acordar las providencias cautelares que considere adecuadas", cuando hubiere "fundado temor" de que una de las partes, particularmente el presunto agraviante, pueda causar "lesiones graves o de difícil reparación al derecho de la otra", en concreto, el agraviado. En estos casos, para evitar el daño, el Juez de amparo puede "autorizar o prohibir la ejecución de determinados actos y adoptar las providencias que tengan por objeto hacer cesar la continuidad de la lesión." A tal efecto, el juez debe analizar en primer término, *el fumus boni iuris*, con el objeto de concretar la presunción grave de violación o amenaza de violación del derecho constitucional alegado por la parte quejosa y que lo vincula al caso concreto; y en segundo lugar, el *periculum in mora*, elemento éste determinable por la sola verificación del requisito anterior, pues la circunstancia de que exista presunción grave de violación de un derecho de orden constitucional, el cual por su naturaleza debe ser restituido de forma inmediata, conduce a la convicción de que debe preservarse *ipso facto* la actualidad de ese derecho, ante el riesgo inminente de causar un perjuicio irreparable en la definitiva a la parte que alega la violación.[58]

La decisión en materia de amparo constitucional puede consistir en el restablecimiento de la situación jurídica infringida mediante un mandamiento de amparo que debe cumplir con las siguientes exigencias formales establecidas expresamente en el artículo 23 de la Ley Orgánica, en el sentido de contener: la mención concreta de la autoridad, del ente privado o de la persona contra cuya resolución o acto u omisión se conceda el amparo; la determinación precisa de la orden a cumplirse, con las especificaciones necesarias para su ejecución; y el plazo para cumplir lo resuelto. De acuerdo con esta norma, la esencia de la decisión de amparo es la determinación "de la orden a cumplirse"[59] relativa a la protección y al restablecimiento en el goce y ejercicio de un derecho o garantía constitucionales violado o amenazado de violación; y esta orden a cumplirse, en definitiva se formula contra "la autoridad, el ente privado o la persona" cuya resolución o acto u omisión produjo la violación del derecho constitucional; orden que puede ser de dar, de hacer, de no hacer o de deshacer, según los casos, o puede ser una decisión de restablecer directamente la situación jurídica infringida, si ello es

---

[58]   *Véase* por ejemplo, sentencia del 20–03–2001 de la Sala Político Administrativa del Tribunal Supremo, caso *Marvin Enrique Sierra Velasco*, Expediente N° 0904, consultada en la página web del Tribunal Supremo de Justicia.

[59]   La Corte Primera de lo Contencioso–Administrativo, por ejemplo, en una sentencia de 3–10–85, respecto a de una acción de amparo interpuesta por un trabajador a fin de que una empresa diera cumplimiento a la orden de reenganche dictada por una Comisión Tripartita Laboral así como al pago de salarios caldos, que "la acción de amparo se traduce en una condena a una obligación de hacer (reenganche) y otra de dar (pagar sumas de dinero) en contra de una empresa con participación estatal decisiva". *Véase* en *Revista de Derecho Público*, n° 24, EJV, Caracas, 1985, p. 134.

posible con la sola decisión judicial[60], o disponer una situación la más parecida a la infringida.

En la práctica judicial, las múltiples sentencias de tribunales de instancia en materia de amparo que se han producido en aplicación de la Ley, muestran que la decisión del Juez puede consistir en mandamientos de dar, de hacer o de deshacer (órdenes) o en mandamientos de no hacer (prohibiciones). En cuanto a los mandamientos de dar, puede tratarse de una condena a restituir un bien, por ejemplo, cuando se ampara el derecho de propiedad, o a restituir esta a la situación que más se asemeje a la que tenía al ser vulnerada. Por su parte, los mandamientos de hacer se traducen en órdenes dadas a quien ha violado el derecho amparado, de realizar actos en sentido positivo necesarios para restablecer el derecho infringido. En estos supuestos están los casos de decisiones de amparo contra conductas omisivas de funcionarios (abstención o negativa de actuar cuando están obligados a ello), en cuyo caso, la sentencia debe ordenar la ejecución inmediata e incondicional del acto incumplido."

En cuanto a los mandamientos de deshacer, pueden consistir en la orden u obligación impuesta a un sujeto, cuando ello sea posible, de destruir algo, o cancelar o deshacer una actividad realizada cuando ello es necesario para restablecer el derecho infringido. Por último, los mandamientos de no hacer, se traducen normalmente en prohibiciones[61] u órdenes negativas, es decir de abstención, dadas a quien ha violado un derecho, para impedir otras violaciones o para restablecer el derecho violado.

Por último, en materia de procedimiento de mencionarse que conforme lo establece el artículo 35 de la Ley Orgánica de Amparo, contra las decisiones dictadas en primera instancia se puede oír apelación en un solo efecto. Sin embargo, se estableció además, que si transcurridos tres días de dictado el fallo, las partes, el Ministerio Público o los Procuradores no interpusieren apelación, el fallo debe ser consultado con el tribunal superior respectivo, al cual se le debe remitir inmediatamente copia certificada de lo conducente; tribunal que debe decidir dentro de un lapso no mayor de treinta días.

La Ley Orgánica de Amparo no previó que contra las sentencias dictadas en materia de amparo procediera recurso de casación, el cual en jurisprudencia constante de la Sala de Casación de la antigua Corte Suprema de Justicia, fue siempre considerado improcedente. Esta imposibilidad de revisión final de sentencias de amparo por el supremo tribunal se cambió a par-

---

[60] Como lo ha señalado H. Rondón de Sansó, "la informalidad del amparo faculta al juez para darle el contenido que juzgue necesario. El eventual contenido del amparo puede ser: acordar un plazo para obtener una respuesta; obligar a la destrucción de una obra; prohibir la difusión o representación; impedir la realización de un acto; dispensar de un trámite". *Véase* en "El amparo constitucional en Venezuela", *Revista de Derecho Público*, n° 26, EJV, Caracas, 1986, p. 61.

[61] Por ejemplo equivalentes a las *prohibitory order or injunctions* del derecho inglés. *Véase* F. H. Lawson, *Remedies of English Law*, Londres, 1980, p. 179; o a las *injunctions* del derecho norteamericano. *Véase* B. Schwartz y H. W. R. Wade, *Legal control of government,* Oxford, 1978, p. 221.

tir de la Constitución de 1999 en cuyo artículo 336.10 se estableció la posibilidad de revisión constitucional de las sentencias definitivas de amparo, al atribuirse a la Sala Constitucional del Tribunal Supremo de Justicia, como Jurisdicción Constitucional, competencia para conocer del recurso extraordinario de revisión de sentencias dictadas en materia constitucional, en particular "las sentencias definitivamente firmes de amparo constitucional" y las sentencias conteniendo decisión en materia de "control difuso de la constitucionalidad de leyes o normas jurídicas, dictadas por los demás tribunales de la República." Con ello se buscó establecer la uniformidad de la aplicación e interpretación constitucional, al permitirle a la Sala Constitucional conocer, a su discreción, de los recursos extraordinarios de revisión contra dichas sentencias, a las cuales la jurisprudencia de la Sala ha agregado otras.

VI. A MANERA DE CONCLUSIÓN: LOS PROBLEMAS DE LA EFECTIVIDAD DE LA PROTECCIÓN CONSTITUCIONAL EN UN RÉGIMEN AUTORITARIO COMO EL INSTALADO EN VENEZUELA DESDE 1999

Como puede apreciarse de lo antes expuesto, el proceso de amparo en Venezuela ha sido regulado con una amplitud que no encuentra parangón en los procesos similares de amparo en América Latina, ya que se lo ha consagrado constitucionalmente no sólo como una acción o medio procesal, sino como un "derecho" constitucional que tienen todas las personas a ser amparada por los tribunales en el goce y ejercicio de los derechos y garantías constitucionales. Esta amplitud hace que la protección constitucional se pueda obtener no sólo mediante el ejercicio de una acción de amparo, sino incorporando una pretensión de amparo a los recursos judiciales preexistentes, ante la jurisdicción ordinaria, ante la jurisdicción contencioso administrativa e incluso ante la jurisdicción constitucional. En cuanto al procedimiento, en todos los casos, debe ser oral, público, breve, gratuito y no sujeto a formalidad, y en el mismo, todo tiempo es hábil de manera que los tribunales deben tramitarlo con preferencia a cualquier otro asunto. En cuanto a la acción autónoma de amparo, todos los jueces son competentes, aún cuando en principio, lo son los de primera instancia, pudiendo siempre el juez, en todos los casos, restablecer inmediatamente la situación jurídica infringida o la situación que más se asemeje a ella.

Por otra parte, todos los derechos constitucionales (individuales, políticos, sociales, culturales, ambientales, etc.) son justiciables o amparables, de manera que todas las personas titulares de derechos pueden ser protegidas respecto de todos los derechos enumerados en la Constitución, y además, de aquellos inherentes a la persona que no figuren expresamente en la Constitución o, incluso, en los instrumentos internacionales sobre derechos humanos Estos últimos, además, tienen rango constitucional y prevalecen sobre el orden interno si contienen regulaciones más favorables.

En cuanto a los sujetos pasivos del proceso de amparo, la acción puede intentarse contra autoridades y particulares sin limitación alguna, y en cuanto al objeto, puede intentarse contra actos, hechos u omisiones lesivas, sin distingo, así como contra amenazas de violación. En cuanto a los actos estatales, procede contra leyes, contra actos administrativos y contra todo tipo de sentencia, salvo las emanadas del Tribunal Supremo.

El sistema, por tanto, es de los más completos que se conocen en América Latina, pudiendo servir, como en efecto ha sucedido, como un instrumento de efectiva protección de los derechos constitucionales frente a violaciones o amenazas de violación de los mismos.

Sin embargo, para que un medio de protección como este del proceso de amparo pueda ser una garantía efectiva de los derechos constitucionales, ante todo se requiere de un poder judicial autónomo e independiente que no esté sujeto a las directrices o presiones del poder, lo que sólo puede asegurarse en democracia. Por ello, durante las décadas en las cuales la democracia funcionó efectivamente en Venezuela entre 1961 y 1999, el proceso de amparo fue un instrumento efectivo de protección de los derechos constitucionales, particularmente frente al Estado y sus autoridades. Lamentablemente, sin embargo, ello ahora no es así y al contrario, dado el régimen autoritario que se apoderó de las instituciones del país, a pesar de las excelentes disposiciones que contiene la Constitución tanto sobre los derechos constitucionales como sobre su protección procesal, dado el control que ejerce el poder ejecutivo sobre los jueces a través del control que ejerce sobre el Tribunal Supremo de Justicia y su Sala Constitucional, el proceso de amparo ha perdido efectividad.

Ello ha sido catastrófico, en particular, cuando se ejerce frente al Estado y las acciones de sus funcionarios. Con un poder judicial intervenido, donde más del 90% de los jueces son temporales o provisorios, nombrados sin concurso y sin que tengan estabilidad alguna,[62] es difícil imaginar que los jueces puedan efectivamente proteger los derechos constitucionales frente a las violaciones o amenazas de los funcionarios y autoridades. Cuando lo han hecho, han sido destituidos de sus cargos y el tribunal ha sido intervenido e incluso clausurado. Muestra de ello fue la intervención policial y la destitución de los Magistrados de la Corte Primera de lo Contencioso Administrativo en 2003, luego de haber dictado el 21 de agosto de 2003, un amparo cautelar suspendiendo los efectos de la contratación por parte de organismos gubernamentales, de médicos extranjeros sin licencia para ejercer la medicina en el país, a petición de la Federación Médica Venezolana, que consideraba que dicha contratación violaba los derechos de los

---

[62] *Véase* Allan R. Brewer–Carías, "La justicia sometida al poder [La ausencia de independencia y autonomía de los jueces en Venezuela por la interminable emergencia del Poder Judicial (1999–2006)]" en *Cuestiones Internacionales. Anuario Jurídico Villanueva 2007,* Centro Universitario Villanueva, Marcial Pons, Madrid 2007, pp. 25–57; "La progresiva y sistemática demolición institucional de la autonomía e independencia del Poder Judicial en Venezuela 1999–2004", en *XXX Jornadas J.M Domínguez Escovar, Estado de derecho, Administración de justicia y derechos humanos,* Instituto de Estudios Jurídicos del Estado Lara, Barquisimeto, 2005, pp. 33–174.

médicos licenciados, al trabajo y a la no discriminación.[63] De ello resultó la clausura de la Corte Primera de lo Contencioso Administrativo por más de diez meses, con lo cual el régimen autoritario, lamentablemente, le enseñó a los jueces, a la fuerza, simplemente, que ninguna decisión judicial podía, en forma alguna, afectar políticas gubernamentales, así fueran inconstitucionales.[64] Así, la Constitución, la ley y la justicia quedaron subyugadas por el poder, y el proceso de amparo degradado, al dejar de ser un instrumento efectivo de protección de los individuos frente al Estado.

---

[63] *Véase* la decisión de la Corte Primera de lo Contencioso Administrativo de 21–8–2003, en *Revista de Derecho Público*, N° 93–96, EJV, Caracas 2003. *Véase* Claudia Nikken, "El caso "Barrio Adentro": La Corte Primera de lo Contencioso Administrativo ante la Sala Constitucional del Tribunal Supremo de Justicia o el avocamiento como medio de amparo de derechos e intereses colectivos y difusos,"en *Revista de Derecho Público*, N° 93–96, EJV, Caracas, 2003, pp. 5 y ss.

[64] El caso fue llevado incluso ante la Corte Interamericana de Derechos Humanos, la cual condenó al Estado por las violaciones contra los magistrados destituidos en sentencia de fecha 5–8–2008, (Caso *Apitz Barbera y otros ("Corte Primera de lo Contencioso Administrativo") vs. Venezuela*). *Véase* en http://www.corteidh.or.cr/ Excepción Preliminar, Fondo, Reparaciones y Costas, Serie C N° 182. Frente a ello, sin embargo, la Sala Constitucional del Tribunal Supremo de Justicia en sentencia N° 1.939 de 18–12–2008 (Caso *Gustavo Álvarez Arias y otros*), declaró inejecutable dicha decisión de la Corte Interamericana. *Véase* en http://www.tsj.gov.ve/decisiones/scon/Diciembre/1939–181208–2008–08–1572.html

§14. SOBRE LA UNIVERSALIDAD DEL AMPARO EN VENEZUELA[*]

Si hay un tema del derecho procesal constitucional adecuado para escribir en este merecido Libro Homenaje a nuestro querido amigo y muy destacado propulsor del propio derecho procesal constitucional en Latinoamérica, Néstor Pedro Sagües, que el Centro de Estudios Constitucionales del Tribunal Constitucional del Perú organiza, es el relativo al proceso constitucional de amparo a los derechos constitucionales, sobre lo cual por lo demás, el profesor Sagües ha trabajado ampliamente. Por ello, gustosamente me uno al homenaje que sus amigos le rinden en este libro, refiriéndome al proceso constitucional de amparo en Venezuela, y en particular tanto a su universalidad como a los problemas de su efectividad, particularmente a partir de 1999 cuando comienza a instalarse el régimen autoritario.

El proceso de amparo en Venezuela, en efecto, fue introducido en la Constitución de 1961, siguiendo la orientación del constitucionalismo moderno latinoamericano, como la garantía judicial específica de dichos derechos, pero configurándolo como un *derecho constitucional de todas las personas a ser amparados* por los Tribunales en el goce y ejercicio de dichos derechos fundamentales. Como la ha definido la Sala Constitucional del Tribunal Supremo de Justicia:

> "La acción de amparo, es, pues, una garantía de restablecimiento de la lesión actual o inminente a una ventaja esencial, producto de un acto, actuación u omisión antijurídica, en tanto contraria a un postulado en cuyo seno se encuentre reconocido un derecho fundamental".[1]

Por ello, el proceso constitucional de amparo en Venezuela se puede desarrollar, en principio, ante cualquier juez de primera instancia de la jurisdicción ordinaria, es decir, ante los tribunales civiles, mercantiles, laborales, penales, de menores, agrarios o de cualquier otra materia, y de los tribunales de la jurisdicción contencioso administrativa; o ante cualquier juez de la localidad si no hay uno de primera instancia.

---

[*]   Publicado en *Horizontes Contemporáneos del Derecho Procesal Constitucional. Liber Amicorum Néstor Pedro Sagüés,* Centro de Estudios Constitucionales del Tribunal Constitucional, Lima 2011. Otra versión de este estudio se publicó en José de Jesús Naveja Macía (Coord.), *Génesis, Desarrollo y Actualidad de Amparo en América Latina,* Tomo I, Ediciones Ilcsa, Tijuana México, pp. 109–141.

[1]   *Véase* sentencia N° 460 de 6–4–2001 (Caso: *Only One Import, C.A. vs. Guardia Nacional*), en *Revista de Derecho Público,* N° 85–88, Editorial Jurídica Venezolana (EJV), Caracas 2001, p. 437.

Se trata, por otra parte, de un proceso constitucional que se puede iniciar mediante el ejercicio de una acción autónoma de amparo, o mediante una petición de amparo formulada conjuntamente con otras acciones o recursos judiciales. Por ello, el amparo en Venezuela, además de ser una de las garantías constitucionales, como se ha dicho, es un derecho constitucional en sí mismo: el derecho de amparo, con características bien definidas en el derecho constitucional comparado de América Latina. Dicho derecho constitucional ha sido regulado ampliamente en el artículo 27 de la Constitución de 1999 siguiendo la orientación del artículo 49 de la Constitución de 1961, así:

"*Artículo 27:* Toda persona tiene derecho a ser amparada por los tribunales en el goce y ejercicio de los derechos y garantías constitucionales, aun de aquellos inherentes a la persona que no figuren expresamente en esta Constitución o en los instrumentos internacionales sobre derechos humanos.

El procedimiento de la acción de amparo constitucional será oral, público, breve, gratuito y no sujeto a formalidad, y la autoridad judicial competente tendrá potestad para restablecer inmediatamente la situación jurídica infringida o la situación que más se asemeje a ella. Todo tiempo será hábil y el tribunal lo tramitará con preferencia a cualquier otro asunto.

La acción de amparo a la libertad o seguridad podrá ser interpuesta por cualquier persona, y el detenido o detenida será puesto bajo la custodia del tribunal de manera inmediata, sin dilación alguna.

El ejercicio de este derecho no puede ser afectado, en modo alguno, por la declaración del estado de excepción o de la restricción de garantías constitucionales".

Entre las reformas más importantes que introdujo esta norma respecto de lo que establecía el artículo 49 de la Constitución de 1961, se destacan las siguientes:

En *primer lugar*, se estableció en forma expresa la característica del amparo como un "derecho" constitucional de toda persona, "a ser amparada por los tribunales en el goce y ejercicio de los derechos y garantías constitucionales".

En *segundo lugar*, en cuanto a los derechos amparables, se estableció que no sólo son los que la Constitución enumera, sino aquellos inherentes a la persona que no figuren expresamente, no sólo en la Constitución sino en los instrumentos internacionales sobre derechos humanos, los cuales, además, conforme a la propia Constitución, tienen rango constitucional y prevalecen incluso sobre el orden interno si contienen regulaciones más favorables (artículo 23).

En *tercer lugar*, en cuanto al procedimiento, en lugar de establecer sólo que debía ser "breve y sumario" como lo hacía la Constitución de 1961, se indica que debe ser "oral, público, breve, gratuito y no sujeto a formalidad", y agregando, además, que "todo tiempo será hábil y el tribunal lo tramitará con preferencia a cualquier otro asunto".

En *cuarto lugar*, no sólo se reiteró la competencia del juez para restablecer inmediatamente la situación jurídica infringida, sino alternativamente, "o la situación que más se asemeje a ella".

Y en *quinto lugar* se precisó expresamente que "el ejercicio de este derecho no puede ser afectado, en modo alguno, por la declaración del estado de excepción o de la restricción de garantías constitucionales".

De esta norma constitucional derivan las notas distintivas del derecho y acción de amparo en Venezuela, y entre ellas, su universalidad, la cual analizaremos específicamente en estas páginas, refiriéndonos, en primer lugar, a los derechos protegidos y las causas de la lesión o amenaza de lesión de los mismos; y en segundo lugar, a las formas de ejercicio de la acción de amparo, conforme se ha desarrollado por la jurisprudencia en aplicación de la Ley Orgánica de Amparo sobre Derechos y Garantías Constitucionales de 1988[2].

I. LA UNIVERSALIDAD DEL AMPARO Y LAS CAUSAS DE LA LESIÓN O AMENAZA DE LESIÓN DE DERECHOS Y GARANTÍAS CONSTITUCIONALES

La acción de amparo procede en Venezuela para la protección de todos los derechos constitucionales enumerados en los artículos 19 a 129 de la Constitución (civiles, políticos, sociales y de las familias, culturales y educativos, económicos, de los pueblos indígenas, y ambientales), en los tratados internacionales relativos a derechos humanos y aquellos inherentes a la persona humana así no estén enumerados en la Constitución o en dichos tratados); y procede, además, contra cualquier acto, hecho u omisión de autoridades o de particulares que viole derechos o garantías constitucionales o amenace violarlos. Por tanto, no sólo no hay derechos constitucionales que no sean justiciables mediante la acción de amparo, sino que no hay actos, hechos u omisiones que escapen de la protección de la misma.

1. *El amparo contra autoridades y contra particulares*

De acuerdo al artículo 2° de la Ley Orgánica,

> "La acción de amparo procede contra cualquier hecho, acto u omisión provenientes de los órganos del Poder Público Nacional, Estadal o Municipal. También procede contra el hecho, acto u omisión originados por ciudadanos, personas jurídicas, grupos u organizaciones privadas, que hayan violado, violen o amenacen violar cualquiera de las garantías o derechos amparados por esta Ley".

Por tanto, la protección que puede otorgar el juez de amparo al goce y ejercicio de los derechos y garantías constitucionales, se plantea en el texto constitucional y en la Ley Orgánica no solo frente a actuaciones de autoridades públicas que puedan perturbar el goce y ejercicio de los derechos, sino también frente a las perturbaciones que puedan provenir de particulares, individuos o personas

---

[2]   *Véase* Allan R. Brewer–Carías, "La reciente evolución jurisprudencial en relación a la admisibilidad del recurso de amparo", en *Revista de Derecho Público*, n° 19, EJV, Caracas, julio–septiembre 1984, pp. 207–217; y "El derecho de amparo y la acción de amparo", en *Revista de Derecho Público*, n° 22, Editorial Jurídica Venezolana, Caracas, abril–junio 1985, pp. 51–61.

morales. En esta materia, la Constitución no distingue, por lo que la Ley Orgánica admite la acción de amparo frente a acciones que provienen de particulares[3]. Esto también contribuye a diferenciar la acción de amparo en Venezuela de la existente en otros sistemas, en los cuales el recurso de amparo sólo se concibe frente a autoridades; o de la existente en otros países en el sentido de limitar la acción contra particulares, solamente cuando ocupen posiciones de poder o ejerzan funciones públicas, por ejemplo, como concesionarios de servicios públicos.

Por otra parte, en el caso de protección frente a perturbaciones provenientes de autoridades públicas, sin la menor duda debe afirmarse también que tal como lo regula el artículo 27 de la Constitución y la Ley Orgánica, esta protección procede frente a *toda* actuación pública, es decir, frente a todos los actos estatales y ante los actos materiales y vías de hecho de las autoridades públicas (art. 5°).

Por tanto, la acción de amparo procede contra toda actuación de la Administración, aun cuando no configure un acto administrativo y no abra la vía contencioso administrativa, es decir, procede, por ejemplo, contra las actuaciones materiales de la Administración; contra sus vías de hecho; contra la abstención en actuar o cumplir una obligación; contra las omisiones, en fin, contra toda forma de actuación de la Administración e, incluso, por supuesto, contra determinados actos como los de trámite, cuando no puedan ser impugnados por la vía contencioso administrativa.

Esta universalidad del amparo, por lo demás, fue precisada y desarrollada por la jurisprudencia, tanto de la antigua Corte Suprema como de la Corte Primera de lo Contencioso Administrativo. Así lo señaló la Corte Primera de lo Contencioso Administrativo en sentencia de 11 de noviembre de 1993 (Caso: *Aura Loreto Rangel*):

"La lectura del artículo 2 de la Ley Orgánica de Amparo evidencia que no hay prácticamente ningún tipo de conducta, independientemente de su naturaleza o carácter, así como de los sujetos de los cuales provenga, del cual pueda predicarse que está excluido per se de su revisión por los jueces de amparo, a los efectos de determinar si vulnera o no algún derecho o garantía constitucional"[4]

El mismo criterio lo precisó la Sala Político Administrativa de la antigua Corte Suprema en sentencia de 24 de mayo de 1993, así:

"Son muy amplios los términos en que la acción de amparo está consagrada en el artículo 49 del Texto Fundamental. Así, si bien es incuestionable lo extenso del ámbito de los derechos y garantías susceptibles de ser protegidos y restablecidos mediante esta vía procesal, tampoco puede limitarse a que la lesión sea producto de determinados actos solamente. En efecto, debe igualmente permitirse que cualquier acto lesivo –ya sea un acto, hecho u omisión– de derechos y garantías constitucionales sea posible de

---

[3] Tal como sucede en Argentina después del caso *Samuel Kot SRL.* de 1958. S. V. Linares Quintana, *Acción de Amparo*, Buenos Aires, 1960, p. 25, G. R. Carrio, *Algunos aspectos del recurso de amparo*, Buenos Aires, 1959, p. 13.

[4] *Véase* en *Revista de Derecho Público*, N° 55–56, EJV, Caracas, 1993, p. 284.

cuestionar mediante este medio procesal, ya que, siendo el objetivo de la acción de amparo la protección de cualquier norma que consagre uno de los llamados derechos subjetivos de rango constitucional, no puede sostenerse que esa protección es viable sólo en los casos en que el acto perturbador reúna determinadas características, ya sean desde el punto de vista material u orgánico.

La jurisprudencia de esta Sala ha sido consecuente con ambos principios. En decisión del 31 de enero de 1991 (Caso: *Anselmo Natale*, registrada bajo el número 22) se señaló que "no puede existir ningún acto estatal que no sea susceptible de ser revisado por vía de amparo, entendiendo ésta, no como una forma de control jurisdiccional de la inconstitucionalidad de los actos estatales capaz de declarar su nulidad, sino –como se ha dicho– un remedio de protección de las libertades públicas cuyo objeto es restablecer su goce y disfrute, cuando alguna persona natural o jurídica, o grupo u organizaciones privadas, amenace vulnerarlas o las vulneren efectivamente"[5]

En sentencia de 13 de febrero de 1992, la Corte Primera, por otra parte, precisó:

"Observa esta Corte que la característica esencial del régimen de amparo, tanto en la concepción constitucional como en su desarrollo legislativo, es su universalidad... por lo cual hace extensiva la protección que por tal medio otorga, a todos los sujetos (personas físicas o morales que se encuentran en el territorio de la nación) así como a todos los derechos constitucionalmente garantizados, e incluso aquéllos que sin estar expresamente previstos en el texto fundamental, son inherentes a la persona humana. Este es el punto de partida para entender el ámbito del amparo constitucional. Los únicos supuestos excluidos de su esfera son aquéllos que expresamente señala el artículo 6 de la Ley Orgánica de Amparo sobre Derechos y Garantías Constitucionales y, desde el punto de vista sustantivo, no hay limitaciones respecto a derechos o garantías específicas.

Respecto a la Administración, el amparo contra la misma es de tal amplitud que se acuerda contra todos los actos, omisiones y vías de hecho, sin hacer exclusión alguna de determinadas materias de su competencia que, como se sabe, están siempre vinculadas con el orden público y con el interés social"[6].

Por tanto, ninguna actuación u omisión escapa al amparo, habiendo solo quedando excluidos de la acción, conforme se estableció en el artículo 6,6 de la ley Orgánica, "los actos de la Corte Suprema de Justicia"[7], en virtud de que como lo

---

[5]   *Véase* en *Revista de Derecho Público,* n° 55–56, EJV, Caracas, 1993, pp. 284–285. *Véase* además, en relación a la amplitud de los derechos fundamentales amparables, la decisión del 4–12–90, caso: *Mariela Morales de Jiménez,* N° 661.

[6]   *Véase* en *Revista de Derecho Público,* N° 49, EJV, Caracas, 1992, pp. 120–121.

[7]   *Véase* sentencia de la Corte Primera de lo Contencioso Administrativa de 18–6–91, en FUNEDA, *15 años de Jurisprudencia op. cit.,* p. 145; y en *Revista de Derecho Público,* N° 46, EJV, Caracas, 1991, p. 124.

había previsto el artículo 211 de la Constitución de 1961, no existía la posibilidad de intentar acción o recurso alguno contra las decisiones de la más alta autoridad judicial del país.

Por ello, incluso, conforme a la Constitución de 1961, las decisiones de los Cuerpos Legislativos adoptados en uso de sus atribuciones privativas y que conforme al artículo 159 de dicha Constitución no eran susceptibles de veto, examen o control de los otros Poderes del Estado, las mismas podían ser objeto de acción de amparo. Ello fue resuelto expresamente por la antigua Corte Suprema de Justicia en Sala Político Administrativa en sentencia de 31 de enero de 1991 (Caso: *Anselmo Natale*), en la cual señaló que "no puede existir ningún acto estatal que no sea susceptible de ser revisado por vía de amparo, entendiendo ésta, no como una forma de control jurisdiccional de la constitucionalidad de los actos estatales capaz de declarar su nulidad, sino como se ha dicho, un medio de protección de las libertades públicas cuyo objeto es restablecer su goce o disfrute, cuando alguna persona natural o jurídica, o grupos u organizaciones privadas, amenace vulnerarlas o las vulneren efectivamente"[8]. Por supuesto, si se trata de amparo contra actuaciones de la Administración no es necesario que se trate de un acto administrativo el que cause la lesión[9], pudiendo intentarse la acción de amparo contra vías de hecho de la Administración[10].

A continuación haremos especial mención a los casos de acciones de amparo contra los actos jurídicos del Estado, en especial contra los actos legislativos, de gobierno, administrativos y judiciales (sentencias), particularmente por la necesidad de conciliar el ejercicio de la acción de amparo con el ejercicio de las vías de impugnación de dichos actos. La Ley Orgánica, en este sentido, regula expresamente el amparo contra leyes, contra actos administrativos y contra sentencias y providencias judiciales.

2. *El amparo contra leyes y demás actos normativos*

De acuerdo al artículo 3° de la Ley Orgánica:

> "También es procedente la acción de amparo cuando la violación o amenaza de violación deriven de una norma que colida con la Constitución. En este caso, la providencia judicial que resuelva la acción interpuesta deberá apreciar la inaplicación de la norma impugnada y el Juez informará a la Corte Suprema de Justicia acerca de la respectiva decisión".

Esta es, quizás, una de las instituciones más novedosas que incorporó la Ley Orgánica referida al denominado "amparo contra normas" que vino a perfeccio-

---

[8] *Véase* en *Revista de Derecho Público*, N° 45, EJV, Caracas, 1991, p. 118. La tesis de la Corte Suprema fue reafirmada por la Corte Primera de lo Contencioso Administrativo en sentencia de 18–6–91, en *Véase* en *Revista de Derecho Público*, n° 46, EJV, Caracas, 1991, p. 125.

[9] *Véase* sentencia de la Corte Primera de lo Contencioso Administrativa de 25–6–93, *Revista de Derecho Público*, N° 53–54, EJV, Caracas, 1993, p. 255.

[10] *Véase* sentencia de la antigua Corte Suprema de Justicia, Sala Político Administrativa, 8–5–91, *Revista de Derecho Público*, N° 46, EJV, Caracas, 1991, p. 127.

nar y completar el sistema de control de la constitucionalidad de las leyes, agregando un tercer sistema de control (además de los métodos concentrado y difuso), el cual en ciertos aspectos se puede asimilar al denominado en México "amparo contra leyes".[11] En este caso, se permite el ejercicio del control de la constitucionalidad de las leyes por los jueces cuando conozcan de una acción de amparo ejercida contra una ley o un acto normativo que en forma directa e inmediata viole o amenace violar un derecho fundamental, y que por tanto, colida con la Constitución[12].

En estos casos de amparo contra normas, sin embargo, la decisión del juez no es anulatoria, sino que sólo debe apreciar la inaplicación de la norma respecto de la cual se solicita amparo, como una decisión de protección, que por ello, tiene efectos *inter partes,* es decir, en relación al accionante. De acuerdo al artículo 3 de la Ley, cuando se faculta al juez de amparo para resolver de inmediato "restablecer la situación jurídica infringida", en este caso equivale a la suspensión de efectos de la ley respecto del accionante, es decir, su inaplicabilidad al accionante.

Pero en relación al control de la constitucionalidad de las leyes, que la Ley Orgánica, además de prever el amparo contra normas, permite ejercer la acción de amparo, o más propiamente la pretensión de amparo, conjuntamente con la acción popular de inconstitucionalidad de las leyes ante la Sala Constitucional del Tribunal Supremo de Justicia.

En efecto, el mismo artículo 3° de la Ley Orgánica establece lo siguiente:

"La acción de amparo también podrá ejercerse conjuntamente con la acción popular de inconstitucionalidad de las leyes y demás actos estatales normativos, en cuyo caso, la Corte Suprema de Justicia, si lo estima procedente para la protección constitucional, podrá suspender la aplicación de la norma respecto de la situación jurídica concreta cuya violación se alega, mientras dure el juicio de nulidad".

Como se observa, en estos casos la Ley Orgánica ha establecido una innovación fundamental consistente en permitir a la Sala, contrariamente a lo que había sido la tradición jurisprudencial, el suspender los efectos de la ley o acto normativo impugnado respecto de su aplicabilidad al accionante, cuando lo juzgue necesario para la protección constitucional, mientras dure el juicio de nulidad. Hasta la promulgación de la Ley Orgánica de Amparo en los juicios de nulidad de los actos estatales, la antigua Corte Suprema había negado sistemáticamente

---

[11]   Héctor Fix–Zamudio, "Algunos problemas que plantea el amparo contra leyes", *Boletín del Instituto de Derecho Comparado de México,* UNAM, N° 37, 1960, pp. 11 a 39.

[12]   La institución fue inspirada en el amparo contra normas que establecía la ley peruana de amparo antes de la reforma de la Constitución de 1992. *Véase* en general, Samuel B. Abad Yupanqui, "El amparo contra leyes" en *Comisión Andina de Juristas, Lecturas Constitucionales Andinas,* N° 3 Lima, 1994, pp. 129 a 152. *Véase* además, Allan R. Brewer–Carías, "La acción de amparo contra leyes y demás actos normativos en el Derecho venezolano", en *Liber Amicorum. Héctor Fix–Zamudio,* Volumen I, Secretaría de la Corte Interamericana de Derechos Humanos. San José, Costa Rica 1998, pp. 481–501.

la posibilidad de suspender los efectos de los actos normativos, habiendo reducido su potestad de suspensión de efectos en juicio, respecto de los actos administrativos de efectos particulares.

Ahora bien, en cuanto a la acción autónoma de amparo contra normas previstas en el artículo 3° de la Ley Orgánica, hemos sostenido que se trata de una *vía directa de control difuso* de la constitucionalidad de las leyes, que viene a completar el control difuso incidental que establece el artículo 20 del Código de Procedimiento Civil. Se trata de un control difuso pues permite a todo juez de amparo pronunciarse sobre la inconstitucionalidad de una ley por violación de derechos y garantías constitucionales; y es directo pues la cuestión constitucional no se plantea en un juicio en forma incidental, sino como objeto directo de una acción de amparo, teniendo la decisión, en todo caso, efectos *inter partes*[13].

La Ley venezolana, por otra parte, no establece límite alguno respecto de la procedencia de la acción de amparo contra normas, y no requiere de la emisión de actos de ejecución de la misma. Sin embargo, a pesar de la claridad del artículo 3° de la Ley Orgánica de Amparo, la jurisprudencia de la Sala Político Administrativa de la antigua Corte Suprema impuso el criterio de que no procede la acción de amparo directamente contra normas, y que lo que procede, realmente, es la acción de amparo contra los actos de ejecución de la norma, que serían los actos lesivos[14]. En sentencia de 24 de mayo de 1993, incluso, la propia antigua Corte Suprema, en Sala Político Administrativa había considerado como obvio que "el mencionado artículo de la Ley Orgánica de Amparo no consagra la posibilidad de interponer esta acción de protección constitucional contra una ley u otro acto normativo sino contra el acto de aplicación o ejecución de ésta, el cual en definitiva es el que, en el caso concreto, puede ocasionar una lesión particular de los derechos y garantías constitucionales de una persona determinada".[15]

De estas sentencias resultó la adopción, por los tribunales venezolanos, de la tesis mexicana del amparo sólo contra las leyes auto aplicativas, respecto de las cuales la Corte Primera de lo Contencioso Administrativo en sentencia de 18 de noviembre de 1993, resolvió así:

"Con respecto a la inmediatez de la amenaza constitucional, lo cual implica una lesión cierta e inminente, observa esta Corte que en el caso específico de los actos normativos la doctrina ha distinguido entre las denominadas normas auto aplicativas y las de aplicación mediata. En cuanto a las primeras, su sola promulgación implica una inmediata obligatoriedad para

---

[13] *Véase* Allan R. Brewer–Carías, *Nuevas tendencias en el contencioso administrativo en Venezuela,* EJV, Caracas, 1993, p. 168.

[14] Fue el caso de la en sentencia de 8–8–94, la Sala Político Administrativa al resolver un amparo en el caso de las declaraciones juradas de patrimonio exigidas a los administradores de bancos por la Ley de Emergencia Financiera de 1994. *Véase* el texto en Allan R. Brewer–Carías y Carlos Ayala Corao, *El derecho a la intimidad y a la vida privada y su protección frente a las injerencias abusivas o arbitrarias del Estado,* Caracas, 1995, pp. 214 a 216.

[15] *Véase* en *Revista de Derecho Público,* N° 55–56, EJV, Caracas, 1993, pp. 287–288. *Véase* también sentencia de 19–11–92 (Caso: *Electrificación del Caroní, EDELCA, n° 54).*

las personas a las cuales se encuentra destinada, por lo cual son de aplicación automática. Por el contrario, las normas de afectación mediata e indirecta requieren de un acto de ejecución posterior, en cuyo caso la simple promulgación no podría producir una violación constitucional"[16].

3. *El amparo respecto de los actos administrativos y contra conductas omisivas de la Administración*

De acuerdo al artículo 5° de la Ley Orgánica:

"La acción de amparo procede contra todo acto administrativo, actuaciones materiales, vías de hecho, abstenciones u omisiones que violen o amenacen violar un derecho o garantía constitucionales, cuando no exista un medio procesal breve, sumario y eficaz, acorde con la protección constitucional".

Por tanto, la acción de amparo procede también contra actos administrativos o contra conductas omisivas de la Administración que violen o amenacen violar un derecho o garantía constitucionales, pero siempre que no exista "un medio procesal breve, sumario y eficaz, acorde con la protección constitucional". En consecuencia, si dicho medio existe no es admisible la acción de amparo; pudiendo ser dicho medio el recurso contencioso administrativo de anulación, siempre que exista en la localidad un tribunal con competencia contencioso administrativa, y se formule en el mismo conjuntamente con la pretensión de nulidad, la pretensión de amparo[17].

En estos casos, agrega el artículo 5° de la Ley Orgánica, el Juez, en forma breve, sumaria y efectiva, si lo considera procedente para la protección constitucional, suspenderá los efectos del acto recurrido como garantía de dicho derecho constitucional violado, mientras dure el juicio.

Para garantizar que este recurso contencioso administrativo de anulación y amparo, sea un medio procesal breve, sumario y efectivo, acorde con la protección constitucional, el Parágrafo Único del artículo 5° de la Ley Orgánica precisa que:

"Cuando se ejerza la acción de amparo contra actos administrativos conjuntamente con el recurso contencioso administrativo que se fundamente en la violación de un derecho constitucional, el ejercicio del recurso procederá en cualquier tiempo, aun después de transcurridos los lapsos de caducidad previstos en la Ley; y no será necesario el agotamiento previo de la vía administrativa".

---

[16] *Véase* en *Revista de Derecho Público*, N° 55–56, EJV, Caracas, 1993, p. 285. La Corte Suprema, sin embargo, en sentencia de 24–5–93 materialmente negó la posibilidad de leyes autoaplicativas. *Véase* en *Revista de Derecho Público*, n°s 55–56, EJV, Caracas, 1993, pp. 288 a 290.

[17] *Véase* sentencias de la antigua Corte Suprema de Justicia, Sala Político Administrativa de 25–1–89 y 9–8–89 en *Revista de Derecho Público*, n° 39, EJV, Caracas, 1989, p. 139.

Sobre el carácter extraordinario de la acción de amparo contra actos administrativos, la jurisprudencia en Venezuela ha sido muy variable. La posición inicial fue considerar que frente a un acto administrativo no resultaba procedente ejercer la acción autónoma de amparo, si contra el mismo podía interponerse el recurso contencioso administrativo de anulación con la pretensión de amparo como lo autoriza el artículo 5° de la Ley[18]. Sin embargo, posteriormente se comenzó a estimar que la acción autónoma de amparo contra un acto administrativo sólo procedía cuando se diesen circunstancias excepcionales o extraordinarias que no pudieran resolverse por la vía contencioso administrativa[19], para desembocar, a partir de 1993, con el criterio de que el recurso contencioso de anulación no es un medio eficaz para la protección constitucional. En tal sentido la Corte Primera de lo Contencioso Administrativo sostuvo que:

"[…] no es posible admitir, que el recurso contencioso administrativo de anulación sea el medio breve, sumario y eficaz sustitutivo del amparo pues, si así fuera, el artículo 2 de la Ley Orgánica de Amparo sobre Derechos y Garantías Constitucionales vendría a ser superfluo, a menos en lo atinente a que la acción de amparo procede contra cualquier acto de la Administración, bastando la interposición conjunta de ambos mecanismos procesales. Por lo demás, admitir tal interpretación sería tanto como negar la posibilidad de la acción de amparo autónoma contra actos administrativos, por tanto, este razonamiento del a quo resulta no ajustado a derecho y así se declara"[20].

---

[18] *Véase* Corte Primera de lo Contencioso Administrativo 24–5–88, véase en *Revista de Derecho Público,* Nº 34, EJV, Caracas, 1988, p. 126. Conforme a esta doctrina la Corte Primera de lo Contencioso Administrativo desarrolló una constante jurisprudencia conforme a la cual consideró improcedente la acción autónoma de amparo contra actos administrativos lesivos de los derechos de los funcionarios públicos, estableciendo que en esos casos la acción contencioso–administrativa funcionarial, constituía un medio idóneo para la protección constitucional, al punto de considerar que "Distinta interpretación, supondría efectos derogatorios sobre la casi totalidad de los procedimientos jurisdiccionales existentes en el régimen jurídico venezolano. *Véase* sentencia de 3–06–88, en *Revista de Derecho Público,* Nº 35, EJV, Caracas, 1988, p. 129. En sentido coincidente, véase las sentencias de la Corte Primera de lo Contencioso Administrativa de 7–7–88, *Revista de Derecho Público,* Nº 35, EJV, Caracas, 1988, p. 130; de 16–6–88, *Revista de Derecho Público* Nº 35, EJV, Caracas, 1988, p. 138; de 20–4–89, *Revista de Derecho Público,* Nº 38, EJV, Caracas, 1989 p. 109; y de 5–2–90 en FUNEDA, 15 *años de Jurisprudencia, op. cit.,* p. 235. En sentido similar el Tribunal Superior Contencioso–Administrativo de la Región Capital en sentencias de 14–2–91 y 31–1–91 *Revista de Derecho Público,* Nº 45, EJV, Caracas, 1991, pp. 113, 114 y 119, ha considerado que el recurso contencioso–administrativo con pretensión de amparo es la vía eficaz para la protección constitucional. 5–2–90. *Véase* en *Revista de Derecho Público,* Nº 41, EJV, Caracas, 1990, p. 114.

[19] *Véase* sentencia de la Corte Primera de lo Contencioso Administrativo de 9–7–91, en *Revista de Derecho Público,* Nº 47, EJV, Caracas, 1991, p. 131.

[20] *Véase* sentencias de la Corte Primera de lo Contencioso Administrativa de 23–4–93, en *Revista de Derecho Público,* Nº 53–54, EJV, Caracas, 1993, pp. 263–264; de 1–4–93, *Revista de Derecho Público,* Nº 53–54 EJV, Caracas, 1993, p. 271 y antes, de 19–9–90 en FUNEDA, *15 años de Jurisprudencia...., op. cit.,* p. 149.

En todo caso, el tema central en relación con el ejercicio de la acción autónoma de amparo contra actos administrativos, es el de los efectos de la decisión de amparo, que no tiene carácter anulatorio sino de mera suspensión de efectos del acto, lo que implica que el acto administrativo lesivo queda incólume en cuanto a su validez, por lo que para que la protección constitucional sea integral debe buscarse su anulación posterior por la vía contencioso administrativa. Para ello, el juez que otorgue amparo contra un acto administrativo debería imponerle al agraviado la obligación de impugnar el acto administrativo ante el tribunal contencioso administrativo competente.

Pero la acción de amparo no sólo procede contra actos administrativos sino también contra conductas omisivas de la Administración, para lo cual debe existir mora frente a un requerimiento del interesado. Es decir, es necesario que el presunto agraviado se haya dirigido en forma previa a la presunta autoridad agraviante, dando inicio a un procedimiento constitutivo, de manera que no se puede accionar por abstención cuando no habido requerimiento del administrado para que la autoridad administrativa emita algún acto administrativo[21].

Particular importancia tiene el amparo contra las conductas omisivas en los casos de silencio de la Administración en los procedimientos constitutivos del acto administrativo, que se han estimado como violatorias al derecho de petición, pues en esos casos, sólo considerar el silencio como rechazo, no satisface la garantía constitucional del derecho de petición. En tales casos, la jurisprudencia ha considerado que el accionante puede "exigir que se cumpla el contenido de tal derecho, a saber, que se le confiera la pretensión deducida ante la Administración; que se dicte la declaración que pretende; o bien que se le señalen los motivos por los cuales no puede la Administración acceder a ninguna de las actuaciones precedentemente señaladas"[22].

En el caso de silencio en el procedimiento de impugnación del acto administrativo, en cambio, la jurisprudencia ha considerado que no procede la acción de amparo[23], salvo cuando el objeto de la misma sea un acto denegatorio tácito producto del silencio en el procedimiento constitutivo.[24] De acuerdo a esta jurisprudencia puede entonces decirse que la antigua Corte Suprema exigió para la procedencia de la acción de amparo contra conductas omisivas de la Administración, en forma acumulativa o concurrente, la existencia de dos requisitos:

---

[21] Sentencia de la antigua Corte Suprema de Justicia, Sala Político Administrativa de 18–11–93, en *Revista de Derecho Público* nos 55–56, EJV, Caracas, 1993, p. 295.

[22] *Véase* sentencia de la Corte Primera de lo Contencioso Administrativo de 17–12–85, citada en sentencia de la misma Corte Primera de 13–2–86. FUNEDA, *15 años de Jurisprudencia, cit.,* pp. 312–313.

[23] *Véase* sentencia de la Sala Político Administrativa de la antigua Corte Suprema de 23–5–88, (Caso: *Fincas Algaba*), en *Revista de Derecho Público,* N° 35, EJV, Caracas, 1988, pp. 109–112. *Véase* además, sentencia de la antigua Corte Suprema de Justicia, Sala Político Administrativa de 11–7–91, (Caso: *J. E. Durán Díaz*).

[24] *Véase* sentencia de la antigua Corte Suprema de 13–8–92, (Caso: *N. J. Salas Grado*) en *Revista de Derecho Público,* N° 51, EJV, Caracas, 1992, pp. 173 y 174.

"[…] a) que la conducta omisiva que se denuncia sea absoluta, lo que significa que la Administración no haya en ningún momento realizado la actuación debida; y b) que la omisión ocurra ante una obligación genérica, es decir, aquella obligación que tiene el funcionario de actuar en ejercicio de las atribuciones correspondientes a su cargo distinta, por tanto, a la obligación específica que se ha exigido para la procedencia de la acción contencioso-administrativa por abstención. De manera que sólo cuando ante una obligación genérica, procedimental, de tramitar o proveer un asunto inherente al cargo del funcionario, éste incurre en una conducta omisiva, es que resulta procedente la acción extraordinaria de amparo constitucional"[25].

Por supuesto, en todos estos casos de procedencia de la acción de amparo contra la mora de la Administración, como violatoria del derecho a obtener oportuna respuesta garantizado en el artículo 67 de la Constitución, la consecuencia de la violación de tal derecho, como lo ha señalado la Corte Primera de lo Contencioso Administrativo, "sólo implica ordenar a la autoridad administrativa que otorgue la respuesta correspondiente"[26].

Por último, debe señalarse que en los casos de silencio positivo la Corte Primera de lo Contencioso Administrativo también ha admitido la acción de amparo, ante la omisión de la Administración de darle los efectos positivos originados por su abstención[27].

4. El amparo contra sentencias y demás actos judiciales

Por último, en relación al amparo contra actos estatales, el artículo 4° de la Ley Orgánica establece que:

"Igualmente procede la acción de amparo cuando un Tribunal de la República, actuando fuera de su competencia, dicte una resolución o sentencia u ordene un acto que lesione un derecho constitucional".

De esta norma podría interpretarse, ante todo, que si la decisión judicial violatoria de un derecho constitucional se dicta por un juez actuando *dentro de su competencia* (por la materia o por el territorio), no procedería la acción autónoma de amparo, sino que la pretensión de amparo debería ejercerse conjuntamente con el recurso de apelación o el recurso de casación que corresponda. Ello es lo que resultaría de la interpretación literal de la norma, con el objeto de salvaguardar los medios ordinarios y extraordinarios de revisión de decisiones judiciales, que en estos casos tendrían efectos suspensivos, y por tanto, de protección constitucional inmediata

---

[25] *Véase* sentencias de la antigua Corte Suprema de Justicia, Sala Político Administrativa de 5–11–92 (Caso: *Jorge E. Alvarado*), en *Revista de Derecho Público*, N° 52, EJV, Caracas, 1992, p. 187; y de 18–11–93, en *Revista de Derecho Público*, n°s 55–56, EJV, Caracas, 1993, p. 295.

[26] *Véase* sentencia de 26–8–93 (Caso: *Inversiones Klanki*), en *Revista de Derecho Público*, n° 55–56, EJV, Caracas, 1993, p. 294.

[27] *Véase* sentencia de 20–12–91 (Caso: *BHO, C.A.*), en *Revista de Derecho Público*, N° 48, EJV, Caracas, 1991, pp. 141–143.

Sin embargo, el problema de interpretación resultaría de los casos en los que no esté prevista en el ordenamiento procesal una vía ordinaria o extraordinaria de revisión de sentencias, o éstas no procedan, o no se hayan ejercido oportunamente. La jurisprudencia, en este sentido, ha conformado en estos casos la doctrina más acorde con la protección constitucional que consagra la Ley Orgánica, pues en definitiva, ningún Tribunal tiene ni puede tener competencia para dictar decisiones en las cuales lesione derechos o garantías constitucionales.

En todo caso, en el supuesto regulado en el artículo 4° y con el objeto de salvaguardar las jerarquías judiciales de revisión, se establece expresamente que "La acción de amparo debe interponerse por ante un Tribunal superior al que emitió el pronunciamiento, quien decidirá en forma breve, sumaria y efectiva".

Además, debe mencionarse, como antes se advirtió, que la Ley expresamente excluye el ejercicio de la acción de amparo "cuando se trate de decisiones emanadas de Tribunal Supremo de Justicia" (art. 6, Ord. 6°), lo que tiene su explicación en la garantía institucional que prevé la Constitución en el sentido de que siendo dicho Tribunal el más alto de la República, contra sus decisiones no se puede oírse ni admitirse recurso alguno[28].

Ahora bien, en relación al amparo contra sentencias[29], la jurisprudencia ha precisado sus contornos precisando, ante todo, que es necesario que exista un acto judicial lesivo, es decir, que lesione o amenace lesionar un derecho constitucional, para lo cual ningún tribunal puede tener competencia.[30] La expresión legal "actuando fuera de su competencia" ha sido interpretada por la Sala Político Administrativa de la antigua Corte Suprema, en sentencia de 12 de diciembre de 1989 (Caso: *El Crack C.A*) como equivalente a un tribunal que "usurpa funciones, ejerciendo unas que no le son conferidas o hace uso indebido de las funciones que le han sido atribuidas, lesionando con su actuación derechos o garantías constitucionales"[31].

---

[28]   *Véase* la sentencia de la antigua Corte Suprema de Justicia, Sala Político Administrativa de 5–12–90 en *Revista de Derecho Público,* N° 45, EJV, Caracas, 1991, p. 119.

[29]   *Véase*, entre otras, la sentencia de la Sala Constitucional N° 848 de 28–7–2000 (Caso: *Luis A. Baca vs. Juzgado Segundo de Primera Instancia en lo Civil, Mercantil, Agrario y del Tránsito del Primer Circuito de la Circunscripción Judicial del Estado Bolívar*), en *Revista de Derecho Público,* n° 83, EJV, Caracas, 2000, p. 296 ss.

[30]   *Véase* Allan R. Brewer–Carías, "El problema del amparo contra sentencias o de cómo la Sala de Casación Civil remedia arbitrariedades judiciales" en *Revista de Derecho Público,* N° 34, EJV, Caracas, 1988, p. 164; y "El recurso de amparo contra sentencias de amparo dictadas en segunda instancia", en *Revista de Derecho Público,* N° 36, Editorial Jurídica Venezolana, Caracas, octubre–diciembre 1988, pp. 160–172.

[31]   *Véase* en *Revista de Derecho Público,* n° 41, EJV, Caracas, 1990, pp. 110–111. En igual sentido se destacan las sentencias de la misma Sala Político Administrativa de 27–6–90, 4–7–90, 7–8–90, 5–12–90 y 31–5–91, citadas en *Revista de Derecho Público,* n° 46, EJV, Caracas, 1991, p. 132. Igualmente, sentencia de 4–2–93, *Revista de Derecho Público* N° 53–54, EJV, Caracas, 1993, p. 276.

De acuerdo a esta doctrina, por tanto, y dada la garantía de la cosa juzgada que protege a las decisiones judiciales, no basta para que sea procedente una acción de amparo contra sentencias que el accionante sólo señale que la sentencia le fue adversa, sino que debe alegar abuso o exceso de poder del juez, como forma de incompetencia[32].

El tema, particularmente en relación a la garantía de la cosa juzgada fue objeto de consideración detallada y particular por la Sala de Casación Civil de la antigua Corte Suprema de Justicia en sentencia de 5 de diciembre de 1990 al analizar el artículo 4° de la Ley Orgánica, en la cual estableció los casos en los que puede intentarse y ser admitida la acción autónoma de amparo contra decisiones judiciales cuando:

"1. El juez actuando fuera de su competencia, entendida ésta en el sentido de la jurisprudencia transcrita, vulnera una garantía o derecho de rango constitucional;

2. La decisión constituya un acto lesivo a la conciencia jurídica, al infringir en forma flagrante, por ejemplo, los derechos individuales que no pueden ser renunciados por el afectado; o

3. El fallo vulnere el principio de seguridad jurídica, proveyendo contra la cosa juzgada, o fuese proferido en un proceso donde evidentemente no se hubiese garantizado al solicitante del amparo las debidas oportunidades de defensa, o se hubiese irrespetado de alguna otra manera la garantía del debido proceso"[33].

La Corte Primera de lo Contencioso Administrativo, en una sentencia de 9 septiembre de 1993, también señaló la relación entre la importancia de la cosa juzgada y la procedencia de la acción de amparo, la cual nunca puede constituirse en una tercera instancia, precisando lo siguiente:

"En atención a esa vocación de la definitividad que tienen las decisiones emanadas de los tribunales y a las suficientes garantías que ofrecen a las partes en conflicto los procedimientos judiciales, el amparo contra las sentencias debe estar sometido a estrictos requisitos, tendentes a impedir que, so pretexto de solicitar amparo de derechos constitucionales pretendidamente violados, se esté intentando realmente reabrir indefinidamente los asuntos ya judicialmente decididos e impugnar sentencias por vías diferentes o adicionales a los recursos que el propio ordenamiento jurídico procesal ofrece para ello. Es razonable, por tanto, que se exija –como requisito de procedencia del amparo contra sentencias– el que la conducta del juez accionado constituya un abuso de poder o una grave usurpación o extralimitación de funciones, que lesione simultáneamente un derecho constitucional. En cambio, no podría proceder el amparo cuando el juez haya actuado dentro de los

---

[32] *Véase* sentencia antigua Corte Suprema de Justicia, Sala Político Administrativa de 31–5–91, *Revista de Derecho Público,* N° 46, EJV, Caracas, 1991, p. 132.

[33] Caso *José Díaz Aquino*, (consultada en original). Citada también en sentencia de 14–12–94 de la misma Sala de Casación (consultada en original, Caso *Cimarrón*).

límites de su oficio, sólo que el accionante no está de acuerdo con los criterios jurídicos utilizados por aquél al adoptar su decisión...".[34]

Por otra parte, la Corte Primera también consideró que no son procedentes, en principio, las pretensiones de amparo contra sentencias que puedan ser objeto de apelación en ambos efectos; excepto en los casos en los que la actividad procesal pueda perjudicar a terceros, en tanto que éstos no hayan tenido la posibilidad real de acceso al proceso y no hayan ejercido efectivamente su derecho a la defensa.[35]

Por otra parte, en relación al amparo contra sentencias y demás actos judiciales, otro aspecto que debe destacarse es que la aplicación del artículo 4° de la Ley Orgánica de Amparo sólo procede cuando el juez en concreto actúa en ejercicio de funciones jurisdiccionales, en cuyo caso, el juez competente para conocer de la acción es el tribunal superior al que emitió el pronunciamiento. En cambio, en los supuestos en los cuales un juez dicte un acto actuando en función administrativa (no jurisdiccional), por ejemplo, cuando actúa como registrador mercantil, la competencia para conocer de la acción de amparo corresponde al tribunal de primera instancia que lo sea en la materia afín con la naturaleza del derecho violado".[36]

Por otra parte, el artículo 4° de la Ley Orgánica, al regular la posibilidad de ejercicio de la acción de amparo contra sentencias, no estableció ningún límite[37], por lo que evidentemente que una acción de amparo también puede intentarse contra una sentencia dictada en un juicio de amparo, siempre que en ésta, el juez, actuando fuera de su competencia en el sentido antes indicado, lesione un derecho o garantía constitucional.[38] En estos casos, por tanto, cuando se ejerce una acción de amparo contra una sentencia dictada en un juicio de amparo, ella debe estar motivada por el hecho de que la sentencia atacada, en sí misma, e independientemente del fondo de la causa decidida, lesiona ilegítimamente un derecho constitucional. Por ello, en estos casos, no se busca "reabrir" una controversia judicial ya decidida y finalizada; es decir, el juez de amparo contra sentencias no

---

34 *Véase* en *Revista de Derecho Público,* N° 55–56, EJV, Caracas, 1993, p. 297.

35 *Véase* sentencia N° 1311 de 9–10–2000, (Caso: *Ciruley J. González V. y otros vs. Juzgado Superior Segundo en lo Civil y Contencioso Administrativo de la Circunscripción Judicial de la Región Capital*), en *Revista de Derecho Público,* N° 84, EJV, Caracas, 2000, p. 352.

36 *Véase* la sentencia de la Sala de Casación Civil de la Corte Suprema de Justicia de 21–9–89, *Revista de Derecho Público,* N° 40, EJV, Caracas, 1989, pp. 92–93.

37 La Sala Constitucional, en cambio, ha establecido que sólo procede el amparo, conforme al artículo 4 de la Ley Orgánica de Amparo, contra las sentencias que dicten los tribunales en segundo grado de jurisdicción, cuando se denuncien violaciones a derechos o garantías constitucionales no juzgadas en cualquiera de las dos instancias. *Véase* sentencia N° 127 de 6–2–2001 (Caso: *Licorería El Buchón, C.A. vs. Juzgado Primero de Primera Instancia en lo Civil, Mercantil, Agrario y Tránsito de la Circunscripción Judicial del Estado Bolívar*) en *Revista de Derecho Público*, N° 85–88, EJV, Caracas, 2001, p. 441.

38 *Véase* Allan R. Brewer Carías, "El problema del amparo contra sentencias...", *loc. cit.,* p. 164.

puede "reabrir" el proceso decidido en la sentencia impugnada, sino que limita su actuación a juzgar si la sentencia, en sí misma, viola ilegítimamente un derecho constitucional a objeto de ordenar el inmediato restablecimiento de la situación jurídica lesionada por la decisión judicial.

La Sala de Casación Civil de la antigua Corte Suprema de Justicia en sentencia de 8 de diciembre de 1995 (Caso: *Mavesa*), sobre la posibilidad de interponer una acción de amparo contra una decisión judicial pronunciada en un procedimiento de amparo constitucional, indicó que ello es procedente:

"[...] siempre que concurran ciertos extremos o requisitos: a) que se haya satisfecho el principio de la doble instancia; b) que los hechos concretos causantes de la violación constitucional sean distintos de los revisados en el primer amparo, sin importar que se refiera al mismo o diferente derecho constitucional; y c) que el Tribunal haya incurrido en los supuestos de hecho que exige el artículo 4° de la Ley Orgánica de Amparo sobre Derechos y Garantías Constitucionales" (Sentencia 18–11–92, Caso: C.V.G. Internacional, C.A.). [39]

La Sala Constitucional del Tribunal Supremo, sin embargo, ha excluido la acción de amparo contra sentencias que agotan la doble instancia en materia de amparo (apelación o consulta obligatoria)[40], aún cuando ha aclarado que queda a salvo el caso de que ella contenga un agravio constitucional nuevo y distinto de los ya conocidos y resueltos, o que la Sala decida ejercer al respecto la potestad extraordinaria de revisión[41]

En relación con las partes en el proceso, debe señalarse que conforme a la doctrina de la Sala Constitucional, "la acción de amparo contra decisiones judiciales no procede contra el Juez que dictó la decisión sino contra la decisión en sí misma", en el sentido de que el Juez no es el legitimado pasivo en el procedimiento de amparo, siendo el fallo, en sí mismo, "el presunto trasgresor de un derecho o garantía constitucional". Por ello es que se ha considerado que no es necesaria la presencia del Juez para defender o informar sobre la decisión tomada, de manera que según lo resuelto por la misma Sala en su sentencia de 1° de

---

[39]   Consultada en original.

[40]   *Véase* sentencia N° 245 de 25–4–2000 (Caso: *Fernando J. Roa R. vs. Juzgado Segundo de Primera Instancia del Trabajo y Agrario de la Circunscripción Judicial del Estado Táchira*), en *Revista de Derecho Público*, N° 82, EJV, Caracas, 2000, p. 478.

[41]   *Véase* sentencia N° 335 de 4–5–2000 (Caso: *Asociación Civil de Conductores "Casanova Norte" vs. Juzgado Superior en lo Civil, Mercantil, Tránsito y Trabajo, Menores y Estabilidad Laboral del Primer Circuito de la Circunscripción Judicial del Estado Bolívar*), en *Revista de Derecho Público*, N° 82, EJV, Caracas, 2000, p. 481. Igualmente, sentencia N° 341 de 10–5–2000 (Caso: *Wilfredo J. Palacios vs. Sala N° 1 de la Corte de Apelaciones del Circuito Judicial Penal de la Circunscripción Judicial del Estado Carabobo*), *idem*, p. 483.

febrero de 2000 (Caso: *José A. Mejías y otros*), "la ausencia del juez a la audiencia oral, no significa aceptación de la pretensión de amparo".[42]

En esos casos de amparo contra decisiones judiciales, conforme a la doctrina de la misma Sala Constitucional, la contraparte del accionante en amparo contra la omisión o decisión judicial agraviante, es un tercero interesado; por lo que el solo hecho de demostrar su participación en dicho juicio, lo legitima para participar en el proceso de amparo.[43]

Por último, debe hacerse mención a la llamada "acción de amparo sobrevenida", como vía muy especial creada por el legislador para permitir que se ventile en un juicio en curso y en el mismo juicio, una denuncia de lesión constitucional acaecida durante curso, y que busca evitar la materialización o continuidad de los efectos lesivos de un acto, surgido en el transcurso del proceso principal, por lo que la misma necesariamente debe interponerse dentro de dicho proceso y pierde su finalidad una vez que este ha culminado[44].

En estos casos, cuando las violaciones a los derechos y garantías constitucionales surgen en el curso de un proceso debido a actuaciones de las partes, de terceros, de auxiliares de justicia o de funcionarios judiciales diferentes a los jueces, el amparo puede interponerse ante el juez que esté conociendo la causa, quien lo debe sustanciar y decidir en cuaderno separado. Sin embargo, cuando se trate de una actuación del propio juez de la causa el amparo debe intentarse ante el tribunal superior.

II. LAS FORMAS DE EJERCICIO DE LA ACCIÓN DE AMPARO: AUTÓNOMA Y ACUMULADA A OTRAS ACCIONES

1. *Los diversos mecanismos procesales de amparo*

La regulación en la Ley Orgánica de Amparo, del amparo constitucional como un *derecho* fundamental y no sólo como una *única acción autónoma* de amparo, implicó la necesidad de conciliar el ejercicio del derecho de amparo con los medios judiciales existentes de protección constitucional, de manera que no quedasen éstos eliminados como tales, sino al contrario, reforzados. De allí las previsiones de los artículos 3, 5 y 6,5 de la Ley Orgánica de Amparo que permiten la formulación de pretensiones de amparo constitucional conjuntamente con las acciones de nulidad por inconstitucionalidad, con las acciones contencioso-administrativas de anulación y con las acciones judiciales ordinarias o extraordi-

---

[42]   *Véase* sentencia N° 436 de 22–5–2000 (Caso: *Foramer de Venezuela, C.A. vs. Juzgado Tercero de Primera Instancia del Trabajo de la Circunscripción Judicial del Estado Zulia*), en *Revista de Derecho Público*, N° 82, EJV, Caracas, 2000, p. 476.

[43]   *Véase* sentencia N° 628 de 27–6–2000 (Caso: *Águilas del Zulia Baseball Club, C.A. vs. Juzgado Primero de Primera Instancia en lo Civil y Mercantil de la Circunscripción Judicial del Estado Zulia*), en *Revista de Derecho Público*, N° 82, EJV, Caracas, 2000, p. 477.

[44]   *Véase* sentencia de la Sala Electoral N° 115 de 6–8–2003 (Caso: *Roberto S. Zara M. y otros vs. Carlos J. Jiménez C.*), en *Revista de Derecho Público*, N° 93–96, EJV, Caracas, 2003, p. 542.

narias, que propusimos en el proceso de formación de la Ley en la Cámara del Senado[45].

Después de múltiples vacilaciones jurisprudenciales que se extendieron por casi cuatro años, el sentido de la regulación contenida en dichas normas finalmente lo resumió la Sala Político Administrativa de la antigua Corte Suprema en sentencia de 10 de junio de 1992, en la cual, haciendo referencia a la sentencia de 10 de julio de 1991 (Caso: *Tarjetas Banvenez*), señaló lo siguiente:

"El texto de la Ley Orgánica de Amparo prevé fundamentalmente dos mecanismos procesales: la acción autónoma de amparo y la acumulación de ésta con otro tipo de acciones o recursos, modalidades que difieren sustancialmente en cuanto a su naturaleza y consecuencias jurídicas. Por lo que respecta a la segunda de las modalidades señaladas, es decir, la acción de amparo ejercida conjuntamente con otros medios procesales, la referida ley regula tres supuestos: a) la acción de amparo acumulada a la acción popular de inconstitucionalidad de las leyes y demás actos estatales normativos (artículo 3°); b) la acción de amparo acumulada al recurso contencioso administrativo de anulación contra actos administrativos de efectos particulares o contra las conductas omisivas de la Administración (artículo 5°); c) la acción de amparo acumulada con acciones ordinarias (artículo 6°, ordinal 5°)

La Sala ha sostenido además que la acción de amparo en ninguno de estos casos es una acción principal sino subordinada, accesoria a la acción o al recurso al cual se acumuló, sometido al pronunciamiento jurisdiccional final que se emita en la acción acumulada tratándose de una acumulación de acciones, debe ser resuelta por el juez competente para conocer de la acción principal"[46].

En esta forma quedó absolutamente clarificada la intención del legislador al distinguir entre la acción autónoma de amparo y la pretensión de amparo acumulada a otras acciones que regula el ordenamiento jurídico. Realmente, en estos últimos casos, no se trata de una verdadera "acumulación" de acciones, sino de la subordinación de una pretensión de amparo a una acción principal. Por ello, en estos casos, el amparo tiene mero carácter cautelar y no tiene ninguna relevancia el que existan procedimientos distintos para la acción principal y para la acción de amparo[47], porque, en definitiva, en caso de acumulación de la pretensión de amparo con una acción principal, el procedimiento regular previsto para la ac-

---

[45] *Véase* Allan R. Brewer–Carías, "Propuestas de reforma al Proyecto de Ley Orgánica de Amparo sobre Derechos y Garantías Constitucionales (1987)", *Estudios de derecho público, (Labor en el Senado 1985–1987)*, Tomo III, Ediciones del Congreso de la República, Caracas 1989, pp. 205–229.

[46] *Véase* en *Revista de Derecho Público*, N° 50, EJV, Caracas, 1992, pp. 183–184.

[47] *Véase* sobre esto y la causal de inadmisibilidad de la acción contencioso–administrativa en materia de acumulación de acciones, sentencia de la Corte Primera de lo Contencioso Administrativa de 14–12–92, en FUNEDA, *15 años de Jurisprudencia, Corte Primera de lo Contencioso–Administrativo 1977–1992. Amparo Constitucional*, Caracas, 1994, p. 121.

ción de amparo (solicitud de informe y audiencia pública y oral, por ejemplo) no se debe aplicar.

La clarificación definitiva del carácter cautelar del amparo acumulado a otras acciones, como se dijo, se realizó mediante la sentencia de la Corte Suprema de Justicia en Sala Político Administrativa de 10 de julio de 1991 (Caso: *Tarjetas Banvenez*), en la cual la Corte, además, precisó el carácter accesorio y subordinado de la pretensión de amparo en relación a esas otras acciones principales, cuando se formula conjuntamente con ellas[48].

El razonamiento de la Corte, en esta sentencia, comenzó por la constatación de que la Ley Orgánica de Amparo, al desarrollar los artículos 49 y 50 de la Constitución de 1961 (equivalente a los artículos 27 y 22 de la Constitución de 1999), otorga a las personas naturales o jurídicas, habitantes o domiciliadas en Venezuela, la posibilidad de acudir ante los tribunales, con el propósito de ser amparados en el goce y el ejercicio de los derechos y garantías constitucionales, mediante el restablecimiento inmediato de la situación jurídica infringida o la situación que más se asemeje a ella. A tal fin señaló la antigua Corte que:

> "[...] el texto de la ley prevé fundamentalmente dos mecanismos procesales: la acción autónoma de amparo, y la acumulación de ésta con otro tipo de acciones o recursos. Ambas modalidades de ejercicio difieren sustancialmente en cuanto a su naturaleza y consecuencias jurídicas"[49].

A. *La acción autónoma de amparo*

En cuanto al primer supuesto, es decir, la acción autónoma de amparo, la antigua Corte Suprema señaló en su citada sentencia de 10 de julio de 1991, que en ese caso, al ser una acción que se ejercita en forma autónoma e independiente, no se vincula ni se subordina a ningún otro recurso o procedimiento. En este caso, dijo la Corte, es indudable:

> "[...] que esa acción, así ejercida, debe ser, por su naturaleza restablecedora, capaz, suficiente y adecuada para lograr que el mandamiento de amparo que se otorgue se baste por sí solo, sin necesidad de acudir a otro u otros procedimientos judiciales, para volver las cosas al estado en que se encontraban para el momento de la vulneración y hacer desaparecer definitivamente el acto o hecho lesivo o perturbador.

> Por estas razones, ha sostenido reiteradamente este Supremo Tribunal en jurisprudencia que una vez más ratifica, que en tales supuestos, el accionante en amparo debe invocar y demostrar que se trata de una vulneración constitucional flagrante, grosera, directa e inmediata, lo cual no significa -se precisa ahora- que el derecho o garantía de que se trate no estén desarrollados o regulados en textos normativos de rango inferior, pero sin que sea necesario al juzgador acudir o fundamentarse en ellos para detectar o determinar si la violación constitucional al derecho o garantía se ha efectivamente

---

[48] *Véase* el texto de esta sentencia en *Revista de Derecho Público,* N° 47, EJV, Caracas, 1991, pp. 169–174.

[49] *Idem.*, p. 169.

consumado. De no ser así -ha dicho también esta Sala- no se trataría entonces de una acción constitucional de amparo sino de otro tipo de recurso, por ejemplo, el contencioso-administrativo, cuyos efectos anulatorios no se corresponden con los restitutorios del amparo y "si tal sustitución se permitiere, el amparo llegaría a suplantar no sólo esa sino todas las vías procedimentales establecidas en nuestro sistema de Derecho positivo", desnaturalizando el carácter extraordinario del amparo. (Sentencia de 23-5-88, "Fincas Albaba")"[50].

B. *El ejercicio acumulado de la acción de amparo*

En el segundo caso, es decir, en lo que se refiere a "la acción de amparo ejercida conjuntamente con otros medios procesales", la antigua Corte Suprema en dicha sentencia, al referirse a las previsiones de la Ley Orgánica de Amparo, precisó que dicho texto normativo:

"[...] contempla tres supuestos: a) la acción de amparo acumulada a la acción popular de inconstitucionalidad de las leyes y demás actos estatales normativos (artículo 3°); b) la acción de amparo acumulada al recurso contencioso administrativo de anulación contra actos administrativos de efectos particulares o contra las conductas omisivas de la Administración (artículo 5); y la acción de amparo acumulada con acciones ordinarias (artículo 6, ordinal 5°).

En cualesquiera de estos supuestos de acumulación, la acción de amparo reviste una característica o naturaleza totalmente diferente a la anteriormente analizada (autónoma), pues en estos casos no se trata de una acción principal, sino subordinada, accesoria a la acción o el recurso al cual se acumuló y, por ende, su destino es temporal, provisorio, sometido al pronunciamiento jurisdiccional final que se emita en la acción acumulada, que viene a ser la principal. Esta naturaleza y sus consecuencias se desprenden claramente de la formulación legislativa de cada una de las hipótesis señaladas, que únicamente atribuye al mandamiento de amparo que se otorgue, efectos cautelares, suspensivos de la aplicación de la norma o de la ejecución del acto de que se trate "mientras dure el juicio"[51].

En relación a estos supuestos de amparo ejercido conjuntamente con otras acciones, la antigua Corte Suprema precisó, que:

"De lo anterior se deriva, para esta Sala, que la acción de amparo propuesta conjuntamente con una de otro tipo participa de todos los caracteres procesales inherentes a la acumulación de acciones, esto es: que ha de ser resuelta por un solo juez (el mismo que sea competente para conocer de la acción principal), y que ambas pretensiones (la de amparo y la de nulidad u otra) deben ser tramitadas en un solo proceso que tiene dos etapas: la del amparo, previa, y la contenciosa, la cual forzosamente cubre, en la decisión final, tanto la medida cautelar que inevitablemente perece en esa oportuni-

---

[50] *Idem.* pp. 169–170.
[51] *Idem.* p. 170.

dad, como el pronunciamiento judicial acerca de la nulidad solicitada. En otras palabras, si por las características analizadas el mandamiento de amparo se traduce única y exclusivamente en la suspensión provisional del acto recurrido en nulidad, la sentencia que decida ésta deja sin efecto aquella medida cautelar dictada en forma previa, tanto si el acto cuestionado es anulado como si es confirmado, porque, en uno u otro caso, carece ya de sustentación jurídica"[52].

C. *La distinción entre los dos mecanismos procesales de amparo*

Sentadas las características de cada uno de los mecanismos procesales de amparo, es decir, la acción autónoma y su ejercicio acumulado a otros medios procesales, la antigua Corte Suprema, en su sentencia, precisó las diferencias más importantes entre los mismos, en la siguiente forma:

"En efecto, mientras en la primera es condición de procedencia, como se ha dicho, que se invoque y demuestre la violación directa, inmediata, flagrante, de un dispositivo o garantía constitucionales que, por sí solos, determinen la necesidad del mandamiento de amparo como medio definitivo de restablecer la situación jurídica vulnerada; en el segundo caso, dada la naturaleza suspensiva de este mandamiento de amparo que sólo tiende a detener provisionalmente los efectos del acto perturbador hasta que se decida el juicio que lo anule o confirme, la denuncia de infracción de normas constitucionales puede estar acompañada de trasgresión de textos de rango inferior que precisen o desarrollen el derecho o garantía constitucionalizado, pues tratándose de un solo proceso instaurado contra el mismo acto cuya nulidad se pretende obtener por la vía del recurso contencioso correspondiente, nada obsta a que los instrumentos jurídicos subconstitucionales que sustentan la nulidad sean invocados también al interponer las acciones acumuladas. Lo que no puede hacer el juzgador para acordar la suspensión de los efectos del acto denunciado como lesivo, es encuadrar la situación planteada en la regulación o solución legal o sublegal de la misma, porque en tal hipótesis estaría decidiendo anticipadamente, quiéralo o no, la nulidad del acto impugnado al pronunciarse determinantemente acerca de la existencia de uno de sus vicios, sea éste de procedimiento o de fondo, cuestión que forma parte del debate procesal probatorio que ha de instaurarse precisamente con motivo del recurso de nulidad.

En efecto, siendo distintas las consecuencias que dimanan de una acción autónoma de amparo y de la ejercida conjuntamente con otro recurso (restitutorias en el primer caso y cautelares en el segundo), basta en esta última el señalamiento de la norma o garantía constitucional que se consideren violadas, fundamentado además en un medio de prueba que constituya presunción grave de la violación o amenaza de violación denunciada, para que el juez, en forma breve y sumaria, acuerde procedente la suspensión de los efectos del acto como medio de tutelar anticipadamente los posibles efectos de la sentencia que posteriormente habrá de dictar en el juicio de nulidad (artículos 5 y 22, Ley Orgánica de Amparo).

---

[52] *Idem.* p. 171.

Considera esta Sala, por otra parte, que en el amparo acumulado, ese "medio de prueba" a que alude el artículo 22 de la Ley Orgánica de Amparo, puede consistir en el propio acto administrativo impugnado en nulidad, cuyo texto debe ser examinado por el juez de amparo para concluir si, a su juicio, del mismo acto administrativo de efectos particulares se deduce la presunta violación constitucional alegada por el recurrente y acordar, en consecuencia, la medida suspensiva de sus efectos que le ha sido solicitada"[53].

De la sentencia señalada puede concluirse que el amparo autónomo tiene una finalidad restitutoria; pero en cambio, el amparo conjunto es una medida cautelar, que con entera independencia de la anulación judicial del artículo 22 de la Ley Orgánica, sólo requiere como fundamento un medio de prueba que constituya presunción grave de violación o amenaza de violación de un derecho constitucional, y que consiste en la suspensión de efectos como garantía del derecho mientras dura el juicio principal. Por ello, el juez no puede, al resolver sobre la petición de amparo, declarar que el acto impugnado violó o no el derecho constitucional, pues en ese caso, confundiría la pretensión de amparo con la acción de nulidad. En otros términos, en esta etapa del proceso no caben decisiones que envuelvan consecuencias anulatorias que son propias del juicio de nulidad"[54].

Esto lo precisó la antigua Corte Suprema en las conclusiones de la sentencia, así:

"Con base en los lineamientos precedentemente expuestos, en relación con las objeciones formuladas por los apelantes y los elementos que surgen de autos, esta Sala concluye lo siguiente:

1°) Que de la interpretación concatenada de los artículos 5° y 22 de la Ley Orgánica de Amparo se infiere claramente la distinción entre la acción de amparo ejercida conjuntamente con el recurso de nulidad y la acción de amparo autónoma o el recurso de inconstitucionalidad, en cuanto a que –no obstante la común exigencia de la violación directa de una norma constitucional–, estos dos últimos recursos tienen una finalidad distinta (restitutoria en el amparo autónomo y anulatoria en la acción de inconstitucionalidad), en tanto que, en el amparo conjunto, se trata de una medida cautelar que sólo requiere como fundamento "un medio de prueba que constituya presunción grave de la violación o de la amenaza de violación" (artículo 22), así como la consideración, por parte del tribunal de que la suspensión de los efectos del acto recurrido resulta procedente como garantía del derecho constitucional violado, mientras dure el juicio (artículo 5°); es decir que la medida cautelar se revela como necesaria para evitar que el accionante, por el hecho de existir un acto administrativo, se vea impedido de alegar violación de derechos constitucionales. De ahí que la suspensión de sus efectos pretenda mantener sin ejecución el acto impugnado, si el juez considera que

---

[53] *Idem.*, pp. 171–172.

[54] *Véase* sentencia de la Corte Primera de lo Contencioso Administrativo de 12–12–90, FUNEDA, *15 años de Jurisprudencia, cit.*, pp. 216–217.

debe suspenderse dicho acto por la presunción grave de violación constitucional invocada en el amparo.

Por tanto, si se exigiera la misma rigurosidad en la sustentación de la acción de amparo acumulada que la que se requiere para las otras acciones señaladas (amparo autónomo y recurso de inconstitucionalidad), la de amparo conjunta resultaría prácticamente inútil, pues carecería del específico sentido que tiene: obtener que se suspendan en el tiempo los efectos de un acto administrativo que podría afectar el derecho constitucional, eventual lesión que el juez de amparo aprecia como presumible"[55].

Ahora bien, lo que no señaló con precisión dicha Corte en su comentada sentencia del 10 de julio de 1991, y que constituyó el verdadero cambio jurisprudencial que se produjo con dicha decisión, es que en el caso de ejercicio conjunto del amparo con otras acciones judiciales, la consecuencia es la suspensión de efectos del acto impugnado en forma inmediata, como medida cautelar de amparo, sin necesidad de que se siga el procedimiento establecido en la Ley Orgánica en relación a la solicitud de informe al presunto agraviante y a la realización de la audiencia pública y oral.

En estos casos es que hubiera podido haber tenido aplicación efectiva el artículo 22 de la Ley Orgánica pues la medida cautelar se adopta *inaudita alteram parte.* Dicho artículo, sin embargo, fue anulado por la Corte Suprema por sentencia de 21 de mayo de 1996[56], sin incidencia alguna respecto del carácter cautelar de la medida de amparo.

2. *La formulación de la pretensión de amparo conjuntamente con la acción popular de inconstitucionalidad*

El artículo 3° de la Ley Orgánica de Amparo, como se ha dicho, luego de precisar la posibilidad de que se intente una acción de amparo contra normas, agrega que:

"La acción de amparo también podrá ejercerse conjuntamente con la acción popular de inconstitucionalidad de las leyes y demás actos estatales normativos, en cuyo caso, la Corte Suprema de Justicia, si lo estima procedente para la protección constitucional, podrá suspender la aplicación de la norma respecto de la situación jurídica concreta cuya violación se alega, mientras dure el juicio de nulidad".

De acuerdo con esta norma, como antes se ha dicho, por tanto, la pretensión de amparo puede formularse conjuntamente con la acción popular de inconstitucionalidad de las leyes y demás actos estatales de carácter normativo[57] la cual se ejerce ante la Jurisdicción Constitucional, es decir, ante la Sala Constitucional del Tribunal Supremo de Justicia (artículo 336 de la Constitución), específica-

---

55 *Idem.,* p. 172.

56 *Véase* en *Gaceta Oficial Extra* n° 5071 de 29–5–96.

57 El carácter *normativo* del acto estatal se ha destacado por antigua Corte Suprema de Justicia, Sala Político Administrativa, en sentencia de 2–5–91, *Revista de Derecho Público,* N° 46, EJV, Caracas, 1991, pp. 119–120.

mente, contra las leyes nacionales y demás actos normativos de la Asamblea Nacional que se dicten en ejecución directa de la Constitución (Reglamento Interior y de Debates, por ejemplo); contra las leyes estadales, las Ordenanzas Municipales y contra los demás actos de los cuerpos deliberantes de los Estados o Municipios dictados en ejecución directa de la Constitución; contra los actos ejecutivos normativos dictados en ejecución directa de la Constitución, con igual rango y valor que las leyes, como serían los decretos leyes y los actos de gobierno normativos.

En los casos de acumulación de una pretensión de amparo con la acción popular de inconstitucionalidad, dado el carácter cautelar de la decisión, en el pronunciamiento de amparo no se sigue el procedimiento previsto en la Ley Orgánica de Amparo[58]; es decir, como lo resolvió la antigua Corte Plena en sentencias de 8 de junio de 1988, 11 de octubre de 1988 y 4 de abril de 1989, en estos casos, la decisión de la Corte se concreta en un pronunciamiento previo dictado antes del fallo definitivo, sin que se tenga que seguir todo el procedimiento establecido en la Ley Orgánica, como por ejemplo, la solicitud del informe correspondiente, la realización de la audiencia pública y oral, y la citación del Ministerio Público[59].

La antigua Corte Plena, en su sentencia de 14 de enero de 1993 (Caso: *Gruber Odreman*) precisó que "el amparo contra normas intentado conjuntamente con un recurso de nulidad por inconstitucionalidad, tiene el efecto de una medida cautelar dentro de este procedimiento"[60]. Esta medida cautelar, con efectos mientras dure el juicio de nulidad, consiste en la posibilidad para la Corte, si lo estima procedente, de suspender la aplicación de la norma respecto de la situación jurídica concreta que se alega, lo que equivale decir, como lo señaló la antigua Corte Plena, "que el juez evitará el menoscabo de derechos o garantías de rango constitucional producido por la ejecución o aplicación, en el caso concreto alegado, de alguna disposición impugnada de inconstitucional mientras dure el juicio principal"[61].

Por otra parte, la decisión de la ahora Sala Constitucional "ha de hacerse de manera previa y sin pronunciamiento sobre el fondo del asunto debatido y debe

---

[58] *Véase* sentencia de la Corte Plena de 14–1–93, Caso *"Gruber Odreman"* (consultada en original).

[59] *Véase* en *Revista de Derecho Público,* Nº 38, EJV, Caracas, 1989, p. 105 y Nº 39, 1989 p. 128. *Véase* además sentencia de la antigua Corte Suprema de Justicia, Sala Político Administrativa de 5–5–93, *Revista de Derecho Público,* n° 53–54, EJV, Caracas, 1993, p. 226.

[60] Consultada en original.

[61] *Véase* sentencia de la antigua Corte Suprema de Justicia, Sala Plena de 27–4–93, en *Revista de Derecho Público,* n°ˢ 53–54, EJV, Caracas, 1993, p. 222 (Caso *"Coopervolta"*).

resolverse en forma breve y sumaria *sin participación de los interesados*"[62] y además, inmediatamente[63].

Esta suspensión de efectos de la norma, de carácter cautelar, en principio se refiere a la aplicación de la norma a la situación jurídica concreta cuya violación se alega[64]; por tanto, la decisión cautelar en principio no puede tener efectos *erga omnes*, sino sólo efectos personalísimos en relación al accionante agraviado[65]. La Sala Constitucional, sin embargo, pudiendo siempre determinar los efectos de sus sentencias, le ha dado efectos *erga omnes* a la suspensión de efectos dictada en relación con las leyes impugnadas por vía de acción popular.

3. *La formulación de la pretensión de amparo conjuntamente con las acciones contencioso administrativas*

El artículo 5° de la Ley Orgánica de Amparo, luego de precisar la posibilidad de que se intente una acción de amparo autónoma contra actos administrativos de efectos particulares, agrega que:

> "Cuando la acción de amparo se ejerza contra actos administrativos de efectos particulares o contra abstenciones o negativas de la Administración, podrá formularse ante el juez contencioso administrativo competente, si lo hubiese en la localidad, conjuntamente con el recurso contencioso administrativo de anulación de actos administrativos o contra las conductas omisivas, respectivamente, que se ejerza. En estos casos, el Juez, en forma breve, sumaria, efectiva y conforme a lo establecido en el artículo 22, si lo considera procedente para la protección constitucional, suspenderá los efectos del acto recurrido como garantía de dicho derecho constitucional violado, mientras dure el juicio".

Esta norma, como ya se ha señalado, ha sido objeto de un proceso de interpretación jurisprudencial de gran importancia, y que superó la idea inicial de la acumulación de dos acciones que, sin embargo, por tener procedimientos distintos, seguían cursos procesales paralelos, como fue la tendencia que surgió de muchas decisiones iniciales, hasta llegar a la consideración del amparo como una pretensión subordinada a la acción contencioso administrativa que es la principal, consistiendo el amparo, en estos casos, en una mera medida cautelar durante el juicio de nulidad. Este fue el espíritu del legislador, que fue interpretado cabalmente en la ya mencionada y comentada sentencia de la antigua Corte Suprema de Justicia de 10 de julio de 1991 (Caso: *Tarjetas Banvenez*), y que se ha seguido en las decisiones judiciales posteriores, y que en nuestro criterio no ha

---

[62] *Véase* sentencia antigua Corte Suprema de Justicia, Sala Político Administrativa de 11–2–92, *Revista de Derecho Público,* N° 49, EJV, Caracas, 1992, p. 120.

[63] *Véase* sentencia antigua Corte Suprema de Justicia, Sala Político Administrativa de 19–11–92, *Revista de Derecho Público,* n° 52, EJV, Caracas, 1992, p. 137.

[64] *Véase* sentencia antigua Corte Suprema de Justicia, Sala Político Administrativa de 2–5–91, *Revista de Derecho Publico,* N° 46, EJV, Caracas, 1991, p. 120.

[65] *Véase* sentencias antigua Corte Suprema de Justicia, Sala Político Administrativa de 6–8–91, *Revista de Derecho Público,* N° 47, EJV, Caracas, 1991, p. 119 y de 6–8–92, *Revista de Derecho Público,* N° 52, EJV, Caracas, 1992, p. 138.

sido modificado por el hecho de que la antigua Corte Suprema hubiera anulado el artículo 22 de la Ley Orgánica de Amparo.[66]

En estos casos, la formulación de la pretensión de amparo con la acción contencioso administrativa debe plantearse, como lo dice la ley, en forma conjunta, lo que implica la acumulación de ambas pretensiones en un mismo y solo libelo de demanda, pues de no ser así, resultaría imposible la aplicabilidad del artículo 5 de la Ley[67].

Por otra parte, sólo formulándose la pretensión de amparo conjuntamente con el recurso contencioso administrativo de anulación es que pueden obviarse los requisitos procesales de admisibilidad de este último en cuanto al lapso de caducidad y el agotamiento de la vía administrativa; que pueden lograrse los efectos suspensivos inmediatos del acto administrativo, de carácter cautelar y no restablecedores, y que pueden modificarse las reglas de competencia de los jueces de amparo.

De allí la exigencia de que las pretensiones se formulen en un mismo momento procesal y no una después de otra[68].

Por ello, la interposición conjunta de la pretensión de amparo con la acción de nulidad, no implica fórmula sacramental alguna[69] y, por supuesto, no impide el que pueda formularse la pretensión de amparo al reformarse el libelo del recurso de anulación; en cambio, lo que no está dentro de la previsión de la norma es la posibilidad del ejercicio separado de las acciones, porque de constar en libelos y oportunidades diferentes, el amparo interpuesto con posterioridad al recurso, sería inadmisible conforme al ordinal 5° del artículo 6 de la ley Orgánica, por haber optado el actor precedentemente a otra vía judicial"[70].

Por otra parte, al formularse conjuntamente la pretensión de amparo con el recurso contencioso administrativo, el objeto de ambas pretensiones tiene que ser el mismo. Es decir, debe tratarse del mismo acto, actuación u omisión, aquél contra el cual se formule la pretensión de amparo y la acción de nulidad[71].

---

[66] *Véase* en *Gaceta Oficial Extra* n° 5071 de 29–5–96.

[67] *Véase* sentencias de la antigua Corte Suprema de Justicia, Sala Político Administrativa de 21–5–91 y de 11–3–93, en *Revista de Derecho Público*, N° 46, EJV, Caracas, 1991, p. 159 y *Revista de Derecho Público*, n°s 53–54, EJV, Caracas, 1993, p. 231 y sentencias de la Corte Primera de lo Contencioso Administrativa de 17–11–88, en FUNEDA, *15 años de Jurisprudencia, cit.,* p. 233; y de 7–9–91, *Revista de Derecho Público*, N° 47, EJV, Caracas, 1991, p. 169.

[68] *Véase* sentencia de la antigua Corte Suprema de Justicia, Sala Político Administrativa de 6–4–89, *Revista de Derecho Público* n° 38, EJV, Caracas, 1989, p. 140.

[69] *Véase* sentencia de la Corte Primera de lo Contencioso Administrativa de 9–9–91, en FUNEDA, *15 años de* Jurisprudencia, *cit.,* p. 222.

[70] *Véase* sentencia de 18–11–93, *Revista de Derecho Público*, n° 55–56, EJV, Caracas, 1993, p. 458.

[71] *Véase* sentencias de la antigua Corte Suprema de Justicia, Sala Político Administrativa de 27–7–92 y 16–12–92 en *Revista de Derecho Público*, N° 51, EJV, Caracas, 1992, p. 215, y N° 52, EJV, Caracas, 1992, p. 236; y sentencias de la Corte Primera de lo Contencioso Administrativa de 7–9–91, *Revista de Derecho Público*, N° 47,

Tratándose de una pretensión de amparo formulada conjuntamente con el recurso contencioso administrativo, ambas deben ser conocidas y decididas por un solo juez[72], precisamente el juez competente para conocer de la acción principal, es decir, el competente para conocer del recurso contencioso administrativo[73]. Ambas deben ser tramitadas en un solo proceso, el de la acción principal (contencioso administrativo), teniendo por tanto la pretensión de amparo, carácter subordinado, accesorio y dependiente de la acción principal[74], cuya suerte sigue[75].

En los casos de ejercicio conjunto de la pretensión de amparo con el recurso contencioso administrativo, tratándose de una pretensión accesoria y subordinada a la acción principal, como se ha dicho, la decisión en el caso de amparo tiene carácter cautelar, no incidiendo en la anulación, que es el fondo debatido[76]; y los efectos de la misma consisten en el caso de que la acción principal sea un recurso de nulidad de un acto administrativo, básicamente en la suspensión de los efectos del mismo mientras dure el juicio de nulidad[77], sin que por esta vía se puedan

---

EJV, Caracas, 1991, p. 169; de 14–11–92 *Revista de Derecho Público,* N° 52, EJV, Caracas, 1992, p. 232, y de 14–12–92 en FUNEDA, *15 años de Jurisprudencia, cit.,* p. 230.

72 *Véase* sentencia de la antigua Corte Suprema de Justicia, Sala Político Administrativa de 19–11–92, *Revista de Derecho Público,* N° 52, EJV, Caracas, 1992, p. 240.

73 *Véase* sentencias antigua Corte Suprema de Justicia, Sala Político Administrativa de 31–5–91, *Revista de Derecho Público,* N° 46, EJV, Caracas, 1991, p. 154; de 6–12–91, *Revista de Derecho Público,* N° 45, EJV, Caracas, 1991, p. 145; de 3–6–92, *Revista de Derecho Público,* N° 50, EJV, Caracas, 1992, p. 182; de 10–6–92, *Revista de Derecho Público,* N° 50, EJV, Caracas, 1992, p. 184; de 23–7–92, *Revista de Derecho Público,* N° 51, EJV, Caracas, 1992, pp. 208 y 210; y de 29–10–93, *Revista de Derecho Público,* N° 52, EJV, Caracas, 1992, p. 220, y sentencia de la Corte Primera de lo Contencioso Administrativa de 14–12–92, *Revista de Derecho Público,* N° 52, EJV, Caracas, 1992, p. 221.

74 *Véase* sentencias de la antigua Corte Suprema de Justicia, Sala Político Administrativa de 11–7–91, en *Revista de Derecho Público,* N° 47, EJV, Caracas, 1991, p. 174; de 19–11–92, *Revista de Derecho Público,* n° 52, EJV, Caracas, 1992, p. 240, y de 11–3–93 en *Revista de Derecho Público,* n° 53–54, EJV, Caracas, 1993, pp. 232 y 354; y sentencia de la Corte Primera de lo Contencioso Administrativa de 15–12–88, en FUNEDA, *15 años de Jurisprudencia, cit.,* p. 215.

75 *Véase* sentencia de la Corte Primera de lo Contencioso Administrativo de 16–1–92, *Revista de Derecho Público,* N° 49, EJV, Caracas, 1992, p. 146. y sentencia de la Corte Suprema de Justicia, Sala Político Administrativa de 3–6–92 en *Revista de Derecho Público,* n° 50, EJV, Caracas, 1992, p. 182.

76 *Véase* sentencia de la antigua Corte Suprema de Justicia, Sala Político Administrativa de 3–10–91, en *Revista de Derecho Público,* N° 48, EJV, Caracas, 1991, p. 164; y sentencia de la Corte Primera de lo Contencioso Administrativa de 21–9–93, en *Revista de Derecho Público* n° 53–54, EJV, Caracas, 1993, p. 365.

77 *Véase* sentencias de la antigua Corte Suprema de Justicia, Sala Político Administrativa de 14–8–91 *Revista de Derecho Público* N° 47, EJV, Caracas, 1991, p. 174; de 3–10–91 y de 5–12–91, *Revista de Derecho Público* N° 48, EJV, Caracas, 1991, pp. 164 y 167 de 11–3–93, *Revista de Derecho Público,* n° 53–54, EJV, Caracas, 1993,

crear derechos[78]. La decisión, por otra parte, dado su carácter cautelar, se puede adoptar *inaudita parte*[79].

Por ello, la antigua Corte Suprema de Justicia en Sala Político Administrativa señaló que la suspensión de efectos del acto administrativo decidida en los casos de ejercicio conjunto, tiene una naturaleza cautelar similar a la suspensión de efectos dictada conforme al artículo 136 de la derogada Ley Orgánica de la Corte (artículo 21, párrafo 22 de la Ley Orgánica del Tribunal Supremo), difiriendo básicamente en su fundamentación[80] y precisando, en todo caso, que esta última norma no puede invocarse para obtener el pronunciamiento de amparo. De lo contrario, ha considerado la Corte Primera en lo que consideramos un exceso de formalismo, que en ese caso, el amparo debe declararse inadmisible[81]. En particular, sólo podría admitirse al invocar el artículo 21, párrafo 22 de la Ley Orgánica del Tribunal Supremo de Justicia, cuando ello se hace en forma subsidiaria a la petición de amparo, para el caso de que éste se declare improcedente[82].

En todo caso, como se dijo, la Corte Primera precisó en sentencia de 18 de junio de 1991 que el hecho de que el ahora artículo 21, párrafo 22 de la Ley Orgánica del Tribunal Supremo de Justicia (artículo 136 de la derogada Ley Orgánica de la Corte Suprema de Justicia) prevea la medida de suspensión de efectos del acto administrativo, no es suficiente para la protección constitucional[83], pues conforme a esa norma, la suspensión sólo opera por previsión expresa de la Ley o cuando sea imprescindible para impedir daños irreparables o de difícil reparación. En el caso de la suspensión de efectos conforme a la Ley Orgánica de Amparo, ella no requiere de la demostración del daño, bastando la presunción grave de la violación. Además, agregó la antigua Corte en la citada sentencia de 18 de junio de 1991 que "dada su naturaleza, no se limita al simple levantamiento de la eficacia del acto sino que tiene un efecto más complejo y variado, por cuanto puede detener la realización de ciertas conductas e impedir que las mismas se consoliden"[84].

---

p. 351; y sentencia de la Corte Primera de lo Contencioso Administrativo de 3–12–91, *Revista de Derecho Público,* N° 48, EJV, Caracas, 1991, p. 166.

[78] *Véase* sentencia de la Corte Primera de lo Contencioso Administrativo de 20–6–91, *Revista de Derecho Público* N° 46, EJV, Caracas, 1991, p. 156.

[79] *Véase* sentencia de la Corte Primera de lo Contencioso Administrativo de 27–9–93, en *Revista de Derecho Público,* n°[os] 55–56, EJV, Caracas, 1993, p. 475.

[80] *Véase* sentencia de 13–12–90, en *Revista de Derecho Público,* N° 45, EJV, Caracas, 1991, p. 149.

[81] Sentencias de la Corte Primera de lo Contencioso Administrativo de 21–2–91, en *Revista de Derecho Público,* N° 45, EJV, Caracas, 1991 pp. 146–147; y de 5–11–92, en *Revista de Derecho Público,* N° 52, EJV, Caracas, 1992, p. 187.

[82] *Véase* sentencia antigua Corte Suprema de Justicia, Sala Político Administrativa de 13–7–92, *Revista de Derecho Público,* N° 51, EJV, Caracas, 1992, pp. 215–216.

[83] *Véase* también sentencia de la Corte Primera de lo Contencioso Administrativo de 21–7–92, *Revista de Derecho Público,* N° 51, EJV, Caracas, 1992, p. 212.

[84] *Véase* en *Revista de Derecho Público,* n° 46, EJV, Caracas, 1991, p. 158.

De acuerdo con esta doctrina, la Corte Suprema ha reconocido que el juez contencioso administrativo, cuando conoce de una pretensión de amparo formulada conjuntamente con un recurso contencioso administrativo, tiene los más amplios poderes cautelares, señalando:

> "En caso, pues, de que el juez de amparo considere que existen motivos para prever que se están dando o puedan producirse lesiones a derechos o garantías de rango constitucional, dispone –mientras se produce decisión del juicio principal– de las más amplias facultades para salvaguardarlos o protegerlos, ya sea suspendiendo los efectos del acto impugnado, ordenando la realización o el cese de una actuación o cualquier otra medida legalmente consagrada que considere acorde con y adecuada a la protección constitucional en el caso concreto"[85].

Ahora bien, a pesar de estos poderes cautelares, en ciertas decisiones la antigua Corte Suprema fue cautelosa en acordar la suspensión de efectos de actos negativos o denegatorios impugnados en vía contencioso–administrativa con pretensión de amparo, pues ello supuestamente convertía al juez contencioso administrativo "no en reparador de los daños que el acto genera, sino en otorgante en sede jurisdiccional y con carácter previo, de la pretensión ante la Administración, lo cual convertiría la decisión del juez de amparo en constitutiva del derecho, que no en reparadora de la lesión aducida"[86].

Por otra parte, debe señalarse que el carácter accesorio y cautelar de la decisión que se adopte en cuanto a la petición de amparo, la hace esencialmente temporal, sometida al pronunciamiento final que se emita en el juicio principal[87]. Las medidas cautelares, que tienen por finalidad evitar que se produzcan violaciones de derechos constitucionales mientras se tramita el juicio principal, permiten al juez hacer pleno uso de sus poderes de ejecución del mandamiento dictado[88].

Por último debe señalarse que por sentencia de 21 de mayo de 1996, la antigua Corte Suprema de Justicia en Corte Plena declaró la nulidad por inconstitucionalidad del artículo 22 de la Ley Orgánica de Amparo por violación al derecho a la defensa consagrado en la Constitución. A pesar de que el artículo 5° de la Ley Orgánica que regula el ejercicio conjunto de la pretensión de amparo con el recurso de nulidad hace referencia al artículo 22 de la Ley Orgánica, la anula-

---

[85] *Véase* sentencia de 19–11–92, *Revista de Derecho Público,* n° 52, EJV, Caracas, 1992, p. 227.

[86] Sentencia de la Sala Político–Administrativa de 4–12–91, en *Revista de Derecho Público,* N° 48, EJV, Caracas, 1991, pp. 167–168. Criterio ratificado en sentencia de la Corte Primera de lo Contencioso Administrativo de 14–1–92, *Revista de Derecho Público* n° 49, EJV, Caracas, 1992, p. 147.

[87] *Véase* sentencia de la Corte Primera de lo Contencioso Administrativo de 29–7–93 *Revista de Derecho Público* n°s 55–56, EJV, Caracas, 1993, p. 47.

[88] *Véase* antigua Corte Suprema de Justicia, Sala Político Administrativa, sentencias de 22–11–90 y 2–6–93, en *Revista de Derecho Público,* n°s 53–54, EJV, Caracas, 1993, p. 369.

ción de este no varía en absoluto el carácter cautelar del amparo en esos casos de ejercicio conjunto, tal y como la Corte lo indicó expresamente en la sentencia.[89]

4. La formulación de la pretensión de amparo con otros medios judiciales

Por último, la pretensión de amparo también puede formularse conjuntamente con otros medios procesales o acciones ordinarias conforme al ordinal 5° del artículo 6 de la Ley Orgánica, que establece, al regular como causal de inadmisibilidad de la acción de amparo, cuando el agraviado haya optado por recurrir a las vías judiciales ordinarias o hecho uso de los medios judiciales preexistentes; que se puede, con ellos, alegar la violación o amenaza de violación de un derecho o garantía constitucional, y en tal caso "el Juez deberá acogerse al procedimiento y a los lapsos establecidos en los artículos 23, 24 y 26 de la presente ley, a fin de ordenar la suspensión provisional de los efectos del acto cuestionado".

De acuerdo con la doctrina de la antigua Corte Suprema, establecida en el caso *Tarjetas Banvenez* (10 de julio de 1991), en estos casos, el amparo formulado como pretensión junto con una acción ordinaria o en el curso del proceso derivado de la misma, tampoco tiene carácter de acción principal sino subordinada, accesoria a la acción o recurso al cual se acumuló, sometida por tanto al pronunciamiento jurisdiccional final que se emita en la acción acumulada; teniendo además, un destino temporal y provisorio, dado sus efectos cautelares (no restablecedores) suspensivos de la ejecución de un acto, mientras dure el juicio para evitar que una sentencia a favor del accionante se haga inútil en su ejecución[90].

Esta acumulación puede formularse de dos maneras, con la acción principal o en el curso de un proceso, con un recurso o como planteamiento. Este último supuesto, en algunos casos se ha denominado como "amparo sobrevenido", pero que, sin embargo, no agota la previsión del artículo 6, ordinal 5° de la Ley Orgánica.

En efecto, en primer lugar, y ello fue la intención del legislador al prever este amparo acumulado, con cualquier demanda puede formularse una pretensión de amparo alegándose violación o amenaza de violación de un derecho o garantía constitucionales. En estos casos no puede hablarse de amparo "sobrevenido", pues la pretensión de amparo se formula iniciándose el proceso con la acción principal.

Pero en segundo lugar, en el curso de un proceso ya iniciado puede formularse una pretensión de amparo alegándose una violación "sobrevenida", de algún derecho constitucional, lo que incluso puede ocurrir al interponerse una apelación o al formularse un recurso de casación. Este es uno de los supuestos del amparo acumulado a las acciones judiciales ordinarias, y no el único supuesto[91].

---

[89] *Véase* en *Gaceta Oficial Extra* n° 5071 de 29–5–96.

[90] *Véase* sentencia de la antigua Corte Suprema de Justicia, Sala Político Administrativa de 3–8–89, *Revista de Derecho Público*, N° 39, EJV, Caracas, 1989, p. 136.

[91] *Véase* sentencia de la antigua Corte Suprema de Justicia de 18–11–93 (Caso: *Gustavo J. Ruiz*), *Véase* en *Revista de Derecho Público*, n° 55–56, EJV, Caracas, 1993, pp. 300 y 301. En el mismo sentido se ha pronunciado la Corte Primera de lo Contencioso Administrativo al referirse al ordinal 5° del artículo 6 de la Ley Orgánica de Amparo al indicar que "tal alternativa sólo sería procedente ante un hecho acaecido

En tal sentido, la doctrina jurisprudencial en la materia fue sentada en la sentencia de la Sala de Casación Civil de la antigua Corte Suprema de 9 de octubre de 1997 (Caso: *José Avelino Gómez*), en la cual la Sala, fijando "el verdadero alcance" del precepto contenido en el ordinal 5° del artículo 6° de la Ley Orgánica de Amparo resolvió así:

> "En primer lugar, ha de precisarse que la causal de inadmisibilidad de la acción autónoma de amparo prevista en el ordinal 5° del artículo 6° citado, opera en los casos en que -como la misma norma lo expresa- el agraviado haya optado por acudir a las vías ordinarias o hecho uso de los medios judiciales preexistentes, *pues en tal hipótesis el afectado puede solicitar y obtener protección inmediata del juez que ha de conocer del recurso ordinario o del medio judicial preexistente, mediante la suspensión provisional de los efectos del acto o decisión reputado contrario a la Constitución....*
>
> Ello, desde luego, permite afirmar que el amparo asume en este supuesto un rol cautelar que convierte el procedimiento judicial ordinario en una vía eficaz para el restablecimiento definitivo de la situación jurídica que le ha sido infringida al pretensor, por lo cual nada impide que esta acción pueda proponerse conjuntamente con el mecanismo procesal previsto por la ley para resolver el asunto (ejemplo: recurso de hecho contra negativa de oír apelación), e, incluso, después de interpuesto aquél (caso de apelación oída en un solo efecto), porque el amparo sólo persigue la suspensión de los efectos del acto cuestionado, como medida de protección provisional del derecho que se alega violado o amenazado, mientras se juzga en forma definitiva sobre el acto recurrido; pero en todos los casos será condición necesaria para su procedencia la demostración del riesgo de irreparabilidad de la violación constitucional, por la sentencia de fondo. La decisión que en este sentido se dicte será revisable, bien por apelación o por consulta, de conformidad con las previsiones del artículo 35 de la Ley Orgánica de Amparo sobre Derechos y Garantías Constitucionales"[92].

Esto fue precisado además, en otra sentencia de la Sala de Casación de la antigua Corte Suprema de 2 de abril de 1997 (Caso: *Andrea María Vaga*), en la cual resolvió:

> "[...] que la acción de amparo propuesta conjuntamente con una de otro tipo participa de todos los caracteres procesales inherentes a la acumulación de acciones, esto es: que ha de ser resuelta por un solo juez (el mismo que sea competente para conocer de la acción principal), y que ambas pretensiones (la de amparo y la de nulidad u otra) deben ser tramitadas en un solo proceso que tiene dos etapas: la del amparo, previa, y la contenciosa, la cual forzosamente cubre, en la decisión final, tanto la medida cautelar que inevitablemente perece en esa oportunidad, como el pronunciamiento judicial acerca de la nulidad solicitada. En otras palabras, si por las características

---

con posterioridad al comienzo o uso de las vías judiciales ordinarias o preexistentes y vinculado a su objeto; constituye tal posibilidad lo que se denominaría el amparo por hecho sobrevenido" en FUNEDA, *15 años de Jurisprudencia, op. cit.*, p. 232.

[92] Consultada en original.

analizadas el mandamiento de amparo se traduce única y exclusivamente en la suspensión provisional del acto recurrido en nulidad, la sentencia que decida ésta deja sin efecto aquella medida cautelar dictada en forma previa, tanto si el acto cuestionado es anulado como si es confirmado, porque, en uno u otro caso, carece ya de sustentación jurídica".

A tal efecto, concluyó la Sala señalando que "la admisibilidad de este medio de protección constitucional debe estar al cumplimiento de los siguientes requisitos":

"[...] a) Deberá coexistir con otros medios procesales; b) Puesto que el amparo tiene propósitos cautelares, esto es, la suspensión temporal de los efectos del acto cuestionado mientras se decide sobre la legitimidad de aquél, su interposición ha de verificarse por ante el Tribunal al que corresponda conocer del medio procesal ejercido con tales fines; c) La solicitud deberá fundamentarse en la violación directa de un derecho o garantía constitucional, o en la amenaza de que ella se produzca; y d) El agraviado deberá comprobar que la violación constitucional difícilmente podrá ser reparada por la sentencia que juzgue sobre la ilegitimidad del acto. Así se declara".

III. LOS PROBLEMAS DE LA EFECTIVIDAD DE LA PROTECCIÓN CONSTITUCIONAL EN UN RÉGIMEN AUTORITARIO COMO EL INSTALADO EN VENEZUELA DESDE 1999

Como puede apreciarse de lo antes expuesto, el proceso de amparo en Venezuela ha sido regulado en Venezuela con una amplitud que no encuentra parangón en los procesos similares de amparo en América Latina, ya que se lo ha consagrado constitucionalmente no sólo como una acción o medio procesal, sino como un "derecho" constitucional que tienen todas las personas a ser amparada por los tribunales en el goce y ejercicio de los derechos y garantías constitucionales. Esta amplitud hace que la protección constitucional se pueda obtener no sólo mediante el ejercicio de una acción de amparo, sino incorporando una pretensión de amparo a los recursos judiciales preexistentes, ante la jurisdicción ordinaria, ante la jurisdicción contencioso administrativa e incluso ante la jurisdicción constitucional. En cuanto al procedimiento, en todos los casos, debe ser oral, público, breve, gratuito y no sujeto a formalidad, y en el mismo, todo tiempo es hábil de manera que los tribunales deben tramitarlo con preferencia a cualquier otro asunto. En cuanto a la acción autónoma de amparo, todos los jueces son competentes, aún cuando en principio, lo son los de primera instancia, pudiendo siempre el juez, en todos los casos, restablecer inmediatamente la situación jurídica infringida o la situación que más se asemeje a ella.

Por otra parte, todos los derechos constitucionales (individuales, políticos, sociales, culturales, ambientales, etc.) son justiciables o amparables, de manera que todas las personas titulares de derechos pueden ser protegidas respecto de todos los derechos enumeraos en la Constitución, y además, de aquellos inherentes a la persona que no figuren expresamente en la Constitución o, incluso, en los instrumentos internacionales sobre derechos humanos Estos últimos, además, tienen rango constitucional y prevalecen sobre el orden interno si contienen regulaciones más favorables.

En cuanto a los sujetos pasivos del proceso de amparo, la acción puede intentarse contra autoridades y particulares sin limitación alguna, y en cuanto al objeto, puede intentarse contra actos, hechos u omisiones lesivas, sin distingo, así como contra amenazas de violación. En cuanto a los actos estatales, procede contra leyes, contra actos administrativos y contra todo tipo de sentencia, salvo las emanadas del Tribunal Supremo.

El sistema, por tanto, es de los más completos que se conocen en América Latina, pudiendo servir, como en efecto ha sucedido, como un instrumento de efectiva protección de los derechos constitucionales frente a violaciones o amenazas de violación de los mismos.

Sin embargo, para que un medio de protección como este, pueda ser una garantía efectiva de los derechos constitucionales, ante todo se requiere de un poder judicial autónomo e independiente que no esté sujeto a las directrices o presiones del poder, lo que sólo puede asegurarse en democracia. Por ello, mientras la democracia funcionó efectivamente en Venezuela hasta finales del Siglo XX, el proceso de amparo fue un instrumento efectivo de protección de los derechos constitucionales, particularmente frente al Estado y sus autoridades. Lamentablemente, sin embargo, ello ahora no es así y al contrario, desde que el régimen autoritario tomó cuerpo en el país, al abrigo contradictoriamente de la misma Constitución de 1999, a pesar de las excelentes disposiciones que contiene tanto sobre los derechos constitucionales como sobre su protección procesal, dado el control que ejerce el poder ejecutivo sobre los jueces, a través del control que ejerce sobre el Tribunal Supremo de Justicia y su Sala Constitucional, el proceso de amparo ha perdido efectividad, en particular, cuando se ejerce frente al Estado y las acciones de sus funcionarios. Con un poder judicial intervenido, donde más del 90% de los jueces son temporales o provisorios, nombrados sin concurso y sin que tengan estabilidad alguna,[93] es difícil imaginar que los jueces puedan efectivamente proteger los derechos constitucionales frente a las violaciones o amenazas de los funcionarios y autoridades. Cuando lo han hecho, han sido destituidos de sus cargos y el tribunal ha sido intervenido e incluso clausurado.

En este contexto, al exponer el marco teórico del proceso de amparo en Venezuela, no podemos dejar de referirnos a los problemas de la efectividad del proceso, mediante la reseña de un caso patético que lamentablemente muestra esa otra cara de la moneda, es decir, cómo la excelente regulación sobre el amparo como medio de protección ha sido convertida en letra muerta por el régimen autoritario que padece el país desde 1999.

---

[93] *Véase* Allan R. Brewer–Carías, "La justicia sometida al poder [La ausencia de independencia y autonomía de los jueces en Venezuela por la interminable emergencia del Poder Judicial (1999–2006)]" en *Cuestiones Internacionales. Anuario Jurídico Villanueva 2007,* Centro Universitario Villanueva, Marcial Pons, Madrid 2007, pp. 25–57; "La progresiva y sistemática demolición institucional de la autonomía e independencia del Poder Judicial en Venezuela 1999–2004", en *XXX Jornadas J.M Domínguez Escovar, Estado de derecho, Administración de justicia y derechos humanos,* Instituto de Estudios Jurídicos del Estado Lara, Barquisimeto, 2005, pp. 33–174.

Se trató de un caso que marcó la pauta posterior, que fue iniciado mediante una acción de amparo que fue ejercida en 2003, por la Federación Médica Venezolana, en nombre de los médicos colegiados, conjuntamente con un recurso contencioso administrativo de nulidad, ante la Corte Primera de lo Contencioso Administrativo. El objeto de la acción fue un acto administrativo emanado del Colegio de Médicos del Distrito Metropolitano de Caracas, actuando en cooperación con el Municipio Libertador del Distrito Capital, donde se establecieron los procedimientos de selección y control de los médicos –tanto venezolanos como extranjeros– que serían contratados por el Municipio en el marco del plan de atención primaria a la salud denominado "Barrio Adentro"[94].

El 21 de agosto de 2003, la Corte Primera de lo Contencioso Administrativo acordó una simple medida cautelar de amparo constitucional que le había sido solicitada, por considerar que existían en autos elementos de juicio suficientes para presumir que el acto impugnado violaba *el derecho a la igualdad ante la ley* de los médicos colegiados, ordenando la suspensión de los efectos de diversas cláusulas del Acta Convenio, e instruyendo al Colegio de Médicos del Distrito Metropolitano de Caracas que sustituyera a los médicos extranjeros (cubanos) que se habían contratado sin cumplir con la obtención de la licencia nacional necesaria, por aquellos médicos venezolanos o extranjeros que cumplieran con los requisitos establecidos en la Ley del Ejercicio de la Medicina y, que manifiesten su interés en ser contratados para el Programa "Plan Barrio Adentro".

Dicha sentencia, sin embargo, no pudo ser ejecutada. El Ministerio de Salud y Desarrollo Social y la Alcaldía del Municipio Libertador la rechazaron e ignoraron; y el propio Presidente de la República señaló que la sentencia no se ejecutaría[95]. Las entidades estatales referidas, además, el 5 de septiembre de 2003, acudieron por ante la Sala Constitucional del Tribunal Supremo de Justicia ejerciendo una "acción de protección constitucional" de los derechos colectivos e intereses difusos de la sociedad del Municipio Libertador del Distrito Capital, contra las supuestas actuaciones materiales de la Corte Primera de lo Contencioso Administrativo derivadas de la sentencia del 21 de agosto de 2003; solicitando además, que la Sala Constitucional se avocara al conocimiento de la causa.

La Sala Constitucional dictó sentencia el día 25 de septiembre de 2003, señalando que en virtud de que los solicitantes habían alegado que la pretensión incoada no correspondía "a la naturaleza de un recurso contencioso-administrativo sino a la de una acción de protección de derechos e intereses colectivos o difusos", la Corte Primera de lo Contencioso-Administrativo no sería entonces competente para conocer de dicha pretensión, por corresponderle a la Sala Constitucional, decidiendo en consecuencia avocarse al conocimiento del asunto. En esa forma, la competencia de la Corte Primera de lo Contencioso Administrativo le

---

[94] *Véase* Claudia Nikken, "El caso "Barrio Adentro": La Corte Primera de lo Contencioso Administrativo ante la Sala Constitucional del Tribunal Supremo de Justicia o el avocamiento como medio de amparo de derechos e intereses colectivos y difusos," en *Revista de Derecho Público*, Nº 93–96, Editorial Jurídica Venezolana, Caracas, 2003, pp. 5 y ss.

[95] "Váyanse con su decisión no sé para donde, la cumplirán ustedes en su casa si quieren..." Exposición en el programa radial *Aló Presidente*, Nº 161, 24–08–2004

fue arbitrariamente arrebatada por la Sala Constitucional, la cual sin embargo, no adoptó decisión adicional alguna en el asunto; pero con el avocamiento, había quedado asegurada la inejecución de la sentencia de la Corte Primera en el "Caso Barrio Adentro".

Luego vinieron las represalias políticas gubernamentales: a fines de septiembre de 2003, la Dirección de los Servicios de Inteligencia y Prevención (DISIP) del Ministerio del Interior y de Justicia, allanó la sede de la Corte Primera después de haber arrestado a un chofer de la misma que transportaba un expediente judicial; y de que el Presidente de la República hubiera calificado de "bandido" al Presidente de dicha Corte Primera[96]. Semanas después, la Comisión de Funcionamiento y Reestructuración del Poder Judicial decidiría la destitución de los Magistrados de la Corte Primera, por supuestamente haber cometido un "error inexcusable" al dictar una sentencia en 2002[97]. La decisión fue protestada por los gremios de abogados del país[98] e incluso por la Comisión Internacional de Juristas[99]; pero la verdad es que la Corte Primera de lo Contencioso Administrativa quedó clausurada, a pesar del anuncio de que la Comisión Judicial del Tribunal Supremo de Justicia supuestamente habría creado otra Corte Segunda de lo Contencioso-Administrativo[100]. La destitución arbitraria de los Magistrados de la Corte Primera de lo Contencioso Administrativo fue denunciada ante la Comisión Interamericana de Derechos Humanos, y planteado el asunto ante la Corte Interamericana de Derechos Humanos, en 2008 ya se habían realizado las audiencias correspondientes.

En todo caso, después de diez meses de clausura, en julio de 2004 el Tribunal Supremo designó a los nuevos magistrados de la Corte Primera y Corte Segunda de lo Contencioso Administrativo,[101] quienes, por supuesto, comenzaron sabiendo a qué atenerse en casos de amparos contra autoridades. Durante esos diez meses, en todo caso, simplemente no hubo justicia contencioso administrativa en Venezuela; situación que se agravó con ocasión de la publicación de la Ley Orgánica del Tribunal Supremo de Justicia en mayo de 2004, que derogó las normas transitorias que hasta entonces regulaban las competencias de los tribunales contencioso administrativos.[102]

---

[96] Exposición pública el 20–09–2004.

[97] *Véase* la información en *El Nacional*, Caracas 05–11–2004, p. A2. En esa misma página, el Presidente destituido de la Corte Primera señaló que: "La justicia venezolana vive un momento tenebroso, pues el tribunal que constituye un último resquicio de esperanza ha sido clausurado".

[98] *Véase* el comunicado de la Asociación Venezolana de Derecho Administrativo, en *El Nacional*, Caracas, 12–10–2003, A–5

[99] *Véase* en *El Nacional*, Caracas, 18–11–2004, p. A–6

[100] *Véase* en *El Nacional*, Caracas, 24–10–2003, p. A–2

[101] *Véase* en *El Nacional*, Caracas, 16–07–2004, p. A–6

[102] *Véase* Allan R. Brewer–Carías, *Ley Orgánica del Tribunal Supremo de Justicia. Procesos y procedimientos constitucionales y contencioso–administrativos*, Caracas, 2004, pp. 153 y ss. *Véase* en *Revista de Derecho Público*, Nº 84, Editorial Jurídica Venezolana, Caracas 2000, p. 109.

Y todo ello fue la consecuencia de que un tribunal, encargado precisamente de controlar la constitucionalidad e legalidad de los actos administrativos, se le ocurrió la idea de que podía ejercer sus funciones de protección de los derechos constitucionales con entera autonomía e independencia, aún cuando afectaran acciones o programas públicos, tal y como había ocurrido en las décadas anteriores. El régimen autoritario, lamentablemente, se encargó de enseñarles y decirles a los jueces, a la fuerza, simplemente que ninguna decisión judicial que puede en forma alguna afectar políticas gubernamentales, así sean inconstitucionales, puede dictarse y que en todo caso no serán aceptadas por el poder; de manera que los jueces que las dicten corren el riesgo de ser despedidos de inmediato. Así, la Constitución, la ley y la justicia quedaron subyugadas por el poder, y el proceso de amparo degradado, al dejar de ser un instrumento efectivo de protección de los individuos frente al Estado.

§15. EL PROCESO CONSTITUCIONAL DE LAS ACCIONES DE HÁBEAS DATA EN VENEZUELA: LAS SENTENCIAS DE LA SALA CONSTITUCIONAL COMO FUENTE DEL DERECHO PROCESAL CONSTITUCIONAL *

I. El artículo 28 de la Constitución de 1999, siguiendo la orientación de las Constituciones latinoamericanas recientes, estableció expresamente en Venezuela la acción de *habeas data* mediante la cual se garantiza a todas las personas el derecho de acceder a la información y a los datos que sobre sí misma o sobre sus bienes consten en registros oficiales o privados, con las excepciones que establezca la ley, así como conocer el uso que se haga de los mismos y su finalidad, y a solicitar ante el tribunal competente la actualización, la rectificación o la destrucción de aquellos, si fuesen erróneos o afectasen ilegítimamente sus derechos.

Estos derechos, como lo señaló la Sala Constitucional del Tribunal Supremo de Justicia en sentencia de 9 de noviembre de 2009 (caso *Mercedes Josefina Ramírez, Acción de Habeas Data*), "no involucran directamente nulidades, ni indemnizaciones, sino otorgan situaciones jurídicas esenciales al ser humano: como lo es la existencia de un recurso sobre su persona en archivos públicos o privados, por lo que no resulta vinculante para el Juez Constitucional lo que pida el quejoso, sino la situación fáctica ocurrida en contravención a los derechos y garantías constitucionales y los efectos que ella produce, que el actor trata que cesen y dejen de perjudicarlo; o simplemente la información sobre sí mismo que tiene derecho a conocer existente en los registros público o privados."[1]

Por otra parte, el artículo 28 de la Constitución también consagra el derecho de toda persona de acceder a documentos de cualquier naturaleza que contengan información cuyo conocimiento sea de interés para comunidades o grupos de personas, quedando a salvo el secreto de las fuentes de información periodística y de otras profesiones que determine la ley.

La norma, por tanto, consagra dos derechos distintos, sobre los cuales la Sala Constitucional en sentencia de 23 de agosto de 2000 (Caso: *Veedores de UCAB*) expresó en materia de derecho de acceso:

---

*   Publicado en Eduardo Andrés Velandia Canosa (Coordinador), *Homenaje al Maestro Héctor Fix Zamudio. Derecho Procesal Constitucional. Memorias del Primer Congreso Colombiano de Derecho Procesal Constitucional* Mayo 26, 27 y 28 de 2010, Bogotá 2010, pp. 289–295; y en *Revista de Derecho Público*, N° 120, (octubre–diciembre 2009), Editorial Jurídica Venezolana, Caracas 2009, pp. 185–191

[1]   *Véase* en http://www.tsj.gov.ve/decisiones/scon/Noviembre/1511–91109–2009–09–0369.html

"el artículo 28 separa el acceso a la información y a los datos, del acceso a documentos que contengan información, la cual debe ser puntual, sobre cualquier tópico, sean o no dichos documentos soportes de bases de datos, que tengan interés para las comunidades o grupos. El acceso a estos documentos es distinto al de las bases de datos, de cualquier tipo. Se trata de acceder a documentos en sentido amplio, escritos o meramente representativos (de allí que la norma expresa que son documentos de cualquier naturaleza), que por alguna razón contienen información de interés para el grupo, o para la comunidad. Tal interés debe ser decidido por el juez, para ordenar su exhibición, por lo que debe ser alegado, no bastando la subjetiva apreciación del actor en ese sentido".[2]

Estos derechos de *habeas data*, por otra parte, son también distintos al derecho garantizado en el artículo 143 de la misma Constitución que tienen todos los ciudadanos a ser informados oportuna y verazmente por la Administración Pública, sobre el estado de las actuaciones en que estén directamente interesados, y a conocer las resoluciones definitivas que se adopten sobre el particular. Asimismo, consagra la norma el derecho de acceso a los archivos y registros administrativos, sin perjuicio de los límites aceptables dentro de una sociedad democrática en materias relativas a seguridad interior y exterior, a investigación criminal y a la intimidad de la vida privada, de conformidad con la ley que regule la materia de clasificación de documentos de contenido confidencial o secreto. La norma prohíbe, en todo caso, la censura a los funcionarios públicos en relación a lo que informen sobre asuntos bajo su responsabilidad.

II. En cuanto al derecho de *habeas data* que consagra el artículo 28 de la Constitución, la Sala Constitucional del Tribunal Supremo de Justicia en su sentencia N° 1050 del 23 de agosto de 2000 (caso: *Ruth Capriles y otros*), determinó que se trata de un "derecho de las personas a conocer la información que sobre ellas, hayan sido compiladas por otras" consecuencia del hecho de que "tanto el Estado, como los particulares, mediante diversas formas de compilación de datos: manuales, computarizados, etc., registran y almacenan datos e informaciones sobre las personas o sobre sus bienes, y en vista que tal recopilación puede afectar la vida privada, la intimidad, el honor, la reputación, la vida económica y otros valores constitucionales de las personas naturales o jurídicas, la Constitución, para controlar tales registros, otorga varios derechos a la ciudadanía que aparecen recogidos en el artículo 28 citado." Estos derechos en criterio de la Sala Constitucional son los siguientes:

"1) El derecho de conocer sobre la existencia de tales registros.

2) El derecho de acceso individual a la información, la cual puede ser nominativa, o donde la persona queda vinculada a comunidades o a grupos de personas.

3) El derecho de respuesta, lo que permite al individuo controlar la existencia y exactitud de la información recolectada sobre él.

---

[2] *Véase* en *Revista de Derecho Público*, N° 85–88, Editorial Jurídica Venezolana, Caracas 2001, pp. 500–501..

4)   El derecho de conocer el uso y finalidad que hace de la información quien la registra.

5)   El derecho de actualización, a fin que se corrija lo que resulta inexacto o se transformó por el transcurso del tiempo.

6)   El derecho a la rectificación del dato falso o incompleto.

7)   El derecho de destrucción de los datos erróneos o que afectan ilegítimamente los derechos de las personas."

A los efectos de ejercer esta acción de *habeas data*, la Sala Constitucional en su sentencia de 2000 precisó que se trata de derechos que giran alrededor de los datos recopilados sobre las personas o sobre sus bienes, por lo que la legitimación activa corresponde a quienes tengan "un interés, personal, legítimo y directo en quien ejerza estos derechos, ya que es la información sobre su persona y bienes el que lo origina." En otras palabras, dijo la Sala, quien quiere hacer valer estos derechos que conforman el *habeas data*, "lo hace porque se trata de datos que le son personales." Es decir, "quien no alega que el habeas data se solicita para obtener información sobre sus datos registrados, carece de interés legítimo en tal acción, ya que no hace uso del derecho que otorga dicha norma, con los otros derechos que nacen de la misma, los cuales giran alrededor de las informaciones personales."

La doctrina anterior fue ratificada por la Sala Constitucional en sentencia N° 332 de 14 de marzo de 2001 (Caso: *Insaca vs. Ministerio de Sanidad y Asistencia Social),* en la cual volvió a analizar la norma del artículo 28 de la Constitución, en cuanto a la justiciabilidad de los derechos que contiene, concluyendo que daban origen a acciones autónomas distintas y no siempre vinculadas al amparo constitucional;[3] ratificando el criterio de que en virtud de que para ese momento no se había sancionado ley reguladora alguno del procedimiento constitucional a seguir para la justiciabilidad de esos derechos, la Sala Constitucional se reservó la competencia, como Jurisdicción Constitucional, para conocer "de las controversias que surjan con motivo de las normas constitucionales aun no desarrolladas legislativamente, hasta que las leyes que regulan la Jurisdicción Constitucional, decidan lo contrario", agregando que:

"Con esta doctrina la Sala evita la dispersión que ocurre en otros países, donde la acción de habeas data que se incoa autónomamente, ha sido conocida por Tribunales Civiles, o de otra naturaleza, tomando en cuenta la afinidad de la materia que conoce el tribunal con la que se pretende ventilar con el habeas data.

Existiendo en el país una Sala Constitucional, específica para conocer lo relativo a las infracciones de la Carta Fundamental, no parece lógico, ante el silencio de la ley, atribuir el conocimiento de estas causas a tribunales distintos. Tal interpretación es vinculante a partir de esta fecha (14–03–2001 y así se declara." [4]

---

[3]   *Véase* en *Revista de Derecho Público,* N° 85–88, Editorial Jurídica Venezolana, Caracas 2001, p. 488.

[4]   *Idem.* 492.

Por otra parte, en cuanto a las condiciones de admisibilidad de la acción de *habeas data*, la Sala ratificó el criterio de que la legitimación para accionar la tienen las personas cuyos datos se encuentren reseñados en lo personal o en sus bienes, en los registros mencionados, respecto de los cuales se pide el acceso a la información o el conocimiento de la finalidad para la cual los mantiene el recopilador; agregando que para poderse intentar la acción respectiva, el acceso a la información debía haber sido previamente denegado por la autoridad administrativa, es decir, los derechos:

"han de ser ejercidos previamente (incluso extrajudicialmente y tal vez hasta por vía administrativa en algunos casos) ante el recopilador real o supuesto, por lo que la lesión al titular de los derechos nace de ese ejercicio extrajudicial fallido. Si se le niega extrajudicialmente el ejercicio, porque no se le da acceso a la información, se le da errónea, o no se explica legalmente para qué se registra, se le infringe su situación jurídica que nace directamente de la Constitución.

Ante tal negativa, la víctima puede optar entre un juicio ordinario, para hacer valer su derecho negado, acumulando pretensiones; o un amparo a los mismos fines si se dan los supuestos para ello, para que se le restablezca la situación de acceder o conocer realmente, ante la necesidad de precaver la situación jurídica de una lesión irreparable. [5]

Además, dijo la Sala Constitucional que el accionante "debe fundar la demanda en la existencia cierta de un sistema de información que lleva una persona, dentro del cual existen datos e informaciones referentes al accionante (datos e informaciones en plural, es decir, varios que permitan delinear en alguna materia un perfil de la persona, o de sus bienes)."[6]

III. Posteriormente, mediante sentencia N° 2551 de 24 de septiembre de 2003 (caso: *Jaime Ojeda Ortiz*), tratándose en el caso de una solicitud de destrucción de una información que se encontraba en una base de datos, a los efectos de hacer efectivo los derechos a que se refiere el artículo 28 constitucional (derecho de acceso a la información, derecho de conocer uso y finalidad de los datos, derecho de actualización, rectificación y destrucción de la información), en virtud de que la Asamblea Nacional no había dictado la legislación necesaria para ello, la Sala pasó a establecer el procedimiento a seguir en estos casos, en uso de la facultad que le confería el artículo 102 de la derogada Ley Orgánica de la Corte Suprema de Justicia, decidiendo "aplicar al presente caso, mientras no se haya establecido por ley el procedimiento propio de la acción de habeas data, el proceso establecido en el Código de Procedimiento Civil para el juicio oral, pero con las variantes destinadas a potenciar la oralidad, brevedad, concentración e inmediación de esta clase de procesos," conforme a las siguientes reglas procesales:

1) Al admitirse la acción, se debe comunicar al accionante que tiene la carga de promover en un lapso de cinco (5) días después de su notificación, a menos que se encuentren a derecho, toda la prueba documental de que dispongan, así como la mención del nombre, apellido y domicilio de los testigos si los hubiere.

---

[5] *Idem.* 492.

[6] *Idem.* pp. 492–495.

2) Los llamados a juicio como demandados, deben proceder a contestar por escrito la demanda, sin que sean admisibles cuestiones previas, produciendo un escrito de contestación que debe contener sus defensas o excepciones de manera escrita, sin citas jurisprudenciales ni doctrinales, y que además debe contener la promoción y producción de la prueba documental de que dispongan y de los testigos que rendirán declaración en el debate oral.

3) A partir de la contestación, el tribunal debe aplicará para la sustanciación de la causa, lo dispuesto en los artículos del 868 al 877 del Código de Procedimiento Civil, pudiendo las partes promover, en el término señalado en el artículo 868 citado, las pruebas que creyeren convenientes ofrecer, conforme al artículo 395 *eiusdem*. La audiencia preliminar prevista en el artículo 868 del Código de Procedimiento Civil debe ser dirigida por la Sala.

IV. Posteriormente mediante sentencia de 9 de noviembre de 2009 (caso *Mercedes Josefina Ramírez, Acción de Habeas Data*),[7] la Sala hizo un balance en retrospectiva de los resultados obtenidos con la tramitación del *habeas data* a través de dicho procedimiento, llegando a la conclusión que, "por carecer de unidad del acto oral, durante el trámite se prolonga en demasía la decisión sobre el fondo del asunto, en el cual, se supone, está en controversia un derecho constitucional que exige tutela efectiva de la justicia constitucional."

1. El proceso se debe iniciar por escrito y el demandante debe señalar en su solicitud las pruebas que desea promover. El incumplimiento de esta carga produce la preclusión de la oportunidad, no sólo la de la oferta de las pruebas omitidas, sino también de la producción de todos los instrumentos escritos, audiovisuales o gráficos con que cuenta el demandante para incoar la acción. Las pruebas se deben valorar por la sana crítica, excepto la prueba instrumental que tiene los valores establecidos en los artículos 1359 y 1360 del Código Civil para los documentos públicos, y en el artículo 1363 *eiusdem* para los documentos privados auténticos y otros que merezcan autenticidad, entre ellos los documentos públicos administrativos.

2. La parte accionante debe consignar, conjuntamente con el libelo de la demanda, el documento fundamental de su pretensión, con el objeto de cumplir con lo señalado en la sentencia N° 1281/2006, caso: Pedro Reinaldo Carbone Martínez. En efecto, con anterioridad a esta último fallo de 2006, la sala había admitido acciones de habeas data que no habían sido acompañadas con algún documento fundamental o indispensable que comprobara por ejemplo, la existencia de los registros policiales que se pretendían destruir o actualizar (por ejemplo, fallo N° 2.829 del 7 de diciembre de 2004), criterio que sin embargo fue cambiado en la sentencia N° 1281 de 2006, exigiéndose en lo sucesivo que con las demandas se consigne el documento fundamental de su pretensión, de manera que conforme a lo que establecía el párrafo quinto del artículo 19 de la Ley Orgánica del Tribunal Supremo de Justicia de 2004 (actual artículo 133 de la Ley Orgánica de 2010), la falta de consignación del documento indispensable o fundamental acarrea la declaratoria de inadmisibilidad de las acciones. A tal efecto la Sala consideró que por ejemplo en materia policial, existiendo procedimientos admi-

---

[7] *Véase* en http://www.tsj.gov.ve/decisiones/scon/Noviembre/1511–91109–2009–09–0369.html

nistrativos destinados a la exclusión de datos, la presentación por parte del accionante del dictamen de respuesta expedido por la autoridad policial, caso de que éste no satisfaga enteramente la solicitud del requirente, se debe entender que cumple cabalmente con el requisito de admisibilidad de presentación de documento fundamental antes indicado para la presentación el habeas data. Ello no excluye, sin embargo, que el accionante pueda presentar sustitutivamente cualquier otro documento que sirva como medio probatorio de la existencia indiscutible de los registros policiales.

3. Admitida la acción se debe ordenar la notificación del presunto agraviante para que concurra ante la Secretaría de la Sala Constitucional a conocer el día y la hora en que se celebrará la audiencia oral, la cual debe tener lugar, tanto en su fijación como para su práctica dentro de las noventa y seis (96) horas siguientes a partir de la última de las notificaciones ordenadas. Para dar cumplimiento a la brevedad y para no incurrir en excesivos formalismos, la notificación puede ser practicada mediante boleta, o comunicación telefónica, fax, telegrama, correo electrónico o cualquier medio de comunicación interpersonal, dejando el Secretario de la Sala constancia detallada en autos de haberse efectuado la notificación y de sus consecuencias.

4. Se debe ordenar la notificación del Fiscal General de la República.

5. En la oportunidad fijada para la celebración de la audiencia oral y pública las partes oralmente deben proponer sus alegatos y defensas. La Sala debe decidir si hay lugar a pruebas, y las partes pueden ofrecer las que consideren legales y pertinentes. Los hechos esenciales para la defensa por el presunto agraviante, así como los medios que ofrezca se deben recoger en un acta al igual que las otras circunstancias del proceso.

6. En la misma audiencia, la Sala Constitucional debe decretar cuáles son las pruebas admisibles y necesarias; y de ser admisibles debe ordenar su evacuación en la misma audiencia, pudiendo diferir la oportunidad para su evacuación.

7. La audiencia oral debe realizarse con presencia de las partes, pero la falta de comparecencia del presunto agraviado dará por terminado el procedimiento, a menos de que el Tribunal considere que los hechos alegados afectan el orden público, caso en el cual puede inquirir sobre los hechos alegados en un lapso breve. La falta de comparecencia del presunto agraviante no acarrea la admisión de los hechos, pero la Sala puede diferir la celebración de la audiencia o solicitar al presunto agraviante que presente un informe que contenga una relación sucinta de los hechos. La omisión de la presentación del referido informe se debe entender como un desacato.

8. En caso de *litis* consorcios necesarios activos o pasivos, cualquiera de los *litis* consortes que concurran a los actos representará al consorcio.

9. El desarrollo de las audiencias y la evacuación de las pruebas están bajo la dirección de la Sala Constitucional manteniéndose la igualdad entre las partes y el derecho de defensa. Todas las actuaciones deben ser públicas, salvo que la Sala decida que la audiencia sea a puerta cerrada de oficio o a solicitud de parte por estar comprometidas la moral y las buenas costumbres, o porque exista prohibición expresa de ley.

10. Una vez concluido el debate oral los Magistrados deben deliberar y podrán:

a) decidir inmediatamente; en cuyo caso deben exponer de forma oral los términos del dispositivo del fallo; el cual debe ser publicado íntegramente dentro de los cinco (5) días siguientes a la audiencia en la cual se dictó la decisión correspondiente. El dispositivo del fallo lo debe comunicar el Magistrado o la Magistrada presidente de la Sala Constitucional, pero el extenso de la sentencia lo debe redactar el Magistrado Ponente.

b) Diferir la audiencia por estimar que es necesaria la presentación o evacuación de alguna prueba o recaudo que sea fundamental para decidir el caso. En el mismo acto se debe fijar la oportunidad de la continuación de la audiencia oral.

11. Lo correspondiente a la recusación y demás incidencias procesales y, en general, en todo lo no previsto en el presente procedimiento se debe aplicar lo dispuesto en la Ley Orgánica del Tribunal Supremo de Justicia."

En esta forma, ante la carencia del legislador de establecer el procedimiento de las acciones de *habeas data*, ha sido el Juez Constitucional el que ha suplido la abstención, estableciendo en sus sentencias el procedimiento a seguir. Es decir, una vez más, el Juez Constitucional venezolano ha asumido el rol de Legislador positivo en materia de derecho procesal constitucional.[8]

---

[8] *Véase* Allan R. Brewer–Carías, "El juez constitucional como legislador positivo y la inconstitucional reforma de la Ley Orgánica de Amparo mediante sentencias interpretativas," en Eduardo Ferrer Mac–Gregor y Arturo Zaldívar Lelo de Larrea (Coordinadores), *La ciencia del derecho procesal constitucional. Estudios en homenaje a Héctor Fix–Zamudio en sus cincuenta años como investigador del derecho*, Instituto de Investigaciones Jurídicas, Universidad Nacional Autónoma de México, México 2008, Tomo V, pp. 63–80.

§16. EL DERECHO DE AMPARO, TUTELA O PROTECCIÓN CONTRA TODOS LOS ACTOS ESTATALES Y EL CONTROL DE CONVENCIONALIDAD EN AMÉRICA LATINA[*]

I. EL DERECHO DE AMPARO EN LA CONVENCIÓN AMERICANA

Uno de esos derechos más importantes consagrados en la Convención Americana de derechos Humanos, es el derecho de toda persona a ser ampara en sus derechos humanos y garantías previstos en la Convención y en las Constituciones nacionales, el cual a pesar de la más que centenaria tradición de la cual goza en América Latina, en muchos países aún no ha encontrado su cabal efectividad, al menos en los amplios términos que lo concibe la Convención Americana en el marco del derecho a la protección judicial.

En efecto, el artículo 25.1 de la Convención dispone:

"Toda persona tiene derecho a un recurso sencillo y rápido o a cualquier otro recurso efectivo ante los jueces o tribunales competentes, que la ampare contra actos que violen sus derechos fundamentales reconocidos por la Constitución, la ley o la presente Convención, aun cuando tal violación sea cometida por personas que actúen en ejercicio de sus funciones oficiales."

De esta norma resulta que el derecho de amparo que encuentra su fundamento en la misma no sólo es un derecho aplicable en todos los Estados miembros, sino que del mismo resulta la obligación internacional que les ha sido impuesta a los mismos con el objeto de asegurarle a todas las personas, no sólo la existencia sino la efectividad de ese recurso efectivo, sencillo y rápido para la protección de sus derechos. Para ello, la propia Convención dispuso que los Estados Partes se comprometen "a garantizar que la autoridad competente prevista por el sistema legal del Estado decidirá sobre los derechos de toda persona que interponga tal recurso" (artículo 25.2.a). Ello lo ha puntualizado la Corte Interamericana en innumerables sentencias al recordar:

"El deber general del Estado de adecuar su derecho interno a las disposiciones de dicha Convención para garantizar los derechos en ella consagrados, establecido en el artículo 2, incluye la expedición de normas y el desarrollo de prácticas conducentes a la observancia efectiva de los derechos y libertades consagrados en la misma, así como la adopción de medidas para suprimir las normas y prácticas de cualquier naturaleza que entrañen una violación a las garantías previstas en la Convención. Este deber general del

---

[*] Texto preparado para la obra colectiva *Estado constitucional, derechos humanos, justicia y vida universitaria, en homenaje al Dr. Jorge Carpizo*, Instituto de Investigaciones Jurídicas, Universidad nacional Autónoma de México, México 2013. .

Estado Parte implica que las medidas de derecho interno han de ser efectivas (principio del *effet utile)*, para lo cual el Estado debe adaptar su actuación a la normativa de protección de la Convención."[1]

Ahora bien, es bien sabido que la Corte Interamericana de Derechos Humanos desde sus primeras Opiniones Consultivas identificó el recurso previsto en el artículo 25.1 de la Convención con la institución latinoamericana del amparo. Así lo expuso en su Opinión Consultiva OC-8/87 del 30 de enero de 1987, *El habeas corpus bajo suspensión de garantías (arts. 27.2, 25.1 y 7.6 Convención Americana sobre Derechos Humanos)*, señaló que el artículo 25.1 de la Convención era "una disposición de carácter general que recoge la institución del amparo, entendido como el procedimiento judicial sencillo y breve que tiene por objeto la tutela de todos los derechos reconocidos por las constituciones y las leyes de los Estados partes y por la Convención."[2] Y también en la Opinión Consultiva OC-9/87 del 6 de octubre de 1987, *Garantías judiciales en estados de emergencia (arts. 27.2, 25 y 8, Convención Americana sobre Derechos Humanos)*, donde la Corte precisó que "para que tal recurso exista, no basta con que esté previsto por la Constitución o la ley o con que sea formalmente admisible, sino que se requiere que sea realmente idóneo para establecer si se ha incurrido en una violación a los derechos humanos y proveer lo necesario para remediarla;" al punto de establecer que su falta de consagración en el derecho interno, es decir, "la inexistencia de un recurso efectivo contra las violaciones a los derechos reconocidos por la Convención constituye una transgresión de la misma por el Estado Parte en el cual semejante situación tenga lugar."[3]

Es bien sabido igualmente que en sus decisiones posteriores y luego de una larga evolución, la Corte Interamericana ha variado su interpretación, indicando que el artículo 25.1, al consagrar el derecho al recurso efectivo como derecho de amparo, lo hace en el sentido más amplio, de derecho humano a la "protección judicial" efectiva, incluyendo el derecho de acceso a la justicia, siguiendo la orientación fijada inicialmente por el juez Antonio Cançado Trindade en su Voto al caso *Genie Lacayo Vs. Nicaragua* de 29 de enero de 1997 cuando consideró que la norma era, no sólo uno de los pilares básicos de la Convención, sino "de todo el Estado de derecho en una sociedad democrática según el sentido de la Convención;"[4] concepto que se reiteró con posterioridad en la jurisprudencia de

---

[1]   *Véase* sentencia en el caso *Yatama Vs. Nicaragua* de 23 de Junio de 2005, (Párr. 170), en http://www.corteidh.or.cr/docs/casos/articulos/seriec_127_esp.pdf

[2]   *Véase* Opinión Consultiva OC–8/87, del 30 de enero de 1987, *El habeas corpus bajo suspensión de garantías (arts. 27.2, 25.1 y 7.6 Convención Americana sobre Derechos Humanos*, en http://www.corteidh.or.cr/docs/opiniones/seriea_08_esp.pdf

[3]   *Véase* Opinión Consultiva OC–9/87 del 6 de octubre de 1987, *Garantías judiciales en estados de emergencia (arts. 27.2, 25 y 8, Convención Americana sobre Derechos Humanos* (Párr. 24), en http://www.corteidh.or.cr/docs/opiniones/seriea_09_esp.pdf

[4]   Voto Disidente de Antônio Augusto Cançado Trindade en la sentencia del *Caso Genie Lacayo vs. Nicaragua* (*Solicitud de Revisión de la Sentencia de Fondo, Reparaciones y Costas)* de 13 de septiembre de 1997 (Párr. 18), en http://www.corteidh.or.cr/docs/ca-sos/articulos/seriec_21_esp.pdf

la Corte Interamericana a partir de la sentencia del caso *Castillo Páez vs. Perú* de 3 de noviembre de mismo año.[5]

En este contexto, por supuesto más amplio, el derecho de amparo no es más que una de las piezas de ese pilar básico de la democracia que es el derecho humano a la protección judicial, y no lo agota; de manera que la acción de amparo se subsume en dicho sistema de recursos judiciales rápidos, sencillos y eficaces (con el signo en este caso de la inmediatez de la protección por tratarse de derechos humanos) a los cuales las personas tienen derecho de acceder (acceso a la justicia) con las garantías del debido proceso que derivan del artículo 25.1 en conexión con el artículo 8 sobre garantías judiciales, los cuales en conjunto son los que constituyen el pilar de la democracia.[6] Como lo dijo la Corte Interamericana en la sentencia del caso de *La Masacre de las Dos Erres vs. Guatemala* de 24 de noviembre de 2009, luego de expresar que "el recurso de amparo por su naturaleza es el procedimiento judicial sencillo y breve que tiene por objeto la tutela de todos los derechos reconocidos por las constituciones y leyes de los Estados partes y por la Convención;" que "tal recurso *entra* en el ámbito del art. 25 de la Convención Americana, por lo cual tiene que cumplir con varias exigencias, entre las cuales se encuentra la idoneidad y la efectividad."[7]

La consecuencia de ello es que independientemente de que el artículo 25.1 de la Convención no se agote en una única acción de amparo, ni se lo considere ahora por la jurisprudencia de la Corte Interamericana solamente como la consagración de un recurso de amparo, lo cierto es que dicha norma al establecer el "derecho de amparo" como derecho humano, ha fijado los parámetros mínimos conforme a los cuales los Estados miembros deben cumplir la obligación de asegurarle a todas las personas no sólo la existencia sino la efectividad de ese o esos recursos efectivos, sencillos y rápidos para la protección de sus derechos, lo que debe asegurarse en particular cuando regulen y establezcan la "acción de amparo" para la protección de los derechos previstos en la Constitución y en la propia Convención.

Ese artículo 25.1 es, por tanto, en nuestro criterio, el marco que establece la Convención Americana conforme al cual tanto la Corte Interamericana como los

---

5   *Véase* sentencia del caso *Castillo Páez vs. Perú* de 3 de noviembre de 1997 (Párr. 82), en http://www.corteidh.or.cr/docs/casos/articulos/seriec_34_esp.pdf.

6   Por ello, Anamari Garro Vargas considera que "no es lo mismo afirmar que el sistema de recursos judiciales eficaces es uno de los pilares de la Convención y del Estado de Derecho en un sistema democrático, que sostener que uno de esos pilares es un recurso sencillo y eficaz para proteger los derechos fundamentales." *Véase* Anamari Garro Vargas, *La improcedencia del recurso de amparo contra las resoluciones y actuaciones jurisdiccionales del Poder Judicial a la luz de la Constitución costarricense y del artículo 25 de la Convención Americana sobre Derechos Humanos*, Tesis para optar al grado de Doctor en Derecho, Universidad de los Andes, Santiago de Chile 2012 (Versión mimeografiada), p. 213.

7   *Véase* la sentencia del caso *La Masacre de las Dos Erres vs. Guatemala* de 24 de noviembre de 2009 C211/2009 (Párr. 107) en http://www.corteidh.or.cr/docs/casos/articulos/seriec_211_esp.pdf

DERECHO PROCESAL CONSTITUCIONAL. INSTRUMENTOS PARA LA JUSTICIA CONSTITUCIONAL

jueces y tribunales nacionales, deben ejercer el control de convencionalidad[8] en relación con los actos y decisiones de los Estados para asegurar el derecho de amparo para la protección de los derechos humanos, con el objeto de superar las restricciones nacionales a la institución del amparo que todavía persisten en muchos países. Así se deriva por ejemplo, de lo que la Corte Interamericana consideró como "el sentido de la protección otorgada por el artículo 25 de la Convención" consistente en:

> "la posibilidad real de acceder a un recurso judicial para que la autoridad competente y capaz de emitir una decisión vinculante determine si ha habido o no una violación a algún derecho que la persona que reclama estima tener y que, en caso de ser encontrada una violación, el recurso sea útil para restituir al interesado en el goce de su derecho y repararlo."[9]

Por ello hemos sostenido que de dicha norma de la Convención, al consagrar el "derecho de amparo," no permite que se puedan establecer restricciones al mismo, lo que es particularmente importante cuando se trata de regular en el ámbito interno una "acción de amparo" para precisamente asegurar la protección de los derechos humanos, de cuyo ámbito, por tanto, no pueden quedar excluidos de protección determinados derechos, ni pueden determinados actos estatales quedar excluidos de control, ni pueden quedar personas que no estén protegidas, ni pueden quedar agraviantes que no puedan ser juzgados por sus violaciones mediante el recurso sencillo rápido y eficaz. Otra cosa, por supuesto, es que la regulación que exista en el derecho interno sobre el proceso de amparo, cuando se establece con una amplitud inusitada, convierta a la institución llamada a proteger los derechos humanos en una técnica procesal que en la práctica impida asegurar la protección efectiva, sencilla y rápida de los derechos.

Debe destacarse que la Corte Interamericana, en este aspecto, ha ejercido un importante control de convencionalidad en la sentencia del caso de *La Masacre*

---

[8]   *Véase* sobre el control de convencionalidad: Ernesto Rey Cantor, *Control de Convencionalidad de las Leyes y Derechos Humanos*, México, Editorial Porrúa–Instituto Mexicano de Derecho Procesal Constitucional, 2008; Juan Carlos Hitters, "Control de constitucionalidad y control de convencionalidad. Comparación," en *Estudios Constitucionales*, Centro de Estudios Constitucionales de Chile, Universidad de Talca, Año 7, N° 2, 2009, pp. 109–128; Susana Albanese (Coordinadora), El control de convencionalidad, Buenos Aireas, Ed. Ediar, 2008; Eduardo Ferrer Mac–Gregor, "El control difuso de convencionalidad en el Estado constitucional", en Fix–Zamudio, Héctor, y Valadés, Diego (Coordinadores), *Formación y perspectiva del Estado mexicano*, México, El Colegio Nacional–UNAM, 2010, pp. 151–188; Eduardo Ferrer Mac–Gregor, "Interpretación conforme y control difuso de convencionalidad el nuevo paradigma para el juez mexicano," en *Derechos Humanos: Un nuevo modelo constitucional*, México, UNAM–IIJ, 2011, pp. 339–429; Carlos Ayala Corao, *Del diálogo jurisprudencial al control de convencionalidad*, Editorial Jurídica Venezolana, Caracas 2013, pp. 123 ss.D. *Véase* igualmente, Jaime Orlando Santofimio y Allan R. Brewer–Carías, *Control de Convencionalidad y Responsabilidad del Estado*, Universidad Externado de Colombia, Bogotá, 2013.

[9]   *Véase* la sentencia en el caso *Jorge Castañeda Gutman vs. México* de 6 de agosto de 2008   (Párr.   100)   en   http://www.corteidh.or.cr/docs/casos/articulos/se–riec_184_esp.pdf

de las Dos Erres vs. Guatemala de 24 de noviembre de 2009, en la cual, a pesar de que estimó que en Guatemala el recurso de amparo era "adecuado para tutelar los derechos humanos de los individuos,"[10] observó sin embargo, que su "uso indebido," su "estructura actual" y las "disposiciones que lo regulaban," aunado a "la falta de debida diligencia y la tolerancia por parte de los tribunales al momento de tramitarlo, así como la falta de tutela judicial efectiva, han permitido el uso abusivo del amparo como práctica dilatoria en el proceso,"[11] de manera que "su uso indebido ha impedido su verdadera efectividad, al no haber permitido que produzca el resultado para el cual fue concebido."[12] La Corte, en dicho caso, constató además, que si bien al momento de dictar la sentencia el Estado había informado que estaba en curso de discusión una reforma a la Ley de Amparo, consideró que "aún no han sido removidos los obstáculos para que el amparo cumpla con los objetivos para los cuales ha sido creado."[13] De lo anterior, la Corte Interamericana concluyó su control de convencionalidad indicando que:

> "De acuerdo a lo expuesto la Corte considera que, en el marco de la legislación vigente en Guatemala, en el presente caso el recurso de amparo se ha transformado en un medio para dilatar y entorpecer el proceso judicial y en un factor para la impunidad. En consecuencia, este Tribunal considera que en el presente caso el Estado violó los derechos a las garantías judiciales y a la protección judicial, que configuran el acceso a la justicia de las víctimas, reconocidos en los artículos 8.1 y 25.1 de la Convención, e incumplió con las disposiciones contenidas en los artículos 1.1 y 2 de la misma."[14] (Párr. 124)

En consecuencia, no sólo la deficiente regulación del amparo cuando es restrictiva, sino también cuando es excesivamente permisiva pueden hacer inefectiva, complicada y lenta la protección judicial, de lo cual en este caso de *La Masacre de las Dos Erres vs. Guatemala* la Corte consideró que en Guatemala el Estado también tenía el deber general de "adecuar su derecho interno a las disposiciones de la Convención Americana para garantizar los derechos en ella consagrados," considerando que precisamente en materia del recurso de amparo, "la expedición de normas y el desarrollo de prácticas conducentes a la efectiva observancia de dichas garantías"[15] de manera que en el caso, incluso, las partes habían "coincidido en considerar abusivo el uso del recurso de amparo como práctica dilatoria."[16]

---

10 *Véase* la sentencia del caso *La Masacre de las Dos Erres vs. Guatemala* de 24 de noviembre de 2009 C211/2009 (Párr. 121) en http://www.corteidh.or.cr/docs/casos/articulos/seriec_211_esp.pdf
11 *Ídem.* Párr. 120
12 *Ídem,* Párr. 121
13 *Ídem.* Párr. 123
14 *Ídem.* Párr. 124
15 *Ídem.* Párr. 122
16 *Ídem.* Párr. 122

Pero regular adjetivamente la acción de amparo para hacerla real y efectivamente un medio rápido y sencillo de protección judicial de los derechos humanos, tarea que corresponde a los Estados en el marco de la regulación del artículo 25.1 de la Convención Americana, no puede conducir a restringir o limitar los aspectos sustantivos del instrumento de protección. Por ello no compartimos la expresión utilizada por la Corte Interamericana en otra sentencia dictada en el caso *Jorge Castañeda Gutman vs. México* de 6 de agosto de 2008, al aceptar que los Estados pueden establecer límites a la admisibilidad del "recurso de amparo," y estimar "que no es en si mismo incompatible con la Convención que un Estado limite el recurso de amparo a algunas materias."[17]

Ante todo, debe observarse que excluir del recurso de amparo en "algunas materias" no puede considerarse como un tema de "admisibilidad," pues no es un tema adjetivo. Excluir el derecho de amparo, por ejemplo, la protección de un derecho o el control de determinados actos estadales, son aspectos sustantivos que no admiten exclusión conforme al artículo 25.1 de la Convención Americana. Otra cosa distinta es la legitimidad que puedan tener los Estados para establecer condiciones adjetivas de admisibilidad de las acciones judiciales. Como lo ha dicho la Corte Interamericana en el caso *Trabajadores Cesados del Congreso (Aguado Alfaro y otros) v. Perú* de de 24 de noviembre de 2006, en el orden interno de los Estados, "pueden y deben establecerse presupuestos y criterios de admisibilidad de los recursos internos, de carácter judicial o de cualquier otra índole." [18] Sin embargo, ello no puede nunca significar la negación del propio derecho a la protección judicial o específicamente al amparo respecto de determinados derechos humanos o actos estatales que los violen.

En todo caso, la afirmación de la Corte Interamericana, aún cuando se refiera a límites a un "recurso de amparo," por ser formulada en relación con una norma de la Convención que lo que regula es el "derecho de amparo," la consideramos esencialmente contraria a la Convención; lo que por otro lado se confirma con la "aclaratoria" que la misma Corte hizo en la misma sentencia a renglón seguido de esa frase, indicando que la restricción que se pudiera establecer por los Estados no sería incompatible con la Convención "siempre y cuando provea otro recurso de similar naturaleza e igual alcance para aquellos derechos humanos que no sean de conocimiento de la autoridad judicial por medio del amparo."[19] Ello, lo que confirma es que no es posible restringir el derecho de amparo, pues si no está garantizado en las normas procesales que regulan una específica "acción de amparo" debe estar garantizado en otras normas adjetivas relativas a

---

[17] *Véase* sentencia en el caso *Jorge Castañeda Gutman vs. México* de 6 de agosto de 2008 (Párr. 92) en http://www.corteidh.or.cr/docs/casos/articulos/seriec_184_esp.pdf

[18] *Véase* sentencia en el caso *Trabajadores Cesados del Congreso (Aguado Alfaro y otros) vs. Perú* de 24 de noviembre de 2006, Serie C Nº 158, (Párr. 126), en http://www.corteidh.or.cr/docs/casos/articulos/seriec_158_esp.pdf.

[19] *Véase* sentencia en el caso *Jorge Castañeda Gutman vs. México* de 6 de agosto de 2008 (Párr. 92) en http://www.corteidh.or.cr/docs/casos/articulos/seriec_184_esp.pdf

otros recursos, los cuales, si son "de similar naturaleza e igual alcance," son medios judiciales de amparo.

La aclaratoria de la Corte, en todo caso, a lo que obliga, al realizar el control de convencionalidad, al igual que obliga a los jueces y tribunales nacionales, es a que tienen que hacer el escrutinio de todo el orden procesal para determinar si restringida en la ley nacional la admisibilidad de una específica "acción de amparo," en el ordenamiento procesal del Estado se establece "otro recurso de similar naturaleza e igual alcance" para la protección del derecho, es decir, otro medio judicial de amparo. Por ello, precisamente, en el caso *Jorge Castañeda Gutman vs. México* de 6 de agosto de 2008, la Corte interamericana concluyó que para la protección del derecho político a ser electo, "dado que el recurso de amparo no resulta procedente en materia electoral," no habiendo en México otro recurso efectivo para la protección, consideró que el Estado no ofreció a la víctima "un recurso idóneo para reclamar la alegada violación de su derecho político a ser elegido, y por tanto violó el artículo 25 de la CADH, en relación con el art. 1.1 del mismo instrumento."[20]

Le faltó a la Corte Interamericana en esta sentencia, sin embargo, completar el control de convencionalidad y ordenarle al Estado mexicano la reforma de la Ley de Amparo para que en ausencia de ese inexistente "otro recurso idóneo de protección" de los derechos electorales, procediera a eliminar la restricción de admisibilidad de la acción de amparo contra decisiones de autoridades en materia electoral. En esta materia la Corte Interamericana, en realidad, se limitó a recordar que "La obligación contenida en el artículo 2 de la Convención reconoce una norma consuetudinaria que prescribe que, cuando un Estado ha celebrado un convenio internacional, debe introducir en su derecho interno las modificaciones necesarias para asegurar la ejecución de las obligaciones internacionales asumidas."[21] Pero, sin embargo, se abstuvo en realidad de ejercer el control de convencionalidad.

Ahora bien, considerando entonces que el artículo 25 de la Convención Americana sobre Derechos Humanos, cuya redacción y lenguaje sigue los del Pacto Internacional de los Derechos Civiles y Políticos,[22] establece un derecho de amparo de los derechos humanos, sea mediante una acción de amparo o mediante otro recurso sencillo, rápido y eficaz para la protección de los mismos, es posible derivar de dicho artículo los contornos fundamentales que debe tener la institución de la acción de amparo, de tutela o de protección de los derechos fundamentales en los derechos internos, cuyo sentido[23] se puede conformar por los siguientes elementos:

---

[20]   *Ídem*, Par 131

[21]   *Ídem.*, Párr. 132

[22]   *Véase* Allan R. Brewer–Carías, "El derecho al debido proceso y el derecho de amparo en el proyecto de Constitución Europea", en Juan Pérez Royo, Joaquín Pablo Urías Martínez, Manuel Carrasco Durán, Editores), en *Derecho Constitucional para el Siglo XXI. Actas del Congreso Iberoamericano de Derecho Constitucional*, Tomo I, Thomson–Aranzadi, Madrid 2006, pp. 2151–2162.

[23]   *Véase* Allan R. Brewer–Carías, *Mecanismos nacionales de proteccion de los derechos humanos (Garantias judiciales de los derechos humanos en el derecho consti-*

En *primer* lugar, la Convención Americana concibe al amparo como un derecho fundamental[24] en si mismo y no sólo como una garantía adjetiva, en una concepción que, sin embargo, no se ha seguido generalmente en América Latina. En realidad sólo en Venezuela el amparo ha sido concebido en la Constitución como un derecho humano, más que como una sola garantía adjetiva.[25] Se indica en la Convención, en efecto, que toda persona "tiene derecho" a un recurso, lo que no significa que solamente tenga derecho a una específica garantía adjetiva que se concretiza en un solo recurso o en una acción de amparo, de tutela o de protección específica. El derecho se ha concebido más amplio, como derecho a la protección constitucional de los derechos o al amparo de los mismos. Por eso, en realidad, estamos en presencia de un derecho fundamental de rango internacional y constitucional de las personas, a tener a su disposición medios judiciales efectivos, rápidos y eficaces de protección. Y uno de ellos, es precisamente la acción de amparo, de tutela o de protección

Por ello, en *segundo* lugar, los mecanismos judiciales de protección de los derechos humanos a los que se refiere la Convención Americana pueden ser variados, y lo que deben ser es efectivos, rápidos y sencillos. Pueden ser de cualquier clase, a través de cualquier medio judicial y no necesariamente una sola y única acción de protección o de amparo. Es decir, la Convención no necesariamente se refiere a un solo medio adjetivo de protección, sino que puede y debe tratarse de un conjunto de medios de protección, lo que puede implicar, incluso, la posibilidad de utilizar los medios judiciales ordinarios cuando sean efectivos como recursos rápidos y sencillos de protección.

En *tercer* lugar, debe destacarse que la Convención regula un derecho que se le debe garantizar a "toda persona" sin distingo de ningún tipo, por lo que en el derecho interno corresponde a las personas naturales y jurídicas o morales; na-

---

tucional comparado latinoamericano), Instituto Interamericano de Derechos Humanos (IIDH), Costa Rica, San José 2005; *Constitutional Protection of Human Rights in Latin America. A Comparative Study of the Amparo Proceedings*, Cambridge University Press, New York, 2008; "El amparo en América Latina: La universalización del régimen de la Convención Americana sobre los Derechos Humanos y la necesidad de superar las restricciones nacionales", en *Ética y Jurisprudencia*, 1/2003, Enero–Diciembre, Universidad Valle del Momboy, Facultad de Ciencias Jurídicas y Políticas, Centro de Estudios Jurídicos "Cristóbal Mendoza", Valera, Estado Trujillo, 2004, pp. 9–34

[24] *Véase* en general, Héctor Fix–Zamudio, Ensayos sobre el derecho de amparo, Porrúa, México 2003; y Héctor Fix–Zamudio and Eduardo Ferrer Mac–Gregor (Coordinadores), *El derecho de amparo en el mundo*, Porrúa, México 2006

[25] *Véase* Allan R. Brewer–Carías, "El derecho de amparo y la acción de amparo", en *Revista de Derecho Público*, N° 22, Editorial Jurídica Venezolana, Caracas, abril–junio 1985, pp. 51–61; e *Instituciones Políticas y Constitucionales*, Vol. V, Derecho y Acción de Amparo, Universidad Católica del Táchira – Editorial Jurídica Venezolana, Caracas – San Cristóbal 1998. *Véase* además, Héctor Fix Zamudio, "La teoría de Allan R. Brewer–Carías sobre el derecho de amparo latinoamericano y el juicio de amparo mexicano," en *El derecho público a comienzos del Siglo XXI. Estudios en homenaje al profesor Allan R. Brewer–Carías*, Ed. Civitas, Universidad Central de Venezuela, Madrid 2003, Tomo I, pp. 1125–1163.

cionales y extranjeras; hábiles y no hábiles; de derecho público y derecho priva-do. Es decir, corresponde a toda persona en el sentido más universal.

En *cuarto* lugar, la Convención señala que el medio judicial de protección o amparo puede interponerse ante los tribunales competentes, de manera que no se trata de un solo y único tribunal competente, sino de una función que esencial-mente corresponde al Poder Judicial o a los órganos que ejercen la Jurisdicción Constitucional aún ubicados fuera del Poder Judicial.

En *quinto* lugar, conforme a la Convención, este derecho a un medio efectivo de protección ante los tribunales se establece para la protección de todos los derechos humanos que estén en la Constitución, en la ley, en la propia Conven-ción Americana o que sin estar en texto expreso, sean inherentes a la persona humana, por lo que también son protegibles aquellos establecidos en los instru-mentos internacionales. Por ello, aquí adquieren todo su valor las cláusulas enunciativas de los derechos, que los protegen aún cuando no estén enumerados en los textos, pero que siendo inherentes a la persona humana y a su dignidad, deban ser objeto de protección constitucional. La garantía del artículo 25.1, en todo caso, en el derecho interno, se refiere a la protección de los derechos consti-tucionales sin que quepa distinguir en estos, unos que sean "fundamentales" y otros que no lo son. La expresión "derechos fundamentales" en el artículo 25.1 de la Convención, en el ámbito interno, equivale a derechos constitucionales, o que integran el bloque de constitucionalidad.

En *sexto* lugar, la protección que regula la Convención es contra cualquier acto, omisión, hecho o actuación de cualquier autoridad que viole los derechos y, por supuesto, también, que amenace violarlos, porque no hay que esperar que la violación se produzca para poder acudir al medio judicial de protección. Es de-cir, este medio de protección tiene que poder existir antes de que la violación se produzca, frente a la amenaza efectiva de la violación y, por supuesto, frente a toda violación o amenaza de violación que provenga del Estado y de sus autori-dades. Es decir, no puede ni debe haber acto ni actuación pública alguna excluida del amparo, en cualquier forma, sea una ley, un acto administrativo, una senten-cia, una vía de hecho, una actuación o una omisión.

Y en *séptimo* lugar, la protección que consagra la Convención es también contra cualquier acto, omisión, hecho o actuación de los entes públicos y sus funcionarios o de los particulares, individuos o empresas de cualquier naturaleza, que violen o amenacen violar los derechos fundamentales.

Este es, en realidad, en nuestro criterio, el parámetro que establece la Con-vención Americana sobre el derecho de amparo, y es ese el que debería prevale-cer en los derechos internos cuando se establece la acción o recurso de amparo, donde hay que realizar un importante esfuerzo de adaptación para superar el cuadro de restricciones constitucionales o legislativas que en algunos aspectos ha sufrido la institución del amparo; que teniendo una concepción tan amplia en el texto de la Convención Americana, en muchos casos ha sido restringida.

Por lo demás, no hay que olvidar que en la mayoría de los países latinoameri-canos la Convención tiene rango constitucional o rango supra legal, e incluso, en algunos tiene rango supra constitucional[26], lo que implica la necesidad jurídica de que la legislación interna se adapte a la misma. Además, la amplitud de la regulación de la Convención Americana sobre Derechos humanos, así como el proceso de constitucionalización de sus regulaciones que ha ocurrido en América Latina, plantean tanto a la propia Corte Interamericana como a los jueces y tribunales nacionales, en ejercicio del control de convencionalidad y en ausencia de reformas legales, el reto de procurar adaptar las previsiones de la legislación interna a las exigencias de la Convención, cuyo contenido constituye, en definitiva, un estándar mínimo común para todos los Estados.

Ello implica, si nos adentramos en las regulaciones de derecho interno de muchos de nuestros países, la necesidad, por ejemplo, de que se amplíe la protección constitucional de manera que la pueda acordar cualquier juez o tribunal y no sólo un Tribunal Constitucional o Sala Constitucional del Tribunal Supremo; mediante el ejercicio de todas las vías judiciales y no sólo a través de un sólo recurso o acción de amparo como sucede en la gran mayoría de los países; en relación con todas las personas y para la protección de absolutamente todos los derechos constitucionales, y no sólo algunos; y contra todo acto u omisión provenga de quién provenga, incluyendo de particulares, superando las restricciones que en este aspecto existen en muchos de nuestros países.

El reto del control de convencionalidad en esta materia de amparo, en particular, se plantea, en particular en los siguientes aspectos en los cuales la Convención no establece distinción alguna, y que aquí queremos analizar: en *primer lugar*, respecto del ámbito del derecho de amparo en los países latinoamericanos, en el sentido de asegurar que todos los derechos constitucionales o que integren el bloque de constitucionalidad encuentren protección; en *segundo lugar*, respecto del universo de las personas protegidas, de manera que el derecho de amparo proteja a toda persona agraviada en sus derechos humanos; en *tercer lugar*, respecto del universo de los agraviantes, es decir, de las personas que causen la violación, de manera de asegurar que el derecho de amparo se pueda ejercer en contra de todos los agraviantes, así sean particulares; en *cuarto lugar*, respecto del control de los actos lesivos de los derechos, de manera de amparar o asegurar

---

[26] En relación a la clasificación de los sistemas constitucionales de acuerdo con el rango de los tratados internacionales, véase Rodolfo E. Piza R., *Derecho internacional de los derechos humanos: La Convención Americana*, San José 1989; Carlos Ayala Corao, "La jerarquía de los instrumentos internacionales sobre derechos humanos", en *El nuevo derecho constitucional latinoamericano*, IV Congreso venezolano de Derecho constitucional, Vol. II, Caracas, 1996 y *La jerarquía constitucional de los tratados sobre derechos humanos y sus consecuencias*, México, 2003; Florentín Meléndez, *Instrumentos internacionales sobre derechos humanos aplicables a la administración de justicia. Estudio constitucional comparado*, Cámara de Diputados, México 2004, pp. 26 ss.; y Humberto Henderson, "Los tratados internacionales de derechos humanos en el orden interno: la importancia del principio pro homine", en *Revista IIDH, Instituto Interamericano de Derechos Humanos*, Nº 39, San José 2004, pp. 71 y ss. *Véase* también, Allan R. Brewer–Carías, *Mecanismos nacionales de protección de los derechos humanos, Instituto Internacional de Derechos Humanos*, San José, 2004, pp. 62 ss.

la protección de los derechos contra todo acto lesivo de los mismos, cualquiera sea su naturaleza, incluyendo todos los actos lesivos estatales.

II. EL DERECHO DE AMPARO FRENTE A TODOS LOS ACTOS ESTATALES

Ahora bien, limitándonos a considerar ahora la protección judicial vía amparo contra los actos u omisiones de las autoridades públicas, uno de los aspectos que genera uno de los grandes retos para el control de convencionalidad en relación con el artículo 25.1 de la Convención Americana es asegurar que el derecho de amparo se pueda ejercer para la protección de los derechos establecidos en la Convención y en las Constituciones, contra todo acto u omisión lesivo de los mismos, cualquiera sea su naturaleza, materia en la cual la Convención no establece distinción alguna.

En efecto, en virtud de que originalmente la acción de amparo se estableció y desarrolló para la defensa de los derechos constitucionales frente a violaciones infringidas por el Estado y las autoridades, la parte agraviante más comúnmente regulada en las leyes relativas a amparo en Latinoamérica han sido, desde luego, las autoridades públicas o los funcionarios públicos cuando sus actos u omisiones (sean legislativos, ejecutivos o judiciales) violen a amenacen violar los derechos. Por ello, la Convención Americana, de Derechos Humanos por ejemplo, al regular el amparo, como protección judicial, le da una configuración universal de manera que no indica acto alguno del Estado que escape del ámbito del amparo. Si el amparo es un medio judicial de protección de los derechos fundamentales constitucionales, ello es y tiene que serlo frente a cualquier acción de cualquier ente público o funcionario público; por lo que no se concibe que frente a esta característica universal del amparo, pueda haber determinadas actividades del Estado que puedan quedar excluidas del ámbito de la protección constitucional. Es decir, conforme a la Convención Americana, todos los actos, vías de hecho y omisiones de las autoridades públicas pueden ser objeto de la acción de amparo, cuando mediante ellos se violen o amenacen derechos constitucionales, sea que emanen de autoridades legislativas, ejecutivas o judiciales.

Es en este sentido que, por ejemplo, la Ley de Amparo de Guatemala dispone el principio general de universalidad indicando que "no hay ámbito que no sea susceptible de amparo" siendo admisible contra cualesquiera "actos, resoluciones, disposiciones o leyes de autoridad [que] lleven implícitos una amenaza, restricción o violación a los derechos que la Constitución y las leyes garantizan." (art. 8).

Estos son en general los mismos términos utilizados en la Ley Orgánica de Amparo de Venezuela la cual establece que el recurso de amparo puede ser intentado "contra cualquier hecho, acto u omisión provenientes de los órganos del Poder Público Nacional, Estadal o Municipal" (poderes públicos) (art. 2); lo que significa que la tutela constitucional puede ser incoada contra cualquier acción pública, es decir, cualquier acto formal del Estado o cualquier acto sustantivo de hecho (vías de hecho) (art. 5); así como contra cualquier omisión de las entidades públicas. Es por esto también que los tribunales en Venezuela han decidido que "no puede existir ningún acto estatal que no sea susceptible de ser revisado por vía de amparo, entendiendo ésta, no como una forma de control jurisdiccional de la inconstitucionalidad de los actos estatales capaz de declarar su nulidad, sino –como se ha dicho– un remedio de protección de las libertades públicas cuyo objeto es restablecer su goce y disfrute, cuando alguna persona natural o jurídica, o grupo u organizaciones privadas, amenace vulnerarlas o las vulneren efectivamente" admitiendo, por lo tanto, que el recurso constitucional de amparo puede ser intentado aun contra actos excluidos del control constitucional cuando un daño o violación de derechos o garantías constitucionales haya sido alegado[27].

No obstante este principio general de universalidad del amparo, pueden encontrarse una serie de excepciones en muchas leyes de amparo latinoamericanas en relación con algunos actos particulares y específicos del Estado o actividades que están expresamente excluidas de los procedimientos de amparo, sean de naturaleza legislativa, ejecutiva, administrativa o judicial, lo cual al ser contrario a la Convención Americana, constituyen un campo propicio para el control de convencionalidad.

III. AMPARO CONTRA ACTOS LEGISLATIVOS

En efecto, la primera cuestión en esta materia se refiere a la posibilidad de intentar acciones de amparo contra actos u omisiones legislativas cuando causan daños a los derechos constitucionales de las personas. Las violaciones en estos casos pueden ser causadas por leyes o por otras decisiones tomadas, por ejemplo, por comisiones parlamentarias.

---

[27] *Véase* sentencia de la antigua Corte Suprema de Justicia del 31 de enero de 1.991, caso *Anselmo Natale*, en *Revista de Derecho Público*, n ° 45, Editorial Jurídica Venezolana, Caracas 1991, p. 118; sentencia de la Corte Primera de lo Contencioso Administrativo de 18 de junio de 1992, en *Revista de Derecho Público*, n °46, Editorial Jurídica Venezolana, Caracas 1991, p. 125. De acuerdo con las cortes venezolanas, este carácter universal del amparo respecto de los actos u omisiones de las autoridades públicas implica que La lectura del artículo 2 de la Ley Orgánica de Amparo evidencia que no hay prácticamente ningún tipo de conducta, independientemente de su naturaleza o carácter, así como de los sujetos de los cuales provenga, del cual pueda predicarse que está excluido *per se* de su revisión por los jueces de amparo, a los efectos de determinar si vulnera o no algún derecho o garantía constitucional"; Decisión de la Corte Primera de lo Contencioso–Administrativo del 11 de noviembre de 1.993 en *Revista de Derecho Público*, N° 55–56, Editorial Jurídica Venezolana, Caracas, 1993, p. 284.. En otra sentencia del 13 de febrero de 1.992, la Corte Primera decidió: "Observa esta Corte que la característica esencial del régimen de amparo, tanto en la concepción constitucional como en su desarrollo legislativo, es su universalidad... por lo cual hace extensiva la protección que por tal medio otorga, a todos los sujetos (personas físicas o morales que se encuentran en el territorio de la nación) así como a todos los derechos constitucionalmente garantizados, e incluso aquéllos que sin estar expresamente previstos en el texto fundamental, son inherentes a la persona humana. Este es el punto de partida para entender el ámbito del amparo constitucional. Los únicos supuestos excluidos de su esfera son aquéllos que expresamente señala el artículo 6 de la Ley Orgánica de Amparo sobre Derechos y Garantías Constitucionales y, desde el punto de vista sustantivo, no hay limitaciones respecto a derechos o garantías específicas." *Véase Revista de Derecho Público*, N° 49, Editorial Jurídica Venezolana, Caracas 1992, pp. 120–121.

1. *El amparo contra decisiones de cuerpos parlamentarios y sus comisiones*

En relación con actos de los Congresos o Asambleas y de las comisiones parlamentarias (incluyendo los consejos legislativos regionales o municipales) cuando lesionan derechos y garantías constitucionales, en principio, es posible impugnarlos mediante la acción de amparo ante los tribunales competentes.[28] Esto ha sido expresamente admitido, por ejemplo, en Argentina[29], Costa Rica[30] y Venezuela.[31]

En contraste, en México, el artículo 73, VIII de la Ley de amparo expresamente excluye del recurso de amparo, las resoluciones y declaraciones del Congreso federal y sus Cámaras, así como las de los cuerpos legislativos estadales y sus comisiones respecto de la elección, suspensión o remoción de funcionarios públicos en casos donde las constituciones correspondientes les confieran el poder para resolver el asunto de una manera soberana o discrecional.[32] Las decisiones tomadas por la Cámara de Diputados o del Senado, en juicios políticos,

---

[28] En los Estados Unidos, los actos del Concejo Municipal pueden ser impugnados mediante injunctions. *Véase Stuab v. City of Baxley*, 355 U.S. 313 (1958), en M. Glenn Abernathy and Barbara A. Perry, *Civil Liberties under the Constitution*, University of South Carolina Press, 1993, pp. 12–13.

[29] En Argentina fue el caso de las interpelaciones parlamentarias desarrolladas en 1.984 en relación con los hechos ocurridos durante el gobierno de facto anterior, en el cual una comisión parlamentaria ordenó allanar la oficina de una firma de abogados y confiscar documentos. En las decisiones de la Corte Suprema de Justicia en el caso Klein en 1.984, sin cuestionar las facultades de las comisiones parlamentarias para hacer pesquisas, se sentenció que ellas no pueden, sin disposiciones legales formales, válidamente restringir los derechos individuales, en particular, allanar el domicilio personal de las personas y decomisar sus documentos personales. En el caso, por tanto, fue decidido que la orden solo podía tomarse basándose en disposiciones legales y no en la sola decisión de las comisiones y, eventualmente, fundados en una orden judicial. *Véase* los comentarios en la sentencia de Primera Instancia de 1.984 (1ª. InstCrimCorrFed, Juzg Nº 3, 10–9–84, ED 110–653), en Néstor Pedro Sagüés, *Derecho procesal Constitucional*, Vol. 3, *Acción de amparo*, Editorial Astrea Buenos Aires 1988, pp. 95–97; Joaquín Brague Camazano, *La Jurisdicción constitucional de la libertad (Teoría general, Argentina, México, Corte Interamericana de Derechos Humanos)*, Editorial Porrúa, México 2005, p. 98; José Luis Lazzarini, *El juicio de amparo*, Editorial La Ley, Buenos Aires 1987, pp. 216–216.

[30] *Véase* Rubén Hernández Valle, *Derecho Procesal Constitucional*, Editorial Juricentro, San José 2001, pp. 211–214.

[31] En Venezuela, similarmente, la Corte Suprema, aun reconociendo la existencia de atribuciones exclusivas de los cuerpos legislativos, los cuales de acuerdo con la constitución de 1.961 (art. 159) no estaban sujetos al control jurisdiccional, admitió la protección del amparo contra ellas para la inmediata restauración de los derechos constitucionales lesionados del accionante; y admitió la acción de amparo contra actos legislativos. Sentencia de 31 de enero de 1.991 (caso *Anselmo Natale*). *Véase* en *Revista de Derecho Público*, Nº 45, Editorial Jurídica Venezolana, Caracas 1991, p. 118.

[32] *Véase* Richard D. Baker, *Judicial Review in México. A Study of the Amparo Suit*, Texas University Press, Austin 1971, p. 98.

que sean declaradas inatacables[33] (Constitución, art. 110) también están excluidas del recurso de amparo. Ello, sin duda, contraría la Convención Americana la cual no excluye acto lesivo alguno para asegurar la protección o amparo de los derechos humanos. Estas exclusiones por tanto, son campo propicio para el ejercicio de convencionalidad tanto por la Corte Interamericana como por los jueces y tribunales nacionales.

2. El amparo contra las leyes

Ahora bien, aparte de los actos de las comisiones o cuerpos legislativos, uno de los aspectos más importantes del procedimiento de amparo latinoamericano se refiere a la posibilidad de intentar la acción de amparo contra las leyes. Si bien es cierto que en algunos países está expresamente admitido como es el caso de Guatemala, Honduras, México y Venezuela; en la mayoría de los países latinoamericanos aún está expresamente excluido como es el caso en Argentina, Bolivia, Brasil, Colombia, Chile,[34] Costa Rica, Republica Dominicana, Ecuador, El Salvador,[35] Panamá, Perú, Paraguay, Nicaragua y Uruguay.

Con respecto a los países donde la acción de amparo es admitido contra las leyes, la interposición de la acción, por ejemplo en México y en Venezuela, está limitada a solo las leyes de aplicación directa (las que pueden lesionar los derechos constitucionales sin necesidad de ningún otro acto del Estado que la ejecute o aplique), o a los solos actos que aplican la ley en particular. Solamente en Guatemala y Honduras, es que el recurso de amparo es admitido directamente contra las leyes.

En efecto, en México, el artículo 1,I de la Ley de amparo establece que el amparo puede intentarse contra leyes de aplicación directa o leyes autoaplicables cuando causen un daño directo a las garantías constitucionales del accionante sin requerirse un acto judicial o administrativo adicional para su aplicación.[36] En tales casos, la acción se intenta directamente contra la ley dando lugar al control de constitucionalidad de la misma. Por ello el amparo contra las

---

[33] Véase Eduardo Ferrer Mac–Gregor, La acción constitucional de amparo en México y España. Estudio de derecho comparado, Editorial Porrúa, México 2002, p. 378.

[34] Véase Humberto Nogueira Alcalá, "El derecho de amparo o protección de los derechos humanos, fundamentales o esenciales en Chile: evolución y perspectivas," in Humberto Nogueira Alcalá (Editor), Acciones constitucionales de amparo y protección: realidad y perspectivas en Chile y América Latina, Editorial Universidad de Talca, Talca 2000, p. 45.

[35] Véase Edmundo Orellana, La Justicia Constitucional en Honduras, Universidad Nacional Autónoma de Honduras, Editorial Universitaria, Tegucigalpa 1993, p. 102, nota 26.

[36] Véase Garza Flores Hnos., Sucs. case, 28 S.J. 1208 (1930). Véase la referencia en Richard D. Baker, Judicial Review in México. A Study of the Amparo Suit, Texas University Press, Austin 1971, p. 167. En estos casos la acción debe ser intentada dentro de los treinta días siguientes a su ejecución. En dichos casos, los demandados son las instituciones supremas del estado que intervinieron en la redacción de la ley, es decir, el Congreso de la Unión o las legislaturas de los estados que sancionaron la ley, el presidente de la república o estado, gobernadores que ordenaron su ejecución y las secretarías ejecutivas que la sancionaron y ordenaron su promulgación.

leyes en México está considerado como un medio judicial para el control constitucional directo de las mismas (aun cuando la acción no se intente en forma abstracta debido a que el accionante debe haber sido lesionado directamente y sin necesidad de otro acto adicional del Estado para la aplicación de la ley). Por el contrario, cuando la ley, por sí misma, no causa un daño directo y personal al accionante (porque no es de aplicación directa), la acción de amparo es inadmisible al menos que sea intentada contra los actos del Estado que aplican dicha ley a una persona especifica.[37]

En Venezuela, dado el carácter universal del sistema de control de constitucionalidad, consolidado en la Constitución de 1.999, puede decirse que una de las más destacadas innovaciones de la Ley de amparo de 1.988 fue la de establecer la acción directa de amparo contra las leyes y otros actos normativos, complementando el sistema general mixto de control constitucional.[38] Considerábamos que cuando se intentaba directamente la acción contra leyes, el propósito de la disposición legal era asegurar la inaplicabilidad de la ley al caso particular con efectos *inter partes*.[39]

Sin embargo, a pesar de las disposiciones de la ley de amparo, lo cierto es que la jurisprudencia del Tribunal Supremo rechazó tales acciones imponiendo la

---

[37] Como se dispone expresamente en el artículo 73,VI, el juicio de amparo es inadmisible "contra leyes, tratados y reglamentos que, por su sola vigencia, no causen perjuicio al quejoso, sino que se necesite un acto posterior de aplicación para que se origine tal perjuicio." En estos casos de leyes que no son de aplicación directa, la acción de amparo debe ser interpuesta dentro de los quince días siguientes a la producción del primer acto que las ejecute o aplique. *Véase* Eduardo Ferrer Mac-Gregor, *La acción constitucional de amparo en México y España. Estudio de derecho comparado*, Editorial Porrúa, México, 2002, p, 387. El principal aspecto a resaltar, desde luego, es la distinción entre leyes que son de aplicación directa de las leyes que no lo son. Siguiendo la doctrina asentada en el caso de Villera de Orellana, María de los Ángeles et al., aquellas son las que obligan inmediatamente y en cuyas disposiciones las personas a quienes aplica son clara e inequívocamente identificadas, siendo *ipso facto* sujetas a una obligación que implica el cumplimiento de actos no requeridos previamente, resultando en una modificación perjudicial de los derechos de la persona. Suprema Corte de Justicia, 123 S.J. 783 (1955). *Véase* comentarios en Richard D. Baker, *Judicial Review in México. A Study of the Amparo Suit*, Texas University Press, Austin 1971, p. 168–173.

[38] De acuerdo con el artículo 3 de la ley de amparo, son dos las formas establecidas mediante las cuales puede conducirse una pretensión de amparo ante la corte competente: de una manera autónoma o ejercida en conjunto con la acción popular de inconstitucionalidad de las leyes. En el último caso, la pretensión de amparo está subordinada a la acción principal de control jurisdiccional, permitiendo a la corte solamente la posibilidad de suspender la aplicación de la ley mientras se resuelve la acción por inconstitucionalidad. *Véase* Allan R. Brewer–Carías, *Instituciones Políticas y Constitucionales*, Vol. V, *Derecho y Acción de Amparo*, Editorial Jurídica Venezolana, Caracas, 1998, pp. 227 ss.

[39] *Véase* Allan R. Brewer–Carías, *Instituciones Políticas y Constitucionales*, Vol. V, *Derecho y Acción de Amparo*, Editorial Jurídica Venezolana, Caracas, 1998, pp. 224 ss.; Rafael Chavero, *El nuevo régimen del amparo constitucional en Venezuela*, Editorial Sherwood, Caracas 2001, pp. 553 ss.

necesidad de intentarlas solo contra los actos del Estado dictados para aplicar las leyes y no directamente en contra de las mismas.[40] Sin embargo, la antigua Corte Suprema, en sus decisiones a partir de 1993, aún admitiendo la diferencia que existe entre las leyes de aplicación directa de aquellas que no lo son,[41] concluyó declarando la imposibilidad de que un acto normativo pueda lesionar directa y efectivamente, por sí mismo, los derechos constitucionales de una persona. El tribunal también consideró que una ley, a los efectos de la acción de amparo no podría ser una amenaza a derechos constitucionales, en razón de que para intentar una acción de amparo, esta tiene que ser "inminente, posible y realizable", condiciones que se considera no se dan respecto de las leyes.

Ahora bien, en contraste con las normas mexicanas y venezolanas, respecto de las cuales, por contrariar la Convención Americana la cual no excluye acto alguno de la protección o amparo, podría ejercerse el control de convencionalidad; el amparo contra las leyes en Guatemala está previsto bajo la modalidad directa, estando la Corte de Constitucionalidad facultada "para que se declare en casos concretos que una ley, un reglamento, una resolución o acto de autoridad, no obligan al recurrente por contravenir o restringir cualesquiera de los derechos garantizados por la Constitución o reconocidos por cualquiera otra ley" (Ley de Amparo de Guatemala, art. 10,b). Esta misma facultad judicial, pero solo relativa a los reglamentos del poder ejecutivo, está establecida en Honduras (Ley sobre Justicia Constitucional, art. 41,b). En ambos casos, las sentencias en los procedimientos de amparo tienen el efecto de suspender la aplicación de la ley o reglamento del ejecutivo respecto del recurrente y, si fuese pertinente, el restablecimiento de la situación jurídica lesionada o la cesación de la medida (Ley de amparo, art. 49,a).[42]

Aparte de estos cuatro casos de México, Venezuela, Guatemala y Honduras, como se ha dicho, en los otros países latinoamericanos el amparo contra las leyes está expresamente excluido, siendo este, sin duda, como se dijo, un campo propicio para el control de convencionalidad.

En efecto, en Argentina, aun contando con la larga tradición del control de constitucionalidad de las leyes mediante la aplicación del método difuso de control, el amparo contra las leyes no se admite.[43] Sin embargo, si en el ejercicio de

---

[40] *Véase* decisión del 24 de mayo de 1.993, la Sala Político–Administrativa de la Corte Suprema de Justicia, en *Revista de Derecho Público*, N° 55–56, Editorial Jurídica Venezolana, Caracas 1993, pp. 287–288.

[41] Sentenciando que las leyes de aplicación directa imponen, con su promulgación, una inmediata obligación a las personas para quienes se dicta; y, por el contrario, aquellas leyes que no son de aplicación directa requieren de un acto para su aplicación, en cuyos casos su sola promulgación no puede producir una violación constitucional. *Véase* en Revista de Derecho. Público, N° 55–56, Editorial Jurídica Venezolana, Caracas 1993, p. 285

[42] *Véase* Edmundo Orellana, *La justicia constitucional en Honduras*, Universidad Nacional Autónoma de Honduras, Tegucigalpa 1993, p. 102, nota 26.

[43] *Véase* José Luis Lazzarini, *El juicio de amparo*, Editorial La Ley, Buenos Aires 1987, p. 214; Néstor Pedro Sagüés, *Derecho procesal Constitucional*, Vol. 3, "Acción de amparo," Editorial Astrea, Buenos Aires, 1988, p. 97.

una acción de amparo contra actos del estado, se considera inconstitucional la ley en la cual el acto impugnado esté basado, el juez de amparo, mediante el método difuso de control de constitucionalidad, podría decidir acerca de la inaplicabilidad de la ley en ese caso.[44]

En Brasil, el *mandado de segurança* también está excluido contra las leyes o disposiciones legales cuando éstas no han sido aplicadas a través de actos administrativos.[45]

En Uruguay, en sentido similar, aun siendo un país con un sistema concentrado de control constitucional, el amparo contra las leyes está excluido en relación con las leyes y actos del Estado de similar rango (Ley No. 16.011, art. 1,c). En Uruguay, en efecto, el único medio para lograr la declaratoria de la inconstitucionalidad de una ley, es mediante el ejercicio de un recurso ante la Corte Suprema, la cual sólo puede decidir sobre la inconstitucionalidad con efectos limitados al caso concreto. En el caso de una acción de amparo donde se plantee la cuestión de inconstitucionalidad de una ley, la decisión del juez competente sólo tendría efectos suspensivos respecto de la aplicación de la ley en relación con el recurrente, quedando sujeta a la decisión de la Corte Suprema en cuanto a la inconstitucionalidad de la ley.[46] Por su parte, la ley reguladora del amparo en el Paraguay también dispone que cuando para una decisión en un procedimiento de amparo sea necesario determinar la constitucionalidad o inconstitucionalidad de una ley, el tribunal debe enviar los expedientes a la Sala Constitucional de la Corte Suprema a fin de decidir sobre su inconstitucionalidad. Esta incidencia no suspendería el procedimiento en el tribunal inferior, el cual debe continuarlo hasta antes de su decisión (art. 582).

En Costa Rica, la Ley de la Jurisdicción Constitucional también dispone la inadmisibilidad de la acción de amparo contra las leyes o contra otras disposiciones reglamentarias, con la excepción de cuando son impugnadas junto con los actos que las aplican individualmente, o cuando se relacionan con normas de aplicación directa o automática, sin necesidad de otras normas o actuaciones que las desarrollen o hagan aplicables al recurrente (Ley de la Jurisdicción Constitucional, art. 30,a). Sin embargo, en estos casos, el amparo contra la ley de aplicación directa no es directamente resuelto por la Sala Constitucional, sino que debe ser convertido en una acción de inconstitucionalidad de la ley impugnada.[47] En

---

[44] En este respecto, el artículo 2,d de la Ley de amparo dispuso que la acción de amparo no es admisible "cuando la determinación de la eventual invalidez del acto requiriese […] la declaración de inconstitucionalidad de leyes […]". Esto se ha tomado como no vigente porque contradice el artículo 31 de la constitución (ley suprema de la nación). *Véase* Néstor Pedro Sagüés, *Derecho procesal Constitucional*, Vol. 3, *Acción de amparo*, Editorial Astrea Buenos Aires, 1988, p. 243–258. Adicionalmente, el artículo 43 de la Constitución de 1.994, que ahora rige la acción de amparo, ha expresamente resuelto la situación disponiendo que "En el caso, el juez podrá declarar la inconstitucionalidad de la norma en que se funde el acto u omisión lesiva."

[45] *Véase* José Luis Lazzarini, *El juicio de amparo*, La Ley, Buenos Aires 1987, pp. 213–214.

[46] *Véase* Luis Alberto Viera, *Ley de Amparo*, Ediciones Idea, Montevideo 1993, pp. 23.

[47] *Véase* Rubén Hernández, *Derecho Procesal Constitucional*, Editorial Juricentro, San José 2001, pp. 45, 208–209, 245, 223.

dichos casos, el presidente de la Sala Constitucional debe suspender el procedimiento de amparo y dar al recurrente, quince días para formalizar una acción directa de inconstitucionalidad contra la ley (Ley de la Jurisdicción Constitucional de Costa Rica, art. 48). Así que solo después que la ley es anulada por la Sala Constitucional, la acción de amparo será decidida.

En el Perú, de manera similar a la solución argentina y después de discusiones que surgieron conforme a la legislación anterior,[48] el Código Procesal Constitucional dispone que cuando se invoque la amenaza o violación de actos que tienen como sustento la aplicación de una norma incompatible con la Constitución, la sentencia que declare fundada la demanda dispondrá, además, la inaplicabilidad de la citada norma (art. 3). En este caso también, para decidir, el tribunal debe utilizar sus facultades de control jurisdiccional a través del método difuso.

También en Colombia, la acción de tutela está excluida respecto de todos los "actos de carácter general, impersonal y abstracto" (art. 6,5); y en Nicaragua, la acción de amparo no es admisible "en contra del proceso de formación de la ley desde la introducción de la correspondiente iniciativa hasta la publicación del texto definitivo (Ley de Amparo, art. 7)

IV. EL AMPARO CONTRA LAS ACTUACIONES EJECUTIVAS Y ACTOS ADMINISTRATIVOS

1. *El amparo contra actos del Poder Ejecutivo*

Con respecto a las autoridades del Poder Ejecutivo, el principio general es que la acción de aparo es admisible respecto de los actos administrativos, hechos u omisiones de los órganos e entidades públicas que integran la Administración Pública, en todos sus niveles (nacional, estadal y municipal), incluyendo las entidades descentralizadas, autónomas, independientes y desconcentradas. La acción de amparo, por supuesto, también procede contra los actos dictados por la cabeza del poder ejecutivo, es decir, por el Presidente de la Republica.

No obstante, en relación con actos administrativos y en general del Poder Ejecutivo, algunas restricciones específicas se han establecido en América latina, por ejemplo, en México, donde el acto presidencial específico de expulsión de un extranjero del territorio (art. 33)[49] no puede ser impugnado por medio de la acción de amparo y, en Uruguay, contra los reglamentos del ejecutivo.[50]

Con relación a los actos administrativos, como se dijo antes, todos los países latinoamericanos admiten la posibilidad de la interposición de acciones de amparo contra dichos actos; y, aun en algunos países, como en Venezuela, la Ley de amparo (art. 5) dispone la posibilidad de ejercer la acción de dos maneras: en

---

[48]   Particularmente y respecto de las acciones de amparo contra leyes de aplicación directa, *Véase* Samuel B. Abad Yupanqui, *El proceso constitucional de amparo*, Gaceta Jurídica, Lima 2004, pp. 352–374.

[49]   *Véase* Eduardo Ferrer Mac–Gregor, *La acción constitucional de amparo en México y España. Estudio de derecho comparado*, Editorial Porrúa, México 2002, p. 377.

[50]   *Véase* Luis Alberto Viera, *Ley de Amparo*, Ediciones Idea, Montevideo, 1993, p. 99.

forma autónoma o en conjunción con un recurso contencioso-administrativo de nulidad del acto en cuestión.[51] La diferencia principal entre las dos vías[52] está, primero, en la naturaleza del alegato: en el sentido de que en el primer caso, la violación alegada respecto del derecho constitucional debe ser una violación directa, inmediata y flagrante; en el segundo caso, lo que tiene que ser probado es la existencia de una grave presunción de la violación del derecho constitucional.

Y, segundo, hay también una diferencia en cuanto al objetivo general del procedimiento: en el primer caso, la sentencia pronunciada es una sentencia definitiva de tutela constitucional, de carácter restauradora; en el segundo caso, la sentencia sólo tiene carácter cautelar de suspensión de los efectos del acto impugnado, que queda sujeta a la decisión de la causa principal de nulidad.[53]

---

[51] Respecto de la última, la antigua Corte Suprema de Justicia en sentencia de 10 de julio de 1.991 (caso *Tarjetas Banvenez*), aclaró que en dicho caso, la acción no es una acción principal sino subordinada a la acción principal al que se le ha adjuntado y está sujeta a la decisión final anulatoria de la decisión que tiene que ser dictada en la acción principal. *Véase* texto en la *Revista de Derecho Público*, N° 47, Editorial Jurídica Venezolana, Caracas, 1991, pp. 169–174 y comentarios en *Revista de Derecho Público*, N° 50, Editorial Jurídica Venezolana, Caracas 1992, pp. 183–184. Es por esto que en estos casos la pretensión del amparo (que debe estar fundamentada en una presunción grave de la violación del derecho constitucional) tiene un carácter preventivo y temporal que consiste en la suspensión de los efectos del acto administrativo impugnado mientras se produce la decisión final en el recurso de nulidad. Este carácter cautelar de la protección del amparo mientras se resuelve la acción está, por tanto, sujeto a la decisión final a ser dictada en el proceso contencioso–administrativo de nulidad contra el acto impugnado. *Véase* en *Revista de Derecho Público*, N° 47, Editorial Jurídica Venezolana, Caracas 1991, pp. 170–171.

[52] La principal diferencia entre ambos procedimientos según la Corte Suprema de Justicia es que, en el primer caso del recurso autónomo de amparo contra actos administrativos, el recurrente debe alegar una violación directa, inmediata y flagrante del derecho constitucional, el cual por sí mismo evidencia la necesidad de la orden de amparo como medio definitivo para restaurar la situación jurídica lesionada. En el segundo caso y dada la naturaleza suspensiva de la orden de amparo, la cual solo tiende a detener temporalmente los efectos del acto lesivo hasta que el recurso contencioso–administrativo que confirme o anule dicho acto sea decidido, las violaciones inconstitucionales alegadas de disposiciones constitucionales pueden ser formuladas junto con las violaciones de disposiciones legales, o correspondientes a una ley, que desarrollan disposiciones constitucionales; y porque es un recurso de control constitucional contra actos administrativos que persiguen la nulidad de éstos, pueden también dichos recursos fundamentarse en textos legales. Lo que la corte no puede hacer en estos casos de acciones conjuntas con el fin de suspender los efectos del acto administrativo impugnado, es fundamentar su decisión solamente en las alegadas violaciones de la ley porque esto significaría anticipar la decisión final en el recurso principal (de control constitucional de nulidad). *Ídem*, pp. 171–172.

[53] *Ídem*, p. 172. *Véase* t. respecto de la nulidad del artículo 22 de la ley orgánica de amparo, la decisión de la anterior Corte Suprema de Justicia del 21 de mayo de 1.996 en Allan R. Brewer–Carías, *Instituciones Políticas y Constitucionales*, Vol. V, *Derecho y Acción de Amparo*, Editorial Jurídica Venezolana, Caracas 1996, pp. 392 ss.

De manera similar a la solución venezolana, el artículo 8 de la Ley de tutela colombiana establece la posibilidad de interponer "la tutela como mecanismo transitorio" contra actos administrativos en conjunción con el recurso contencio-so-administrativo de nulidad.

2. *La acción de amparo y las cuestiones políticas*

Un tema importante en relación al amparo contra actos del Poder Ejecutivo, es el relacionado con los llamados actos políticos o las llamadas cuestiones políticas, lo cual, sin embargo, en materia de control judicial, en América Latina solo es relevante en Argentina y Perú.

En efecto, de acuerdo con la doctrina que se originó en los Estados Unidos con relación al control jurisdiccional de constitucionalidad, siempre se ha considerado como exentos de control judicial a los actos de naturaleza política, todo ello, en el marco de la "separación de los poderes" y de las relaciones que deben existir "entre la rama judicial y las agencias coordinadas del gobierno federal".[54] En estos casos se considera que la Corte Suprema ha considerado que la solución de las controversias constitucionales corresponde a las ramas políticas del gobierno, quedando excluidos de control judicial. Esas cuestiones políticas, en general, son las relativas a las relaciones exteriores que impliquen definición de "política general, consideraciones de extrema magnitud y, ciertamente, por entero fuera de la competencia de una corte de justicia."[55] En todos estos casos, desde luego, aun cuando pueda elaborarse una lista de "cuestiones políticas" que no sean justiciables, la responsabilidad última en determinarlas corresponde a la Corte Suprema.[56]

---

[54] *Véase Baker v. Carr,* 369 U.S. 186 (1962),en M. Glenn Abernathy and Barbara A. Perry, *Civil Liberties under the Constitution*, Sixth Edition, University of South Carolina Press, 1993, pp. 6–7.

[55] *Véase Ware v. Hylton*, 3 Dallas, 199 (1796). Las decisiones sobre relaciones exteriores por lo tanto y como declaró el magistrado Jackson en *Chicago and Southern Air Lines v. Waterman Steamship Co.* (1948): "Están enteramente confinadas por nuestra constitución a los departamentos políticos del gobierno ... Son decisiones de una naturaleza para la que el poder judicial no tiene aptitudes, facilidades ni responsabilidad y que, desde mucho tiempo, ha sido considerada pertenencia del dominio del poder político, no sujeto a la intromisión o cuestionamiento judicial." *Chicago and Southern Air Lines v. Waterman Steamship Co.*, 333 US 103 (1948), p. 111. Aunque desarrollada principalmente para materias de asuntos exteriores, la Corte Suprema también ha considerado como *cuestiones políticas* determinadas materias relacionadas con el manejo de los asuntos interiores, los cuales son por lo tanto no enjuiciables jurisdiccionalmente; como, por ejemplo, la decisión de si un estado debe tener una forma republicana de gobierno y la cual en Luther v. Borden (1849) fue considerada una "decisión vinculante para cada uno de los departamentos del gobierno y que no podía ser cuestionada en un tribunal judicial." *Luther v. Borden* 48 U.S. (7 Howard), 1, (1849). *Ídem*, pp. 6–7.

[56] Como dijo la corte en *Baker v. Carr* 369 U.S. 186 (1962): "Decidir si una materia ha sido, en cualquier medida, atribuida por la constitución a otra rama del gobierno o si la acción de esa rama excede la autoridad cualquiera que se le haya atribuido –dijo la corte, es en sí mismo un ejercicio delicado de interpretación constitucional y es

Siguiendo esta doctrina, e igualmente sin ninguna base constitucional expresa, la Corte Suprema en Argentina y el Tribunal Constitucional en Perú[57] también han desarrollado la misma eximente para el control judicial y para el ejercicio de las acciones de amparo en materias políticas.

La excepción argentina se refiere principalmente a los denominados "actos de gobierno" o "actos políticos" referidos, por ejemplo, a las declaraciones de guerra y de estados de sitio; a las intervenciones del gobierno central en las provincias, a la "conveniencia pública" con fines de expropiación, a la emergencia para aprobar determinados tributos impositivos directos; y a los actos relativos a las relaciones exteriores como son el reconocimiento de nuevos Estados o gobiernos extranjeros, o la expulsión de extranjeros.[58] Todos estos actos son considerados en Argentina como asuntos de carácter político, que son dictados por los órganos políticos del Estado de acuerdo con las atribuciones que les han sido atribuidas exclusiva y directamente en la Constitución; razón por la cual se los considera fuera del ámbito de la acción de amparo.

En esta materia, también debe mencionarse en argentina, la restricción establecida en la Ley de amparo, al establecer la inadmisibilidad de la acción de amparo contra actos dictados en aplicación expresa de la Ley de Defensa Nacional (Ley N° 16.970, art. 2,b).[59]

En el Perú, el tema de las cuestiones políticas en cierta forma se consideró en la sentencia de la Corte Interamericana donde se realizó el control de convencionalidad de la decisión adoptada por el Congreso en el Perú, mediante la cual se removió de sus cargos a los magistrados del Tribunal Constitucional, sin las debidas garantías de protección judicial. En efecto, en el conocido caso *Tribunal Constitucional vs. Perú*, de 31 de enero de 2001, la Corte Interamericana. luego de reiterar su criterio de que para que el Estado cumpla con lo dispuesto en el artículo 25.1 de la Convención, "no basta con que los recursos existan formalmente, sino que los mismos deben tener efectividad, es decir, debe brindarse a la persona la posibilidad real de interponer un recurso que sea sencillo y rápido,"[60] consideró que "la institución procesal del amparo reúne las características nece-

---

responsabilidad de esta corte decidirlo como intérprete último de la constitución." *Ídem*, p. 6–7.

[57] *Véase* Samuel B. Abad Yupanqui, *El proceso constitucional de amparo*, Gaceta Jurídica, Lima 2004, pp. 128 ss.

[58] Para que esta excepción sea aplicada, se ha considerado que el acto impugnado debe en forma clara y exacta basarse en las disposiciones de dicha ley. *Véase* José Luis Lazzarini, *El juicio de amparo*, La Ley, Buenos Aires 1987, p. 190 ss.; Néstor Pedro Sagüés, *Derecho procesal Constitucional*, Vol. 3, "Acción de amparo," Editorial Astrea, Buenos Aires 1988, pp. 270 ss.; Alí Joaquín Salgado, *Juicio de amparo y acción de inconstitucionalidad*, Astrea, Buenos Aires 1987, p. 23.

[59] *Véase* caso *Diario El Mundo c/ Gobierno nacional*, CNFed, Sala 1 ContAdm, 30 de abril de 1.974, JA, 23–1974–195. Véanse los comentarios en Néstor Pedro Sagüés, *Derecho procesal Constitucional*, Vol. 3, *Acción de amparo*, Editorial Astrea, Buenos Aires 1988, pp. 212–214.

[60] *Véase* la sentencia en el caso *Tribunal Constitucional vs. Perú*, de 31 de enero de 2001 (Párr. 90) en http://www.corteidh.or.cr/docs/casos/articulos/Seriec_71_esp.pdf

sarias para la tutela efectiva de los derechos fundamentales, esto es, la de ser sencilla y breve[61]; pasando luego a explicar que "en lo que concierne al debido proceso legal," los actos del proceso de "destitución de los magistrados del Tribunal Constitucional seguido ante el Congreso, que se hallan sometidos a normas legales que deben ser puntualmente observadas," pueden ser recurribles en amparo, considerando sin embargo que el proceso de amparo "no implica valoración alguna sobre actos de carácter estrictamente político atribuidos por la Constitución al Poder Legislativo." [62]

La Corte Interamericana en el caso, analizó la decisión que había adoptado el propio Tribunal Constitucional peruano al decidir los recursos de amparo intentado por los magistrados destituidos considerando que "el ejercicio de la potestad de sanción, específicamente la de destitución de altos funcionarios, no puede ser abiertamente evaluada en sede jurisdiccional, pues constituye un acto privativo del Congreso de la República, equivalente a lo que en doctrina se denomina 'Political Questions' o cuestiones políticas no justiciables;" [63] destacando sin embargo, que el propio Tribunal había establecido que:

> "tal potestad no es ilimitada o absolutamente discrecional sino que se encuentra sometida a ciertos parámetros, uno de ellos y quizás el principal, el de su ejercicio conforme al principio de razonabilidad, pues no sería lógico ni menos justo, que la imposición de una medida de sanción, se adopte tras una situación de total incertidumbre o carencia de motivación. De allí que cuando existan casos en los que un acto de naturaleza política, como el que se cuestiona en la presente vía de amparo, denote una manifiesta transgresión de dicho principio y por extensión de otros como el del Estado Democrático de Derecho o el Debido Proceso Material, es un hecho inobjetable que este Colegiado sí puede evaluar su coherencia a la luz de la Constitución Política del Estado." [64]

En el caso, sin embargo, a pesar de que el Tribunal Constitucional estimó posible la revisión judicial de actos vinculados con un juicio político a efecto de evaluar si en aquéllos se había cumplido con las garantías propias del debido proceso legal, consideró que se habían respetado tales garantías, declarándose el recurso de amparo como infundado [65] la Corte Interamericana estimó "que el fracaso de los recursos interpuestos contra la decisión del Congreso que destituyó a los magistrados del Tribunal Constitucional" se debió a apreciaciones "no estrictamente jurídicas" afirmando que "la decisión de los amparos en el caso en análisis no se reunieron las exigencias de imparcialidad por parte del Tribunal que conoció los citados amparos" violándose el derecho a la protección judicial, en perjuicio de las víctimas. [66]

---

[61] *Idem*, Párr. 91

[62] *Idem*, Párr. 94

[63] *Idem*, Párr. 95

[64] *Idem*, Párr. 95

[65] *Idem*, Párr. 95

[66] *Idem*, Párrs. 96, 97

En todos estos casos de exclusión de la acción de amparo respecto de las actuaciones del Poder Ejecutivo que se consideren como cuestiones políticas, sin duda contrarias a los parámetros fijados en el artículo 25.1 de la Convención Americana para el derecho a la protección o amparo judicial, es también campo propicio para el ejercicio del control de convencionalidad.

3. *La acción de amparo y el funcionamiento de los servicios públicos*

Finalmente y en relación con los actos administrativos, también en Argentina la Ley de amparo establece la inadmisibilidad de la acción de amparo en casos en los cuales la intervención judicial comprometa directa o indirectamente "la regularidad, continuidad y eficacia de la prestación de un servicio público, o el desenvolvimiento de actividades esenciales del Estado" (art. 2,c). La misma disposición se establece respecto de la acción de amparo en el Código de Procedimiento Civil de Paraguay (art. 565,c).

Dado la forma de redacción y la utilización de conceptos indeterminados (comprometer, directo, indirecto, regularidad, continuidad, eficacia, prestación, servicio público) y debido al hecho que cualquier actividad administrativa del Estado puede siempre relacionarse con un servicio público,[67] esta disposición ha sido altamente criticada en Argentina, considerando que con su aplicación materialmente sería difícil que un amparo se decida contra el Estado.[68] En todo caso la decisión final corresponde a los tribunales y si bien es verdad que en la práctica la excepción no ha sido casi nunca utilizada,[69] en algunas materias importantes sí se ha alegado.[70]

---

[67] *Idem*, pp. 226 ss.

[68] *Véase* José Luis Lazzarini, *El juicio de amparo*, La Ley, Buenos Aires 1987, p. 231.

[69] *Idem*, p. 233; Néstor Pedro Sagüés, *Derecho procesal Constitucional*, Vol. 3, *Acción de amparo*, Editorial Astrea, Buenos Aires 1988, p. 228.

[70] Pasó, por ejemplo, en las acciones de amparo interpuestas en 1.985 contra la decisión del Banco Central de la República suspendiendo, por algunos meses, el plazo de los pagos de depósitos en moneda extranjera. Aunque algunos tribunales rechazaron las acciones de amparo en el asunto (v. CFed *BBlanca* case, 13 de agosto de 1.985, ED, 116–116, en Alí Joaquín Salgado, *Juicio de amparo y acción de inconstitucionalidad*, Editorial Astrea 1987, p. 51, note 59), en el caso *Peso*, la Cámara Nacional de Apelaciones en lo Contencioso–Administrativo Federal de Buenos Aires decidió rechazar los argumentos que pedían el rechazo de la acción de amparo basados en el concepto de que el caso es uno relativo a un "servicio público", considerando que las actividades del Banco Central no posee los elementos para ser considerado un servicio público como tal. *Véase* CNFedConAdm, Sala IV, 13 de junio de 1.985, ED, 114–231in Alí Joaquín Salgado, *Juicio de amparo y acción de inconstitucionalidad*, Editorial Astrea 1987, p. 50, nota 56. Algunos años mas tarde y respecto de una decisión similar del Banco Central de Venezuela sobre los impagos de los depósitos en moneda extranjera, en los casos referidos como *Corralito*, no hubo alegato alguno que considerara esas decisiones del Banco Central (que fueron tomadas en un estado nacional de emergencia económica) como actividades correspondientes a un servicio público. En tales casos, las acciones de amparo fueron admitidas y declaradas con lugar, pero con múltiples incidentes judiciales. *Véase*, por ejemplo, los casos Smith y San Luis, 2.002, en Antonio María Hernández, *Las*

En todo caso, la exclusión de la acción de amparo en los mencionados casos de cuestiones políticas y de afectación de servicios públicos, en nuestro criterio, también resultan contrarias a lo dispuesto en el artículo 25.1 de la Convención Americana para el derecho a la protección o amparo judicial, constituyendo igualmente campo propicio para el ejercicio del control de convencionalidad.

V. EL AMPARO CONTRA LAS SENTENCIAS Y ACTOS JUDICIALES

En contraste con la admisión general de la acción de amparo contra actos administrativos y en general, contra los actos del Poder Ejecutivo, lo mismo no puede decirse respecto de las decisiones judiciales, las cuales en muchos casos se han excluido del ámbito de la acción de amparo. En otras palabras, si bien la acción de amparo está admitido en muchos países de América Latina contra los actos judiciales, en la mayoría de los países han sido expresamente excluidos y considerados inadmisibles, específicamente cuando las decisiones judiciales son pronunciadas en ejercicio del poder jurisdiccional,[71] lo que sin duda también se configura como un campo propicio para el control de convencionalidad por contrariar lo dispuesto en el artículo 25.1 de la Convención Americana, el cual no excluye acto estatal lesivo de derechos humanos alguno de la protección judicial.

Respecto de los países que admiten el recurso de amparo para la tutela de los derechos constitucionales contra decisiones judiciales, puede decirse que ello ha sido la tradición en México (el amparo casación);[72] admitiéndose además, en general, en Guatemala (art. 10,h), Honduras (art. 9,3 y 10,2,a), Panamá (art. 2.615),[73] Perú y Venezuela.

El principio general en estos casos, según lo dispone el Código Procesal Constitucional peruano, es que el amparo es admitido contra resoluciones judiciales firmes dictadas con manifiesto agravio a la tutela procesal efectiva, que comprende el acceso a la justicia y el debido proceso (art. 4).[74] En el caso de Venezuela, de manera similar a como estaba establecido en la legislación de Perú antes de la sanción del Código, el artículo 4 de la Ley de amparo dispone que en los casos de decisiones judiciales "procede la acción de amparo cuando un Tribunal de la República, actuando fuera de su competencia, dicte una resolución o sentencia u ordene un acto que lesione un derecho constitucional." Debido a que ningún tribunal puede tener facultad para ilegítimamente causar una lesión a los

---

emergencias y el orden constitucional, Universidad Nacional Autónoma de México, México, 2003, pp. 71 ss., 119 ss. En dichos casos, las leyes y decretos de emergencia económica fueron declarados inconstitucionales.

[71]   Por consiguiente, los actos administrativos dictados por los tribunales pueden ser impugnados mediante el amparo. *Véase*, por ejemplo, en relación con Argentina a Néstor Pedro Sagüés, *Derecho procesal Constitucional*, Vol. 3, *Acción de amparo*, Editorial Astrea, Buenos Aires 1988, pp. 197 ss.

[72]   *Véase* Richard D. Baker, *Judicial Review in México. A Study of the Amparo Suit*, Texas University Press, Austin 1971, p. 98.

[73]   En este caso, sin ningún efecto suspensivo. *Véase* Boris Barrios González, *Derecho Procesal Constitucional*, Editorial Portobelo, Panamá 2.002, p. 159.

[74]   *Véase* Samuel B. Abad Yupanqui, *El proceso constitucional de amparo*, Gaceta Jurídica, Lima 2004, p. 326.

derechos y garantías constitucionales, el amparo contra decisiones judiciales es ampliamente admitido cuando la decisión de un tribunal lesiona directamente los derechos constitucionales del accionante, normalmente vinculados al debido proceso.

El caso de Colombia también debe mencionarse, especialmente debido al hecho que el artículo 40 del decreto No. 2.591 de 1.991 que reguló la acción de tutela apenas sancionada la Constitución, admitió la acción de tutela contra decisiones judiciales, lo que por lo demás, no estaba excluido en la Constitución. Por consiguiente, el Decreto expresamente estableció la posibilidad de intentar la acción de *tutela* contra actos judiciales cuando éstos infligieran daños directos a los derechos fundamentales. En esos casos, la *tutela* debía ser interpuesta *junto con el recurso apropiado*, es decir, el recurso de apelación. No obstante esta admisibilidad establecida por una ley de la tutela contra decisiones judiciales, en 1992 fue declarada inconstitucional por la Corte Constitucional, la cual anuló la norma considerándola contraria al principio de intangibilidad de los efectos de la cosa juzgada.[75]

En esa forma fue eliminada en Colombia la acción de *tutela* contra las decisiones judiciales, pero no por mucho tiempo. Un año después de la decisión anulatoria de la Corte Constitucional, y luego de numerosas decisiones judiciales, la misma Corte Constitucional readmitió la acción de *tutela* contra las decisiones judiciales cuando constituyeren vías de hecho,[76] es decir, cuando fuesen pronunciadas como consecuencia de un ejercicio arbitrario de la función judicial, violando los derechos constitucionales del demandante.[77] De manera que, de acuerdo con esta doctrina, la cual es aplicable a casi todos los casos en que la acción de amparo es incoada contra decisiones judiciales, éstas, para que sean impugnadas por vía de la acción de tutela deben haber sido pronunciadas en violación grave y flagrante de las garantías al debido proceso legal, constituyéndose en una decisión ilegítima o arbitraria sin soporte legal ninguno.

Aparte de los casos antes mencionados, sin embargo, puede decirse que la tendencia general en los países de América Latina, es el rechazo de la acción de amparo contra las decisiones judiciales, como es el caso en Argentina (art. 2,b),[78]

---

[75]   *Véase* Decisión C–543 del 1 de octubre de 1.992 en Manuel José Cepeda Espinosa, *Derecho Constitucional jurisprudencial. Las grandes decisiones de la Corte Constitucional*, Legis, Bogotá 2001, pp. 1009 ss.

[76]   *Véase* Decisión S–231 del 13 de mayo de 1.994, *Idem*, pp. 1022 ss.

[77]   *Véase* Decisión US–1218 del 21 de noviembre de 2.001. *Véase* en Juan Carlos Esguerra, *La protección constitucional del ciudadano*, Legis, Bogotá 2004, p. 164. *Véase* Eduardo Cifuentes Muñoz, "Tutela contra sentencias (El caso colombiano)," en Humberto Nogueira Alcalá (Ed.), *Acciones constitucionales de amparo y protección: realidad y perspectivas en Chile y América Latina*, Editorial Universidad de Talca, Talca 2000, pp. 307 ss.

[78]   *Véase* Joaquín Brague Camazano, *La Jurisdicción constitucional de la libertad (Teoría general, Argentina, México, Corte Interamericana de Derechos Humanos)*, Editorial Porrúa, México 2005, p. 98. José Luis Lazzarini, *El juicio de amparo*, Editorial La Ley, Buenos Aires, 1987, pp. 218–223; Alí Joaquín Salgado, *Juicio de amparo y acción de inconstitucionalidad*, Astrea, Buenos Aires 1987, p. 46.

Bolivia (art. 96,3), Brasil (art. 5,II), Costa Rica (art. 30,b),[79] Chile,[80] República Dominicana (art. 3,a),[81] Nicaragua (art. 51,b) Paraguay (art. 2,a) y Uruguay (art. 2,a).[82]

En El Salvador y Honduras la exclusión está limitada a los actos judiciales "puramente civiles, comerciales o laborales, y respecto de sentencias definitivas ejecutoriadas en materia penal." (El Salvador, art. 13; Honduras, art. 46.7). También, en Brasil el *mandado de segurança* está excluido contra decisiones judiciales cuando de acuerdo con las normas procesales, existe contra ellas un recurso judicial o cuando tales decisiones pueden ser modificadas por otros medios (art. 5,II).

El artículo 25.1 de la Convención Americana al garantizar el derecho de amparo o protección judicial lo estableció en forma general contra las violaciones por parte de los órganos del Estado de los derechos humanos, cualquiera que sea la fuente de la violación, amparo contra un específico acto estatal que viole los derechos, como son las sentencias y actos judiciales, sin duda, contraría la Convención, siendo igualmente campo propicio para el ejercicio del control de convencionalidad, por parte de la Corte Interamericana y de los jueces y tribunales nacionales.

Sin embargo, en esta materia, puede decirse que la Corte Interamericana dejó pasar la oportunidad de realizar el control de convencionalidad respecto de la

---

[79] *Véase* Rubén Hernández Valle, *Derecho Procesal Constitucional*, Editorial Juricentro, San José 2001, pp. 45, 206, 223, 226. El único caso en el cual se ha planteado a nivel internacional la cuestión de la inconvencionalidad del artículo 31.b de la Ley de la Jurisdicción Constitucional costarricense fue declarado inadmisible por la Comisión Interamericana de Derechos Humanos porque el derecho que se había alegado como violado por el Estado no era un derecho establecido en la Convención Americana sino de orden interno (derecho a jubilación de un funcionario público). *Véase* el Informe 85/98. caso 11.417, *Gilbert Bernard Little vs. Costa Rica*, punto resolutivo 2. *Véase* la referencia en Anamari Garro,*La improcedencia del recurso de amparo contra las resoluciones y actuaciones jurisdiccionales del Poder Judicial a la luz de la Constitución costarricense y del artículo 25 de la Convención Americana sobre Derechos Humanos*, Tesis para optar al grado de Doctor en Derecho, Universidad de los Andes, Santiago de Chile 2012 (Versión mimeografiada), p. 271, Nota 983.

[80] *Véase* Juan Manuel Errazuriz G. y Jorge Miguel Otero A., *Aspectos procesales del recurso de protección*, Editorial Jurídica de Chile, Santiago, 1989, p. 103. No obstante, algunos autores consideran que el recurso de tutela es admisible contra decisiones judiciales cuando son pronunciadas en forma arbitraria y en violación de los derechos al debido proceso. *Véase* Humberto Nogueira Alcalá, "El derecho de amparo o protección de los derechos humanos, fundamentales o esenciales en Chile: evolución y perspectivas," en Humberto Nogueira Alcalá (Editor), *Acciones constitucionales de amparo y protección: realidad y perspectivas en Chile y América Latina*, Editorial Universidad de Talca, Talca 2000, p. 45.

[81] *Véase* Eduardo Jorge Prats, *Derecho Constitucional*, Vol. II, Gaceta Judicial, Santo Domingo 2005, p. 391.

[82] *Véase* Luis Alberto Viera, *Ley de Amparo*, Ediciones Idea, Montevideo 1993, pp. 50, 97.

inconvencional negación de la acción de amparo contra decisiones de los órganos judiciales en Ecuador. El tema se planteó específicamente en la sentencia del caso *Acosta Calderón vs. Ecuador* de 24 de junio de 2005, ante el alegato de los representantes de las víctimas de que en Ecuador, aún "con las reformas constitucionales de 1996 y 1998, el ejercicio de la garantía del amparo no se encuentra asegurado en concordancia con la norma del [artículo] 25 de la Convención, pues prohíbe de manera expresa que se interpongan acciones de amparo en contra de las providencias judiciales."[83] La Corte Interamericana, sin embargo, en lugar de entrar a realizar el control de convencionalidad en este importante aspecto, se limitó a señalar que no se pronunciaba sobre las alegaciones de los representantes pues "dichas reformas no se enmarcan dentro de los presupuestos del presente caso"[84] En todo caso, con la reforma constitucional de 2008, se estableció expresamente la acción extraordinaria de protección contra sentencias que se puede intentar ante la Corte Constitucional (art. 437, Constitución).

El tema del amparo contra decisiones judiciales, en todo caso, requiere que el amparo esté configurado como un amparo difuso en el sentido de que los tribunales llamados a conocer de las acciones de amparo sean en general los de todo el orden judicial, de manera que el amparo se pueda intentar ante el juez superior a aquél que dicta el acto lesivo. En Venezuela, por ejemplo, el amparo se intenta en principio ante los jueces de primera instancia, por lo que los jueces competentes para conocer de la acción de amparo son los tribunales superiores. En sistemas de amparo concentrado en un solo tribunal, como es el caso de la Sala Constitucional del Tribunal Supremo de Justicia de Costa Rica, que es la que tiene competencia exclusiva para conocer de las acciones de amparo, sería prácticamente imposible implementar el amparo contra decisiones judiciales (en la actualidad excluida en la Ley de la jurisdicción Constitucional), pues de hacerse sin descentralizar el amparo colapsaría completamente la Sala Constitucional.

VI. EL AMPARO CONTRA ACTOS DE OTROS ÓRGANOS CONSTITUCIONALES

Aparte de los actos de las ramas legislativa, ejecutiva y judicial, el principio de la separación de los poderes ha dado origen en el derecho constitucional latinoamericano contemporáneo a otros órganos del Estado independientes de dichas clásicas tres ramas del Poder Público. Este es el caso de los cuerpos u órganos electorales encargados de dirigir los procesos electorales; de las oficinas de Defensoría del Pueblo o de los Derechos Humanos; de las entidades fiscalizadoras o Contralorías Generales; y de los Consejos de la Judicatura o de la Magistratura establecidos para la dirección y administración de las cortes y tribunales.

Debido a que dichos órganos emanan actos estatales, los mismos, al igual que sus hechos y omisiones, pueden ser objeto de acciones de amparo cuando violen derechos constitucionales. No obstante, algunas excepciones también han sido establecidas para negar la admisibilidad de acciones de amparo, por ejemplo,

---

[83] *Véase* sentencia del caso *Acosta Calderón vs. Ecuador de 24 de junio de* 2005, Serie C 129 (Párr. 87.f), en http://www.corteidh.or.cr/docs/casos/articulos/seriec_129_esp1.pdf

[84] *Ídem.* Párr. 98

contra los cuerpos electorales como sucede en Costa Rica (art. 30,d),[85] México (art. 73,VII),[86] Nicaragua (art. 51,5), Panamá (art. 2.615),[87] y Uruguay (art. 1,b). Eta exclusión, igualmente, es campo propicio para el ejercicio del control de convencionalidad, para adecuar estas normas a la Convención Americana.

Ello por lo demás, fue lo que ocurrió en el Perú, respecto del artículo 5.8 del Código Procesal Constitucional que excluía la acción de amparo contra las decisiones del Juzgado Nacional de Elecciones. Esta norma fue objeto de control de convencionalidad por parte del Tribunal Constitucional el cual la anuló invocando el carácter vinculante de la jurisprudencia de la Corte Interamericana, incluidas sus opiniones consultivas.[88]

Sin embargo, en el Perú subsiste otra exclusión respecto de los recursos de amparo cuando se ejerzan contra actos del Consejo de la Magistratura mediante los cuales se destituya o ratifique a los jueces (art. 5,7) dictados en forma debidamente motivada y con previa audiencia del interesado.[89]

En esta materia, en todo caso, debe mencionarse el ejercicio del control de convencionalidad que ejerció la Corte Interamericana respecto de la exclusión del recurso de amparo o protección judicial efectiva contra actos de algunas autoridades electorales en Nicaragua. Se trata del caso *Yatama vs. Nicaragua* de 23 de junio de 2005, en el cual la Corte Interamericana, después de constatar que el Consejo Supremo Electoral de Nicaragua en un proceso electoral de 2000 no

---

[85] *Véase* Rubén Hernández Valle, *Derecho Procesal Constitucional*, Editorial Juricentro, San José 2001, pp. 228–229. Otras materias decididas por el Tribunal Supremo de Elecciones como nacionalidad, capacidad o estado civil son materias sujetas al control jurisdiccional mediante el amparo. *Véase* José Miguel Villalobos, "El recurso de amparo en Costa Rica," en Humberto Nogueira Alcalá (Editor), *Acciones constitucionales de amparo y protección: realidad y perspectivas en Chile y América Latina*, Editorial Universidad de Talca, Talca 2000, pp. 222–223.

[86] *Véase* Eduardo Ferrer Mac–Gregor, *La acción constitucional de amparo en México y España. Estudio de derecho comparado*, Editorial Porrúa, México 2002, p. 378; *Véase* Richard D. Baker, *Judicial Review in México. A Study of the Amparo Suit*, Texas University Press, Austin 1971, pp. 98, 152.

[87] *Véase* Boris Barrios González, *Derecho Procesal Constitucional*, Editorial Portobelo, Panamá 2002, p. 161.

[88] *Véase* sentencia del Tribunal Constitucional del Perú de 19 de junio de 2007 dictada en el caso *Colegio de Abogados del Callao vs. Congreso de la República*, (00007–2007–PI/TC–19); citada por Carlos Ayala Corao, "El diálogo jurisprudencial entre los Tribunales internacionales de derechos humanos y los Tribunales constitucionales," Boris Barrios González (Coordinador), *Temas de Derecho Procesal Constitucional Latinoamericano*, Memorias I Congreso panameño de Derecho Procesal Constitucional y III Congreso Internacional Proceso y Constitución, Panamá 2012, p. 176. Antes De la anulación, sin embargo, la acción de amparo se admitía si la decisión del *Jurado Nacional de Elecciones* no tenía una naturaleza jurisdiccional o, teniéndola, violaba la efectiva protección judicial (el debido proceso). *Véase* Samuel B. Abad Yupanqui, *El proceso constitucional de amparo*, Gaceta Jurídica, Lima 2004, pp. 128, 421, 447

[89] *Véase* Samuel B. Abad Yupanqui, *El proceso constitucional de amparo*, Gaceta Jurídica, Lima 2004, p. 126.

había respetado las garantías del debido proceso del partido Yatama al rechazarle la presentación de candidatos a las elecciones, afectando el derecho a la participación política de los candidatos (párr. 160-164), constató que el Estado había violado el derecho a la protección judicial o amparo establecido en el artículo 25.1 por impedirse en el orden interno la recurribilidad de los actos del Consejo Nacional Electoral. La Corte Interamericana consideró, en esencia, que "la inexistencia de recursos internos efectivos coloca a las personas en estado de indefensión" de manera que "la inexistencia de un recurso efectivo contra las violaciones de los derechos reconocidos por la Convención constituye una transgresión de la misma por el Estado Parte,"[90] para lo cual reiteró su doctrina de que la existencia de la garantía prevista en el artículo 25.1 de la Convención consistente en "la posibilidad real de interponer un recurso," en los términos de dicha norma, "constituye uno de los pilares básicos, no sólo de la Convención Americana, sino del propio Estado de Derecho en una sociedad democrática en el sentido de la Convención."[91]

Pasó luego la Corte Interamericana, al analizar la situación en Nicaragua, a constatar que de acuerdo con la Constitución Política, contra los actos del órgano de mayor jerarquía del Poder Electoral, el Consejo Supremo Electoral (artículo 129), "no habrá recurso alguno, ordinario ni extraordinario" (artículo 173.14), lo que recoge la Ley de Amparo al disponer que el recurso de amparo no procede "contra las resoluciones dictadas en materia electoral" (artículo 51.5), admitiéndose sólo conforme a la ley Electoral el recurso de amparo contra las "resoluciones definitivas que en materia de partidos políticos dicte el Consejo Supremo Electoral" (artículo 76).[92] Por tanto, intentado como fue el caso sometido a su conocimiento un recurso de amparo contra una decisión del Consejo Supremo Electoral, la Sala de lo Constitucional de Nicaragua resolvió declararlo "improcedente *in limine litis* con fundamento en que no tenía competencia para conocer en materia electoral." [93]

En esta situación la Corte Interamericana comenzó por afirmar que si bien la Constitución de Nicaragua establecía la irrecurribilidad de las resoluciones del Consejo Supremo Electoral en materia electoral, ello no puede significar "que dicho Consejo no deba estar sometido a controles judiciales, como lo están los otros poderes del Estado;" afirmando, con razón, que "las exigencias derivadas del principio de independencia de los poderes del Estado no son incompatibles con la necesidad de consagrar recursos o mecanismos para proteger los derechos humanos."[94] De manera que, puntualizó la Corte, "independientemente de la regulación que cada Estado haga respecto del órgano supremo electoral, éste debe estar sujeto a algún control jurisdiccional que permita determinar si sus actos han sido adoptados al amparo de los derechos y garantías mínimas previs-

---

90   *Véase* sentencia en el caso *Yatama Vs. Nicaragua* de 23 de Junio de 2005 (Párr. 167, 168), en http://www.corteidh.or.cr/docs/casos/articulos/seriec_127_esp.pdf

91   *Idem*, Párr. 169

92   *Idem*, Párr. 171

93   *Idem*, Párr. 172

94   *Idem*, Párr. 174

tos en la Convención Americana, así como las establecidos en su propia legislación, lo cual no es incompatible con el respeto a las funciones que son propias de dicho órgano en materia electoral." De la carencia en ese caso, del recurso sencillo y rápido, tomando en cuenta las particularidades del procedimiento electoral, concluyó la Corte "que el Estado violó el derecho a la protección judicial consagrado en el artículo 25.1 de la Convención Americana, en perjuicio de los candidatos propuestos por Yatama para participar en las elecciones municipales de 2000, en relación con los artículos 1.1 y 2 de la misma" [95]

El control de convencionalidad efectuado por la Corte Interamericana ante la irrecurribilidad mediante la acción de amparo de los actos del Consejo Supremo Electoral, lo que consideró como una violación del artículo 25.1 de la Convención, en relación con los artículos 1.1 y 2 de la misma, condujo a la Corte a requerir del Estado:

> "que adopte, dentro de un plazo razonable, las medidas legislativas necesarias para establecer un recurso judicial sencillo, rápido y efectivo que permita controlar las decisiones del Consejo Supremo Electoral que afecten derechos humanos, tales como los derechos políticos, con observancia de las garantías legales y convencionales respectivas, y derogue las normas que impidan la interposición de ese recurso."[96]

Debe mencionarse que en este aspecto, el juez Alejandro Montiel Argüello en un Voto Disidente de la misma sentencia, materialmente se limitó a constatar que la inconvencional exclusión de los "recursos de amparo en cuestiones electorales" en el ordenamiento jurídico de Nicaragua, ocurría "al igual que lo hacen las legislaciones de muchos otros países y también son muchos los países que al igual que Nicaragua excluyen del recurso de amparo las resoluciones judiciales por considerar que los recursos ordinarios son suficientes para garantizar los derechos humanos."[97]

Ello, en lugar de legitimizar la restricción nicaragüense lo que pone en evidencia es que en esos otros países la normativa también es violatoria de la Convención Americana, debiendo corregirse mediante el control de convencionalidad

REFLEXIÓN FINAL

Sin duda, entre todas las instituciones del derecho constitucional de América Latina, el derecho o la acción de amparo[98] puede considerarse como la más ca-

---

[95] *Idem*, Párr. 175, 176.

[96] *Idem*, Párr. 254

[97] *Idem*, Voto Disidente, Párr. 7

[98] Entre las denominaciones empleadas para la regulación de la institución de amparo en los países de América latina, se destacan las siguientes: *Amparo* (Guatemala), *Juicio de amparo*, (México), *Proceso de amparo* (El Salvador, Perú), *Acción de amparo* (Argentina, República Dominicana, Honduras, Paraguay, Uruguay y Venezuela), *Recurso de amparo* (Bolivia, Costa Rica, Nicaragua, y Panamá), *Acción de tute-*

racterística de todas, al punto de que bien se la puede calificar como una institución propiamente latinoamericana,[99] por lo demás, de origen mexicano,[100] la cual ha incluso influido en su adopción en otras latitudes.[101]

En la actualidad en los países latinoamericanos el amparo está regulado en expresas normas constitucionales; y en todos, excepto en Chile, el proceso de amparo está regulado en textos legislativos específicos.[102] Estas leyes, en algunos casos han sido específicamente sancionadas para regular la "acción de amparo" como sucede en Argentina, Brasil, Colombia, México, Nicaragua, Uruguay y Venezuela. En otros casos, la legislación dictada también contiene regulaciones en relación con otros medios judiciales de protección de la Constitución, como las acciones de inconstitucionalidad y las acciones de habeas corpus y habeas data, como es el caso Bolivia, Guatemala, Perú, Costa Rica, Ecuador, El Salvador, Honduras y República Dominicana. Sólo en Panamá y en Paraguay el proceso de amparo está regulado en un Capítulo especial en los respectivos Códigos de Procedimiento Civil o judicial.

Sin embargo, y a pesar de toda esta expansión legislativa y tradición constitucional, en muchos aspectos y en muchos países la institución del amparo, como hemos destacado, no se adapta a los parámetros del derecho humano a la protección judicial para amparar los derechos humanos tal como se recogió en el artículo 25.1 de la Convención Americana sobre derechos Humanos. El amparo, por tanto, siendo tan viejo casi como el mismo constitucionalismo latinoamericano,[103] todavía requiere de ajustes, los cuales se han venido realizando a nivel

---

la (Colombia), *Recurso de protección* (Chile, Ecuador), *Mandado de segurança* y *mandado de injunçao* (Brasil),

[99] *Véase* en general lo que hemos expuesto en Allan R. Brewer–Carías, *Constitucional Protection of Human Rights in Latin America. A Comparative Law Study on the amparo proceeding*, Cambridge University Press, New York, 2008.

[100] *Véase* Héctor Fix–Zamudio, *Ensayos sobre el derecho de amparo*, Editorial Porrúa, México 2003; Francisco Fernández Segado, "Los orígenes del control de la constitucionalidad y del juicio de amparo en el constitucionalismo mexicano de la primera mitad del siglo XIX. El impacto del Voto particular de don mariano Otero", en *Revista Iberoamericana de Derecho Procesal Constitucional*, Nº 5, Instituto Iberoamericano de Derecho Procesal Constitucional, Ed. Porrúa, México 2006, pp. 67 ss.

[101] La más reciente, por ejemplo en Filipinas, en la resolución de la Corte Suprema de ese país, "The Rule of the Writ of Amparo" dictadas en 2007. *Véase* Allan R. Brewer–Carías, "The Latin American Amparo Proceeding and the Writ of Amparo in The Philippines," en *City University of Hong Kong Law Review,* Volume 1:1 October 2009, pp 73–90

[102] *Véase* Allan R. Brewer–Carías, *Leyes de Amparo de América Latina* (Compilación y Estudio Preliminar), Instituto de Administración Pública de Jalisco y sus Municipios, Instituto de Administración Pública del Estado de México, Poder Judicial del Estado de México, Academia de Derecho Constitucional de la Confederación de Colegios y Asociaciones de Abogados de México,. Jalisco, 2009. 2 Vols. 419 pp. y 405 pp.

[103] *Véase* Allan R. Brewer–Carías, "Ensayo de síntesis comparativa sobre el régimen del amparo en la legislación latinoamericana", en *Revista Iberoamericana de De-*

continental gracias precisamente al control de convencionalidad desarrollado por la Corte Interamericana de Derechos Humanos y por los jueces y tribunales nacionales en el orden interno con base a ese marco común que ha sido el citado artículo 25 de la Convención.

Hemos analizado la situación de la acción de amparo contra acciones u omisiones lesivas provenientes de autoridades y funcionarios, y si bien en la mayoría de los países se establece como un medio general de protección sin ningún tipo de distinciones como sucede en Bolivia, Colombia, El Salvador, Guatemala, Perú, Nicaragua, Uruguay y Venezuela; en México, se limita la posibilidad de intentarla sólo contra autoridades que tengan el poder de decidir, de ejecutar o de imponer decisiones. En otros países se excluye la acción de amparo respecto de ciertas autoridades, como son los cuerpos electorales, tal como sucede en Costa Rica, México, Nicaragua, Panamá, Perú y Uruguay; o el Consejo de la Magistratura, como es el caso de Perú. En cuanto a la acción de amparo ejercida contra autoridades y funcionarios, el tratamiento de los actos estatales que pueden ser objeto de la acción de amparo tampoco es uniforme, en el sentido de que en muchos casos se establecen exclusiones puntuales, lo que también contraría el espíritu de universalidad del amparo. Por ejemplo, en cuanto a actos ejecutivos, en México se excluyen de la acción de amparo ciertos actos presidenciales, y en Uruguay se excluyen los reglamentos ejecutivos; en Argentina y Perú se excluyen de la acción de amparo los actos estatales en los cuales se decidan cuestiones políticas, y en Argentina, además, los actos relativos a la defensa nacional. Igualmente, en Argentina y en Paraguay se excluyen de la acción de amparo los actos que afecten el funcionamiento de los servicios públicos.

En cuanto a los actos legislativos, en México se excluyen de la acción de amparo ciertos actos del Congreso; y en cuanto al amparo contra leyes, la mayoría de los países lo excluyen, como sucede en Argentina, Bolivia, Brasil, Colombia, Costa Rica, Chile, Ecuador, El Salvador, Nicaragua, Perú, Panamá, Paraguay, Republica Dominicana y Uruguay. En realidad, el amparo contra leyes sólo se admite en Honduras, donde sólo se aplica el método concentrado de control de constitucionalidad de las leyes; y en Guatemala, México y Venezuela, que han adoptado el sistema mixto de control de constitucionalidad de las leyes.

En cuanto a los actos judiciales, también en la mayoría de los países de América Latina se excluye la acción de amparo contra los mismos, como es el caso de Argentina, Bolivia, Brasil, Costa Rica, Chile, El Salvador, Nicaragua, Paraguay, República Dominicana, y Uruguay. En otros países, sin embargo, se admite la acción de amparo contra sentencias, como sucede en Colombia, Guatemala, Honduras, México, Panamá, Perú y Venezuela; aún cuando en algunos de ellos se excluye expresamente respecto de decisiones de las Cortes Supremas (México, Panamá, Perú, Venezuela) o de las decisiones dictadas en los juicios de amparo (Honduras, México).

recho Procesal Constitucional, N° 9 enero–junio 2008, Editorial Porrúa, Instituto Iberoamericano de Derecho Procesal Constitucional, México 2008, pp. 311–321.

Todo este panorama lo que nos muestra es un campo muy amplio y propicio para el ejercicio del control de convencionalidad en nuestros países, para darle a la institución del amparo su dimensión universal, como en muchas sentencias lo ha venido realizando progresivamente la Corte Interamericana, y los propios jueces y tribunales nacionales. El camino está iniciado, como lo muestra el análisis que hemos efectuado, lo que no significa que no falte mucho por recorrer.

CUARTA PARTE

SOBRE LAS SENTENCIAS CONSTITUCIONALES Y LA INTERPRETACIÓN CONSTITUCIONAL

§17. LOS JUECES CONSTITUCIONALES COMO LEGISLADORES POSITIVOS. UNA APROXIMACIÓN COMPARATIVA[*]

I. COMENTARIOS PRELIMINARES

1. La subordinación de los jueces constitucionales a la constitución

En todos los países democráticos del mundo contemporáneo, los jueces constitucionales[1] tienen como función primordial el interpretar y aplicar la Constitución con el fin de preservar y garantizar su supremacía, particularmente cuando ejercen el control de la constitucionalidad o de la convencionalidad de las leyes,[2]

---

[*] El texto de este trabajo que constituyó la presentación hecha en el XVIII Congreso Internacional de Derecho Comparado, celebrado en Washington en Julio de 2090. Fue publicado en Allan R. Brewer–Carías, *Constitutional Courts as Positive legislators. Comparative Law Study*, Cambridge University Press, 2011, pp. 889–923, y conforma el Prólogo al libro de Daniela Urosa, *La Sala Constitucional del Tribunal Supremo de Justicia como Legislador Positivo*, Academia de Ciencias Políticas y Sociales, Caracas, 2011, pp. 9–75.

[1] Para los efectos de este estudio, debido a la variedad de soluciones que existen en el mundo contemporáneo en materia de justicia constitucional, la expresión "juez constitucional" la hemos utilizado refiriéndonos, en general, tanto a los Tribunales y Cortes Constitucionales o a los Tribunales Supremos cuando ejercen la Jurisdicción Constitucional, como a los jueces ordinarios cuando ejercen la justicia constitucional.

[2] Para los efectos de este estudio, dentro de la expresión "control de la constitucionalidad" hemos incluido no sólo el control de la constitucionalidad de las leyes en su conformidad con la Constitución, sino también el "control de la convencionalidad"

así como cuando garantizan la vigencia del principio democrático y la efectividad de los derechos fundamentales, rol en el cual, también asumen el papel de adaptar la Constitución cuando los cambios sociales y el tiempo así lo requieren.

Ese rol del Juez Constitucional puede decirse que es común en todos los sistemas de justicia constitucional, particularmente si se tiene en cuenta que en las últimas décadas, en el mundo contemporáneo, se ha venido consolidado un proceso de convergencia progresiva de principios y soluciones entre dichos sistemas,[3] que en muchos casos incluso dificultan que se pueda establecer aquella otrora clásica y clara distinción entre los clásicos sistemas concentrados y difusos de control de constitucionalidad,[4] que dominaron la materia por mucho tiempo.[5]

de las mismas en el sentido de su conformidad con las Convenciones Internacionales, particularmente en materia de derechos humanos; así como de su conformidad con las "Convenciones Constitucionales," como es el caso, por ejemplo, en el Reino Unido. *Véase* en general, Ernesto Rey Cantor, *El control de convencionalidad de las leyes y derechos humanos*, Ed. Porrúa, México 2008; Juan Carlos Hitters, "Control de constitucionalidad y control de convencionalidad. Comparación (Criterios fijados por la Corte Interamericana de Derechos Humanos), en *Estudios Constitucionales*, Año 7, N° 2, Santiago de Chile 2009, pp. 109–128.

[3] *Véase* Lucio Pegoraro, "Clasificaciones y modelos de justicia constitucional en la dinámica de los ordenamientos," en *Revista Iberoamericana de Derecho Procesal Constitucional*, N° 2, Instituto Iberoamericano de Derecho Procesal Constitucional, Editorial Porrúa, México 2004, pp. 131 ss.; Alfonse Celotto, "La justicia constitucional en el mundo: formas y modalidades," en *Revista Iberoamericana de Derecho Procesal Constitucional*, N° 1, Instituto Iberoamericano de Derecho Procesal Constitucional, Editorial Porrúa, México 2004, pp. 3 ss

[4] *Véase* por ejemplo, Francisco Fernández Segado, La justicia constitucional ante el siglo XXI. *La progresiva convergencia de los sistemas americano y europeo–kelseniano*, Librería Bonomo Editrice, Bologna 2003, pp. 40 ss.; Francisco Fernández Segado, "La obsolecencia de la bipolaridad 'modelo Americano–modelo europeo–kelseniano' como criterio analítico del control de constitucionalidad y la búsqueda de una nueva tipología explicativa," en su libro *La Justicia Constitucional: Una visión de derecho comparado*, Tomo I, Ed. Dykinson, Madrid 2009, pp. 129–220; Guillaume Tusseau, *Contre les "modèles" de justice constitutionnelle: essai de critique métodologique*, Bononia University Press, Edition bilingue: français–italien, 2009; Guillaume Tusseau, "Regard critique sur les outils méthodologique du comparatisme. L'example des modèles de justice constitutionnelle," en *IUSTEL, Revista General de Derecho Público Comparado*, N° 4, Madrid, enero 2009, pp. 1–34

[5] *Véase* Mauro Cappelletti, *Judicial Review in Contemporary World*, Indianapolis 1971, p.45; Mauro Cappellettiy y J.C. Adams, "Judicial Review of Legislation: European Antecedents and Adaptations", en *Harvard Law Review*, 79, 6, April 1966, p. 1207; Mauro Cappelletti, "El control judicial de la constitucionalidad de las leyes en el derecho comparado", en *Revista de la Facultad de Derecho de México*, 61, 1966, p. 28; Allan R. Brewer–Carías, *Judicial Review in Comparative Law*, Cambridge University Press, Cambridge 1989; Allan R. Brewer–Carías, *Étutes de droit pubic comparé,* Bruilant, Bruxelles 2000, pp. 653 ss. En relación con dicha diferencia, que hemos utilizado con gran frecuencia, se puede afirmar que el único aspecto de la misma que aún permanece constante, es el que se refiere al órgano jurisdiccio-

En todos los sistemas, en todo caso, el principio básico que se puede identificar es que los jueces constitucionales, al cumplir su papel, siempre tienen que estar subordinados a la Constitución, sin que puedan invadir el campo del Legislador o el del poder constituyente. Lo contrario equivaldría, como lo ha afirmado Sandra Morelli, a desarrollar un "totalitarismo judicial irresponsable"[6] el cual, por supuesto, forma parte del capítulo de la patología del control de constitucionalidad.

Es decir, los jueces constitucionales pueden ayudar al Legislador a llevar a cabo sus funciones; sin embargo, no pueden sustituirlo ni promulgar leyes, ni poseen base política discrecional alguna para crear normas legales o disposiciones que no puedan ser deducidas de la Constitución misma.

Es en este sentido, que es posible afirmar como principio general, que los jueces constitucionales aún siguen siendo considerados –como Hans Kelsen solía decir: "Legisladores Negativos;"[7] por oposición a ser "Legisladores Positivos" en el sentido de que, como lo afirman Richard Kay y Laurence Claus, los mismos no pueden elaborar ni crear leyes *ex novo* que sean producto "de su propia concepción," ni adoptar "reformas" respecto de leyes que han sido concebidas por otros actores legislativos.[8]

---

nal de control, en el sentido de que en el sistema difuso de control de constitucionalidad el mismo corresponde a todos los tribunales y jueces, siendo todos ellos "jueces constitucionales" sin la necesidad de que sus poderes estén establecidos expresamente en la Constitución; mientras que en el sistema concentrado de control de constitucionalidad, es la Constitución la que debe establecer la Jurisdicción Constitucional en forma expresa, asignando a una sola Corte, Tribunal o Consejo Constitucional, o al Tribunal o Corte Suprema existente, la facultad exclusiva de controlar la constitucionalidad de las leyes y de poder anularlas cuando sean inconstitucionales.

[6] *Véase* Sandra Morelli, *La Corte Constitucional: un papel por definir*, Academia Colombiana de Jurisprudencia, 2002; y *"The Colombian Constitutional Court: from Institutional Leadership, to Conceptual Audacity,"* Colombian National Report, XVIII International Congress of Comparative Law, Washington, July, 2010, p. 3. *Véase* también, Allan R. Brewer–Carías, *"Quis Custodiet Ipsos Custodes*: De la interpretación constitucional a la inconstitucionalidad de la interpretación," en *VIII Congreso Nacional de derecho Constitucional, Perú*, Fondo Editorial 2005, Colegio de Abogados de Arequipa, Arequipa, Septiembre 2005, pp 463–489, yen *Revista de Derecho Público*, N° 105, Editorial Jurídica Venezolana, Caracas 2006, pp 7–27; *Crónica sobre la "In" Justicia Constitucional. La Sala Constitucional y el autoritarismo en Venezuela*, Editorial Jurídica Venezolana, Caracas 2007; y *Reforma Constitucional y Fraude a la Constitución*, Academia de Ciencias Políticas y Sociales, Caracas 2009.

[7] *Véase* Hans. Kelsen, "La garantie juridictionnelle de la constitution (La Justice constitutionnelle)", en *Revue du droit public et de la science politique en France et a l'ètranger*, Librairie Général de Droit et the Jurisprudence, Paris 1928, pp. 197–257 ; Hans Kelsen, *La garantía jurisdiccional de la Constitución (La justicia constitucional)*, Universidad Nacional Autónoma de México, Mexico 2001.

[8] *Véase* Laurence Claus y Richard S. Kay, *"Constitutional Courts as 'Positive Legislators' in the United States,"* U.S. National Report, XVIII International Congress of Comparative Law, Washington, July, 2010, pp. 3, 5.

2. *El nuevo papel de los jueces constitucionales y la cuestión de su rol como Legisladores Positivos*

Este sigue siendo, sin duda, el principio general sobre la justicia constitucional en el derecho comparado en su relación con el Legislador, aún cuando en las últimas décadas el papel de los jueces constitucionales haya cambiado considerablemente, en particular porque su rol no se limita a solo declarar la inconstitucionalidad o no de las leyes, o a anularlas o no por razones de inconstitucionalidad.

En efecto, en todos los sistemas de justicia constitucional se han venido desarrollado nuevos enfoques conforme a los cuales, por ejemplo, basados en el principio de conservación de las leyes, y debido a la presunción de constitucionalidad de la cual gozan, los jueces constitucionales tienden a evitar anularlas o a declararlas inconstitucionales (aún cuando sean contrarias a la Constitución), y proceden cada vez con más frecuencia a interpretarlas de acuerdo o en conformidad con la Constitución o en armonía con la misma. Ello ha permitido al juez constitucional evitar crear vacíos legislativos y, en algunos casos, incluso, llenarlos en forma temporal y hasta permanente cuando los mismos pudieran ser originados por una eventual declaración de nulidad o inconstitucionalidad de la ley.

Además, en la actualidad es aún más frecuente constatar cómo los jueces constitucionales, en lugar de estar controlando la constitucionalidad de leyes existentes, cada vez más controlan la ausencia de tales leyes o las omisiones o abstenciones absolutas o relativas en las que hubiese incurrido el Legislador. Al controlar estas omisiones legislativas, el juez constitucional, en muchos casos, asume el papel de ayudante o de auxiliar del Legislador, creando normas que normalmente derivan de la Constitución; y aún, en algunos casos, sustituyendo al propio Legislador, asumiendo un papel abierto de "Legislador Positivo," expidiendo reglas temporales y provisionales para ser aplicadas en asuntos específicos que aún no han sido objeto de regulación legislativa, pero que deducen de la propia Constitución.

Una de las principales herramientas que han acelerado este nuevo papel de los jueces constitucionales ha sido la aplicación de principios como el de la progresividad y de la prevalencia de los derechos humanos,[9] tal y como ha ocurrido, por ejemplo, con el "redescubrimiento" del derecho a la igualdad y a la no discriminación que han hecho los jueces constitucionales en todos los sistemas. En estos casos, en interés de la protección de los derechos y garantías de los ciudadanos, lo cierto es que no han existido dudas para aceptar la legitimidad del activismo de los jueces constitucionales, aun cuando interfieran con las funciones Legislativas, al aplicar principios y valores constitucionales.

---

[9] *Véase* Pedro Nikken, *La protección internacional de los derechos humanos: su desarrollo progresivo*, Instituto Interamericano de Derechos Humanos, Ed. Civitas, Madrid 1987; Mónica Pinto, "El principio *pro homine*. Criterio hermenéutico y pautas para la regulación de los derechos humanos," en *La aplicación de los tratados sobre derechos Humanos por los tribunales locales*, Centro de Estudios Legales y Sociales, Buenos Aires, 1997, p. 163.

En relación con esto, en realidad, la discusión principal actual no se enfoca ya en tratar de rechazar estas actividades "legislativas" por parte de los jueces constitucionales, sino en determinar el alcance y los límites de sus decisiones y el grado de interferencia permitido en relación con las funciones legislativas. Como lo ha expresado Francisco Fernández Segado, el objetivo en realidad es evitar "convertir al guardián de la Constitución en soberano." [10]

Del estudio de derecho comparado que he venido realizando sobre este tema de los jueces constitucionales actuando como "Legisladores Positivos," [11] he podido identificar cuatro tendencias principales que identifican a los mismos interfiriendo no sólo con el Legislador, sino también con el Poder Constituyente, y que son las siguientes:

En primer lugar, el papel de los jueces constitucionales cuando interfieren en relación con el Poder Constituyente, promulgando reglas constitucionales y hasta mutando la Constitución;

En segundo lugar, el papel de los jueces constitucionales cuando interfieren con la legislación existente, asumiendo la tarea de auxiliares del Legislador, complementando disposiciones legales, agregando nuevas disposiciones a las existentes y también determinando los efectos temporales de la leyes;

En tercer lugar, el papel de los jueces constitucionales cuando interfieren con la ausencia de legislación, por las omisiones absolutas o relativas del legislador, actuando en algunos casos como "Legisladores Provisionales"; y

En cuarto lugar, el papel de los jueces constitucionales como Legisladores en materias relativas al propio control de constitucionalidad de las leyes, en decir, en materia de justicia constitucional.

II. LOS JUECES CONSTITUCIONALES INTERFIRIENDO CON EL PODER CONSTITUYENTE

La primera tendencia que nos muestra el derecho comparado en la materia, es el papel de los jueces constitucionales cuando interfieren con el "Legislador Constitucional," es decir, con el Poder Constituyente, promulgando, en algunos casos, reglas de orden constitucional, por ejemplo, cuando resuelven controversias o conflictos constitucionales entre órganos del Estado; cuando ejercen el control de constitucionalidad respecto de disposiciones constitucionales o sobre enmiendas constitucionales; y cuando realizan mutaciones legítimas a la Consti-

---

[10]   *Véase* Francisco Fernández Segado, "Algunas reflexiones generales en torno a los efectos de las sentencias de inconstitucionalidad y a la relatividad de ciertas fórmulas esterotipadas vinculadas a ellas," en *Anuario Iberoamericano de Justicia Constitucional*, Centro de Estudios Políticos y Constitucionales, Nº 12, 2008, Madrid 2008, p. 161.

[11]   Para la preparación de la *Ponencia General* para el Congreso de Washington de Julio de 2010, recibí un total de 36 Ponencias Nacionales de 31 países: 19 de Europa (incluyendo 6 de países de Europa Oriental), 10 del Continente Americano (3 de América del Norte, 5 de América del Sur y 2 de América Central); uno de Asia y uno de Australia.

tución mediante la adaptación de sus disposiciones a los tiempos modernos, dándoles significado concreto.

1. *Los jueces constitucionales resolviendo controversias constitucionales en los Estados Federales, promulgando reglas constitucionales*

El primer caso se refiere a los jueces constitucionales cuando interfieren con el Poder Constituyente, resolviendo conflictos constitucionales o controversias entre órganos del Estado, papel que es común en los Estados Federales, tal como lo ha resaltado Konrad Lachmayer, refiriéndose a la Corte Constitucional Austríaca, la misma ha actuado como un "legislador positivo," "promulgando normas de rango constitucional" al ejercer poderes positivos en relación con la división de competencias entre la Federación y los *"Länder,"* (o Estados Federados) reservándose la última palabra en la materia.[12]

También ha sido el caso en los Estados Unidos, donde la Corte Suprema ha ido determinando de manera progresiva las facultades del gobierno federal en relación con los estados, basándose en la *"commerce clause,"* siendo difícil hoy en día imaginar cualquier cosa que el Congreso no pueda regular.[13] A través de multitud de decisiones relativas a asuntos relacionados con la forma federal del Estado y la distribución vertical de competencias, la Corte Suprema, sin lugar a dudas, ha promulgado reglas constitucionales en la materia.

En otros países con forma federal del Estado, como Venezuela, sin embargo, el poder de control de constitucionalidad en materia de distribución de competencias entre el Poder Nacional y el de los Estados, ha servido para arrebatarle competencias a los Estados, centralizándolas, en una mutación ilegítima de la Constitución realizada por la Sala Constitucional del Tribunal Supremo de Justicia.[14] Tema que, por supuesto, forma parte del capítulo relativo a la patología de la justicia constitucional.

---

[12] *Véase* Konrad Lachmayer, *"Constitutional Courts as 'Positive Legislators,'"* Austrian National Report, XVIII International Congress of Comparative Law, Washington, July, 2010, pp. 1–2.

[13] *Véase* Erwin Chemerinsky, *Constitutional Law. Principles and Policies*, Aspen Publishers, New York 2006, pp. 259–260.

[14] Sentencia de la Sala Constitucional N° 565 de 15 de abril de 2008, Caso: Procurador General de la República, *interpretación del artículo 164.10 de la Constituticón de 1999*, en http://www.tsj.gov.ve/decisio–nes/scon/Abril/565–150408–07–1108.htm *Véase* los comentarios en Allan R. Brewer–Carías, "La ilegitima mutación de la Constitución y la legitimidad de la jurisdicción constitucional: la "reforma" de la forma federal del Estado en Venezuela mediante interpretación constitucional," en *Memoria del X Congreso Iberoamericano de Derecho Constitucional,* Instituto Iberoamericano de Derecho Constitucional, Asociación Peruana de Derecho Constitucional, Instituto de Investigaciones Jurídicas–UNAM y Maestría en Derecho Constitucional–PUCP, IDEMSA, Lima 2009, tomo 1, pp. 29–51.

2. *Los jueces constitucionales ejerciendo el control de constitucionalidad en relación con disposiciones constitucionales*

La segunda forma en la cual los jueces constitucionales pueden participar en la conformación de normas constitucionales es cuando se les otorga la facultad para controlar la constitucionalidad de las normas de la Constitución misma, como también sucede en Austria, donde se ha facultado a la Corte Constitucional para confrontar la Constitución con sus propios principios básicos, como el principio democrático, el de la forma federal del Estado, el principio del *Rechtsstaat*, la separación de poderes y el sistema general de derechos humanos.[15]

3. *Los jueces constitucionales ejerciendo el control de constitucionalidad respecto de las reformas y enmiendas constitucionales*

La tercera forma en la cual los jueces constitucionales interfieren con el Poder Constituyente, es cuando tienen el poder para revisar la constitucionalidad de las reformas y enmiendas constitucionales, como se prevé en Colombia, Ecuador y Bolivia, aún cuando dicho poder esté limitado a los aspectos procedimentales de las reformas.[16]

En todo caso, en esos y otros países ha habido discusiones en torno a las posibilidades de que los jueces constitucionales puedan también controlar la constitucionalidad del mérito o fondo de las reformas o enmiendas constitucionales, por ejemplo en relación con las cláusulas constitucionales inalterables (*cláusulas pétreas*) expresamente definidas como tales en las Constituciones.

El principio básico en estos casos, es que las facultades de los jueces constitucionales tienen como norte mantener y garantizar la supremacía constitucional y, en particular, la supremacía de las cláusulas constitucionales pétreas, pudiendo ejercer el control de constitucionalidad respecto de reformas o enmiendas que pretendan modificarlas en contra de lo previsto en la Constitución.[17] En tales casos, sin embargo, para no confrontar la voluntad del pueblo ni sustituir al poder constituyente originario mismo, dicho control de constitucionalidad debe ejercerse antes de que la propuesta de reforma o enmienda haya sido aprobada mediante voto popular, cuando éste sea el caso.

No obstante, aun en ausencia de una autorización constitucional expresa, existen casos en los cuales los jueces constitucionales han controlado la constitu-

---

[15] Sentencia de la Corte Constitucional VfSlg 16.327/2001. *Véase* en Konrad Lachmayer, "*Constitutional Courts as 'Positive Legislators,'*" Austrian National Report, XVIII International Congress of Comparative Law, Washington, July, 2010, p. 6 (nota 20).

[16] *Véase* las referencias en Allan R. Brewer–Carías, *Reforma Constitucional y Fraude a la Constitución. Venezuela 1999–2009*, Academia de Ciencias Políticas y Sociales, Caracas 2009, pp. 78 ss.

[17] *Véase* Allan R. Brewer–Carías, *Reforma Constitucional y Fraude a la Constitución. Venezuela 1999–2009*, Academia de Ciencias Políticas y Sociales, Caracas 2009, pp. 78 ss.; y "La reforma constitucional en América Latina y el control de constitucionalidad", en *Reforma de la Constitución y control de constitucionalidad. Congreso Internacional, Pontificia Universidad Javeriana, Bogotá Colombia, junio 14 al 17 de 2005*, Bogotá, 2005, pp. 108–159.

cionalidad de las reformas y enmiendas constitucionales en cuanto al fondo. Éste fue el caso, por ejemplo, en Colombia, cuando la Corte Constitucional en sentencia de 26 de Febrero de 2010 anuló la Ley N° 1,354 de 2009 que convocaba a un referendo con el propósito de aprobar una reforma a la Constitución encaminada a permitir la reelección por un tercer período del Presidente de la República, al considerar que tal reforma contenía "violaciones sustanciales del principio democrático," e introducía reformas que implicaban la "sustitución o subrogación de la Constitución."[18]

En otros casos, como en la India, la Corte Suprema ha sido la que ha impuesto límites "tácitos" a la facultad del Parlamento para enmendar la Constitución, excluyendo de su alcance las previsiones básicas referidas a la estructura de la misma, [19] como sería por ejemplo, la facultad para efectuar el control de constitucionalidad,[20] convirtiéndose así la Corte Suprema, como lo afirmó Surya Deva, "probablemente, en la corte más poderosa de cualquier democracia."[21]

4. *El rol de los jueces constitucionales adaptando la Constitución en materias relativas a los derechos fundamentales*

El cuarto caso en el cual los jueces constitucionales interfieren con el Poder Constituyente, se produce cuando asumen el rol de adaptar las disposiciones constitucionales a los tiempos presentes, mediante su interpretación, particularmente en materias relativas a la protección y vigencia de los derechos fundamentales. En estos casos, como lo afirman Laurence Claus y Richard S. Kay, los jueces constitucionales "realizan legislación constitucional positiva" particularmente cuando el fallo que "dictan, crea obligaciones públicas "afirmativas" a cargo de los entes públicos[22]

Este papel de los jueces constitucionales, sin duda, ha sido el resultado de un proceso de "redescubrimiento" de derechos fundamentales no expresamente establecidos en las Constituciones, con lo que se ha ampliado, así, el alcance de

---

18 La sentencia, en septiembre de 2010, aún no había sido publicada. *Véase* el Comunicado sobre su texto publicado por la Corte Constituticonal, N° 9 de 26 de febrero de 2010, en www.corteconstitucional.com. Véanse los comentarios en Sandra Morelli, *"The Colombian Constitutional Court: from Institutional Leadership, to Conceptual Audacity,"* Colombian National Report, XVIII International Congress of Comparative Law, Washington, July, 2010, pp. 13–16

19 Caso *Kesvananda Bharti v State of Kerala,* Corte Suprema de la India, en Surya Deva, *"Constitutional Courts as 'Positive Legislators: The Indian Experience,"* Indian National Report, XVIII International Congress of Comparative Law, Washington, July, 2010, pp. 5–6.

20 Casos *Waman Rao v Union of India* AIR 1981 SC 271; *S P Sampath Kumar v Union of India* AIR 1987 SC 386; y *L Chandra Kumar v Union of India* AIR 1997 SC 1125, en *Idem*, p. 6 (nota 41).

21 *Idem*, p. 6.

22 *Véase* Laurence Claus y Richard S. Kay, *"Constitutional Courts as 'Positive Legislators' in the United States,"* U.S. National Report, XVIII International Congress of Comparative Law, Washington, July 2010, p. 6.

sus disposiciones, manteniéndose "viva" la Constitución.[23] El papel de la Corte Suprema de los Estados Unidos de Norteamérica en la elaboración de principios y valores constitucionales, tal como lo refieren Laurence Claus y Richard S. Kay, proporciona tal vez en esta materia "el ejemplo más destacado de legislación positiva en el transcurso de la jurisprudencia constitucional estadounidense."[24]

Así sucedió, en efecto, partiendo del caso *Brown v. Board of Education of Topeka*, 347 U.S. 483 (1954), cuando la Corte Suprema interpretó la cláusula de "igualdad de protección" de la Cuarta Enmienda con el fin de ampliar la naturaleza del principio de igualdad y no discriminación; o cuando decidió acerca de la garantía constitucional del "debido proceso" (Enmiendas V y XIV), o sobre la cláusula abierta de la Enmienda IX, con el propósito de desarrollar el sentido de la "libertad." Han dicho estos autores que este proceso transformó a la Corte Suprema en "el legislador [constitucional] actual más poderoso de la nación."[25]

Lo mismo ha ocurrido por ejemplo, en Francia, donde no conteniendo la Constitución una declaración de derechos fundamentales, el papel del Consejo Constitucional durante las últimas décadas ha sido precisamente la de transformar la Constitución, ampliando el *bloc de constitutionnalité*, otorgándole rango constitucional, mediante el Preámbulo de la Constitución de 1958, al Preámbulo de la Constitución de 1946, y finalmente, a la Declaración de los Derechos del Hombre y de los Ciudadanos de 1789. [26]

Este papel de los jueces constitucionales adaptando las Constituciones con el fin de garantizar los derechos fundamentales, descubriéndolos dentro de sus textos, o deduciéndolos de los previstos en los mismos, puede considerarse en la actualidad como una tendencia principal en el derecho comparado, la cual puede ser identificada en muchos países con diferentes sistemas de control de constitucionalidad, como es el caso de Suiza, Alemania, Portugal, Austria, Polonia, Croacia, Grecia y la India, donde los jueces constitucionales han efectuado cambios importantes a la Constitución, extendiendo el alcance de los derechos fundamentales.[27]

---

[23]   *Véase* Mauro Cappelletti, "El formidable problema del control judicial y la contribución del análisis comparado," en *Revista de estudios políticos*, 13, Madrid 1980, p. 78; "The Mighty Problem" of Judicial Review and the Contribution of Comparative Analysis," en *Southern California Law Review*, 1980, p. 409.

[24]   *Véase* en Laurence Claus y Richard S. Kay, "*Constitutional Courts as 'Positive Legislators' in the United States,*" U.S. National Report, XVIII International Congress of Comparative Law, Washington, July, 2010, pp. 12–13.

[25]   *Idem*, p. 20.

[26]   *Véase* Louis Favoreu, "Le principe de Constitutionalité. Essai de definition d'apres la jurisprudence du Conseil Constitutionnel", *Recueil d'étude en Hommage a Charles Eisenman*, Paris 1977, p. 34. *Véase* también, en el derecho comparado, Francisco Zúñiga Urbina, *Control de Constitucionalidad y sentencia*, Cuadernos del Tribnal Constitucional, Nº 34, Santiago de Chile 2006, pp. 46–68.

[27]   *Véase* Tobias Jaag, "*Constitutional Courts as 'Positive Legislators:' Switzerland,*" Swiss National Report, XVIII International Congress of Comparative Law, Washington, July 2010, p 11; I. Härtel, "*Constitutional Courts as Positive Legislators,*" German National Report, XVIII International Congress of Comparative Law, Wash-

5. *Las mutaciones a la Constitución en materia institucional*

Por otra parte, en asuntos que no tienen relación con los derechos fundamentales, también es posible identificar casos de mutaciones constitucionales legítimas realizadas por los jueces constitucionales en asuntos constitucionales claves relacionados con la organización y el funcionamiento del Estado. El Tribunal Federal Constitucional Alemán, por ejemplo, en el caso *AWACS-Urteil* decidido en 12 de julio de 1994,[28] resolvió respecto del despliegue militar en tiempos de paz, de misiones de las Fuerzas Armadas Alemanas en otros países, que aún cuando la Constitución no lo establece, la decisión respectiva debe tener el consentimiento del Parlamento, entendiéndose que ello se derivaba del texto constitucional. En este caso, sin duda, el Tribunal mutó la Constitución, incluso dictando detalladas prescripciones legislativas sustitutivas ordenando al Legislador y al Ejecutivo proceder de acuerdo con ellas, hasta tanto se dictase la legislación correspondiente.

La Corte Constitucional de Austria, en esta materia de mutaciones constitucionales puede decirse que ha creado un nuevo marco constitucional que debe ser seguido por el Parlamento en áreas que no han sido reguladas de manera expresa en la Constitución, como sucedió, por ejemplo, en el caso de los procesos de privatización, imponiendo reglas obligatorias a todas las autoridades del Estado.[29]

El Consejo de Estado de Grecia también ha impuesto límites a los órganos del Estado en asuntos relacionados con las privatizaciones excluyendo de su ámbito, por ejemplo, los poderes de policía.[30]

---

ington, July 2010, p. 12; Marek Safjan, , *"The Constitutional Courts as a Positive Legislator,"* Polish National Report, XVIII International Congress of Comparative Law, Washington, July 2010, p. 9; Sanja Barić and Petar Bačić, *"Constitutional Courts as positive legislators. National Report: Croatia,"* Croatian National Report, XVIII International Congress of Comparative Law, Washington, July 2010, p. 23 ss; Julia Iliopoulos–Strangas and Stylianos–Ioannis G. Koutna, *"Constitutional Courts as Positive Legislators. Greek National Report,"* XVIII International Congress of Comparative Law, Washington, July 2010, p. 14; Joaquim de Sousa Ribeiro and Esperança Mealha, *"The Constitutional Courts as a Positive Legislator,"* Portuguese National Report, XVIII International Congress of Comparative Law, Washington, July 2010, pp. 9–10; Surya Deva, *"Constitutional Courts as 'Positive Legislators: The Indian Experience,"* Indian National Report, XVIII International Congress of Comparative Law, Washington, July 2010, p. 4.

[28] Casos: BVferG, July 12, 1994, BVeffGE 90, 585–603, en Christian Behrendt, *Le juge constitutionnel, un législateur–cadre positif. Un analyse comparative en droit francais, belge et allemande*, Bruylant, Bruxelles 2006, pp. 352–356.

[29] Casos: "Austro Control" VfSlg 14.473/1996; "Bundeswertpapieraufsicht" (Federal Bond Authority) VfSlg 16.400/2001; "E–Control" VfSlg 16.995/2003; "Zivildienst–GmbH" (Compulsory community service Ltd), VfSlg 17.341/2004, en Konrad Lachmayer, *"Constitutional Courts as 'Positive Legislators'"* Austrian National Report, XVIII International Congress of Comparative Law, Washington, July, 2010, p. 11 (nota 31).

[30] Sentencia del Consejo de Estado no. 1934/1998, *ToS* 1998, 598 (602–603), en Julia Iliopoulos–StrangasyStylianos–Ioannis G. Koutna, *"Constitutional Courts as Positi-*

La Corte Constitucional de la República de Eslovaquia, por ejemplo, ha reformulado las disposiciones constitucionales en relación con la posición y autoridad del Presidente de la República dentro de la organización general del Estado, convirtiéndose, como lo indican Ján Svák y Lucia Bertisová, en "la creadora directa del sistema constitucional de la República de Eslovaquia."[31]

Por último, la Corte Suprema de Canadá, a través del muy importante instrumento de las "decisiones referenciales" (*referal judgements*) ha creado y declarado las reglas constitucionales que, por ejemplo, rigen en procesos constitucionales importantes como el relativo a la "patriación" de la Constitución de Canadá que la separó del Reino Unido (*Patriation Reference,* 1981)[32]; y la posible secesión de Quebec del resto de Canadá, (*Quebec Secession Reference,* 1998)[33] determinando, como lo mencionó Kent Roach, reglas constitucionales básicas que sirven de guía a los cambios constitucionales, y destinadas además evitar crisis constitucionales potenciales.

Pero también en materia de mutaciones constitucionales, el derecho comparado muestra lamentables ejemplos de mutaciones ilegítimas, que en lugar de reforzar el constitucionalismo, lo que han hecho es romper el principio democrático y el Estado de derecho, como las que han ocurrido en Venezuela en la década 2000- 2010, durante la cual la Sala Constitucional del Tribunal Supremo, al servicio del autoritarismo, ha modificado la Constitución para incluso implementar mediante sus sentencias diversas reformas constitucionales que fueron rechazadas por el pueblo mediante referendo en diciembre de 2007.[34] De nuevo, sin

---

ve *Legislators.* Greek National Report, XVIII International Congress of Comparative Law, Washington, July, 2010, p. 16 (nota 125).

[31] Sentencia N° I. ÚS 39/93, en Ján Svák y Lucia Berdisová, "*Constitutional Court of the Slovak Republic as Positive Legislator via Application and Interpretation of the Constitution,*" Slovak National Report, XVIII International Congress of Comparative Law, Washington, July, 2010, p. 4.

[32] Sentencia [1981] 1 S.C.R. 753, en Kent Roach, "*Constitutional Courts as Positive Legislators:* Canada Country Report", XVIII International Congress of Comparative Law, Washington, July, 2010, p. 9.

[33] Sentencia [1998] 2 S.C.R. 217, en Kent Roach, "*Constitutional Courts as Positive Legislators:* Canada Country Report", XVIII International Congress of Comparative Law, Washington, July, 2010, p. 9.

[34] Véanse los comentarios sobre algunos casos en Allan R. Brewer–Carías, "El juez constitucional al servicio del autoritarismo y la ilegítima mutación de la Constitución: el caso de la Sala Constitucional del Tribunal Supremo de Justicia de Venezuela (1999–2009)," en *Revista de Administración Pública,* N° 180, Madrid 2009, pp. 383–418; "El Juez Constitucional vs. La alternabilidad republicana (La reelección continua e indefinida), en *Revista de Derecho Público,* N° 117, (enero–marzo 209), Caracas 2009, pp. 205–211; "La ilegítima mutación de la constitución por el juez constitucional: la inconstitucional ampliación y modificación de su propia competencia en materia de control de constitucionalidad," en *Libro Homenaje a Josefina Calcaño de Temeltas,* Fundación de Estudios de Derecho Administrativo (FUNEDA), Caracas 2009, pp. 319–362; "La ilegitima mutación de la Constitución y la legitimidad de la jurisdicción constitucional: la "reforma" de la forma federal del Estado en Venezuela mediante interpretación constitucional," en *Memoria del X Congreso Iberoamericano de Derecho Constitucional,* Instituto Iberoamericano de De-

duda, se trata de temas que forman parte del capítulo de la patología de la justicia constitucional.

III. LOS JUECES CONSTITUCIONALES INTERFIRIENDO CON LA LEGISLACIÓN EXISTENTE

El papel más importante y común de los jueces constitucionales, sin duda, se desarrolla en relación con la legislación existente, no sólo al declarar su inconstitucionalidad e incluso anular las leyes, sino al interpretarlas de conformidad o en armonía con la Constitución, proporcionando directrices o pautas al Legislador en su tarea de legislar.

1. *Los jueces constitucionales complementado funciones legislativas al interpretar las leyes en armonía con la Constitución*

Tradicionalmente, el papel de los jueces constitucionales controlando la constitucionalidad de las leyes había estado condicionada por la aplicación del clásico binomio: *inconstitucionalidad/invalidez-nulidad* que conformó la actividad inicial de los jueces constitucionales en su calidad de "Legisladores Negativos."[35] Ese rol, en la actualidad, puede decirse que ha sido superado, de manera que los jueces constitucionales progresivamente han venido asumido un papel más activo en la interpretación de la Constitución y de las leyes con el fin, no sólo de anularlas o de no aplicarlas cuando fueren consideradas inconstitucionales, sino de interpretarlas en conformidad con la Constitución,[36] entre otros propósitos, para preservar la propia acción del Legislador y de las leyes que ha promulgado. En esta forma, los jueces constitucionales se han convertido en importantes instituciones de orden constitucional en la tarea de ayudar y cooperar con el Legislador en sus funciones legislativas.

En este carácter, los jueces constitucionales cada vez con más frecuencia han venido dictando decisiones interpretativas, tal como ha ocurrido en Italia, España, Francia y Hungría,[37] donde en muchos casos han decidido no anular la ley

---

recho Constitucional, Asociación Peruana de Derecho Constitucional, Instituto de Investigaciones Jurídicas–UNAM y Maestría en Derecho Constitucional–PUCP, IDEMSA, Lima 2009, tomo 1, pp. 29–51; *Dismantling Democracy in Venezuela. The Chávez Authoritarian Experiment*, Cambridge University Press, New York, 2010, 418 pp.

[35] *Véase* F. Fernández Segado, *"El Tribunal Constitucional como Legislador Positivo,* Spanish National Report, XVIII International Congress of Comparative Law, Washington, July, 2010, pp. 8 ss.

[36] Caso *Ashwander v. TVA*, 297 U.S. 288, 346–48 (1936), Corte Suprema de los Estados Unidos (Juez Brandeis). El principio se formuló por primera vez en el caso *Crowell v. Benson*, 285 U.S. 22, 62 (1932). *Véase* "Notes. Supreme Court Interpretation of Statutes to avoid constitutional decision," *Columbia Law Review*, Vol. 53, N° 5, New York, May 1953, pp. 633–651

[37] *Véase* Gianpaolo Parodi, *"The Italian Constitutional Court as 'Positive Legislator, '"* Italian National Report, XVIII International Congress of Comparative Law, Washington, July, 2010, p. 3; Francisco Fernández Segado, *"El Tribunal Constitucional como Legislador Positivo,* Spanish National Report, XVIII International Congress of Comparative Law, Washington, July, 2010, p. 34; Bertrand Mathieu, *"Le Conseil*

impugnada, resolviendo en cambio, modificar su significado al establecer un contenido nuevo, como resultado de la interpretación constitucional que han hecho de la ley acorde con la Constitución. [38]

En estos casos, la interferencia de los jueces constitucionales con la legislación existente ha seguido dos líneas de acción principales: primero, complementando las funciones legislativas como Legisladores provisionales o agregando reglas a la Legislación existente mediante decisiones interpretativas; y segundo, interfiriendo en relación con los efectos temporales de la legislación existente.

2. *Los jueces constitucionales complementando al Legislador al "agregar" nuevas normas a las disposiciones legislativa existentes, otorgándole un nuevo significado*

En relación con el proceso de interpretación de las leyes en armonía o en conformidad con la Constitución al momento de poner a prueba su inconstitucionalidad, los jueces constitucionales, con el fin de evitar la anulación o invalidación de la ley, con frecuencia han creado nuevas normas legislativas, en algunas ocasiones incluso alterando el significado de la disposición particular, agregando a su redacción lo que se ha considerado que le falta.

Este tipo de decisiones, llamadas "sentencias aditivas," han sido emitidas con frecuencia por la Corte Constitucional Italiana. Como lo ha explicado Gianpaolo Parodi, con estas decisiones, a pesar de que no alteran "el texto de la disposición que se declara como inconstitucional," la Corte ha "transformado su significado normativo, en ocasiones reduciendo y en otras ampliando su esfera de aplicación, pero no sin dejar de introducir una nueva norma al sistema legal," o "crear" nuevas normas.[39] Fue el caso, por ejemplo, de la decisión adoptada por la Corte Constitucional italiana en 1969 en relación con la constitucionalidad del artículo 313.3 del Código Penal donde la posibilidad de acusación por vilipendio contra la Corte Constitucional estaba sujeta a la previa autorización del Ministerio de Justicia y Gracia. La Corte consideró que tal autorización contrariaba su independencia y era inconstitucional, deduciendo subsecuentemente que la autorización debía ser dada por la propia Corte,[40] forzando la norma –como lo ha dicho

---

constitutionnel 'législateur positif. Ou la question des interventions du juge constitutionnel français dans l'exercise de la function legislative," French National Report, XVIII International Congress of Comparative Law, Washington, July, 2010, p. 13; Lóránt Csink, Józef Petrétei and Péter Tilk, "*Constitutional Court as Positive Legislator. Hungarian National Report,*" XVIII International Congress of Comparative Law, Washington, July, 2010, p. 4

38 *Véase* Francisco Javier Díaz Revorio, *Las sentencias interpretativas del Tribunal Constitucional,* Lex Nova, Valladolid 2001, pp. 59 ss; y en José Julio Fernández Rodríguez, *La justicia constitucional europea ante el Siglo XXI,* Tecnos, Madrid 2007, pp. 129 ss.

39 *Véase* Gianpaolo Parodi, "*The Italian Constitutional Court as 'Positive Legislator,'*" Italian National Report, XVIII International Congress of Comparative Law, Washington, July, 2010, p. 6.

40 Sentencia N° 15, de 15 de febrero de 1969, en Francisco Javier Díaz Revorio, *Las sentencias interpretativas del Tribunal Constitucional,* Lex Nova, Valladolid 2001, pp. 151–152.

Díaz Revorio–, a decir que no decía, incluso si se eliminaba la parte de la misma que se consideraba incompatible con la independencia de la Corte.[41] Estas decisiones aditivas también han sido aplicadas de manera regular, por ejemplo, en Alemania por parte de la Corte Constitucional Federal, y en Perú, por el Tribunal Constitucional.

Estas decisiones aditivas en la modalidad de "sentencias substitutivas" se han utilizado en forma regular, por ejemplo, de nuevo, en casos relacionados con la protección al derecho a la igualdad y a la no discriminación, buscando eliminar las diferencias establecidas en la ley. Es el caso en España, donde el Tribunal Constitucional, por ejemplo, ha extendido el beneficio de las pensiones de la Seguridad Social a "hijos y hermanos" cuando en la ley solo está concedido a "hijas y hermanas,"[42] o ha otorgado a quienes viven en unión marital de hecho y estable, los derechos otorgados a los casados en matrimonio;[43] casos en los cuales, como lo ha afirmado Francisco Fernández Segado, es posible considerar al Tribunal Constitucional Español como un "real legislador positivo."[44]

Una situación similar se puede encontrar en Portugal, donde el Tribunal Constitucional, por ejemplo, ha extendido al viudo los derechos de pensión asignadas a la viuda;[45] a las uniones *de hecho*, los derechos de las personas casadas; y a los hijos producto de las uniones *de hecho*, los derechos que se otorgan a los hijos legítimos. De acuerdo con de Sousa Ribeiro, estas decisiones se pueden considerar como sentencias aditivas, pues su implementación cambia el ámbito de las normas legislativas, independientemente de cualquier reforma a la letra de las mismas.[46]

---

[41]   *Idem*, p. 152.

[42]   Sentencia STC 3/1993, January 14, 1993, en Francisco Javier Díaz Revorio, *Las sentencias interpretativas del Tribunal Constitucional*, Lex Nova, Valladolid 2001, pp. 177, 274; F. Fernández Segado, "*El Tribunal Constitucional como Legislador Positivo*," Spanish National Report, XVIII International Congress of Comparative Law, Washington, July, 2010, p. 42.

[43]   Sentencia STC 222/1992, December 11, 1992, en Francisco Javier Díaz Revorio, *Las sentencias interpretativas del Tribunal Constitucional*, Lex Nova, Valladolid 2001, pp. 181, 182, 275; F. Fernández Segado, "*El Tribunal Constitucional como Legislador Positivo*," Spanish National Report, XVIII International Congress of Comparative Law, Washington, July, 2010, p. 41.

[44]   *Véase* F. Fernández Segado, "*El Tribunal Constitucional como Legislador Positivo*", Spanish National Report, XVIII International Congress of Comparative Law, Washington, July, 2010, p. 48.

[45]   Sentencia N° 449/87 del Tribunal Constitucional, en Joaquim de Sousa Ribeiro y Esperança Mealha, "*Constitutional Courts as "Positive Legislators,"* Portuguese National Report, International Congress of Comparative Law, Washington, July, 2010, p. 8

[46]   *Idem*, p. 9.

De manera similar, en Sudáfrica, la Corte Constitucional ha extendido algunos derechos típicos de parejas casadas, a las uniones del mismo sexo que se encuentren en situación estable.[47]

En Canadá, la Corte de Apelaciones de Ontario deshizo la definición de matrimonio como "la unión de un hombre y una mujer" y la sustituyó por concepto genérico neutral de una "unión entre personas," para permitir los matrimonios entre personas del mismo sexo. Estas decisiones, como lo afirmó Kent Roach, "equivalen a enmiendas o adiciones judiciales a la legislación."[48]

Una solución similar de decisiones aditivas para reforzar el derecho a la igualdad y a la no discriminación se puede encontrar en muchos casos similares en los Países Bajos, en Perú, Costa Rica, Argentina, Hungría, Polonia, la República Checa y Francia.[49] En este último, por ejemplo, el Consejo Constitucional en un caso relacionado con el derecho a obtener oportuna respuesta en asuntos relativos a las comunicaciones televisivas, como lo mencionó Bertrand Mathieu, simplemente, "sustituyó la voluntad del legislador,"[50] cambiando la letra de la ley.

---

[47]   *Véase* en Iván Escobar Fornos, "Las sentencias constitucionales y sus efectos en Nicaragua," en *Anuario Iberoamericano de Justicia Constitucional*, Centro de Estudios Políticos y Constitucionales, N° 12, 2008, Madrid 2008, pp. 111–112.

[48]   *Véase* Kent Roach, *"Constitutional Courts as Positive Legislator,"* Canadian National Report, XVIII International Congress of Comparative Law, Washington Julio 2010, p. 7

[49]   *Véase* por ejemplo, Marek Safjan, *"The Constitutional Courts as a Positive Legislator,"* Polish National Report, XVIII International Congress of Comparative Law, Washington, Julio 2010, pp. 13–14; Lóránt Csink, Józef Petrétei and Péter Tilk, *"Constitutional Court as Positive Legislator. Hungarian National Report,"* Hungarian National Report, XVIII International Congress of Comparative Law, Washington, Julio 2010, p. 5; Zdenek Kühn, *"Czech Constitutional Court as Positive Legislator,"* Czech National Report, XVIII International Congress of Comparative Law, Washington, Julio 2010, p. 9; J. Uzman T. Barkhuysen & M.L. van Emmerik, *"The Dutch Supreme Court: A Reluctant Positive Legislator?"*, Dutch National Report, XVIII International Congress of Comparative Law, Washington, Julio 2010, p. 14; Fernán Altuve Febres, , *"El Juez Constitucional como legislador positivo en el Perú,"* Peruvian National Report, XVIII International Congress of Comparative Law, Washington, Julio 2010, pp. 14–15; Rubén Herández Valle, *"Las Cortes Constituitonales como Legisladores positivos,"* Costa Rican National Report, XVIII International Congress of Comparative Law, Washington, Julio 2010, p. 38; Alejandra Rodríguez Galán and Alfredo Mauricio Vítolo, *"Constitutional Courts as "Positive Legislators,"* Argentinean National Report, XVIII International Congress of Comparative Law, Washington, Julio 2010, p. 17.

[50]   *Véase* en Bertrand Mathieu, *"Le Conseil constitutionnel 'législateur positif. Ou la question des interventions du juge constitutionnel français dans l'exercice de la function legislative,"* French National Report, XVIII International Congress of Comparative Law, Washington, Julio 2010, p. 16.

3. *Los jueces constitucionales complementando las funciones legislativas al interferir con los efectos temporales de la legislación*

El segundo papel de los jueces constitucionales cuando interfieren con la legislación existente, se refiere a la facultad que tienen para determinar los efectos temporales de las leyes. Hace algunas décadas, el asunto de los efectos temporales de las decisiones emitidas por los jueces constitucionales constituía uno de los aspectos principales de la distinción entre el sistema difuso y el sistema concentrado de control de constitucionalidad. Hoy en día, puede decirse que este elemento distintivo ha desaparecido por completo, y en su lugar lo que se encuentra es un proceso de convergencia entre todos los sistemas de justicia constitucional, siendo común el rol de los jueces constitucionales interfiriendo con los efectos temporales de la legislación.

Este rol se identifica en el derecho comparado, en tres situaciones diferentes: cuando el juez constitucional pospone el inicio de los efectos de sus decisiones de inconstitucionalidad; cuando el juez constitucional aplica en forma retroactiva o prospectiva los efectos de sus decisiones; y cuando el juez constitucional, como consecuencia del ejercicio del control de constitucionalidad, revive una legislación ya derogada.

A. *La facultad de los jueces constitucionales para determinar en el futuro cuándo una ley anulada por inconstitucional deja de tener efecto: el aplazamiento de los efectos de las sentencias anulatorias*

El primero de los casos en los cuales los jueces constitucionales interfieren con la vigencia de las leyes se da cuando modulan los efectos temporales de sus decisiones declaratorias de inconstitucionalidad o nulidad de una ley, estableciendo una *vacatio sentenciae*. En estos casos, el juez constitucional determina cuándo una ley anulada dejará de tener efecto en el futuro, posponiendo el inicio de los efectos de su propia decisión y, por tanto, extendiendo la aplicación de la ley declarada inconstitucional. Ésta interferencia, por ejemplo, se ha producido en Austria, Grecia, Bélgica, la República Checa, Francia, Croacia, Brasil, Polonia y Perú.[51] En México, igualmente, si bien es cierto que, en principio, las deci-

---

[51] *Véase* Konrad Lachmayer, *"Constitutional Courts as 'Positive Legislators,'"* Austrian National Report, XVIII International Congress of Comparative Law, Washington, Julio 2010, p. 7; Julia Iliopoulos–Strangas and Stylianos–Ioannis G. Koutna, *"Constitutional Courts as Positive Legislators. Greek National Report,"* XVIII International Congress of Comparative Law, Washington, Julio 2010, p. 20; Christian Behrendt, *Le judge constitutionnel, un législateur–cadre positif. Un analyse comparative en droit francais, belge et allemande*, Bruylant, Bruxelles 2006, p. 87, 230, 235, 286, 309; P. Popelier, *"L'activité du judge constitutionnel belge comme législateur,"* Belgium National Report, XVIII International Congress of Comparative Law, Washington, Julio 2010, pp. 4–7; Zdenek Kühn, *"Czech Constitutional Court as Positive Legislator,"* Czech National Report, XVIII International Congress of Comparative Law, Washington, Julio 2010, p. 12; Sanja Barić and Petar Bačić, *"Constitutional Courts as positive legislators. National Report: Croatia,"* XVIII International Congress of Comparative Law, Washington, Julio 2010, p. 17; Jairo Gilberto Schäfer and Vânia Hack de Almeida, "O controle de constitutionalidade no dereitto brasileiro e a possibilidade de modular os efeitos da decisão de inconstitutionalidade," en *Anuario Iberoamericano de Justicia Constitucional*, N° 12, 2008, Cen-

siones de la Suprema Corte tienen efectos generales desde su fecha de publicación, la Corte puede establecer otra fecha futura distinta con el fin de evitar vacíos legislativos, proporcionando al mismo tiempo al Legislador la oportunidad de promulgar la nueva legislación en sustitución de la anulada.[52]

La misma solución se da en Alemania, aunque sin una disposición clara como la que existe en Bélgica, Francia o Croacia, sólo basada en una norma de la Ley del Tribunal Constitucional Federal que le otorga la facultad para disponer la forma de ejecutar sus decisiones.[53]

También en Italia, donde, aun cuando la Constitución establece de manera clara que cuando la Corte Constitucional declara la inconstitucionalidad de una disposición legal, ésta deja de tener efecto al día siguiente posterior a su publicación (Artículo 136),[54] existen fallos importantes de la Corte Constitucional aplazando los efectos en el tiempo de la decisión declarando la inconstitucionalidad de una norma.[55] Lo mismo ha ocurrido en España, y en Canadá, donde, en ausencia de una norma legal que regule la materia, los jueces constitucionales han asumido la facultad de posponer el inicio de los efectos de sus decisiones de

---

tro de Estudios Políticos y Constitucionales, Madrid 2008, p. 384; Domingo García Belaúnde y Gerardo Eto Cruz, "Efectos de las sentencias constitucionales en el Perú," en *Anuario Iberoamericano de Justicia Constitucional*, Nº 12, 2008, Centro de Estudios Políticos y Constitucionales, Madrid 2008, pp. 283–284.

[52]   *Véase* "Tesis jurisprudencial" P./J 11/2001, en SJFG, Tomo XIV, Sept. 2001, p. 1008, en Héctor Fix Zamudio y Eduardo Ferrer Mac Gregor, *Las sentencias de los Tribunales Constitucionales*, Ed. Porrúa, México, pp. 69; y en "Las sentencias de los tribunales constitucionales en el ordenamiento mexicano," en *Anuario Iberoamericano de Justicia Constitucional*, Nº 12, 2008, Centro de Estudios Políticos y Constitucionales, Madrid 2008, pp. 247–248.

[53]   Caso *BVferG*, May 22, 1963 (Circuitos Electorales), en Christian Behrendt, *Le judge constitutionnel, un législateur–cadre positif. Un analyse comparative en droit francais, belge et allemande*, Bruylant, Bruxelles 2006, pp. 299–300. Caso *BVferG*, November 7, 2006 (Impuesto sucesoral), en I. Härtel, *"Constitutional Courts as Positive Legislators,"* German National Report, International Congress of Comparative Law, Washington, July, 2010, p. 7.

[54]   En un proyecto de reforma constitucional de 1997, que no fue aprobado, se buscaba autorizar a l Tribunal Constitucional para poder posponer por un año los efectos de las decisiones de nulidad. *Véase* Francisco Javier Díaz Revorio, *Las sentencias interpretativas del Tribunal Constitucional*, Lex Nova, Valladolid 2001, p. 125 (nota 166).

[55]   Sentencia Nos. 370/2003; 13 y 423/2004 (en material de educación), en Gianpaolo Parodi, *"The Italian Constitutional Court as 'Positive Legislator,"* Italian National Report, XVIII International Congress of Comparative Law, Washington, Julio 2010, p. 13.

nulidad;[56] situación que también se da en Argentina, que cuenta con un sistema difuso de control de constitucionalidad.[57]

B. *La facultad de los jueces constitucionales para determinar desde cuándo una ley anulada habrá dejado de tener efectos: los efectos retroactivos o prospectivos de sus propias decisiones*

Otro aspecto relacionado con los efectos temporales de las decisiones de los jueces constitucionales y su incidencia respecto de la legislación, se refiere a los efectos retroactivos o prospectivos de las mismas, materia en la cual también ha ocurrido un proceso de convergencia entre todos los sistemas de justicia constitucional, y donde ahora ya no es posible encontrar soluciones rígidas.

a. *La posibilidad de limitar los efectos retroactivos, ex tunc en relación con las sentencias declarativas*

El principio clásico en esta materia, ha sido que en el sistema difuso de control de constitucionalidad de las leyes, las sentencias declarativas de inconstitucionalidad eran consideradas efectivamente como "declarativas," con efectos *ex tunc, ab initio* y retroactivos. Éste fue, por ejemplo, el principio tradicional en los Estados Unidos, donde se asignaba efectos retroactivos a las decisiones de la Corte Suprema, de manera particular en asuntos penales.[58] La realidad actual, sin embargo, es otra, habiendo sido el principio progresivamente flexiblilizado en la práctica judicial debido a sus posibles consecuencias negativas o injustas en relación con los efectos ya producidos por la ley declarada inconstitucional. De ello ha resultado que la antigua "regla absoluta" ha sido abandonada, reconociendo la Corte Suprema su autoridad para otorgar o rechazar efectos retroactivos a sus decisiones. La misma solución, en definitiva se ha seguido en Argentina;[59] y en los Países Bajos, en relación con el control de la "convencionalidad" de las leyes.[60]

---

[56] Caso *Manitoba Language Reference* [1985] 1 S.C.R. 721, en Kent Roach, "*Constitutional Courts as Positive Legislator,*" Canadian National Report, XVIII International Congress of Comparative Law, Washington Julio 2010, p. 7 (nota 8).

[57] Caso *Rosza, Jurisprudencia Argentina,* 2007–III–414, en Néstor P. Sagües, "Los efectos de las sentencias constitucionales en el derecho argentino," en *Anuario Iberoamericano de Justicia Constitucional,* Centro de Estudios Políticos y Constitucionales, Nº 12, 2008, Madrid 2008, p. 352.

[58] Caso *Norton v. Selby County,* 118 US 425 (1886), p. 442. Sobre la crítica a este fallo véase J.A.C. GRANT, "The Legal Effect of a Ruling that a Statute is Unconstitutional," en *Detroit College of Law Review,* 1978, (2), p. 207.

[59] Caso *Itzcovich, Jurisprudencia Argentina* 2005–II–723, en Néstor P. Sagües, "Los efectos de las sentencias constitucionales en el derecho argentino," en *Anuario Iberoamericano de Justicia Constitucional,* Centro de Estudios Políticos y Constitucionales, Nº 12, 2008, Madrid 2008, p. 351.

[60] Caso *Boon v. Van Loon* de 27 de noviembre de 1981, *NJ* 1982/503, en J. Uzman T. Barkhuysen & M.L. van Emmerik, *The Dutch Supreme Court: A Reluctant Positive Legislator?*" *Dutch National Report,* XVIII International Congress of Comparative Law, Washington Julio 2010, p. 42 (nota 138).

La misma flexibilización del principio ha ocurrido en países con un sistema concentrado de control de constitucionalidad donde el mismo principio de la retroactividad de las decisiones del juez constitucional fue adoptado para decisiones de anulación. Éste ha sido el caso de Alemania donde a pesar de que los efectos declarativos constituían el principio aplicable por parte del Tribunal Constitucional Federal, en la práctica puede decirse que no es común encontrar decisiones que anulen leyes sólo con efectos *ex tunc*. [61] En Polonia, Portugal y Brazil, por otra parte, los jueces constitucionales están autorizadas para restringir los efectos retroactivos de sus decisiones y asignarle a las decisiones efectos *ex nunc, pro futuro.*"[62]

b. *La posibilidad de asignar efectos retroactivos, a las decisiones constitutivas, ex nunc*

Por otra parte, en países con sistemas concentrados de control de constitucionalidad, aún cuando el principio inicial conforme a la concepción de Kelsen, adoptado en la Constitución Austriaca de 1920, fue el de otorgar efectos constitutivos a las sentencias de los jueces constitucionales que anulaban una ley, teniendo en principio efectos *ex-nunc, pro futuro* o prospectivos, [63] dicho principio ha sido mitigado, de manera particular en casos penales, aceptando los efectos retroactivos de la decisión de anulación. Esta es hoy la tendencia general aplicable por ejemplo, en España, Perú, Francia, Croacia, Serbia, la República Eslovaca, México y Bolivia. [64] En otros países como Venezuela, Brasil, Colombia y

---

[61]   *Véase* Francisco Fernández Segado, "*El Tribunal Constitucional como Legislador Positivo,* Spanish National Report, XVIII International Congress of Comparative Law, Washington, July, 2010, pp. 8, 14.

[62]   *Véase* por ejemplo, Marek Safjan, "*The Constitutional Courts as a Positive Legislator,*" Polish National Report, XVIII International Congress of Comparative Law, Washington, July, 2010, p. 5; Maria Fernanda Palma, "O Legislador negativo e o intérprete da Constitucão," en *Anuario Iberoamericano de Justicia Constitucional*, Centro de Estudios Políticos y Constitucionales, N° 12, 2008, Madrid 2008, p. 174; 329; Francisco Fernández Segado, "Algunas reflexiones generales en torno a los efectos de las sentencias de inconstitucionalidad y a la relatividad de ciertas fórmulas esterotipadas vinculadas a ellas," en *Anuario Iberoamericano de Justicia Constitucional*, Centro de Estudios Políticos y Constitucionales, N° 12, 2008, Madrid 2008, p. 174; Iván Escovar Fornos, *Estudios Jurídicos*, Tomo I, Ed. Hispamer, Managua 2007, p. 493; Joaquim de Sousa Ribeiro y Esperança Mealha, "*Constitutional Courts as "Positive Legislators*", Portuguese National Report, XVIII International Congress of Comparative Law, Washington, July, 2010, pp. 6; Thomas Bustamante y Evanlida de Godoi Bustamante, "*Constitutional Courts as "Negative Legislators:" The Brazilian Case,*" Brazil National Report, XVIII International Congress of Comparative Law, Washington, July, 2010, p. 26.

[63]   *Véase* Konrad Lachemayer, "*Constitutional Courts as 'Positive Legislators,'*" *Austrian National Report*, XVIII International Congress of Comparative Law, Washington, July, 2010, pp. 7–8.

[64]   *Véase* por ejemplo, Francisco Javier Díaz Revorio, Las *sentencias interpretativas del Tribunal Constitucional,* Ed. Lex Nova, Valladolid, 2001, pp. 104–105; 126–127; Francisco Fernández Segado, "Algunas reflexiones generales en torno a los efectos de las sentencias de inconstitucionalidad y a la relatividad de ciertas fórmu-

Costa Rica, el principio es que la Corte Constitucional está autorizada para determinar los efectos temporales de sus decisiones en el tiempo, lo que puede o no implicar asignarle efectos retroactivos según el caso.[65]

4. El poder de los jueces constitucionales para revivir la legislación derogada

Finalmente, aún cuando como principio fundamental, también de acuerdo con las propuestas de Hans Kelsen de 1928,[66] las decisiones de los jueces constitucionales declarando la nulidad de una disposición legal no implicaba que la legislación anterior que la ley anulada había derogado reviviera, el principio contrario fue el adoptado en Austria, y es el que se aplica en Portugal y Bélgica.[67] En otros países como Polonia, México y Costa Rica, corresponde a los propios jueces constitucionales decidir sobre el tema.[68]

---

las esterotipadas vinculadas a ellas," en *Anuario Iberoamericano de Justicia Constitucional*, Centro de Estudios Políticos y Constitucionales, N° 12, 2008, Madrid 2008, p. 192–194; Domingo García Belaúnde y Gerardo Eto Cruz, "Efectos de las sentencias constitucionales en el Perú," en *Anuario Iberoamericano de Justicia Constitucional*, Centro de Estudios Políticos y Constitucionales, N° 12, 2008, Madrid 2008, p. 281–282.

[65] *Véase* por ejemplo, Allan R. Brewer–Carías, "Algunas consideraciones sobre el control jurisdiccional de la constitucionalidad de los actos estatales en el derecho venezolano," en *Revista de Administración Pública*, N° 76, Madrid 1975, pp. 419–446; y en *Justicia Constitucional. Procesos y Procedimientos Constitucionales*, Universidad Nacional Autónoma de México, México 2007, pp. 343 ss.; Jairo Gilberto Schäfer y Vânia Hack de Almeida, "O controle de constitucionalidade no dereito brasileiro e a possibilitade de modular os effeitos de decisão de inconstitucionalidade," en *Anuario Iberoamericano de Justicia Constitucional*, Centro de Estudios Políticos y Constitucionales, N° 12, 2008, Madrid 2008, pp. 383–384; Héctor Fix Zamudio y Eduardo Ferrer Mac Gregor, *Las sentencias de los Tribunales Constitucionales*, Ed. Porrúa, México, pp. 69; y "Las sentencias de los Tribunales Constitucionales en el ordenamiento mexicano," en *Anuario Iberoamericano de Justicia Constitucional*, Centro de Estudios Políticos y Constitucionales, N° 12, 2008, Madrid 2008, p. 248

[66] *Véase* Hans Kelsen, *La garantía jurisdiccional de la Constitución (La justicia constitucional)*, Universidad Nacional Autónoma de México, Mexico 2001, p. 84.

[67] *Véase* por ejemplo, Christian Behrendt, *Le judge constitutionnel, un législateur–cadre positif. Un analyse comparative en droit francais, belge et allemande*, Bruylant, Bruxelles 2006, pp. 280, 281; 436–437.

[68] *Véase* por ejemplo Héctor Fix Zamudio y Eduardo Ferrer Mac Gregor, *Las sentencias de los Tribunales Constitucionales*, Ed. Porrúa, México, pp. 63–64, 74; y "Las sentencias de los Tribunales Constitucionales en el ordenamiento mexicano," en *Anuario Iberoamericano de Justicia Constitucional*, Centro de Estudios Políticos y Constitucionales, N° 12, 2008, Madrid 2008, p. 252.

[68] *Véase* Iván Escovar Fornos, *Estudios Jurídicos*, Tomo I, Ed. Hispamer, Managua 2007, p. 513; y en "Las sentencias constitucionales y sus efectos en Nicaragua," en *Anuario Iberoamericano de Justicia Constitucional*, Centro de Estudios Políticos y Constitucionales, N° 12, 2008, Madrid 2008, p. 114.

IV. LOS JUECES CONSTITUCIONALES INTERFIRIENDO CON LA AUSENCIA DE LEGISLACIÓN O CON LAS OMISIONES LEGISLATIVAS

Pero en el mundo contemporáneo, uno de los roles de mayor importancia de los jueces constitucionales no es ya el control de la constitucionalidad de las leyes existentes, sino el control de constitucionalidad de la ausencia de dichas leyes o de las omisiones que contengan las leyes sancionadas, cuando el Legislador no cumple su obligación constitucional de legislar en asuntos específicos o cuando la legislación ha sido sancionada de manera incompleta o discriminatoria.

Este control de la constitucionalidad de las omisiones legislativas varía según se trate de omisiones absolutas y relativas, estando ambas sujetas a control de constitucionalidad. [69]

1. *Los jueces constitucionales controlando las omisiones legislativas absolutas*

En relación con el control de constitucionalidad de las omisiones legislativas absolutas, este se desarrolla por los jueces constitucionales a través de dos medios judiciales distintos: *primero*, al decidir acciones directas ejercidas contra las omisiones absolutas e inconstitucionales del Legislador; y *segundo*, cuando deciden acciones de amparo o de protección de derechos fundamentales presentadas contra la omisión del Legislador que en el caso particular, impide al accionante la posibilidad de efectivamente gozar de su derecho.

A. *La acción directa contra las omisiones legislativas absolutas*

La acción directa de inconstitucionalidad contra las omisiones legislativas absolutas se estableció por primera vez en el mundo contemporáneo en la Constitución de la antigua Yugoslavia de 1974 (artículo 377), habiendo influido, dos años después, en su incorporación en la Constitución de Portugal de 1976, donde se le asignó la legitimación activa para accionar a determinados altos funcionarios públicos. [70] La acción se conservó en la Constitución de 1982, teniendo las decisiones (*Parecer*) del Tribunal Constitucional, en estos casos, el sólo efecto de informar al órgano legislativo competente sobre la decisión de inconstitucionalidad de la omisión, en las cuales se puede recomendar la adopción de la legislación correspondiente. [71]

---

[69]   *Véase* José Julio Fernández Rodríguez, *La inconstitucionalidad por omisión. Teoría general. Derecho comparado. El caso español*, Civitas, Madrid 1998, pp, 33, 114 ss.

[70]   *Véase* Jorge Campinos, "Brevísimas notas sobre a fiscalizacão da constitucionalidade des leis em Portugal," en Giorgo Lombardi (Coord.), *Constituzione e giustizia constitucionale nel diritto comparato*, Maggioli, Rímini, 1985; y *La Constitution portugaise de 1976 et sa garantie*, UNAM, Congreso sobre La Constitución y su Defensa, (mimeo), México, Agosto 1982, p. 42.

[71]   *Véase* en José Julio Fernández Rodríguez, *La inconstitucionalidad por omisión. Teoría general. Derecho comparado. El caso español*, Civitas, Madrid 1998, pp. 265–266.

Algunos años después, la acción directa de inconstitucionalidad contra las omisiones legislativas absolutas se adoptó en algunos países latinoamericanos, en particular en Brasil (1988),[72] y luego en Costa Rica, Ecuador y Venezuela, donde se ha usado extensivamente. Una importante diferencia debe sin embargo destacarse, y es que en estos últimos países, la legitimación se ha ampliado, y en el caso de Venezuela, incluso, la acción contra las omisiones legislativas absolutas ha sido concebida como una acción popular.[73] Además, en el caso de Venezuela, la Sala Constitucional del Tribunal Supremo ha sido dotada de facultades expresas en la Constitución (artículo 336.7) para establecer no solo la inconstitucionalidad de la omisión, sino también los términos y, de ser necesario, los lineamientos para la corrección de la omisión legislativa. En esta materia, además, la propia Sala Constitucional ha ampliado sus propias facultades en los casos de control de la omisión legislativa absoluta en relación con actos legislativos no normativos, y en 2004, por ejemplo, después de que la Asamblea Nacional no cumplió su función de designar a los miembros del Consejo Nacional Electoral, la Sala no solo declaró la inconstitucionalidad de la omisión, sino que procedió a designar directamente a dichos altos funcionarios, usurpando sin duda las facultades exclusivas de la Asamblea Nacional, lamentablemente asegurando de esta manera el control total por parte del Poder Ejecutivo del Poder Electoral.[74] Otro caso, sin duda, del capítulo de la patología de la justicia constitucional.

También en Hungría, la Constitución permite a la Corte Constitucional decidir *ex officio* o mediante petición de cualquier solicitante, en relación con la inconstitucionalidad de las omisiones legislativas, pudiendo instruir al Legislador sobre el sentido en el cual debe llevar a cabo su tarea en un lapso de tiempo específico, y hasta definiendo el contenido de las reglas que deben ser sancionadas.[75] Esta facultad también ha sido atribuida en Croacia a la Corte Constitucional, la cual también puede proceder *ex officio*.[76]

---

[72] *Véase* por ejemplo, Marcia Rodrigues Machado, "Inconstitutionalidade por omissão," en *Revista da Procuradoria Greal de São Paulo*, N° 30, 1988, pp. 41 ss.;

[73] *Véase* Allan R. Brewer–Carías y Víctor Hernández Mendible, *Ley Orgánica del Tribunal Supremo de Justicia*, Caracas 2010.

[74] *Véase* los comentarios a las decisiones N° 2073 de 4 de agosto de 2003 (Caso: *Hermánn Escarrá Malaver y otros*) y N° 2341 de 25 de agosto de 2003 (Caso: *Hermánn Escarrá M. y otros*), en Allan R. Brewer–Carías, "El secuestro del Poder Electoral y la confiscación del derecho a la participación política mediante el referendo revocatorio presidencial: Venezuela 2000–2004," en *Boletín Mexicano de Derecho Comparado*, Instituto de Investigaciones Jurídicas, Universidad Nacional Autónoma de México, N° 112. México, enero–abril 2005 pp. 11–73.

[75] *Véase* en Lóránt Csink, Józef Petrétei y Péter Tilk, "*Constitutional Court as Positive Legislator,*" Hungarian National Report, XVIII International Congress of Comparative Law, Washington, July, 2010, pp. 5–6.

[76] *Véase* Sanja Barić y Petar Bačić, "*Constitutional Courts as positive legislators,*" Croatian National Report, XVIII International Congress of Comparative Law, Washington, July, 2010, pp. 12–13.

B. *La protección de los derechos fundamentales contra las omisiones legislativas absolutas por medio de acciones de amparo o protección*

El otro medio comúnmente utilizado por los jueces constitucionales para ejercer el control de constitucionalidad en relación con las omisiones legislativas inconstitucionales son las acciones de amparo,[77] o las acciones judiciales específicas de protección de los derechos fundamentales que pueden intentarse contra los daños o amenazas que tales omisiones puedan provocar sobre dichos derechos.

En este sentido, en Alemania, la acción de amparo o de protección constitucional de los derechos fundamentales (*Verfassungsbeschwerde*),[78] ha sido utilizada por el Tribunal Constitucional Federal como un medio para ejercer el control de constitucionalidad de las omisiones legislativas, lo que se ha aplicado, por ejemplo, en casos relacionados con los derechos de los hijos ilegítimos, imponiendo la aplicación de las mismas condiciones de los legítimos, exhortando al Legislador a reformar el Código Civil en un período específico de tiempo.[79]

En la India, también, la Corte Suprema ha controlado las omisiones legislativas, al decidir acciones de protección de derechos fundamentales, como en fue el importante caso relacionado con el "acoso escolar" (*ragging / bullying*) en las Universidades, en el cual la Corte no solo exigió que el Legislador promulgara la legislación omitida, sino que prescribió los pasos detallados que debían adoptarse a los efectos de frenar la nociva práctica, delineando los diferentes modos de castigo que las autoridades educativas podían utilizar. La Corte Suprema de la India incluso designó, en el 2006, a un Comité de seguimiento de las medidas judiciales adoptadas, ordenando, en el 2007, la implementación de sus recomendaciones.[80]

En una orientación similar, mediante los *equitable remedies*, como las *injunctions*, la Corte Suprema de los Estados Unidos ha desarrollado en forma progresiva el sistema de protección judicial de los derechos fundamentales (*civil right injunctions*), llenando el vacío originado por las omisiones legislativas, en

---

[77]   *Véase* en general en el derecho comparado: Allan R. Brewer–Carías, *Constitutional Protection of Human Rights in Latin America. A Comparative Study of Amparo Proceeding*, Cambridge University Press, New York 2009, pp. 324 ss.

[78]   *Véase* en general, Francisco Fernández Segado, "El control de las omisiones legislativas por el Bundesverfassungsgericht," en *Revista de Derecho*, N° 4, Universidad Católica del Uruguay, Konrad Adenauer Stiftung, Montevideo 2009, pp. 137–186.

[79]   Sentencia del Tribunal Constitucional Federal N° 26/1969 of January 29, 1969, en I. Härtel, "*Constitutional Courts as Positive Legislators,*" German National Report, XVIII International Congress of Comparative Law, Washington, July, 2010, p. 19.

[80]   Casos *Vishwa Jagriti Mission v Central Government* AIR 2001 SC 2793, y *University of Kerala v Council of Principals of Colleges of Kerala*, en Surya Deva, "*Constitutional Courts as 'Positive Legislators: The Indian Experience*," Indian National Report, XVIII International Congress of Comparative Law, Washington, July, 2010, p. 9 (footnote 58).

particular, dictando medidas coercitivas y prohibitivas, así como de carácter estructural (*structural injunctions*).[81]

Esto tuvo un desarrollo muy importante, particularmente después de la decisión de la Corte Suprema adoptada en el caso de *Brown v. Board of Education,* 347 U.S. 483 (1954); 349 U.S. 294 (1955) en el cual se declaró discriminatorio el sistema escolar dual que existía, permitiendo que los tribunales asumieran la supervisión de las políticas y prácticas institucionales del Estado con el fin de evitar la discriminación racial.[82] Este activismo judicial mediante las *injunctions* fue aplicado, después, en otros importantes casos litigiosos sobre derechos individuales relacionados con el tema de las reasignaciones de circunscripciones electorales, los hospitales psiquiátricos, las cárceles, las prácticas comerciales y el medio ambiente. También, al adoptar estas soluciones equitativas para la protección de los derechos fundamentales, la Corte Suprema de los Estados Unidos ha terminado creando una "legislación judicial complementaria," por ejemplo, en relación con las condiciones para las detenciones y allanamientos policiales, cuando están relacionadas con la investigación y persecución de delitos.

En América Latina, las acciones de amparo constitucional también han sido el instrumento que ha utilizado el juez constitucional para la protección de los derechos fundamentales contra las omisiones legislativas.[83] Este es especialmente el caso del *mandado de injunção* brasileño, el cual funciona precisamente como una orden judicial concedida precisamente en los casos en los cuales la ausencia de disposiciones legislativas que hacen imposible o dificultoso el ejercicio de los derechos y libertades constitucionales. Con las decisiones judiciales resultantes declarando la inconstitucionalidad de la omisión, los tribunales no sólo han otorgado al Congreso un plazo para corregir su omisión, sino que han establecido las reglas, algunas veces por analogía, que deben aplicarse en caso de que la omisión persista, lo que ha ocurrido por ejemplo en materia del régimen de la seguridad social y del derecho de huelga de los trabajadores del sector público.[84]

En Argentina, también es posible encontrar la misma tendencia general en los casos en los cuales la Corte Suprema ha terminado actuando como órgano complementario del Legislador en asuntos relacionados con la protección de dere-

---

81   *Véase* William Tabb y Elaine W. Shoben, *Remedies,* Thomson West, 2005, p. 13; Owen M. Fiss, *The Civil Rights Injunctions,* Indiana University Press, 1978, pp. 4–5; Owen M. Fiss y Doug Rendelman, *Injunctions,* The Foundation Press, 1984, pp. 33–34; y Allan R. Brewer–Carías, *Constitutional Protection of Human Rights in Latin America,* Cambridge University Press, New York 2009, pp. 69 ss.

82   Caso *Missouri v. Jenkins,* 515 U.S. 70 (1995), en Laurence Claus y Richard S. Kay, "*Constitutional Courts as 'Positive Legislators' in the United States,*" US National Report, XVIII, International Congress of Comparative Law, Washington, July, 2010, p. 31 (footnote 104).

83   *Véase* Allan R. Brewer–Carías, *Constitutional Protection of Human Rights in Latin America,* Cambridge University Press, New York 2009.

84   *Véase* Thomas Bustamante y Evanlida de Godoi Bustamante, "*Constitutional Courts as "Negative Legislators:" The Brazilian Case,*" Brazil National Report, XVIII, International Congress of Comparative Law, Washington, July 2010, p. 19.

chos fundamentales, al decidir recursos de amparo.[85] También en Colombia, al decidir recursos de *tutela*, incluso referidos a violaciones masivas de derechos humanos como las ocurridas con las personas desplazadas, la Corte Constitucional ha creado, *ex officio*, lo que se conoce con el nombre de *"estado de cosas inconstitucionales,"* configurándose una situación jurídica que ha desembocado en la sustitución de los jueces ordinarios, del Legislador y de la Administración en la definición y coordinación de las políticas públicas. [86]

En Canadá, de manera muy similar a la acción de amparo latinoamericano, conforme a la Constitución, los tribunales tienen la potestad de adoptar una amplia variedad de decisiones de protección de los derechos fundamentales, incluso exigiendo al gobierno la realización de acciones positivas con el propósito de cumplir con la Constitución y de solucionar los efectos de violaciones constitucionales. Estos poderes judiciales han sido usados ampliamente, por ejemplo, para hacer cumplir la protección de las idiomas minoritarios, y garantizar las obligaciones que en materia de bilingüismo que tienen las Provincias; en asuntos de justicia penal, debido a la ausencia de disposiciones legislativas para asegurar juicios expeditos y la presentación de evidencias al acusado por parte del fiscal acusador; y en asuntos de extradición de las personas que podrían enfrentar la pena de muerte en el Estado solicitante.[87]

En cierta forma, en el Reino Unido, a pesar de que el principio constitucional básico continúa siendo que los tribunales no pueden sustituir ni interferir en las tareas del Parlamento, también es posible identificar importantes decisiones de los mismos en materia constitucional de protección de derechos humanos, estableciendo lineamientos que suplementan las atribuciones del Parlamento o del Gobierno. Esto ha ocurrido, por ejemplo, en materia de esterilización de adultos intelectualmente discapacitados y de personas en estado vegetativo permanente, casos en los cuales los tribunales han establecidos reglas para su aplicación en ausencia de la legislación pertinente.[88]

También en la República Checa, la Corte Constitucional ha llenado el vacío derivado de la omisión legislativa en asuntos como el relacionado con el aumento de alquileres en apartamentos, en los que la Corte consideró que "su rol de

---

[85]   *Véase* en Alejandra Rodríguez Galán y Alfredo Mauricio Vítolo, *"Constitutional Courts as "Positive Legislators,"* Argentinean National Report, XVIII, International Congress of Comparative Law, Washington, July, 2010, p. 17.

[86]   *Véase* en Sandra Morelli, *"The Colombian Constitutional Court: from Institutional Leadership, to Conceptual Audacity,"* Colombian National Report, XVIII, International Congress of Comparative Law, Washington, July, 2010, p. 5.

[87]   Casos: *Reference re Manitoba Language Rights* [1985] 1 S.C.R. 721; [1985] 2 S.C.R. 347; [1990] 3 S.C.R. 1417n; [1992] 1 S.C.R. 212; *R. v. Stinchcombe* [1991] 3 S.C.R. 326, en Kent Roach, *"Constitutional Courts as Positive Legislators: Canada Country Report"*, XVIII, International Congress of Comparative Law, Washington, July, 2010, pp. 11–12.

[88]   Casos *Re F (Mental Patient: Sterilisation)* [1990] 2 *AC 173; y Airedale NHS Trust v Bland,* en John Bell, *"Constitutional Courts as 'Positive Legislators': United Kingdom,"* British National Report, XVIII, International Congress of Comparative Law, Washington, July, 2010, p. 7

protectora de la constitucionalidad no puede quedar limitada a una mera posición de legislador "negativo."[89]

2. El juez constitucional llenando el vacío creado por las omisiones legislativas relativas

Durante las últimas décadas, en particular, en los sistemas de control concentrado de constitucionalidad, en los casos del control de las omisiones legislativas cuando se trata de previsiones legales deficientes o inadecuadas que afectan específicamente el goce o ejercicio de los derechos fundamentales, los jueces constitucionales han venido desarrollado la técnica de declarar la inconstitucionalidad de dichas disposiciones insuficientes, pero sin anularlas, enviando en cambio directrices, lineamientos y recomendaciones y hasta mandatos al Legislador, con el fin de lograr que se corrijan las omisiones legislativas inconstitucionales.

En todos estos casos, puede decirse que los jueces constitucionales han actuado como ayudantes y colaboradores del Legislador, especialmente también con el fin de proteger el derecho a la igualdad y a la no discriminación. Estas instrucciones o directrices que emanan de los jueces constitucionales dirigidas al Legislador en algunos casos son meras recomendaciones no vinculantes; en otros casos tienen carácter obligatorio; y en otros, son concebidas como "leyes" provisionales.

A. Los jueces constitucionales emitiendo directrices no vinculantes dirigidas al Legislador

En términos generales, en relación con las recomendaciones judiciales no obligatorias emanadas de los jueces constitucionales, la Corte Constitucional italiana ha dictado las llamadas sentencias exhortativas o delegadas o *sentenze indiritzzo*,[90] mediante las cuales declara la inconstitucionalidad de una disposición legislativa, pero sin introducir la norma que debería aplicarse mediante la interpretación, dejando esta tarea al Legislador. En otros casos, la instrucción dirigida al legislador puede tener carácter condicional en relación con la potestad de la Corte Constitucional en materia de control de constitucionalidad, en el sentido de que si el Legislador no legisla y llena el vacío legislativo, la Corte procedería a anular la ley. En Italia también se ha desarrollado la fórmula llamada de la *doppia pronuncia*,[91] que opera cuando el Legislador no ejecuta las re-

---

[89]   Sentencia Pl. ÚS 8/02, *Rent Control II*, no. 528/2002 Sb. de 20 de noviembre de 2002; y Pl. ÚS 2/03, *Rent Control III*, no. 84/2003 Sb, de 19 de marzo de 2003, en Zdenek Kühn, *"Czech Constitutional Court as Positive Legislator,"* Czech National Report, XVIII, International Congress of Comparative Law, Washington, July, 2010, p. 14 (nota 58).

[90]   *Véase* L. Pegoraro, *La Corte e il Parlamento. Sentenze–indirizzo e attivitá legislativa*, Cedam, Padova 1987, pp. 3 ss.; Francisco Javier Díaz Revorio, *Las sentencias interpretativas del Tribunal Constitucional*, Ed. Lex Nova, Valladolid, 2001, p. 268.

[91]   *Véase* Iván Escovar Fornos, *Estudios Jurídicos*, Tomo I, Ed. Hispamer, Managua 2007, p. 504.

comendaciones de la Corte, en cuyo caso esta declararía la inconstitucionalidad de la ley impugnada en una segunda decisión.

Este tipo de decisiones judiciales de tipo exhortativo también se han aceptado en Alemania donde se denominan "decisiones de apelación," mediante las cuales el Tribunal Constitucional Federal puede emitir "advertencias al Legislador," contentivas de directrices legislativas y estableciendo un plazo para que se promulgue la disposición omitida.[92]

Esta misma técnica ha sido aplicada en Francia y en Bélgica, donde el Consejo Constitucional y la Corte Constitucional, respectivamente, también han dictado este tipo de directrices dirigidas al Legislador, las cuales, aún sin tener efectos directos sobre la normativa a dictar, pueden establecer un marco para la futura acción legislativa.[93] Una técnica similar se ha aplicado en Polonia, llamada de las "señalizaciones," por medio de la cual el Tribunal Constitucional llama la atención del legislador sobre problemas de naturaleza general.[94] También se ha aplicado en Serbia, la República Checa y México.[95]

En países con sistemas de control difuso de constitucionalidad, como en Argentina, estas decisiones judiciales tipo exhorto también han sido dictadas por la Corte Suprema, en casos relacionados con acciones colectivas de amparo, exhortando a las autoridades involucradas a sancionar nuevas disposiciones legales con el fin de atender, por ejemplo, la situación de sobrepoblación y degradación del sistema penitenciario.[96] Estas facultades también han sido utilizadas en casos de control judicial de "convencionalidad" en relación con la Convención Americana de los Derechos Humanos. Una situación similar se ha producido con decisiones de la Corte Suprema de los Países Bajos, enviando al Legislador "consejos exhortativos."[97]

---

[92] *Véase* Francisco Javier Díaz Revorio, *Las sentencias interpretativas del Tribunal Constitucional*, Ed. Lex Nova, Valladolid, 2001, pp.264; y Iván Escovar Fornos, *Estudios Jurídicos*, Tomo I, Ed. Hispamer, Managua 2007, p. 505.

[93] Sentencia BVerfG, de 19 de Julio de 1966, BVerfGE 20, 56 (114–115), en Christian Behrendt, *Le judge constitutionnel, un législateur–cadre positif. Un analyse comparative en droit francais, belge et allemande*, Bruylant, Bruxelles 2006, pp. 176–179, 185 ss.

[94] *Véase* por ejemplo la "señalización" en relación con la protección de inquilinos de de 29 de junio de 2005, OTK ZU 2005/6A/77, en Marek Safjan, "*The Constitutional Courts as a Positive Legislator,*" *Polish National Report*, International Congress of Comparative Law, Washington, July, 2010, p. 16 (nota 45).

[95] *Véase* por ejemplo, Héctor Fix Zamudio y Eduardo Ferrer Mac Gregor, "Las sentencias de los tribunales constitucionales en el ordenamiento mexicano," en *Anuario Iberoamericano de Justicia Constitucional*, N° 12, 2008, Centro de Estudios Políticos y Constitucionales, Madrid 2008, p. 252.

[96] Caso *Verbitsky*, CSIJ, Fallos. 328:1146, en Néstor P. Sagües, "Los efectos de las sentencias constitucionales en el derecho argentino," en *Anuario Iberoamericano de Justicia Constitucional*, Centro de Estudios Políticos y Constitucionales, N° 12, 2008, Madrid 2008, p. 340.

[97] Caso *Harmonisation Act* de 1989, en *J.* Uzman T. Barkhuysen & M.L. van Emmerik, "*The Dutch Supreme Court: A Reluctant Positive Legislator?*", Dutch Na-

B. *Los jueces constitucionales emitiendo órdenes y directrices vinculantes para el Legislador*

En muchos casos de control de la constitucionalidad de las omisiones legislativas relativas, generalmente basadas también en la violación del derecho a la no discriminación y a la igualdad, los jueces constitucionales han declarado la inconstitucionalidad de la omisión relativa, pero sin anular la disposición, asumiendo, en cambio, de manera progresiva un papel más positivo, emitiendo en relación con el Legislador, no sólo directrices sino también mandatos o instrucciones con el fin de que aquél reforme o corrija las leyes de la manera indicada por el juez. Esto ha transformado a los jueces constitucionales en un tipo de auxiliar legislativo, imponiéndole al Legislador ciertas tareas, estableciendo un plazo preciso para el desarrollo de las mismas.

Esta técnica de control de constitucionalidad ha sido utilizada en Alemania, donde el Tribunal Constitucional Federal, por medio de decisiones mandatorias ha emitido órdenes al Legislador, por ejemplo, en asuntos relacionados con el régimen de pensión alimenticia, con las incompatibilidades profesionales, con el reembolso de gastos en las campañas electorales, con las condiciones de los profesores, con el aborto y el servicio civil alternativo, incluso indicando al Legislador lo que no debe hacer a los efectos de evitar agravar las desigualdades consideradas inconstitucionales.[98]

Similares decisiones emitidas por Cortes Constitucionales puede encontrarse en Bélgica, Austria, Croacia y Colombia.[99] En el caso de Francia, debido al tradicional sistema de control de constitucionalidad *a priori* de las leyes ejercido por el Consejo Constitucional, uno de los medios más importantes para asegurar el cumplimiento de sus decisiones han sido las directrices, llamadas *"réserves d'interprétation"* o *"réserves d'application"*, aunque no dirigidas al legislador sino a las autoridades administrativas que deben emitir los reglamentos de la ley y a los jueces que deben aplicar la ley.[100]

---

tional Report, XVIII, International Congress of Comparative Law, Washington, July, 2010, p. 6.

[98] Sentencias BVerfG, de 14 de Julio de 1981, BVerfGE 57, 381; BVerfG, de 15 de febrero de 1967, BVerfGE 21, 183; BVerfG, de 9 de marzo de 1976, BVerfGE 41, 414, en I. Härtel, *"Constitutional Courts as Positive Legislators,"* German National Report, XVIII, International Congress of Comparative Law, Washington, July, 2010, p. 9.; y Christian Behrendt, *Le judge constitutionnel, un législateur–cadre positif. Un analyse comparative en droit francais, belge et allemande*, Bruylant, Bruxelles 2006, pp. 259–288

[99] *Véase* por ejemplo, Mónica Liliana Ibagón, "Control jurisdiccional de las omisiones legislativas en Colombia," en Juan Vega Gómez y Edgar Corzo Sosa, *Instrumentos de tutela y justicia constitucional. Memoria del VII Congreso Iberoamericano de Derecho Constitucional*, Universidad Nacional Autónoma de México, México 2002, pp. 322–323.

[100] *Véase* Bertrand Mathieu, *"Le Conseil constitutionnel 'législateur positif. Ou la question des interventions du juge constitutionnel français dans l'exercise de la function legislative,"* French National Report, XVIII International Congress of Comparative Law, Washington, July, 2010, p. 10.

3. Los jueces constitucionales como Legisladores provisionales

Finalmente, en muchos otros casos de control de la constitucionalidad de las omisiones legislativas, los jueces constitucionales no se han limitado sólo a emitir mandatos al Legislador buscando que sancione disposiciones legislativas a los efectos de llenar los vacíos producidos por sus omisiones, sino que han asumido directamente el papel de "legisladores provisionales" al incluir en sus decisiones, cuando declaran la inconstitucionalidad de previsiones legales, medidas o normas que han de aplicarse a los asuntos específicos considerados como inconstitucionales, hasta que el Legislador sancione la ley que está obligado a producir.

En estos casos, el juez constitucional declara la anulación o invalidez de la disposición inconstitucional, pero además para evitar que se materialice el vacío legislativo que la nulidad origina, establece en forma temporal ciertas normas en la materia para ser aplicadas hasta la promulgación de nueva legislación que debe emitirse.[101] Los jueces constitucionales, en estos casos, en la práctica, puede decirse que actúan como "legisladores sustitutivos" aunque no para usurpar las funciones del Legislador sino para preservar su propia libertad legislativa.[102]

Esta técnica también ha sido aplicada en Alemania por el Tribunal Constitucional Federal, el cual ha asumido "un poder legislativo auxiliar" y ha actuado como una especie de "organización de reparación parlamentaria"[103] como sucedió en 1975, cuando decidió sobre la impugnación de las normas legales relativas a la despenalización parcial del aborto. En dicho proceso, después de declarar como inconstitucionales las disposiciones respectivas del Código Penal, el Tribunal consideró que "en el interés de la transparencia de la ley" era apropiado establecer una "regulación provisional" en la materia a ser aplicable hasta que las nuevas disposiciones fuesen sancionadas por el Legislador,"[104] procediendo entonces a dictar una "legislación provisional" muy detallada sobre el asunto sobre el cual se aplicó durante casi 15 años, hasta 1992, cuando el parlamento sancionó la esperada reforma del Código. Pero la misma fue nuevamente impugnada por inconstitucional ante el Tribunal Constitucional Federal, el cual, en 1993, en una nueva decisión, después de declarar de nuevo, la reforma, como contraria a la

---

[101] *Véase* Christian Behrendt, *Le judge constitutionnel, un législateur–cadre positif. Un analyse comparative en droit francais, belge et allemande*, Bruylant, Bruxelles 2006, pp. 333 ss.

[102] *Véase* Otto Bachof, "Nuevas reflexiones sobre la jurisdicción constitucional entre derecho y política," en *Boletín Mexicano de Derecho Comparado*, XIX, N° 57, Mexico 1986, pp. 848–849.

[103] *Véase* Christian Behrendt, *Le judge constitutionnel, un législateur–cadre positif. Un analyse comparative en droit francais, belge et allemande*, Bruylant, Bruxelles 2006, p. 341, notas 309 y 310.

[104] Sentencia BVerfG, de 25 de febrero de 1975, BVerfGE 39, 1, (68), en Christian Behrendt, *Le judge constitutionnel, un législateur–cadre positif. Un analyse comparative en droit francais, belge et allemande*, Bruylant, Bruxelles 2006, pp. 342 ff; y I. Härtel, "*Constitutional Courts as Positive Legislators,*" German National Report, XVIII International Congress of Comparative Law, Washington, July, 2010, p. 14.

Constitución,[105] estableció una vez más en forma por lo demás muy detallada, como "legislador real", todas las normas reguladoras sobre el aborto en el país.

En Suiza, la Corte Suprema en diferentes casos ha dictado normas con el fin de llenar el vacío creado por omisiones legislativas en materias relativas a la aplicación de derechos constitucionales, como ha ocurrido, por ejemplo, en relación con los procesos relacionados con la detención de extranjeros; el derecho de asilo; y las reglas sobre expropiaciones.[106]

También en la India, la Corte Suprema ha asumido el papel de legislador provisional en asuntos relativos a la protección de derechos fundamentales, en casos relacionados con las capturas y arrestos realizados por la policía, emitiendo avisos destinados a todos los entes gubernamentales estableciendo en detalle los requerimientos que debían seguirse en todos los casos de arresto y captura hasta que se dictasen las respectivas disposiciones legales. En este caso, aún cuando la normativa judicial era de carácter provisional y temporal, en la práctica han seguido conformando la "legislación" aplicables en la materia.[107] La Corte Suprema también ha ejercido los mismos poderes protegiendo los derechos de las mujeres trabajadoras contra el acoso sexual en los lugares de trabajo, emitiendo órdenes "para la protección de estos derechos con el fin de llenar el vacío legislativo."[108]

Dentro de este tipo de decisiones de control de constitucionalidad que incluyen normas provisionales establecidas mediante la interpretación de la Constitución, es posible incluir a las llamadas *"súmula vinculante"* emitidas por el Tribunal Supremo Federal de Brasil, como por ejemplo, las relativas a la prohibición del nepotismo en el Poder Judicial, y a la delimitación de las tierras de los pueblos indígenas.[109]

---

[105] Sentencias BVerfG, de 25 de mayo de 1993 (*Schwangerrschaftsabbruch II*), y BVerfGE 88, 203, de 25 de febrero de 1975, en Christian Behrendt, *Le judge constitutionnel, un législateur–cadre positif. Un analyse comparative en droit francais, belge et allemande*, Bruylant, Bruxelles 2006, pp. 346–351.

[106] Sentencias BGE 91 I 329 ss. (expropiación sustantiva); BGE 94 I 286 ss. (apropiación de derechos de vecinos). *Véase* en Tobias Jaag, "*Constitutional Courts as 'Positive Legislators:' Switzerland,*" Swiss National Report, XVIII International Congress of Comparative Law, Washington, July, 2010, p. 16 (nota 89).

[107] Caso *D K Basu v State of West Bengal*, (1997) 1 SCC 416, en Surya Deva, *Constitutional Courts as 'Positive Legislators: The Indian Experience*," Indian National Report, XVIII International Congress of Comparative Law, Washington, July, 2010, pp. 6–7.

[108] Caso *Vishaka v State of Rajasthan*, 1997 SC 3011, en Surya Deva, *Constitutional Courts as 'Positive Legislators: The Indian Experience*," *Indian National Report*, XVIII International Congress of Comparative Law, Washington, July, 2010, p. 8 (nota 49).

[109] *Súmula vinculante* N° 13, STF, *DJ* 1°.set.2006, ADC 12 MC/DF, Rel. Min. Carlos Britto, y STF, *DJ* 25.set.2009, Pet 3388/RR, Rel. Min. Carlos Britto, en Luis Roberto Barroso et al, "Notas sobre a questão do Legislador Positivo" (*Brazil*), XVIII International Congress of Comparative Law, Washington, July, 2010, pp. 33–37; 43–46.

También en Venezuela es posible hallar casos en los que la Sala Constitucional del Tribunal Supremo, en ausencia de leyes reguladoras correspondientes, ha emitido decisiones que contienen disposiciones normativas, resultado del ejercicio por la Sala Constitucional de la llamada "jurisdicción normativa," mediante la cual ha establecido normas completas reguladoras de ciertas situaciones que no han sido objeto de regulación legislativa, como por ejemplo, en relación con las relaciones estables *de facto* entre hombres y mujeres, y en asuntos relativos a la fertilización in vitro.[110]

V. LOS JUECES CONSTITUCIONALES COMO LEGISLADORES EN MATERIA DE JUSTICIA CONSTITUCIONAL

Por último, la cuarta tendencia que puede identificarse en el derecho comparado en relación con los jueces constitucionales actuando como "legisladores positivos," se relaciona con la actividad normativa que tradicionalmente han desplegado en relación con la legislación en materia de control de constitucionalidad o de justicia constitucional. En este sentido, los jueces constitucionales no sólo han dictado normas en relación con sus propios poderes de revisión o control cuando ejercen la justicia constitucional y con las acciones que pueden ser interpuestas ante ellos, sino en relación con el procedimiento aplicable en los procesos constitucionales. Esta situación varía, por supuesto según el sistema de control de constitucionalidad que se haya adoptado.

1. *Los jueces constitucionales creando sus propias facultades de control de constitucionalidad*

A. *La creación por el juez constitucional de sus propios poderes de control en el sistema difuso de control de constitucionalidad*

En el sistema difuso o descentralizado de control de constitucionalidad, el poder-deber de todos los tribunales y jueces de desechar la aplicación de leyes que estimen contrarias a la Constitución, aplicando ésta preferentemente al decidir casos concretos, no necesita estar expresamente establecido en la Constitución. Estos poderes derivan del principio de supremacía de la Constitución tal como lo delineó el Juez John Marshall, en la conocida decisión de la Corte Suprema de Estados Unidos en el caso *Marbury* vs. *Madison* 1 Cranch 137 (1803). En consecuencia, en los Estados Unidos, debido a este vínculo esencial entre la supremacía de la Constitución y la *judicial review*, el poder de los jueces de controlar la constitucionalidad de las leyes fue una creación de la Suprema Corte, como también lo fue unas décadas después en Noruega, en Grecia, y en Argenti-

---

[110] Sentencia Nº 1682 de 15 de Julio de 2005, caso *Carmela Manpieri, Interpretación del artículo 77 de la Constitución*, en http://www.tsj.gov.ve/decisiones/scon/Julio/1682–150705–04–3301.htm; y sentencia Nº 1456 de 27 de julio de 2006, caso *Yamilex Núñez de Godoy*, en http://www.tsj.gov.ve/decisiones/scon/Julio/1456–270706–05–1471.htm *Véase* Daniela Urosa Maggi, "*Cortes Constitucionales como 'Legisladores Positivos:' La experiencia venezolana*," Venezuelan Nacional Report, XVIII International Congress of Comparative Law, Washington, July, 2010, p. 19–20

na,[111] donde el control de constitucionalidad también fue producto de la creación jurisprudencial de sus respectivas Cortes Supremas de Justicia.

B. *La extensión de las facultades de control de constitucionalidad para asegurar la protección de los derechos fundamentales*

Por otra parte, y en particular en relación con la protección de los derechos y libertades fundamentales, dado los principios de progresividad y prevalencia arraigados ya en el constitucionalismo contemporáneo, los jueces constitucionales en su carácter de interpretes supremos de la Constitución, en ausencia de la legislación pertinente, han creado incluso la misma acción de amparo como un medio judicial para la protección de aquellos. Este fue el caso, también de Argentina en 1957, de la República Dominicana en 1999,[112] y en la República de Eslovaquia, donde la Corte Constitucional "creó" un medio específico de protección de los derechos fundamentales.[113]

En materia específica de la protección de los derechos e intereses difusos y colectivos establecidos en la Constitución, en Venezuela, la Sala Constitucional ha admitido la acción directa del amparo en la materia, fijando su regulación;[114] y en la India, la Corte Suprema ha expandido la acción para la protección de los derechos fundamentales, para abarcar la protección de dichos derechos colectivos y difusos, conformando los llamados "litigios de interés público."[115]

---

[111] *Véase* Allan R. Brewer–Carías, *Judicial Review in Comparative Law*, Cambridge University Press, Cambridge 1989.

[112] *Véase* Allan R. Brewer–Carías, *Constitutional Protection of Human Rights in Latin America,* Cambridge University Press, New York, 2010

[113] Sentencia de la Corte Constitucional N° III. ÚS 117/01, en Ján SvákyLucia Berdisová, *"Constitutional Court of the Slovak Republic as Positive Legislator via Application and Interpretation of the Constitution,"* Slovak National Report, XVIII International Congress of Comparative Law, Washington, July, 2010, p. 9.

[114] Sentencias N° 656 de 30 de junio de 2000, caso *Dilia Parra Guillen (Peoples' Defender),* en http://www.tsj.gov.ve/decisiones/scon/Junio/656–300600–00–1728%20.htm; N° 1395 de 21 de noviembre de 2000, caso *William Dávila* Case, en *Revista de Derecho Público*, N° 84, Editorial Jurídica Venezolana, Caracas, 2000, pp. 330; N° 1571 de 22 de agosto de 2001, caso *Asodeviprilara,* en http://www.tsj.gov.ve/decisiones/scon/Agos–to/1571–220801–01–1274%20.htm. *Véase* Daniela Urosa Maggi, *"Cortes Constitucionales como 'Legisladores Positivos:' La experiencia venezolana,"* Venezuelan National Report, XVIII International Congress of Comparative Law, Washington, July, 2010, p. 11–12

[115] Casos *S P Gupta v Union of India* AIR 1982 SC 149; *PUDR v Union of India* AIR 1982 SC 1473; *Bandhua Mukti Morcha v Union of India* (1984) 3 SCC 161, en Surya Deva, *"Constitutional Courts as 'Positive Legislators: The Indian Experience,"* Indian National Report, XVIII International Congress of Comparative Law, Washington, July, 2010, p. 2, 4–5

2. *La necesidad de contar con una disposición expresa en la Constitución estableciendo la Jurisdicción Constitucional en los sistemas de control concentrado, y sus desviaciones*

En contraste con lo que ocurre en los sistemas de control difuso de control de constitucionalidad, en los sistemas de control concentrado, la facultad exclusiva de los Tribunales o Cortes Constitucionales o de las Cortes Supremas de controlar la constitucionalidad de los actos legislativos, como Jurisdicción Constitucional, tiene que estar siempre establecida en forma expresa en la Constitución, no pudiendo ser establecida por deducción a través de decisiones judiciales. [116]

Sin embargo, si bien este principio general se ha mantenido incólume, en algunos casos, los jueces constitucionales lo que han hecho es ampliar o adaptar sus competencias de control de constitucionalidad, como ocurrió, por ejemplo, en los casos en los cuales los Tribunales o Cortes Constitucionales han aplicado la técnica de declarar la inconstitucionalidad de las leyes, pero sin anularlas, o cuando han asumido la facultad de extender la aplicación de la ley declarada inconstitucional durante un tiempo, o cuando han emitido directrices destinadas al legislador a los efectos de que legisle en armonía con la Constitución. Esta ha sido, como se ha visto, por ejemplo, la técnica desarrollada en Alemania, incluso como lo indicó Inés Härtel, "sin autorización legal, de hecho, *contra legem.*"[117] En España, el Tribunal Constitucional ha aplicado la misma técnica también a pesar de la disposición contraria contenida en la Ley Orgánica del Tribunal Constitucional.[118]

Pero en otros casos, los jueces constitucionales han creado sus propias facultades de revisión judicial no establecidas en la Constitución, como ha sucedido en Venezuela, donde la Sala Constitucional del Tribunal Supremo ha creado un nuevo medio de control de constitucionalidad no previsto en la Constitución, como el llamado "recurso abstracto para la interpretación constitucional,"[119] que

---

[116] *Véase* Allan R. Brewer–Carías, *Judicial Review in Comparative Law*, Cambridge University Press, Cambridge 1989, pp. 185 ss.; y Jorge Carpizo, *El Tribunal Constitucional y sus límites*, Grijley Ed, Lima 2009, p. 41.

[117] *Véase* I. Härtel, *"Constitutional Courts as Positive Legislators,"* German National Report, XVIII International Congress of Comparative Law, Washington, July, 2010, p. 8; Francisco Fernández Segado, "Algunas reflexiones generales en torno a los efectos de las sentencias de inconstitucionalidad y a la relatividad de ciertas fórmulas esterotipadas vinculadas a ellas," en *Anuario Iberoamericano de Justicia Constitucional*, Centro de Estudios Políticos y Constitucionales, N° 12, 2008, Madrid 2008, p. 162.

[118] *Véase* F. Fernández Segado, *El Tribunal Constitucional como Legislador Positivo,"* *Spanish National Report*, XVIII International Congress of Comparative Law, Washington, July, 2010, p. 6, 11.

[119] Sentencia N° 1077 de 22 de septiembre de 2000, caso *Servio Tulio León*, en *Revista de Derecho Público*, N° 83, Editorial Jurídica Venezolana, Caracas 2000, pp. 247 ss. *Véase* Allan R. Brewer–Carías, "Le Recours d'Interprétation Abstrait de la Constitution au Vénézuéla," en *Renouvau du droit constitutionnel. Mélanges en l'honneur de Louis Favoreu*, Paris 2007, pp. 61–70; y "La ilegítima mutación de la constitución por el juez constitucional: la inconstitucional ampliación y modificación de su propia competencia en materia de control de constitucionalidad," en *Libro Homena-*

puede ser intentado por cualquier persona interesada en resolver las dudas que resulten de disposiciones constitucionales ambiguas u oscuras. Este recurso ha permitido a la Sala Constitucional emitir muchos importantes y con frecuencia controversiales fallos, y más grave aún, a través de su ejercicio por el Procurador General, la Sala Constitucional ha mutado ilegítimamente, importantes disposiciones constitucionales. Fue el caso, por ejemplo, de las decisiones adoptadas en relación con los referendos consultivo y revocatorio entre 2002 y 2004, mediante los cuales la Sala transformó el referendo revocatorio en un referendo ratificatorio no establecido en la Constitución.[120] Estas decisiones, sin duda, también pertenecen al capítulo de la patología de la justicia constitucional.

3. *Los jueces constitucionales creando normas procesales para los procesos constitucionales*

Finalmente, en relación con la interferencia judicial en las funciones legislativas, también puede mencionarse el proceso de creación de normas procesales por los jueces constitucionales para el ejercicio de sus funciones de control de constitucionalidad, cuando las mismas no se han establecido en la legislación respectiva.

Con tal fin, como ha sucedido en el Perú, el Tribunal Constitucional ha afirmado poseer "autonomía procesal," habiendo ejercido facultades ampliadas en el desarrollo y complementación de las reglas procesales aplicables a los procesos constitucionales, en aspectos no regulados en forma expresa en la ley.[121]

---

je a Josefina Calcaño de Temeltas, Fundación de Estudios de Derecho Administrativo (FUNEDA), Caracas 2009, pp. 319–362.

[120] La mutación constitucional tuvo precisamente por objeto evitar en 2004 la revocación del mandato del Presidente de la Republica, Hugo Chávez. Este había sido electo en agosto de 2000 con 3,757,744 votes; siendo suficiente para revocarle el mandato de acuerdo con la Constitución, que los votos por su revocatoria fuesen superiores a esa cifra. El número de votos a favor de la revocatoria del mandato del Presidente expresados en el referendo que tuvo lugar el 15 de agosto de 2004 fue de 3,989,008, por lo que su mandato fue constitucionalmente revocado. Sin embargo, el Consejo nacional Electoral el 27 de agosto de 2004), en virtud de que en el mismo referendo la opción por la no revocación del mandato obtuvo 5.800.629 votos, decidió "ratificar" al Presidente en su cargo hasta la terminación de su mandato en enero de 2007. *Véase El Nacional,* Caracas, 28 de agosto de 2004, pp. A–1yA–2. *Véase* los comentarios al caso en Allan R. Brewer–Carías, "La Sala Constitucional vs. El derecho ciudadano a la revocatoria de mandatos populares o de cómo un referendo revocatorio fue inconstitucionalmente convertido en un "refrendo ratificatorio," en *Crónica sobre la "in" justicia constitucional. La Sala Constitucional y el autoritarismo en Venezuela,* Colección Instituto de Derecho Público, Universidad Central de Venezuela, Nº 2, Editorial Jurídica Venezolana, Caracas 2007, pp. 350 ss.

[121] Decisión del Tribunal Constitucional, Exp. N.° 0020–2005–AI/TC, FJ 2, en en Francisco Eguiguren y Liliana Salomé, *"Función contra–mayoritaria de la Jurisdicción Constitucional, su legitimidad democrática y los conflictos entre el Tribunal Constitucional y el Legislador,"* Peruvian National Report, XVIII International Congress of Comparative Law, Washington, July, 2010, p. 14; y Fernán Altuve–Febres, *"El Juez Constitucional como legislador positivo en el Perú,"* Peruvian Na-

En Alemania, igualmente se ha utilizado el mismo principio de la autonomía procesal (*Verfahrensautonomie*) para explicar las facultades desarrolladas por el Tribunal Constitucional Federal para complementar las normas procesales en el trámite del control de constitucionalidad basándose en la interpretación del artículo 35 de la Ley del Tribunal Constitucional Federal relacionado con la ejecución de sus decisiones.

En otros casos, la interferencia judicial en asuntos legislativos en relación con las normas procesales en materia de control de constitucionalidad ha sido más intensa, como ha sucedido en Colombia, donde la Corte Constitucional ha asumido incluso la competencia exclusiva para establecer los efectos de sus propias decisiones, sustrayendo la materia del ámbito de las competencias del legislador.[122]

En Venezuela, la Sala Constitucional del Tribunal Supremo de Justicia, también ha invocado su "jurisdicción normativa"[123] para establecer normas procesales aplicables en los procesos constitucionales cuando la materia no se ha regulado en las leyes, como ha sucedido, en particular, en los procesos destinados a controlar la omisión legislativa absoluta,[124] y de habeas data, estableciendo en detalle las normas procesales "con el fin de llenar el vacío existente."[125] El vacío

---

tional Report II, XVIII International Congress of Comparative Law, Washington. July, 2010, pp. 22–23.

[122] *Véase* Decision C–113/93. *Véase* en Germán Alfonso López Daza, "*Le juge constitutionnel colombien, législateur–cadre positif: un gouvernement des juges Colombian National Report I*, XVIII International Congress of Comparative Law, Washington, July, 2010, p. 9.

[123] *Véase* Mario Pesci Feltri Martínez, "La jurisdicción normativa y los artículos 335 y 336 de la Constitución", en *El Derecho Público a comienzos del siglo XXI. Estudios homenaje al Profesor Allan R. Brewer–Carías*, Tomo I, Instituto de Derecho Público, UCV, Civitas Ediciones, Madrid, 2003, pp. 1029–1054

[124] Sentencia N° 1556 of July 9, 2002, caso *Alfonzo Albornoz y Gloria de Vicentini*, en http://www.tsj.gov.ve/decisiones/scon/Julio/1556–090702–01–2337%20.htm. *Véase* Daniela Urosa Maggi, "*Cortes Constitucionales como 'Legisladores Positivos:' La experiencia venezolana*," Venezuelan National Report, XVIII International Congress of Comparative Law, Washington, July, 2010, pp. 10–11.

[125] Sentencia N° 1511 of November 9, 2009, caso *Mercedes Josefina Ramírez, Acción de Habeas Dat*, en http://www.tsj.gov.ve/decisiones/scon/Noviembre/1511–91109–2009–09–0369.html. *Véase* Allan R. Brewer–Carías, "El proceso constitucional de las acciones de habeas data en Venezuela: las sentencias de la Sala Constitucional como fuente del Derecho Procesal Constitucional" en Eduardo Andrés Velandia Canosa (Coordinador), *Homenaje al Maestro Héctor Fix Zamudio. Derecho Procesal Constitucional. Memorias del Primer Congreso Colombiano de Derecho Procesal Constitucional* Mayo 26, 27 y 28 de 2010, Bogotá 2010, pp. 289–295; y Daniela Urosa Maggi, "*Cortes Constitucionales como 'Legisladores Positivos:' La experiencia venezolana*," Venezuelan National Report, XVIII International Congress of Comparative Law, Washington, July, 2010, p. 13.

legislativo, en todo caso, fue luego llenado con las previsiones de la Ley Orgánica del Tribunal Supremo de Justicia de 2010.[126]

COMENTARIOS FINALES

La conclusión principal que resulta del estudio comparado del rol de los jueces constitucionales actuando como "Legisladores Positivos" en el mundo contemporáneo, es que, sin duda, los mismos han venido asumiendo de manera progresiva una ingerencia activa en áreas que hace sólo unas décadas pertenecían exclusivamente al Poder Constituyente o al Legislador, en algunos casos descubriendo y deduciendo normas constitucionales, en particular en asuntos relacionados con los derechos humanos no expresamente consagrados en la Constitución y que incluso, en muchos casos no podían siquiera ser considerados como derivados de la intención de un Constituyente antiguo y original, al sancionar una Constitución concebida para una sociedad diferente.

En otros casos, los jueces constitucionales han asumido de manera progresiva funciones legislativas, complementando al Legislador en su papel de creador de leyes, en muchos casos llenando los vacíos resultantes de las omisiones legislativas, en otros, mandando lineamientos y ordenes al Legislador, y además, adoptando legislación provisional resultante del ejercicio de sus funciones de control de constitucionalidad.

Estas tendencias comunes, que pueden identificarse en diferentes países y en todos los sistemas legales, son, por supuesto, más numerosas e importantes que las posibles diferencias esenciales y excepcionales que pudieren existir entre los diversos sistemas. Por ello, en materia de control de constitucionalidad, los jueces constitucionales, con el fin de desarrollar sus propias competencias y ejercer sus facultades de control para proteger los derechos fundamentales y para asegurar la supremacía de la Constitución, han comenzado de manera progresiva a estudiar y analizar el trabajo similar desarrollado por jueces constitucionales de otros países, enriqueciendo así sus decisiones. En esa tarea, sin duda, el derecho comparado ha ejercido un rol determinante.

En consecuencia, es posible decir que hoy en día, tal vez con la excepción de la Corte Suprema de los Estados Unidos, es común encontrar en las decisiones de los Tribunales o Cortes Constitucionales, o de las Cortes Supremas ejerciendo facultades de justicia constitucional, referencias constantes a decisiones emitidas en asuntos o casos similares por otros jueces constitucionales. Por ello se puede decir que en general, en esta materia, en el mundo actual, no existe animadversión alguna en utilizar elementos de derecho extranjero para interpretar la Constitución, cuando el mismo sea aplicable.

Ese, sin embargo, no es el caso en los Estados Unidos donde aún es posible oír expresiones como las emitidas por la Juez Sonia Sotomayor quien, en la audiencia en el Senado para su confirmación como para integrar la Corte Suprema, afirmó por ejemplo, que la "Ley norteamericana no permite el uso del derecho extranjero o internacional para interpretar la Constitución" siendo esto una cues-

---

[126] *Véase* Allan R. Brewer–Carías y Víctor Hernández Mendible, *Ley Orgánica del Tribunal Supremo de Justicia*, Editorial Jurídica Venezolana, Caracas 2010.

tión "dada" en relación con la cual "no hay debate."[127] Al contrario, sin embargo, la Juez Ruth Bader Ginsburg de la misma Corte Suprema, ha dicho que: "francamente no comprendo todo el reciente alboroto del Congreso y de algunos de mis colegas acerca de las referencias al derecho extranjero," explicando que la controversia estaba basada en el malentendido de que si se cita un precedente extranjero ello podría significar que la Corte se podría encontrar limitada por el derecho extranjero." En realidad, argumentó la propia Juez Ginsburg que la cita de precedentes de Cortes o Tribunales Constitucionales extranjeros, no se diferencia de la cita que pueda hacerse de de un artículo de un profesor extranjero, preguntándose: ¿Por qué no debemos voltear nuestra mirada hacia la sabiduría de un juez del extranjero con al menos la misma facilidad con la que leeríamos un artículo redactado por un profesor?"[128]

Y esto es precisamente lo que actualmente ocurre en todas las Cortes Supremas y Jurisdicciones Constitucionales, donde los jueces constitucionales comúnmente toman en consideración el derecho extranjero cuando tienen que decidir acerca del mismo asunto basándose en los mismos principios. En tales casos, de la misma manera en que se estudia el asunto de acuerdo con la opinión y el análisis de distintos autores de libros y artículos, también ellos han confiado en las soluciones y decisiones de los tribunales de otros países. Ello, sin duda, ha sido muy útil pues el ejercicio no se ha reducido al sólo análisis de soluciones teóricas, sino de las soluciones prácticas en casos específicos que han sido aplicadas por otros jueces. Y es ahí, precisamente, donde el derecho comparado es una herramienta por lo demás útil e importante.

---

[127] Expresiones de la juez Sonia Sotomayor, en las audiencias de confirmación ante el Senado de los Estados Unidos, el 15 de julio de 2009, en "Sotomayor on the Issues," *The New York Times,* 16 de Julio de 2009, p. A18.

[128] *Véase* Adam Liptak, "Ginsburg Shares Views on Influence of Foreign Law on Her Court, and Vice Versa," en *The New York Times*, 12 de abril de 2009, p. 14.

§18. LA POTESTAD DE LA JURISDICCIÓN CONSTITUCIONAL PARA INTERPRETAR LA CONSTITUCIÓN CON EFECTOS VINCULANTES*

El sistema venezolano de justicia constitucional, conforme a las previsiones expresas de los artículos 266, 334 y 336 de la Constitución de 1999, es uno de carácter mixto o integral que mezcla el llamado control difuso de la constitucionalidad de las leyes con el control concentrado de la constitucionalidad de las mismas.[1] Estos controles, como todo sistema de justicia constitucional, derivan del principio de la supremacía constitucional que también está establecido en forma expresa en el artículo 7 de la Constitución.

En dichas normas, después de declararse que la Constitución es la norma suprema del ordenamiento, en *primer lugar* se atribuye a la Sala Constitucional del Tribunal Supremo de Justicia (artículos 266 y 336) competencia para declarar la nulidad de las leyes y demás actos de los cuerpos deliberantes de la República, de los Estados y de los Municipios dictados en ejecución directa de la Constitución, así como de los actos con rango legal dictados por el Ejecutivo Nacional, cuando sean violatorios de la Constitución. Ello comprende, en un Estado formalmente federal como el venezolano, en el nivel nacional, a los actos estatales de rango legal o de ejecución directa de la Constitución (leyes, actos parlamentarios sin forma de ley y actos de gobierno); en el nivel estadal, a las leyes emanadas de los Consejos Legislativos y demás actos de ejecución directa de la Constitución; y en el nivel municipal, a las Ordenanzas Municipales, consideradas como leyes locales, y demás actos de ejecución directa de la Constitución.

Es decir, la Constitución prevé un control judicial concentrado de la constitucionalidad de todos los actos estatales, con exclusión de los actos judiciales y de los actos administrativos respecto de los cuales prevé medios específicos de control de legalidad y constitucionalidad (recurso de casación, apelaciones y Jurisdicción Contencioso Administrativa). Este control de la constitucionalidad

---

*   Publicado en Jhonny Tupayachi Sotomayor (Coordinador), *El Precedente Constitucional Vinculante en el Perú (Análisis, Comentarios y Doctrina Comparada)*, Editorial ADRUS, Lima, setiembre del 2009, pp. 791–819

[1]   De acuerdo a la terminología acuñada por Piero Calamandrei, *La illegittimitá Costituzionale delle Leggi,* Padova, 1950, p. 5; y difundida por Mario Capelletti, *Judicial Review in the contemporary World, Indianápolis, 1971. Véase* sobre el sistema venezolano a la luz del derecho comparado, Allan R. Brewer–Carías, *Judicial Review in Comparative Law,* Cambridge University Press, *1989,* y *El sistema mixto o integral de control de constitucionalidad en Colombia y Venezuela,* Bogotá, 1995; y Manuel Gaona Cruz, "El control judicial ante el Derecho Comparado" en *Archivo de Derecho Público y Ciencias de la Administración* (El Derecho Público en Colombia y Venezuela), Vol. VII, 1986, Caracas, 1986.

de los actos estatales permite a la Sala Constitucional del Tribunal Supremo de Justicia declarar su nulidad con efectos generales, *erga omnes*, cuando sean violatorios o colidan con la Constitución.

Pero en *segundo lugar*, además, la propia Constitución (artículo 334) dispone que todos los tribunales de la República tienen competencia para declarar la inconstitucionalidad de las leyes y demás actos estatales normativos que estén llamados a aplicar para decidir un caso concreto, dándole en tales casos, preferencia a las normas de la Constitución; potestad que, además, está expresamente establecida en los artículos 20 del Código de Procedimiento Civil y 19 del Código Orgánico Procesal Civil. Se trata, sin duda, del método difuso de control de la constitucionalidad de las leyes.

En estas normas, la Constitución venezolana de 1999 recogió lo que ha sido una larga tradición normativa que se remonta al siglo XIX, estableciendo un completo sistema mixto o integral de justicia constitucional, de los más completos en el derecho comparado. Su efectividad actual y durante la década de vigencia de la Constitución de 1999, sin embargo, lamentablemente ha quedado muy afectada dada la ausencia de efectiva autonomía e independencia del Poder Judicial en general[2] y, en particular, del Tribunal Supremo de Justicia y de su Sala Constitucional.[3]

Por ello, estas notas sobre el tema de los efectos vinculantes de la interpretación constitucional que tienen las sentencias de la Jurisdicción Constitucional en Venezuela, lamentablemente están condicionadas por esta situación de dependencia del Poder Judicial, la cual ha servido, en muchos casos, para afianzar el autoritarismo en el país, conculcándose los derechos garantizados en la Constitución, en lugar de haber sido el instrumento para afianzar el Estado de Derecho y ampliar el ámbito de protección de los derechos fundamentales, para lo cual fue concebido.

I. LA JURISDICCIÓN CONSTITUCIONAL EN VENEZUELA Y LA INTERPRETACIÓN DE LA CONSTITUCIÓN

Todas las Constituciones requieren, en situaciones concretas, que alguna de sus normas sea interpretada, lo que ocurre incluso con Constituciones contemporáneas como la de Venezuela de 1999, la cual a pesar de que puede considerarse como una de las más extensas de América Latina de las últimas décadas, no deja de tener conceptos imprecisos o indeterminados[4] que, por tanto, requieren

---

[2]   *Véase* Allan R. Brewer–Carías, "La progresiva y sistemática demolición institucional de la autonomía e independencia del Poder Judicial en Venezuela 1999–2004", en *XXX Jornadas J.M Domínguez Escovar, Estado de derecho, Administración de justicia y derechos humanos*, Instituto de Estudios Jurídicos del Estado Lara, Barquisimeto, 2005, pp. 33–174.

[3]   *Véase* Allan R. Brewer–Carías, *Crónica de la "In" Justicia Constitucional. La Sala Constitucional y el Autoritarismo en Venezuela*, Caracas 2008.

[4]   Estas son los llamados "conceptos jurídicos indeterminados" o "nociones jurídicas imprecisas" *Véase* F. Sainz Moreno, *Conceptos jurídicos, interpretación y discrecionalidad administrativa*, Madrid, 1976; E. García de Enterría, *La lucha contra las inmunidades de poder en el Derecho Administrativo*, Madrid, 1980, p. 32.

ser precisados o determinados por el juez constitucional en el marco de los principios y valores de la propia Constitución, a los efectos de garantizar su efectividad y supremacía. Esta labor interpretativa se requiere, por ejemplo, en todas aquellas normas donde se utilicen conceptos tales como libertad, orden público, democracia, justicia, dignidad, igualdad, función social o interés público.[5] Esto, al ser utilizados en la Constitución, necesariamente deben precisarse a la luz de los valores esenciales relacionados con los fundamentos generales de la sociedad y el sistema político, correspondiéndole entonces al juez constitucional, en situaciones concretas y desempeñando un papel creativo, determinar el sentido exacto de los mismos.

En esta labor, en todo caso, como sucede con cualquier juez en su labor interpretativa de las normas del ordenamiento, el juez constitucional no está autorizado para sustituir al Constituyente deduciendo conceptos distintos o contrarios a los establecidos en la Constitución, o contrarios a los valores fundamentales que le dan base a la Constitución.

Ello es así, incluso, por ejemplo, cuando al juez constitucional le corresponde adaptar normas constitucionales desfasadas y obsoletas a la realidad del mundo contemporáneo, lo que ocurre en sociedades con Constituciones muy antiguas en las cuales el juez constitucional, teniendo que defender la Constitución, debe adaptar los valores que en un momento dado estuvieron en la base de su sanción, a los valores de la sociedad y sistema políticos contemporáneos, con miras a "mantener viva la Constitución."[6] Ello fue lo que por ejemplo permitió a la Suprema Corte de los Estados Unidos, adaptar normas constitucionales que habían sido dictadas a mitades del Siglo XIX, a las necesidades sociales y políticas contemporáneas, como sucedió hace varias décadas, con las importantes decisiones dictadas en relación con la discriminación racial en el sistema educativo. Fue así que, por ejemplo, al referirse a dicho tema a la luz de la Enmienda XIV de la Constitución norteamericana, que el *Chief Justice* Warren de la Corte Suprema declaró en el caso *Brown vs. Board of Education of Topeka,* 347 U.S. 483 (1954), que:

"Al enfocar este problema no podemos regresarnos a 1868 cuando se adoptó la Enmienda, y ni siquiera a 1896 cuando sé decidió el caso *Plessy vs. Ferguson.* Debemos examinar la educación pública a la luz de su desarrollo completo y del lugar que ocupa actualmente en la vida americana, en toda la Nación. Solamente de esta manera puede determinarse si la segregación en las escuelas públicas priva a los demandantes de una protección igual de las leyes".

Tal afirmación lo llevó a concluir, señalando:

"Que en el campo de la educación pública la doctrina "separados pero iguales" no tiene lugar. Establecimientos educacionales separados son

[5]   *Véase* M. Cappelletti, "Nécessité et légitimité de la justice constitutionnelle" en L. Favoreu (ed) *Cours Constitutionnelles Européennes et Droits fondamentaux,* París, 1982, p. 474.

[6]   *Véase* M. Cappelletti, "El formidable problema del control judicial y la contribucion del análisis comparado", en *Revista de estudios políticos,* 13, Madrid 1980, p. 78.

intrínsecamente desiguales. Por ello, sostenemos que los demandantes así como otros en situación similar de quienes han intentado las acciones son, debido a la segregación de la que se quejan, privados de una protección igual por parte de las leyes, garantizada por la Enmienda XIV".

En el mismo sentido, por ejemplo, esta adaptación de la Constitución por el juez constitucional quedó demostrada por el Consejo Constitucional en Francia, en el famoso caso de las Nacionalizaciones en 1982, en el cual, en ausencia de la previsión expresa de normas relativas a la propiedad en la Constitución de 1958, aplicó el artículo correspondiente de la Declaración de los Derechos del Hombre y del Ciudadano en 1789 y, consecuentemente, declaró al derecho de propiedad como un derecho de rango constitucional. En su decisión del 16 de enero de 1982[7], el Consejo Constitucional, luego de considerar que la norma sobre el derecho de propiedad de la Declaración de 1789 que lo regulaba como derecho "absoluto," era sin duda obsoleta, lo interpretó en un sentido radicalmente diferente al que tenía en 1789[8], estimando que:

"... si posteriormente a 1789 y hasta nuestros días, las finalidades y las condiciones de ejercicio del derecho de propiedad han experimentado una evolución caracterizada a la vez por una notable extensión de su campo de aplicación a dominios individuales nuevos, y por limitaciones exigidas por el interés general, los principios mismos enunciados por la Declaración de los Derechos del Hombre tienen pleno valor constitucional, tanto en lo que concierne al carácter fundamental del derecho de propiedad cuya conservación constituye uno de los objetivos de la sociedad política, y que está colocado en el mismo nivel que la libertad, la seguridad y la resistencia a la opresión, como en lo que concierne a las garantías otorgadas a los titulares de este derecho y las prerrogativas del poder público..."[9]

En esta forma, el Consejo Constitucional con su decisión y partiendo del Preámbulo de la Constitución, no sólo "creó" un derecho fundamental con rango constitucional, al asignar valor constitucional a los establecidos en la Declaración de 1789, sino que también adaptó el antiguo "sagrado" y absoluto derecho de propiedad consagrado hace más de doscientos años, al derecho limitado y limitable de nuestros tiempos, cuya preservación, sin embargo, lo llevó a declarar inconstitucionales algunos de los artículos de la Ley de Nacionalización.

De lo anteriormente señalado resulta claro que en todos los sistemas constitucionales dotados de Constituciones escritas, para que las Constituciones sean consideradas como leyes supremas cuyas normas deben prevalecer sobre cual-

---

[7] *Véase* L. Favoreu y L. Philip, *Les grandes décisions du Conseil Constitutionnel"*, Paris 1984, pp. 525–562

[8] *Véase* L. Favoreu, "Actualité et Légitimité du contrôle juridictionnel des lois en Europe occidentale", *Revue du droit public et de la science politique en France et à l'étranger*, 1984 (5), p. 1166.

[9] *Véase* L. Favoreu y L. Philip, *Les grandes décisions..., cit.,* p. 526. *Cfr.* L. Favoreu, "Les décisions du Conseil Constitutionnel dan l'affaire des nationalisations", en *Revue du droit public et de la science politique en France et à l'étranger*, T. XCVIII, N° 2, Paris 1982, p. 406.

quier otra en el ordenamiento jurídico, el principio de la supremacía de la Constitución no sólo se aplica a sus artículos escritos sino también a las normas no escritas que pueden deducirse por los jueces constitucionales del texto fundamental, como parte de los principios y valores supremos que constituyen el fundamento de una sociedad determinada y de su sistema político.

La labor interpretativa del juez constitucional cuando se está en presencia de textos constitucionales contemporáneos, en cambio, como es el caso de la de Venezuela de 1999, está más circunscrita a determinar el sentido y alcance de las normas en situaciones concretas, que a tener que "adaptar" las previsiones constitucionales al sentido de valores sociales y políticos que pudieran ser distintos a los que prevalecían cuando se sancionaron. Esa labor de interpretación de la Constitución es precisamente la que corresponde al juez constitucional que, como se ha dicho, en un sistema mixto e integral de justicia constitucional es, por una parte, cualquier tribunal, incluyendo las Salas del Tribunal Supremo, cuando ejerce el control difuso de la constitucionalidad de las leyes; y por la otra, la Sala Constitucional del Tribunal Supremo de Justicia la cual conforme artículo 335 de la Constitución, junto con todas las otras Salas, tiene la condición para ser el "último y máximo intérprete de la Constitución" y, además, tiene a su cargo ejercer el control concentrado de la constitucionalidad de las leyes.[10]

La interpretación de la Constitución, por tanto, no es una materia reservada a la Sala Constitucional del Tribunal Supremo de Justicia, lo que la misma Sala ha reconocido en sentencia de 13 de diciembre de 2000 (Caso: *Alfredo Peña*) al señalar que si bien "le corresponde el monopolio interpretativo *último* de la Constitución", también:

> "al universo de los órganos públicos, así como a los entes privados y personas naturales, les toca, por su parte, interpretar el ordenamiento jurídico desde la Constitución, así como desplegar sus múltiples actividades hacia la Constitución (*Vid.* Sent. N° 457/2001), ya que, sin lugar a dudas, al existir desde el aspecto subjetivo una doble vinculación al texto constitucional, esto es, que sujeta en su actividad tanto a los órganos que ejercen el Poder Público como a los particulares, ésta –la vinculación– se traduce en una aplicación que sólo se logra mediante la interpretación constante del texto constitucional.

En consecuencia, dijo la Sala, "todos los ciudadanos, entes u órganos son, en mayor o menor medida, operadores jurídicos de la Carta Magna," siendo la diferencia con respecto a la interpretación constitucional que corresponde hacer a la Sala como "la última intérprete de la Constitución," el hecho de que sus sentencias destinadas a ese fin:

> "son vinculantes para todos los ciudadanos y demás órganos del Poder Público (inclusive las demás Salas de este Tribunal Supremo de Justicia), de lo cual deriva características muy precisas con respecto a la forma en que se hace la interpretación constitucional. En una, de la Constitución, la interpre-

---

[10]   *Véase* Allan R. Brewer–Carías, *La Justicia Constitucional en Venezuela. Procesos y procedimientos constitucionales*, México, 2007.

tación es general; en la otra, desde la Constitución, la interpretación es individual."

Con ocasión a esa interpretación que constantemente se realiza de la normativa constitucional, la Sala, con base en el Texto Fundamental, ha ahondado en la construcción teórica de los dos mecanismos de interpretación constitucional que existen en nuestro ordenamiento (*Vid.* Sent. N° 1309/2001). Es así como la Carta Magna estatuye un control difuso (artículo 334) y un control concentrado (artículo 335) de la constitucionalidad de la actividad pública, señalando en su artículo 335 la competencia del Tribunal Supremo de Justicia para garantizar la supremacía y efectividad de las normas y principios constitucionales, declarando a la Sala Constitucional su máximo y último intérprete para velar por la uniforme interpretación y aplicación de su articulado."[11]

En dicho sistema mixto o integral de justicia constitucional, por tanto, la característica esencial de la interpretación constitucional que realiza la Jurisdicción Constitucional es el su carácter vinculante para las otras Salas del Tribunal Supremo, para los tribunales de la República, y obviamente, para todas las autoridades públicas y los particulares. Hay por tanto dos posibilidades de interpretar la Constitución, una por la Sala Constitucional, y otra por los tribunales ordinarios, y lo que difiere entre ambas son los efectos vinculantes o no de la interpretación. Tal como lo puntualizó la propia Sala Constitucional en sentencia N° 106 de 11 de febrero de 2004, al destacar dos conclusiones en la materia:

"La primera, que todo control concentrado es una interpretación de la Constitución y, por ende, la interpretación del texto constitucional con carácter general y vinculante le está atribuida solamente a la Sala Constitucional; y, la segunda, que toda interpretación desde la Constitución no puede exceder del carácter individual, esto es, que la aplicación de la norma constitucional no puede exceder de los estrictos límites del caso en concreto"[12.]

II. LA INTERPRETACIÓN VINCULANTE DE LA CONSTITUCIÓN Y LA TENDENCIA DE LA SALA CONSTITUCIONAL A MONOPOLIZAR LA INTERPRETACIÓN CONSTITUCIONAL

En cuanto al carácter vinculante de la interpretación constitucional que pueda establecer la Sala Constitucional, el mismo está regulado en el artículo 335 de la Constitución, al disponer que:

"Las interpretaciones que establezca la Sala Constitucional sobre el contenido o alcance de las normas constitucionales son vinculantes para las otras Salas del Tribunal Supremo y demás tribunales de la República".

Sobre esta norma, la propia Sala Constitucional en su sentencia N° 106 de 11 de febrero de 2004 (Caso: *Interpretación del Estatuto Electoral del Poder Público en cuanto a la reelección de Gobernadores*), señaló que:

---

[11]   Exp: 03–3199.
[12]   Exp: 03–3199.

"la interpretación contenida en el artículo 335 es una verdadera *iurisdatio*, en la medida que declara, *erga omnes*, el contenido y alcance de los principios y normas constitucionales (en contraposición al control difuso, donde los efectos interpretativos del fallo es individualizado); sin embargo, dentro del mismo sistema concentrado se debe distinguir la *iurisdatio* de la función que controla la constitucionalidad de las leyes (*iurisdictio*), pues esta función nomofiláctica decreta la invalidez de las normas que colidan con la constitución. En cambio aquélla es una función interpretativa, aunque también general, que no recae sobre normas sub-constitucionales sino sobre el sistema constitucional mismo. Lo importante es que tanto la *iurisdatio* como la *iurisdictio* son funciones interpretativas que, por un lado, sólo le está permitido a la Sala Constitucional, y por el otro, no puede ser confundido con la interpretación que se haga desde la Constitución."[13]

El carácter vinculante de la interpretación constitucional que deriva del texto expreso del artículo 335 de la Constitución, y que realiza la Sala Constitucional, por tanto, no implica monopolio alguno de la Sala en materia de interpretación constitucional, pues esta también corresponde a todos los jueces cuando actúan como jueces constitucionales. Por ello, no parece tener lógica alguna la tendencia que se observa de algunas decisiones de la Sala Constitucional, la cual al asumir un carácter de *único* "máximo y último interprete de la Constitución" que no tiene, ha establecido, precisamente mediante una "interpretación vinculante" referidas a las propias normas que establecen el sistema de justicia constitucional (artículos 334, 335 y 336), disponiendo en sentencia N° 833 de 25 de mayo de 2001 (Caso: *Instituto Autónomo Policía Municipal de Chacao vs. Corte Primera de lo Contencioso Administrativo*), que cuando "el artículo 335 constitucional otorga al Tribunal Supremo de Justicia la garantía, supremacía y efectividad de las normas y principios constitucionales... lo que se evidencia es que *es a la Sala Constitucional a quien se refiere* el artículo 335 y no a las otras Salas del Tribunal Supremo de Justicia, ya que dicha norma establece que el Tribunal Supremo de Justicia es el máximo y último intérprete de la Constitución."[14]

De ello resultó, entonces, una ilegítima mutación constitucional, pues de una norma donde se hace referencia al "**Tribunal Supremo de Justicia**" que conforme al artículo 262 de la propia Constitución funciona "en **Sala Plena** y en las **Salas Constitucional, Político administrativa, Electoral, de Casación Civil, de Casación Penal y de Casación Social**," y que dispone que:

"El **Tribunal Supremo de Justicia** garantizará la supremacía y efectividad de las normas y principios constitucionales; será el máximo y último intérprete de esta Constitución y velará por su uniforme interpretación y aplicación,"

---

[13] *Véase* sentencia N° 106 11–2–2004 (Caso: *Interpretación del artículo 3 del Estatuto Electoral del Poder Público*), en *Revista de Derecho Público*, N° 97–98, Editorial Jurídica Venezolana, Caracas 2004, pp. 406 ss.

[14] *Véase* en *Revista de Derecho Público*, N° 85–88, Editorial Jurídica Venezolana, Caracas, 2001, pp. 370.

la Sala Constitucional en cambio ha dispuesto "con carácter vinculante" que dicha norma no dice lo que dice, sino que supuestamente diría algo así:

> La *Sala Constitucional del* **Tribunal Supremo de Justicia** garantizará la supremacía y efectividad de las normas y principios constitucionales; será el máximo y último intérprete de esta Constitución y velará por su uniforme interpretación y aplicación.[15]

Pero no se quedó allí la Sala Constitucional en su "interpretación vinculante" de las normas constitucionales relativas al sistema de justicia constitucional y asumir el monopolio de la interpretación constitucional limitando el poder de las otras Salas del Tribunal Supremo para en sus respectivas jurisdicciones ser también "máximos y últimos intérprete de la Constitución" y "velar por su uniforme interpretación y aplicación;" sino que fue más allá en su interpretación vinculante y monopolística de la justicia constitucional, procediendo a limitar el ámbito del poder de los jueces en materia de control difuso de la constitucionalidad y de poder desaplicar normas que estimen inconstitucionales. La Sala Constitucional, en tal sentido, procedió a cercenarles a los jueces la potestad que necesariamente tienen que tener para interpretar las normas constitucionales en relación con las leyes que deben aplicar en los casos concretos que decidan, al disponer con carácter vinculante "en qué consiste el control difuso, y en qué consiste el control concentrado de la Constitución." Así, en la misma sentencia nº 833 de 15 de mayo de 2001 (Caso: *Instituto Autónomo Policía Municipal de Chacao vs. Corte Primera de lo Contencioso Administrativo*), ahora en relación con el artículo 334 de la Constitución, la Sala Constitucional, al formularse la pregunta de "¿si en ejercicio del control difuso un juez puede interpretar los principios constitucionales, y en base a ellos, suspender la aplicación de una norma?," respondió negándole el poder a los jueces de interpretar la Constitución, señalando que:

> "Fuera de la Sala Constitucional, debido a las facultades que le otorga el artículo 335 de la Constitución vigente, con su carácter de máximo y última intérprete de la Constitución y unificador de su interpretación y aplicación, **no pueden los jueces desaplicar o inaplicar normas, fundándose en principios constitucionales o interpretaciones motu propio que de ellas hagan**, ya que el artículo 334 comentado no expresa que según los principios constitucionales, se adelante tal control difuso. Esta es función de los jueces que ejercen el control concentrado, con una modalidad para el derecho venezolano, cual es que sólo la interpretación constitucional que jurisdiccionalmente haga esta Sala, es vinculante para cualquier juez, así esté autorizado para realizar control concentrado".

De ello derivó otra ilegítima mutación constitucional, pues de una norma que después de establecer que "todos los jueces o juezas de la República, en el ámbito de sus competencias y conforme a lo previsto en esta Constitución y en la ley, están en la obligación de asegurar la integridad de esta Constitución," dispone que:

---

[15]   El texto en *cursiva y negrita* sería el agregado a la norma que derivaría de la interpretación "vinculante" dispuesta por la Sala.

En caso de incompatibilidad entre esta Constitución y una ley u otra norma jurídica, se aplicarán las disposiciones constitucionales, correspondiendo a los tribunales en cualquier causa, aun de oficio, decidir lo conducente,"

la Sala Constitucional resolvió "con carácter vinculante" que dicha norma no dice tal cosa, sino que lo que supuestamente diría algo así:

En caso de incompatibilidad entre esta Constitución y una ley u otra norma jurídica, *los jueces no pueden desaplicar o inaplicar normas, fundándose en principios constitucionales o interpretaciones motu propio que de ellas hagan, y sólo* aplicarán las disposiciones constitucionales en cualquier causa, aun de oficio, *sólo una vez que la Sala Constitucional haya ejercido el control concentrado en la materia.* [16]

En esta forma, la Sala Constitucional al interpretar las normas constitucionales relativas al sistema de justicia constitucional, ha establecido una interpretación "con carácter vinculante" de las mismas, otorgándose a si misma el monopolio de la interpretación constitucional, mutando ilegítimamente el texto constitucional. La verdad es que la interpretación judicial de una norma no es otra cosa que la operación intelectual del juez que tiene por objeto indagar sobre el significado, sentido, alcance, fin o valor de la norma general y abstracta que está contenida en la Constitución, en las leyes y en otros actos estatales normativos. [17] Sin embargo, con la excusa de interpretar la Constitución, el juez constitucional en ningún caso puede mutar ilegítimamente la Constitución, por lo que así como no puede sustituirse al Legislador, menos puede convertirse en Constituyente.

En efecto, en su labor de interpretar la Constitución, la Sala Constitucional no puede sustituirse en el pueblo, es decir, no puede crear nuevas normas constitucionales no previstas en el Texto o que no resulten de la integración de sus normas, ni puede modificarlas, estableciendo, por ejemplo, excepciones no previstas en ellas; así como tampoco puede dictar normas legales o modificar o reformar las que estén contenidas en las leyes sancionadas por la Asamblea Nacional. El juez constitucional nunca puede ser Constituyente ni Legislador; puede anular las leyes con efectos *erga omnes*, eliminándolas del ordenamiento jurídico con efectos similar a la derogación, como si fuera un "legislador negativo" (H. Kelsen); pero nunca puede ser un "legislador positivo", que dicta normas. De hacerlo, no sólo incurriría en usurpación de autoridad, por la usurpación de las

[16] El texto *en cursiva y negrita* sería el agregado a la norma que derivaría de la interpretación "vinculante" dispuesta por la Sala.

[17] *Véase* en general, Claudia Storini, "Hermenéutica y Tribunal Constitucional", *Revista de Derecho Constitucional,* N° 5, Editorial Sherwood, Caracas, 2002, pp. 221 a 246; Claudia Storini, "El alcance jurídico de la teoría de la interpretación como límite a la labor del Tribunal Constitucional", *Revista de Derecho Constitucional,* N° 6, Editorial Sherwood, Caracas, 2003, pp. 191 a 212; Mario Pesci Feltri Martínez, "La jurisdicción normativa y los artículos 335 y 336 de la Constitución", en *El Derecho Público a comienzos del siglo XXI. Estudios homenaje al Profesor Allan R. Brewer–Carías,* Tomo I, Instituto de Derecho Público, UCV, Civitas Ediciones, Madrid, 2003, pp. 1029–1054.

funciones legislativas que corresponden a la Asamblea Nacional, lo que haría de la sentencia un acto nulo e ineficaz (artículo 138 de la Constitución), sino que violaría el principio democrático, que impone que la "ley" sólo puede ser emanación de los órganos del Estado integrados por representantes del pueblo, elegidos mediante votación popular. Es decir, al determinar la interpretación de una norma, la Sala no puede crear nuevas normas o reformar las que están expresamente en la ley.

Lamentablemente, sin embargo, la Sala Constitucional en Venezuela no ha seguido está lógica, y en más de una oportunidad por la vía de interpretar la Constitución, ha legislado, tal como ocurrió, por ejemplo, al establecer las normas de procedimiento tanto del proceso constitucional derivado de la acción de amparo, como del proceso constitucional de control concentrado de la constitucionalidad de las leyes. La propia Sala, en su sentencia N° 33 de 25 de enero de 2001 (Caso: *Revisión de la sentencia dictada por la Sala de Casación Social del Tribunal Supremo de Justicia de fecha 10 de mayo de 2001, interpuesta por Baker Hugher S.R.L)*, argumentó como sigue sobre su carácter y naturaleza como "una instancia jurisdiccional con una marcada especialización de tutela, tendente a asegurar la integridad, supremacía y efectividad de la Constitución:"

> "Esta especialización se concreta en el ejercicio de la tutela constitucional en su máxima intensidad. No precisamente al modo en que la ejercía la Sala Plena de la entonces Corte Suprema de Justicia, la cual estaba restringida en sus funciones de garantía constitucional como si de un legislador negativo se tratase, es decir, la Sala Plena actuaba como un complemento del Poder Legislativo (único ente propiamente sujeto a la Constitución) en tanto se encargaba de revocar los actos de rango y fuerza de ley que éste dictaba contraviniendo la Constitución. Siendo que ésta no era concebida como un cuerpo jurídico normativo directamente aplicable a los distintos operadores jurídicos, se entendía que las interpretaciones de la Constitución que hiciera la Sala Plena no tenían carácter vinculante, y su influencia estaba asociada al efecto abrogatorio de los fallos de nulidad de actos con rango o fuerza de ley. Muy por el contrario, a esta Sala Constitucional le corresponde no sólo anular actos de esa naturaleza, sino que tiene asignada tanto la interpretación del texto constitucional, con el fin de salvar sus dificultades o contradicciones, como hacer valer el principio jurídico–político según el cual los derechos fundamentales preceden y limitan axiológicamente las manifestaciones del poder. Para ello se le ha puesto al frente del aparato jurisdiccional respecto a su aplicación, al punto de vincular sus decisiones a las demás Salas del Tribunal Supremo de Justicia, no sólo en gracia a su potestad anulatoria, sino como derivación de la función antes apuntada"[18].

La verdad es que la única diferencia que cabe destacar que existe entre la actuación de la Sala Plena de la antigua Corte Suprema y la de la Sala Constitucional del Tribunal Supremo, es que las decisiones que aquella adoptaba en materia de interpretación constitucional no tenían "formalmente" carácter vinculante

---

[18]   *Véase* en *Revista de Derecho Público*, N° 85–88, Editorial Jurídica Venezolana, Caracas, 2001, p. 401.

(aunque si de hecho, como precedente, dado su rango de Tribunal Supremo), pero en cuanto a las funciones de órgano judicial en ejercicio del control concentrado de la constitucionalidad, puede decirse que no hay diferencia alguna. Antes y ahora, conforme a la Constitución, el órgano de la Jurisdicción Constitucional, al ejercer el control concentrado de la constitucionalidad de las leyes, lo que podía y puede hacer en relación con las normas que considere inconstitucionales es anularlas, y ello sólo cuando la Sala conoce de una acción de nulidad. En los otros casos de procesos constitucionales como cuando decide una acción de amparo, o revisa una sentencia de amparo, o resuelve un recurso de colisión de leyes, lo que podría es interpretar las normas constitucionales con ocasión del caso concreto, pero ello no lo autoriza a legislar.

Sin embargo, como se ha dicho, la Sala Constitucional ha pretendido configurarse como "legislador positivo" al anular normas, tal como resulta del criterio expuesto en la sentencia N° 319 de 9 de marzo de 2001 (Aclaratoria a la sentencia del Caso: *Nulidad artículos 917 del Código de Procedimiento Civil y artículo 18 de la Ley Orgánica del Poder Judicial*), al formular "ciertas consideraciones acerca de los efectos de la declaratoria de nulidad parcial en el control concentrado de la constitucionalidad de las leyes":

> "Así, observa esta Sala que según lo dispuesto en el artículo 266, numeral 1, de la Constitución, es atribución de este Tribunal Supremo de Justicia ejercer la Jurisdicción Constitucional; y, conforme a lo establecido en el artículo 336 numeral 1, *eiusdem*, es competencia exclusiva de esta Sala Constitucional "declarar la nulidad total o parcial de las leyes nacionales y demás actos con rango de ley de la Asamblea Nacional, que colidan con esta Constitución". Expuestas así las cosas, la referida norma asigna dos posibles consecuencias al ejercicio de dicho control por parte de esta Sala; una, determinar la nulidad total de la norma impugnada y la otra, la nulidad parcial de la misma, lo cual abre un abanico de posibilidades al momento de ejercer dicho control.

> Por tanto, cuando una norma es declarada enteramente nula es porque el operador jurídico, es decir la Sala, luego de haber realizado un análisis exhaustivo del contenido de la norma impugnada contrapuesto a los principios constitucionales señalados como trasgredidos, ha concluido que el valor normativo en ella contenido resulta inconstitucional, sin que medie posibilidad alguna de que persista su existencia en el mundo jurídico, pues se alteraría de forma insoslayable el orden instaurado, considerando que el dispositivo normativo contenido en el artículo 119 de la Ley Orgánica de la Corte Suprema de Justicia, le otorga la facultad de fijar los efectos de dicha declaratoria en el tiempo, es decir, hacia el pasado o pro futuro, lo cual en definitiva constituye la exclusión total de dicha norma en el sistema normativo existente.

> Situación diferente se plantea en los casos de nulidad parcial de una norma, donde la totalidad de la norma no resulta inconstitucional, sino que son algunos de sus elementos los que violan dispositivos constitucionales, supuesto en el cual, la Sala Constitucional excluye de la estructura de la norma el elemento que resulte inconstitucional, siempre y cuando el supues-

to al cual va dirigida esa norma no desaparezca o se altere en su totalidad de forma tal que constituya una norma sin objeto.

Ahora bien, en el último de los supuestos referidos, y que resulta ser el caso regulado por el fallo cuya aclaratoria se solicita, se debe admitir que la relación jurídica condicionada por la norma de una u otra manera, se ve afectada con el control de constitucionalidad ejercido, ya que la norma impugnada, a través de la declaratoria de nulidad parcial, se ha convertido en una *norma nueva y diferente de la norma inicial*, lo cual implica aceptar, que al constituirse en una norma distinta, el operador jurídico debe plasmar en su sentencia el alcance del *nuevo dispositivo normativo*, pues, se parte de que dicha norma va integrada a un texto normativo sistemático, donde los preceptos establecidos en cada artículo, en reiteradas ocasiones guardan relación entre sí. De allí que, la determinación del alcance de dicha norma se hace fundamental para establecer en qué afecta la misma la relación jurídica que condiciona, así como el esquema aplicativo del texto normativo que integra.

Así pues, al prosperar la nulidad parcial de la norma impugnada *nace una nueva norma* y para aplicar tal norma, resulta necesario e indispensable su interpretación, lo cual no es posible hacerlo sin desentrañar previamente el significado de los signos en los que exteriormente se manifiesta, obviamente, sin perder nunca de vista el todo del cual forma parte, debiendo la Sala, en su condición de operador jurídico, imprimirle a la norma los caracteres ideológicos que lo llevaron a determinar su nulidad parcial en resguardo de los derechos constitucionales"[19].

Este es el supuesto de la necesaria integración del derecho que debe realizar la Sala Constitucional en los casos de anulación parcial de una ley. Mediante interpretación constitucional vinculante, la Sala debe integrar el derecho, y de acuerdo con los principios de la ley anulada parcialmente, definir la norma que debe ser aplicada en el fututo. Pero ello sólo ocurre en casos de anulación parcial de una ley, en cuyo caso, la interpretación de la Constitución que se establezca con carácter vinculante, obliga a todos los órganos jurisdiccionales, los cuales están obligados a decidir con base en el criterio interpretativo fijado por la Sala. Lo contrario, como lo ha dicho la Sala "implicaría, además de una violación e irrespeto a la Constitución, una distorsión a la certeza jurídica y, por lo tanto, un quebrantamiento del Estado de derecho."[20]

---

[19]   *Véase* en *Revista de Derecho Público*, N° 85–88, Editorial Jurídica Venezolana, Caracas, 2001, pp. 395 y 396.

[20]   *Véase* sentencia de la Sala Constitucional N° 2822 de 28–10–2003 (Caso: *SHRM de Venezuela C.A. vs Inspectoría del Trabajo de la Zona del Hierro de Puerto Ordaz, Estado Bolívar*), en *Revista de Derecho Público*, N° 93–96, EJV, Caracas 2003, p. 500.

III. ALGO SOBRE LA PARTE DE LAS SENTENCIAS SOBRE INTER-PRETACIÓN DE LA CONSTITUCIÓN QUE DEBE CONSIDERAR-SE COMO "VINCULANTE"

El artículo 335 de la Constitución, como se ha dicho, establece que son vinculantes "las interpretaciones" que establezca la Sala Constitucional "sobre el contenido o alcance de las normas constitucionales,"[21] lo que exige de la Sala determinar con exactitud y precisión en sus generalmente extensas sentencias, cuál es exactamente la parte de las mismas que contienen la interpretación vinculante; operación que en ningún caso puede quedar en manos del lector de las mismas.

En otras palabras, el carácter "vinculante" de una interpretación constitucional sobre el contenido o alcance de las normas constitucionales que se haga en una sentencia de la Sala Constitucional no puede recaer sobre cualquier frase o razonamiento interpretativo que contenga la misma. Al contrario, de la sentencia debe derivarse en forma expresa la interpretación de la Sala "sobre el contenido o alcance de las normas constitucionales y principios constitucionales," que es la parte que tiene carácter lo que no se extiende a cualquier argumento o frase utilizado en la sentencia para la interpretación normativa.

Por tanto, en los casos de interpretación constitucional realizada por la Sala Constitucional, ello no significa que todo el cuerpo motivo de una sentencia pueda llegar a tener carácter vinculante. La "doctrina" expuesta por la Sala en una sentencia y que sirve de motivación para decidir, nunca podría tener carácter vinculante, aún cuando sea un valioso instrumento auxiliar para la aplicación de la Constitución. En realidad, lo que puede ser vinculante de una sentencia, sólo puede ser la parte resolutiva de la misma, en la cual la Sala Constitucional debe fijar la interpretación de la norma, y ello debe señalarlo expresamente.

Por ejemplo, en la sentencia N° 2651 de 02–10–2003 en relación con las atribuciones de los Alcaldes en materia de Registro Civil que se asignó al Poder Electoral, se indicó expresamente como interpretación sobre el contenido o alcance de las normas constitucionales pertinentes, lo siguiente:

"1. El artículo 174 de la Constitución establece que la primera autoridad civil de los Municipios es el Alcalde, por lo que ningún funcionario distinto, puede tener atribuciones que sean privativas de esas autoridades. 2. Los prefectos, jefes civiles y cualquier otra autoridad pueden válidamente tener un ámbito de actuación coincidente con el territorio municipal, pero ello no

---

21 Como lo puntualizó la Sala Constitucional en su sentencia N° 727 de 8 de abril de 2003, "es propicia la oportunidad para que la Sala insista en que, de un fallo de la Sala Constitucional, lo vinculante es la interpretación sobre el contenido y alcance de las normas constitucionales, como se apresuró a precisarlo en sentencia N° 291 del 03 de mayo de 2000, en estos términos: "... debe puntualizar esta Sala que sus criterios vinculantes se refieren a la interpretación sobre el contenido y alcance de las normas constitucionales y no sobre la calificación jurídica de hechos, ajenos a las normas constitucionales". *Véase* en *Revista de Derecho Público*, N° 93–96, Editorial Jurídica Venezolana, Caracas, 2003.

implica, en ningún caso, la asunción de los poderes que correspondan a los Alcaldes como primera autoridad civil del Municipio".

Más adelante en la sentencia, la Sala agregó:

"4. Como la primera autoridad civil de un Municipio es el Alcalde, de acuerdo con el artículo 174 de la Constitución, es él quien debe llevar los registros correspondientes, y ya no los Prefectos ni Jefes Civiles, antiguas primeras autoridades de Municipios y parroquias. Ello, sin perjuicio de las reglas para casos especiales que fijó el Código Civil. 5. Esa primera autoridad civil de los municipios, si bien anteriormente tenía el control total del Registro Civil, ahora debe actuar sólo como colaborador con el órgano que constitucionalmente tiene el poder de centralización del Registro: la Comisión de Registro Civil y Electoral, por lo que debe atenerse a lo que, al respecto, dispone la Ley Orgánica del Poder Electoral."

Después de estos razonamientos la Sala concluyó señalando:

"Esta Sala, en virtud de que el presente fallo fija una interpretación vinculante de normas constitucionales, ordena publicarlo en la Gaceta Oficial de la República Bolivariana de Venezuela, por razones de seguridad jurídica, los efectos de la decisión comenzaran a surgir a partir de esa publicación, con lo que esta Sala reconoce expresamente la validez de los actos registrales realizados con anterioridad por prefectos y jefes civiles". [22]

Y ello debe ser así, pues en ese caso la interpretación de la norma establecida, pasa a ser fuente del derecho del mismo rango constitucional que el que tiene la norma que se interpreta. Si lo que se interpreta es una norma constitucional, la interpretación adquiere rango constitucional, por lo que la Sala Constitucional no podría, *ad libitum,* estar modificando sus interpretaciones.

Por otra parte, de acuerdo con la misma norma constitucional del artículo 335, no tendría carácter vinculante la interpretación que pueda hacer la Sala Constitucional de alguna ley o cualquier norma de rango legal o reglamentario, salvo que ello sea hecho "desde la Constitución". Como lo estableció la Sala Constitucional en su sentencia N° 727 de 8 de abril de 2003:

"… son vinculantes las interpretaciones que hace la Sala de normas infralegales pero desde la Constitución, para, la mayoría de las veces, la adaptación de aquéllas a un Texto Constitucional posterior, pero superior a ellas; en estos casos, la Sala determina cuál es la interpretación que debe darse a una norma de rango distinto al legal dentro de los parámetros de las normas, principios o valores superiores que se incorporaron a la Constitución de la República Bolivariana de Venezuela y que, desde allí, irradian a todo el ordenamiento jurídico."[23]

---

[22] *Véase* en *Revista de Derecho Público*, N° 93–96, Editorial Jurídica Venezolana, Caracas, 2003.

[23] *Ídem.*

IV. LOS PROCESOS CONSTITUCIONALES PARA LA INTERPRETA-CIÓN VINCULANTE DE LA CONSTITUCIÓN Y LA ACCIÓN AUTÓNOMA PARA LA INTERPRETACIÓN ABSTRACTA DE LA CONSTITUCIÓN

La interpretación vinculante de la Constitución efectuada por la Sala Constitucional sólo puede realizarse en uno de los procesos constitucionales que prevé el propio texto constitucional, en los que esté en juego un caso judicial donde se tenga que aplicar la Constitución, con motivo, por ejemplo, de la interposición de una acción popular de nulidad de las leyes por inconstitucionalidad; de una acción intentada contra una inconstitucional omisión del legislador; de una acción de amparo constitucional para la protección de un derecho constitucional; de una solicitud de control de constitucionalidad de tratados, de leyes orgánicas o de decretos de Estado de excepción; de la resolución de controversias constitucionales; o del ejercicio de la potestad de la Sala Constitucional para revisar sentencias de amparo de los tribunales o las dictadas con motivo del ejercicio del control difuso de la constitucionalidad de las leyes.

La interpretación constitucional es una operación que debe realizar el juez con motivo de uno de los procesos constitucionales cuyo objeto, por tanto, no es la interpretación de la Constitución en sí misma; ésta, en realidad, es un instrumento para la resolución judicial de la pretensión constitucional concreta que dio origen al proceso.

Ello implica que la Jurisdicción Constitucional no está establecida para establecer interpretaciones abstractas de la Constitución. Sin embargo, ello no es así en Venezuela, donde la Sala Constitucional, igualmente mediante una interpretación vinculante del artículo 335 de la Constitución, "creó" un recurso autónomo de interpretación abstracta de la Constitución, y que ha sido el vehículo para que la Sala, a petición de cualquier persona con un interés legitimo y directo derivado de la situación jurídica en la cual se encuentra (incluyendo el propio Estado a petición del Procurador General de la República), pueda acudir a la Sala solicitando la interpretación de la Constitución, iniciándose un procedimiento constitucional (sin contradictorio) cuya pretensión es sólo la interpretación de la Constitución. Antes de esta mutación ilegítima de la Constitución, de acuerdo con la Constitución de 1999 el único proceso existente en la materia era el de interpretación de las leyes.

En efecto, con anterioridad a la entrada en vigencia de la Constitución de 1999, el artículo 42,24 de la derogada Ley Orgánica de la Corte Suprema de Justicia atribuyó competencia a la Sala Político Administrativa de la Corte Suprema para interpretar los "*textos legales*, en los casos previstos en la Ley". Fue siguiendo esa misma tradición, que la Constitución de 1999 estableció como competencia del Tribunal Supremo de Justicia, el "conocer de los recursos de interpretación sobre el contenido y alcance de los *textos legales*", pero "en los términos contemplados en la ley" (artículo 266,6), atribución que debe ser ejercida "por las diversas Salas conforme a lo previsto en esta Constitución y en la ley" (único aparte, artículo 266). Por ello, el artículo 31.5 de la Ley Orgánica del Tribunal Supremo de Justicia de 2010, atribuye a *todas las Salas* del Tribunal Supremo, competencia para:

"Conocer las demandas de interpretación acerca del alcance e inteligencia de los textos legales, siempre que dicho conocimiento no signifique una sustitución del mecanismo, medio o recurso que disponga la ley para dirimir la situación de que se trate."

Ahora bien, a pesar de que el ordenamiento jurídico venezolano sólo regulaba y regula el recurso de interpretación respecto de textos legales, sin embargo, la Sala Constitucional en una importante sentencia Nº 1077 de 22 de septiembre de 2000 (Caso: *Servio Tulio León Briceño*) consideró que "no requieren los ciudadanos de leyes que contemplen, en particular, el recurso de interpretación constitucional, para interponerlo,"[24] procediendo a crear un recurso autónomo de interpretación abstracta de las normas constitucionales,[25] no previsto constitucional ni legalmente, basándose para ello en el artículo 26 de la Constitución que consagra el derecho de acceso a la justicia, del cual dedujo que si bien dicha acción no estaba prevista en el ordenamiento jurídico, tampoco estaba prohibida, agregando que, por lo tanto:

"No es necesario que existan normas que contemplen expresamente la posibilidad de incoar una acción con la pretensión que por medio de ella se ventila, bastando para ello que exista una situación semejante a las prevenidas en la ley, para la obtención de sentencias declarativas de mera certeza, de condena, o constitutivas. Este es el resultado de la expansión natural de la juridicidad"[26].

---

[24] Este criterio fue luego ratificado en sentencias Nº 1347 de 09–11–2000, en *Revista de Derecho Público*, Nº 84, Editorial Jurídica Venezolana, Caracas, 2000, pp. 264 ss.; (Nº 1387 de 21–11–2000, en *Idem*, pp. 275 ss., y Nº 457 de 05–04–2001, entre otras.

[25] Sobre este recurso véase en general, Ángela Figueruelo, "Consideraciones en torno al recurso de interpretación constitucional", en *Revista de Derecho Constitucional*, Nº 4, Editorial Sherwood, Caracas, 2001, pp. 261–274; Cosimina Pellegrino Pacera. "La interpretación de la Constitución de 1999 por la Sala Constitucional del Tribunal Supremo de Justicia: ¿Existe un recurso autónomo de interpretación constitucional? (A raíz de la sentencia de fecha 22 de septiembre de 2000)", en *Libro Homenaje a Enrique Tejera París, Temas sobre la Constitución de 1999*, Centro de Investigaciones Jurídicas (CEIN), Caracas, 2001, pp. 291 a 332; Arcadio Delgado Rosales. "El recurso de interpretación en la Constitución de 1999" en *Revista de derecho del Tribunal Supremo de Justicia*, Nº 2, Caracas, 2000, pp. 243 a 247; Marianella Villegas Salazar, "Comentarios sobre el recurso de interpretación constitucional en la Jurisprudencia de la Sala Constitucional", *Revista de Derecho Público*, Nº 84, Editorial Jurídica Venezolana, Caracas, 2000, p. 417–425; y Allan R. Brewer–Carías, "Le recours d'interprétation abstrait de la Constitution au Vénézuéla", en *Le renouveau du droit constitutionnel, Mélanges en l'honneur de Louis Favoreu*, Dalloz, Paris, 2007, pp. 61–70.

[26] *Véase* sentencia Nº 1077 de la Sala Constitucional de 22–09–2000 (Caso: *Servio Tulio León Briceño)*, en *Revista de Derecho Público*, Nº 83, Editorial Jurídica Venezolana, Caracas, 2000, pp. 247 y ss. *Véase* además, la sentencia de la Sala Nº 1487 de 6–8–2004 (Caso*: Interpretación del artículo 72 de la Constitución de la República Bolivariana de Venezuela)*, donde la sala ha recogido los principios gene-

La acción de interpretación de la Constitución, como lo precisó la Sala Constitucional, es una acción de igual naturaleza que la de interpretación de la ley[27], es decir, tiene por objeto obtener una sentencia declarativa de mera certeza sobre el alcance y contenido de las normas constitucionales, que no anula el acto en cuestión, pero que busca en efecto semejante, ya que en estos casos, coincide el interés particular con el interés constitucional; agregando que:

"La finalidad de tal acción de interpretación constitucional sería una declaración de certeza sobre los alcances y el contenido de una norma constitucional, y formaría un sector de la participación ciudadana, que podría hacerse incluso como paso previo a la acción de inconstitucionalidad, ya que la interpretación constitucional podría despejar dudas y ambigüedades sobre la supuesta colisión. Se trata de una tutela preventiva"[28].

Sobre este recurso de interpretación, la Sala Constitucional ha dicho que a través del mismo, la Sala:

"Precisará el núcleo de los preceptos, valores o principios constitucionales, en atención a dudas razonables respecto a su sentido y alcance, originadas en una presunta antinomia u oscuridad en los términos, cuya inteligencia sea pertinente aclarar por este órgano, a fin de satisfacer la necesidad de seguridad jurídica –sin que queden excluidos de por sí otros sentidos o alcances que la cultura política y jurídica o la ética pública desarrollen–. Su fin, pues, es esclarecedor y completivo y, en este estricto sentido, judicialmente creador; en ningún caso legislativo. Consiste primordialmente en una mera declaración, con efectos vinculantes sobre el núcleo mínimo de la norma estudiada o sobre su "intención" (comprensión) o extensión, es decir, con los rasgos o propiedades que se predican de los términos que forman el precepto y del conjunto de objetos o de dimensiones de la realidad abarcadas por él, cuando resulten dudosos u obscuros, respetando, a la vez, la concentración o generalidad de las normas constitucionales. Dicho carácter concentrado, que debe quedar incólume, más que un defecto es una ventaja de las normas constitucionales, es la condición de su operatividad y su adaptabilidad en el tiempo en razón de la dialéctica social.

Por lo tanto, en atención al carácter concentrado del control constitucional, es decir, siendo comprensivas muchas de sus normas de decisiones políticas fundamentales (en la terminología de Carl Schmitt), de determinaciones de fines del Estado o principios rectores de la política social o económica –al modo en que los han definido los constitucionalistas alemanes–, son, por ello, susceptibles de múltiples desarrollos; y en consideración de la posición de máximo intérprete constitucional del órgano de control, se deduce que las interpretaciones de esta Sala Constitucional, en general, o las dictadas en vía de recurso interpretativo, se entenderán vinculantes respecto

rales que regulan este recurso de interpretación, en *Revista de Derecho Público*, Nº 99–100, Editorial Jurídica Venezolana, Caracas, 2004, pp. 322 ss.

[27] *Idem*

[28] *Ibidem*

al núcleo del caso estudiado, todo ello en un sentido de límite mínimo, y no de frontera intraspasable por una jurisprudencia de valores oriunda de la propia Sala, de las demás Salas o del universo de los tribunales de instancia"[29].

Las normas que pueden ser objeto de interpretación mediante este recurso, como también lo ha determinado la Sala Constitucional, son las que conforman el "bloque de constitucionalidad", es decir, además de las normas contenidas en la Constitución, las de los tratados o convenios internacionales que autorizan la producción de normas por parte de organismos multilaterales, las normas generales dictadas por la Asamblea Nacional Constituyente o aquellas otras normas también de rango legal que cumplen una función constitucional[30]

Para que la Sala entre a conocer de un recurso de interpretación, por otra parte, se requiere la existencia de una situación jurídica concreta, a los efectos de "reservar al recurso de interpretación su verdadera justificación y evitar que se convierta en un medio indiscriminado de resolución de consultas."[31] Por ello, en cuanto a la legitimación necesaria para interponer la demanda, en la antes mencionada sentencia N° 1077 de 22 de septiembre de 2000, la Sala Constitucional ha señalado que el recurrente debe tener un interés particular en el sentido de que:

"Como persona pública o privada debe invocar un interés jurídico actual, legítimo, fundado en una situación jurídica concreta y específica en que se encuentra, y que requiere necesariamente de la interpretación de normas constitucionales aplicables a la situación, a fin de que cese la incertidumbre que impide el desarrollo y efectos de dicha situación jurídica".

La Sala precisó, además, que se "está ante una acción con legitimación restringida, aunque los efectos del fallo sean generales"; por lo que señaló que "puede declarar inadmisible un recurso de interpretación que no persiga los fines antes mencionados, o que se refiere al supuesto de colisión de leyes con la Constitución, ya que ello origina otra clase de recurso".

En la antes mencionada sentencia N° 1077 de 22–09–01, la Sala Constitucional reiteró su criterio sobre la legitimación activa para intentar el recurso de interpretación, señalando que el recurrente debe tener un "interés jurídico personal y directo", de manera que en la demanda se exprese con precisión, como condición de admisibilidad, "en qué consiste la oscuridad, ambigüedad o contradicción entre las normas del texto constitucional, o en una de ellas en particular; o sobre la naturaleza y alcance de los principios aplicables; o sobre las situacio-

---

[29] *Véase* en *Revista de Derecho Público*, N° 84, Editorial Jurídica Venezolana, Caracas, 2002, p. 267.

[30] *Véase* sentencia de la Sala Constitucional N° 278 de 19–02–2002 en *Revista de Derecho Público*, N° 89–92, Editorial Jurídica Venezolana, Caracas, 2002.

[31] *Véase* sentencia N° 2651 de fecha 02–10–2003 en *Revista de Derecho Público*, N° 93–96, Editorial Jurídica Venezolana, Caracas, 2003.

nes contradictorias o ambiguas surgidas entre la Constitución y las normas del régimen transitorio o del régimen constituyente"[32]. Agregando más adelante:

"La petición de interpretación puede resultar inadmisible, si ella no expresa con precisión en qué consiste la oscuridad, ambigüedad o contradicción entre las normas del texto constitucional, o en una de ellas en particular; o sobre la naturaleza y alcance de los principios aplicables; o sobre las situaciones contradictorias o ambiguas surgidas entre la Constitución y las normas del régimen transitorio o del régimen constituyente"[33].

Adicionalmente, en otra sentencia, N° 1029 de 13–06–2001, la Sala Constitucional atemperó el rigorismo de declarar inadmisible el recurso si no se precisaba el contenido de la acción, ya que señaló que:

"La solicitud deberá expresar: 1.– Los datos concernientes a la identificación del accionante y de su representante judicial; 2.– Dirección, teléfono y demás elementos de ubicación de los órganos involucrados; 3.– Descripción narrativa del acto material y demás circunstancias que motiven la acción".

En cuanto a los motivos del recurso, la Sala expresó que el recurso de interpretación tiene como objeto resolver:

"Cuál es el alcance de una norma constitucional o de los principios que lo informan, cuando los mismo no surgen claros del propio texto de la Carta Fundamental; o de explicar el contenido de una norma contradictoria, oscura o ambigua; o del reconocimiento, alcance y contenido, de principios constitucionales"[34].

En sentencia N° 1347, de 9 de septiembre de 2000, la Sala Constitucional delimitó aún más los contornos del recurso de interpretación constitucional, destacando los siguientes:

"2. Precisión en cuanto al motivo de la acción. La petición de interpretación puede resultar inadmisible, si ella no expresa con precisión en qué consiste la oscuridad o ambigüedad de disposiciones, o la contradicción entre las normas del texto constitucional; o sobre la naturaleza y alcance de los principios aplicables; o sobre las situaciones contradictorias o ambiguas ob-

---

[32] *Véase* Caso: *Servio Tulio León Briceño*, en *Revista de Derecho Público*, N° 83, Editorial Jurídica Venezolana, Caracas, 2000, pp. 247 y ss. Adicionalmente, en otra sentencia, N° 1029 de 13–06–2001, la Sala Constitucional atemperó el rigorismo de declarar inadmisible el recurso si no precisaba el contenido de la acción, ya que señaló que "La solicitud deberá expresar: 1.– Los datos concernientes a la identificación del accionante y de su representante judicial; 2.– Dirección, teléfono y demás elementos de ubicación de los órganos involucrados; 3.– Descripción narrativa del acto material y demás circunstancias que motiven la acción."

[33] *Véase* Caso: *Servicio Tulio León Briceño*, en *Revista de Derecho Público*, N° 83, Editorial Jurídica Venezolana, Caracas, 2000, pp. 247 y ss.

[34] *Idem.*

servadas en el análisis comparativo de la Constitución y las normas del régimen transitorio o del régimen constituyente.

3. Será inadmisible el recurso, cuando en sentencias de esta Sala anteriores a su interposición, se haya resuelto el punto, y no sea necesario modificarlo. Este motivo de inadmisibilidad no opera en razón de la precedencia de una decisión respecto al mismo asunto planteado, sino a la persistencia en el ánimo de la Sala del criterio a que estuvo sujeta la decisión previa.

4. Por otro lado, esta Sala deja claramente establecido que el recurso de interpretación constitucional no puede sustituir los recursos procesales existentes ni traducirse en una acción de condena, ni declarativa, ni constitutiva, por lo que si el recurrente persigue adelantar un pronunciamiento sobre un asunto planteado ante otro órgano jurisdiccional o pretende sustituir con esta vía algún medio ordinario a través del cual el juez pueda aclarar la duda planteada, el recurso deberá ser declarado inadmisible por existir otro recurso.

En este sentido, ya se pronunció la Sala en la sentencia mencionada en los siguientes términos:

Ahora bien, el que esta Sala, como parte de las funciones que le corresponden y de la interpretación de la ley, de la cual forma parte la Constitución, pueda abocarse a conocer una petición en el sentido solicitado por el accionante, no significa que cualquier clase de pedimento puede originar la interpretación, ya que de ser así, se procuraría opinión de la Sala ante cualquier juicio en curso o por empezar, para tratar de vincular el resultado de dichos juicios, con la opinión que expresa la Sala, eliminando el derecho que tienen los jueces del país y las otras Salas de este Tribunal de aplicar la Constitución y de asegurar su integridad (artículo 334 de la vigente Constitución), así como ejercer el acto de juzgamiento, conforme a sus criterios; lográndose así que se adelante opinión sobre causas que no han comenzado, y donde tales opiniones previas tienden a desnaturalizar el juzgamiento.

5. Tampoco puede pretender el recurrente acumular a la pretensión interpretativa otro recurso o acción de naturaleza diferente, ya que conllevaría a la inadmisibilidad por inepta acumulación de pretensiones o procedimientos que se excluyen mutuamente. Tal sería el caso en que pretenda acumular un recurso de interpretación con un conflicto de autoridades, o que se solicite conjuntamente la nulidad de un acto de algún órgano del Poder Público – tanto en el caso que se pretenda que la decisión abarque ambas pretensiones o que las estime de forma subsidiaria–, o que promueva la interpretación de algún texto de naturaleza legal o sublegal, o la acumule con un recurso de colisión de leyes o de éstas con la propia Constitución.

6. De igual modo, será inadmisible la solicitud de interpretación cuando exista la convicción de que constituye un intento subrepticio de obtener resultados cuasi jurisdiccionales que desbordan el fin esclarecedor de este tipo de recursos; es decir, que lo planteado persiga más bien la solución de un conflicto concreto entre particulares o entre éstos y órganos públicos, o entre estos últimos entre sí; o una velada intención de lograr una opinión pre-

via sobre la inconstitucionalidad de una ley. En fin, cuando lo pedido desnaturalice los objetivos del recurso de interpretación"[35].

Delimitada en esta forma el alcance del recurso de interpretación constitucional, todo apuntaba a que debía considerarse como otro de los procesos constitucionales destinados a garantizar la justicia constitucional, que requería de un accionante, y que debía implicar la apertura de un contradictorio; pues así como puede haber personas con interés jurídico en una determinada interpretación de la Constitución, igualmente puede haber otras personas que puedan tener un interés jurídico en otra interpretación. En tal sentido, la Sala debería emplazar y citar a los interesados para garantizarles que puedan hacerse parte en el proceso, y alegar a favor de una u otra interpretación del texto constitucional.

Sin embargo, sobre esto, después de haber creado el recurso, la Sala Constitucional, en sentencia N° 2651 de 2 de octubre de 2003 (Caso: *Ricardo Delgado (Interpretación artículo 174 de la Constitución),* le negó el carácter de proceso constitucional señalando que en virtud de que "el recurso de interpretación debe tener como pretensión la exclusiva determinación del alcance de normas –en este caso constitucionales–", entonces "no hay *litis,* enfrentamiento entre unas partes, respecto de las cuales haya que procurar su defensa". Agregó la Sala:

> "Quizás parte de la confusión derive del hecho de que la jurisprudencia de esta Sala exige, para la admisión del recurso de interpretación, la existencia de un caso concreto. Eso podría llevar a creer que se está en presencia de un litigio, así sea eventual. De hecho, en el asunto de autos, la duda interpretativa enfrenta ya a varios órganos estatales, cada uno con su particular opinión.
>
> Ahora bien, la exigencia del caso concreto no es más que un reflejo de la necesidad de reservar al recurso de interpretación su verdadera justificación y evitar que se convierta en un medio indiscriminado de resolución de consultas. Por tanto, es sólo un requisito de legitimación –es decir, la puerta al tribunal–, sin que ello se materialice luego en la posibilidad de que el juez satisfaga pretensiones distintas a la meramente interpretativa.
>
> De acuerdo con lo indicado, el caso concreto es el requisito para pedir la interpretación, demostrando que hay mérito suficiente para que sea el Máximo Tribunal de la República el que se pronuncie, pero sin que ello dé lugar a que se resuelva el mismo: lo que se aclara es la duda interpretativa que existía en ese supuesto. La controversia se seguirá o se llevará ante quien corresponda, para lo cual se supone que el fallo de la Sala debe ser de utilidad. Es la razón, precisamente, de algunos de los fallos de inadmisión que ha dictado esta Sala, en las oportunidades en que los accionantes no se han limitado en su pretensión, sino que han pedido pronunciamiento distintos a la sola interpretación, queriendo que el caso concreto sea no sólo el legitimante del recurso, sino también el fondo de lo que se decidirá.

---

[35] *Véase* en *Revista de Derecho Público,* N° 84, Editorial Jurídica Venezolana, Caracas, 2000, p. 270.

... Aunque en teoría la Sala no necesita realmente oír a nadie más para dar su opinión vinculante, la prudencia y la responsabilidad le exigen otra conducta. Por ello, la Sala no se limita a estudiar el caso aisladamente, con prescindencia de los pareceres ajenos, sino que procura llamar a quienes pudieran tener algo que decir y que, al hacerlo, podrían ilustrar a los magistrados en la toma de su propia postura. A veces no lo ha hecho, por la urgencia, y con ello no ha violado derecho alguno, pues –se insiste– no hay partes a las que proteger en su derecho. Ahora, el que no haya derechos en juego (aunque en el caso concreto bien puede haberlos) no implica que no haya intereses que tutelar. Para la protección de esos intereses la Sala formula invitaciones, no citaciones. No hay de qué defenderse, pero sí sobre qué opinar.

... Entonces, la Sala, aun cuando ninguna norma le obliga a llamar a nadie para decidir un recurso de interpretación, entiende necesario hacerlo, con base en ese derecho a la participación –extendido al ámbito judicial– y con fundamento en la imprescindible tutela de los intereses. Por ello, la Sala mantiene y mantendrá como práctica la de notificar y publicar edictos. No puede ser de otra forma, salvo en casos de urgencia, si se piensa en que el fallo será vinculante y de efectos *erga omnes*".

Debe indicarse, además, que en sentencia N° 1347, de fecha 09–11–2000, la Sala Constitucional delimitó el carácter vinculante de las interpretaciones establecidas con motivo de decidir los recursos de interpretación, señalando que:

"Las interpretaciones de esta Sala Constitucional, en general, o las dictadas en vía de recurso interpretativo, se entenderán vinculantes respecto al núcleo del caso estudiado, todo ello en un sentido de límite mínimo, y no de frontera intraspasable por una jurisprudencia de valores oriunda de la propia Sala, de las demás Salas o del universo de los tribunales de instancia".

Este recurso autónomo de interpretación abstracta de la Constitución creado por la Sala Constitucional ha sido utilizado con mucha frecuencia, pero en vez de ser un instrumento para el afianzamiento del Estado de derecho y la garantía de la seguridad jurídica, se ha convertido en un instrumento para la mutación ilegítima de la Constitución, la mayoría de las veces a petición del Poder Ejecutivo,[36] mediante el cual la Sala Constitucional ha sustituido las funciones de los otros Poderes Públicos, asumiendo tareas asignadas al Legislador. La propia Sala Constitucional, sin embargo, y aun cuando no lo haya logrado en la práctica, en su sentencia N° 1347 de 9 de septiembre de 2000 hizo un esfuerzo por auto limitarse en este respecto, para evitar la tentación totalizante, señalando que en la solución de los recursos de interpretación constitucional, teniendo en cuenta el principio de la separación de poderes y su relación con la función de seguridad del Estado de derecho, la Sala no podrá convertirse:

---

[36] *Véase* Allan R. Brewer–Carías, "El juez constitucional al servicio del autoritarismo y la ilegítima mutación de la Constitución: el caso de la Sala Constitucional del Tribunal Supremo de Justicia de Venezuela (1999–2009)", en *IUSTEL, Revista General de Derecho Administrativo*, N° 21, junio 2009, Madrid, ISSN–1696–9650

ALLAN R. BREWER-CARÍAS

"En línea con este razonamiento, la Sala no podrá suplir las potestades de los órganos del Poder Público u ordenar la manera en que se desempeñarán en el ejercicio de sus actividades propias, pues a todos ellos cabe actuar según sus competencias y de acuerdo con el derecho.

Por lo tanto, los órganos que integran el Poder Público, en la consecución de sus cometidos, no tendrán más dirección y vigilancia que la que establezca nuestra Constitución, las leyes y demás normas aplicables. Sería impropio del poder garantizador de la Constitución que ejerce esta Sala y a través de este recurso, el velar *motu propio* y de manera indiscriminada, por la eficacia y eficiencia, incluso en la realización de la Constitución, de los órganos legislativos y administrativos de la jerarquía que fuesen.

Esta posición delimita la función político-jurídica que le toca asumir a este Tribunal en cuanto a su función de máximo custodio de la Constitución. De allí que, si bien él se encuentra en la cúspide de los órganos judiciales que refieren sus funciones a la Constitución, su labor consiste, primeramente, de cara al universo de operadores jurídicos, en mantener abierta la posibilidad de que, en el ejercicio de las competencias que tienen atribuidas, cumplan con sus objetivos, participen plenamente en la toma de las decisiones en que les quepa actuar, y, una vez actuadas estas potencialidades, derechos, deberes o potestades, según sea el caso, controlar en grado a la competencia que la propia Constitución le faculta, la correspondencia de dichas actuaciones con respecto a la norma fundamental.

Lo político administrativo o legislativo, en el sentido de elegir el camino o el modo más acorde con el bienestar social, si bien el procedimiento de su elección en muchos casos viene ya señalado por la Constitución, así como los campos en que se mueve la realidad social a que deben prestar sus servicios, sólo le corresponde dictarlo a los entes que ejercen las estrictas funciones político administrativas o legislativas, sin que este Tribunal ex ante les señale la mejor forma de hacerlo.

8.– En definitiva, la Sala se cuidará, con el mayor rigor, al absolver un recurso de interpretación, pues es su propio juez y freno, de no pronunciarse sobre acciones a ser ejecutadas, programas a ser encaminados, políticas a ser establecidas o, en fin, sobre la manera de ejercer sus funciones otros órganos; siempre orientándose dentro del marco teleológico de la norma que estuviere en cuestión, sea que ésta persiga definir diferentes grados de organización y cohesión de la vida social, establecer autoridades y roles sociales, reglas de comportamiento o directivas para la acción, procedimientos para la resolución de conflictos, o la distribución del uso de la fuerza; ya sea que dichas normas respondan a la función conservadora o promocional que se le asigna al derecho, con sus respectivos mecanismos positivos o negativos de control"[37].

---

[37] *Véase* en *Revista de Derecho Público*, Nº 84, Editorial Jurídica Venezolana, Caracas, 2000, p. 268.

Sin embargo, y a pesar de estas declaraciones, la Sala Constitucional no sólo ha actuado como legislador positivo, dictando normas legales[38] e, incluso, reformando de oficio normas legales,[39] sino que mediante la interpretación constitucional vinculante establecida al decidir recursos abstractos de interpretación, ha asumido el rol de Poder Constituyente y ha reformado la propia Constitución, la mayoría de las veces a solicitud del Procurador General de la república, como ha ocurrido, por ejemplo, con la eliminación del principio de la alternabilidad republicana,[40] la modificación de la distribución de competencias entre el Poder Nacional y los Estados, rompiendo la forma federal del Estado;[41] la eliminación de

[38] *Véase* Allan R. Brewer–Carías, "El juez constitucional como legislador positivo y la inconstitucional reforma de la Ley Orgánica de Amparo mediante sentencias interpretativas," en Eduardo Ferrer Mac–Gregor y Arturo Zaldívar Lelo de Larrea (Coordinadores), *La ciencia del derecho procesal constitucional. Estudios en homenaje a Héctor Fix–Zamudio en sus cincuenta años como investigador del derecho*, Instituto de Investigaciones Jurídicas, Universidad Nacional Autónoma de México, México 2008, Tomo V, pp. 63–80 y en *Crónica sobre la "in" Justicia Constitucional. La Sala Constitucional y el autoritarismo en Venezuela*, Colección Instituto de Derecho Público, Universidad Central de Venezuela, N° 2, Caracas, 2007, pp. 545–563.

[39] *Véase* la reforma del artículo 31 de la Ley de Impuesto sobre la renta "sancionada" en sentencia N° 301 de 27–01–2007, (Caso: *Adriana Vigilanza y Carlos A. Vecchio*), Expediente N° 01–2862, en *Gaceta Oficial* N° 38.635 de fecha 01–03–2007. Véanse los comentarios a la sentencia en Allan R. Brewer–Carías, "El juez constitucional en Venezuela como legislador positivo de oficio en materia tributaria", en *Revista de Derecho Público*, N° 109 (enero –marzo 2007), Editorial Jurídica Venezolana, Caracas 2007, pp. 193–212 y en *Crónica sobre la "in" Justicia Constitucional. La Sala Constitucional y el autoritarismo en Venezuela*, Colección Instituto de Derecho Público, Universidad Central de Venezuela, N° 2, Caracas, 2007, pp. 565–592; *Véase* sobre el mismo tema, Allan R. Brewer–Carías, "De cómo la Jurisdicción constitucional en Venezuela, no sólo legisla de oficio, sino subrepticiamente modifica las reformas legales que "sanciona", a espaldas de las partes en el proceso: el caso de la aclaratoria de la sentencia de Reforma de la Ley de Impuesto sobre la Renta de 2007, *Revista de Derecho Público*, N° 114, Editorial Jurídica Venezolana, Caracas 2008, pp. 267–276. *Véase* además, sobre la sentencia N° 301 de 27–02–2007, la sentencia de la Sala Constitucional N° 980 de 17–06–2008, en la misma *Revista de Derecho Público*, N° 114, Editorial Jurídica Venezolana, Caracas 2008, pp. 183 ss.

[40] *Véase* sentencias de la Sala Constitucional Nos. 49 y 53 de 3 de febrero de 2009 (Caso: *Interpretación de los artículos 340,6 y 345 de la Constitución)*, en http://www.tsj.gov.ve/decisions/scon/Febrero/ 53–3209–2009–08–1610.html; y en *Revista de Derecho Público*, N° 117, Editorial Jurídica Venezolana, Caracas, 2009, pp. 78 ss. Véanse los comentarios sobre esta sentencia en Allan R. Brewer–Carías, "El Juez Constitucional vs. La Alternabilidad Republicana (La reelección continua e indefinida)," en *Revista de Derecho Público*, N° 117, Editorial Jurídica Venezolana, Caracas, 2009, pp. 205 ss.

[41] *Véase* sentencia de la Sala Constitucional N° 565 de fecha 15 de Abril de 2008 (caso *Procuradora General de la República*, recurso de interpretación del artículo 164.10 de la Constitución de 1999), en http://www.tsj.gov.ve/decisiones/scon/Abril/565–150408–07–1108.htm y en *Revista de Derecho Público*, N° 114, Editorial Jurídica Venezolana, Caracas, 2008, pp. 132 ss. Véanse los comentarios sobre esta sentencia en Allan R. Brewer–Carías, "La Sala Constitucional como poder constituyente: la modificación de la forma federal del estado y del sistema constitucional de división

la prohibición de financiamiento con fondos públicos a las actividades electorales de los partidos políticos;[42] la modificación del ámbito de la competencia del Tribunal Supremo en materia de antejuicio de mérito respecto de altos funcionarios del Estado;[43]y las modificaciones al ámbito de las propias competencias de la Sala Constitucional como Jurisdicción Constitucional.[44]

territorial del poder público, en *Revista de Derecho Público*, N° 114, Editorial Jurídica Venezolana, Caracas 2008, pp. 247–262.

[42] *Véase* sentencia de la Sala Constitucional N° 780 de 8 de mayo de 2008 (Exp. n° 06–0785), en *Revista de Derecho Público*, N° 114, Editorial Jurídica Venezolana, Caracas, 2008, pp. 124 ss. Véanse los comentarios sobre esta sentencia en Allan R. Brewer–Carías, "El juez constitucional como constituyente: El caso del financiamiento de las campañas electorales de los partidos políticos en Venezuela," en *Revista de Derecho Público*, N° 117, Editorial Jurídica Venezolana, Caracas, 2009, pp. 195 ss.

[43] *Véase* sentencia de la Sala Constitucional N° 1684 del 4 de noviembre de 2008 (Caso: *Carlos Eduardo Giménez Colmenárez*, **Expediente** N° 08–1016), en *Revista de Derecho Público*, N° 116, Editorial Jurídica Venezolana, Caracas 2008, p. 168 ss. Véanse los comentarios sobre esta sentencia en Allan R. Brewer–Carías, "La ilegítima mutación de la constitución hecha por el juez constitucional en materia de antejuicios de mérito de altos funcionarios del estado," en *Revista de Derecho Público*, N° 116, Editorial Jurídica Venezolana, Caracas 2008, pp. 261 ss.

[44] *Véase* sobre el tema: Allan R. Brewer–Carías, "La ilegítima mutación de la Constitución por el Juez Constitucional en materia de justicia constitucional," en *Libro Homenaje a Josefina Calcaño de Temeltas,* Fundación de Estudios de Derecho Administrativo (FUNEDA), Caracas 2009.

§19. LOS EFECTOS DE LAS SENTENCIAS CONSTITUCIONALES EN VENEZUELA[*]

Los efectos de las sentencias constitucionales varían según el proceso o procedimiento constitucional en los cuales aquellas se dicten. En consecuencia, el tema se torna más complejo en sistemas de justicia constitucional mixtos, como el que se ha desarrollado en Venezuela[1], estructurado con múltiples procesos y procedimientos constitucionales que se desarrollan, no sólo ante la Jurisdicción Constitucional, sino ante la Jurisdicción Ordinaria y la Jurisdicción Contencioso-Administrativa, mediante los cuales los particulares pueden demandar el control judicial de la constitucionalidad de todos los actos del Estado.

En primer lugar, están los procesos constitucionales que se desarrollan ante la Jurisdicción Ordinaria, que se desarrollan en dos casos: primero, cuando los jueces, conforme al método difuso de control de constitucionalidad de las leyes y demás actos estatales normativos, las desaplican al decidir casos concretos, conforme lo autoriza el artículo 334 de la Constitución; y segundo, cuando deciden procesos de amparo constitucional de derechos y garantías constitucionales conforme se establece en el artículo 27 de la Constitución.

En segundo lugar, están los procesos y procedimientos constitucionales que se desarrollan específicamente ante la Jurisdicción Constitucional, los cuales conforme a los artículos 266,1 y 334 de la Constitución se atribuyen a la Sala Constitucional del Tribunal Supremo de Justicia, y que están destinados a controlar la constitucionalidad de las leyes y demás actos estatales de similar rango y valor o dictados en ejecución directa de la Constitución. Este control de constitucionalidad se configura como un sistema de control concentrado de la constitucionalidad de dichos actos estatales, que otorga a dicha Sala Constitucional el monopolio de su declaratoria de nulidad con efectos *erga omnes*.

Y en tercer lugar, está el proceso de control de constitucionalidad (además de legalidad) de los reglamentos y demás actos administrativos, cuyo conocimiento,

---

[*] Publicado en *Anuario sobre Justicia Constitucional,* N° 22, Centro de Estudios Políticos y Constitucionales, Madrid 2008, pp. 19–66.

[1] *Véase* Allan R. Brewer–Carías, *El sistema mixto o integral de control de la constitucionalidad en Colombia y Venezuela*, Universidad Externado de Colombia (Temas de Derecho Público N° 39) y Pontificia Universidad Javeriana (Quaestiones Juridicae N° 5), Bogotá 1995, 120 pp. Publicado también en *Revista Tachirense de Derecho*, Universidad Católica del Táchira, N° 5–6, San Cristóbal, enero–diciembre 1994, pp. 111–164; en *Anuario de Derecho Constitucional Latinoamericano,* Fundación Konrad Adenauer, Medellín–Colombia 1996, pp. 163–246; y en G. J. Bidart Campos y J. F. Palomino Manchego (Coordinadores), *Jurisdicción Militar y Constitución en Iberoamérica, Libro Homenaje a Domingo García Belaúnde*, Instituto Iberoamericano de Derecho Constitucional (Sección Peruana), Lima 1997, pp. 483–560

conforme al artículo 259 de la Constitución, se atribuye a la Jurisdicción Contencioso-Administrativa, integrada por la Sala Político-Administrativa y la Sala Electoral del Tribunal Supremo de Justicia y demás tribunales determinados por la ley. Este control también se configura como un sistema de control concentrado de la constitucionalidad de dichos reglamentos y demás actos administrativos, que otorga a dichas Salas y demás tribunales el monopolio de su declaratoria de nulidad, por inconstitucionalidad (además de ilegalidad), también con efectos *erga omnes*.

A continuación nos vamos a referir a los efectos de las sentencias constitucionales dictadas por los tribunales de la Jurisdicción Ordinaria y por la Sala Constitucional del Tribunal Supremo, como Jurisdicción Constitucional; y por último nos referiremos al tema de los efectos vinculantes de las sentencias de interpretación de la Constitución dictadas por la Sala Constitucional del Tribunal Supremo.

En cuanto a los efectos de las sentencias constitucionales dictadas por la los tribunales de la Jurisdicción Contencioso Administrativa, como los mismos son similares a los de las sentencias dictadas al resolverse las acciones populares de inconstitucionalidad, rigiéndose por las mismas normas de la Ley Orgánica del Tribunal Supremo de Justicia, estimamos redundante referirnos a ello en forma separada. En tal materia nos remitimos, *mutatis mutandi*, a lo que exponemos en cuanto al régimen de las sentencias dictadas en los juicios de constitucionalidad.

I. LOS EFECTOS DE LAS SENTENCIAS CONSTITUCIONALES DICTADAS POR LOS TRIBUNALES DE LA JURISDICCIÓN ORDINARIA

En Venezuela, el juez ordinario es juez constitucional no sólo cuando aplica el método difuso de control de constitucionalidad de las leyes y demás actos normativos, sino además, cuando decide una acción de amparo constitucional de derechos y garantías constitucionales.

Desde 1897, el Código de Procedimiento Civil estableció la posibilidad de que todo órgano judicial pueda ejercer el control de la constitucionalidad de las leyes y demás actos normativos al decidir cualquier proceso, cuando la ley vigente cuya aplicación se pida, colidiere con alguna disposición constitucional, en cuyo caso los tribunales deben aplicar ésta con preferencia. Se trata del método difuso de control de la constitucionalidad de las leyes, que ha recogido el artículo 334 de la Constitución de 1999, conforme al cual cualquiera de las partes en un proceso, puede solicitar la inaplicabilidad de una Ley que se estime inconstitucional, en cuyo caso, el juez, el cual también está autorizado para decidir el asunto de oficio, puede aplicar con preferencia la Constitución e inaplicar la ley en el caso concreto, teniendo por supuesto la decisión efectos *inter partes*.[2]

Pero además, los jueces ordinarios en Venezuela tienen competencia para conocer de procesos de amparo constitucional para la protección de los derechos y

---

[2]   *Véase* en general, Allan R. Brewer–Carías, *La Justicia Constitucional*, Vol. VI, *Instituciones políticas y constitucionales*, Universidad Católica del Táchira, Editorial Jurídica Venezolana, Caracas–San Cristóbal, 1996, pp. 121 ss.

garantías establecidos en la Constitución, tal como se establece en el artículo 27 de la Constitución, mediante un procedimiento breve, público, oral, gratuito y no sujeto a formalidades, en el cual el juez puede restablecer inmediatamente la situación jurídica infringida. El proceso de amparo, por tanto, no es monopolio de un sólo tribunal, como sucede en España o en Costa Rica, sino que corresponde a todos los jueces de primera instancia (e incluso a cualquier juez de la localidad en caso de que en ella no haya juez de primera instancia), en cuyas decisiones, siempre se produce un juicio de control de la constitucionalidad relativo a la protección de derechos y garantías constitucionales.[3]

1. *Los efectos de las sentencias de control difuso de la constitucionalidad de las leyes*

El tema de los efectos de la decisión que adopten los tribunales en relación con la constitucionalidad o aplicabilidad de una ley en un caso concreto, tiene dos vertientes: primero, la determinación de a quién afecta la decisión de declarar la inconstitucionalidad de la ley y desaplicarla, y segundo, determinar el momento a partir del cual la decisión judicial, es decir, la desaplicación de la ley comienza a surtir efectos

A. **Los efectos inter partes de la decisión judicial y sus excepciones**

En relación con el primer punto, conforme a la racionalidad del método difuso de control de constitucionalidad[4], la decisión adoptada por el Juez sólo tiene efectos en relación con las partes en el proceso concreto en la cual aquella se adopta. En otras palabras, en el método difuso de control de constitucionalidad, la decisión adoptada sobre la inconstitucionalidad e inaplicabilidad de la ley en un caso, sólo tiene efectos *in casu et inter partes,* es decir, en relación con un caso concreto y exclusivamente, en relación con las partes que han participado en el proceso, por lo que no puede ser aplicada a otros particulares ni a otros casos. Esta es la consecuencia directa del carácter incidental del método difuso de control de constitucionalidad.

En consecuencia, si una ley es considerada inconstitucional en una decisión judicial, esto no significa que dicha ley ha sido invalidada *y* que no es efectiva y aplicable en otros casos. Sólo significa que en cuanto concierne a ese proceso particular, y a las partes que en él intervinieron en el cual el Juez decidió la inaplicabilidad de la ley, es que ésta debe considerarse inconstitucional, nula y sin valor, sin que ello tenga ningún efecto con relación a otros procesos, otros jueces y otros particulares.

---

[3]   *Véase* en general, Allan R. Brewer–Carías, *El derecho y la acción de amparo*, Vol. V, *Instituciones políticas y constitucionales*, Universidad Católica del Táchira, Editorial Jurídica Venezolana, Caracas–San Cristóbal, 1998.

[4]   *Véase* Allan R. Brewer–Carías, *Judicial Review in Comparative Law*, Cambridge University Press, Cambridge, 1989

B. *Los efectos generales en caso de control difuso en juicios de amparo de derechos o intereses colectivos y difusos*

Debe señalarse, sin embargo, que en los casos en los cuales sea la Jurisdicción Constitucional (la Sala Constitucional del Tribunal Supremo) la que ejerza el control difuso de la constitucionalidad de las leyes al conocer de acciones de amparo intentadas en defensa de intereses colectivos o difusos, los efectos de la decisión tienen entonces efectos generales.

En esos casos, en ausencia de regulación legal, la Sala Constitucional no sólo se ha reservado el conocimiento de dichas acciones[5], sino que ha resuelto en sentencia N° 85 de 24 de enero de 2002, (Caso: *Asociación Civil Deudores Hipotecarios de Vivienda Principal (Asodeviprilara) vs. Superintendencia de Bancos y Otras Instituciones Financieras y otros*), que:

> Como resultado de todo control difuso, la ley sobre la que se ejerce el control no ha sido anulada por inconstitucional, y sólo deja de aplicarse en el caso concreto, que en materia de acciones por derechos e intereses difusos o colectivos ... tienen un rango de desaplicación de mayor amplitud, producto de lo "universal" de la pretensión y de la naturaleza *erga omnes* de los fallos que en ellos se dictan; y por ello la desaplicación de la ley al caso, no resulta tan puntual como cuando en un juicio concreto se declara inaplicable una ley por inconstitucional, o se declara inconstitucional a una norma ligada a la situación litigiosa[6].

C. *Los efectos declarativos de las decisiones judiciales*

Ahora bien, los efectos *inter partes* que como principio tienen las decisiones judiciales adoptadas conforme al método de control difuso de control de constitucionalidad, están directamente relacionados con otras cuestiones concernientes también a los efectos de la decisión, pero en el tiempo, es decir, respecto de cuándo comienza a ser efectiva la declaratoria de inconstitucionalidad.

En efecto, siendo el principal aspecto de la racionalidad del método difuso de control de constitucionalidad el de la supremacía de la Constitución sobre todos los demás actos estatales, lo que lleva a considerar que las leyes contrarias a la Constitución son nulas y sin valor, siendo ésta la garantía más importante de la Constitución, en consecuencia, cuando un juez decide sobre la constitucionalidad de una *ley, y* la declara inconstitucional e inaplicable a un caso concreto, es porque la considera nula y sin valor, como si nunca hubiera existido.

Por ello, la decisión judicial en estos casos tiene efectos declarativos, en el sentido que declara que la ley es inconstitucional, considerándola como tal desde que se dictó. Por ello, la ley cuya inaplicabilidad se decida por ser contraria a la Constitución, debe ser considerada por el juez como si nunca hubiera tenido validez y como si siempre hubiese sido nula y sin valor. Por ello es que se dice

---

[5] *Véase* por ejemplo, sentencia N° 255 de 15–3–2005 (Caso: Federación Venezolana de Fútbol vs. Sala Electoral del Tribunal Supremo de Justicia), en *Revista de Derecho Público*, N° 101, Editorial Jurídica Venezolana, Caracas 2005, p. 212.

[6] *Véase* en *Revista de Derecho Público*, N° 89–92, Editorial Jurídica Venezolana, Caracas, 2002

que la decisión del juez, en virtud de ser de carácter declarativo, tiene efectos *ex tunc, pro pretaerito* o de carácter retroactivo[7], en el sentido de que dichos efectos se retrotraen al momento en que la norma considerada inconstitucional fue dictada, impidiendo entonces que la ley pueda tener efectos en lo que concierne al caso concreto decidido por el juez y con relación a las partes que intervinieron en el proceso. El acto legislativo declarado inconstitucional por un juez conforme al método difuso de control de constitucionalidad, por tanto, es considerado, como nulo y sin valor *ab initio*, por lo que no es anulado por el juez sino que éste sólo declara su inconstitucionalidad (y nulidad) preexistente, descartando su aplicación al caso.

2. *Los efectos de las sentencias de amparo constitucional*

El artículo 27 de la Constitución de 1999 siguiendo la orientación del artículo 49 de la Constitución de 1961, reguló el proceso de amparo constitucional como un derecho constitucional[8], el cual se puede ejercer a través de múltiples medios o recursos judiciales de protección, incluyendo la acción de amparo[9], así:

Artículo 27: Toda persona tiene derecho a ser amparada por los tribunales en el goce y ejercicio de los derechos y garantías constitucionales, aun de aquellos inherentes a la persona que no figuren expresamente en esta Constitución o en los instrumentos internacionales sobre derechos humanos.

El procedimiento de la acción de amparo constitucional será oral, público, breve, gratuito y no sujeto a formalidad, y la autoridad judicial competente tendrá potestad para restablecer inmediatamente la situación jurídica infringida o la situación que más se asemeje a ella. Todo tiempo será hábil y el tribunal lo tramitará con preferencia a cualquier otro asunto.

La acción de amparo a la libertad o seguridad podrá ser interpuesta por cualquier persona, y el detenido o detenida será puesto bajo la custodia del tribunal de manera inmediata, sin dilación alguna.

El ejercicio de este derecho no puede ser afectado, en modo alguno, por la declaración del estado de excepción o de la restricción de garantías constitucionales.

---

[7]   *Véase* Allan R. Brewer–Carías, "Algunas consideraciones sobre el control jurisdiccional de la constitucionalidad de los actos estatales en el derecho venezolano" en *Revista de Administración Pública*, n° 76, Madrid 1975, pp. 419–446.

[8]   *Véase* en general Allan R. Brewer–Carías, *Derecho y acción de amparo*, Vol V, *Instituciones políticas y constitucionales*, Universidad Católica del Táchira, Editorial Jurídica Venezolana, Caracas–San Cristóbal, 1998.

[9]   *Véase* en general, Hildegard Rondón de Sansó, *La acción de amparo contra los Poderes Públicos*, Editorial Arte, Caracas 1994; Hildegard Rondón de Sansó, *Amparo constitucional,* Editorial Arte, Caracas 1998; Gustavo Linares Benzo, El proceso de amparo, Universidad Central de Venezuela, Caracas 1999; Rafael J. Chavero Gazdik, *El nuevo régimen del amparo constitucional en Venezuela*, Edit. Sherwood, Caracas 2001

A. *Los efectos restablecedores*

En particular, sobre este proceso, debe destacarse la precisión que hace esta norma sobre la competencia del juez de amparo para restablecer inmediatamente la situación jurídica infringida, y además, alternativamente, "o la situación que más se asemeje a ella".

Por ello, conforme a lo que se reguló en la Ley Orgánica de Amparo sobre Derechos y Garantías Constitucionales de 1988[10], la acción tiene esencialmente naturaleza y efectos restablecedores, debiendo ser "capaz, suficiente y adecuada para lograr que el mandamiento de amparo que se otorgue se baste por sí solo, sin necesidad de acudir a otro u otros procedimientos judiciales, para volver las cosas al estado en que se encontraban para el momento de la vulneración y hacer desaparecer definitivamente el acto o hecho lesivo o perturbador"[11]; o como lo dispone el artículo 1 de la Ley Orgánica, que se restablezca la situación jurídica infringida a "la situación que más se asemeje a ella".[12]

Por ese efecto eminentemente restablecedor, mediante la sentencia de amparo no se pueden crear situaciones jurídicas nuevas o modificar las existentes[13], sino lo que se puede es restablecer las cosas al estado en que se encontraban para el momento de la lesión, haciendo desaparecer el hecho o acto invocado y probado como lesivo o perturbador a un derecho o garantía constitucional. Por ello es que precisamente cuando la violación de un derecho constitucional convierte la situación jurídica infringida en una situación irreparable, la acción de amparo es considerada inadmisible. En otras palabras, conforme al artículo 6,1 de la Ley Orgánica, "se entenderá que son irreparables los actos que, mediante el amparo, no puedan volver las cosas al estado que tenían antes de la violación"[14].

---

[10]   *Véase* Allan R. Brewer–Carías y Carlos M. Ayala Corao, *Ley Orgánica de Amparo sobre derechos y garantías constitucionales,* Caracas 1988.

[11]   Sentencia de la antigua Corte Suprema de Justicia en Sala Político Administrativa de 10–7–91 (*Caso Tarjetas Banvenez*), en *Revista de Derecho Público,* N° 47, EJV, Caracas, 1991, pp. 169–170.

[12]   En tal sentido, la antigua Corte Suprema de Justicia, Sala Plena declaró inadmisible una acción de amparo contra el cobro indebido de un impuesto, cuando el mismo ha sido ya pagado, considerando que en ese caso no es posible restablecer la situación jurídica infringida. Sentencia de 21–3–88– *Revista de Derecho Público,* N° 34, EJV, Caracas, 1988, p. 114. Por otra parte, la Corte Primera de lo Contencioso Administrativo en sentencia de 7–9–89, ha declarado inadmisible una acción de amparo de derechos a la protección de la maternidad (descanso pre y post natal), incoada después del parto. *Véase* sentencia de la Corte Primera de lo Contencioso Administrativo de 17–9–89, *Revista de Derecho Público* N° 40, EJV, Caracas, 1989, p. 111,

[13]   *Véase* sentencia de la antigua Corte Suprema de Justicia, Sala Político Administrativa de 27–10–93 (Caso *Ana Drossos*), y 4–11–93 (Caso *Partido Convergencia*), *Revista de Derecho Público,* Nos. 55–56, EJV, Caracas, 1993, pp. 340. La Corte Primera de lo Contencioso Administrativo ha considerado que mediante el amparo no se puede crear un título o derecho. Sentencia N° 1679 de 14–12–2000 (Caso: *Administradora Futuro, S.A. vs. Alcaldía del Municipio Baruta del Estado Miranda*), *Revista de Derecho Público*, N° 84, EJV, Caracas 2000, p. 365

[14]   *Véase* sentencia de la Corte Primera de lo Contencioso Administrativo de 14–1–92, *Revista de Derecho Público,* N° 49, EJV, Caracas, 1992, p. 130; y de la antigua Cor-

B. *La ausencia de efectos anulatorios*

Sin embargo, en Venezuela, y salvo en materia de amparo contra decisiones judiciales, la sentencia de amparo no tiene efectos anulatorios respecto del acto lesivo, tal y como lo consideró la antigua Corte Suprema de Justicia en sentencia de 1 de noviembre de 1990, que declaró inadmisible una acción de amparo, cuando la única forma de reparar la situación jurídica infringida sea la nulidad de un acto administrativo, lo que no cabe ser decidido en una decisión de amparo[15].

Particularmente cuanto al amparo se ejerce contra normas, la decisión del juez en ningún caso puede ser anulatoria sino que sólo debe apreciar la inaplicación de la norma respecto del accionante que solicita amparo. Siendo como es una decisión de protección, por ello tiene efectos *inter partes,* es decir, en relación al accionante y las partes intervinientes en el juicio. De acuerdo al artículo 3 de la Ley Orgánica, en estos casos, la protección equivale a la suspensión de efectos de la ley respecto del accionante, es decir, a la no aplicabilidad de la misma en el caso.

En cambio, en los casos de amparo contra sentencias, como la acción se intenta ante el juez superior de aquél que dictó la sentencia cuestionada, la sentencia si tiene efectos anulatorios[16].

C. *La ausencia de efectos indemnizatorios o compensatorios*

Por otra parte, la sentencia de amparo tampoco tiene contenido indemnizatorio[17]. Como lo ha sostenido la Corte Primera de lo Contencioso Administrativo "los pedimentos de indemnizaciones monetarias escapan de la naturaleza y objeto del amparo, el cual se ha previsto como un medio restablecedor de situaciones

---

te Suprema de Justicia, Sala Político Administrativa de 4–3–93, *Revista de Derecho Público,* Nos. 53–54, EJV, Caracas, 1993, p. 260

[15]   *Véase* sentencia de la antigua Corte Suprema de Justicia, Sala Político Administrativa de 1–11–90, *Revista de Derecho Público,* N° 44, EJV, Caracas, 1990, pp. 152–153; sentencia de la Corte Primera de lo Contencioso Administrativo de, 10–9–92, *Revista de Derecho Público,* N° 51, EJV, Caracas, 1992, p. 155; sentencia de la Corte Primera de lo Contencioso administrativo de 13–4–2000 (Caso: *Inversora Pano, C.A. vs. Oficina Subalterna del Tercer Circuito de Registro del Municipio Libertador del Distrito Federal*), en *Revista de Derecho Público,* N° 82, EJV, Caracas 2000, p. 497.

[16]   *Véase* por ejemplo, sentencia de la Sala Constitucional N° 2212 de 9–11–2001 (Caso: Agustín R. Hernández F. vs. Juzgado Primero de Primera Instancia en lo Civil, Mercantil y del Tránsito de la Circunscripción Judicial del Área Metropolitana de Caracas), en *Revista de Derecho Público,* N° 85–88, EJV, Caracas 2001, p. 443; y sentencia de la sala Electoral N° 25 de 23–3–2004 (Caso: *Pedro A. Matute y otros vs. Junta Directiva Club Campestre Paracotos*), en *Revista de Derecho Público,* N° 97–98, EJV, Caracas 2004, p. 448.

[17]   La Corte Primera de lo Contencioso Administrativo ha considerado que mediante el amparo no se puede crear un título o derecho. Sentencia N° 1679 de 14–12–2000 (Caso: *Administradora Futuro, S.A. vs. Alcaldía del Municipio Baruta del Estado Miranda*), *Revista de Derecho Público,* N° 84, EJV, Caracas 2000, p. 365.

jurídicas infringidas -o de las que más se asemejen a éstas- mediante el cese de la constatada violación constitucional".[18]

D. *El tema de la cosa juzgada en las sentencias de amparo*

Otro aspecto importante en materia de efectos de las sentencias de amparo, se refiere al tema de la cosa juzgada, respecto de la cual el artículo 36 de la Ley Orgánica establece que:

"La sentencia firme de amparo producirá efectos jurídicos, respecto al derecho o garantía objetos del proceso, sin perjuicio de las acciones o recursos que legalmente correspondan a las partes".

Por supuesto, hay tantas y tan múltiples situaciones derivadas de las pretensiones de amparo, que respecto de ellas no puede darse más solución general legislativa que la expresada en esta norma, en cuanto a los efectos de la sentencia de amparo. Es decir, ella sólo produce efectos "respecto al derecho o garantía objeto del proceso" en cuanto al mandamiento de restablecimiento o restitución del goce y ejercicio del mismo.

Es cierto que en algunos casos esto basta para asegurar la protección y no es necesario resolver ninguna otra cuestión jurídica adicional por otros medios judiciales; sin embargo, en otros casos, pueden quedar cuestiones jurídicas pendientes que deben resolverse por vías distintas; por lo que la norma señala que la decisión de amparo se adopta "sin perjuicio de las acciones o recursos que legalmente correspondan a las partes".

Esta situación se plantea, por ejemplo, siempre que se intente la acción autónoma de amparo contra un acto administrativo por ante el tribunal de primera instancia (art. 9°). En estos casos, como se dijo, la decisión de amparo no puede pronunciarse sobre la nulidad del acto administrativo, en el sentido de que aun cuando se pronuncie sobre su ilegitimidad e inconstitucionalidad, no puede anularlo. En estos supuestos, la decisión de amparo solo tiene efectos sobre el derecho o garantía objeto del proceso, en el sentido que el juez de amparo al restablecer la situación jurídica infringida, lo que hace es suspender los efectos del acto administrativo frente al cual se ha solicitado amparo, pero no lo anula; razón por la cual el acto administrativo formalmente sigue vigente, con su carácter de ejecutividad por la presunción de legalidad que lo acompaña. Lo único que hace la decisión de amparo es suspender su ejecutoriedad respecto del agraviado, pero no lo anula ni lo extingue. Por ello, en estos casos, la decisión de amparo se adopta sin perjuicio de la acción contencioso administrativa de nulidad que debe intentarse ante los órganos de la Jurisdicción Contencioso Administrativa competentes[19].

---

[18] *Véase* sentencia de 5–5–2000 (Caso: *Pedro A. Flores R. vs. Dirección General Sectorial de los Servicios de Inteligencia y Prevención (DISIP)*, en *Revista de Derecho Público*, N° 82, EJV, Caracas 2000, p. 473. Además, sentencia N° 1424 de 2–11–2000 (Caso: *Raquel M. Pacheco P. vs. Hospital "Victorino Santaella" y otro*), en *Revista de Derecho Público*, N° 84, EJV, Caracas 2000, p. 365.

[19] Por ello, la Corte Primera de lo Contencioso Administrativo he dado efectos temporales a la decisión de amparo, a los efectos de que el agraviado intente el recurso

E. *Los efectos inter partes de la sentencia de amparo y su extensión general en caso de protección de intereses colectivos o difusos*

Por último, debe señalarse que dado el carácter personal o subjetivo de los juicios de amparo, la sentencia de amparo en principio tiene efectos *inter partes* y en relación con las autoridades que deben cumplir el mandamiento judicial. Sin embargo, dada la consagración constitucional de la tutela judicial efectiva de los intereses colectivos y difusos, en estos casos de amparo protegiendo dichos derechos, los efectos de la decisión se han extendido a otras personas ubicadas en la misma situación jurídica que la protegida.

Esto fue analizado por la Sala Constitucional del Tribunal Supremo en sentencia N° 2675 de 17 de diciembre de 2001 (Caso: *Ministerio del Interior y de Justicia*) y en relación con los efectos de las sentencias, admitió que cuando se trata de proteger derechos o intereses difusos o colectivos, los efectos directos de la sentencia pueden "extenderse a otras personas que no eran partes, si les favorecían".[20] Es decir, conforme a lo resuelto por la misma Sala en sentencia de 30 de junio de 2000 (Caso: *Defensoría del Pueblo vs. Comisión Legislativa Nacional*), cuando "la acción de amparo es interpuesta con base en un derecho o interés colectivo o difuso, el mandamiento a acordarse favorecerá bien a un conjunto de personas claramente identificables como miembros de un sector de la sociedad, en el primer caso; bien a un grupo relevante de sujetos indeterminados apriorísticamente, pero perfectamente delimitable con base a la particular situación jurídica que ostentan y que les ha sido vulnerada de forma específica, en el segundo supuesto". Es decir, conforme a la doctrina de la Sala, "una de las características de algunas sentencias del ámbito constitucional es que sus efectos se apliquen a favor de personas que no son partes en un proceso, pero que se encuentren en idéntica situación a las partes, por lo que requieren de la protección constitucional, así no la hayan solicitado con motivo de un juicio determinado", agregando que:

> "El restablecimiento de la situación jurídica, ante la infracción constitucional, tiene que alcanzar a todos lo que comparten tal situación y que a su vez son perjudicados por la violación, ya que lo importante para el juez constitucional, no es la protección de los derechos particulares, sino la enmienda de la violación constitucional, con el fin de mantener la efectividad y supremacía constitucional; y en un proceso que busca la idoneidad, la efectividad y la celeridad, como lo es por excelencia el constitucional, resulta contrario a los fines constitucionales, que a quienes se les infringió su situación jurídica, compartida con otros, víctima de igual trasgresión, no se les restablezca la misma, por no haber accionando, y que tengan que incoar otras acciones a los mismos fines, multiplicando innecesariamente los juicios y corriendo el riesgo que se dicten sentencias contradictorias.

---

contencioso correspondiente. *Véase* por ejemplo, sentencia N° 962 de 19–7–2000 (Caso: Elizett C. Abreu A. y otros vs. Instituto de Tecnología de Maracaibo), en revista de Derecho Público, N° 83, EJV, Caracas 2000, pp. 357 ss.

20   Caso: *Glenda López y otros vs IVSS, Véase* en *Revista de Derecho Público*, N° 85–88, Editorial Jurídica Venezolana, Caracas 2001, pp. 453 y ss.

En estos casos, se está en presencia de efectos procesales que se extienden a una comunidad en la misma situación jurídica, la cual es diversa de la comunidad de derecho contemplada en el Código Civil, pero existente con relación a las infracciones constitucionales que a todos aquejan y que no puede sostenerse que existe con respecto a unos (los que demandaron y obtuvieron sentencia favorable) y no con respecto a otros, los no demandantes...

En consecuencia, acciones como las de amparo constitucional, si son declaradas con lugar, sus efectos se hacen extensibles a todos los que se encuentran en la misma e idéntica situación así no sean partes en el proceso".[21].

3. *La revisión de las sentencias constitucionales dictadas mediante el método difuso o en materia de amparo constitucional y los efectos vinculantes de la interpretación de la Jurisdicción Constitucional*

A los efectos de poder uniformizar los criterios jurisprudenciales establecidos por todos los tribunales en aplicación del método difuso de control de constitucionalidad o en materia de amparo cuando se atribuye a todos los jueces, en muchos sistemas se han establecido correcciones a los posibles efectos dispersos de las sentencias, estableciéndose la posibilidad de que las mismas puedan ser revisadas por el más alto Tribunal del país, cuyas sentencias son dotadas de autoridad general.

Es el caso, por ejemplo de los Estados Unidos a través del *writ of certiorari* y la doctrina *stare decisis* que hace obligatorias las sentencias de la Corte Suprema, lo que se ha establecido también en América Latina a través de recursos extraordinarios de revisión ante las Cortes Supremas, o de revisión obligatoria por estas o por Tribunales constitucionales de las sentencias constitucionales dictadas por los tribunales de instancia. Es decir, frente a la crítica europea (kelseniana) al método difuso de control de constitucionalidad de las leyes, que conlleva a la dispersión de las decisiones judiciales en materia constitucional, para garantizar la posibilidad de la uniformización de la interpretación jurisprudencial de la Constitución, los sistemas jurídicos han establecido diversos mecanismos que permiten al más alto tribunal del país conocer en última instancia de las sentencias en las que se aplique dicho método.

Es el caso en Venezuela, donde la Constitución (artículo 336,10) asigna a la Sala Constitucional del Tribunal Supremo la competencia para precisamente revisar, a su discreción, las sentencias definitivamente firmes dictadas por los tribunales en las cuales se aplique el método difuso, o se hayan dictado en un juicio de amparo, y hayan sido objeto de un recurso extraordinario de revisión.

Esta competencia "extraordinaria, excepcional, restringida y discrecional" como ha sido calificada por la Sala Constitucional[22], fue recogida en el artículo

---

21 *Véase* en *Revista de Derecho Público*, N° 85–88, Editorial Jurídica Venezolana, Caracas 2001, pp. 473 y ss. *Véase* además, la sentencia N° 412 de 8 de marzo de 2002, en *Revista de Derecho Público*, N° 89–92, Editorial Jurídica Venezolana, Caracas 2002,

22 *Véase* sentencia de la Sala Constitucional N° 2585 de 03–11–2003 (Caso: *Tulio A. Álvarez; revisión de sentencia*), en *Revista de Derecho Público*, N° 93–96, EJV, Caracas 2003, p. 541

5, párrafo 1°,16 de la Ley Orgánica del Tribunal Supremo, donde se reguló como competencia excepcional para que la Sala Constitucional pudiera revisar, a su juicio y discreción, mediante un recurso extraordinario[23] que se podía ejercer contra sentencias de *última instancia* dictadas por los tribunales de la República, incluidas las otras Salas del Tribunal Supremo, en materia de amparo constitucional o dictadas en ejercicio del método difuso de control de la constitucionalidad de las leyes. La revisión, por tanto, se consideró inadmisible respecto de sentencias interlocutorias, como son las que resuelven amparos cautelares,[24] excepto cuando sean definitivamente firmes[25].

Esta potestad revisora de la Sala,[26] es de ejercicio discrecional a los efectos de evitar que se pueda abrir un recurso de obligatoria admisión y decisión por la Sala, contra todas las sentencias referidas, lo cual sería imposible de manejar por la magnitud de casos. De allí la discrecionalidad que tiene la Sala Constitucional para escoger los casos en los cuales juzga conveniente conocer del recurso de revisión.[27].

Ahora bien, ante la ausencia de legislación reguladora de la Jurisdicción Constitucional, la Sala Constitucional fue construyendo sucesivamente, mediante su labor interpretativa, los contornos del recurso extraordinario de revisión y el alcance de su potestad revisora. Ya a finales de 2000, como consecuencia de las sentencias Nos. 1, 2, 44 y 714 de ese mismo año, la Sala resumía el conjunto de

---

[23] *Véase* en general, José V. Haro G., "El mecanismo extraordinario de revisión de sentencias definitivamente firmes de amparo y control difuso de la constitucionalidad previsto en el artículo 336, numeral 10 de la Constitución", en *Revista de Derecho Constitucional,* N° 3 (julio–diciembre), Editorial Sherwood, Caracas, 2000, pp. 231–266; Adán Febres Cordero, "La revisión constitucional", en *Nuevos estudios de derecho procesal, Libro Homenaje a José Andrés Fuenmayor,* Vol. I, Tribunal Supremo de Justicia, Colección Libros Homenaje, N° 8, Caracas, 2002 pp. 489 a 508.

[24] *Véase* sentencia de la Sala Constitucional N° 218 de 29–10–2003 (Caso: *Tulio A. Álvarez; revisión de sentencia*), en *Revista de Derecho Público,* N° 93–96, EJV, Caracas 2003, p. 536

[25] *Véase* sentencia de la Sala Constitucional N° 442 de 23–03–2004 (Caso: *Revisión de sentencia (Ismael García)*), en *Revista de Derecho Público,* N° 97–98, EJV, Caracas 2004, p. 431.

[26] En cierta forma, el recurso es similar al denominado *writ of cerciorari* del sistema norteamericano. *Véase* Allan R. Brewer–Carías, *Judicial Review in Comparative Law,* op. cit., p. 141. *Véase* los comentarios de Jesús María Casal, *Constitución y Justicia Constitucional,* Caracas 2000, p. 92.

[27] En definitiva, como lo ha señalado la Sala Constitucional en su sentencia N° 727 de 8 de abril de 2003, la norma constitucional: [n]o dispone, de manera alguna, la creación de una tercera instancia en los procesos cuyas decisiones son sometidas a revisión. El precepto constitucional que se refirió lo que incorpora es una potestad estrictamente excepcional y facultativa para la Sala Constitucional que, como tal, debe ejercerse con la máxima prudencia en cuanto a la admisión y procedencia de recursos de revisión de sentencias definitivamente firmes". Caso: *Revisión de la sentencia dictada por la Sala Electoral en fecha 21 de noviembre de 2002*), en *Revista de Derecho Público,* N° 93–96, Editorial Jurídica Venezolana, Caracas, 2003.

reglas o condiciones que debía presentar una sentencia para que procediera dicho recurso, así:

1°) La sentencia que se pretenda someter a revisión debe haber cumplido con la doble instancia, bien sea por la vía de la apelación o de la consulta, por lo cual no debe entenderse como una nueva instancia.

2°) La revisión constitucional se admitirá sólo a los fines de preservar la uniformidad de la interpretación de normas y principios constitucionales o cuando exista una deliberada violación de preceptos de ese rango, lo cual será analizado por la Sala Constitucional, siendo siempre facultativo de ésta su procedencia.

3°) Como corolario de lo anterior, a diferencia de la consulta, el recurso de revisión constitucional no procede ipso iure, ya que éste depende de la iniciativa de un particular, y no de la del juez que dictó la decisión, a menos que la propia Sala Constitucional de oficio así lo acuerde, tomando en cuenta siempre la finalidad del recurso[28].

Sin embargo, la Sala Constitucional fue expandiendo su potestad revisora[29], incluyendo otras sentencias distintas a las dictadas en materia de control difuso o de amparo[30], y además las sentencias dictadas por las otras Salas del Tribunal Supremo de Justicia, lo que fue recogido en la Ley Orgánica del Tribunal Supremo de 2004 (artículo 5°, párrafo 4°).[31]

Sin embargo, en relación con las sentencias de instancia, luego de toda la evolución jurisprudencial antes indicada, al sancionarse la Ley Orgánica del Tribunal Supremo de Justicia en 2004, el artículo 5, párrafo 1°,16, la Asamblea Nacional redujo la competencia de la Sala Constitucional, conforme a la Consti-

---

[28] *Véase* sentencia de 02–11–2000 (Caso: *Roderick A. Muñoz P. vs. Juzgado de los Municipios Carache, Candelaria y José Felipe Márquez Cañizales de la Circunscripción Judicial del Estado Trujillo*) en *Revista de Derecho Público*, N° 84, (octubre–diciembre), Editorial Jurídica Venezolana, Caracas, 2000, p. 367.

[29] En sentencia de la Sala Constitucional N° 899 de 31–5–2002, la Sala se había arrogado la competencia para de oficio dejar sin efecto dediciones judiciales que considerase quebrantaban preceptos constitucionales. *Véase* en *Revista de Derecho Público*, N° 85–88, Editorial Jurídica Venezolana, Caracas 2001, pp. 393–394.

[30] Mediante sentencia N° 93 de 6 de febrero de 2001 (Caso: *Olimpia Tours and Travel vs. Corporación de Turismo de Venezuela*), la Sala comenzó a ampliar su propia competencia revisora, agregando como objeto de revisión otras sentencias dictadas por las Salas del Tribunal Supremo u otros tribunales, distintas a las dictadas en materia de amparo o de control difuso de constitucionalidad. *Véase* en *Revista de Derecho Público*, N° 85–88, Editorial Jurídica Venezolana, Caracas, 2001, pp. 414–415; sentencia N° 727 de 8 de abril de 2003, Caso: *Revisión de la sentencia dictada por la Sala Electoral en fecha 21 de noviembre de 2002*, en *Revista de Derecho Público*, N° 93–96, Editorial Jurídica Venezolana, Caracas, 2003.

[31] En estos casos, ha resuelto la Sala, que la competencia de revisión debe entenderse que no es respecto de cualquier tipo de sentencia, sino que debe tratarse de un fallo que decida sobre el fondo de lo debatido. *Véase* sentencia N° 2235 de 22–9–2004 (Caso: *Miguel A. Carico M. vs. Decisión Sala de Casación Social del Tribunal Supremo de Justicia*), en *Revista de Derecho Público*, N° 99–100, Editorial Jurídica Venezolana, Caracas 2004, p. 325.

DERECHO PROCESAL CONSTITUCIONAL. INSTRUMENTOS PARA LA JUSTICIA CONSTITUCIONAL

tución, sólo para "revisar las sentencias de definitivamente firmes de amparo constitucional y control difuso de control de la constitucionalidad de las leyes o normas jurídicas, dictadas por los demás tribunales de la República". Frente a esta limitación del legislador, la reacción de la Sala Constitucional no se hizo esperar, y mediante sentencia N° 1922 de 3 de septiembre de 2004 (Caso: *Jorge L. Rodríguez vs. Decisión Juzgado Accidental Superior Agrario del Estado Aragua, Carabobo y Cojedes*) indicó que ello generaba "un cambio respecto a los supuestos de procedencia para la revisión constitucional, establecidos -con carácter vinculante a falta de regulación legal- por la Sala en sentencia dictada el 6 de febrero de 2001 (caso *Corpoturismo*)", desconociendo la norma legal y ratificando la creación jurisprudencial.[32]

La Sala Constitucional, además, para ejercer el control de constitucionalidad respecto de cualquier sentencia, se auto-atribuyó poderes de control de oficio, rompiendo el principio dispositivo,[33] resolviendo incluso, que puede ejercer mediante la institución del avocamiento, que la Sala misma creó antes de la entrada en vigencia de la Ley Orgánica de 2004, el conocimiento de cualquier causa, que curse en cualquier tribunal,[34]; doctrina que fue recogida por la Ley Orgánica de 2004 (artículo 18, párrafo 11°). Dada las repercusiones de esta atribución generalizada, la propia Ley Orgánica dispuso que "esta atribución deberá ser ejercida con suma prudencia y sólo en caso grave, o de escandalosas violaciones al ordenamiento jurídico que perjudique ostensiblemente la imagen del Poder Judicial, la paz pública, la decencia o la institucionalidad democrática venezolana, y se hayan desatendido o mal tramitado los recursos ordinarios o extraordinarios que los interesados hubieren ejercido"(artículo 18, párrafo 12°, Ley 2004).

La sentencia de la Sala Constitucional cuando decide un recurso de revisión constitucional, tiene en todo caso la autoridad derivada de ser emitida por la Jurisdicción Constitucional, pero además puede tener expresamente efectos vinculantes si así lo decide la Sala conforme a lo que dispone el artículo 335 de la Constitución, tal como se señalará más adelante.

---

[32]   *Véase* en *Revista de Derecho Público*, N° 99–100, Editorial Jurídica Venezolana, Caracas 2004, p. 381. En sentido similar véase la sentencia de la Sala Constitucional N° 1573 de 12–7–2005 (Caso: *Carbonell Thielsen, C.A. vs. Revisión de sentencia de la Sala de Casación Civil del Tribunal Supremo de Justicia*), en *Revista de Derecho Público*, N° 103, EJV, Caracas 2005, p. 238 ss.

[33]   *Véase* sentencia N° 331 de 13 de marzo de 2001 (Caso: *Henrique Capriles R. vs. Comisión Nacional de Casinos, Salas de Bingo y Máquinas Traganíqueles*) en *Revista de Derecho Público*, N° 85–88, Editorial Jurídica Venezolana, Caracas 2001, p. 391.

[34]   *Véase* sentencia N° 456 de 15 de marzo de 2002 (Caso: *Arelys J. Rodríguez vs. Registrador Subalterno de Registro Público, Municipio Pedro Zaraza, Estado Carabobo*), en *Revista de Derecho Público*, N° 89–92, Editorial Jurídica Venezolana, Caracas 2002. *Véase* además, sentencia N° 806 de 24 de abril de 2002 (Caso: *Sindicato Profesional de Trabajadores al Servicio de la Industria Cementera)*, en *Revista de Derecho Público*, N° 89–92, Editorial Jurídica Venezolana, Caracas 2002, pp. 179 y ss.

Sobre la revisión constitucional de sentencias, por último, debe destacarse que conforme a la evolución jurisprudencial señalada, la Ley Orgánica del Tribunal Supremo de Justicia amplió la competencia de la Sala Constitucional, atribuyéndole en el artículo 25, la potestad para:

10. Revisar las sentencias definitivamente firmes que sean dictadas por los Tribunales de la República, cuando hayan desconocido algún precedente dictado por la Sala Constitucional; efectuado una indebida aplicación de una norma o principio constitucional; o producido un error grave en su interpretación; o por falta de aplicación de algún principio o normas constitucionales.

11. Revisar las sentencias dictadas por las otras Salas que se subsuman en los supuestos que señala el numeral anterior, así como la violación de principios jurídicos fundamentales que estén contenidos en la Constitución de la República Bolivariana de Venezuela, tratados, pactos o convenios internacionales suscritos y ratificados válidamente por la República o cuando incurran en violaciones de derechos constitucionales.

12. Revisar las sentencias definitivamente firmes en las que se haya ejercido el control difuso de la constitucionalidad de las leyes u otras normas jurídicas, que sean dictadas por las demás Salas del Tribunal Supremo de Justicia y demás Tribunales de la República

Además, en el artículo 35, la Ley Orgánica se precisa que cuando la Sala ejerza la revisión de sentencias definitivamente firmes, la misma debe determinar los efectos inmediatos de su decisión y en la misma puede, primero reenviar la controversia a la Sala o Tribunal respectivo o segundo, conocer la causa, y ello en dos supuestos: (i) siempre que el motivo que haya generado la revisión constitucional sea de mero derecho y no suponga una nueva actividad probatoria; o (ii) que la Sala pondere que el reenvío pueda significar una dilación inútil o indebida, cuando se trate de un vicio que pueda subsanarse con la sola decisión que sea dictada.

II. LOS EFECTOS DE LAS SENTENCIAS CONSTITUCIONALES, DICTADAS POR LA SALA CONSTITUCIONAL DEL TRIBUNAL SUPREMO COMO JURISDICCIÓN CONSTITUCIONAL

La Jurisdicción Constitucional en Venezuela, que se ejerce en exclusiva por la Sala Constitucional del Tribunal Supremo de Justicia (artículo 266,1 de la Constitución), tiene a su cargo el ejercicio del control de la constitucionalidad de las leyes y demás actos estatales de igual rango y valor y de los dictados en ejecución directa e inmediata de la Constitución.

La sentencias constitucionales que dicta, pueden consistir en la interpretación de la norma impugnada acorde con la Constitución, con base en el principio *favor constitutione*[35]; en la declaración de la nulidad total o parcial del acto im-

---

[35] *Véase* la sentencia N° 2855 de 20–11–2002 (Caso: *Impugnación de varios artículos del Decreto con Fuerza de Ley de Tierras y Desarrollo Agrario*), en *Revista de Derecho Público*, N° 89–92, EJV, Caracas 2002, p. 376. *Véase* además, sentencias N°

pugnado o en la declaración de improcedencia de la acción o recurso, no pudiendo contener decisiones de condena por daños y perjuicios[36]. En estos casos, el carácter de la decisión es mero declarativo, por lo que no tiene vías de ejecución coactiva.[37]

La sentencias constitucionales dictadas por la Jurisdicción Constitucional, por otra parte, se emiten en varios procesos y procedimientos constitucionales, todos destinados a garantizar la supremacía de la constitución y el control de constitucionalidad de los actos estatales, sea que resuelvan los juicios iniciados mediante el ejercicio de la acción popular de inconstitucionalidad, o en los casos de control de la constitucionalidad preventiva de los tratados y leyes sancionadas antes de su promulgación; de control de la constitucionalidad de la omisión del Legislador; de los procesos de resolución de controversias constitucionales entre los órganos del Estado; de procesos de interpretación abstracta de la Constitución; y de control de constitucionalidad obligatorio de las leyes orgánicas y de los decretos leyes de los estados de excepción. Además, están las sentencias dictadas por la Jurisdicción Constitucional al decidir los recursos extraordinarios de revisión de las sentencias dictadas por los tribunales aplicando el método difuso o en materia de amparo, a la que ya nos hemos referido.

1. *Los efectos de las sentencias constitucionales que resuelven los procesos de inconstitucionalidad de las leyes iniciados mediante acción popular*

Uno de los rasgos más característicos de la Jurisdicción Constitucional en Venezuela, es la existencia de la acción popular de inconstitucionalidad de las leyes, mediante la cual cualquier ciudadano con el simple interés en la legalidad, puede iniciar el proceso de inconstitucionalidad de las leyes y demás actos con rango y valor de ley o dictados en ejecución directa e inmediata de la Constitución, ante la Sala Constitucional del Tribunal Supremo.

En efecto, de acuerdo con el artículo 334 de la Constitución, y conforme a una tradición que se remonta a 1858,[38] el artículo 32 de la Ley Orgánica del Tribunal Supremo de 2010 identifica la acción de inconstitucionalidad como "demanda popular de inconstitucionalidad" lo que otorga legitimación activa para ejercerla contra las leyes y demás actos de ejecución directa de la Constitu-

---

899 de 20–5–2005 (Caso: *Impugnación del Plan Especial "Centro Cívico de Chacao" y la Ordenanza de Zonificación del Centro Cívico de Chacao del Municipio Chacao del Estado Miranda*), en *Revista de Derecho Público*, N° 102, EJV, Caracas 2005, p. 154; y N° 934 de 9–5–2006 (Caso: *Impugnación del artículo 11 de la Ley Orgánica del Poder Electoral*), en *Revista de Derecho Público*, N° 106, EJV, Caracas 2006, p. 68.

[36] *Véase* sentencia de la Sala Constitucional N° 302 de 16–3–2005 (Caso: *Impugnación de la Ordenanza Electoral de Justicia de Paz del Municipio Autónomo Baruta del Estado Miranda*), en *Revista de Derecho Público*, N° 101, EJV, Caracas 2005, p. 206.

[37] *Véase* sentencia de la antigua Corte Suprema de Justicia, Sala Político Administrativa de 6–2–64 en *Gaceta Forense*, n° 43, 1964, pp. 162 y 163.

[38] *Véase* Allan R. Brewer–Carías, *La Justicia Constitucional*, Tomo VI, *Instituciones Políticas y Constitucionales, op. cit,* pp. 131 y ss.

ción a toda persona natural o jurídica, sin siquiera precisar como lo hacía la Ley anterior de 2004 (art. 21, párr. 9) que fuera "afectada en sus derechos o intereses."

Conforme a esta norma, por tanto, todo habitante del país con plena capacidad jurídica puede intentar el recurso de inconstitucionalidad contra las leyes, sin distingo alguno, sean emanadas de la Asamblea Nacional, de los Consejos Legislativos de los Estados de la federación o de los Concejos Municipales (Ordenanzas). Por tanto, a nivel nacional, la acción popular procede incluso contra las leyes aprobatorias de tratados[39]. La Ley Orgánica acoge, por tanto, la doctrina de la acción popular en cuanto a que legitima para intentar el recurso no sólo a los ciudadanos sino a toda persona natural o jurídica.[40]

A. *Efectos de las sentencias declarativas de la improcedencia de la acción*

En el caso de que la sentencia sea declarativa de la improcedencia de la acción popular de inconstitucionalidad y, por tanto, de los vicios de inconstitucionalidad denunciados, la decisión tiene, sin duda, efectos *erga omnes* en relación a la constitucionalidad de la Ley, al menos en cuanto a los artículos impugnados y a los vicios denunciados. En relación a éstos, la decisión tiene el valor de cosa juzgada, los cuales por supuesto no se extienden a otros actos legislativos similares que puedan ser impugnados, por los mismos vicios."[41] Es decir, los efectos de *cosa juzgada* de la decisión del Tribunal Supremo concerniente a la constitucionalidad de las leyes, sea cuando la ley es anulada o cuando la acción popular es declarada sin lugar, sólo se refieren a la particular y específica ley impugnada ante la Sala Constitucional, y no pueden extenderse respecto de otros actos legislativos.

Por tanto, en caso de una decisión de la Sala Constitucional declarando sin lugar una acción popular contra una ley, y en consecuencia, estimando su constitucionalidad, tiene efectos *erga omnes* y valor de cosa juzgada en el sentido de que la constitucionalidad de esa Ley debe ser admitida por todos los jueces, quienes están obligados a seguir el criterio de la Sala. Por tanto, declarada por la Sala la constitucionalidad de una ley no podrían los jueces de instancia, conforme a los artículos 334 de la Constitución y 20 del Código de Procedimiento Civil, inaplicarla a un caso concreto por considerarla inconstitucional.[42].

---

[39]   *Véase* Allan R. Brewer–Carías, "El control de la constitucionalidad de las leyes aprobatorias de Tratados Internacionales y la cuestión constitucional de la integración latinoamericana", *Revista de Derecho Público*, N° 44, Editorial Jurídica Venezolana, Caracas, 1990, pp. 225 a 229.

[40]   *Véase* Allan R. Brewer–Carías, *La Justicia Constitucional, Tomo VI, Instituciones Políticas y Constitucionales, op. cit.,* pp. 144 y ss.

[41]   Por ejemplo, la Sala de Casación Civil, entonces en una decisión de 12–12–63, en *Gaceta Forense*, N° 42, 1963, pp. 667 a 672.

[42]   *Véase* sentencia de la antigua Corte Suprema de Justicia, Sala de Casación Civil de 11–8–71 en *Gaceta Forense,* N° 73, 1971, pp. 477 y ss. *Véase*, además, *Doctrina Procuraduría General de la República, 1963,* Caracas, 1964, pp. 199 y ss.

B. *Efectos de la sentencia declarativa de la nulidad del acto impugnado: valor erga omnes*

Cuando la decisión de la Sala Constitucional es de declaratoria de nulidad de la ley o acto impugnado, totalmente, o de los artículos del mismo que hayan sido atacados, ello produce la cesación de los efectos del acto, y la Sala, inclusive, puede pronunciarse sobre la nulidad de todos los actos que se realizaron con base al acto declarado nulo[43].

El pronunciamiento de la Sala Constitucional tiene valor general, es decir, *erga omnes,* lo que ha sido doctrina del Tribunal Supremo desde la década de los años treinta, sosteniendo que "cualquier funcionario, por elevado que sea, o cualquiera de los otros Poderes Públicos que pretenda hacer prevalecer su propia interpretación que la Ley, sobre la interpretación y aplicación que de la misma haya hecho esta Corte al decidir o resolver algo sobre el mismo asunto, usurpa atribuciones y viola la Constitución y las leyes de la República"[44].

Por su parte, la antigua Corte Suprema de Justicia en Sala de Casación Civil, Mercantil y del Trabajo en sentencia de 21 de diciembre de 1963, fue precisa en este sentido:

"El control absoluto de constitucionalidad lo ejerce en primer término la Corte Suprema de Justicia, en pleno, cuando declara la nulidad total o parcial de una Ley nacional por inconstitucional. Tal decisión deja sin efecto la Ley o la parte de ella que sea anulada, y tiene fuerza de cosa juzgada *erga omnes.* Esta nulidad es pronunciada en virtud de la llamada acción popular.

Una atribución similar, pero sólo en cuanto a leyes estadales y ordenanzas municipales, es ejercitada por la Sala Político-Administrativa de este Supremo Tribunal, también por acción popular, y su declaratoria produce igualmente cosa juzgada *erga omnes.*

Quiere esto decir que la declaratoria de constitucionalidad o inconstitucionalidad de una Ley, por acción principal (popular) es definitiva y surte efectos contra todos, pues tal presunta Ley deja de serlo desde el momento de ser declarada inconstitucional. Lo mismo ocurre en los casos de Leyes estadales y ordenanzas municipales, cuya inconstitucionalidad sea pronunciada".[45]

---

[43] *Véase* sentencia de la antigua Corte Suprema de Justicia, de 4–4–74 en *Gaceta Oficial* N° 1.657, Extraordinaria de 7–6–74, pp. 2 y 3.

[44] *Véase* sentencia de la antigua Corte Federal y de Casación, Sala Político Administrativa 17–11–38, en *Memoria 1939,* pp. 330 a 334. En igual sentido se pronunció la antigua Corte Federal en sentencia del 21–03–39, en *Memoria 1940,* p. 176); y en sentencia de 16–12–40 en *Memoria 1941,* p. 311), y en sentencia del 19–06–53, en *Gaceta Forense,* N° 1, 1953, pp. 77 y 78; y la antigua Corte Suprema de Justicia, Sala Político Administrativa en sentencia de 19–11–68, en *Gaceta Forense,* N° 62, 1968, pp. 106 a 113.

[45] *Véase* sentencia de la antigua Corte Suprema de Justicia, Sala de Casación Civil de 12–12–63 en *Gaceta Forense,* N° 42, pp. 667 a 672.

Sobre los efectos de las sentencias dictadas al ejercer el control concentrado de constitucionalidad, la Ley Orgánica del Tribunal Supremo de Justicia a dispuesto en forma general que los efectos de la sentencia "serán de aplicación general" (art. 32).

C. *Los efectos de la declaratoria de nulidad parcial de normas*

En los casos de declaratoria de nulidad parcial de normas, la Sala Constitucional ha desarrollado una doctrina conforme a la cual, asumiendo poderes normativos, le ha dado efectos integradores a la decisión respectiva de manera que la norma anulada parcialmente, con un nuevo contenido, surta efectos. En tal sentido, en una aclaración de la sentencia que declaró la nulidad parcial del artículo 197 del Código de Procedimiento Civil sobre lapsos procesales, la Sala resolvió en estos casos de nulidad parcial de una norma:

[…] se debe admitir que la relación jurídica condicionada por la norma de una u otra manera, se ve afectada con el control de constitucionalidad ejercido, ya que la norma impugnada, a través de la declaratoria de nulidad parcial, se ha convertido en una norma nueva y diferente de la norma inicial, lo cual implica aceptar, que al constituirse en una norma distinta, el operador jurídico debe plasmar en su sentencia el alcance del nuevo dispositivo normativo, pues, se parte de que dicha norma va integrada a un texto normativo sistemático, donde los preceptos establecidos en cada artículo, en reiteradas ocasiones guardan relación entre sí. De allí que, la determinación del alcance de dicha norma se hace fundamental para establecer en qué afecta la misma la relación jurídica que condiciona, así como el esquema aplicativo del texto normativo que integra".

Así pues, al prosperar la nulidad parcial de la norma impugnada nace una nueva norma y para aplicar tal norma, resulta necesario e indispensable su interpretación, lo cual no es posible hacerlo sin desentrañar previamente el significado de los signos en los que exteriormente se manifiesta, obviamente, sin perder nunca de vista el todo del cual forma parte, debiendo la Sala, en su condición de operador jurídico, imprimirle a la norma los caracteres ideológicos que lo llevaron a determinar su nulidad parcial en resguardo de los derechos constitucionales"[46].

D. *La cuestión de los efectos temporales de las sentencias dictadas en ejercicio del control concentrado de la constitucionalidad*

Pero dentro de los efectos de las sentencias declaratorias de nulidad por inconstitucionalidad, sin duda, el problema fundamental que se plantea, se refiere al momento en que comienzan a producirse, es decir, si el acto declarado nulo se considera que surtió sus efectos hasta que se lo anuló la Sala, o al contrario, si se estima como si nunca hubiera surtido efectos. Bajo otro ángulo, la cuestión es

---

[46] *Véase* sentencia Nº 319 de 9–3–2001 (Aclaratoria de la sentencia sobre nulidad parcial de los artículos 197 del Código de Procedimiento Civil y 18 de la Ley Orgánica del Poder Judicial), en *Revista de Derecho Público*, Nº 85–88, EJV, Caracas 2001, pp. 395 ss.

determinar si la decisión de la Sala comienza a surtir efectos desde el momento que se publica o sus efectos se retrotraen al momento en que el acto anulado se dictó.

Ni Ley Orgánica de la Corte Suprema de Justicia de 1976 ni la Ley Orgánica del Tribunal Supremo de Justicia de 2004 resolvieron expresamente dichas cuestiones, sino que se limitaron a señalar que la Sala Constitucional debía determinar "expresamente sus efectos en el tiempo"(artículo 5, párrafo 1º, numerales 6 y 7). El tema, sin embargo, parece haberse resuelto, aun cuando algo confusamente, en la reforma de la Ley Orgánica del Tribunal Supremo de 2010 al disponerse en su artículo 126 la necesaria publicación de las sentencias del Tribunal Supremo en la *Gaceta Judicial* de la República "cuando su contenido sea de interés general" y, en todo caso, "cuando declaren la nulidad de normas" agregándose que si bien las sentencias tienen autenticidad desde su publicación en el expediente la Sala tiene potestad para "fijar los efectos de sus decisiones en el tiempo." De ello podría deducirse que como principio, los efectos de la nulidad comienzan a partir de la publicación, sin perjuicio de que la sala pueda modular los efectos de su decisión en el tiempo.

Debe señalarse en torno a esta materia que existiendo en Venezuela un sistema mixto de justicia constitucional, que implica el funcionamiento en paralelo, de los dos métodos básicos de control de constitucionalidad que muestra el derecho comparado: por una parte el sistema difuso, que se ejerce por todos los jueces, y por la otra el sistema concentrado que se ejerce por la Sala Constitucional del Tribunal Supremo; (y respecto de los actos administrativos por los órganos de la jurisdicción contencioso-administrativa); no ha sido infrecuente la confusión sobre los efectos de las decisiones en materia de control de la constitucionalidad, lo que ha llevado en muchos casos a la aplicación de la doctrina de la garantía de la nulidad del acto inconstitucional, propia del control difuso, al sistema de control concentrado, ignorando las diferencias fundamentales entre los dos sistemas de justicia constitucional. Por ejemplo, como resulta de la sentencia de la Sala Constitucional Nº 359 de 15 de mayo de 2000:

> "Ahora bien, de acuerdo con lo previsto en el artículo 119 de la Ley Orgánica de la Corte Suprema de Justicia, se debe determinar los efectos en el tiempo de las decisiones anulatorias de normas. En este sentido, la jurisprudencia de la Corte Suprema de Justicia ha indicado que en tales casos, debe entenderse que produce sus efectos *ex tunc*, es decir, hacia el pasado. Así, en reciente sentencia con ocasión de decidir la solicitud de ejecución de un fallo que no había fijado los efectos en el tiempo de una sentencia anulatoria, se indicó:
>
>> "Ha sido señalado precedentemente que la sentencia anulatoria extinguió la norma por considerarla viciada, sin limitar, de conformidad con lo dispuesto en el artículo 131 de 14 Ley Orgánica de la Corte Suprema de Justicia, los efectos de la anulación en el tiempo, en razón de lo cual, este efecto es *ex tunc,* es decir hacia el pasado; opera desde el momento mismo en que la norma fue dictada" (Sentencia de la Sala Político Administrativa del 11 de noviembre de 1999, caso *Policarpo Rodríguez*).

En el caso antes citado, si bien se dio efecto *ex tunc* al fallo anulatorio, la sentencia fijó los términos de la ejecución, es decir, los parámetros y el tiempo mediante los cuales los afectados por la norma anulada podían ejercer sus derechos.

En el caso de autos, esta Sala por razones de seguridad jurídica, para evitar un desequilibrio en la estructura de la administración pública estadal y la preservación de los intereses generales, así como en resguardo de los derechos de los beneficiados por la ley Estadal, fija los efectos *ex nunc,* es decir, a partir de la publicación de este fallo por la Secretaria de esta Sala Constitucional".[47]

En realidad, el principio opera en sentido inverso: en principio, por razones de seguridad jurídica las sentencias anulatorias de leyes tienen efectos *ex nunc,* y excepcionalmente, cuando la protección constitucional de derechos así lo exija, pueden ser dotadas de efectos *ex tunc.*

En efecto, en la aplicación del método control concentrado de control de constitucionalidad, la Sala Constitucional asume su rol de supremo intérprete[48] o defensor[49] de la Constitución, a la cual corresponde ser el fiel de la balanza en la aplicación del principio de la separación de poderes[50] teniendo que proclamar, al decidir la acción de inconstitucionalidad, la "extinción jurídica" del acto recurrido o el mantenimiento del mismo con la plenitud de sus efectos[51]. En cambio, cuando se aplica el método de control difuso de la constitucionalidad de las leyes, el juez desaplica una ley que estima inconstitucional aplicando preferentemente la Constitución, sin afectar la validez de la ley, teniendo la decisión efectos declarativos, que se aplican *in casu et inter partes,* y se extienden *pro pretaerito.*[52]

Por tanto, la "retroactividad" de la declaratoria de no aplicabilidad de la ley, tiene sólo sentido bajo el ángulo de que el juez estima que ella nunca ha surtido efectos, es decir, de que los efectos de la declaración de inconstitucionalidad operan *ex tunc,* al ser una decisión mero declarativa de una inconstitucionalidad o nulidad preexistente. En este sentido, por ejemplo, la apreciación de la incons-

---

47   *Véase* en *Revista de Derecho Público,* N° 82, Editorial Jurídica Venezolana, Caracas, 2000, p. 454. *Véase* además, sentencia N° 816 de 26–7–00, en *Revista de Derecho Público,* N° 83, Editorial Jurídica Venezolana, Caracas, 2000, p. 273.

48   Lo que implica la irreversibilidad de sus decisiones. La doctrina ha sido establecida desde hace muchos años por la propia Corte. *Véase,* por ejemplo, sentencia de la antigua Corte Federal y de Casación de 17–11–38 en *Memoria 1939,* pp. 330 y ss.

49   *Véase* sentencia de la antigua Corte Suprema de Justicia, Sala Político Administrativa de 4–3–41 en *Memoria 1942,* pp. 128 a 130.

50   *Véase,* por ejemplo, sentencia de la antigua Corte Federal y de Casación, Sala Político Administrativa de 3–5–39 en *Memoria, 1940,* p. 217; y de 17–4–41 en *Memoria, 1942,* pp. 182 y ss.

51   *Véase* sentencia de la antigua Corte Suprema de Justicia, Sala Político Administrativa de 20–1–66 en *Gaceta Forense,* N° 51, 1968, p. 13

52   *Véase* A. y S. Tune, *Le Système Constitutionnel des Etats Unis d'Amerique,* París, 1954, volumen II, pp. 294 y 295.

titucionalidad de la ley ya derogada, pero que se aplicó durante su vigencia al caso concreto que el juez está conociendo, tiene justificación, pues la declaratoria de inaplicabilidad de la ley, al ignorar su existencia, tiene sentido para el proceso, aun cuando la ley esté derogada en el momento de la decisión. Por ello, como la decisión judicial que se pronuncia en el control difuso de la constitucionalidad de las leyes tiene "efectos retroactivos", evidentemente que pueden referirse a las leyes derogadas, respecto de los efectos que pudo producir durante su vigencia[53].

En esos casos, el juez no anula la ley al ejercer el control difuso, sino que sólo declara o constata una inconstitucionalidad preexistente, por lo que ignora la existencia de la ley (la considera inexistente) y no la aplica al caso concreto cuyo conocimiento jurisdiccional le corresponde.

Esos efectos, en todo caso, son completamente diferentes a los efectos que produce el ejercicio del control concentrado de la constitucionalidad cuando la Sala Constitucional anula una ley por inconstitucionalidad. En estos casos, cuando la Sala, como Jurisdicción Constitucional, ejerce sus atribuciones previstas en el artículo 336 de la Constitución, "declara la nulidad" de la ley, es decir, anula la ley, la cual hasta el momento en que se publique la sentencia de la Sala, es válida y eficaz, surtiendo todos los efectos no obstante su inconstitucionalidad. La decisión, por tanto, carece de eficacia retroactiva, la misma tiene efectos *ex nunc o pro futuros*[54]; y esto en virtud de la presunción de constitucionalidad que las leyes tienen[55], equivalente, *mutatis mutandis,* a la presunción de la legalidad que acompaña a los actos administrativos[56].

Ninguno de los sistemas concentrados del control de la constitucionalidad de las leyes que se conocen en el derecho comparado, atribuye efectos hacia el pasado, es decir, *ex tunc, pro pretaerito* a todas las sentencias declaratorias de nulidad por inconstitucionalidad, las cuales no son mero declarativas, ni tienen efecto retroactivos, sino que son sólo constitutivas; y en los sistemas italianos y alemán, éstos posibles efectos hacia el pasado son restringidos fundamentalmente al ámbito penal[57].

---

[53]   *Véase* J. G. Andueza, *La jurisdicción constitucional en el derecho venezolano,* Caracas, 1955, pp. 56–57.

[54]   *Véase,* por ejemplo, sentencia de la antigua Corte Federal y de Casación, Sala Político Administrativa 17–11–38 en *Memoria 1939,* pp. 330 a 334; sentencia de la CF de 19–6–53 en *Gaceta Forense,* N° 1, 1953, pp. 77 y ss.; y sentencia de la antigua Corte Suprema de Justicia, Sala Plena de 29–4–65 publicada por la *Imprenta Nacional,* 1965, pp. 113 y 116. *Cfr. Doctrina Procuraduría General de la República, 1963,* Caracas, 1964, pp. 199 a 201.

[55]   *Véase* J. G. Andueza, *La jurisdicción constitucional...op. cit.,* p. 90.

[56]   *Véase* Allan R. Brewer–Carías, *Las Instituciones Fundamentales del Derecho Administrativo y Jurisprudencia Venezolana,* Caracas, 1964, p. 31.

[57]   Tal es el supuesta por ejemplo, de la Ley Constitucional italiana de 11 de marzo de 1953, que establece las normas complementarias de la Constitución en lo concerniente a la Corte Constitucional, cuyo artículo 30 expresa: "Las normas declaradas inconstitucionales no pueden ser aplicadas a partir del día siguiente a la publicación de la decisión. Cuando– en aplicación de la norma declarada inconstitucional haya

La solución de estas dos legislaciones -la italiana y la alemana- es lógica, pues si bien sería monstruoso, por las repercusiones que tendría sobre la seguridad jurídica, pretender que las sentencias declaratorias de la nulidad por inconstitucionalidad de una ley tengan efectos mero declarativos, y que, por tanto, se tuvieran como nunca dictados o cumplidos los actos realizados antes de que la ley fuera declarada nula, asimismo podría resultar injusto que en los casos penales, las sentencias adoptadas conforme a una ley declarada posteriormente nula, no fueran afectados por la anulación por inconstitucionalidad. De ahí la excepción respecto de los casos penales que la legislación italiana y alemana establece para el principio de que los efectos de las sentencias declaratorias de nulidad por inconstitucionalidad sólo se producen hacia el futuro.

Es más, la misma situación pragmática del conflicto que puede surgir entre la seguridad jurídica y las sentencias penales, ha llevado a la jurisprudencia norteamericana a establecer excepciones al principio contrario. En Estados Unidos, el control constitucional es de carácter difuso, siendo los efectos de las sentencias declaratorias de inconstitucionalidad de carácter retroactivo, por ser mero declarativas. En principio, el ámbito de dichas sentencias es *inter partes,* pero en virtud de la técnica de los precedentes, y de la regla *stare decisis* las mismas adquieren carácter general obligatorio. Sin embargo, a pesar de ello, la jurisprudencia ha extendido el carácter retroactivo sólo a los casos penales, respetando, al contrario, los efectos cumplidos en materias civiles, y administrativas en base a una ley declarada inconstitucional[58].

Ahora bien, siendo el control de la constitucionalidad de las leyes atribuido por la Constitución a la Sala Constitucional del Tribunal Supremo un control similar a los concentrados que muestra el derecho comparado, es evidente que los efectos de la declaratoria de nulidad por inconstitucionalidad de una ley, en ausencia de norma expresa constitucional o legal alguna, sólo pueden ser *erga omnes* pero hacia el futuro; es decir, las sentencias son en principio constitutivas, *pro futuro y* sus efectos *ex nunc* no pueden extenderse hacia el pasado (no pueden ser retroactivas). Puede decirse que este ha sido el criterio no sólo seguido en

---

sido pronunciada una sentencia irrevocable, cesará su ejecución y todos los efectos penales" (*Véase* F. Rubio Llorente, *La Corte Constitucional Italiana,* Cuadernos del Instituto de Estudios Políticos, N° 8, UCV, Caracas, 1966, p. 53). Asimismo la Ley del Tribunal Constitucional Federal Alemán de 12 de marzo de 1951, establece que "permanecen inmutables las resoluciones firmes, apoyadas en una norma declarada nula" por el Tribunal Constitucional Federal, aun cuando "es admisible la revisión del procedimiento según los preceptos de la Ley de Procedimiento Penal, contra una sentencia penal formal apoyada" sobre la misma norma declarada nula (*Véase* Art. 79 en F. Rubio Llorente, "El Tribunal Constitucional Alemán", *Revista de la Facultad de Derecho,* UCV, N° 18, Caracas, 1959, p. 154).

[58] *Véase* J. A. C. Grant, "The legal effect of a rulling that a statute is inconstitucional" *Detroit College of Law Review,* 1978, pp. 207–237, *Cfr.* M. Cappelletti, "El control jurisdiccional de la constitucionalidad de las leyes en el derecho comparado", *Revista de la Facultad de Derecho,* 65, México, 1966, pp. 63–64.

el pasado por la doctrina venezolana[59], sino por la jurisprudencia de la antigua Corte Suprema de Justicia, aun cuando en uno que en otro caso, la antigua Corte en Sala de Casación Civil[60], como ahora la Sala Constitucional, no han sido consecuentes.

En efecto, las antiguas Cortes Suprema[61] y la antigua Corte Suprema en Sala Político-Administrativa[62], sostuvieron el carácter constitutivo de los efectos de las sentencias en materia de control de la constitucionalidad; criterio que sin embargo fue contradicho por algunas sentencias de la antigua Sala de Casación Civil de la Corte Suprema[63].

En todo caso, el carácter constitutivo de los efectos de las decisiones de la Sala Constitucional declaratorias de nulidad por inconstitucionalidad de las leyes, es congruente con las decisiones respecto de las solicitudes de nulidad por inconstitucionalidad de leyes ya derogadas, lo que en general se ha rechazado[64], precisamente por considerarse que dichas sentencias no tiene efectos retroactivos[65].

En todo caso, en el centro de la cuestión a partir de 1976 estaba el artículo 131 de la Ley Orgánica de la Corte Suprema de Justicia, que era igual al artículo 5, párrafo 1º, numerales 6 y 7 de la Ley Orgánica del Tribunal Supremo de Justicia, el cual atribuye, a la Sala Constitucional la obligación de establecer los efectos de sus decisiones en el tiempo, con lo que a pesar de que en principio, los efectos de sus decisiones declaratorias de nulidad por inconstitucionalidad debían seguir siendo, como en todos los sistemas concentrados de justicia constitucional, de carácter constitutivo, y de efectos *pro futuro, ex nunc*[66], la Sala podía

---

[59]   *Véase*, José G. Andueza, *La Jurisdicción Constitucional en el Derecho Venezolano op. cit.* En contra Humberto J. la Roche, *El control Jurisdiccional en Venezuela y Estados Unidos,* Maracaibo, 1972, p. 153.

[60]   *Véase* en *Gaceta Forense,* Nº 101, año 1978, pp. 591–592.

[61]   *Véase* sentencia de la antigua Corte Federal y de Casación de 20–12–40, *cit.* por J. G. Andueza, *La jurisdicción constitucional...op. cit.,* p. 90; de 17–11–38, *Memoria 1939,* p. 330; de 21–3–39, en *Memoria 1940,* p. 176; y de 16–12–40 en *Memoria 1941,* p. 311; y de la antigua Corte Federal de 19–6–53, en *Gaceta Forense,* Nº 1, 1953, pp. 77 y 78. *Véase* además, la sentencia de la antigua Corte Federal y de Casación, Sala Político Administrativa 27–2–40 en *Memoria 1941,* p. 20.

[62]   *Véase* sentencias de la antigua Corte Suprema de Justicia, Sala Político Administrativa de 20–1–66 en *Gaceta Forense,* Nº 51, 1966, p. 13; de 15–2–67 en *Gaceta Forense,* Nº 55, 1967, p. 70; y de 18–11–65 en *Gaceta Forense,* Nº 50, 1967, p. 111..

[63]   *Véase* en *Gaceta Forense,* Nº 101, año 1978, pp. 591–592.

[64]   *Véase* sentencias de la antigua Corte Federal y de Casación, Sala Plena 21–12–49, en *Gaceta Forense,* Nº 1, 1949, p. 15; y de la antigua Corte Suprema de Justicia, Sala Político Administrativa de 20–1–66, en *Gaceta Forense,* Nº 51, 1968, pp. 13 y 14.

[65]   *Véase* J. G. Andueza, *La jurisdicción constitucional...op. cit.,* pp. 56 y 57.

[66]   Por ejemplo en sentencia de antigua Corte Suprema de Justicia, Sala Político–Administrativa de 23–2–84, al declarar la nulidad por inconstitucional del acto de instalación de una Asamblea Legislativa, la Corte dispuso expresamente que "la presente decisión no tendrá efecto retroactivo alguno en relación con las actuaciones cumplidas por la Asamblea Legislativa" (Consultada en original).

corregir los efectos desfavorables que la rigidez de este principio pueda provocar, particularmente en el campo de los derechos y garantías constitucionales, y atribuirle a sus sentencias efectos retroactivos, *pro pretaerito, ex tunc.* Como se dijo, la reforma de la ley del Tribunal Supremo de 2010, abandonó la forma imprecisa de la Ley anterior, y pareció prever en el artículo 126 los efectos de la sentencia de nulidad a partir de la publicación en la gaceta Judicial, "sin perjuicio" de que la Sala tenga potestad de "fijar los efectos de sus decisiones en el tiempo."

Conforme a esto último, la sala tiene potestad para retrotraer ;loe efectos de sus sentencias hacia el pasado, lo que procede particularmente en estos casos relativos a los derechos y garantías constitucionales, donde el problema de la rigidez del principio de los efectos *ex nunc, pro futuro* de la sentencia anulatoria de una ley, y que podría significar que la Ley violatoria de una garantía constitucional, a pesar de su declaratoria de nulidad, pudo producir efectos hasta que se produjo esa declaratoria, queda resuelto, por la propia Constitución, ya que establece una garantía contra esa situación, al declarar la nulidad absoluta de los "actos del Poder Público" -incluso las leyes- que lesionen los derechos y garantías constitucionales (artículo 25).

Por tanto, la nulidad absoluta de ciertos actos expresamente establecidos en la Constitución, es lo que permite que ciertas sentencias de la Corte declaratorias de nulidad de una ley, tengan efecto retroactivo, hacia el pasado, y se las considere como de carácter declarativo, *ex tunc.* En decir, y a pesar del poder que tiene la propia Sala Constitucional para determinar los efectos de sus decisiones en el tiempo, en el ordenamiento constitucional venezolano sólo puede llegarse a admitir que las sentencias de la misma, declaratorias de nulidad de una ley, tienen siempre la categoría de sentencias declarativas, produciendo efectos hacia el pasado, en los casos en que la propia Constitución califica a una ley o acto estatal como nulo o ineficaz, supuesto que sólo se regula en los artículos 25 y 138 de la Constitución. En efecto, el artículo 25 de la Constitución contiene la primera de las normas que declara *per se,* la nulidad absoluta de "todo acto dictado en ejercicio del Poder Público", en los cuales se incluyen las leyes, cuando "viole o menoscabe los derechos garantizados por esta Constitución y la ley".

Conforme a esta primera excepción expresa, una ley que, por ejemplo, establezca una discriminación fundada en "la raza, el sexo, el credo o la condición social", viola expresamente el derecho a la igualdad garantizado en el artículo 21 de la Constitución, o una ley que por ejemplo, regule "penas infamantes o perpetuas" viola abiertamente el artículo 44,3° de la Constitución. Ahora bien, conforme al texto constitucional del artículo 25, esas leyes serían "nulas", con vicio de nulidad absoluta, no pudiendo producir ningún efecto jurídico e inclusive no debiendo ser aplicadas por autoridad alguna, so pena de incurrir en responsabilidad. En estos casos, la decisión de la Sala Constitucional al declarar la nulidad por inconstitucionalidad de la ley no podría tener otro carácter que el mero declarativo, en virtud del texto expreso de la Constitución. Se trata, en efecto, de la constatación de una nulidad ya establecida en la Constitución, extinguiéndose la ley hacia el futuro y hacia el pasado, en el sentido que en virtud de la propia declaratoria de la ley como "nula" por la Constitución, se considera que ella nunca pudo surtir efectos. Por tanto, en los supuestos en que están en juego los derechos garantizados por la Constitución y que son los que regula el artículo 25 de dicho texto, la sentencia declaratoria de nulidad de la ley inconstitucional, no podría tener efectos constitutivos, ni en consecuencia, podría dejar incólumes los efectos producidos por una ley inconstitucional con anterioridad a la declaratoria de nulidad por la Sala.

El segundo caso de regulación expresa de la excepción al principio del efecto constitutivo de las sentencias de la Corte Suprema declaratoria de nulidad por inconstitucionalidad de las leyes, está contenido en el artículo 138 de la Constitución que establece, que "toda autoridad usurpada es ineficaz, y sus actos son nulos"; y por usurpación de autoridad hay que entender "el vicio que acompaña a todo acto dictado por una persona desprovista totalmente de autoridad"[67], es decir, "el usurpador es aquel que la ejerce y realiza sin ningún tipo de investidura, ni regular ni prescrita. El concepto de usurpación, en este caso, emerge cuando una persona que no tiene *auctoritas* actúa como autoridad,"[68] en el sentido del término "autoridad", que emplea la Constitución (artículos 138 y 350). De allí que, como dice la Constitución, la autoridad usurpada sea ineficaz y sus actos sean nulos. Este segundo caso de texto expreso de la Constitución que declara como "nulo", con vicio de nulidad absoluta e "ineficaz", un acto estatal, implica que la sentencia que declare la nulidad por inconstitucionalidad, por ejemplo, de una ley dictada por un gobierno que se organice por la fuerza sólo puede tener efectos declarativos de una nulidad (absoluta) ya establecida expresamente en la propia Constitución.

Pero, insistimos, aparte de estas dos previsiones expresas de la Constitución mediante las cuales el mismo texto constitucional declara la nulidad absoluta de una ley, lo cual produce, como consecuencia, que la sentencia de la Sala Constitucional declaratoria de la nulidad por inconstitucionalidad tenga meros efectos declarativos; sólo podrían admitirse como excepción al principio adoptado por nuestro sistema constitucional, de los efectos constitutivos de las sentencias de la Sala declaratorias de la nulidad por inconstitucionalidad de las leyes que se estiman, como principio general, viciadas de nulidad relativa (anulabilidad), en aquellos casos en los cuales la misma Sala, en forma expresa en su sentencia, establezca la nulidad absoluta, por ejemplo, en algunos supuestos de usurpación de funciones, concepto constitucional enteramente distinto al señalado de usurpación de autoridad[69] o en otros que determine expresamente[70]. Sin embargo, si

---

[67] *Véase* Allan R. Brewer–Carías, *Las Instituciones Fundamentales del Derecho Administrativo y la Jurisprudencia Venezolana,* Caracas, 1964, p. 62.

[68] *Idem,* p. 59.

[69] *Véase* Allan R. Brewer–Carías, *Las Instituciones Fundamentales... cit.,* p. 60.

[70] *Véase* sentencias de la antigua Corte Federal y de Casación, Sala Político Administrativa 28–3–41 en *Memoria 1942,* p. 158; y de la antigua Corte Suprema de Justicia en la Sala Político–Administrativa de 5–12–85, al declarar la nulidad, por ilegalidad (violación de la Ley Orgánica de Régimen Municipal) de una Ordenanza de zonificación municipal, aun cuando no estaban en juego la violación de derechos fundamentales, la Sala dejó "expresa constancia de que los efectos de la anulación de derechos fundamentales, de carácter absoluto, se retrotraen, por tanto, al 12 de mayo de 1983, fecha de la entrada en vigencia de la Ordenanza impugnada" (Consultada en original, p. 15).

la Sala no califica expresamente en su decisión a una *ley* que declara nula como viciada de nulidad absoluta, retrotrayendo los efectos de la nulidad hacia el pasado, se tiene como vigente el principio general señalado de la nulidad relativa.

De acuerdo con lo anteriormente señalado, por tanto, puede concluirse que, como principio general, toda sentencia declaratoria de nulidad por inconstitucionalidad de una ley dictada por la Sala Constitucional conforme al artículo 336 de la Constitución, tiene efectos *erga omnes,* y el carácter de una sentencia constitutiva, de nulidad relativa, con efectos *ex-nunc, pro futuro* salvo que el propio texto de la sentencia declare la nulidad absoluta de la ley o ésta se pronuncie en virtud de lo previsto en los artículos 25 y 138 de la Constitución, en cuyo caso, tendría carácter declarativo.

Sin embargo, inclusive en estos casos, esta retroactividad de la sentencia no sería absoluta, sino que en realidad implicaría que todas las situaciones particulares nacidas de la aplicación de la ley declarada nula serían susceptibles de impugnación, por lo que en muchos supuestos podría sostenerse que permanecían incólumes las situaciones jurídicas respecto de cuya impugnación se hayan consumado los lapsos de caducidad o prescripción de las acciones correspondientes.

E. *Los efectos de cosa juzgada*

Por último, tratándose de una actividad jurisdiccional emanada de la Jurisdicción Constitucional (artículo 334 de la Constitución) la declaratoria de nulidad, así como sus alcances, como resultado de una sentencia que produce efectos *erga omnes*, se convierte en cosa juzgada.

Como lo ha señalado la Sala Constitucional, la sentencia "debe ser acatada y respetada por los órganos legislativos que dictaron la ley anulada total o parcialmente, o por los órganos del poder público que produjeron el acto, ya que la sentencia firme equivale a una ley (artículo 273 del Código de Procedimiento Civil) y es vinculante hacia el futuro (artículo 273 del Código de Procedimiento Civil), sin que ningún juez pueda volver a sentenciar la controversia ya decidida por un fallo (artículo 272 del Código de Procedimiento Civil), por lo que el tema juzgado en el proceso no es objeto de nueva discusión y la colectividad en su totalidad (personas naturales y jurídicas), deben respetar la nulidad declarada sin poder alzarse contra ella".[71]

La consecuencia de ello, es que entre las características de las sentencias definitivamente firmes dictadas por la Jurisdicción Constitucional, es el de la presunción legal que impide, por la autoridad de la cosa juzgada, que lo que ha sido objeto de la sentencia firme, vuelva a discutirse, o pierda sus efectos, por lo que éstos se mantienen en el tiempo. La consecuencia de ello, es "que la nulidad declarada por inconstitucionalidad que indica con precisión la disposición anulada [...], invalida la ley o el acto, señalando sus efectos *ex nunc* o *ex tunc* [...], pero siempre partiendo de la base que hacia el futuro dejó de existir la ley anulada total o parcialmente, sin que ella tenga vigencia alguna".[72]

---

[71] *Véase* la sentencia de la Sala Constitucional N° 181 de 16–2–2006, en *Revista de Derecho Público*, N° 105, EJV, Caracas, 2006, p. 220

[72] *Idem.* p. 221

Por último, debe indicarse que precisamente por el efecto de cosa juzgada ha llevado a la Sala Constitucional a declarar *in limine* como inconstitucional los artículos de una nueva ley, que reediten artículos precedentemente anulados por la Sala.[73]

2. *Los efectos de las sentencias constitucionales dictadas en los procesos de control preventivo de la constitucionalidad de los Tratados y de las leyes sancionadas no promulgadas*

A. La sentencia en los casos de control preventivo de constitucionalidad de los tratados

En el artículo 336, ordinal 5° de la Constitución de 1999 se estableció una innovación en materia de control de constitucionalidad, al regularse la competencia de la Sala Constitucional, en relación con los *tratados internacionales,* para:

5°. Verificar, a solicitud del Presidente o Presidenta de la República o de la Asamblea Nacional, la conformidad con esta la Constitución de los tratados internacionales suscritos por la República antes de su ratificación.

Se incorporó así al sistema de justicia constitucional venezolano, un proceso de control de constitucionalidad (que se recoge en el artículo 25.5, de la Ley Orgánica, 2010) que tuvo su origen en los sistemas constitucionales europeos, como el francés y el español, y que existe en Colombia, mediante el cual se permite el control de la constitucionalidad de un tratado internacional suscrito por la República, antes de su ratificación y en su caso, antes de su aprobación por ley.

En estos casos, lo que el Tribunal Supremo en Sala Constitucional debe verificar es "la conformidad con la Constitución de los tratados internacionales suscritos por la República antes de su ratificación"; es decir, después de su suscripción por el Ejecutivo Nacional, pero antes de su ratificación; teniendo la solicitud de control por objeto verificar la conformidad del Tratado Constitucional con la Constitución; por lo que si el tratado no resulta conforme con la Constitución, el efecto de la misma es que entonces no puede ser ratificado.

Es evidente, en todo caso, que si la Sala Constitucional considera en su decisión que el Tratado Internacional es conforme con la Constitución, ello produce cosa juzgada y entonces no podría posteriormente ejercerse contra la ley aprobatoria del Tratado una acción popular de inconstitucionalidad.

B. La sentencia en los casos de control preventivo de constitucionalidad de leyes sancionadas antes de su promulgación

Otro medio de control preventivo de la constitucionalidad de las leyes es el previsto en el artículo 214 de la Constitución, respecto de las leyes sancionadas por la Asamblea Nacional, que puede solicitar el Presidente de la República, al recibir la ley sancionada para su promulgación, en el lapso que tiene para promulgar las leyes.

---

[73]   *Véase* sentencia N° 728 de 5–4–2006 (Caso: *Impugnación del artículo 421 del Código Penal*), en *Revista de Derecho Público*, N° 106, EJV, Caracas 2006, p. 214

ALLAN R. BREWER-CARÍAS

Sobre este proceso constitucional, debe destacarse que también es una innovación de la Constitución de 1999, que lo ha regulado desvinculándolo del llamado "veto presidencial" a las leyes, que siempre implica su devolución a la Asamblea Nacional. En efecto, en Venezuela se había regulado tradicionalmente el veto presidencial a las leyes, ahora también regulado en el artículo 214 de la Constitución, de manera que una vez que una ley se ha sancionado, el Presidente de la Asamblea Nacional debe remitirla al Presidente de la República para su promulgación. El Presidente, dentro del lapso de 10 días que tiene para la promulgación, con acuerdo del Consejo de Ministros, puede solicitar a la Asamblea Nacional, mediante exposición razonada, que modifique alguna de las disposiciones de la ley o levante la sanción a toda ley o parte de ella. En esos casos, la Asamblea debe decidir acerca de los aspectos planteados por el Presidente por mayoría absoluta de los diputados presentes y le remitirá la ley para su promulgación. En este caso, el Presidente debe proceder a promulgar la ley dentro de los 5 días siguientes a su recibo, sin poder formular nuevas observaciones ante la Asamblea.

En la Constitución de 1961, sin embargo, se disponía que cuando el veto presidencial se hubiese fundado en la inconstitucionalidad de la ley, entonces, dentro del término que tenía para promulgar la ley luego de su devolución al Congreso, el Presidente podía acudir a la Corte Suprema de Justicia, solicitando su decisión acerca de la inconstitucionalidad de la misma. Este sistema de control preventivo de constitucionalidad estaba ligado al veto presidencial y debía pasar primero por la devolución de la ley al Congreso, con base en argumentos de inconstitucionalidad (art. 173).

En la Constitución de 1999, este sistema se cambió radicalmente, y el artículo 214, si bien regula el veto presidencial, luego, en párrafo aparte, establece que "cuando el Presidente de la República considere que la ley o alguno de sus artículos es inconstitucional solicitará el pronunciamiento de la Sala Constitucional del Tribunal Supremo de Justicia, en el lapso de diez días que tiene para promulgar la misma"

En estos casos, el Tribunal Supremo de Justicia debe decidir en el término de quince días contados desde el recibo de la comunicación del Presidente de la República, y si el Tribunal negare la inconstitucionalidad invocada o no decidiere en el lapso anterior, el Presidente o Presidenta de la República puede promulgará la ley dentro de los cinco días siguientes a la decisión del Tribunal o al vencimiento de dicho lapso.

Por último, debe señalarse que la competencia de la Sala Constitucional sólo se refiere al control de proyectos de leyes nacionales, por lo que se ha declarado incompetente para conocer el proceso de inconstitucionalidad de leyes estadales, decidiendo además, que no pueden las Constituciones estadales establecer dicha competencia.[74]

---

[74] *Véase* sentencia N° 194 de 15–2–2001 (Caso: *Control preventivo de constitucionalidad sobre el Proyecto de Ley de Reforma Parcial de la Ley Especial de Conservación, Administración y Aprovechamiento de la Vialidad del Estado Trujillo*), en *Revista de Derecho Público*, N° 85–88, EJV, Caracas 2001, p. 416 ss.

3. *Los efectos de las sentencias constitucionales dictadas en los procesos de control de la inconstitucionalidad de la omisión del Legislador*

Otro proceso constitucional novedoso en materia de justicia constitucional que establece la Constitución de 1999, es el denominado control de la constitucionalidad de las omisiones de actuación de los órganos legislativos[75]. En tal sentido, el artículo 336 de la Constitución atribuyó a la Sala Constitucional, competencia para:

> 7. Declarar la inconstitucionalidad de las omisiones del poder legislativo municipal, estadal o nacional, cuando hayan dejado de dictar las normas o medidas indispensables para garantizar el cumplimiento de la Constitución, o las hayan dictado en forma incompleta, y establecer el plazo y, de ser necesario, los lineamientos de su corrección.

La Ley Orgánica del Tribunal Supremo de Justicia ha reiterado esta competencia de la Sala Constitucional, en el artículo 25.7, asignándole potestad para:

> 7. Declarar la inconstitucionalidad de las omisiones del Poder Legislativo Municipal, Estadal o Nacional, cuando haya dejado de dictar las normas o medidas indispensables para garantizar el cumplimiento con la Constitución de la República Bolivariana de Venezuela, o las haya dictado en forma incompleta, así como las omisiones de cualquiera de los órganos del Poder Público Nacional, Estadal o Municipal, y establecer el plazo y, si fuera necesario, los lineamientos o las medidas para su corrección.

Esta norma, sin duda, consagran una amplísima potestad de control de las conductas omisivas del legislador atribuida a la Sala Constitucional y que supera el inicial antecedente portugués. En efecto, en el supuesto de la Constitución Portuguesa, la legitimación para requerir el ejercicio de esta potestad de control de constitucionalidad la tenían el Presidente de la República, el Ombudsman o los Presidentes de las Regiones Autónomas[76]; en cambio, en el texto de la Constitución de 1999 no se establece condicionamiento alguno a la legitimación, por lo que tratándose de omisiones normativas[77], el mecanismo para impulsar su control puede recibir el mismo tratamiento de una *acción popular*, es decir, bastaría el simple interés en la constitucionalidad para intentar la acción.

---

[75] Es una institución que tiene su origen en el sistema portugués, véase Allan R. Brewer–Carías, *Judicial Review in Comparative Law, op. cit.,* p. 269. *Véase* Jesús María Casal, "La protección de la Constitución frente a las omisiones legislativas", en *Anuario de Derecho Constitucional Latinoamericano,* Edición 2003, Konrad Adenauer Stiftung, Montevideo, 2003, pp. 33 a 82.

[76] *Véase* Allan R. Brewer–Carías, *Judicial Review in Comparative Law,* Cambridge University Press, Cambridge 1989, p. 269.

[77] O como lo ha calificado la Sala Constitucional: "Silencio legislativo y el funcionamiento anormal legislativo", en sentencia N° 1819 de 08–08–2000 de la Sala Político–Administrativa (Caso: *René Molina vs. Comisión Legislativa Nacional*), en *Revista de Derecho Público,* N° 83, Editorial Jurídica Venezolana, caracas 2000, p. 266.

La Sala Constitucional del Tribunal Supremo ha ejercicio este control en varios supuestos. En relación con las omisiones en materia de emisión de leyes, en sentencia N° 3118 de 6 octubre de 2003, la Sala declaró la inconstitucionalidad de la omisión de la Asamblea Nacional en dictar la Ley Orgánica de Régimen Municipal (Caso: *Inconstitucionalidad de la omisión de la Asamblea Nacional por no haber dictado dentro del plazo fijado por el Constituyente de 1999 una Ley sobre Régimen Municipal*), destacando que la falta de sanción de la ley sobre régimen municipal dentro del plazo previsto en la Disposición Transitoria Cuarta de la Constitución constituía una violación del Texto Fundamental, a la que debía dársele pronta terminación. En atención a ello, la Sala ordenó a la Asamblea Nacional preparar, discutir y sancionar, dentro del plazo máximo de tres (3) meses contados a partir de la notificación del fallo, una ley sobre régimen municipal que se adaptase a las previsiones del Capítulo IV del Título IV de la Constitución y, en especial, a los principios contenidos en su artículo 169.[78]

En estos casos, evidentemente, la Sala Constitucional no podría sustituirse en el legislador y dictar la ley respectiva, obviando la función de la representación popular y el procedimiento constitucional de formación de las leyes. Sin embargo, la Sala Constitucional ha forzado su rol en la materia y si bien ha reconocido que por la complejidad de la materia la jurisdicción constitucional difícilmente podría suplir la omisión del Legislador en su totalidad, señalando que "es constitucionalmente imposible incluso para esta Sala, pese a su amplia competencia constitucional, transformarse en legislador y proporcionar a la colectividad las normas que exige", sin embargo ha considerado que si está facultada para proporcionar soluciones a aspectos concretos, incluso por medio de la adopción de reglas generales que ocupen temporalmente el lugar de las normas ausentes, pero no para corregir por completo la inactividad del legislador y dictar las normas que se requieran[79].

La Sala Constitucional, por otra parte, ha conocido del recurso por omisión de sus funciones por la Asamblea Nacional, pero no en la demora en dictar leyes, sino en realizar nombramientos que debe hacer conforme a la Constitución. Así ocurrió respecto del nombramiento de los miembros (rectores) del Consejo Nacional Electoral ante la omisión de la Asamblea, pero con la peculiaridad de que no sólo se la declaró como inconstitucional, sino que la Sala se sustituyó en el ejercicio de tal atribución. En efecto, mediante sentencia N° 2073 de 4 de agosto de 2003, (Caso: *Hernann E. Escarrá Malavé; acción de inconstitucionalidad por omisión contra la Asamblea Nacional*), la Sala le fijó un lapso a la Asamblea Nacional para hacer los nombramientos, y luego de que la designación de los titulares del Consejo Nacional Electoral no se pudo realizar por la Asamblea Nacional, por no haber podido lograr los acuerdos políticos necesarios que aseguraran la mayoría calificada que exige la Constitución para tales nombramientos, la Sala Constitucional mediante sentencia N° 2341 de 25 de agosto de 2003 (Caso: *Hernann E. Escarrá Malavé; acción de inconstitucionalidad por omisión*

---

[78] *Véase* en *Revista de Derecho Público*, N° 93–96, Editorial Jurídica Venezolana, Caracas, 2003, pp. 525 ss.

[79] *Véase* sentencia N° 1043 de 31–5–2004 (Caso: *Consejo Legislativo del Estado Zulia*), en *Revista de Derecho Público*, N° 97–98, EJV, Caracas 2004, p. 408.

contra la Asamblea Nacional), una vez verificado que hasta esa fecha la Asamblea Nacional no había designado a los rectores del Poder Electoral, y estando dentro del lapso que la Sala misma se fijó para hacer la designación, procedió a hacerlo previas una serie de consideraciones generales justificando la no sumisión a las exigencias de la Constitución para ello[80].

Partiendo de estas consideraciones, la Sala Constitucional no se limitó a suplir la abstención de la Asamblea Nacional nombrando a los rectores del Consejo Nacional Electoral, obviando los procedimientos constitucionales de postulación y de mayoría calificada de la Asamblea, sino que extralimitándose en sus funciones y limitando injustificada e ilegítimamente la autonomía del Consejo Nacional Electoral como órgano rector de dicho Poder Público, procedió a nombrar directamente a todos los funcionarios directivos del organismo, competencia que no correspondía a la Asamblea Nacional (sino al propio Consejo Nacional Electoral que estaba nombrando) y respecto de cuyo ejercicio no se había producido omisión alguna que pudiera justificar tales nombramientos.

En dicha sentencia, de acuerdo con el artículo 13 de la Ley Orgánica del Poder Electoral, la Sala además de nombrar a los rectores principales y sus respectivos, designó al Presidente y Vicepresidente del cuerpo, lo que correspondía al mismo; al Secretario y al Consultor Jurídico del Consejo Nacional Electoral; a los integrantes de los órganos subordinados: Junta Nacional Electoral; Comisión de Registro Civil y Electoral; Comisión de Participación Política y Financiamiento; y a los miembros de un Consejo de Participación[81].

4. *Los efectos de las sentencias constitucionales dictadas en la resolución de las controversias constitucionales entre los órganos del poder público*

El Tribunal Supremo, en Sala Constitucional, también tiene competencia, conforme al artículo 336 de la Constitución, para:

9. Dirimir las controversias constitucionales que se susciten entre cualesquiera de los órganos del Poder Público.

Esta competencia de la Sala que recoge el artículo 25.9 de la Ley Orgánica de 2010, tiene por objeto principal dirimir las controversias constitucionales que se susciten entre los órganos del Poder Público, tanto en su división horizontal como en su distribución vertical a los efectos de "la protección de la estructura institucional del Estado y su régimen competencial, con el propósito de corregir

---

[80] *Véase* en *Revista de Derecho Público*, N° 93–96, Editorial Jurídica Venezolana, Caracas, 2003, pp. 525 ss.

[81] *Véase* Allan R. Brewer–Carías, "El secuestro del Poder Electoral y la confiscación del derecho a la participación política mediante el referendo revocatorio presidencial: Venezuela 2000–2004", en *Boletín Mexicano de Derecho Comparado*, Instituto de Investigaciones Jurídicas, Universidad Nacional Autónoma de México, N° 112. México, enero–abril 2005 pp. 11–73; además de "La Sala Constitucional vs. el Estado Democrático de derecho: el secuestro del Poder Electoral" en *Crónica sobre la "in" Justicia Constitucional. La Sala Constitucional y el autoritarismo en Venezuela.* Colección Instituto de Derecho Público, Universidad Central de Venezuela, N° 2. Caracas, 2007, pp. 197–23

las eventuales invasiones por parte de algún órgano del Poder Público en la esfera de competencias de otro".[82]

De lo anterior resulta que esta competencia de la Sala Constitucional, como Jurisdicción Constitucional, tiene por objeto resolver las controversias o conflictos constitucionales que se planteen entre los órganos que ejercen el Poder Público, tanto en su distribución vertical (República, Estados y Municipios), como en su división horizontal a nivel nacional (Poder Legislativo, Poder Ejecutivo, Poder Judicial, Poder Ciudadano, Poder Electoral) y a nivel estadal y municipal (Poder Legislativo y Poder Ejecutivo); y las mismas deben ser de naturaleza constitucional, es decir, aquellas cuya decisión depende del examen, interpretación y aplicación de normas constitucionales, tales como las que se refieren al reparto competencial entre los diferentes órganos del Estado, especialmente, las que distribuyen el poder en los niveles nacional, estadal y municipal[83]; entendiéndose por controversia, "aquella situación en la cual dos o más personas, discuten larga y reiteradamente, contendiendo y alegando razones contra el parecer de otro sobre intereses contrapuestos"[84].

Es decir, se trata de la resolución de controversias sobre atribuciones *constitucionales* entre los órganos que ejercen el Poder Público; que son distintas a las controversias administrativas que se puedan suscitar entre la República, los Estados, Municipios u otro ente público, las que compete ser resueltas por la Sala Político-Administrativa del Tribunal Supremo de Justicia (art. 266,4), como Jurisdicción Contencioso-Administrativa.[85].

5. *Los efectos de las sentencias constitucionales dictadas en los procesos de interpretación constitucional*

Debe mencionarse, además, entre las competencias de la Sala Constitucional como Jurisdicción Constitucional, la atribución que tiene para conocer de recursos abstractos de interpretación de la Constitución, los cuales han sido creados por la propia Sala Constitucional[86], mediante la interpretación que le ha dado al

[82] *Véase* sentencia de la Sala Constitucional N° 1937 de 15–7–2003 (Caso: Controversia constitucional entre el Alcalde del Municipio Píritu del Estado Falcón y el Concejo Municipal de dicha entidad político territorial), en *Revista de Derecho Público*, N° 93–96, EJV, Caracas 2003, pp. 529 ss.

[83] *Véase*, por ejemplo, sentencia de la Sala Constitucional N° 2401 de 8–10–2004 (Caso: *Gobernador del Estado Carabobo vs. Poder Ejecutivo Nacional*), en *Revista de Derecho Público*, N° 99–100, EJV, Caracas 2004, p. 317.

[84] *Véase* sentencia de la Sala Político Administrativa N° 1819 de 08–08–2000 (Caso: *René Molina vs. Luis Miquilena*), en *Revista de Derecho Público*, N° 83, (julio–septiembre), Editorial Jurídica Venezolana, Caracas, 2000, p. 267. *Véase* en general, *Véase* Gilberto Alejandro Guerrero–Rocca, "Controversias constitucionales y conflictos de autoridad: Una necesaria distinción", en *Revista de Derecho Constitucional,* N° 7, enero–junio 2003, Editorial Sherwood, Caracas, 2003, pp. 137 a 159.

[85] Sentencia de la Sala Político Administrativa N° 1819 de 08–08–2000 (Caso: *René Molina vs. Comisión Legislativa Nacional*) en *Revista de Derecho Público*, N° 83, Editorial Jurídica Venezolana, Caracas 2000, pp. 264 y ss.

[86] *Véase* en general, Ángela Figueruelo, "Consideraciones en torno al recurso de interpretación constitucional", en *Revista de Derecho Constitucional,* N° 4 (enero–julio),

artículo 335 de la Constitución, que atribuye al Tribunal Supremo el carácter de ser "máximo y último intérprete de la Constitución".

La Sala Constitucional, en la sentencia N° 1077 de 22 de septiembre de 2000 (Caso: *Servio Tulio León Briceño*) consideró que "no requieren los ciudadano de leyes que contemplen, en particular, el recurso de interpretación constitucional, para interponerlo"[87], procediendo a crear un recurso autónomo de interpretación de las normas constitucionales, no previsto constitucional ni legalmente, basándose para ello en el artículo 26 de la Constitución que consagra el derecho de acceso a la justicia, del cual dedujo que si bien dicha acción no estaba prevista en el ordenamiento jurídico, tampoco estaba prohibida.[88]

La acción de interpretación de la Constitución, como lo precisó la Sala Constitucional, es una acción de igual naturaleza que la de interpretación de la ley[89], es decir, tiene por objeto obtener una sentencia declarativa de mera certeza sobre el alcance y contenido de las normas constitucionales, que no anula el acto en cuestión, pero que busca en efecto semejante, ya que en estos casos, coincide el interés particular con el interés constitucional; agregando que:

"La finalidad de tal acción de interpretación constitucional sería una declaración de certeza sobre los alcances y el contenido de una norma constitucional, y formaría un sector de la participación ciudadana, que podría hacerse incluso como paso previo a la acción de inconstitucionalidad, ya que la interpretación constitucional podría despejar dudas y ambigüedades sobre la supuesta colisión. Se trata de una tutela preventiva"[90].

Editorial Sherwood, Caracas, 2001, pp. 261–274; Cosimina Pellegrino Pacera, "La interpretación de la Constitución de 1999 por la Sala Constitucional del Tribunal Supremo de Justicia: ¿Existe un recurso autónomo de interpretación constitucional? (A raíz de la sentencia de fecha 22 de septiembre de 2000)", en *Libro Homenaje a Enrique Tejera París, Temas sobre la Constitución de 1999*, Centro de Investigaciones Jurídicas (CEIN), Caracas, 2001, pp. 291 a 332; Arcadio Delgado Rosales, "El recurso de interpretación en la Constitución de 1999" en *Revista de derecho del Tribunal Supremo de Justicia*, N° 2, Caracas, 2000, pp. 243 a 247; Marianella Villegas Salazar, "Comentarios sobre el recurso de interpretación constitucional en la Jurisprudencia de la Sala Constitucional", *Revista de Derecho Público*, N° 84, (octubre–diciembre), Editorial Jurídica Venezolana, Caracas, 2000, p. 417–425.

[87] Este criterio fue luego ratificado en sentencias N° 1347 de fecha 09–11–00, en *Revista de Derecho Público*, N° 84, Editorial Jurídica Venezolana, Caracas, 2000, pp. 264 ss.; (N° 1387 de 21–11–00, en *Idem*, pp. 275 ss., y N° 457 de 05–04–01, entre otras.

[88] *Véase* sentencia N° 1077 de la Sala Constitucional de 22–09–00 (Caso: *Servio Tulio León Briceño), en *Revista de Derecho Público*, N° 83, Editorial Jurídica Venezolana, Caracas, 2000, pp. 247 y ss. *Véase* además, la sentencia de la Sala N° 1487 de 6–8–2004 (Caso: *Interpretación del artículo 72 de la Constitución de la República Bolivariana de Venezuela*), donde la sala ha recogido los principios generales que regulan este recurso de interpretación, en *Revista de Derecho Público*, N° 99–100, Editorial Jurídica Venezolana, Caracas, 2004, pp. 322 ss.

[89] *Idem*

[90] *Ibidem*

Las sentencias dictadas en este proceso constitucional sobre interpretación, tienen por objeto precisar "el núcleo de los preceptos, valores o principios constitucionales, en atención a dudas razonables respecto a su sentido y alcance, originadas en una presunta antinomia u oscuridad en los términos, cuya inteligencia sea pertinente aclarar por este órgano, a fin de satisfacer la necesidad de seguridad jurídica –sin que queden excluidos de por sí otros sentidos o alcances que la cultura política y jurídica o la ética pública desarrollen". De acuerdo con la doctrina de la sala Constitucional, por tanto, el fin de estas sentencias:

> "es esclarecedor y completivo y, en este estricto sentido, judicialmente creador; en ningún caso legislativo. Consiste primordialmente en una mera declaración, con efectos vinculantes sobre el núcleo mínimo de la norma estudiada o sobre su "intención" (comprensión) o extensión, es decir, con los rasgos o propiedades que se predican de los términos que forman el precepto y del conjunto de objetos o de dimensiones de la realidad abarcadas por él, cuando resulten dudosos u obscuros, respetando, a la vez, la concentración o generalidad de las normas constitucionales. Dicho carácter concentrado, que debe quedar incólume, más que un defecto es una ventaja de las normas constitucionales, es la condición de su operatividad y su adaptabilidad en el tiempo en razón de la dialéctica social.[91].

Para que la Sala entre a conocer de un recurso de interpretación, por otra parte, se requiere la existencia de un caso concreto, a los efectos de "reservar al recurso de interpretación su verdadera justificación y evitar que se convierta en un medio indiscriminado de resolución de consultas"[92], correspondiendo entonces la legitimación a un recurrente que debe tener un "interés jurídico actual, legítimo, fundado en una situación jurídica concreta y específica en que se encuentra, y que requiere necesariamente de la interpretación de normas constitucionales aplicables a la situación, a fin de que cese la incertidumbre que impide el desarrollo y efectos de dicha situación jurídica".[93]

En cuanto a los efectos de la sentencia dictada en el recurso de interpretación, la misma tiene como objeto resolver:

> Cuál es el alcance de una norma constitucional o de los principios que lo informan, cuando los mismo no surgen claros del propio texto de la Carta

---

[91] *Véase* en *Revista de Derecho Público*, N° 84, (octubre–diciembre), Editorial Jurídica Venezolana, Caracas, 2002, p. 267.

[92] *Véase* sentencia N° 2651 de fecha 02–10–2003 en *Revista de Derecho Público,* N° 93–96, Editorial Jurídica Venezolana, Caracas, 2003.

[93] *Véase* sentencia N° 1077 de 22–09–01, Caso: *Servio Tulio León Briceño*, en *Revista de Derecho Público*, N° 83, Editorial Jurídica Venezolana, Caracas, 2000, pp. 247 y ss. Adicionalmente, en otra sentencia, N° 1029 de 13–06–2001, la Sala Constitucional atemperó el rigorismo de declarar inadmisible el recurso si no precisaba el contenido de la acción, ya que señaló que "La solicitud deberá expresar: 1.– Los datos concernientes a la identificación del accionante y de su representante judicial; 2.– Dirección, teléfono y demás elementos de ubicación de los órganos involucrados; 3.– Descripción narrativa del acto material y demás circunstancias que motiven la acción."

Fundamental; o de explicar el contenido de una norma contradictoria, oscura o ambigua; o del reconocimiento, alcance y contenido, de principios constitucionales[94].

Por otra parte, en una sentencia N° 1347, de 9 de septiembre de 2000, la Sala Constitucional consideró que "el recurso de interpretación constitucional no puede sustituir los recursos procesales existentes ni traducirse en una acción de condena, ni declarativa, ni constitutiva, por lo que si el recurrente persigue adelantar un pronunciamiento sobre un asunto planteado ante otro órgano jurisdiccional o pretende sustituir con esta vía algún medio ordinario a través del cual el juez pueda aclarar la duda planteada, el recurso deberá ser declarado inadmisible por existir otro recurso".[95].

Por último, en sentencia N° 1347, de fecha 09-11-2000, la Sala Constitucional delimitó el carácter vinculante de las interpretaciones establecidas con motivo de decidir los recursos de interpretación, señalando que:

"Las interpretaciones de esta Sala Constitucional, en general, o las dictadas en vía de recurso interpretativo, se entenderán vinculantes respecto al núcleo del caso estudiado, todo ello en un sentido de límite mínimo, y no de frontera intraspasable por una jurisprudencia de valores oriunda de la propia Sala, de las demás Salas o del universo de los tribunales de instancia".

6. *Los efectos de las sentencias constitucionales dictadas en los procedimientos de control de constitucionalidad obligatorio de leyes orgánicas y decretos leyes de estados de excepción*

A. *El control obligatorio de constitucionalidad de ciertas leyes orgánicas*

Conforme al artículo 203 de la Constitución, la Sala Constitucional debe pronunciarse sobre la constitucionalidad del carácter orgánico de las *leyes orgánicas* que así hayan sido calificadas por la Asamblea Nacional, antes de su promulgación. No se trata, por tanto, de un procedimiento de control de constitucionalidad establecido respecto de cualquier ley orgánica, sino de sólo aquellas así calificadas por la Asamblea Nacional al admitirse el proyecto por el voto de las 2/3 partes de los integrantes presentes antes de iniciarse la discusión del respectivo proyecto de ley.

Son estas últimas leyes que la Asamblea Nacional haya calificado expresamente de orgánicas, las que el Presidente de la Asamblea o el Presidente de la República deberá remitir, *automáticamente*, antes de su promulgación, a la Sala Constitucional del Tribunal Supremo de Justicia, para que ésta se pronuncie acerca de la constitucionalidad de ese carácter orgánico.

En estos casos, la declaratoria de la inconstitucionalidad del carácter orgánico de una ley, tiene por efecto que no puede promulgarse como tal ley orgánica sino como ley ordinaria.

---

[94]   *Idem.*

[95]   *Véase* en *Revista de Derecho Público*, N° 84, (octubre–diciembre), Editorial Jurídica Venezolana, Caracas, 2000, p. 270.

B. *El control de constitucionalidad obligatorio de los decretos de estado de excepción*

La Constitución regula el régimen de los estados de excepción, autorizando al Presidente de la República para decretarlos mediante decretos leyes, conforme al artículo 337 de la Constitución, en caso de "circunstancias de orden social, económico, político, natural o ecológico, que afecten gravemente la seguridad de la Nación, de las instituciones y de los ciudadanos y ciudadanas, a cuyo respecto resultan insuficientes las facultades de las cuales se disponen para hacer frente a tales hechos". El régimen de los estados de excepción ha sido regulado en la Ley Orgánica sobre Estados de Excepción de 15-08-2001.[96]

En estos casos de estados de excepción, que conforme al artículo 338 de la Constitución, pueden ser el estado de alarma, el estado de emergencia económica, el estado de conmoción interior y el estado de conmoción exterior, el Presidente de la República, en Consejo de Ministros, puede decretarlos, mediante actos que como lo precisa el artículo 22 de la Ley Orgánica, tiene "rango y fuerza de Ley". En estos casos, además, conforme se establece en el artículo 337 de la Constitución, el Presidente de la República en Consejo de Ministros también puede restringir temporalmente las garantías consagradas en la Constitución "Salvo las referidas a los derechos a la vida, prohibición de incomunicación o tortura, el derecho al debido proceso, el derecho a la información y los demás derechos humanos intangibles."[97]

De acuerdo con el artículo 339 de la Constitución, el Decreto que declare el Estado de excepción debe en todo caso ser remitido por el Presidente de la República a la Sala Constitucional del Tribunal Supremo, para que ésta se pronuncie sobre su inconstitucionalidad. Por ello, el artículo 336 le atribuye a la Sala, competencia expresa para:

> 6. Revisar, en todo caso, *aun de oficio*, la constitucionalidad de los decretos que declaren estados de excepción dictados por el Presidente o Presidenta de la República.

Esta atribución de control de constitucionalidad obligatorio, constituye otra novedad introducida por la Constitución de 1999, conforme al antecedente de Colombia (art. 241,7). En Venezuela se ha agregado, sin embargo, la posibilidad de ejercicio de esta atribución por la Sala, *de oficio*. Se trata, en efecto, del único supuesto constitucional en el cual la Sala puede actuar de *ex officio*, una vez que el Decreto se haya publicado en Gaceta Oficial.

En ejercicio de este control, la Sala Constitucional puede pronunciarse no sólo sobre la constitucionalidad de los decretos que declaren el estado de excep-

---

[96] *Gaceta Oficial* Nº 37261 de 15–08–2001.

[97] En relación con la enumeración de las garantías constitucionales de derechos que no pueden ser objeto de restricción, en forma alguna, conforme al artículo 337 (regulados en los artículos 43; 43, ord. 2; 46, ord. 1; 49 y 58 de la Constitución), debe considerarse que forman parte de "los demás derechos humanos intangibles" cuyas garantías tampoco pueden restringirse, los indicados como no restringibles en el Pacto Internacional de Derechos Civiles y Políticos (art. 4), y en la Convención Americana de Derechos Humanos (art. 27).

ción, sino sobre la constitucionalidad del contenido de los mismos conforme a lo dispuesto en los artículos 337 y siguientes de la Constitución. En particular, la Sala debe verificar, al decretarse el estado de excepción y restringirse alguna garantía constitucional, si el decreto contiene, por ejemplo, efectivamente, la necesaria *regulación* sobre el ejercicio del derecho cuya garantía se restringe" (art. 339).

III. LOS EFECTOS VINCULANTES DE LAS SENTENCIAS CONSTI-TUCIONALES DICTADAS POR LA JURISDICCIÓN CONSTI-TUCIONAL

De acuerdo con la Constitución, la interpretación constitucional que haga la Sala Constitucional del Tribunal Supremo puede ser vinculante, a cuyo efecto el artículo 335 de la Constitución señala que:

"Las interpretaciones que establezca la Sala Constitucional sobre el contenido o alcance de las normas constitucionales son vinculantes para las otras Salas del Tribunal Supremo y demás tribunales de la República".

En estos casos, los efectos de las sentencias constitucionales vinculantes, es que "todos los órganos jurisdiccionales del país, están obligados a decidir con base en el criterio interpretativo que la Sala tenga de las normas constitucionales, pues, de no ser así, ello implicaría, además de una violación e irrespeto a la Constitución, una distorsión a la certeza jurídica y, por lo tanto, un quebrantamiento del Estado de Derecho".[98]

En todo caso, en su labor de interpretar la Constitución, la Sala Constitucional no puede sustituirse en el pueblo, es decir, no puede crear nuevas normas constitucionales no previstas en el Texto o que no resulten de la integración de sus normas, ni puede modificarlas, estableciendo, por ejemplo, excepciones no previstas en ellas; así como tampoco puede dictar normas legales o modificar o reformar las que estén contenidas en las leyes sancionadas por la Asamblea Nacional.

El juez constitucional nunca puede ser legislador; puede anular las leyes con efectos *erga omnes*, eliminándolas del ordenamiento jurídico, con efecto similar a la derogación, como si fuera un "legislador negativo" (H. Kelsen); pero nunca puede ser un "legislador positivo", que dicta normas. De hacerlo, no sólo incurriría en usurpación de autoridad, por la usurpación de las funciones legislativas que corresponden a la Asamblea Nacional, lo que haría de la sentencia un acto nulo e ineficaz (art. 138 C), sino que violaría el principio democrático, que impone que la "ley" sólo puede ser emanación de los órganos del Estado integrados por representantes del pueblo, elegidos mediante votación popular. Es decir, al

---

[98]   *Véase* sentencia de la Sala Constitucional N° 2822 de 28–10–2003 (Caso: *SHRM de Venezuela C.A. vs Inspectoría del Trabajo de la Zona del Hierro de Puerto Ordaz, Estado Bolívar*), en *Revista de Derecho Público*, N° 93–96, EJV, Caracas 2003, p. 500; y sentencia N° 106 11–2–2004 (Caso: *Interpretación del artículo 3 del Estatuto Electoral del Poder Público*), en *Revista de Derecho Público*, N° 97–98, EJV, Caracas 2004, pp. 406 ss.

determinar la interpretación de una norma, la Sala no puede crear nuevas normas o reformar o derogar las que están expresamente en la ley.

Sin embargo, lamentablemente, la Sala Constitucional en Venezuela, no ha seguido está lógica, y en más de una oportunidad ha legislado por la vía de interpretar la Constitución. La propia Sala, en su sentencia Nº 33 de 25 de enero de 2001 (Caso: *Revisión de la sentencia dictada por la Sala de Casación Social del Tribunal Supremo de Justicia de fecha 10 de mayo de 2001, interpuesta por Baker Hugher S.R.L)*, argumentó como sigue sobre su carácter y naturaleza como "una instancia jurisdiccional con una marcada especialización de tutela, tendente a asegurar la integridad, supremacía y efectividad de la Constitución":

"Esta especialización se concreta en el ejercicio de la tutela constitucional en su máxima intensidad. No precisamente al modo en que la ejercía la Sala Plena de la entonces Corte Suprema de Justicia, la cual estaba restringida en sus funciones de garantía constitucional como si de un legislador negativo se tratase, es decir, la Sala Plena actuaba como un complemento del Poder Legislativo (único ente propiamente sujeto a la Constitución) en tanto se encargaba de revocar los actos de rango y fuerza de ley que éste dictaba contraviniendo la Constitución. Siendo que ésta no era concebida como un cuerpo jurídico normativo directamente aplicable a los distintos operadores jurídicos, se entendía que las interpretaciones de la Constitución que hiciera la Sala Plena no tenían carácter vinculante, y su influencia estaba asociada al efecto abrogatorio de los fallos de nulidad de actos con rango o fuerza de ley. Muy por el contrario, a esta Sala Constitucional le corresponde no sólo anular actos de esa naturaleza, sino que tiene asignada tanto la interpretación del texto constitucional, con el fin de salvar sus dificultades o contradicciones, como hacer valer el principio jurídico-político según el cual los derechos fundamentales preceden y limitan axiológicamente las manifestaciones del poder. Para ello se le ha puesto al frente del aparato jurisdiccional respecto a su aplicación, al punto de vincular sus decisiones a las demás Salas del Tribunal Supremo de Justicia, no sólo en gracia a su potestad anulatoria, sino como derivación de la función antes apuntada"[99].

Ahora bien, conforme a la Constitución, al ejercer el control concentrado de la constitucionalidad de las leyes, lo que la Sala puede hacer en relación con las normas que considere inconstitucionales es anularlas y ello sólo cuando la Sala conoce de una acción de nulidad, pero nunca cuando decide una acción de amparo, o revisa una sentencia de amparo, o decide un recurso de interpretación abstracto. En los casos en los cuales conozca de un recurso de colisión de leyes, lo que podría resolver la Sala es declarar cual ley debe prevalecer en relación con otra, en virtud del poder derogatorio de las leyes. En todo caso, además, puede interpretar las normas constitucionales incluso con carácter vinculante, pero ello no la autoriza a legislar.

Sin embargo, como antes se ha analizado al comentar los efectos de las sentencias declaratorias de la nulidad parcial de leyes, la Sala Constitucional ha

---

[99]   *Véase* en *Revista de Derecho Público*, Nº 85–88, Editorial Jurídica Venezolana, Caracas, 2001, p. 401.

pretendido configurarse como "legislador positivo" al anular normas, tal como resulta del criterio expuesto en la sentencia N° 319 de 9 de marzo de 2001 (Aclaratoria a la sentencia del Caso: *Nulidad artículos 917 del Código de Procedimiento Civil y artículo 18 de la Ley Orgánica del Poder Judicial*), señalando que al declararse dicha nulidad parcial el resultado "se ha convertido en *una norma nueva y diferente de la norma inicial,* lo cual implica aceptar, que al constituirse en una norma distinta, el operador jurídico debe plasmar en su sentencia el alcance del *nuevo dispositivo normativo*".

Es decir, que "al prosperar la nulidad parcial de la norma impugnada *nace una nueva norma* y para aplicar tal norma, resulta necesario e indispensable su interpretación, lo cual no es posible hacerlo sin desentrañar previamente el significado de los signos en los que exteriormente se manifiesta, obviamente, sin perder nunca de vista el todo del cual forma parte, debiendo la Sala, en su condición de operador jurídico, imprimirle a la norma los caracteres ideológicos que lo llevaron a determinar su nulidad parcial en resguardo de los derechos constitucionales[100].

Pero por otra parte, debe señalarse que lo que puede ser vinculante de una sentencia de la Sala Constitucional sólo puede ser la parte resolutiva de la misma, en la cual la Sala fija la interpretación de una norma, y ello debe señalarlo expresamente[101]. La interpretación de la norma establecida, entonces, en la parte resolutiva de una sentencia, pasa a ser fuente del derecho del mismo rango que el que tiene la norma que se interpreta: si es una norma constitucional, la interpretación adquiere rango constitucional, y si es una ley la que se interpreta, adquiere rango legal. Por ello, la Sala Constitucional no puede, *ad libitum,* estar modificando sus interpretaciones.

Por otra parte, para que se produzca la interpretación vinculante de una norma constitucional, debe estar en juego un caso judicial relativo a la misma, sea con motivo de una acción popular de nulidad; de una acción por omisión; de una acción de amparo constitucional; de una solicitud de control de constitucionalidad de tratados, de leyes orgánicas o de decretos de Estado de excepción; de la resolución de una controversia constitucional o del conocimiento de un recurso de revisión contra sentencias de amparo o dictadas con motivo del ejercicio del control difuso de la constitucionalidad. En esos casos no pueden considerarse vinculantes los razonamientos o la parte "motiva" de las sentencias, sino sólo la interpretación que se haga, en concreto, del contenido o alcance de una norma específica de la Constitución.

En todo caso, lo que debe quedar claramente precisado es que la Sala Constitucional no puede pretender por la vía de la interpretación de la Constitución sustituir las funciones de los otros Poderes Públicos, ni asumir las tareas del Legislador ni de la Administración. La propia Sala Constitucional en su sentencia N° 1347 de 9 de septiembre de 2000 ha hecho el esfuerzo por auto-limitarse en este respecto, para evitar la tentación totalizante, señalando que en la solución

---

[100] *Véase* en *Revista de Derecho Público,* N° 85–88, Editorial Jurídica Venezolana, Caracas, 2001, pp. 395 y 396.

[101] *Véase* por ejemplo, la sentencia N° 2651 de 02–10–2003, en *Revista de Derecho Público,* N° 93–96, Editorial Jurídica Venezolana, Caracas, 2003.

de los recursos de interpretación constitucional, teniendo en cuenta el principio de la separación de poderes y su relación con la función de seguridad del Estado de derecho, la Sala no podrá convertirse en "Un obstáculo ni en un contralor del ejercicio de las funciones de los órganos del Poder Público" ni "suplir las potestades de los órganos del Poder Público u ordenar la manera en que se desempeñarán en el ejercicio de sus actividades propias, pues a todos ellos cabe actuar según sus competencias y de acuerdo con el derecho", agregando:"Lo político administrativo o legislativo, en el sentido de elegir el camino o el modo más acorde con el bienestar social, si bien el procedimiento de su elección en muchos casos viene ya señalado por la Constitución, así como los campos en que se mueve la realidad social a que deben prestar sus servicios, sólo le corresponde dictarlo a los entes que ejercen las estrictas funciones político administrativas o legislativas, sin que este Tribunal ex ante les señale la mejor forma de hacerlo."[102]

---

[102] *Véase* en *Revista de Derecho Público*, N° 84, Editorial Jurídica Venezolana, Caracas, 2000, p. 268.

§20. *LOS EFECTOS DE LAS SENTENCIAS DICTADAS EN LOS PROCESOS DE INCONSTITUCIONALIDAD DE LAS LEYES EN EL PERÚ Y SU CONTRASTE CON EL SISTEMA VENEZOLANO*[*]

El Código Procesal Constitucional del Perú de 2005, como todo Código producto de un buen proceso de codificación legislativa, reguló comprehensivamente todos los aspectos de la actuación judicial en materia de control de constitucionalidad de las leyes, particularmente la ejercida por la Jurisdicción Constitucional, la cual en Perú se ha atribuido al Tribunal Constitucional. Dicha normativa, por supuesto se ajustó a las disposiciones de la Constitución de 1993 que en la materia tuvo un avance muy importante.

Entre los aspectos que se han regulado expresamente en materia de control de constitucionalidad de las leyes en el Perú, y en los cuales se puede identificar un importante contraste con la regulación establecida en Venezuela, donde la Jurisdicción Constitucional está atribuida a la Sala Constitucional del Tribunal Supremo de Justicia (artículo 266,1 de la Constitución 1999), es en lo que se refiere a los efectos de las sentencias dictadas en el proceso constitucional de las leyes.

Como lo hemos observado en otro lugar, en contraste con el régimen peruano,[1] uno de los rasgos más característicos de la justicia constitucional en Venezuela,[2] al igual que en Colombia,[3] es la existencia de la acción popular de in-

---

[*] Publicado en Jhonny Tupayachi Sotomayor (Coordinador), *Código Procesal Constitucional Comentado. Homenaje a Domingo García Belaúnde*, Editorial Adrus, Lima 2009, pp. 969–983.

[1] *Véase* Allan R. Brewer–Carías, "Aspectos de la acción de inconstitucionalidad en Perú y Venezuela", en José F. Palomino Manchego (Coordinador*)*, *El derecho procesal constitucional peruano. Estudios en homenaje a Domingo García Belaúnde*, Tomo II, Editorial Jurídica Grijley, Lima 2005. pp. 761–773

[2] Sobre el tema nos hemos ocupado en diversas publicaciones durante las últimas décadas. *Véase* Allan R. Brewer–Carías, "Algunas consideraciones sobre el control jurisdiccional de la constitucionalidad de los actos estatales en el derecho venezolano" en *Revista de Administración Pública*, N° 76, Madrid 1975, pp. 419–446; *El control de la constitucionalidad de los actos estatales*, Colección Estudios Jurídicos, N° 2, Editorial Jurídica Venezolana, Caracas 1977; *Estado de Derecho y Control Judicial (Justicia Constitucional, Contencioso Administrativo y Amparo en Venezuela)*, Instituto Nacional de Administración Pública, Madrid 1987; *Judicial Review in Comparative Law*, Cambridge University Press, Cambridge 1989; *El control concentrado de la constitucionalidad de las leyes. Estudio de derecho comparado*, Universidad Católica del Táchira, Editorial Jurídica Venezolana, Caracas–San Cristóbal 1994; *Instituciones Políticas y Constitucionales, Tomo VI: La Justicia Constitucional*, Universidad Católica del Táchira, Editorial Jurídica Venezolana, Caracas–San

constitucionalidad de las leyes, mediante la cual cualquier ciudadano con el simple interés en la legalidad, puede intentar la acción de inconstitucionalidad de las leyes y demás actos con rango y valor de ley o dictados en ejecución directa e inmediata de la Constitución. En el Perú, en cambio, la legitimación para impugnar la inconstitucionalidad de las leyes corresponde exclusivamente a determinados órganos y sujetos que se enumeran en el artículo 203 de la Constitución: el Presidente de la República; el Fiscal de la Nación; el Defensor del Pueblo; el 25% del número legal de congresistas; 5.000 ciudadanos con firmas comprobadas por el Jurado Nacional de Elecciones; los presidentes de Región con acuerdo del Consejo de Coordinación Regional o los alcaldes provinciales con acuerdo de su Concejo, en materias de su competencia; y los colegios profesionales en materias de su especialidad. La acción popular sólo se ha establecido en Perú para impugnar reglamentos y demás actos estatales de rango sublegal.

Las sentencias que se dictan en los procesos de inconstitucionalidad de las leyes pueden ser globalmente de dos tipos: por una parte, las que declaran sin lugar la acción, confirmando la constitucionalidad de la ley impugnada; y por la otra, las que declaran la inconstitucionalidad total o parcial de la ley. En este último caso, cuando la decisión es de declaratoria de nulidad de la ley o acto impugnado, totalmente, o de los artículos del mismo que hayan sido atacados, ello produce la cesación de los efectos del acto, y el Tribunal, inclusive, puede pronunciarse sobre la nulidad de todos los actos que se realizaron con base al acto declarado nulo[4].

I. LOS EFECTOS *ERGA OMNES* DE LAS SENTENCIAS EN LOS PROCESOS DE INCONSTITUCIONALIDAD Y LA COSA JUZGADA

En uno u otro caso, las sentencias tienen diferentes efectos, pero siempre tienen efectos generales, es decir, *erga omnes*, y fuerza de cosa juzgada en relación con la particular y específica ley impugnada, la cual no puede extenderse respecto de otros actos legislativos.

El pronunciamiento de la Sala Constitucional tiene valor general, es decir, *erga omnes*, lo que ha sido doctrina del Tribunal Supremo -antes Corte Suprema de Justicia- desde la década de los treinta, sosteniendo que "cualquier funcionario, por elevado que sea, o cualquiera de los otros Poderes Públicos que pretenda hacer prevalecer su propia interpretación de la Ley, sobre la interpretación y aplicación que de la misma haya hecho esta Corte al decidir o resolver algo sobre

---

Cristóbal Caracas 1996; *La Justicia Constitucional (Procesos y procedimientos constitucionales)*, Instituto Mexicano de Derecho Procesal Constitucional, Ed. Porrúa, México 2007.

[3]   *Véase* Allan R. Brewer–Carías, *El sistema mixto o integral de control de la constitucionalidad en Colombia y Venezuela*, Universidad Externado de Colombia (Temas de Derecho Público Nº 39) y Pontificia Universidad Javeriana (Quaestiones Juridicae Nº 5), Bogotá 1995.

[4]   *Véase* sentencia de la antigua Corte Suprema de Justicia, de 4–4–1974 en *Gaceta Oficial* Nº 1.657, Extraordinaria de 7–6–74, pp. 2 y 3.

el mismo asunto, usurpa atribuciones y viola la Constitución y las leyes de la República"[5].

Por su parte, la antigua Corte Suprema de Justicia de Venezuela en Sala de Casación Civil, Mercantil y del Trabajo en sentencia de 21 de diciembre de 1963, fue precisa en este sentido:

"El control absoluto de constitucionalidad lo ejerce en primer término la Corte Suprema de Justicia, en pleno, cuando declara la nulidad total o parcial de una Ley nacional por inconstitucional. Tal decisión deja sin efecto la Ley o la parte de ella que sea anulada, y tiene fuerza de cosa juzgada *erga omnes*. Esta nulidad es pronunciada en virtud de la llamada acción popular.

Una atribución similar, pero sólo en cuanto a leyes estadales y ordenanzas municipales, es ejercitada por la Sala Político-Administrativa de este Supremo Tribunal, también por acción popular, y su declaratoria produce igualmente cosa juzgada *erga omnes*.

Quiere esto decir que la declaratoria de constitucionalidad o inconstitucionalidad de una Ley, por acción principal (popular) es definitiva y surte efectos contra todos, pues tal presunta Ley deja de serlo desde el momento de ser declarada inconstitucional. Lo mismo ocurre en los casos de Leyes estadales y ordenanzas municipales, cuya inconstitucionalidad sea pronunciada".[6]

Por otra parte, tratándose de una actividad judicial realizada por la Jurisdicción Constitucional la decisión en los procesos constitucionales contra las leyes, como se dijo, adquiere fuerza de cosa juzgada. Como lo ha señalado la Sala Constitucional de Venezuela, la sentencia "debe ser acatada y respetada por los órganos legislativos que dictaron la ley anulada total o parcialmente, o por los órganos del poder público que produjeron el acto, ya que la sentencia firme equivale a una ley (artículo 273 del Código de Procedimiento Civil) y es vinculante hacia el futuro (artículo 273 del Código de Procedimiento Civil), sin que ningún juez pueda volver a sentenciar la controversia ya decidida por un fallo (artículo 272 del Código de Procedimiento Civil), por lo que el tema juzgado en el proceso no es objeto de nueva discusión y la colectividad en su totalidad (personas naturales y jurídicas), deben respetar la nulidad declarada sin poder alzarse contra ella".[7]

---

[5] *Véase* sentencia de la antigua Corte Federal y de Casación, Sala Político Administrativa 17–11–38, en *Memoria 1939,* pp. 330 a 334. En igual sentido se pronunció la antigua Corte Federal en sentencia del 21–03–39, en *Memoria 1940,* p. 176); y en sentencia de 16–12–40 en *Memoria 1941,* p. 311), y en sentencia del 19–06–53, en *Gaceta Forense,* Nº 1, 1953, pp. 77 y 78; y la antigua Corte Suprema de Justicia, Sala Político Administrativa en sentencia de 19–11–68, en *Gaceta Forense,* Nº 62, 1968, pp. 106 a 113.

[6] *Véase* sentencia de la antigua Corte Suprema de Justicia, Sala de Casación Civil de 12–12–63 en *Gaceta Forense,* Nº 42, pp. 667 a 672.

[7] *Véase* la sentencia de la Sala Constitucional Nº 181 de 16–2–2006, en *Revista de Derecho Público,* Nº 105, EJV, Caracas, 2006, p. 220.

La consecuencia de ello, es que entre las características de las sentencias definitivamente firmes dictadas por la Jurisdicción Constitucional, es el de la presunción legal que impide, por la autoridad de la cosa juzgada, que lo que ha sido objeto de la sentencia firme, vuelva a discutirse, o pierda sus efectos, por lo que éstos se mantienen en el tiempo. Por último, debe indicarse que precisamente por el efecto de cosa juzgada ha llevado a la Sala Constitucional de Venezuela a declarar *in limene* como inconstitucional los artículos de una nueva ley, que reediten artículos precedentemente anulados por la Sala.[8]

En cuanto a los efectos de cosa juzgada de las sentencias del Tribunal Constitucional del Perú en materia de inconstitucionalidad de las leyes desde que quedan firmes, conforme al artículo 82 del Código Procesal Constitucional, "tienen autoridad de cosa juzgada, por lo que vinculan a todos los poderes públicos." El Código peruano, en todo caso precisa que "la declaratoria de inconstitucionalidad de una ley por vicios formales no obsta para que ésta pueda ser demandada ulteriormente por razones de fondo."

II. LOS EFECTOS DE LAS SENTENCIAS DESESTIMATORIAS DE LAS ACCIONES DE INCONSTITUCIONALIDAD

En el caso de que la sentencia sea declarativa de la improcedencia de la acción de inconstitucionalidad y, por tanto, de los vicios de inconstitucionalidad denunciados, la decisión tiene, sin duda, efectos *erga omnes* en relación a la constitucionalidad de la Ley, al menos en cuanto a los artículos impugnados y a los vicios denunciados. En relación a éstos, la decisión tiene el valor de cosa juzgada, los cuales por supuesto no se extienden a otros actos legislativos similares que puedan ser impugnados, por los mismos vicios.

Por tanto, en Venezuela, en caso de una decisión de la Sala Constitucional declarando sin lugar una acción popular de inconstitucionalidad contra una ley, y en consecuencia, estimando su constitucionalidad, tiene efectos *erga omnes* y valor de cosa juzgada en el sentido de que la constitucionalidad de esa Ley debe ser admitida por todos los jueces, quienes están obligados a seguir el criterio de la Sala. Por tanto, declarada por la Sala la constitucionalidad de una ley no podrían los jueces de instancia, conforme a los artículos 334 de la Constitución y 20 del Código de Procedimiento Civil, inaplicarla a un caso concreto mediante el control difuso de inconstitucionalidad por considerarla inconstitucional.[9]

Esta solución, que en Venezuela resulta de los principios generales aplicables en la materia, en el Perú ha sido adoptada expresamente en el artículo VI del Código Procesal Constitucional donde se regula el control difuso de constitucionalidad, al disponer que "Los jueces no pueden dejar de aplicar una norma cuya constitucionalidad haya sido confirmada en un proceso de inconstitucionalidad..."

---

[8] *Véase* sentencia N° 728 de 5–4–2006 (Caso: *Impugnación del artículo 421 del Código Penal*), en *Revista de Derecho Público*, N° 106, Editorial Jurídica Venezolana, Caracas 2006, p. 214

[9] *Véase* sentencia de la antigua Corte Suprema de Justicia, Sala de Casación Civil de 11–8–71 en *Gaceta Forense*, N° 73, 1971, pp. 477 y ss. *Véase*, además, *Doctrina Procuraduría General de la República, 1963*, Caracas, 1964, pp. 199 y ss.

III. LOS EFECTOS DE LAS SENTENCIAS DE ANULACIÓN DE LAS LEYES POR INCONSTITUCIONALIDAD

Pero dentro de los efectos de las sentencias declaratorias de nulidad por inconstitucionalidad, sin duda, el problema fundamental que se plantea se refiere al momento en que comienzan a producirse, es decir, si el acto declarado nulo se considera que surtió sus efectos hasta que se lo anula por la Sala, o al contrario, se estima como si nunca hubiera surtido efectos. Bajo otro ángulo, la cuestión es determinar si la decisión de la Sala comienza a surtir efectos desde el momento que se publica o sus efectos se retrotraen al momento en que el acto anulado se dictó.

En esta materia existe un claro contraste en las regulaciones de derecho positivo en el Perú y en Venezuela.

En el Perú, es la Constitución la que establece la pauta en la materia al disponer primero, en el artículo 103 donde regula el principio de irretroactividad de las leyes, que si bien las mismas sólo se derogan por otras leyes, también "quedan sin efectos por sentencia que declara su inconstitucionalidad"; y segundo, en el artículo 204 se señala que en los casos de sentencias que declaren la inconstitucionalidad de una norma dictadas por el Tribunal Constitucional, la misma queda sin efecto al día siguiente de su publicación en el diario oficial, agregando que "No tiene efecto retroactivo la sentencia del Tribunal que declara inconstitucional, en todo o en parte, una norma legal."

Ello lo desarrolla el artículo 81 del Código Procesal Constitucional relativo a los "efectos de las sentencia fundadas" recaídas en el proceso de inconstitucionalidad de las leyes, "dejan sin efecto las normas sobre las cuales se pronuncian;" y que las mismas "tienen alcances generales y carecen de efectos retroactivos". Es decir, se reitera el principio general de los efectos constitutivos, pro futuro de las sentencias, a cuyo efecto se deben publicarse "íntegramente en el Diario Oficial El Peruano y producen sus efectos desde el día siguiente de su publicación;" lo que se reitera en el artículo 82 del mismo Código.

Esta irretroactividad de las sentencias que anulan leyes por inconstitucionalidad se precisa en el artículo 83 del Código al disponer que las mismas "no conceden derecho a reabrir procesos concluidos en los que se hayan aplicado las normas declaradas inconstitucionales," salvo en las materias previstas en los artículos 103 y 74 de la Constitución. Estas materias, como indicamos más adelante, son la materia penal cuando favorece al reo, y la materia tributaria. Por último, en el Código peruano también se resuelve expresamente el tema de los efectos de la sentencia que declara la nulidad de una ley, respecto de las leyes que la misma hubiere derogado, en el sentido de que "por la declaración de inconstitucionalidad de la ley "no recobran vigencia las disposiciones legales que ella hubiera derogado."

En contraste con tan precisas normas, en Venezuela, ni la Constitución, ni la Ley Orgánica de la Corte Suprema de Justicia de 1976 ni la Ley Orgánica del Tribunal Supremo de Justicia de 2004 resolvieron expresamente estas cuestiones de los efectos temporales de las sentencias de inconstitucionalidad de las leyes, habiéndose limitado las referidas Leyes Orgánicas a señalar que la Sala Constitucional debía determinar en sus sentencias sus "efectos en el tiempo"(artículo 5, párrafo 1°, numerales 6 y 7, Ley 2004). En la Ley Orgánica del Tribunal Supremo de Justicia, se ha conservado la misma potestad de la Sala "de fijar los efectos de sus decisiones en el tiempo," al establecer en forma confusa, que los efectos de la sentencia son a partir de su publicación en la Gaceta Judicial, aun cuando su autenticidad es desde su publicación en el expediente (art. 126).

Ahora bien, existiendo también en Venezuela un sistema mixto de justicia constitucional,[10] que implica el funcionamiento en paralelo, de los dos métodos básicos de control de constitucionalidad que muestra el derecho comparado: por una parte el sistema difuso, que se ejerce por todos los jueces, y por la otra el sistema concentrado que se ejerce por la Sala Constitucional del Tribunal Supremo; (y respecto de los actos administrativos por los órganos de la jurisdicción contencioso-administrativa); no ha sido infrecuente la confusión sobre los efectos de las decisiones en materia de control de la constitucionalidad, lo que ha llevado en muchos casos a la aplicación de la doctrina de la garantía de la nulidad del acto inconstitucional, propia del control difuso, al sistema de control concentrado, ignorando las diferencias fundamentales entre los dos sistemas de justicia constitucional. Por ejemplo, ello resulta de la sentencia de la Sala Constitucional N° 359 de 15 de mayo de 2000:

"Ahora bien, de acuerdo con lo previsto en el artículo 119 de la Ley Orgánica de la Corte Suprema de Justicia, se debe determinar los efectos en el tiempo de las decisiones anulatorias de normas. En este sentido, la jurisprudencia de la Corte Suprema de Justicia ha indicado que en tales casos, debe entenderse que produce sus efectos *ex tunc*, es decir, hacia el pasado. Así, en reciente sentencia con ocasión de decidir la solicitud de ejecución de un fallo que no había fijado los efectos en el tiempo de una sentencia anulatoria, se indicó:

"Ha sido señalado precedentemente que la sentencia anulatoria extinguió la norma por considerarla viciada, sin limitar, de conformidad con lo dispuesto en el artículo 131 de la Ley Orgánica de la Corte Suprema de Justicia, los efectos de la anulación en el tiempo, en razón de lo cual, este efecto es *ex tunc*, es decir hacia el pasado; opera desde el momento mismo en que la norma fue dictada" (Sentencia de la Sala Político Administrativa del 11 de noviembre de 1999, caso *Policarpo Rodríguez*).

En el caso antes citado, si bien se dio efecto *ex tunc* al fallo anulatorio, la sentencia fijó los términos de la ejecución, es decir, los parámetros y el tiempo mediante los cuales los afectados por la norma anulada podían ejercer sus derechos.

En el caso de autos, esta Sala por razones de seguridad jurídica, para evitar un desequilibrio en la estructura de la administración pública estadal y la preservación de los intereses generales, así como en resguardo de los

---

[10]   *Véase* Allan R. Brewer–Carías, *El sistema mixto o integral de control de la constitucionalidad en Colombia y Venezuela*, Universidad Externado de Colombia (Temas de Derecho Público N° 39) y Pontificia Universidad Javeriana (Quaestiones Juridicae N° 5), Bogotá 1995.

derechos de los beneficiados por la ley Estadal, fija los efectos ex nunc, es decir, a partir de la publicación de este fallo por la Secretaría de esta Sala Constitucional".[11]

En realidad, el principio opera en sentido inverso, precisamente como se ha regulado expresamente en el Perú: en principio, por razones de seguridad jurídica las sentencias anulatorias de leyes tienen efectos ex nunc, hacia el futuro y excepcionalmente, cuando la protección constitucional de derechos así lo exija, pueden ser dotadas de efectos *ex tunc*.

En efecto, en la aplicación del método control concentrado de control de constitucionalidad, la Sala Constitucional de Venezuela asume su rol de supremo intérprete[12] o defensor[13] de la Constitución, a la cual corresponde ser el fiel de la balanza en la aplicación del principio de la separación de poderes[14] teniendo que proclamar, al decidir la acción de inconstitucionalidad, la "extinción jurídica" del acto recurrido o el mantenimiento del mismo con la plenitud de sus efectos[15]. La consecuencia de ello, es "que la nulidad declarada por inconstitucionalidad que indica con precisión la disposición anulada […], invalida la ley o el acto, señalando sus efectos **ex nunc** o **ex tunc** […], pero siempre partiendo de la base que hacia el futuro dejó de existir la ley anulada total o parcialmente, sin que ella tenga vigencia alguna".[16]

En cambio, cuando se aplica el método de control difuso de la constitucionalidad de las leyes, el juez desaplica una ley que estima inconstitucional aplicando preferentemente la Constitución, sin afectar la validez de la ley, teniendo la decisión efectos declarativos, que se aplican in casu et inter partes, y se extienden *ex tunc, pro pretaerito*.[17] Por tanto, la "retroactividad" de la declaratoria de no aplicabilidad de la ley, tiene sólo sentido bajo el ángulo de que el juez estima que ella nunca ha surtido efectos, es decir, que los efectos de la declaración de inconstitucionalidad operan *ex tunc*, al ser una decisión mero declarativa de una inconstitucionalidad o nulidad preexistente. En este sentido, por ejemplo, la apreciación de la inconstitucionalidad de la ley ya derogada, pero que se aplicó

---

[11] *Véase* en *Revista de Derecho Público,* N° 82, Editorial Jurídica Venezolana, Caracas, 2000, p. 454. *Véase* además, sentencia N° 816 de 26–7–00, en *Revista de Derecho Público,* N° 83, Editorial Jurídica Venezolana, Caracas, 2000, p. 273.

[12] Lo que implica la irreversibilidad de sus decisiones. La doctrina ha sido establecida desde hace muchos años por la propia Corte. *Véase*, por ejemplo, sentencia de la antigua Corte Federal y de Casación de 17–11–38 en *Memoria 1939*, pp. 330 y ss.

[13] *Véase* sentencia de la antigua Corte Suprema de Justicia, Sala Político Administrativa de 4–3–41 en *Memoria 1942*, pp. 128 a 130.

[14] *Véase*, por ejemplo, sentencia de la antigua Corte Federal y de Casación, Sala Político Administrativa de 3–5–39 en *Memoria, 1940*, p. 217; y de 17–4–41 en *Memoria, 1942*, pp. 182 y ss.

[15] *Véase* sentencia de la antigua Corte Suprema de Justicia, Sala Político Administrativa de 20–1–66 en *Gaceta Forense*, N° 51, 1968, p. 13.

[16] *Idem*. p. 221

[17] *Véase* A. y S. Tune, *Le Système Constitutionnel des Etats Unis d'Amerique*, París, 1954, volumen II, pp. 294 y 295.

durante su vigencia al caso concreto que el juez está conociendo, tiene justificación, pues la declaratoria de inaplicabilidad de la ley, al ignorar su existencia,
tiene sentido para el proceso, aun cuando la ley esté derogada en el momento de
la decisión.

Por ello, como la decisión judicial que se pronuncia en el control difuso de la
constitucionalidad de las leyes tiene "efectos retroactivos", evidentemente que
pueden referirse a las leyes derogadas, respecto de los efectos que pudo producir
durante su vigencia[18].En esos casos, el juez no anula la ley al ejercer el control
difuso, sino que sólo declara o constata una inconstitucionalidad preexistente,
por lo que ignora la existencia de la ley (la considera inexistente) y no la aplica
al caso concreto cuyo conocimiento jurisdiccional le corresponde.

Esos efectos, en todo caso, son completamente diferentes a los efectos que
produce el ejercicio del control concentrado de la constitucionalidad cuando la
Sala Constitucional anula una ley por inconstitucionalidad. En estos casos, cuando la Sala, como Jurisdicción Constitucional, ejerce sus atribuciones previstas en
el artículo 336 de la Constitución, "declara la nulidad" de la ley, es decir, anula
la ley, la cual hasta el momento en que se publique la sentencia de la Sala, es
válida y eficaz, surtiendo todos los efectos no obstante su inconstitucionalidad.
La decisión, por tanto, carece de eficacia retroactiva, la misma tiene efectos ex
nunc o pro futuros[19]; y esto en virtud de la presunción de constitucionalidad que
las leyes tienen[20], equivalente, mutatis mutandis, a la presunción de la legalidad
que acompaña a los actos administrativos[21].

Ninguno de los sistemas concentrados del control de la constitucionalidad de
las leyes que se conocen en el derecho comparado, atribuye efectos hacia el
pasado, es decir, *ex tunc, pro pretaerito* a todas las sentencias declaratorias de
nulidad por inconstitucionalidad, las cuales no son mero declarativas, ni tienen
efecto retroactivos, sino que son sólo constitutivas; y en los sistemas italianos y
alemán, éstos posibles efectos hacia el pasado son restringidos fundamentalmente al ámbito penal[22]. Y la solución de estas dos legislaciones -la italiana y la

---

[18]   *Véase* J. G. Andueza, *La jurisdicción constitucional en el derecho venezolano,*
Caracas, 1955, pp. 56–57.

[19]   *Véase*, por ejemplo, sentencia de la antigua Corte Federal y de Casación, Sala Político Administrativa 17–11–38 en *Memoria 1939,* pp. 330 a 334; sentencia de la antigua Corte Federal de 19–6–53 en *Gaceta Forense,* N° 1, 1953, pp. 77 y ss.; y sentencia de la antigua Corte Suprema de Justicia, Sala Plena de 29–4–65 publicada por
la *Imprenta Nacional,* 1965, pp. 113 y 116. *Cfr. Doctrina Procuraduría General de
la República, 1963,* Caracas, 1964, pp. 199 a 201.

[20]   *Véase* J. G. Andueza, *La jurisdicción constitucional...op. cit.,* p. 90.

[21]   *Véase* Allan R. Brewer–Carías, *Las Instituciones Fundamentales del Derecho Administrativo y Jurisprudencia Venezolana,* Caracas, 1964, p. 31.

[22]   Tal es el supuesta por ejemplo, de la Ley Constitucional italiana de 11 de marzo de
1953, que establece las normas complementarias de la Constitución en lo concerniente a la Corte Constitucional, cuyo artículo 30 expresa: "Las normas declaradas
inconstitucionales no pueden ser aplicadas a partir del día siguiente a la publicación
de la decisión. Cuando en aplicación de la norma declarada inconstitucional haya sido pronunciada una sentencia irrevocable, cesará su ejecución y todos los efectos
penales" (*Véase* F. Rubio Llorente, *La Corte Constitucional Italiana,* Cuadernos del

alemana- es lógica, pues si bien sería monstruoso, por las repercusiones que tendría sobre la seguridad jurídica, pretender que las sentencias declaratorias de la nulidad por inconstitucionalidad de una ley tengan efectos mero declarativos, y que, por tanto, se tuvieran como nunca dictados o cumplidos los actos realizados antes de que la ley fuera declarada nula, asimismo podría resultar injusto que en los casos penales, las sentencias adoptadas conforme a una ley declarada posteriormente nula, no fueran afectados por la anulación por inconstitucionalidad. De ahí la excepción respecto de los casos penales que la legislación italiana y alemana establecen para el principio de que los efectos de las sentencias declaratorias de nulidad por inconstitucionalidad sólo se producen hacia el futuro.

Como se ha dicho, esta excepción también se aplica en el Perú, conforme al artículo 83 del Código Procesal Constitucional, donde las sentencias que declaren la inconstitucionalidad de una ley penal cuando favorece al reo o de una ley tributaria, pueden conducir a que se reabran procesos concluidos en los que se hayan aplicado las normas declaradas inconstitucionales (art. 83). En particular, en materia tributaria, el Código agrega que el Tribunal Constitucional "debe determinar de manera expresa en la sentencia los efectos de su decisión en el tiempo" y debe resolver "lo pertinente respecto de las situaciones jurídicas producidas mientras estuvo en vigencia."

Es más, la misma situación pragmática del conflicto que puede surgir entre la seguridad jurídica y las sentencias penales, ha llevado a la jurisprudencia norteamericana a establecer excepciones al principio contrario. En Estados Unidos, el control constitucional es de carácter difuso, siendo los efectos de las sentencias declaratorias de inconstitucionalidad de carácter retroactivo, por ser mero declarativas. En principio, el ámbito de dichas sentencias es inter partes, pero en virtud de la técnica de los precedentes, y de la regla *stare decisis* las mismas adquieren carácter general obligatorio. Sin embargo, a pesar de ello, la jurisprudencia ha extendido el carácter retroactivo sólo a los casos penales, respetando, al contrario, los efectos cumplidos en materias civiles, y administrativas en base a una ley declarada inconstitucional[23].

Ahora bien, siendo el control de la constitucionalidad de las leyes atribuido en Venezuela a la Constitución a la Sala Constitucional del Tribunal Supremo de Justicia, un control similar a los concentrados que muestra el derecho comparado, como el que existe en el Perú, es evidente que los efectos de la declaratoria de nulidad por inconstitucionalidad de una ley, en ausencia de norma expresa

---

Instituto de Estudios Políticos, N° 8, UCV, Caracas, 1966, p. 53). Asimismo la Ley del Tribunal Constitucional Federal Alemán de 12 de marzo de 1951, establece que "permanecen inmutables las resoluciones firmes, apoyadas en una norma declarada nula" por el Tribunal Constitucional Federal, aun cuando "es admisible la revisión del procedimiento según los preceptos de la Ley de Procedimiento Penal, contra una sentencia penal formal apoyada" sobre la misma norma declarada nula. *Véase* Art. 79 en F. Rubio Llorente, "El Tribunal Constitucional Alemán", *Revista de la Facultad de Derecho*, UCV, N° 18, Caracas, 1959, p. 154.

23   *Véase* J. A. C. Grant, "The legal effect of a rulling that a statute is inconstitucional" *Detroit College of Law Review*, 1978, pp. 207–237; Mario Cappelletti, "El control jurisdiccional de la constitucionalidad de las leyes en el derecho comparado", *Revista de la Facultad de Derecho*, 65, México, 1966, pp. 63–64.

constitucional o legal alguna, sólo pueden ser producidos *erga omnes* pero hacia el futuro; es decir, las sentencias son en principio constitutivas, pro futuro y sus efectos ex nunc no pueden extenderse hacia el pasado (no pueden ser retroactivas).

Puede decirse que este ha sido el criterio no sólo seguido en el pasado por la doctrina venezolana[24], sino por la jurisprudencia de la antigua Corte Suprema de Justicia, aun cuando en uno que en otro caso, la antigua Corte Suprema de Justicia en Sala de Casación Civil[25], como ahora la Sala Constitucional, no han sido consecuentes.

En efecto, la antigua Corte Federal y de Casación y Corte Federal[26] y la antigua Corte Suprema en Sala Político-Administrativa[27], sostuvieron el carácter constitutivo de los efectos de las sentencias en materia de control de la constitucionalidad; criterio que sin embargo fue contradicho por algunas sentencias de la Sala de Casación Civil de la antigua Corte Suprema de Justicia[28].

En todo caso, el carácter constitutivo de los efectos de las decisiones de la Sala Constitucional declaratorias de nulidad por inconstitucionalidad de las leyes, es congruente con las decisiones respecto de las solicitudes de nulidad por inconstitucionalidad de leyes ya derogadas, lo que en general se ha rechazado[29], precisamente por considerarse que dichas sentencias no tiene efectos retroactivos[30].

En todo caso, en el centro de la cuestión a partir de 1976 estaba el artículo 131 de la Ley Orgánica de la Corte Suprema de Justicia, que al igual que al artículo 5, párrafo 1°, numerales 6 y 7 de la Ley Orgánica del Tribunal Supremo de Justicia, de 2004 y en cierta forma el artículo 126 de la Ley Orgánica del mismo Tribunal de 2010 atribuye, a la Sala Constitucional la potestad de establecer los efectos de sus decisiones en el tiempo, con lo que a pesar de que en principio, los efectos de sus decisiones de declaratorias de nulidad por inconstitucionalidad

---

[24] *Véase*, José G. Andueza, *La Jurisdicción Constitucional en el Derecho Venezolano op. cit.* En contra Humberto J. la Roche, *El control Jurisdiccional en Venezuela y Estados Unidos,* Maracaibo, 1972, p. 153.

[25] *Véase* en *Gaceta Forense,* N° 101, año 1978, pp. 591–592.

[26] *Véase* sentencia de la antigua Corte Federal y de Casación de 20–12–40, *cit.* por J. G. Andueza, *La jurisdicción constitucional...op. cit.,* p. 90; de 17–11–38, *Memoria 1939,* p. 330; de 21–3–39, en *Memoria 1940,* p. 176; y de 16–12–40 en *Memoria 1941,* p. 311; y de la antigua Corte Federal de 19–6–53, en *Gaceta Forense,* N° 1, 1953, pp. 77 y 78. *Véase* además, la sentencia de la antigua Corte Federal y de Casación, Sala Político Administrativa 27–2–40 en *Memoria 1941,* p. 20

[27] *Véase* sentencias de la antigua Corte Suprema de Justicia, Sala Político Administrativa de 20–1–66 en *Gaceta Forense,* N° 51, 1966, p. 13; de 15–2–67 en *Gaceta Forense,* N° 55, 1967, p. 70; y de 18–11–65 en *Gaceta Forense,* N° 50, 1967, p. 111.

[28] *Véase* en *Gaceta Forense,* N° 101, año 1978, pp. 591–592.

[29] *Véase* sentencias de la antigua Corte Federal y de Casación, Sala Plena 21–12–49, en *Gaceta Forense,* N° 1, 1949, p. 15; y de la antigua Corte Suprema de Justicia, Sala Político Administrativa de 20–1–66, en *Gaceta Forense,* N° 51, 1968, pp. 13 y 14.

[30] *Véase* J. G. Andueza, *La jurisdicción constitucional...op. cit.,* pp. 56 y 57.

son, como en todos los sistemas concentrados de justicia constitucional, de carácter constitutivo, y de efectos pro futuro, *ex nunc*,[31] la Sala puede corregir los efectos desfavorables que la rigidez de este principio pueda provocar, particularmente en el campo de los derechos y garantías constitucionales, y atribuirle a sus sentencias efectos retroactivos, *pro pretaerito, ex tunc.*

Por supuesto, incluso en estos casos relativos a los derechos y garantías constitucionales en nuestro criterio el problema de la rigidez del principio de los efectos ex nunc, pro futuro de la sentencia anulatoria de una ley, y que podría significar que la Ley violatoria de una garantía constitucional, a pesar de su declaratoria de nulidad, pudo producir efectos hasta que se produjo esa declaratoria, queda resuelto, pues es la propia Constitución la que establece una garantía contra esa situación, al declarar la nulidad absoluta de los "actos del Poder Público" -incluso las leyes- que lesionen los derechos y garantías constitucionales (artículo 25).

Por tanto, la nulidad absoluta de ciertos actos expresamente establecidos en la Constitución, es lo que permite que ciertas sentencias de la Sala Constitucional declaratorias de nulidad por inconstitucionalidad de una ley, tengan efecto retroactivo, hacia el pasado, y se las considere como de carácter declarativo, *ex tunc.* En decir, y a pesar del poder que tiene la propia Sala Constitucional para determinar los efectos de sus decisiones en el tiempo, en el ordenamiento constitucional venezolano sólo podría llegarse a admitir que las sentencias de la misma, declaratorias de nulidad de una ley, tienen siempre la categoría de sentencias declarativas, produciendo efectos hacia el pasado, en los casos en que la propia Constitución califica a una ley o acto estatal como nulo o ineficaz, supuesto que sólo se regula en los artículos 25 y 138 de la Constitución. En efecto, el artículo 25 de la Constitución contiene la primera de las normas que declara per se, la nulidad absoluta de "todo acto dictado en ejercicio del Poder Público", en los cuales se incluyen las leyes, cuando "viole o menoscabe los derechos garantizados por esta Constitución y la ley".

Conforme a esta primera excepción expresa, una ley que, por ejemplo, establezca una discriminación fundada en "la raza, el sexo, el credo o la condición social", viole expresamente el derecho a la igualdad garantizado en el artículo 21 de la Constitución, o una ley que por ejemplo, regule "penas infamantes o perpetuas" viola abiertamente el artículo 44,3 de la Constitución. Ahora bien, conforme al texto constitucional del artículo 25, esas leyes serían "nulas", con vicio de nulidad absoluta, no pudiendo producir ningún efecto jurídico e inclusive no debiendo ser aplicadas por autoridad alguna, so pena de incurrir en responsabilidad. En estos casos, la decisión de la Sala Constitucional al declarar la nulidad por inconstitucionalidad de la ley no podría tener otro carácter que el mero declarativo, en virtud del texto expreso de la Constitución. Se trata, en efecto, de la constatación de una nulidad ya establecida en la Constitución, extinguiéndose la

---

[31] Por ejemplo en sentencia de antigua Corte Suprema de Justicia, Sala Político–Administrativa de 23–2–84, al declarar la nulidad por inconstitucional del acto de instalación de una Asamblea Legislativa, la Corte dispuso expresamente que "la presente decisión no tendrá efecto retroactivo alguno en relación con las actuaciones cumplidas por la Asamblea Legislativa" (Consultada en original).

ley hacia el futuro y hacia el pasado, en el sentido que en virtud de la propia declaratoria de la ley como "nula" por la Constitución, se considera que ella nunca pudo surtir efectos. Por tanto, en los supuestos en que están en juego los derechos garantizados por la Constitución y que son los que regula el artículo 25 de dicho texto, la sentencia declaratoria de nulidad de la ley inconstitucional, no podría tener efectos constitutivos, ni en consecuencia, podría dejar incólumes los efectos producidos por una ley inconstitucional con anterioridad a la declaratoria de nulidad por la Sala.

El segundo caso de regulación expresa de la excepción al principio del efecto constitutivo de las sentencias del Tribunal Supremo declaratorias de nulidad por inconstitucionalidad de las leyes, está contenido en el artículo 138 de la Constitución que establece, que "toda autoridad usurpada es ineficaz, y sus actos son nulos"; y por usurpación de autoridad hay que entender "el vicio que acompaña a todo acto dictado por una persona desprovista totalmente de autoridad"[32], es decir, "el usurpador es aquel que la ejerce y realiza sin ningún tipo de investidura, ni regular ni prescrita. El concepto de usurpación, en este caso, emerge cuando una persona que no tiene auctoritas actúa como autoridad"[33], en el sentido del término "autoridad", que emplea la Constitución (arts. 138 y 350). De allí que, como dice la Constitución, la autoridad usurpada sea ineficaz y sus actos sean nulos. Este segundo caso de texto expreso de la Constitución que declara como "nulo", con vicio de nulidad absoluta e "ineficaz", un acto estatal, implica que la sentencia que declare la nulidad por inconstitucionalidad, por ejemplo, de una ley dictada por un gobierno que se organice por la fuerza, sólo puede tener efectos declarativos de una nulidad ya establecida expresamente en la propia Constitución.

Pero, insistimos, que aparte de estas dos previsiones expresas de la Constitución venezolana mediante las cuales el mismo texto constitucional declara la nulidad absoluta de una ley, lo cual produce, como consecuencia, que la sentencia de la Sala Constitucional declaratoria de la nulidad por inconstitucionalidad tenga meros efectos declarativos; sólo podrían admitirse como excepción al principio adoptado por nuestro sistema constitucional, de los efectos constitutivos de las sentencias de la Sala Constitucional declaratorias de la nulidad por inconstitucionalidad de las leyes que se estiman, como principio general, viciadas de nulidad relativa (anulabilidad), en aquellos casos en los cuales la misma Sala, en forma expresa en su sentencia, establezca la nulidad absoluta, por ejemplo, en algunos supuestos de usurpación de funciones, concepto constitucional enteramente distinto al señalado de usurpación de autoridad[34] o en otros que determine expresamente[35].

---

[32] *Véase* Allan R. Brewer–Carías, *Las Instituciones Fundamentales del Derecho Administrativo y la Jurisprudencia Venezolana,* Caracas, 1964, p. 62.

[33] *Idem,* p. 59.

[34] *Véase* Allan R. Brewer–Carías, *Las Instituciones Fundamentales... cit.,* p. 60.

[35] *Véase* sentencias de la antigua Corte Federal y de Casación, Sala Político Administrativa 28–3–41 en *Memoria 1942,* p. 158; y de la antigua Corte Suprema de Justicia en la Sala Político–Administrativa de 5–12–85, al declarar la nulidad, por ilegalidad (violación de la Ley Orgánica de Régimen Municipal) de una Ordenanza de zonifi-

Sin embargo, si la Sala no califica expresamente en su decisión a una ley que declara nula como viciada de nulidad absoluta, retrotrayendo los efectos de la nulidad hacia el pasado, se tiene como vigente el principio general señalado de la nulidad relativa.

De acuerdo con lo anteriormente señalado, por tanto, puede concluirse que, como principio general, toda sentencia declaratoria de nulidad por inconstitucionalidad de una ley dictada por la Sala Constitucional del Tribunal Supremo de Justicia de Venezuela conforme al artículo 336 de la Constitución, tiene efectos *erga omnes*, y el carácter de una sentencia constitutiva, de nulidad relativa, con efectos ex-nunc, pro futuro salvo que el propio texto de la sentencia declare la nulidad absoluta de la ley o ésta se pronuncie en virtud de lo previsto en los artículos 25 y 138 de la Constitución, en cuyo caso, tendría carácter declarativo.

Sin embargo, inclusive en estos casos, esta retroactividad de la sentencia no sería absoluta, sino que en realidad implicaría que todas las situaciones particulares nacidas de la aplicación de la ley declarada nula serían susceptibles de impugnación, por lo que en muchos supuestos podría sostenerse que permanecían incólumes las situaciones jurídicas respecto de cuya impugnación se hayan consumado los lapsos de caducidad o prescripción de las acciones correspondientes.

En el sistema peruano, como se ha visto, conforme a la misma lógica del control concentrado de constitucionalidad de las leyes, en los procesos constitucionales contra las leyes, la Constitución y el Código Procesal Constitucional establecen el principio general de los efectos prospectivos ex nunc o pro futuro de las sentencias, es decir, que no se remontan al momento de la promulgación de la ley considerada inconstitucional, sino que surten efectos a partir de la publicación de la sentencia. Por lo tanto, los efectos producidos hasta el momento de la anulación de la ley en principio, se consideran válidos, con la sola excepción de que se trate de una ley penal anulada cuando la anulación favorece al reo o de una ley tributaria, en cuyo caso, como se ha visto, el Tribunal debe determinar de manera expresa en la sentencia, "los efectos de su decisión en el tiempo", con lo cual se admite la posibilidad de otorgarle a la sentencia efectos *pro praeterito*. Por ello el Código autoriza al Tribunal a resolver lo pertinente respecto de las situaciones jurídicas producidas mientras la ley estuvo en vigencia.

En Venezuela, la racionalidad del sistema anulatorio en la práctica jurisprudencial sigue las mismas líneas generales antes indicadas. Sin embargo, la Ley Orgánica del Tribunal Supremo de Justicia no es nada precisa en la materia en su artículo 126 cuando prescribe la publicación de las sentencias en la Gaceta Judicial, agregando que en los casos de anulación de actos estatales por inconstitucionalidad, la Sala tiene potestad para determinar sus efectos en el tiempo (art. 126). Estos, por tanto, si bien en principio son *ex nunc, pro futuro*, de acuerdo con lo que se resuelva en el caso concreto, pueden tener efectos *pro praeterito* es decir, retroactivos, *ex tunc*, considerando la norma nula ab initio.

___

cación municipal, aun cuando no estaban en juego la violación de derechos fundamentales, la Sala dejó "expresa constancia de que los efectos de la anulación de derechos fundamentales, de carácter absoluto, se retrotraen, por tanto, al 12 de mayo de 1983, fecha de la entrada en vigencia de la Ordenanza impugnada" (Consultada en original, p. 15).

§21. LA REVISIÓN EXTRAORDINARIA DE SENTENCIAS ANTE LA JURISDICCIÓN CONSTITUCIONAL*

I. EL RECURSO EXTRAORDINARIO DE REVISIÓN EN LA CONSTITUCIÓN DE 1999

En la propuesta que formulamos ante la Asamblea Nacional Constituyente el 31 de octubre de 1999 sobre la previsión formal del control difuso de la constitucionalidad de las leyes en el texto constitucional, consideramos que como consecuencia de su previsión expresa en la Constitución:[1]

"También debería atribuirse a la Sala Constitucional una competencia para conocer de un recurso extraordinario de revisión que pueda intentarse contra las sentencias de última instancia en las cuales se resuelvan cuestiones constitucionales relativas a las leyes, de conocimiento discrecional por la Sala. En esta forma, en materia de cuestiones de constitucionalidad, la Sala Constitucional de la Suprema Corte, a su juicio, podría tener la última palabra en estas materias y en los casos en los que estime necesario estatuir con fuerza de precedente y uniformizar la jurisprudencia."[2]

Se trataba, por tanto, de una propuesta para establecer un recurso extraordinario de revisión de sentencias en materia constitucional que podía interponerse ante la Sala Constitucional, siguiendo la orientación que en la materia se podía identificar en el derecho comparado, particularmente en los sistemas mixtos o integrales de control de la constitucionalidad,[3] que como el venezolano, combinan el método difuso con el método concentrado de control de constitucionali-

---

* Trabajo elaborado para el *Tercer Congreso Colombiano de Derecho Procesal Constitucional y el Segundo Encuentro de la Asociación Mundial de Justicia Constitucional*, Asociación Colombiana de Derecho Procesal Constitucional, Cali, 23–25 Mayo, 2012.

[1] El método difuso de control de constitucionalidad de las leyes en Venezuela se incorporó en la legislación a través del Código de Procedimiento Civil desde el siglo XIX. *Véase* Allan R. Brewer–Carías, "El método difuso de control de constitucionalidad de las leyes en el derecho venezolano", en Víctor Bazán (coord.), *Derecho Procesal Constitucional Americano y Europeo*, Edit. Abeledo–Perrot, dos tomos, Buenos Aires, Rep. Argentina, 2010, Tomo I, pp. 671–690.

[2] *Véase* Allan R. Brewer–Carías, *Debate Constituyente (Aportes a la Asamblea Nacional Constituyente)*, Fundación de Derecho Público, Caracas 1999, Tomo III, p. 105.

[3] Para ese momento era el caso, por ejemplo, de Colombia en la Constitución de 1991. *Véase* Allan R. Brewer–Carías, *Constitutional Protection of Human Rights in Latin America. A Comparative Study of Amparo Proceedings*, Cambridge University Press, 2009, pp. 397–415.

dad. En dichos sistemas se habían venido previendo mecanismos extraordinarios para la revisión de sentencias dictadas por los tribunales de instancia en materia constitucional, atribuyéndose el conocimiento de tales recursos de revisión a la Jurisdicción Constitucional, como órgano de control concentrado de control de constitucionalidad

Conforme a esta orientación, en la discusión final que se desarrolló en la Comisión Constitucional de la Asamblea Constituyente en septiembre de 1999 sobre el conjunto de normas relativas a la justicia constitucional, ratificamos nuestra propuesta sobre este recurso de revisión constitucional de sentencias, incorporando dentro de las sentencias que podían ser objeto la revisión, además de las dictadas en ejercicio del control difuso de constitucionalidad, a las sentencias dictadas en los juicios de amparo constitucional, resultando finalmente la norma del artículo 336.10 de la Constitución, en el cual se atribuye a la Sala Constitucional, competencia para:

> "*10.* Revisar las sentencias definitivamente firmes de amparo constitucional y de control de constitucionalidad de leyes o normas jurídicas dictadas por los tribunales de la República, en los términos establecidos por la ley orgánica respectiva."

Esta potestad asignada a la Sala Constitucional, por tanto, en cuanto a las sentencias objeto de revisión, se refiere a sentencias "definitivamente firmes," las cuales como lo ha dicho la Sala Constitucional, "adquieren dicho carácter cuando han agotado todas las instancias judiciales posibles o se han vencido los lapsos para poder acudir a ellas, pues el numeral 10 del artículo 336 constitucional "(…) no intenta de manera alguna crear una tercera instancia en los procesos de amparo constitucional o de control de constitucionalidad de leyes o normas jurídicas."[4]

Por otra parte, en cuanto al objeto de la revisión constitucional asignada a la sala Constitucional, en los términos de la Constitución, la misma busca establecer la uniformidad de la aplicación de la Constitución y de interpretación constitucional, por lo que fue expresamente prevista en la Constitución para la revisión de las sentencias propiamente constitucionales, es decir, únicamente respecto de las sentencias definitivamente firmes dictadas *en juicios de amparo o dictadas por los jueces en ejercicio del poder de control difuso de la constitucionalidad de las leyes y normas*, al permitirle a la Sala Constitucional conocer, a su discreción, de los recursos extraordinarios de revisión que se intenten contra esas sentencias. La potestad revisora, por tanto, en definitiva, tiene por objeto hacer valer los principios constitucionales y la uniformidad en la interpretación de las normas constitucionales y legales, es decir, como lo ha dicho la Sala Constitucional, tiene una función "nomofiláctica," de defensa de la Constitución y leyes, siendo su consecuencia jurídico procesal: "declarar la inexistencia o nulidad de la sentencia definitivamente firme sometida a revisión, e incluso de todo el proceso

---

[4]   *Véase* sentencia de la Sala Constitucional N° 93 del 06–02–2001 (Caso: "*Corpoturismo*"), citada en sentencia de la Sala de 04–05–2007 (Caso *Nelson Mezerhane*), Exp. 07–0353).

que la precede."[5] Es decir, existiendo una infracción constitucional o una violación de las interpretaciones vinculantes que haya podido haber emitido la Sala Constitucional, a su juicio:

> "la revisión posibilita corregir errores, que por estar cubiertos por la cosa juzgada no deben permanecer inmutables, constituyendo un daño social mayor que el principio de inviolabilidad de lo juzgado; pudiendo generar una verdadera injusticia, que no es posible sostener."[6]

Habiéndose previsto este recurso extraordinario por primera vez en el ordenamiento jurídico en la propia Constitución de 1999, que fue publicada en diciembre de ese año, lo primero que se planteó respecto del mismo fue el tema de los efectos temporales de la norma constitucional, para determinar si la potestad de revisión y el recurso respectivo sólo se podían intentar contra sentencias dictadas con posterioridad a la entrada en vigencia de la misma, o también se podría ejercer contra sentencias de amparo o las dictadas en materia de control difuso de constitucionalidad emitidas antes del 31 de diciembre de 1999.

Como lo resumió la Sala Constitucional en sentencia N° 1257 de 7 de octubre de 2009 (Caso: *Consorcio Precowayss*; Revisión Sentencia N° 1.308 Sala Político Administrativa del 26-11-99),[7] la jurisprudencia de la misma fue pacífica en sostener, desde sus primeras decisiones sobre el tema:

> "que en atención a lo establecido en el artículo 24 de la Constitución vigente (el cual prohíbe que disposición alguna tenga efecto retroactivo, excepto cuando imponga menor pena), las solicitudes de revisión dispuestas en el artículo 336.10 *eiusdem*, así como las que la propia jurisprudencia le ha sumado (Véase en *Revista de Derecho Público* Sentencia N° 93 de 6-2-2001, p. 406 y ss.) sólo tuvieran alcance respecto a decisiones dictadas durante la vigencia de la norma configuradora de dicho medio; debido a que para las decisiones dictadas bajo el régimen jurídico imperante en la Constitución de 1961, no estaba previsto una vía de revisión con este talante, ni existía un órgano con la entidad que hoy ostenta la Sala Constitucional.[8]

No obstante, la propia Sala Constitucional en sentencia N° 1.695 del 12 de septiembre de 2001 (caso: *Jesús Ramón Quintero*), dejó abierta la posibilidad de revisar sentencias proferidas con anterioridad a la vigencia de la Constitución de 1999, aún cuando en forma restrictiva, y sólo "bajo aquellas circunstancias en que la propia Constitución permite la retroactividad de una norma jurídica, esto es, en el supuesto que contempla el artículo 24 de la Constitución de la República Bolivariana de Venezuela, referido a la aplicación de normas que impongan

---

5   *Véase* sentencia N° 365 de 10 de mayo de 2010 (Caso: *Fernando Pérez Amado (Revisión de sentencia de la Sala de Casación Penal del Tribunal Supremo de Justicia)*, *Véase* en *Revista de Derecho Público*, N° 122, Editorial Jurídica Venezolana, Caracas 2010, pp. 189

6   *Id.*

7   *Véase* en *Revista de Derecho Público*, N° 120, Editorial Jurídica Venezolana, Caracas 2009.

8   *Id.*

menor pena,"[9] como sería el caso de una sentencia de carácter penal en la cual se favorezca al reo. En este mismo sentido excepcional y restrictivo lo resolvió la Sala en sentencia N° 1.760 del 25 de septiembre de 2001 (caso: *Antonio Volpe González*").

II. LA NATURALEZA DEL RECURSO DE REVISIÓN CONSTITU-CIONAL DE SENTENCIAS

En la Constitución, al preverse la potestad revisora de la Sala Constitucional, como ocurrió en todos los casos de las competencias que le fueron asignadas en el mismo artículo 336, no indicó expresamente que se trataba de una competencia de la Sala Constitucional que debía ejercer cuando se formulara ante la misma un recurso extraordinario, es decir, que debía iniciarse a instancia de parte interesada.

Ello, por supuesto, era innecesario, pues se derivaba de la redacción general de la norma en la cual, como se dijo, en la atribución de todas las competencias asignadas a la Sala Constitucional en ejercicio de la Jurisdicción Constitucional, si bien no se hace referencia alguna a las acciones o recursos respectivos, se da por sentado el principio dispositivo del proceso que es la regla en el ordenamiento jurídico, siendo excepcional la previsión de la potestad de oficio asignada a la Sala Constitucional, lo cual sólo se establece en el artículo 336.6 para la revisión "aun de oficio," de la constitucionalidad de los decretos que declaren estados de excepción.

Incluso, por el requerimiento de instancia de parte, la Sala Constitucional, en la primera sentencia dictada luego de instalarse, la sentencia N° 1 de 20 de enero de 2000 (Caso: *Emery Mata Millán*), llegó a considerar que la revisión prevista en el artículo 336.10, podía incluso ejercerla mediante la institución de la "consulta" prevista en el artículo 35 de la Ley Orgánica de Amparo Sobre Derechos y Garantías Constitucionales. Sin embargo consideró que "como la institución de la revisión a la luz de la doctrina constitucional es otra... considera esta Sala que en forma selectiva, sin atender a recurso específico y sin quedar vinculado por peticiones en este sentido, la Sala por vía excepcional puede revisar discrecionalmente las sentencias de amparo que ... sean de la exclusiva competencia de los Tribunales de Segunda Instancia, quienes conozcan la causa por apelación y que por lo tanto no susceptibles de consulta, así como cualquier otro fallo que desacate la doctrina vinculante de esta Sala, dictada en materia constitucional."[10]

Por tanto, esta potestad revisora de sentencias constitucionales asignada a la Sala Constitucional, como lo propusimos a la Asamblea Nacional Constituyen-

---

[9] *Id.*

[10] *Véase* en *Revista de Derecho Público,* N° 81, Editorial Jurídica Venezolana, Caracas, 2000, p. 227). En esta primera sentencia de la Sala, por tanto, si bien se asimiló en forma incorrecta la institución de la revisión a la consulta, se apuntó correctamente al carácter extraordinario del recurso de revisión, así como al carácter discrecional de la potestad revisora de la Sala, como lo propusimos en la Asamblea. *Véase* las referencias a nuestras proposiciones comentadas en José Vicente Haro G., "La justicia constitucional en Venezuela y la Constitución de 1999" en *Revista de Derecho Constitucional*, Editorial Sherwood, N° 1, Caracas, sep–dic. 1999, pp. 166 y 167

te,[11] se concibió para ser ejercida mediante el ejercicio de un recurso extraordinario, es decir, a instancia de parte interesada, que en estos casos es una de las parte en el proceso respectivo donde se hubiese dictado la sentencia, con la precisión, sin embargo, de que el mismo es siempre del conocimiento discrecional por parte de la Sala Constitucional; ello, a los efectos evitar que se pudiera abrir una vía de recurso que pudiera considerarse como de obligatoria admisión y decisión por la Sala, contra todas las sentencias referidas, lo cual sería imposible de manejar por la multitud de casos en los cuales podría interponerse.

Por el carácter discrecional de la admisión del recurso extraordinario o solicitud de revisión, al mismo se lo ha considerado, como la propia Sala Constitucional lo ha observado, como similar al *writ of certiorari* norteamericano, mediante el cual la Suprema Corte de Justicia llega a ejercer el control de constitucionalidad.[12] En tal sentido, la Sala, en sentencia N° 365 de 10 de mayo de 2010 (Caso: *Fernando Pérez Amado (Revisión de sentencia de la Sala de Casación Penal del Tribunal Supremo de Justicia*),[13] consideró que:

> "La potestad de revisión se asemeja al *"right of certiorari"* propio del sistema anglosajón en cuanto le interesa el conocimiento de aquellos casos de relevancia constitucional, por lo que en procura del fin antes advertido, la cosa juzgada de aquellos fallos sometidos a revisión puede verse afectada con el propósito final de reafirmar los valores supremos del Estado democrático y social de Derecho y de Justicia que proclama el artículo 2 de la Constitución de la República Bolivariana de Venezuela, y lograr la justicia positiva en el caso concreto." [14]

Este carácter discrecional de la potestad de revisión otorgada a la Sala Constitucional para escoger los casos en los cuales, por su importancia o interés constitucional, puede estimar conveniente conocer del recurso de revisión, como lo señaló la propia Sala Constitucional en su sentencia n° 727 de 8 de abril de 2003, implica en definitiva, que la norma constitucional no ha creado "una tercera instancia en los procesos cuyas decisiones son sometidas a revisión." La norma lo que dispone es "una potestad estrictamente excepcional y facultativa para la Sala Constitucional que, como tal, debe ejercerse con la máxima prudencia en

---

[11]   En cierta forma, el recurso es similar al denominado writ of cerciorari del sistema norteamericano. *V*. Allan R. Brewer–Carías, *Judicial Review in Comparative Law*, *op. cit.*, p. 141. *Véase* los comentarios de Jesús María Casal, *Constitución y Justicia Constitucional*, Caracas 2000, p. 92.

[12]   *Véase* Allan R. Brewer–Carías, *Judicial Review in Comparative Law, op. cit.*,

[13]   *Véase* en *Revista de Derecho Público*, N° 122, Editorial Jurídica Venezolana, Caracas 2010, pp. 189

[14]   *Véase* sentencia de la Sala Constitucional N° 365 del 10–05–2010 (Caso: *Fernando Pérez Amado; Revisión de sentencia de la Sala de Casación Penal del Tribunal Supremo de Justicia), en Revista de Derecho Público*, N° 122, Editorial Jurídica Venezolana, Caracas 2010, pp. 189 ss.

cuanto a la admisión y procedencia de recursos de revisión de sentencias definitivamente firmes."[15]

En todo caso, sobre la discrecionalidad de la potestad de la Sala para entrar a conocer los recursos o de las solicitudes de revisión formulados a instancia de parte, ello fue advertido por la Sala desde el inicio, por ejemplo en su sentencia de 2 de marzo de 2000 (caso: *"Francia Josefina Rondón Astor"*), ratificada en sentencia del 13 de julio de 2000 (caso: *"Asociación de Propietarios y Residentes de la Urbanización Miranda"*), indicando que dicha

"discrecionalidad que se atribuye a la facultad de revisión constitucional, no debe ser entendida como una nueva instancia y, por tanto, la solicitud en cuestión se admitirá sólo a los fines de preservar la uniformidad de la interpretación de normas y principios constitucionales o cuando exista una deliberada violación de preceptos de ese rango, lo cual será analizado por esta Sala, siendo siempre facultativo de ésta, su procedencia."[16]

Por ello, la Sala Constitucional, años después precisó en la sentencia de 4-5-2007 (Caso *Nelson Mezerhane*), que:

"la labor tuitiva del Texto Constitucional mediante la revisión extraordinaria de sentencias no se cristaliza de forma similar al establecido para los recursos de gravamen o impugnación, diseñados para cuestionar la sentencia, para ese entonces, definitiva. Para la revisión extraordinaria el hecho configurador de la procedencia no es el mero perjuicio, sino que, además, debe ser producto de un desconocimiento absoluto de algún precedente dictado por esta Sala, de la indebida aplicación de una norma constitucional, de un error grotesco en su interpretación o, sencillamente, de su falta de aplicación, lo cual se justifica en el hecho de que en los recursos de gravamen o de impugnación existe una presunción de que los jueces de instancia o casación, de ser el caso, actúan como garantes primigenios de la Carta Magna. Sólo cuando esa presunción logra ser desvirtuada es que procede, en tales casos, la revisión de la sentencia."[17]

Por ello, la insistencia de la jurisprudencia de la Sala Constitucional en explicar que la revisión constitucional que le ha sido atribuida "no puede ni debe entenderse como una tercera instancia ni como parte de los derechos a la defensa, a la tutela judicial efectiva y al amparo consagrados en la Constitución y en las leyes, sino como un mecanismo extraordinario cuya finalidad consiste en mantener la uniformidad a la interpretación de la norma y principios constitucionales; debiendo entenderse como expresión jerárquica y procesal de salvaguarda

---

[15] Caso: *Revisión de la sentencia dictada por la Sala Electoral en fecha 21 de noviembre de 2002*, en *Revista de Derecho Público*, Nº 93–96, Editorial Jurídica Venezolana, Caracas 2003.

[16] *Véase* las citas y la ratificación del criterio en sentencia de la Sala Constitucional de 04–05–2007, (Caso *Nelson Mezerhane*) (Exp. 07–0353).

[17] *Véase* en sentencia de la Sala n° 2.957 del 14–12–2004 (Caso: *"Margarita de Jesús Ramírez"*) ratificada en sentencia de la Sala de 04–05–2007 (Caso *Nelson Mezerhane*) (Exp. 07–0353).

de la Constitución.[18] Es decir, la potestad revisora asignada a la Sala Constitucional, "no permite a las partes una nueva posibilidad de atacar las determinaciones judiciales de primero y segundo grado," de manera que:

"Su sentido y razón consisten en asegurar que, por parte del tribunal que tiene a su cargo la guarda de la integridad y supremacía de la Carta Magna, se unifiquen los criterios con base en los cuales ella se interpreta y aplica en materia de derechos, se elabore la doctrina constitucional y se tracen las pautas de la jurisprudencia, a propósito de casos paradigmáticos, sobre el alcance de los principios, postulados, preceptos y reglas de la Constitución, corrigiendo, si hay lugar a ello, las desviaciones y errores de equivocadas interpretaciones y decisiones judiciales. [19]

Por otra parte, como la misma Sala Constitucional lo ha sostenido, dicha revisión constitucional tampoco se configuró como:

"un recurso ordinario concebido como medio de defensa ante las violaciones o injusticias sufridas a raíz de determinados fallos, sino una potestad extraordinaria y excepcional de esta Sala Constitucional cuya finalidad es mantener la uniformidad de los criterios constitucionales en resguardo de la garantía de la supremacía y efectividad de las normas y principios constitucionales, lo cual reafirma otro valor como lo es la seguridad jurídica. (Sentencia N° 1725/2003 del 23 de junio, recaída en el caso: *Carmen Bartola Guerra*); por lo tanto, no hay ninguna duda sobre el carácter eminentemente discrecional de la revisión y con componentes de prudencia jurídica, estando por tanto destinada a valorar y razonar normas sobre hechos concretos a fin de crear una situación jurídica única e irrepetible.[20]

De esto resulta, en consecuencia, como también lo advirtió la Sala Constitucional en sentencia N° 1137 de 11 de julio de 2008,[21] que mediante la solicitud de revisión de sentencias:

"no es dable a los justiciables cuestionar lo afirmado en un determinado fallo, alegando que quien juzgó no debió emplear tal o cual fundamento, plasmado como consecuencia de la actividad propia del juez; pues estas actuaciones soberanas, la aplicación o interpretación del derecho por parte de los órganos judiciales, no puede revisarse a menos que de ella se derive una infracción del Texto Fundamental, lo cual incluye desacato a alguna doctri-

---

[18] *Véase* sentencia de la Sala Constitucional N° 365 del 10–05–2010 (Caso: *Fernando Pérez Amado*; Revisión de sentencia de la Sala de Casación Penal del Tribunal Supremo de Justicia), *en Revista de Derecho Público*, N° 122, Editorial Jurídica Venezolana, Caracas 2010, pp. 189 ss.

[19] *Id.*

[20] *Id.*

[21] *Véase* Caso: *Trina Jacqueline González Cortez vs. Decisión Juzgado Cuarto de Primera Instancia en lo Civil, Mercantil y del Tránsito de la Circunscripción Judicial del Estado Carabobo, Revista de Derecho Público*, N° 115, Editorial Jurídica Venezolana, Caracas 2008.

na jurisprudencial asentada por la Sala, que inste a esta máxima juzgadora de la constitucionalidad el ejercicio de su potestad extraordinaria." [22]

Esta doctrina la ha resumido la Sala Constitucional más recientemente al recordar que sentencia dictada el 4 de mayo de 2007 (Caso. *Nelson Mezerhane*), que al ser la revisión constitucional un mecanismo extraordinario de tutela constitucional la misma "tiene entonces sus limitaciones," requiriendo el planteamiento de unos supuestos específicos que aseguren un "ejercicio apropiado a la defensa real de los preceptos y principios constitucionales", de manera que:

> "no sólo baste con establecer los supuestos en que tal revisión puede proceder, en cuanto a las denuncias constitucionales de fondo que sean presentadas, sino también los requisitos que permitan ordenar la admisibilidad de la revisión, de manera que sea un filtro de las solicitudes de revisión que no puedan prosperar, como aquéllos en los que sólo se procure una nueva instancia o la simple inconformidad con un fallo que desfavorezca a la parte solicitante, volviendo a plantear el caso sin presentar una argumentación que conlleve al estudio de la interpretación constitucional." [23]

Por ello, la expresión de la misma Sala, auto-restringiendo su propia potestad revisora, de que estando envuelta la interpretación uniforme de la Constitución y la garantía de la cosa juzgada, la Sala debe

> "guardar la máxima prudencia en cuanto a la admisión y procedencia de solicitudes que pretendan la revisión de sentencias que han adquirido el carácter de cosa juzgada judicial; de allí que posea la facultad de desestimación de cualquier solicitud de revisión, sin ningún tipo de motivación, cuando, en su criterio, compruebe que la revisión que se solicita, en nada contribuye a la uniformidad de la interpretación de normas y principios constitucionales, en virtud del carácter excepcional y limitado que posee la revisión." [24]

Siendo en todo caso la revisión constitucional de sentencias una potestad asignada a la Sala Constitucional para resolver las instancias de parte que se formulen para ello en forma discrecional, según la libre apreciación que haga la Sala en cada caso, conforme a su juicio de oportunidad y conveniencia por supuesto vinculados a la importancia constitucional del asunto para lograr interpretación constitucional uniforme o corregir vicios grotescos en un proceso, la Sala

---

[22] *Véase* en *Revista de Derecho Público,* N° 115, Editorial Jurídica Venezolana, Caracas 2008.

[23] *Véase* sentencia de la Sala Constitucional de 04–05–2007 (Caso *Nelson Mezerhane*), Exp. 07–0353)

[24] *Véase sentencia de la Sala Constitucional n° 633 de 21–04–2008 (Caso:* Miguel Ángel Carriles Cannizzaro*; Revisión de Sentencia de la Sala de Casación Civil), en Véase* Revista de Derecho Público, *n° 114, Editorial Jurídica Venezolana, Caracas 2008, p. 228. Véase igualmente sentencia de la misma Sala Constitucional 1152 de 11–07–2008 (Caso: Pedro Daniel Álvarez y Alejandro Chirinos; Revisión de la Sala de Casación Social de este Tribunal Supremo de Justicia), en* Revista de Derecho Público, *n° 115, Editorial Jurídica Venezolana, Caracas 2008, p. 563*

puede "reservarse las razones por las cuales decide revisar o no un caso en particular; siendo plausible si así lo estima pertinente explicar, como se señaló, el por qué de tal decisión." [25]

En otra sentencia de 2001, sobre este mismo tema de la discrecionalidad del ejercicio de la potestad de revisión, la Sala Constitucional, razonando de acuerdo con lo que establecía el artículo 102 de la ahora derogada Ley Orgánica de la Corte Suprema de Justicia de 1976, precisó sobre la admisibilidad de las solicitudes de revisión extraordinaria, que la Sala "posee una potestad discrecional de admitir o no admitir el recurso cuando así lo considere," manteniendo

"el criterio que dejó sentado la sentencia dictada por esta Sala en fecha 2 de marzo de 2000 (caso: *Francia Josefina Rondón Astor*) en cuanto a que esta Sala no está en la obligación de pronunciarse sobre todos y cada uno de los fallos que son remitidos para su revisión, y la negativa de admitir la solicitud de revisión extraordinaria como violación del derecho a la defensa y al debido proceso de las partes, por cuanto se trata de decisiones amparadas por el principio de la doble instancia judicial.

Por lo tanto esta Sala puede en cualquier caso desestimar la revisión, "...sin motivación alguna, cuando en su criterio, constate que la decisión que ha de revisarse, en nada contribuya a la uniformidad de la interpretación de normas y principios constitucionales...".[26]

Por otra parte, dado el carácter discrecional de la revisión, La Sala Constitucional al decidir la solicitud o recurso no está ligada a precedente alguno de la misma, siendo su criterio que "aceptar lo contrario supondría una especie de petrificación de su potestad revisora en detrimento de su función de guardián y último intérprete supremo de la Constitución."[27]

Es decir, como la misma Sala lo ha argumentado,

"pudiera reexaminarse un criterio anterior de la Sala ante nuevas solicitudes de revisión que conlleven nuevos o distintos alegatos aun cuando exista cosa juzgada al respecto, pudiendo estimarlas o rechazarlas; pues el precedente invocado por las partes no puede funcionar *stricto sensu* con la eficacia persuasiva del precedente judicial, toda vez que cada caso será decidido en atención al análisis de los valores jurídicos que rodean una situación concreta; aceptar lo contrario conllevaría una suerte de petrificación de

---

[25] *Véase* sentencia de la Sala Constitucional N° 365 del 10–05–2010 (Caso: *Fernando Pérez Amado*; Revisión de sentencia de la Sala de Casación Penal del Tribunal Supremo de Justicia), *en Revista de Derecho Público,* N° 122, Editorial Jurídica Venezolana, Caracas 2010, pp. 189 ss.

[26] *Véase* sentencia de la sala Constitucional N° 93 de 06–02–2001 (Caso: *Olimpia Tours and Travel vs. Corporación de Turismo de Venezuela*), en *Revista de Derecho Público*, N° 85–88, Editorial Jurídica Venezolana, Caracas 2001, pp. 415, ss.

[27] *Véase* sentencia de la Sala Constitucional N° 365 del 10–05–2010 (Caso: *Fernando Pérez Amado*; Revisión de sentencia de la Sala de Casación Penal del Tribunal Supremo de Justicia), en *Revista de Derecho Público*, N° 122, Editorial Jurídica Venezolana, Caracas 2010, pp. 189 ss.

la potestad que le ha sido otorgada a la Sala Constitucional mediante la revisión.[28]

En otras palabras, como la misma Sala Constitucional lo ha observado, en tanto intérprete supremo de la Constitución la misma "no tiene por qué estar obligada por la fuerza persuasiva de un criterio adoptado anteriormente en revisión respecto a un caso que aun cuando se alega es idéntico a otro previamente decidido, efectivamente no lo es." En realidad, "las situaciones jurídicas que se consideraron para resolver un caso concreto sometido primeramente a la consideración de la Sala, pudieron haber variado o presentar una diferencia o impacto social relevante con el caso cuya solución ha sido invocada."[29] En definitiva, ha considerado la Sala que la función del juez constitucional en este supuesto de revisión de sentencias constitucionales

> "está sometida al imperio de la Constitución y no al precedente judicial invocado, más aún cuando este precedente invocado no responde de manera exacta al caso concreto ni su impacto social es similar; lo contrario implicaría ante la invocación de situaciones jurídicas aparentemente similares, una suerte de anclaje de la potestad revisora de la Sala; cuando por su propia naturaleza el ejercicio de una potestad es impredecible. Así se declara. [30]

Las decisiones dictadas por la Sala Constitucional en ejercicio de dicha potestad revisora, por supuesto, constituyen, en caso de que así se disponga, "precedentes vinculantes para los demás tribunales de la República e incluso para las demás Salas que integran este Alto Tribunal," pero como lo ha dicho la Sala, "no pueden las partes solicitantes en revisión invocarlos para vincular a la Sala Constitucional, ya que en su condición de Máximo y último intérprete de la Carta Magna, puede estimarlo inaplicable al caso concreto o puede incluso modificar o reexaminar sus criterios, ante nuevos y distintos alegatos que no habían sido expuestos a su conocimiento con anterioridad, y que la lleven a considerar nuevas violaciones a principios y derechos constitucionales, para lo cual la Sala deberá motivar sus decisiones para justificar la razonabilidad del fallo contentivo del nuevo criterio."[31]

III. EL DESARROLLO JURISPRUDENCIAL INICIAL SOBRE LOS PRINCIPIOS PROCESALES APLICABLES AL RECURSO EXTRAORDINARIO DE REVISIÓN EN AUSENCIA DE PREVISIÓN LEGAL

1. *Algunos principios generales de orden procesal*

El artículo 336.10 de la Constitución, como se ha visto, le atribuyó a la Sala Constitucional potestad para revisar las sentencias indicadas en la norma "en los términos establecidos por la ley orgánica respectiva." La ley, por tanto en princi-

---

28   *Id.*
29   *Id.*
30   *Id.*
31   *Id.*

pio debía establecer los términos conforme a los cuales se realizaría la revisión constitucional de sentencias. Sin embargo, estando en la previsión constitucional consagrado un derecho a recurso, así fuese la decisión sobre su conocimiento por parte de la Sala, de carácter discrecional, dicho recurso o solicitud comenzó a ser ejercido y admitido por la Sala, a pesar de que la Ley Orgánica del Tribunal Supremo no se hubiese dictado, lo que ocurrió en 2004.

Así, en ausencia de legislación reguladora de la Jurisdicción Constitucional, o del Tribunal Supremo,[32] fue la propia Sala Constitucional la que fue construyendo progresivamente, mediante su labor interpretativa, los contornos de este recurso extraordinario de revisión y el alcance de su potestad revisora.

En esta forma, luego de una intensa labor jurisprudencial, ya para finales de 2000, como consecuencia de las sentencias n°s 1, 2, 44 y 714 de ese mismo año, la Sala resumió el conjunto de reglas o condiciones que debía presentar una sentencia para que procediera dicho recurso, así como los principios procesales que debían guiar la potestad revisora, en la siguiente forma:

"1°) La sentencia que se pretenda someter a revisión debe haber cumplido con la doble instancia, bien sea por la vía de la apelación o de la consulta, por lo cual no debe entenderse como una nueva instancia.

2°) La revisión constitucional se admitirá sólo a los fines de preservar la uniformidad de la interpretación de normas y principios constitucionales o cuando exista una deliberada violación de preceptos de ese rango, lo cual será analizado por la Sala Constitucional, siendo siempre facultativo de ésta su procedencia.

3°) Como corolario de lo anterior, a diferencia de la consulta, el recurso de revisión constitucional no procede *ipso iure*, ya que éste depende de la iniciativa de un particular, y no de la del juez que dictó la decisión, a menos que la propia Sala Constitucional de oficio así lo acuerde, tomando en cuenta siempre la finalidad del recurso"[33].

En esta sentencia, por supuesto, la Sala confirmaba el carácter de "recurso" que originaba la revisión constitucional, que la sentencia calificó como "recurso de revisión constitucional" precisando que la revisión constitucional de sentencias nunca podía proceder ni siquiera *ipso iure*, por remisión de la sentencia por el juez que hubiese dictado la decisión, "ya que dependía de la iniciativa de un particular," con lo cual ratificaba el principio dispositivo en la materia. La Sala Constitucional, por otra parte, en sentencia más reciente N° 1259 de 7 de octubre de 2009, al referirse a los "interesados en solicitar la revisión de alguna sentencia definitivamente firme" estableció la doctrina de que "inexorablemente" deben estar asistidos o debidamente representados por un abogado para la interposición del escrito contentivo de dicha solicitud, debiendo ello constar en su contenido y

---

32 El tema sigue estando regulado transitoriamente en la Ley Orgánica del Tribunal Supremo de Justicia de 2010.

33 *Véase* sentencia de la Sala Constitucional 02–11–2000 (Caso: *Roderick A. Muñoz P. vs. Juzgado de los Municipios Carache, Candelaria y José Felipe Márquez Cañizales de la Circunscripción Judicial del Estado Trujillo*), en *Revista de Derecho Público*, N° 84, Editorial Jurídica Venezolana, Caracas, 2000, p. 367.

consignar, junto al libelo, en el caso de apoderados, el documento debidamente otorgado que acredite la representación para esa causa, con el fin de verificar dicho carácter, de conformidad con lo previsto en el aparte quinto del artículo 19 de la Ley Orgánica del Tribunal Supremo de Justicia.[34]

Por otra parte, en cuanto a los requisitos procesales para la admisibilidad del recurso interpuesto por parte interesada, la Sala Constitucional, en sentencia N° 227 de 16 de marzo de 2009, exigió que "quien pide una revisión de sentencia debe presentar copia certificada del fallo a revisarse, no pudiendo suplirse ello, ni siquiera por la vía del artículo 429 del Código de Procedimiento Civil, ya que en materia de revisión no hay contraparte que controle lo aportado por el solicitante."[35]

2. *La ampliación del objeto del recurso de revisión respecto de sentencias distintas a las previstas en la Constitución*

Como se ha dicho, el objeto del recurso extraordinario de revisión ante la Sala Constitucional, tal como se estableció en la Constitución, fue sólo en relación con dos tipos de sentencias definitivamente firmes dictadas en materia constitucional: "las sentencias definitivamente firmes de amparo constitucional y de control de constitucionalidad de leyes o normas jurídicas dictadas por los tribunales de la República" (art. 336.10)

Siendo un mecanismo extraordinario de revisión de sentencias, la norma constitucional era, sin duda, de interpretación restrictiva.

La Sala Constitucional, sin embargo, en un proceso de mutación de la Constitución, mediante la sentencia n° 93 de 6 de febrero de 2001 (Caso: *Olimpia Tours and Travel vs. Corporación de Turismo de Venezuela*), comenzó a ampliar su propia competencia revisora, agregando como objeto de revisión otras sentencias distintas a las dictadas en materia de amparo o de control difuso de constitucionalidad, y dictadas, no sólo por los tribunales de instancia, sino por las otras Salas del propio Tribunal Supremo, afirmando su potestad para revisar, además de estas, las siguientes:

"3. Las sentencias definitivamente firmes que hayan sido dictadas por las demás Salas de este Tribunal o por los demás tribunales o juzgados del país apartándose u obviando expresa o tácitamente alguna interpretación de la Constitución contenida en alguna sentencia dictada por esta Sala con anterioridad al fallo impugnado, realizando un errado control de constitucionalidad al aplicar indebidamente la norma constitucional.

---

[34] *Véase* sentencia de la Sala Constitucional N° 1259 de 07–10–2009 (Caso: *Agropecuaria La Auxiliadora S.A.*), en *Revista de Derecho Público,* N° 120, Editorial Jurídica Venezolana, Caracas 2009. En igual sentido la sentencia de la misma Sala N° 324 de 06–05–2010 (Caso: *Jhonathar Monterola vs. Caribbean SPA, S.A.*), en *Revista de Derecho Público,* N° 122, Editorial Jurídica Venezolana, Caracas 2010, pp. 185 ss.

[35] *Véase* sentencia en el caso *Sonia Herminia Gómez y otros; Revisión de sentencia de la Sala Político Administrativa,* en *Revista de Derecho Público,* N° 117, Editorial Jurídica Venezolana, Caracas, 2009, pp. 167 ss.

4. Las sentencias definitivamente firmes que hayan sido dictadas por las demás Salas de este Tribunal o por los demás tribunales o juzgados del país que de manera evidente hayan incurrido, según el criterio de la Sala, en un error grotesco en cuanto a la interpretación de la Constitución o que sencillamente hayan obviado por completo la interpretación de la norma constitucional. En estos casos hay también un errado control constitucional."[36]

Para esta ampliación, la Sala Constitucional, luego de analizar la garantía del debido proceso en relación con la revisión extraordinaria de sentencias definitivamente firmes, en esa misma sentencia n° 93 de 6 de febrero de 2001 (Caso: *Olimpia Tours and Travel vs. Corporación de Turismo de Venezuela*), fundó la extensión de su potestad revisora en relación con sentencias que -por supuesto a juicio de la propia Sala- "se aparten del criterio interpretativo de la norma constitucional que haya previamente establecido la Sala," para lo cual se formuló, simplemente, la siguiente pregunta:

"¿Puede esta Sala, de conformidad con lo establecido en la Constitución, revisar las sentencias definitivamente firmes diferentes a las establecidas en el numeral 10 del artículo 336 de la Constitución que contraríen el criterio interpretativo que esta Sala posee de la Constitución?"

La respuesta a la pregunta, la dio la propia Sala interpretando el artículo 335 de la Constitución, en particular en cuanto al carácter vinculante de las interpretaciones que establezca la Sala sobre el contenido o alcance de las normas y principios constitucionales; del cual dedujo que "las demás Salas del Tribunal Supremo de Justicia y los demás tribunales y juzgados de la República están obligados a decidir con base en el criterio interpretativo que esta Sala tenga de las normas constitucionales". De allí siguió el siguiente razonamiento de la Sala:

"El hecho de que el Tribunal Supremo de Justicia o los demás tribunales de la República cometan errores graves y grotescos en cuanto a la interpretación de la Constitución o no acojan las interpretaciones ya establecidas por esta Sala, implica, además de una violación e irrespeto a la Constitución, una distorsión a la certeza jurídica y, por lo tanto, un quebrantamiento del Estado de Derecho. Por ello, la norma contenida en el artículo 335 de la Constitución establece un control concentrado de la constitucionalidad por parte de esta Sala en lo que respecta a la unificación de criterio relativa a la interpretación de la Constitución.

El Texto Fundamental le otorga pues a la Sala Constitucional una potestad única y suprema en cuanto a la interpretación de la Constitución.... Ahora bien, ¿cómo puede esta Sala ejercer esa potestad máxima de interpretación de la Constitución y unificar el criterio interpretativo de los preceptos constitucionales, si no posee mecanismos extraordinarios de revisión sobre todas las instancias del Poder Judicial incluyendo las demás Salas en aquellos casos que la interpretación de la Constitución no se adapte al criterio de

---

[36] *Véase* sentencia de la Sala Constitucional N° 93 de 06–02–2001, (Caso: *Olimpia Tours and Travel vs. Corporación de Turismo de Venezuela),* en *Revista de Derecho Público,* N° 85–88, Editorial Jurídica Venezolana, Caracas, 2001, pp. 414–415.

esta Sala? Es definitivamente incongruente con la norma constitucional contenida en el artículo 335 antes citado que, habiendo otorgado la Constitución a esta Sala el carácter de máximo intérprete de los preceptos constitucionales en los términos antes señalados, y habiendo establecido el Texto Fundamental el carácter vinculante de tales decisiones, no pueda esta Sala de oficio o a solicitud de la parte afectada por una decisión de alguna otra Sala del Tribunal Supremo de Justicia o de algún tribunal o juzgado de la República, revisar la sentencia que contraríe una interpretación de algún precepto constitucional previamente establecido o que según esta Sala erróneamente interprete la norma constitucional.

De conformidad con lo anterior, sería inútil la función integradora y de mantenimiento de la coherencia o ausencia de contradicciones en los preceptos constitucionales ejercida por esta Sala, si ésta no poseyera la suficiente potestad para imponer el carácter vinculante de sus interpretaciones establecido expresamente en el artículo 335 de la Constitución o que no pudiera revisar sentencias donde es evidente y grotesca la errónea interpretación.

En el mismo sentido, la norma constitucional referida sería inútil si los tribunales de la República o las demás Salas del Tribunal Supremo de Justicia, en ejercicio del control difuso de la constitucionalidad establecido en el artículo 334 de la Constitución, no pudieren corregir decisiones que se aparten del criterio interpretativo establecido por la Sala Constitucional. Es, más bien, imperativo para todos los tribunales del país así como para las demás Salas del Tribunal Supremo de Justicia, en ejercicio del control difuso de la constitucionalidad establecido en el artículo 334 de la Constitución de la República Bolivariana de Venezuela, revocar en segunda instancia aquellas decisiones que se aparten de alguna interpretación que esta Sala haya realizado de las normas constitucionales.

Es pues evidente, que la Constitución de la República Bolivariana de Venezuela estableció una fórmula para cohesionar la interpretación de la norma constitucional, y, en tal sentido, el Texto Fundamental designó a la Sala Constitucional como el ente con la máxima potestad para delimitar el criterio interpretativo de la Constitución y hacerlo vinculante para los demás tribunales de la República y las demás Salas del Tribunal Supremo de Justicia. Por ello, la Sala Constitucional posee discrecionalmente la potestad coercitiva otorgada por la Constitución para imponer su criterio de interpretación de la Constitución, cuando así lo considere en defensa de una aplicación coherente y unificada de la Carta Magna, evitando así que existan criterios dispersos sobre las interpretaciones de la norma constitucional que distorsionen el sistema jurídico creando incertidumbre e inseguridad en el mismo.

Por consiguiente, esta Sala considera que la propia Constitución le ha otorgado la potestad de corregir las decisiones contrarias a las interpretaciones preestablecidas por la propia Sala o que considere la Sala acogen un criterio donde es evidente el error en la interpretación de las normas constitucionales. Esto tiene el propósito de imponer la potestad constitucional de la Sala Constitucional de actuar como "máximo y último intérprete de la

Constitución". Se desprende entonces del artículo 335 de la Constitución de la República Bolivariana de Venezuela, que esta norma establece expresamente la potestad de revisión extraordinaria de sentencias definitivamente firmes que se aparten de la interpretación que de manera uniforme debe imponer esta Sala.

Posee entonces potestad esta Sala para revisar tanto las sentencias definitivamente firmes expresamente establecidas en el numeral 10 del artículo 336 contra aquellas, tal como se dejó sentado anteriormente, así como las sentencias definitivamente firmes que se aparten del criterio interpretativo de la norma constitucional que haya previamente establecido esta Sala, lo que en el fondo no es más que una concepción errada del juzgador al realizar el control de la constitucionalidad, y así se declara."[37]

La Sala Constitucional, por otra parte, en sentencia n° 727 de 8 de abril de 2003 continuó ampliando el universo de sentencias que podían ser objeto del recurso extraordinario de revisión, indicando que además de las sentencias de amparo constitucional y las sentencias de control difuso de constitucionalidad de leyes o normas jurídicas fundamentadas en un errado control de constitucionalidad, también pueden ser objeto del recurso de revisión:

"(iii) Las sentencias que de manera evidente hayan incurrido, según el criterio de la Sala, en un error grotesco en cuanto a la interpretación de la Constitución o que sencillamente hayan obviado por completo la interpretación de la norma constitucional y

(iv) Las sentencias que hayan sido dictadas por las demás Salas de este Tribunal o por los demás juzgados del país apartándose u obviando, expresa o tácitamente, alguna interpretación de la Constitución que contenga alguna sentencia de esta Sala con anterioridad al fallo que sea impugnado."[38]

Con base en estas decisiones, la Sala Constitucional, en todos los casos de revisión de sentencias, al analizar su propia competencia invariablemente hace referencia a la sentencia señalada N° 93 del 6 de febrero de 2001 (caso: "*Corpoturismo*"), en la cual la Sala "determinó su potestad extraordinaria, excepcional, restringida y discrecional, de revisar las siguientes decisiones judiciales:"

"(...) 1. Las sentencias definitivamente firmes de amparo constitucional de cualquier carácter, dictadas por las demás Salas del Tribunal Supremo de Justicia y por cualquier juzgado o tribunal del país.

2. Las sentencias definitivamente firmes de control expreso de constitucionalidad de leyes o normas jurídicas dictadas por los tribunales de la República o las demás Salas del Tribunal Supremo de Justicia.

---

[37]   *Véase* en *Revista de Derecho Público*, N° 82, Editorial Jurídica Venezolana, Caracas 2001, pp. 412–414.

[38]   *Véase* la sentencia en el Caso: *Revisión de la sentencia dictada por la Sala Electoral en fecha 21 de noviembre de 2002*, en *Revista de Derecho Público*, N° 93–96, Editorial Jurídica Venezolana, Caracas 2003.

3. Las sentencias definitivamente firmes que hayan sido dictadas por las demás Salas de este Tribunal o por los demás tribunales o juzgados del país apartándose u obviando expresa o tácitamente alguna interpretación de la Constitución contenida en alguna sentencia dictada por esta Sala con anterioridad al fallo impugnado, realizando un errado control de constitucionalidad al aplicar indebidamente la norma constitucional.

4. Las sentencias definitivamente firmes que hayan sido dictadas por las demás Salas de este Tribunal o por los demás tribunales o juzgados del país que de manera evidente hayan incurrido, según el criterio de la Sala, en un error grotesco en cuanto a la interpretación de la Constitución o que sencillamente hayan obviado por completo la interpretación de la norma constitucional. En estos casos hay también un errado control constitucional (…)"[39].

Además, la Sala ha estimado que, además de los supuestos fijados por el artículo 336.10 constitucional así como de los delimitados por la Sala en su sentencia N° 93 del 6 de febrero de 2001, caso: *"Corpoturismo"*, también pueden ser objeto de revisión constitucional las sentencias de naturaleza interlocutoria, incluidos los proveimientos cautelares, sólo cuando pongan fin al proceso.[40]

3. *El desarrollo de la revisión constitucional por parte de la Sala Constitucional respecto de las sentencias de las otras Salas del Tribunal Supremo*

De acuerdo con el artículo 262 de la Constitución, el Tribunal Supremo funciona en Sala Plena y en las Salas Constitucional, Político-Administrativa, Electoral, de Casación Civil, de Casación Penal y de Casación Social. Todas las Salas, por tanto, constituyen el Tribunal Supremo de Justicia, cada cual con su específica integración y competencia, y no hay Sala alguna que esté por encima de otra, o que se desligue del Tribunal Supremo. Cuando una Sala decide, decide el Tribunal Supremo de Justicia como máximo Tribunal de la República, por lo que dichas sentencias no pueden ser revisadas por ninguna otra instancia judicial superior que no existe[41].

Por lo demás, en materia de justicia constitucional, es la propia Constitución la que establece expresamente que todas las Salas del Tribunal Supremo tienen como competencia garantizar "la supremacía y efectividad de las normas y principios constitucionales", correspondiéndoles a todas ser "el máximo y último intérprete de la Constitución" y velar "por su uniforme interpretación y aplicación" (art. 335). No es cierto, por tanto, como se ha afirmado, que la Sala Constitucional sea "el máximo y último intérprete de la Constitución"[42], o como lo ha

---

[39] *Véase* por ejemplo, la sentencia de la Sala Constitucional de 04–05–2007 (Caso *Nelson Mezerhane*) (Exp. 07–0353).

[40] *Véase* la sentencia de Sala Constitucional de 04–05–2007 (Caso *Nelson Mezerhane*). Exp. 07–0353)

[41] *Véase* los comentarios de Jesús María Casal, *Constitución y Justicia Constitucional. op. cit.,* p. 110.

[42] *Véase* en José Vicente Haro G., "La justicia constitucional en Venezuela y la Constitución de 1999" en *Revista de Derecho Constitucional*, Editorial Sherwood, N° 1. Caracas, sep–dic. 1999, pp. 137 y 146.

señalado la propia Sala Constitucional de tener "el monopolio interpretativo último de la Constitución."[43] Esta es una apreciación completamente errada, que no deriva del texto de la Constitución, de cuyo artículo 335, al contrario, se deriva que *todas las Salas* ejercen la justicia constitucional conforme a sus respectivas competencias y son el máximo y último intérprete de la Constitución. También lo es la Sala Constitucional, mediante la cual el Tribunal Supremo de Justicia, concentra la Jurisdicción Constitucional (arts. 266, ord. 1° y 336).

En todo caso, sobre el carácter de todas las Salas como Tribunal Supremo, la propia Sala Constitucional se pronunció en sentencia N° 158 de 28-03-00 (Caso: *Microcomputers Store S.A.*) al declarar que el artículo 1 de la Ley Orgánica de la Corte Suprema de Justicia de 1976, está conforme con la nueva Constitución, al prohibir la admisión de recurso alguno contra las decisiones dictadas por el Tribunal Supremo de Justicia en Pleno o por alguna de sus Salas, señalando que esta norma, lejos de ser inconstitucional,

> Más bien garantiza su aplicación, ya que tal como quedó expuesto, el Tribunal Supremo de Justicia se encuentra conformado por las Salas que lo integran, las cuales conservan el mismo grado jerárquico y todas representan en el ámbito de sus competencias al Tribunal Supremo de Justicia como máximo representante del Poder Judicial[44].

Posteriormente, sin embargo, la Sala Constitucional al afirmar su competencia para conocer del recurso extraordinario de revisión de constitucionalidad contra las sentencias de las otras Salas del Tribunal Supremo, señaló que el artículo 1 de la Ley Orgánica de la Corte, para considerarlo compatible con la Constitución, sólo se refería "a los recursos preexistentes y supervivientes a la Constitución de 1999, distintos al recurso extraordinario de revisión constitucional de sentencias de las demás Salas del Máximo Tribunal"[45].

Consideramos que era totalmente contraria a la Constitución, por tanto, la "sugerencia" u "orientación" que formuló la "Exposición de Motivos de la Constitución" en el sentido de que:

> "La ley deberá consagrar un mecanismo de carácter extraordinario mediante el cual la Sala Constitucional pueda revisar los actos o sentencias de las demás Salas del Tribunal Supremo de Justicia que contraríen la Constitución o las interpretaciones que sobre sus normas o principios haya previamente fijado la Sala Constitucional...[46]

---

[43]   *Véase* la sentencia N° 1374 de 09–11–2000, en *Revista de Derecho Público*, N° 84, Editorial Jurídica Venezolana, Caracas, 2000, p. 267.

[44]   *Véase* en *Revista de Derecho Público*, N° 81, Editorial Jurídica Venezolana, Caracas, 2000, p. 109.

[45]   *Véase* sentencia de la Sala Constitucional N° 33 de 25–01–2001 (Caso: *Baker Hugher SRL; Revisión de la sentencia dictada por la Sala de casación Social del Tribunal Supremo de Justicia de 10–05– 2001), en *Revista de Derecho Público*, N° 85–88, Editorial Jurídica Venezolana, Caracas 2001, p. 405.

[46]   La Sala Constitucional, sin embargo, le ha dado pleno valor a dicha sugerencia de la Exposición de Motivos, desarrollando, con base en la misma, su potestad para revi-

La misma "Exposición" más adelante, en sentido similar errado, señaló que:

En todo caso, la ley orgánica respectiva garantizará que ningún órgano del Poder Público quede fuera del control constitucional, estableciendo entre otros aspectos, la competencia de la Sala Constitucional para controlar la constitucionalidad de las actuaciones de las demás Salas del Tribunal Supremo de Justicia, mediante el mecanismo extraordinario que considere más adecuado."

Ante esta extraña e inaceptable "sugerencia", señalamos apenas se publicó la Constitución, lo siguiente:[47]

En *primer lugar*, de acuerdo con el texto constitucional, en ningún caso podría admitirse que el Tribunal Supremo de Justicia es sólo "Supremo" en una Sala y no lo es en las otras. Ello no es lo que regula la Constitución que considera como parte del Tribunal Supremo de Justicia, igualmente "Supremas", a todas sus Salas las cuales al sentenciar, sentencian como "Tribunal Supremo de Justicia" en los casos que conocen conforme a sus respectivas competencias.

En *segundo lugar,* no es posible constitucionalmente hablando, que se pueda someta a "control concentrado de constitucionalidad" ante la Sala Constitucional algún acto o sentencia de las otras Salas del Tribunal Supremo, las cuales, como toda sentencia, son esencialmente de rango sublegal, es decir, no son actos estatales dictados en ejecución directa e inmediata de la Constitución. Por ello no debía establecerse un recurso u otro "mecanismo de carácter extraordinario" para ser ejercido contra las sentencias de las Salas del Tribunal Supremo (¿incluyendo la Sala Plena?), por ante la Sala Constitucional. Ello convertiría a la Sala Constitucional en la única realmente "suprema", sustituyendo al Tribunal Supremo de Justicia en tal supremacía.

Si una Sala del Tribunal Supremo no acata una interpretación constitucional vinculante establecida por la Sala Constitucional, ello lo que podía originar era una controversia constitucional, que tendría que ser resuelta por la propia Sala Constitucional, conforme a lo establecido en el ordinal 9 del artículo 336, pero sin que ésta pudiera convertirse en órgano revisor de las sentencias de las otras Salas. Además, para que pudiera darse la controversia era necesario que la interpretación vinculante establecida por la Sala Constitucional, lo fuera realmente, indicando con precisión, en la sentencia respectiva, cómo debe interpretarse la norma constitucional, decisión que, además, debe publicarse en *Gaceta Oficial.*

En todo caso, debe señalarse que si bien es cierto, como lo explicó la "Exposición" que "todo acto del Poder Público, sin excepción, debe estar sometido al control constitucional", por lógica, ello excluía a las sentencias del Tribunal

---

sar de manera extraordinaria sentencias incluso dictadas por las otras Salas. *Véase* las sentencias de 09–03–2000 (Caso: *José Alberto Zamora Quevedo*), de 07–06–2000 (Caso: *Mercantil Internacional, C.A.*), y N° 93 de 06–02–2001 (Caso: *Olimpia Tours and Travel vs. Corporación de Turismo de Venezuela*), en *Revista de Derecho Público*, N° 85–88, Editorial Jurídica Venezolana, Caracas 2001, pp. 408.

[47] *Véase* Allan R. Brewer–Carías, "Comentarios sobre la ilegítima "Exposición de Motivos" de la Constitución de 1999 relativa al sistema de justicia constitucional", en *Revista de Derecho Constitucional*, N° 2, Enero–Junio 2000, Caracas 2000, pp. 47–59.

Supremo de Justicia. No tiene lógica alguna que con este aserto se pretendiera establecer un control de la constitucionalidad de las sentencias de las Salas del Tribunal Supremo a ser ejercido por la Sala Constitucional, y se excluyera de dicho control a las sentencias de la propia Sala Constitucional. *Quis custodiem ipsos custodes?* El absurdo de esta situación ponía en evidencia la ilegitimidad del planteamiento.[48]

La Sala Constitucional, sin embargo, en sentencia N° 520 de 7 de junio de 2000 y N° 1115 de 4 de octubre de 2000 (Caso: *Judith Andrade vs. Tribunal Supremo de Justicia*) ya había anunciado que las sentencias de las demás Salas del Tribunal Supremo podrían ser revisadas por la Sala Constitucional, al señalar:

> "En este orden de ideas, y en atención al principio de supremacía constitucional, del cual deriva el indiscutible carácter normativo de todos sus preceptos, así como de la potestad de tutela constitucional que de manera novedosa le asigna la Constitución, esta Sala deja a salvo la posibilidad normativa de revisar los actos o sentencias de las demás Salas del Tribunal Supremo de Justicia que contraríen la Constitución o las interpretaciones que sobre sus normas o principios haya fijado previamente, según lo dispuesto en los artículos 334 y 335 de la Constitución de la República Bolivariana de Venezuela, y así lo ha venido expresando esta Sala Constitucional en muchas de sus decisiones, como en la sentencia N° 520 de 07 de junio de 2000, donde se lee lo siguiente:
>
> En consecuencia, por constituir la facultad de revisión de los actos o sentencias dictadas por los tribunales de la República y de las otras Salas de este Tribunal Supremo, en especial en materia de amparo, una disposición constitucional vinculante para el funcionamiento de esta Sala, no obstante que no se ha promulgado la ley orgánica correspondiente, puede este órgano jurisdiccional, en resguardo del orden público constitucional, ejercer esa facultad en interés de la aplicación y correcta interpretación de los valores constitucionales, lo que a su vez es exigido por el ordinal 10 del artículo 336 de la vigente Constitución."[49]

Posteriormente, en sentencia N° 33 de 25 de enero de 2001 (Caso: *Revisión de la sentencia dictada por la Sala de Casación Social del Tribunal Supremo de Justicia de fecha 10 de mayo de 2001, interpuesta por Baker Hugher S.R.L*), la Sala Constitucional, al analizar el artículo 336 de la Constitución como un sistema de salvaguarda de la Constitución, señaló:

> 1.- Desde esta perspectiva, tiene firme asidero la posibilidad de que este Máximo Intérprete revise decisiones, autos o sentencias de las demás Salas del Tribunal Supremo de Justicia que contraríen la Constitución o las interpretaciones que sobre sus normas o principios haya fijado la Sala. Ello es así, en primer lugar, desde que dichos operadores judiciales están también, a tenor de lo que expresa el primer párrafo del artículo 334 de la Constitución

---

[48]   *Id.*

[49]   *Véase* en *Revista de Derecho Público*, N° 84, Editorial Jurídica Venezolana, Caracas, 2000, p. 257.

"...en la obligación de asegurar la integridad de esta Constitución". De igual modo, están obligadas las demás Salas, conforme al primer párrafo del artículo 335 constitucional, a garantizar "...la supremacía y efectividad de las normas y principios constitucionales", y serán, en sus respectivas jurisdicciones y según sus competencias, los máximos y últimos intérpretes de esta Constitución. Asimismo, en sus respectivas jurisdicciones y según sus competencias, velarán por su uniforme interpretación y aplicación. Ello significa que las demás Salas están siempre vinculadas directamente a los principios y normas de su competencia, por lo que su tarea interpretativa la cumplen conforme a la potestad que les confiere la Constitución; del mismo modo, a esta Sala Constitucional corresponde la jurisdicción constitucional y la protección de la Constitución, como lo disponen los artículos 266.1, 334.1, 335 y 336.1 *eiusdem*.

Dicha potestad de revisión se deduce positivamente del artículo 335 *eiusdem*, cuando afirma que las "interpretaciones que establezca la Sala Constitucional sobre el contenido y alcance de las normas y principios constitucionales son vinculantes para las otras Salas del Tribunal Supremo de Justicia y demás Tribunales de la República". Tal vinculación no podría ser meramente ética, como lo era la Ley para el Monarca en un estadio de la evolución política del Estado Moderno, quien estaba supuesto a cumplirla en tanto código valorativo de conducta, pero no existía poder alguno, más que su propia conciencia, para hacer que la cumpliera.

No estamos frente a una situación siquiera parecida a la que fue objeto de la reseña anterior. Nuestra Constitución, por el contrario, al vincular a las demás Salas de este Tribunal Supremo a la doctrina de la Sala Constitucional (artículo 334, primer párrafo y artículo 335, segundo párrafo), según el principio de supremacía de la Constitución, y al dar potestad a esta Sala Constitucional para tutelar la Carta Magna como cúspide de la Jurisdicción Constitucional, en ejercicio del Poder de Garantía Constitucional, deviene, pues, autorizada para revisar tanto las decisiones que dicten las demás Salas en contravención de la Norma Fundamental, como en oposición a las interpretaciones que de la Constitución asiente la Sala Constitucional[50].

En la misma sentencia, la Sala Constitucional sobre el alcance de la revisión extraordinaria de sentencias de las demás Salas del Tribunal Supremo, lo siguiente:

1.- La potestad de revisión abarca, pues, tanto las decisiones que se denuncien violatorias de la doctrina de la Sala Constitucional, como las decisiones que infrinjan principios o reglas de rango constitucional, siempre que hubieren sido dictadas con posterioridad a la entrada en vigencia de la Constitución. Ello en razón de que sería un contrasentido que la Sala Constitucional (órgano en ejercicio del Poder de Garantía Constitucional), pueda vincular con sus decisiones a las demás Salas (cúspides en sus respectivas jurisdicciones: penal, civil, político-administrativa, social, electoral, plena),

---

[50]   *Véase* en *Revista de Derecho Público*, N° 85–88, Editorial Jurídica Venezolana, Caracas, 2001, pp. 403–404

pero que éstas no estuvieran vinculadas a la Constitución más que formalmente, y sus posibles decisiones inconstitucionales, no estén sujetas a ningún examen. No es lógico que la fuente del ordenamiento político-jurídico de nuestro país no pudiera, según esta tesis, contrastarse con las decisiones de las demás Salas, pero, que sí cupiera el contraste de estas decisiones con la doctrina de la Sala Constitucional, que es realización de esa Norma Fundamental.

Tal conclusión resulta, por decir lo menos, constitucional. Tanto como pretender que sólo tienen opción de solicitar la revisión de tales sentencias, aquellos ciudadanos cuyos casos hayan felizmente coincidido con una sentencia previa de esta Sala Constitucional donde se haya vertido algún criterio vinculante para las demás Salas. Si la Sala Constitucional nada ha dicho al respecto, ¿el ciudadano debe soportar la violación a sus derechos o garantías constitucionales por esa sola razón? Por otra parte, cabría formular otra pregunta: ¿cuánto tiempo debe pasar antes que la Sala logre desarrollar una doctrina densa, amplia y diversa sobre aspectos fundamentales, que haga posible cumplir esta garantía de revisión?. Esta Sala considera que tal postura sería incorrecta, en razón de que los ciudadanos no pueden quedar en la incertidumbre, sujetos a que tal doctrina se desarrolle[51].

En esta forma, la Sala Constitucional amplió el ámbito de su potestad constitucional revisora de sentencias dictadas en juicios de amparo o con motivo de control difuso de la constitucionalidad, abarcando otras sentencias, *incluso las dictadas por las otras Salas del Tribunal Supremo*, lo que constituía una limitación no autorizada en la Constitución al debido proceso y al derecho a la cosa juzgada, con importantes repercusiones en el ámbito de la seguridad jurídica y del Estado de derecho.

4. *El desmantelamiento del principio dispositivo y del carácter de "recurso" que tiene la vía procesal prevista en la Constitución para la revisión constitucional de sentencias*

Debe mencionarse además, en relación con la antes mencionada sentencia n° 93 de 6 de febrero de 2001 (Caso: *Olimpia Tours and Travel vs. Corporación de Turismo de Venezuela*), que en ella la Sala también dispuso que:

"En cuanto a la potestad de esta Sala para revisar de oficio las sentencias definitivamente firmes en los mismos términos expuestos en la presente decisión, esta Sala posee la potestad discrecional de hacerlo siempre y cuando lo considere conveniente para el mantenimiento de una coherencia en la interpretación de la Constitución en todas las decisiones judiciales emanadas por los órganos de administración de justicia."[52]

---

[51]   *Id.* La admisibilidad del recurso de revisión contra las sentencias de las otras Salas se reiteró en sentencia N° 93 de 06–02–2001 (Caso: *Olimpia Tours and Travel vs Corporación de Turismo de Venezuela*), en *Revista de Derecho Público*, N° 85–88, Editorial Jurídica Venezolana, Caracas 2001, pp. 406 ss.

[52]   *Véase* en *Revista de Derecho Público*, N° 85–88, Editorial Jurídica Venezolana, Caracas, 2001, pp. 415.

Con esta sentencia, por tanto, la Sala Constitucional como antes se dijo, no sólo comenzó a ampliar su propia competencia en cuanto a las sentencias que pueden ser objeto revisión, al margen de lo establecido en la Constitución, lo que es ilegítimo en materia de justicia constitucional concentrada, llegando a someter incluso a revisión las sentencias de las otras Salas del Tribunal Supremo; sino que además, sin base constitucional alguna, se auto atribuyó competencia para revisar *de oficio* las sentencias de los tribunales de la República y de las Salas, violando el principio dispositivo,[53] desvirtuando el carácter de la vía extraordinaria de revisión como la propia de un recurso, como lo había afirmado en sentencias precedentes.

En efecto, como se dijo, la Sala llegó a establecer que la competencia para revisar las decisiones de alguna otra Sala del Tribunal Supremo de Justicia o de algún tribunal o juzgado de la República, que contraríe una interpretación de algún precepto constitucional previamente establecido o que según esta Sala erróneamente interprete la norma constitucional, podía realizarla la Sala *"de oficio o a solicitud de la parte afectada."*

5. *La remisión obligatoria a la Sala Constitucional por los jueces de las sentencias dictadas en caso de control difuso de la constitucionalidad*

Debe señalarse, por otra parte, que la Sala Constitucional en ausencia de previsiones legales, también comenzó a establecer jurisprudencialmente un incidente de constitucionalidad, con motivo del ejercicio del control difuso de la constitucionalidad que pudieran realizar los jueces de instancia, al establecer que los mismos no sólo podían de oficio remitir el asunto para el conocimiento de la Sala Constitucional, sino que estaban obligados a hacerlo.

Así, en una sentencia N° 1.998 del 22 de julio de 2003 (caso: *"Bernabé García"*), la Sala señaló lo siguiente:

"(…) para la mayor eficacia de la conexión entre el control concentrado, que corresponde a esta Sala, y el control difuso, que corresponde a todos los jueces de la República, debe darse, como se dio en la sentencia que antes se citó, un trato diferente a la remisión ex oficio que, para su revisión, haya hecho el juez que la dictó; se obtendrá así una mayor protección del texto constitucional y se evitará la aplicación general de normas inconstitucionales o la desaplicación de normas ajustadas a la Constitución en claro perjuicio para la seguridad jurídica y el orden público constitucional. Por las razones que preceden se reitera que, no sólo el juez puede remitir las sentencias definitivamente firmes en las cuales, en resguardo de la constitucionalidad, desaplique una norma, sino que está obligado a ello.

Si, por el contrario, no se aceptara la remisión hecha de oficio antes aludida, el control difuso no tendría más efecto práctico que el que deviniese de su aplicación al caso concreto, en perjuicio del orden público constitucional, pues, su canal de conexión con el control concentrado -que tiene

---

[53] *Véase* la sentencia de la sala Constitucional N° 93 de 06–02–2001 (Caso: *Olimpia Tours and Travel vs Corporación de Turismo de Venezuela*), en *Revista de Derecho Público,* N° 85–88, Editorial Jurídica Venezolana, Caracas 2001, pp. 406 ss.

efectos *erga omnes*- estaría condicionado a la eventual solicitud de revisión de la persona legitimada para ello, con la consiguiente disminución del alcance potencial de los instrumentos con que el nuevo texto constitucional ha provisto a esta Sala (carácter vinculante de sus decisiones y facultad de revisión), con la finalidad de hacer más eficaz el resguardo de la incolumidad constitucional. Es por ello, que esta Sala acepta la remisión de las presentes actuaciones (…)".[54]

Sobre ello, la Corte Segunda de lo Contencioso Administrativo en sentencia de 8 de febrero de 2010 (Caso: *CORP BANCA, C.A. Banco Universal contra la Superintendencia de Bancos y Otras Instituciones Financieras*) resumió la situación anterior a la entrada en vigencia de la ley Orgánica del Tribunal Supremo en la siguiente forma:

"Ahora bien, una vez realizado el control difuso, a partir de la vigente Constitución, la Sala Constitucional tiene la facultad de revisar las sentencias que lo contengan, tal como lo señala el artículo 336.10 constitucional; y a falta de una Ley Orgánica que lo regule, y antes de que se promulgara la Ley Orgánica del Tribunal Supremo de Justicia, la Sala había decidido que las sentencias de última instancia que aplicaran el control difuso, debían ser informadas a la Sala Constitucional, a fin de calificar si el control había sido mal o bien aplicado.

En sentencia de 08 de agosto de 2.001 (Caso: *Jesús Pérez Salazar y Rafael Muñoz*), la Sala sostuvo que 'el juez constitucional debe hacer saber al Tribunal Supremo de Justicia sobre la decisión aprobada, a los efectos de la revisión discrecional atribuida a la Sala Constitucional conforme lo disponen los artículos 335 y 336.10 de la Constitución de la República Bolivariana de Venezuela". [55]

III. EL TRATAMIENTO DE LA POTESTAD DE REVISIÓN CONSTITUCIONAL DE SENTENCIAS EN LA LEY ORGÁNICA DEL TRIBUNAL SUPREMO DE 2004

1. *El objeto de la revisión extraordinaria*

Ahora bien, repitiendo la fraseología del artículo 336,10 de la Constitución, el artículo 5, párrafo 1°,16 de la Ley Orgánica del Tribunal Supremo de Justicia de 2004,[56] dispuso que la Sala Constitucional tiene competencia para:

"16. Revisar las sentencias definitivamente firmes de amparo constitucional y control difuso de la constitucionalidad de leyes o normas jurídicas, dictadas por los demás tribunales de la República".

---

[54] Citada en la sentencia de la Sala Constitucional de Sala de 04–05–2007 (*Caso Nelson Mezerhane*) (Exp. 07–0353)

[55] *Véase* en *Revista de Derecho Público*, N° 121, Editorial Jurídica Venezolana, Caracas 2010, pp. 189 ss.

[56] *Véase* Ley Orgánica del Tribunal Supremo de Justicia en *Gaceta Oficial* N° 37.942 de 20–5–2004

Esta competencia excepcional de revisión por parte de la Sala Constitucional, a su juicio y discreción, mediante un recurso extraordinario[57] se puede ejercer contra sentencias de *última instancia* dictadas por los tribunales de la República, incluidas las otras Salas del Tribunal Supremo, en materia de amparo constitucional o dictadas en ejercicio del método difuso de control de la constitucionalidad de las leyes.

Nada más dispuso directamente la Ley Orgánica de 2004 sobre el recurso extraordinario de revisión. Sin embargo, en otras normas conexas, se establecieron previsiones que contribuyeron a darle contorno legal a la competencia de la Sala.

2. *La positivización de la potestad de revisión de oficio*

En efecto, en cuanto a las sentencias dictadas en materia de control difuso de la constitucionalidad de las leyes previsto en la Constitución (Art. 334) la Ley Orgánica del Tribunal Supremo de 2004 precisó en el artículo 5, párrafo 4° de la Ley Orgánica, que,

> "*Artículo 5. P4.* De conformidad con lo previsto en la Constitución de la República Bolivariana de Venezuela, todo tribunal de la República podrá ejercer el control difuso de la constitucionalidad únicamente para el caso concreto, en cuyo supuesto dicha sentencia estará expuesta a los recursos o acciones ordinarias o extraordinarias a que haya lugar; quedando a salvo en todo caso, que la Sala Constitucional haga uso, de oficio o a instancia de parte, de la competencia prevista en el numeral 16 de este artículo y se avoque a la causa para revisarla cuando ésta se encuentre definitivamente firme".

En esta forma, conforme a la Constitución, todo tribunal de la República puede ejercer el control difuso de la constitucionalidad únicamente para el caso concreto, en cuyo supuesto la sentencia respectiva esta expuesta "a los recursos o acciones ordinarias o extraordinarias a que haya lugar", entre los cuales se destaca el recurso de revisión que puede ejercerse ante la Sala Constitucional contra cualquier sentencia firme de última instancia en la que el juez respectivo haya ejercido el control difuso.

Dicho artículo, sin embargo, dejó "a salvo en todo caso", que la Sala Constitucional pueda hacer uso, *de oficio o a instancia de parte,* de la competencia de revisión prevista en el numeral 16 del artículo 5 "y se avoque a la causa para revisarla cuando ésta se encuentre definitivamente firme".

Se estableció así entonces, en una norma de derecho positivo, por demás confusa relativa a los poderes de la Sala Constitucional de revisión de sentencias dictadas por los tribunales en materia de control difuso de la Constitucionalidad (artículo. 336,10 de la Constitución), la competencia de la Sala para poder reali-

---

[57]   *Véase* en general, José V. Haro G., "El mecanismo extraordinario de revisión de sentencias definitivamente firmes de amparo y control difuso de la constitucionalidad previsto en el artículo 336, numeral 10 de la Constitución," en *Revista de Derecho Constitucional,* N° 3 (julio–diciembre), Editorial Sherwood, Caracas, 2000, pp. 231–266; Adán Febres Cordero, "La revisión constitucional", en *Nuevos estudios de derecho procesal, Libro Homenaje a José Andrés Fuenmayor*, Vol. I, Tribunal Supremo de Justicia, Colección Libros Homenaje, N° 8, Caracas, 2002 pp. 489 a 508.

zar tal revisión, no sólo a instancia de parte (recurso de revisión), sino *de oficio*. Ello, por supuesto, desmoronaba definitivamente el principio de la cosa juzgada que quedaba a merced de los Magistrados de la Sala Constitucional sin que pudiera existir control alguno sobre el órgano controlante.

3. *La contradictoria reducción legal del objeto de la revisión constitucional*

Como señalamos, la Sala Constitucional violando la Constitución, había ampliado el ámbito de su potestad constitucional revisora que en el texto fundamental solo estaba referida a las sentencias dictadas en juicios de amparo o con motivo del ejercicio del control difuso de la constitucionalidad por los jueces, con lo que fue abarcando otras sentencias, incluso las dictadas por las otras Salas del Tribunal Supremo, lo que constituye una limitación no autorizada en la Constitución al debido proceso y al derecho a la cosa juzgada, con importantes repercusiones en el ámbito de la seguridad jurídica y del Estado de derecho.

Frente a ello, puede decirse que la Ley Orgánica del Tribunal Supremo de 2004 en su artículo 5, párrafo 1°,16, pretendió volver a llevar el asunto a su límite constitucional, en el sentido de que las únicas sentencias dictadas por los tribunales de instancia que conforme a dicha norma pueden ser objeto del recurso de revisión, son las sentencias definitivamente firmes de amparo constitucional y control difuso de la constitucionalidad de leyes o normas jurídicas, dictadas por los demás tribunales de la República.

Pero si bien la Ley Orgánica en este aspecto se dirigió a reducir el ámbito del objeto (sentencias revisables) de la potestad revisora, la misma Ley Orgánica consagró la posibilidad de ejercicio de esta potestad revisora, *de oficio* por la Sala Constitucional, lo que en forma inconstitucional deja a la merced de la misma Sala el principio de la cosa juzgada y acaba con el principio dispositivo.

4. *La ampliación legal del objeto de revisión particularmente respecto de las sentencias de las otras Salas del Tribunal Supremo*

La Ley Orgánica de 2004, siguiendo la jurisprudencia de la Sala Constitucional en cuanto a la ampliación que había hecho ilegalmente de sus competencias de revisión de sentencias,[58] incluso abarcando las dictadas por otras Salas del Tribunal Supremo (distintas a las dictadas en materia de amparo o de control difuso de la constitucionalidad), regularizó dicha ampliación, atribuyendo a la Sala Constitucional en el artículo 5, párrafo 1°,4 de la Ley Orgánica, además de la competencia para revisar sentencias dictadas en juicios de amparo o en las cuales el juez hubiese ejercido el control difuso de constitucionalidad, competencia para:

"Revisar las sentencias dictadas por una de las Salas, cuando se denuncie fundamentalmente la violación de principios jurídicos fundamentales contenidos en la Constitución de la República Bolivariana de Venezuela, Tratados, Pactos o Convenios Internacionales suscritos y ratificados válidamente

---

[58]   En sentencia de la Sala Constitucional N° 899 de 31–5–2002, la Sala se había arrogado la competencia para de oficio dejar sin efecto dediciones judiciales que considerase quebrantaban preceptos constitucionales. *Véase en Revista de Derecho Público*, N° 85–88, Editorial Jurídica Venezolana, Caracas 2001, pp. 393–394.

por la República, o que haya sido dictada como consecuencia de un error inexcusable, dolo, cohecho o prevaricación; asimismo podrá avocarse al conocimiento de una causa determinada, cuando se presuma fundadamente la violación de principios jurídicos fundamentales contenidos en la Constitución de la República Bolivariana de Venezuela, Tratados, Pactos o Convenios Internacionales suscritos y ratificados válidamente por la República, aun cuando por razón de la materia y en virtud de la ley, la competencia le esté atribuida a otra Sala".

Sobre esta nueva competencia, la propia Sala Constitucional se hizo eco de inmediato, de manera que por ejemplo, en sentencia N° 1.854 de 28 de noviembre de 2008, haciendo referencia a una previa sentencia de N° 325, del 30 de marzo de 2005 (caso: *"Alcido Pedro Ferreira y otros"*), consideró que en virtud de la entrada en vigencia de la Ley Orgánica del Tribunal Supremo de Justicia, existía la posibilidad de revisar

> "la sentencias dictadas por las demás Salas integrantes del Tribunal Supremo de Justicia cuando se denuncien: i) violación de principios jurídicos fundamentales contenidos en la Constitución de la República Bolivariana de Venezuela, Tratados, Pactos o Convenios Internacionales suscritos y ratificados válidamente por la República y ii) cuando estas sentencias se hayan dictado con ocasión de: a) error inexcusable, b) dolo, c) cohecho o d) prevaricación y, el último supuesto legal (artículo 5, cardinal 16 de la Ley Orgánica del Tribunal Supremo de Justicia), que se limitó a reproducir lo establecido en el artículo 336, cardinal 10 constitucional, el cual ha sido objeto de un desarrollo exhaustivo por esta Sala en la referida sentencia N° 93/01, entre otras."[59]

En todo caso, la inconstitucionalidad de la referida norma en nuestro criterio es múltiple: primero, porque la Constitución no permite que una Sala del Tribunal Supremo pueda revisar las sentencias de otras Salas del mismo Tribunal. Todas las Salas son iguales, y no puede, por tanto, la Sala Constitucional, revisar las sentencias de las otras Salas y menos las sentencias de la Sala Plena en cuyas decisiones participan todos los Magistrados del Tribunal Supremo, incluyendo los de la Sala Constitucional; y segundo, porque la Constitución sólo permite a la Sala Constitucional revisar las sentencias definitivamente firmes de amparo y de control difuso de la constitucionalidad, y ninguna otra más.

5. *La revisión constitucional y el incidente de constitucionalidad sólo en el caso de sentencias del las otras Salas del Tribunal Supremo*

Con motivo del ejercicio del control difuso de la constitucionalidad de las leyes, particularmente por las otras Salas del Tribunal Supremo de Justicia, como se ha dicho, la Sala Constitucional desarrolló un mecanismo de control abstracto, vía incidente, de control de la constitucionalidad de las leyes, desarrollando incluso poderes de control de oficio. Es decir, partiendo de la aplicación del

---

[59] *Véase* Caso: *Jesús Ángel Barrios Mannucci; Revisión decisión Sala de Casación del Tribunal Supremo de Justicia*, en *Revista de Derecho Público*, N° 116, Editorial Jurídica Venezolana, Caracas 2008, pp. 242 ss.

método difuso de control de constitucionalidad, la Sala Constitucional desarrolló otro mecanismo de control concentrado de la constitucionalidad, al declarar la nulidad con efectos generales de disposiciones legales por vía de lo que ha llamado incidente de constitucionalidad.

En efecto, mediante sentencia N° 1225 de 19 de octubre de 2000, la Sala Constitucional trató el tema referente a la derogación tácita de leyes preconstitucionales por la entrada en vigencia de la Constitución, respecto de lo cual señaló que correspondiéndole "declarar la derogatoria con efectos *erga omnes* y *pro futuro* de una norma de rango legal vía la cláusula derogatoria única constitucional, en virtud del monopolio que en materia de protección constitucional le asigna la Constitución", tal poder podría "desplegarlo la Sala aun de oficio en los casos que le toque resolver, o a través de un recurso directo de inconstitucionalidad"... Sin embargo, al constatar la Sala la posibilidad de que mediante el ejercicio del control difuso de la constitucionalidad de las leyes previsto en el artículo 334 de la Constitución, otras Salas del Tribunal Supremo o cualquier tribunal de la República pudieran desaplicarlas "respecto al caso concreto, sin tener que emitir pronunciamiento alguno sobre su derogación, pero sí sobre su incongruencia material con alguna norma constitucional"; precisó que:

> En atención a la incidencia en el ordenamiento jurídico de tal cuestión, el Tribunal o Sala desaplicante deberán remitir a esta Sala Constitucional copia de la decisión, a la cual anexarán copia de los autos, con el fin de someterlo a la revisión correspondiente, todo en obsequio de la seguridad jurídica y de la coherencia que debe caracterizar al ordenamiento jurídico en su conjunto[60].

Esta doctrina jurisprudencial, particularmente en relación con las otras Salas del Tribunal Supremo también fue regulada expresamente en la Ley Orgánica del Tribunal Supremo de 2004, al imponerse la obligación a sus Salas de informar a la Sala Constitucional sobre las decisiones que adopten en materia de control difuso, a los efectos de que esta resuelva en abstracto sobre la inconstitucionalidad de la ley respectiva.

En efecto, en el artículo 5°, párrafo 1°,22 de la Ley Orgánica se atribuyó a la Sala Constitucional competencia para efectuar el "examen abstracto y general sobre la constitucionalidad de una norma previamente desaplicada mediante control difuso de la constitucionalidad por una Sala del Tribunal Supremo de Justicia, absteniéndose de conocer sobre el mérito y fundamento de la sentencia pasada con fuerza de cosa juzgada"; a cuyo efecto, en el artículo 5°, párrafo 5°, se dispuso que:

> "De conformidad con el numeral 22 de este artículo, cuando cualquiera de las Salas del Tribunal Supremo de Justicia haga uso del control difuso de la constitucionalidad, únicamente para un caso concreto, deberá informar a la Sala Constitucional sobre los fundamentos y alcances de la desaplicación adoptada para que ésta proceda a efectuar un examen abstracto sobre la constitucionalidad de la norma en cuestión, absteniéndose de revisar el

---

[60]   *Véase* en *Revista de Derecho Público*, N° 84, Editorial Jurídica Venezolana, Caracas 2000, pp. 259–260

mérito y alcance de la sentencia dictada por la otra Sala, la cual seguirá conservando fuerza de cosa juzgada. En caso que el examen abstracto de la norma comporte la declaratoria total o parcial de su nulidad por inconstitucional, la sentencia de la Sala Constitucional deberá publicarse en la Gaceta Oficial de la República Bolivariana de Venezuela y en la Gaceta Oficial del Estado o Municipio, de ser el caso."

Por supuesto, en este caso, la Sala Constitucional estaría obligada a iniciar el proceso constitucional de inconstitucionalidad de las leyes, abriendo el contradictorio y citando, mediante cartel, a todos los que puedan tener interés en ello, aplicando analógicamente el procedimiento del proceso constitucionalidad de inconstitucionalidad de las leyes regulado para cuando se inicia mediante acción popular.

6. *La extensión del incidente de constitucionalidad para la revisión de sentencias sin participación de las partes en el proceso*

La Sala Constitucional, sin embargo, aún en ausencia de previsiones legales en la Ley Orgánica del Tribunal Supremo de 2004, extendió el incidente de constitucionalidad a todas las sentencias de los jueces de instancia en las que se declare la inconstitucionalidad de una norma, vía el control difuso de la constitucionalidad, indicando en sentencia N° 127 del 31 de enero de 2007 (caso: *"Juan Carlos Peralta"*), la obligación que tienen todos los jueces de someter a consulta de la sala Constitucional las sentencias de control difuso, indicando o siguiente:

"(…) En los términos reseñados, debe considerarse que la legislación estudiada no reporta novedad en cuanto al tratamiento que venía dando la Sala, antes de su vigencia, a las sentencias definitivas de control difuso de la constitucionalidad dictadas por los órganos judiciales, y aun cuando ese cuerpo normativo no señaló explícitamente su obligación de elevar tales fallos a la consulta de esta Sala, tal proceder -como antes se vio- es indispensable de cara a preservar la eficacia de la figura tratada, en tanto mecanismo de conexión entre ambas modalidades de control de la constitucionalidad (difuso y concentrado), razón por la cual no caben dudas en cuanto a su actual aplicabilidad.

La sentencia, sin embargo, fue más allá de la previsión de una revisión automática de sentencias en las cuales se hubiese ejercido el control difuso de constitucionalidad, y estableció que en el procedimiento que se desarrolla ante la Sala, las partes del proceso en el cual se dictó la sentencia no pueden intervenir, declarando el procedimiento como un procedimiento objetivo en el cual las partes nada tienen que argumentar. La sentencia, en efecto dispuso que:

La figura de la consulta, así entendida, arroja luces sobre su naturaleza objetiva, en cuanto instrumento de articulación -vía precedente judicial- entre el control difuso (en manos de todos los órganos jurisdiccionales) y el control concentrado (a cargo de esta Sala, respecto de los actos dictados en ejecución directa e inmediata la Constitución). Ese carácter objetivo, entonces, impide considerar la consulta en referencia como una instancia recursiva que permita a las partes impugnar cualquier gravamen derivado del fallo de desaplicación, pues se supone que tal debate se llevó a cabo -

precisamente- en las instancias que le otorgaron su fuerza de definitiva y no compete a la Sala revisar tales juzgamientos. Su función a través de esta vía está ceñida a señalar si el control difuso fue efectuado correctamente o no.

Así las cosas, no cabe admitir la participación de las partes que trabaron el juicio dentro del cual tuvo lugar la desaplicación normativa, cuando se active la consulta sobre el control difuso, en la medida en que -como se señaló- no constituye un mecanismo destinado a resguardar su situación jurídica controvertida, sino la preservación de la uniformidad del orden constitucional (…)".[61]

7. La inadmisibilidad del recurso de revisión si previamente el juez ha sometido a consulta la sentencia que ejerce el control difuso

El absurdo de la jurisprudencia de la Sala Constitucional, al desarrollar el mecanismo de revisión automática y obligatoria de las sentencias en las cuales se haya ejercido el control difuso de constitucionalidad, que deben ser remitidas a la sala Constitucional, ha llegado al extremo de negar o considerar inadmisible los recursos extraordinarios de revisión contra esas mismas sentencias intentados por las partes, si está pendiente de decisión una consulta sobre la misma sentencia.

Es decir, cuando se ejerce un recurso de revisión de una sentencia en la cual se ejerció el control difuso de constitucionalidad, si la misma sentencia ha sido remitida la Sala Constitucional en virtud de la consulta del control difuso de la constitucionalidad efectuado, "con la finalidad que la Sala estudie la conformidad constitucional de la norma desaplicada en el marco de su potestad de interpretación de la Constitución, ya que sus decisiones son vinculantes para todos los órganos jurisdiccionales del país, y los mismos están obligados a decidir con base en el criterio interpretativo que haga de las normas constitucionales, pues, de no ser así, ello implicaría, además de una violación a la Constitución, una distorsión a la certeza jurídica y, por lo tanto, un quebrantamiento del Estado de Derecho (Vid. Sentencia de la Sala N° 93/2001)."[62]

De ello, la Sala Constitucional ha deducido, sin fundamento alguno, que una vez que un juez de instancia ha sometido a consulta una sentencia donde realizó el control difuso de la constitucionalidad de una ley, entonces ya no puede interponerse un recurso extraordinario contra la sentencia. Así, en sentencia N° 990 del 11 de mayo de 2006 (caso: "Hernando Díaz Candia Bernardo y otros"), señaló lo siguiente:

"(…) Como quedó apuntado anteriormente, la sentencia que pretenden los solicitantes se revise, declaró improcedente la suspensión de los efectos de la Providencia Administrativa N° PADS-453, dictada por el Director General de la Comisión Nacional de Telecomunicaciones (CONATEL), en lo que se refiere a la sanción impuesta a la parte accionante consistente en una multa de veinticinco mil unidades tributarias (25.000 UT) de conformidad con lo dispuesto en el numeral 1 del artículo 166 de la Ley Orgánica de Te-

---

[61] Citada en la sentencia de la Sala Constitucional de 04–05–2007 (Caso *Nelson Mezerhane*) (Exp. 07–0353)

[62] *Id.*

lecomunicaciones, a la vez que desaplicó para el caso en concreto el artículo 205 de la Ley Orgánica de Telecomunicaciones.

Ahora bien, estando en presencia de la desaplicación de normas, el artículo 5 numeral 22 de la Ley Orgánica del Tribunal Supremo de Justicia le impone a esta Sala Constitucional, como máximo garante e intérprete de la Constitución, el deber de efectuar un examen abstracto y general sobre la constitucionalidad de la norma previamente desaplicada mediante control difuso -en este caso- por otra Sala de este alto Tribunal, absteniéndose de conocer sobre el mérito y fundamento de la sentencia pasada en autoridad de cosa juzgada.

Esa labor de juzgamiento atribuida a esta Sala, trae como consecuencia, que mientras esté pendiente por decidir lo acertado o no de la aplicación del control difuso -en este caso- del artículo 205 de la Ley Orgánica de Telecomunicaciones, no es admisible una solicitud de revisión a instancia de parte sobre la licitud de la constitucionalidad de la sentencia dictada, como medio de control, toda vez que, si esta Sala, en su labor de juzgamiento considera que el control difuso fue ejercido incorrectamente, el dispositivo de la sentencia que de ella emane, lógicamente debe ordenar se dicte una nueva sentencia con sujeción a lo que se dictamine en el fallo, y obviamente los efectos de la sentencia analizada quedarían enervados. Es decir, que el pronunciamiento que se efectúe por parte de esta Sala Constitucional sobre el control difuso aplicado en determinada sentencia, tiene prelación, a cualquier medio extraordinario de control que se ejerza sobre la licitud de la referida sentencia, pues se trata como refiere el artículo 5 numeral 22 de la Ley Orgánica del Tribunal Supremo de Justicia, de un análisis general y abstracto de la constitucionalidad de la norma previamente desaplicada que interesa al orden público general, y no de la constitucionalidad de la sentencia como tal, que sólo tendrá incidencia en el caso en concreto. ....

Como consecuencia de lo anteriormente expuesto, la presente solicitud de revisión no puede ser resuelta de inmediato, pues como antes se dijo se encuentra pendiente la consulta de un fallo emanado de la Sala Político-Administrativa, a la cual se exhorta -en lo adelante- a cumplir en tiempo oportuno con lo dispuesto en el párrafo cuarto del artículo 5 de la Ley Orgánica del Tribunal Supremo de Justicia (...)".[63]

La Sala Constitucional posteriormente, en sentencia de 4 de mayo de 2007 (Caso *Mezerhane*) ha advertido que:

"pendiente la consulta del control de la constitucionalidad le corresponderá a la Sala analizar el ejercicio del control difuso en la interpretación de la norma, dado el propósito y razón de esta especial labor de juzgamiento atribuida a la Sala, atendiendo a la doctrina constitucional imperante, lo que viene a significar que el fallo que desaplica una norma por control difuso de la constitucionalidad está sujeto a la labor de consulta por parte de esta Sala,

---

[63] *Id*

puesto que puede ser confirmado o no su criterio, lo cual genera una prejudicialidad que priva ante la eventual revisión que se solicite de éste."[64]

La Sala concluyó entonces, con la declaración general de que en esos casos, el recurso extraordinario de revisión que se pueda interponer contra el mismo fallo por la parte interesada, es "inadmisible", violando sin duda el derecho de acceso a la justicia y el mismo artículo 336.10 de la Constitución. Sobre esto, el Magistrado Rondón Haaz, en su voto salvado a esa sentencia, indicó:

En primer lugar, destaca la incongruencia entre estas afirmaciones y la dispositiva, ya que de aquellas no se deriva causa alguna de inadmisibilidad sino, en todo caso, de prejudicialidad, tal como lo resolvió la Sala en el precedente que se citó, la sentencia n° 990 de 11-05-06.

En segundo lugar, de esta decisión se concluye que no existiría la posibilidad de interposición de solicitudes de revisión con fundamento en los artículos 336.10 de la Constitución y de la Ley Orgánica del Tribunal Supremo de Justicia y 5.4 y 5.16 de la Ley Orgánica del Tribunal Supremo de Justicia, en los casos en que el motivo de la solicitud sea la desaplicación de normas ya que, en estos casos, siempre prelará la consulta obligatoria a la que se deben someter este tipo de actos jurisdiccionales por parte del juez que los pronuncie, la cual crearía una cosa juzgada que impediría la formulación de argumentos acerca del asunto ya resuelto: la contrariedad a derecho o no de la desaplicación que se hubiere hecho en el caso concreto.

Se pretende derogar así, sin más, el artículo 5.4 de la Ley que rige a este Máximo Tribunal, que dispone:

"*Artículo 5.* Es de la competencia del Tribunal Supremo de Justicia como más alto Tribunal de la República. / (…)

4. Revisar las sentencias dictadas por una de las Salas, cuando se denuncie fundadamente la violación de principios jurídicos fundamentales contenidos en la Constitución de la República Bolivariana de Venezuela, Tratados, Pactos o Convenios Internacionales suscritos y ratificados válidamente por la República, o que haya sido dictada como consecuencia de un error inexcusable, dolo, cohecho o prevaricación; / (…)" (Subrayado añadido).

¿Cómo se podrá denunciar la violación de principios jurídicos fundamentales o que una sentencia de desaplicación fue dictada como consecuencia de un error inexcusable, dolo, cohecho o prevaricación si no se puede pedir la revisión?

Por otra parte, queda también sin efecto lo que establece el aparte tercero del mismo artículo 5:

"De conformidad con lo previsto en la Constitución de la República Bolivariana de Venezuela, todo tribunal de la República podrá ejercer el control difuso de la constitucionalidad únicamente para el caso concreto, en cuyo supuesto dicha sentencia estará expuesta a los recursos o acciones ordi-

___
[64] *Id*

narias o extraordinarias a que haya lugar; quedando a salvo en todo caso, que la Sala Constitucional haga uso, de oficio o a instancia de parte, de la competencia prevista en el numeral 16 de este artículo y se avoque a la causa para revisarla cuando ésta se encuentre definitivamente firme."

No ofreció la mayoría sentenciadora ningún argumento para la transformación de lo que declaró como motivo de prejudicialidad en una causal de inadmisibilidad."[65]

Con base en todos estos argumentos, la Sala Constitucional, en sentencia de 4 de mayo de 2007, con motivo de decidir un recurso extraordinario de revisión constitucional que se había intentado contra una sentencia en la cual el juez había ejercido el control difuso de constitucionalidad, y que había sido enviada "en consulta" ante la Sala Constitucional; destacó que "en el caso de autos van aparejados el aspecto medular de análisis del control difuso y la solicitud de revisión constitucional, lógicamente atendiendo a sus ámbitos de objeto de control," indicando que el criterio expuesto en las sentencias antes citadas resultaba aplicable, en el entendido que el pronunciamiento que debía realizar la Sala sobre el control difuso aplicado en la sentencia enviada en consulta "tiene prelación a cualquier medio extraordinario de control que se ejerza sobre dicha sentencia." De ello la Sala concluyó que:

"a efectos de establecer una doctrina diáfana sobre la revisión de sentencias que resuelvan un control difuso, esta Sala concluye que no procede la revisión constitucional en casos como el de autos, por lo que en el presente caso la misma debe ser declarada inadmisible."[66]

En relación con esta sentencia, el Magistrado Pedro Rondón Haaz también salvó su voto, indicando que lo que se procedía en supuestos en los cuales "se pretenda la revisión de una sentencia de control de constitucionalidad, sometida como está ésta a consulta obligatoria ante esta Sala" era:

"la acumulación de los expedientes –el continente de la solicitud de parte y el continente de la consulta- para su resolución en conjunto, lo que permitiría tomar en cuenta los argumentos del solicitante respecto del control difuso y, una vez que sea resuelto ese punto, y sólo en caso de que se convalidase la desaplicación, se pasara al conocimiento de otros motivos de revisión que hubieren podido esgrimirse. En cambio, si se resuelve primero la consulta, habrá, se insiste, cosa juzgada respecto al punto del ejercicio del control de constitucionalidad con lo cual se privaría a las partes de la oportunidad de formulación de alegaciones al respecto; alegatos que, si bien, en principio (salvo que se trate de sentencias de otras Salas del Tribunal Supremo de Justicia) son irrelevantes para la Sala en lo que a los intereses subjetivos de las mismas se refiere, cobran protuberancia a título de colaboración con la labor de tuición de la integridad y coherencia de la interpretación de las normas, principios y valores constitucionales de las que es máximo garante esta Sala Constitucional. Si se tratase de decisiones de

---

[65]   *Id*)

[66]   *Id*

otras Salas, habría un verdadero derecho de las partes a la presentación de sus argumentos porque, en esos casos, la Sala ha reconocido la posibilidad de que se pida y se obtenga protección a los derechos constitucionales de los justiciables a través de la revisión constitucional.

En el asunto de autos, los únicos motivos de revisión que esgrimió el peticionario conciernen al errado control de constitucionalidad que se habría hecho en la sentencia objeto de su pretensión, lo cual hace especialmente patente que una sola decisión podría haber abarcado tanto la consulta como la solicitud sin necesidad, sin siquiera, de un eventual examen subsidiario de otros alegatos. Por el contrario, si la Sala llega a la conclusión, con ocasión de la consulta, de que resultó contraria a derecho la desaplicación de norma legal que se hizo, la pretensión del solicitante habría quedado satisfecha, de modo que no habría lugar al ejercicio de la revisión y si llega a la conclusión contraria, se le habrá privado de la posibilidad de presentación de sus argumentos jurídicos, los cuales habrían podido ser de utilidad para la juzgadora.[67]

IV. EL TRATAMIENTO DE LA POTESTAD DE REVISIÓN CONSTITU-CIONAL DE SENTENCIAS EN LA LEY ORGÁNICA DEL TRIBU-NAL SUPREMO DE 2010

De acuerdo con las previsiones de Ley Orgánica del Tribunal Supremo de Justicia de 2010,[68] contra las sentencias dictadas por el Tribunal Supremo de Justicia, en cualquiera de sus Salas, siendo el más alto Tribunal de la República, no se puede oír ni admitir acción o recurso alguno, "salvo lo que se dispone" en la Ley, que es lo previsto en el artículo 25.10, 25.11 y 25.12 de la Ley (Art. 3), en los cuales se regula la competencia de la Sala Constitucional para conocer del recurso de revisión constitucional de sentencias, incluyendo las de las otras Salas.

En este sentido, en el artículo 25.10 de la Ley Orgánica de 2010 se previó como competencia de la Sala Constitucional, sin relación alguna con sentencias de amparo o en las cuales se efectúe el control difuso como lo exige la Constitución, el:

"10. Revisar las sentencias definitivamente firmes que sean dictadas por los Tribunales de la República, cuando hayan desconocido algún precedente dictado por la Sala Constitucional; efectuado una indebida aplicación de una norma o principio constitucional; o producido un error grave en su interpretación; o por falta de aplicación de algún principio o normas constitucionales".

A esta competencia se suma la indicada en el artículo 25.11 y 25.12 de la Ley Orgánica de 2010, para:

---

[67] *Id*

[68] *Véase* Ley Orgánica del Tribunal Supremo de Justicia en *Gaceta Oficial* N° 39.483 de 09–08–2010.

"11. Revisar las sentencias dictadas por las otras Salas que se subsuman en los supuestos que señala el numeral anterior, así como la violación de principios jurídicos fundamentales que estén contenidos en la Constitución de la República Bolivariana de Venezuela, tratados, pactos o convenios internacionales suscritos y ratificados válidamente por la República o cuando incurran en violaciones de derechos constitucionales.

12. Revisar las sentencias definitivamente firmes en las que se haya ejercido el control difuso de la constitucionalidad de las leyes u otras normas jurídicas, que sean dictadas por las demás Salas del Tribunal Supremo de Justicia y demás Tribunales de la República".

En la Constitución, como se ha señalado, la revisión constitucional de sentencias se había establecido como una competencia excepcional que tenía por objeto establecer la uniformidad de la aplicación e interpretación constitucional, al permitirle a la Sala Constitucional conocer, a su discreción, de los recursos extraordinarios de revisión que se pudieran intentar sólo en contra de sentencias definitivamente firmes de los tribunales emitidas en juicios de amparo y con motivo de ejercer el control difuso de la constitucionalidad de las leyes.

Sin embargo, siguiendo la jurisprudencia de la propia Sala Constitucional en cuanto a la ampliación de sus propias competencias de revisión de sentencias, para abarcar las dictadas por las otras Salas del Tribunal Supremo y por los tribunales, distintas a las dictadas en juicios de amparo o con motivo de ejercer el control difuso de la constitucionalidad, el Legislador ha terminado de regularizar en la Ley Orgánica de 2010, sin fundamento constitucional por supuesto, esta amplísima competencia de revisión.

Por otra parte, en el caso específico del control difuso de la constitucionalidad de leyes, particularmente cuando es ejercido por las otras Salas del Tribunal Supremo de Justicia, la Sala Constitucional también había venido desarrollando un mecanismo de control abstracto, vía incidente, de la constitucionalidad de las leyes, desarrollando incluso poderes de control de oficio de la constitucionalidad. Es decir, partiendo del control difuso, la Sala Constitucional había desarrollado otro mecanismo de control concentrado de la constitucionalidad, al declarar la nulidad con efectos generales de disposiciones legales por vía de lo que ha llamado incidente de constitucionalidad.

Esta posibilidad ahora se ha recogido en el artículo 33 de la Ley Orgánica de 2010 al disponer que:

"Cuando cualquiera de las Salas del Tribunal Supremo de Justicia y los demás tribunales de la República ejerzan el control difuso de la constitucionalidad deberán informar a la Sala Constitucional sobre los fundamentos y alcance de la desaplicación que sea adoptada, para que ésta proceda a efectuar un examen abstracto sobre la constitucionalidad de la norma en cuestión. A tal efecto deberán remitir copia certificada de la sentencia definitivamente firme."[69]

---

[69] El artículo 5, párrafo 5º de la Ley Orgánica de 2004 agregaba en esta misma norma la aclaratoria lógica de que la sala debía abstenerse "de revisar el mérito y alcance

En estos casos, conforme al artículo 34 de la Ley,

"cuando se declare la conformidad a derecho de la desaplicación por control difuso, la Sala Constitucional podrá ordenar el inicio del procedimiento de nulidad que dispone esta Ley. Igualmente procederá cuando el control difuso de la constitucionalidad sea ejercido por dicha Sala."

Como se dijo, esta posibilidad ya se había establecido por la Sala Constitucional mediante sentencia N° 1225 de 19 de octubre de 2000,[70] particularmente en relación con las otras Salas del Tribunal Supremo. Estando ahora regulada expresamente en la Ley Orgánica (Arts. 33 y 34), la Sala Constitucional estaría obligada a iniciar el proceso constitucional de inconstitucionalidad de las leyes, abriendo el contradictorio y citando, mediante cartel, a todos los que puedan tener interés en ello, aplicando analógicamente el procedimiento del proceso constitucionalidad de inconstitucionalidad de las leyes regulado para cuando se inicia mediante acción popular.[71]

En todo caso, la única norma procesal respecto de esta potestad de revisión de sentencia en la Ley Orgánica, se consagró en su artículo 35 en el cual se dispone que:

"*Artículo 35*. Cuando ejerza la revisión de sentencias definitivamente firmes, la Sala Constitucional determinará los efectos inmediatos de su decisión y podrá reenviar la controversia a la Sala o Tribunal respectivo o conocer la causa, siempre que el motivo que haya generado la revisión constitucional sea de mero derecho y no suponga una nueva actividad probatoria; o que la Sala pondere que el reenvío pueda significar una dilación inútil o indebida, cuando se trate de un vicio que pueda subsanarse con la sola decisión que sea dictada".

APRECIACIÓN FINAL

Como señalamos al inicio, la intención de la proposición formulada ante la Asamblea Nacional Constituyente para incorporar en la normativa sobre la justicia constitucional, la potestad de la Sala Constitucional del Tribunal Supremo de Justicia, como Jurisdicción Constitucional, para poder revisar por razones de inconstitucionalidad sentencias definitivamente firmes dictadas en materia constitucional, se concibió, tal como lo expusimos en 1999:[72]

---

de la sentencia dictada por la otra Sala, la cual seguirá conservando fuerza de cosa juzgada.

[70] *Véase* en *Revista de Derecho Público*, N° 84, Editorial Jurídica Venezolana, Caracas 2000, pp. 259–260.

[71] *Véase* también sobre el tema del contradictorio, la sentencia de la Sala Constitucional N° 806 de 24–04–2002 (Caso: *Sindicato Profesional de Trabajadores al Servicio de la Industria Cementera),* en *Revista de Derecho Público*, N° 89–92, Editorial Jurídica Venezolana, Caracas 2002, pp. 179 y ss.

[72] *Véase* Allan R. Brewer–Carías, *Debate Constituyente (Aportes a la Asamblea Nacional Constituyente)*, Fundación de Derecho Público, Caracas 1999, Tomo III, p. 105.

Primero, como resultado de la interposición de un "recurso extraordinario de revisión." "Extraordinario," porque se trataba de vía procesal que se configuraba como una excepción al principio de la cosa juzgada que acompaña a las sentencias definitivamente firmes. "Recurso," pues la potestad de la Sala Constitucional solo se podía ejercer cuando una de las partes en el proceso judicial específico donde se había dictado la sentencia, asumiera la iniciativa de formular la petición o solicitud de revisión ante la Sala, como parte interesada. Ello descartaba totalmente la posibilidad de que la Jurisdicción Constitucional pueda, de oficio, es decir, sin instancia de parte, por la sola iniciativa quizás, por ejemplo, de alguno de sus Magistrados. Y "revisión," porque la potestad de la Jurisdicción Constitucional quedaba limitada a revisar la sentencia objeto del recurso, desde el punto de vista estrictamente constitucional, no pudiendo convertirse el mismo en otra nueva instancia en el proceso ya concluido.

Segundo, el objeto del recurso extraordinario de revisión, es decir, las sentencias que podían ser revisadas por la Sala Constitucional debían ser las sentencias definitivas y firmes de última instancia, que no podían ser objeto de recurso judicial alguno, pero con la especificidad de que debían ser dictadas en procesos en los cuales "se resolvieran cuestiones constitucionales relativas a las leyes." Es decir, las sentencias objeto del recurso extraordinario de revisión, sólo podían ser "sentencias constitucionales" dictadas por la jurisdicción ordinaria, en las cuales se plantearan y resolvieran cuestiones de constitucionalidad de las leyes, como son precisamente las dictadas en los juicios de amparo, que son de contenido esencialmente constitucional, y las dictadas por cualquier juez cuando para la decisión del caso concreto sometido a su consideración, ejerce el método difuso de control de constitucionalidad de las leyes, y resuelve desaplicar una ley que estima inconstitucional, aplicando preferentemente la Constitución.

Tercero, como de acuerdo con el artículo 335 de la Constitución, todas y cada una de las Salas del Tribunal Supremo de Justicia, y no sólo la Sala Constitucional, "garantizará la supremacía y efectividad de las normas y principios constitucionales;" y "será el máximo y último intérprete de esta Constitución y velará por su uniforme interpretación y aplicación," por supuesto, en el ámbito de sus respectivas competencias judiciales, la concepción del recurso extraordinario de revisión ante la Sala Constitucional se formuló apuntando a que las sentencias sujetas a revisión eran las dictadas por los tribunales de instancia, y no pensando que las sentencias dictadas por las otras Salas del Tribunal Supremo o por la Sala Plena, que pudieran dictar en su respectivo carácter de "máximo y último intérprete de esta Constitución," en materia constitucional, es decir, en materia de amparo o ejerciendo el control difuso de constitucionalidad.

Cuarto, si bien la iniciativa para dar lugar a la revisión de sentencias, conforme al principio dispositivo, se colocaba en cabeza de una parte interesada, que debía haber sido parte en el proceso judicial donde se dictó la sentencia, quien tenía derecho a ejercer el recurso extraordinario de revisión ante la Sala Constitucional, ésta, sin embargo, no estaba obligada a oír el recurso, teniendo la potestad discrecional de decidir oírlo o no, según su apreciación sobre el tema constitucional planteado, la necesidad de formular una interpretación constitucional o propugnar a la uniformización de la jurisprudencia constitucional.

Lo anterior fue precisamente lo que se resumió en el contenido de la norma del artículo 336.10 de la Constitución de 1999, al asignar a la Sala Constitucional competencia "revisar las sentencias definitivamente firmes de amparo constitucional y de control de constitucionalidad de leyes o normas jurídicas dictadas por los tribunales de la República, en los términos establecidos por la ley orgánica respectiva."

Este marco constitucional original del recurso extraordinario de revisión, sin embargo, como se puede apreciar de lo antes expuesto al analizar la trayectoria de la jurisprudencia de la Sala Constitucional en la materia, en decisiones que luego, algunas, fueron convertidas en derecho positivo en normas de la Ley Orgánica del Tribunal Supremo de Justicia; sufrió una metamorfosis, de manera que:

Primero, el carácter exclusivamente de recurso que tenía la vía procesal de revisión constitucional, sujeta a la iniciativa de parte interesada, fue cambiado completamente, asumiendo la Sala Constitucional progresivamente poderes de oficio para revisar sentencias.

Segundo, las sentencias objeto de la revisión constitucional fue progresivamente ampliado, eliminándose la concepción constitucional restringida que sólo y exclusivamente se refiere a las sentencias dictadas en juicios de amparo o por los jueces con ocasión del ejercer el método difuso de control de constitucionalidad de las leyes, asumiendo la sala la revisión de todo tipo de sentencia, lo que se reguló en la Ley Orgánica, aún cuando conservando el motivo de revisión sólo respecto de cuestiones constitucionales.

Tercero, mediante el desarrollo jurisprudencial de la potestad de revisión constitucional de sentencias, también fueron sometidas a la potestad revisora de la sala Constitucional, las sentencias dictadas por las otras Salas del Tribunal Supremo, incluyendo la Sala Plena, en la cual participan los propios Magistrados de la Sala Constitucional.

Cuarto, en cuanto a las sentencias dictadas por cualquier tribunal de la República, incluyendo las otras Salas del Tribunal Supremo de Justicia cuando ejercen el método difuso de control de constitucionalidad de las leyes, el desarrollo jurisprudencial efectuado por la Sala Constitucional en la materia, ha desembocado en la imposición de un mecanismo de revisión constitucional automática y obligatoria, de manera que las mismas deben ser informadas y remitidas a la Sala Constitucional para su revisión. En esos casos, la revisión de la sentencia respectiva se puede realizar sin intervención de la parte interesada, cuyo derecho a ejercer el recurso extraordinario, incluso, se ha cercenado cuando esté pendiente de decisión una consulta en la materia.

ÍNDICE GENERAL

TERCERA PARTE

SOBRE LAS ACCIONES DE PROTECCIÓN CONSTITUCIONAL
DE LOS DERECHOS FUNDAMENTALES

CUARTA PARTE

SOBRE LAS SENTENCIAS CONSTITUCIONALES Y LA INTERPRETACIÓN CONSTITUCIONAL

§ 17. Los jueces constitucionales como legisladores positivos. Una aproximación comparativa 625

I. COMENTARIOS PRELIMINARES 625

  1. *La subordinación de los jueces constitucionales a la constitución*... 625

  2. *El nuevo papel de los jueces constitucionales y la cuestión de su rol como Legisladores Positivos* 628

II. LOS JUECES CONSTITUCIONALES INTERFIRIENDO CON EL PODER CONSTITUYENTE.. 629

  1. *Los jueces constitucionales resolviendo controversias constitucionales en los Estados Federales, promulgando reglas constitucionales* 630

  2. *Los jueces constitucionales ejerciendo el control de constitucionalidad en relación con disposiciones constitucionales*............ 631

  3. *Los jueces constitucionales ejerciendo el control de constitucionalidad respecto de las reformas y enmiendas constitucionales* 631

  4. *El rol de los jueces constitucionales adaptando la Constitución en materias relativas a los derechos fundamentales*..................... 632

  5. *Las mutaciones a la Constitución en materia institucional* 634

III. LOS JUECES CONSTITUCIONALES INTERFIRIENDO CON LA LEGISLACIÓN EXISTENTE.. 636

  1. *Los jueces constitucionales complementado funciones legislativas al interpretar las leyes en armonía con la Constitución*.......... 636

  2. *Los jueces constitucionales complementando al Legislador al "agregar" nuevas normas a las disposiciones legislativa existentes, otorgándole un nuevo significado*..................................... 637

  3. *Los jueces constitucionales complementando las funciones legislativas al interferir con los efectos temporales de la legislación*... 640

    A. *La facultad de los jueces constitucionales para determinar en el futuro cuándo una ley anulada por inconstitucional deja de tener efecto: el aplazamiento de los efectos de las sentencias anulatorias*.. 640

    B. *La facultad de los jueces constitucionales para determinar desde cuándo una ley anulada habrá dejado de tener efectos: los efectos retroactivos o prospectivos de sus propias decisiones* 642